W0191275

UTB 8357

Eine Arbeitsgemeinschaft der Verlage

Beltz Verlag Weinheim · Basel
Böhlau Verlag Köln · Weimar · Wien
Verlag Barbara Budrich Opladen · Farmington Hills
facultas.wuv Wien
Wilhelm Fink München
A. Francke Verlag Tübingen und Basel
Haupt Verlag Bern · Stuttgart · Wien
Julius Klinkhardt Verlagsbuchhandlung Bad Heilbrunn
Lucius & Lucius Verlagsgesellschaft Stuttgart
Mohr Siebeck Tübingen
C. F. Müller Verlag Heidelberg
Orell Füssli Verlag Zürich
Verlag Recht und Wirtschaft Frankfurt am Main
Ernst Reinhardt Verlag München · Basel
Ferdinand Schöningh Paderborn · München · Wien · Zürich
Eugen Ulmer Verlag Stuttgart
UVK Verlagsgesellschaft Konstanz
Vandenhoeck & Ruprecht Göttingen
vdf Hochschulverlag AG an der ETH Zürich

Studienbuch für soziale Berufe; 9

Hrsg. von Prof. Dr. Roland Merten, Friedrich-Schiller-Universität Jena und
Prof. Dr. Cornelia Schweppe, Johann-Wolfgang-Goethe-Universität Frankfurt

Thomas Trenczek, Britta Tammen,
Wolfgang Behlert

Grundzüge des Rechts

Studienbuch für soziale Berufe

Mit 53 Übersichten

Ernst Reinhardt Verlag München Basel

Thomas Trenczek, Prof. Dr. iur., M.A. an der FH Jena im Fachbereich Sozial-
wesen; eingetragener Mediator (öBMJ) (S.C.Qld.); Lehrtrainer (BMWA),
Hannover
Britta Tammen, Ass. jur.,Vertretungsprofessorin an der Hochschule Neu-
brandenburg im Fachbereich Soziale Arbeit, Bildung und Erziehung
Wolfgang Behlert, Prof. Dr. iur. an der FH Jena im Fachbereich Sozialwesen

Cover unter Verwendung eines Bildes photostock, Hamburg

Bibliografische Information der Deutschen Nationalbibliothek

Die Deutsche Nationalbibliothek verzeichnet diese Publikation in der
Deutschen Nationalbibliografie; detaillierte bibliografische Daten
sind im Internet über <http://dnb.d-nb.de> abrufbar.

UTB-ISBN 978-3-8252-8357-5
ISBN 978-3-497-01940-3

Einbandgestaltung: Atelier Reichert, Stuttgart
Satz: Arnold & Domnick
Druck und Bindung: Friedrich Pustet, Regensburg
Printed in Germany
ISBN 978-3-8252-8357-5 (UTB-Bestellnummer)

Ernst Reinhardt Verlag, Kemnatenstr. 46, D-80639 München
Net: www.reinhardt-verlag.de E-Mail: info@reinhardt-verlag.de

Inhalt

IV   Grundzüge des Strafrechts (Trenczek)

V   Anhang

Abkürzungsverzeichnis

a. A.	anderer Ansicht
a. a. O.	am aufgeführten Ort
Abs.	Absatz / Absätze
AEMR	Allgemeine Erklärung der Menschenrechte
ÄndG	Änderungsgesetz
a. E.	am Ende
a. F.	alte Fassung
AFG	Arbeitsförderungsgesetz
AG	Amtsgericht / Arbeitsgemeinschaft
AGB	Allgemeine Geschäftsbedingungen
AGG	Allgemeines Gleichbehandlungsgesetz
AGKJHG	Ausführungsgesetz zum KJHG
Alt.	Alternative
Anm.	Anmerkung
ARB	Beschluss des Assoziationsrats EWG – Türkei über die Entwicklung der Assoziation (Assoziationsabkommen EWG- Türkei)
ArbGeb	Arbeitgeber
ArbGG	Arbeitsgerichtsgesetz
ArbN	Arbeitnehmer
ArbPlSchG	Arbeitsplatzschutzgesetz
ArbSchG	Arbeitsschutzgesetz
ArbZG	Arbeitszeitgesetz
Art.	Artikel
ASD	Allgemeiner Sozialer Dienst
AsylbLG	Asylbewerberleistungsgesetz
AsylVfG	Asylverfahrensgesetz
AÜG	Arbeitnehmerüberlassungsgesetz
AufenthG	Aufenthaltsgesetz
AufenthV	Aufenthaltsverordnung
Aufl.	Auflage
AT	Allgemeiner Teil
BAFM	Bundesarbeitsgemeinschaft Familienmediation
BAföG	Bundesausbildungsförderungsgesetz
BAG	Bundesarbeitsgemeinschaft
BAG	Bundesarbeitsgericht

BAG NAM	Bundesarbeitsgemeinschaft für ambulante Maßnahmen nach dem Jugendrecht
Bay	Bayrisch
BayObLG	Bayrisches Oberstes Landesgericht
BayVwBl.	Bayrische Verwaltungsblätter
BBG	Bundesbeamtengesetz
BBiG	Berufsbildungsgesetz
Bd	Band
Begr.	Begründung
Bem.	Bemerkung
BEEG	Bundeselterngeld- und Elternzeitgesetz
BErzGG	Gesetz über die Gewährung von Erziehungsgeld und Erziehungsurlaub
BerHG	Gesetz über die Rechtsberatung und Vertretung für Bürger mit geringem Einkommen
BeschV	Beschäftigungsverordnung
BeschVfV	Beschäftigungsverfahrensverordnung
BetrVG	Betriebsverfassungsgesetz
BfA	Bundesversicherungsanstalt für Angestellte
BFH	Bundesfinanzhof
BGB	Bürgerliches Gesetzbuch
BGBl.	Bundesgesetzblatt
BGH	Bundesgerichtshof
BGHStE	Entscheidungen des BGH in Strafsachen
BGHZ	Entscheidungen des BGH in Zivilsachen
BKGG	Bundeskindergeldgesetz
BM	Bundesverband Mediation
BMFSFJ	Bundesministerium für Familie, Senioren, Frauen und Jugend
BMGS	Bundesministerium für Gesundheit und Soziale Sicherung
BMJ	Bundesministerium der Justiz
BMWA	Bundesverband Mediation in Wirtschaft und Arbeitswelt
BNichtrSchg	Bundesnichtraucherschutzgesetz
BPersVG	Bundespersonalvertretungsgesetz
Brbg	Brandenburg
BR-Ds	Bundesrats-Drucksache
BRRG	Bundesrechtsrahmengesetz
BSeuchenG	Bundesseuchengesetz
BSG	Bundessozialgericht
BSGE	Entscheidungen des Bundessozialgerichts
BSHG	Bundessozialhilfegesetz
BT	Besonderer Teil
BT	Bundestag
BtÄndG	Betreuungsrechtsänderungsgesetz

BtBG	Betreuungsbehördengesetz
BT-Ds	Bundestags-Drucksache
BtG	Betreuungsgesetz
BtPrax	Betreuungsrechtliche Praxis (Zeitschrift)
BtM	Betäubungsmittel
BtMG	Betäubungsmittelgesetz
BUrlG	Bundesurlaubsgesetz
BVerfG	Bundesverfassungsgericht
BVerfGE	Entscheidungen des BVerfG
BVerfGG	Bundesverfassungsgerichtsgesetz
BVerwG	Bundesverwaltungsgericht
BVerwGE	Entscheidungen des Bundesverwaltungsgerichts
BVFG	Gesetz über die Angelegenheiten der Vertriebenen und Flüchtlinge (Bundesvertriebenengesetz)
B-W	Baden-Württemberg
BZRG	Gesetz über das Zentralregister und das Erziehungsregister
DDR	Deutsche Demokratische Republik
DEKRA	Deutscher Kraftfahrzeug-Überwachungsverein
ders.	derselbe
dgl.	dergleichen
Diss.	Dissertation
DPWV	Deutscher Paritätischer Wohlfahrtsverband
DÖV	Die öffentliche Verwaltung
DrittelbG	Drittelbeteiligungsgesetz
DRK	Deutsches Rotes Kreuz
Ds	Drucksache
dt.	deutsch
DV	Deutscher Verein für öffentliche und private Fürsorge
DVBl.	Deutsches Verwaltungsblatt (Zeitschrift)
DVJJ	Deutsche Vereinigung für Jugendgerichte und Jugendgerichtshilfen e.V.
DVO	Durchführungsverordnung
E	Entscheidungssammlung
EB	Erziehungsberechtigte/r
EBAO	Einforderungs- und Beitreibungsordnung
EBWE	Europäische Bank für Wiederaufbau und Entwicklung
EFA	Europäisches Fürsorgeabkommen
EfzG	Gesetz über die Zahlung des Arbeitsentgelts an Feiertagen und im Krankheitsfall (Entgeltfortzahlungsgesetz)
EG	Einführungsgesetz
EG	Europäische Gemeinschaft

EGMR	Europäischer Gerichtshof für Menschenrechte mit Sitz in Straßburg
EGStGB	Einführungsgesetz zum StGB
EGV	Vertrag zur Gründung einer Europäischen Gemeinschaft
EGZPO	Einführungsgesetzes zur Zivilprozessordnung
Einl.	Einleitung
EntgeltfortzG	Entgeltfortzahlungsgesetz
EMRK	Europäische Menschenrechtskonvention
EStG	Einkommenssteuergesetz
et al.	und andere
EU	Europäische Union
EuGH	Gerichtshof der Europäischen Gemeinschaften in Luxemburg
e.V.	eingetragener Verein
EWG	Europäische Wirtschaftsgemeinschaft
f, ff	folgende (Singular / Plural)
FamFG	Familienverfahrensgesetz (Entwurf)
FamG	Familiengericht
FamRZ	Zeitschrift für das gesamte Familienrecht
FEVG	Gesetz über das gerichtliche Verfahren bei Freiheitsentziehung
FEVS	Fürsorgerechtliche Entscheidungen der Verwaltungs- und Sozialgerichte
FGB-DDR	Familiengesetzbuch DDR
FGG	Gesetz über die Angelegenheiten der Freiwilligen Gerichtsbarkeit
FH	Fachhochschule
FreizügG / EU	Freizügigkeitsgesetz / EU
GASP	Gemeinsame Außen- und Sicherheitspolitik
GBl.	Gesetzblatt
GewO	Gewerbeordnung
GewSchG	Gewaltschutzgesetz
GFK	Genfer Flüchtlingskonvention
GG	Grundgesetz
ggf.	gegebenenfalls
GjS	Gesetz über die Verbreitung jugendgefährdender Schriften
GK-SGB VIII	Gemeinschaftskommentar zum SGB VIII (hrsg. von Fieseler / Schleicher)
GKV-Modernisierungsgesetz	Das Gesetz zur Modernisierung der gesetzlichen Krankenversicherung
GmbH	Gesellschaft mit beschränkter Haftung
GVG	Gerichtsverfassungsgesetz

HeimG	Heimgesetz
HessAG	Hessisches Ausführungsgesetz
HGB	Handelsgesetzbuch
HLU	Hilfe zum Lebensunterhalt
h. M.	herrschender Meinung
Hrsg.	Herausgeber
HS	Halbsatz
HzE	Hilfe zur Erziehung
i. d. F.	in der Fassung
i. d. R.	in der Regel
i. d. S.	in diesem Sinne
i. E.	im Einzelnen
i. e. S.	im engeren Sinne
ILO	International Labour Organization (Internationale Arbeitsorganisation der UN)
info	Informationen zum Arbeitslosenrecht und Sozialhilferecht
InsO	Insolvenzordnung
i. R. d.	im Rahmen der
i. R. v.	im Rahmen von
i. S., i. S. d.	im Sinne, im Sinne des
ISA	Institut für soziale Arbeit e.V.
i. V. m.	in Verbindung mit
i. w. S.	im weitesten Sinne
JA	Jugendamt
JÄ	Jugendämter
JAmt	Das Jugendamt (Zeitschrift)
JArbSchG	Jugendarbeitsschutzgesetz
JBeitrO	Justizbeitreibungsordnung
JGG	Jugendgerichtsgesetz
JGH	Jugendgerichtshilfe
JHG	Jugendhilfegesetz
JMStV	Jugendmedienschutz-Staatsvertrag
JSchÖG	Gesetz zum Schutz der Jugend in der Öffentlichkeit
JuSchG	Jugendschutzgesetz
JWG	Gesetz für Jugendwohlfahrt
Kfz	Kraftfahrzeug
KiFöG	Gesetz zur Förderung von Kindern in Kindertageseinrichtungen und in Tagespflege
KindRG	Kindschaftsrechtsreformgesetz
KitaG	Kindertageseinrichtungsgesetz
KJHG	Kinder- und Jugendhilfegesetz (Gesetz insb. zur Einführung des SGB VIII)

KJM	Kommission für Jugendmedienschutz
KO	Kommunalordnung
KSchG	Kündigungsschutzgesetz
LG	Landgericht
LKJHG	Landesausführungsgesetz zum Kinder- und Jugend-hilfegesetz
LPartG	Gesetz über die eingetragene Lebenspartnerschaft (Lebenspartnerschaftsgesetz)
LPK	Lehr- und Praxiskommentar
LPK-SGB VIII	Kinder- und Jugendhilfe Lehr- und Praxiskommentar (hrsg. von Kunkel)
LSG	Landessozialgericht
LT-Ds	Landtags-Drucksache
LVA	Landesversicherungsanstalt
MitbestG	Mitbestimmungsgesetz
Montan-MitbestG	Montanmitbestimmungsgesetz
MSA	(Haager) Minderjährigenschutzabkommen von 1961
MuSchG	Mutterschutzgesetz
M-V	Mecklenburg-Vorpommern
m. w. N.	mit weiteren Nachweisen
NachwG	Gesetz über den Nachweis der für ein Arbeitsverhält-nis geltenden wesentlichen Bedingungen (Nachweisge-setz)
NAM	Neue Ambulante Maßnahmen
Nds	Niedersachsen
NDV	Nachrichtendienst des DV
NDV-RD	NDV-Rechtsprechungsdienst
NJW	Neue Juristische Wochenschrift
NJW-RR	NJW-Rechtsprechungs-Report Zivilrecht
NLO	Niedersächsische Landkreisordnung
NP	Neue Praxis
NRO	Nichtregierungsorganisation
NRW	Nordrhein-Westfalen
NStZ	Neue Zeitschrift für Strafrecht
NVwZ	Neue Zeitschrift für Verwaltungsrecht (Zeitschrift)
NVwZ-RR	NVwZ-Rechtsprechungs-Report
NZS	Neue Zeitschrift für Sozialrecht
o. Ä.	oder Ähnliches
o. J.	ohne Jahr
OLG	Oberlandesgericht
OVG	Oberverwaltungsgericht
OWiG	Gesetz über Ordnungswidrigkeiten

PAG	Polizeiaufgabengesetz
PDV	(bundeseinheitliche) Polizeiliche Dienstvorschrift
PJZS	Polizeiliche und justizielle Zusammenarbeit im Strafrechtsbereich (Europäisches Abkommen)
PKH	Prozesskostenhilfe
ProstG	Prostitutionsgesetz
PSB	Personensorgeberechtigte/r
PsychKG	Gesetz für psychisch Kranke
RBerG	Rechtsberatungsgesetz
RD	Rechtsprechungsdienst
RDG	Rechtsdienstleistungsgesetz (Entwurf 2006)
RegE	Regierungsentwurf
RiStBV	Richtlinien für das Strafverfahren und das Bußgeldverfahren
RJWG	Reichsjugendwohlfahrtsgesetz
RKEG	Gesetz über die religiöse Kindererziehung
R-P	Rheinland-Pfalz
Rpflege	Der Deutsche Rechtspfleger
RpflG	Rechtspflegegesetz
RR	Rechtsprechungs-Report
Rspr.	Rechtsprechung
RStGB	Reichsstrafgesetzbuch
RSV	Regelsatzverordnung
RVG	Rechtsanwaltsvergütungsgesetz
RVO	Reichsversicherungsordnung
RVO	Rechtsverordnung
Rz.	Randziffer
S.	Seite; Satz
Saarl	Saarland
s. a.	siehe auch
S-A	Sachsen-Anhalt
SächsAG	Sächsisches Ausführungsgesetz
SächsAGSGB VIII	Ausführungsgesetz zum Sozialgesetzbuch Achtes Buch (SGB VIII) für den Freistaat Sachsen
SächsGVBl	Gesetzes- und Verordnungsblatt des Freistaates Sachsen
SchKG	Gesetz zur Vermeidung und Bewältigung von Schwangerschaftskonflikten
SchwHG	SchwangerschaftsabbruchhilfeG
SchwbG	Schwerbehindertengesetz
SGB	Sozialgesetzbuch (nachgestellte Ziffer = Buch des SGB)
SGG	Sozialgerichtsgesetz
S-H	Schleswig-Holstein

SprAuG	Sprecherausschussgesetz
StA	Staatsanwalt/-schaft
StGB	Strafgesetzbuch
StPO	Strafprozessordnung
st. Rspr.	ständige Rechtsprechung
StVG	Strassenverkehrsgesetz
StVollstrO	Strafvollstreckungsordnung
StVollzVergO	Strafvollzugsvergütungsordnung
StVZO	Strassenverkehrszulassungsordnung
SchwKG	Schwangerschaftskonfliktgesetz
TAG	Tagesbetreuungsausbaugesetz
Thür	Thüringen
ThürAGKJH	Thüringer Ausführungsgesetz zum KJHG
ThürKO	Thüringer Kommunalordnung
ThürPsychKG	Thüringer Gesetz zur Hilfe und Unterbringung psychisch Kranker
TÜV	Technische Überwachungsverein/e
TV	Tarifvertrag
TVG	Tarifvertragsgesetz
TVöD	Tarifvertrag öffentlicher Dienst
TzBfG	Teilzeit- und Befristungsgesetz
u. a.	unter anderem, und anderes
u. Ä.	und Ähnliches
UJ	Unsere Jugend (Zeitschrift)
UN	United Nations / Vereinte Nationen
UhVorschG	Unterhaltsvorschussgesetz
Urt.	Urteil
UVG	Unterhaltsvorschussgesetz
v. a.	vor allem
VA	Verwaltungsakt
VG	Verwaltungsgericht
VGH	Verwaltungsgerichtshof
VO	Verordnung
Vor	Vorbemerkung
Vor §	Vorbemerkung zu einem Paragraphen
Vor Kap	Vorbemerkung zu einem Kapitel
VormG	Vormundschaftsgericht
VV	Verwaltungsvorschriften
VVG	Versicherungsvertragsgesetz
VwGO	Verwaltungsgerichtsordnung
VwVfG	Verwaltungsverfahrensgesetz
VwVG	(Bundes)Verwaltungs-Vollstreckungsgesetz.
WHO	Weltgesundheitsorganisation

WobauG	II. Wohnbaugesetz
WoGG	Wohngeldgesetz
WStG	Wehrstrafgesetz
ZfJ	Zentralblatt für Jugendrecht
ZJJ	Zeitschrift für Jugendkriminalrecht und Jugendhilfe (vormals: DVJJ-Journal)
ZKM	Zeitschrift für Konfliktmanagement
ZPO	Zivilprozessordnung
z. T.	zum Teil
ZuwG	Zuwanderungsgesetz

Vorwort und Arbeitshinweise

Warum sollten Fachkräfte der Sozialen Arbeit sich mit dem Recht beschäftigen und über differenzierte Rechtskenntnisse verfügen? Ein wesentlicher Grund liegt in dem, was man „Verrechtlichung" nennt. Das Recht „mischt" sich in alle Lebensbereiche „ein", es gibt nahezu kaum einen rechtsfreien Raum. Das gilt auch für die Soziale Arbeit und Sozialpädagogik, selbst das Töpfern in der Toskana ist rechtlich geregelt, z. B. durch Teilnehmer- und Beherbergungsverträge, durch Kauf- und Lieferverträge (irgendwo muss der Ton ja herkommen). Vielfach bildet das Recht das gesellschaftliche Leben nur in rechtliche Kategorien ab und stabilisiert damit die Verhaltenserwartungen der Menschen. Teilweise ist mit dem Recht ein Orientierungsrahmen gezeichnet, von dem man abweichen kann, teilweise handelt es sich um zwingende Verhaltensanforderungen (vgl. hierzu I-1, II-1).

Bei vielen Studenten scheint am Anfang ihres Studiums der Eindruck vorzuherrschen, dass eine stetig wachsende Zahl der Gesetze und Rechtsverordnungen, Verfügungen, Erlasse und Richtlinien einerseits und die bürokratischen Strukturen und Interessen andererseits dem sozialpädagogischen Handeln im Dienste der Klienten nur noch wenig Spielraum lassen. Freilich greift ein solcher **künstlicher Gegensatz** gerade angesichts der sozialrechtlichen Bestimmungen zu kurz. Vielmehr äußert sich die öffentliche Hilfegewährung überhaupt erst als rechtlich gebundene Verwaltungsentscheidung. Insoweit gilt es gerade die durch den normativen Handlungsauftrag eingeräumten Chancen für die praktische Tätigkeit in der Sozialen Arbeit zu erkennen und dann auch zu nutzen, z. B.:

- Frau S., alleinerziehende Mutter von drei Kindern (3, 4 und 14 Jahre), kommt in die Beratung des Allgemeinen Sozialdienstes und erkundigt sich nach personeller und finanzieller Unterstützung.
- Nach dem erfolgreichen Examen will die Sozialarbeiterin B. gemeinsam mit anderen Kolleginnen einen Verein gründen, um für arbeitslose Jugendliche ein Angebot außerschulischer Ausbildung und Freizeitbetätigung zu schaffen. Was müssen sie hierbei beachten? Wie und von wem erhält man öffentliche Zuschüsse?
- Die 15-jährige Lisa wird von der Polizei um 1.00 Uhr nachts in einer Disco aufgegriffen und dem Jugendamt zugeführt. Was ist zu tun? Ist es für die Entscheidung relevant, ob Lisa von zu Hause ausgerissen ist oder sich mit Zustimmung ihrer Eltern in der Diskothek aufgehalten hat?

In vielen dieser Fälle geht es nicht nur um die Klärung einer Rechtsfrage. Vielmehr kommen hilfesuchende Bürger oft mit einem ganzen Bündel von Fragen und Problemen, die ganz unterschiedliche Lebens- und damit Rechtsbereiche betreffen. So berichtet im oben zuerst genannten Beispiel Frau S. über Konflikte mit dem von ihr getrennt bei seiner Freundin lebenden Ehemann. Diese seien aktuell ausgelöst worden, weil ihr ältester Sohn Willy (14) seit einiger Zeit häufiger die Schule schwänze und in diesem Zusammenhang von der Polizei bei einem mit anderen Jugendlichen begangenen Einbruchsdiebstahl festgenommen worden sei. Ihr Mann habe seine Unterhaltszahlung gekürzt, weil er arbeitslos geworden sei und sich ohnehin scheiden lassen wolle. Mittlerweile sei sie mit Mietzahlungen im Rückstand, weil sie einen MP3-Player bezahlen müsse, den ihr Sohn trotz ihres Verbotes erworben habe. Im Moment werde ihr alles zu viel, weil bei ihr demnächst ein stationärer Krankenhausaufenthalt und eine Operation anstehen und sie nicht wisse, wie sie ihre Kinder in dieser Zeit versorgen solle. Die Krankenkasse weigere sich, während dieser Zeit eine Haushaltshilfe zu bezahlen, da die Kinder ja bei ihrem Mann wohnen könnten. In diesem Fall stellen sich z. B. folgende Fragen:

- Welche Unterhaltsansprüche stehen Frau S. für sich und ihre Kinder gegen ihren Mann zu? Welche Vereinbarungen können die Eheleute im Hinblick auf eine Scheidung einvernehmlich treffen? (→ Familienrecht, s. II-2)
- Muss Frau S. den von ihrem Sohn erworbenen MP3-Player bezahlen? (→ Allgemeines Privatrecht, s. II-1)
- Kann der Mietvertrag wegen der Mietrückstände gekündigt werden? (→ Schuldrecht, s. II-1.4)
- Hat sich Willy strafbar gemacht, welche strafrechtlichen Rechtsfolgen (→ Strafrecht, s. IV) und welche jugendhilferechtlichen Interventionen (→ Jugendhilferecht, s. III-3) kommen in Betracht?
- Spielt es eine Rolle, ob Willy bzw. seine Eltern nichtdeutsche Staatsangehörige sind? (→ Zuwanderung und Recht, s. III-7)
- Welche Sozialleistungen kann Frau S. beanspruchen? (→ Recht der Grundsicherung für Arbeitsuchende, s. III-4) Hat sie einen Anspruch darauf, dass die Kosten für eine Haushaltshilfe während des Krankenhausaufenthaltes von der Krankenkasse übernommen werden? (→ Sozialversicherungsrecht, s. III-4)

Natürlich hat die Antwort auf viele dieser Fragen zumeist auch einen **sozialpädagogischen Bezug**; sie wird deshalb auch von fachlichen Grundsätzen und Methoden der Sozialen Arbeit bestimmt werden. Insoweit sind aber auch politisch-**rechtliche Handlungsanweisungen**, insbesondere einige verfassungsrechtliche Grundentscheidungen für das Handeln der Sozialarbeit bindend. Soziale Hilfe äußert sich in diesen Fällen zudem vor allem auch als **Rechtsberatung** (hierzu I-4.2), wobei die Fachkräfte der Sozialen Arbeit ganz unterschiedliche Rechtsmaterien beherrschen müssen. Wer als Sozialarbeiter rechtliche Hilfemöglichkeiten ungenutzt lässt und für die betrof-

fenen Klienten nicht erschließen kann, weil er diese nicht kennt oder ohne
ernsthaftes Bemühen falsch auslegt, wird seiner beruflichen Verantwortung
nicht gerecht. Und schließlich sollte bei allem nicht die emanzipatorische
Kraft des Rechts vergessen werden: Recht als Medium zur Eröffnung von
Teilhaberechten und -chancen (vgl. hierzu insbesondere I-1.2: Recht und
Gerechtigkeit).

Recht… Wofür?

Die **Darstellung der Grundzüge des Rechts** umfasst vier Hauptteile. Im Teil I geht es um wesentliche Grundfragen des Rechts und die sog. allgemeine Rechtslehre, mit der wir den grundlegenden Rahmen der Rechtsordnung beschreiben, die Methoden der Rechtsanwendung, die Wege zur Rechtsverwirklichung sowie die Rechtskontrolle und insbesondere die für die Sozialen Berufe besonders wichtigen alternativen, außergerichtlichen Streiterledigungsformen. Der zweite Teil stellt die Grundzüge des Privatrechts, der dritte Teil die Grundzüge des Öffentlichen Rechts mit Schwerpunkt Sozialrecht und schließlich der vierte Teil das Strafrecht dar. Im Anhang finden Sie u. a. das für einen ersten Zugang zu den Rechtsbegriffen hilfreiche Glossar und Aufbauschemata für die Bearbeitung von Rechtsfällen.

Im Hinblick auf die aus didaktischen sowie Platzgründen notwendige Schwerpunktsetzung bei der Darstellung der Grundzüge des Rechts werden die Rechtsgebiete im Umfang nach der Relevanz für die Sozialen Berufe in der von uns verantworteten Ausbildung und Praxis dargestellt. Wir verzichten deshalb im Privatrecht auf eine eingehende Darstellung des Schuld- sowie Sachen- und Erbrechts und beschränken uns weitgehend auf die Klärung der wichtigsten Strukturen und Rechtsbegriffe (hierzu vgl. auch das Glossar im Anhang V-1). Demgegenüber wird hier das **Familienrecht** einschließlich des **Betreuungsrechts** aufgrund seiner besonderen Relevanz für die Soziale Arbeit ausführlich dargestellt (II-2). Das Gleiche gilt für das sowohl zivil- als auch öffentlichrechtliche Elemente enthaltende **Arbeitsrecht** (s. u. II-3) wie den Exkurs zu Fragen der **Aufsicht und Haftung**. Im Öffentlichen Recht liegt der Schwerpunkt auf den sozialrechtlichen Regelungen insbesondere des **Kinder- und Jugendhilferechts** (III-3) und den Regelungen der **Grundsicherung nach SGB II** und der **Sozialhilfe** nach SGB XII (III-4). Demgegenüber spielt das Sozialversicherungsrecht (III-2) in der Ausbildung der Sozialen Arbeit eine geringe Rolle und erfordert in der Praxis häufig den fachlichen Rat von rechtskundigen Spezialisten. Wir haben stattdessen mit Blick auf spezifische Arbeitsbereiche das **Jugendschutz**- sowie das **Zuwanderungsrecht** näher beleuchtet. In dem für zahlreiche Arbeitsfelder der Sozialen Arbeit und eigentlich für den Gesamtbereich der Jugendhilfe relevanten **Strafrecht** werden neben den allgemeinen Grundlagen und der Strafzumessung unter Verzicht auf die Feinheiten der Rechtsdogmatik im Hinblick auf die Straftatbestände vor allem die Besonderheiten des **Strafverfahrensrechts** einschließlich der Besonderheiten des **Jugendstrafrechts**.

Aktualität und Wandel

Die Rechtsordnung ist einem laufenden Wandel unterworfen, weshalb gerade bei einer Darstellung so vieler Regelungsbereiche immer nur eine Momentaufnahme gelingen kann. Die Darstellung der „Grundzüge des Rechts" befindet sich auf dem Stand Juli 2007. Aktuelle Änderungen z. B. des Jugendschutzrechts und des Zuwanderungsgesetzes konnten bereits im Vorgriff aufgenommen werden, andere Änderungen, insbesondere im Familienrecht (s. II-2) oder im Verbraucherinsolvenzverfahren sind geplant, das Gesetzgebungsverfahren war aber zum Zeitpunkt der Drucklegung noch nicht abgeschlossen.

Das Lehrbuch über die Grundzüge des Rechts richtet sich zunächst – wie im **Arbeitshinweise** Titel angegeben – an den weiten Kreis der Sozialen Berufe, insbesondere die Studierenden und Fachkräfte der Sozialen Arbeit, aber auch an alle Studierenden und Fachkräfte aus anderen Berufsgruppen, die in den von uns behandelten interdisziplinären Arbeitsfeldern tätig sind bzw. werden, z. B. die Berufsbetreuer, Verfahrenspfleger und Mediatoren. Für Studierende hat es den Charakter eines Lehrbuches, für Praktizierende in den genannten Bereichen den einen Arbeitsbuches. Der Anfänger wird sich mit ihm einen ersten Zugang zur Rechtsmaterie und eine Orientierung in ihr verschaffen können, der Fortgeschrittene oder der Praktiker vermag sich vermittels des Buches in die Komplexität, die innere Logik und die Folgerichtigkeit rechtlicher Fragestellungen einzuarbeiten.

Wir kennen aus Lehre und Praxis die Schwierigkeit vieler Studierender und Fachkräfte Sozialer Arbeit, einen Zugang zum Recht zu finden und mit dem Recht umgehen zu können. Dies liegt an ganz unterschiedlichen Gründen, sei es an der als „trocken" empfundenen Materie, an der spezifischen Arbeitsmethodik oder an der spezifischen Fachsprache. Diese kommt zwar weitgehend ohne Fremdwörter aus, das Recht misst manchen Begriffen im Vergleich zum Alltagsgebrauch in der Umgangssprache jedoch eine unterschiedliche Bedeutung zu und klingt zuweilen auch etwas antiquiert. Wir haben uns als Autoren bemüht, den nichtjuristisch „vorbelasteten" Lesern einen Zugang zum Recht zu verschaffen. Die Grundzüge des Rechts werden unter Berücksichtigung der interdisziplinären Perspektive beschrieben, ohne dass damit ein Verlust an rechtswissenschaftlicher Genauigkeit einhergehen soll. Deshalb lassen sich juristische Termini und Konstruktionen nicht vermeiden. Der berüchtigte Fachjargon der Juristen, das „Juristenchinesisch", wird aber übersetzt – ebenso wie die in der Rechtssprache immer noch gebräuchlichen lateinischen Ursprünge mancher Rechtsgrundsätze – und verständlich gemacht. Hierzu sollen auch die nachfolgenden **Arbeitshinweise** dienen:

- Lesen Sie zunächst das im Anhang befindliche **Glossar** der wichtigsten Rechtsbegriffe durch. Auch wenn Sie im ersten Durchgang nicht alles sofort verstehen, haben Sie doch einen Überblick gewonnen und können dann bei Bedarf das Glossar immer wieder zurate ziehen.
- Lesen Sie alle von uns angegebenen **Rechtsnormen** unmittelbar während des Arbeitens mit dem Lehrbuch durch. Die in den Normen enthaltenen Informationen sind unabdingbar für das Verständnis. Nahezu alle Rechtsnormen sind über das Internet kostenfrei verfügbar. Die Bundesgesetze finden Sie unter http://bundesrecht.juris.de/index.html.

- Wir haben die Quellenangaben und Literaturhinweise auf das Notwendige reduziert. Auf wichtige Vertiefungs- und Nachschlagewerke wird am Ende entsprechender Abschnitte durch ein Icon besonders hingewiesen. Hierbei handelt es sich um Beiträge zu spezifischen Themen in Fachzeitschriften, Monografien sowie Kommentare. In diesen zuletzt genannten Werken finden Sie zu jeder Rechtsnorm eines Gesetzes (i. d. R. nach Paragrafen geordnet) ggf. notwendige Erläuterungen von Rechtsbegriffen und insbesondere Hinweise auf die einschlägige Rechtsprechung.

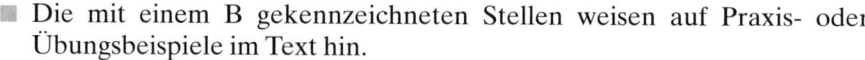 Lesen Sie die von uns zitierten Entscheidungen der höchstrichterlichen **Rechtsprechung**. Dies ermöglicht Ihnen ein vertieftes Verständnis der Rechtsordnung und der juristischen Argumentation. Das Auffinden der Rechtsprechung ist relativ einfach; entweder haben wir die Fundstelle in den gängigen Fachzeitschriften angegeben oder bei Entscheidungen ab dem Jahr 2000 das Aktenzeichen und Datum, mit dem Sie die Entscheidung über das Internet einsehen können. Die Entscheidungen des BVerfG findet man z. B. unter www.bundesverfassungsgericht.de, die des BGH unter www.bundesgerichtshof.de. Die Entscheidungen des EGMR findet man unter http://cmiskp.echr.coe.int. Im Übrigen findet man die Entscheidungen auch über Eingabe des Gerichts und der Aktenzeichen in eine gute Suchmaschine.

 Die mit einem B gekennzeichneten Stellen weisen auf Praxis- oder Übungsbeispiele im Text hin.

 In den mit einem D gekennzeichneten Textpassagen sind Anregungen zur Diskussion enthalten. Die Autoren weisen hier auf mitunter strittige Aspekte, Zusammenhänge und weiterführende Überlegungen hin, die in besonderer Weise reflektiert und diskutiert werden sollten.

 Die mit einem Stift gekennzeichneten Kontrollfragen verweisen jeweils auf die entsprechenden Abschnitte, in denen Sie die notwendigen Erläuterungen finden. Sollten Sie sich bei Ihrer Antwort nicht ganz sicher sein, empfehlen wir Ihnen, den Abschnitt nochmals durchzuarbeiten.

Im Interesse der Lesbarkeit haben wir die Personen- und Berufsbezeichnungen in der der deutschen Rechtschreibung entsprechenden Form verwendet und auf künstliche Feminismen verzichtet.

Kritik und sonstige Rückmeldungen nehmen wir gerne entgegen.

Hannover / Berlin / Jena im Juli 2007
Thomas Trenczek
Britta Tammen
Wolfgang Behlert

Allgemeine Grundlagen

1 Recht und Gesellschaft (Trenczek / Behlert)

1.1 Recht und Gesetz – Begriff und System der Rechtsnormen

1.1.1 Was ist Recht? – Begriff und Funktion des Rechts

In einem Rechtsstaat bildet das **Recht** die verbindliche Ordnung für das Zusammenleben der Menschen. Auch die Soziale Arbeit ist als Teil der öffentlichen Verwaltung (vgl. I-4.1) nach Art. 20 Abs. 3 GG an Gesetz und Recht gebunden. Damit stellt sich die Frage, was unter Recht und Gesetz zu verstehen ist und wie man das Recht von anderen Maßnahmen des Staates oder gesellschaftlichen Regeln abgrenzt.

Art. 20 Abs. 3 GG

Das Verständnis von Recht war und ist nicht überall gleich, vielmehr ist die Definition eng mit den kulturellen und gesellschaftlichen, politischen und ökonomischen Entwicklungen verknüpft und hat in der Geschichte erhebliche Wandlungen vollzogen. Das, was wir heute, im Mitteleuropa der Neuzeit als Recht ansehen, unterscheidet sich aus historischer Perspektive von den frühen, in Keilschrift in Stein verfassten Verhaltensregeln der Babylonier (Codex Hammurabi, 18. Jahrhundert v. Chr.) oder dem mosaischen Recht des Alten Testaments. Aus soziologisch-ethnologischer Sicht unterscheidet sich unser Recht von den Sitten, Gebräuchen und Normen sog. vorstaatlicher Gesellschaften indigener Völker (z. B. in Afrika, Asien, Amerika oder Ozeanien) wie auch von den Rechtstraditionen des sog. common law angelsächsischer Prägung in Großbritannien, den USA oder in Australien. Freilich kann man insoweit nicht nur Unterschiede, sondern vielfache Verbindungslinien und Ähnlichkeiten feststellen (z. B. lässt sich das Verbot, einen Menschen zu töten, in allen Rechtsordnungen wiederfinden). Die Definition von Recht ist also dem historisch-gesellschaftlichen Wandel unterworfen und immer nur in einem spezifischen Kontext zu leisten.

Ganz wesentlich ist hierbei die Frage nach der Rolle und Funktion des Staates. Nach der von Platon (375 v. Chr.: „politeia" – der Staat; „nomoi" – die Gesetze) und Aristoteles (330 v. Chr.) begründeten Staatsphilosophie ist der Staat Garant des friedlichen Zusammenlebens der Menschen. Nach Aristoteles bestimmte deshalb der Staat, was als Recht gilt. Der englische Philosoph Thomas Hobbes verabsolutierte den Staat als „Leviathan" (1651), als legitime und allmächtige Autorität, um das menschliche Chaos zu beherrschen. Dagegen entwickelte Immanuel Kant ein Idealbild der bürgerlichen Gesellschaft, in dem die Freiheit des Individuums den Machtansprüchen des absoluten Staates gegenüber stand. Verbindendes Element ist bis heute insoweit die Prämisse, dass in einem Rechtsstaat grundsätzlich nur dem Staat als Hoheitsträger das Recht auf Zwang eingeräumt ist (sog. staatliches Gewaltmonopol). **[Rolle und Funktion des Staates]** **[staatliches Gewaltmonopol]**

Recht hat zunächst etwas mit Normen (siehe Übersicht 1), also vorformulierten Erwartungen, zu tun. Soziale Normen sind **Verhaltensregeln**, die das gegenwärtige oder das zukünftige Handeln der Menschen (und heute auch sog. „juristischer Personen") in bestimmten Situationen mehr oder weniger verbindlich beschreiben. Man unterscheidet hier insbesondere Traditionen, Konventionen, Brauch, Sitte und Recht. Das Spektrum reicht von Normen, die nur innerhalb einer bestimmten Gruppe („Subkultur") anerkannt sind (z. B. die Verhaltensregeln innerhalb von Jugendcliquen, von Kaufleuten, Mitgliedern einer Kirche), bis zu solchen, die für alle Mitglieder einer Gesellschaft gelten. Was im Kontext einer einzelnen Gruppe als abweichend gilt (z. B. Bluttransfusion bei Zeugen Jehovas), kann für die Gesamtgesellschaft akzeptabel oder zwingend notwendig sein, während umgekehrt ein von der Gesamtgesellschaft missbilligtes Verhalten in spezifischen Gruppen der gleichen Kultur gebilligt und sogar gefördert werden kann (z. B. manche Formen jugendtypischen Verhaltens). Im Verhältnis der Normensysteme nimmt der Grad der Verbindlichkeit über Brauch und Sitte bis zu dem Recht zu. Es kann auch vorkommen, dass der Gesetzgeber ausdrücklich auf bestimmte (Handels)Bräuche Bezug nimmt und diese als verbindliche Anweisung versteht (vgl. §§ 157, 242 BGB, § 346 HGB).

Ob und inwieweit Sitte, Moral und Recht sich beeinflussen oder gar decken, ist in der Menschheitsgeschichte unterschiedlich beantwortet worden. Es ist geradezu ein Kennzeichen mittelalterlicher Rechtsordnungen, dass die jeweiligen Moralvorstellungen religiöser und weltlicher Herrscher als allgemeinverbindliches Recht mit Folter und Inquisition eingefordert wur- **[Sitte und Moral]**

Übersicht 1: Normensysteme

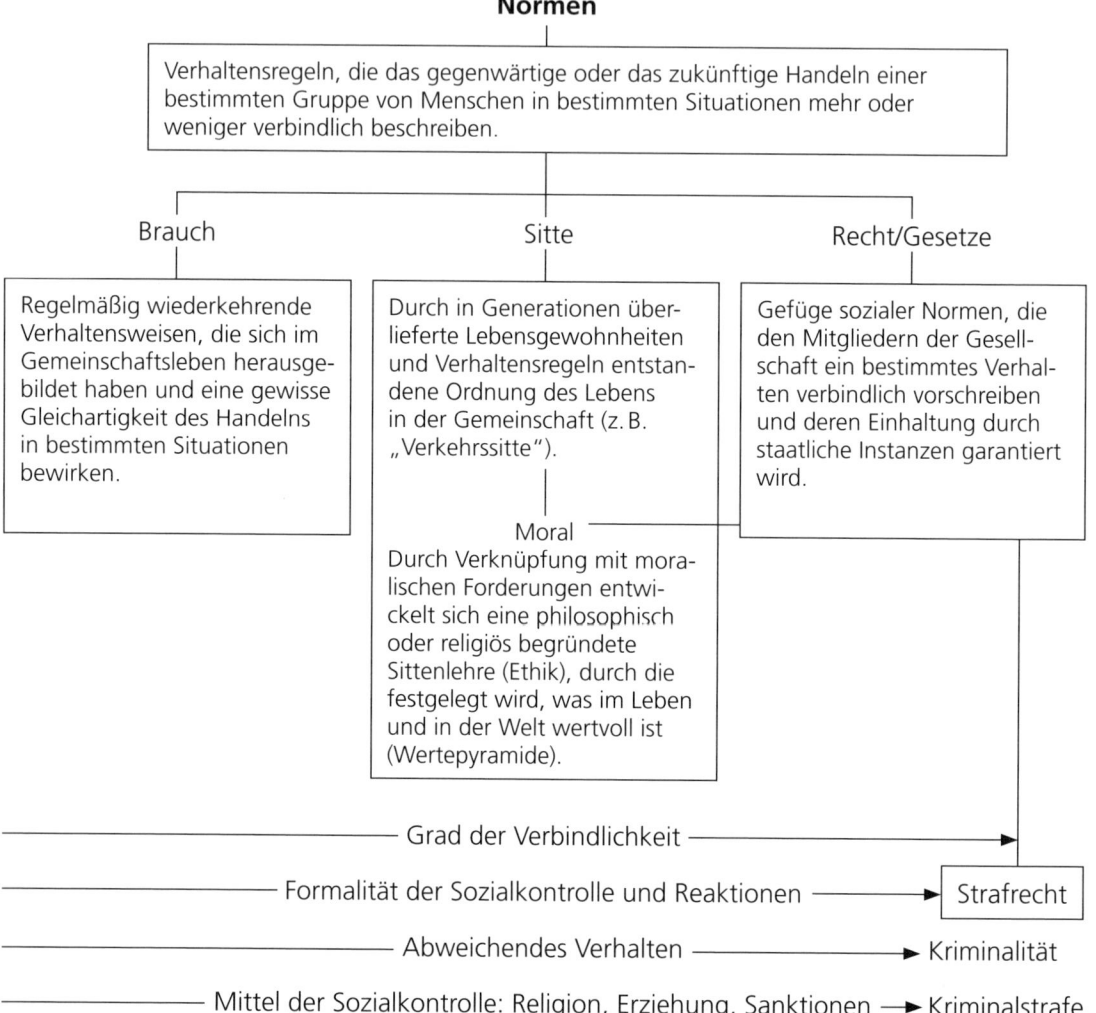

den. Heute nimmt das positive Recht teilweise ausdrücklich Bezug auf „die guten Sitten" (§ 138 BGB) oder Verkehrssitten (§ 157 BGB, § 346 HGB). Von Immanuel Kant stammt das wohl wichtigste menschliche Moralgebot: „Handle so, dass die Maxime deines Handelns jederzeit zugleich als Prinzip einer allgemeinen Gesetzgebung gelten könnte." In einer sprichwörtlichen Wendung gleicht es dem „Was du nicht willst, dass man dir tu, das füg' auch keinem anderen zu." Bei Kant liegen Moral und Recht einerseits eng beieinander, gleichwohl sind es getrennte Kategorien. Mit Moral verbindet er die innere Haltung des Individuums, die Gesinnung. Ethische Grundsätze sind die für das Verhalten des Einzelnen relevanten Bindungen und Orientierungen. Recht richtet sich an das äußere Verhalten der Menschen, ob ein Bürger diese Norm für richtig oder aus welchen Gründen er sich an die Rechtsnorm hält, ist unerheblich, solange die Verhaltensanweisung eingehalten wird. Für Kant war die **Freiheit** des Individuums von wesentlicher Bedeutung. Allerdings kann die Freiheit des Einzelnen mit der Freiheit des anderen in Konflikt treten. Deshalb muss es klare Grenzen und Regeln geben. Diese Grenzen müssen vom Recht gesetzt werden. Hierin liegt die Geburt des Rechtsstaates, der die Einhaltung dieser Regeln zum Wohle der Freiheit des Einzelnen und zum Wohle der Gesellschaft als Ganzem zu garantieren hat.

Rechtsstaat

Im Sinne des modernen systemtheoretischen Ansatzes ist das positive Recht geradezu die Voraussetzung der modernen Gesellschaft (Luhmann 1970, 177 f.). Die „Heterogenität der Wertpräferenzen" macht in einer offenen, pluralistischen Gesellschaft ein Mindestmaß an Einheitlichkeit und Verbindlichkeit von Normen für den sozialen Kontakt unverzichtbar. Fehlt es an Konformität, ist die Gesellschaft in ihrem Bestand gefährdet. Recht dient damit der Wahrung von Konformität und dem Bestand des Sozialsystems. Soziale Normen definieren deshalb in aller Regel nicht nur den Verhaltensbereich als solchen, sondern gleichzeitig auch die jeweiligen Reaktionen auf das davon abweichende Verhalten. Die sozialen und gesellschaftlichen Mechanismen und Prozesse, die abweichendes Verhalten verhindern und einschränken sollen, bezeichnet man als soziale Kontrolle. Diese soziale Kontrolle war und ist in sog. egalitären Gesellschaften der Sippe oder dem Stamm als Ganzem übertragen. Mit der Entwicklung des Staatswesens lag hierin seine zentrale Funktion. Mit öffentlicher Sozialkontrolle bezeichnet man alle gesellschaftlichen Einrichtungen, Strategien und Sanktionen, mit denen Gesellschaften die Einhaltung der in ihr geltenden Normen und die soziale Integration ihrer Mitglieder bezwecken. Hierin lag für Max Weber das Wesen von Recht und Staat (Weber 1921, 18). Dieser bezwecke mit seinem Zwangsapparat die Innehaltung der Normen und die Ahndung der Normverletzungen. Dies kann als Ordnungsfunktion oder – mit einem eher negativ assoziierten Begriff – als **„Herrschaftsfunktion"** des Rechts bezeichnet werden. Recht gibt also nicht nur verbindliche Orientierungen im Hinblick auf das menschliche Verhalten, sondern ist gleichzeitig ein Ordnungsrahmen. Zu den Mittel der Sozialkontrolle zählen u. a. das Recht, Religion, Erziehung und Sanktionen. Wer gegen die Tischsitten verstößt, wird ggf. schief angesehen und nicht mehr eingeladen, wer „aus der Rolle fällt", macht sich gesellschaftlich unmöglich. Das kann im Einzelfall die soziale Existenz eines Menschen empfindlich treffen, man wird gesellschaftlich „abgestraft". Anders als Rechtsnormen lassen sich aber z. B. Tischsitten gesellschaftlich nicht erzwingen. Dagegen gehört – in der Tradition der Rechtsphilosophie Kants – zum Recht als Instrument der öffentlichen Sozialkontrolle notwendig der staatliche Zwang. Die Geltung und Einhaltung der Rechtsnormen werden – wenn es nicht anders geht – erzwungen. Auch die in der modernen Zivilgesellschaft wieder wichtiger werdende autonome Konfliktregelung Bürger lebt davon, dass im Hinter-

soziale Kontrolle

grund Zwangsmittel bereitgehalten und zur Verteidigung des Rechts und zum Schutz des Schwachen aktiviert werden können. Entscheidend ist für einen modernen Rechtsstaat – wenn man überhaupt von einem Schatten des Rechts sprechen will – dass *„das Recht stärker durch seinen Schatten wirkt als durch den tatsächlich exekutierten Zwang" (Frehsee 1991, 59).*

In einem modernen Rechtsstaat begrenzt sich die Funktion des Rechts freilich nicht darauf, orientierende Leitlinie für das Sozialverhalten seiner Bürger zu sein, die Menschenwürde zu sichern, persönliche Freiheit zu gewährleisten und soziale Kontrolle rechtsstaatlich abzusichern (sog. Grenzziehungsauftrag und Herrschaftskontrolle). Wesentlich sind vor allem die Strukturierung des Gemeinwesens und seiner wesentlichen öffentlichen Institutionen (Ordnungsfunktion) sowie – im Zusammenspiel mit dem Sozialstaatsprinzip – der Auftrag zur Chancenermöglichung (Emanzipation und Aktivierung) und der Gewährung gesellschaftlicher Teilhabe der Bürgerinnen und Bürger. Auch wenn sich damit die Idee des Rechts an der Gerechtigkeit orientiert (hierzu I-1.2), kann dieses Ziel immer nur ansatzweise erreicht werden, da im Widerstreit gesellschaftlicher und privater Interessen auch im besten Fall nur ein fairer Interessensausgleich geleistet werden kann.

1.1.2   Woher kommt das Recht? Die Genese der Rechtsnormen

Naturrecht

Bräuche und Sitten haben sich aufgrund der mit ihnen gemachten Erfahrungen gewohnheitsmäßig herausgebildet. Recht kann sich aus unterschiedlichen Quellen speisen. Als ungeschriebene Grundlage des Rechts wird häufig das sog. „Naturrecht" bezeichnet, also eine verbindliche Grundordnung, die der Mensch als gegeben hinnimmt, weil sie seiner Natur und seiner Vernunft entspricht. Hierauf basierte die Stoa, die 300 v. Chr. von Zenon dem Jüngeren gegründete Athener Denkschule, nach der das Recht nicht vom Staat begründet, sondern als ein allgemeines Naturgesetz angesehen wurde. Auch das für das heutige bürgerliche Recht in vieler Hinsicht einflussreiche Römische Recht basierte auf diesem Prinzip und es war in der modernen Rechtsgeschichte ein Dauerthema, wie viel „Natur" das Recht besitzt bzw. verträgt. Uwe Wesel vergleicht das **Naturrecht** mit einem Zylinder, aus dem nur das herausgezaubert werden könne, was man vorher hineingelegt habe (Wesel 1994, 73). Mit der Natur hat man in der Vergangenheit alles Mögliche begründet, die Sklaverei genauso wie die Abschaffung der Sklaverei, die Gleichheit der Menschen wie die tiefste Barbarei. Offen ist auch, was als die natürliche Quelle des Rechts anzusehen ist, sei es tatsächlich die menschliche Natur, die menschliche Vernunft oder eine göttliche Offenbarung. Die Antwort hierauf bleibt letztlich spekulativ und ist häufig nur durch metaphysische Glaubenssätze zu begründen.

In unserem, mitteleuropäischen Rechtsverständnis wird ein solches Naturrecht kaum bzw. nur noch wenige Glaubens- und „natürliche" Grundsätze überhaupt Geltung beanspruchen können. Als solches wird man z.B. die vom Grundgesetz als vorgegeben anerkannte Erziehungsverantwortung der Eltern für ihre Kinder (Art. 6 Abs. 2 GG) ansehen können. Vom Naturrecht zu unterscheiden sind **Universalprinzipien**, die weniger zu glauben sind als universell als vereinbart gelten, wie z. B. die Grundsätze, die 1950 durch die Mitglieder des Europarates in der Konvention zum Schutze der Menschenrechte und Grundfreiheiten beschlossen wurden (EMRK; u. a. Gewissens- und Religionsfreiheit, Recht auf freie Meinungsäußerung, Versammlungs- und Vereinigungsfreiheit, Unschuldsvermutung, Folterverbot) oder von der Generalversammlung der Vereinten Nationen in der Allgemeinen Erklärung der Menschenrechte vom 10.12.1948 formuliert bzw. in völkerrechtliche Abkommen von den UN 1966 aufgenommen wurden (vgl. den Internationalen Pakt über bürgerliche und politische Rechte sowie den Internationalen Pakt über wirtschaftliche, soziale und kulturelle Rechte; beide in Kraft seit 1976). Allerdings zeigen auch die Jahresberichte von amnesty international, dass die Universalität der Menschenrechte nicht überall akzeptiert, vielmehr auf der Welt täglich mit Füßen getreten wird. Das Universalprinzip ist freilich der einzige Anker, um rechtspositivistische Unrechtsregimes als Barbarei und gesetzliche Regelungen als Unrecht zu bezeichnen (vgl. z. B. die Frage der Rechtmäßigkeit des Schießbefehls an der DDR-Grenze nach § 27 Abs. 2 DDR-Grenzgesetz: BGH NJW 1993, 141; BVerfGE 95, 96 ff; BVerfG v. 11.01.2000 – 2 BvQ 60/99). In diesem Zusammenhang hat der Europäische Gerichtshof für Menschenrechte in seiner „Krenz"-Entscheidung (EGMR Nr. 1101 v. 22.03.2001 – 34044/96) betont, dass selbst ein einfacher Soldat sich nicht blind auf Befehle berufen kann, die nicht nur krass gegen die innerstaatlichen gesetzlichen Grundsätze, sondern auch gegen die international geschützten Menschenrechte und vor allem gegen das Recht auf Leben, das höchste Rechtsgut in der Werteskala der Menschenrechte, verstoßen.

Früher galten auch Religion und Moral als wichtige Quellen des Rechts **Religion und Moral** (zum Verhältnis von Religion und Recht vgl. insbesondere Wesel 1985, 171 ff m. w. N.). Im Verständnis der katholischen Kirche basiert das Kanonische Kirchenrecht auf dem göttlichen Willen. Zu allen Zeiten der Menschheitsgeschichte wurden durch philosophisch oder religiös begründete Moralvorstellungen von Gut und Böse und eine darauf basierende Sittenlehre festgelegt, was im Leben und in der Welt wertvoll ist. Die jeweils herrschenden Sitten und Moralvorstellungen wurden in Rechtsform gegossen. Bis in die Anfänge der Bundesrepublik (vgl. die Entscheidung des BGH 6, 46 ff über die „Normen des Sittengesetzes" und die „vorgegebenen und hinzunehmende Ordnung der Werte" im Hinblick auf die Definition und Strafbarkeit der „Unzucht") wurde auf eine ursprüngliche Einheit von Sitte und Recht, ja auch von Moral, Religion und Recht Bezug genommen, eigentlich ein Kennzeichen sog. vorstaatlicher, oraler Gesellschaften. Erst später, als die Schrift dominierendes Kultur- und Kommunikationsmedium wurde, hat sich das Recht zunehmend als eigene Kategorie entwickelt und einen Prozess der **Verrechtlichung der Gesellschaft** eingeleitet. Dabei hat die Trennung von Recht und Moral durchaus zwei Seiten, die Vergrößerung der persönlichen Freiheit einerseits und die mangelnde Verbindlichkeit sittlicher Maßstäbe andererseits. Rein rechtspositivistisch ist es vorstellbar, dass jemand aufgrund der geltenden Gesetze rechtmäßig handelt, gleichwohl unmoralisch. Uwe Wesel (1999, 388) nennt hier als Beispiel den Betreiber eines Kraftwerkes, welches die Umwelt verschmutzt. Die Organisation Greenpeace, welche sich hiergegen zu Wehr setzt, mag dabei die Gesetze übertreten, ihr Protest wie auch andere Aktivisten des gewaltfreien, zivilen Ungehorsams haben aber zumeist die Moral auf ihrer Seite. Im konkreten Einzelfall ist allerdings oft umstritten, was noch rechtmäßig ist oder der herrschenden Moral widerspricht, z. B. im Hinblick auf das Kirchenasyl, Totalverweigerung, Steuerstreik oder Sitzblockaden (vgl. hierzu IV-2). Freilich dürfen Recht und Ethik nicht völlig auseinanderfallen. Ist das – wie in der deutschen Geschichte besonders grausam während der NS-Diktatur – der Fall, kann das schlimmste Unrecht in „positives" Recht gesetzt werden. Von besonderer Bedeutung sind deshalb auch die grundlegenden Wert- und Verfassungsentscheidungen des deutschen Grundgesetzes (I-2) und der Europäischen Charta (I-1.1.5) sowie die daran anknüpfende rechtsstaatliche Kontrolle durch die Gerichte (I-5).

Gewohnheitsrecht   In einem modernen Rechtsstaat wird neues Recht grundsätzlich durch einen bewussten, verfahrensmäßig geregelten Rechtsetzungsakt (geschriebenes Recht) geschaffen. Das in der angelsächsischen Rechtstradition lange vorherrschende (*common law*), früher auch in Deutschland bedeutsame (ungeschriebene) Gewohnheitsrecht wirkt in einigen wenigen Bereichen noch fort, öffentlich rechtlich z. B. im Schutz des Glockenläutens. Das früher einmal in Strafverfahren (vgl. BGHSt 11, 241 ff) gewohnheitsrechtlich anerkannte „Züchtigungsrecht" von Lehrern und Eltern ist mittlerweile durch die Schulgesetze und § 1631 Abs. 2 BGB aufgehoben worden. Eine Vorstufe des Gewohnheitsrechts bilden die Verkehrssitten und Handelsbräuche, also im Rechts- und Handelsverkehr akzeptierte Verhaltensnormen, deren Verbindlichkeit durch das Gesetz selbst bestätigt wird (vgl. § 346 HGB). Beispielsweise gilt unter Kaufleuten das Schweigen auf ein Bestätigungsschreiben als Vertragsannahme, während das Schweigen sonst im Rechtsverkehr keine Willenserklärung darstellt. Im Sozialbereich gibt es solche rechtlich anerkannten Verkehrssitten nicht.

Genese von Rechtsnormen   War früher das Recht inhaltlich stark moralisch aufgeladen, ist es heute zunehmend zu einem formalen **Steuerungsinstrument gesellschaftlicher Regelungsprozesse** geworden. Für ein Naturrecht bleibt hier nicht viel Platz. Das, was Recht und was Unrecht ist, wird in einem Prozess der gesellschaftlichen Konstruktion von Wirklichkeit (hierauf basiert erkenntnistheoretisch der sog. Konstruktivismus), im Prozess der Rechtssetzung und in den positiv-rechtlichen Regelungen einer Rechtsordnung manifest. Nach der sog. **Konsenstheorie** ist das gemeinsame Rechtsbewusstsein der Gesellschaftsmitglieder die Entstehungsgrundlage der Rechtsnormen. Damit wird zum einen an das Natur- und Gewohnheitsrecht angeknüpft, andererseits an die von Jean-Jacques Rousseau (1712–1778) begründete Vorstellung des *contrat social*, in dem sich die Mitglieder einer Gesellschaft auf gemeinsame Werte und Ziele einigen und sich diesen unterwerfen. Der soziologische

Klassiker dieser Auffassung war Emile Durkheim, demzufolge die von den Bürgern anerkannten Werte mithilfe des Rechts, insbesondere des Strafrechts, vor ihrer Verletzung geschützt werden:

> „Man darf nicht sagen, daß eine Tat das gemeinsame Bewußtsein verletzt, weil sie kriminell ist, sondern sie ist kriminell, weil sie das gemeinsame Bewußtsein verletzt. Wir verurteilen nicht, weil sie ein Verbrechen ist, sondern sie ist ein Verbrechen, weil wir sie verurteilen" (Durkheim 1977, 123).

Nach der Konsenstheorie bringt die Rechtsordnung die widersprüchlichen Ansprüche und Wünsche der Menschen miteinander in Einklang, so dass sie letztlich dem Wohle der Gesamtheit dienen. Das Recht enthält alle notwendigen Regeln des gesellschaftlichen Zusammenlebens, das Strafrecht alle Regeln, die von der Allgemeinheit für so wichtig gehalten werden, dass sie mit Sanktionen ausgestattet werden, um ihre Einhaltung zu garantieren. Danach erhält das Recht selbst konfliktlösende Funktion. Durch die Antizipation des Konsenses ist gewährleistet, dass widerstreitende Interessen bei der Normsetzung zu einem Ausgleich gebracht werden.

Demgegenüber beruhen nach der sog. **Konflikttheorie** Rechtsnormen nicht auf dem Gesamtwillen der Gesellschaftsmitglieder, sondern sie sind das Resultat von Interessensauseinandersetzungen, sie sind Ausdruck eines kontinuierlichen Kampfes. Rechtsnormen sind deshalb nach dieser Sichtweise nicht Ausfluss der Interessen aller Gesellschaftsmitglieder, sondern das Resultat des Sieges derjenigen Gruppe, die sich aufgrund ihrer Herrschaftsmacht im gesellschaftlichen Konflikt durchsetzen konnte. Gesetze seien deshalb stets in Rechtsform gegossene und dadurch mit Allgemeinvertretungsanspruch ausgestattete, inhaltlich aber partikuläre Interessen mächtiger Gesellschaftsgruppen. Das Recht, insbesondere das Strafrecht, diene diesen Gruppen als Herrschaftsinstrument zur Durchsetzung ihrer Interessen und trage insoweit zur ungleichen Verteilung von Macht und Ressourcen bei. Durch die Ungleichverteilung von Herrschaftsmacht kann es nach dieser Ansicht nicht zu einem Ausgleich widerstreitender Interessen kommen.

Mag die Konflikttheorie die Genese von Rechtsnormen für die Menschheitsgeschichte, insbesondere in der Klassengesellschaft des 19. Jahrhundert zutreffend beschrieben haben, so reicht sie heute in der „reinen" Form und ihrer Ausschließlichkeit als Erklärung für die Entstehung und Funktion von Rechtsnormen nicht aus. Zum einen lässt sich nicht leugnen, dass Rechtsnormen heute einem Kernbestand gemeinsamer Interessen dienen, wie z.B. dem Schutz des Individuums u.a. auch vor staatlichen Eingriffen. Im Straßenverkehr muss man sich darauf verlassen dürfen, dass die eigene Teilnahme nicht durch grob verkehrswidriges oder rücksichtsloses Verhalten anderer gefährdet wird. Auch die strafrechtlichen Vorschriften zum Schutz von Leben, körperlicher Unversehrtheit und Willensfreiheit dienen elementaren Schutzbedürfnissen und werden von der Bevölkerung konsensual getragen. Das gilt grundsätzlich auch für den Eigentumsschutz. Freilich schützen die Vorschriften gegen Eigentums- und Vermögensdelikte nicht nur das individuelle Recht des Einzelnen, sondern es geht gleichzeitig auch um den Schutz der ökonomischen Grundordnung als solcher. Allerdings sind die Methoden zur Durchsetzung ökonomischer Interessen viel subtiler geworden, als dass es hierzu insbesondere des grobschlächtigen Mittels des Strafrechts als Herrschaftsinstrument bedürfte.

Recht ist das Produkt menschlichen Handelns, es ist Produkt eines gesellschaftlich-politischen Prozesses. Pluralistische Gesellschaften sind gekennzeichnet durch das Zusammenleben von Individuen und Gruppen mit unterschiedlichen politischen, ökonomischen und sozialen Interessen. In diesem gesellschaftlichen Interaktionsprozess werden sie versuchen, ihre Lebenschancen zu sichern und erweitern. Insoweit der Bestand an Rechtspositionen nur auf Kosten der Verringerung der Lebenschancen von anderen erweitert werden kann, werden sich unterschiedliche, widerstreitende Interessen gegenüberstehen. Deshalb kommt es notwendiger Weise zu Unvereinbarkeit und Widerstreit von Interessen, zu Interessenskonflikten. Anders als noch bei den Gesellschaftsmodellen von Emile Durkheim, Talcott Parsons und Max Weber ist aus heutiger Sicht der Konflikt als solcher weder systemstörend, dysfunktional noch negativ, sondern kann auch als treibende Kraft im Prozess des sozialen Wandels notwendig sein (Dahrendorf 1961, 112 ff; Galtung 1984, 129 ff). Recht kann insofern als institutionalisierte Konfliktlösung angesehen werden, ohne damit gleich einem harmonisierenden Wunschbild zu verfallen. Die Rechtsordnung als Segment der Gesellschaft ist kein konfliktfreier Raum. Als Produkt menschlichen Handelns ist Recht stets interessenvermittelt und als Mechanismus der Sozialkontrolle nicht nur Integrations-, sondern selbst auch Konfliktstruktur. In der Entstehung und Anwendung von Rechtsnormen drückt sich wie in allen anderen Gesellschaftsbereichen das jeweilige Kräfteverhältnis konkurrierender politischer, ökonomischer und sozialer Interessen aus. Hierbei werden sich diejenigen Gruppen durchsetzen, die hierzu die erforderliche Macht besitzen. Dabei ist heute aber nicht mehr nur an einen kleinen Kreis der ökonomischen Elite zu denken, die sich in einer globalisierten Welt ohnehin zunehmend nationalen Rechtsordnungen entzieht, sondern vor allem an einflussreiche Gruppen staatlicher Institutionen (Justiz und Ministerialbürokratie), Personen und Organisationen, die auf die Sicherung ihres Status bedacht sind, an die Lobbyisten und sog. „Moralunternehmer", die ihre Moral- und Wertvorstellungen für alle verbindlich machen wollen. Die Rechtsordnung als Konfliktfeld zu begreifen, schließt die Möglichkeit zum Konsens nicht aus. Wahrer Konsens ist freilich nur möglich unter den idealisierten Bedingungen unbeschränkter und herrschaftsfreier Kommunikation autonomer Individuen.

> „Wir wären nur dann legitimiert, das tragende Einverständnis … mit dem faktischen Verständigtsein gleichzusetzen, wenn wir sicher sein dürfen, daß jeder im Medium der sprachlichen Überlieferung eingespielte Konsens zwanglos und unverzerrt zustande gekommen ist" (Habermas 1971, 154).

Der Konsens darf in einer Demokratie nicht – wie von der Konsenstheorie suggeriert – vorausgesetzt werden, sondern ist stets nur das vorläufige und stets abänderbare Ergebnis eines politischen Prozesses.

Die Definition von Recht ist bis heute einem kontinuierlichen Wandel unterworfen. Was gestern verboten war (z. B. Prostitution, homosexuelle Handlungen unter Erwachsenen), kann heute erlaubt sein, was in dem einem sozialen Kontext erlaubt ist, ist in einem anderen verboten (vgl. z. B. die unterschiedlichen ehe- und strafrechtlichen Bestimmungen in der Türkei und die Diskussion über die Angleichung der türkischen Rechtsordnung an die Werte- und Rechtsordnung der EU). Recht und soziale Kontrolle dürfen nicht zu starr sein, denn der soziale Wandel lässt sich nicht verhindern. Eine dies ignorierende, starre Rechtsordnung müsste zum Auseinanderbrechen des Systems führen.

1.1.3   System der heutigen Rechtsnormen

Normen werden von unterschiedlichen Quellen (s. o. I-1.1.2) gespeist, sie werden von unterschiedlichen Institutionen erlassen, sie richten sich an unterschiedliche Adressatenkreise und besitzen einen unterschiedlichen Grad von Verbindlichkeit. Recht ist ein Gefüge sozialer Normen, die allen Mitgliedern der Gesellschaft ein bestimmtes Verhalten verbindlich vorschreiben und deren Einhaltung durch staatliche Instanzen notfalls auch mit Zwang garantiert wird. Der moderne Rechtsstaat setzt dabei auf das geschriebene Recht. Ein **Rechtssatz** oder eine **Rechtsnorm** ist ein verbindliches Gebot oder Verbot, welches die folgenden fünf Wesensmerkmale aufweisen muss:

- Rechtsnormen gelten für eine **unbestimmte Vielzahl von Fällen** (abstrakte Regelung). Um möglichst alle zukünftigen Konfliktsituationen zu regeln, sind Normtexte so abstrakt wie möglich formuliert, worunter andererseits die Verständlichkeit für den „Normal-Bürger" leidet.
- Rechtsnormen richten sich grundsätzlich an eine unbestimmte, bei ihrem Erlass nicht feststehende **Vielzahl von Personen** (generelle Regelung). Zwar mag ein einzelner Fall Anlass zu einer gesetzlichen Regelung geben, ein Einzelfallgesetz (welches nur einen konkreten Fall oder einen ganz bestimmten Adressaten betrifft) ist allerdings verfassungswidrig (Art. 19 Abs. 1 S. 1 GG).
- Rechtsnormen werden von dem (verfassungsrechtlich) zur Rechtsetzung befugten Organ in einem bestimmten, formell festgelegten **Verfahren** erlassen und
- bedürfen zu ihrer Wirksamkeit der amtlichen **Publikation** in bestimmten Verkündungsorganen (z. B. dem Bundesgesetzblatt oder den Mitteilungsorganen der Länder und Kommunen).
- Für Rechtsnormen ist ferner charakteristisch, dass sie unmittelbar kraft staatlichen Geltungswillen verbindlich sind und zu ihrer Durchsetzung

notfalls **staatlicher Zwang** angewendet werden kann. Insbesondere hierin unterscheidet sich das Recht von anderen gesellschaftlichen Konventionen, von Sitten und Gebräuchen.

Mit einem zunächst auf das innerstaatliche Rechtssystem beschränkten Blick (zum unmittelbar geltenden EG-Gemeinschaftsrecht und sonstigem internationalem Recht vgl. I-1.1.5) lassen sich Rechtsnormen in vier Gruppen einteilen, wobei man insbesondere ursprüngliche und abgeleitete Rechtsnormen unterscheidet. Ursprüngliche werden vom Volk selbst oder von den verfassungsgemäß hierzu berufenen Organen erlassen. Man bezeichnet diese auch als **formelle Gesetze**, weil sie auf parlamentarischem Wege zustande gekommen sind. Hiervon abgeleitete Rechtsnormen erlässt die vollziehende Gewalt (Exekutive: Regierung und Verwaltung) aufgrund einer besonderen Ermächtigung des ursprünglichen Normgebers bzw. sog. Selbstverwaltungsträger aufgrund der ihr verliehenen Regelungsautonomie. Soweit von der Rechtsnorm unmittelbare Rechtswirkungen für den einzelnen Bürger ausgehen, spricht man von einem **Gesetz im materiellen Sinn**. Man spricht dagegen von einem Gesetz im *nur* formellen Sinn, wenn es in dem verfassungsmäßig vorgeschriebenen Verfahren durch die Legislative beschlossen worden ist, von ihm aber keine unmittelbare Rechtswirkungen nach außen ausgehen. Dies ist z. B. bei den Ratifizierungsgesetzen zur Übernahme völkerrechtlicher, internationaler Abkommen oder bei den sog. Haushaltsgesetzen der Fall.

 Durch den als formelles Gesetz erlassenen Haushaltsplan ermächtigt das Parlament die Exekutive, Ausgaben in der festgesetzten Höhe für den festgelegten Zweck zu leisten, z. B. Zuschüsse für den Bau von Altentagesstätten. Die Exekutive hat im Rahmen der Ermächtigung nach pflichtgemäßem Ermessen über die Zuschussgewährung zu entscheiden. Aus dem Gesetz über den Haushaltsplan kann aber ein Bürger- bzw. Trägerverein keinen Anspruch auf einen bestimmten Zuschuss ableiten (vgl. BVerfG NJW 75, 254; § 3 Abs. 2 Bundeshaushaltsordnung und entsprechende Länderregelungen).

Die Gesamtheit der – geschriebenen und ungeschriebenen – verbindlichen Rechtsnormen (siehe Übersicht 2) bezeichnet man als **Rechtsordnung** oder schlechthin als das Recht. Als **Rechtsquelle** bezeichnet man – neben dem Naturrecht (s. o.), dem Einigungsvertrag der Europäischen Union (s. u. I-1.1.5) und den allgemeinen Regeln des Völkerrechts (Art. 25 GG) – einerseits das Grundgesetz als im wahrsten Sinne des Wortes „grundlegende" Verfassung im Hinblick auf die Parlamentsgesetze und öffentlich-rechtlichen Satzungen der Selbstverwaltungsträger (vgl. Art. 28 GG) sowie andererseits die Verfassung und Gesetze im Hinblick auf Rechtsverordnungen als sog. abgeleitete Rechtsnormen (Art. 80 Abs. 1 GG).

Rechtsnormen bezeichnet man auch als **Rechtsgrundlagen** (Gesetze im weiteren Sinn), um deutlich zu machen, dass sich jedes staatliche Handeln hierauf zurückführen lassen muss, so wie es Art. 20 Abs. 3 GG formuliert: Bindung an Gesetz (im formellen Sinn) und Recht (Gesetze im materiellen

Übersicht 2: Arten von Rechtsnormen

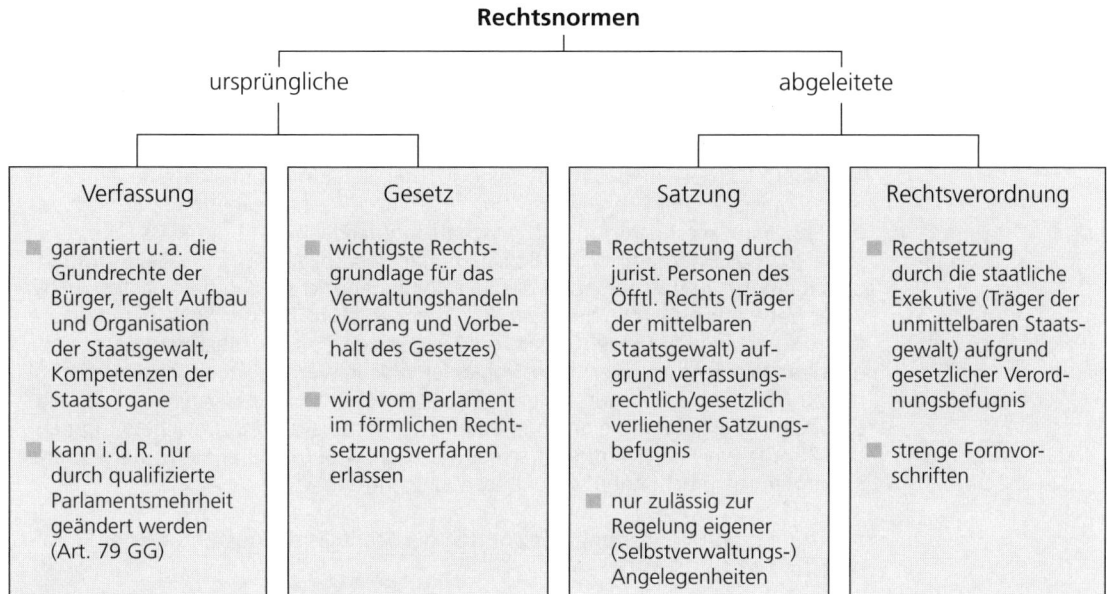

keine Rechtsgrundlage für öffentliches Verwaltungshandeln sind:
- Gerichtsurteile
- Verwaltungsvorschriften

Sinn). Insoweit spricht man auch vom sog. **„objektiven Recht"**, d.h. für das Gemeinwesen und alle Bürger und Institutionen geltendes Recht, während man die sich aus der Rechtsordnung ergebende Berechtigung eines Einzelnen als **„subjektives" Recht** oder **Anspruch** bezeichnet. Dabei unterscheidet man einerseits sog. „absolute" Rechte, die gegen Eingriffe allseitig, d.h. gegenüber jedermann geschützt sind (z.B. Persönlichkeits- oder Eigentums- und andere Sachenrechte) und sog. „relative" Rechte insbesondere aufgrund eines Vertrages, die nur bestimmte Personen zu einem Verhalten verpflichten (z.B. aus einem Miet- oder Kaufvertrag die Überlassung der Sache durch den Vermieter bzw. Verkäufer, während der Mieter bzw. Käufer den vereinbarten Preis bzw. die Miete zahlen muss). Insoweit spricht man auch von schuldrechtlichen oder obligatorischen Ansprüchen und Forderungen (vgl. hierzu auch II-1).

Unter **materiellem Recht** versteht man die Rechtsvorschriften, welche das Verhalten der Rechtssubjekte regeln (Inhaltsnormen, insbesondere auch die Anspruchsnormen). Als **formelles Recht** werden die Normen bezeichnet, die das Verfahren insbesondere zur Durchsetzung der Rechtspositionen regeln (Prozessrecht).

Zum Einstieg: „Familie Berger"

Herr Berger, der seit einem Unfall erwerbsunfähig ist, erhält für sich und seine beiden minderjährigen Kinder Hilfe zum notwendigen Lebensunterhalt nach §§ 19, 27 SGB XII. Zu Beginn des neuen Schuljahres wechselt seine Tochter in die 5. Klasse der Realschule. Im ersten Schulhalbjahr ist eine 3-tägige Klassenfahrt geplant. Herr B. sorgt sich, weil er das Geld für Fahrkosten und Unterkunft nicht aufbringen kann. Darüber hinaus meint seine Tochter, sie könne ohne eine neue, 180 € teure Jeansjacke der Firma Miss Young nicht an der Fahrt teilnehmen. Er fragt, ob das Sozialamt die Kosten für die Anschaffung der Jacke und die Klassenfahrt für seine Tochter übernimmt. Der Sozialarbeiter des Sozialamts in G. teilt ihm mit, dass Kleidung vom Regelbedarf der Sozialhilfe gedeckt sei und dass nach § 5 Abs. 2 der Verwaltungsrichtlinien der Stadt G. zur Ausführung der Sozialhilfe kürzere Klassenfahrten bis zu einer Dauer von 3 Tagen von den Sozialhilferegelsätzen abgegolten werden. Ab einer Dauer von einer Woche würden Schulfahrten pauschal mit 20 € pro Tag bezuschusst. Herr Berger habe deshalb keinen Anspruch auf eine darüber hinausgehende einmalige Beihilfe. Ist diese Auskunft/Entscheidung richtig? Zum Beweis der Richtigkeit seiner Aussagen überreicht er Herrn Berger eine Kopie der entsprechenden Verwaltungsvorschriften:

Auszug aus den Verwaltungsvorschriften der Stadt G. zur Ausführung der Sozialhilfe vom 13.01.2005 (VVSoz)

§1: Die nachfolgenden Bestimmungen binden die Stellen der öffentlichen Verwaltung der Stadt G. bei der Ausführung des SGB XII vom 27.12.2003 (BGBl. I S. 3022) zum Zwecke der einheitlichen Ermessensausübung mit dem Ziel Gleichheit gewährender und wirtschaftlicher Verwendung kommunaler Haushaltsmittel.
...
§5: (1) Neben der laufenden Hilfe zum Lebensunterhalt können einmalige Beihilfen für Sachmittel gewährt werden, sofern sie nicht vom Regelsatz umfasst sind.
(2) Der notwendige Lebensunterhalt umfasst insbesondere die in § 27 Abs. 1 SGB XIII genannten Bedarfe. Zu den Beziehungen zur Umwelt und der Teilnahme am kulturellen Leben i. S. d. § 27 Abs. 1 S. 2 SGB X gehören auch die unmittelbaren und mittelbaren Schulaktivitäten.
...
(4) Schul- und Klassenfahrten werden ab einer Dauer von einer Woche pauschal mit 20 € je Tag bezuschusst.

1.1.3.1 Verfassungsrecht

Grundgesetz

Lange Zeit – vor der Entstehung des europäischen Gemeinschaftsrechts (s. u. I-1.1.5) – war die im wahrsten Sinne des Wortes wohl grundlegende Rechtsgrundlage in Deutschland das **Grundgesetz** vom 23.05.1949 als nationale Verfassung der Bundesrepublik (hierzu I-2). Darüber hinaus haben die deutschen Bundesländer aufgrund ihrer Eigenstaatlichkeit jeweils eigene Landesverfassungen. Gegenüber dem GG haben die Landesverfassungen allerdings keine wesentliche Bedeutung erlangt. Teilweise geht es in den

Landesverfassungen um die Konkretisierung der sozialpolitischen Staatsziele (z. B. Recht auf Arbeit; Art. 48 Abs. 1 Brandenburg; Art. 171 LV M-V.; Art. 71 Sachsen).

Für die Tätigkeit der Sozialverwaltung besonders bedeutsam sind die Grundrechte (Art. 1–19, 103 f. GG), die für die Verwaltung als Teil der vollziehenden Gewalt gem. Art. 1 Abs. 3 GG als unmittelbar geltendes Recht zu beachten sind. Die Verfassungen regeln u. a. auch den Aufbau und die Organisation der Staatsgewalt sowie die Kompetenzen der Staatsorgane. Einklagbare subjektive Rechte räumen diese Verfassungsvorschriften dem Einzelnen nicht ein.

Aufgrund der Einbindung der Bundesrepublik Deutschland in die Europäische Gemeinschaft hat das Grundgesetz – wie auch das nationale Verfassungsrecht der anderen EU-Staaten – seine Bedeutung als höchstrangige Rechtsquelle z. T. verloren und wird ergänzt durch das EU-weit geltende Gemeinschaftsrecht.

1.1.3.2 Parlamentsgesetze

Neben dem Verfassungsrecht bilden vor allem die Gesetze die wesentliche **Gesetz**
Rechtsgrundlage für die Tätigkeit der Sozialverwaltung und der Sozialen Arbeit insgesamt. Das Parlamentsgesetz ist der Prototyp einer Rechtsnorm. Bei einem „Gesetz" handelt es sich dabei, formell gesehen, um eine Rechtsvorschrift, die von der Legislative in dem verfassungsmäßig vorgeschriebenen Verfahrensweg erlassen worden ist (im Hinblick auf Bundesgesetze vgl. Art. 70 ff. GG und Übersicht 3).

Hinsichtlich des Inhalts muss ein Gesetz allgemeinverbindliche Regelungen enthalten. Man sagt auch, eine Rechtsnorm ist ein Gesetz im materiellen Sinn (d. h. dem Inhalt nach), wenn es

▪ eine verbindliche Regelung,
▪ für eine unbestimmte Vielzahl von Fällen,
▪ gegenüber einer unbestimmten Vielzahl von Personen enthält.

Die meisten Gesetze sind solche im formellen und materiellen Sinn, da die Parlamente (Bundestag/-rat, Landtage) in großem Umfang von ihrer Gesetzgebungskompetenz Gebrauch machen, die ihnen im Grundgesetz und in den jeweiligen Länderverfassungen zugestanden ist. Wann der Bund oder ein Land Gesetze erlassen dürfen, ist in Art. 70 ff. GG und Art. 105 GG abschließend geregelt.

1.1.3.3 Rechtsverordnungen

Auch eine Rechtsverordnung ist dem Inhalt nach eine Rechtsnorm und damit Gesetz im materiellen Sinn, denn sie ist eine verbindliche Regelung, für eine unbestimmte Vielzahl von Fällen, gegenüber einer unbestimmten

Übersicht 3: Ablauf des Gesetzgebungsverfahrens bei Bundesgesetzen (Art. 70 ff. GG)

GESETZESINITIATIVE

Gesetzesvorlagen können von der Bundesregierung, dem Bundesrat oder aus der Mitte des Bundestages eingebracht werden (Art. 76 Abs. 1 GG). Die meisten Gesetzesinitiativen – etwa zwei Drittel aller Gesetzesentwürfe – werden von der Bundesregierung vorgelegt. Nach Beratung und Beschluss im Kabinett werden die Gesetzesvorlagen dem **Bundesrat** zugeleitet, damit dieser in einem sog. „ersten Durchgang" eine Stellungnahme erarbeiten und ggf. Änderungsvorschläge machen kann. Gesetzesinitiativen des Bundesrates werden über die Bundesregierung an den Bundestag weitergeleitet.

BERATUNG UND BESCHLUSSFASSUNG IM BUNDESTAG

Zentrales Organ der Gesetzgebung ist der **Deutsche Bundestag** als gewählte Volksvertretung. Dieser behandelt Gesetzesentwürfe in der Regel in drei Lesungen. Am Ende der ersten Lesung steht die Überweisung des Entwurfs an einen oder mehrere **Ausschüsse**. Im Anschluss an die Beratungen in den Ausschüssen finden die zweite und dritte Lesung statt. Während in der zweiten Lesung hauptsächlich Änderungsanträge vorgebracht werden, ist die dritte Lesung regelmäßig der Schlussabstimmung vorbehalten.

BUNDESRAT

Alle im Bundestag verabschiedeten Gesetze werden dem Bundesrat zugeleitet. In einem sog. zweiten Durchgang sind die Handlungsmöglichkeiten des Bundesrates davon abhängig, ob der Gesetzesbeschluss seiner Zustimmung bedarf oder nicht. Die zustimmungspflichtigen Gesetze können ohne sein positives Votum nicht in Kraft treten. Ob ein Gesetz der Zustimmung des Bundesrates bedarf, richtet sich nach dem GG (vgl. z.B. Art. 23 Abs. 1 S. 2 GG, Art. 79 Abs. 2 GG; Art. 104a Abs. 3, 4, 5 und Art. 105 Abs. 3 GG). Bis zur Durchführung der sog. Föderalismusreform war dies bei über 60 % der Gesetzgebungsverfahren der Fall, insbesondere weil die Länder in ihren Verwaltungsaufgaben betroffen waren. Nun soll nur noch etwa ein Viertel bis ein Drittel der Gesetze der Zustimmung des Bundesrates bedürfen, da die Länder das Verwaltungsverfahren nun selbst abweichend von den bundesrechtlichen Regelungen regeln dürfen (vgl. in Art. 84 Abs. 1 GG). Im Übrigen bedürfen Bundesgesetze, die das Verwaltungsverfahren regeln, weiterhin der Zustimmung des Bundesrates (vgl. z.B. Art. 84 Abs. 1 S. 5, Abs. 2 GG). Ein vom Bundestag beschlossenes Gesetz kommt zustande, wenn der Bundesrat zustimmt, den Antrag gemäß Art. 77 Abs. 2 GG nicht stellt, innerhalb der Frist des Art. 77 Abs. 3 GG keinen Einspruch einlegt oder ihn zurücknimmt oder wenn der Einspruch vom Bundestage überstimmt wird (Art. 78 GG).

zustimmungsbedürftige Gesetze	**nichtzustimmungsbedürftige Gesetze** sog. Einspruchgesetz
■ **Zustimmung**, ■ **Verweigerung** der Zustimmung oder ■ **Anrufung** des Vermittlungsausschuss	■ **Billigung** oder ■ **Anrufung** des Vermittlungsausschusses

VERMITTLUNGSAUSSCHUSS

Der aus Mitgliedern des Bundestages und des Bundesrates nach Art. 77 Abs. 2 GG für die gemeinsame Beratung von Vorlagen gebildete Vermittlungsausschuss hat die Aufgabe, eine Einigung zwischen den divergierenden Auffassungen von Bundestag und Bundesrat zu finden. Über Änderungsvorschläge muss der Bundestag neu abstimmen. Der Bundesrat beschließt dann über das dergestalt geänderte Gesetz. Bestätigt der Vermittlungsausschuss den Gesetzesbeschluss des Bundestages oder wird das Verfahren ohne Einigung abgeschlossen, muss sich nur noch der **Bundesrat** mit der – unveränderten – Vorlage befassen.

- -► Verweigerung der Zustimmung

Einspruch des Bundesrates bei nicht-zustimmungsbedürftigen Gesetzen (Art. 77 Abs. 3 GG

Billigung nichtzustimmungsbedürftiger Gesetze

Gesetz gescheitert ✂

Beschluss des **BUNDESTAGES** (Art. 77 Abs. 4 GG); grds. reicht Mehrheit der BT-Mitglieder, hat aber der Bundesrat seinen Beschluss mit 2/3 seiner Stimmen gefasst, so muss der Bundestag den Einspruch mit 2/3 der abgegebenen Stimmen, dabei aber mindestens der Mehrheit der BT-Mitglieder zurückweisen;

◄ - - - - - - - - - bei fehlender Mehrheit ————————— bei ausreichender Mehrheit ————— (= Zurückweisung des Einspruchs)

► **Gegenzeichnung** durch den zuständigen Ressortminister ◄

Ausfertigung durch den **BUNDESPRÄSIDENTEN**

Verkündigung im Bundesgesetzblatt

§ Gesetz tritt in Kraft §

Vielzahl von Personen. Der wesentliche Unterschied zu den „richtigen" (Parlaments)Gesetzen besteht darin, dass die Rechtsverordnungen nicht in einem förmlichen Gesetzgebungsverfahren von der Legislative erlassen werden, sondern von Organen der vollziehenden Gewalt (Exekutive). Um eine Rechtsverordnung zu erlassen, bedarf diese freilich einer besonderen gesetzlichen Ermächtigung (Art. 80 Abs. 1 S. 1 GG), d.h., sie darf nur im Auftrag der Legislative tätig werden (vgl. z.B. §§ 13, 27, 51c SGB II; §§ 10 Abs. 2, 87, 151, 182 SGB III; § 78g IV SGB VIII; § 28 Abs. 2, 40, 60 SGB XII; §§ 55a, 312c, 312e, 558c; 577a, 1587a, 1612a Abs.IV BGB).

Die meisten Rechtsverordnungen werden zur Durchführung und Ausführung von Gesetzen erlassen. Sie konkretisieren oft Rechte und Pflichten des Bürgers und nehmen dadurch der Verwaltung die Möglichkeit, bei nichteindeutiger Regelung im Gesetz eine den Bürger benachteiligende Auslegung zu vertreten.

Zum Ausgangsfall „Familie Berger": Der Anspruch auf laufende Hilfen zum notwendigen Lebensunterhalt umfasst nach §§ 17, 27 Abs. 1 S. 1, 28 SGB XII den sog. Regelbedarf, insbesondere Ernährung, Unterkunft, Kleidung und Körperpflege. Nach § 40 SGB XII wird das Bundesministerium für Gesundheit und Soziales ermächtigt, im Einvernehmen mit dem Bundesfinanzministerium und dem Bundesministerium für Wirtschaft und Arbeit durch Rechtsverordnungen mit Zustimmung des Bundesrates Vorschriften über den Inhalt, Bemessung und Aufbau der Regelsätze zu erlassen. Nach der auf dieser Grundlage erlassenen sog. Regelsatzverordnung zu § 28 SGB XII wird festgelegt, welchen Bedarf die laufenden Leistungen abdecken. Neben dem durch den Regelsatz abgedeckten Bedarf werden nach § 31 SGB XII Leistungen für einmalige Bedarfe erbracht. Hierunter fallen nach Abs. 1 Nr. 3 auch mehrtägige Klassenfahrten im Rahmen schulrechtlicher Bestimmungen.

1.1.3.4 Satzungen

Die öffentlich-rechtliche Satzung ist ungeachtet desselben Begriffes und ähnlicher Funktionen von den privat-rechtlichen Organisationsvorschriften rechtsfähiger Vereine nach § 25 BGB zu unterscheiden (vgl. hierzu II-1.1). Satzungen des Öffentlichen Rechts sind Rechtsvorschriften, die alle Personen im Wirkungskreis einer **Selbstverwaltungseinheit** berechtigen und verpflichten (materielle Satzung) oder organisatorische Regelungen für den Bereich der Selbstverwaltung enthalten können (formelle Satzungen). Satzungen sind damit Rechtsnormen (Gesetze im materiellen Sinn), denn auch sie sind verbindliche Regelungen für eine unbestimmte Vielzahl von Fällen, die sich an eine unbestimmte Vielzahl von Personen richten. Die Befugnis zur Rechtssetzung durch Satzungen ist bestimmten juristischen Personen des öffentlichen Rechts (nur) zur Regelung ihrer eigenen Angelegenheiten verliehen. Von besonderer Bedeutung ist der Erlass von Satzungen für die Gebietskörperschaften (Gemeinden, Landkreise, Bezirke) oder die Sozialversicherungsträger. Den Kommunen ist diese Autonomie ausdrücklich in

B

Art. 28 Abs. 3 GG zugesichert. Allerdings ist diese autonome Regelungs-befugnis auf die Verwaltung der eigenen Angelegenheiten begrenzt. Zu weitergehenden Eingriffen in die Rechtssphäre des Bürgers bedarf es einer besonderen gesetzlichen Ermächtigung.

Die Gemeinden können die Benutzung z.B. von Wasserversorgungsan-lagen, Entwässerungsanlagen, Schwimmbädern, Büchereien, Friedhöfen, Eisstadien durch Satzungen regeln. Gemeindeverbände können durch Sat-zungen u.a. die Benutzung von Mülldeponien regeln. Beispielsweise be-schließt der Rat der kreisfreien Stadt B. aufgrund der in den landesrechtlichen Kommunalordnungen und Gemeindeverfassungsgesetzen enthaltenen all-gemeinen Ermächtigung zum Erlass von Satzungen eine sog. Hauptsatzung (Grundorganisation) und z.B. eine Satzung über die Benutzungsordnung in den städtischen Notunterkünften. Durch die Satzung für das Jugendamt bestimmt der Rat die Zusammensetzung und die Zuständigkeit des Jugend-hilfeausschusses als Teil der Verwaltungseinheit Jugendamt. In der Haus-haltssatzung setzt der Rat der Stadt A. z.B. einen Betrag von 200.000 € zur allgemeinen Förderung der freien Verbände der Jugendhilfe an.

Die Bundesagentur für Arbeit (§ 372 SGB III) sowie die Träger der Ren-ten- und Unfallversicherung oder die gesetzlichen Krankenkassen (vgl. § 34 SGB IV; § 194 SGB V, § 127a Abs. 3 SGB VI, § 117 SGB VII) regeln in ihren Satzungen z.B. die Aufgaben ihrer Organe, den Kreis der Versicherten und die Art und Weise der Willensbildung. Sie können u.a. eine Beitragssatzung oder Anordnungen (= Satzungen) über die Kostenregelung bei Rehabilita-tionsmaßnahmen erlassen.

Die Studien- und Prüfungsordnungen der Universitäten und Fachhoch-schulen sind in aller Regel landesrechtlich autorisierte Satzungen der Hoch-schulen zur Regelung ihrer eigenen Angelegenheiten.

1.1.3.5 Tarifverträge

Der Tarifvertrag ist ein privatrechtlicher Vertrag zwischen tariffähigen Par-teien (Gewerkschaften und Arbeitgeberverbände). Er regelt zum einen in seinem schuldrechtlichen Teil die Rechte und Pflichten der Tarifparteien, enthält aber darüber hinaus in seinem **normativen Teil** nach außen wirkende Bestimmungen, durch die die Arbeitsverhältnisse unmittelbar erfasst wer-den. So enthält der Tarifvertrag Rechtsnormen über den Abschluss, Inhalt und Beendigung von Arbeitsverhältnissen (z.B. Lohn, Kündigungsvoraus-setzungen) sowie die Ordnung von betrieblichen Fragen (z.B. Anwesen-heitspflichten, Rauchverbote). Insoweit handelt es sich bei Tarifverträgen auch um Rechtsnormen. Näheres hierzu im Kapitel Arbeitsrecht (II-3.2).

1.1.3.6 Notwendige Abgrenzungen

Verwaltungs-vorschriften

Verwaltungsvorschriften (VV) sind keine Rechtsnormen, sondern nur verwaltungs**interne** Anweisungen, insbesondere übergeordneter an nach-geordnete Behörden oder des Dienstvorgesetzten an unterstellte Bedienstete. Für VV werden mitunter ganz unterschiedliche Begriffe verwendet, z. B. Dienstanordnungen, Dienstanweisungen, Richtlinien, (Rund)Erlasse, Rundverfügungen, Allgemeinverfügungen, Durchführungsbestimmungen, Ausführungsvorschriften, Verwaltungsverordnungen, Hausordnung usw. VV lassen sich im Wesentlichen in drei Kategorien unterscheiden:

- organisatorische VV zur Regelung des internen Dienstbetriebes: Dienstanweisung über die Unterschriftsbefugnis, Benutzung von Dienstfahrzeugen, Aktenführung
- norminterpretierende VV zur Auslegung von Rechtsvorschriften (hierzu I-3.3.2), z. B. VV zum BAföG, zum BKGG, zum Wohngeldgesetz, Allgemeine Verwaltungsvorschrift zur Ausführung des Ausländergesetzes
- Ermessensrichtlinien zur Ausfüllung eines Ermessensspielraums (hierzu vgl. I-3.4.2), z. B. über die Höhe einer Gebühr für den Besuch einer städtischen Kindertagesstätte.

Zum Erlass von Verwaltungsvorschriften braucht die Behörde (innerhalb einer Verwaltungshierarchie) keine gesetzliche Ermächtigung, da sie nur für den Dienstbetrieb innerhalb der Verwaltung bestimmt sind. Die Befugnis zum Erlass ergibt sich aus der jeweiligen Organisationsgewalt. Verwaltungsvorschriften des Bundes und der Länder werden i. d. R. in Ministerialblättern, Amtsblättern usw. veröffentlicht (vgl. z. B. www.bundesanzeiger.de). Von den Selbstverwaltungsträgern werden die an bestimmten Verwaltungsvorschriften interessierten Personen oft direkt informiert, z. B. die Jugendverbände über die Richtlinien zur Jugendförderung. Allerdings geschieht dies z. B. im Sozialleistungsbereich nicht immer, so dass manche Bürger Entscheidungen nicht immer ausreichend nachvollziehen können und sich einem „Geheimrecht" ausgeliefert sehen. Entgegen der ganz überwiegenden Meinung in Rechtswissenschaft und Rspr. besteht nach Auffassung des Bundesverwaltungsgerichts (NJW 1981, 535; 1984, 2590) keine allgemeine Pflicht zur Veröffentlichung von Verwaltungsvorschriften. Ein Beteiligter eines Verwaltungsverfahrens hat allerdings einen Auskunftsanspruch gegenüber der Behörde hinsichtlich der für die Rechtsverfolgung nötigen Informationen über derartige Verwaltungsvorschriften. Im Hinblick auf die umfassende Informations- und Auskunftspflicht der Behörden im Sozialleistungsverfahren (vgl. §§ 13 ff. SGB I) muss die transparente Entscheidungsfindung für eine moderne Verwaltung selbstverständlich sein.

Verwaltungsvorschriften sind keine Rechtsgrundlage für Maßnahmen gegenüber dem Bürger, weil sie keinen Rechtsnormcharakter haben (Art. 20 Abs. 3 GG). Gegenüber dem Bürger werden daher durch sie grundsätzlich weder Rechte noch Pflichten begründet. VV sind jedoch von den Bediensteten des Trägers der Verwaltung zu beachten, der sie erlassen hat (vgl. § 37 BRRG; § 55 BBG).

Obwohl Verwaltungsvorschriften nur verwaltungsintern verbindlich sind, können sie über Art. 3 GG bzw. den Grundsatz des Vertrauensschutzes mittelbar aufgrund einer dauernden Anwendungspraxis für Bürger und Gerichte verbindlich werden, ja sogar anspruchsbegründende Wirkung haben. Eine Abweichung von der gleichmäßigen Anwendungspraxis der VV ist zwar zulässig, aber nur wenn eine wesentliche Abweichung des Einzelfalles dies rechtfertigt (BVerwGE 19, 30). Andererseits müssen VV zur Ausfüllung des Ermessensspielraumes eine Abweichung zulassen, soweit wesentliche Besonderheiten im konkreten Fall vorliegen (BVerwG NJW 1980, 75).

Für die soziale Beratungspraxis haben Verwaltungsvorschriften eine große, wenngleich gelegentlich fragwürdige Bedeutung, denn man muss immer wieder feststellen, dass einzelne Sachbearbeiter ihr Handeln nicht am Gesetz und an den Besonderheiten des Einzelfalls orientieren, sondern an den internen Anweisungen und damit am Gesetzesverständnis der hierarchisch übergeordneten Instanz. Dies ist insbesondere bei der (fehlerhaften) Auslegung von unbestimmten Rechtsbegriffen oder der Ausfüllung von Ermessenspielräumen problematisch. Gelegentlich übersehen Sachbearbeiter mögliche Ausnahmen und berufen sich formal auf ihre Vorschriften, die dem betroffenen Bürger nicht immer bekannt sind. Rechtsgrundlage für das Handeln der Verwaltung ist aber stets das Gesetz (Art. 20 Abs. 3 GG), nicht die Verwaltungsvorschrift! Ein Verwaltungsakt oder die Ablehnung einer Leistung darf niemals nur mit Hinweis auf eine Verwaltungsvorschrift erlassen bzw. abgelehnt werden. Zwar binden die VV die Behördenmitarbeiter als interne, dienstliche Anweisung. Verwaltungsvorschriften dürfen aber selbstverständlich nicht Rechtsvorschriften widersprechen (sog. Gesetzesvorrang!). Die (sozialpädagogischen) Fachkräfte (vgl. § 72 SGB VIII, § 6 SGB XII) müssen immer den konkreten Einzelfall im Blick haben und im Konfliktfall auf dem Dienstweg versuchen, die Zustimmung der zuständigen Vorgesetzten zu einer gesetzeskonformen, der besonderen Problematik des Falles entsprechenden Entscheidung zu erreichen.

B Zum Einstiegsfall: Nach §§ 19, 27 SGB XII besteht für Herrn Berger und seine Kinder ein Anspruch auf Hilfe zum Lebensunterhalt (HLU). Form und Maß der Leistungen werden in §§ 28 ff. SGB X geregelt, insbesondere wird zwischen „laufenden" und „einmaligen" Bedarfen unterschieden. Besteht bei Hilfesuchenden ein Anspruch auf HLU, so sind die einkommensbezogenen Voraussetzungen (auch) für den Bezug von einmaligen Leistungen gegeben. Entscheidend ist deshalb lediglich die Frage, ob die beantragten Leistungen (Bekleidung, Klassenfahrt usw.) von der laufenden HLU umfasst sind.

Als „einmalige" Bedarfe werden bestimmte Leistungen, die nicht beständig, also immer wieder, bezogen werden müssen, gesondert erbracht. Die früher in § 21a BSHG geregelten „einmaligen Bedarfe" sind nach der Neuregelung – bis auf die in § 31 SGB XII genannten Ausnahmen – in den Regelsätzen enthalten. Haushaltsgeräte, Hausrat, Kleidung und Ausgaben für besondere Anlässe sind nun vom Regelsatz umfasst. Sinn und Zweck der Regelung ist es einerseits, die Verwaltung zu vereinfachen, und andererseits, die Selbstverantwortung des Leistungsempfängers zu fördern, künftig einen Teil der monatlichen Leistungen anzusparen, um bei entstehendem Bedarf auch größere Anschaffungen zu tätigen.

Nach § 27 SGB XII wird der notwendige Lebensunterhalt durch den Regelbedarf (= laufende Leistungen zum Lebensunterhalt) gedeckt und durch sog. Regelsätze gewährt, in der Norm aber nicht näher konkretisiert. Aufgrund der Verordnungsermächtigung in § 40 SGB XII wurde Inhalt, Bemessung und Aufbau der Regelsätze in der RVO zur Durchführung des § 28 SGB XII (sog. Regelsatzverordnung) festgelegt. Durch § 2 der Regelsatzverordnung wird die Berechnungsgrundlage im statistischen Vergleich zu Einkommens- und Verbraucherstichproben bestimmt; Vergleichsgröße sind nach § 2 Abs. 3 RSVO die untersten 20% der Nettoeinkommen (ohne Sozialhilfeempfänger).

Zwischenergebnis: Rechtsnormen, das SGB XII und die Regelsatzverordnung, legen den Inhalt der den Regelbedarf deckenden Regelsätze für die laufenden Leistungen zum Lebensunterhalt fest. Die Bekleidung ist demnach grundsätzlich vom laufenden Bedarf umfasst. Eine Ausnahme (Erstausstattung; Schwangerschaftskleidung) liegt bei der von der Tochter von Herrn Berger gewünschten Jeansjacke nicht vor. Diese wird Herr Berger entweder von seinem ersparten Geld kaufen müssen oder mit seiner Tochter das notwendige unter Umständen bei pubertierenden Jugendlichen nicht einfache Gespräch suchen müssen, weshalb diese meint, ohne eine solche Jacke nicht am Schulleben teilnehmen zu können.

Im Hinblick auf die Kosten für die Klassenfahrt beruft sich die Verwaltung der Stadt G. auf ihre Verwaltungsvorschriften VVSoz. Der Begriff „Teilnahme am kulturellen Leben" ist unbestimmt und bedarf der Auslegung, weshalb die Verwaltungen häufig Verwaltungsvorschriften zur einheitlichen Ausübung erlassen. Nach ihrer Auffassung seien Schulaktivitäten grundsätzlich vom Regelsatz umfasst und daher nicht gesondert zu erstatten. Allerdings sind nach § 31 SGB XII zumindest mehrtägige Klassenfahrten ausdrücklich nicht vom Regelbedarf umfasst, sondern in Abs. 1 Nr. 3 als einmaliger Bedarf anerkannt. Die in der VVSoz vorgenommene Definition widerspricht dem Gesetz und ist damit rechtswidrig. Eine „mehrtägige" Klassenfahrt beginnt nicht erst ab einer Woche, sondern zumindest ab 3 Tagen. Auch die Pauschalierung des Zuschusses nach § 5 Abs. 4 VV steht im Widerspruch zu § 31 Abs. 3 SGB XII, wonach Pauschalierungen nur bzgl. Nr. 1 und 2 möglich sind. Bei mehrtägigen Klassenfahrten sind die tatsächlichen Kosten zu übernehmen.

In zahlreichen Arbeitsfeldern der Sozialen Arbeit erarbeiten Verbände **Empfehlungen** und Fachvereinigungen, Arbeitskreise und Arbeitsgemeinschaften „Empfehlungen", „Richtlinien" oder sonstige Arbeitshilfen. Die öffentlichen Leistungsträger werden durch diese Empfehlungen nicht gebunden. Allerdings können vorgesetzte Behörden bzw. Dienstvorgesetzte, z.B. die Bürgermeister und Landräte als Leiter der kommunalen Verwaltung, in Ausübung ihrer Weisungsbefugnis anordnen, dass alle Mitarbeiter bei der Ausführung ihrer Aufgaben derartige „Empfehlungen" als Weisung zu beachten haben.

Gerichtsentschei-dungen

Gerichtsurteile sind grundsätzlich keine Rechtsnormen. Gerichtsentscheidungen binden unmittelbar nur die an einem einzelnen Gerichtsverfahren beteiligten Personen (Parteien), nicht aber – anders als die höchstrichterlichen Entscheidungen im Bereich des angelsächsischen *common law* – die Gerichte selbst. Grund hierfür ist die Dreiteilung der Staatsgewalt (vgl. Art. 20 Abs. 2 S. 2 GG). Würden Gerichtsurteile jedermann binden, so hätten sie die Wirkung von Gesetzen, deren Erlass jedoch grundsätzlich den Parlamenten vorbehalten ist. Eine **Ausnahme** besteht nur bei bestimmten Entscheidungen des **Bundesverfassungsgerichts**, die grundsätzlich alle Verfassungsorgane und Behörden des Bundes und der Länder binden. Teilweise haben die Entscheidungen des BVerfG, insbesondere aufgrund eines sog. Normenkontrollverfahrens, durch das Vorschriften als verfassungswidrig erkannt werden, über den Einzelfall hinaus verbindliche Wirkung und damit ausdrücklich Gesetzeskraft (§ 31 Abs. 2 BVerfGG).

Trotz der beschränkten Wirkung von Gerichtsentscheidungen hat insbesondere die höchstrichterliche Rechtsprechung für die Praxis der Rechtsanwendung eine herausragende Bedeutung. Es empfiehlt sich, insbesondere die Entscheidungen der obersten Gerichte zu beachten, weil sie wertvolle Hinweise für die sachkundige Auslegung (hierzu I-3.3.2) von Rechtsvorschriften liefern. Zudem orientieren sich unterinstanzliche Gerichte an den Entscheidungen der Obergerichte.

1.1.3.7 Rangordnung der Rechtsvorschriften

Rechtsvorschriften stehen in einem wertigen Stufenverhältnis, einer Rangordnung zueinander (vgl. Übersicht 4). Der Vorrang höherrangigen Rechts verpflichtet die Rechtsanwender dazu, rangniedere Rechtsvorschriften stets (verfassungs-)konform auszulegen (hierzu I-3.3.2). Im Kollisionsfall geht das höherrangige Recht dem rangniedrigeren Recht vor, d. h., die rangniedrigere Norm ist nichtig, wenn sie gegen höherrangiges Recht verstößt. Zu beachten ist hier zunächst der unmittelbare Vorrang des europäischen Gemeinschaftsrechts (siehe I-1.1.5). Im Hinblick auf den vielfach verkürzt-pauschal dargestellten Grundsatz des Art. 31 GG („Bundesrecht bricht Landesrecht") muss beachtet werden, dass diese Regelung nur dann relevant wird, wenn dem Bund für die entsprechende Frage nach dem Grundgesetz tatsächlich die Regelungskompetenz zusteht. Betrifft eine Materie allein die Regelungskompetenz der Länder, so wäre eine entsprechende Bundesnorm nicht höherrangig, sondern verfassungswidrig (z. B. im Bereich des Schulwesens als traditionelle Länderkompetenz). Nur im Bereich der rechtmäßig konkurrierenden Gesetzgebung geht ein rechtmäßiges Bundesgesetz oder eine Rechtsverordnung den Länderrechtsnormen vor. Ländergesetze, die entgegen der verfassungsrechtlichen Kompetenzverteilung erlassen werden, sind ebenso verfassungswidrig (z. B. nachträgliche Sicherungsverwahrung; vgl. BVerfGE v. 10.02.2004 – 2 BvR 834/02). Bei Kollisionen gleichrangiger Vorschriften verdrängt das neuere Gesetz das ältere, die speziellere die allgemeine Norm.

Übersicht 4: Normenpyramide am Beispiel des Jugendhilferechts

Rangordnung	Jugendhilferecht
Europäisches Gemeinschaftsrecht	Art. F Abs. 2 EU-Vertrag (Achtung der Grundrechte der EMRK); Art. 6 (Diskriminierungsverbot), Art. 48 (Arbeitnehmerfreizügigkeit) EG-Vertrag; Art. 8 EMRK Schutz des Privat- und Familienlebens,
Grundgesetz	Art. 1 (Menschenwürde), Art. 20 GG (Sozialstaatsprinzip); Art. 28 Abs. 2 GG (Garantie der kommunalen Selbstverwaltung); Art. 74 Nr. 7 GG (Gesetzgebungskompetenz); Art. 83 GG: Verwaltungszuständigkeit
Bundesgesetz	SGB VIII, BGB, Adoptions/-vermittlungsgesetz
Bundesrechtsverordnung	Regelbetrag-Verordnung (vgl. § 1612a BGB)
Landesverfassung	z.B. Art. 17ff. der Verfassung des Freistaates Thüringen
Landesgesetz	z.B. Thür. Ausführungsgesetz zum KJHG; Kindertagesstättengesetze; Gesetze zur Förderung der Jugendarbeit, ...
Landesrechtsverordnung	VO zur Festsetzung der Pauschalbeträge für laufende Leistungen zum Unterhalt nach § 39 Abs. 5 SGB VIII;
Autonomes Recht	Kommunale Satzung über Einrichtungen der Jugendhilfe, z.B. Benutzungs- und Hausordnung in Jugendhäusern

Keine Rechtsnormen:

Verwaltungsvorschriften	Landes-Förderungsrichtlinien zum Aufbau ambulanter Jugendhilfeangebote; Vereinbarung des Justizministeriums und des Min. für Soziales und Gesundheit über Grundsätze der Unterbringung in Einrichtungen der Jugendhilfe gem. §§ 71 Abs. 2, 72 Abs. IV JGG
Empfehlungen	Empfehlungen des Deutschen Vereins für die Bemessung des monatlichen Pauschalbetrages bei Vollzeitpflege; Grundsätze der AG der Obersten Landesjugendbehörden für die Anerkennung von Trägern der freien Jugendhilfe nach § 75 SGB VIII; Empfehlungen der BAG der Landesjugendämter zur Adoptionsvermittlung.

Anm: Die abgeleiteten Rechtsnormen (RVO und Satzung) sind *kursiv* gedruckt.

1.1.4 Überblick über die Gebiete der deutschen Rechtsordnung

Konflikte sind normal und können in allen Lebensbereichen entstehen: Streitigkeiten innerhalb der Familie, im alltäglichen Handeln im Arbeitsleben, der Streit um die Mieterhöhung, der Unfall im Straßenverkehr usw. Die aus dem Konflikt resultierende rechtliche Fragestellung bestimmt, welches Rechtsgebiet innerhalb einer Rechtsordnung Anwendung findet. Zur Verdeutlichung ein kleiner konstruierter Fall: Adam ist gemeinsam mit seiner Freundin Eva im Pkw auf dem Nachhauseweg. Beide sind verliebt, schauen sich oft in die Augen und unterhalten sich angeregt. Da sich Adam beim Fahren nicht voll auf den Verkehr konzentriert, verursacht er an einer Ampelkreuzung einen Auffahrunfall, bei dem Herr E. verletzt wird. Dieser kleine Fall wirft mehrere Fragen auf:

Wenn A. aus Unachtsamkeit einen Verkehrsunfall verursacht, bei dem E. verletzt wird, so beantwortet das Zivilrecht die Frage, ob A. dem B. Schadensersatz und Schmerzensgeld zu leisten hat und ggf. in welcher Weise und Höhe (§§ 823, 847 BGB, § 7 StVG). Sinn und Zweck ist hierbei der Ausgleich des (materiellen und ideellen) Schadens. Das Verwaltungsrecht bezweckt die Gefahrenkontrolle und befasst sich deshalb mit der Frage, ob sich A. durch sein Verhalten als ungeeignet zum Fahren von Kfz erwiesen hat und ob ihm die Fahrerlaubnis zu entziehen ist (§ 4 StVG). Das Strafrecht klärt, ob A. sich anlässlich des Verkehrsunfalls strafbar gemacht hat und wie er ggf. zu sanktionieren ist.

Im deutschen Recht findet sich eine Vielzahl von unterschiedlichen Regelungsmaterien. Der Tradition des römischen Rechts folgend wird die deutsche Rechtsordnung unterteilt – siehe dazu auch Übersicht 5 – in das:

▪ **Privatrecht** (*ius privatum*): regelt die Beziehungen der einzelnen Bürger und anderer nichthoheitlicher Rechtssubjekte (juristische Personen, z. B. Verein, GmbH) zueinander auf der Basis der Gleichordnung und Selbstbestimmung (hierzu II). Das BGB ist als „bürgerliches" Zivilrecht nur ein Teil des Privatrechts, andere privatrechtliche Rechtsnormen finden sich z. B. im Handels- und Wirtschaftsrecht (z. B. HGB, GmbHG, Gewerberecht, Wettbewerbsrecht, Urheberrecht) sowie im Arbeitsrecht.

▪ **Öffentliche Recht** (*ius publicum*): regelt die Organisation des Staates und der mit Hoheitsgewalt ausgestatteten Rechtssubjekte (Körperschaften, Anstalten und öffentlich-rechtliche Stiftungen), die öffentliche Verwaltung und das von ihr angewandte Verfahren; es ordnet die Rechtsverhältnisse der Hoheitsträger untereinander und zu den Bürgern (hierzu III). Hierzu gehören insbesondere das Grundgesetz, sonstiges Staats- und Verwaltungsrecht, insbesondere die einzelnen Bücher des SGB, das Schulrecht, Polizeirecht sowie das gesamte Gerichtsverfassungs- und Verfahrensrecht auch der Zivilgerichtsbarkeit. Das häufig als eigenständiges Rechtsgebiet behandelte Strafrecht (Teil IV) ist Teil des Öffentlichen Rechts.

Übersicht 5: Übersicht über das Rechtssystem der Bundesrepublik Deutschland

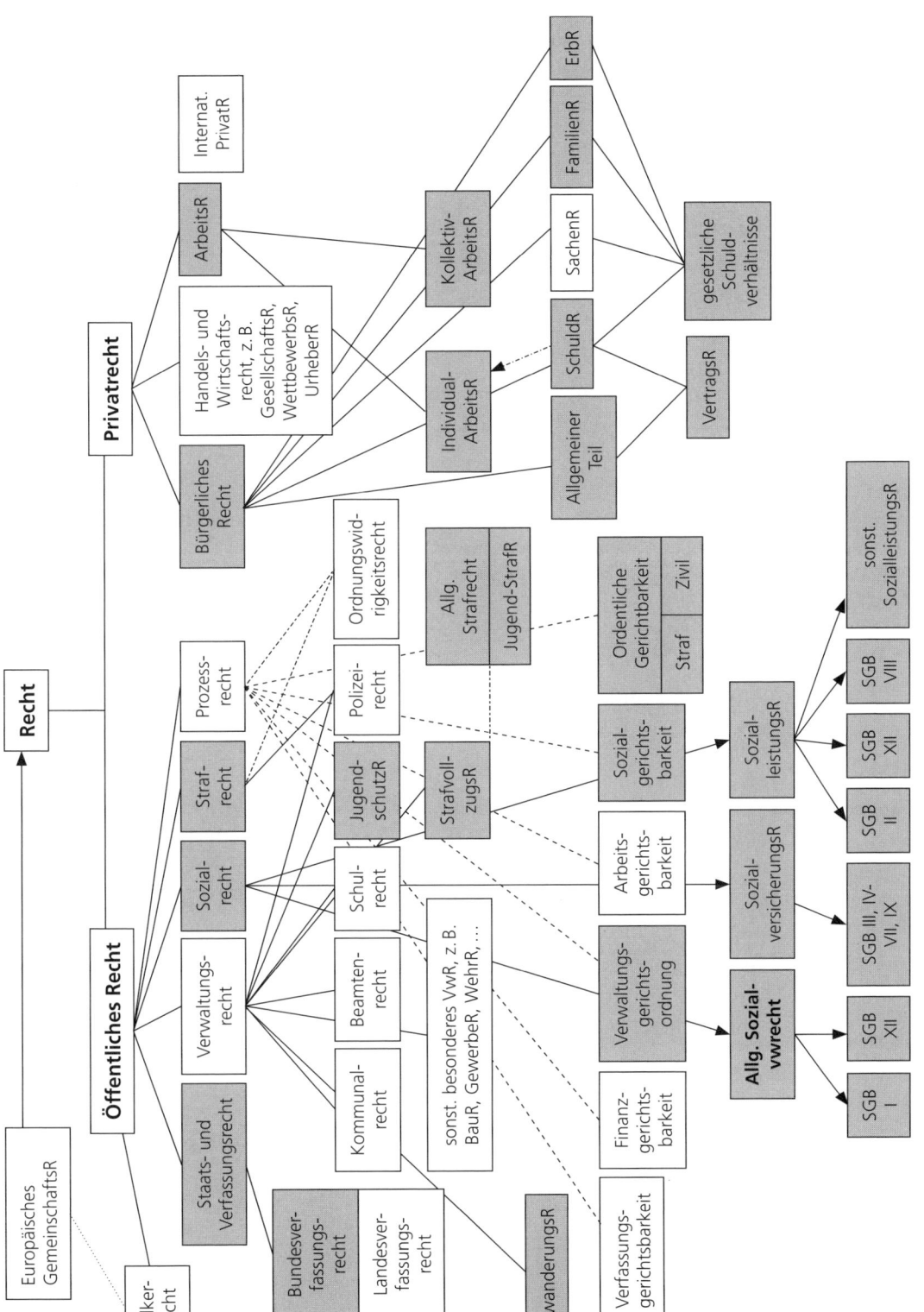

Anm.: Die grau unterlegten Rechtsgebiete werden in den „Grundzügen des Rechts" behandelt.

Abgrenzungs-theorien

Eine Rechtsnorm ist öffentlich-rechtlicher Natur, wenn aus ihr zwingend ein Träger öffentlicher Verwaltung berechtigt oder verpflichtet ist. Privatrechtlich ist eine Norm, wenn der betreffende Rechtssatz für jedermann gilt (sog. moderne Subjektstheorie). Frühere gebräuchliche Abgrenzungskriterien (z. B. bei einem Über- und Unterordnungsverhältnis sei die Norm öffentlich-rechtlich, bei Gleichordnung privat-rechtlich) sind für den modernen Rechtsstaat untauglich. Zum einen ist der Bürger kein Untertan und zum anderen sind viele Rechtsverhältnisse zwischen öffentlichen Trägern trotz ihrer Gleichordnung öffentlich-rechtlich ausgestaltet (z. B. Kostenerstattungsansprüche, öffentlich-rechtliche Verträge z. B. über Gemeindegrenzen oder i. d. R. Daseinsvorsorge).

Verwaltungs-privatrecht

Die Abgrenzung zwischen Öffentlichem und Privatrecht kann gelegentlich schwierig sein. So nehmen Staat und Kommunen öffentliche Aufgaben (z. B. Verkehrs- und Versorgungsleistungen, Abfallentsorgung) nicht allein in klassisch hoheitlichen, sondern auch in privatrechtlichen Formen wahr. Man spricht dann von „Verwaltungsprivatrecht". Es finden dann zwar zunächst die zivilrechtlichen Regelungen Anwendung (z. B. Kaufrecht, Mietrecht) und bei Streitigkeiten ist deshalb der Zivilrechtsweg einzuschlagen. Andererseits darf der Staat – auch soweit er privatrechtlich handelt – seine hoheitliche Befugnis nicht ausnutzen, er kann sich nicht durch eine „Flucht ins Privatrecht" von der Geltung der Grundrechte befreien (vgl. z. B. BGH 24.09.2002 – KZR 4/01 – NJW 2003, 752 ff.). Die Verwaltung ist auch dann an die verfassungsrechtlichen Grundsatzentscheidungen und Verwaltungsgrundsätze (z. B. Grundrechtsbindung, Sozialdatenschutz, Akteneinsichtsrecht, Kostendeckungsprinzip) gebunden (vgl. BGH NJW 1992, 171 [173]). Beispielsweise steht es einem in privatrechtlichen Formen betriebenen kommunalen Versorgungsunternehmen nicht völlig frei, mit welchen Nutzern es Verträge schließt, sondern es ist verpflichtet, grundsätzlich allen Bürgern zu gleichen Bedingungen Versorgungsleistungen anzubieten (sog. Kontrahierungszwang).

Zwei-Stufen-Theorie

Gelegentlich werden öffentlich-rechtliche und privatrechtliche Handlungsformen miteinander verknüpft. So schließt sich auf der Grundlage einer öffentlichen Entscheidung z. B. über die Bewilligung einer Leistung („ob") ein privatrechtlicher Vertrag an, der das „Wie" der Leistung, also die Einzelheiten der Vergabe regelt. Nach dieser sog. „Zwei-Stufen-Lösung/-Theorie" richtet sich die Bewilligung der Leistung nach dem Öffentlichen Recht, womit wieder die Grundrechte Geltung beanspruchen. Die Ausgestaltung der Rechtsbeziehung im Einzelnen erfolgt dann nach den privatrechtlichen Regelungen (z. B. Miet-, Darlehensvertrag).

Rechtsweg

Wichtig ist diese Unterscheidung zwischen Öffentlichem und Privatrecht vor allem zur Bestimmung des Rechtsweges bei Konflikten zwischen Verwaltungsträgern oder Bürgern und Verwaltung. Nur wenn z. B. eine öffentlich-rechtliche Regelung gegenüber dem Bürger getroffen worden ist, z. B. durch einen Leistungs- oder Gebührenbescheid oder einen anderen Verwaltungsakt (hierzu III-1.1.3), kann der betroffene Bürger den besonderen, für ihn in aller Regel günstigeren Verwaltungsrechtsweg beschreiten. Insbesondere besteht hier ein geringeres Kostenrisiko (z. B. ist das Verfahren in Jugendhilfe- und Sozialhilfeverfahren gerichtskostenfrei); zudem gilt im Verwaltungsgerichtsverfahren das Prinzip der Amtsermittlung, während der Beteiligte eines Zivilverfahrens selbst die Tatsachen und Beweise beibringen muss.

1.1.5   Europäisches Gemeinschafts- und Völkerrecht

Grundlage der Europäischen Union waren die sog. „Römischen Verträge" zwischen Belgien, Deutschland, Frankreich, Italien, Luxemburg und den Niederlanden, mit denen 1957 zunächst die Europäische Wirtschaftsgemeinschaft (EWG 1957) und die Europäische Atomgemeinschaft (Euratom/EAG) gegründet wurden, sowie der bereits 1951 geschlossene Vertrag über die Europäische Gemeinschaft für Kohle und Stahl (EGKS, sog. Montanunion). Durch den sog. „Maastricht-Vertrag" vom 07.02.1992 wurde der EU-Vertrag zur politischen Zusammenarbeit geschlossen. Einige Änderungen des EWG-Vertrages (jetzt EGV) wurden vorgenommen (insbesondere Erweiterung der Gemeinschaftskompetenzen sowie institutionelle Änderungen) und die Europäische Wirtschaftsgemeinschaft (EWG) in Europäische Gemeinschaft (EG) umbenannt, ohne dass damit die drei Teilgemeinschaften aufgelöst worden wären (der Vertrag zur Montanunion ist allerdings 2002 nach 50 Jahren außer Kraft getreten). Zu differenzieren ist nun zwischen den **Europäischen Gemeinschaften** (EG) und der **Europäischen Union** (EU), die sich auch auf die zwischenstaatliche polizeiliche und justizielle Zusammenarbeit im Strafrechtsbereich (PJZS) und die Gemeinsame Außen- und Sicherpolitik (GASP) stützt. Zwar wird der Begriff Europäische Union in der Umgangssprache meistens als Synonym für Europäische Gemeinschaft verwendet, anders als die EG verfügt die EU aufgrund des Scheiterns der europäischen Verfassung aber noch nicht über die völkerrechtliche Handlungs- und Rechtsfähigkeit. Bislang kann nur die EG völkerrechtlich verbindliche Verträge abschließen (sie ist z. B. Mitglied der Europäischen Bank für Wiederaufbau und Entwicklung – EBWE). Andererseits bildet die EG die tragende Säule der EU, die mit dem Beitritt Bulgariens und Rumäniens zum 01.01.2007 nunmehr 27 Mitgliedstaaten hat.

EU und EG sind nicht zu verwechseln mit dem **Europarat** (*Conseil de l'Europe*) mit Sitz in Straßburg, dessen Aufgabe sich auf eine engere Zusammenarbeit seiner – über die EG und EU hinausreichenden – Mitglieder beschränkt. Hierbei fördert er den wirtschaftlichen wie sozialen Fortschritt sowie die europäischen Ideale (vgl. insbesondere die Konvention zum Schutze der Menschenrechte und Grundfreiheiten – EMRK – oder die Europäische Sozialcharta).

Als **Recht der Europäischen Union** oder schlicht Europarecht bezeichnet **Europarecht** man die Gesamtheit des Europäischen Gemeinschaftsrechts (EG-Recht) und der sonstigen im Bereich der EU (also der GASP und der PJZS) geltenden Rechtsnormen (zum Europarecht ausführlich Herdegen 2005).

Europäisches Gemeinschaftsrecht

Das Europäische Gemeinschaftsrecht wird in das sog. primäre und sekundäre Gemeinschaftsrecht unterteilt. Ersteres besteht aus den genannten (Gründungs)Verträgen (EU-Vertrag und EG-Vertrag) sowie den Änderungsverträgen (Vertrag von Amsterdam, zuletzt Vertrag von Nizza), mit Anhängen und sog. Protokollen sowie den Beitrittsakten, die in Deutschland jeweils nach Ratifizierung durch den Gesetzgeber (Bundestag und Bundesrat) wie auch in den anderen Mitgliedsländern der EU in Kraft traten (zur Ratifikation des Maastrichter Vertrags, BVerfGE 89, 155). Das Gemeinschaftsrecht bildet dabei eine eigenständige, originär europäische Rechtsordnung. Das sekundäre Gemeinschaftsrecht sind die Rechtsnormen, die darauf basieren und von den Organen der EG (Ministerrat, Europäische Kommission, Europäisches Parlament) erlassen wurden, insbesondere die sog. EG-Verordnungen und EG-Richtlinien.

EG-Verordnung

Das primäre Gemeinschaftsrecht wie auch die EG-Verordnungen entfalten unmittelbare Rechtswirkungen in den Mitgliedsstaaten auch gegenüber den Bürgern (vgl. Art. 249 Abs. 2 EGV, Art. 161 EAGV). Das Gemeinschaftsrecht oder EG-Recht ist sog. **supranationales Recht** und bildet damit eine autonome Rechtsordnung. Die Bestimmungen des EG-Vertrages und die auf der Grundlage des EG-Vertrages erlassenen Verordnungen verdrängen entgegenstehendes nationales Recht jeder Art und Form, also auch Verfassungsrecht (vgl. EuGH NJW 1989, 505). Eine wesentliche Beeinträchtigung von Grundrechten ist damit allerdings nicht verbunden, auch wenn der EG-Grundrechtsstandard im Einzelfall unter dem des GG liegen kann, was aber verfassungsrechtlich durch die Integrationsklausel des Art. 23 GG hingenommen wurde. Nach Auffassung des EuGH gehören die Grundrechte der Mitgliedstaaten zu den allgemeinen Grundsätzen des Gemeinschaftsrechts (EuGH NJW 1989, 3080). Der EuGH orientiert sich insoweit aber auch an der Europäischen Menschenrechtskonvention (EMRK), deren Freiheits- und Bürgerrechte im Wesentlichen mit den Grundrechten des GG vergleichbar sind (prominent hier insbesondere die sog. Unschuldsvermutung Art. 6 Abs. 2 EMRK).

EG-Richtlinien

Im Unterschied zu den EG-Verordnungen umreißen die EG-Richtlinien zunächst nur einen gesetzlichen Rahmen und verpflichten die nationalen Gesetzgeber grundsätzlich zu einem Transformationsakt, durch den das nationale Recht an die jeweilige Richtlinie angepasst wird (Art. 249 Abs. 3 EGV). Die EG-Richtlinien richten sich deshalb zunächst nur an die Mitgliedstaaten, die bei der Umsetzung der Richtlinie einen gewissen Handlungsspielraum haben, z. B.

- Richtlinie zum Verbraucherkreditgesetz von 1986 (umgesetzt zunächst im Verbraucherkreditgesetz, seit 2002 in §§ 488 ff. BGB integriert),
- Richtlinie zur Produkthaftung von 1985 (umgesetzt im Gesetz über die Haftung für fehlerhafte Produkte – ProdHaftG 1989);
- Richtlinie zum Schutz vor missbräuchlichen Klauseln in Verbraucherverträgen von 1993 (umgesetzt in den §§ 305 ff. BGB);

- Richtlinien zum Schutz bei außerhalb von Geschäftsräumen geschlossenen Verträgen (1985) und bei Vertragsabschlüssen im Fernabsatz (1995), umgesetzt in §§ 355 ff. BGB;
- die sog. Antirassismus-Richtlinie 2000/43/EG des Rates vom 29.06.2000 sowie die Gender-Richtlinien 2002/73/EG und 2004/113/EG wurden durch das Allgemeine Gleichbehandlungsgesetz vom August 2006 bislang nur teilweise umgesetzt (hierzu II-3.2).

Wird diese Anpassung allerdings versäumt, können sich aus den Richtlinien unter bestimmten, vom Europäischen Gerichtshof näher konkretisierten Voraussetzungen auch unmittelbare Rechtswirkungen ergeben. Sogar eine Schadensersatzpflicht wegen mangelnder Umsetzung zum Schaden der Bürger könnte die Folge sein.

Im Hinblick auf die Terminologie und zur Abgrenzung möchten wir auf den von der traditionellen deutschen Rechtssprache verschiedenen Gebrauch der Begriffe hinweisen. EG-Verordnungen sind keine „abgeleiteten" Rechtsquellen wie die deutsche Rechtsverordnung (I-1.1.3.3), sondern haben **originären Gesetzescharakter** mit Vorrang vor dem nationalen Recht. Auch die EG-Richtlinien haben den Charakter von Rechtsnormen und sind nicht nur verwaltungsinterne Regelungen.

Teile des europäischen Rechts haben für den Bereich der Sozialen Arbeit eine besondere Bedeutung. So haben die Staatsangehörigen der 15 alten Mitgliedsstaaten der EU (Belgien, Dänemark, Deutschland, Finnland, Frankreich, Griechenland, Großbritannien, Irland, Italien, Luxemburg, Niederlande, Österreich, Portugal, Spanien, Schweden) nach Art. 18 EGV ein grundsätzlich uneingeschränktes Recht der Freizügigkeit (insbesondere Niederlassungs- und Arbeitnehmerfreizügigkeit) im gesamten Gebiet der EU; für die Staatsangehörigen der neuen Mitgliedsstaaten mit Ausnahme von Zypern und Malta bestehen übergangsweise Sonderregelungen. Alle Angehörigen dieser EU-Staaten haben somit in Deutschland im Wesentlichen dieselben Rechte wie die Deutschen, was sich im Einzelnen aus Art. 12 EGV (Diskriminierungsverbot) und Art. 39 EGV (Freizügigkeit, vgl. Art. 7 Abs. 2 der Verordnung Nr. 1612/68) ergibt. Die EG-Verordnung Nr. 1612/68 ist mittlerweile durch die EG-Richtlinie 2004/38/E geändert worden, deren Inhalte gemäß ihres Art. 40 in deutsches Recht umzusetzen sind. Dies ist im Wesentlichen durch das Gesetz über die allgemeine Freizügigkeit von Unionsbürgern (FreizügG/EU) geschehen. Danach haben sog. freizügigkeitsberechtigte Unionsbürger und ihre Familienangehörigen das Recht auf Einreise und das Recht auf Aufenthalt in Deutschland (§2 FreizügG/EU). Von besonderer Bedeutung ist darüber hinaus die Verordnung (EWG) Nr. 1408/71 über die Anwendung der Systeme der sozialen Sicherheit auf Arbeitnehmer und Selbstständige sowie deren Familienangehörige, die innerhalb der Gemeinschaft zu- und abwandern.

Recht auf Freizügigkeit

Ob man bereits von einem europäischen Sozialrecht (vgl. Fuchs 2005) sprechen kann, ist zweifelhaft, da der EG-Vertrag eher auf ein System des freien Wettbewerbs und eine offene Marktwirtschaft gerichtet ist (vgl. Art.

Europäisches Sozialrecht

4 Abs. 1 EGV) und sozialrechtlichen Regelungen demgegenüber eher gering ausgefallen sind. Allerdings legt Art. 2 Abs. 1 bzw. 2 EGV fest, dass sich die Tätigkeit der Europäischen Gemeinschaft auch darauf beziehe, die Stärkung des „sozialen Zusammenhalts" zu fördern und „einen Beitrag zur Erreichung eines hohen Gesundheitsschutzniveaus" zu leisten. Vor allem die Eingliederung des Abkommens über die Sozialpolitik durch den Vertrag von Amsterdam in Art. 136ff. EGV hat die Sozialpolitik gestärkt, ohne dass es allerdings die Primärzuständigkeit der nationalen Gesetzgeber aufgehoben hätte. Gemäß Art. 137 Abs. 2 lit. b EGV sind wesentliche Bereiche der Sozialpolitik einer europäischen Rechtsangleichung entzogen, wozu insbesondere weite Bereiche der sozialen Sicherungssysteme gehören. Demgegenüber besteht eine Harmonisierungszuständigkeit der EG für den Bereich der sozialen Sicherheit der Arbeitnehmer. Die Rechtsprechung des EuGH deutet zudem auf eine Einschränkung des Territorialprinzips des § 30 SGB I hin (vgl. Urteile v. 28.04.1998 – C 120 bzw. 158/95 – NJW 1998, 1769ff. bzgl. Kostenerstattung durch Sozialversicherung bei Brillenkauf bzw. Zahnbehandlung im EU-Ausland).

Schengener Abkommen

Im Hinblick auf das **Ausländer- und Asylrecht** und das **Strafverfahrensrecht** ist zu beachten, dass das sog. Schengener Abkommen zwar zunächst nicht zum unmittelbaren Gemeinschaftsrecht gehörte, sondern „nur" ein völkerrechtliches Abkommen war. Mittlerweile ist der Schengen-Bereich aber durch den Vertrag von Amsterdam 1999 ganz überwiegend, jedenfalls im Verhältnis zu fast allen Mitgliedsstaaten (außer Großbritannien, Irland und Dänemark, für die Sonderregelungen gelten) „vergemeinschaftet" worden, d. h., hier ist jetzt ebenfalls die EG zuständig. Rahmenbeschlüsse, die auf der Grundlage der Bestimmungen des EU-Vertrages über die PJZS ergangen waren, verdrängen allerdings nationales Recht nicht (zum sog. Europäischen Haftbefehl, vgl. BVerfG 18.07.2005 – 2 BvR 2236/04).

Völkerrecht

Im Unterschied zum supranationalen, europäischen Gemeinschaftsrecht gehen völkerrechtliche Abkommen als sog. internationales Recht dem nationalen Recht der Bundesrepublik Deutschland nicht unbedingt vor. Vielmehr handelt es sich um sog. Staatsverträge, die in der Regel durch Beitritt und Ratifikation mittels eines Parlamentsgesetzes Bestandteil des innerstaatlichen Rechts werden. Einerseits handelt es sich um bi- oder multilaterale Abkommen, die dann nur im Verhältnis der entsprechenden Staaten zueinander (und damit auch etwa nur für deren jeweilige Staatsangehörige) Anwendung finden (z. B. das europäische Fürsorgeschutzabkommen). Andererseits gibt es Übereinkommen, denen die Bundesrepublik Deutschland mit Wirkung für alle Personen beigetreten ist. So wurde das Völkerstrafgesetzbuch, das Straftaten gegen das Völkerrecht normiert, mit Gesetz vom 26.06.2002 in Deutschland ratifiziert (vgl. IV-2.1).

Haager Minderjährigenschutzabkommen

Ein Beispiel für die letztere Kategorie ist auch das sog. Haager Minderjährigenschutzabkommen (MSA) vom 05.10.1961 (vgl. hierzu Olkers/Kraeft 2001) sowie weitere für die Soziale Arbeit wichtige Haager Übereinkommen, die die Bundesrepublik Deutschland ratifiziert hat, z. B. über

- das auf Unterhaltsverpflichtungen anzuwendende Recht vom 02.03.1973,
- die Anerkennung und Vollstreckung von Entscheidungen auf dem Gebiet der Unterhaltspflicht gegenüber Kindern vom 15.04.1958,
- die Anerkennung und Vollstreckung von Unterhaltsentscheidungen vom 02.10.1972,
- die zivilrechtlichen Aspekte internationaler Kindesentführung vom 25.10.1980,
- den Schutz von Kindern und die Zusammenarbeit auf dem Gebiet der internationalen Adoption vom 29.05.1993.

Art. 1 MSA verpflichtet die Bundesrepublik Deutschland zum Schutz aller Minderjährigen, unabhängig ob diese aus einem Vertragsland kommen oder nicht (kein Vorbehalt nach Art. 13 MSA). Schutzmaßnahmen im Sinne des MSA sind neben familien- und vormundschaftsgerichtlichen Maßnahmen alle Leistungen und Aufgaben insbesondere des SGB VIII, die im Interesse des Minderjährigen erforderlich sind (vgl. BGHZ 60, 68 ff.). Demgegenüber gilt die deutsch-schweizerische Fürsorgevereinbarung (vom 04.07.1952) bzw. das Freizügigkeitsabkommen zwischen der Schweiz und der EG vom 21.06.1999 (in Kraft seit 01.06.2002) nur für Schweizer Minderjährige. Das deutsch-österreichische Fürsorgeabkommen (vom 17.01.1966) gilt entsprechend nur für österreichische Minderjährige in der Bundesrepublik Deutschland. Einen weiteren Anwendungsbereich hat das 1956 ratifizierte Europäische Fürsorgeschutzabkommen (EFA), das die Bundesrepublik Deutschland zu sog. „Fürsorgemaßnahmen" nur gegenüber Personen aus allen Staaten verpflichtet, die ihrerseits diesem Abkommen beigetreten sind (Belgien, Dänemark, Frankreich, Griechenland, Großbritannien, Irland, Island, Italien, Luxemburg, Malta, Niederlande, Norwegen, Schweden, Spanien, Türkei) sofern sich diese Personen in erlaubter Weise in der Bundesrepublik Deutschland aufhalten (so BVerwG 14.03.1985 – 5 C 145.83 – E 71, 139 ff.; zur Kritik daran Peter 2001, 180 f.). **Europäisches Fürsorgeschutzabkommen**

Von Bedeutung ist vor allem die Europäische Menschenrechtskonvention (EMRK), die ebenfalls einen völkerrechtlichen Vertrag darstellt, über dessen Einhaltung der Europäische Gerichtshof für Menschrechte mit Sitz in Straßburg wacht. Die EMRK ist für die Bundesrepublik Deutschland im Jahr 1953 in Kraft getreten (verfahrensrechtliche Komponenten wurden neu geregelt durch das 11. Zusatzprotokoll v. 11.05.1994; ratifiziert am 24.07.1995, in Kraft seit 01.11.1998). Sie garantiert wesentliche zur Menschenwürde gehörende „Grundrechte" (u. a. Gewissens- und Religionsfreiheit, Recht auf freie Meinungsäußerung, Versammlungs- und Vereinigungsfreiheit, Diskriminierungsverbot). Wichtig ist vor allem die Sicherung wesentlicher Verfahrensrechte (rechtliches Gehör und Verbot rückwirkender Strafdrohungen, Unschuldsvermutung, Folterverbot), die untrennbar mit der Menschenwürde verbunden sind. Für die Soziale Arbeit im Bereich der Jugend- und Familienhilfe ist insbesondere auch Art. 8 EMRK mit dem dort garantierten Schutz des Privat- und Familienlebens von besonderer Bedeutung. So wurde etwa im Jahr 2004 in der sog. Görgülü-Entscheidung **Europäische Menschenrechtskonvention** des Europäischen Gerichtshofs für Menschenrechte festgestellt, dass die Nichtgewährung des Umgangsrechts für den nichtehelichen Vater mit seinem Sohn einen Verstoß gegen Art. 8 ERMK darstellt. Das BVerfG hat als Reaktion hierauf betont, dass alle deutschen Behörden und Gerichte die Gewährleistungen der EMRK und die Entscheidungen des Europäischen Gerichtshofs für Menschenrechte bei der Gesetzesanwendung zu berücksichtigen haben (BVerfG v. 14.10.2004 – 2 BvR 1481/04).

Allgemeine Erklärung der Menschenrechte

Zum Völkerrecht gehören auch die beiden Internationalen Pakte über bürgerliche und politische Rechte sowie über wirtschaftliche, soziale und kulturelle Rechte von 1966 (beide in Kraft seit 1976) sowie die diese Pakte ergänzenden (sog. Fakultativ)Protokolle (von 1976 und 1989). Der Inhalt der Pakte knüpft im Wesentlichen an die Allgemeine Erklärung der Menschenrechte an, die am 10.12.1948 von der Generalversammlung der Vereinten Nationen formuliert wurde. Die darin verankerten Rechte sind nicht zuletzt durch die Tätigkeit von amnesty international in das Bewusstsein einer breiten Öffentlichkeit gerückt worden.

UN-Kinderrechtskonvention

Das UN-Übereinkommen über die Rechte der Kinder (UN-KRK vom 20.11.1989, für die Bundesrepublik Deutschland in Kraft getreten am 05.04.1992) ist zwar ebenfalls ein völkerrechtlicher Vertrag, hat aber im innerstaatlichen Rechtsverkehr grundsätzlich keine unmittelbaren rechtlichen Wirkungen gegenüber den Bürgern, da die Bundesrepublik Deutschland anlässlich der Ratifikation in einer sog. Vorbehaltserklärung eine solche unmittelbar innerstaatliche Wirkung ausdrücklich ausgeschlossen hat. Dessen ungeachtet hat die UN-KRK aber in der fachpolitischen Diskussion der Kinder- und Jugendhilfe eine erhebliche politische Bedeutung. Soweit die UN-KRK bereits auf der völkerrechtlichen Ebene geltende ungeschriebene Normen des Völkerrechts (sog. Völkergewohnheitsrecht) widerspiegelt, ergeben sich innerstaatlich individuelle Rechte (vgl. Art. 25 GG), die dann auch deutschen Gesetzen vorgehen würden.

Europäische Sozialcharta

Schließlich wollen wir noch auf die Europäische Sozialcharta von 1961 hinweisen, in der sich die Mitgliedstaaten des Europarates zur gemeinsamen Anerkennung wesentlicher sozialpolitischer Grundsätze verpflichten. Auch die Sozialcharta ist kein unmittelbar geltendes EG-Recht, sondern eine multilaterale, völkerrechtliche Verpflichtung, die die Bundesrepublik Deutschland eingegangen ist.

Avenarius 2002; Luhmann 1981; 2006; Wesel 1994; 1999

1.2 Recht und Gerechtigkeit

1.2.1 Zur Problemstellung

Nicht wenige, vielleicht sogar die meisten der in der Sozialen Arbeit beschäftigten Menschen finden einen Zugang zu ihrem Beruf gerade auch über die Thematisierung von Gerechtigkeitsfragen. Die Motive hierfür und die Standpunkte, die dabei eingenommen werden, können naturgemäß sehr unterschiedlich sein. Sie reichen von Gerechtigkeitsvorstellungen, die sich an der Ethik des Christentums orientieren, über eine durch individuelle Erfahrung erworbene Fähigkeit, an der Not des anderen tätig Anteil zu nehmen, bis hin zu politisch begründeten Gerechtigkeitsüberzeugungen, wie sie sich etwa innerhalb der aktuellen sozialen Bewegungen artikulieren. Doch ganz gleich, ob dabei in kämpferischer Weise auf der Schaffung einer neuen, gerechteren Weltordnung bestanden oder der eher stillen Sehnsucht Ausdruck verliehen wird, im mühseligen Kampf gegen die Folgen sozialer Ungleichheit möge gelegentlich ein wenig mehr Gerechtigkeit obwalten – eine allgemeine Skepsis in Bezug auf die Möglichkeiten des Rechts, einen wirksamen Beitrag zur Herstellung von Gerechtigkeit zu leisten, wird dabei zumeist nicht unbemerkt bleiben können. „Gerechtigkeit und Recht –", so hört man immer wieder von Studierenden an Fachbereichen für Soziale Arbeit, „das sind zwei verschiedene Dinge".

Und in der Tat: Wenn G. F. W. Hegel formuliert, dass das Recht das sei, „was gleichgültig gegen die Besonderheit bleibt" (Hegel 1821, § 49), so ist hierin möglicherweise schon ein Hinweis auf die Veranlassung einer solchen Attitüde enthalten. Bereits auf den ersten Blick legt eine derartige Charakterisierung nämlich schon mindestens zwei Eigenschaften von Recht nahe, die bei Menschen Befremden auszulösen vermögen, deren professionellem Selbstverständnis es entspricht, Empathie für ihre Mitmenschen zu entwickeln, sie also in ihrer jeweiligen Individualität anzunehmen. Das Problem steckt in dem Begriff „gleichgültig". Dieser verweist nämlich zum einen auf eine Bedeutung im Sinne von „desinteressiert". Und tatsächlich zeigt sich das Recht der individuellen Biografie des Einzelnen, seiner Besonderheit, wie Hegel es formuliert, gegenüber weitgehend desinteressiert: Nicht das konkrete Individuum in seiner jeweiligen psychosozialen Existenz, sondern eine abstrakte Rechtsperson ist das Subjekt im Recht. Zum anderen ist mit ihm aber auch angesprochen, dass das Recht unbeschadet aller je individuellen Besonderheit für jeden Einzelnen „gleich gültig", also gleichermaßen gültig ist. Eine Gleichbehandlung von in ihrer sozialen Wirklichkeit erkennbar ungleichen Menschen jedoch wird im Ergebnis immer wieder auch soziale Ungleichheitsverhältnisse auf neuer Ebene entstehen lassen. Genau dies aber lässt es gerade sozial Engagierten wenig einleuchtend erscheinen, dass es sich hierbei um einen Vorgang handeln könnte, der auch noch in besonderer Weise als gerecht zu attribuieren wäre.

1.2.2 Gerechtigkeit und Gleichheit – die (rechts-)philosophische Ausgangsfrage

Und doch ist es so, dass sich die Gerechtigkeitsdiskurse im Recht nun seit alters her um die Gleichheitsfrage drehen. Zwar ist der Dreh- und Angelpunkt des Rechts nach ganz vorherrschender Ansicht der von ihm ausgehende Zwang, soziale Verhältnisse nach seinen normativen Vorgaben zu gestalten (vgl. I-1.1.1) – ein Zwang, der durch Verwaltungsbehörden mit polizeilichen Befugnissen, Justiz und Vollstreckungsorgane, den sog. Rechtsstab, abgesichert ist. Max Weber etwa bezeichnet diesen Erzwingungsstab als das entscheidende Kennzeichen von Recht (Weber 1921, 18, 185). Wird jedoch den Mitgliedern einer Gesellschaft auf Dauer zugemutet, sich einem derartigen Zwang zu unterwerfen, so bedarf dies einer für sie nachvollziehbaren, also mit ihrer Lebenswirklichkeit verbundenen Begründung dafür, weshalb dies so sein soll. Es geht dann also um die Legitimität von Recht.

Legitimität von Recht

Genau an diesem Punkt entscheidet sich bereits, ob und inwieweit Recht überhaupt mit Gerechtigkeitsinhalten, -erwartungen oder -forderungen in Zusammenhang gebracht werden kann. Die Antwort auf die Frage nach der Legitimität von Recht kann nämlich einmal rein formal gegeben werden: Rechtsnormen müssen eingehalten werden, weil sie Rechtsnormen sind. Zur Begründung wird dann lediglich noch angeführt, dass diese Normen aus anderen Normen abgeleitet sind, etwa aus denen, die den Gang des verfassungsmäßig vorgeschriebenen Gesetzgebungsverfahrens festlegen. Dies kann man so lange fortführen, bis man schließlich zu einer – dann nicht mehr empirisch begründbaren – Grundnorm gelangt (Kelsen 1960, 196). „Legitimität durch Legalität" wird dies genannt. Aber auch die Weiterführung dessen in der „Legitimation durch Verfahren", wo Recht wesentlich auf Funktionalität reduziert ist (Luhmann 1981, 133; 2006), benutzt derartige rein formale Argumente. Die Gerechtigkeit wird in beiden Fällen als Legitimationsgrundlage des Rechts nicht benötigt.

Gleichheit der Person

Eine andere Perspektive eröffnet sich hingegen, sobald der soziale Kontext des Rechts mit in den Blick genommen wird, innerhalb dem sich seine gesellschaftliche Wirklichkeit erst konstituiert. Dann geht es bei der Begründung der Geltung von Recht, wie etwa bei Max Weber, um eine *allgemeine* Überzeugung von dessen *Richtigkeit* (Weber 1921, 181). Eine solche Form des Allgemeinen aber kann sich dem Inhalt nach zumindest in modernen, nicht auf personalen Herrschafts- bzw. Abhängigkeitsverhältnissen beruhenden Gesellschaften immer nur auf die Anerkenntnis der Gleichheit der Personen, deren prinzipielle Gleichwertigkeit und einen daraus resultierenden Gleichbehandlungsanspruch beziehen (zu Art. 3 GG vgl. I-2.1.2.4). Rechtsphilosophen, die, wie etwa Gustav Radbruch, die Gerechtigkeit als die „Idee des Rechts" schlechthin begreifen (Radbruch 1932, 34), kommen daher folgerichtig zu dem Ergebnis, dass genau dieser Gedanke der Gleichheit den „*Kern der Gerechtigkeit*" ausmacht (Radbruch 1910, 37 – Hervorhebung im Original).

Recht und Moral

Die unterschiedlichen Problemansätze etwa bei Weber und Radbruch auf der einen, Kelsen und Luhmann auf der anderen Seite resultieren daher, dass die Gerechtigkeitsfrage an einem Übergangsbereich von Recht und Moral angesiedelt ist (vgl. I-1.1.2). Der Zugang zu ihr gestaltet sich demzufolge je nachdem, ob man überhaupt einen derartigen Berührungspunkt theoretisch akzeptiert – bei Hans Kelsen und Niklas Luhmann ist dies erkennbar nicht der Fall – bzw. an welcher Stelle man ihn verortet. Allgemein gesprochen geht es also darum, *ob und in welchem Maße Freiheit und ein friedliches, sicheres und geordnetes Zusammenleben innerhalb der Gesell-*

schaft (Recht) als notwendige Elemente eines guten und richtigen, d. h. auch gerechten Lebens (Moral) begriffen werden. Umgekehrt lautet die Frage, ob und in welchem Maße Freiheit, sozialer Frieden und Sicherheit außerhalb bestimmter sozialer Strukturen, die als gerecht bezeichnet werden können, überhaupt gesellschaftliche Realität zu beanspruchen imstande sind.

In der Rechts- und Sozialphilosophie wird durch die Jahrhunderte hindurch diese Frage kaum einmal beantwortet, ohne dabei zumindest in irgendeiner Weise auf das zu reflektieren, was Aristoteles hierzu im V. Buch seiner Nikomachischen Ethik (330 v. Chr.) entwickelt hat. In ihr finden wir die berühmte Unterscheidung zwischen ausgleichender (kommutativer) und austeilender (distributiver) Gerechtigkeit. Die ausgleichende Gerechtigkeit wird auch in heutigen Darstellungen noch immer wieder gern anhand des bekannten Symbols der Göttin Justitia, der Waage, verdeutlicht. Ist zwischen beiden Waagschalen ein Ausgleich hergestellt, liegt also in jeder der beiden Schalen gleich viel, dann ist Gerechtigkeit hergestellt: Der Ware in der einen Schale entspricht der Preis in der anderen, dem Schaden in der einen der Schadensersatz in der anderen usw. Die austeilende Gerechtigkeit hingegen sorgt für eine verhältnismäßige Gleichbehandlung einer Mehrzahl von Personen durch eine verteilende Instanz. Der Unterschied zur ausgleichenden Gerechtigkeit ist demnach folgender: Bei der Letztgenannten geht es um eine arithmetische Gleichheit, wie sie typischerweise aus dem Austausch von Äquivalenten resultiert: Ein Brot gleich 2 €; wer mehr verlangt oder weniger geben will, verletzt das Gerechtigkeitsprinzip. Demgegenüber stellt die austeilende Gerechtigkeit eine geometrische Gleichheit her. Das Gesetz weist hier jedem das zu, was für ihn aufgrund bestimmter Kriterien, die häufig unter den Begriffen *Leistung* oder *Verdienst* zusammengefasst werden, aber natürlich auch das genaue Gegenteil hiervon bedeuten können, angemessen ist. Die Güter werden also proportional zu den erbrachten Leistungen verteilt: Wer mehr leistet, soll auch mehr bekommen. Oder auch: Wer leistungsfähiger ist, soll auch stärker (z. B. mit Steuern) belastet werden (vgl. hierzu Ritsert 1997, 23 f.). Auch hier erfolgt also eine Gleichbehandlung (etwa: aller Personen mit einem bestimmten Einkommen, aller Familien mit Kindern, aller ALG II-Bezieher usw.). Jedoch wurde der Maßstab dafür, wer in welcher Hinsicht als gleich zu betrachten und zu behandeln sei, unter *sozialen* Gesichtspunkten gewonnen und zur Anwendung gebracht. Die ausgleichende Gerechtigkeit hat demnach – idealtypisch betrachtet – als Minimum zwei Personen zur Voraussetzung, die rechtlich gleichgeordnet sind. Die austeilende Gerechtigkeit hingegen benötigt noch einen Dritten – die öffentliche Gewalt nämlich – die einen konkreten Gleichheitsmaßstab aus der jeweiligen geschichtlichen (d. h. sozial, ökonomisch, politisch, kulturell usw.) geprägten Situation heraus festlegt und zur Anwendung bringt. Auch die gleiche Rechtsstellung in ihrer abstraktesten Form als Person wird demnach den Beteiligten erst einmal zugeteilt. Deshalb auch hat Radbruch die austeilende Gerechtigkeit, das *suum cuique tribuere* („Jedem möge das Seine zuteilwerden"), wie es der römische Rechtsgelehrte Domitius Ulpianus (170–228 n. Chr.) auf eine

ausgleichende/ austeilende Gerechtigkeit

berühmt gewordene Formel gebracht hat, als die Urform der Gerechtigkeit verstanden. Die ausgleichende Gerechtigkeit hingegen ist nur eine abgeleitete Form von ihr (Radbruch 1910, 37).

Dieser Befund nun impliziert bereits eine Reihe von grundlegenden Annahmen zur Gerechtigkeitsproblematik, die zunächst einmal in einer Art Zwischenergebnis festgehalten werden sollen:

1. Geht es bei der konkreten Beantwortung der Gerechtigkeitsfrage um die Festlegung darauf, unter welchem Aspekt, in welcher Hinsicht, inwieweit Menschen als Gleiche zu betrachten und zu behandeln sind, so wird hierbei zugleich immer auch eine *Wertung* darüber getroffen, welche faktischen (sozialen) Ungleichheitsaspekte dabei unbeachtet bleiben und demzufolge als gerechtigkeitsirrelevant behandelt werden sollen. Hier wird im sozialen Vorgang nur deutlich, was bereits begriffslogisch vorgegeben ist: Wir können von Gleichheit nicht sinnvoll sprechen, ohne zu sagen, von welchen Verschiedenheiten, Un-Gleichheiten also, wir dabei abstrahieren.
2. Genau das ist auch ein ganz wichtiger Erklärungsansatz dafür, weshalb unterschiedliche Menschen zu unterschiedlichen Zeiten in unterschiedlichen gesellschaftlichen Konstellationen und mit unterschiedlichen sozialen, ökonomischen und politischen Interessen unterschiedliche Wertungen darüber abgeben, was als gerecht gelten soll. Natürlich wurden diese Wertungen dann auch in ihre jeweiligen philosophischen Gebilde mit hineintragen. Die Frage, ob Gerechtigkeit eine Kategorie universellen oder relativen Inhalts ist, formuliert daher (wie in der Philosophie regelmäßig, wenn man in vermittlungslosen gesellschaftsabgehobenen Gegensätzen denkt) eine Scheinalternative. Denn der universelle normative Inhalt der Gerechtigkeit, die Gleichheit, vermittelt sich stets innerhalb der Wirklichkeit konkreter sozialer Handlungskomplexe. Oder anders herum: Gerechtigkeit ist eine gesellschaftlich-historische Kategorie, die über einen universellen ethischen Kern – die Idee der Gleichheit – verfügt.
3. Selbst dann, wenn sich unser Interesse primär auf die Gerechtigkeit im engeren, formalrechtlichen Sinne richtet, kommen wir an der Kenntnisnahme ihres gesellschaftlichen Hintergrundes nicht vorbei. Denn er entscheidet letztlich darüber, welche jeweilige konkrete Bedeutung der Satz für eine Gesellschaft hat, dass die Menschen gleich und als Gleiche zu behandeln seien, und zu welchen Resultaten er demzufolge im sozialen Handeln der Menschen führt.

1.2.3   Rechtliche und soziale Gerechtigkeit

Bereits diese Ableitungen unmittelbar im Anschluss an das aristotelische Gerechtigkeitsmodell legen nahe, dass es innerhalb des Gerechtigkeitsdiskurses offenbar darum geht, eine bestimmte soziale Spannung zu bearbeiten, nämlich die zwischen Gleichheit und Ungleichheit. Es kommt jedoch noch als weiteres, Spannung erzeugendes Moment hinzu, dass sich bereits die oben skizzierten theoretischen Grundannahmen zur Gerechtigkeit regelmäßig an der Realität der politischen und sozialen Strukturen reiben. Dies war im Übrigen schon zur Zeit des Aristoteles so, wo die austeilende Gerechtigkeit eben keinesfalls erst einmal jedem Angehörigen der Polis eine abstrakt gleiche Rechtsstellung zuwies, sondern umstandslos Differenzierungen nach gesellschaftlicher Stellung, Geschlecht und Herkunft voraussetzte. Aus heutiger Sicht viel entscheidender ist jedoch, dass auch in der Realität des modernen westlichen Kapitalismus sozialstaatlicher Prägung die beiden Pfeiler der Gerechtigkeitskonstruktion – kommutative und distributive Gerechtigkeit – keineswegs auf unerschütterlichen empirischen Fundamenten stehen. Der konstitutive Bestandteil der kommutativen Gerechtigkeit nämlich, der „freie und gerechte Tausch", darf zweifellos zu den „Kernlegenden des okzidentalen Kapitalismus" (Ritsert 1997, 52) gezählt werden. Denken wir in diesem Zusammenhang nur an die seit Jahren in Deutschland sinkenden Reallöhne gerade auch in sozialen Berufen bei (mindestens) gleichbleibendem Einsatz von Arbeitskraft. Und für die zentrale Kategorie der distributiven Gerechtigkeit, die Leistung, wird man vergeblich nach einer klaren Definition suchen, handelt es sich doch hierbei um einen politisch heftig umkämpften Begriff. Die Debatte um den sog. aktivierenden Sozialstaat hielte hierfür eine Reihe von Beispielen bereit.

Das aristotelische Gerechtigkeitsmodell wirft also zunehmend mehr Fragen auf, als es beantwortet. Dies ist nicht zuletzt deshalb so, weil das eingangs formulierte Problem des Verhältnisses zwischen gleichen rechtlichen Regeln für alle und einer damit verbundenen rechtlichen Gleichbehandlung einerseits und der moralischen Bewertung dieses Ergebnisses andererseits heute noch viel differenzierter besteht und dabei mitunter scharfe Gegensätze zwischen dem einen und dem anderen zum Ausdruck bringt: Wie etwa wäre die vieldiskutierte Steuergerechtigkeit herzustellen, wie eine gerechte Finanzierung der sozialen Sicherungssysteme? Wie ist unter Gerechtigkeitsaspekten („Gleicher Lohn für gleiche Arbeit") das unterschiedliche Lohnniveau zwischen Ost und West zu interpretieren, wie die immer noch unterschiedlichen Lohneingruppierungspraxen bei Frauen und Männern? In welchem Umfang und in welcher Weise soll eine Verteilung nach der Leistung die unterschiedliche Leistungsfähigkeit unterschiedlicher Menschen berücksichtigen und ggf. kompensieren? Es sind dies alles Fragen danach, welche Fallgruppen zu bilden wären, innerhalb derer intern eine Gleichbehandlung erfolgte, für die extern aber ein entsprechender Ausgleich zu schaffen wäre. Weiterhin ist damit nach den Kriterien gefragt, nach denen die einzelnen Menschen dann den entsprechenden Gruppen zuzuordnen wären. Spiegelbildlich stellt sich auf der Seite der Verteilung der Güter die Frage, welche Güter in welchem Umfang einer gleichen Verteilung unterliegen sollen. Sicher nicht alle, denn das Ergebnis wäre gleichermaßen absurd wie ungerecht.

All diese Fragestellungen, die im Übrigen auch für eine seit einiger Zeit zu konstatierende Tendenz stehen, Gerechtigkeitsfragen auch in der öffentlichen Debatte wieder verstärkt zu thematisieren, verweisen im Grunde auf eines: Sie zeigen, dass sich das Interesse der Teilnehmer an dieser Debatte keinesfalls schon in knappen Antworten auf juristische Gerechtigkeitsfragen erschöpft, sondern sich vor allem auf eine in einem weiteren Sinne soziale Gerechtigkeit richtet. Dies ist durchaus nachvollziehbar. Denn der Göttin Justitia mag man noch zugestehen, dass die Binde vor ihren Augen einigermaßen fest sitzt – obgleich man ihr durchaus auch den einen oder anderen Blick auf die soziale Wirklichkeit wünschen kann. *Soziale* Ungleichheit hingegen ist allenthalben mit Händen zu greifen und es stellt sich die Frage, unter welchen Voraussetzungen dann soziale Verhältnisse dennoch als gerecht beschrieben werden können und ob und in welcher Weise das Recht hierbei überhaupt mit heranzuziehen wäre.

Verteilungsgerechtigkeit und Aneignungsungerechtigkeit

Analysiert man diese Art von Fragestellungen, so zeigt sich, dass sie alle auf eine ganz bestimmte Ebene gesellschaftlicher Interaktion, nämlich die des Austausches von Gütern und Leistungen, gerichtet sind. Natürlich ist ein solcher Rekurs durchaus erst einmal naheliegend, denn er betrifft eine Gesellschaft, in der die sozialen Beziehungen der Menschen wesentlich über den Austausch von Waren und Geld, den sachlichen Austausch von Dingen, vermittelt sind. Gleichwohl stellt sich die Frage, ob die Gerechtigkeitsproblematik innerhalb einer streng auf die Distributionssphäre ausgerichteten Perspektive wirklich voll ausgeleuchtet werden kann. Karl Marx' Argument hierzu lautet, dass die Gleichheit der Menschen innerhalb der Verteilungsprozesse lediglich eine Folge ihrer Ungleichheit innerhalb der Aneignungsprozesse sei (Marx 1857, 167 f.). Will man daher die Gleichheit in der Verteilung verstehen, müsste zunächst die Ungleichheit bei der Aneignung erklärt sein. Hierbei aber fiele dann sofort auf, dass diese in ihrer geschichtlichen Entstehung und Wirkung regelmäßig an personale oder sachliche Macht- und Herrschaftsarrangements gebunden war – von der Versklavung von Menschen und der Okkupation fremder Territorien über die „Einhegungen" von Gemeindeland etwa in England zur Zeit des Hochmittelalters bis zur ökonomischen Ausnutzung sachlicher Abhängigkeitsverhältnisse zur Aneignung von ökonomischen Werten, die andere geschaffen haben. Mit anderen Worten begegnen wir Aneignungsungerechtigkeiten regelmäßig in der Form des Erwerbs von Eigentum durch Enteignung. Dies alles vollzieht sich übrigens keineswegs in einem rechtsindifferenten Raum, denn, um das Bild der Göttin ein letztes Mal zu bemühen: Justitia hält nur in einer Hand die Waage, in der anderen aber hält sie das Schwert!

Was bedeutet es nun aber für die Bildung von Gerechtigkeitstheorien, wenn solche tragenden gesellschaftlichen Konstruktionselemente wie Aneignung und Eigentum einerseits, Macht und Herrschaft andererseits in ihnen weitgehend unthematisiert bleiben? Die Annahme liegt nahe, dass sich dies, wie wir bereits gesehen haben, in bestimmten Erklärungsdefiziten niederschlägt. Für Ungerechtigkeiten jedenfalls, „die dem Kontext von Macht und Appropriation (der Arbeitskraft, der Arbeitsprodukte, des Körpers und Willens) anderer Subjekte entstammen", stellt auch für Jürgen Ritsert der klassische Akzent auf Verteilung, Anteiligkeit und Verteilungsalgebra keine ausreichende Perspektive dar (1997, 74 f.).

Mit der Kenntnisnahme von Ungerechtigkeiten in der Aneignungssphäre sind zugleich auch Erwartungen an die rechtliche Gerechtigkeit in eine realistische Perspektive gerückt. Denn es muss sich selbstredend auch in der normativen Forderung, gerecht zu tauschen, in irgendeiner Weise und an irgendeiner Stelle bemerkbar machen, wenn der Verteilung der Güter ungerechte Aneignungsverhältnisse vorausgehen. Jedoch ist es nicht nur so, dass die rechtliche Gerechtigkeit durch die Aneignungsungerechtigkeit faktisch begrenzt wird. Auf der anderen Seite verleiht sie ihr gleichzeitig auch eine gewisse gesellschaftliche Stabilität. Gerade die Analyse von Marx zeigt nämlich, dass die Gleichheit bei der Verteilung nichts anderes ist als eine spezifische Wahrnehmungsform der Ungleichheit in den Aneignungsverhältnissen (1857, 168 ff., 575). Dies aber bedeutet dann auch, dass Ungerechtigkeiten bei der Aneignung auf der Verteilungsebene in eben jenen rechtlichen Gleichheitsbeziehungen wahrnehmbar sind, die ihrerseits aber als gerecht gelten und deshalb insoweit für ein höchstmögliches Maß an gesellschaftlicher Akzeptanz sorgen.

Sind Gerechtigkeitsfragen in derartiger Weise gewendet, dann kann man in sie allerdings auch dann, wenn sie üblicherweise an der Verteilungsproblematik ansetzen, analytische Schärfe und damit auch durchaus ein kritisches Potenzial hineinlegen.

Dies versuchen die aktuellen Gerechtigkeitsdiskurse vornehmlich in einem Rekurs auf die Chancengleichheit. Auch hierbei geht es ja im Kern um Austauschprozesse mit dem Ziel der Umverteilung von Gütern und Leistungen zum Zweck der Kompensation ungleicher Ausgangsbedingungen. Ob und inwieweit damit jedoch wirklich der erhoffte Durchbruch in der Frage nach der sozialen Gerechtigkeit gelungen ist, muss offen bleiben. Denn zunächst wäre einmal zu entscheiden, was mit Chance und was mit Chancengleichheit gemeint sein soll: Eine *Chance* kann in einer tatsächlichen Gelegenheit bestehen, das zu erhalten, was man angestrebt oder gewünscht hat, aber auch darin, dass eine bestimmte Wahrscheinlichkeit besteht, dass der angestrebte Erfolg eintritt. Chancengleichheit wiederum kann man in Bezug auf die Lebensaussichten oder auch mit Blick auf den Mittelgebrauch zur Erreichung eines Ziels annehmen (Ritsert 1997, 81). Um es in der praktischen Konsequenz deutlich zu machen: **Chancengleichheit**

In der Bundesrepublik stehen weiterführende Schularten und höhere Bildungseinrichtungen den Kindern aus allen sozialen Schichten gleichermaßen offen. Verfügen Eltern über ein weniger hohes Einkommen, so erhalten ihre Kinder für die Zeit ihres Studiums sogar eine staatliche Ausbildungsförderung. Dennoch studieren nur 8 von 100 Kindern aus unterer sozialer Herkunft gegenüber 72 von 100 aus hoher sozialer Herkunft an einer Hochschule / Universität. Besteht also eine Gleichheit der Bildungschancen in Deutschland?

Antworten auf diese oder ähnliche Fragen erwartet man sich nicht zuletzt von der gegenwärtig wohl einflussreichsten Gerechtigkeitstheorie, die der amerikanische Moralphilosoph John Rawls erstmals 1971 als „A Theory of Justice" (dt.: Rawls 1979) vorlegte. Ihre außerordentliche Anziehungskraft **Gerechtigkeit als Fairness**

verdankt sie vor allem dem Umstand, dass in ihr die liberale Freiheitsidee und die sozialstaatliche Idee des Ausgleichs sozialer Ungleichheit zusammengebracht sind. Sie bietet damit nicht nur gemeinsame Anknüpfungspunkte für ansonsten recht unterschiedliche politische Strömungen und theoretische Denkrichtungen, sondern zielt eben auch und vor allem sehr genau auf konkrete Gerechtigkeitspotenziale (und -defizite!) moderner Gesellschaften. Auf den Punkt gebracht ist sie in zwei Gerechtigkeitsprinzipien, die in einem Neuentwurf, der 2001 unter dem Titel „Justice as Fairness" erschien, wie folgt lauten (Rawls 2003, 78):

a) Jede Person hat den gleichen unabdingbaren Anspruch auf ein völlig adäquates System gleicher Grundfreiheiten, das mit demselben System von Freiheiten für alle vereinbar ist.
b) Soziale und ökonomische Ungleichheiten müssen zwei Bedingungen erfüllen: erstens müssen sie mit Ämtern und Positionen verbunden sein, die unter den Bedingungen fairer Chancengleichheit allen offen stehen; und zweitens müssen sie den am wenigsten begünstigten Angehörigen der Gesellschaft den größten Vorteil bringen (Differenzprinzip).

Vervollständigt werden diesen beiden Prinzipien noch durch zwei Vorrangsregeln. Die eine lautet, dass das erste Prinzip gegenüber dem zweiten Vorrang hat. Weiterhin hat innerhalb des zweiten Prinzips die Chancengleichheit Vorrang vor dem Differenzprinzip (Rawls 2003, 78). Diese Gerechtigkeitskonzeption soll *Basisnormen* für eine gerechte Gesellschaft aufstellen und begründen, die von der Ausgangsfrage her formulieren sollen, was „freie und vernünftige Menschen in ihrem eigenen Interesse in einer anfänglichen Situation der Gleichheit zur Bestimmung der Grundverhältnisse ihrer Verbindung annehmen würden" (Rawls 1979, 28). Deshalb auch muss in ihr das Freiheitsprinzip Vorrang haben, weil nämlich erst die Gleichheit der politischen Freiheit und der Gedankenfreiheit den Bürgern die Möglichkeit geben zu bestimmen, wie die Gerechtigkeitsstruktur ihrer Gesellschaft gestaltet sein soll (vgl. Rawls 2003, 81 f., 130 f.).

Im zweiten Prinzip wird das Problem der Verteilungsgerechtigkeit formuliert. Es besteht darin, wie „langfristig und generationenübergreifend ein faires, leistungsfähiges und produktives System der Kooperation aufrecht erhalten werden kann" (Rawls 2003, 88). Hierauf gibt Rawls zwei Antworten: Zunächst durch eine faire Chancengleichheit nicht nur in dem Sinne, dass öffentliche Ämter und soziale Positionen formal allen gleichermaßen offen stehen, sondern darüber hinaus, dass alle eine faire Chance haben sollen, diese Ämter und Positionen auch tatsächlich zu bekleiden. Die institutionelle Herstellung einer derartigen Chancengleichheit stellt sich Rawls konsequenterweise wiederum marktförmig vor (Rawls 2003, 79 f.). Soziale und ökonomische Ungleichheit zwischen Menschen, die im Ergebnis hieraus entsteht, ist dann nicht ungerecht, denn sie ist nicht nur „nötig oder überaus effizient (…), wenn es darum geht, im Rahmen eines modernen Staates die Wirtschaftsordnung funktionsfähig zu erhalten", sondern zudem auch moralisch gerechtfertigt, insofern als diejenigen, die ihre Chancen besser genutzt haben als andere, höhere Ansprüche auch tatsächlich verdient haben (Rawls 2003, 128 f.).

Während das erste Gerechtigkeitsprinzip für die Freiheitslosung und das Prinzip der fairen Chancengleichheit für die Gleichheitslosung der Französischen Revolution stehen, will das Differenzprinzip die Forderung nach Brüderlichkeit bzw. wie wir heute sagen würden: nach Solidarität einlösen. Es zielt auf die Bearbeitung jener gravierende Ungleichheiten in den Einkommensverhältnissen, die, wie Rawls meint, mit drei Arten von Zufallsumständen in Zusammenhang stehen: *erstens* der sozialen Klasse, in die der Einzelne hineingeboren wurde und von der er sich nicht lösen kann, bis er selbst erwachsen ist, *zweitens* den angeborenen Begabungen sowie den von der ursprünglichen Klassenzugehörigkeit abhängigen Chancen zu ihrer Entfaltung und schließlich *drittens* Glück oder Pech im Leben, was etwa Krankheit, Arbeitslosigkeit oder die Auswirkung von Wirtschaftsflauten betrifft (Rawls 2003, 96). Diese sozialen Ungleichheiten sollen den von ihnen am stärksten negativ Betroffenen die größten Vorteile bringen, *insofern* und *weil* die im Freiheits- sowie im Gleichheitsprinzip beschriebene Hintergrundgerechtigkeit, wie Rawls sie in diesem Zusammenhang bezeichnet, institutionell hergestellt ist. *Unter dieser Prämisse* könnten staatliche Regulierungen etwa in Bereichen der Preisbildung, der Arbeitsmarktregulierung, der Absicherung eines Existenzminimums, der Besteuerung von hohen Vermögen oder der allgemeinen Besteuerung zur Aufbringung von Mitteln, die im Sinne einer gerechten Umverteilung eingesetzt werden müssen, als gerecht anerkannt werden. Denn eines ist für Rawls evident: Wenn Vermögensunterschiede eine gewisse Grenze überschreiten, dann werden die Institutionen zur Absicherung der Chancengleichheit gelähmt, verliert die politische Freiheit ihren Wert, und die repräsentative Regierungsform ist nur noch Schein (Rawls 1979, 312).

Erkennbar erhebt ein solches Gerechtigkeitskonzept nicht etwa den Anspruch einer universellen Gültigkeit (Hofmann 2000, 210), sondern bezeichnet vielmehr präzise, welche Gleichheitsaspekte in der modernen westlich-kapitalistischen Gesellschaft Berücksichtigung finden sollen und welche nicht. Es verweist dabei im Übrigen implizit auch auf die Grenzen und Defizite marktförmiger Gesellschaftssteuerung, insofern es nämlich z. B. diejenigen, die überhaupt keinen Tauschwert in den gesellschaftlichen Austauschprozess einzubringen vermögen – etwa: arbeitsunfähige Behinderte, dauernd Beschäftigungslose, Nichtsesshafte, Kinder – schlicht ausblendet. Insgesamt – mit ihren produktiven Fragestellungen wie mit ihren blinden Flecken – steht jedenfalls auch diese Gerechtigkeitskonzeption dafür, dass der kategoriale Inhalt von (sozialer) Gerechtigkeit keineswegs einmal vorgegebenen und von da an für alle Zeiten feststehend ist. Zwar wird er sich im Kern immer über Gleichheitsfragen bestimmen lassen müssen; *welche* Gleichheits- bzw. Ungleichheitsverhältnisse jedoch innerhalb eines konkreten sozialen Zusammenhanges, einer konkreten Gesellschaft jeweils als gerechtigkeitsrelevant ausgemacht werden, ist damit, wie auch hier deutlich werden konnte, allerdings noch längst nicht entschieden. Oder, um es in den Worten des amerikanischen Sozialphilosophen Michael Walzer zu sagen: „Gerechtigkeit ist ein menschliches Konstrukt; und es steht keineswegs fest, dass sie nur auf eine einzige Weise hergestellt werden kann" (Walzer 1994, 30).

1.2.4   Juristische Gerechtigkeit

Die soziale Dimension von Gerechtigkeit weist also deutlich über rechtliche Fragestellungen im engeren Sinn hinaus und begrenzt zugleich deren soziale Wirkungsmacht. Dennoch kommt dem Recht, wie eingangs gesehen, eine Schlüsselstellung innerhalb der Gerechtigkeitsproblematik zu. Denn die unterschiedlichen Möglichkeiten, Gerechtigkeit zu begreifen, d. h. also aus den realen gesellschaftlichen Ungleichheitsrelationen heraus Maßstäbe der Gleichheit und der Gleichbehandlung zu formulieren, sind im Recht in der Gleichheit der Person auf ihre abstrakteste Ausdrucksmöglichkeit zurückgeführt.

Für die gesellschaftliche Wirklichkeit des Rechts, die gelebten rechtlichen Beziehungen (also etwa die Beziehungen zwischen Vertragspartnern, zwischen Schadensverursacher und Geschädigtem oder zwischen Behörde und Leistungsbezieher) bedeutet dies, dass in ihr der Gerechtigkeitsgedanke unter einem stark formalisierten Aspekt abgehandelt ist. Daran ändert sich auch prinzipiell nichts, wenn wir die sehr abstrakten Ebenen der Gleichstellung der Individuen als Rechtspersonen, z. B. als Staatsbürger, als Eigentümer oder bei der Abgabe einer Willenserklärung verlassen und bestimmte Kategorisierungen der Rechtsbeteiligten vornehmen: als Wahlberechtigte, Arbeitnehmer, Verbraucher, Bezieher von Sozialleistungen, Verheiratete o. Ä. Stets neigen wir dazu, im rechtlichen Sinne immer genau dann von Gerechtigkeit zu sprechen, wenn innerhalb ein und derselben Kategorie für alle die gleichen Regeln zur Anwendung kommen. Jene abstrakte, formale Gerechtigkeit ist demnach „ein Handlungsprinzip, nach welchem die Wesen derselben Wesenskategorie auf dieselbe Art und Weise behandelt werden **Einzelfall-** müssen" (Perelman 1967, 28). Mit anderen Worten kann sich auch die Be-
gerechtigkeit trachtung des Einzelfalls, sofern sie unter Gerechtigkeitsgesichtspunkten erfolgen soll, stets nur an der allgemeinen Norm orientieren. In rechtsphilosophischer Hinsicht hiervon zu unterscheiden wäre dann die Billigkeit, die, freilich auch in einer Weise, die letztlich wieder verallgemeinerbar sein muss, ihre rechtliche Bewertung unmittelbar anhand des Einzelfalles, d. h. auch unter Berücksichtigung seiner Besonderheit, vielleicht sogar Einmaligkeit, abgibt. Insofern kann man mit Radbruch die Billigkeit als die Gerechtigkeit des Einzelfalles bezeichnen (Radbruch 1932, 37).

gerechtes Recht Jedoch ist Recht nicht nur normativer Ausdruck, sondern zugleich auch Regulator und damit Gestalter sozialer Beziehungen. Sollen diese dem Anspruch der Gerechtigkeit standhalten, so muss auch das Recht seinerseits die Gerechtigkeitsanforderungen zu erfüllen imstande sein. Grundlegend hierfür ist, dass die Regeln des Rechts selbst als gerecht gelten können. Damit ist

nicht mehr und nicht weniger als das Problem *des richtigen Rechts* bezeichnet, womit wir innerhalb dieses kleinen Gerechtigkeitsexkurses wieder zu
unserer rechtsphilosophischen Ausgangsfrage zurückgelangt sind. Beantwortet werden kann sie auf ganz unterschiedlichen theoretischen Ebenen.
Für Kant etwa ist das richtige Recht dann gegeben, wenn der eigene freie
Wille zugleich „mit der Freiheit von jedermann nach einem allgemeinen Gesetze (… der Freiheit – wäre noch zu ergänzen, wenn man dem Text Kants in
dieser knappen Wiedergabe gerecht werden will, d. Verf.) bestehen könne"
(1797, 338). Das ist zugegebenermaßen wiederum sehr abstrakt. Dennoch
ist damit zumindest schon einmal klargestellt, dass – normativ gesprochen
– nicht alles, was in Geschichte und Gegenwart in der Form des Rechts auf
uns gekommen ist, auch schon notwendigerweise als gerecht angesehen werden muss. In die Wirklichkeitsperspektive des Rechts gewendet bedeutet
das, dass soziale Verhältnisse nicht schon dann für sich in Anspruch nehmen
können, gerecht zu sein, nur weil sie in der Form des Rechts gesellschaftlich
etabliert wurden. Ganz im Gegenteil kann und muss das Recht selbst auch
unter Gerechtigkeitsaspekten legitimer Gegenstand der Kritik, notfalls auch
des sozialen Protestes sein, wie dies etwa als Reaktion auf die Sozialgesetzgebung der letzten Jahre in verschiedenen europäischen Ländern, darunter
auch in Deutschland, tatsächlich zu beobachten war.

Freilich wird sich die Frage, ob Regeln als gerecht bezeichnet werden
können oder nicht, in praktischer Weise kaum von der von Kant besetz-
ten Abstraktionshöhe herab entscheiden lassen. Die juristischen Gerechtigkeitsfragen im engeren Sinn bleiben hier noch einigermaßen unproblematisch und blass. Ihre eigentliche soziale Sprengkraft entwickeln sie erst
dann, wenn das allgemeine Diktum der Gleichbehandlung konkretisiert
wird. In dem bereits erwähnten Ansatz von Chaim Perelman etwa wird die
Gerechtigkeit juristischer Regeln davon abhängig gemacht, ob die Kriterien
für die unterschiedlichen Kategorien, innerhalb derer die Menschen gleich
behandelt werden, von hinreichender sozialer Relevanz sind und ob die Zuordnung zu ihnen sachlich begründet vorgenommen wurde (1967, 119).

Solche Kategorien sind z. B. auf das Arbeitsrecht bezogen: Arbeitgeber,
Arbeitnehmer, leitende Angestellte, andere arbeitnehmerähnliche Personen, Frauen, Schwangere, Behinderte, Jugendliche, Betriebsräte, Ge-
werkschaftsmitglieder, Arbeitnehmer in Kleinbetrieben, Arbeitnehmer in
Tendenzbetrieben, befristet Beschäftigte, Teilzeitbeschäftigte, Beschäftigte
auf Probe, Beschäftigte je nach unterschiedlicher Dauer der Betriebszu-
gehörigkeit. Für sie alle gelten, je nach Kategorisierung, unterschiedliche
Regeln, nach denen sie gleich behandelt werden. Zwischen den einzelnen
Gruppen hingegen ist eine Ungleichbehandlung innerhalb des großen
Rechtsstoffes „Arbeitsrecht" möglich, ohne dass deshalb notwendigerweise
Gerechtigkeitsgrundsätze verletzt würden.

Erst unter der Voraussetzung eines in diesem Sinne gerechten Rechts kann **gerechte**
der schon auf Aristoteles zurückgehende Satz gelten, wonach die Verlet- **Rechtsordnung**
zung einer Regel des Rechts ein Akt der Ungerechtigkeit, die Wiederher-

stellung ihrer Geltung demnach der grundlegende Vorgang der Herstellung rechtlicher Gerechtigkeit sei. Jedoch bleibt auch eine solche Aussage formal, und zwar in dem Maße, in dem die Regelgerechtigkeit selbst nur formal bestimmt werden konnte. Mit Blick auf die gesellschaftlichen Realverläufe ist nämlich ohne weiteres einsichtig, dass in einer bestimmten Situation keineswegs immer nur eine Entscheidungsmöglichkeit zu Kategorisierung und Zuordnung vorstellbar ist. Deshalb lässt sich auch eine gerechte Rechtsordnung insgesamt wieder nur auf eine derart abstrakte Weise beschreiben, wie uns dies bereits bei Kant begegnet ist. Konkret werden die Fragen nach einer gerechten Rechtsordnung hingegen erst dann, wenn die interessengeleiteten Wertungen wieder mit in den Blick genommen werden. Geschieht dies aber, dann steht auch die gerechte Rechtsordnung sofort wieder in einem Spannungsverhältnis zur sozialen Wirklichkeit. Abstrakt kann und muss man daher den Rechtsstaat sehr wohl als Ausdruck und Symbol der gerechten Rechtsordnung begreifen. Werden jedoch die konkreten Bewertungsvorgänge mit in den Blick genommen, dann mag das Rechtsstaatsprinzip zwar immer noch für das *Versprechen der Gerechtigkeit* stehen. Dafür, wie wenig man aus ihm jedoch eine *Garantie für Gerechtigkeit* ableiten kann, ist etwa das amerikanische Gefangenenlager Guantánamo zum beklemmenden Symbol geworden.

Gerechtigkeit im Rechtsverkehr

Das Verhältnis zwischen abstraktem Gleichheitssatz und konkreter Zuordnungsentscheidung nach den Regeln des Gleichheitssatzes setzt sich auch im Rechtsverkehr zwischen den Rechtspersonen, etwa bei der vertraglichen Gestaltung von Rechtsbeziehungen, fort. Zwar treffen in ihm zunächst in ihrer Willensbildung autonome Partner aufeinander, so dass der allgemeine Grundsatz der Vertragstheorie insoweit zugleich ein Gerechtigkeitspostulat ist: *volenti non fit iniuria*, was zu Deutsch etwa heißt, dass einem willentlich Zustimmenden eben deshalb, weil er aus freiem Willen zustimmt, auch kein Unrecht erwachsen kann. Nur eine Folge dieses Grundsatzes ist das auch einem größeren, auch nichtjuristischen Publikum geläufige *pacta sunt servanda* (dt.: Verträge sind einzuhalten). Die Hauptelemente der Verkehrsgerechtigkeit betreffen deshalb vor allem den Bereich der ausgleichenden Gerechtigkeit. Jedoch ist der grundlegende Gedanke der **Privatautonomie** (vgl. II-1.3) an die stillschweigende soziale Voraussetzung des Rechts gebunden, dass der mit einem freien Willen ausgestattete Mensch zugleich auch über die sozialökonomischen Voraussetzungen autonomer Willensentscheidungen verfügt (hierzu Sinzheimer 1930, 50f.). Genau dieses Gefüge ist aber spätestens dann aus dem Lot, wenn sich das Fiktionale dieser Voraussetzung als reales Ausgeliefertsein an sachliche Abhängigkeitsverhältnisse zeigt und sich der Einzelne unversehens einer faktisch überlegenen Regelungs- und Verfügungsmacht seines Vertragspartners gegenübersieht. Hierauf verweist auch Max Weber, wenn er schreibt (1921, 439):

> „Das formale Recht eines Arbeiters, einen Arbeitsvertrag jeden beliebigen Inhalts mit jedem beliebigen Unternehmer einzugehen, bedeutet für den Arbeitsuchenden praktisch nicht die mindeste Freiheit in der eigenen Gestaltung der Arbeitsbedingungen und garantiert ihm an sich auch keinerlei Einfluß darauf."

Nicht nur im Arbeitsrecht, sondern auch im Mietrecht, im Verbraucherrecht und in vielen anderen Rechtsgebieten können derartige Situationen entstehen (vgl. II-1.3). Deshalb werden sich auch zur Verkehrsgerechtigkeit die wirklich schlüssigen Antworten erst wieder aus der Analyse der Klassifikationen von entsprechenden Kategorien und der Beurteilung der jeweiligen Zuordnungen zu ihnen ableiten lassen.

Die Verfahrensgerechtigkeit, also die gerechte Abwicklung rechtlicher Prozesse (Straf-, Zivil-, Familien-, Arbeits- Verwaltungs- und andere Prozesse) betrifft im Wesentlichen den Grundsatz der „Waffengleichheit" im Verfahren. Dies kann man z. B. im Strafprozess von den Verteidigungsrechten des Beschuldigten bzw. Angeklagten bis hin zu den gesetzlichen Beweisverwertungsverboten verfolgen. Die bekannteste Maxime der Verfahrensgerechtigkeit ist das *audiatur et altera pars*, d. h. der Grundsatz, in einem Verfahren beide Seiten zu hören (verfassungsrechtlich geregelt als Recht auf rechtliches Gehör, Art. 103 Abs. 1 GG). Weitere Grundsätze der Verfahrensgerechtigkeit sind vor allem im Strafrecht (vgl. IV-2.4 und IV-5.1) zu finden, so z. B. das Bestimmtheitsgebot und das Rückwirkungsverbot im Strafrechts bzw. das Verbot der rückwirkenden Bestrafung (*nullum crimen sine lege, nulla poena sine lege*) oder auch das Verbot der doppelten Bestrafung für ein und dieselbe Tat (*ne bis in idem*), Art. 103 Abs. 2 u. 3 GG.

Verfahrensgerechtigkeit

Die Strafgerechtigkeit betrifft eine vielleicht auch eine nichtjuristische Öffentlichkeit in besonderer Weise interessierende und zugleich besonders kontrovers verhandelte Perspektive von Gerechtigkeit. Debatten wie etwa die um die Angemessenheit der Sanktionen im Jugendstrafrecht oder um die Strafverschärfung für Sexualstraftaten („Wegsperren, und zwar für immer!" wurde immerhin nicht an einem Stammtisch, sondern vom damaligen Bundeskanzler gefordert) belegen dies. Ihre Schärfe gewinnen sie dadurch, dass offensichtlich gerade hier Werturteile aufeinanderprallen, die deshalb vergleichsweise weit auseinanderliegen, weil die sozialen Grundannahmen, aus denen sie sich herleiten, entsprechend stark differieren. Diese betreffen im Wesentlichen den Zweck der Strafe, der in der Vergeltung begangenen Unrechts oder in dem Gedanken der Resozialisierung und der Erziehung des Täters liegen oder der auf die abschreckende Wirkung von Strafen abzielen kann (vgl. hierzu im Einzelnen unter IV-2.3). Die Annahme von Strafgerechtigkeit hängt daher zum einen davon ab, welcher der genannten Strafzwecke über eine aktuell ausgeprägte soziale Plausibilität verfügt und zum anderen davon, inwieweit dann der konkrete Strafausspruch diesem Strafzweck in angemessener Weise Geltung verschafft.

Strafgerechtigkeit

Die permanenten Relativierungen, denen jeder einzelne der hier behandelten Gerechtigkeitsaspekte unterworfen werden musste, mögen für den einen eine Bestätigung einer bereits vorhandenen Aversion, für den anderen eine Enttäuschung sein. Notwendig wurden sie jedes Mal, weil es sich bei der Gerechtigkeit um eine Kategorie handelt, deren Wesensgehalt zwar eine starke ethisch rückgebundene Zentrierung um Gleichheits- und Gleichbehandlungsfragen ausmacht, deren jeweilige konkrete inhaltliche

Bestimmung jedoch je nach interessengeleitet-wertendem Blickwinkel ausfällt. Wer also an eine „absolute" Gerechtigkeit glauben will und sie definiert haben möchte, der muss auf die naturrechtlich geprägte Annahme universeller Normen, deren Geltung sich unabhängig von menschlicher Einflussnahme auf sie vorstellen ließe, verwiesen werden (vgl. I-1.1.2). In der Realität des Rechts hingegen – der gelebten wie der normativen – muss „absolute" Gerechtigkeit ein Widerspruch in sich bleiben. Man mag daher wohl langsam eine Ahnung davon bekommen, weshalb Chaim Perelman (1967, 83) so lapidar schreibt: „Die Gerechtigkeit ist ein anspruchsvoller und verworrener Begriff." Praktisch gesehen besteht hingegen durchaus ein Anlass zur Hoffnung. Denn wenn es so ist, dass sich der Inhalt von Gerechtigkeit letztlich nur in einem je konkreten sozialen Kontext auffinden lässt, so hat dies zur logischen Konsequenz, dass niemand anders als die handelnden Akteure, und damit also auch wir selbst, es sind, die in ihrer sozialen Interaktion die jeweilige Bedeutung von Gerechtigkeit für sich und ihre sozialen Bezugnahmen festlegen.

Rawls 2003; Ritsert 1997; Walzer 1994

1. Welche Bedeutung hat der Staat für das Recht und was versteht man unter dem Begriff Rechtsstaat? (1.1.1, vgl. auch 2.1.2)
2. Was sind die Kennzeichen einer Rechtsnorm und welche Typen von Rechtsnormen gibt es in der Rechtsordnung der Bundesrepublik Deutschland? (1.1.3)
3. Weshalb ist die Unterscheidung in privates und Öffentliches Recht bei der Beantwortung von Rechtsfragen im Einzelfall wichtig? (1.1.4)
4. Aufgrund welchen völkerrechtlichen Abkommens sind die Jugendämter in Deutschland verpflichtet, ausländischen Minderjährigen Schutz zu gewähren, und was versteht man insoweit unter Schutz? (1.1.5)
5. Was versteht man unter dem Begriff Einzelfallgerechtigkeit? (1.2.4)

2 Verfassungsrechtliche Grundlagen der Sozialen Arbeit (Trenczek / Behlert)

Gerade im Hinblick auf Menschen, die Hilfe bedürfen und in Gefahr stehen, von öffentlicher oder professioneller Unterstützung abhängig zu werden, empfiehlt es sich, die verfassungsrechtlichen Grundlagen der Bundesrepublik Deutschland (siehe auch Übersicht 6) und das dahinter stehende Menschenbild genauer anzusehen:

„Der Einzelne ist zwar der öffentlichen Gewalt unterworfen, aber nicht als Untertan, sondern als Bürger … Dies muss besonders dann gelten, wenn es um seine Daseinsmöglichkeit geht. … Die unantastbare, von der staatlichen Gewalt zu schützende Würde des Menschen (Art. 1) verbietet es, ihn lediglich als Gegenstand staatlichen Handlungsbedarfs zu betrachten, [insbesondere] soweit es sich um die Sicherung des notwendigen Lebensbedarfs, also seines Daseins überhaupt handelt. Das folgt aus dem Grundrecht der freien Persönlichkeit (Art. 2 Abs. 1 GG). Auch der Gemeinschaftsgedanke, der in den Grundsätzen des sozialen Rechtsstaats (Art. 20 und 28 GG) und der Sozialgebundenheit des Eigentums (Art. 14 GG) Ausdruck gefunden hat, erschöpft sich nicht in der Gewährung von materiellen Leistungen, sondern verlangt, dass die Teilnehmer der Gemeinschaft als Träger eigener Rechte anerkannt werden, die grundsätzlich einander mit gleichen Rechten gegenüberstehen (Art. 3 GG) und dass nicht ein wesentlicher Teil des Volkes in dieser Gemeinschaft hinsichtlich seiner Existenz ohne Rechte dasteht" (BVerwGE 1, 159 ff.).

Übersicht 6: Verfassungsrechtliche Grundlagen der Sozialen Arbeit

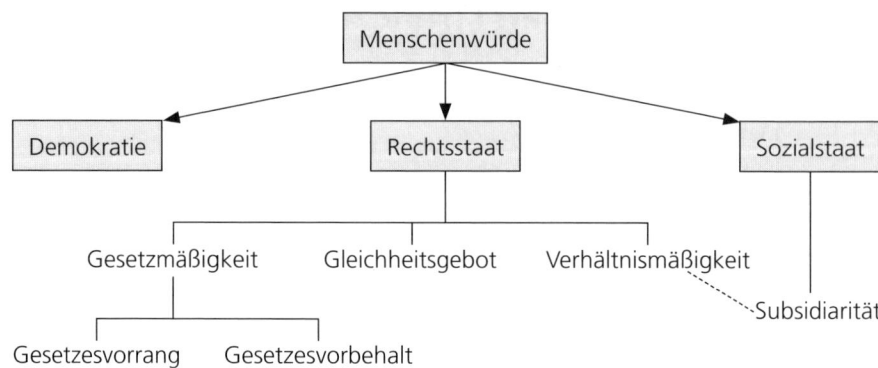

2.1   Die Bundesrepublik als demokratischer und sozialer Rechtsstaat

Die Bundesrepublik Deutschland ist ein demokratischer und sozialer Bundesstaat (Art. 20 Abs. 1 GG). Das Grundgesetz, die Verfassung (vgl. I-1.1.3.1) und rechtliche Grundordnung des deutschen Staates bestimmt in Art. 20 GG – und zwar mit Anspruch auf Unveränderlichkeit (Art. 79 Abs. 3 GG) – Rechtsstaat, Demokratie, Sozialstaat als wichtigste, ineinandergreifende Verfassungsgrundsätze (zum Föderalismusprinzip, der Gliederung des Bundes in Länder, vgl. I-4.1.2).

Gewaltenteilung   Kennzeichen und gleichermaßen Voraussetzung für den demokratischen Rechtsstaat ist die von dem französischen Philosophen Montesquieu (1689–1755) ausgeformte Lehre von der Dreiteilung der staatlichen Gewalten. Danach wird die Verwaltung (Exekutive) abgegrenzt von der Gesetzgebung (Legislative) und der Rechtsprechung (Judikative) (siehe Übersicht 7). Grob gesagt, stellt die Gesetzgebung die Normen auf, die Exekutive (Verwaltung) wendet sie an und die Rechtsprechung kontrolliert die Einhaltung der Gesetze. Auf dieses Gewaltenteilungsprinzip nimmt die Verfassung der Bundesrepublik ausdrücklich Bezug in Art. 20 Abs. 3 GG: Die Gesetzgebung ist an die verfassungsmäßige Ordnung, die vollziehende Gewalt und die Rechtsprechung sind an Gesetz und Recht gebunden. Allerdings ist das Gewaltenteilungsprinzip heute nicht mehr in reiner Form angewendet. So wird die Regierung als Teil der Exekutive mittlerweile nicht mehr von einem „absoluten Herrscher" eingesetzt, sondern vom Parlament gewählt, deren Regierungsfraktionen die Regierung weniger kontrollieren denn stützen. Die Tätigkeit der Exekutive erschöpft sich auch nicht in der reinen Anwendung von Normen, vielmehr haben die Regierung und die sog. Selbstverwaltungsträger auch einen politischen Gestaltungsauftrag, während die übrige Verwaltung eher ausführend tätig ist. Zudem nehmen Exekutiv- und Verwaltungsbehörden auch Aufgaben wahr, die streng inhaltlich zur Gesetz-

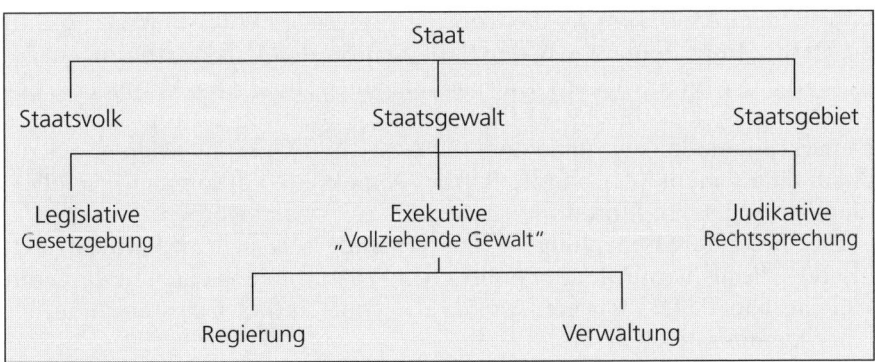

Übersicht 7: Staat und Gewaltenteilung

gebung (Erlass von Verordnungen und Satzungen) oder Rechtsprechung (Bußgeldbescheide) gehören, andererseits werden auch die Gesetzgebung (z. B. bei Erlass eines Haushaltsplanes) und die Rechtsprechung (Register, Grundbuch) verwaltend tätig.

Ein Ausfluss der Gewaltenteilung ist die Zuweisung grundlegender Staatsaufgaben an die sog. Verfassungsorgane. Das sind auf Bundesebene: **Verfassungsorgane**

- der Bundestag (Art. 38–48 GG)
- der Bundesrat (Art. 50–53 GG)
- der Gemeinsame Ausschuss (Art. 53a GG)
- die Bundesversammlung (Art. 54 GG)
- der Bundespräsident (Art. 54–61 GG)
- die Bundesregierung (Art. 62–69 GG)
- das Bundesverfassungsgericht (Art. 93, 94 GG)

Besteht zwischen den einzelnen Organen eine divergierende Auffassung über den Umfang ihrer Rechte und Pflichten oder ihrer Mitglieder, kann das BVerfG im sog. Organstreitverfahren (Art. 93 Abs. 1 Nr. 1 GG, §§ 63ff BVerfGG) angerufen werden.

2.1.1 Demokratie

Der Begriff Demokratie kommt aus dem Griechischen (demos – Volk; kratein – herrschen) und bedeutet Volksherrschaft. Nach Art. 20 Abs. 2 S. 1 GG geht alle Staatsgewalt vom Volke aus. Damit ist nicht gemeint, dass zwingend alle hoheitlichen Entscheidungen durch die Bürger unmittelbar getroffen werden müssen, sondern dass sie einer gesetzlichen Legitimation bedürfen, die sich auf einen Willensakt des Volkes zurückführen lässt. Konkretisiert ist das Demokratiegebot durch das Gebot allgemeiner, unmittelbarer, freier, gleicher und geheimer **Wahlen** (Art. 38 Abs. 1 S. 1 GG). Man unterscheidet zwischen „unmittelbarer" Demokratie, in der das Volk in Abstimmungen direkt selbst über eine Frage entscheidet, und der sog. repräsentativen Demokratie, bei der das Volk „abgeordnete" Volks-Vertreter wählt, die als ihre Repräsentanten in den Parlamenten, den Volksvertretungen, die wesentlichen (gesetzlichen) Entscheidungen treffen. Der Verfassung der Bundesrepublik Deutschland liegt ein ganz überwiegend repräsentatives Demokratiemodell zugrunde (Art. 20 Abs. 3 S. 2 GG), in welchem nur rudimentär Elemente der unmittelbaren Demokratie vorkommen, die allerdings in den letzten Jahren wieder verstärkt diskutiert werden.

Eine besondere Beachtung finden im Grundgesetz auch die **Parteien** (Art. 21 GG), die als Vermittler der politischen Willensbildung einen besonderen Auftrag haben. Die Parteiendemokratie geht faktisch zulasten unmittelbarer Demokratieelemente.

Minderheitenschutz   Demokratie ist mehr als ein mechanistisches Prinzip zur Mehrheitsfeststellung. Sie basiert auf der Anerkennung des einzelnen Bürgers als Träger universeller Grund- und Menschenrechte (vgl. die UN-Charta sowie die EMRK; vgl. I-1.1.5). Soweit der Demokratiegedanke mit der Organisation von Mehrheiten und Mehrheitsentscheidungen verknüpft wird, muss beachtet werden, dass das Betätigungsrecht der Opposition gewährleistet ist und der **Schutz von Minderheiten** gewahrt bleibt (keine Diktatur der Mehrheit). Insoweit ergibt sich aus dem Demokratieprinzip ein besonderer Handlungsauftrag für die Soziale Arbeit, da sie es vielfach mit Menschen zu tun hat, die – aus welchen Gründen auch immer – einer benachteiligten Bevölkerungsgruppe oder Minderheit angehören (z. B. Kinder und Jugendliche, alte, behinderte, einkommensarme Menschen, Migranten und ausländische Bevölkerungsgruppen). Hierbei geraten Sozialarbeiter u. U. in ein Spannungsfeld unterschiedlicher Erwartungen: auf der einen Seite steht der Auftrag des betroffenen Klienten, auf der anderen Seite stehen die Erwartungen des öffentlichen Arbeitgebers, dem sie arbeitsrechtlich und gesetzlich verpflichtet sind. Man spricht hier insofern von einem **doppelten Mandat**. Das Demokratiegebot verpflichtet die Mitarbeiter öffentlicher Träger, die demokratisch legitimierten Entscheidungen des Gesetzgebers vorbehaltlos zu befolgen. Die sich aus dem doppelten Mandat mitunter ergebenden Konflikte sind nicht immer leicht aufzulösen, sie fordern aber zur demokratischen Teilnahme und damit zur rechtlich-politischen Einwirkung auf die Sozialverhältnisse auf. Die Soziale Arbeit hat einen politischen Gestaltungsauftrag insbesondere im Hinblick auf die Sicherung eines menschenwürdigen Daseins und die Abwendung bzw. den Ausgleich von Benachteiligungen und Belastungen (vgl. z. B. 1: § SGB I, § 1 Abs. 3 SGB VIII). Auch deshalb muss sich Soziale Arbeit im Interesse ihrer Klienten einmischen und in den öffentlichen Diskurs einbringen.

2.1.2   Rechtsstaatsprinzip

In einem Rechtsstaat bildet das Recht die verbindliche Ordnung für das Zusammenleben der Menschen. Die Konzeption geht letztlich auf die Rechtsphilosophie Immanuel Kants zurück und basiert auf dem von ihm grundlegend beschriebenen Verhältnis des einzelnen Bürgers zum Staat, der Notwendigkeit des Schutzes des Bürgers vor der Übermacht des Staates und des Schutzes durch den Staat im Hinblick auf die Machtungleichgewichte in der Gesellschaft. Der Rechtsstaat war bei Kant konstitutiv für die **bürgerliche Freiheit** (vgl. I-1.1.1). Der Gegensatz ist der **Polizeistaat**, in denen der Einzelne Objekt der staatlichen Gewalt ist. Andererseits lässt sich das Axiom des Staatlichen Gewaltmonopols auf Thomas Hobbes zurückführen. In einem Rechtsstaat ist grundsätzlich nur der Staat Hoheitsträger und darf Zwang zur Durchsetzung der Verhaltensregeln anwenden (sog. Staatliches Gewaltmonopol).

staatliches Gewaltmonopol

Die wesentlichen Funktionen des Rechtsstaats gehen aus heutiger Perspektive über die Gewährleistung der persönlichen Freiheit hinaus und liegen in der Strukturierung des Gemeinwesens und seiner wesentlichen öffentlichen Institutionen (Ordnungsfunktion), in dem Grenzziehungsauftrag zum Schutz der Bürger (Herrschaftskontrolle, insbesondere der sog. „Schwächeren" vor den Mächtigeren, z.B. Minderheiten und Benachteiligten) sowie – im Zusammenspiel mit dem Sozialstaatsprinzip – dem Auftrag zur Chancenermöglichung (Emanzipation und Aktivierung) zur Gewährung gesellschaftlicher Teilhabe der Bürgerinnen und Bürger. Auch wenn die Idee des Rechts sich an der Gerechtigkeit orientiert, kann dieses Ziel immer nur ansatzweise erreicht werden, da im Widerstreit gesellschaftlicher und privater Interessen optimal nur ein fairer Interessensausgleich geleistet werden kann.

2.1.2.1 Bindung an Recht und Gesetz

Wesentlich für einen Rechtsstaat ist, dass die Macht des Staates nicht grenzenlos, sondern rechtlich gebunden und demokratisch legitimiert ist. Dies gilt insbesondere im Verhältnis des Staates zu seinen Bürgern, deren vom Staat anerkannte (nicht verliehene) Menschen- und Grundrechte die individuellen und sozialen Freiheitssphären umschreiben (Art. 1–19 GG), in die der Staat nur unter gesetzlich bestimmten Voraussetzungen eingreifen darf. Der Bürger ist nicht Untertan, sondern er verfügt über verfassungsrechtlich anerkannte Rechte und Pflichten. Greift die Exekutive in die Rechtsstellung des Bürgers ein, so muss er die Möglichkeit haben, die Rechtmäßigkeit der Maßnahmen von unabhängigen Gerichten überprüfen zu lassen. Kernelement des Rechtsstaats ist also die Bindung der „hoheitlichen" Gewalt (insbesondere auch der Sozialverwaltung) an Recht und Gesetz (Art. 20 Abs. 3 GG) und die Garantie des gerichtlichen Rechtsschutzes (Art. 19 Abs. 4 GG).

Art. 20 Abs. 3 GG

Aus dem Grundsatz, dass alles staatliche Handeln an Recht und Gesetz gebunden ist (Gesetzmäßigkeit), lassen sich zwei wesentliche Regeln ableiten, die insbesondere für die (Sozial)Verwaltung von Bedeutung sind: Vorrang und Vorbehalt des Gesetzes. Aus dem Vorrang des Gesetzes ergibt sich, dass jede Verwaltungsmaßnahme mit den geltenden Rechtsnormen im Einklang stehen muss, also nicht gegen gültige Rechtssätze verstoßen darf. Deshalb muss die Verwaltung, müssen die Sozialarbeiter das Grund-

Vorrang des Gesetzes

B

gesetz, insbesondere die darin enthaltenen Grundrechte, sowie die Gesetze, Rechtsverordnungen und Satzungen kennen und dürfen gegen diese Rechtsnormen nicht verstoßen. Ein vom Gesetz abweichendes Handeln ist rechtswidrig. Die fachlichen Standards der Sozialen Arbeit bestimmen sich ganz wesentlich durch rechtliche Regelungen.

Im Rahmen einer Inobhutnahme muss einem Jugendlichen z. B. unverzüglich die Möglichkeit eingeräumt werden, eine Vertrauensperson zu benachrichtigen (§ 42 Abs. 2 S. 2 SGB VIII). Das Jugendamt hat auch die Eltern „unverzüglich" zu unterrichten und mit ihnen gemeinsam das Gefährdungsrisiko abzuschätzen (§ 42 Abs. 3 S. 1 SGB). Überredet ein Sozialarbeiter einen 16-jährigen Jugendlichen, der über seine autoritären, konservativen Eltern klagt, ohne Abklärung mit den Eltern zu einem Umzug in eine Wohngemeinschaft, verstößt dies gegen Art. 6 GG, §§ 1631 f. BGB sowie §§ 9 Ziff. 1, 42 SGB VIII.

Privatautonomie

Soweit keine Rechtsnormen vorliegen, besteht für alle Bürger Handlungsfreiheit. Sie dürfen tun und lassen, was sie wollen, solange sie nicht gegen Rechtsnormen verstoßen. Im Rechtsverkehr der Bürger spricht man insoweit von Privatautonomie, im Hinblick auf Verträge gilt die Vertragsfreiheit (§ 311 BGB), d. h. so lange die gesetzlichen Regelungen eingehalten werden (z. B. keine rechtswidrigen und sittenwidrige Geschäfte §§ 134, 138, 242 BGB; §§ 126ff BGB Formvorschriften; §§ 305ff BGB: Grenzen des „Kleingedruckten" in Allgemeinen Geschäftsbedingungen; § 312 BGB: Widerrufsrecht bei Haustürgeschäften), können die Vertragsparteien ihre Verträge frei gestalten.

Vorbehalt des Gesetzes

Die allgemeine Handlungsfreiheit im Rahmen der Gesetze besteht zwar für den Bürger, nicht aber für den Staat und andere öffentliche Träger. Der Grundsatz des Vorbehalts des Gesetzes knüpft an das Demokratiegebot an und besagt, dass der Gesetzgeber alle wesentlichen Fragen, die den Bürger unmittelbar betreffen, selbst entscheiden muss und nicht der Verwaltung zur Entscheidung überlassen darf (BVerfG NJW 1976, 34; 1976, 1309; 1979, 359). Wesentliche Maßnahmen sind also nur rechtmäßig, wenn sie auf einer gesetzlichen Grundlage ergehen (Gesetz oder mit gesetzlicher Ermächtigung erlassene Rechtsnorm) und die Grundrechte nur im zulässigen Umfang einschränken. Damit sollen Willkür und unkontrollierte Eigengesetzlichkeiten verhindert, andererseits soll die Berechenbarkeit der Verwaltung und die Gleichbehandlung der Bürger verbessert werden, auch wenn dadurch die Flexibilität der Verwaltung eingeschränkt wird. Wesentliche Maßnahmen in diesem Sinne sind:

a) **Eingriffe** in die Rechts- und Freiheitssphäre einer natürlichen oder juristischen Person, d. h. Maßnahmen, die zu einem Tun, Dulden oder Unterlassen verpflichten bzw. ein Recht entziehen oder einschränken. Dies betrifft also nicht nur kontrollierende Maßnahmen der Polizei, sondern alle in die Rechtsstellung der Bürger eingreifenden Maßnahmen öffentlicher Verwaltungsträger (z. B. auch Inobhutnahme oder Gebührenerhebung durch das Jugendamt). So ist z. B. auch jede Erhebung und Speicherung von personenbezogenen Daten und ihre Mitteilung an Dritte ein Eingriff in das Grundrecht auf informationelle Selbstbestimmung (vgl. das sog. „Volkszählungsurteil" des BVerfG v. 15.12.1983 – E 65, 1, OVG Lüneburg NJW 1992, 193; hierzu III-1.2.3). Auch innerhalb sog. besonderer „Gewaltverhältnisse" (z. B. Strafvollzug, geschlossene Unterbringung) bedürfen weitere, über das Grundverhältnis hinausreichende Beschränkungen der Grundrechte (z. B. Briefzensur, beschränkte Nutzung von Medien) einer gesetzlichen Grundlage (BVerfGE 33, 1ff. = NJW 1972, 811; BVerfG v. 31.05.2006 – 2 BvR 1673/04). Ein Eingriff liegt immer dann vor, wenn grundrechtlich geschützte Rechtspositionen nicht unerheblich beschränkt werden (vgl. z. B. im Hinblick auf Art. 6 Abs. 2 GG die Einführung der Sexualerziehung in der Schule, BVerwG NJW 1975, 1181). Die Polizei darf Wohnungen, z. B. das Wohnheim eines freien Trägers, nur dann betreten und durchsuchen, wenn und soweit ihr dies durch Art. 13 GG und die einschlägigen Vorschriften der Polizeigesetze der Länder gestattet ist (grundsätzlich nur auf Anordnung des Amtsrichters, nur zur Abwendung einer gemeinen Gefahr, einer Lebensgefahr für einzelne Personen oder zur Verhütung dringender Gefahren für die öffentliche Sicherheit und Ordnung).

b) Auch **Leistungsentscheidungen**, mit denen der Staat (oder andere Hoheitsträger) in die Handlungs- und Gestaltungsfreiheit der Bürger interveniert (z. B. Subventionierung von Unternehmen, Förderung von Vereinen und anderen freien Trägern) sind wesentlich und bedürfen der gesetzlichen Regelung. Für die Begründung oder Feststellung von Rechten reicht es allerdings nach der Rechtsprechung aus, dass in einem Haushaltsgesetz oder in einer Haushaltssatzung zweckgebundene Mittel bereitgestellt werden (z. B. im Hinblick auf Subventionen BVerwG NJW 1979, 2059 f.). Sind im Haushaltsplan eines Kreises für die Bezuschussung von Altentagesstätten (§ 71 SGB XII) 50.000 € vorgesehen, ist die Verwaltung berechtigt und verpflichtet, diese Mittel nach pflichtgemäßem Ermessen auf die verschiedenen Antragsteller zu verteilen.

c) Im Hinblick auf die Sozialverwaltung hat der Gesetzgeber **alle** Entscheidungen über Sozialleistungen einem besonderen Gesetzesvorbehalt unterworfen. Nach § 31 SGB I ist die Begründung, Feststellung, Änderung oder Aufhebung von Rechten und Pflichten nach dem SGB nur zulässig, soweit ein Gesetz sie vorschreibt oder zulässt. Dieser sozialrechtliche Gesetzesvorbehalt geht über die allgemeinen Grundsätze hinaus. Die öffentlichen Träger z. B. der Jugend- und Sozialhilfe dürfen aufgrund des sozialrechtlichen Gesetzesvorbehalts Sozialleistungen nur bewilligen und durchführen, wenn sich dies aus dem SGB ergibt, wenn also die fachliche Prüfung ergeben hat, dass die gesetzlichen Leistungsvoraussetzungen erfüllt sind.

§ 31 SGB I

Im Rahmen des Jugendgerichtsverfahrens muss das Jugendamt frühzeitig prüfen, ob und ggf. welche Jugendhilfeleistungen für einen Jugendlichen oder sog. Heranwachsenden geeignet und erforderlich sind (§ 52 SGB

VIII). Leistungen der Jugendhilfe sind zu erbringen, sofern die formellen und materiellen Leistungsvoraussetzungen vorliegen. Das Jugendamt muss diese Prüfung vornehmen und kann nicht vom Jugendrichter zur Durchführung einer Betreuung oder anderen Maßnahmen angewiesen werden (zur sog. Steuerungsverantwortung des JA vgl. III-3.3.4.4 und IV-5.5.2).

2.1.2.2 Verhältnismäßigkeit

Der Grundsatz der Verhältnismäßigkeit wird aus dem Rechtsstaatsprinzip abgeleitet und hat Verfassungsrang. Er hat besondere Bedeutung bei Eingriffen in die Freiheitssphäre der Betroffenen und bei Ermessensentscheidungen. Auch (scheinbar) vom Wortlaut eines Gesetzes gedeckte Maßnahmen und Ermessensentscheidungen sind rechtswidrig, wenn sie gegen den Grundsatz der Verhältnismäßigkeit verstoßen. Bei jeder „hoheitlichen" Entscheidung und Maßnahme ist zu prüfen, ob diese geeignet, erforderlich und angemessen ist.

- **Geeignetheit:** Maßnahmen und Leistungen sind nur zulässig, wenn sie geeignet sind, den vom Gesetz angestrebten Zweck zu erreichen. Freilich werden über die Frage, was die richtige Entscheidung oder die geeignete Maßnahme ist, oft unterschiedliche Auffassungen bestehen, die vom fachlichen und politischen Vorverständnis der Beteiligten abhängen (z. B. Geeignetheit von freiheitsentziehenden Maßnahmen für die angestrebte Legalbewährung im Hinblick auf die extrem hohen Rückfallziffern nach Vollzug der Freiheitsstrafe, vgl. OLG Schleswig NStZ 1985, 475). Gleichwohl darf die Entscheidung nicht nur auf Meinungen basieren, rechtliche Entscheidungen dürfen nicht „am grünen Tisch" losgelöst von den empirisch nachweisbaren Zusammenhängen der Lebenswelt getroffen werden. Im Rahmen der Entscheidungsfindung müssen vielmehr die „außerrechtlichen" Wirklichkeiten anerkannt werden.
- **Erforderlichkeit:** Kann ein bestimmtes Ziel durch verschiedene, allesamt geeignete Vorgehensweisen erreicht werden, so darf nur diejenige ausgewählt werden, die die Betroffenen und die Allgemeinheit am wenigsten beeinträchtigt und zur Erreichung des Ziels unerlässlich ist (sog. Übermaßverbot: „Nicht mit Kanonen auf Spatzen schießen"). Bei der Auswahl der ihr zur Verfügung stehenden Möglichkeiten muss somit eine Verwaltung bewusst die Vor- und Nachteile der verschiedenen geeigneten Möglichkeiten abwägen und dann das am wenigsten einschneidende Mittel ergreifen.

Beispielsweise darf die Polizei nicht den sofortigen Abbruch einer Musikveranstaltung in einem Jugendheim verlangen, wenn es zur Vermeidung der Lärmbelästigung der Nachbarn ausreicht, die Fenster des Veranstaltungsraumes zu schließen. Sind in einer Heimeinrichtung im Hinblick auf die von ihr betreuten Kinder Mängel aufgetreten, so soll die Einrichtung zunächst beraten werden, wie die Mängel abgestellt werden können.

Reicht das nicht aus, um die Mängel abzustellen, können und müssen zunächst (geeignete) Auflagen erteilt werden, bevor die Betriebserlaubnis widerrufen und das Heim geschlossen werden darf (vgl. § 43 Abs. 2 und 3 SGB VIII).

- **Angemessenheit:** Der Nachteil, der durch eine geeignete und an sich erforderliche Intervention entsteht, darf nicht erkennbar im Missverhältnis zu dem angestrebten und erreichbaren Erfolg stehen. Die Grenzen staatlicher Handlungen sind durch Abwägung der in Betracht kommenden Interessen der Betroffenen und derer des Gemeinwesens bzw. der öffentlichen Verwaltung zu ermitteln.

Die Polizei darf zur Verhinderung von Ordnungswidrigkeiten nicht von der Schusswaffe Gebrauch machen, auch wenn dies das einzige geeignete Mittel wäre, diese zu verhindern. Bei der Entscheidung über die geschlossene Unterbringung eines psychisch kranken Straftäters sind das Sicherheitsbedürfnis der Allgemeinheit und der Freiheitsanspruch des Einzelnen gegeneinander abzuwägen. Hierbei ist es erforderlich, detailliert darzulegen, aufgrund welcher konkreten Tatsachen und mit welcher Wahrscheinlichkeit die Gefahr weiterer schwerer Straftaten besteht und aus welchen Gründen ambulante Hilfen außerhalb des Maßregelvollzuges nicht ausreichen (BVerfG NJW 1993, 778). Die geschlossene Unterbringung einer Person, die weder sich noch andere gefährdet, ist unverhältnismäßig.

2.1.2.3 Rechtsweggarantie

Nach Art. 19 Abs. 4 S. 1 GG steht jedem der Rechtsweg zu einem Gericht offen, wenn er durch die öffentliche Gewalt in seinen Rechten verletzt wird. Ob das der Fall ist, haben dann letztlich die Gerichte zu prüfen (zur Rechtskontrolle vgl. ausführlich I-5).

2.1.2.4 Gleichheitsgebot und Willkürverbot

Nach Art. 3 Abs. 1 GG sind alle Menschen vor dem Gesetz gleich. Hieraus folgt aber nicht, dass alle Menschen gleich behandelt werden müssen. Das Gleichheitsgebot ist im Rechtsstaat nicht als Gebot sozialer Gleichheit ausformuliert, sondern nur als Gleichbehandlung nach dem Gesetz. Das Gleichheitsgebot des GG überwindet deshalb nicht das Spannungsverhältnis zwischen Recht und Gerechtigkeit (vgl. I-1.2). Rechtspositivistisch gesehen verbietet das Recht – wie es der französische Literaturnobelpreisträger Anatole France (1844–1924) formuliert hat – in seiner *„majestätischen Gleichheit Reichen wie Armen unter Brücken zu schlafen, auf Straßen zu betteln und Brot zu stehlen"*.

Der allgemeine Gleichheitssatz des Grundgesetzes (siehe Übersicht 2) ist nur verletzt, wenn der Staat einen Normadressaten im Vergleich zu anderen Normadressaten ungleich (und damit ungerecht und unfair) behandelt, obwohl zwischen beiden Gruppen keine Unterschiede von solchem Gewicht bestehen, dass sie die ungleiche Behandlung rechtfertigen könnte (Verbot der Ungleichbehandlung gleicher Sachverhalte, vgl. BVerfGE 74, 9 ff.). Deshalb hat das Grundgesetz in Art. 3 Abs. 3 GG schon vorweg festgelegt, dass der Staat niemanden aufgrund des Geschlechts, seiner Abstammung, Rasse, Sprache, Heimat und Herkunft, seines Glaubens, seiner religiösen oder politischen Ansichten benachteiligen oder bevorzugen darf. Insoweit ist also eine unterschiedliche Behandlung durch staatliche Instanzen nicht gerechtfertigt. Zudem darf niemand wegen einer Behinderung benachteiligt werden (Art. 3 Abs. 3 S. 2 GG). Der Gleichheitsgrundsatz verbietet der Verwaltung jedes **willkürliche** Verhalten, d. h. nicht nur die nicht durch sachliche Unterschiede gerechtfertigte Ungleichbehandlung gleicher, sondern auch die nicht durch zulässige sachliche Gründe begründete Gleichbehandlung ungleicher Tatbestände. Grob ausgedrückt: Gleiches soll gleich, Ungleiches kann und soll unterschiedlich behandelt werden. Beispielsweise verstößt die finanzielle Förderung einer (juristischen) Person, die anders als andere Leistungsempfänger die aufgestellten z. B. landesrechtlichen Förderrichtlinien nicht erfüllt, gegen Art. 3 GG. Hierin liegt freilich auch gleichzeitig ein Verstoß gegen den Vorrang des Gesetzes. Ein sachlicher Grund für eine Ungleichbehandlung im Rahmen von Ermessensentscheidungen ist gegeben, wenn z. B. aufgrund eines im Haushaltsplan vorgesehenen Budgettitels eine Reihe von Antragstellern Zuwendungen erhalten haben (z. B. für Altenerholung, Mitarbeiterschulung), der Betrag aber verbraucht ist und nun andere leer ausgehen.

Die unterschiedliche Förderung von Familien (z. B. im Hinblick auf die kostengünstigere Teilnahme an Familienfreizeiten nach § 16 Abs. 2 Nr. 3 SGB VIII) durch das städtische Jugendamt aufgrund der Anzahl der Kinder oder von allein oder gemeinsam erziehenden Eltern kann durchaus mit Art. 3 GG vereinbar sein. Wenn ein städtisches Jugendzentrum seine Räume unterschiedlichen Jugendgruppen für deren (Vereins-)Treffen und Aktivitäten zur Verfügung stellt, darf der Antrag einer Gruppe von rechtsradikalen Jugendlichen auf Überlassung von Räumen für eine „Pogo-Party in geschlossener Gesellschaft" nicht allein mit Bezug auf ihre verquere politische Weltanschauung abgelehnt werden. Eine Ablehnung wäre aber im Hinblick auf Art. 3 GG unproblematisch, wenn bei den früheren Veranstaltungen der Gruppe – und anders als bei anderen Gruppen – besonders viel Mobiliar zu Bruch ging, strafbares Verhalten angekündigt wird oder wenn das Jugendamt generell Tanzveranstaltungen im Jugendzentrum nicht mehr zulassen will, weil das Interesse daran sehr gering war und eine bessere Nutzung des Zentrums gesucht werden soll.

Die von verschiedenen Gerichten gebilligte Behördenpraxis, die davon ausgeht, dass ein einmaliger Cannabiskonsum Zweifel an der Eignung zum Führen von Kraftfahrzeugen begründet und die Einholung eines tief in den Persönlichkeitsbereich eingreifenden medizinisch-psychologischen Gutachtens rechtfertigt, während bei alkoholauffälligen Kraftfahrern ein derartiges Gutachten erst „nach wiederholten Verkehrszuwiderhandlungen unter Alkoholeinfluss" eingeholt wird, hält das BVerfG für sachlich nicht gerechtfertigt (BVerfG v. 24.06.1993 – 1 BvR 689/92 – NJW 1993, 2365, 2367).

Übersicht 8: Anwendung des Gleichheitsgebotes des Art. 3 GG

Regelungsinhalt:	Sachverhalte, die im Wesentlichen gleich sind, müssen die gleichen Rechtsfolgen nach sich ziehen. Unterscheiden sich Sachverhalte in wesentlichen Punkten, so müssen unterschiedliche Entscheidungen/ Verwaltungshandlungen folgen: Gleiches soll gleich, Ungleiches soll unterschiedlich behandelt werden.
Prüfungsvorgang:	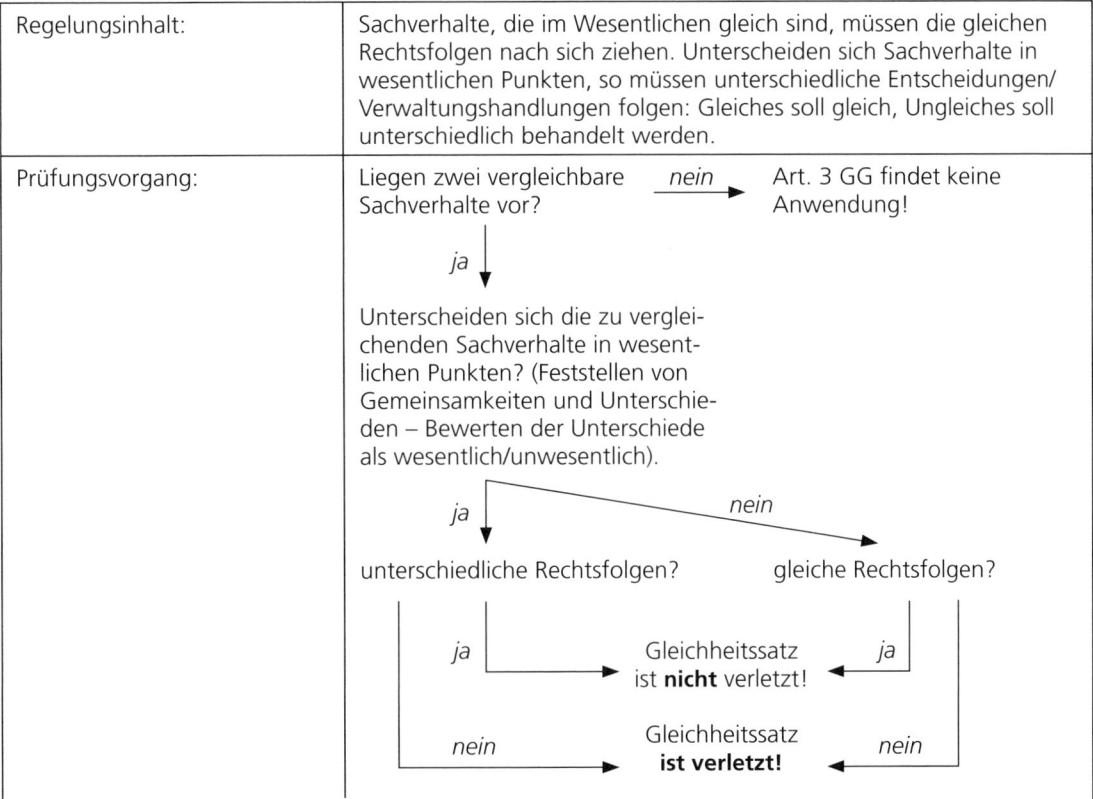

Nicht anwendbar ist der Gleichheitssatz bei rechtswidrigen Entscheidungen, insoweit gibt es keine Gleichheit im Unrecht. Beispielsweise kann sich A. im Hinblick auf eine finanzielle Förderungen nicht darauf berufen, dass B. diese Förderung zu Unrecht erhalten habe.

Selbstbindung der Verwaltung

Grundsätzlich ist eine Verwaltung nur an gesetzliche Vorschriften gebunden, nicht an interne Verwaltungsvorschriften (I-1.1.3.6). Eine Bindung der Verwaltung tritt aber auch dann ein, wenn durch Verwaltungsvorschriften festgelegt ist, wie ein Ermessensspielraum ausgefüllt werden soll. Insoweit muss die Verwaltung alle Bürger, die die gleichen Voraussetzungen mitbringen, gleich behandeln. Von einer derartigen von Art. 3 GG geforderten Selbstbindung kann die Behörde aber abweichen, wenn sie beabsichtigt, ihre Entscheidungen im Rahmen ihres Ermessensspielraumes künftig an anderen Gesichtspunkten zu orientieren.

Aus dem Gleichheitsgrundsatz kann nicht abgeleitet werden, dass die Behörde die durch pflichtwidriges Verhalten einen oder mehrere Beteiligte begünstigt hat, in gleicher Weise auch in Zukunft rechtswidrig verfährt: **keine Gleichheit im Unrecht** (vgl. z.B. im Hinblick auf die Einberufung von Wehrpflichtigen BVerwG NJW 72, 1483 f.).

**Allgemeines Gleich-
behandlungsgesetz**

Das Gleichheitsgebot richtet sich wie alle Grundrechte unmittelbar nur an alle Hoheitsträger, also öffentlichen Institutionen und Einrichtungen, Verwaltungen und Dienste (s. u. 2.2.4). Das am 18.08.2006 in Kraft getretene Allgemeine Gleichbehandlungsgesetz (AGG) enthält demgegenüber Regelungen, die sich auch an private Arbeitgeber richten (hierzu II-4.1). Das AGG beinhaltet aber im Wesentlichen keine Regelungen, die darüber hinaus im allgemeinen Privatrechtsverkehr eine **Diskriminierung** verbieten, z. B. im allgemeinen Vertragsrecht, bei familien- und erbrechtlichen Schuldverhältnissen oder im Mietrecht. Die Initiativen für ein allgemeines Anti-Diskriminierungsgesetz haben bislang noch keinen Erfolg gehabt und sind inhaltlich sehr umstritten.

2.1.3   Sozialstaatsprinzip

Das Sozialstaatsprinzip (Art. 20 und 28 GG) ist eine der wesentlichen, nicht veränderbaren Grundentscheidungen der deutschen Verfassung (vgl. Art. 79 Abs. 3 GG). Verfassungsrechtlich handelt es sich beim Sozialstaatsprinzip um eine sog. **Staatszielbestimmung**. Es verpflichtet den Staat, für soziale Gerechtigkeit auf der Grundlage der Achtung der Menschenwürde zu sorgen, widerstreitende Interessen auszugleichen, erträgliche Lebensbedingungen herzustellen (vgl. BVerfGE 82, 60, 85). Ziel ist die **Herstellung sozialer Sicherheit und Gerechtigkeit** (vgl. § 1 SGB I). Das BVerfG und die übrige höchstrichterliche Rechtsprechung haben aus dem Sozialstaatsprinzip u. a. die Verpflichtung aller staatlichen Organe abgeleitet:

- für einen Ausgleich sozialer Ungleichheiten und Gegensätze und damit für eine gerechte Sozialordnung zu sorgen (Gebot der sozialen Gerechtigkeit, BVerfGE 22, 180, 204; 35, 348, 355 f.), insbesondere Chancengleichheit für sozial Benachteiligte zu schaffen (BVerfGE 56, 1393);
- für eine annähernd gleichmäßige Verteilung der öffentlichen Lasten zu sorgen, insbesondere sollen Lasten der staatlichen Gemeinschaft nicht zufällig von einzelnen Bürgern oder bestimmten Personenkreisen getragen werden (Lastenausgleichsgebot; vgl. BVerfGE 5, 85, 198 f.; 27, 253);
- jedem mittellosen Bürger das Existenzminimum erforderlichenfalls durch Sozialleistungen zu sichern (vgl. BVerfGE 82, 60) und dem Bürger das selbst erzielte Einkommen bis zur Höhe des Existenzminimums nicht (durch Steuern) zu entziehen (BVerfG NJW 1990, 2869);
- Menschen, die materielle, gesundheitliche oder psychosoziale Probleme haben und sich nicht selbst helfen können, Hilfe zukommen zu lassen (BVerfG NJW 1977, 1489);
- insbes. schwächeren Mitbürgern „zur Erlangung und Wahrung der ihnen vom Gesetz zugedachten Rechte nach Kräften beizustehen", denn im sozialen Rechtsstaat sind die Amtsinhaber nicht nur Vollstrecker staatlichen Willens und nicht nur Diener des Staates, sondern zugleich auch „Helfer des Bürgers"(BGH NJW 1965, 1227).

Allerdings ist der Sozialstaatsgrundsatz inhaltlich nicht konkretisiert. Er enthält infolge seiner Weite und Unbestimmtheit **keine unmittelbaren Handlungsanweisungen**, die durch die Gerichte ohne zusätzliche gesetzliche Grundlage umgesetzt werden könnten (BVerfG 65, 182, 190). Der einzelne Bürger kann deshalb aus dem Sozialstaatsprinzip grundsätzlich keine Ansprüche auf konkrete Leistungen ableiten (vgl. § 2 Abs. 1 S. 2 SGB I). Vielmehr ist es – gemäß dem Demokratieprinzip – Aufgabe des Gesetzgebers, das Sozialstaatsprinzip durch gesetzliche Normen zu konkretisieren und für eine gerechte Sozialordnung zu sorgen (BVerfGE 33, 303, 333; 69, 272). Deshalb wurde im SGB I die Sicherung eines menschenwürdigen Daseins und die Verwirklichung sozialer Gerechtigkeit zu einer grundlegenden staatlichen Aufgabe gemacht. Das Sozialstaatsprinzip hat also zunächst Steuerungsfunktion für die Sozialgesetzgebung. Ausfluss des Sozialstaatsprinzips sind insoweit z. B.:

- die im SGB geregelten Ansprüche auf staatliche Leistungen,
- im Arbeitsrecht z. B. die Kündigungsschutzvorschriften, das Mutterschutz-, Schwerbehinderten- und Jugendarbeitsschutzgesetz,
- im Wohnungs- und Mietrecht ebenfalls die Kündigungsschutzvorschriften sowie die Regelungen über Wohnungsbaudarlehen oder die Berechtigung zum Bezug von Sozialwohnungen,
- in der Steuergesetzgebung z. B. die steuerliche Freistellung des Existenzminimums oder die Steuerbegünstigung gemeinnütziger Vereinigungen.

Darüber hinaus muss die Verwaltung das Sozialstaatsprinzip als bindende **Auslegungsregel** (hierzu I-3.3.2), insbesondere bei der Auslegung unbestimmter Rechtsbegriffe, sowie bei der Anwendung von Ermessensvorschriften beachten.

Das Gebot der Menschenwürde schließt allerdings die abhängig machende Totalversorgung und eine fürsorgerische Belagerung durch den Staat aus. In neuerer Zeit spricht man von dem „Leitbild des aktivierenden Sozialstaates", der die Förderung und Befähigung des Einzelnen zur Übernahme von Eigenverantwortung unter dem Schlagwort des „Förderns und Forderns" zum Ziel hat. Traditioneller spricht man hier vom Grundsatz **„Hilfe zur Selbsthilfe"**, vom Nachrang- oder Subsidiaritätsprinzip. Im weiten, grundsätzlichen Sinne geht es dabei um das Verhältnis von Bürger und Staat überhaupt. Im engeren, sozialrechtlichen Sinne geht es um das Verhältnis freier Träger (= Bürger) zu öffentlichen Trägern (= Staat). Der Subsidiaritätsgedanke ist zum einen Kern des Verhältnismäßigkeitsgrundsatzes. Bei staatlichen Interventionen muss stets geprüft werden, ob diese nicht nur geeignet, sondern auch notwendig sind (s. o. 2.1.2.2). Das gilt für Hilfeleistungen ebenso wie bei Eingriffen. Die Intervention des Staates ist nicht erforderlich, wenn und soweit die Bürger sich selbst helfen können. Während der abwehrende („negative") Aspekt des Subsidiaritätsgedankens

Subsidiaritätsprinzip

Hilfe zur Selbsthilfe

zur Zurücknahme des staatlichen Kontrollzugriffs verpflichtet, beinhaltet seine positive Seite aber andererseits auch die Verpflichtung des Staates, dem Bürger helfend zur Seite zu stehen, wenn seine eigenen Kräfte nicht ausreichen. Hieraus wird einerseits das Gebot der Hilfe zur Selbsthilfe und das Prinzip der Nachrangigkeit (vgl. § 2 Abs. 1 SGB XII) begründet, andererseits der grundsätzliche Betätigungsvorrang der freien Träger vor den öffentlichen Trägern von Sozialleistungen (vgl. z. B. § 4 Abs. 2 SGB VIII).

Im Hinblick auf das Verhältnis von öffentlichen und freien Trägern muss allerdings auch festgehalten werden, dass das BVerfG in seiner Entscheidung von 1967 (BVerfGE 22, 180 f.) – übrigens ohne das Wort Subsidiaritätsprinzip zu erwähnen – von einer „durch Jahrzehnte bewährten Zusammenarbeit von Staat und freien Verbänden" ausgegangen ist (sog. Korporatismus), eine Existenz wahrende Bestandsgarantie öffentlicher Einrichtungen formuliert hat sowie auf die Planungs- und Gesamtverantwortung der öffentlichen Träger für die Bereiche der Jugendhilfe und Sozialhilfe hingewiesen hat (vgl. hierzu ausführlich Münder NP 1998).

System der sozialen Sicherung

Das System der sozialen Sicherung in Deutschland ist im **Sozialrecht** (hierzu III-3) geregelt und besteht im Wesentlichen aus den vier Säulen, die unterschiedlichen Prinzipien folgen und im Hinblick auf Inhalt und Rechtsgrund der Leistung, den Bereichen und Trägern der Leistungen unterscheiden (siehe Übersicht 9):

- der Vorsorge durch die Sozialversicherungssysteme,
- dem Versorgungssystem,
- der Förderungssystem,
- dem Hilfesystem.

Die Bedeutung des Sozialleistungsbereichs für die Volkswirtschaft ist immens. Die Leistungen des Sozialbudgets insgesamt beliefen sich 2003 für Deutschland auf rund 733 Mrd. €. Die Sozialleistungsquote, das Verhältnis dieser Sozialleistungen zum Bruttoinlandsprodukt, betrug 2003 für Deutschland 32,6 % (vgl. Stat. Bundesamt, Datenreport 2006, 195) und sank damit erstmalig gegenüber den Vorjahren (2000: 33,6 % bei insg. 681 Mrd. €; 2001: 33,8 % bei insg. 702 Mrd. €).

Zur Menschenwürde gehört mehr als die bloße Absicherung gegen die existenziellen Lebensrisiken wie Krankheit, Invalidität, Pflegebedürftigkeit, Alter oder Arbeitslosigkeit. Zum Sozialstaat des Grundgesetzes gehört, dass er zu Bedarfsgerechtigkeit und **Chancengleichheit** beiträgt. Die Bedeutung des Sozialstaats besteht in diesem Sinne auch wesentlich darin, zur **Verteilungsgerechtigkeit** beizutragen (BMGS 2005, 3).

Übersicht 9: System der sozialen Sicherung in Deutschland

Das System der sozialen Sicherung

	VORSORGE VERSICHERUNG	VERSORGUNG ENTSCHÄDIGUNG	FÖRDERUNG	HILFE (FRÜHER: FÜRSORGE)
Leistungsgrund/-voraussetzung	Eintritt eines sozialen Risikos, Mitgliedschaft	Ausgleich eines Sonderopfers, Alimentierung gesetzl. Anspruch	Chancengleichheit gesetzl. Anspruch	Menschenrechte, Notlage Sicherung menschenwürdiger Existenz; Ausgleich
Leistungsinhalt §11 SGB I	Dienst-, Sach- oder Geldleistung	Dienst-, Sach- oder Geldleistung	Dienst-, Sach- oder Geldleistung	Dienst-, Sach- oder Geldleistung
Leistungshöhe	standardisiert	standardisiert	standard./individual.	individualisiert, Bedarf
geforderte Gegenleistung	Beiträge	Sonderopfer/Dienstleistungsbereitschaft	gesellschaftl. Nutzen	soziale Integration
Leistungsbereiche, z. B.:	Renten-, Kranken-, Pflege-, Unfall-, Arbeitslosenversicherung	Kriegsopfer-, Soldaten-, Zividienst-, Impfschaden-, Verbrechensopfer-, Beamtenversorgung/BVG	Ausbildungs- und Arbeitsförderung, Schwerbehinderntenintegration/ SGB IX, Familienförderung (BEEG; BErGG; UVG); Wohngeld; [BKGG* → EStG]	Sozialhilfe (SGB XII) Grundsicherung Jugendhilfe (SGB VIII) Resozialisierung
Leistungsträger	Sondervermögen: Körperschaften, Anstalten	Staat	Staat, Sondervermögen	Kommunen, teilw. Staat, Sondervermögen
Finanzierung	(lohnbezogene) Beiträge und Steuern, zunehmend private Vorsorge	steuerfinanziert	steuerfinanziert	steuerfinanziert

*Im weiten Sinne auch Kindergeld, auch wenn dieses keine Sozialleistung, sondern eine steuerliche Leistung nach dem EStG darstellt.

2.2 Grundrechte

2.2.1 Geschichtliches – begriffliche Einordnung

Grundrechte und Menschenrechte

Die Idee der Grundrechte wird häufig aus naturrechtlichen Vorstellungen abgeleitet. „Freiheit (Unabhängigkeit von eines anderen nötigender Willkür)", so lesen wir bei Immanuel Kant, sei das „einzige, ursprüngliche, jedem Menschen, kraft seiner Menschheit, zustehende Recht" (1797, 345). Kant formuliert hiermit nicht mehr und nicht weniger als den Ursprungsgehalt der Menschenrechte, die uns geschichtlich etwa in Gestalt der *Virginia Bill of Rights* von 1776, der amerikanischen Verfassung von 1787 und vor allem der französischen Erklärung der Menschen- und Bürgerrechte vom 26.08.1789 entgegentraten. Heute finden wir diese Idee in der AEMR, den beiden Menschenrechtspakten und einer Vielzahl weiterer internationaler Konventionen vor (hierzu: I-1.1.2).

Freiheit vor dem Staat

Zum Wesen der Grundrechte gehört jedoch nicht nur ihr freiheitlicher Gehalt als solcher, sondern gleichermaßen auch ihre Gerichtetheit gegen potenzielle Bedrohungen eben dieses Freiheitsgehaltes durch staatliche Intervention. Dies wird in der naturrechtlichen Perspektive anhand der vertragstheoretischen Argumentation des englischen Staatsdenkers John

Vertragstheorie

Locke entwickelt. Die Vertragstheorie macht geltend, dass der Einzelne, da ihm als vereinzeltem Individuum keine Moglichkeiten eines effektiven Schutzes seines Freiheitsrechts zu Gebote stehen, darauf angewiesen sei, mit den anderen Mitgliedern der Gesellschaft eine Übereinkunft über einen Zusammenschluss zum Zwecke der Freiheitssicherung zu treffen. Dies sei zugleich der Gründungsakt einer staatlichen Gewalt, an die dann also das Recht zu Gesetzgebung und Gesetzesausführung übertragen werde. Nun können aber nach einer derartigen Konstruktion die Einzelnen nichts auf die Staatsgewalt übertragen, worüber sie selbst nicht verfügen. Da ihnen jedoch, wie bei Kant gesehen, insbesondere kein Recht auf Eingriff in die Freiheitsrechte des anderen zustehe, könne demzufolge auch der Staat ein derartiges Recht nicht für sich beanspruchen (Locke 1689, 264 ff.; 289 ff.)

Soziokulturelle Bedingtheit von Grundrechten

Freilich ist diese Theorie, wie auch alle anderen Varianten eines **Gesellschaftsvertrages**, nie etwas anderes als ein idealtypisches Erklärungsangebot gewesen; sie war nirgendwo und zu keinem Zeitpunkt geschichtliche Realität. Nehmen wir daher neben der ethischen Begründung auch die konkreten geschichtlichen Veranlassungen der Grundrechtsfrage mit in den Blick, dann fällt mindestens zweierlei auf. Zum einen nämlich erfolgt die Formulierung von Grundrechten in Gestalt positiven Rechts in aller Regel in engem zeitlichen Zusammenhang mit großen gesellschaftlichen Umbrüchen. Die weltgeschichtlichen Beispiele hierfür sind bereits genannt. Jürgen Habermas erinnert in diesem Zusammenhang aber auch noch einmal an den Verfassungsentwurf des Runden Tisches der DDR vom April 1990, dessen sehr ausführlichen Grundrechtsteil er als eine „implizite Zeitdiagnose" versteht (Habermas 1992, 468). Bereits dies spricht für eine jeweils konkrete soziokulturelle Ausformung des universellen freiheitlichen Gehalts der Grundrechte. Hinzu kommt jedoch, dass sich auch der universelle Grundgehalt selbst durchaus jenseits metaphysischer Grundannahmen genauer erklären lässt. Bereits Locke formulierte nämlich in dankenswerter Klarheit (1689, 283): „Das große und hauptsächliche Ziel, weshalb Menschen sich zu einem Staatswesen zusammenschließen und sich unter eine Regierung stellen, ist also die Erhaltung ihres Eigentums."

Nun ist einerseits das Eigentum die Grundlage der privaten bürgerlichen Existenz schlechthin und damit insofern nur ein besonderer Ausdruck für Freiheit. Andererseits kann diese Grundlage des Privaten eben, wie gesehen, einzig durch das Öffentliche, den Staat, abgesichert werden. Öffentliches und Privates sind demnach keinesfalls einfach nur zwei „Sphären", die innerhalb der Gesellschaft irgendwie nebeneinander bestehen, wie dies so häufig verkürzt, und damit unzutreffend, dargestellt wird. Sie existieren in Wirklichkeit vielmehr innerhalb eines sehr spannungsvollen inneren Verhältnisses zueinander. Die Grundrechte sind Ausdruck genau dieser Spannung. Sie sind daher im Ergebnis trotz ihres nicht zu bezweifelnden und nicht anzutastenden universellen ethischen Gehalts jedenfalls nicht abschließend als vor- oder überrechtlich vorgegeben, sondern immer nur in einer geschichtlichen Ausprägung innerhalb einer jeweiligen Gesellschaft erklärbar. Als positiv gesetztes Recht unterliegen sie somit permanenten inhaltlichen und funktionalen Entwicklungen.

2.2.2 Überblick

In der Rechtsordnung der Bundesrepublik finden sich die Grundrechte in den Art. 1–19, dem sog. Grundrechtskatalog des GG. Allerdings formuliert nicht jeder einzelne Satz dieser Vorschriften ein Grundrecht, so z. B. nicht Art. 7 Abs. 1 GG. Andererseits existieren auch außerhalb dieses Katalogs sog. grundrechtsgleiche Rechte, etwa das Recht auf Widerstand, Art. 20 Abs. 4 GG, das Recht auf Zugang zu öffentlichen Ämtern, Art. 33 GG, das aktive und passive Wahlrecht, Art. 38 GG, sowie die sog. Justizgrundrechte aus Art. 101, 103, 104 GG. Grundrechtsgleich meint, dass die Grundrechtsbindung der öffentlichen Gewalt (vgl. hierzu I-2.2.3) hier in gleicher Unmittelbarkeit besteht wie bei den Rechten des Katalogs sowie dass im Falle ihrer Verletzung ebenso wie bei der Verletzung der „eigentlichen" Grundrechte Rechtsschutz auf dem Wege der Verfassungsbeschwerde vor dem BVerfG erlangt werden kann (Art. 93 Abs. 4a GG). Systematisiert werden könnten die Grundrechte in vielerlei Hinsicht, etwa hinsichtlich ihrer Funktion, der jeweiligen Grundrechtsträger oder der geschützten Rechtsgüter. Während auf Funktion und Geltung gleich noch zurückzukommen sein wird, bezieht sich die Übersicht 10 im Wesentlichen auf einen Systematisierungsvorschlag von Ipsen (2000).

Grundrechtskatalog

Übersicht 10: Systematik der Grundrechte

Regelungs- bzw. Schutzbereich	Grundrechtsnormen
Schutz des Individuums und seiner Privatsphäre	Würde des Menschen, Art. 1 Abs. 1 allg. Persönlichkeitsrecht, Art. 2 Abs. 1 i.V.m. Art 1 Abs. 1 Leben, körperliche Unversehrtheit, Freiheit d. Pers., Art. 2 Abs. 2, 104 Schutz der Privatsphäre, Art. 10; 13;
Schutz von Ehe und Familie. Kindererziehung. Schulwesen	Schutz der Ehe, Art. 6 Abs. 1 Recht und Pflicht zur Kindeserziehung, Art. 6 Abs. 2 Schutz der Familie und der Mutter, Art. 6 Abs. 3 und 4 Schulwesen, Art. 7
Schutz kommunikativen Handelns	Glaubens-, Gewissens-, Bekenntnisfreiheit, ungestörte Religionsausübung, Art. 4 Meinungs- und Informationsfreiheit, Rundfunk-, Film- u. Pressefreiheit, Freiheit von Wissenschaft, Lehre und Kunst, Art. 5 Petitionsrecht, Art. 17 Versammlungsfreiheit, Art. 8 Vereinigungsfreiheit, Art. 9 Abs. 1 u. 2
Schutz der Erwerbstätigkeit und des Erworbenen	Freizügigkeit, Art. 11 Berufsfreiheit, Art. 12 Koalitionsfreiheit, Art. 9 Abs. 3 Eigentumsfreiheit, Art. 14
Allg. Handlungsfreiheit und Gleichheitsrechte	Freie Entfaltung der Persönlichkeit, Art. 2 Abs. 1 allg. Gleichheitssatz, Art. 3 Abs. 1 spezielle Gleichheitsrechte, Diskriminierungsverbot, Art. 3 Abs. 2 u. 3, Art. 6 Abs. 5, Art. 33 Abs. 2
Justizgrundrechte	Rechtsweggarantie, Art. 19 Abs. 4 Recht auf den gesetzlichen Richter, Art. 101 Recht auf rechtliches Gehör, Art. 103 Abs. 1 Recht auf bestimmte und nichtrückwirkende Strafgesetze, Art. 103 Abs. 2 Verbot der doppelten Bestrafung, Art. 103 Abs. 3
Schutz vor Ausbürgerung und Auslieferung. Asylrecht	Verbot des Entzugs der Staatsangehörigkeit, Art. 16 Abs. 1 Auslieferungsverbot, Art. 16 Abs. 2 Recht auf Asyl, Art. 16a Abs. 1

Grundrechts-berechtigung

Hieran schließt sich die Frage an, welcher Personenkreis durch diese Grundrechte berechtigt wird. Die weitreichendste Antwort könnte lauten: *Alle* im Geltungsbereich des GG *lebenden* Menschen. Jedoch gilt dies nicht ohne Einschränkungen. Zunächst unterteilt das GG die Grundrechte in sog. Jedermanns- oder **Menschenrechte** und Deutschen- oder **Bürgerrechte**. Jedermannsrechte gelten, wie der Name bereits sagt, tatsächlich für alle Menschen, die dem Geltungsbereich des GG unterliegen, Deutschenrechte hingegen nur für deutsche Staatsangehörige i. S. v. Art. 116 Abs. 1 GG. Wer nun aber durch ein bestimmtes Recht berechtigt wird, kann dessen jeweiliger Formulierung entnommen werden. Es heißt dann: „Jeder hat das Recht …" (Art. 2 Abs. 1 GG) oder „Niemand darf …" Art. 4 Abs. 3 GG) o. Ä. bzw. „Alle Deutschen haben das Recht …" (Art. 8 Abs. 1 GG). Diese Unterscheidung kann durchaus auch kritisch gesehen werden, da jedes Grundrecht zugleich einen Menschenrechtsgehalt aufweist, der zunächst unverfügbar und nicht relativierbar ist. Nach Auffassung eines Teils der Literatur verlangt daher eine Ungleichbehandlung von Deutschen und Ausländern, wenn sie unter menschenrechtlichem Aspekt Bestand haben soll, eine Rechtfertigung, die allein mit dem Hinweis auf unterschiedliche Schutzbereiche noch nicht erbracht ist (hierzu Pieroth / Schlink 2002, 30 m. w. N.). Zur Lösung des Problems bietet sich zwar an, Art. 2 Abs. 1 GG als ein Auffanggrundrecht (hierzu 2.2.4) zu verstehen, das Ausländer auch dann schützt, wenn spezielle Schutzbereiche von Deutschenrechten insoweit für sie nicht gelten. Hierbei muss jedoch gesehen werden, dass dieser Schutz hinter einem vollen Schutz, wie er von den entsprechenden Deutschenrechten ausgeht, regelmäßig zurückbleibt (Pieroth / Schlink 2002, 30 f.).

Weniger problematisch, so wäre zu vermuten, sollte die weitere Voraussetzung sein, dass Grundrechte nur Lebenden eine Rechtsmacht einzuräumen vermögen. Jedoch hat das BVerfG hier Ausnahmen anerkannt. In seiner Entscheidung zu dem Roman „Mephisto" von Klaus Mann (BVerfGE 30, 173) billigte es dem zu diesem Zeitpunkt *bereits verstorbenen* Schauspieler Gustaf Gründgens einen durch Art. 1. Abs. 1 GG geschützten Persönlichkeitsbereich zu, der vorliegend eine Grenze für die Ausübung des Grundrechts der Kunstfreiheit nach Art. 5 Abs. 3 GG bildete. Darüber hinaus hat es in zwei Entscheidungen zur Strafbarkeit des Schwangerschaftsabbruchs aus den Jahren 1975 und 1993 den Staat mit Hinweis auf die Grundrechte aus Art. 2 Abs. 2 GG sowie Art. 1 Abs. 1 GG dazu verpflichtet, für den Schutz des *ungeborenen Lebens* zu sorgen (BVerfGE 39, 1; 88, 203 II).

Knüpft man an den Gedanken des grundrechtlichen Schutzes für ungeborenes Leben an, dann scheint allerdings die auch für Sozialarbeiter / Sozialpädagogen wichtige Frage, ob auch Minderjährige bereits grundrechtsmündig sind, von vornherein entschieden. Denn der Begriff der Menschenrechte knüpft selbstredend an die Rechtsfähigkeit des Menschen an, die mit seiner Geburt eintritt. Deshalb ist nach dem Grundrechtsverständnis des GG, wenn schon das ungeborene Leben, dann erst recht jede natürliche Person, und somit auch das Kind in seiner Individualität, Grundrechtsträger (BVerfG 29.07.1968 – E 24, 119, 144; vgl. auch Jarass / Pieroth 2002, Rn. 11 f. zu Art. 19). Dass sich auch im Lebensbereich Minderjähriger Grundrechtsbeschränkungen (etwa im Bereich der Schulpflicht oder des Jugendschutzes) oder Grundrechtskollisionen (etwa mit dem elterlichen Recht auf Erziehung, Art. 6 Abs. 2 GG) geltend machen können, steht dem noch nicht entgegen. Lediglich dass ihre Prozessfähigkeit von einer bestimmten Reife abhängig zu machen ist, die aber auch nicht notwendigerweise erst mit Eintritt in die Volljährigkeit erreicht sein muss (Pieroth / Schlink 2002, 290), bedarf in diesem Zusammenhang einer besonderen Erwähnung.

2.2.3   Funktion der Grundrechte

Abwehrrechte

Wie bereits gesehen, besteht die ursprüngliche Funktion der Grundrechte darin, den Staat aus der Privatsphäre des Bürgers herauszuhalten. Deshalb ist auch der zahlenmäßig größte Teil von ihnen als Abwehrrechte ausgestaltet (Art. 2 Abs. 2 und 3, Art. 4, Art. 5 Abs. 1 und 2, Art. 8–13, Art. 14 Abs. 1, Art. 16 GG). Einschränkungen der dort definierten Schutzbereiche oder Eingriffe in sie sind nur unter der Voraussetzung möglich, dass die Grundrechtsnorm selbst den Gesetzgeber zu derartigen Einschränkungen oder Eingriffen ermächtigt (Grundrechtsvorbehalt) bzw. auch dadurch, dass andere Verfassungsnormen mit ihr kollidieren. Ein Grundrechtseingriff kann demnach zunächst in der „klassischen" Form als staatliches Gebot oder Verbot, das gegen den Willen des Betroffenen zwangsweise durchgesetzt werden kann, vorliegen (Richter et al. 2001, 11). Legitimiert ist er erst, wenn er bestimmten formellen und materiellen Anforderungen genügt. Zu letzteren gehört z. B. die Einhaltung des Grundsatzes der **Verhältnismäßigkeit** (hierzu I-2.1.2.2) sowie die Garantie, dass das Grundrecht in seinem Wesensgehalt unangetastet bleibt (Art. 19 Abs. 2 GG; im Einzelnen vgl. Richter et al. 2001, 14 f.). Vielfach kommt es jedoch auch zu sog. faktischen Grundrechtseingriffen in Form von Realakten (etwa: das Festhalten einer Person oder das Inaussichtstellen bestimmter Nachteile, falls bestimmte Handlungen, wie etwa das Betreten einer Wohnung, nicht geduldet werden). Der Betroffene ist nur dann verpflichtet, sie hinzunehmen, wenn die Handlung, die als ein Grundrechtseingriff zu bewerten ist, auf ein zu diesem Eingriff ermächtigendes Gesetz zurückgeführt werden kann. Gerade auch deshalb ist die funktionale Ausrichtung von Grundrechten auf Abwehr von staatlichen Eingriffen auch für die Arbeit in sozialen Berufen von einiger Bedeutung. Zu denken ist dabei etwa an das Grundrecht der Unverletzlichkeit des Brief-, Post- und Fernmeldegeheimnisses nach Art. 10 GG. Dazu soll an dieser Stelle der Hinweis genügen, dass Träger dieses Grundrechtes jedermann ist, also, wie eben (2.2.2) gesehen, auch in Inhaftierte von Strafvollzugseinrichtungen (vgl. BVerfG 33, 1 ff. und ZJJ 2006, 193 ff.) oder in stationären Einrichtungen der Jugendhilfe lebende Minderjährige, ebenso geistig behinderte oder psychisch kranke Menschen sowie solche, die in Heimen oder Gemeinschaftsunterkünften leben oder in psychiatrischen Kliniken untergebracht sind. Das Grundrecht auf Unverletzlichkeit der Wohnung (Art. 13 GG) kann in Berührung mit den verschiedensten Behörden praktisch bedeutsam werden. So haben Mitarbeiter von Ausländerbehörden regelmäßig keine Rechtfertigung dafür, sich in Wohnungen nach Anzeichen für eventuelle „Scheinehen" (§ 1314 Abs. 2 Nr. 5 BGB) umzusehen, also solchen, mittels derer ein rechtmäßiger Aufenthaltstitel erlangt wer-

Unverletzlichkeit des Brief-, Post- und Fernmeldegeheimnisses, Art. 10 GG

Unverletzlichkeit der Wohnung, Art. 13 GG

den sollte. Mitarbeiter von Sozial- oder Jugendämtern können nicht schon von der Rechtmäßigkeit ihres Handelns ausgehen, weil der Grundrechtsinhaber sein Einverständnis zum Eindringen in seine Wohnung erteilt hat, nachdem er auf mögliche negative Auswirkungen mangelnder Mitwirkung (§ 66 SGB I) oder Kooperationsbereitschaft (§ 8a Abs. 3 SGB VIII) hingewiesen wurde. Eine Grundrechtsbeeinträchtigung liegt nämlich auch dann vor, wenn dieses Einverständnis mittels Drohung oder Täuschung erlangt wurde. (Jarass / Pieroth 2002, Rn. 6 zu Art. 13 m. w. N.). Von letzterer wird man jedoch jedenfalls immer dann ausgehen müssen, wenn das Eindringen in die Wohnung nicht verhältnismäßig war.

Auf den Vorrang elterlicher Erziehungsrechte und Erziehungsverantwortung wird weiter unten ausführlich einzugehen sein (vgl. II-2.1; III-3.2.1). Zwar stellt das Wächteramt des Staates hier die Ermächtigung zu einem Grundrechtseingriff dar, von der Gebrauch gemacht werden darf, sofern dies ein Gesetz erlaubt. Jedoch ist dieser Gesetzesvorbehalt hier noch einmal dadurch genauer bestimmt, dass das Wächteramt nur zum Wohle des Kindes ausgeübt werden darf. Dies wiederum schließt es z. B. aus, dass der Staat elterliche Überzeugungen zu einer bestmöglichen Förderung und Entwicklung des Kindes übergeht und gegen den Willen der Eltern seine Vorstellungen hierzu durchsetzt (Jarass / Pieroth 2002, Rn. 40 zu Art. 6 GG).

Elterngrundrecht, Art. 6 Abs. 2 GG

Einhergehend mit einem gesellschaftlichen Wandel vom liberalen zum sozialen Rechtsstaat ist jedoch auch eine Neuakzentuierung innerhalb des Grundrechtsverständnisses zu beobachten. Hierbei wird geltend gemacht, dass der Einzelne seine individuellen Freiheitsrechte nur dann tatsächlich in Anspruch nehmen kann, wenn der Staat hierfür entsprechende Bedingungen setzt, etwa in Form von grundrechtlich verbürgten Leistungs- und Teilhaberechten. Zwar wird man diese rein numerisch betrachtet in einem Zustand der klaren Unterlegenheit im GG antreffen (etwa: Art. 6 Abs. 4 GG). Jedoch legt das gewandelte Grundrechtsverständnis nahe, den Leistungs- und Teilhabegedanken auch in der Interpretation der klassischen Abwehrrechte wach zu halten. Jedenfalls hat das BVerfG in seinem gerade auch Studierende interessierenden Numerus-Clausus-Urteil aus dem Jahre 1972 formuliert (BVerfGE 33, 303):

Leistungs- und Teilhaberechte

> „Je stärker der moderne Staat sich der sozialen Sicherung und kulturellen Förderung der Bürger zuwendet, desto mehr tritt im Verhältnis zwischen Bürger und Staat neben das ursprüngliche Postulat grundrechtlicher Freiheitssicherung vor dem Staat die komplementäre Forderung nach grundrechtlicher Verbürgung der Teilhabe an staatlichen Leistungen."

Gelegentlich werden diese Grundrechte auch als soziale Grundrechte bezeichnet. Dies stößt bei Verfassungsrechtlern mitunter auf Skepsis, weil dadurch eine Aushöhlung der Freiheitsidee der Grundrechte befürchtet wird. Richtig an diesem Einwand ist, dass sich die Verteilungswidersprüche moderner kapitalistischer Gesellschaften wohl kaum im Rückgriff auf Grundrechte

soziale Grundrechte

lösen lassen werden (vgl. hierzu I-1.2). Jedoch lässt sich auch für soziale Grundrechte eine ethische, wenn man so will: naturrechtliche Begründung finden, die eine „Zweitklassigkeit" sozialer Grundrechte ausschließt. Denn ein unmittelbarer Ausfluss der Freiheit des Einzelnen ist sein Recht auf Teilhabe am gesellschaftlichen Leben schlechthin. Wenn daher das BVerfG in st. Rspr. eine Ausgangsfunktion der Grundrechte darin sieht, dass sie zugleich eine Wertordnung statuieren, so zieht es genau aus diesem Umstand die Schlussfolgerung, dass Grundrechte eben deshalb nicht auf Abwehrrechte des Bürgers gegen den Staat reduziert werden dürfen (BVerfGE 33, 303).

2.2.4   Geltung von Grundrechten

Auch die Debatte zur Geltung der Grundrechte knüpft an den Aspekt ihrer Gerichtetheit auf die Abwehr von Übergriffen des Staates auf private Bereiche an. Im Grundgesetz ist er u. a. in einer Selbstbindung der staatlichen Gewalt an die Grundrechte als für alle ihre Teile unmittelbar geltendes Recht (Art. 1 Abs. 3 GG) zum Ausdruck gebracht. Die sich hieraus ableitende Frage ist nun die nach der Grundrechtsbindung anderer, nichtstaatlicher, Adressaten. Unstrittig ist dies, wenn die Exekutive (gesetzlich geregelte) öffentliche Aufgaben (insbesondere Versorgungsleistungen) in den Formen des Privatrechts, z. B. in der Rechtsform einer Aktiengesellschaft, einer GmbH oder auch eines e. V., erfüllt. Man spricht dann vom sog. **Verwaltungsprivatrecht** (vgl. I-1.1.4). Da die Grundrechtsbindung der öffentlichen Verwaltung hierdurch unberührt bleibt, sind auch die Rechtshandlungen dieser Körperschaften am Maßstab der Grundrechte zu messen (Papenheim et al. 2006, 148 f.).

Weiterhin greift Grundrechtsschutz auch immer dann, wenn die vollziehende Gewalt ihre Aufgaben nicht unmittelbar selbst erfüllt, sondern sich anderer bedient. Dies ist z. B. dann der Fall, wenn sich Sozialleistungsträger zur Erfüllung ihrer von Gesetzes wegen zugewiesenen hoheitlichen Aufgaben freier Träger bedienen. In diesem Fall gehören auch die mit der Wahrnehmung der hoheitlichen Aufgabe Betrauten (sog. „Beliehene") zur mittelbaren Staatsverwaltung (vgl. I-4.1.2) und somit zum Begriff „vollziehende Gewalt" i. S. v. Art. 1 Abs. 3 GG (Pieroth/Schlink 2002, 42 m. w. N.). Im Sozialrecht findet aber eine Beleihung mit Hoheitsbefugnissen nur selten statt; i. d. R. werden freie Träger nur bei der Ausführung der (hoheitlichen) Aufgaben einbezogen (im Hinblick auf die Inobhutnahme vgl. III-3.4.1.1).

In dem Maße jedoch, in dem, wie Hugo Sinzheimer (1936, 166; vgl. auch 172 ff.) formulierte, „soziale Gewalten", etwa große Verbände, dem Einzelnen in einer faktisch überlegenen Position im Rechtsverkehr gegenübertreten oder wo Kinder der überlegenen Bestimmungsmacht ihrer Eltern z. B. hinsichtlich Religionszugehörigkeit, Schulart oder Berufswahl ausgesetzt sind, stellt sich die Frage, ob hier der Wesensgehalt der Grundrechte tatsächlich außer Geltung sein soll. Die Lösung dieses Problems wird in einer

„mittelbaren Drittwirkung" der Grundrechte gesehen (vgl. auch II-1.4.1).   **mittelbare**
Diese Theorie besagt, dass die Grundrechtsidee nur zu einem Teil darin   **Drittwirkung**
besteht, staatlichen Regelungs- und Eingriffskompetenzen Grenzen zu setzen. Zu einem anderen Teil hingegen stellen die Grundrechte dem Staat die
Aufgabe,

> „durch Gesetze und deren Auslegung die Rechte der einzelnen so gegeneinan-
> der abzugrenzen und zu sichern, daß die grundrechtlich verfügten Freiheiten
> und Güter, wie Ehre und Freiheit von Zwang, gewährleistet werden und zu
> größtmöglicher Entfaltung kommen" (Zipelius 1991, 321).

Selbst wenn der Gesetzgeber dieser Aufgabe im Einzelnen nicht nachgekommen ist, stellt der BGH in einer Entscheidung für die Rechtsbeziehungen innerhalb privatrechtlicher Regelungsbereiche fest (BGHZ 24, 76),
dass das Grundgesetz das Recht des Menschen auf Achtung seiner Würde
und das Recht auf freie Entfaltung seiner Persönlichkeit „auch als privates,
von jedermann zu achtendes Recht" anerkennt (vgl. im Einzelnen auch Zipelius 1991, 320 ff.).

Für Sozialarbeiter ergibt sich die Geltung der Grundrechte in ihrem professionellen Handeln demnach

- als Angehörige der öffentlichen Verwaltung oder durch diese „Beliehene" unmittelbar aus Art. 1 Abs. 3 GG;
- in allen anderen Fällen aus deren „mittelbarer Drittwirkung", wie sie
  z. B. aus einfachgesetzlicher Konkretisierung oder der grundrechtskon-
  formen Rechtsauslegung durch die Gerichte entsteht, sowie
- aus allgemeiner Rechtsanschauung und Rechtsanwendungspraxis, denen
  die Anerkennung der Grundsätze der Menschenwürde und des Rechts
  auf freie Entfaltung der Persönlichkeit innewohnen sind.

In welchem konkreten Arbeitsfeld daher ein Sozialarbeiter auch immer
tätig ist und unabhängig davon, woher sich eine entsprechende rechtliche
Begründung im Einzelnen herleiten mag – stets ist der Respekt vor den
elementaren Grundrechten ein substanzieller Bestandteil seines professionellen Interagierens mit dem Klienten.

2.2.5   Schutz der Menschenwürde und der Freiheit der Person

Auf das Spannungsverhältnis, in dem Grundrechte zur sozialen Realität stehen, wurde bereits aufmerksam gemacht. So wird es, um noch einmal an das
Brückengleichnis von Anatole France zu erinnern (vgl. I-2.1.2.4), dem Obdachlosen wenig Trost sein, dass auch seine Wohnung durch Art. 13 GG un-
verletzlich wäre, wenn er denn eine hätte. Derartige Spannungen sind auch   **Menschenwürde**
im Schutzbereich der Menschenwürde zu erwarten, zumal es sich hierbei um
einen Terminus handelt, der kein juristischer Fachbegriff ist und der auch

nicht besonders oft in unserer Alltagssprache Verwendung findet. Schon allein durch diese terminologische Unbestimmtheit sind Schwierigkeiten bei der Festlegung seines Inhaltes indiziert, die auch von Anfang an genügend Raum für Skepsis lassen. Sie ist bereits bei Friedrich Schiller (1796, 331) in Worte gefasst, der zur „Würde des Menschen" eher ernüchternd anmerkte: „Nichts mehr davon, ich bitt' euch. Zu essen gebt ihm, zu wohnen. Habt ihr die Blöße bedeckt, gibt sich die Würde von selbst."

Gleichwohl lässt sich die herausragende Bedeutung des Rechts auf Schutz der Menschenwürde nicht nur an seiner Stellung an der Spitze des Grundrechtskatalogs ablesen, sondern auch daran, dass eine Änderung von Art. 1 GG durch Art. 79 Abs. 3 GG, die sog. „Ewigkeitsklausel", für unzulässig erklärt wird.

Aus sozialarbeiterischer Sicht mag man vermuten, dass Art. 1. Abs. 1 GG vor allem auch im Rahmen des Sozialstaatsgebotes praktische Relevanz erlangt. In der Tat hat in diesem Zusammenhang das BVerwG bereits in seinem ersten Entscheidungsband (BVerwGE 1, 159 ff.) klargestellt:

> „Der Einzelne ist zwar der öffentlichen Gewalt unterworfen, aber nicht als Untertan, sondern als Bürger ... Dies muß besonders dann gelten, wenn es um seine Daseinsmöglichkeit geht. (...) Die unantastbare, von der staatlichen Gewalt zu schützende Würde des Menschen (Art. 1 GG) verbietet es, ihn lediglich als Gegenstand staatlichen Handlungsbedarfs zu betrachten, (insbesondere) soweit es sich um die Sicherung des notwendigen Lebensbedarfs, also seines Daseins überhaupt handelt. Das folgt aus dem Grundrecht der freien Persönlichkeit (Art. 2 Abs. 1 GG). Auch der Gemeinschaftsgedanke, der in den Grundsätzen des sozialen Rechtsstaats (Art. 20 und 28 GG) und der Sozialgebundenheit des Eigentums (Art. 14 GG) Ausdruck gefunden hat, erschöpft sich nicht in der Gewährung von materiellen Leistungen, sondern verlangt, daß die Teilnehmer der Gemeinschaft als Träger eigener Rechte anerkannt werden, die grundsätzlich einander mit gleichen Rechten gegenüberstehen (Art. 3 GG) und daß nicht ein wesentlicher Teil des Volkes in dieser Gemeinschaft hinsichtlich seiner Existenz ohne Rechte dasteht."

In einer Entscheidung zum Kinderexistenzminimum betont das BVerfG 1998 darüber hinaus noch einmal in besonderer Weise dessen Quantifizierbarkeit anhand verbrauchsbezogen ermittelter und regelmäßig den veränderten Lebensverhältnissen angepasster Sozialhilfeleistungen (BVerfGE 99, 246). Gleichwohl ist der verfassungsrechtliche Ertrag hier, wie auch beim Sozialstaatsprinzip überhaupt (vgl. hierzu I-2.1.3), nicht allzu groß. Allerdings ist, nachdem schon das BVerwG entsprechend entschieden hatte, die Richtung, in der das BVerfG die Bestimmung des Inhalts von Menschenwürde vornimmt, gerade auch für Sozialarbeiter von praktisch nicht zu unterschätzender Bedeutung. Die zu schützende Subjektqualität des Menschen wird nämlich in einer langen Reihe von Entscheidungen immer weiter dahingehend näher bestimmt, dass der Einzelne nicht lediglich als Gegenstand staatlichen Handelns begriffen werden darf. Die folgenden Sätze aus einer Entscheidung des BVerfG hierzu sollten symbolisch an der Wand jedes Sozial- oder Jugendamtes, jeder Einrichtung, in der mit Obdachlosen, Alten, Behinderten oder psychisch Kranken gearbeitet wird, stehen; sie könnten das rechtliche und ethische Credo der Sozialarbeit schlechthin sein (BVerfGE 96, 375):

> „Mit der Menschenwürde als oberstem Wert des Grundgesetzes und tragendem Konstitutionsprinzip ist der soziale Wert und Achtungsanspruch des Menschen verbunden, der es verbietet, ihn zum bloßen Objekt des Staates zu machen oder ihn einer Behandlung auszusetzen, die seine Subjektqualität prinzipiell in Frage stellt. Jedem Menschen ist sie eigen ohne Rücksicht auf seine Eigenschaften, seine Leistungen und seinen sozialen Status."

In einer solchen Sichtweise ist zugleich ein Anschluss an den grundrechtlichen Schutz der Persönlichkeit hergestellt. Er ist in Art. 2 GG geregelt und umfasst dort mehrere Aspekte: das Recht auf freie Entfaltung der Persönlichkeit (Art. 2 Abs. 1 GG), das Recht auf Leben und körperliche Unversehrtheit sowie die Freiheit der Person (Art. 2 Abs. 2 GG).

Art. 2 Abs. 1 GG fungiert zunächst und vor allem als sog. Auffanggrundrecht. Dies bedeutet, dass die Verletzung von Grundrechten in der Sozialen Arbeit, wie sie etwa geschehen kann durch unangemeldete Wohnungskontrollen im Bereich der Sozialhilfe, das Zurückhalten bzw. Kontrollieren von Post, durch Freiheitsentziehung oder durch körperliche Gewaltanwendung bei Hilfen zur Erziehung, in der Altenarbeit, der Arbeit mit geistig Behinderten, psychisch Kranken oder Substanzabhängigen, zwar auch jedes Mal den grundrechtlich geschützten Bereich der freien Entfaltung der Persönlichkeit berühren würde. Dennoch ist eine Prüfung, ob der Schutzbereich von Art. 2 Abs. 1 GG tatsächlich verletzt wäre, nur dann vorzunehmen, wenn keine anderen Grundrechtsverletzungen in Betracht kommen. Dies wären vorliegend aber Art. 13, Art. 2 Abs. 2 bzw. Art. 10 GG, denen gegenüber sich Art. 2 Abs. 1 GG demzufolge subsidiär verhält.

freie Entfaltung der Persönlichkeit

Eine unmittelbare und eigenständige Bedeutung entfaltet Art. 2 Abs. 1 GG jedoch in zweierlei Hinsicht. Zum einen bezeichnet die genannte Vorschrift eine im umfassenden Sinne gemeinte allgemeine Handlungsfreiheit, die freilich unter dem Vorbehalt des zweiten Halbsatzes steht. Zum anderen wird ihr i. V. m. Art. 1 Abs. 1 GG ein allgemeines Persönlichkeitsrecht entnommen, das in der Rechtsprechung des BVerfG im Laufe der Jahre eine differenzierte Typisierung erfahren hat, etwa als (vgl. Richter et al. 2001, 78):

▓ Recht auf Schutz der Privat-, Geheim- und Intimsphäre,
▓ Recht auf informationelle Selbstbestimmung,
▓ Recht auf Identität,
▓ Recht auf soziale Achtung,
▓ Recht auf Selbstdarstellung,
▓ Recht auf finanzielle Selbstbestimmung.

Die Berührungspunkte zu Feldern der Sozialen Arbeit sind bei jedem der genannten Punkte mit Händen zu greifen – ob beim Recht auf Identität in der Adoptionsvermittlung oder dem Recht auf Resozialisierung, das dem Recht auf soziale Achtung zuzuordnen ist, bei der Arbeit mit Straffälligen. In besonderer Weise verweisen wir aus gutem Grund auf das Recht auf informationelle Selbstbestimmung. Es räumt dem Einzelnen die Befugnis ein, „grundsätzlich selbst zu entscheiden, wann und innerhalb welcher Grenzen persönliche Lebenssachverhalte offenbart werden" (BVerfGE 65, 1). In diesem Zusammenhang ist auch der Hinweis des BVerfG aus derselben Entscheidung wichtig, dass es aufgrund der technischen Möglichkeiten der Verarbeitung und Verknüpfung von Daten ein „belangloses" Datum generell nicht geben kann. Freilich sind auch dem Recht auf informationelle Selbstbestimmung dort Schranken in Gestalt eines Grundrechtsvorbehalts gesetzt, wo ihm ein überwiegendes Allgemeininteresse entgegensteht (im Einzelnen hierzu II-3.3.1.3).

Pieroth / Schlink 2002

1. Was versteht man unter einem doppelten Mandat der Sozialarbeit? (2.1.1)
2. Warum hat der Grundsatz des Gesetzesvorbehaltes gerade im Sozialrecht eine besondere Bedeutung und welche Konsequenzen ergeben sich hieraus für die Soziale Arbeit? (2.1.2.1)
3. Woran sind die Geeignetheit und Erforderlichkeit einer staatlichen Intervention zu messen? (2.1.2.2)
4. Wann ist das Gleichheitsgebot des Art. 3 GG verletzt? (2.1.2.4)
5. Was für eine Bedeutung hat das Subsidiaritätsprinzip für das Verhältnis öffentlicher und freier Sozialleistungsträger? (2.1.3)

3 Grundlagen der Rechtsanwendung (Trenczek)

Bei der Rechtsanwendung geht es darum, „Fälle" und damit die dahinterstehenden Konflikte rechtlich zu entscheiden bzw. im Vorfeld gutachtlich die Konsequenzen menschlichen Verhaltens rechtlich zu würdigen. Die Rechtsanwendung und Rechtsdogmatik (Lehre vom geltenden Recht) ist nicht nur durch eine spezifische, als Subsumtion (hierzu im Einzelnen unten I-3.6) bezeichnete Methode, sondern auch durch eine spezifische Sprache mit einer hohen Abstraktion sowie einer z. T. spezifischen Begriffsfindung gekennzeichnet. Die Sprache, vor allem die Schriftsprache, hat für das **Juristendeutsch** Recht eine besondere Bedeutung, sie ist für das Recht mittlerweile konstitutiv und bleibt es auch noch im Zeitalter des Internets (vgl. Boehme-Neßler 2005, 161 ff.). Damit einher geht ein im Vergleich zur Alltagssprache unverständlicher Stil (viele Substantive, schwierige Satzkonstruktionen mit vielen Verschachtelungen, echte Fachbegriffe und Professionalismen, vom allgemeinen Sprachgebrauch abweichende fachliche Bedeutungsinhalte). Die Sprache der öffentlichen Verwaltung und Justiz ist die Rechtssprache und erfolgt überwiegend schriftlich. Das macht es für die Bürger oft schwer, einen Zugang zum Recht zu finden. Andererseits richten sich Rechtsnormen als generelle Regelungen grundsätzlich an alle Bürger und nicht nur an einen kleinen Kreis von Experten. Anwälte, Sozialarbeiter, Betreuer und Mediatoren müssen deshalb hier sehr häufig eine Dolmetscherfunktion übernehmen. Voraussetzung für das inhaltliche Verstehen von Rechtsnormen ist das Erkennen der Struktur der Rechtssätze, die Auflösung ggf. vorhandener begrifflicher Mehrdeutigkeiten und das referenzielle Anwenden des Inhalts auf die Realität des Lebensalltags. Hierzu bedarf es zunächst eines

grundlegenden Verständnisses über den Ablauf normativer Entscheidungs-
prozesse, die Struktur der Rechtsnormen, einer Einführung in die Technik
der normativen Begriffsklärung (sog. Auslegung) und Entscheidungsfindung (Abwägung). Dies ist nicht nur notwendig, um Hilfe suchende Bürger
in rechtlichen Fragen beraten zu können. Soziale Arbeit selbst äußert sich
in vielen Fällen zunächst einmal als rechtsgebundene Verwaltungsentscheidung.

3.1   Rechtsanwendung als mehrstufiger normen-
bezogener Entscheidungsprozess

Soziale Arbeit als Bestandteil der staatlichen Daseinsvorsorge ist in ihren
Voraussetzungen und Grenzen rechtlich geregelt. Der konkrete sozialrechtliche Anspruch des Berechtigten wird aber in aller Regel nicht unmittelbar
durch die Sozialleistungsgesetze begründet. Es gibt kein Gesetz, nach dem
Frau Gerda Schneider aus Mühlhausen einen Anspruch auf Sozialhilfe in
Höhe von 440 €/mtl. hat oder nach dem Herr Frank Mustermann aus Stuttgart Anspruch auf Betreuung und Versorgung seiner Kinder im eigenen
Haushalt während des Krankenhausaufenthaltes seiner Frau hat. Die Sozialleistungsgesetze regeln nur abstrakt die Leistungsvoraussetzungen. Zur
Konkretisierung der Rechte und Pflichten des Einzelnen bedarf es einer
besonderen Einzelfallentscheidung, in der die unmittelbaren Rechtswirkungen im Sozialrechtsverhältnis geregelt werden.

Die entscheidungsbezogene Soziale Arbeit (zur Rechtsberatung s. u. I-
4.2) läuft in einem **mehrstufigen normbezogenen Entscheidungsprozess** (siehe
Übersicht 11) ab (Maas 1996, 21 ff.). Der Zugang erfolgt oft durch die Betroffenen, indem sie um Hilfe nachsuchen, sich informieren oder sogar einen
„Antrag" (vgl. §16 SGB I, §18 SGB X; hierzu III-1.2.2) stellen. Häufig ist

Übersicht 11: Soziale Arbeit als mehrstufiger rechtsbezogener Entscheidungsprozess

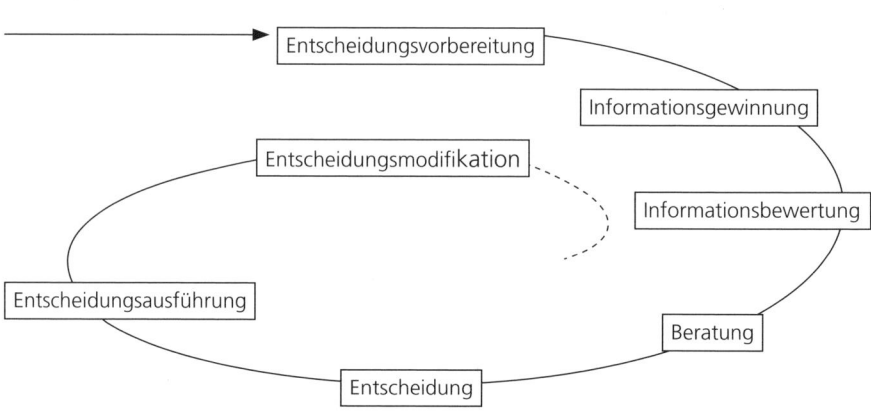

die Sozialverwaltung aber auch verpflichtet, von sich aus tätig zu werden. In beiden Fällen muss sie die zu treffende Entscheidung vorbereiten. Diese besteht im Wesentlichen aus der Gewinnung von Informationen als Entscheidungsgrundlage (Sachverhaltsermittlung) und aus der fachlichen Bewertung des Sachverhalts. Die Informationsgewinnung wirft zwei Fragen auf: **Informationsgewinnung**

- nach dem **Inhalt** der Sachverhaltsermittlung: Welche Daten sind entscheidungsrelevant? Insoweit geht es zunächst um die Auswahl der Rechtsgrundlage, auf der die Entscheidung beruhen soll (vgl. Gesetzesvorbehalt, s. o. I-2.1.2.1), und damit der einzelnen entscheidungsrelevanten Bedingungen, die nach dem Gesetz erfüllt sein müssen, damit eine entsprechende Entscheidung gefällt werden kann, z. B. die Leistungsvoraussetzungen für eine erzieherische Hilfe nach § 27 SGB VIII oder für die Hilfe zum Lebensunterhalt nach § 19 SGB XII.
- nach dem **Verfahren** der Sachverhaltsermittlung: Wie müssen die Informationsermittlung und das Entscheidungsverfahren ablaufen? Welche Verfahrensschritte, welche Schutzrechte und insbesondere Mitwirkungspflichten der Betroffenen müssen im Rahmen der Entscheidungsfindung beachtet werden (z. B. Untersuchungsgrundsatz nach § 20 SGB X; Mitwirkungspflichten nach §§ 60 ff. SGB-I, Hilfeplanung nach § 36 SGB VIII, Datenschutzrecht § 35 SGB I, § 67 ff. SGB X, §§ 61 ff. SGB VIII; zum Verwaltungsverfahren vgl. III-1.2)?

In der Praxis ist die Informations- und **Sachverhaltsermittlung** am schwierigsten, während man sich in der Studienphase darauf verlassen kann, dass in der Übung und Prüfung in einer Art Trockenschwimmen nur feststehende Sachverhalte vorgegeben werden. Während im öffentlichen Verwaltungsrecht und im Strafrecht der Sachverhalt grundsätzlich von Amts wegen zu ermitteln ist (sog. Offizialprinzip, Untersuchungsgrundsatz) besteht im Privatrecht der sog. Beibringungsgrundsatz, d. h., die an einem Rechtsstreit beteiligten Parteien sind für die „Beibringung" (Einführung) der dem Streit zugrunde liegenden Fakten verantwortlich. Hier wie dort versucht die Verwaltungs- und Rechtspraxis, umstrittene Tatsachen zu klären bzw. den „wahren" Sachverhalt ggf. durch die Erhebung von Beweisen als Grundlage ihrer Entscheidungsfindung zu ermitteln. Grundsätzlich trägt immer derjenige die sog. Beweislast, der sich auf einen für ihn vorteilhaften Umstand **Beweislast** beruft. In diesem Zusammenhang sollte allerdings beachtet werden, dass die Wahrnehmung bei jedem Menschen begrenzt ist. Sie ist auch kein passiver, sondern ein aktiv-selektiver Prozess der Konstruktion von Wirklichkeiten (vgl. Maturana / Varela 1987).

In der „theoretischen" Ausbildungssituation erhalten die Studierenden einen als wahr unterstellten (unstrittigen) und abschließenden Sachverhalt. Hier darf nichts angezweifelt oder dazuspekuliert werden. Ausbildungsgegenstand ist zunächst das Erlernen der juristischen Arbeitsmethodik, die Methode der Rechtsanwendung, der Umgang mit Rechtsnormen im Rahmen der Informationsbewertung. Das entspricht auch dem korrekten Vorgehen der Rechtspraxis, insbesondere der Gerichte, in strittigen Sachverhalten. Die sachgemäße rechtliche Bearbeitung eines Falles (insbesondere der Frage: Was ist für die Entscheidungsfindung rechtlich überhaupt relevant?) erspart die u. U. aufwendige Beweiserhebung umstrittener Tatsachen, die für die abschließende Entscheidung letztlich rechtlich überflüssig sind. Auch die Informationsbewertung umfasst zwei Aspekte:

Informationsbewertung

- stets die Bewertung in rechtlicher Hinsicht (Subsumtion)
- sehr häufig die Bewertung in fachlich-sozialpädagogischer Hinsicht (Diagnose und Prognose), z. B.: Was ist eine erzieherische Mangelsituation im Sinne der Leistungsvoraussetzungen der Erziehungshilfen nach § 27 SGB VIII? Welche Hilfe ist die „richtige" (= geeignet und erforderlich) i. S. d. § 27 SGB VIII?

Beide Ebenen, sozialpädagogische Bewertung und rechtliche Subsumtion, sind oftmals untrennbar miteinander verknüpft (z. B. abstrakt-definitorische Ausfüllung des Begriffs „erzieherischer Bedarf" in § 27 Abs. 2 SGB VIII sowie die Anwendung der Definition im konkret zu entscheidenden Einzelfall). Die rechtliche Bewertung baut einerseits auf der fachlich-diagnostischen Bewertung auf; andererseits darf sich jene in diesem justiziablen Zusammenhang nur auf die rechtlich vorgegebenen, relevanten Kriterien beziehen (im Hinblick auf § 27 SGB VIII z. B. Relevanz der Begriffe „erzieherischer Bedarf" und „Kindeswohl", nicht aber andere denkbare Maßstäbe, z. B. Einkommen, Kinderzahl). Im Rahmen der Subsumtion werden die rechtlich relevanten Kriterien und der Sachverhalt aufeinander bezogen, der Sachverhalt wird im Hinblick auf seine rechtliche Relevanz überprüft. Auch bei der inhaltlichen Ausgestaltung und Durchführung der konkreten Leistung wirken rechtliche Kriterien weit in den Hilfeprozess hinein. **Hilfe als Rechtsverhältnis** führt allerdings nicht zu einer Verdrängung der außerrechtlichen, insbesondere der sozialpädagogischen Aspekte Sozialer Arbeit. Es ist gerade ein Element der Fachlichkeit, die jeweiligen Besonderheiten des Einzelfalls sozialarbeiterisch-methodisch zu erfassen, diese bewusst in den juristisch-normativen Entscheidungsprozess einzubringen und dabei insbesondere Entscheidungsalternativen zu erkennen.

Fachkräfteprivileg

Hingewiesen sei hier auf das sog. Fachkräfteprivileg gemäß § 72 SGB VIII und § 6 SGB XII, nach dem die Sozialleistungsgesetze von Fachkräften durchzuführen sind, um zu gewährleisten, dass die nach fachlicher Prüfung im Einzelfall als notwendig festgestellte Jugendhilfe bzw. Sozialhilfe geleistet wird. Es sind also die sozialpädagogischen Fachkräfte, die die Umsetzung des Gesetzeswillens, insbesondere die Auslegung von unbestimmten Rechtsbegriffen (s. u. I-3.3.2) und Ermessensspielräumen (s. u. I-3.4.1) vornehmen müssen. Dies gilt insbesondere auch für die fachlichen Stellungnahmen des Jugendamtes im Rahmen seiner Mitwirkung im gerichtlichen Verfahren gem. §§ 50–52 SGB VIII.

3.2   Struktur der Rechtsnormen

3.2.1   Tatbestands- und Rechtsfolgenseite

Eine sog. vollständige Rechtsnorm ist zweigliedrig aufgebaut: Sie besteht aus einer Tatbestands- und einer Rechtsfolgenseite. Auf der Tatbestandsseite der Rechtsnorm werden die einzelnen Bedingungen (die sog. Tatbestandselemente, -voraussetzungen oder -merkmale) aufgezählt, die erfüllt sein müssen, damit die in der Vorschrift genannte Konsequenz (Rechtsfolge) eintritt. Auch wenn die zweigliedrige Struktur der gesetzlichen Tatbestände nicht immer gleich auf den ersten Blick erkennbar ist, so lässt sich doch jede vollständige Rechtsnorm auf die geschilderte Weise in eine Tatbestands- und Rechtsfolgenseite (Wenn-dann-Relation) zerlegen. Art. 16a GG: „Politisch Verfolgte genießen Asylrecht" beispielsweise lässt sich als Wenn-dann-Relation formulieren: *Wenn* jemand politisch verfolgt ist (= Tatbestandselement), *dann* wird ihm Asyl gewährt (= Rechtsfolge). In Anlehnung an logisch-systematische Denkprozesse wird die Struktur von Rechtsnormen häufig mit Gleichungen dargestellt ($x_1 + x_2 + x_3 => R_1$), die mitunter komplexere Verschachtelungen und „Ketten" beinhalten (siehe Übersicht 12). **Tatbestandsmerkmale**

Teilweise werden einzelne Tatbestandsbedingungen nicht ausdrücklich genannt, sondern als sog. „ungeschriebene" Tatbestandsmerkmale aus rechtssystem-dogmatischen Gründen mitgedacht. Die zivilrechtliche Schadensersatzpflicht setzt z. B. stets eine in § 823 BGB nicht selbst noch einmal besonders erwähnte Ursachenkette zwischen der Verletzungshandlung und dem Schadenseintritt voraus (sog. Kausalität oder objektive Zurechnung). **ungeschriebene Tatbestandsmerkmale**

Die Gesetze enthalten nicht nur vollständige Rechtsnormen. Der Gesetzgeber hat vielfach wichtige Tatbestandselemente von Normen selbst in gesonderten Paragrafen definiert oder Einzelheiten einer Rechtsfolge in mehreren Vorschriften zusammenhängend geregelt. Man spricht dann – je nach der speziellen Funktion dieser „unvollständigen" Rechtsnormen, die aus Gründen der Übersichtlichkeit und der Entlastung des gesetzlichen Tatbestands aus diesem ausgegliedert worden sind – von einer:

▦ Definitionsnorm, z. B.:
  – § 276 Abs. 2 BGB: Fahrlässig handelt, wer die im Verkehr erforderliche Sorgfalt außer Acht lässt.
  – § 7 Abs. 1 Nr. 2 SGB VIII: Jugendlicher ist, wer 14, aber noch nicht 18 Jahre alt ist.
  – § 27 SGB XII: Der notwendige Lebensunterhalt umfasst insbesondere … [Definition des notwendigen Lebensunterhalts]
▦ Verweisungsnorm, z. B.:
  – § 7 SGB Abs. 1 Nr. 5 VIII: Personensorgeberechtigter ist, wem allein oder gemeinsam mit einer anderen Person nach den Vorschriften des Bürgerlichen Gesetzbuchs die Personensorge zusteht.

Übersicht 12: Struktur von Rechtsnormen

Beispiele	Tatbestand „wenn"	Rechtsfolge „dann"
	x_1 $\rightarrow$	R_1
Art. 16a GG	Politische Verfolgung	Asylgewährung
§ 1 BGB	Geburt des Menschen	Rechtsfähigkeit
§ 2 BGB	Vollendung des 18. Lebensjahres eines Menschen	Volljährigkeit
§ 19 Abs. 1 S. 1 SGB XII	Jemand kann sich seinen notwendigen Lebensunterhalt nicht (ausreichend) aus eigenen Kräften und Mitteln (insb. Einkommen und Vermögen) beschaffen.	Hilfe zum Lebensunterhalt
	$x_1 + x_2 + x_3$ $\rightarrow$	R_1
§ 27 SGB VIII	▪ Personensorgeberechtigung für ein Kind bzw. Jugendlichen ▪ Eine dem Kindeswohl entsprechende Erziehung ist nicht gewährleistet (= „erzieherischer Bedarf"). ▪ Hilfe ist für die Entwicklung des Kindes bzw. Jugendlichen geeignet und notwendig.	Anspruch auf diese geeignete und notwendige Erziehungshilfe
	$x_1 + x_2 + x_3 + x_4 (+ x_5) \dots$ $\rightarrow$	R_1
§ 823 Abs. 1 BGB	▪ Verletzung eines anderen an Körper, Gesundheit, Freiheit, Eigentum … (x_{1a} oder x_{1b} oder x_{1c}) ▪ Rechtswidrigkeit (x_2) ▪ Intention: Vorsatz oder Fahrlässigkeit (x_{3a} oder x_{3b}) ▪ Schaden (x_4) + Kausalität (x_5, sog. ungeschriebenes TBM)	Ersatz des Schadens
	x_1 (wenn nicht x_2) $\rightarrow$	R_1
§ 24 Abs. 1 S. 1 SGB VIII	▪ Kind ab 3 Jahren ▪ noch nicht in der Schule	Anspruch auf Kindergartenplatz
§ 212 Abs. 1 StGB	▪ Tötung eines Menschen ▪ keine Mordmerkmale	Freiheitsstrafe nicht unter 5 Jahren
	x_1 $\rightarrow$	R_1 und R_2
§ 433 BGB	Bestehen eines Kaufvertrages	Verkäufer muss die Sache übergeben und das Eigentum daran verschaffen; Käufer muss den vereinbarten Kaufpreis zahlen und die Sache abnehmen
	$x_1 + x_2 + (x_{3a}$ oder $x_{3b})$ $\rightarrow$	R_1 oder R_2
§ 462 BGB	▪ Kaufvertrag ▪ mangelhafte Sache ▪ Zurechnung nach § 459 oder § 460	Rückgängigmachung des Kaufes (Wandelung) oder Herabsetzung des Kaufpreises (Minderung)
§ 22 Abs. 1 SGB XII	Vorliegen eines Härtefalles	Hilfe zum Lebensunterhalt kann als Beihilfe oder als Darlehen geleistet werden
	x_1 oder x_2 oder x_3 $\rightarrow$	R_1 oder R_2 oder R_n
§ 91 Abs. 1 SGB VIII	Inanspruchnahme von Angeboten 1. der Jugendarbeit nach § 11, 2. der allgemeinen Förderung der Erziehung in der Familie nach § 16 … und 3. der Förderung von Kindern in Tageseinrichtungen …	Teilnahmebeiträge oder Kostenbeiträge können [müssen aber nicht] festgesetzt werden

– § 62 SGB X: Verweis auf die Rechtschutzmöglichkeiten gegen Verwaltungsakte, die im SGG, in der VwGO oder einem anderen Bundesgesetz geregelt sind.

▨ Gegennorm, z. B.:

– § 49 Abs. 1 SGB X: § 45 Abs. 1–4, §§ 47 und 48 gelten nicht, wenn ein begünstigender Verwaltungsakt, der von einem Dritten angefochten worden ist, …

Häufig ergibt sich daraus dann eine sog. Paragrafenkette, z. B. § 27 SGB VIII: Anspruch des Personensorgeberechtigten → § 7 Abs. 1 Nr. 5 SGB VIII → § 1626 ff. BGB: Normierung der Personensorgeberechtigung. Unvollständige Rechtsnormen können sich auch auf eine Verweisung auf andere Rechtsvorschriften beschränken. Hierbei handelt es sich um bloße Rechtsfolgenverweisungen, wenn lediglich die Rechtsfolge der genannten Vorschrift für anwendbar erklärt wird, ohne dass deren Voraussetzungen erfüllt sein müssen (z. B. § 292 BGB: verschärfte Haftung bei Herausgabepflichten). Dagegen spricht man von Rechtsgrundverweisung (oder „Tatbestandsverweisung"), wenn nicht nur auf die Rechtsfolge, sondern (auch) auf den Tatbestand, also den Grund der anderen Norm verwiesen wird. Die in der Verweisung genannte Vorschrift ist nur dann anwendbar, wenn ihre tatbestandsmäßigen Voraussetzungen erfüllt sind. Dies kommt im Privatrecht sehr häufig im Hinblick auf die Herausgabe einer sog. „ungerechtfertigten Bereicherung" vor (z. B. §§ 516 Abs. 2, 531 Abs. 2, 547 BGB). Im Sozialrecht findet man eine solche Verweisung z. B. in § 26 Abs. 1 SGB im Hinblick auf Anwendung der Fristenvorschriften der §§ 187–193 BGB oder in §§ 8a Abs. 1, 42 Abs. 1 Nr. 2 SGB VIII im Hinblick auf die sich an § 1666 BGB orientierende Definition der Kindeswohlgefährdung.

Rechtsgrund-verweisung

3.2.2   Rechtsfolge und Charakter der Rechtsnorm

Die **Art der vorgesehenen Rechtsfolge** ist charakteristisch für das Rechtsgebiet, dem die Norm angehört; ob eine Vorschrift zivilrechtlichen oder öffentlich-rechtlichen (oder sogar strafrechtlichen) Charakter hat (man spricht hier auch von der „Rechtsnatur"), bestimmt sich in erster Linie nach der in ihr ausgesprochenen Rechtsfolge (vgl. § 823 BGB: Schadensersatz = zivilrechtlich; § 44 Abs. 1 SGB X und § 48 VwVfG: Rücknahme eines Verwaltungsaktes durch die Behörde = öffentlich-rechtlich; § 242 StGB: Geld- oder Freiheitsstrafe = strafrechtlich). Eine Norm wird als öffentlich-rechtlich angesehen, wenn aus ihr zwingend ein Träger öffentlicher Verwaltung berechtigt oder verpflichtet ist. Privatrechtlich ist eine Norm, wenn der betreffende Rechtssatz für jedermann gilt (sog. moderne Subjektstheorie). In diesem Sinne regeln verwaltungsrechtliche Normen meist Befugnisse einer Behörde oder Rechte und Pflichten des Bürgers gegenüber einer Behörde. Es ist aber durchaus möglich, dass in einem Gesetz Vorschriften enthalten sind, die verschiedenen Rechtsgebieten angehören: So sind z. B. im Straßenverkehrsgesetz (StVG) neben rein verwaltungsrechtlichen Normen (§§ 1–6d) und Straf- und Bußgeldvorschriften (§§ 21–27) sogar auch rein zivilrechtliche Regelungen über die Kfz-Haftpflicht (§§ 7–20) enthalten.

3.3   Bestimmte und unbestimmte Rechtsbegriffe

3.3.1   Begriff, Arten und Funktionen

Es ist das Kennzeichen von Rechtsnormen, dass sie abstrakt-generelle Regeln aufstellen und deshalb nicht nur für einen konkreten Einzelfall gelten (s. o. I-1.1.3). Die in den Rechtsnormen enthaltenen Begriffe sind deshalb in allgemeiner Form definiert und daher mehr oder weniger unbestimmt. Sind sie eindeutig und klar abgrenzbar, so spricht man von **bestimmten** Rechtsbegriffen (siehe Übersicht 13). Aber auch durch einen noch so genauen Gesetzestext ist es kaum möglich, alle künftigen Situationen durch entsprechende Begrifflichkeiten zu erfassen. Der Vielgestaltigkeit der Lebensverhältnisse kann der Gesetzgeber daher nur durch Verwendung sog. **unbestimmter** Rechtsbegriffe (siehe Übersicht 13) gerecht werden, wenn er umfangreiche und letzten Endes doch lückenhafte Aufzählungen von Fallkonstellationen vermeiden will (vgl. die heute z. T. antiquiert wirkenden Beispiele in § 98 BGB oder die Kasuistik der Verjährungshemmung in § 204 BGB). Je allgemeiner und umfassender eine rechtliche Regelung sein soll, desto höher

(Randspalte:)
unbestimmte Rechtsbegriffe

Übersicht 13:
Arten von Rechtsbegriffen

bestimmte Rechtsbegriffe		unbestimmte Rechtsbegriffe	
beschreibend	normativ definiert	beschreibend (deskriptiv)	wertausfüllend (normative)
Orts-, Zahlen- und Zeitangaben, z. B. Lebensalter; technische Angaben (Phon, Lux, km/h);	Person, Sache, Geschäfts- und Volljährigkeit, Eigentum, Besitz, Miete, Vorsatz, Fahrlässigkeit	Kurze Dauer in § 38 Abs. 1 SGB XII Nachtzeit (§ 12 VwZG), Speisen, Getränke (§ 1 GaststG), Kraftfahrzeug (§ 1 StVG), Sonstiges Recht (§ 823 Abs. 1 BGB)	„**Würde** des Menschen" (Art. 1 GG; § 1 SGB XII) „**Wohl** des Kindes" (§ 1666 BGB, §§ 27, 44 SGB VIII) „Nichtgewährleistung einer **kindeswohlgemäßen** Erziehung" (§ 27 SGB VIII) „Für Entwicklung **geeignete und notwendige** Hilfe" (§ 27 SGB VIII) „**Erforderliche** Kosten einer Bestattung" in § 74 SGB XII „**Angemessener** Barbetrag" in § 35 Abs. 2 SGB XII „Beeinträchtigung **sonstiger erheblicher Interessen** der Bundesrepublik Deutschland" in § 45 AuslG (Rf: Ausweisung)

werden ihr Abstraktionsgrad und desto geringer die Bestimmtheit und Eindeutigkeit der einzelnen Tatbestandsmerkmale. Eine feste Abgrenzung zwischen bestimmten und unbestimmten Rechtsbegriffen ist allerdings nicht immer möglich, da der Übergang zwischen beiden Arten von Tatbestandselementen fließend ist. Häufig erkennt der Laie nicht, ob er es mit einem bestimmten (die kostenpflichtige Miete in Abgrenzung zur kostenlosen Leihe) oder unbestimmten Rechtsbegriff zu tun hat (z. B. „wohnen" – unbestimmt; „gewöhnlicher Aufenthalt" – rechtlich bestimmt in § 30 Abs. 3 S. 2 SGB I). Im Übrigen lassen sich zahlreiche Rechtsfragen überhaupt erst bearbeiten, wenn man die Unbestimmtheit eines Begriffs erkannt hat. Nicht zuletzt deshalb verlangt die sog. Garantiefunktion des Strafrechts ein Mindestmaß an Bestimmtheit der Rechtsnorm (vgl. IV-1.3).

Unbestimmte Rechtsbegriffe können sowohl auf der Tatbestandsseite (dt. Staatsangehörigkeit als Leistungsvoraussetzung) als auch auf der Rechtsfolgenseite vorkommen (Erwerb der Staatsangehörigkeit), wobei der gleiche Begriff selbst innerhalb einer Rechtsnorm nicht immer die gleiche Bedeutung hat (z. B. bedeutet „unverzüglich" in § 42 SGB VIII im Hinblick auf die Benachrichtigung der Vertrauensperson gem. Abs. 2 S. 2 oder des Familiengerichts nach Abs. 3 nichts anderes als „sofort", während im Hinblick auf die Information der Eltern gem. Abs. 2 durchaus eine kurze Frist verstreichen kann; vgl. Münder et al. 2006 § 42 Rz. 29, 36, 65). Bestimmte wie unbestimmte Rechtsbegriffe können sich beziehen auf:

- innere Tatsachen (z. B. Vorsatz, Kenntnis, Absicht) oder
- äußere Umstände (z. B. Lebensalter, Einkommen, Vermögensverhältnisse, Staatsangehörigkeit, Eigentum). Zu den äußeren Umständen gehören nicht nur tatsächliche Verhältnisse (z. B. Sache, Schaden, Vermögen), sondern auch rechtliche Umstände (sog. Rechtstatsachen, z. B. Eigentum, Entmündigung, Staatsangehörigkeit, Anerkennung der Gemeinnützigkeit, Schwerbehinderteneigenschaft).

3.3.2 Auslegung von (unbestimmten) Rechtsbegriffen

Normen können nur dann richtig angewandt werden, wenn man sich über die genaue Definition eines Rechtsbegriffs klar wird. Sprache ist aber nicht mathematisch exakt, Begriffe werden in unterschiedlichen Kontexten verwendet und ihnen dabei verschiedene Inhalte und Bedeutungen beigemessen. Schon deshalb basiert die Rechtsanwendung nicht auf einer reinen inhaltsunabhängigen Logik, sondern es geht um ein hermeneutisches Vorgehen, um ein verstehendes Bemühen, den Inhalt des Rechts richtig zu deuten. Im konkreten Fall kann die Anwendung einer Rechtsnorm vor allem deshalb sehr schwer sein, weil der Sinngehalt eines Begriffes nicht eindeutig, sondern mehrdeutig ist. Darüber kann es zu Streit, ja zu einem Rechtsstreit kommen. Der genaue Inhalt eines unbestimmten Rechtsbegriffs ist deshalb zu definieren. Rechtsmethodisch nennt man diesen Klärungsprozess Auslegung. Hierunter versteht man eine fachlich-verstehende Deutung des relevanten Inhalts eines Rechtsbegriffs (im Hinblick auf Rechtsnormen) bzw. einer Willensäußerung (im Hinblick auf den Rechtsverkehr). Es handelt sich mithin um eine hermeneutische Methode, um eine normativ-bezogene Definition von Begriffsinhalten. Für die Methode der Auslegung sind verschiedene Argumentationsweisen entwickelt worden, von denen zwei eher „objektiv-systematischer" und zwei eher „subjektiv-interessensbezogener" Natur sind.

B

An einem häufig verwendeten, wohl auf Uwe Wesel (1984, 177 ff.) zurückgehenden Beispiel, möchten wir dies erläutern. Nehmen wir an, eine kommunale Satzung enthält im Hinblick auf die Eintrittspreise zu einer städtischen Einrichtung folgende Regelung: „Schüler zahlen nur den halben Eintrittspreis". Wer ist Schüler? Nur die Schüler der allgemein bildenden Schulen oder auch Berufsschüler, die über eine Ausbildungsvergütung verfügen? Gilt die Regelung auch für Studenten, Teilnehmer an Volkshochschulkursen oder nur für Personen in einem bestimmten Alter? Gilt sie gar für alle Personen mit niedrigem Einkommen?

wörtliche Auslegung

Ausgangspunkt jeder rechtlichen Begriffsklärung ist zunächst die **wörtliche** (philologisch-grammatikalische) **Auslegung**, die sich am natürlichen Sprachsinn und den Regeln der Grammatik orientiert. Die Auslegungsmethode ist deklaratorisch, sie darf nicht gegen den „klaren" Wortlaut eines Begriffes vorgenommen werden, die Grenze der Auslegung liegt im noch möglichen Wortsinn. Zum Beispiel ist der Begriff „Kindeswohlgefährdung" in § 1666 Abs. 1 BGB sicht- und hörbar etwas anderes als die Formulierung „Nichtgewährleistung einer dem Kindeswohl entsprechenden Erziehung" in § 27 Abs. 1 SGB VIII. Man kann davon ausgehen, dass der Gesetzgeber des Kindes- und Jugendhilferechts statt der umständlichen Formulierung den einfacheren Begriff „Kindeswohlgefährdung" verwendet hätte, wenn er dasselbe wie bei den Voraussetzungen des bürgerlich-rechtlichen Eingriffs in die Personensorge nach § 1666 BGB hätte ausdrücken wollen. In unserem Beispielsfall der kommunalen Satzung umfasst im gewöhnlichen Sprachgebrauch der Begriff „Schüler" zwar Schüler aller allgemeinbildenden ebenso wie Berufs- und Abendschulen, nicht aber die in aller Regel nicht als Schüler bezeichneten Teilnehmer von Volkshochschulkursen oder die Studenten. Eine enge („restriktive") Auslegung wird die Privilegierung nur auf noch schulpflichtige Kinder und Jugendliche anwenden, eine weite („extensive") Auslegung auf alle Personen, die eine Schule, welcher Art auch immer, besuchen.

systematische Auslegung

Die **systematische Auslegungsmethode** geht von einem widerspruchsfreien Gesamtgefüge der Gesetze aus und stellt die einzelne Norm in den Zusammenhang mit den anderen Vorschriften des entsprechenden Gesetzes sowie in Beziehung zur gesamten Rechts- und Verfassungsordnung. Ein Prototyp systematischer Auslegung erfolgt durch gesetzliche Verweisungs- und Definitionsnormen. Beispielsweise ist zwar ein Tier im deutschen Rechtsverständnis mittlerweile keine Sache mehr, damit aber noch keine „Person" im Rechtssinne. Vielmehr werden auf Tiere die für Sachen geltenden Vorschriften entsprechend angewandt, soweit nicht etwas anderes bestimmt ist (vgl. § 90a BGB). Im Konfliktfall widersprechender Normenbezüge gehen höherrangige Vorschriften den nachrangigen vor (vgl. I-1.1.3.7). Mit Blick auf das Grundgesetz spricht man von einer verfassungskonformen Auslegung, d.h., keine Vorschrift darf im Widerspruch zum Grundgesetz stehen und jede muss „in seinem Geiste ausgelegt werden" (BVerfG NJW 1958, 257). Neuere Rechtsnormen gehen im Konfliktfall den älteren Gesetzen vor, speziellere verdrängen die allgemeinen Regelungen.

In dem Schülerbeispiel fehlen für eine systematische Überlegung weitere Informationen. Das Auslegungsproblem stellt sich z.B. im Hinblick auf die Studenten nur dann, wenn diese nicht an anderer Stelle besonders erwähnt werden. Gäbe es in der kommunalen Satzung eine Regelung, die ausdrücklich auch Studierende oder Arbeitslose berücksichtigt, so läge systematisch der („Umkehr")Schluss (s.u.) nahe, dass diese nicht gleichzeitig auch mit dem Begriff Schüler gemeint sein sollten.

Klärung der Reichweite der Berichts- und Aufsichtspflichten eines Betreuungshelfers gegenüber dem Jugendgericht nach § 38 Abs. 2 JGG, auf die § 52 Abs. 1 SGB VIII im Rahmen der Aufgabenbeschreibung des Jugendamts verweist: Mit Rücksicht auf die Gewaltenteilung (Justiz vs. Verwaltung) und die vom Staat unabhängige kommunale Selbstverwaltung (Art. 28 Abs. 2 GG) kommt die h.M. zu der Auffassung, dass die Betreuungshelfer der Jugendhilfe gegenüber der Justiz nur insoweit berichts- und aufsichtspflichtig sind, wie sich dies mit ihren im SGB VIII rechtlich normierten fachlichen Handlungsmaximen vereinbaren lässt.

Die **historisch-genetische Interpretation** berücksichtigt die rechtsgeschichtliche Entwicklung der Rechtsnorm. Hierzu werden etwa die Sitzungsberichte des Parlaments und Begründungen zu Gesetzesentwürfen herangezogen, um den Willen des (historischen) Gesetzgebers zu ermitteln. Es ist dabei davon auszugehen, dass der Gesetzgeber auch unter der Bedingung gewandelter Verhältnisse eine zweckmäßige und vernünftige Regelung getroffen hätte. *historische Auslegung*

Die Begründung zum KJHG (BT-Drs. 11 / 5948) ist z.B. eine inhaltsreiche und gewichtige Stütze für den besonderen sozialleistungsorientierten Charakter des Jugendhilferechts. Sie weist auf den besonderen Charakter des Kinder- und Jugendhilferechts als pädagogisch intendiertes Sozialleistungsrecht hin. Es müsse vermieden werden, straf- und ordnungsrechtliche Gesichtspunkte in das Kinder- und Jugendhilferecht hineinzutragen, die dessen Charakter zwangsläufig verändern müssten (BT-Drs. 11 / 5948, 117). Diese Aussage ist auch für die Auslegung des Umfangs der Berichtspflicht der Jugendhilfe von erheblicher Bedeutung und stützt die oben vorgenommene Interpretation zu § 38 JGG.

Normen haben stets eine Funktion, sie sind Verhaltensregeln, die das gegenwärtige oder das zukünftige Handeln der Menschen in bestimmten Situationen verbindlich bestimmen sollen (vgl. I-1.1.1). Die teleologische Auslegung (*telos* = Sinn, Zweck) bestimmt die Rechtsbegriffe nach Ziel und Zweck (*ratio legis*) der Norm. Anders als bei der historischen Auslegung *teleologische Auslegung*

geht es hier nicht darum, welchen Sinn der „damalige" Gesetzgeber ursprünglich mit der Norm bezweckt hatte, sondern welchen aktuellen Zweck die Norm erfüllen soll. Dies setzt voraus, dass der Zweck der Norm erkannt bzw. ermittelt wird, was nicht immer ganz einfach ist, zumal es dazu durchaus widersprechende Ansichten gibt. In modernen Gesetzen wird der Gesetzeszweck deshalb oft an zentraler Stelle genannt, im Kinder- und Jugendhilferecht z. B. in § 1 SGB VIII. Unter mehreren möglichen Auslegungen einer Rechtsnorm ist dann diejenige vorzuziehen, die den Gesetzeszweck optimal verwirklicht.

B   Welche Personen in der kommunalen Satzung mit dem Begriff „Schüler" gemeint und durch die Preisregelung privilegiert sind, hängt maßgeblich von dem Zweck der Regelung ab. Es ging dem Satzungsgeber aber erkennbar nicht darum, nur Personen einer bestimmten Altersgruppe zu privilegieren, denn das hätte man klar mit einer Altersangabe oder durch gesetzlich definierte Begriffe wie „Kinder und Jugendliche" (vgl. z. B. § 7 Abs. 1 SGB VIII; § 1 Abs. 1 JSchuG) regeln können. Sollen durch die Regelung alle Personen begünstigt werden, die sich in einer Ausbildungssituation befinden und deshalb kein Einkommen erhalten, dann träfe dies auf Studierende ebenso zu, nicht aber auf Berufsschüler, die eine Ausbildungsvergütung erhalten. Im Hinblick auf die Studenten könnte aber der natürliche Wortsinn einer solchen Auslegung entgegen stehen, da Schüler und Student im normalen Sprachgebrauch voneinander verschieden sind. Sollte der Satzungsgeber diesen Fall, „die Studenten", tatsächlich versehentlich nicht bedacht und geregelt haben, so kann man eine planwidrige Gesetzeslücke feststellen.

B   Hier möchten wir wieder an die Auslegung von § 38 JGG i. V. m. § 52 SGB VIII anknüpfen: Um überhaupt mit jungen Menschen und ihren Familien im Sinne des §§ 1 f. SGB VIII arbeiten zu können, muss die Jugendhilfe von Weisungen der Justiz unabhängig sein und ein Vertrauensverhältnis zu ihren Klienten aufbauen. Mit diesem sozialanwaltlichen Handlungsauftrag verträgt es sich nicht, wenn Betreuungshelfer Überwachungs- und Sanktionsaufgaben der Jugendgerichte übernehmen.

Abwägung   Das Gebot der Rechtssicherheit erfordert es, dass der Normadressat weiß, was von ihm erwartet wird. Deshalb muss nach der funktionalen Logik der Rechtsnorm am Ende des Auslegungsprozesses nur ein Ergebnis als rechtlich relevant und verbindlich, also als „richtig" anerkannt werden. Natürlich wird es häufig unterschiedliche Auffassungen darüber geben, welches nun die richtige Auslegung in einem konkreten Fall ist. Entscheidend ist die angemessene Abwägung aller Auslegungsgesichtspunkte, wobei Sinn und Zweck der Rechtsnorm am gewichtigsten sind. Abwägung bedeutet, die Argumente und Gegenargumente aufeinander zu beziehen, die Vor- und Nachteile jeder Entscheidung im Hinblick auf die zugrunde liegenden Interessen sorgfältig zu prüfen und zu wiegen. Für den Konfliktfall widerstreitender Auslegungsergebnisse hat die höchstrichterliche Rechtsprechung in der Bundesrepublik auf folgende Grundregeln hingewiesen. Die Entstehungsgeschichte einer Norm und damit die „subjektiv-historische" Auslegung der

„damals" am Gesetzgebungsverfahren beteiligten Organe ist letztlich nicht maßgebend, da sich der Inhalt einer Norm aufgrund der politischen, sozialen und gesellschaftlichen Verhältnisse ändern kann. Wesentlich ist der aktuell relevante im Wortlaut der Rechtsnorm und in dem Sinnzusammenhang zum Ausdruck kommende „objektivierte" Sinn und Zweck einer Regelung (vgl. BVerfGE 1, 299 ff.). Dessen Erfassung ist freilich ebenso wenig „objektiv" wie die historische Interpretation. Andererseits müssen die „historische" und teleologische Auslegung bei allen neueren, aktuellen Gesetzen zu den gleichen Ergebnissen führen, da nach dem Demokratieprinzip der Gesetzgeber und nicht die Rechtsprechung für die Normsetzung verantwortlich ist. Allerdings wendet die Rechtsprechung die Rechtsnormen nicht nur an, sondern wird auch rechtsfortbildend tätig, nämlich dann, wenn Inhalt und Grenzen von Rechtsnormen nicht durch Auslegung bestimmt werden können, sondern planwidrige Lücken des Gesetzes festgestellt wurden und geschlossen werden müssen.

Eine **Analogie** ist eine Rechtsfortbildung. Sie wird gebildet, wenn festgestellt wird, dass eine Rechtsnorm im konkreten Fall nicht passt, eine andere, passende Rechtsnorm aber ebenso wenig vorhanden ist und damit offenkundig wird, dass der Gesetzgeber diesen Fall nicht bedacht hat. Bei der Analogie geht es also um die Schließung einer planwidrigen Gesetzeslücke durch die entsprechende Anwendung einer Norm. Eine Analogie ist nicht leichtfertig bei jeder auf den ersten Blick nicht geregelten Sachfrage zu formulieren. Vielmehr muss genau geprüft werden, welche Fälle der Gesetzgeber geregelt haben wollte und welche er versehentlich nicht geregelt hat. Nur im letzten Fall dürfen (planwidrige) Gesetzeslücken durch eine Analogie ausgefüllt werden. Im Fall der kommunalen Satzung, nach der Schüler nur einen ermäßigten Eintritt bezahlen müssen, spricht viel dafür, die nichtgenannten Studenten, die ebenso wie Schüler aufgrund ihrer Ausbildung i. d. R. über kein Einkommen verfügen, wie diese zu behandeln und deshalb die Norm auf sie analog anzuwenden.

    Unzulässig ist eine Analogie im Strafrecht zur Strafbegründung oder Strafverschärfung aufgrund der Garantiefunktion des Strafgesetzes (Art. 103 Abs. 2 GG). Wie schwierig die Abgrenzung von noch zulässiger Auslegung und nicht mehr zulässiger Strafbarkeitsbegründung durch die Rspr. z. T. ist, zeigt sich z. B. bei der strafrechtlichen Definition des Gewaltbegriffs im Rahmen der Nötigung nach § 240 Abs. 1 StGB (vgl. hierzu IV-1.3).

    Beim Umkehrschluss (*argumentum e contrario*) geht es genau um den entgegengesetzten Fall. Eine Rechtsnorm soll in einem bestimmten Kontext gerade nicht angewendet werden, weil in diesem Fall der Normzweck und die Prüfung der Interessenlage der „entsprechenden" Rechtsanwendung entgegenstehen.

Analogie

Umkehrschluss

3.3.3   Beurteilungsspielraum

Die Rechtsprechung ist Aufgabe der Gerichte (Art. 92 GG), ihnen obliegt es, die richtige Anwendung der Gesetze durch die Verwaltung zu überprüfen. Deshalb wird von den (Verwaltungs-)Gerichten auch überprüft, ob die von der Verwaltung vorgenommene Auslegung unbestimmter Rechtsbegriffe mit dem Gesetz im Einklang steht, also „richtig" ist. Diese Überprüfung ist grundsätzlich allumfassend, nur ausnahmsweise wird der Verwaltung von der Rechtsprechung bei der Auslegung von unbestimmten Rechtsbegriffen ein gerichtlich nur eingeschränkt nachprüfbarer „Beurteilungsspielraum" oder eine sog. Einschätzungsprärogative im Rahmen der Abwägung zuerkannt. Den Ausnahmefällen ist gemeinsam, dass es sich um **Wertentscheidungen** der Verwaltung handelt, die das Gericht aufgrund der besonderen, einmaligen Konstellation der Entscheidungsfindung oder aus sonstigen Gründen nicht nachholen kann, z. B.:

- von pädagogisch-wissenschaftlichen Wertungen gekennzeichneten Prüfungsentscheidungen im Schul- und Hochschulbereich (Versetzung, Abitur, Diplomprüfung, Staatsexamen), da sie auf der vom Gericht nicht nachvollziehbaren längeren Beobachtung des Schülers/Studenten bzw. auf der Einmaligkeit der nicht rekonstruierbaren Prüfungssituation beruhen (BVerwGE 57, 130).
- der dienstlichen Beurteilung von Beamten, Richtern und Soldaten, da es sich hier um sog. unvertretbare persönlichkeitsbezogene Werturteile handelt (z. B. dienstliche Eignung, Bewährung, Verfassungstreue eines Beamten; vgl. BVerfG DVBl 1981, 1053 f.; BVerwG NVwZ – RR 1989, 420 f.).
- bei planerischen und prognostischen Entscheidungen (BVerwGE 64, 238 ff.; 80, 270 ff.).
- Entscheidungen wertender Art durch weisungsfreie, mit Sachverständigen oder Interessenvertretern besetzte Ausschüsse, z. B. Personalgutachterausschuss (BVerwGE 12, 20 ff.), im Bereich des Jugendschutzes die Bundesprüfstelle für jugendgefährdende Schriften (BVerfGE NJW 1991, 1471; BVerwG NJW 1993, 1491; vgl. III-6.2.7).

In diesen Fällen beschränkt sich das Verwaltungsgericht darauf zu überprüfen, ob bei der Rechtsanwendung im konkreten Fall

- die Verwaltung von falschen Tatsachen oder einem unvollständigen Sachverhalt (z. B. wenn im Rahmen einer schriftlichen Prüfung nicht alle Seiten der Lösung bewertet worden sind, vgl. BVerwG DVBl 1998, 474) ausgegangen ist,
- die Verfahrensvorschriften eingehalten worden sind (beachte z. B. die besonderen Verfahrensvorschriften im Rahmen der Risikoabschätzung und der Hilfeplanung im Jugendhilferecht, insbesondere §§ 8a, 36 f. SGB VIII),
- sachfremde Erwägungen maßgebend waren oder der Gleichheitsgrundsatz verletzt wurde,

■ allgemein gültige Bewertungsmaßstäbe (insbesondere Verhältnismäßigkeitsgrundsatz) oder Beurteilungsrichtlinien nicht beachtet worden sind.

In der Sozialen Arbeit sind häufig auf einer Anamnese und Diagnose bzw.
Prognose beruhende Entscheidungen zu treffen, die ihrer Art nach auf einer besonders sorgfältigen Abwägung beruhen, z.B. welche Leistungen
oder Maßnahmen im Hinblick auf das Kindeswohl geeignet und erforderlich sind und ihm am besten gerecht werden. Insoweit war es umstritten, ob
der Jugendhilfe bei psychosozialen Diagnosen und Bewertungen ein Beurteilungsspielraum zusteht oder nicht, sei es im Hinblick auf das Vorliegen einer Kindeswohlgefährdung als Voraussetzung der Inobhutnahme (§ 42 SGB
VIII) und im Hinblick auf die Anrufung des Familiengerichtes (§ 8a Abs. 3
SGB VIII) oder im Rahmen der Feststellung der Leistungsvoraussetzungen
z.B. bei § 27 SGB VIII („eine dem Kindeswohl nicht entsprechende Erziehung", „geeignete und erforderliche Hilfe"). Teilweise wurde dies zunächst
bejaht (VGH Mannheim NDV-RD 1997, 133 ff.; BVerwG ZfJ 2000, 31, 35 f.;
OVG Koblenz ZfJ 2001, 23 ff.) mit Hinweis auf den Prognosecharakter der
Entscheidung des Jugendamts. Zudem könne eine gerichtliche Entscheidung dem in § 36 SGB VIII verankerten kooperativen Interaktionsprozess
zur Entscheidungsfindung unter Beteiligung aller Betroffenen und dem
Zusammenwirken mehrerer Fachkräfte nicht Rechnung tragen (VGH BW
NDV-RD 1997, 133, 134).

Die Einräumung von – gerichtlich nur eingeschränkt überprüfbaren
– Beurteilungsspielräumen ist von der höchstrichterlichen Rechtsprechung
aber auf Ausnahmefälle beschränkt worden (vgl. auch EGMR v. 13.07.2000
– 25735/94 – NJW 2001, 2315). Nicht jede diagnostische, prognostische
oder aus anderen Gründen spezifisch-fachliche Kompetenzen erfordernde
Entscheidung führt zu einem Beurteilungsspielraum. Eine zu weit gehende
Gewährung gerichtsfreier Beurteilungsspielräume wäre rechtsstaatlich
bedenklich, da sonst die Rechtsschutzgarantie des Art. 19 Abs. 4 GG unterlaufen würde. Die neuere Rechtsprechung des Bundesverfassungsgerichts (BVerfGE 84, 34 ff.; 84, 59 ff.; 88, 40 ff.; BVerfG NVwZ 1992, 55; NJW
1993, 917) hat die Anerkennung von Beurteilungsspielräumen erheblich
eingeschränkt und klargemacht, dass der Verwaltung auch bei besonderer
fachlicher Kompetenz und bei komplexen fachlichen Einschätzungen grds.
kein Beurteilungsspielraum zusteht (das sieht auch der EGMR NJW 2001,
2315 nicht anders, vielmehr verweist auch dieser auf eine genaue Überprüfung durch das Gericht). Das BVerfG stellt den Grundrechtsschutz über
die Erfordernisse der Verwaltungspraxis und gesteht der Fachverwaltung
aufgrund ihrer Sachkunde keine Letztentscheidungskompetenz zu. Auch
ein Gericht kann sich ggf. durch einen Sachverständigen die erforderliche
Sachkunde aneignen. Für die Anerkennung eines Bewertungsvorrechts
wäre Voraussetzung, dass es sich um eine derart komplexe Einschätzung
handelt und eine gerichtliche Überprüfung an ihre Funktionsgrenzen stoßen würde (BVerfGE 84, 34 ff., 59 ff.). Dies ist bei der Prüfung der Voraussetzungen des § 27 SGB VIII nicht der Fall. Zudem würde es dem Sinn des

**Beurteilungen und
Stellungnahmen in
der Sozialen Arbeit**

Verfahrens nach § 36 SGB VIII, den Beteiligten möglichst umfangreiche Rechte einzuräumen, zuwiderlaufen, ihnen unter Berufung auf eben diese Verfahrensvorschriften den effektiven Rechtsschutz zu verkürzen. Das bedeutet im Ergebnis, dass auch bei den Tatbestandsvoraussetzungen des **§ 27 SGB VIII nicht** von einem **Beurteilungsspielraum** des Jugendamtes ausgegangen werden kann, sondern dessen Auslegung von den Verwaltungsgerichten voll überprüft wird. Die Überprüfung bezieht sich sowohl auf den erzieherischen Bedarf als auch auf die geeignete und erforderliche Hilfe (Münder et al. 2006 § 27 Rz. 55 m. w. N.; VG Karlsruhe NDV-RD 2002, 12 f.; mittlerweile auch Wiesner 2006 § 27 Rz. 65 f.). Das Gleiche gilt für die Definition und Feststellung der Kindeswohlgefahr z. B. im Hinblick auf die Interventionen nach § 8a Abs. 1 SGB VIII oder die Voraussetzungen und damit Rechtmäßigkeit der Inobhutnahme nach § 42 SGB VIII. Etwas anderes ist die dem Jugendamt in § 8a Abs. 3 SGB VIII ausdrücklich zugewiesene Einschätzungsbefugnis (Beurteilungsspielraum), ob es bei Vorliegen einer kindeswohlgefährdenden Situation erforderlich ist, das Familiengericht anzurufen. Aufgrund der Überlegenheit des dialogischen Prozesses unter Einbeziehung insbesondere der Eltern für einen nachhaltigen Schutz von Kindern hat der Gesetzgeber es den Fachkräften (§ 72 SGB VIII) des Jugendamts übertragen, zunächst mit ihren Mitteln die Bereitschaft und / oder Fähigkeit der Eltern zur Abwendung der kindeswohlgefährdenden Situation zu wecken und zu fördern. Nur wenn dies nicht ausreicht, das Jugendamt keinen Zugang zu den Eltern gewinnen kann, diese keine Bereitschaft oder Fähigkeit zur Mitwirkung erkennen lassen und sämtliche geeigneten und erforderlichen Angebote ablehnen, so dass die kindeswohlgefährdende Situation des Kindes nicht abgewendet werden kann, muss das Jugendamt das Familiengericht anrufen, damit dieses die ggf. notwendigen personenrechtlichen Entscheidungen treffen kann. Diese Klarstellung ist wegen der den Mitarbeitern des Jugendamtes drohenden zivil- wie strafrechtlichen Haftung (vgl. I-4 und IV-2.2.2) bei einer fehlerhaften Einschätzung erforderlich. Im Übrigen ist zu beachten, dass es sich bei der Anrufung des Familiengerichtes wie auch bei den sonstigen Stellungnahmen des Jugendamtes im Rahmen seiner Mitwirkung im gerichtlichen Verfahren nicht um eine selbstständig anfechtbare Entscheidung (Verwaltungsakt; hierzu III-1.3.1) handelt. Diese nimmt erst das Familiengericht aufgrund einer von ihm selbst vorgenommenen Prüfung der Voraussetzungen z. B. des § 1666 BGB vor. Die uneingeschränkte Überprüfung der (ggf. fehlerhaften) Auslegung des Jugendamtes findet aber im Rahmen der verwaltungsinternen Kontrolle durch Vorgesetzte bzw. übergeordnete Verwaltungsinstanzen (z. B. im Rahmen des Widerspruchverfahrens, s. u. I-5.2.1) statt (BVerwG DVBl 1979, 424 ff.; DÖV 1979, 791 ff.).

3.4 Rechtsfolgenentscheidung

3.4.1 Gebundene Verwaltung und Ermessensspielräume

Sind die Voraussetzungen der Rechtsnorm auf der Tatbestandsseite erfüllt („Wenn …"), so sehen sog. vollständige Rechtsnormen eine Rechtsfolge („dann …") vor. In manchen Fällen wird der Verwaltung die Rechtsfolge konkret vorgeschrieben. In diesen Fällen spricht man von gebundener Verwaltung: **gebundene Verwaltung**

- es ergibt sich aus §§ 62, 66 EStG, dass Eltern Anspruch auf Kindergeld in Höhe von 154 € monatlich für ihr erstes Kind haben;
- aus § 27 Abs. 1 SGB VIII folgt, dass Personensorgeberechtigte einen Anspruch auf die geeignete und erforderliche Erziehungshilfe haben;
- nach § 42 Abs. 1 Nr. 1 SGB VIII ist das Jugendamt zur Inobhutnahme verpflichtet;
- nach § 19 Abs. 1 S. 1 SGB XII ist Hilfe zum Lebensunterhalt zu gewähren, wenn …

Man spricht in diesen Fällen davon, dass der Bürger ein **subjektiv-öffentliches Recht**, d. h. einen Anspruch auf die begehrte Leistung hat. Wenn die im Tatbestand genannten Leistungsvoraussetzungen tatsächlich vorliegen, muss die Leistung in diesen Fällen gewährt werden. Ein Fall gebundener Verwaltungsentscheidung liegt aber auch in den Fällen vor, in denen die Behörden eine Maßnahme ggf. auch zulasten des Bürgers ergreifen müssen, z. B. muss die Führerscheinbehörde im Fall des § 4 Abs. 1 StVG die Fahrerlaubnis entziehen. Nach § 12 S. 2 SGB XII ist ein Förderplan zu erstellen und in die Leistungsabsprache einzubeziehen. **Anspruch**

Im Hinblick auf den Grad der Verwaltungsbindung unterscheidet man zwischen den sog. „Muss-" und den „Soll"-Bestimmungen. Bei den sog. **„Muss-Bestimmungen"** hat die Verwaltung überhaupt keinen Entscheidungsspielraum, die angegebene Rechtsfolge ist zwingend. Dieser Verpflichtungsgrad ergibt sich aus den Formulierungen der Rechtsnorm, wie „die Behörde muss …", „es ist zu …", „hat zu erfolgen", „darf nicht". Auch die Formulierung, dass jemand „einen Anspruch auf" ein bestimmtes Handeln hat, ist ein Fall der zwingend-gebundenen Verwaltung. Beispiele für „Muss"-Bestimmungen: § 17 Abs. 1, 18 Abs. 1, 24 Abs. 1, 27 Abs. 1, 52 Abs. 1 SGB VIII ; § 17 Abs. 1, § 23 Abs. 1 SGB XII. **Muss-Regelung**

Bei den sog. **„Soll-Bestimmungen"** (Formulierungen wie „die Behörde soll …", „hat in der Regel", „grundsätzlich ist") ist die Verwaltung im Regelfall an die vorgesehene Rechtsfolge gebunden (z. B. §§ 5 Abs. 2 S. 1, 16 Abs. 1, 7, 19 Abs. 1 S. 1, 20 Abs. 1 S. 1 SGB VIII; §§ 9 Abs. 2, 12 S. 1, 15 Abs. 1 SGB XII). Abweichungen sind nur im Ausnahmefall zulässig, d. h. bei Vorliegen besonderer atypischer Umstände. Diese atypischen Umstände müssen sich auf den Zweck der Regelung beziehen. Ausgeschlossen sind hier finanzielle Überlegungen, insbesondere ist die Finanzknappheit der Haushalte kom- **Soll-Regelung** munaler oder sonstiger Sozialleistungsträger kein atypischer Grund, der einem Leistungsanspruch entgegenstehen könnte.

Ansprüche auf Sozialleistungen entstehen nach § 40 SGB I, sobald ihre im Gesetz oder aufgrund eines Gesetzes bestimmten Voraussetzungen vorliegen. Nach § 38 SGB I besteht auf Sozialleistungen ein Anspruch, soweit nicht nach den besonderen Teilen des SGB die Leistungsträger ermächtigt sind, bei der Entscheidung über die Leistung nach ihrem Ermessen zu handeln.

Ermessen

Der Gesetzgeber kann die Verwaltung – anstatt ihr zwingend eine Rechtsfolge vorzuschreiben – auch ermächtigen, bei Erfüllung des Tatbestands innerhalb eines gewissen Handlungsspielraums die **zweckmäßigste** Regelung zu treffen. Diesen Entscheidungsspielraum nennt man Ermessen, das entsprechende Behördenhandeln Ermessensverwaltung. Der Grund für die Einräumung solcher Handlungsspielräume ist, dass der Gesetzgeber angesichts der Kompliziertheit und Unvorhersehbarkeit der Lebensverhältnisse nicht alle erforderlichen und angemessenen Rechtsfolgen vorherbestimmen kann und daher der Verwaltung die Möglichkeit einräumt, innerhalb bestimmter Grenzen flexibel auf die konkrete Situation zu reagieren. Zu unterscheiden ist dieses Verwaltungsermessen von den (politischen) Entscheidungsspielräumen der Exekutive beim Erlass von Rechtsverordnungen und Satzungen.

Das Ermessen kann sich darauf beziehen, ob die Verwaltung überhaupt tätig werden soll (Entschließungsermessen), oder auch darauf, welche von mehreren rechtlich zulässigen Maßnahmen sie ergreifen und wer Adressat einer Verfügung sein soll (Auswahlermessen hinsichtlich des Mittels und des Adressaten). Rücknahme und Widerruf eines Verwaltungsaktes nach §§ 45 Abs. 1, 46 SGB X sind Fälle reinen Entschließungsermessens; bei der Festsetzung von Gebühren handelt es sich häufig um Auswahlermessen hinsichtlich der Höhe des Betrages; die Erteilung von Auflagen z. B. im Hinblick auf eine Betriebserlaubnis (§ 45 SGB Abs. 2 VIII) ist ein Fall der Ausübung von Entschließungsermessen und gleichzeitig Auswahlermessen hinsichtlich der konkreten Auflagen.

Das der Verwaltung eingeräumte Ermessen betrifft immer **nur** die **Rechtsfolge** einer Rechtsnorm und ist daher stets nur Rechtsfolgeermessen (sog. volitives Ermessen); es kann und darf sich nie auf die Tatbestandsseite der Vorschrift beziehen. Ein Ermessen auf der Tatbestandsseite (sog. „kognitives Ermessen") würde die verfassungsrechtlich gebotene Schutz- und Garantiefunktion des gesetzlichen Tatbestandes zerstören. Vom Ermessen zu unterscheiden ist der äußerst selten eingeräumte Beurteilungsspielraum der Verwaltung im Rahmen der Auslegung unbestimmter Rechtsbegriffe (vgl. I-3.3.3 sowie Übersicht 14). Rechtsmethodisch folgt daraus, dass bei der Anwendung einer Vorschrift das Ermessen erst dann ausgeübt werden darf, wenn alle Tatbestandsmerkmale der betreffenden Vorschrift geprüft und bejaht worden sind. Es ist z. B. falsch, bei Anwendung von § 42 SGB VIII zu prüfen, ob die Unterbringung eines Kindes in einer Einrichtung unverhältnismäßig ist, bevor man nicht festgestellt hat, ob überhaupt ein Rechtsgrund für eine solche Schutzmaßnahme (z. B. Gefahr für das Wohl des Kindes) vorliegt.

Ob der Verwaltung Ermessen eingeräumt ist, kann man an den Formu- **Kann-Bestimmung**
lierungen auf der Rechtsfolgenseite der Norm erkennen. Nicht immer wird
der Begriff „Ermessen" gebraucht (so aber z. B. in § 23 Abs. 2 S. 3, § 74 Abs.
3 S. 1 SGB VIII; § 17 Abs. 2 S. 1, § 52 Abs. 1 S. 2 SGB XII). Ausdrücke wie
„die Behörde kann…", „darf…", „ist befugt…" oder „ist ermächtigt…"
sind ebenso Anzeichen für die Einräumung von Ermessen. Das Gleiche gilt,
wenn Maßnahmen für „zulässig" erklärt werden. Man spricht hier auch von
sog. **Kann-Bestimmungen**, Beispiele: § 1 Abs. 4 S. 4 a. E., S. 5; § 12 S. 3, § 22
Abs. 1 S. 2; § 23 Abs. 1 S. 2, 34 SGB XII; § 13 Abs. 3 S. 1, § 19 Abs. 1 S. 3, § 32
S. 2, § 39 Abs. 4 S. 4 SGB VIII.

Gelegentlich werden Muss- und Kann-Regelungen innerhalb einer Vorschrift kombiniert. So regelt z. B. § 21 SGB VIII den Rechtsanspruch auf
Beratung und Unterstützung und räumt der Verwaltung im Hinblick auf die
Übernahme der Kosten der Unterbringung in einer geeigneten Wohnform
ein Ermessen ein.

3.4.2 Die Rechtmäßigkeit der Ermessensausübung

Während bei der Auslegung unbestimmter Rechtsbegriffe rechtsdogmatisch nur eine Definition maßgebend sein darf (s. o. I-3.3.2) und es in den
Fällen der gebundenen Verwaltung immer nur eine zulässige Entscheidung
geben kann und dies von den Gerichten unbeschränkt geprüft wird, ist das
in den Fällen der Ermessensverwaltung anders. Hier können grundsätzlich
mehrere im Rahmen des Ermessensspielraumes liegende Handlungsalternativen rechtmäßig sein (z. B. bei einer Gebühr im gesetzlich vorgegebenen
Rahmen von 100 € bis 500 € jeder innerhalb dieser Grenze liegende Betrag). Aus diesem Kreis der rechtmäßigen Alternativen hat die Verwaltung
die im Einzelfall **zweckmäßigste** Rechtsfolge auszuwählen. Das bedeutet **pflichtgemäßes**
aber nicht, dass das Ermessen beliebig, „frei" und willkürlich ausgeübt **Ermessen**
werden dürfte. Vielmehr muss das Ermessen stets **pflichtgemäß** vorgenommen werden; hierauf hat der Bürger einen Rechtsanspruch (§ 39 Abs. 1 S. 2
SGB I). Das bedeutet zunächst im Hinblick auf die Zweckmäßigkeit, dass
nicht die persönliche Meinung desjenigen, der die Norm anzuwenden hat,
relevant ist, sondern es allein auf den gesetzlich mit der Rechtsnorm verfolgten Zweck ankommt (vgl. § 39 Abs. 1 S. 1 SGB I, § 40 VwVfG). Wie
dieser gesetzliche Zweck erfüllt werden kann, darf wiederum nicht von den
individuellen Kompetenzen des Einzelnen abhängen, maßgebend sind die
jeweiligen fachlichen Kriterien. **Fachliche Standards** (vgl. Jordan ZfJ 2001,
48 ff., Merchel 1998) sind deshalb nicht erst im Zusammenhang von Haftungsfragen zu entwickeln, sondern Orientierung und Richtschnur bei der
alltäglichen Ermessensentscheidung (vgl. auch das sog. Fachkräfteprivileg
§ 72 SGB VIII, § 6 Abs. 1 SGB XII).

Darüber hinaus müssen bei Ermessensentscheidungen die allgemeinen
Rechtsgrundsätze und verfassungsrechtlichen Wertentscheidungen beachtet werden, im Rahmen der öffentlich-rechtlichen Ermessensverwaltung

insbesondere die Grundrechte, das Gleichheitsgebot des Art. 3 GG, das Verhältnismäßigkeitsprinzip und das Gebot der sachgerechten Abwägung widerstreitender Interessen. Die **Pflichtgebundenheit der Ermessensausübung** kommt als allgemeiner Grundsatz des Verwaltungshandelns ausdrücklich in § 39 SGB I, § 40 VwVfG zum Ausdruck, nach denen die Behörden nicht nur verpflichtet sind, das Ermessen entsprechend dem **Zweck** der gesetzlichen Ermächtigung auszuüben, sondern auch die gesetzlichen **Grenzen des Ermessens** einzuhalten. Im Rahmen der Rechtskontrolle überprüfen die Gerichte nur die Einhaltung dieser Schranken (vgl. § 114 VwGO). Man unterscheidet rechtsmethodisch folgende Fehler, die zur Rechtswidrigkeit der Ermessensausübung führen:

§ 39 SGB I/§ 40 VwVfG

Ermessensfehler

- **Ermessensüberschreitung:** Die Ermessensentscheidung liegt nicht mehr innerhalb des gesetzlich eingeräumten Rahmens, die Grenzen des Ermessens sind überschritten.
  Bsp.: Eine Verwaltung kann aufgrund der gesetzlichen Ermächtigung eine Gebühr in Höhe von 30 € bis 60 € festsetzen, sie setzt aber 20 € oder 70 € fest. In beiden Fällen ist der Ermessensrahmen überschritten, einmal nach unten, einmal nach oben hin.
- **Ermessensmangel**, auch Ermessensnichtgebrauch oder Ermessensunterschreitung genannt. Hierbei findet eine den gesetzlichen Vorgaben entsprechende Ausübung des Ermessens (überhaupt) nicht statt. Es mangelt an einer sachgemäßen Ermessensbetätigung.
  Bsp.: Ein Beamter wägt bei dem oben gegebenen Ermessensspielraum (30 € bis 60 €) entweder überhaupt nicht oder nur teilweise ab, weil er (ggf. aufgrund einer Verwaltungsvorschrift) fälschlicherweise meint, nur Gebühren in Höhe von 45 € auferlegen zu dürfen. Hier fehlt es an einer den Ermessensspielraum ausschöpfenden Pro- und Contra-Abwägung.
- **Ermessensmissbrauch**, auch als Ermessensfehlgebrauch bezeichnet, der insbesondere dann gegeben ist, wenn die Behörde von dem Ermessen nicht in einer dem Zweck der gesetzlichen Ermächtigung entsprechenden Weise Gebrauch gemacht oder sonstige rechtsstaatliche Grundsätze bei der Ermessensausübung missachtet hat, z. B. sachwidrige Kriterien angewendet hat.
  Bsp.: Der Beamte ermäßigt die festzulegende Gebühr um die Hälfte, weil der Betroffene Angehöriger der Regierungspartei, ein Verwandter oder Freund oder weil er selbst an dem Tag einfach gut gelaunt ist. Der Ermessensmissbrauch umfasst alle Fälle, in denen sachfremde, d. h. normativ irrelevante Gesichtspunkte (vgl. insbesondere Art. 3 Abs. 3 GG) in die Ermessensentscheidung einfließen.

§ 35 SGB X

Damit der Bürger als Adressat einer Verwaltungsentscheidung überprüfen kann, wie das Ermessen ausgeübt worden ist und ob die Grenzen der Ermessensbetätigung eingehalten worden sind, verpflichtet § 35 Abs. 1 SGB X/§ 39 Abs. 1 VwVfG die Verwaltung im Hinblick auf Ermessensentscheidungen ausdrücklich dazu, im Rahmen der ohnehin notwendigen **Begründung** eines (schriftlichen) Verwaltungsaktes die entscheidungsrelevanten Gesichtspunkte und damit die vorgenommene Abwägung transparent darzulegen.

Vom Grundsatz, dass im Rahmen der Ermessensbetätigung mehrere rechtmäßige Alternativen möglich sind, gibt es eine Ausnahme. In besonderen Fällen kann der Ermessensspielraum der Behörde derart schrumpfen, dass nur noch eine Handlungsalternative in Frage kommt. Man spricht in diesem Fall von einer **„Ermessensschrumpfung auf Null"**. Ein solcher Fall liegt insbesondere bei einer erheblichen Gefährdung wesentlicher Rechtsgüter, vor allem Leben und Gesundheit, vor. **Ermessensschrumpfung**

Nach § 42 Abs. 1 Nr. 2 SGB VIII ist das Jugendamt bei einer dringenden Gefahr für das Wohl des Minderjährigen zu einer Inobhutnahme des Minderjährigen verpflichtet. Freiheitsentziehende Maßnahmen im Rahmen der Inobhutnahme sind nach § 42 Abs. 5 SGB VIII (nur) zulässig, wenn und soweit sie erforderlich sind, um eine Gefahr für Leib und Leben des Kindes oder des Jugendlichen oder eine Gefahr für Leib oder Leben Dritter abzuwenden. Kann aber die Lebensgefahr nicht anders als durch den vorläufigen Freiheitsentzug abgewendet werden, dann muss dieser vorgenommen werden. Ist die Jugendhilfe allerdings in der Lage, für das Wohl des Kindes oder des Jugendlichen auch in diesen außergewöhnlichen, extremen Situationen, ohne Einschließen durch „offene" Angebote, z. B. durch eine (personal)intensive, sozialpädagogische Einzelbetreuung („Menschen statt Mauern") zu sorgen, dann ist die geschlossene Unterbringung auch nicht erforderlich und damit unzulässig. Das Jugendamt hat differenziert und substanziiert zu **begründen**, warum Alternativen zur geschlossenen Unterbringung nicht ausreichen, nicht vorliegen oder geschaffen werden können.

Von der Rechtmäßig- bzw. Rechtswidrigkeit einer Ermessensentscheidung ist deren Zweckmäßig- bzw. -widrigkeit zu unterscheiden. Während die Sozial- und Verwaltungsgerichte nach § 54 Abs. 2 SGG / § 114 VwGO nur die Einhaltung der Ermessensschranken nachprüfen, sind sie nicht zur Überprüfung befugt, ob die getroffene Ermessensentscheidung unter den gegebenen, rechtlich zulässigen Handlungsalternativen auch die zweckmäßigste war. Zur uneingeschränkten Überprüfung auch der Zweckmäßigkeit einer Entscheidung sind vielmehr die übergeordneten Verwaltungsinstanzen berufen, aufgrund ihres Aufsichts- und Weisungsrechts insbesondere im Rahmen eines Widerspruchsverfahrens (vgl. § 68 Abs. 1 S. 1 VwGO: Recht- und Zweckmäßigkeit). **§ 54 Abs. 2 SGG/ § 114 VwGO**

3.5   Rechtsanwendung zwischen Logik und Interessensabwägung

Nach der vor allem im 19. Jahrhundert praktizierten, von ihren Gegnern abwertend als Begriffsjurisprudenz bezeichneten Rechtsdogmatik war man der Überzeugung, dass man jeden Fall rein begrifflich-logisch lösen könne. Die Jurisprudenz wurde überhöht gar als „Mathematik des Rechts" (Rudolf v. Ihring, 1865) bezeichnet. Wenn allerdings eine Auslegung nicht nur streng

Übersicht 14: Unbestimmter Rechtsbegriff, Beurteilungsspielraum und Ermessen

Die Begriffe „Ermessen", „Beurteilungsspielraum" und „unbestimmter Rechtsbegriff" werden häufig verwechselt. Dabei wird nicht berücksichtigt, dass diese Begriffe funktional zwei verschiedenen Gegensatzpaaren angehören. Zu unterscheiden sind:

- das Gegensatzpaar „bestimmter/unbestimmter Rechtsbegriff", dem auch die Fälle des Beurteilungs-spielraums (als Sonderfälle des unbestimmten Rechtsbegriffs) zuzurechnen sind,
- das Gegensatzpaar „gebundene Verwaltung/Ermessensverwaltung".

Bei *unbestimmten Rechtsbegriffen* stellt sich die Frage nach Inhalt und Grenzen einzelner Tatbestands-elemente, die durch **Auslegung** näher bestimmt werden müssen. Das *Ermessen* betrifft die Frage, ob die Verwaltung bei Erfüllung des gesetzlichen Tatbestandes im Hinblick auf die Rechtsfolge einen gewissen, gerichtlich nur eingeschränkt nachprüfbaren **Handlungsspielraum** hat.

Unbestimmter Rechtsbegriff	Ermessen
1. findet sich in fast allen Vorschriften des Öffent-lichen und privaten Rechts;	wird i. d. R. nur der öffentlichen Verwaltung ein-geräumt; der Begriff wird i. d. R. nicht bei Privat-personen verwendet (Ausnahme: §§ 315, 317 BGB), diese können im Rahmen der Gesetze frei entscheiden;
2. findet sich häufig auf der Tatbestandsseite ei-ner Rechtsnorm, kann aber ggf. auch auf der Rechtsfolgenseite vorkommen;	findet sich nur auf der Rechtsfolgenseite; Ermes-sen auf der Tatbestandsseite wäre mit rechtsstaat-lichen Prinzipien unvereinbar (Schutz- und Garan-tiefunktion des gesetzlichen Tatbestandes);
3. ist erkennbar an Formulierungen mit nicht ein-deutigem Inhalt (z. B. Angemessenheit, erfor-derlich, Zuverlässigkeit, Gemeinwohl, Sicher-heit und Ordnung, Gefahr);	ist erkennbar an Formulierungen wie „kann", „darf", „ist befugt" (sog. „Kann-Bestimmungen" im Unterschied zu „Soll- und Muss-Bestimmungen" bei den Fällen der gebundenen Verwaltung);
4. Unbestimmte Rechtsbegriffe erlauben nur eine richtige (rechtmäßige) Auslegung, die der un-eingeschränkten richterlichen Nachprüfung unterliegt; wichtig: Begründung! **Ausnahme** sind jedoch die unbestimmten Rechtsbegriffe mit **Beurteilungsspielraum** (grundsätzlich nur bei Prüfungsentscheidungen, Beamtenbeurteilungen und wertenden Ent-scheidungen pluralistischer Gremien), die nur einer eingeschränkten richterlichen Überprü-fung auf bestimmte Beurteilungsfehler un-terliegen (insbesondere wenn von falschen Tatsachen ausgegangen wurde, sachfremde Erwägungen maßgebend waren oder wegen Verletzung des Gleichheitsgrundsatzes).	Die Ermessenseinräumung erlaubt grundsätz-lich (unter Beachtung des Gleichheits-, Sozial-staats- und Verhältnismäßigkeitsgebot) mehrere rechtmäßige Handlungsalternativen; wobei die Verwaltung die zweckmäßigste auszuwählen hat. Die Ausübung des Ermessens durch die Verwaltung unterliegt nur der eingeschränkten richterlichen Nachprüfung (§ 114 VwGO) auf Er-messensfehler (Ermessensüberschreitung, Ermes-sensnichtgebrauch, Ermessensmissbrauch), wohl aber der vollständigen Überprüfung der Recht- und Zweckmäßigkeit durch übergeordnete Ver-waltungsinstanzen (deshalb auch hier wichtig: Begründung!).
5. Soweit überhaupt ein Beurteilungsspielraum anerkannt wird, ist dieser sehr eng, wenn be-sonders wichtige Rechtsgüter (insbes. Leben, Gesundheit) betroffen sind.	5. Sog. „Ermessensschrumpfung" (-reduzierung) auf Null liegt vor, wenn im Einzelfall im Hinblick auf besonders wichtige Rechtsgüter (insbes. Leben, Gesundheit) nur eine einzige Entschei-dung als rechtmäßig angesehen werden kann.

systematisch, sondern auch nach dem Sinn und Zweck der Norm vorgenommen wird, kann das Auslegungsergebnis nicht zwingend-logisch, sondern muss notwendig intentional und interessengerichtet sein. Auch die Analogie und der Umkehrschluss sind als gedankliche Schlüsse nicht zwingend-logisch, sondern nur mit Blick auf den Sinn und Zweck der Rechtsnormen verständlich zu machen. Im Rahmen der Abwägung geht es deshalb nicht nur um rein begrifflich-logische Ableitungen (Deduktionen) und Verknüpfungen, sondern gleichzeitig um wertende Entscheidungen (sog. Wertungsjurisprudenz). Das ist freilich wieder das Einfallstor für Sitte, Moral und Ideologien sowie partikulare Interessen (deshalb spricht man auch von Interessensjurisprudenz). Die sog. Freirechtsschule löste sich nahezu völlig von dem begrifflich-rechtssystematischen Denken und wollte die Rechtsfindung dem intuitiven Gerechtigkeitsempfinden des einzelnen Richters überlassen. Freilich verliert damit das Recht seine überindividuelle, gesellschaftliche Orientierungsfunktion und öffnet der Willkür Tür und Tor. „Im Auslegen seid frisch und munter! Legt ihr's nicht aus, so legt was unter", eine bissige Kritik, die der Jurist Johann Wolfgang von Goethe in „Zahme Xenien II" an die Adresse seiner Zunft richtete. Die Rechtsgeschichte ist voll von Beispielen, die zeigen, welche schlimmen Interpretationen Rechtsbegriffen untergeschoben wurden und wie grobes Unrecht als Recht „im Namen des Volkes" verkündet wurde. In der deutschen Rechtsdogmatik der Gegenwart hat die Freirechtsschule deshalb keinen Widerhall mehr, während im *case-law*-Rechtssystem angelsächsischer Prägung der einzelne Richter weitaus größere Interpretationsspielräume besitzt. Andererseits hat man erkannt, dass Rechtsbegriffe nur vermeintlich logisch-deduktiv zu klären sind, Rechtsnormen vielmehr die Aufgabe haben, typische Konflikt- und Interessenlagen zu regeln und deshalb innerhalb der Rechtsordnung einen spezifischen Zweck erfüllen sollen. Die Interessensjurisprudenz heutiger Prägung lehnt deshalb ein reines, die konkreten Folgen ignorierendes Operieren mit Begrifflichkeiten ab, ohne aber auf systematisch-logische Überlegungen völlig zu verzichten. Auch bei der Gesetzesanwendung sind die in der Rechtsnorm offenbar werdenden Interessen und Folgen zu berücksichtigen. Wenn man Recht nicht nur abstrakt versteht, sondern seine soziale Funktion erkennt, wird man dies offenlegen und damit umgehen (lernen) müssen. Um den Einfluss von Willkür so gering wie möglich zu halten und für die Bürger ein Mindestmaß an Rechtssicherheit zu garantieren, ist es von entscheidender Bedeutung, dass bei der Anwendung von Rechtsnormen die grundlegenden Wertentscheidungen der Verfassung, des Grundgesetzes, berücksichtigt werden, hinter die keine Auslegung zurückfallen darf.

Rechtswissenschaft und Rechtsanwendung sind also keine „exakten" oder gar „objektiven" Wissenschaften oder Methoden. Freilich gilt das auch für andere Fachrichtungen, Objektivität ist stets vermeintlich und selbst in der Mathematik und Physik hat man von dieser Vorstellung zugunsten einer subjektiv-konstruktivistischen Betrachtungsweise Abstand genommen. Rechtsdogmatik, die „Kunst" und Lehre der Anwendung des geltenden

Rechts, insbesondere im Umgang mit den Rechtsbegriffen, muss aber zumindest auf intersubjektiv überprüfbaren Kriterien basieren. Rechtsanwendung benötigt – wie jede andere Fachdisziplin – spezifische „Regeln der Kunst" und fachliche **Standards**, Grundsätze für den Umgang mit Rechtsbegriffen und letztlich die entsprechende Fertigkeit, diese anzuwenden. So ist z. B. bei der Auslegung zu beachten, dass sie auch im Rahmen der Fallprüfung abstrakt erfolgen muss, d. h. unabhängig vom jeweiligen Sachverhalt (unabhängig z. B. von den handelnden Personen, auf die die Rechtsnorm angewandt werden soll), da ansonsten der Gleichbehandlungsgrundsatz verletzt werden würde. Das Gebot der Rechtssicherheit erfordert es, dass der Normadressat im Vorfeld weiß, was von ihm erwartet wird. Verhaltensgebote müssen deshalb klar und berechenbar sein. Das Rechtsstaatsgebot verlangt, dass (zumindest rechtsdogmatisch) am Ende nur ein Auslegungsergebnis rechtlich relevant, insofern also nur eines „richtig" sein kann. Dieser Widerspruch ist letztlich nur durch ein **transparentes Kontrollverfahren** aufzulösen. Im Rechtsstaat wird deshalb Legitimation vor allem durch das gewählte Verfahren, also durch ein Set von Regeln, **wie** man zu einem Ergebnis kommt, hergestellt (vgl. Luhmann 2006). Dies gilt für die Genese der Rechtsnormen und die Anwendung der Gesetze ebenso wie für die Rechtskontrolle. In der Bundesrepublik Deutschland ist die Kontrolle über die richtige Anwendung der Rechtsnormen den Gerichten übertragen. Zwar gibt es auch verwaltungsinterne Kontrollmechanismen (hierzu I-5.2.1), letztlich unterliegt aber die Auslegung unbestimmter Rechtsbegriffe durch die Sozialverwaltung in aller Regel der **vollen richterlichen Überprüfung**. Hier gibt es – anders als bei manchen Rechtsfolgeentscheidungen („Ermessen") – grundsätzlich keinen Interpretationsspielraum der Exekutive.

Freilich haben auch Richter ihre Vorverständnisse, sie sind zwar institutionell-rechtlich unabhängig (Art. 97 Abs. 1 GG), als Menschen allerdings beeinflussbar. Aufgrund unterschiedlicher Vorverständnisse wird der eine eher einer „konservativ-restriktiven", der andere eher einer „progressiv-weiten" Auslegung folgen. Das lässt sich weder verhindern, noch ist es besonders schlimm, wenn wenigstens das Verfahren transparent ist und einer öffentlichen Kontrolle unterliegt. Dabei spielen nicht nur die Gerichte eine Rolle, sondern auch die wissenschaftliche Diskussion, die sich in der Fachliteratur, in Kommentaren und Aufsätzen und anderen Fachforen artikuliert und auf die Rechtsprechung Einfluss nimmt. In dieser oft heftigen Diskussion bilden sich die Meinungen über die Anwendung der Rechtsnormen heraus, es bilden sich Mehrheits- oder „herrschende" Meinungen (sog. h. M., gelegentlich als „Meinung der Herrschenden" diskreditiert) und andere Ansichten (a. A.). Von entscheidender Bedeutung ist neben der höchstrichterlichen Rechtsprechung die im Rahmen der Auslegung gelieferte **Begründung**. Grundsätzlich müssen Gerichtsurteile (§ 313 Abs. 1 ZPO, § 54 JGG, § 267 StPO, § 117 Abs. 2 VwGO) und hoheitliche Entscheidungen der Behörden (§ 35 SGB X) begründet werden. Hierbei sind vor allem die tragenden Argumente schlüssig und nachvollziehbar darzulegen. Ungeachtet aller Hierarchien und Machtungleichgewichte sollte deshalb die Kraft

herrschende Meinung

des Wortes, des überzeugend stringenten und „vernünftigen" Arguments nicht unterschätzt und das Ausdiskutieren, die Debatte strittiger Themen zumindest während des Studiums geübt werden.

3.6 Subsumtion und Stufen der Rechtskonkretisierung

Im Alltag neigt man im Rahmen von Problemlösungen häufig dazu, dem Verlauf der tatsächlichen Geschehnisse folgend chronologisch vorzugehen. Klärungsprozesse in der Sozialen Arbeit beruhen zumeist auf einem zirkulär-prozesshaften Denken. Aus juristischer Sicht hat dies den Nachteil, dass man sich schnell in den Einzelheiten einer Fallgestaltung verliert, sich (häufig zu Recht, aber im Hinblick auf die Fallfrage nicht zielführend) über die Geschehnisse empört und die gestellte Aufgabe, die Lösung der Fallfrage, aus dem Auge verliert. Dieses auf die Fallfrage beschränkte Denken in binären Strukturen (etwas ist gegeben oder nicht gegeben) wird Juristen gelegentlich als Schwarz-Weiß-Denken vorgeworfen, welches die vielfältig grauen oder bunten Schattierungen des Lebens nicht abbilden könne (instruktiv sind die „Empfehlungen für Sozialarbeiter im Umgang mit Strafjuristen" von Ed Watzke [1997, 79 ff.], die allerdings nur diejenigen gewinnbringend lesen, die auch seine „Empfehlungen für Strafjuristen im Umgang mit Sozialarbeitern" ertragen). Dieser Vorwurf trifft freilich nur dann zu, wenn die spezifische juristische Arbeitsmethodik verwechselt wird mit der der rechtlichen Bewertung vorausgehenden (eingeschränkten) Wahrnehmung der sozialen und gesellschaftlichen Realitäten. Unterscheiden muss man zudem zwischen Rechtsdogmatik als der Anwendung des geltenden Rechts und Rechtspolitik im Sinne rechtsverändernder Aktivitäten.

Im Unterschied zur sozialpädagogisch-chronologischen Vorgehensweise ist für die juristische Arbeitsmethodik eine systematische Bearbeitung der Fragestellungen kennzeichnend, die nicht von den tatsächlichen Geschehnissen, sondern von den normativen Verhaltensanweisungen, also von Rechtsnormen ausgeht. Die konkrete Anwendung des geltenden Gesetzes auf einen Einzelfall nennt man **Subsumtion**. Bei diesem Denkvorgang handelt es sich um einen juristischen Syllogismus, der sich in den drei Stufen „Obersatz-Untersatz-Schlussfolgerung" vollzieht, wobei Ober- und Untersatz durch denselben Mittelbegriff verknüpft sind. Die generelle Regelung, die Rechtsnorm, stellt insoweit den Obersatz dar (z. B. § 212 StGB: „Wer einen anderen Menschen – ohne Rechtfertigung und schuldhaft – tötet, wird als Totschläger bestraft"). Der Untersatz beschreibt den konkreten Einzelfall (z. B. „A ersticht den B, ohne dass er von diesem angegriffen wurde."). Es werden sodann die Elemente des Sachverhalts mit denen der Rechtsnorm verglichen. Durch die Verknüpfung von Ober- und Untersatz („B ist ein Mensch. Diesen hat der A vorsätzlich und ohne Notwehr oder eine sonstige Rechtfertigung getötet. Anzeichen, dass A. nicht voll schuldfähig ist, liegen nicht vor.") kann der Rechtsanwender daraufhin eine Schlussfolgerung ziehen. Unter Subsumtion versteht man also die Prüfung, ob die Tatbestandselemente der abstrakten

Rechtsnorm („Obersatz") durch die einzelnen Umstände des konkreten Lebenssachverhaltes („Untersatz") erfüllt werden und welche Rechtsfolge infolgedessen gegeben ist („Schlussfolgerung"), z. B.: „B. wurde von A vorsätzlich, rechtswidrig und schuldhaft getötet – also wird A bestraft."

Lange Zeit hat die Jurisprudenz versucht, zu suggerieren, Rechtsdogmatik sei nichts anderes als eine wissenschaftliche Anwendung der Regeln der Logik, deren dreistufiger Aufbau auch im Rahmen der Rechtsanwendung gepflegt wurde. Mit Blick auf die Wenn-dann-Relation von Rechtsnormen und die Verknüpfung von Tatbestandsmerkmalen einer oder mehrerer Normen kann man bei der Rechtsanwendung durchaus von einer **systematisch-methodischen Vorgehensweise** sprechen. Versteht man Recht und seine Genese freilich als Instrument des Interessensstreits und -ausgleichs (vgl. I-1.1.2), so kann auch die Rechtsanwendung im konkreten Einzelfall davon nicht unberührt sein. Insbesondere im Rahmen der Auslegung unbestimmter Rechtsbegriffe geht es nicht nur um logisch-systematische Überlegungen, sondern um **wertende Entscheidungen**, die allerdings der gerichtlichen Kontrolle unterliegen. Subsumtion ist also die spezifisch rechtsmethodische Anwendung eines Gesetzes auf einen konkreten Lebenssachverhalt, die zwar in Anlehnung an die Begriffe der Logik durch eine sprachlich genaue und systematisch-strukturierte Arbeitsweise, letztlich aber durch eine Interessen abwägende, wertende Ergebnisorientierung gekennzeichnet ist.

Voraussetzung für die Rechtsanwendung ist, dass der Lebenssachverhalt feststeht und nicht erst noch untersucht werden muss oder Behauptungen be- und nachgewiesen werden müssen. Hier ist es von Bedeutung, dass die Wahrnehmung des Menschen nicht objektiv, sondern ein aktiv-selektiver Prozess der Konstruktion von Wirklichkeiten ist (vgl. Maturana / Varela 1987). Wird dies ignoriert, helfen weder zirkuläres Denken noch binäre Entscheidungsstrukturen, um zu angemessenen Ergebnissen und Entscheidungen zu kommen.

Da nach dem Grundsatz des **Gesetzesvorbehalts** Eingriffe in die Rechtsposition des Bürgers nur zulässig sind und Ansprüche auf Sozialleistungen nur bestehen (§ 31 SGB I), wenn ein Gesetz den Eingriff legitimiert bzw. das Gesetz die Erbringung der Leistung vorsieht (s. o. I-2.1.2.1), muss man zuerst eine „einschlägige" Rechtsnorm finden, deren Rechtsfolge die gewünschte Entscheidung legitimiert. Da man während seines Studiums sich nicht in alle Rechtsmaterien einarbeiten (und diese auswendig lernen) kann, in denen die Klienten möglicherweise Beratungsbedarf haben, müssen Fachkräfte der psychosozialen Arbeit (wie alle anderen professionellen Rechtsanwender auch) die Bereitschaft und Fähigkeit haben, sich in neue, unbekannte Rechtsmaterien und Sachgebiete hineinzufinden. Dazu muss man wissen, welche Gesetzessammlungen es überhaupt gibt und wie man sich darin z. B. mit Hilfe des Inhaltsverzeichnisses oder Registers zurechtfinden kann. Man muss erkennen, wie ein Gesetz in seiner Struktur aufgebaut ist und worin der innere Zusammenhang der Rechtsnormen besteht. Weniger die inhaltlichen Details, vielmehr muss man wissen, „wo etwas steht" bzw. wie man etwas findet und wie man damit umgeht.

Ausgangspunkt der juristischen Fallprüfung ist die Klärung der sog. **W-Fragen**
vier W-Fragen: **W**er will **W**as von **W**em **W**oraus? Wenn der Bürger (insbesondere von der Sozialverwaltung) etwas will, geht es um die Suche einer
entsprechenden Anspruchsnorm, wenn die Sozialverwaltung etwas (insbesondere vom Bürger) will, geht es um die Suche einer das Handeln legiti-
mierenden Rechtsgrundlage. Nicht immer sind die Willensäußerungen der **Auslegung von**
Bürger eindeutig und den Gebrauch rechtlicher Fachbegriffe kann und darf **Willenserklärungen**
man von ihnen nicht erwarten. Deshalb sind Erklärungen der handelnden
Personen mitunter auszulegen. Anders als bei der Definition von unbestimmten Rechtsbegriffen (s. o. I-3.3.2) geht es hier bei der **Auslegung** um
die Deutung des Inhalts von Willenserklärungen. Ist z. B. der als „Eingabe"
bezeichnete Protest eines Bürgers als Widerspruch i. S. d. § 62 SGB X i. V. m.
§ 83 SGG / § 68 VwGO zu werten? Nach § 133 BGB ist bei der Auslegung
einer Willenserklärung der wirkliche Wille zu erforschen und nicht an dem
buchstäblichen Sinn des Ausdrucks zu haften. Dieser Grundsatz gilt über
das Privatrecht hinaus. Im Sozialrecht ist eine Willenserklärung im Zweifel
zugunsten des Bürgers auszulegen, im obigen Beispiel im Hinblick auf die
„günstigeren" Verfahrens- und Kostenregelungen als Widerspruch, sofern
nur ersichtlich ist, dass der Bürger mit der Entscheidung nicht einverstanden und der Widerspruch überhaupt rechtlich zulässig ist.

Nachdem man eine im Hinblick auf die Rechtsfolge geeignete Rechtsgrundlage herausgesucht hat, beginnt man mit der Prüfung der Tatbestandsseite der Vorschrift. Am Anfang steht die Identifizierung und Definition der
einzelnen Tatbestandsmerkmale; hierbei müssen die Grenzen unbestimmter
Rechtsbegriffe ggf. durch Auslegung, Analogie oder einen Umkehrschluss
bestimmt werden.

Am Maßstab der so gewonnenen Definition der Tatbestandselemente
sind dann die entsprechenden Umstände des Lebenssachverhaltes daraufhin zu prüfen, ob sie die einzelnen Begriffselemente und Bedingungen der
Rechtsnorm erfüllen. Ist auch nur ein einziges Tatbestandselement nicht
erfüllt, so greift die Rechtsfolge nicht ein, die Rechtsnorm ist auf diesen
Sachverhalt nicht anwendbar. Am besten macht man es sich beim Lösen
von Rechtsfällen zur Gewohnheit, nach dem Auffinden der einschlägigen
Rechtsnorm zunächst Inhalt und Grenzen der einzelnen Tatbestandsmerkmale klar herauszuarbeiten, bevor man mit der Einordnung des Sachverhalts unter den Tatbestand – der Subsumtion im engeren Sinn – beginnt.
Hierbei wird man feststellen, dass eine einzelne Rechtsnorm selten für
die Beantwortung der Fallfrage ausreicht. Es müssen oft weitere Rechtsnormen herangezogen werden, die die Rechtsgrundlage ergänzen oder
einen Anspruch konkretisieren, es müssen Normen überprüft werden, die
eine Ausnahme regeln oder einem Anspruch entgegenstehen (vgl. oben
Definitions-, Verweisungs- oder Gegennormen). Hilfreich sind hierbei die
sog. Aufbauschemata, die die relevanten Aspekte einer Fragestellung systematisch aufeinander beziehen (s. hierzu Anhang IV). Freilich dürfen
diese Schemata nicht blind, sondern müssen durchdacht angewendet werden, damit nicht alle (auch die in einem konkreten Fall nicht relevanten)

Aspekte stur abgearbeitet, sondern die Schwerpunkte im Fall angemessen gesetzt werden.

Sind **alle** Tatbestandsmerkmale erfüllt, so ist festzustellen, welche Konsequenz daraus folgt, also Rechtsfolge damit verbunden ist. In Fällen der gebundenen Entscheidung (s. o. I-3.4.1) steht die Rechtsfolge mit der Erfüllung des Tatbestands fest. In den Fällen der Ermessensverwaltung sind die erforderlichen Erwägungen zur Ausübung des Ermessens (s. o. I-3.4.2) anzustellen und zu begründen.

Bei der Anwendung der gängigen Bundes- und Landesgesetze (z. B. BGB, SGB, PsychKG, Schulgesetze) kann man in der Ausbildung davon ausgehen, dass diese ordnungsgemäß zustande gekommen und inhaltlich verfassungsgemäß sind. Wenn aber tatsächlich Anhaltspunkte für die Verfassungs- oder Rechtswidrigkeit einer (abgeleiteten) Rechtsnorm vorliegen, sind diese am Maßstab höherrangigen Rechts zu überprüfen. Dies wird in aller Regel nur von (in der Ausbildung befindlichen) Juristen erwartet. Im Kollisionsfall geht das höherrangige Recht dem rangniedrigeren Recht vor, d. h., die rangniedrigere Norm ist nichtig, wenn sie gegen höherrangiges Recht verstößt (z. B. Art. 31 GG). Bei Kollisionen gleichrangiger Vorschriften verdrängt das neuere Gesetz das ältere, die speziellere die allgemeine Norm.

Zusammenfassend beschrieben vollzieht sich der **Vorgang der Subsumtion** somit in folgenden fünf Schritten:

1. Aufsuchen der einschlägigen Anspruchsgrundlage oder Rechtsgrundlage im Hinblick auf die „gewünschte" Rechtsfolge. Für die Beantwortung einer Rechtsfrage sind sämtliche einschlägigen Rechtsvorschriften zu beachten. Grundsätzlich ist mit der rangniedrigsten und speziellsten Rechtsnorm (nicht Verwaltungsvorschrift!) zu beginnen. Merke: Ein Verwaltungsakt oder die Ablehnung einer Leistung darf niemals *nur* mit Hinweis auf eine Verwaltungsvorschrift erlassen bzw. abgelehnt werden.

2. Zerlegung der einschlägigen Rechtsnorm in Tatbestands- und Rechtsfolgeseite, ggf. unter Heranziehung von Verweisungs- oder Gegennormen; Feststellung der x_1, x_2 ... sowie R_1 usw.

3. Definition/Auslegung der einzelnen Tatbestandsmerkmale, ggf. unter Heranziehung von Definitionsnormen: x_1 bedeutet ..., x_2 bedeutet ... Hieraus gewinnt man die rechtsmethodisch „Obersatz" genannte Entscheidungsgrundlage.

4. Feststellung der Übereinstimmung oder Nichtübereinstimmung der Umstände des konkreten Lebenssachverhaltes („Untersatz") mit den einzelnen Tatbestandsmerkmalen: x_1 ist erfüllt durch S_1, x_2 ist erfüllt durch S_2 usw.

5. Feststellung der Rechtsfolge R_n; bei Ermessensverwaltung Ausübung des Entschließungs- und Auswahlermessens (Zweckmäßigkeitsüberlegungen) hinsichtlich der Wahl des Mittels und der Wahl des Adressaten. Für und gegen R_1 spricht, für und gegen R_2 spricht, nach Abwägung aller dafür und dagegen sprechenden Umstände ... folgt Entscheidung R_n.

Wesel 1999

1. Welche Formen der Auslegung gibt es? Beschreiben Sie kurz die wesentlichen Merkmale dieser Auslegungsmethoden. (3.3.2)
2. Was ist eine Analogie? (3.3.2 a. E.)
3. Verfügt die Soziale Arbeit im Hinblick auf die Auslegung unbestimmter Rechtsbegriffe über einen Beurteilungsspielraum? (3.3.3)
4. Wie erkennt man, ob einer Behörde ein Ermessen zusteht (3.4.1) und welchen Kriterien sind bei der Ermessensausübung zu beachten? (3.4.2)
5. Beschreiben Sie die wesentlichen Schritte im Rahmen der Subsumtion. (3.6)

4 Rechtsverwirklichung (Trenczek)

Definitionen Sozialer Arbeit gehen in der Regel von dem Begriff der Hilfe aus. Hilfe wurde und wird vielfach von einzelnen Menschen und karitativen oder religiösen Vereinigungen aus Gründen der Nächstenliebe geleistet. Im öffentlichen Bereich geht es aber nicht um die freundschaftliche, von Privatpersonen, Kirchengemeinden und Vereinigungen geleistete Unterstützung oder Fürsorge. Vielmehr ist heute Soziale Arbeit vielfach gesellschaftlich und staatlich organisierte Hilfe. Ein Wesensmerkmal der öffentlichen Hilfeleistung ist der wechselseitige Anspruch, zum einen des Einzelnen auf sozialstaatlich verbriefte Leistungen und zum anderen des Gemeinwesens auf soziale Integration. Deshalb bedarf es eines rechtsstaatlich organisierten Hilfesystems, um die asymmetrische Beziehung zwischen Hilfeleistendem und Hilfeempfänger auszugleichen. Diese beiden Pole spiegeln sich **sozialer Rechtsstaat** in der begrifflichen Verknüpfung „sozialer Rechtsstaat" wider. Wesentlich ist nicht nur die generelle Zusicherung sozialstaatlicher Errungenschaften, sondern die Rechtsverwirklichung im konkreten Einzelfall. Diese erfolgt im Rahmen der Sozialen Arbeit über mehrere Wege, vor allem

- durch die **Sozialverwaltung**, insbesondere durch die Gewährung von Sozialleistungen sowie den Schutz derjenigen, die sich selbst zu schützen nicht ausreichend in der Lage sind,
- durch Information und Beratung, insbesondere **Rechtsberatung**.

In beiden Bereichen ist die öffentlich getragene Soziale Arbeit sehr stark durch ein normorientiertes Vorgehen gekennzeichnet. Letztlich geht es insoweit immer auch um Rechtsverwirklichung, d. h. die konkrete Umsetzung der von der Verfassung und der Gesetzesordnung anerkannten Rechte. Nicht immer stehen aber rechtliche Fragen, sondern oft ökonomische, soziale und persönliche Bedürfnisse der Betroffenen im Vordergrund. Deshalb ist es wichtig, die hinter den Rechtspositionen stehenden Interessen der Parteien nicht aus dem Blick zu verlieren, sondern sich bewusst und damit bearbeitbar zu machen. In Konflikten bedarf es deshalb auch der **Klärungs-hilfe** und **Konfliktvermittlung** (Mediation; hierzu I-6.3).

4.1   Rechtsverwirklichung durch Verwaltungshandeln

Soziale Arbeit betrifft nicht nur den Bereich der sog. offenen Hilfen und unmittelbaren Unterstützungsleistungen, sondern ist als gesellschaftlich organisierte Hilfe in ihren Voraussetzungen und ihrer Reichweite rechtlich geregelt (vgl. z. B. § 31 SGB I) und in einen entscheidungsbezogenen Prozess eingebunden. Die öffentliche Hilfegewährung äußert sich in einer Vielzahl der Fälle zunächst als **Verwaltungsentscheidung**. Öffentliche Hilfe tritt dem Bürger häufig in Form der Sozialverwaltung (z. B. im Jugend- oder Sozialamt) gegenüber. Unter Sozialverwaltung lassen sich im weiten Sinne alle Tätigkeiten (insbesondere Bereitstellung, Förderung und Unterhaltung) innerhalb organisatorischer Einheiten (Einrichtungen, Dienste, Veranstaltungen) fassen, durch die Information und Beratung angeboten, Sozialleistungen und Schutz gewährt werden und die damit der Verwirklichung sozialer Zusagen der Verfassung dienen.

Sozialverwaltung

Das Wort „walten" stammt aus dem Germanischen und bedeutet so viel wie wirken, gebieten, herrschen. Die damit verbundenen Konnotationen (Kraft, Macht, Zwang) sind für ein modernes Verwaltungsverständnis hinderlich. Ein stärker an Dienstleistungen orientierter Sinngehalt liegt dem Wort *Administration* bei, welches vor allem im romanischen Sprachraum üblich ist. Mit „verwalten" ist dann schon begrifflich weniger Zwang und Machtausübung verbunden, es bedeutet dann eher „für" etwas oder jemanden walten (lat.: *administrare*, d. h. lenken, besorgen, ausführen). In inhaltlich-sachlicher Hinsicht wird mit Blick auf das Gewaltenteilungsprinzip (s. o. I-2.1) die Verwaltung als Teil der Exekutive (neben der Regierung) von der Legislative (Gesetzgebung) und der Judikative (Rechtsprechung) abgegrenzt, ohne dass damit aber alle Aspekte der heutigen Verwaltung bestimmt wären. Auch wenn es sich bei der Verwaltungstätigkeit im Wesentlichen um **Gesetzesvollzug** handelt, ist zu beachten, dass die Verwaltung auch Aufgaben wahrnimmt, die streng inhaltlich zur Gesetzgebung (Erlass von Verordnungen und Satzungen) oder Rechtsprechung (Bußgeldbescheide) gehören, andererseits auch die Gesetzgebung (z. B. Erlass des Haushaltsplanes) und die Rechtsprechung (z. B. Register, Grundbuch) verwaltend tätig werden.

Für die Verwaltung als Gesetzesvollzug gilt das Prinzip der **Gesetzmäßigkeit**, der Bindung und Begrenzung der „hoheitlichen" Gewalt an Recht und Gesetz (Art. 20 Abs. 3 GG; vgl. I-2.1.2.1) in besonderer Weise. Auch **Soziale Arbeit** ist insoweit **rechtsgebundenes Verwaltungshandeln**.

Art. 20 Abs. 3 GG

Unterscheidet man Zweck und Wirkungen der Aufgabenbereiche, dann tritt die öffentliche Verwaltung dem Bürger einerseits mit Anordnung, Ge- und Verbot und Zwang gegenüber, andererseits werden Leistungen gewährt. Unter Eingriffs- und Ordnungsverwaltung versteht man diejenige Verwaltungstätigkeit, die in die Freiheits- und / oder Vermögenssphäre des Bürgers

Eingriffsverwaltung

**Leistungs-
verwaltung**

einseitig und rechtsverbindlich eingreift. Dies kommt typischerweise vor bei (Fach-)Polizei- und Finanzbehörden, allerdings auch im Bereich der Sozialverwaltung, z. B. im Rahmen der Schutzgewährung durch Inobhutnahme, Erteilung oder Entzug einer Betriebserlaubnis oder bei Kostenentscheidungen. Im Rahmen der Leistungsverwaltung werden Angebote gemacht, Leistungen gewährt und erbracht, um das Dasein des Einzelnen in der Gemeinschaft zu sichern und zu verbessern (z. B. Sozialhilfe; Erziehungshilfen der Jugendhilfe).

4.1.1 Formen des Verwaltungshandelns

Soweit der **Gesetzesvollzug** im Vordergrund steht, handelt sich bei der Verwaltungstätigkeit ganz überwiegend um Einzelfallentscheidungen zur Ausführung der Rechtsnormen. Allerdings kann die Sozialverwaltung in ganz verschiedenen Formen handeln (siehe Übersicht 15). Wichtig ist das Erkennen dieser Unterschiede vor allem im Hinblick auf die unterschiedlichen Handlungs- und Rechtsschutzmöglichkeiten im Konflikt.

4.1.1.1 Hoheitliches und fiskalisches Verwaltungshandeln

Nicht immer handelt die Verwaltung öffentlich-rechtlich („hoheitlich"), sei es mit Verbot, Anordnung und Zwang (früher: „obrigkeitlich") oder durch Gewährung von Leistungen und Bereitstellung von Einrichtungen wie z. B. Schulgebäuden und Krankenhäusern („schlicht hoheitlich"). Nehmen die öffentlichen Träger wie eine Privatperson am Rechtsverkehr teil, entweder im Rahmen ihrer Beschaffungsgeschäfte (sie bestellen z. B. Möbel und Büromaterial, mieten Büroräume an) oder im Rahmen erwerbswirtschaftlicher Geschäfte (Kauf und Verkauf von Grundstücken; Vermietung kommunaler Einrichtungen), nennt man dies fiskalisches Handeln der Verwaltung. Hierbei kommen dann – wie bei jedermann – die Regelungen des Privatrechts zur Anwendung. Die Sozialverwaltung handelt dagegen „hoheitlich", wenn sie die Interessen der Allgemeinheit und des Gemeinwohls vertritt. Rechtsgrund für „hoheitliches" Handeln sind dann ausschließlich die Regelungen des Öffentlichen Rechts. **Abgrenzungskriterium** zwischen hoheitlichem und fiskalischem Verwaltungshandeln ist also die zugrunde liegende Rechtsnorm (hierzu I-1.1.4), z. B. kann zur Abwendung der Wohnungslosigkeit die Überlassung einer städtischen Wohnung aufgrund eines Mietvertrages (wobei dann z. B. Kündigungsfristen des § 565 BGB zu beachten wären) oder aufgrund eines sozialhilferechtlichen Nutzungsverhältnisses (ohne zivilrechtliche Kündigungsfristen, ggf. sofortige Räumung möglich; Grenze: Verhältnismäßigkeit) erfolgen (vgl. OVG Berlin NVwZ 1989, 989). Erfüllt die Exekutive (gesetzlich geregelte) öffentliche Aufgaben (insbesondere Versorgungsleistungen) in den Formen des Privatrechts, z. B. in Form einer Aktiengesellschaft oder GmbH, so ist sie an die verfassungsrechtlichen Vorgaben gebunden. Man spricht hier vom sog. **Verwaltungsprivatrecht** (s. o. I-1.1.4).

fiskalisches Verwaltungshandeln

Übersicht 15: Rechtsformen des Verwaltungshandelns

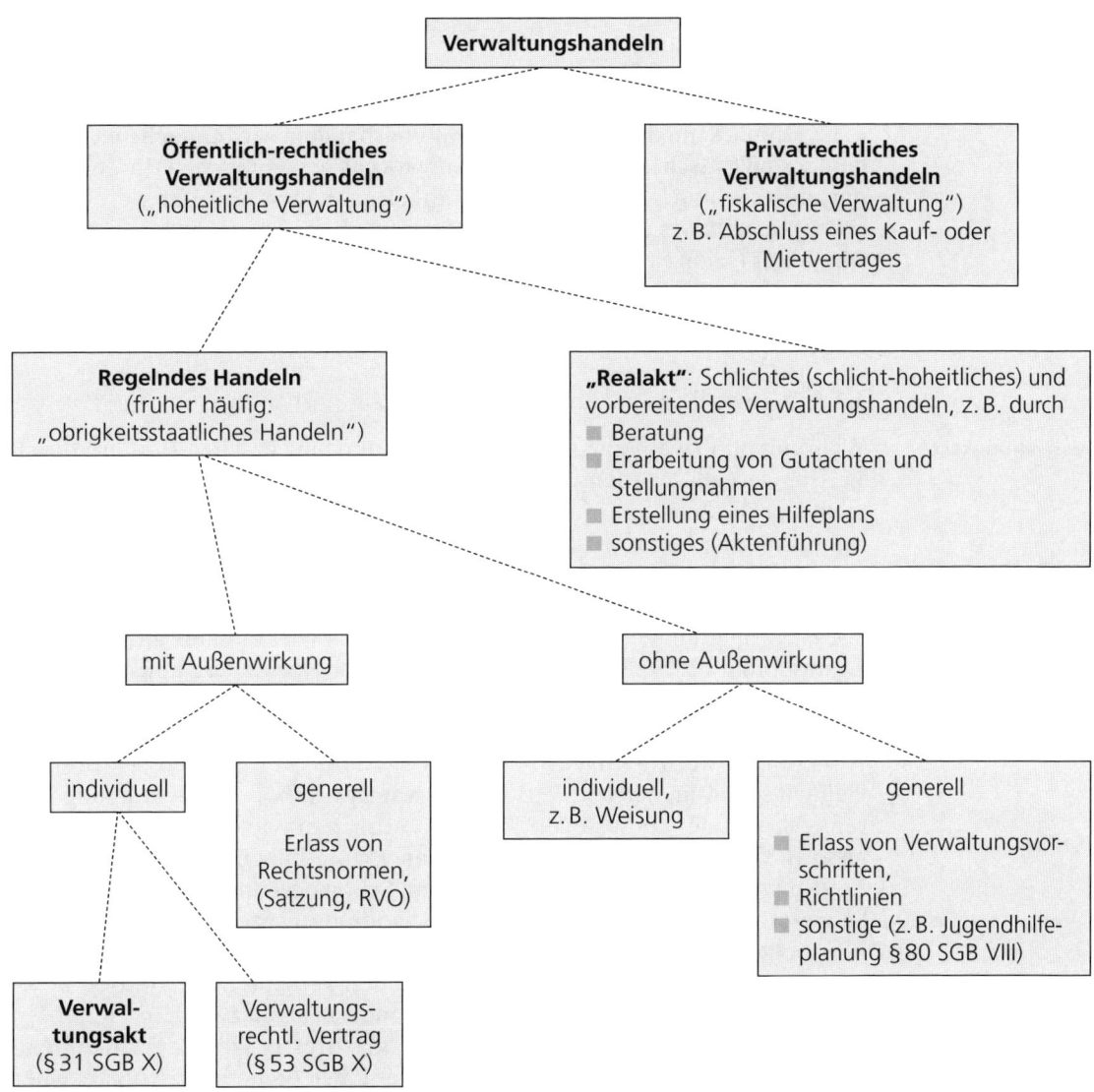

4.1.1.2 Tatsächliches und regelndes Verwaltungshandeln

Im Rechtsverkehr unterscheidet man üblicherweise das regelnde (Entscheidung treffende) Verhalten vom tatsächlichen Tun. Soweit Letzteres durch einen Mitarbeiter der Sozialverwaltung für den Verwaltungsträger vorgenommen wird, spricht man vom sog. „schlicht-hoheitlichen" und vorbereitenden Verwaltungshandeln (sog. „Realakte"). Das umfasst so alltägliche

schlicht-hoheitliches Verwaltungshandeln

Handlungen wie die Aktenführung, die Dienstfahrt, wie aber auch die für den Sozialbereich kennzeichnende Beratung, die Erarbeitung von Gutachten und Stellungnahmen oder die Erstellung eines Hilfeplans. Deren Wesensmerkmal ist in allen Fällen, dass keine auf eine gesetzliche Rechtsfolge zielende Entscheidung, also keine Regelung getroffen wurde.

Im Hinblick auf das regelnde Verwaltungshandeln wird danach unterschieden, ob die Entscheidungen mit Außenwirkung gegenüber den Bürgern oder nur zur Regelung innerbetrieblicher Angelegenheiten getroffen werden. Darüber hinaus lässt sich danach differenzieren, ob die Entscheidung generellen Charakter (seien es Rechtsnormen, vgl. I-1.1.3, oder rein verwaltungsinterne Vorschriften und Richtlinien; hierzu I-1.1.3.6) hat oder eine einzelne Person oder einen konkreten Fall betrifft (Einzelfallentscheidung).

4.1.1.3 Einseitiges und konsensuales Verwaltungshandeln

Verwaltungsakt Während im Privatrechtsverkehr Entscheidungen zwischen Bürgern durch Vertrag geregelt werden, ist das häufigste und wichtigste Regelungsinstrument der öffentlichen Verwaltung der Verwaltungsakt (VA), mit dem die Behörden durch einseitiges Handeln eine verbindliche Entscheidung treffen (hierzu III-1.3.1). Im Regelungsinstrument VA wird die besondere Stellung der öffentlichen Verwaltung als „Hoheitsträger" deutlich, denn der VA ist formal eine einseitige Regelung, deren Wirksamkeit nicht von der Zustimmung des Adressaten abhängt (zu den Rechtmäßigkeitsvoraussetzungen des VA vgl. III-1.3.1.2).

Im modernen, sozialen Rechtsstaat muss sich Verwaltung allerdings vornehmlich auch als Dienstleistung begreifen. Der Konsens ist deshalb vielfach schon im Vorfeld, z. B. durch Antrag, Anhörung, Beteiligung und Mitbestimmung herzustellen. Zudem erfordern viele Leistungsverhältnisse flexible Regelungen, die nur dann Erfolg haben, wenn sie von den Leistungsempfängern akzeptiert werden. Schon deshalb empfiehlt sich eine **kooperative Entscheidungsfindung**. Aushandlungsprozesse und der öffentlich-rechtliche Vertrag (§ 53 SGB X) kommen nicht nur zwischen Verwaltungsträgern (z. B. zwei Kommunen, die den gemeinsamen Betrieb kommunaler Einrichtungen vereinbaren), sondern auch zwischen Behörden und den Bürgern (z. B. Einzelpersonen oder freien Trägern) zunehmend häufiger vor (hierzu III-1.3.2). Auch bei der Übertragung von Aufgaben der Jugendhilfe auf freie Träger nach § 76 SGB VIII, der Leistungsabsprache nach § 12 SGB XII oder der Gewährung von Darlehen z. B. nach §§ 34, 35 f. SGB XII handelt es sich um einen öffentlich-rechtlichen Vertrag. Allerdings kommt eine vertragliche Regelung nicht in Betracht, wenn und soweit die Behörden aufgrund des strikten Gesetzesvorbehaltes (§ 31 SGB I) die gesetzlich normierten Aufgaben und Leistungspflichten zu erfüllen haben und ihnen kein Entscheidungsspielraum eingeräumt ist (§ 53 Abs. 2 SGB X; zum Ermessen vgl. I-3.4.1). Für den Abschluss öffentlich-rechtlicher Verträge gelten zum Teil vom zivilrechtlichen Vertragsrecht abweichende Regelungen (vgl. §§ 53 ff. SGB X; hierzu II-1.3.2).

4.1.2   Träger der Sozialen Arbeit

4.1.2.1 Öffentliche Träger der Sozialverwaltung

Verwaltungen finden sich in vielen Systemen, in Betrieben, Vereinen usw. Soziale Arbeit wird von staatlichen und anderen öffentlichen Trägern sowie von Bürgern, Vereinigungen und anderen sog. freien Trägern geleistet. Als **Träger** der Sozialverwaltung bezeichnet man die Rechtssubjekte, die für die Erfüllung der gesetzlichen Aufgabe verantwortlich sind und deshalb zunächst auch hierfür die Kosten zu tragen haben. Dies ist grundsätzlich eine juristische Person des öffentlichen Rechts. Hierbei unterscheidet man drei Formen:

- Körperschaften des Öffentlichen Rechts sind in der Regel Verwaltungs-   **Körperschaften**
einheiten mit einer die Mitgliedschaft betonenden, aber vom Wechsel der Mitglieder unabhängigen Organisation zur Erfüllung hoheitlicher Aufgaben. Bund, Land, Gemeinden sind sog. Gebietskörperschaften (räumliche Zuordnung der Mitglieder), die Hochschulen, Handwerkskammern, gesetzlichen Krankenkassen oder Berufsgenossenschaften sind sog. Personalkörperschaften (personale Zuordnung). Die Bundesagentur (früher Bundesanstalt) für Arbeit mit ihren Untergliederungen ist eine bundesunmittelbare Körperschaft des Öffentlichen Rechts. Körperschaften des Öffentlichen Rechts besitzen sowohl ein gewähltes Repräsentativorgan (z. B. Rat der Gemeinde; Mitgliederversammlung des Sozialversicherungsträgers; Senat der Hochschulen) als auch ein Exekutivorgan (z. B. Bürgermeister, Vorstand der Krankenkasse; Rektor der Hochschule).
- Anstalten des Öffentlichen Rechts sind rechtlich oder organisatorisch   **Anstalten**
verselbstständigte Einrichtungen mit Aufgaben der öffentlichen Verwaltung von Dauer, zu deren Erledigung sie mit personellen und sächlichen Ressourcen ausgestattet und auf Benutzer ausgerichtet sind; z. B. Deutsche Bundesbank, Rundfunkanstalten der Länder, Studentenwerke, Sparkassen der Kommunen. Nicht dazugehören nicht rechtsfähige Einheiten, z. B. Schulen, kommunale Krankenhäuser. Rechtsträger ist hier die Kommune als Gebietskörperschaft.
- Stiftungen des Öffentlichen Rechts sind mit Rechtsfähigkeit ausgestat-   **Stiftungen**
tete Organisationen mit dem Zweck der Verwaltung eines Bestandes an Vermögenswerten, die in Kapital- und Sachgütern bestehen können (z. B. Stiftung Preußischer Kulturbesitz, Stiftung Mutter und Kind, Stiftungs-Universitäten).

Alle organisatorischen Einheiten (Einrichtungen, Dienste, Veranstal-   **Sozialverwaltung**
tungen), die die im SGB geregelten Aufgaben erledigen (zum Sozialrecht vgl. III), bilden die Sozialverwaltung. Hierbei folgt die Gliederung der Sozialverwaltung in Deutschland zwei Prinzipien. Das eine betrifft die Kompetenzaufteilung zwischen dem Bund und den Bundesländern, das andere regelt die Gliederung und Organisation der Verwaltung.

Föderalismus

Die Bundesrepublik Deutschland ist ein Bundesstaat (Art. 20 Abs. 1 GG), also föderalistisch (bundesstaatlich) aufgebaut, d. h. alle Staatsgewalten (Gesetzgebung, Exekutive und Rechtsprechung) und damit auch die Verwaltungsaufgaben sind zwischen Bund und Ländern aufgeteilt (vgl. Art. 70 ff., Art. 83 ff. GG). Man kann deshalb die Träger der öffentlichen Verwaltung einteilen in Bundesverwaltung und Landesverwaltung (siehe Übersicht 16).

Ministerialverwaltung

Nimmt der Staat (Bund oder die Länder) selbst Verwaltungsaufgaben durch eigene nachgeordnete Behörden wahr, spricht man von der sog. **unmittelbaren** Bundes- oder Landesverwaltung bzw. **Ministerialverwaltung**. Kennzeichen der unmittelbaren Staatsverwaltung ist deren hierarchisch gegliederter, zumeist dreistufiger Verwaltungsaufbau (Unter-, Mittel- und Ober- bzw. oberste Behörden; siehe Übersicht 17).

mittelbare Staatsverwaltung

Nicht immer ist es zweckmäßig, wenn der Staat selbst alle Verwaltungsaufgaben wahrnimmt. Deshalb wurden – jeweils aufgrund von Gesetzen – juristische Personen des Öffentlichen Rechts geschaffen, die öffentliche Verwaltungsaufgaben selbstständig wahrnehmen und nur vom Staat beaufsichtigt werden. Soweit Verwaltungsaufgaben nicht unmittelbar vom Staat selbst, sondern dezentral durch juristische Personen des Öffentlichen Rechts übernommen werden, spricht man von der mittelbaren Staatsverwaltung – sowohl auf Bundes- wie auf Landesebene (vgl. Wolff et al. 2004 § 86ff). Der Staat „verzichtet" in diesen Fällen auf einen hierarchischen Verwal-

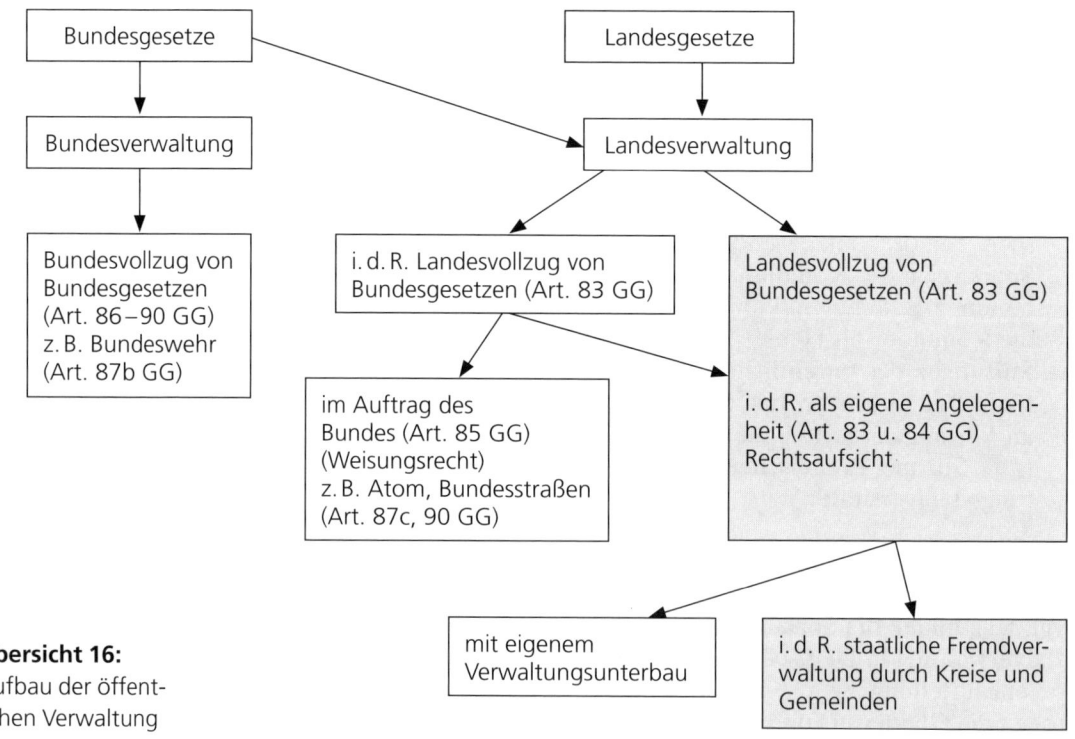

Übersicht 16:
Aufbau der öffentlichen Verwaltung

Übersicht 17: Aufbau der unmittelbaren Staatsverwaltung

	Bund	Land
Oberste Behörde	Ministerien, z. B. BMFSFJ; BMAS; Bundesfinanzministerium	Ministerien, Landessozialministerium, Landesfinanzministerium
Obere Behörden (Spezialzuständigkeit)	Bundesversicherungsamt, Statistisches Bundesamt, BA für Verfassungsschutz; Bundesverwaltungsamt, BA für Verbraucherschutz und Lebensmittelsicherheit, Bundesmonopolverwaltung Branntwein, Bundeszentralamt für Steuern	Statistisches Landesamt, Verfassungsschutz, Landessozialamt, LKA; LJA
		Im zweigliedrigen Verwaltungsaufbau z. T. sog. Landesverwaltungsamt mit landesweiter Zuständigkeit
Mittelbehörde (nur noch in Bayern, BaWü, Hessen, NRW, Sachsen)	Oberfinanzdirektion	
	Bundesfinanzdirektion (OFD-Bundesabteilung), insbesondere Zoll und Zollkriminalamt	OFD-Landesabteilung
	Bereichswehrersatzamt	Regierungspräsidenten/ Bezirksregierungen
Untere Behörde	Kreiswehrersatzamt; (Haupt)Zollamt	Finanzämter, Forstämter, Landkreise und kreisfreie Städte als allgemeine Landesunterbehörden, sofern sie nicht im Rahmen von Selbstverwaltungsaufgaben tätig sind.

Den traditionell vorherrschenden dreistufigen Verwaltungsaufbau findet man nur noch in Baden-Württemberg, Bayern, Hessen, Nordrhein-Westfalen und Sachsen. Bundesländer mit zweistufigem Verwaltungsaufbau sind Schleswig-Holstein, Brandenburg, Mecklenburg-Vorpommern, Thüringen, das Saarland und seit Auflösung der Regierungsbezirke auch Rheinland-Pfalz (1. Januar 2000), Sachsen-Anhalt (1. Januar 2004) und Niedersachsen (1. Januar 2005).

tungsaufbau und damit ein „Durchregieren", sondern behält sich lediglich die Rechtsaufsicht vor (Kontrolle, ob das Recht richtig angewendet wird, hierzu I-5.2.1). Je nach dem Ausmaß der Einfluss- und Aufsichtsrechte des Staates kann man von mittelbarer Staatsverwaltung im engeren Sinne und von der sog. **Selbstverwaltung** sprechen (z. B. der Hochschulen als Personalkörperschaften). Von besonderer Bedeutung für die Soziale Arbeit sind hierbei die **Kommunalverwaltung** sowie die **Sozialversicherungsträger**.

Unter Sozialversicherungsträgern versteht man die mit Selbstverwaltung ausgestatteten Personalkörperschaften des Öffentlichen Rechts in der gesetzliche Kranken-, Unfall- und Rentenversicherung sowie die soziale Pflegeversicherung (Versicherungszweige). Auch die Bundesagentur für Arbeit gilt insoweit als Versicherungsträger (vgl. § 1 SGB IV). Die Krankenkassen (z. B. AOK, Betriebs- oder Ersatzkassen) sind Träger der gesetzlichen

Sozialversicherungsträger

Krankenversicherung (§ 4 SGB V). Träger der gesetzlichen Unfallversicherung sind z. B. die gewerblichen Berufsgenossenschaften oder die Bundes-, Landes- oder Unfallkassen für den kommunalen Bereich (§ 114 SGB VII). Die frühere Bundesversicherungsanstalt für Angestellte (BfA), die 22 Landesversicherungsanstalten (LVA), die Seekasse, die Bundesknappschaft und die Bahnversicherungsanstalt (BVA) treten nun gemeinsam unter dem Namen „Deutsche Rentenversicherung" auf und sind als Körperschaft des Öffentlichen Rechts organisiert. Die Sozialversicherungsträger sind der demokratischen Willensbildung durch ihre Mitglieder verpflichtet, sie besitzen Satzungsautonomie und können hoheitlich (z. B. durch Verwaltungsaktentscheidung) handeln.

kommunale Selbstverwaltung

Die Gemeinden, im Bundesgebiet etwa 8.500 Dörfer, Städte und Landkreise, haben eine Doppelfunktion und eine **verfassungsrechtliche Sonderstellung** (hierzu Wolff et al. 2004 § 85 und § 94). Einerseits sind sie die untersten Gebietseinheiten des Staates. Als eigene Gebietskörperschaften sind sie aber nicht bloße Verwaltungseinheiten des Staates, sondern üben im

Art. 28 Abs. 2 GG

Gemeindegebiet **eigene Hoheitsgewalt** aus. Art. 28 Abs. 2 GG garantiert den Gemeinden das Recht, alle Angelegenheiten der örtlichen Gemeinschaft in eigener Verantwortung zu regeln (Allzuständigkeit; wobei die sog. Organisations- und Personalhoheit weiter reicht als die inhaltliche Autonomie; vgl. BVerfGE 23, 353 [365 f.]). Allerdings kann der Umfang der Selbstverwaltungsaufgaben durch Gesetz geregelt werden, wobei der Kernbestand der eigenverantwortlichen Kommunalaufgaben nicht angetastet werden darf. Typische Bereiche der originären Selbstverwaltung sind die sog. kommunale Daseinsvorsorge, insbesondere Einrichtungen (Bibliothek, Schwimmbäder, Kulturhaus), das kommunale Wegenetz, der Nahverkehr, die Wasserversorgung und Abfallbeseitigung. Zum **Kernbereich des kommunalen Selbstverwaltungsrechts** gehören die sog. Hoheitsrechte, z. B.

- Gebietshoheit (Ausübung der Hoheitsgewalt, Ordnungsrecht),
- Organisationshoheit (Aufbau und Struktur der Kommunalverwaltung; die Verwaltungsorganisation der kommunalen Träger selbst ist intern hierarchisch aufgebaut, z. B. von Bürgermeister, Dezernent, Amtsleiter, Abteilungs- und ggf. Sachgebietsleiter zu den übrigen Mitarbeitern der Kommunalverwaltung),
- Personalhoheit (Auswahl und Einsatz der Mitarbeiter; Begründung von Arbeits- und Beamtenverhältnissen),
- Satzungsautonomie (Rechtssetzungsbefugnis für den örtlichen Bereich)
- Planungs- und Finanzhoheit (Aufgaben- und Etatplanung, selbstständige Haushaltsführung und Vermögensverwaltung; Gebühren-, Abgaben- und Steuerrecht).

Die Kommunalverwaltung umfasst aber nicht nur die Wahrnehmung originär eigener Angelegenheiten (sog. **Selbstverwaltungsangelegenheiten** im eigenen Wirkungskreis), sondern auch Aufgaben, die der Gesetzgeber den Kommunen, vor allem den ca. 620 Landkreisen und kreisfreien Städten, zur eigenverantwortlichen Erledigung zugewiesen hat. Zu diesen sog. **weisungs-freien Pflichtaufgaben** der Kommunen im eigenen Wirkungskreis (auch sog. „pflichtige Selbstverwaltungsaufgaben") gehören insbesondere die **Sozial- und Jugendhilfe** (vgl. z.B. §69 SGB VIII i.V.m. §1 Abs. 1 Nds. AG KJHG, §1 S. 2 ThürAGKJH; §3 Abs. 2 SGB XII i.V.m. §1 Abs. 1 HessAG/SGB XII).

Darüber hinaus nehmen die Kommunen auch Staatsaufgaben wahr, und zwar im Auftrag und ggf. nach Weisung des Landes bzw. Bundes. Man spricht hier von Aufgaben im übertragenen Wirkungskreis (**Auftragsangele-genheiten** oder teilweise von Pflichtaufgaben zur Erfüllung nach Weisung), z.B. im Bereich des Polizei- und Ordnungsrechts, im Bereich des Feuer-schutzes, der Wohnungsbauförderung, der Ausbildungsförderung (vgl. §39 Abs. 1 BAföG i.V.m. z.B. §2 Abs. 1 SächsAG BAföG), im Asylbewerber-leistungsrecht und Flüchtlingsaufnahmegesetz; Auftragsangelegenheiten sind auch die Wehrerfassung nach dem Wehrpflichtgesetz oder das Handeln der Standesämter nach dem Personalstandsgesetz. Insoweit handelt es sich um eine mittelbare Staatsverwaltung durch die Kommunen. **Aufgaben im übertragenen Wirkungskreis**

Schwierig zu verstehen ist der **Aufgabendualismus** der Kommunen auch deshalb, weil es unter den Bundesländern unterschiedliche Modelle der or-ganisatorischen Zuordnung gibt (vgl. Wolff et al. 2004, §85). So handeln in einigen Ländern (z.B. Baden-Württemberg, Bayern, Brandenburg, Hessen, Rheinland-Pfalz, NRW) insbesondere die Landkreise als untere staatliche Landesbehörde (man spricht hier davon, dass die Kommunen dem Staat ihre „Organe leihen"), in den anderen Bundesländern (z.B. Niedersachsen, Saarland, Sachsen) geht man davon aus, dass die Landkreise auch die Auf-gaben im übertragenen Wirkungskreis eigenverantwortlich wahrnehmen und deshalb im organisationsrechtlichen Sinne nicht als untere Landesbe-hörde gelten.

Übersicht 18: Wirkungskreis der Kommunalverwaltung

Wirkungskreis			
Selbstverwaltung **(eigener Wirkungskreis)**		Staatliche Aufgaben **(übertragener Wirkungskreis)** Gesetzl. Auftragsangelegenheiten oder sog. Pflichtaufgaben zur Erfüllung nach Weisung	
Originäre Selbstverwaltung	Gesetzliche Verpflichtung	des Bundes	des Landes
z.B. Kultur- und Freizeiteinrichtungen	Sozial- und Jugendhilfe	Ausbildungsförderung, Personenstandsaufgaben, Wehrerfassung, Asylbewerberleistungen, Wohnungsbauförderung	Schulen Aufgaben nach PsychKG
Rechtsaufsicht	Rechtsaufsicht	Fachaufsicht mit Weisungsmöglichkeit	

Die Unterscheidung in Aufgaben des eigenen (Selbstverwaltungsaufgaben) oder des übertragenen Wirkungskreises (siehe Übersicht 18) hat Bedeutung vor allem für die **Finanzierung und Kontrolle der Verwaltung**. Im Rahmen der übertragenen Verwaltungsaufgaben unterliegen die Gemeinden der Fachaufsicht des Staates, in Selbstverwaltungsaufgaben „nur" der Rechtsaufsicht (hierzu I-5.2.1). Soweit Aufgaben des Bundes oder der Länder auf die Kommunen übertragen werden, muss der Staat hierfür auch die entsprechenden Mittel bereitstellen (sog. Finanzzuweisungen). Für die Finanzierung der Selbstverwaltungsaufgaben sind die Kommunen selbst verantwortlich. Das hat in den letzten Jahren neben mangelnder Planung und Misswirtschaft auch deshalb zu erheblichen Haushaltsproblemen geführt, weil der Gesetzgeber die Kommunen zu Aufgaben und Leistungen verpflichtet und dabei (zu Recht!) bundesweit einheitliche Regelungen im Hinblick auf die soziale Grundversorgung und fachliche Mindeststandards vorgenommen hat (insbesondere SGB VIII und XII).

Behörde   Vom Träger der öffentlichen Verwaltung zu unterscheiden ist die „Behörde". Der Begriff wird im Sozialverwaltungsrecht durch § 1 Abs. 2 SGB X bestimmt (vgl. § 1 Abs. 4 VwVfG). Behörden sind alle organisatorischen Einheiten, die Aufgaben der öffentlichen Verwaltung – selbstständig und gegenüber dem Bürger in eigenem Namen – wahrnehmen und die insbesondere mit der Befugnis zum Erlass von Verwaltungsakten (s. u. III-1.3) ausgestattet sind. Das trifft z. B. auf die Sozialversicherungsträger zu. Die gesetzlichen Krankenkassen (z. B. AOK, Ersatzkassen), Berufsgenossenschaften und die Deutsche Rentenversicherung sind deshalb Behörden i. S. d. § 1 Abs. 2 SGB X.

Ämter   Keine Behörden sind dagegen grundsätzlich die einzelnen (funktionalen) Dienststellen (Ämter, Referate, Sachgebiete) eines Verwaltungsträgers. Während z. B. das Finanzamt über eine organisatorische Eigenständigkeit verfügt (und damit Behörde ist), ist z. B. das **Sozialamt** wie das Bau- oder Ordnungsamt unselbstständiger Teil der Kommunalverwaltung. Behörde der Kommunalverwaltung ist deshalb grundsätzlich der nach außen handelnde Teil (Organ) der Kommunalverwaltung, also der (Ober)Bürgermeister bzw. der Landrat. Deshalb erlässt dieser formal den z. B. vom Sozialamt erarbeiteten Bewilligungsbescheid über Sozialhilfeleistungen. Die Mitarbeiter der Kommunalverwaltung handeln gleich auf welcher Ebene oder in welcher Abteilung immer in dessen Auftrag. Das Gleiche gilt grundsätzlich auch für das Jugendamt als Teil der kommunalen Sozialverwaltung. So weit das Gesetz allerdings funktionalen Einheiten der Kommunalverwaltung ausdrücklich besondere Aufgaben zuweist, wie dem **Jugendamt** z. B. in § 8a, 42 SGB VIII, kann man auch von Behörden i. S. d. § 1 Abs. 2 SGB X sprechen. Im Hinblick auf das Jugendamt ist auch zu beachten, dass das SGB VIII der kommunalen Organisationshoheit Grenzen setzt und z. B. ein selbstständiges Jugendamt mit einem zweigleisigen Verwaltungsaufbau (Verwaltung und Jugendhilfeausschuss) vorschreibt. Mittlerweile ist durch das sog. Föderalismusgesetz (2006) den Bundesländern die Befugnis übertragen worden, vorrangige Regelungen zur Behördenorganisation und deren Zuständigkeit zu treffen.

Gesundheitsämter sind entweder staatliche Behörden (eigenständige Verwaltungseinheiten der Landesverwaltung, z. B. in Baden-Württemberg) oder kommunale Gesundheitsämter. Gesetzliche Grundlage für die Arbeit der Gesundheitsämter sind die Landesgesundheitsgesetze bzw. rechtliche Vorschriften auf Bundesebene wie das Infektionsschutzgesetz und die Trinkwasserverordnung.

Schulämter sind staatliche Behörden für ein bestimmtes Gemeindegebiet. Nach den Schulgesetzen der Bundesländer unterscheidet man staatliche und kommunale Aufgaben. Das Land ist zuständig für die Lehrer und die (pädagogischen) Fachinhalte im Bereich der Schulen, während die Städte und Landkreise als Träger „ihrer" Schulen für die baulichen Anlagen, deren Ausstattung und Betrieb, die sächlichen Kosten sowie die personelle Besetzung der Schulsekretariate und die Hausmeister verantwortlich zeichnen.

4.1.2.2 Privatrechtlich organisierte Träger

Neben den juristischen Personen des Öffentlichen Rechts gibt es auch solche des Privatrechts (hierzu II-1), die neben den Menschen (natürliche Personen) Träger von Rechten und Pflichten sein können (Rechtsfähigkeit). Der Staat kann aufgrund eines Gesetzes diesen natürlichen oder juristischen Personen des Privatrechts Aufgaben der öffentlichen Verwaltung und die entsprechenden Hoheitsbefugnisse übertragen (Wolff et al. 2004, § 90). Man spricht dann von „Beleihung" und „beliehenen Unternehmern". Auch in solchen Fällen liegt mittelbare Staatsverwaltung vor. Bekannte Alltagsbeispiele sind der TÜV oder die DEKRA, die als Vereine hoheitliche Aufgaben der Verkehrssicherheit wahrnehmen (vgl. §§ 29, 47 Abs. 9, 47a Abs. 5 StVZO, Anlage VIIIB zur StVZO). Beliehene Unternehmer sind aber auch die Notare, Bezirksschornsteinfeger, Seeschifffahrtskapitäne, mitunter auch Privatschulen.

Keine Beleihung liegt bei den sog. freien, d. h. nach den Regeln des Privatrechts (z. B. als Verein, GmbH; hierzu II-1.1.1) organisierten Trägern der Sozial- und Jugendhilfe vor. Diese handeln aufgrund ihres autonomen Betätigungsrechts nicht in Erfüllung staatlicher Aufgaben, sie sind nicht für die Erfüllung gesetzlicher Verpflichtungen verantwortlich (vgl. z. B. § 3 Abs. 2 S. 2 SGB VIII) und damit auch nicht Träger der öffentlichen Sozialverwaltung. Sie können aus karitativen oder kommerziellen Gründen im Rahmen der Sozialen Arbeit tätig werden, müssen es aber nicht. Freie Träger werden aber gerade im Bereich des Sozialrechts sehr häufig von den öffentlichen Sozialleistungsträgern beauftragt und durch die öffentliche Hand refinanziert. Die Übertragung von Aufgaben schließt aber die Übertragung von Hoheitsbefugnissen (also die Beleihung) grundsätzlich nicht mit ein. Auch wenn freie Träger im Auftrag eines öffentlichen Trägers tätig werden, agieren sie gegenüber ihren Klienten in privatrechtlichen Rechtsformen.

Eine besondere Rechtsstellung haben die sozialen Dienste der Kirchen und Religionsgemeinschaften (Caritas, Diakonisches Werk, Zentralwohlfahrtsverband der Juden in Deutschland), die auf der einen Seite zu den

Beleihung

freie Träger

freien, nichtstaatlichen Trägern gerechnet werden, andererseits aufgrund vorkonstitutionellen Rechts einen besonderen Rechtsstatus als Körperschaften des Öffentlichen Rechts genießen (vgl. Art. 140 GG i. V. m. Art. 137 Abs. 5 Weimarer Verfassung).

 Blanke/Bandemer u. a. 2001; Maas 1996; Papenheim et al. 2006 § 5–20; Wolff et al. 2004

4.2   Rechtsberatung

Recht haben und Recht bekommen ist zweierlei – so lautet ein geflügeltes Wort. Viele Menschen wissen nicht, welche Rechte und Pflichten sie haben. Intellektuelle, emotionale und materielle Zugangshindernisse verhindern oft, dass Hilfe- und Ratsuchende zu ihrem Recht kommen. Die Sprache der öffentlichen Verwaltung und Justiz ist die Rechtssprache und als solche überwiegend schriftlich fixiert. Fachkräfte der psychosozialen Arbeit müssen deshalb hier sehr häufig eine Dolmetscherfunktion übernehmen. Die Information über die den Bürgern zustehenden Rechte und Wege zu ihrer Verwirklichung gehört deshalb zu den Grundpfeilern eines sozialen Rechtsstaats.

Beratung   Nach § 13 SGB I sind alle Sozialleistungsträger und ihre Verbände im Rahmen ihrer Zuständigkeit verpflichtet, die Bevölkerung über ihre Rechte und Pflichten nach dem SGB aufzuklären. Dies tun sie in der Regel mit Informationsbroschüren, Plakaten, der Internetpräsenz, mit Informationsveranstaltungen oder durch die Erteilung von Auskünften (vgl. § 15 SGB I). Darüber hinaus hat aber jeder Bürger Anspruch auf individuelle Beratung über seine Rechte und Pflichten nach dem SGB (§ 14 SGB I, vgl. auch § 10 Abs. 2, 11 SGB XII). Beratung als wesentlicher Bestandteil der Sozialen Arbeit besteht also nicht nur in der non-direktiven Vermittlung neuer Einsichten zur Bewältigung von Lebensschwierigkeiten, sondern ist in vielen Fällen vor allem **Rechtsberatung**. Oft sind beide Bereiche, Lebens- und Rechtsberatung, untrennbar miteinander verknüpft, z. B. in der Schuldnerberatung oder der Trennungs- und Scheidungsberatung. Auch die Rechtsberatung ist eine Form der persönlichen Hilfe, die den Ratsuchenden neue Handlungsoptionen erschließen kann. Schon deshalb müssen Sozialarbeiter in Rechtsfragen besonders bewandert sein. Gerade hierin liegt ihre spezifische, die psychosoziale Qualifikationen ergänzende Handlungskompetenz. Beratung geht über die bloße Information über zustehende Rechte hinaus und beinhaltet auch die Aktivierung des Leistungsberechtigten, so dass er ihm zustehende Ansprüche geltend machen kann (u. U. kann hier sogar eine Formulierungshilfe geboten sein). Von wesentlicher Bedeutung ist aber vor allem die **Klärungshilfe** im Hinblick auf den zugrunde liegenden Konflikt (zur Mediation vgl. I-6.3).

In Deutschland ist die Rechtsberatung erlaubnispflichtig und als sog. „geschäftsmäßige Besorgung fremder Rechtsangelegenheiten" nach §§ 1 f. RBerG grds. den **Rechtsanwälten** und Notaren vorbehalten. Mit dem 1935 eingeführten Rechtsberatungsmonopol sollte gewährleistet werden, dass die Rechtsberatung nur von hierfür besonders ausgebildeten und qualifizierten Berufsgruppen durchgeführt wird und vor allem ein unkontrollierter Wettbewerb zulasten der rechtssuchenden Bürger vermieden wird.

Vom Rechtsberatungsmonopol gibt es allerdings einige **Ausnahmen** (vgl. § 3 RBerG). So geht die Beratungspflicht nach § 14 SGB I dem Beratungsverbot nach dem Rechtsberatungsgesetz vor (vgl. § 3 Nr. 1 RBerG). Die Behörden dürfen deshalb im Rahmen ihrer Zuständigkeit Rechtsbratung betreiben, die **Sozialämter** z. B. in allen mit der Sozialhilfe zusammenhängenden Fragen (vgl. § 10 Abs. 2 SGB XII). Die Beratungspflicht und -erlaubnis erstreckt sich allerdings nicht auf die über den spezifischen Zuständigkeitsbereich hinausgehende, allgemeine rechtliche Konfliktbewältigung. So dürfen z. B. im Rahmen der Trennungs- und Scheidungsberatung nach § 17 SGB VIII die Klienten der **Jugendämter** rechtlich nur beraten werden, soweit dies vom Handlungsauftrag der Jugendhilfe aus Sorge um das Wohl der Kinder und ihrer Familien gedeckt ist. Dabei darf in einer Beratung in einer sozialen Angelegenheit auch auf Rechtsfragen aus sonstigen Rechtsgebieten eingegangen werden, wenn dies notwendig ist, so z. B. bei rechtlichen Hinweisen, die im Zusammenhang mit der persönlichen Hilfe in einer besonderen Lebenslage gegeben werden (etwa Aufklärung über die rechtlichen Folgen einer Scheidung; so ausdrücklich Protokoll des Petitionsausschusses Nr. 12/22 des Deutschen Bundestages v. 15.01.1992; ZfJ 1994, 75 f.). Mit der persönlichen Hilfe nach dem SGB ist damit i. d. R. auch die Rechtsberatung umfasst, nicht aber die rechtliche Vertretung oder gerichtliche Durchsetzung von Ansprüchen. Eine Ausnahme bilden die rechtsbezogenen Tätigkeiten, die auf die Erlangung von Rechtsberatungs- bzw. Prozesskostenhilfe gerichtet sind (LG Stuttgart info also 2001, 169).

Die **kirchlichen Beratungsdienste** von Caritas und Diakonie sind aufgrund des besonderen Rechtsstatus der Kirchen als Körperschaften des Öffentlichen Rechts (vgl. Art. 140 GG i. V. m. Art. 137 Abs. 5 Weimarer Verfassung) mit den öffentlichen Sozialleistungsträgern insoweit gleichgestellt. Sie sind deshalb zur Rechtsberatung berechtigt, i. d. R. aber nicht zur Abfassung von Schriftsätzen oder Prozessvertretung (vgl. LG Stuttgart info also 2001, 167 ff.). Demgegenüber sind die **Verbraucherzentralen** zur Rechtsberatung und außergerichtlichen Rechtsbesorgung berechtigt (vgl. § 3 Nr. 8 RBerG), ebenso die **Schuldnerberatungsstellen** (§ 3 Nr. 9 RBerG).

Im strafrechtlichen Bereich haben die sozialen Dienste (JGH, Gerichtshilfe, Bewährungshilfe) eine Rechtsberatungskompetenz. Das Gleiche gilt für den sog. Beistand im Jugendstrafverfahren, der ein Akteneinsichtsrecht und in der Hauptverhandlung die gleichen Rechte wie ein Verteidiger hat (§ 69 JGG). Eine weitere Ausnahme bilden schließlich die **Betreuer** (§§ 1896 ff. BGB) als gesetzliche Vertreter insbesondere geschäftsunfähiger Personen (hierzu II-2.6) und die sog. Verfahrenspfleger/Verfahrensbeistand nach §§ 50, 67 FGG, die insbesondere als **Anwalt des Kindes** sogar die Interessen des Betroffenen vertreten und in diesem Rahmen z. B. in familien- oder jugendrechtlichen Fragen auch rechtsberatend tätig sein müssen (hierzu II-2.7.3).

Im Übrigen ist die nicht anwaltliche Rechtsberatung durch Sozialarbeiter oder freie Träger derzeit noch unzulässig. Von der Rechtsberatung zu unterscheiden ist aber der Hinweis auf allgemein zugängliche Informationen über den Inhalt von Rechtsvorschriften oder Möglichkeiten der Rechtsverwirklichung und deren Aufbereitung. Auch die Erstattung wissenschaftlich begründeter Gutachten und die Übernahme der Tätigkeit als Schiedsrichter bedürfen der Erlaubnis (§ 2 RBerG). Ob die Tätigkeit als **Mediator** einer Erlaubnis bedarf bzw. grds. den Anwaltsberufen vorbehalten ist, war eine Zeitlang umstritten (vgl. Henssler ZKM 2006, 132). Mittlerweile scheint sich die Überzeugung durchzusetzen, dass Mediation nicht per se als erlaubnispflichtige Rechtsberatung zu qualifizieren ist, was von der Bundesregierung im Entwurf zum neuen Rechtsdienstleistungsgesetz klargestellt worden ist (vgl. § 2 Abs. 3 Nr. 3 RDG).

Das Rechtsberatungsmonopol der Anwaltsberufe wird nicht mehr lange Bestand haben können, denn der europäische Einigungsprozess fordert das nur in Deutschland geltende Privileg der Anwälte heraus. Zudem sind die historisch begründeten Schutzüberlegungen mittlerweile zur Karikatur geworden (vgl. den z. T. mangelhaften Ausbildungs- und Beschäftigungsstand von Juraabsolventen). Das BVerfG hatte bereits in seiner Entscheidung vom 29.07.2004 (1 BvR 737/00) die überholte Auslegung des Rechtsberatungsgesetzes kritisiert und das Verbot der unentgeltlichen Rechtsberatung durch einen Volljuristen in Frage gestellt. In einer weiteren Entscheidung (16.02.2006 – 2 BvR 951/04 und 2 BvR 1087/04) hat es unlängst entschieden, dass zumindest die unentgeltliche, „altruistische" Rechtsberatung durch berufserfahrene Juristen keinen Verstoß gegen das RBerG darstellt. Das Rechtsberatungsmonopol der Anwaltsberufe beginnt also zu bröckeln. So wurde bereits im Jahr 2005 sowie erneut im September 2006 der Entwurf für die Neuregelung des Rechtsberatungsrechts vorgelegt. Hierin wurde z. B. klargestellt, dass die Tätigkeit von Schlichtungsstellen, Mediation und jede andere vergleichbare Form der Streitbeilegung keine Rechtsdienstleistung darstellt.

Rechtsberatungshilfe

Für Rechtssuchende (nach § 116 Nr. 2 ZPO auch juristische Personen wie Vereine oder GmbHs) mit beschränkten finanziellen Ressourcen ermöglicht das BerHG den Zugang zu einer nichtbehördlichen, vor allem **anwaltlichen Rechtsberatung**. Die Beratungshilfe besteht bei zivil-, arbeits-, verwaltungs- und sozialrechtlichen Angelegenheiten nicht nur in der bloßen Beratung und Information, sondern soweit auch erforderlich, in der Vertretung nach außen. Ist man in den Verdacht geraten, eine strafbare Handlung oder eine Ordnungswidrigkeit begangen zu haben, so kann man sich zwar beraten lassen, erhält jedoch über die Beratungshilfe keine Vertretung oder Verteidigung (vgl. § 2 Abs. 2 BerHG).

Nach § 1 BerHG erhält auf Antrag Beratungshilfe, wer die erforderlichen Mittel nach seinen persönlichen und wirtschaftlichen Verhältnissen nicht aufbringen kann, wem keine anderen Möglichkeiten für eine Hilfe zur Verfügung stehen (z. B. aufgrund einer Rechtsschutzversicherung, durch die So-

zialverwaltung oder z. B. durch die öffentlichen Rechtsauskunftstellen wie die ÖRA in Hamburg, http://www.oera.hamburg.de; vgl. auch die Sonderregelungen für Berlin und Bremen), deren Inanspruchnahme dem Rechtssuchenden zuzumuten ist. Schließlich erhält man Beratungshilfe, wenn die Wahrnehmung der Rechte nicht mutwillig ist. Die Voraussetzungen der Beratungshilfe sind zumindest immer dann gegeben, wenn jemand **Prozesskostenhilfe** nach den Vorschriften der Zivilprozessordnung ohne einen eigenen Beitrag zu den Kosten erhalten würde (§ 1 Abs. 2 BerHG, § 115 ZPO, §§ 82 f. SGB XII; vgl. I-5.3.3). Das ist derzeit der Fall bei einem Einkommen (nach Abzug insbesondere von Steuern, Sozialversicherungsbeiträgen und Werbungskosten sowie die Kosten für Unterkunft und Heizung) in Höhe von 364 €/mtl. bei Alleinstehenden bzw. 728 € bei Eheleuten zuzüglich 256 € für jede Person, für die der Antragsteller aufgrund gesetzlicher Verpflichtung Unterhalt leistet. Die Einkommensgrenzen werden jährlich im Bundesgesetzblatt bekannt gemacht. Die Angaben zu den Einkommensverhältnissen und zum Vermögen, zu den Wohnkosten, Unterhaltsleistungen und eventuell zu besonderen Belastungen (z. B. wegen Köperbehinderung oder hoher Zahlungsverpflichtungen) müssen nachgewiesen werden.

Sind die Voraussetzungen für die Gewährung von Beratungshilfe gegeben und erledigt das Amtsgericht die Angelegenheit nicht schon mit einer Auskunft oder einem Hinweis, stellt das Amtsgericht dem Rechtssuchenden mit genauer Bezeichnung der Angelegenheit einen Berechtigungsschein für Beratungshilfe durch einen Rechtsanwalt seiner Wahl aus (§ 6 BerHG). Dieser darf dann darüber hinaus keine Vergütung verlangen (§ 8 BerHG), sondern muss seine Tätigkeit mit der Staatskasse abrechnen (30 € für einen Rechtsrat, 70 € für Schriftsätze sowie das Mitwirken bei Verhandlungen und Besprechungen; 125 € bei einer außergerichtlichen Einigung oder Erledigung der Angelegenheit; vgl. Nr. 2600–2606 Gebührenverzeichnis zu § 44 RVG). Der Rechtsanwalt, den man mit dem Berechtigungsschein vom Amtsgericht oder unmittelbar aufgesucht hat, erhält eine Gebühr von 10 €, die im Ausnahmefall auch erlassen werden kann. Aufgrund der relativ niedrigen Gebühren nehmen gut beschäftigte Anwälte gelegentlich nichtzahlende Mandanten nicht gerne an. Jeder Rechtsanwalt ist aber zur Beratungshilfe grundsätzlich verpflichtet und darf sie nur im Einzelfall aus wichtigem Grund ablehnen. Freilich hilft ein nichtmotivierter Anwalt genauso wenig wie ein schlechter Anwalt. In der Tat kann man immer wieder feststellen, dass gut ausgebildete und erfahrene psychosoziale Fachkräfte in ihrem Arbeitsfeld auch rechtlich manchen Anwälten überlegen sind.

Die Beratungshilfe durch das Amtsgericht ist kostenlos. Zuständig ist jeweils das AG des Wohnorts (allgemeiner Gerichtsstand nach § 4 Abs. 1 BerHG). Dort erhält man auch die Berechtigungsscheine für die Beratungshilfe. Der Rechtssuchende kann sich auch an die Rechtsantragsstelle des Amtsgerichts wenden, um ein mündlich vorgetragenes Begehren schriftlich aufnehmen zu lassen. Vordrucke zur Beantragung der Beratungshilfe sind auch über das Internet verfügbar (http://www.bmj.bund.de/media/archive/640.pdf).

Falls die Bemühungen um eine außergerichtliche Einigung scheitern sollten und ein Gericht mit der Sache befasst werden muss, kann Prozesskostenhilfe (PKH) nach den Regelungen der §§ 114 ff. ZPO in Anspruch genommen werden (hierzu I-5.3.3).

In Sozialverwaltungsverfahren gilt bislang noch der Grundsatz der **Kostenfreiheit** (§ 64 SGB X), das gilt auch für das Rechtsbehelfsverfahren nach § 62 SGB X. Soweit dem Bürger selbst, z. B. durch die Beauftragung eines Rechtsanwalts, Kosten entstanden sind, werden diese allerdings nur im Rechtsbehelfsverfahren und nur dann erstattet, wenn sie „zur zweckentsprechenden Rechtsverfolgung" notwendig waren (§ 63 Abs. 2 SGB X).

Nothacker 2002; Papenheim et al. 2006 § 30.0

1. Was hat Soziale Arbeit mit Verwaltungshandeln zu tun? (4.1)
2. In welchen Rechtsformen kann die Verwaltung tätig werden? Was ist hierbei jeweils zu beachten? (4.1.1)
3. Was versteht man unter Verwaltungsprivatrecht? (4.1.1.1)
4. Welche Formen juristischer Personen des Öffentlichen Rechts gibt es? (4.1.2.1)
5. Worin besteht der Unterschied zwischen der unmittelbaren und mittelbaren Staatsverwaltung? (4.1.2.1)
6. Welche besondere Stellung und Funktion haben die Kommunen im deutschen Verwaltungsaufbau? (4.1.2.1)
7. Worin besteht der Unterschied zwischen einer Behörde und einem Amt? (4.1.2.1)
8. Wen bezeichnet man als freie Träger und aus welchem (Rechts-)Grund sind sie im Jugend- und Sozialbereich tätig? (4.1.2.2)
9. Was versteht man unter Beratung in § 14 SGB I? (4.2)
10. Dürfen Sozialarbeiter und Mediatoren Rechtsberatung leisten? (4.2)
11. Unter welchen Voraussetzungen erhält man Rechtsberatungshilfe? (4.2)

5 Rechtsschutz (Trenczek)

Wesentliches Kennzeichen eines Rechtsstaates ist die **Rechtsweggarantie**, die verfahrensrechtlich das materielle Gesetzlichkeitsprinzip (Art. 20 Abs. 3 GG: Bindung an Recht und Gesetz, vgl. oben I-2.1.2.1) ergänzt. Nach Art. 19 Abs. 4 GG steht jeder natürlichen und juristischen Person der Rechtsweg offen, wenn sie durch die öffentliche Gewalt in ihren Rechten verletzt wurde. Ob das der Fall ist, haben dann letztlich die Gerichte zu prüfen. Das Recht auf Rechtsschutz beinhaltet zumindest den Anspruch auf rechtliches Gehör (Art. 103 Abs. 1 GG). Darüber hinaus garantieren die vor allem strafrechtlich relevanten **Justizgrundrechte** das Verbot von Ausnahmegerichten, die nur für bestimmte Fälle nachträglich eingesetzt werden (Art. 101 GG, § 16 GVG). Jede Form von Freiheitsentzug, also nicht nur als strafrechtliche Rechtsfolge, bedarf der richterlichen Entscheidung (Art. 104 Abs. 2 GG). **Rechtsschutz**

Die Rechtsweggarantie besteht allerdings **nicht** unbeschränkt, sondern kann gesetzlich geregelt werden. Das hat der Gesetzgeber z.B. mit dem Aufbau der Gerichtsbarkeiten und den entsprechenden Verfahrensordnungen (z.B. Regelungen von Fristen, Beschränkung des Instanzenzuges; Notwendigkeit von außergerichtlichen Kontrollverfahren) getan.

Nach Art. 92 GG ist die rechtsprechende Gewalt unabhängigen Richtern anvertraut. An der Spitze stehen das Bundesverfassungsgericht und die Bundesgerichte. Nach Ausschöpfung des deutschen Rechtsweges können darüber hinaus auch die europäischen Gerichtshöfe angerufen werden. Freilich kommen die meisten Fälle nicht vor diese Gerichte, sondern werden schon im System der Rechtskontrolle auf einer früheren Ebene entschieden.

Rechtskontrolle wird nicht nur durch die Gerichte geleistet, sondern es gibt eine Vielzahl von **außergerichtlichen Rechtsbehelfen**, insbesondere im Hinblick auf die Kontrolle der öffentlichen Sozialverwaltung (hierzu I-5.2). Dabei handelt es sich einerseits um verwaltungsinterne Aufsichtsverfahren, andererseits um sog. nichtförmliche Rechtsbehelfe sowie darüber hinaus um förmliche Rechtsbehelfe, insbesondere um den sog. Widerspruch. In privatrechtlichen Streitigkeiten wie auch in strafrechtlich relevanten Konflikten haben in den letzten 20 Jahren in Deutschland sog. „alternative", d. h. außergerichtliche Konfliktregelungsverfahren an Bedeutung gewonnen (hierzu I-6).

5.1   Gerichtsbarkeiten

Man unterscheidet in Deutschland zwischen mehreren Gerichtsbarkeiten, die unterschiedliche Kontrollmöglichkeiten und Rechtswege eröffnen (Art. 95 Abs. 1 GG). Von besonderer Bedeutung für die Soziale Arbeit ist hierbei vor allem die Kontrolle der öffentlichen Gewalt (insbesondere **Verwaltungskontrolle**), die auch als sog. **primärer Rechtsschutz** bezeichnet wird (hierzu nachfolgend I-5.2). Sie kümmert sich um Streitigkeiten bei der Anwendung Öffentlichen Rechts, für die insbesondere die Verwaltungsgerichte und die Sozialgerichte, aber auch die Finanzgerichte zuständig sind. Die **Sozialgerichte** sind für alle in § 51 SGG genannten Streitigkeiten zuständig. Das betrifft traditionell Angelegenheiten der Sozialversicherung wie auch der Arbeitsförderung, seit 2005 aber auch die Angelegenheiten der Grundsicherung für Arbeitsuchende SGB II (Nr. 4a) sowie der Sozialhilfe nach dem SGB XII und des Asylbewerberleistungsgesetzes (Nr. 6a). Im Übrigen sind nach § 40 VwGO die **Verwaltungsgerichte** für alle anderen öffentlich-rechtlichen Streitigkeiten nichtverfassungsrechtlicher Art zuständig. Das betrifft grds. auch die Angelegenheiten der Jugendhilfe nach dem SGB VIII, da diese nicht in § 51 SGG aufgeführt sind (vgl. I-5.2.2).

Als **sekundären Rechtsschutz** bezeichnet man den Rechtsschutz, der den Bürgern insbesondere bei privatrechtlichen Streitigkeiten zur Verfügung steht und durch den sog. „ordentlichen Rechtsweg" (Art. 19 Abs. 4 S. 2 GG) gewährt wird. Der Begriff „ordentliche Gerichtsbarkeit" ist nur historisch erklärbar als Abgrenzung zur sog. Verwaltungsrechtspflege, die der Gerichtsbarkeit entzogen war (s. u. 5.2.3). Zur ordentlichen Gerichtsbarkeit werden nach § 13 GVG auch die Strafgerichte gerechnet, obwohl das Strafrecht zum Öffentlichen Recht gehört (s. o. I-1.1.4; ausführlich hierzu Teil IV). Zur sog. besonderen, außerordentlichen Gerichtsbarkeit gehört neben den Gerichten der öffentlich-rechtlichen Streitigkeiten auch die Arbeitsgerichtsbarkeit (vgl. Art. 95 Art. 1 GG). Die **sachliche Zuständigkeit** der Gerichte richtet sich also nach der zugrunde liegenden Rechtsmaterie (siehe Übersicht 19).

Ungeachtet der großen Bedeutung der Bundesgerichte obliegt die Rechtsprechung organisatorisch überwiegend den Gerichten der Bundesländer (Art. 92 GG). Die örtliche (geografische) Zuständigkeit richtet sich im Verwaltungsgerichtsverfahren i. d. R. nach dem Sitz der Behörde (§ 52 Nr. 3 VwGO), im Sozialgerichtsverfahren zumeist nach dem Wohnsitz des klagenden Bürgers (§ 57 Abs.1 SGG), im Zivil- und Strafverfahren i. d. R. nach dem Wohnsitz des Beklagten bzw. Angeklagten (§ 13 ZPO; § 8 StPO).

Margin notes:

Verwaltungskontrolle

§ 51 SGG

ordentliche Gerichtsbarkeit

Übersicht 19: Gerichtsbarkeiten in der Bundesrepublik Deutschland

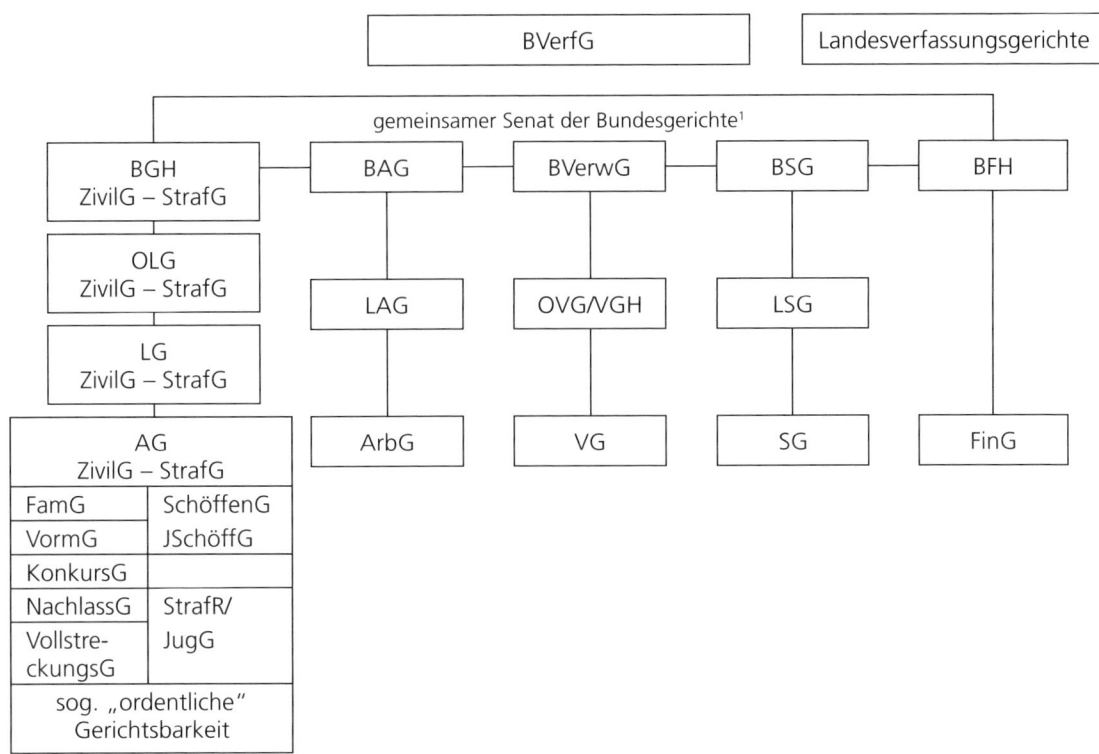

[1] gemeinsamer Senat der Bundesgerichte entscheidet nur in Ausnahmefällen; die Besetzung richtet sich nach der jeweiligen Anzahl der Senate

Eine besondere Stellung nimmt das Bundesverfassungsgericht ein (Art. 93 GG). Manche seiner Entscheidungen (insbesondere aufgrund eines sog. Normenkontrollverfahrens, durch die Vorschriften als verfassungswidrig erkannt werden) haben sogar – im Unterschied zu allen anderen Gerichtsentscheidungen – über den Einzelfall hinaus verbindliche Wirkung und Gesetzeskraft (§ 31 Abs. 2 BVerfGG; vgl. I-1.1.3.6). Das BVerfG kann auch direkt von einem Bürger wegen Verletzung seiner Grundrechte angerufen werden (§ 90 Abs. 1 BVerfGG). Voraussetzung ist, dass er selbst noch gegenwärtig und unmittelbar durch eine Maßnahme der öffentlichen Gewalt, sei es eine Verwaltungsentscheidung, ein Gerichtsurteil oder ausnahmsweise auch ein Gesetz betroffen ist. Damit sind in der Vergangenheit abgeschlossene Eingriffe in die Grundrechte ebenso wie sog. Popularklagen (für andere) ausgeschlossen. Grundsätzlich ist eine Verfassungsbeschwerde erst nach Ausschöpfung des Rechtsweges zulässig, d. h., dass alle möglichen Rechtsbehelfe (verwaltungsinterne Kontrollen, Berufung, Revision oder Beschwerde an die nächsthöhere Instanz) eingelegt und erfolglos gewesen sein müssen. Das BVerfG ist aber keine „Superrevisionsinstanz" und

BVerfG

**Verfassungs-
beschwerde**

beschränkt die Überprüfung gerichtlicher Entscheidungen darauf, ob diese „objektiv willkürlich" sind und damit gegen Art. 3 GG verstoßen. Nur ausnahmsweise kann eine Verfassungsbeschwerde vor Ausschöpfung des Rechtsweges eingelegt werden, wenn der Verweis auf den Rechtweg nicht zumutbar oder die Verfassungsbeschwerde von allgemeiner Bedeutung ist (§ 90 Abs. 2 BVerfGG). Angesichts der hohen Zahl von Verfassungsbeschwerden (jährlich über 5.000 Verfahren), wurden mit drei Richtern besetzte Kammern eingeführt, durch die eine Verfassungsbeschwerde zur Entscheidung angenommen werden muss. Letztlich werden nur etwa 2–3% der Verfassungsbeschwerden stattgegeben. Allerdings haben einige dieser Verfassungsbeschwerden die Rechtskultur der Bundesrepublik Deutschland entscheidend geprägt, z. B. die folgenden Entscheidungen (vgl. hierzu auch die hervorragende Studienauswahl von Schwabe 2004):

- Recht auf informationelle Selbstbestimmung, sog. „Volkszählungs-Entscheidung" 1 BvR 209 u. a./83 v. 15.12.1983 (BverfGE 65, 1).
- Schule und Religion:
  - Lehrerin mit Kopftuch BVerfG 2 BvR 1436/02 v. 24.09.2003: Ein Verbot für Lehrkräfte, in Schule und Unterricht ein Kopftuch zu tragen, bedarf einer hinreichend bestimmten gesetzlichen Grundlage.
  - Kruzifix-Entscheidung 1 BvR 1087/91 vom 16.05.1995 (BVerfGE 93, 1): Die staatlich veranlasste Anbringung von Kreuzen in allgemeinen staatlichen Schulen ist mit dem Neutralitätsprinzip als objektivem Verfassungsrecht unvereinbar.
- Familie und Elternverantwortung (Art. 6 GG):
  - z. B. Stellung der Eltern im Jugendstrafverfahren (BVerfG 2 BvR 716/01 v. 16.01.2003 = ZJJ 2003, 68 ff.);
  - Unterhaltsberechnung (BVerfG 1 BvR 105, 559/95 v. 05.02.2002 = FamRZ 2002, 527);
  - Familienname-Entscheidung (BVerfG 1 BvR 683/77 v. 31.05.1978 = E 48, 327): Verstoß gegen Art. 3 Abs. 2 GG, wenn Geburtsname der Frau nicht zum Familiennamen bestimmt werden kann.
- Meinungs- und Kunstfreiheit (Art. 5 GG)
  - „Mephisto" v. 1971 (BVerfGE 30, 173): Inhalt und Reichweite der Kunstfreiheit
  - „Lüth" v. 1951 (BVerfGE 7, 198): Wesen der Grundrechte und Inhalt und Umfang der Meinungsfreiheit nach Art. 5 GG
- Strafrecht:
  - Unschuldsvermutung (BVerfG v. 14.0.2004 – 2 BvR 1481/04);
  - Verbot der Doppelbestrafung (BVerfGE 21, 378);
  - Bestimmtheitsgebot (BVerfGE 92, 1 ff.; BVerfG 2 BvR 794/95 v. 20.03.2002).;
  - Verbot des „großen Lauschangriffs" (BVerfG 1 BvR 2378/98 v. 03.03.2004; E 109, 279)
  - Strafvollzug (BVerfGE 33, 1; BVerfG 2 BvR 1673/04 v. 31.05.2006: Auch innerhalb sog. besonderer „Gewaltverhältnisse" (z. B. Strafvoll-

zug, geschlossene Unterbringung) bedürfen weitere, über das Grundverhältnis hinausreichende Beschränkungen der Grundrechte (z. B. Briefzensur, beschränkte Nutzung von Medien) einer gesetzlichen Grundlage.

Neben dem BVerfG haben die Verfassungsgerichte der Länder eine weit geringere Bedeutung entsprechend der eingeschränkten Bedeutung der Landesverfassungen (vgl. I-1.4.1).

Neben der nationalen Gerichtsbarkeit hat mittlerweile auch die supranationale Gerichtsbarkeit in Europa eine große Bedeutung, vor allem der Gerichtshof der Europäischen Gemeinschaften (EuGH) in Luxemburg und der vom Europarat eingerichtete Europäischen Gerichtshof für Menschenrechte (EGMR) mit Sitz in Straßburg. Der EuGH wacht vor allem über die Einhaltung des EG-Gemeinschaftsrechts (hierzu I-1.1.5; vgl. z. B. EuGH NJW 1998, 1769 ff. bzgl. Kostenerstattung der Sozialversicherung bei Brillenkauf bzw. Zahnbehandlung im EU-Ausland), während der Europäische Gerichtshof für Menschenrechte vor allem über die Einhaltung der Europäischen Menschenrechtskonvention (EMRK) wacht (EGMR v. 15.02.2001 – 42393/98 – NJW 2001, 2870: Verbot, im Unterricht staatlicher Einrichtungen das islamische Kopftuch zu tragen, verstößt nicht gegen Art. 9 und 14 EMRK; zum Verbot der zwangsweisen Verabreichung von Brechmitteln bei beschuldigten Drogendealern, EGMR Jalloh v Germany – 11.06.2006 – 54810/00). Den Europäischen Gerichtshof für Menschenrechte können alle natürlichen Personen, nichtstaatliche Organisationen und Personengruppen mit der Behauptung angehen, durch einen Vertragsstaat in einem von der Konvention und den Protokollen garantierten Recht verletzt worden zu sein (Art. 34 EMRK). Allerdings befasst sich der Gerichtshof mit der Angelegenheit erst nach Ausschöpfung des innerstaatlichen Rechtsweges (Art. 35 Abs. 1 EMRK).

Europäische Gerichtshöfe

EuGH

EGMR

vgl. http://cmiskp.echr.coe.int sowie http://www.egmr.org/(in Deutsch)

Schwabe 2004

5.2   Verwaltungs- und sozialrechtliche Rechtskontrolle

Die Verwaltungs- und Rechtskontrolle der Sozialverwaltung unterscheidet sich aufgrund einer spezifischen Verknüpfung von verwaltungsinternen und gerichtlichen Kontrollinstrumenten stark von der Rechtskontrolle im allgemeinen Rechtsverkehr. Man unterscheidet im öffentlich-rechtlichen Bereich erstens zwischen sog. formlosen Rechtsschutzmöglichkeiten und Aufsichtsverfahren (hierzu 5.2.1) und zweitens förmlichen Rechtsbehelfen, insbesondere aufgrund eines **Widerspruchs** (im Steuerrecht: Einspruch) **bei Verwaltungsakten** (hierzu 5.2.2), sowie drittens den Instrumenten der gerichtlichen Rechtskontrolle (siehe I-5.2.3 und Übersicht 20).

Übersicht 20: Rechtsschutzmöglichkeiten gegen Verwaltungsmaßnahmen (Rechtsbehelfe)

**Rechtsschutzmöglichkeiten
gegen Verwaltungsmaßnahmen
(Rechtsbehelfe)**

außergerichtlich

formlos (keine Frist, keine Selbstbetroffenheit erforderlich, aber: kein Anspruch auf Entscheidung):
→ Petition
→ Gegenvorstellung
→ (Fach-)Aufsichtsbeschwerde
→ Dienstaufsichtsbeschwerde

förmlicher Rechtsbehelf:
→ Widerspruch (§§ 78 Abs. 1 ff. SGG / §§ 68 Abs. 1 ff. VwGO

gerichtlich

→ **Klage** (§§ 54 f. SGG / 42 f. VwGO): Anfechtungs-, Verpflichtungs-, Untätigkeits-, allg. Leistungs-, Feststellungsklage

→ **einstweiliger Rechtsschutz**
– § 86b Abs. 1 SGG / § 80 VwGO: Wiederherstellung der aufschiebenden Wirkung des Widerspruchs;
– § 86b Abs. 2 SGG / § 123 VwGO: einstw. Anordnung

→ **Rechtsmittel**
  Berufung §§ 143 ff. SGG / §§ 124 ff. VwGO
  Revision §§ 160 SGG / §§ 132 ff. VwGO

→ **Normenkontrolle** (Art. 100 GG; §§ 76, 80 ff. BVerfG)

5.2.1 Verwaltungsinterne Kontrolle durch Aufsichtsverfahren

Behörden sind als öffentliche Verwaltungen hierarchisch gegliederte Organisationen zur Erfüllung öffentlicher Aufgaben. Im Bereich der Ministerialverwaltung findet man in der Regel einen dreistufigen Behördenaufbau (s. o. I-4.1.2). Auch die Selbstverwaltungsträger sind im inneren Behördenaufbau hierarchisch organisiert. Sinn und Zweck der hierarchischen Rangordnung ist neben möglichst effizienten Organisationsstrukturen und Entscheidungsfindungsprozessen auch eine interne Kontrolle der Verwaltung.

Fachaufsicht   Unter dem Begriff Fachaufsicht versteht man die inhaltliche, aufgabenbezogene Kontrolle einer übergeordneten Behörde gegenüber Sachentscheidungen einer nachgeordneten Ebene (vgl. z. B. § 117 Abs. 2 ThürKO) bzw. die Kontrolle des Dienstvorgesetzten über seine Mitarbeiter. Sie umfasst sowohl die Rechtmäßigkeit der Sachentscheidung als auch die Zweckmäßigkeit bei der Ermessensausübung (vgl. I-3.4.2).

Dienstaufsicht   Im Hinblick auf die Kontrolle des Aufbaus und der allgemeinen Geschäftsführung der Behörden sowie der Personalangelegenheiten spricht man hier auch von Dienstaufsicht.

Rechtsaufsicht   Demgegenüber geht es bei der Rechtsaufsicht lediglich um die Überprüfung der Rechtmäßigkeit von Entscheidungen, insbesondere der Selbstverwaltungsträger, auf ihre förmliche (vor allem verfahrensrechtliche) und materielle (inhaltlich rechts-bezogene) Rechtmäßigkeit. Im Hinblick auf die staatliche Rechtsaufsicht gegenüber den Gemeinden spricht man auch von Kommunalaufsicht (vgl. § 117 Abs. 1 ThürKO). Der innerhalb der gesetzlichen Grenzen bestehende Entscheidungsspielraum des Selbstverwaltungsträgers bleibt dabei unangetastet.

Neben der Rechts- und Fachaufsicht gibt es noch die Rechnungsprüfung, **Rechnungsprüfung** die Überwachung der gesamten Haushalts- und Wirtschaftsführung der öffentlichen Hand durch sog. Rechnungshöfe.

Welche Form der Aufsicht eingreift, richtet sich nach dem jeweiligen Verwaltungsaufbau (vgl. I-4.1.2.1). Die Rechtsaufsicht des Staates ist unabhängig von der Verwaltungsorganisation stets zulässig und notwendig – es gibt also keinen rechtsfreien Raum. Die Fach- und Dienstaufsicht ist nur in einem hierarchischen Gefüge zulässig.

Das ist z.B. im Verhältnis des Landesjugendamts (staatliche Behörde) zu den kommunalen Jugendämtern nicht der Fall. Die Aufgaben des Landesjugendamtes sind ausdrücklich in § 85 Abs. 2 SGB VIII geregelt und beschränken sich mit Blick auf die Jugendämter im Wesentlichen auf beratende und fördernde Tätigkeiten. Den Landesjugendämtern steht auch keine Rechtsaufsicht über die Jugendämter zu. Diese richtet sich nach den jeweiligen landesrechtlichen Bestimmungen. Kommunalaufsichts- oder Rechtsaufsichtsbehörde über die kreisfreien Städte und Landkreise ist z.B. in Thüringen nach § 118 Abs. 2 ThürKO das sog. Landesverwaltungsamt. Das Landesjugendamt kann gegenüber den kommunalen Jugendämtern lediglich Empfehlungen aussprechen und durch gezielte Beratung und Förderung diese zu einem bestimmten Verhalten veranlassen.

Im internen Verwaltungsaufbau der Jugendämter unterliegen die Mitarbeiter des Jugendamtes grundsätzlich der Dienst- und Fachaufsicht ihrer Vorgesetzten, insbesondere der Jugendamtsleiter, der Sozialdezernenten und Bürgermeister. Wird das Jugendamt allerdings Amtspfleger oder -vormund, so überträgt es die Erledigung der Aufgabe einzelnen seiner Beamten oder Angestellten (§ 55 Abs. 2 S. 1 SGB VIII). Diese sind fortan den Interessen des von ihnen vertretenen Kindes oder Jugendlichen verpflichtet und sind, so lange die Aufgabenübertragung nach § 55 Abs. 2 SGB VIII andauert, in der Ausführung ihres Amtes nicht an Weisungen ihrer Dienstvorgesetzten gebunden. Sie unterstehen auch nicht der Rechtsaufsicht durch eine staatliche Verwaltungsbehörde, sondern der Aufsicht des Vormundschaftsgerichts (§ 1837 BGB).

Aufsichtsverfahren werden entweder von Amts wegen durch die aufsichtsführende Behörde in Gang gesetzt oder durch eine Beschwerde eines Bürgers ausgelöst. Diese sind Ausfluss des sog. Petitionsrechts nach (Art. 17 GG). Mit der sog. Gegenvorstellung kann der Bürger ganz allgemein die **Gegenvorstellung** nochmalige Überprüfung der Sach- und Rechtslage durch die Ausgangsbehörde anregen (z.B. weil ihm aufgefallen ist, dass offensichtlich ein Versehen, ein Tippfehler vorliegen muss oder wichtige Unterlagen nicht eingegangen oder berücksichtigt worden sind). An die nächsthöhere Stelle richtet sich die **Fachaufsichts-** Fachaufsichtsbeschwerde, mit der die inhaltliche Überprüfung eines Vor- **beschwerde** gangs oder einer Entscheidung angeregt wird, während man sich mit einer **Dienstaufsichts-** Dienstaufsichtsbeschwerde über das persönliche Verhalten eines Mitarbei- **beschwerde** ters (z.B. Beleidigung, mangelnder Respekt) einer Verwaltung beklagt. Gegenvorstellungen und Beschwerden ist gemein, dass sie – wie eine Petition, „Eingabe" oder ein Gesuch und damit anders als der Widerspruch (hierzu I-5.2.2) – formlos, ohne Einhaltung einer bestimmten Frist und selbst dann zulässig sind, wenn der Beschwerdeführer als Person überhaupt nicht betroffen ist und für einen anderen handeln will. Ihr Nachteil ist allerdings, dass der Bürger keinen Rechtsanspruch auf eine Entscheidung hat, sondern deren Bearbeitung im Ermessen der Behörde steht. Das veranlasst manche zu der Bemerkung, diese Rechtsbehelfe seien „formlos, fristlos, … aber auch nutzlos." Allerdings kann man dies so pauschal für die Praxis nicht bestätigen. Insbesondere (in Form und Inhalt) angemessene (und nicht querulierende) Gegenvorstellungen veranlassen die Verwaltung durchaus dazu, Fehler zu korrigieren, ohne dass ihr „ein Zacken aus der Krone bricht". Vor Dienstaufsichtbeschwerden wird gelegentlich gewarnt, weil sich die Sachbearbeiter persönlich getroffen und angeschwärzt fühlen könnten und man sich gerade in Abhängigkeitsverhältnissen keine Feinde machen sollte. Allerdings sollte man dies nicht so pauschal stehen lassen. In modern geführten und zunehmend bürgerfreundlicher organisierten Verwaltungen kann es sich kein Mitarbeiter erlauben, mehrere Dienstaufsichtbeschwerden einfach auszusitzen.

Neben diesen allgemeinen Beschwerdemöglichkeiten gibt es eine Reihe spezifischer Kontroll- und Beschwerdestellen, insbesondere sog. Bundesbeauftragte, mit ganz unterschiedlichen Kompetenzen, die sich der Anliegen der Bürger annehmen können, z.B.

- Landes- und Bundesdatenschutzbeauftragte,
- Beauftragte des Bundes für die Belange behinderter Menschen,
- Beauftragte der Bundesregierung für Migration, Flüchtlinge und Integration,
- Beauftragte der Bundesregierung für die Belange der Patientinnen und Patienten,
- die Kinderschutzkommission des Bundestages; Kinderbeauftragte der Kommunen,
- Gleichstellungsbeauftragte des Bundes, der Länder und Kommunen.

5.2.2   Widerspruchsverfahren

§ 62 SGB X

§ 51 SGG

Im Rahmen der verwaltungsinternen Rechtskontrolle steht dem Bürger neben den nichtförmlichen mit dem sog. Widerspruch ein weiter gehender förmlicher Rechtsbehelf zur Verfügung. Für das förmliche Rechtsbehelfsverfahren gegen Verwaltungsakte verweist § 62 SGB X entweder auf die Möglichkeiten des SGG oder der VwGO, soweit nicht ausdrücklich durch ein Gesetz etwas anderes bestimmt ist. Nach § 51 SGG ist für Angelegenheiten der Sozialversicherung wie auch der Arbeitsförderung, der Grundsicherung für Arbeitsuchende SGB II (Nr. 4a) sowie der Sozialhilfe nach dem SGB XII und des Asylbewerberleistungsgesetzes (Nr. 6a) grds. der Sozialgerichtsweg einzuschlagen. Nach § 52 SGG können diese Streitverfahren allerdings durch ein Landesgesetz besonderen Spruchkörpern der Verwaltungsgerichte zugewiesen werden. Angelegenheiten der **Jugendhilfe** nach dem SGB VIII sind in § 51 SGG nicht aufgeführt, weshalb es i. d. R. bei dem in § 40 VwGO vorgesehenen Verwaltungsrechtsweg bleibt. Eine **Ausnahme** hiervon bildet die gesetzliche Sonderrechtswegzuweisung für den Widerspruch der Personen- oder Erziehungsberechtigten nach § 42 Abs. 3 SGB VIII bei einer (aktuellen) Inobhutnahme, über den das FamG zu entscheiden hat. Demgegenüber handelt es sich bei einem Widerspruch gegen einen VA, der aufgrund einer Inobhutnahme ergeht (z. B. Kostenbescheid) und in Zusammenhang mit dem die Rechtmäßigkeit der Inobhutnahme immanent geprüft werden muss, um eine verwaltungsrechtliche Streitigkeit.

Der Widerspruch ist zwar ein veraltungsinternes Kontrollverfahren, er ist aber i. d. R. erforderlich (und deshalb – wie man entsprechend der juristischen Terminologie sagt – „statthaft"), bevor vor den Sozial- bzw. Verwaltungsgerichten Anfechtungs- oder Verpflichtungsklage erhoben werden kann (§ 78 Abs. 1 SGG / § 68 Abs. 1 VwGO – mit den dort geregelten Ausnahmen). Ausdrücklich ausgeschlossen ist ein Widerspruch teilweise im Zuwanderungs- und Asylrecht (§§ 15a Abs. 2 u. 4; 24 Abs. 4 AufenthG; § 11 AsylVfG). **Statthaftigkeit**

Das Kontrollverfahren beginnt mit der Erhebung des Widerspruchs (§ 83 SGG / § 69 VwGO). Der Widerspruch ist nach **§ 84 SGG** bzw. **§ 70 VwGO** grundsätzlich bei der Behörde zu erheben, die den VA erlassen hat. Dies kann schriftlich (d. h. mit Originalunterschrift vgl. II-1.3.3; E-Mail ohne qualifizierende Signatur genügt nicht, vgl. VGH Kassel NVwZ-RR 2006, 377) oder zur Niederschrift geschehen (d. h. mündlich zu Protokoll) und muss **innerhalb eines Monats** (nicht vier Wochen!) nach Bekanntgabe des VA (= Zugang) erfolgen. Im Sozialrechtsweg beträgt die Frist bei einer Bekanntgabe ins Ausland drei Monate. Die Fristen beginnen nur zu laufen, wenn eine korrekte Rechtsbehelfsbelehrung (vgl. III-1.3.1.1) schriftlich ergangen ist. Ist die Rechtsbehelfsbelehrung unterblieben oder fehlerhaft, so verlängert sich die Frist bis auf ein Jahr (§ 66 SGG / 58 VwGO). **Fristen**

Im Hinblick auf den Zugang des VA ist die 3-Tages-Fiktion des § 37 Abs. 2 SGB X zu beachten. Ein schriftlicher VA, der durch die Post übermittelt wird, gilt mit dem dritten Tage nach Aufgabe zur Post als bekannt gegeben (§ 37 SGB X), selbst wenn er an seinem Ziel früher eintreffen sollte. Fällt das Fristende auf ein Wochenende oder gesetzlichen Feiertag, so läuft die Frist erst am nächsten Wochentag ab (§ 26 Abs. 3 SGB X). Für die Fristberechnung sind nach §§ 62, 26 Abs. 1 SGB X im Übrigen die Regelungen der §§ 187–193 BGB anzuwenden. Zur Fristwahrung genügt auch die Einlegung des Widerspruchs im Verwaltungsrechtsweg bei der Widerspruchsbehörde (§ 70 Abs. 1 S. 2 VwGO), im Sozialrechtsweg bei jeder deutschen Behörde oder jedem Sozialversicherungsträger (§ 84 Abs. 2 SGG).

Ein Widerspruch ist nur zulässig, wenn der Beschwerdeführer geltend machen kann, durch den VA in seinen (subjektiv-öffentlichen) Rechten (vgl. I-1.1.4) verletzt, d. h. **beschwert** zu sein (vgl. § 54 Abs. 2 SGG / § 42 VwGO analog). Hierzu reicht allein die Möglichkeit einer Verletzung aus, weshalb **Beschwer**

Adressaten von belastenden Verwaltungsakten grundsätzlich immer beschwert sein können.

aufschiebende Wirkung

Der Widerspruch hat – ebenso wie die Anfechtungsklage – bei der Anfechtung eines VA i.d.R. eine aufschiebende Wirkung (sog. Suspensiveffekt; §86a Abs. 1 SGG, §80 Abs. 1 VwGO), d.h. der VA wird **nicht bestandskräftig** (vgl. III-1.4.1.2) und darf deshalb grundsätzlich nicht vollstreckt werden. Keine aufschiebende Wirkung besteht u.a.

- bei der Anforderung von Sozialversicherungsbeiträgen bzw. öffentlichen Abgaben und Kosten, Steuern, Gebühren (§86a Abs. 2 Nr. 1 SGG / §80 Abs. 2 Nr. 1 VwGO),
- bei unaufschiebbaren Anordnungen und Maßnahmen von Polizeivollzugsbeamten im Rahmen der Gefahrenabwehr (§80 Abs. 2 Nr. 2 VwGO),
- für die Anfechtungsklage in Angelegenheiten der Sozialversicherung bei Verwaltungsakten, die eine laufende Leistung herabsetzen oder entziehen (§86a Abs. 2 Nr. 3 SGG),
- in den durch Bundes- oder Landesgesetz geregelten Fällen (§86a Abs. 2 Nr. 4 SGG, §80 Abs. 2 Nr. 3 VwGO, z.B. §39 SGB II, §§77 Abs. 4, 88 Abs. 4 SGB IX; §15a, 24 Abs. 4, 84 Abs. 1 AufenthG),
- in Fällen, in denen die sofortige Vollziehung des Verwaltungsaktes im öffentlichen Interesse oder im überwiegenden Interesse eines Beteiligten von der Behörde besonders angeordnet worden ist (§86a Abs. 2 Nr. 4 SGG / §80 Abs. 2 Nr. 4 VwGO). Hier besteht aber die Möglichkeit, die aufschiebende Wirkung im einstweiligen Rechtsschutzverfahren gerichtlich wieder herstellen zu lassen (§86b SGG; §80 Abs. 5 VwGO; s.u.).

Wenn die Ausgangsbehörde dem Bürger nicht Recht gibt und damit seinem Widerspruch nicht „abhilft" (§85 Abs. 1 SGG / §72 VwGO), so erlässt den Widerspruchsbescheid im hierarchischen Behördenaufbau grds. die nächsthöhere Behörde (sog. Devolutiveffekt; §85 Abs. 2 Nr. 1 SGG / §73 VwGO). In Angelegenheiten der Sozialversicherung entscheidet die hierzu von der Vertreterversammlung bestimmte Stelle (§85 Abs. 2 Nr. 2 SGG), in sonstigen Selbstverwaltungsangelegenheiten entscheidet der Träger selbst (§73 Abs. 1 Nr. 3 VwGO), i.d.R. aufgrund des Votums eines Ausschusses (zum Widerspruchsverfahren im Jugendhilferecht vgl. Münder et al. 2006 Anhang Verfahren Rz. 51 ff.).

Verböserung

Im Rahmen der verwaltungsinternen Rechtskontrolle findet eine uneingeschränkte Überprüfung des Verwaltungshandelns statt. Anders als im Klageverfahren vor den Gerichten (§88 VwGO) kann im Widerspruchsverfahren der VA auch zu Ungunsten des Bürgers abgeändert werden (sog. „Verböserung" – *reformatio in peius*), denn es handelt sich ja noch um ein verwaltungsinternes Prüfverfahren, in dem die Recht- und Zweckmäßigkeit des Verwaltungshandelns ohne Einschränkung überprüft wird (vgl. Wolff et al. 2004 §63 Rz. 55).

Kosten

Das Widerspruchsverfahren ist als Teil des Sozialverwaltungsverfahrens für den Beschwerdeführer kostenfrei (§§62, 64 SGB X). Soweit dem Bürger selbst, z. B. durch die Beauftragung eines Rechtsanwalts, Kosten entstanden sind, werden diese im Rechtsbehelfsverfahren erstattet, wenn der Widerspruch Erfolg hatte und die Kosten „zur zweckentsprechenden Rechtsverfolgung" notwendig waren (§ 63 Abs. 2 SGB X). Rechtsanwaltkosten werden deshalb nur erstattet, wenn ein vernünftiger Bürger mit durchschnittlichem Bildungs- und Erfahrungsstand in der Sache einen Anwalt zurate gezogen hätte (z. B. Vertretung eines Kriegsdienstverweigerers im Vorverfahren, BVerwG NJW 1978, 1988).

5.2.3   Gerichtliche Kontrolle

Die Kontrolle der Exekutive durch eine unabhängige Verwaltungsgerichtsbarkeit ist historisch gesehen relativ neu, widerspricht sie doch den Herrschaftsinteressen absoluter Monarchen und den früher üblichen feudalen Strukturen. Es war einfach kaum vorstellbar, den Monarchen bzw. den Adel zu verklagen. Soweit die Exekutive überhaupt einer Kontrolle unterlag, wurde diese von den den Regenten unterstellten Aufsichtsbehörden (sog. Verwaltungsrechtspflege) wahrgenommen, womit die Verwaltung einer „ordentlichen" Gerichtsbarkeit entzogen war („Kameraljustiz"; vgl. hierzu die Legende vom Müller und dem König).

Der Müller und der König

Bei der Geschichte vom Streit des Müllers Grävenitz mit Friedrich II. handelte es sich teilweise um eine Legende. Grävenitz betrieb seine Bockwindmühle in unmittelbarer Nähe der Sommerresidenz „Sanssouci".

Friedrich II. soll das Geklapper der Mühle so unerträglich geworden sein, dass er den Müller Grävenitz aufforderte, ihm seine Mühle zu verkaufen. Für den Kauferlös sollte er dann an anderer Stelle eine neue Mühle errichten. Als sich der trotzige Müller weigerte, den durch Erbpacht gesicherten Mühlenstandort zu verlassen, habe der König gedroht, ihm die Mühle kraft seiner königlichen Macht „ohne einen Groschen" wegnehmen zu lassen. Daraufhin habe der mutige Müller geantwortet: „Gewiss, das könnten Eurer Majestät wohl tun, wenn es nicht das Kammergericht in Berlin gäbe."

Historisch dokumentiert ist der eigentlich zivilrechtliche Streit des Müllers Christian Arnold, der seit 1762 eine Wassermühle im neumärkischen Pommerzig betrieb, mit dem Graf von Schmettau um Absenkung der Erbpacht. Als der Müller seine Pacht nicht mehr bezahlen konnte, verklagte ihn der Graf und ließ die Wassermühle kurzerhand versteigern. Arnold wehrte sich mit einer Gegenklage und behauptete, Landrat von Gersdorff habe oberhalb seiner Mühle einen Karpfenteich angelegt, ihm somit das Wasser entzogen und ihn unverschuldet in Pachtrückstand getrieben. Als das Obergericht der Provinz Küstrin Arnolds Schadensersatzklage abwies, bat der Müller Arnold Friedrich II. um Rechtsbeistand. Der König nahm sich der Sache an, doch erst nachdem auch das extra einberufene Appellationsgericht das Küstriner Urteil als rechtens bestätigt hatte, griff der König, der vom Recht des Müllers überzeugt war, in das Gerichtsverfahren selbst ein. Im Glauben, die Justiz verweigere seinen Untertanen aus Standesdünkel eine gerechte Behandlung, schrieb er an den Justizminister von Zedlitz: „Der Herr wird mir nichts weiß machen. Ich kenne alle Advokaten-Streiche und lasse mich nicht verblenden. Hier ist ein Exempel nötig, weil die Canaillen enorm von meinem Namen Missbrauch haben, um gewaltige und unerhörte Ungerechtigkeiten auszuüben. Ein Justitiarius, der chicanieren tut, muss härter als ein Straßenräuber bestraft werden. Denn man vertraut sich am ersten, und vorm letztern kann man sich hüten!" Friedrich II. schickte einen Oberst und einen Regierungsrat nach Pommerzig, um sich Klarheit zu verschaffen. Erst als diese zu unterschiedlichen Ergebnissen gelangten, verwies Friedrich den Fall, „um die Sache ganz kurz abzumachen", zur endgültigen Klärung an das Berliner Kammergericht. Aber auch dieses höchste preußische Gericht wies die Arnold-Klage zurück (vgl. www.kleiekotzer.com/html/sanssouci_2.html).

Verwaltungsgerichte

Eine effektive, rechtsgebundene Kontrolle der öffentlichen Verwaltung ist heute Kennzeichen des Rechtsstaates. Allerdings trat die geltende Verwaltungsgerichtsordnung erst 1960 in Kraft, womit die Verwaltungsgerichtsbarkeit als unabhängiger Zweig der Justiz installiert wurde. Den auf der Grundlage von Art. 95 GG eingerichteten Verwaltungsgerichten obliegt nach § 40 VwGO die Rechts- und Verwaltungskontrolle nach Art. 19 Abs. 4 GG in sämtlichen öffentlich-rechtlichen Entscheidungen und Maßnahmen, soweit sie nicht gesetzlich anderen Gerichten zugewiesen sind. Auch den Sozialgerichten obliegt die Kontrolle der Verwaltung und zwar im Wesentlichen die der Sozialversicherungsträger sowie der Sozialhilfeverwaltung (vgl. § 51 SGG).

Die Sozial- und Verwaltungsgerichtsbarkeit ist dreistufig aufgebaut (§ 2 SGG / § 2 VwGO). In erster Instanz sind in der Regel die Sozial- und Verwaltungsgerichte zuständig (§ 8 SGG / § 45 VwGO). **Berufungs-** und Beschwerdeinstanz sind die Landessozial- (§§ 28 f. SGG) bzw. Oberverwaltungsgerichte (OVG) und Verwaltungsgerichtshöfe (VGH) der Bundesländer (§§ 46 ff. VwGO). Diese sind zudem erste Instanz bei Normenkontrollen von Satzungen, landesrechtlichen Vereinsverboten und Genehmigungen von technischen oder verkehrlichen Großprojekten. **Revisions-** und Rechtsbeschwerdeinstanz ist das Bundessozialgericht in Kassel bzw. das Bundesverwaltungsgericht mit Sitz in Leipzig. Auch diese beiden Bundesgerichte können erstinstanzlich entscheiden, z. B. in Streitigkeiten nichtverfassungsrechtlicher Art zwischen Bund und Ländern (§ 39 SGG / § 50 VwGO).

Im Berufungsverfahren überprüft das Rechtsmittelgericht die gesamte Sach- und Rechtslage, im Revisionsverfahren werden lediglich Rechtsfragen geklärt. Im verwaltungsgerichtlichen Verfahren sind Berufung und Revision grds. nur zulässig, wenn sie zugelassen worden sind (§ 124 bzw. § 132 VwGO). Im sozialgerichtlichen Verfahren gilt dies bislang nur für die Revision (§ 160 SGG).

Anfechtungs- und **Verpflichtungsklage** (auf Aufhebung eines belastenden bzw. auf Erlass eines begünstigenden Verwaltungsaktes gerichtete Gestaltungsklagen, vgl. § 54 SGG / § 42 VwGO) setzen ein Widerspruchsverfahren voraus. Die Erhebung dieser Klagen ist nur innerhalb einer Frist von einem Monat nach Zustellung des Widerspruchsbescheids zulässig (§ 87 SGG / § 70 VwGO). Bei einer fehlenden oder fehlerhaften Rechtsbehelfsbelehrung kann die Klage innerhalb eines Jahres erhoben werden (§ 66 SGG / § 58 VwGO). Eine sog. **Untätigkeitsklage**, bei der es ja an einem VA gerade fehlt, weil die Behörde nicht entscheidet, kann nach § 88 Abs. 2 S. 1 SGG / § 75 S. 2 VwGO grds. nicht erhoben werden vor Ablauf von drei Monaten nach Einlegung des Widerspruchs bzw. des Antrags auf Erlass eines Verwaltungsaktes (VwGO) bzw. nach § 88 Abs. 1 S. 1 SGG nicht vor Ablauf von sechs Monaten seit dem Antrag auf Vornahme des VA. Ziel der sog. **allgemeinen Leistungsklage** (§ 54 Abs. 5 SGG) ist u. a. die Vornahme oder Unterlassung sog. schlicht-hoheitlicher Verwaltungsmaßnahmen (also nicht eines VA, wohl aber die Umsetzung eines VA wie z. B. die Auszahlung eines bewilligten Zuschusses) oder die Beseitigung der Folgen eines rechtswidrigen Verwaltungshandelns. Ziel einer **Feststellungsklage** (§ 55 SGG, § 43 Abs. 1 VwGO) ist die verbindliche Feststellung, dass ein öffentlich-rechtliches Rechtsverhältnis (z. B. die Staatsangehörigkeit, eine Gesundheitsstörung oder Schwerbehinderung) besteht bzw. nicht besteht (z. B. wegen Nichtigkeit eines VA). Sie ist aber nur zulässig, wenn der Kläger ein berechtigtes Interesse an der Feststellung als solcher hat, was i. d. R. nicht der Fall ist, wenn sich das Ziel immanent mit einer Gestaltungs- oder Leistungsklage erreichen lässt (§ 43 Abs. 2 VwGO).

Im sozial- und verwaltungsgerichtlichen Verfahren gilt der Untersuchungsgrundsatz (Amtsermittlungsgrundsatz oder auch „Inquisitionsmaxime"), nach dem der Sachverhalt durch das Gericht von Amt wegen ggf. durch Beweiserhebungen festgestellt werden muss.

Schon vor Erhebung einer bzw. vor der gerichtlichen Entscheidung über eine Klage besteht die Möglichkeit eines einstweiligen Rechtsschutzes, damit während der manchmal mehrjährigen Dauer der Gerichtsverfahren nicht wesentliche Rechte faktisch verloren gehen. Insoweit unterscheidet man die Wiederherstellung der aufschiebenden Wirkung des Widerspruchs (§ 86b Abs. 1 SGG / § 80 V VwGO) und den Erlass einer einstweiligen Anordnung (§ 86b Abs. 2 SGG / § 123 VwGO). Der Erlass einer einstweiligen Anordnung setzt voraus, dass Tatsachen, aus denen überhaupt ein Anspruch des Antragstellers abgeleitet werden kann (Anordnungsanspruch), und zudem ein Anordnungsgrund glaubhaft (z. B. durch eine eidesstattliche Versicherung nach § 294 ZPO) gemacht werden. Ein Anordnungsgrund liegt nur dann vor, wenn der Antragsteller glaubhaft machen kann, dass die aufschiebende Wirkung bzw. einstweilige Anordnung erforderlich ist, um wesentliche Nachteile oder drohende Gefahren im Hinblick auf seine Rechte zu verhindern. In beiden Fällen überprüfen die Gerichte in einem summarischen Verfahren, ob die Wiederherstellung der aufschiebenden Wirkung eines VA bzw. der Erlass einer einstweiligen Anordnung im Hinblick auf

Klagearten

Untersuchungsgrundsatz

einstweiliger Rechtsschutz

den Streitgegenstand erforderlich und angemessen ist. Hierbei erfolgt eine Abwägung der gegenseitigen Interessen. Dabei darf grundsätzlich die Entscheidung in der Hauptsache, d. h. der normalen Klage, nicht vorweggenommen werden. Eine Ausnahme ergibt sich im Hinblick auf die Sicherung des Existenzminimums (vgl. BVerfGE 46, 166 [181]; BVerwGE 64, 318; OVG Koblenz 04.04.2003 – 12 B 10469/03 – NVwZ-RR 2003, 657). In aller Regel werden aber auch Sozialleistungen nicht in voller Höhe und Dauer, sondern nur im „zum Leben unerlässlichen" Umfang angeordnet.

5.2.4   Kostenrisiken

In Sozialverwaltungsverfahren gilt bislang noch der Grundsatz der **Kostenfreiheit** (§ 64 SGB X), das gilt auch für das Rechtsbehelfsverfahren nach § 62 SGB X. Soweit dem Bürger selbst, z. B. durch die Beauftragung eines Rechtsanwalts, Kosten entstanden sind, werden diese allerdings nur im Rechtsbehelfsverfahren und nur dann erstattet, wenn sie „zur zweckentsprechenden Rechtsverfolgung" notwendig waren (§ 63 Abs. 2 SGB X).

Im Sozialgerichtsverfahren sowie in manchen Angelegenheiten der Verwaltungsgerichtsverfahren (insbesondere Jugendhilfe) werden nach § 183 SGG/§ 188 VwGO keine Gerichtskosten (Gebühren und Auslagen) erhoben. Darüber hinaus besteht kein Anwaltszwang, d. h., der Bürger kann selbst Klage erheben und vor Gericht auftreten. Nur vor dem Bundessozialgericht (§ 166 SGG) und dem Bundesverwaltungsgericht sowie dem Oberverwaltungsgericht (§ 67 VwGO) muss man sich durch einen Rechtsanwalt oder Rechtshochschullehrer mit Befähigung zum Richteramt als Bevollmächtigten vertreten lassen. Die Behörden entsenden i. d. R. Sachbearbeiter oder eigene Juristen. Wer den Rechtsstreit im Verwaltungsgerichtsverfahren verliert, muss der anderen Partei die Kosten einschließlich der notwendigen Aufwendungen für einen Rechtsanwalt erstatten (§ 154 VWGO). Im Sozialgerichtsverfahren muss der Bürger zwar i. d. R. nicht die Kosten der Behörde erstatten, allerdings muss er selbst die notwendigen Kosten der zweckentsprechenden Rechtsverfolgung durch einen ggf. hinzugezogenen Anwalt sowie die ihm u. U. vom Gericht auferlegten Kosten tragen (§§ 192 f. SGG). Das ist insbesondere der Fall, wenn durch Verschulden des Beteiligten die Vertagung einer mündlichen Verhandlung oder die Anberaumung eines neuen Termins zur mündlichen Verhandlung nötig geworden ist oder der Beteiligte den Rechtsstreit fortführt, obwohl ihm der Vorsitzende in einem Termin die Missbräuchlichkeit der Rechtsverfolgung oder -verteidigung dargelegt hat (§ 192 Abs. 1 SGG).

Zwar gelten die Regelungen der Prozesskostenhilfe (PKH) auch für das sozialgerichtliche Verfahren (vgl. § 73a SGG), PKH wird aber nicht gewährt, wenn Gerichtskostenfreiheit besteht und die Beiordnung eines Rechtsanwalts nicht erforderlich erscheint, weil die Sache einfach gelagert ist (BVerwG NJW 1989, 665).

Papenheim et al. 2006, Kap. 49 f.

Zur Verwaltungskontrolle vgl. auch das Aufbauschema II (Gutachtliche Prüfung einer Widerspruchsentscheidung) im Anhang V-3.

5.3   Ordentliche Gerichtsbarkeit

Zur ordentlichen Gerichtsbarkeit gehören alle Gerichte, denen Strafsachen oder bürgerliche Rechtsstreitigkeiten zugewiesen sind (§ 13 GVG). Im Folgenden beschränkt sich die Darstellung auf die Verfahren in privat-rechtlichen Streitigkeiten. Auf die Strafgerichte wird in Teil IV eingegangen. An die Zivilgerichtsbarkeit wendet sich der Bürger grds. nicht wegen hoheitlicher Maßnahmen (s.o. primärer Rechtsschutz), sondern weil ein Konflikt mit einem anderen Bürger (oder einer juristischen Person) nicht anders lösbar erscheint (zu den zunehmend wichtiger werdenden außergerichtlichen Streiterledigungsformen vgl. I-6) und er deshalb eine Entscheidung durch einen unabhängigen Dritten, das Gericht, erwartet (sog. sekundärer Rechtsschutz). Nur ausnahmsweise werden Hoheitsakte von den Zivilgerichten überprüft (z.B. der Eingriff in die Personensorge bei der Inobhutnahme durch das Jugendamt nach § 42 Abs. 3 SGB VIII; Amtshaftungsanspruch gegen Hoheitsträger nach Art. 34 GG, § 839 BGB).

Auch die ordentliche Gerichtsbarkeit ist mehrstufig aufgebaut (vgl. Übersicht 19) und gewährleistet dadurch vor allem eine mehrmalige Rechtskontrolle im Instanzenzug durch die Rechtsmittel Berufung und Revision. Das Amtsgericht entscheidet im Zivilverfahren stets mit einem Einzelrichter (u.a. sog. Zivil-, Familien- oder Vormundschaftsrichter). Beim Landgericht entscheidet entweder die Zivilkammer oder die Kammer für Handelssachen (§ 105 GVG) bzw. der Einzelrichter. Beim Oberlandesgericht und Bundesgerichtshof entscheiden im Zivilverfahren die Zivilsenate. Die Amtsgerichte sind für Streitigkeiten bis zu einem Streitwert von 5.000 € zuständig sowie – ohne Rücksicht auf den Streitwert – insbesondere für Wohnraummietstreitigkeiten (§ 23 GVG). Für Familiensachen werden bei den Amtsgerichten besondere Abteilungen, die Familiengerichte, eingerichtet (§§ 23a f. GVG). In der ordentlichen Gerichtsbarkeit wird zwischen der sog. „streitigen Gerichtsbarkeit" (allgem. Zivilprozesse) sowie der normativ als nichtstreitig angesehenen sog. „freiwilligen Gerichtsbarkeit" (FGG-Verfahren) unterschieden.

5.3.1   Streitiges Gerichtsverfahren

Das streitige Gerichtsverfahren beginnt i.d.R. mit einer Klage (bzw. einem Mahnantrag nach § 690 ZPO) und endet mit einem Urteil. Im Hinblick auf den Streitgegenstand und die Beweisführung gilt der sog. Beibringungsgrundsatz, d.h., das Gericht ist an die Tatsachen, die von den Parteien vor-

Beweislast

gebracht werden, gebunden (Ausnahme aber z. B. falsche Eingeständnisse zugunsten der gegnerischen Partei, vgl. § 138 Abs. 1 ZPO). Tatsachen, die nicht ausdrücklich bestritten werden, gelten grds. als zugestanden (§ 138 Abs. 3 ZPO). Werden Sachverhalte bestritten, müssen sie grds. von der Partei bewiesen werden, die sich auf sie beruft. Eine Prüfung von Tatsachen von Amts wegen erfolgt nur ausnahmsweise z. B. im Hinblick auf Prozessvoraussetzungen oder die Zulässigkeit von Rechtsbehelfen.

Zur streitigen Gerichtsbarkeit gehören auch die Verfahren in Familiensachen, insbesondere Ehe- und Scheidungssachen (mit Ausnahme der ausdrücklich in § 621a ZPO der freiwilligen Gerichtsbarkeit zugewiesenen Fragen, s. u. I-5.3.2), das sog. Mahnverfahren (§§ 688–703d ZPO), das Insolvenz- und Vergleichsverfahren sowie das Zwangsvollstreckungsverfahren (§§ 704 ff. ZPO).

Zwangsvoll-streckung

Die Zwangsvollstreckung ist das staatliche Verfahren zur zwangsweisen Durchsetzung von Rechtsansprüchen. Die eigenmächtige Durchsetzung (Selbstjustiz) auch von berechtigten Forderungen ist grundsätzlich rechtswidrig und nur ausnahmsweise in den Grenzen der erlaubten Selbsthilfe (z. B. zu Gefahrenabwehr, §§ 229, 562b, 859 BGB) zulässig. Unterschieden werden die Zwangsvollstreckung wegen privatrechtlicher Einzelforderungen, die Zwangsmaßnahmen nach FGG (z. B. die Auferlegung von Zwangsgeld oder die gewaltsame Durchsetzung einer Herausgabeverfügung; § 33 FGG), die strafrechtliche Strafvollstreckung (hierzu IV-3.2) sowie die Verwal-

Insolvenzverfahren

tungsvollstreckung (hierzu III-1.5). Von der (zivilrechtlichen) Zwangsvollstreckung zu unterscheiden ist das sog. Insolvenzverfahren, bei dem es nicht um eine Einzelforderung gegen den Schuldner geht, sondern der Schuldner zahlungsunfähig ist und die gegen ihn gerichteten Forderungen insgesamt nicht bedienen kann (zum sog. Privat- bzw. Verbraucherinsolvenzverfahren vgl. II-1.3.1.2).

Die privatrechtliche Zwangsvollstreckung ist nicht schon zulässig, wenn jemand seine vertraglichen Verpflichtungen nicht erfüllt. Vielmehr muss der Gläubiger bei Leistungsstörungen grds. vor Gericht klagen und einen Vollstreckungstitel erwirken, den er insbesondere mit einem rechtskräftigen Urteil erlangt (§§ 704, 794 ZPO). Im Rahmen der Verwaltungsvollstreckung ist ein Gerichtsverfahren nicht notwendig, vielmehr genügen ein bestandskräftiger VA (hierzu II-1.4.1.2) und eine Vollstreckungsanordnung. Behörden können sich somit durch einen Bescheid ihre Vollstreckungstitel selbst schaffen, wenn sich der Bürger nicht rechtzeitig dagegen wehrt (insbesondere durch Widerspruch).

Pfändung

Aufgrund des **staatlichen Gewaltmonopols** dürfen grundsätzlich nur staatliche Gerichte (Vollstreckungsgericht) sowie die Gerichtsvollzieher die Zwangsvollstreckung insbesondere durch Pfändung (entweder Forderungsüberweisung oder Beschlagnahme von beweglichen Sachen, sichtbar durch den „Kuckuck" als Pfandsiegel) durchführen.

Zur Gewährleistung eines Existenzminimums hat der Gesetzgeber sog. **Pfändungsfreigrenzen** bestimmt, die sich nach dem Nettoeinkommen und der Zahl der unterhaltspflichtigen Personen richten. Sie betragen derzeit für eine Einzelperson 989,99 €, bei einer unterhaltspflichtigen Person 1369,99 € sowie zusätzlich 200 € für jede weitere unterhaltspflichtige Person.

5.3.2   Freiwillige Gerichtsbarkeit

Mit Freiwilliger Gerichtsbarkeit bezeichnet man eine Reihe ganz unterschiedlicher Angelegenheiten, die von den Gerichten der ordentlichen Gerichtsbarkeit, z. T. auch von Notaren und Behörden, nach dem Gesetz über die Angelegenheiten der freiwilligen Gerichtsbarkeit (FGG) wahrgenommen werden. Der wesentliche Unterschied zur sog. streitigen Gerichtsbarkeit ist, dass sich Verfahren und Rechtsschutz nicht nach der ZPO, sondern ganz überwiegend nach dem FGG richten (vgl. aber § 621a ZPO). Insbesondere gibt es hier keine Klage (damit auch keine Kläger und Beklagte), vielmehr wird das Gericht von Amts wegen oder auf Antrag tätig. Das Verfahren endet i. d. R. nicht mit einem Urteil, sondern durch Beschluss, wogegen das Rechtsmittel der Beschwerde (nicht Berufung) eingelegt werden kann (§ 19 FGG). In vielen Angelegenheiten besteht kein Anwaltszwang (anders aber teilweise in Familiensachen). Anders als in den streitigen Zivilprozessen gilt in der Freiwilligen Gerichtsbarkeit der Untersuchungs- bzw. Amtsermittlungsgrundsatz, d. h., das Gericht entscheidet selbst, welche Ermittlungen es anstellt und welche Beweismittel es heranzieht. Die Verhandlungen sind meist nichtöffentlich oder werden oft ohne mündliche Verhandlung nach Aktenlage entschieden. Angelegenheiten der freiwilligen Gerichtsbarkeit sind insbesondere

Untersuchungs-grundsatz

- eine Reihe von Familiensachen (vgl. §§ 35b ff. FGG; §§ 621a, 624 Abs. 3 ZPO; zum „hybriden" Scheidungsverfahren vgl. II-2.7.1),
- Vormundschaftssachen (§§ 35b FGG),
- Betreuungssachen (§§ 65 ff. FGG),
- Unterbringungssachen (§§ 70 ff. FGG),
- Nachlasssachen (§§ 72 ff. FGG),
- Registersachen (Handelsregister, Genossenschaftsregister; Vereinsregister, Güterrechtsregister),
- (Lebens)Partnerschaftssachen,
- Wohnungseigentumssachen nach §§ 43 ff. Wohnungseigentumsgesetz,
- Grundbuchsachen,
- Beurkundungen.

Zum Teil (z. B. Beurkundungen, Grundbuchsachen) handelt es sich um Rechtspflegeakte, die auch als verwaltungsähnliche Tätigkeit qualifiziert werden können und deshalb Rechtspflegern übertragen werden.

5.3.3   Kostenrisiken

Anders als bei den sozialgerichtlichen oder manchen verwaltungsgericht-lichen Streitverfahren besteht im Zivilverfahren ein z. T. erhebliches Kosten-risiko für den Bürger. Zunächst muss der Kläger einen Gerichtskostenvor-schuss zahlen (Ausnahme für öffentliche Träger der Jugend- und Sozialhilfe; § 2 GKG; § 64 Abs. 3 S. 2 SGB X; teilweise nach Landesrecht auch für freie Träger). In der streitigen Gerichtsbarkeit besteht ab der Landgerichtsebene Anwaltszwang (§ 78 Abs. 1 ZPO), in Familiensachen z. T. bereits beim Amts-gericht (§ 78 Abs. 2 ZPO). Derjenige, der das Gerichtsverfahren verliert, muss der anderen Partei die Prozess- einschließlich der Anwaltskosten er-statten (§ 91 Abs. 1 ZPO). Für viele Bürger ist deswegen der **Zugang zum Recht** durchaus nicht leicht. Zwar steht mit der Prozesskostenhilfe für Ver-fahren vor dem Zivilgericht nach §§ 114 ff. ZPO eine Form rechtsbezogener Sozialhilfe zur Verfügung. Das Prozessrisiko, d. h. das Risiko, die Kosten des Verfahrens bei einem nicht vollständigen Obsiegen zu tragen, wird dem Bür-ger durch die Bewilligung der Prozesskostenhilfe aber nicht abgenommen.

Prozesskostenhilfe   Nach §§ 114 ff. ZPO kann Prozesskostenhilfe in Anspruch genommen wer-den, wenn die Rechtsverteidigung hinreichende Aussicht auf Erfolg bietet und nicht mutwillig erscheint. PKH wird nicht nur vor dem Zivilgericht, sondern u. a. auch in Angelegenheiten der Freiwilligen Gerichtsbarkeit (§ 14 FGG) so-wie in arbeitsrechtlichen Verfahren (§ 11a ArbGG) gewährt. Im Rahmen der PKH wird die Partei von der Verpflichtung zur Sicherheitsleistung für die Pro-zesskosten befreit. Im Übrigen trägt der Staat die Kosten der Prozessführung falls notwendig zunächst ganz oder teilweise oder räumt eine Ratenzahlung ein (§§ 120, 122 ZPO). Verliert aber ein PKH-Empfänger ein Gerichtsverfahren, muss er die Verfahrenskosten der gegnerischen Partei tragen (§ 123 ZPO).

PKH ohne eigene Kostenbeteiligung erhalten Personen, die einen An-spruch auf Beratungshilfe nach dem BerHG haben (vgl. I-4.2). PKH er-halten aber auch Personen, deren zu berücksichtigendes Einkommen die Grenzen der Beratungshilfe übersteigt. In diesen Fällen müssen die Rechts-suchenden sich an den Verfahrenskosten mit maximal 48 monatlichen Ra-ten gemäß der Tabelle in § 115 Abs. 2 ZPO beteiligen.

Der Antrag auf Bewilligung der Prozesskostenhilfe ist nach § 117 ZPO bei dem Prozessgericht zu stellen. Er kann dort auch vor der Geschäftsstelle zu Protokoll erklärt werden. Vordrucke zur Beantragung der Prozessko-stenhilfe mit erläuternden Hinweisen sind auch über das Internet verfügbar (vgl. http://www.bmj.bund.de/media/archive/640.pdf).

Statt der PKH-Bewilligung kann das Gericht in einer Unterhaltssache auf Antrag einer Partei durch einstweilige Anordnung auch die Verpflichtung zur Leistung eines Prozesskostenvorschusses für diesen Rechtsstreit unter den Parteien regeln (§ 127a ZPO).

1. Auf welchem Gerichtsweg kann man sich gegen Entscheidungen der Be-hörden in Angelegenheiten der Sozialhilfe und Jugendhilfe wehren? (5.1 und 5.2.2)

2. Wann kann eine Verfassungsbeschwerde eingelegt werden? (5.1)
3. Für welche Streitigkeiten ist der Gerichtshof der Europäischen Gemeinschaft (EuGH) und für welche der Europäische Gerichtshof für Menschenrechte (EGMR) zuständig? (5.1)
4. Worin besteht der Unterschied zwischen Fach- und Rechtsaufsicht? (5.2.1)
5. Kann ein Landesministerium oder das Landesjugendamt einen Landkreis anweisen, kommunale Mittel statt für ein autonomes Jugendzentrum besser für den Bau von Kindergarteneinrichtungen auszugeben? (5.2.1)
6. Frau S. erhält von der kreisfreien Stadt A. einen Bescheid, in dem ihr Antrag auf Sozialhilfe abgelehnt wird. Sie findet das ungerecht und fragt, was sie dagegen tun kann und was sie ggf. beachten muss. (5.2.1 und 5.2.2)
7. Darf ein VA im Widerspruchsverfahren auch zuungunsten des Bürgers abgeändert werden? (5.2.2)
8. Worin bestehen die wesentlichen Unterschiede zwischen dem Verfahren vor der Sozial- und Verwaltungsgerichtsbarkeit einerseits und dem streitigen Zivilverfahren andererseits? (5.2.3, 5.2.4 und 5.3.1, 5.3.3).
9. Welche Angelegenheiten werden vor der sog. Freiwilligen Gerichtsbarkeit verhandelt? (5.3.2)
10. Unter welchen Voraussetzungen erhält jemand Prozesskostenhilfe? (5.3.3)

6 Außergerichtliche Konfliktregelung (Trenczek)

6.1 Grundlagen der außergerichtlichen Konfliktregelung

Konflikte kommen täglich und überall vor, sie sind normal, sie werden aber sehr häufig nicht konstruktiv bearbeitet. Konflikte resultieren häufig aus unterschiedlichen Wahrnehmungen und Missverständnissen. In Konflikten ist die Kommunikation mit der anderen Partei oft gestört oder abgebrochen. Die Parteien nehmen oft gegensätzliche (Rechts-)Positionen ein, ohne die diesen Standpunkten tatsächlich zugrunde liegenden Interessen in den Blick zu bekommen. Vielfach wissen die Betroffenen nicht, wie sie einen Streit lösen können. Es bleibt dann offenbar nur das streitige Verfahren, der Gang zum Gericht, womit die Parteien die Kontrolle über das Verfahren und dessen Ergebnis weitgehend aus der Hand geben.

Nicht jeder Streit muss aber vor Gerichten ausgetragen werden. Im öffentlich-rechtlichen Bereich gibt es eine Reihe unterschiedlicher Möglichkeiten der außergerichtlichen Verwaltungskontrolle, die bereits im Zusammenhang mit dem Rechtsschutz dargestellt wurden (s. o. I-5.2). Im Bereich des allgemeinen Zivilrechts stehen den Parteien z. B. bei Leistungsstörungen zunächst zahlreiche Gestaltungsrechte wie Kündigung, Rücktritt oder die Minderung zur Verfügung (hierzu II-1.4.2). Es kann aber auch hilfreich sein, Dritte einzuschalten, die das Gespräch unparteiisch wieder in Gang bringen, um Sichtweisen und Interessen zu klären, ohne den Streit vor Gericht **freiwilliges** zu tragen. Jederzeit möglich ist ein sog. freiwilliges Güteverfahren vor einer **Güteverfahren** staatlich anerkannten Gütestelle, durch das die Verjährung von Ansprüchen gehemmt wird (§ 204 Abs. 1 Nr. 4 BGB). Dies verschafft den Parteien die Möglichkeit, eine außergerichtliche Einigung mit dem Anspruchsgegner zu erarbeiten. Eine von der Gütestelle schriftlich dokumentierte Einigung (Vergleich) der Parteien hat vollstreckungsrechtlich die gleiche Wirkung wie ein gerichtliches Urteil (§ 794 Abs. 1 Nr. 1 ZPO).

Kommt es gleichwohl zur gerichtlichen Auseinandersetzung, so soll das Gericht in jeder Lage des Verfahrens auf eine gütliche Beilegung des Rechtsstreits oder einzelner Streitpunkte bedacht sein (§ 278 Abs. 1 ZPO). In geeigneten Fällen kann das Gericht den Parteien eine außergerichtliche Streitschlichtung vorschlagen (§ 278 Abs. 4 ZPO). Im Familienrecht soll in jedem Verfahren, das ein Kind betrifft, nach § 52 FGG stets und so früh wie möglich auf eine einvernehmliche Regelung hingewirkt werden. Das Gleiche gilt für das Arbeitsrecht; hier ist in § 54 ArbGG ein obligatorisches Güteverfahren vor den Arbeitsgerichten nach Klageerhebung vorgesehen, um eine informelle Streiterledigung zu ermöglichen (hierzu II-3). Auch im kollektiven Arbeitsrecht gibt es Schlichtungsverfahren zur Vermeidung oder Beendigung von Arbeitskämpfen. Schließlich werden auch im Strafrecht die allermeisten Verfahren informell, d. h. ohne ein Gerichtsverfahren, erledigt (hierzu IV-3.2).

Damit sieht das deutsche Recht ungeachtet der materiell-rechtlichen Regelung von Rechtsansprüchen eigentlich vielfältige Regelungen zu einer einvernehmlichen und informellen Streiterledigung vor. Allerdings gab es für diese normativ vorgesehenen Alternativen zur justiziellen Streitentscheidung in Deutschland in der Praxis lange Zeit weder Verfahren noch Leistungsanbieter, die über eine mit dem Gericht vergleichbare Professionalität und Akzeptanz in der Bevölkerung verfügen. Die Streitparteien nehmen diese Möglichkeiten bislang – wenn überhaupt – zumeist zu spät wahr, häufig in einer Phase, in der ein Konflikt bereits verhärtet und / oder bereits ein formelles, gerichtliches Verfahren in Gang gesetzt worden ist (zur Pflicht, sich im Vorfeld des Privatinsolvenzverfahrens um eine außergerichtliche Einigung zu bemühen, § 305 Abs. 1 InsO; vgl. II-1.3.1.2).

Allerdings stößt die justizielle Bearbeitung von Konflikten zunehmend an ihre Grenzen und lässt die Rechtsverfolgung mitunter langwierig, teuer und nicht effizient erscheinen. **Grenzen der gerichtlichen Konfliktregelung**

> „Richterliches Entscheiden ist, um es auf eine vereinfachte Formel zu bringen, in einer Vielzahl von Konflikten aufgrund ihrer strukturellen Grenzen nicht zur Konfliktregelung geeignet, darüber hinaus sehr aufwendig und nur bis zu einem bestimmten Punkt mit Geschäftsanfall belastbar" (Gottwald 1981, 30).

Die Kritik richtete sich insbesondere gegen:

▪ **soziale und ökonomische Barrieren** sowie durch die Rechtspflege bedingte Zugangshindernisse:
  - Kosten des Gerichtsverfahrens und der anwaltlichen Rechtsberatung,
  - lange Warte- und Verfahrenszeiten durch Geschäftsanfall,
  - Scheu und Schwellenangst durch formalisierte Verfahrensweisen und Sprachcodes;

- ▣ Nachteile der **Verrechtlichung des Konflikts**:
  - – fehlende Planbarkeit und unsicherer Ausgang,
  - – mangelnde Flexibilität der Verfahrensgestaltung,
  - – adversative (auf Gegnerschaft angelegte), kontradiktorische (widersprechende) Natur des gerichtlichen Streitverfahrens,
  - – Komplexitätsreduktion unter Außerachtlassung der ökonomischen oder sozialen Betrachtungsweise (u. a. drohender Ansehensverlust, Gefahr der Zerstörung von Geschäfts- und sozialen Beziehungen),
  - – mangelnde Zukunftsorientierung und binäre Struktur von Gerichtsentscheiden (Gewinner – Verlierer);
- ▣ **Internationalisierung und Globalisierung** des Dienstleistungs- und Warenverkehrs:
  - – komplexe Normen- und Zuständigkeitskonflikte im Hinblick auf nationale Rechtssysteme,
  - – geringer werdende Relevanz nationaler Rechtsordnungen.

ADR

In den letzten 20 Jahren haben deshalb außergerichtliche Konfliktregelungsverfahren auch in Deutschland an Bedeutung gewonnen, zunächst im sog. Täter-Opfer-Ausgleich, in Trennungs- und Scheidungsverfahren und vor allem im Unternehmens- und Wirtschaftsbereich (hierzu Alexander et al. 2006, 285 ff.; Trenczek 2005a, 3 ff.). Mit dem Akronym ADR (für: *alternative dispute resolution*) werden eine Reihe unterschiedlicher außergerichtlicher Verfahren bezeichnet. Man unterteilt im Wesentlichen in die drei Bereiche Verhandlung – Vermittlung – Schiedsverfahren. Daneben gibt es noch weitere, hybride Formen nichtgerichtlicher Streiterledigung, die sich entsprechend der angelsächsischen Begriffsstrukur mehr oder weniger einer dieser drei Grundformen zuordnen lassen:

- ▣ **Verhandlung**
  - – *Negotiation:* autonome Verhandlungen der Streitparteien ohne Unterstützung neutraler Dritter,
  - – *Facilitation:* Prozessbegleitung und Moderation von Verhandlungen insbesondere in öffentlich-politischen Diskursen; Moderator interveniert verfahrensorientiert bzw. schlägt Verfahrensalternativen vor.
- ▣ **Vermittlung**
  - – *Mediation:* Verhandlungen mit Unterstützung unparteiischer Dritter, die sowohl personen- als auch kommunikationsorientiert intervenieren, aber inhaltlich keine Streitentscheidung treffen (hierzu I-6.3);
  - – *Conciliation:* häufig Vermittlergremium bzw. Ausschuss, wird auch gestalterisch tätig, schlägt ggf. inhaltliche Alternativen vor bzw. führt normative Teilziele in das Verfahren ein; stärkere Rechtsgebundenheit als Mediation, häufig im Vorfeld administrativer oder (verwaltungs)gerichtlicher Entscheidungen. Hierzu zählt auch der sog. Außergerichtliche Tat- bzw. Täter-Opfer-Ausgleich (hierzu IV-3.2) sowie das *family group conferencing* genannte Verfahren aus Anlass sozialschädlichen Verhaltens von Kindern und Jugendlichen.

▨ **Schiedsverfahren**

– *Arbitration:* Verhandlungen mit einem neutralen Schlichter; sollten sich die Parteien während des Verfahrens nicht einigen, fällt der Schlichter als Schiedsrichter einen die Parteien bindenden Schiedsspruch. Hierzu gehören z. B. die Verfahren durch Ausschüsse in verwaltungs- und sozialrechtlichen Streitigkeiten, insbesondere die Verfahren vor den Schiedsstellen im Sozialbereich (hierzu I-6.2.2) und die privaten Schiedsgerichte (hierzu I-6.2.3). Auch im Arbeitsrecht gibt es Regelungen über ein Schiedsverfahren (vgl. §§ 101 ff. ArbGG). Soweit eine Schiedsvereinbarung besteht, ist die Anrufung des Arbeitsgerichts unzulässig. Der Schiedsspruch hat unter den Tarifvertragsparteien dieselben Wirkungen wie ein rechtskräftiges Urteil des Arbeitsgerichts.   **Schiedsstellen**

– *Non-Binding-Arbitration/Case Appraisal:* Schlichtungs- oder Sachverständigenverfahren, bei der die dritte Person am Ende des Verfahrens eine Bewertung des Sach- und Streitstands vornimmt, deren Bewertung (Schiedsspruch) die Konfliktparteien akzeptieren können, aber nicht müssen (z. B. Schlichtung im Tarifstreit). Hierzu gehören insbesondere die Güteverfahren vor den Schiedsleuten (vgl. I-6.2.1) und die von den (z. B. Industrie- und Handels-, Handwerks-)Kammern und Verbänden getragenen Schlichtungsverfahren z. B. bei Verbraucherbeschwerden;

– *Ombudsmann:* Durch öffentliche Träger oder Wirtschaftssysteme (z. B. Bank- und Versicherungswesen) beauftragte Mittler können den Parteien einen Lösungsvorschlag unterbreiten, der für die dem System angeschlossene Partei bindende Wirkung haben kann, nicht aber für den Verbraucher.

Die verschiedenen ADR-Verfahren unterscheiden sich insbesondere im Grad der Einbeziehung, der ermittelnden Funktion und dem inhaltlichen Einfluss der „neutralen" **Dritten** bei der Konfliktbearbeitung. Schiedsverfahren sind aufgrund ihrer rechtlichen Orientierung eine Form der Streitbeilegung, die eher einer justiziellen Regelung als den „alternativen" Verfahren der Konfliktlösung ähneln, insbesondere sofern sie mit einem Schiedsspruch abgeschlossen werden. Notwendig ist hier ein Hinweis auf eine Besonderheit der deutschen Terminologie. In Unkenntnis der wesentlichen Prinzipien und Unterschiede wird hierzulande manches undifferenziert als Konfliktvermittlung und Mediation bezeichnet, nur weil die Konfliktbearbeitung von einer dritten Person moderiert wird und die am Streit Beteiligten selbst zu Wort kommen. Die teilweise sehr schnell erzielten und einfachen Ergebnisse dieser Vorgehensweise unterscheiden sich deutlich von der methodisch differenzierten Konfliktbearbeitung im Rahmen eines professionellen Mediationsverfahrens. Der Begriff „Mediation" ist aber in Deutschland nicht geschützt. Im Unterschied z. B. zu Österreich gibt es hierzulande noch kein Mediationsgesetz, durch das qualitative Mindeststandards gesetzlich festgelegt wären. Der Begriff „Schlichtung" intendiert eine eher rechtsbezogene Entscheidung und unterscheidet sich im Hinblick auf

Rolle und Funktion der Dritten

Schlichtung

die Vorschlags- und Entscheidungskompetenz des Dritten (z. B. des Schlichters in tarifrechtlichen Konflikten) semantisch wie konzeptionell von dem der Mediation. Er wird aber in Deutschland häufig auch als Synonym für die konsensuale Vermittlungstätigkeit verwendet. Entscheidend ist letztlich die Rolle und Funktion und damit das **methodische Vorgehen** des Dritten (zur Rolle und Funktion von Mediatoren s. u. I-6.3.3). In der psychosozialen Arbeit liegt der Fokus eher auf den konsensorientierten Streiterledigungsformen, für die die direkte Kommunikation der Konfliktbeteiligten unverzichtbar ist (hierzu s. u. I-6.3).

Konfliktmanagement   Andererseits impliziert der Begriff „Konfliktmanagement" die Nichtfestlegung auf ein bestimmtes Verfahren, sondern die Offenheit im Hinblick auf unterschiedliche (außergerichtliche, nicht justizförmige) Verfahrensalternativen (hierzu Troja/Stubbe 2006, 121). Im *common-law*-Bereich (insbesondere Australien, England, USA) wird insoweit von *conflict management design* gesprochen. Hier hat sich mittlerweile eine Beratungsindustrie herausgebildet, die bei der Wahl der angemessenen Konfliktlösungsstrategie berät bzw. im Rahmen der Konzeption und Implementierung von Konfliktlösungsverfahren in Unternehmen tätig ist. Mittlerweile wird unter dem Akronym **ADR** heute anders als in den in den Anfangsjahren nicht mehr eine „*alternative*", sondern die „*appropriate dispute resolution*", also das „passende", angemessene Verfahren der Konfliktregelung verstanden. Der justizförmige Weg des Gerichtsverfahrens und die richterliche Determination des Konflikts sollen in einem Kontinuum unterschiedlicher Streiterledigungsverfahren tatsächlich *ultima ratio* (letztes Mittel) sein. Dabei soll ADR das staatliche Gerichtssystem nicht ersetzen, sondern ergänzen. Die Rechtskontrolle durch staatliche Gerichte ist unabdingbarer Teil des Rechtsstaates. Mediation und andere Formen der ADR leben davon, dass im Hintergrund Zwangsmittel bereitgehalten und zum Schutz des Schwachen aktiviert werden (können). Insoweit sprechen manche von einer Konfliktregelung „im Schatten des Rechts" (Mnookin/Kornhauser 1979; Spittler 1980). Entscheidend – wenn man überhaupt von einem Schatten des Rechts sprechen will – ist aber, dass „*das Recht stärker durch seinen Schatten wirkt als durch den tatsächlich exekutierten Zwang*" (Frehsee 1991, 59). Das Recht ist und bleibt Schutzgarant und wird im Hinblick auf die Nichteinigungsalternativen vielfach ein latenter Entscheidungs- und Kontrollmaßstab sein (hierzu auch I-6.3.3).

 Alexander et al. 2006; Gottwald 1981; Trenczek 2005a

6.2   Schiedsverfahren

6.2.1   Schlichtungsverfahren vor den Schiedsleuten

obligatorisches Güteverfahren   Nach § 15 EGZPO kann durch Landesgesetz bestimmt werden, dass die Erhebung einer Klage erst zulässig ist, nachdem ein sog. obligatorisches Güteverfahren vor einer staatlich anerkannten Gütestelle mit dem Ziel einer einvernehmlichen Regelung durchgeführt worden ist. Von dieser Regelung haben mehrere Bundesländer (z. B. Baden-Württemberg, Bayern, Brandenburg, Hessen, Nordrhein-Westfalen, Saarland, Sachsen-Anhalt, Schleswig-Holstein) auch Gebrauch gemacht. Dort werden die Aufgaben der Schiedsstellen in Städten und Gemeinden überwiegend von ehrenamtlich tätigen Schiedsfrauen oder Schiedsmännern wahrgenommen. Eine der bekanntesten professionellen Einrichtungen ist die Öffentliche Rechtsauskunfts- und Vergleichstelle (ÖRA) in Hamburg, die bereits 1922 eingerichtet wurde (vgl. www.oera.hamburg.de). Die ÖRA bietet nicht nur Rechtsauskunft und Rechtsberatung, sondern fungiert auch in zivil- wie strafrechtlichen (vgl. § 380 StPO, vgl. IV-2) Konflikten als anerkannte Vergleichsstelle im sog. Sühne- bzw. Güteverfahren.

In der Praxis steht am Ende des Güteverfahrens häufig ein Vergleich- und Kompromissvorschlag des Schlichters (Jansen 1988, 334). Einigen sich die Parteien auf einen von der Gütestelle schriftlichen dokumentierten Vergleich, kann daraus wie aus einem gerichtlichen Urteil die Zwangsvollstreckung betrieben werden (§ 794 Abs. 1 Nr. 1 ZPO). Kommt es nicht zur Einigung, stellt die Gütestelle eine Erfolglosigkeitsbescheinigung aus, die Voraussetzung für die Einreichung einer Klage ist. Für die Durchführung von Schiedsverfahren erheben ehrenamtlich tätige Schiedsleute und andere anerkannte Gütestellen in der Regel nur geringe Gebühren von etwa 40 €. Insoweit läge eigentlich eine kostengünstige Möglichkeit einer außergerichtlichen Konfliktklärung vor. Allerdings wird das Schiedsverfahren wohl vor allem deshalb kaum genutzt, weil in diesem Rahmen ein methodisch eher einfaches Schlichtungsverfahren mit z. T. rigiden Verfahrensbestimmungen vor in der Regel nicht ausgebildeten Schiedsleuten oder Friedensrichtern stattfindet, das den Interessen und Bedürfnissen der Streitparteien nicht entspricht (vgl. Jansen 1988).

Der entscheidende Nachteil des obligatorischen Güteverfahrens nach § 15a EGZPO liegt in der Reduktion der informellen Konfliktschlichtung auf ein Regelungsinstrument von Bagatellfällen (vermögensrechtliche Streitwertgrenze 750 €; Nachbarrecht und persönliche Ehrverletzungen) sowie der damit vielfach einhergehenden methodischen Armut der Konfliktbearbeitung (vgl. Greger 2004; Jansen 1988; Röhl 2004). Auf diese Weise wird man der außergerichtlichen Streitregelung nicht zu mehr Akzeptanz bei den Bürgern und damit zum Durchbruch verhelfen.

6.2.2 Schiedsverfahren vor den sozialrechtlichen Schlichtungsstellen

Das Sozialrecht ist nicht zuletzt aufgrund des sozialrechtlichen Gesetzesvorbehaltes (§ 31 SGB I) inhaltlich sehr ausdifferenziert und verbindlich geregelt. Im Kooperationsbereich von öffentlichen Trägern, den Kommunen und Sozialversicherungsträgern, einerseits und (freien) Leistungserbringern andererseits überlässt es aber inhaltliche Regelungen, insbesondere über Leistungsinhalte und Entgelte (vgl. z. B. §§ 78a SGB VIII) bzw. Vergütungen (vgl. z. B. §§ 64, 112, 115 SGB V; §§ 75 Abs. 3, 76 f. SGB XII), den vertraglichen Regelungen der Beteiligten. Mit der Einführung der (sozialrechtlichen) Schiedsstellen ist ein Instrumentarium geschaffen worden, damit Entscheidungen getroffen werden können, wenn zwischen den Parteien aufgrund konträrer wirtschaftlicher Interessen Konflikte auftreten und sie selbst – innerhalb eines bestimmten Zeitraumes – keine Einigung über die Vereinbarungen erzielen können (vgl. Boetticher/Tammen 2003, 28 ff.; Gottlieb NDV 2001, 257 ff.; Schnapp 2004; Schütte NDV 2005, 246 ff.). In diesen Fällen müssen die Schiedsstellen von einer Seite angerufen werden, eine unmittelbare Klage gegen die andere Partei ist nicht zulässig.

Schiedsstellen sind zumeist auf Landesebene eingerichtete, paritätisch besetzte Ausschüsse mit einem unparteiischen und weisungsfreien Vorsitzenden und einer gleichen Zahl von Vertretern der öffentlichen Träger sowie der Einrichtungsträger. Von besonderer Bedeutung sind insbesondere

- die Pflegesatzschiedsstelle nach § 18a Krankenhausfinanzierungsgesetz (KHG) für die Schlichtung von Vergütungsstreitigkeiten zwischen Krankenhäusern und Krankenkassen,
- die Landesschiedsstelle nach § 114 SGB V für die Schlichtung von Vertragsstreitigkeiten entweder zwischen Krankenhäusern und Krankenkassen oder zwischen Krankenhäusern, Krankenkassen und Vertragsärzten.
- die Schiedsämter auf Bundes- und Landesebene nach § 89 SGB V für die vertragsärztliche Versorgung, die vertragszahnärztliche Versorgung und auch die Vergütung zahntechnischer Leistungen,
- die Schiedsstellen nach § 78g SGB VIII für Streitigkeiten über Leistungs- und Entgeltvereinbarungen in der Kinder- und Jugendhilfe,
- die Schiedsstellen in der Pflegeversicherung nach § 76 SGB XI,
- die Schiedsstellen nach § 80 SGB XII bei Streitigkeiten über Vergütungsvereinbarungen (§ 76 Abs. 2, § 77 Abs. 1 S. 2 SGB XII) in der Sozialhilfe.

Schiedsstellen gibt es auch aus Anlass anderer Regelungsdefizite, z. B. nach § 92 Abs. 1a SGB V, wenn der sog. gemeinsame Bundesausschuss bestehend aus Kassenärztlichen Bundesvereinigungen, der Deutschen Krankenhausgesellschaft, Bundesverbänden der Krankenkassen, der Bundesknappschaft und der Verbände der Ersatzkassen sich nicht über die zur Sicherung der ärztlichen Versorgung der Versicherten erforderlichen Richtlinien einigt. Geht es um den Abschluss von Vereinbarungen über Jugendhilfeleistungen, die nicht unter den Katalog des § 78a SGB VIII fallen, oder sind Leistungen nach den SGB II, III oder IX betroffen, so existiert keine Schiedsstelle.

Der Rechtscharakter der Schiedsstellentätigkeit ist umstritten. Zum einen wird bei der Tätigkeit der Schiedsstelle hoheitliches Handeln betont und sie insoweit als Behörde (§ 1 Abs. 2 SGB X) angesehen. Demgegenüber wird heute vermehrt von einem Doppelcharakter der Schiedsstellentätigkeit ausgegangen, in dem beide Elemente – hoheitliches Handeln und vertragshelfende Tätigkeit – zusammenfließen („Zwangsvertragshilfe", vgl. Münder et al. 2006 § 78g Rz. 9, Schütte NDV 2005, 247 f.). Einigkeit besteht jedenfalls darüber, dass Entscheidungen der Schiedsstelle vertragsgestaltende **Verwaltungsakte** sind (vgl. BVerwGE 108, 47; BVerwG v. 28.02.2002 – 5 C 25.01 – E 116, 78). Diese können ohne vorhergehendes Widerspruchsverfahren mit einer Klage vor den Sozialgerichten (vgl. § 77 Abs. 1 S. 3 SGB XII) bzw. im Bereich der Kinder- und Jugendhilfe vor den Verwaltungsgerichten angefochten werden. Die Klage ist dabei nach dem jetzigen Recht – anders als früher (vgl. BVerwGE 108, 47) – nicht gegen die Schiedsstelle, sondern gegen die andere Vertragspartei zu richten (vgl. z. B. § 78g S. 2 SGB VIII, § 77 Abs. 1 S. 4 SGB XII). Strittig ist, ob hierfür nur die Anfechtungsklage ausreichend bzw. zulässig ist (VG Karlsruhe 14.02.1006 – 8 K 1878/04: nur kassatorischer, d. h. die Entscheidung aufhebender Rechtsschutz im Wege der Anfechtungsklage) oder gleichzeitig eine allgemeine Leistungsklage (Boetticher/Tammen 2003, 51; Gottlieb NDV 2001, 261) erhoben werden muss.

Rechtsschutz gegen Entscheidungen der Schiedsstellen

Den Schiedsstellen wird eine weite Gestaltungsfreiheit und im Hinblick auf die Auslegung unbestimmter Rechtsbegriffe ein sog. **Beurteilungsspielraum** (I-3.3.3) zuerkannt. Ihre Schiedssprüche unterliegen nur in eingeschränktem Umfang gerichtlicher Kontrolle. Sie sind daraufhin zu überprüfen, ob sie die grundlegenden verfahrensrechtlichen Anforderungen und in inhaltlicher Hinsicht die zwingenden rechtlichen Vorgaben eingehalten haben. In formeller Hinsicht wird geprüft, ob die Schiedsstelle den von ihr zugrunde gelegten Sachverhalt in einem fairen Verfahren unter Wahrung des rechtlichen Gehörs ermittelt hat und ihr Schiedsspruch die Gründe für das Entscheidungsergebnis ausreichend erkennen lässt. Die inhaltliche Kontrolle ist darauf beschränkt, ob der vom Schiedsspruch zugrunde gelegte Sachverhalt zutrifft und ob die Grenzen des Entscheidungsspielraums unter Beachtung der allgemeinen Rechtsmaßstäbe eingehalten worden sind (BSG v. 14.12.2005 B 6 KA 25/04 R; BSG v. 27.04.2005 – B 6 KA 22/04 R).

6.2.3 Schiedsgerichtsbarkeit

Die Schiedsgerichtsbarkeit hat die Kaufmannschaft als ein ihren Interessen besonders entsprechendes Streitklärungsinstrument erfunden. Schiedsgerichte kommen aber auch in anderen Lebensbereichen vor (z. B. die sog. Sportgerichte). Schiedsgerichte sind private, d. h. nichtstaatliche Gerichte, die über bestimmte Streitigkeiten abschließend und verbindlich entscheiden. Da der privaten Schiedsgerichtsbarkeit anders als der staatlichen Gerichtsbarkeit aufgrund des staatlichen Gewaltmonopols (vgl. I-1.1.1) keine Zwangrechte zustehen, kann ein Schiedsgericht nur dann über eine Streitigkeit richten, wenn sich die Parteien des Streits zuvor darauf geeinigt haben. Im internationalen, aber auch zunehmend im nationalen Handelsverkehr sind solche Einigungen durchaus üblich. Vielfach wird bereits in die Vertragswerke eine Klausel aufgenommen, die im Konfliktfall eine außergerichtliche Klärung insbesondere durch ein Schiedsverfahren (zunehmend aber alternativ auch eine Mediation) vorschreibt.

Für das Privat- und Handelsrecht ist das Schiedsverfahren in den §§ 1025ff ZPO geregelt, sofern der Verfahrensort in Deutschland liegt und soweit die Parteien für ihr Schiedsverfahren keine davon abweichenden (zulässigen) Regelungen treffen. Zwingende Verfahrensgarantien sind das Recht auf rechtliches Gehör und die Gleichbehandlung der Parteien (§1042 ZPO). Wird auf eine Verfahrensordnung einer Institution für Schiedsgerichtsbarkeit (zum Beispiel der Handelskammer Hamburg, vgl. www.hk24.de) Bezug genommen, so gilt diese als vereinbart.

Der Vorteil der Schiedsgerichtsbarkeit liegt vor allem daran, dass sie im internationalen Waren- und Dienstleistungsverkehr anwendbar ist. Während deutsche Gerichtsurteile nicht überall auf der Welt vollstreckbar und damit faktisch wertlos sind, können Schiedssprüche auch im Ausland wesentlich leichter vollstreckt werden, sofern der entsprechende Staat dem New Yorker Abkommen über die Anerkennung und Vollstreckung ausländischer Schiedssprüche vom 10.06.1958 beigetreten ist. Das sind derzeit mehr als 100 Staaten in der Welt.

Ein Schiedsverfahren ähnelt im Ablauf einem „normalen" Gerichtsverfahren: Die Parteien fertigen Schriftsätze, es findet in der Regel eine mündliche Verhandlung statt, in der ggf. Beweisaufnahmen durchgeführt werden. Zwar werden stets die Möglichkeiten einer einvernehmlichen Regelung ausgelotet, am Ende des Verfahrens steht aber ein verbindlicher Schiedsspruch, der für die Parteien die gleichen Wirkungen hat wie ein Urteil. Allerdings können die Parteien stärker Einfluss auf das Verfahren nehmen, insbesondere sind sie in der Verfahrensgestaltung freier und flexibler als die Richter eines staatlichen Gerichtes. Zum Beispiel werden sie bei der Auswahl der Schiedsrichter beteiligt oder sie können den Verhandlungsort und die Verfahrenssprache einvernehmlich regeln.

6.3   Mediation

Mediation (Vermittlung) ist ein außergerichtliches, nichtöffentliches Verfahren konstruktiver Konfliktregelung, bei dem die Parteien eines (Rechts-) Streits mit Unterstützung eines Dritten, des Mediators, einvernehmliche Regelungen suchen, die ihren Bedürfnissen und Interessen dienen. Ziel der Mediation ist eine verbindliche, in die Zukunft weisende Vereinbarung. Die Leitung und Moderation von Verhandlungen bzw. der Konfliktbearbeitung wird deshalb einer besonders geschulten, unabhängigen und unparteiischen Vermittlungsperson („Mediator/in") übertragen. Die Mediatoren entscheiden nicht in der Sache, sondern unterstützen die Parteien dabei, die strittigen Themen und Streitpunkte zu identifizieren sowie Lösungsoptionen zu erarbeiten. Dabei stellt sich häufig heraus, dass die Parteien das „entweder – oder" überwinden und – oft sogar über den ursprünglichen Streitgegenstand hinaus – „gewinnen", d. h. eine Lösung oder Regelung finden können, die ihren Interessen gleichermaßen dient (sog. Win-win-Situation; vgl. hierzu Fisher / Ury 1981). Die **wesentlichen Merkmale** des Mediationsverfahrens sind:

Win-win-Situation

- Vermittlung durch unparteiische („neutrale") Dritte. Mediatoren haben keine Entscheidungsgewalt im Hinblick auf den Streitgegenstand, sie sind weder Richter noch Schlichter;
- Einbeziehung und direkte Kommunikation aller Konfliktparteien; i. d. R. sind diese anwesend; keine die Parteien ersetzende Vertretung durch Dritte;
- informelle / außergerichtliche Konfliktbearbeitung, flexible Verfahrensgestaltung;
- Nichtöffentlichkeit und Vertraulichkeit; keine der offen gelegten Informationen und Aspekte wird an Dritte weitergegeben;
- Autonomie: die Parteien bestimmen Anfang und Ende der Mediation; selbst bestimmte, interessensgerechte Regelung / Lösung des Konflikts;
- Ergebnisoffenheit und Konsensorientierung: Verzicht auf Machtentscheidungen und einseitige Rechtsdurchsetzung.

Vorteile der Mediation

Bei einer Mediation sind nicht nur rechtliche Fragen von Bedeutung, vielmehr können von den Parteien alle (wirtschaftlichen und sozialen, persönlichen und emotionalen) Aspekte eines Konflikts in die Diskussion eingebracht werden. Aufgrund ihrer interdisziplinären Kompetenzen sind (gut ausgebildete) Mediatoren in der Lage, den Dialog zwischen den Konfliktpartnern zu fördern, um einen Konsens, eine einvernehmliche Regelung oder Lösung zu finden, bei der beide / alle „gewinnen" können. Dies führt in aller Regel zu einer nachhaltigen Zufriedenheit der Parteien. Die wesentlichen Vorteile der Mediation sind:

- Selbstbestimmung und Planungssicherheit: keine Entscheidung durch Dritte; die Parteien bestimmen die Mediatoren, Anfang und Ende, Inhalt und Ergebnis des Mediationsverfahrens; unbürokratisches, flexibles Verfahren (u. a. abgestimmte Terminplanung);
- angemessene Berücksichtigung der Standpunkte, Interessen und Ziele der Parteien;
- zukunftsorientierte und interessengerechte Lösung, bei der alle Seiten gewinnen können (Win-win-Situation); Erzielung wirtschaftlich sinnvoller und nachhaltiger Ergebnisse;
- Erhaltung, Wiederherstellung oder Neugestaltung und Verbesserung der geschäftlichen bzw. persönlichen Beziehungen;
- Vertraulichkeit, Bewahrung von Privat- und Geschäftsgeheimnissen, keine Gefahr der Rufschädigung und Imageverlusten, keine Presse;
- Zeitersparnis gegenüber Gerichtsverfahren, insbesondere bei mehreren Instanzen;
- Reduzierung der (Rechtsverfolgungs-)Kosten, Schonung personeller und betrieblicher Ressourcen, Vermeidung von Reibungsverlusten (z. B. Abstellen von Mitarbeitern, interne und externe Besprechungen zur Vorbereitung von Gerichtsverfahren);
- Verringerung emotionaler Kosten in Streitverfahren, nachhaltige Zufriedenheit mit Verlauf und Ergebnis des Mediationsverfahrens;

- nachhaltige Steigerung der persönlichen und betrieblichen Produktivität durch die Erfahrung konstruktiver Konfliktlösungsverfahren;
- Mediation verfügt über hohe Erfolgschancen: Bei Durchführung eines fachgerechten Mediationsverfahrens liegt die Einigungsquote i. d. R. bei 80–90 %.

6.3.1   Anwendungsbereiche der Mediation

Ziel der Mediation

Mediation ist als Verfahren und Methode der kommunikativen Konfliktbearbeitung universell einsetzbar. Im Vordergrund steht die in die Zukunft weisende Vereinbarung (Lösungsorientierung). Für diesen Prozess bieten die Mediatoren ihre Unterstützung an („*facilitative mediation*"). Harmonie herzustellen ist nicht das vordringliche Ziel. Eine Harmonisierung oder gar „Transformation" der Beziehungen („*transformative mediation*") ist nicht ausgeschlossen, darf aber weder Voraussetzung noch von den Mediatoren vorgegebenes Ziel sein. Mediation ist immer dann sinnvoll, wenn die Parteien die Lösung ihres Konfliktes selbst bestimmen wollen, insbesondere wenn sie – aus welchen Gründen auch immer – künftig weiter Kontakt pflegen wollen.

Mediation ist ein transdisziplinäres Arbeitsfeld, in das psychosoziale Berufe ebenso wie Juristen, Ingenieure, Ökonomen und andere Berufsgruppen ihre spezifischen Kompetenzen einbringen können. Für die **Mediation im psycho-sozialen Bereich** kommen insbesondere die folgenden Konfliktfelder in Betracht:

- im Privatbereich:
  - zwischen (sich trennenden) Ehepartnern,
  - in Familien- und Generationenkonflikten (z. B. auch aufgrund von Erbstreitigkeiten),
  - im Mieter-Vermieter-Verhältnis,
  - in Nachbarschaftsstreitigkeiten.
- im Unternehmens- und Wirtschaftsbereich:
  - Konflikte zwischen Arbeitnehmern, Vorgesetzten und Mitarbeitern,
  - Teamkonflikte in Betrieben und sonstigen (sozialen) Organisationen, insbesondere in Veränderungsprozessen (z. B. aufgrund von Umstrukturierungen),
  - bei Verbraucherbeschwerden,
  - in der Gesundheits- und Altenpflege.
- im öffentlichen Bereich:
  - Schul- oder peer-group-Mediation,
  - in interkulturellen Konflikten,
  - Täter-Opfer-Ausgleich (hierzu IV-3.2),
  - in politisch-administrativen Entscheidungsprozessen zur Gestaltung und Nutzung des öffentlichen Raums,
  - in Konflikten zwischen öffentlichen Sozialleistungsträgern und freien

Einrichtungsträgern und Leistungserbringer (zum sozialrechtlichen Schiedsverfahren vgl. oben I-6.2.2).

Die Familienmediation, insbesondere in Trennungs- und Scheidungsverfahren, ist im Privatbereich mit geschätzten 10.000 Verfahren im Jahr neben dem sog. Täter-Opfer-Ausgleich der größte Anwendungsbereich der Mediation in Deutschland (Diez et al. 2002; Hohmann/Morawe 2001; Proksch 2004). Allerdings bedeutet dies andererseits, dass ein Mediationsverfahren derzeit nur in jedem 10. Trennungs- und Scheidungsfall genutzt wird. Seit der Kindschaftsrechtsreform von 1998, die das gemeinsame Sorgerecht sich trennender Eltern fördert, lässt sich immerhin ein zunehmender Trend feststellen. Die Trennungs- und Scheidungsmediation führen überwiegend freiberufliche Mediatoren durch. Aber auch die nach § 17 SGB VIII möglichen Vermittlungsangebote der Jugendhilfe scheinen bei einer entsprechenden Qualifikation der Mitarbeiter genutzt zu werden. **Familienmediation**

Grundsätzlich lassen sich alle Konflikte mediieren, selbst in Fällen, in denen die Atmosphäre aufgrund von erheblichen Enttäuschungen und Verletzungen vergiftet ist und eine gütliche Einigung unmöglich erscheint. Man kann vielmehr andersherum feststellen: Mediation ist dann angebracht, wenn der Konflikt so weit eskaliert ist, dass die Beteiligten außerstande sind, alleine in direkten Verhandlungen die Probleme kooperativ zu lösen. Entscheidend ist letztlich die Bedürfnis- und Interessenlage der Parteien, die Bereitschaft, „trotz allem" einvernehmliche Lösungen zu erarbeiten. Mediation ist stets eine zusätzliche Option, der Rechtsweg ist durch Mediation grds. nicht ausgeschlossen. **geeignete Fälle**

Besonders geeignet ist Mediation, wenn die Parteien – aus welchen Gründen auch immer – ein Interesse an einer künftig (weiter)bestehenden (persönlichen oder geschäftlichen) Beziehung haben. Schwierig ist Mediation, wenn auf einer Seite keine Verhandlungsbereitschaft oder -möglichkeit besteht. Dies ist im Hinblick auf das Gesetzlichkeitsprinzip der Verwaltung bei Behörden zum Teil der Fall, insbesondere dann, wenn der Verwaltung im Rahmen der Entscheidungsfindung kein Ermessen (hierzu I-3.4) zusteht. Gleichwohl hat sich Mediation auch in verwaltungs- und sozialrechtlichen Streitfällen bewährt (vgl. z. B. Entringer et al. 2003; Vögele 2003).

Mit Blick auf die Leistungsträger der Mediation lassen sich in Deutschland im Wesentlichen die folgenden Subsysteme unterscheiden: **Mediationsanbieter**

- die vor allem von Rechtsanwälten, psychosozialen und betriebswirtschaftlichen Professionen freiberuflich angebotene Mediation,
- systeminterne Konfliktmanager/Mediatoren (z. B. in Unternehmen, Einrichtungen),
- vom Justizsystem bereitgestellte gerichtsinterne Mediation durch sog. Richtermediatoren in bereits rechtsanhängigen Streitsachen,
- die durch die Schiedsstellen der Kammern und Verbände getragenen Mediationsverfahren (soweit es sich hierbei nicht nur um ein Schlichtungsverfahren handelt), um bei Beschwerden von Verbrauchern ohne Gerichtsverfahren zu einer Einigung zu kommen,

■ außergerichtliche Mediationsangebote gemeinnütziger Ausgleichs- und Schlichtungsstellen (*Community Justice* bzw. *Dispute Resolution Center*).

So vielfältig das Angebot der einzelnen Mediationsinitiativen und Projekte ist, fällt doch auf, dass die einzelnen Bereiche noch weithin unvernetzt bleiben. Dies führt zu teilweise erheblich unterschiedlichen fachlichen Standards und zu einer nicht gerade nutzerfreundlichen Unübersichtlichkeit.

Gemeinwesen-mediation

Im Hinblick auf die Soziale Arbeit, aber auch auf die Konflikthilfe allgemein haben mittlerweile die außergerichtlichen Mediationsangebote **gemeinnütziger Ausgleichs- und Schlichtungsstellen** eine besondere Bedeutung. Der gemeinwesenbezogene Konfliktlösungsansatz kann sogar als Geburtshelfer der Mediation bezeichnet werden (Trenczek 2005a, 234). Als „gemeinwesenbezogene Mediation" bezeichnet man unabhängig vom jeweiligen Konflikt- und Arbeitsfeld alle konsensorientierten Vermittlungsleistungen zur Regelung der Konflikte im sozialen Nahraum der Bürger. Dies reicht von sog. Verbrauchersachen über Konflikte zwischen Kollegen am Arbeitsplatz, Gruppen- und Teamkonflikte (insbesondere in sozialen Einrichtungen und Vereinen), weiter über Familien- und Generationenkonflikte, die peer-group- und Schulmediation und sog. Konfliktlotsenprogramme bis hin zu den Streitigkeiten in der Nachbarschaft und der Stadtquartiere sowie schließlich dem sog. Täter-Opfer-Ausgleich in strafrechtlich relevanten Konflikten.

Die gemeinnützigen Schlichtungsstellen (z. B. Mediationsstelle in Frankfurt/Oder, www.mediationsstelle-ffo.de; WAAGE in Hannover, www.waage-hannover.de) verstehen sich als niederschwellige Ergänzung zur gerichtlichen Streiterledigung einerseits und den freiberuflichen bzw. kommerziellen Mediationsinitiativen andererseits. Konfliktvermittlung soll damit auch als Bestandteil der sozialen Grundversorgung der Bevölkerung angeboten werden. Besonderes Kennzeichen dieser gemeinnützigen Streitschlichtungsangebote ist, dass sie – in Abgrenzung zu Schlichtungs- und Schiedsverfahren – von Beginn an methodisch konsequent einem mediativen, emanzipatorischen Konfliktbearbeitungsmodell folgen. Darüber hinaus basiert die Arbeit dieser Mediationsangebote zu einem großen Teil auf dem freiwilligen Engagement ehrenamtlich tätiger Bürgerinnen und Bürger. Nach dem Vorbild angelsächsischer *Community Justice Center* sollen alle Bevölkerungsgruppen, auch diejenigen, die vielfach an Barrieren des Justizsystems scheitern, unabhängig von Einkommen und sozialem Status, einen angemessenen Zugang zu einem qualitativ hochwertigen Konfliktlösungsverfahren und damit einen **Zugang zum Recht** erhalten.

6.3.2 Ablauf einer Mediation

Mediation ist ein strukturiertes Verfahren, dessen Ablauf nach einer sorgfältigen Vorbereitung in mehreren Phasen erfolgt. In der Mediationsliteratur und -praxis werden unterschiedliche Mediations(phasen)modelle vertreten.

Die Vermittlung in unterschiedlichen Konflikten, im Bereich der Wirtschaft und Arbeitswelt, in Nachbarschaftsstreitigkeiten, in der Familienmediation, zwischen *peers* in der Schule oder im Täter-Opfer-Ausgleich usw. bedarf der Anpassung an die spezifischen Zusammenhänge. Dies betrifft z. B. die Abfassung einer schriftlichen Mediationsvereinbarung, das separate Treffen mit den Konfliktparteien oder die spezifische Art der Themensammlung (z. B. in der Trennungs- und Scheidungsmediation) oder – sehr grundlegend – die Haltung der Mediatoren. Das Mediationsverfahren basiert im Wesentlichen auf ganz spezifischen Interaktions- und Kommunikationsprozessen. Wichtiger als die Kenntnis der Verfahrenstechnik ist deshalb die Kenntnis der spezifischen Mediationsmethode sowie eine entsprechende mediative Grundhaltung der Mediatoren.

Kurz zusammengefasst läuft das Mediationsverfahren folgendermaßen ab (vgl. Übersicht 21; ausführlich hierzu Trenczek 2005b, 193 ff.): Nach **Vorbereitungsphase** Fallzuweisung oder Kontaktaufnahme durch die Parteien werden diese in der Vorbereitungsphase über das Mediationsverfahren informiert, die Rahmenbedingungen (z. B. Vertraulichkeit, Kommunikationsregeln) für die Konfliktvermittlung in einer **Mediationsvereinbarung** festgehalten und die weitere Vorgehensweise miteinander abgestimmt. Wichtig ist eine klare Auftragsklärung, damit nicht unrealistische oder falsche Erwartungen den Mediationsprozess behindern. In manchen Mediationssettings, z. B. stets im sog. Täter-Opfer- (TOA) oder Außergerichtlichen Tatausgleich (ATA) (hierzu IV-3.2), findet ein getrenntes **Vorgespräch** mit den Parteien statt. Nicht in allen Mediationen werden schriftliche Mediationsvereinbarungen

Übersicht 21: Das 3x5-Phasenmodell der Mediation

I. Vorbereitungsphase
- Fallzuweisung/Beauftragung (Intake)
- Informationssammlung und Vorprüfung (Screening)
- Kontaktaufnahme mit den Parteien – ggf. vorbereitendes Treffen mit den (einzelnen) Parteien
- Auftragsklärung
- Mediationsvereinbarung

II. Vermittlungsphase – Mediationsgespräch
- Einführung
- Standpunkte/Problemdefinition/Agenda
- Exploration: Konflikterhellung und Interessensklärung
- Entwicklung von Optionen/Verhandlungen
- Problemlösung/Vereinbarung

III. Post-Mediations-Phase/Umsetzungsphase
- Überprüfung der Vereinbarung durch Dritte (z. B. Rechtsanwälte der Parteien)
- ggf. offizielle Anerkennung und Ratifikation (z. B. notarielle Beurkundung, Gericht)
- Überprüfung der Einhaltung der Vereinbarung (monitoring)
- Reflexion der Mediatoren (debriefing)
- ggf. Follow-up

getroffen; diese sind aber bei komplexen oder länger dauernden Verfahren sehr zu empfehlen.

Mediationssitzung   Zu Beginn der eigentlichen Mediationssitzung wird noch einmal auf die wesentlichen Merkmale der Mediation und ggf. auf die bereits geschlossene Mediationsvereinbarung verwiesen, bevor auf den Streit inhaltlich eingegangen wird (hierzu vgl. die Übersicht 22). Sodann stellen die Parteien relativ kurz ihre **Standpunkte** und Sichtweisen im Zusammenhang dar. Dies dient der Informationsgewinnung, insbesondere für die Mediatoren, weil diese häufig zu diesem Zeitpunkt über den Inhalt des Konflikts noch keine Kenntnis haben. Gleichzeitig ist die Gegenseite gezwungen zuzuhören, womit die Parteien (manchmal sogar zum ersten Mal) ihre Sichtweise ohne Unterbrechungen artikulieren und ggf. Gefühle und Bedürfnisse ausdrücken können. Es ist wichtig, dass die Parteien sich verstanden fühlen. Der Mediator fasst die Konfliktdarstellungen zusammen, so dass die Themen, Streitpunkte und Konfliktfelder für die weitere Bearbeitung bewertungsfrei und damit in einer für beide Streitparteien akzeptablen Weise in einer **Agenda** strukturiert werden können. Ausgehend von der aufgestellten

Exploration   Agenda wird den Konfliktparteien in der Exploration (**Konflikterhellung**) genannten, zeitlich umfangreichsten Phase die Möglichkeit gegeben, ihre Sicht des Konflikts zu jedem Themenpunkt umfassend darzustellen. Informationen, Daten und Wahrnehmungen werden ausgetauscht, bevor auf die unterschiedlichen und gemeinsamen Wünsche, Bedürfnisse und Interessen der Parteien vertieft eingegangen und damit der Konflikt umfassend erhellt werden kann. Emotionen der Parteien können und dürfen nicht vermieden werden. In der Exploration sind die Mediatoren mit ihrer ganzen Persönlichkeit wie mit ihrem professionellen Gesprächsführungsrepertoire besonders gefordert. Die Vermittler achten auf die nonverbale Kommunikation (Mimik, Körpersprache) ebenso wie auf sprachliche Äußerungen. Insbe-

aktives Zuhören   sondere kann es hilfreich und notwendig sein, das Gehörte zusammenzufassen, zu spiegeln oder (positiv) umzuformulieren. Durch das Zurücksenden der Botschaften tritt der Zuhörende den aktiven Beweis an, dass er den Sender verstanden hat (s. u. I-6.3.4).

Anschließend werden verschiedene Lösungsoptionen entwickelt, die in den nachfolgenden **Verhandlungen** bewertet werden und in eine verbindliche **Abschlussvereinbarung** münden. Mediatoren dürfen grds. keine Lösungen vorgeben. Sie müssen den Parteien helfen, ihre Situation zu überblicken und die für sie notwendigen Entscheidungen selbst zu treffen. Sie sollen die Parteien mit kreativen Methoden zu ermutigen, Scheuklappen abzulegen, neue Sichtweisen aufzunehmen und ggf. „über ihren Schatten zu springen". Durch Einbringen intersubjektiv nachprüfbarer („objektiver") Kriterien sollen die bisherigen Vorstellungen der Partei „auf den Prüfstand" gestellt und daraufhin untersucht werden, inwieweit diese realistisch sind (*reality testing*). Ggf. erlauben es getrennte, parteivertrauliche Einzelgespräche den Mediatoren, die Grenzen der Einigungsbereitschaft auszuloten und die (Nichteinigungs-)Alternativen bei einem Scheitern der Mediation anzusprechen (sog. *BATNA – Best Alternative To an Negotiated Agreement*,

Übersicht 22: Mediationspyramide

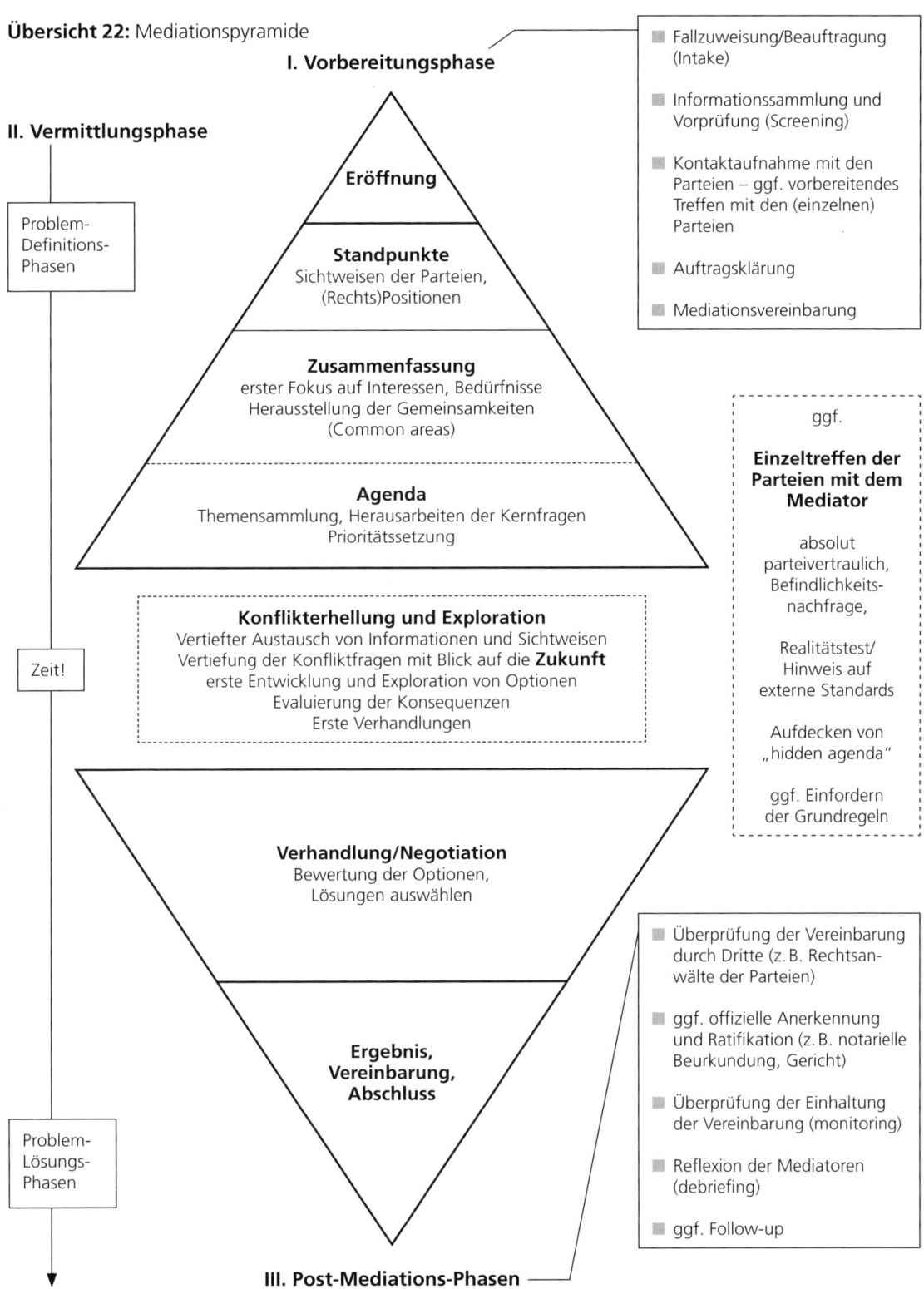

I. Vorbereitungsphase

II. Vermittlungsphase

Problem-
Definitions-
Phasen

Zeit!

Problem-
Lösungs-
Phasen

Eröffnung

Standpunkte
Sichtweisen der Parteien,
(Rechts)Positionen

Zusammenfassung
erster Fokus auf Interessen, Bedürfnisse
Herausstellung der Gemeinsamkeiten
(Common areas)

Agenda
Themensammlung, Herausarbeiten der Kernfragen
Prioritätssetzung

Konflikterhellung und Exploration
Vertiefter Austausch von Informationen und Sichtweisen
Vertiefung der Konfliktfragen mit Blick auf die **Zukunft**
erste Entwicklung und Exploration von Optionen
Evaluierung der Konsequenzen
Erste Verhandlungen

Verhandlung/Negotiation
Bewertung der Optionen,
Lösungen auswählen

**Ergebnis,
Vereinbarung,
Abschluss**

III. Post-Mediations-Phasen

■ Fallzuweisung/Beauftragung
(Intake)

■ Informationssammlung und
Vorprüfung (Screening)

■ Kontaktaufnahme mit den
Parteien – ggf. vorbereitendes
Treffen mit den (einzelnen)
Parteien

■ Auftragsklärung

■ Mediationsvereinbarung

ggf.

**Einzeltreffen der
Parteien mit dem
Mediator**

absolut
parteivertraulich,
Befindlichkeits-
nachfrage,

Realitätstest/
Hinweis auf
externe Standards

Aufdecken von
„hidden agenda"

ggf. Einfordern
der Grundregeln

■ Überprüfung der Vereinbarung
durch Dritte (z.B. Rechtsanwälte der Parteien)

■ ggf. offizielle Anerkennung
und Ratifikation (z.B. notarielle
Beurkundung, Gericht)

■ Überprüfung der Einhaltung
der Vereinbarung (monitoring)

■ Reflexion der Mediatoren
(debriefing)

■ ggf. Follow-up

vgl. Fisher/Ury 1981, 101 ff.). Einige Konflikte lassen sich in einer Sitzung mediieren, andere, komplexere Fälle bedürfen u. U. mehrfacher Sitzungen, in denen die Phasen 3 und 4 für jeden einzelnen Punkt auf der Agenda wiederholt durchlaufen werden.

Post-Mediations-Phase

In der **Post-Mediations-Phase** wird die Vereinbarung ggf. durch Dritte (z. B. Rechtsanwälte der Parteien) überprüft und ggf. durch ein Gericht oder eine notarielle Beurkundung offiziell anerkannt und ratifiziert. In der Folgezeit wird die Einhaltung der Vereinbarung überwacht (*monitoring*), sei es von den Parteien, den Mediatoren (z. B. im Rahmen eines TOA/ATA) oder einem beauftragten Dritten. In manchen Fällen verabreden die Parteien miteinander auch ein nochmaliges Zusammentreffen oder zumindest eine kurze Kontaktaufnahme, um zu klären, ob sie mit Verlauf und (nachhaltigem) Ergebnis der Mediation zufrieden sind. Unabdingbar ist auch die fachliche Reflexion der Co-Mediatoren (*debriefing*) im Anschluss an eine Mediation.

Trenczek 2005b

6.3.3 Mediation und Recht

Mediation und Rechtsberatung

Das Verhältnis von Mediation und Recht war in Deutschland lange Zeit vor allem deshalb umstritten, weil nach den Vorschriften des RBerG die „geschäftsmäßige Besorgung fremder Rechtsangelegenheiten" nach §§ 1 f. RBerG grds. den Rechtsanwälten und Notaren vorbehalten ist (vgl. I-4.2). Damit wären andere, insbesondere psychosoziale Berufsgruppen, obwohl gerade diese entscheidend zur Entwicklung und Methodik der Mediation beigetragen haben, weitgehend aus dem Mediationsgeschäft gedrängt worden.

Interessensklärung

Zwar geht es in der Mediation weniger um die Klärung rechtlicher Verhältnisse als um die Klärung der hinter den Rechtspositionen stehenden Interessen. Nicht rechtliche Fragen, sondern ökonomische, soziale und persönliche Bedürfnisse stehen i. d. R. im Vordergrund, ganz gleich ob es sich um eine Familienmediation, eine sog. Wirtschaftsmediation, um die Mediation in Nachbarstreitigkeiten oder in strafrechtlich relevanten Konflikten handelt. Der Schwerpunkt einer Mediation liegt damit nicht in der rechtlichen Bewertung oder Gestaltung. Auch deshalb wurde im Entwurf zum neuen Rechtsdienstleistungsgesetz klargestellt, dass Mediation nicht als eine grundsätzlich Anwälten vorbehaltene Rechtsdienstleistung zu qualifizieren ist (vgl. Henssler 2006, 132). Andererseits wird es oft nicht ausbleiben, dass im Rahmen einer Mediation von den Parteien Rechtsfragen eingebracht werden. Dies ist zwar nicht immer der Fall – nicht jeder Konflikt ist ein Rechtsstreit – es ist aber durchaus üblich, dass die Parteien zumindest zu Beginn eines Verfahrens auf Rechtspositionen bestehen, im Verlaufe des Verfahrens ihre Standpunkte überdenken und schließlich vor Abschluss einer Vereinbarung ihre (rechtlichen und sonstigen Nichteinigungs-)Alternativen (sog. BATNA) überdenken. Also kommt es durchaus häufig vor, dass an Mediatoren Rechtsfragen herangetragen werden. Und schließlich mündet die erfolgreiche Mediation stets in einer Vereinbarung, deren Inhalt das wechselseitige Verhältnis der Parteien ggf. neu regelt. Freilich muss dieser (nicht notwendig schriftliche) Vertrag nicht immer von den Mediatoren formuliert werden, vielmehr wird die Vereinbarung inhaltlich von den Parteien selbst getroffen oder von den sie begleitenden Anwälten verfasst und sollte von den anwesenden Mediatoren lediglich protokolliert werden.

Ungeachtet des eher berufsständisch motivierten Konflikts über die Frage, ob Mediation eine rechtsberatende Tätigkeit darstellt, stellt sich das Verhältnis von Mediation und Recht in einer viel grundlegenderen Weise. Mediation findet ja nicht außerhalb der Rechtsordnung statt. Die Entstaatlichung und Informalisierung der Streitregelung ist nicht identisch mit der Beseitigung der öffentlichen Verhaltenskontrolle. Mediation erlaubt zwar eine außergerichtliche, informelle, aber keine völlig außerrechtliche (willkürliche) Konfliktbearbeitung. Das Recht setzt Grenzen, es wirkt als Orientierungs- und Ordnungsrahmen. Es schreibt z.T. eben verbindlich, nichtdispositiv fest, was Recht und Ordnung ist. Das Recht ist und bleibt Schutzgarant und wird im Hinblick auf die Nichteinigungsalternativen (sog. BATNA) vielfach ein latenter Entscheidungs- und Kontrollmaßstab sein. Allerdings ist die Rechtsnorm eben nur eines von mehreren Kriterien, einen Streit verbindlich beizulegen. **Rolle des Rechts**

Die Güte eines Mediationsverfahrens zeichnet sich allerdings nicht per se durch seine Rechtsferne aus. In einer solchen Position spiegelt sich nur eine Rechts- bzw. Juristenfeindlichkeit mancher Mediatoren aus dem psychosozialen Bereich wider, die der Unfähigkeit mancher Juristen, die sozialen und psychologischen Anteile der Mediation als unverzichtbar wahrzunehmen, in nichts nachsteht. Von nachhaltiger (Prozess-, Ergebnis- und Struktur-) Qualität der Mediation kann man nur sprechen, wenn das Verfahren den Geboten der **Fairness**, das Ergebnis den Gerechtigkeitsvorstellungen und den Interessen der Parteien entspricht und ggf. vorhandene Machtungleichgewichte (welcher Art auch immer) ausbalanciert werden konnten. Recht muss nicht im Gegensatz zu den Interessen der Parteien stehen. Andererseits garantiert das Recht aber eben keine interessengerechte Lösung des Konflikts, ja vielfach steht eine auf (Rechts)Positionen bezogene Verhandlungsführung einer interessengerechten Lösung im Wege. Aus der vorgenannten Argumentation ergeben sich zwei wesentliche Fragen für die Mediatoren: Über welche Rechtskenntnisse sollten Mediatoren verfügen? Wie soll sich ein Mediator verhalten, wenn an ihn Rechtsfragen herangetragen werden? Beide Fragen lassen sich nur beantworten, wenn man die Rolle und Funktion der Mediatoren geklärt hat.

6.3.4   Rolle und Funktion von Mediatoren

Mediatoren sind besonders geschulte, unabhängige und unparteiische Ver-
mittlungspersonen, die die Parteien bei ihrer autonomen Konfliktregelung
bzw. -lösung unterstützen. Mediatoren haben keine Entscheidungsgewalt im
Hinblick auf den Streitgegenstand, sie entscheiden nicht „für" oder „über"
die Parteien, sie schlagen weder einen Kompromiss vor noch drängen sie die
Parteien in den Vergleich. Der Fokus liegt auf Partizipation und einem autonomen Interessensausgleich. Die Aufgaben eines Mediators bestehen im
Wesentlichen darin, den Verhandlungsprozess zwischen den Parteien unter-
stützend zu begleiten, in dem sie die spezifische Struktur und Methode der
Mediation als systemische Konfliktintervention einsetzen. Diese beinhaltet
insbesondere:

- **Gesprächsmoderation:** Neugestaltung und Steuern der Kommunikations-
  verläufe,
- **Verfahrenskontrolle:** Agenda-Setting, Strukturgebung, Führen und Lei-
  ten, Klärungshilfe,
- unterstützende **Problemdefinition:** systemische Wahrnehmungsrekon-
  struktion, Interessens- und Bedürfnisanalyse, Klärung der Nichteinigungsalternativen.

Mediatoren sind weder Schlichter noch Richter, sondern **Initiatoren neuer
Regelungsprozesse**. Sie ermitteln nicht die Wahrheit. Sie bewerten und urtei-
len nicht, sondern arbeiten mit der (selektiven) Wahrnehmung der Konfliktparteien, benennen Differenzen und versuchen, einen Wechsel der Perspektiven und die Konstruktion einer gemeinsamen Geschichte zu ermöglichen.
Mediatoren schlagen in aller Regel keine Lösungen vor, die Lösung liegt bei
den Parteien. Mediatoren unterstützen diese lediglich bei der Suche nach
Regelungsoptionen. Eine sehr verbreitete **Mediatorenkrankheit** ist es, die
„objektive Wahrheit" zu suchen, statt mit den (konstruierten) Geschichten
der Parteien zu arbeiten, die eigene Sichtweise für objektiv zu halten und
von eigenen Werten auszugehen, sich in eigene (Lösungs-)Ideen zu verlie-
ben und „offenkundige" Lösungen vorzuschlagen. Manchen Mediatoren
ist es sichtlich unangenehm, Emotionen Raum zu geben und Spannungen
zuzulassen. Manche verfügen nicht über Geduld und lassen den Parteien
nicht ausreichend Zeit und Raum, um die hinter den Standpunkten und Positionen liegende Fragen anzugehen.

Allparteilichkeit   Die Mediatoren dürfen kein eigenes (persönliches wie institutionelles)
Interesse an einem bestimmten Konfliktausgang haben. Es ist ihre Aufgabe,
einen Konflikt ergebnisoffen zu mediieren. Deshalb müssen Mediatoren
neutral und unparteilich sein. Sie setzen sich aber für die Interessen und
Belange aller Konfliktparteien ein. In diesem Sinne sind sie „allparteilich".
Wollen Mediatoren nicht in Gefahr geraten, ihre Allparteilichkeit und das
u. a. damit zusammenhängende Vertrauen der Parteien aufs Spiel zu setzen, dürfen sie zu den Parteien nicht gleichzeitig in einem Beratungskon-

text stehen. Hierbei macht es keinen Unterschied, ob diese Beratung eher psychosozialer oder rechtlicher Natur ist. Im Hinblick auf die psychosoziale Mediation verbieten sich deshalb die teilweise in der Praxis bestehenden „Arrangements" und Strukturen öffentlicher Träger, in denen die Mitarbeiter Mediation neben anderen Aufgaben „so nebenher" durchführen, ohne dass eine Trennung von parteilicher, interessengeleiteter Beratung und allparteilicher Mediation gewährleistet wäre (z. B. Mediation im Rahmen der JGH durch denselben Jugendamtsmitarbeiter oder durch die Gerichts- und Bewährungshilfe für denselben Beschuldigten).

Selbst- und professionskritische Juristen wissen, dass sich Rechtsfragen, insbesondere aufgrund der Auslegung sog. unbestimmter Rechtsbegriffe (hierzu I-3.3.2) sowie andererseits Rechtsfolgeentscheidungen im Hinblick auf die Ermessenserwägungen (I-3.4.2) nur selten eindeutig beantworten lassen und noch seltener eine verlässliche Prognose im Hinblick auf das gerichtliche Entscheidungsverhalten abgegeben werden kann. Mediatoren sind jedenfalls bei einer über die bloße allgemeine (nicht auf einen konkreten Sachverhalt bezogene) Rechtsauskunft hinausreichenden Rechtsberatung stets in Gefahr, ihre Allparteilichkeit zu verlieren, so „objektiv" (was immer das sein mag) sie sich auch geben mögen. Mediatoren sollten – auch wenn sie in Rechtsfragen geschult und als Rechtsanwalt tätig sein sollten – deshalb grds. keine Rechtsberatung für die Medianten durchführen.

6.3.5   Mediationsausbildung und -kompetenzen

Mediation zeichnet sich durch ihre **transdisziplinäre Basis und Ausrichtung** aus, für die Erkenntnisse u. a. aus der Konfliktforschung, der Kognitionswissenschaft, der Emotions- und Motivationsforschung, der Kommunikationswissenschaft sowie der Gerechtigkeitsforschung konstitutiv sind. Die Durchführung eines Mediationsverfahrens, das fachlichen Standards entspricht, bedarf daher ausgeprägter kommunikativer Fähigkeiten. Das hierzu notwendige „Handwerkzeug", die Grundtechniken (nonverbale Kommunikation, aktives Zuhören, lösungsorientiertes und zirkuläres Fragen, Spiegeln / Paraphrasieren, Reframing, Doppeln, Visualisierungstechniken usw.) kann man in der Mediationsausbildung erlernen, man sollte sie aber in der Praxis der Mediation nicht unreflektiert „technisch" einsetzen, sondern mit sich führen und bedarfsgerecht, ebenso gezielt wie intuitiv, anwenden können. Wesentlich für das Gelingen einer Mediation ist vor allem eine besondere mediative **Grundhaltung**, die sich in aller Regel nur im Rahmen einer längeren und spezifischen Ausbildung aufbaut. Mediatoren sollen sich ihre eigenen Motive, Emotionen, Interessen und Vorurteile bewusst machen. Eine mediative Grundhaltung beinhaltet Empathie, Wertschätzung, Authentizität und erfordert konstruktivistisches und systemisches Denken. Die auf Grundlage des österreichischen Zivilrechtsmediationsgesetzes erlassene Ausbildungsverordnung (ZivMediat-AV 2004) fordert – als weltweit führende *„benchmark"* – auch von Juristen und Angehörigen psycho-

Grundtechniken der Mediation

mediative Grundhaltung

sozialer Berufsgruppen eine Zusatzausbildung von 220 Std., im Übrigen muss die Dauer der Ausbildung 365 Std. betragen. Nach den Standards der führenden deutschen Mediationsverbände (BAFM, BM, BMWA) ist neben einer akademischen oder beruflichen Grundqualifikation eine Zusatzqualifikation in Form einer Mediationsausbildung von mindestens 200 Std. erforderlich.

Recht der Mediation Über welche Rechtskenntnisse sollten Mediatoren verfügen? Von Mediatoren wird mit der Konfliktvermittlung eine (kommerzielle oder gemeinnützige) Dienstleistung angeboten, deren Durchführung i. d. R. nicht auf einem Gefälligkeitsverhältnis (vgl. II-1.2.1), sondern auf einer vertraglichen (nicht notwendig schriftlichen) Vereinbarung beruht. Mediatoren müssen deshalb über die rechtlichen Rahmenbedingungen ihrer eigenen Vermittlungstätigkeit Bescheid wissen. Hierzu gehört insbesondere die Kenntnis über

- Essentialia der Mediationsvereinbarungen (z. B. Parteiautonomie, Vertraulichkeit, Verzicht auf Zeugenbenennung, Einrede der Hemmung von Fristen, Honorarregelung)
- Mindest- und Qualitätsstandards des Mediationsverfahrens,
- Rechte und Pflichten der Mediatoren, berufsrechtliche Fragen,
- Vertrauensschutz – Zeugnispflicht/-verweigerungsrechte,
- Haftungsrisiken.

Allerdings ist das Recht der Mediation derzeit in Deutschland in vieler Hinsicht noch unzureichend geregelt, vielfach ist nicht geklärt, wie dieses Recht ausgestaltet und anzuwenden ist.

Recht in der Mediation Die weitaus meisten Vermittler, insbesondere in Familienberatungs- und gemeinnützigen Schlichtungsstellen sowie im außergerichtlichen Tatausgleich (ATA bzw. TOA) verfügen über eine psychosoziale Grundqualifikation, nicht aber über eine juristische Ausbildung. Selbst wenn Rechtsanwälte mittlerweile und zunehmend auch Mediation anbieten, sind sie funktional keine Rechtsberater (s. o.). Mediatoren sollten zwar keine Rechtsberatung durchführen, sie müssen die Parteien aber bei Eintritt in das Mediationsverfahren zutreffend über seine rechtlichen Rahmenbedingungen und seine Alternativen beraten können. Gerade im Hinblick auf die zu regelnden Streitpunkte und Einigungsoptionen sind (Grund)Kenntnisse des jeweiligen Arbeitsfeldes, nicht nur des materiellen, sondern auch des Verfahrensrechts, hilfreich, in manchen Arbeitsfeldern der Mediation insbesondere mit Blick auf die **Grenzen der Dispositionsfreiheit** sogar unerlässlich. Geht es in der Trennungs- und Scheidungsmediation vor allem um familienrechtliche Fragen (Wo liegen die Grenzen der Vereinbarungsmöglichkeiten z. B. im Hinblick auf die elterliche Sorge, Unterhalt? vgl. hierzu II-2.2.5), bedarf der Mediator im ATA und in Nachbarschaftsstreitigkeiten auch zuverlässiger Kenntnisse über das Strafrecht und das strafrechtliche Verfahren. Im Einzelnen sollten Mediatoren zumindest über folgende rechtliche Grundkenntnisse verfügen:

- Kenntnis über die wichtigsten Rechtsbegriffe,
- Grundkenntnisse über rechtlich erhebliches Verhalten / Rechtsgeschäfte (z. B. auch Rechtsstellung von Minderjährigen, Geschäftsfähigkeit),
- Grundlagen der Privatautonomie und des Vertragsrechts (z. B. im Hinblick auf Ergebnisvereinbarungen am Ende der Mediation),
- Grundkenntnisse über Zugang, Verlauf und Kosten eines gerichtlichen Verfahrens,
- Konsequenzen strafbaren Verhaltens und Grundlagen des Schadensersatzrechts (z. B. gesamtschuldnerische Haftung bei unerlaubten Handlungen),
- Verlauf des Zivil- und Strafverfahrens, insbesondere Rolle und Rechte der Parteien bzw. Beschuldigten, Verletzten und Zeugen.

Wie sollen sich Mediatoren verhalten, wenn an sie Rechtsfragen herangetragen werden? Soweit es sich um dispositives (abdingbares) Recht handelt, steht es den Parteien aufgrund der Parteiautonomie frei, ihre Verhältnisse selbst zu regeln. Allerdings können sie darüber nur frei disponieren, wenn sie sich der ihnen zustehenden Rechte bewusst sind. Gerade in komplexen, rechtlich beeinflussbaren Konfliktfällen ist deshalb der das Mediationsverfahren begleitende Rechtsrat durch Anwälte, entsprechende Berater und Justiziare erforderlich. Hierauf müssen nichtjuristische Mediatoren die Parteien hinweisen. Allerdings sollte stets auch darauf hingewiesen werden, dass die Rechtsnorm nur eines von mehreren Kriterien ist, einen Streit verbindlich beizulegen. Wichtiger als die (vor)schnelle Beantwortung der Rechtsfrage ist deshalb, dass die Mediatoren die Parteien dabei unterstützen zu ergründen, weshalb ihnen die Antwort auf eine bestimmte Rechtsfrage, eine bestimmte Rechtsposition wichtig ist.

Handlungsoptionen bei Rechtsfragen

In einer Mediation sollten (auch anwaltliche) Mediatoren darauf achten, dass die Streitparteien Zugang zu ihnen verpflichteten (parteilichen) Rechtsberatern und Anwälten haben, einerseits damit sie in bewusster Kenntnis der ihnen zustehenden Rechte ihre Entscheidungsalternativen abwägen können und andererseits damit die Mediatoren nicht in Gefahr geraten, durch allgemeine Rechtsinformationen oder Rechtsberatung ihre Allparteilichkeit zu verlieren. Werden Mediatoren mit konkreten Rechtsfragen konfrontiert, so sollten sie

- zunächst auf ihre Rolle und Allparteilichkeit hinweisen,
- die Relevanz der Rechtsfrage erörtern: Warum ist diese Frage für Sie wichtig? Welche Konsequenzen ziehen Sie daraus, wenn das Recht diese oder jene Auskunft gibt?,
- auf die Möglichkeit verweisen, Rechtsrat durch Rechtsanwälte von außen einzuholen,
- ggf. die Einholung eines juristischen Sachverständigen-Gutachtens anregen.

Besemer 1999; Boulle 1996; Diez 2002; 2004; Proksch 2004; Trenczek 2005a; 2005b

1. Was ist der Unterschied zwischen Mediation und Schlichtung? (vgl. 6.1)
2. Welche Rechtsschutzmöglichkeiten bestehen gegen die Entscheidung einer sozialrechtlichen Schlichtungsstelle? (vgl. 6.2)
3. Skizieren Sie die wesentlichen Phasen des Mediationsverfahrens. (vgl. 6.3.2)
4. Über welche Kompetenzen und Ressourcen sollte ein Mediator verfügen? (vgl. 6.3.4 und 6.3.5)
5. Die Mediatoren, Frau Rechtsanwältin M1 und Herr Diplom-Sozialarbeiter M2, beide anerkannte Mediatoren nach den Standards der Bundesverbände BAFM und BMWA, wurden von den Eheleuten Schneider um Vermittlung in einer Trennungs- und Scheidungsmediation gebeten. In der dritten Mediationssitzung fragt Frau Schneider die beiden Mediatoren, welche Unterhaltsansprüche ihr gegen ihren Mann rechtlich zustehen. Wie sollen sich die Mediatoren verhalten? (vgl. 6.3.5)

Grundzüge des Privatrechts

Grundzüge des Privatrechts

Privatautonomie

Der Staat und andere Hoheitsträger bedürfen grundsätzlich einer gesetzlichen Legitimation für ihr Handeln. Der sog. Gesetzesvorbehalt gilt im Sozialrecht nahezu umfassend (vgl. § 31 SGB I) und im Übrigen zumindest für alle in die Rechtsphäre der Bürger eingreifenden Maßnahmen und alle sonstigen wesentlichen Entscheidungen (hierzu I-2.1.2.1). Im Unterschied dazu kann eine Privatperson nach deutschem Recht grundsätzlich alles tun und lassen, was nicht durch ein Gesetz verboten bzw. ausdrücklich vorgeschrieben ist. Diese allgemeine Handlungsfreiheit (Art. 2 Abs. 1 GG) bezeichnet man als Privatautonomie, die das Recht beinhaltet, auch seine rechtlichen Verhältnisse selbstständig und ohne besondere staatliche Erlaubnis zu gestalten (vgl. Däubler 2002, 201 ff.; zu den Grenzen der Privatautonomie s. u. II-1.3).

Inhalt und Struktur des Privatrechts

Damit im Rechtsverkehr nicht alles „drunter und drüber geht", sondern eine verlässliche Orientierung besteht, regelt das Privatrecht (*ius privatum*) die Beziehungen der einzelnen Bürger und anderer nichthoheitlicher Rechtssubjekte (juristische Personen, z. B. Verein, GmbH) zueinander auf der Basis der Gleichordnung und Selbstbestimmung. Deshalb betrifft es auch die Rechtshandlungen öffentlicher Träger soweit diese nicht hoheitlich, sondern privatrechtlich handeln (sog. fiskalisches Verwaltungshandeln, vgl. I-4.1.1.1). Das Privatrecht hat für die gesamte Rechtsordnung auch deshalb eine besondere Bedeutung, weil hier wesentliche auch für die anderen Rechtsgebiete relevante Begriffe rechtlich definiert werden (vgl. hierzu auch die Definitionen der wichtigsten Rechtsbegriffe im **Glossar** im Anhang V-1).

BGB

Das bereits 1896 in seiner ersten Fassung beschlossene und zum 01.01.1900 in Kraft getretene BGB ist als „bürgerliches" Zivilrecht nur ein Teil des Privatrechts, andere privatrechtliche Rechtsnormen finden sich z. B. im Handels- und Wirtschaftsrecht (z. B. HGB, GmbHG, Gewerberecht, Wettbewerbsrecht, Urheberrecht) sowie im Arbeitsrecht (hierzu II-3). Im Aufbau des BGB wird deutlich, dass der Gesetzgeber die Regelungen grds. vom Allgemeinen hin zum Besonderen geordnet hat. In seinem Allgemeinen Teil beinhaltet das BGB („vor der Klammer gezogen") die grundlegenden Regeln des deutschen Rechtsverkehrs, insbesondere definiert es die Rechtssubjekte und die Regeln der Rechtsgeschäfte. In vier weiteren „Büchern" regelt es das

- Schuldrecht (§§ 241–853 BGB),
- Sachenrecht (§§ 854–1296 BGB),
- Familienrecht (§§ 1297–1921 BG),
- Erbrecht (§§ 1922–2385 BGB).

Schuldrecht

Das Schuldrecht (s. u. II-1.4) umfasst die Rechtsnormen, nach denen eine Person aufgrund einer rechtlichen Sonderbeziehung (dem sog. Schuldverhältnis, z. B. einem Vertrag oder einer gesetzlichen Regelung) eine Leistung verlangen kann (§ 241 BGB). Die Berechtigungen und Verpflichtungen beziehen sich lediglich auf die Parteien dieser Schuldverhältnisse. Da diese Rechte nur gegenüber bestimmten Personen wirken, bezeichnet man sie als **relative Rechte** oder auch als Forderungen und obligatorische, schuldrechtliche **Ansprüche** (vgl. § 194 BGB). Der Berechtigte wird Gläubiger, der Verpflichtete wird Schuldner genannt.

Im Sachenrecht (§§ 854–1296 BGB) wird die Herrschaft der Personen über Sachgüter geregelt, die gegenüber jedermann wirken (sog. **absolute, dingliche Rechte**), z. B. das Eigentum oder die sog. beschränkt dinglichen Rechte, z. B. Dienstbarkeiten, die Grundschuld und Hypothek, das Pfandrecht und das Erbbaurecht (hierzu II-1.5).

Sachenrecht

Ein wesentlicher Grundsatz des deutschen Rechts ist das sog. Trennungsprinzip, womit der Unterschied zwischen schuld- und sachenrechtlichen Regelungen angesprochen ist. Im alltäglichen Rechtsverkehr sind beide Bereiche, Schuld- und Sachenrecht, oft so eng miteinander verknüpft, dass dem Bürger der Unterschied nicht deutlich wird. Der Bürger nimmt die normative Konstruktion, wenn „alles glattgeht", in seiner Lebenswelt nicht wahr. Man sagt, man habe etwas gekauft und meint damit (gleichzeitig auch), man sei Eigentümer geworden. Das BGB unterscheidet aber das schuldrechtliche Verpflichtungsgeschäft von dem sog. dinglichen Verfügungsgeschäft (vgl. Übersicht 23). Aufgrund des schuldrechtlichen Kaufvertrags wird ein Schuldverhältnis begründet, nach dem die eine Partei zur Übergabe und Übereignung der Sache verpflichtet ist (§ 433 Abs. 1 BGB). Eigentümer ist der Käufer damit noch nicht geworden. Die andere Partei ist zur Bezahlung des Kaufpreises und zur Abnahme der Ware verpflichtet (§ 433 Abs. 2 BGB). Erfüllt werden diese Verpflichtungen durch die dinglichen Verfügungsgeschäfte,

Trennungs- und Abstraktionsprinzip

Übersicht 23: Trennungsprinzip am Beispiel Kaufvertrag

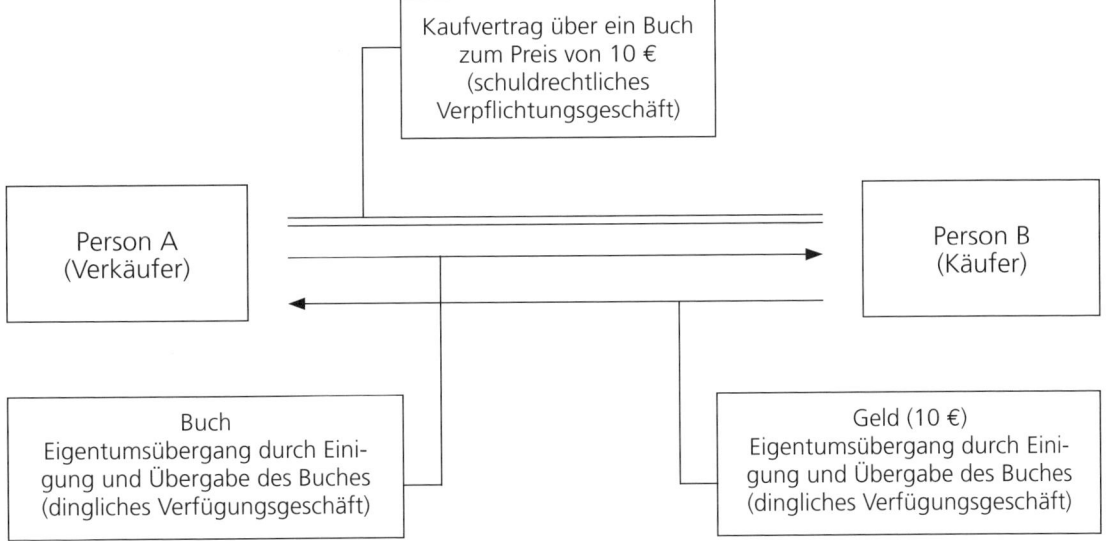

nämlich indem der Verkäufer dem Käufer durch Einigung und Übergabe Besitz und Eigentum an der Sache verschafft (vgl. § 929 BGB) und der Käufer dem Verkäufer das Geld übereignet. Damit erlöschen die gegenseitigen Leistungspflichten (§ 362 BGB).

Abstraktionsprinzip   Insgesamt wurden damit drei Verträge (ein schuldrechtlicher Kauf- und zwei sachenrechtliche Verfügungsverträge) geschlossen, die jeweils in ihrer Wirksamkeit voreinander unabhängig sind (sog. Abstraktionsprinzip), damit selbst bei Störungen in den Rechtsgeschäften im Rechtsverkehr die Ordnung nicht verloren geht. Treten bei den einzelnen Vorgängen Fehler oder Leistungsstörungen auf, hat dies keine unmittelbaren Auswirkungen auf die Wirksamkeit des anderen Rechtsgeschäftes. Beispielsweise ist die Übereignung wirksam, selbst wenn der Kaufvertrag unwirksam war oder der Kaufpreis nicht bezahlt wurde. Insoweit entstehen vielmehr wiederum gesetzlich geregelte Ausgleichansprüche mit denen die Balance wieder hergestellt werden soll.

Regelung von Lebenswelten   Während die Unterscheidung in Schuld- und Sachenrecht auf der unterschiedlich konstruierten normativen Rechtswirkung beruht (insbesondere Trennungs- und Abstraktionsprinzip), regeln das Familien- und Erbrecht unterschiedliche tatsächliche Lebenssachverhalte ohne Unterscheidung von schuld- und sachenrechtlichen Aspekten. **Familienrecht**   Das Familienrecht (s. u. II-2) regelt die Rechtsbeziehungen im Familienverband, insbesondere die Verwandtschaft mit den damit zusammenhängenden Rechtsfolgen (z. B. Unterhalt), die elterliche Sorge (§§ 1626 ff. BGB), die Beistandschaft (§§ 1712 ff. BGB) und die Adoption (§§ 1741 ff. BGB), die Vormundschaft über minderjährige Personen (§§ 1773 ff. BGB) und die rechtliche Betreuung von Volljährigen (§§ 1896 ff. BGB) sowie die Pflegschaft (§§ 1909 ff. BGB).

Erbrecht   Das Erbrecht (§§ 1922 ff. BGB) regelt die privatrechtlichen Folgen des Todes eines Menschen, insbesondere die Erbfolge (§§ 1922 BGB) und die rechtliche Stellung der Erben (§§ 1942 ff. BGB), das Testament (§§ 2064 ff. BGB) und den Erbvertrag (§§ 2274 ff. BGB).

Im Hinblick auf die für die Sozialen Berufe wichtigen Rechtsgrundlagen (aus dem Öffentlichen und Strafrecht) und die notwendige Schwerpunktsetzung bei der Darstellung der Grundzüge des Rechts verzichten wir auf eine eingehende Darstellung des Schuld- sowie Sachen- und Erbrechts und beschränken uns weitgehend auf die Klärung der wichtigsten Strukturen und Rechtsbegriffe (hierzu vgl. auch das **Glossar** im Anhang V-1). Demgegenüber wird das **Familienrecht** einschließlich der **betreuungsrechtlichen Regelungen** aufgrund seiner besonderen Relevanz für die Soziale Arbeit ausführlich dargestellt (II-2). Das **Arbeitsrecht**, das sowohl zivil- als auch öffentlich-rechtliche Elemente enthält, wird hier gesondert behandelt (II-3). Teil II wird abgeschlossen mit einem zusammenfassenden Kapitel über die für die Soziale Arbeit wichtigen Aufsichts- und Haftungsfragen, die im Wesentlichen privatrechtlich geregelt sind, aber auch arbeits-, sozialversicherungs- und strafrechtliche Aspekte beinhalten (s. u. II-4).

1 Allgemeine Grundlagen des Privatrechts (Trenczek/Tammen)

1.1 Rechtssubjekte

1.1.1 Personen und Rechtsfähigkeit

Alle Rechtsnormen richten sich an Personen (Rechtssubjekte), entweder an die Menschen (als sog. natürliche Personen) oder an sog. juristische Personen. Von den Rechtssubjekten unterscheidet man die Rechtsobjekte (Gegenstände). Das sind einerseits die Sachen (§ 90 BGB) und Tiere (§ 90a BGB), andererseits die (obligatorischen und dinglichen) Rechte. Sachen können keine Rechte haben, an ihnen können aber Rechte bestehen.

Personen und Sachen

Rechtsfähigkeit des Menschen

Die Rechtsfähigkeit eines Menschen beginnt nach deutschem Recht mit der Vollendung der Geburt (§ 1 BGB), d. h. mit dem vollständigen Austritt des lebenden Kindes aus dem Mutterleib. Ausnahmsweise werden noch nicht Geborenen (Embryo, sog. *nasciturus*) für den Fall ihrer späteren Geburt bestimmte Rechtspositionen zugewiesen (z. B. §§ 331 Abs. 2, 844 Abs. 2, 1923 Abs. 2 BGB), insbesondere Schadensersatzansprüche bei einer gesundheitlichen Schädigung (vgl. BGHZ 58, 48; vgl. Däubler 2002, 95 f.). Deshalb stellt auch bereits das Einsetzen der Eröffnungswehen nach der Rspr. des BGH „die Zäsur für den Beginn des menschlichen Lebens" dar, weshalb jeder Versuch einer solchen späten „Abtreibung" als Tötungsdelikt bewertet wird (vgl. BGH 3 StR 55/03 v. 05.06.2003; BGHSt 32, 194). Im Hinblick auf erbrechtliche Verfügungen können sogar noch nicht gezeugte Personen berücksichtigt werden (vgl. §§ 2101 Abs. 2 BGB). Dass die Regelung, ab wann die Rechtsfähigkeit des Menschen eintritt, „willkürlich" ist, kann man auch daran erkennen, dass Art. 7 EGBGB ausdrücklich mit Blick auf das Internationale Privatrecht regelt, dass die Rechtsfähigkeit dem Recht des Staates unterliegt, dem die Person angehört.

Die Rechtsfähigkeit des Menschen endet mit seinem (Hirn)Tod (vgl. § 1922 BGB), wobei allerdings zahlreiche Fragen, insbesondere die Persönlichkeitsrechte eines Toten und die rechtliche Bewertung des Leichnams z. T. umstritten sind (vgl. Däubler 2002, 99). Die Organentnahme wurde 1997 durch das Transplantationsgesetz geregelt.

juristische Personen

Juristische Personen sind ein Zusammenschluss von natürlichen Personen oder Sachmitteln, der als solcher Träger von Rechten und Pflichten ist und damit als Rechtssubjekt am Rechtsverkehr teilnehmen kann. Juristische Personen werden einerseits nach den Regeln des Privatrechts, andererseits nach den Regeln des Öffentlichen Rechts gebildet (Körperschaften, Anstalten und Stiftungen des Öffentlichen Rechts; hierzu I-4.1.2.1). Die wichtigsten juristischen Personen des Privatrechts sind

- der Verein des BGB (§§ 21 ff., 55 ff. BGB),
- die Vereine des Handelsrechts (z. B. GmbH, Aktiengesellschaft, eingetragene Genossenschaft),
- die zumindest als teilrechtsfähig anerkannte Gesellschaft des Bürgerlichen Rechts (§§ 705 ff. BGB) sowie
- die privatrechtlichen Stiftungen (§§ 80 ff. BGB).

Rechtsfähigkeit juristischer Personen

Die Rechtsfähigkeit, d. h., die Fähigkeit Träger von Rechten und Pflichten zu sein, erlangen juristische Personen des Privatrechts durch Eintragung in ein Register bzw. aufgrund der behördlichen Anerkennung der Stiftung (§ 80 Abs. 2 BGB).

Verein

Als Verein bezeichnet man den Zusammenschluss von Personen zur Erreichung eines gemeinsamen Zwecks. Das Recht auf Vereinsgründung ist ein Grundrecht (vgl. Art. 9 Abs. 1 GG). Man unterscheidet den Idealverein, der nicht auf einen wirtschaftlichen Zweck ausgerichtet ist (§ 21 BGB) und i. d. R. gemeinnützig soziale, religiöse, politische, künstlerische oder wissenschaftliche Ziele verfolgt. Auf politische Parteien finden die Vereinsvorschriften allerdings nur Anwendung, soweit das ParteienG nichts anderes bestimmt. Der Idealverein erlangt seine Rechtsfähigkeit mit der Eintragung in das Vereinsregister, die nur erfolgen soll, wenn der Verein mindestens sieben Mitglieder hat (§ 56 BGB). Ein nichtrechtsfähiger Verein wird im Rechtsverkehr als Gesellschaft des Bürgerlichen Rechts (§§ 705 ff. BGB) behandelt, d. h. insbesondere, dass aus einem Rechtsgeschäft, welches im Namen eines solchen Vereins einem Dritten gegenüber vorgenommen wird, der Handelnde persönlich haftet (§ 54 BGB). Gewerkschaften, die nicht in das Vereinsregister eingetragen sind, haben in Deutschland einen rechtlichen Sonderstatus (Däubler 2006, 142 ff.; vgl. II-3).

Der wirtschaftliche Verein, zu den auch die Vereine des Handelsrechts gehören (z. B. Aktiengesellschaft, GmbH, Genossenschaften), verfolgt dagegen eigennützige, wirtschaftliche Ziele für seine Mitglieder (§ 22 BGB) und erlangt seine Rechtsfähigkeit nach Maßgabe besonderer Rechtsvorschriften (AktG, GmbHG, GenG) überwiegend durch Eintragung in ein (Handels- bzw. Genossenschafts-) Register, im Übrigen (selten) durch eine staatliche Verleihung (Konzession). Zu Vereinen der letzten Gruppe gehören z. B. die GEMA oder die Verwertungsgesellschaft-Wort, die beide den Schutz von Autorenrechten bezwecken.

Rechtsfähige Vereine bedürfen einer (privatrechtlichen) Satzung, in denen ihre „Verfassung", d. h. die wesentlichen Organisations- und Strukturprinzipien des Vereins, geregelt sind (§ 25 BGB). Das betrifft vor allem die Willensbildung im Verein und die Aufgaben seiner Organe, insbesondere der Mitgliederversammlung und des Vorstands. Der Begriff ist nicht zu verwechseln mit der Satzung des Öffentlichen Rechts, die eine abstrakt-generelle Regelung und damit eine verbindliche Rechtsnorm des Selbstverwaltungsträgers darstellt (vgl. I-1.1.3.4). Da sich ein Verein in seinen inneren Angelegenheiten ebenfalls selbst verwaltet, hat seine (privatrechtliche) Satzung allerdings eine entsprechende Funktion. Insbesondere hat sie für alle Vereinsmitglieder eine „gesetzesgleiche" Verbindlichkeit.

Rechtsfähigkeit des Vereins

Stöber 2004

1.1.2   Geschäfts- und Deliktsfähigkeit

Wer rechtsfähig ist, muss noch nicht handeln können. Das ist bei „leblosen" juristischen Personen offensichtlich. Sie benötigen menschliche Personen, die für sie tätig werden. Diese bezeichnet man als Organ. Organe einer juristischen Person können Einzelpersonen oder Personengruppen (Kollegialorgane) sein, z. B. Vorstand, Aufsichtsrat und die Mitgliederversammlung eines Vereins. Die Handlungen eines Organs werden unmittelbar der juristischen Person zugerechnet (zur Haftung s. u. II-1.4.2). Teilweise ist gesetz-

Handlungsfähigkeit

Organ

lich festgelegt, wer im Rechtsverkehr eine juristische Person gerichtlich und außergerichtlich vertritt, z. B. der Vorstand eines Vereins (§ 26 Abs. 2 BGB) oder einer Aktiengesellschaft (§ 78 Abs.1 AktG) sowie der Geschäftsführer einer GmbH (§ 35 Abs. 1 GmbHG).

Geschäftsfähigkeit

Nicht alle Menschen, z. B. neugeborene Kinder, sind im rechtlichen Sinne handlungsfähig. Im Hinblick auf die Handlungsfähigkeit, also die Fähigkeit durch eigenes Handeln Rechtwirkungen hervorzurufen, unterscheidet man zwischen der Geschäftsfähigkeit und der Deliktsfähigkeit. Rechtlich relevante Willenserklärungen und Rechtsgeschäfte kann grundsätzlich nur eine geschäftsfähige handlungsfähige Person abgeben bzw. vornehmen. Der Geschäftsfähigkeit entspricht prozessrechtlich die Fähigkeit, Prozesshandlungen (z. B. Stellen von Anträgen, Einlegung von Rechtmitteln) vornehmen zu können (sog. Prozessfähigkeit). Die Regelungen des Öffentlichen Rechts für die Vornahme von Verfahrenshandlungen (vgl. § 11 SGB X) orientieren sich grds. an der privatrechtlichen Geschäftsfähigkeit, wobei allerdings einige Sonderregelungen gelten (zu den Beteiligten im Sozialverwaltungsverfahren s. III-1.2.1).

Die unbeschränkte Geschäftsfähigkeit tritt mit der Volljährigkeit, nach dem derzeitigen Recht in Deutschland mit Vollendung des 18. Lebensjahres ein (§ 2 BGB). Im Hinblick auf den internationalen Rechtsverkehr ist zu beachten, dass sich die Geschäftsfähigkeit einer Person nach Art. 7 Abs. 1 EGBGB nach dem Recht des Staates richtet, dem die Person angehört. Für Minderjährige gelten zudem differenzierte Regelungen (s. u. II-1.3.2). Unabhängig vom Alter ist eine Person geschäftsunfähig, die sich nicht nur vorübergehend in einem die freie Willensbestimmung ausschließenden Zustand krankhafter Störung der Geistestätigkeit befindet. Ihre Willenserklärung ist nichtig (§ 105 Abs. 1 BGB) ebenso wie eine Willenserklärung, die im Zustand der Bewusstlosigkeit oder vorübergehenden Störung der Geistestätigkeit abgegeben wird (§ 105 Abs. 2 BGB).

Deliktsfähigkeit

Bei schädigenden Handlungen besteht eine (Ausgleichs-)Haftung nur, wenn die Person deliktsfähig ist (§ 276 Abs. 1 S. 2, §§ 827 f. BGB). Volljährige Personen sind grds. deliktsfähig, es sei denn sie leiden an einer nach § 827 BGB relevanten krankhaften Störung. Für Minderjährige bestehen abgestufte Verantwortungsphasen (hierzu II-1.3.2).

1.2   Rechtsgeschäfte

1.2.1   Willenserklärungen

Nicht alles, was ein Mensch denkt und tut, ist rechtlich relevant. Nur ein bewusstes, äußerlich wahrnehmbares Verhalten einer Person, das bestimmte Rechtswirkungen herbeiführen will, wird vom Recht als rechtlich erhebliches Verhalten angesehen (Rechtsgeschäft). Ein Rechtsgeschäft besteht stets und zwingend aus einer sog. Willenserklärung (das ist die Äußerung eines Willens, der auf die Herbeiführung einer Rechtsfolge gerichtet ist) sowie ggf. zusätzlich aus einer tatsächlichen Handlung (z. B. bei der Übereignung neben der Einigung über den Übergang des Eigentums die tatsächliche Übergabe der Sache).

Dem Laien sind i. d. R. gar nicht alle Rechtsfolgen seines Handelns bewusst. **Gefälligkeit**
Sein Handeln verfolgt i. d. R. einen sozialen oder wirtschaftlichen Zweck, ohne dass er sich genaue Vorstellungen von den einzelnen Rechtswirkungen seines Handelns macht. Wesentlich ist aber, dass dem Handelnden bewusst ist, dass er seinen Zweck über ein rechtlich relevantes Verhalten erreicht. Er muss sich mit seiner Erklärung zu einer Leistung (rechtlich) verpflichten wollen (sog. Geschäfts- oder Rechtsbindungswillen). Daran fehlt es aber bei rein gesellschaftlichen, konventionellen oder freundschaftlichen Zusagen und den Gefälligkeiten des Alltags, z. B. einer Einladung und Verabredung zum Essen oder dem Angebot, die Blumen des Nachbars zu gießen. Fällt das Abendessen kurzfristig aus, weil der Gastgeber oder Gast „etwas Besseres" vorhat, oder leiden die Blumen am zu sparsamen oder kräftigen Gießen, so mag dies ärgerlich sein, eine Haftung auf Schadensersatz ergibt sich aber daraus nicht. Die Folgen sind nicht rechtlicher, sondern sozialer Art: Man wird sich überlegen, mit wem man sich zum Essen verabredet oder wem man seine Pflanzen anvertraut. Ob eine rechtlich bindende Erklärung oder ein bloßes Gefälligkeitsverhältnis vorliegt, ist im Streitfall durch Auslegung (s. u.) zu klären, wobei Uneigennützigkeit und Unentgeltlichkeit für eine Gefälligkeit sprechen.

In der Regel sind Willenserklärungen empfangsbedürftig (z. B. Angebot **Zugang von**
und Annahme oder die Kündigung eines Vertrages), d. h., sie müssen, um **Willenserklärungen**
wirksam zu werden, dem Empfänger zugehen (vgl. § 130 Abs. 1 S. 1 BGB). Es gibt aber auch Willenserklärungen, die bereits mit ihrer Abgabe wirksam werden (z. B. Auslobung § 657 BGB, Testament §§ 2046 ff. BGB). Gegenüber Anwesenden gemachte und telefonisch übermittelte Willenserklärungen (vgl. § 147 Abs. S. 2 BGB) müssen verstanden werden können. Ansonsten ist eine (z. B. schriftliche) Willenserklärung zugegangen, wenn sie so in den Einflussbereich des Empfängers gelangt ist, dass dieser unter normalen Umständen die Möglichkeit zur Kenntnisnahme hat; positive Kenntnis ist nicht erforderlich (ausführlich Däubler 2002, 231 ff.).

Schweigen ist in der Regel überhaupt keine Willenserklärung, es sei denn, das Gesetz weist dem Schweigen ausdrücklich einen Inhalt zu (z. B. Annahme der Schenkung § 66 Abs. 2 BGB; Schweigen auf ein kaufmännisches Bestätigungsschreiben nach § 362 HGB). Eine Willenserklärung **konkludentes**
muss aber nicht immer ausdrücklich, z. B. verbal oder schriftlich, abgegeben **Handeln**
werden. Sie kann auch durch schlüssiges Verhalten konkludent abgegeben werden, z. B. dadurch, dass man in einen Bus oder die Bahn einsteigt und damit zu erkennen gibt, die Leistung (Fahrt) gegen Zahlung des Preises in Anspruch zu nehmen. Ein „geheimer" Vorbehalt ist insoweit unbeachtlich (§ 116 BGB). Sofern eine Willenserklärung nicht eindeutig ist, ist ihr Inhalt **Auslegung von**
durch Auslegung zu ermitteln (vgl. I-3.6). Dabei darf man nicht am buch- **Willenserklärungen**

stäblichen Sinne des Ausdrucks haften, vielmehr ist der wirkliche Wille des Handelnden zu erforschen (§ 133 BGB). Bei empfangsbedürftigen Willenserklärungen ist der sog. objektive Empfängerhorizont zu beachten, d. h., es kommt drauf an, wie der Empfänger der Willenserklärung diese bei verständiger Würdigung verstehen durfte. Eine irrtümliche Falschbezeichnung, insbesondere von Laien bei rechtlichen Fachbegriffen, schadet nicht, wenn der Erklärungsempfänger den realen Willen des anderen erkennt (sog. *falsa demonstratio non nocet*; vgl. BGHZ 71, 247).

Realakte Abzugrenzen sind Willenserklärungen und rechtlich unbeachtliche Verhaltensweisen von rechtlich erheblichen Tathandlungen (Realakte), die aufgrund des äußeren Geschehensablaufes ohne Rücksicht auf einen damit ggf. verbundenen Willen der handelnden Person Rechtsfolgen bewirken. Das ist z. B. bei der Zerstörung ebenso wie bei der sog. Verbindung, Vermischung und Verarbeitung einer Sache der Fall (§§ 946–948 BGB), die jeweils Ausgleichsansprüche des (ehemaligen) Rechtsinhabers zur Folge haben. Da es sich nicht um ein Rechtsgeschäft handelt, kommt es auf die Geschäfts-

unerlaubte Handlungen fähigkeit des Handelnden nicht an. Das Gleiche gilt für rechtwidrige Handlungen, sei es aufgrund der Verletzung von Pflichten aus einem Schuldverhältnis (Pflichtverletzung) oder sonst (gesetzlich) unerlaubten Handlungen (Delikt). Eine Haftung besteht hier allerdings grds. nur bei schuldhaften Verhalten (s. u. II-1.4.3).

1.2.2 Stellvertretung

Juristische Personen sind zwar rechtsfähig, können aber selbst nicht handeln (s. o. II-1.1.2). Auch natürliche Personen können oder wollen nicht immer selbst auftreten und für sich in eigener Person handeln. In all diesen Fällen bedarf es eines rechtlich verbindlichen Verhaltens für einen anderen (Stellvertretung). Eine Willenserklärung, die jemand innerhalb der ihm zustehenden Vertretungsmacht im Namen des Vertretenen abgibt, wirkt unmittelbar für und gegen den Vertretenen (§ 164 Abs. 1 BGB). Für die Stellvertretung hat § 165 BGB zumindest die beschränkte Geschäftsfähigkeit vorausgesetzt, weil der Vertreter eine eigene Erklärung wenn auch im fremden Namen ab-

Bote gibt, im Unterschied zum Boten, der lediglich die Erklärung eines anderen überbringt. Bote kann also auch ein fünfjähriges Kind sein, das für seine Eltern beim Bäcker Brötchen kauft.

Vertretung kann auf beiden Seiten der Vertragsparteien vorkommen (vgl. Übersicht 24). Unzulässig sind aber grds. sog. Insichgeschäfte, in denen ein Vertreter gleichzeitig auf „beiden Seiten", insbesondere sowohl für sich als auch für den Vertretenen auftritt (§ 181 BGB). Dieser Grundsatz findet trotz fehlender Personenidentität bei vergleichbaren Interessenskollisionen (z. B. Einschaltung von Untervertreter) analoge Anwendung. Der Vertreter ohne (wirksame) Vertretungsmacht haftet nach Wahl des Geschäftspartners auf Erfüllung der Leistung bzw. auf Schadensersatz (§ 179 BGB).

Übersicht 24: Stellvertretung

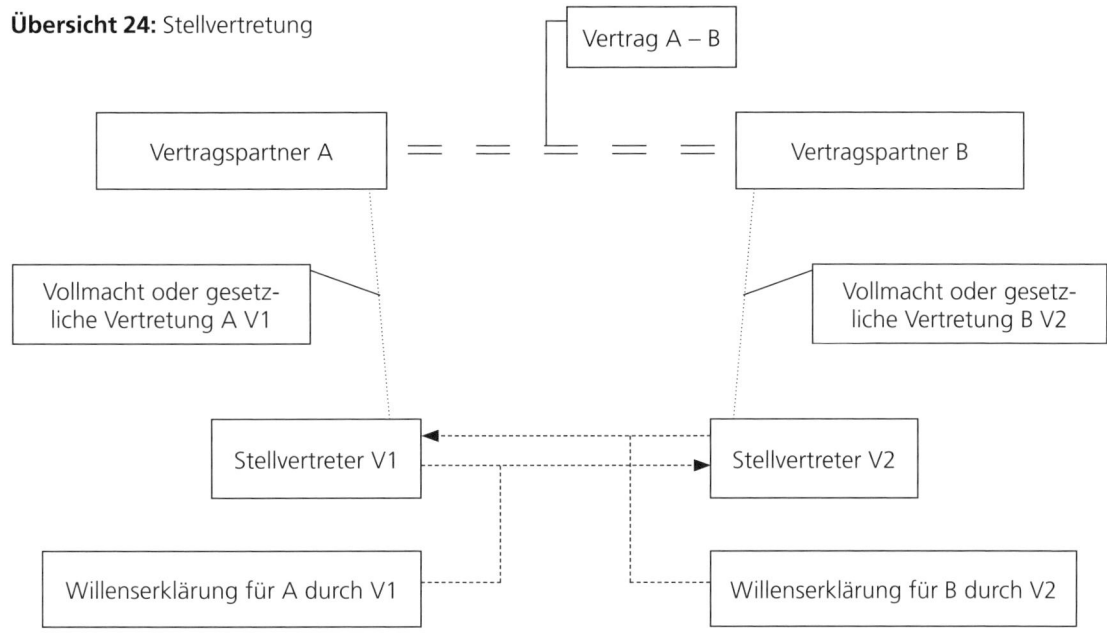

Teilweise ist die Vertretung gesetzlich geregelt, sie kann aber auch auf einem Rechtsgeschäft beruhen. Gesetzliche Vertreter von Minderjährigen sind i. d. R. die Eltern, die zur gemeinsamen Vertretung des Kindes berufen sind (§ 1629 BGB), sowie die Vormünder (§ 1773 BGB) und Pfleger (§ 1909). Dem Vormund sind die Personen- und Vermögenssorge inkl. der gesetzlichen Vertretung eines Minderjährigen übertragen (§ 1793 BGB), wenn die elterliche Sorge entzogen ist oder der Minderjährige aus anderen Gründen nicht unter elterlicher Sorge steht. Die Vormundschaft tritt entweder kraft Gesetzes (z. B. §§ 1751, 1791c BGB) ein oder durch gerichtliche Bestellung eines Vormunds (§ 1789 BGB). Ist kein geeigneter Einzelvormund vorhanden, kann das Jugendamt zum (Amts)Vormund bestellt werden (§ 1791b BGB). Einem Pfleger sind nach §§ 1909 ff. BGB im Gegensatz zum Vormund nicht alle Angelegenheiten der Personensorge übertragen, sondern sein Wirkungskreis ist auf bestimmte Teilbereiche beschränkt (z. B. Aufenthaltsbestimmung, Vermögenssorge).

gesetzliche Vertreter von Minderjährigen

Vormund

Pfleger

Der Ehegatte ist zwar nicht gesetzlicher Vertreter des Ehepartners, er wird aber bei den sog. Geschäften des täglichen Lebens, d. h. zur angemessenen Deckung des Lebensbedarfs der Familie nach § 1357 Abs. 1 BGB als solcher behandelt. Entsprechendes gilt für den verwaltungsberechtigten Ehegatten in der Gütergemeinschaft nach § 1422 BGB.

Bei Volljährigen kann bei psychischer Krankheit oder körperlicher, geistiger oder seelischer Behinderung ein Betreuer bestellt werden (§ 1896 BGB), der den Betreuten nach 1902 BGB gerichtlich und außergerichtlich,

Betreuer

also bei allen Rechtsgeschäften, vertritt, ohne dass die Geschäftsfähigkeit des Betreuten zwingend fehlen muss (hierzu ausführlich II-2.6).

Vollmacht

Beruht die Stellvertretung auf einem Rechtsgeschäft, so spricht man von einer „gewillkürten Stellvertretung" durch Vollmacht (§ 166 Abs. 2 BGB). Die Prokura (§§ 48 ff. HGB) und die Handlungsvollmacht (§§ 54 HGB) sind Sonderfälle der Vollmacht bei Kaufleuten. Die Erteilung der Vollmacht erfolgt durch Erklärung gegenüber dem zu Bevollmächtigenden oder dem Dritten, dem gegenüber die Vertretung stattfinden soll (§ 167 Abs. 1 BGB). Die Vollmachtserteilung ist grds. formlos möglich, will man aber sichergehen, tatsächlich ein Rechtsgeschäft mit der vertretenen Person abzuschließen, sollte man sich eine schriftliche Vollmacht vorzeigen lassen. Schließt jemand ohne Vertretungsmacht im Namen eines anderen einen Vertrag, so hängt die Wirksamkeit des Vertrags für und gegen den Vertretenen von dessen Genehmigung ab (§ 177 Abs. 1 BGB).

1.2.3 Willensmängel

Von Willensmangel spricht man, wenn bei der Abgabe einer Willenserklärung Fehler auftreten, die im Wesentlichen in den §§ 116–124 BGB geregelt sind. Teilweise sind die Rechtsgeschäfte dann nichtig. Das ist z. B. bei einem sog. Scheingeschäft nach § 117 Abs. 1 BGB der Fall, mit dem ein Dritter getäuscht werden soll (z. B. künstlich überhöhter oder reduzierter, aber tatsächlich nicht bezahlter Preis). Eine Willenserklärung ist aber nicht deshalb unwirksam, weil jemand es insgeheim nicht so meinte (§ 116 BGB). Anders ist dies aber bei der Scherzerklärung, die in der Erwartung abgegeben wird, der (offensichtliche) Mangel der Ernstlichkeit werde nicht verkannt werden (§ 118 BGB).

Irrtum

In den meisten Fällen ist eine fehlerhafte Willenserklärung wirksam und kann bei Drohungen, Täuschungen und Irrtümern nur angefochten werden (§§ 119, 123 BGB). Ein Irrtum liegt vor, wenn die nach außen bekundete Willenserklärung unbewusst vom inneren Willen des Erklärenden abweicht. Der klassische Beispielsfall ist das Heben des Armes während einer Versteigerung, womit nach der Verkehrssitte ein verbindliches Gebot abgegeben wird, der Handelnde aber lediglich eine bekannte Person grüßen wollte. Ein Irrtum kann aber auch bei einem Versprecher, einem Schreib- oder Tippfehler vorliegen. Die **Anfechtung** wegen Irrtums oder falscher Übermittlung muss, nachdem der Anfechtungsberechtigte von dem Anfechtungsgrund Kenntnis erlangt hat (§ 121 Abs. 1 BGB), ohne schuldhaftes Zögern (unverzüglich) erfolgen. Zudem ist der Anfechtende dem Anderen, der auf die Gültigkeit der Erklärung vertraut hat, zum Ersatz des sog. Vertrauensschadens, verpflichtet (§ 122 Abs. 1 BGB). Die Schadensersatzpflicht tritt allerdings nicht ein, wenn der Beschädigte den Grund der Anfechtbarkeit kannte oder kennen musste (§ 119 Abs. 2 BGB). Die Anfechtung wegen Drohung oder arglistiger Täuschung kann grds. nur binnen Jahresfrist erfolgen (§ 124 Abs. 1 BGB).

1.2.4   Vertrag

Mit einem Rechtsgeschäft soll eine bestimmte Rechtsfolge herbeigeführt werden. Man unterscheidet **einseitige** Rechtsgeschäfte, bei denen die Rechtswirkungen allein schon durch die Erklärung der Person eintreten (z. B. Testament, Anfechtung, Kündigung, Rücktritt), und **zwei- oder mehrseitige** Rechtsgeschäfte, bei denen Rechtswirkungen erst durch die einvernehmlichen Erklärungen zweier oder mehrerer Parteien eintreten. Der Prototyp eines zweiseitigen Rechtsgeschäfts ist der **Vertrag**.

Ein Vertrag kommt zustande, wenn sich (mindestens) zwei Parteien einig sind, d. h. wenn sich zwei wirksame Willenserklärungen – Angebot und Annahme – decken (§§ 145 ff. BGB). Ob eine solche Kongruenz (Konsens) vorliegt, ist ggf. durch Auslegung der Willenserklärungen insbesondere mit Blick auf den objektiven Empfängerhorizont zu ermitteln (§§ 133, 157 BGB). Bei einem Einigungsmangel spricht man von Dissens. **Konsens**

Rechtsgeschäfte, die ein Schuldverhältnis begründen, also eine rechtliche Sonderbeziehung, aufgrund derer jemand (der Gläubiger) von einem anderen (dem Schuldner) eine Leistung verlangen kann (§ 241 Abs. 1 BGB) und diesen zur Rücksichtnahme verpflichten kann (§ 241 Abs. 2 BGB), nennt man Verpflichtungsgeschäfte. Diese sind stets ein schuldrechtliches Rechtsgeschäft und dabei nahezu immer ein Vertrag (Ausnahme z. B. Stiftung, Vermächtnis, Auslobung als einseitiges bindendes Versprechen, § 657 BGB). **Verpflichtungsgeschäfte**

Verfügungsgeschäfte (oder kurz: Verfügungen) nennt man Rechtsgeschäfte, mit denen auf ein bestehendes (obligatorisches oder dingliches) Recht eingewirkt wird, z. B. durch Veräußerung (Übertragung oder Abtretung), Belastung (z. B. das Eigentum an einer beweglichen Sache durch ein Pfandrecht und eines Grundstücks mit einer Hypothek), Änderung oder Aufhebung. Verfügungen über Sachenrechte sind sachenrechtliche Rechtsgeschäfte, Verfügungen über Forderungen (z. B. die Abtretung nach §§ 398 ff. BGB) sind schuldrechtliche Rechtsgeschäfte. **Verfügungen**

1.3   Grenzen der Privatautonomie

Die Privatautonomie beinhaltet das Recht des Bürgers, seine rechtlichen Verhältnisse selbstständig und ohne besondere staatliche Erlaubnis zu gestalten. Das betrifft sowohl das Ob (Abschlussfreiheit) als auch das Wie (Gestaltungsfreiheit) und den Inhalt des rechtsgeschäftlichen Handelns (Vertragsfreiheit). Hierbei sind lediglich die durch das Gesetz gezogenen Grenzen zu beachten. So dürfen Verträge nicht gegen ein gesetzliches Verbot (§ 134 BGB) oder gegen die „guten Sitten" (§ 138 BGB) verstoßen. Tun sie das, sind sie nichtig, d. h. ohne rechtliche Wirkung. Unzulässig ist z. B. der Verzicht auf Kindes-/Verwandtenunterhalt für die Zukunft (§ 1614 BGB) bzw. von Eheleuten während der Trennungsphase vor Scheidung einer Ehe (§§ 1360a Abs. 4, 1614 BGB). Nichtig ist auch eine Doppelehe (§ 1306 BGB) oder die Ehe zwischen Verwandten in gerader Linie (§ 1307 BGB).

Wucher

Nichtig wegen Sittenverstoß ist z. B. das aufgrund einer Bestechung gegebene Versprechen. Nichtig ist nach § 138 Abs. 2 BGB auch ein Rechtsgeschäft, durch das jemand unter Ausnutzung der Zwangslage, der Unerfahrenheit, des Mangels an Urteilsvermögen oder der erheblichen Willensschwäche eines anderen sich oder einem Dritten für eine Leistung Vermögensvorteile versprechen oder gewähren lässt, die in einem auffälligen Missverhältnis zu der Leistung stehen. In der Alltagssprache ist viel schneller von Wucher die Rede, als das rechtlich der Fall ist. Ob tatsächlich ein Wuchergeschäft vorliegt, lässt sich nur im Einzelfall aufgrund einer differenzierten Abwägung feststellen. Mietwucher kann man z. B. annehmen, wenn die Miete die örtliche Vergleichsmiete um mehr als 50 % übersteigt. Aber es kann auch dann Wucher vorliegen, wenn z. B. jemand die Unerfahrenheit von Migranten oder intelligenzschwachen Personen für weitüberhöhte Preise und Mieten ausnutzt. Bei Krediten wird man Wucher nach der Rechtsprechung erst bei einem Zinssatz von über 30 % annehmen können, bei bewusster Ausnutzung einer wirtschaftlichen Zwangslage im Einzelfall aber auch schon bei niedrigeren Zinssätzen (hierzu Schulze et al. 2007, § 138 Rz. 14).

zwingendes und dispositives Recht

Gesetzliche Vorschriften, die „ohne wenn und aber" eingehalten werden müssen, sind **zwingendes Recht**, sie können von den Vertragsparteien nicht abgeändert oder „abbedungen" werden. Hierbei bildet das Privatrecht eine Ausnahme, denn es setzt grds. nur einen Rahmen und gibt insoweit eine Orientierung, wie sich die Bürger rechtsgeschäftlich verhalten können. Das gilt zumindest in Hinblick auf Schuldverhältnisse und relative Rechte. Hier ist es den Parteien – entsprechend dem Grundsatz der Parteiautonomie – grds. erlaubt, von den Normen des Privatrechts abweichende individuelle Regelungen zu treffen. Man spricht insofern vom **dispositiven** (nachrangigen, veränderbaren) **Recht**. Ob eine Norm zwingenden oder dispositiven Charakter hat, ergibt sich aus der Auslegung (hierzu I-3.3.2), insbesondere aus dem klaren Wortlaut der Vorschrift (vgl. die Formulierungen in öffentlich-rechtlichen Vorschriften, die ein Ermessen der Verwaltung ausschließen; hierzu I-3.4.1). Die sachenrechtlichen Regelungen des Privatrechts haben dagegen zwingenden Charakter, da dingliche Rechte nicht nur zwischen den Parteien eines Rechtsgeschäft bestehen, sondern eine absolute, d. h. gegen jedermann gerichtete Wirkung haben. Daher muss Klarheit herrschen. Durch die Beschränkung auf die genau definierten Formen der dinglichen Rechte (sog. Typenzwang) gewährleistet das Sachenrecht deren verlässliche Erkennbarkeit (s. u. II-1.5).

1.3.1   Schutzvorschriften zum Schutz von wirtschaftlich Schwächeren – Verbraucherschutz

Zwingende gesetzliche Regelungen dienen insbesondere dem Schutz von Personengruppen, die ohne diesen Gefahr laufen, im Rechtsverkehr „unter die Räder" zu kommen. Das Privatrecht geht von der Vorstellung grundsätzlich gleichstarker Parteien aus, die nur dann einen Vertrag schließen, wenn sie sich einigen (Konsens). In einer Reihe von Lebensfeldern sind aber (wirtschaftliche) Machtungleichgewichte geradezu typisch (z. B. Miet- und Arbeitsrecht), so dass von einer wirklichen Vertragsfreiheit nicht die Rede sein kann. Deshalb hat der Gesetzgeber zum Schutz der wirtschaftlich schwächeren Person einige Grenzen der Privatautonomie gesetzlich geregelt. Dies betrifft z. B. die Regelungen des

- Mietrechts, insbesondere zum Schutz von Wohnungsmietern (§§ 549–577a BGB),
- Arbeitsrechts (hierzu II-3) sowie des
- Konsumenten- und Verbraucherschutzes.

Aktualisiert durch Vorgaben des EU-Rechts gibt es im deutschen Recht **Verbraucherschutz** eine Reihe von Schutzvorschriften zugunsten von Verbrauchern. Der Begriff „Verbraucherschutz" ist recht weit und umfasst alle Initiativen und Maßnahmen, um Bürger in ihrer Rolle als Verbraucher von Gütern und Dienstleistungen zu schützen. Hierzu gehören neben dem Lebensmittel-, Gesundheits- und Umweltschutz insbesondere auch die die Privatautonomie zugunsten von Verbrauchern einschränkenden Schutzvorschriften des Privatrechts. Das BGB enthält aber kein abgeschlossenes Teilgebiet zum Schutz von Verbrauchern, vielmehr finden sich Verbraucher schützende Vorschriften im Zusammenhang mit den jeweiligen Regelungsmaterien, z. B. Kauf-, Dienst- oder Werkverträge. Im Hinblick auf Rechtsgeschäfte ist insoweit wesentlich, dass es sich um sog. Verbraucherverträge handelt, d. h. um Verträge zwischen Unternehmern und Verbrauchern (vgl. §§ 310 Abs. 3, 355 BGB). Als **Verbraucher** bezeichnet § 13 BGB jede natürliche Person, die ein Rechtsgeschäft zu einem Zweck abschließt, dass weder ihrer gewerblichen noch ihrer selbstständigen beruflichen Tätigkeit zugerechnet werden kann. Ist das dagegen der Fall, bezeichnet man diese (natürliche oder juristische) Person oder rechtsfähige Personengesellschaft als **Unternehmer** (§ 14 BGB). Zum Schutz der Verbraucher dienen neben einigen Formvorschriften (s. u. II-1.3.3) insbesondere die Regelungen über:

- Allgemeine Geschäftsbedingungen (§§ 305 ff. BGB),
- Haustürgeschäfte (§§ 312, 312a BGB),
- Fernabsatzverträge (Vertragsschluss über Tele- und andere Fernkommunikation; §§ 312b ff. BGB),
- den Verbrauchsgüterkauf (§§ 474–479 BGB),
- Teilzeit-Wohnrechtsverträge, sog. Timesharing (§§ 481–487 BGB),
- Verbraucherkredite (§§ 499 ff. BGB),
- Wohnraummietverhältnisse (§§ 549 ff. BGB) sowie
- das Verbraucherinsolvenzverfahren nach §§ 304 ff. InsO.

Dem Schutz von Verbrauchern dienen auch die Vorschriften, die die Vertragsfreiheit ausnahmsweise dadurch einschränken, dass sie eine Pflicht be- **Kontrahierungszwang** gründen, einen Vertrag abzuschließen (sog. Kontrahierungszwang; hierzu Däubler 2002, 339 ff.). Das ist insbesondere bei einer marktbeherrschenden, monopolistischen Marktstellung oder aufgrund eines öffentlichen Versorgungsauftrages der Fall. So sind z. B. kommunale und private Versorgungsunternehmen grds. verpflichtet, mit den Bewohnern des entsprechenden Gebietes Lieferverträge über Wasser, Strom, Gas usw. (vgl. z. B. § 6 Energiewirtschaftsgesetz) bzw. Verträge über Entsorgungsleistungen (Abwasser, Abfall) abzuschließen. Die öffentlichen Verkehrsbetriebe (Bahn, Bus, Taxi) müssen grds. jedermann nach den amtlich veröffentlichten Tarifen befördern (vgl. § 10 Allgemeines Eisenbahngesetz, § 22 Personenbeförderungsgesetz). Apotheken müssen nach landesrechtlichen Vorschriften die nach ärztlicher Verordnung notwendigen Arzneimittel bereitstellen.

1.3.1.1 Allgemeine Geschäftsbedingungen

Allgemeine Geschäftsbedingungen (AGB) sind – häufig verkürzt auch als das sog. „Kleingedruckte“ bezeichnete – von einer Partei für eine Vielzahl von Verträgen formulierte und vorgegeben Vertragsbedingungen (§ 305 Abs. 1 S. 1 BGB). Diese werden nach § 305 Abs. 2 BGB nur dann Vertragsbestandteil, wenn der Verwender bei Vertragsschluss 1. die andere Vertragspartei auf diese ausdrücklich oder durch einen deutlich sichtbaren Aushang am Ort des Vertragsschlusses hinweist und 2. der anderen Vertragspartei die Möglichkeit verschafft, in zumutbarer Weise von ihrem Inhalt Kenntnis zu nehmen. AGB müssen deshalb zunächst mühelos lesbar sein (BGH NJW 1993, 2773). Als weitere Voraussetzung schreibt § 305 Abs. 2 BGB vor, dass die andere Vertragspartei, der Kunde, mit ihrer Geltung einverstanden ist. Mangels eines ausdrücklichen Vorbehalts ist das der Fall, wenn der Kunde das Rechtsgeschäft abschließt (konkludentes Verhalten).

Klauseln dürfen nicht überraschend sein (§ 305c Abs.1 BGB) und unterliegen im Übrigen einer Inhaltskontrolle (hierzu Däubler 2002, 516 ff.). AGB, die einem in § 309 BGB aufgelisteten Tatbestand entsprechen, sind nichtig. Die in § 308 BGB gelisteten Klauseln können aufgrund einer damit verbundenen unfairen Regelung unwirksam sein, wobei aufgrund der Wertungsmöglichkeit (es geht hier vor allem um die Anwendung des Begriffs Angemessenheit) eine z.T. schwierige Abwägung vorzunehmen ist. Entsprechendes gilt für die Generalklausel des § 307 BGB, nach der AGB unwirksam sind, wenn sie den Vertragspartner des Verwenders entgegen den Geboten von Treu und Glauben (§ 242 BGB) unangemessen benachteiligen. Eine unangemessene Benachteiligung kann sich auch daraus ergeben, dass die Bestimmung nicht klar und verständlich ist. Um den einzelnen Verbraucher zu entlasten, haben deshalb die Verbraucherverbände nach § 3 Abs. 1 Nr. 1 des Gesetzes über Unterlassungsklagen bei Verbraucherrechts- und anderen Verstößen (UKlaG) das Recht, ein gerichtliches Kontrollverfahren einzuleiten, um die Verwender der AGB zu verurteilen, bestimmte Klauseln in Zukunft nicht mehr zu benutzen.

1.3.1.2 Verbraucherinsolvenzverfahren

Das Verbraucherinsolvenzverfahren ist in Voraussetzungen und Ablauf (vgl. §312 InsO) gegenüber dem normalen Insolvenzverfahren erheblich vereinfacht und soll bei Zahlungsunfähigkeit (Insolvenz) überschuldete aber redliche Personen von der erdrückenden Restschuld befreien und gleichzeitig ihren Gläubigern eine anteilig gleichmäßige Forderungsbefriedigung ermöglichen (Privatinsolvenz). Voraussetzung für eine Privatinsolvenz ist nach §304 InsO, dass es sich um zahlungsunfähige Verbraucher oder ehemals selbstständig bzw. gewerblich Tätige handelt, die weniger als 20 Gläubiger haben und gegen die keine Forderungen aus Arbeitsverhältnissen bestehen.

Zunächst müssen sich die Schuldner um eine außergerichtliche Einigung mit den Gläubigern bemühen (§305 Abs. 1 Nr. 1 InsO; vgl. hierzu I-6). Dem Einigungsversuch muss ein geordneter Schuldbereinigungsplan zugrunde liegen, in dem insbesondere alle Regelungen enthalten sind, die unter Berücksichtigung der Gläubigerinteressen sowie der Vermögens-, Einkommens- und Familienverhältnisse des Schuldners geeignet sind, zu einer angemessenen Schuldenbereinigung zu führen. In den Plan ist aufzunehmen, ob und inwieweit Bürgschaften, Pfandrechte und andere Sicherheiten der Gläubiger vom Plan berührt werden sollen (vgl. § 305 Abs. 1 Nr. 4 InsO). **außergerichtliche Einigung**

Der Schuldner muss sich in diesem Zusammenhang an eine anerkannte Schuldnerberatungsstelle oder einen entsprechenden Fachanwalt wenden. Diese sind beim Scheitern der außergerichtlichen Einigungsversuche berechtigt, die zur Beantragung des gerichtlichen Schuldbereinigungsverfahrens erforderlichen Bescheinigungen auszustellen (vgl. § 305 Abs. 1 Nr. 1 InsO). Die Beratung bei den Schuldnerberatungsstellen (zu den Adressen vgl. z. B. www.bag-sb.de) ist kostenlos; die Erstberatung bei einem Anwalt wird aufgrund eines beim Amtsgericht erhältlichen Berechtigungsscheines im Rahmen der Rechtsberatungshilfe abgedeckt (vgl. I-4.2). **Schuldnerberatung**

Dem schriftlich einzureichenden Antrag auf Eröffnung des Insolvenzverfahrens sind auch der Antrag auf Erteilung der Restschuldbefreiung (§287 InsO) bzw. eine Erklärung, dass diese nicht beantragt wird, ein Einkommens- und Vermögensverzeichnis und dessen Zusammenfassung in einer Vermögensübersicht sowie ein Verzeichnis der Gläubiger und der gegen den Schuldner gerichteten Forderungen beizufügen. Das Gericht prüft dann, ob eine Verständigung über einen Schuldenbereinigungsplan Aussicht auf Erfolg hat. Ist dies der Fall, wird der Plan mit dem Vermögensverzeichnis an die Gläubiger verschickt. Diese sollen innerhalb eines Monats dazu Stellung zu nehmen (§307 Abs. 1 InsO). Das Verfahren über den Antrag auf Eröffnung des Insolvenzverfahrens ruht bis zur Entscheidung über den Schuldenbereinigungsplan; dieser Zeitraum soll drei Monate nicht überschreiten (§306 InsO). Der Schuldenbereinigungsplan kommt zustande, wenn entweder kein Gläubiger Einwendungen erhebt oder die Mehrheit der Gläubiger zustimmt und das Gericht die Einwendungen der widersprechenden Beteiligten durch eine Zustimmung nach § 309 InsO ersetzt. Der angenommene Plan hat die rechtlichen Wirkungen eines gerichtlichen Vergleichs (§ 308 Abs. 1 S. 2 InsO, § 794 Abs. 1 Nr. 1 ZPO).

Ist ein erfolgreicher Abschluss des Schuldenbereinigungsplans nach der Überzeugung des Gerichts nicht möglich oder sind die bisherigen Bemühungen gescheitert, so entscheidet das Gericht über die Eröffnung des vereinfachten Insolvenzverfahrens nach §§ 311 ff. InsO, sofern zumindest die Kosten des Verfahrens (vgl. § 54 InsO: Gerichtskosten sowie Vergütung und die Auslagen des künftigen Treuhänders) gedeckt sind. Ist dies nicht der Fall und wird auch keine Stundung der Verfahrenskosten bewilligt, so wird der Eröffnungsantrag mangels Masse abgewiesen (§ 26 InsO). Im weiteren Verlauf des Privatinsolvenzverfahrens werden die sonst von einem Insolvenzverwalter (§§ 56 ff. InsO) wahrgenommenen Aufgaben nach § 313 InsO von einem gerichtlich bestellten Treuhänder (§ 292 InsO) durchgeführt, der die Insolvenztabelle (Gläubiger, Forderungshöhe und Forderungsgrund) erstellt und die Aufgabe hat, das pfändbare Vermögen des Schuldners zu verwerten.

Zum Abschluss des Verfahrens erfolgt auf Antrag des Schuldners das Verfahren zur Restschuldbefreiung (§§ 286 ff. InsO). Hierzu muss der Schuldner in einer sog. Wohlverhaltensperiode von sechs Jahren (vgl. § 287 Abs. 2 InsO) ab Eröffnung des Insolvenzverfahrens nach § 295 InsO insbesondere eine angemessene Erwerbstätigkeit auszuüben bzw. sich um eine solche bemühen (z.B. keine zumutbare Tätigkeit ablehnen) und seinen Lohn bis auf den pfändungsfreien Teil an den Treuhänder zur Befriedigung der Gläubiger abtreten. Eine Restschuldbefreiung wird versagt, wenn einer der in § 290 InsO genannten Gründe vorliegt, z.B. wenn der Schuldner unredlich war oder während des Insolvenzverfahrens seine (insbesondere Auskunfts- oder Mitwirkungs-)Pflichten nach der InsO vorsätzlich oder grob fahrlässig verletzt hat.

In der Bundesregierung gibt es derzeit Planungen, das Verbraucherinsolvenzverfahren zu vereinfachen, da bei etwa 80% der etwa 100.000 Verfahren im Jahr von Beginn an feststeht, dass der Schuldner nichts zahlen kann. Auf das aufwendige gerichtliche Verfahren soll deshalb künftig bei völliger Mittellosigkeit des Schuldners nach „Abweisung mangels Masse" verzichtet werden. Dann soll es ausreichen, dass die Vermögensverhältnisse des Schuldners von einer geeigneten Person oder Stelle (z.B. Rechtsanwälten, Steuerberatern oder Schuldnerberatungsstellen) sorgfältig ermittelt werden. Der Schuldner muss die Richtigkeit seiner Angaben an Eides statt versichern. Daran soll sich dann nach einem Gerichtsbeschluss unmittelbar das Verfahren der Restschuldbefreiung anschließen, in dem der Schuldner sechs Jahre lang den pfändbaren Teil seines Einkommens an einen Treuhänder überweisen muss, der das Geld an die Gläubiger des Betroffenen verteilt.

 www.bag-sb.de; www.justiz.nrw.de/Online_verfahren_projekte/online_verfahren/infos_inso/insolvenzen_infos/inso_intro02/index.php

1.3.2   Schutz von Minderjährigen im Rechtsverkehr

Privatautonomie setzt autonome, selbstständig und voll verantwortlich handelnde Personen voraus. Kinder und Jugendliche sollen sich aber erst zu einer eigenverantwortlichen und gemeinschaftsfähigen Persönlichkeit entwickeln dürfen (vgl. § 1 Abs. 1 SGB VIII). Minderjährige haben deshalb in unserer Rechtsordnung einen Sonderstatus. Das Recht unterscheidet dabei bestimmte Altersstufen, die mit einem unterschiedlich stark ausgeprägten Schutz und einer zunehmenden Verantwortlichkeit junger Menschen einhergeht (vgl. hierzu die Übersicht im Anhang V-2). Im Hinblick auf Rechtsgeschäfte geht es vor allem um die Beschränkungen der Geschäftsfähigkeit, im Hinblick auf tatsächliche Handlungen um die Grenzen der Deliktsfähigkeit.

Kinder sind bis zur Vollendung des siebten Lebensjahrs weder geschäfts- (§ 104 BGB) noch deliktsfähig (§ 828 BGB). Sie können am Rechtsverkehr grds. nicht selbstständig teilnehmen, sondern bedürfen eines gesetzlichen Vertreters (vgl. §§ 1626, 1629 Abs. 1 BGB). Ihre Erklärungen sind nichtig und haben deshalb für sie keine Rechtsfolgen (§ 105 BGB). **gesetzliche Vertreter**

Zwischen dem siebten und dem 18. Lebensjahr sind Minderjährige beschränkt geschäftsfähig (§ 106 BGB). Die Wirksamkeit ihrer Rechtsgeschäfte hängt von der Zustimmung ihrer gesetzlichen Vertreter ab; bis dahin sind sie grds. schwebend unwirksam, soweit sie dem Minderjährigen nicht nur einen rechtlichen Vorteil bringen (§ 107 BGB). Hier geht es allein um die rechtliche Stellung, die wirtschaftliche Situation bleibt außer Betracht. Beispielsweise ist die Schenkung und Übereignung eines Haustieres allein ein rechtlicher Vorteil, auch wenn damit erhebliche Folgekosten für den Unterhalt des Tieres verbunden sind. **beschränkte Geschäftsfähigkeit**

Die vorherige Zustimmung (Einwilligung) ist grds. bis zur Vornahme des Rechtsgeschäfts widerruflich (§ 183 BGB). Die nachträgliche Zustimmung (Genehmigung) macht das Rechtsgeschäft rückwirkend als von Anfang an wirksam (§ 184 BGB). Erfolgt keine Genehmigung, so ist der Vertrag endgültig unwirksam. Solange die Zustimmung noch nicht erteilt oder verweigert worden ist, kann der Vertragspartner den Schwebezustand durch Widerruf beenden, es sei denn, er wusste um das Fehlen der Einwilligung (§ 109 BGB). Er kann den gesetzlichen Vertreter auch zur Genehmigung auffordern (§ 108 Abs. 1 BGB). Die Genehmigung kann dann nur bis zum Ablauf von zwei Wochen nach dem Empfang der Aufforderung erklärt werden; wird sie nicht erklärt, so gilt sie als verweigert (§ 108 Abs. 2 BGB).

Nach dem sog. Taschengeldparagrafen gilt ein von dem Minderjährigen ohne Zustimmung des gesetzlichen Vertreters geschlossener Vertrag ausnahmsweise als von Anfang an wirksam, wenn der Minderjährige die vertragsmäßige Leistung mit Mitteln bewirkt, die ihm zu diesem Zweck oder zu freier Verfügung von dem Vertreter oder mit dessen Zustimmung von einem Dritten überlassen worden sind (§ 110 BGB). Das ist z. B. der Fall, wenn sich ein 15-Jähriger einen MP3-Player von dem Geld kauft, dass er von seinem Taschengeld angespart oder das er von seiner Oma zum Geburtstag ohne ausdrückliche Beschränkungen erhalten hat (das ist z. B. nicht der **Taschengeldparagraph**

Fall, wenn größere Geldbeträge zu einem bestimmten Zweck verschenkt werden, z. B. zur Gewährleistung einer Ausbildung). Entscheidend ist also, ob der Minderjährige das Geld zur freien Verfügung erhalten hat. Kinder und Jugendliche dürfen sich also nicht (immer) alles von ihrem Taschengeld kaufen, was sie wollen. Es kommt hier allein auf den Willen des gesetzlichen Vertreters (also im obigen Fall nicht der schenkenden Oma) an. Der gute Glaube eines hiervon nichts wissenden Geschäftspartners des Minderjährigen ist nicht geschützt (vgl. Schulze et al. 2007, § 110 Rz. 3). Der Schutz des Minderjährigen geht vor.

Von einer partiellen, sachlich abgegrenzten Geschäftsfähigkeit spricht man in den Konstellationen, in denen der Minderjährige zum selbstständigen Betrieb eines Erwerbsgeschäfts ermächtigt ist (§ 112 BGB), bzw. bei solchen Rechtsgeschäften, welche die Eingehung oder Aufhebung eines gestatteten Dienst- oder Arbeitsverhältnisses oder die Erfüllung der sich aus einem solchen Verhältnis ergebenden Verpflichtungen betreffen (§ 113 BGB).

sozialrechtliche Sonderregelungen Im Hinblick auf die Handlungsfähigkeit Minderjähriger ist insbesondere auch auf die Sonderregelungen des Sozialrechts hinzuweisen. So kann nach § 36 SGB I bereits ein 15-Jähriger Anträge auf Sozialleistungen stellen und diese auch empfangen (hierzu III-1.2.1).

Deliktsfähigkeit Minderjähriger Im Hinblick auf tatsächliche Handlungen, die einen Schaden verursachen und zum Schadensersatz verpflichten (§§ 276 Abs. 1, 828 BGB; s. u. II-1.4.1.2), spricht man von Deliktsfähigkeit. Kinder unter sieben Jahren sind stets deliktsunfähig und haften deshalb nicht (§ 828 Abs. 1 BGB). Gleiches gilt für Kinder bis zehn Jahre bei einem fahrlässigen Unfall mit einem KFZ oder einer Schienenbahn. Im Übrigen sind Kinder ab sieben Jahren beschränkt deliktsfähig, d. h., sie sind zivilrechtlich für einen Schaden nicht verantwortlich, wenn sie bei Begehung der Tat nicht die zur Erkenntnis der Verantwortlichkeit erforderliche Einsichtsfähigkeit hatten (§ 828 Abs. 3 BGB). In diesen Fällen kann u. U. aber eine Haftung aus Billigkeitsgründen in Betracht kommen, wenn ein Geschädigter seinen Schaden nicht von einer für den Minderjährigen aufsichtspflichtigen Person erstattet bekommt (§ 829 BGB). Rechtskräftig festgestellte (Haftungs-)Ansprüche verjähren erst nach 30 Jahren (§ 197 Abs. 3 Nr. 3 BGB; s. u. II-1.4.4 a. E.), weshalb der Minderjährige auch bei momentaner Mittellosigkeit in seinem weiteren Leben ggf. eine enorme Schuldenlast zu tragen hat.

Testierfähigkeit Die Fähigkeit, ein Testament zu errichten, tritt grds. mit Vollendung des 16. Lebensjahres ein (§ 2229 Abs. 1 BGB; s. u. II-1.6). **Ehemündigkeit** Eine Ehe soll nicht vor Eintritt der Volljährigkeit eingegangen werden. Allerdings kann das Familiengericht auf Antrag von dieser Vorschrift Befreiung erteilen, wenn der Antragsteller das 16. Lebensjahr vollendet hat und sein künftiger Ehegatte volljährig ist.

1.3.3   Formvorschriften

Grundsätzlich sind Rechtsgeschäfte formfrei, nur ausnahmsweise sieht das Gesetz in Einschränkung der Privatautonomie eine besondere Form vor, z. B. um vor übereilten Rechtsgeschäften zu warnen, die Information Dritter oder die Beweisbarkeit zu erleichtern. Das BGB nennt fünf Formen:

- die Schriftform (§ 126 BGB), erforderlich z. B. bei Verbraucherdarlehen (§ 492 Abs. 1 BGB), Bürgschaften (§ 766 BGB), bei manchen Mietverträgen (§ 550 BGB) sowie der Kündigung eines Miet- (§ 568 Abs. 1 BGB) oder Arbeitsvertrages (§ 623 BGB),
- die elektronische Form mit einer entsprechenden nicht verfälschbaren Signatur (§ 126a BGB),
- die Textform (§ 126b BGB) entweder auf Papier oder einem elektronischen Datenträger (Diskette, CD-ROM, DVD), diese ist z. B. für Garantieerklärungen im Verbrauchsgüterkauf (§ 477 Abs. 2 BGB), Benachrichtigungen bei Überziehungskrediten (§ 493 Abs. 1 S. 5 BGB) aber auch bei Miterhöhungsverlangen (§ 558a BGB) erforderlich,
- die notarielle Beurkundung (§ 128 BGB), erforderlich z. B. bei einem Kaufvertrag über ein Grundstück (§ 311b BGB), einem Ehevertrag (§ 1410 BGB) und Erbvertrag (§ 2276 BGB)
- die öffentliche Beglaubigung (§ 129 BGB).

Schreibt ein Gesetz die schriftliche Form vor, so muss das Schriftstück (die Urkunde) grds. von dem Aussteller eigenhändig durch Namensunterschrift unterzeichnet werden (§ 126 BGB). Ein **Telefax** enthält nicht die Originalunterschrift und genügt deshalb nicht der Schriftform (BGH NJW 1998, 3649). Die schriftliche Form kann i. d. R. auch durch die elektronische Form (§ 126a BGB) ersetzt werden (§ 126 Abs. 3 BGB), nicht aber durch die Textform (§ 126b BGB). Eine normale E-Mail ohne eine unverwechselbare elektronische Signatur reicht also nicht aus. Die schriftliche Form wird durch die notarielle Beurkundung, insbesondere im Rahmen eines gerichtlichen Vergleiches (§ 127a BGB) ersetzt. Ist eine gesetzliche Form nicht vorgeschrieben, so kann die Willenserklärung in jeder anderen Form übermittelt werden: mündlich, telefonisch, via E-Mail oder mittels Telefax. Die Parteien können allerdings auch eine bestimmte Form vereinbaren (§ 127 BGB).
Wird eine gesetzlich vorgeschriebene Form nicht eingehalten, so ist das Rechtsgeschäft grds. nichtig (§ 125 BGB). Das gilt nur dann nicht, wenn die Formnichtigkeit nach dem Grundsatz von Treu und Glauben zu „schlechthin untragbaren Ergebnissen" führen würde (vgl. Däubler 2002, 316; Schulze et al. 2007 § 125 Rz. 10). Die Rspr. hat dies aber auf extreme Ausnahmefälle begrenzt, z. B. bei der Existenzgefährdung einer auf die Gültigkeit des Vertrages vertrauenden Person, die aufgrund der Insolvenz ihres Vertragspartners keine Chance hat, von diesem Schadensersatz zu erhalten.
Formfehler können ggf. auch durch die Erfüllung der Leistung geheilt werden, wenn die Formvorschrift nur eine Warnfunktion erfüllt. Das ist z. B.

bei der Erfüllung eines Schenkungsversprechens der Fall (§ 518 Abs. 2 BGB) oder wenn ein Bürge die Hauptverbindlichkeit tatsächlich erfüllt (§ 766 S. 2 BGB; vgl. auch §§ 311b Abs. 1 S. 2, 494 Abs. 2, 502 Abs. 4 S. 2 BGB).

1.4   Schuldrechtliche Grundbegriffe

Schuldverhältnis

Als Schuldrecht bezeichnet man die Rechtsnormen, nach denen eine Person aufgrund einer rechtlichen Sonderbeziehung (dem sog. Schuldverhältnis) eine Leistung verlangen kann (§ 241 BGB). Die Regelungen des allgemeinen Schuldrechts in §§ 241–432 BGB gelten grundsätzlich für alle vertraglichen oder gesetzlichen Schuldverhältnisse (Ausnahme: §§ 311–361 BGB gelten nur für Schuldverhältnisse aus Verträgen). Das besondere Schuldrecht regelt in den §§ 433–53 BGB beispielhaft einzelne Typen von Schuldverhältnissen.

Vertrag

Ein Schuldverhältnis wird durch ein Rechtsgeschäft oder kraft Gesetzes begründet. Rechtsgeschäftliche Schuldverhältnisse beruhen zumeist auf einem Vertrag. Allerdings können auch einseitige Rechtsgeschäfte ein Schuldverhältnis begründen (Auslobung, Stiftung, Vermächtnis). Ihr Zustandekommen hängt von den allgemeinen Regeln des BGB ab (Geschäftsfähigkeit, Willenserklärung, usw.; vgl. auch das Prüfungsschema im Anhang V-3. Ein Schuldverhältnis entsteht aber nicht erst aufgrund eines Vertrages, sondern schon im Vorfeld durch (geschäftliche) Kontakte, die sog. Vertragsanbahnung, insbesondere durch die Aufnahme von Vertragsverhandlungen (§ 311 Abs. 2 BGB).

gesetzliche Schuldverhältnisse

Gesetzliche Schuldverhältnisse entstehen ohne Rechtsgeschäft aufgrund von tatsächlichen Geschehnissen, sofern die Tatbestandsvoraussetzungen der maßgeblichen Rechtsnorm erfüllt sind, z. B. bei der Geschäftsführung ohne Auftrag (§§ 677 ff. BGB), der ungerechtfertigten Bereicherung (§§ 812 ff. BGB) oder der unerlaubten (deliktischen) Handlung (§§ 823 ff. BGB).

1.4.1   Inhalt von Schuldverhältnissen

Aufgrund eines Schuldverhältnisses kann der Gläubiger vom Schuldner eine Leistung fordern (§ 241 Abs. 1 BGB, sog. Hauptleistungspflicht). Durch Vertrag kann auch vereinbart werden, dass die Hauptleistung zugunsten eines Dritten erfolgt und dass dieser sogar das Recht erwirbt, die Leistung für sich zu fordern (Vertrag zugunsten Dritter, § 328 BGB). Über das Versprechen der (primären) Hauptleistung hinaus verpflichtet ein Schuldverhältnis die Parteien auch zur Rücksichtnahme auf die Rechte, Rechtsgüter und Interessen der anderen Partei (§ 241 Abs. 2 BGB). Solche teilweise ausdrücklich geregelten („sekundären") Nebenleistungs- und Schutzpflichten (hierzu ausführlich Schulze et al. 2007 § 241 Rz. 4 ff.) betreffen z. B. Mitwirkungs-, Informations-, Auskunft- und Rechenschaftspflichten (vgl. z. B. §§ 402, 666, 681, 713 BGB) sowie nachvertragliche Pflichten, z. B. zur Verschwiegenheit oder Wettbewerbsbeschränkungen. Über den reinen Wortlaut des §242 BGB hinaus sind *beide* Parteien aufgrund des Schuldverhältnisses verpflichtet, in Ausübung ihrer Rechte und Erfüllung ihrer Pflichten nach „Treu und Glauben" (d. h. im Wesentlichen: **fair**) zu handeln (BGHZ 85, 48). Orientierung ist dabei die Wertordnung des Grundgesetzes (vgl. I-2; zur mittelbaren Drittwirkung von Grundrechten, vgl. I-2.2.4; z. B. zur Duldungspflicht des Vermieters beim Einbau eines Lifts für die behinderte Partnerin eines Mieters vgl. BGH NJW 2000, 2658). Aber auch die ungeschriebenen, gefestigten Verkehrssitten und Handelsbräuche sowie **fachliche Standards** spielen hier eine wichtige Rolle (insbesondere im Hinblick auf Sorgfaltspflichten; vgl. BGH NJW 1986, 1100; hierzu II-4).

1.4.1.1 Vertragliche Schuldverhältnisse

Der Inhalt rechtsgeschäftlich geschlossener Schuldverhältnisse ist den Parteien überlassen. Verpflichten sich die Vertragsparteien gegenseitig zu einer Hauptleistung, spricht man von einem Austauschverhältnis (Synallagma). Grundsätzlich gilt im Privatrecht – als Ausfluss der Privatautonomie – die sog. Vertragsfreiheit, d. h., die Rechtssubjekte sind in der Gestaltung ihrer Rechtsbeziehungen frei. Der Gesetzgeber hat aber die (teilweise nur noch historisch) wichtigsten Vertragstypen, z. B. den Kauf und Tausch, (weitgehend dispositiv) geregelt. Diese wurden mittlerweile im modernen Wirtschaftsleben durch neue, atypische Vertragsarten ergänzt, die aber nur z. T. im BGB geregelt sind. Die vertraglichen Schuldverhältnisse lassen sich im Wesentlichen in vier Gruppen einteilen (hierzu Däubler 2002, 653 ff.):

Vertragsfreiheit und Vertragstypen

- Beim Kauf (§§ 433 BGB) und Tausch (§ 480 BGB) geht es um die **Übertragung von Wirtschaftsgütern** bei gleichzeitiger Überlassung eines Gegenwertes (Kaufpreis bzw. Tauschgut). Demgegenüber erfolgt die Zuwendung bei der Schenkung (§ 516 BGB) unentgeltlich. Gegenstand der Übertragung können Sachen und Rechte (§ 453 BGB) sein. Hierzu zählt z. B. das sog. Factoring (Forderungskauf), aufgrund dessen Forderungen abgetreten werden (§ 398 ff. BGB). Beim Kaufertrag finden sich noch weitere Sonderformen, z. B. der Kauf unter Eigentumsvorbehalt (§ 449 BGB) oder der Kauf auf Probe (§ 454 BGB). In den §§ 474 ff. BGB enthält das BGB aufgrund einer entsprechenden EG-Richtlinie Sonderregelungen für den Fall, dass der Käufer ein Verbraucher (§ 13 BGB) ist (sog. Verbrauchsgüterkauf). Für Ratenlieferungsverträge (d. h. der Kaufgegenstand wird in Teillieferungen geleistet) enthält § 505 BGB Schutzvorschriften. Kaufverträge über Sachen, die ein Verbraucher in Raten bezahlen soll (früher sog. Abzahlungskauf), werden heute als Verbraucherdarlehen behandelt (§§ 491 ff. BGB).
- Miete (§§ 535 ff. BGB), Pacht (§§ 581 ff. BGB) und Leihe (§§ 598 ff. BGB) sind auf die **Gebrauchsüberlassung** von Sachen gerichtet, im Fall der Leihe erfolgt dies unentgeltlich. Besondere Schutzvorschriften gibt es insbesondere bei Mietverhältnissen über Wohnraum (§§ 549–577a

BGB). Beim Leasing (sog. Mietkauf) überlässt der Leasinggeber dem Leasingnehmer wie bei der Miete den Gebrauch der Sache, der Leasingnehmer haftet aber wie beim Eigentumserwerb aufgrund eines Kaufs für die Instandhaltung und den Untergang der Sache. Beim Franchising (z. B. Fast-Food-Ketten) werden gegen Entgelt gewerbliche Schutzrechte (z. B. Firmenname, Patente) und Know-how zur Nutzung überlassen. Um eine Gebrauchsüberlassung handelt es sich auch bei einem (Geld)Darlehen (§§ 488 ff. BGB) und Sachdarlehen (§ 607 BGB).

- Gegenstand der dritten Gruppe von Verträgen sind **Tätigkeiten** für einen anderen. Beim Dienstvertrag (§§ 611 ff. BGB) wird die Leistungsbemühung als solche geschuldet, der Werkvertrag (§ 631 BGB) ist auf den Erfolg, das fertiggestellte Werk gerichtet. Von Geschäftsbesorgungsvertrag (§ 675 BGB) spricht man, wenn Gegenstand der Leistung eine entgeltliche **Geschäftsbesorgung** ist. Dabei handelt es sich um eine selbstständige Tätigkeit wirtschaftlicher Art im fremden Interesse (Schulze et al. 2007, § 675 Rz. 4). Hierzu gehört insbesondere die freiberufliche Tätigkeit von Rechtsanwälten, Steuer-, Unternehmens- und sonstigen Beratern. Unter Auftrag (§§ 662 ff. BGB) versteht das BGB alle unentgeltlichen Tätigkeiten für einen anderen, die nicht speziell geregelt sind. Besonders geregelt sind insbesondere die Verwahrung (§§ 688 ff. BGB), Rechte und Pflichten des Gastwirts für eingebrachte Sachen (§§ 701 ff. BGB), der Mäkler- (§§ 652 ff. BGB) und Reisevertrag (§§ 651a ff. BGB).
- In der vierten Gruppe von Verträgen schließen sich Personen zur **Bildung von Gesellschaften** (§§ 705 ff. BGB) **und Gemeinschaften** (§§ 741 ff. BGB) zusammen, ohne sich dabei zur juristischen Person zu verselbstständigen. Mittlerweile hat die Rspr. aber die Rechts- und Parteifähigkeit der Gesellschaft des Bürgerlichen Rechts (GbR) anerkannt und im Wesentlichen mit der Offenen Handelsgesellschaft des Handelsrechts (§§ 105 HGB) gleichgestellt (BGHZ 146, 341).

1.4.1.2 Gesetzliche Schuldverhältnisse

Geschäftsführung ohne Auftrag

Über die Grundnormen der §§ 241 ff. BGB hinaus ist der Inhalt von gesetzlichen Schuldverhältnissen durch Rechtsnormen festgelegt. Wer z. B. ohne Auftrag und ausdrückliche Berechtigung für einen anderen ein Geschäft besorgt, muss dies nach § 677 BGB („wenn schon – denn schon") auf eine Weise tun, die dem Interesse des Geschäftsherrn entspricht. Andererseits kann er nach § 683 BGB wie ein Beauftragter Ersatz seiner Aufwendungen verlangen, wenn die Übernahme der Geschäftsführung dem Interesse und dem wirklichen oder dem mutmaßlichen Willen des Geschäftsherrn entspricht. Das ist z. B. der Fall, wenn jemand die Zerstörung einer fremden Sache verhindert, z. B. den Brand an einem Haus löscht, dessen Eigentümer abwesend ist und nicht eingreifen kann. Dann kann der Hilfeleistende z. B. Ersatz seiner bei dem Einsatz beschädigten Kleidung verlangen. Ein Sonderfall der Geschäftsführung ohne Auftrag stellt der Fund dar, der aufgrund der Nähe zum Eigentum im Sachenrecht gesondert geregelt ist (§§ 965 ff. BGB).

Nach § 812 BGB kann jemand einen Vermögensvorteil herausverlangen, **ungerechtfertigte**
den ein anderer ohne Rechtsgrund erlangt hat. Dies kann z. B. der Fall sein, **Bereicherung**
wenn eine Leistung bewirkt wurde (z. B. das gekaufte Buch wurde übereig-
net und übergeben), obwohl der insoweit geschlossene Vertrag nichtig ist,
sei es weil eine handelnde Person bei Vertragschluss nicht geschäftsfähig
war (vgl. II-1.1.2) oder der Vertrag rückwirkend von einer Partei wirksam
angefochten (vgl. II-1.2.3) wurde. Das BGB verweist in zahlreichen Fällen,
insbesondere bei Rückabwicklungen auf die Grundsätze des Bereicherungs-
rechts (zu solchen Verweisungsnormen vgl. I-3.2.1).

Im sog. Deliktsrecht geht es um die Wiedergutmachung eines Schadens, **Deliktsrecht**
der aufgrund von unerlaubten (rechtswidrigen) Handlungen entstanden ist.
So begründet § 823 Abs. 1 BGB die Haftung auf Schadensersatz bei einer
rechtswidrigen und schuldhaften Verletzung fremder Rechtsgüter. Von § 823
BGB geschützte Rechtsgüter sind zunächst nur das Leben, der Körper, die
Gesundheit, die Freiheit und das Eigentum eines anderen. Die gleiche Scha-
densersatzverpflichtung trifft nach § 823 Abs. 2 BGB denjenigen, welcher
gegen ein den Schutz eines anderen bezweckendes Gesetz verstößt (hierzu
Schulze et al. 2007 § 823 Rz. 141 ff.). Solche Ge- oder Verbotsnormen mit
individualschützendem Charakter finden sich z. B. im Wirtschaftsrecht (zur
Produzentenhaftung s. u. II-1.4.3), im Urheberrecht, aber auch im Strafrecht, Straßenverkehrsrecht oder sonstigen Öffentlichen Recht, z. B. bei der
Inobhutnahme nach § 42 SGB VIII.

Soweit § 823 Abs. 1 BGB von einem „sonstigen Recht" spricht, sind damit
nur solche Rechte gemeint, die vergleichbar mit den ausdrücklich genannten
Persönlichkeitsgütern und dem Eigentum durch einen vergleichbaren Zuwei-
sungsgehalt und eine entsprechende Ausschlussfunktion gekennzeichnet sind
(Däubler 2002, 979 ff.; Schulze et al. 2007 § 823 Rz. 28). In den Anwendungsbereich fallen somit nur die absoluten Rechte (s. o. Einführung zu Teil II).
Nicht dazu gehören Forderungen (als relative Rechte) sowie das Vermögen
einer Person. Der Besitz ist kein Recht, sondern ein tatsächliches Verhältnis
(s. u. II-1.5). Der berechtigte Besitz wird aber nach h. M. als „sonstiges Recht"
– vergleichbar mit dem Eigentum – durch § 823 Abs. 1 BGB geschützt. Wird
z. B. ein Mietwagen auf einem Parkplatz von einem Dritten nicht nur vorübergehend so zugeparkt, dass der Pkw nicht genutzt werden kann, so ist der
Dritte zum Schadensersatz verpflichtet. Das umfasst z. B. die Abschleppko-
sten oder die Kosten für ein Alternativfahrzeug (vgl. Däubler 2002, 980).

Voraussetzung ist freilich, dass die Rechtsgutverletzung rechtswidrig war. **Rechtswidrigkeit**
Ausnahmsweise kann aber eine Verletzung fremder Rechtsgüter erlaubt
sein. Solche Rechtfertigungsgründe können im BGB geregelt sein, z. B. als
Notwehr (§ 227 BGB) und Notstand (§ 228 BGB) zur Selbstverteidigung oder
Selbsthilfe (§ 229 BGB) sowie der sog. aggressive Notstand des Eigentümers
(§ 904 BGB). Aufgrund der Einheit der Rechtsordnung gelten allerdings
auch die Erlaubnisse und Rechtfertigungsgründe anderer Rechtsmaterien,
insbesondere des Strafrechts (vgl. hierzu ausführlich IV-2.1.2). Soweit die
Rechtsgutverletzung durch eine Unterlassung eingetreten ist (Nichtabwen-

dung einer Schädigung), tritt die Haftung nur ein, wenn eine Rechtspflicht zum Handeln, z. B. eine sog. Verkehrssicherungspflicht aufgrund einer geschaffenen Gefahrenquelle bestand (hierzu vgl. II-4 sowie zum vergleichbaren Aspekt der Garantenpflicht die Erörterung im Strafrecht IV-2.2.2).

Verschulden Eine Schadensersatzpflicht besteht schließlich nur, wenn den Schädiger ein Verschulden trifft. Das setzt einerseits die sog. Deliktsfähigkeit (vgl. II-1.1.2) voraus, wobei für Minderjährige spezifische Schutzvorschriften gelten (s. o. II-1.3.2), andererseits ein vorsätzliches oder fahrlässiges Verhalten (s. u. II-1.4.2).

1.4.2 Leistungsstörungen

Schuldverhältnisse verpflichten nicht nur zur Vornahme der vereinbarten Hauptleistung, sondern auch zur gegenseitigen Rücksichtnahme (§ 241 Abs. 2 BGB, sog. Nebenleistungs- und Schutzpflichten, s. o. II-1.4.1). Trotz der gesetzlichen und vertraglichen Regelungen kann es bei der Abwicklung des Schuldverhältnisses zu Fehlern und Problemen (Leistungsstörungen) kommen, z. B. wird die gekaufte Waschmaschine bei der Lieferung zerstört oder drei Wochen nach dem vereinbarten Termin oder nicht funktionsfähig mit einer nicht dicht schließenden Klappe geliefert. Man spricht hier von Nichtleistung (insbesondere wegen Unmöglichkeit, vgl. z. B. §§ 265, 292, 848 BGB), Verzug bei einer verzögerten Leistung (vgl. §§ 286 ff., §§ 293 ff. BGB) und Schlechtleistung (insbesondere wegen Sachmängel). Leistungsstörungen treten aber nicht nur bei vertraglichen, sondern auch bei gesetzlichen Schuldverhältnissen auf, z. B. wenn die aufgrund eines Anspruchs wegen ungerechtfertigter Bereicherung nach § 812 BGB herauszugebende Sache bei der Rücksendung vernichtet wird.

Für die wichtigsten Leistungsstörungen sieht das Gesetz – aktualisiert durch die sog. Schuldrechtsreform 2002 auch aufgrund der Vorgaben durch EU-Richtlinien – besondere Haftungs- und Ausgleichsregelungen vor (hierzu ausführlich Däubler 2002, 556 ff. und 660 ff.), wobei im Hinblick auf **Gewährleistung** einige Vertragstypen einige Sonderregelungen beachtet werden müssen. So bestimmen sich die Rechte des Käufers einer mangelhaften Sache nach den §§ 437 ff. BGB; er kann:

- die Beseitigung des Mangels bzw. die Lieferung einer mangelfreien Sache verlangen (sog. Nachbesserung nach § 439 BGB), wobei der Verkäufer auch die hierzu notwendigen Kosten zu tragen hat (§ 439 Abs. 2 BGB);
- unter den in §§ 440, 323, 326 Abs. 5 BGB bestimmten Voraussetzungen (z. B. grds. Ablauf einer angemessen gesetzten Frist für die Nacherfüllung) vom Vertrag zurücktreten (sog. Wandelung) oder den Kaufpreis mindern (§ 441 BGB) und
- ggf. Schadensersatz bzw. Ersatz für vergebliche Aufwendungen verlangen (§ 437 Nr. 3 BGB). Insoweit sind aber die allgemeinen Haftungsgrundsätze zu beachten (grds. Verschuldenshaftung, s. u. II-1.4.3).

Von Fehler oder Mangel einer Sache spricht man bei Sachmängeln (vgl.   **Mangel**
§ 434 Abs. 1 BGB: Abweichung von der vereinbarten Beschaffenheit) oder
Rechtsmängeln (z. B. fehlendes Eigentum des Verkäufers oder Pfandrecht
an der Sache), wenn diese zum Zeitpunkt der Übergabe der Sache (sog.
Gefahrübergang) vorliegen. Auf Kenntnis des Verkäufers kommt es dabei
nicht an, Fehler hat er stets zu vertreten (Einschränkungen bestehen im Hinblick auf eine Schadensersatzpflicht, Verschulden ist erforderlich, wenn der
Verkäufer keine Garantiehaftung übernommen hat, s. u. II-1.4.3). Darüber
hinaus haftet der Verkäufer, wenn der Fehler zum Zeitpunkt des Gefahr-
übergangs bereits angelegt war. Beim Verbrauchsgüterkauf (§ 474 BGB)
wird abweichend von den allgemeinen Regeln zugunsten des Verbrauchers
in den ersten sechs Monaten nach Übergabe vermutet, dass der Mangel bei
der Übergabe vorlag (sog. Beweislastumkehr). Den Verbraucher trifft aber
weiterhin die Darlegungs- und Beweislast für die einen Sachmangel begrün-
denden Tatsachen. § 476 BGB enthält lediglich eine in zeitlicher Hinsicht
wirkende Vermutung, dass der Mangel bereits zum Zeitpunkt des Gefahrü-
bergangs vorlag (BGH VIII ZR 329/03 v. 02.06.2004).

Von dieser Beweislastumkehr zu unterscheiden ist die Regelung der Ver-   **Verjährung**
jährungsfrist für die Ansprüche aus Gewährleistung, die nach § 438 BGB im
Regelfall zwei Jahre beträgt. Durch eine Garantie des Verkäufers kann die   **Garantie**
Frist verlängert werden. Nur bei einem Privatverkauf (kein Unternehmer
beteiligt) kann sie in den Grenzen des § 202 BGB (nicht bei Vorsatz) verkürzt oder ausgeschlossen werden. Bei einem Verbrauchsgüterkauf ist nach
§ 475 Abs. 2 BGB eine Verkürzung der Frist nur bei gebrauchten Waren und
nur bis zu einem Jahr möglich (Schulze et al. 2007, § 438 Rz. 8).

Die Verzögerung einer fälligen Leistung (§§ 286 ff., 280 Abs. 1 BGB) nennt   **Verzug**
man Schuldnerverzug, die Weigerung des Gläubigers, eine Leistung anzunehmen, Annahmeverzug (§ 293 BGB). Nach § 280 Abs. 2 BGB kann man Schadensersatz wegen Verzögerung der Leistung nur unter der zusätzlichen Voraussetzung des § 286 BGB verlangen. Danach muss der Schuldner gemahnt   **Mahnung**
werden, es sei denn, die Leistungszeit ist z. B. kalendermäßig bestimmt. Nach
§ 280 Abs. 3 BGB kann Schadensersatz statt der Leistung nur unter den zusätzlichen Voraussetzungen des §§ 281–283 BGB verlangt werden. Im Wesentlichen geht es darum, dass dem Schuldner eine zweite Chance gegeben werden muss, die Leistung innerhalb einer angemessenen Frist vorzunehmen.

1.4.3   Haftungsgrundsätze

Nach deutschem Recht haftet man für Mängel und Fehler grds. nur und   **Verschuldens-**
muss für einen Schaden nur einstehen, wenn man dafür verantwortlich   **haftung**
ist bzw. ihn zumindest vertreten muss (Verschuldenshaftung). Das Recht
knüpft insoweit an die Pflicht zur Schadensverhütung an, die sich aus einem
vertraglichen Schuldverhältnis oder aus dem Gesetz ergeben kann. Von der
Haftung des Zivilrechts ist die strafrechtliche Verantwortlichkeit zu unterscheiden (hierzu IV-2.1).

Nach der Grundregel des § 280 Abs. 1 BGB kann ein Gläubiger vom Schuldner Schadensersatz verlangen, wenn dieser eine Pflicht aus dem Schuldverhältnis verletzt. Dies gilt nur dann nicht, wenn der Schuldner dies nicht zu vertreten hat. Das Verschulden wird in § 280 Abs. 1 S. 2 BGB widerlegbar vermutet (Beweislastregel; anders ist dies nach § 619a BGB für Arbeitnehmer). Nach § 276 Abs. 1 BGB haftet man nur, wenn man selbst schuldhaft, d. h. vorsätzlich oder fahrlässig, handelt. Aufgrund der Privatautonomie können Vertragspartner allerdings auch abweichende Haftungsvereinbarungen treffen (z. B. Garantieerklärung). **Vorsatz** ist das Wissen und Wollen des in einer Norm beschriebenen Tatbestandes. Vorsätzlich handelt, wer im Hinblick auf die Elemente des Tatbestandes einer Norm bewusst vorgeht und den Eintritt des Handlungserfolgs will (sog. *dolus directus*) bzw. zumindest bewusst in Kauf (*dolus eventualis*) nimmt. Fahrlässig handelt, wer die im Verkehr erforderliche Sorgfalt außer Acht lässt (§ 276 Abs. 2 BGB).

Haftung für andere Man ist zwar grundsätzlich nur für eigenes Verhalten verantwortlich, allerdings sieht das Privatrecht in einigen Regelungen eine Haftung für fremdes Handeln vor. So hat man nach § 278 BGB das Verschulden des gesetzlichen Vertreters (z. B. der Eltern, des Vormunds, des Betreuers, s. o. II-1.2.2) und der Personen zu vertreten, deren man sich zur Erfüllung seiner vertraglichen Verbindlichkeit bedient (sog. **Erfüllungsgehilfen**). Erfüllungsgehilfen müssen nicht weisungsabhängig sein und können auch selbstständige Unternehmer sein (z. B. Handwerker, Spediteure, Banken, Rechtsanwälte), die der Schuldner eingeschaltet hat. Aufgrund der mit dem Schuldverhältnis zusammenhängenden Schutzpflichten wird dem Schuldner das schuldhafte Handeln der *anderen* Personen im Zusammenhang mit dem Schuldverhältnis zugerechnet. Dies ist zu unterscheiden von der Zurechnung von Willenserklärungen im Rahmen der Stellvertretung nach § 164 BGB.

Verrichtungsgehilfe Ebenso zu unterscheiden ist die schuldrechtliche Haftungszurechnung von der Haftung für unerlaubte Handlungen von Dritten. Nach § 831 Abs. 1 BGB haftet man für das widerrechtliche Verhalten von sog. Verrichtungsgehilfen, also weisungsgebundener Personen, denen man sich zur Erledigung von Aufgaben bedient hat (z. B. Arbeitnehmer), selbst wenn diese nicht schuldhaft (weil sie z. B. schuldunfähig waren) gehandelt haben. Hier besteht ein Haftungsgrund wegen vermuteten *eigenen* Verschuldens des Geschäftsherrn. Möglich ist hier ein sog. Exkulpationsnachweis, d. h., die Schadensersatzpflicht tritt nicht ein, wenn der Geschäftsherr bei der Auswahl und Überwachung des Verrichtungsgehilfen die im Verkehr erforderliche Sorgfalt beobachtet hat oder wenn der Schaden auch bei Anwendung dieser Sorgfalt entstanden wäre (§ 831 Abs. 1 S. 2 BGB). Entsprechendes gilt für die Haftung von **Aufsichtspflichtigen** z. B. bei Minderjährigen oder anderen aufsichtsbedürftigen Personen (§ 828 BGB), von Haltern und Aufsehern von Haustieren (§§ 833 f. BGB) und Grundstücksbesitzern (§§ 836–838 BGB). Aufsichtspflicht bedeutet, dafür verantwortlich zu sein, dass die anvertraute Person (bzw. die anvertraute Gefahr) nicht einen anderen oder sich selbst schädigt (hierzu ausführlich II-4).

Mehrere Personen haften jeder für sich für den durch eine gemeinschaft- **Gesamtschuld-**
lich begangene unerlaubte Handlung angerichteten Schaden (sog. Gesamt- **verhältnis**
schuldverhältnis), auch wenn sich nicht ermitteln lässt, wer von mehreren
Beteiligten den Schaden durch seine Handlung verursacht hat (§ 830 Abs.
1 BGB). Anstifter und Gehilfen stehen Mittätern dabei gleich (§ 830 Abs.
2 BGB). Dies bedeutet nach § 421 BGB, dass jeder Schädiger dem Geschädigten gegenüber (sog. Außenverhältnis) zum Schadensersatz verpflichtet
ist.

Der Geschädigte kann den Schadensersatz jedoch nur einmal fordern.
Dabei kann er die Leistung nach seinem Belieben von jedem der Schuldner ganz oder teilweise fordern, er kann sich also aussuchen, gegen wen er
seinen Anspruch geltend macht. Bis zur Bewirkung der Leistung, bis also
der Schadensersatz durch einen der Schädiger geleistet wird, bleiben die
Ansprüche gegen alle Gesamtschuldner bestehen. Aus Zweckmäßigkeits-
gründen wird sich der Geschädigte in der Regel an denjenigen Schädiger
halten, der am solventesten erscheint oder von dem der Schadensersatz am
schnellsten zu erlangen ist.

Ist der Schadensersatz von einem der Schädiger geleistet worden, so werden die übrigen Verantwortlichen für den Schaden zwar von ihrer Verpflichtung zum Schadensersatz dem Geschädigten gegenüber frei, da dessen Anspruch bereits gedeckt ist (§ 422 Abs. 1 BGB). Stattdessen besteht aber nun
eine Ausgleichungspflicht zwischen den Gesamtschuldnern untereinander.
Nach § 426 Abs. 1 BGB sind die Gesamtschuldner im Verhältnis zueinander
(sog. Innenverhältnis) grds. zu gleichen Anteilen verpflichtet. Diese Haftung zu gleichen Teilen ist aber nur dann anzuwenden, wenn jeder andere
Verteilungsmaßstab fehlt. Bei der Verteilung der Haftung für einen Schaden ist in erster Linie zu berücksichtigen, in welchem Maße die einzelnen
Schädiger für die Verursachung des eingetretenen Schadens jeweils verantwortlich sind. An zweiter Stelle ist der jeweilige Grad des Verschuldens von
Bedeutung.

Bei juristischen Personen des Privatrechts haften diese unmittelbar für die **Haftung von juris-**
Handlungen ihrer Organe. Dieser in § 31 BGB für den Verein normierte **tischen Personen**
Grundsatz gilt für alle juristischen Personen (Schulze et al. 2007 § 31 Rz.
10). Ansonsten werden gesetzliche Vertreter weder von § 31 BGB noch von
§ 831 BGB erfasst.

Verletzt ein Amtsträger (insbesondere Beamte und Mitarbeiter des öf- **Amtshaftung**
fentlichen Dienstes) in Ausübung eines öffentlichen Amtes die ihm einen
Dritten gegenüber obliegenden Amtspflichten, so trifft die Haftung nach
Art. 34 S. 1 GG – entgegen dem Wortlaut von § 839 BGB – unmittelbar den
öffentlichen Träger. Die Haftung gegenüber dem Geschädigten wird also
auf den „Staat" (besser: den öffentlichen Träger) verlagert. Handelte der
Amtsträger vorsätzlich oder grob fahrlässig, so kann er vom Arbeitgeber
in Regress genommen werden (vgl. II-3.4.5). Die Haftungsverlagerung tritt
aber nur bei öffentlich-rechtlichem Handeln des Amtsträgers ein. Handelte
der Mitarbeiter des öffentlichen Dienstes im Rahmen einer als privatrecht-

**Gefährdungs-
haftung**

lich zu qualifizierenden Tätigkeit (sog. Fiskalverwaltung, vgl. I-4.1.1.1), so haftet der öffentliche Anstellungsträger nach §§ 89, 31 BGB wie ein eingetragener Verein.

Eine Ausnahme vom Grundsatz der Verschuldenshaftung ist die sog. Gefährdungshaftung für Schäden, die sich allein aus einer Gefahr ergeben. Der Gesetzgeber erlaubt insoweit zwar die Schaffung eines Risikos, wenn dieses aber zu einem Schadensereignis führt, haftet der Verantwortliche auch ohne Verschulden. Dies ist z. B. bei der Haftung des Tierhalters nach § 833 BGB der Fall, wenn es sich nicht um ein Haustier (also Hund, Katze oder Wirtschaftstiere wie Schaf und Milchkuh) handelt. Das Gleiche gilt für den Halter eines Kraftfahrzeugs nach § 7 Abs. 1 StVG, dessen Haftung nur dann ausgeschlossen ist, wenn der Unfall durch ein unabwendbares Ereignis ver-

Produkthaftung

ursacht wurde (§ 7 Abs. 2 StVG). § 1 Produkthaftungsgesetz begründet eine verschuldensunabhängige Haftung des Herstellers fehlerhafter Produkte für die daraus resultierenden Personen- und Sachschäden. Weitere Regelungen zur Gefährdungshaftung enthält z. B. das Haftpflichtgesetz für den Betrieb einer Eisenbahn, von Stromleistungs- und Rohrleistungsanlagen sowie das Atomgesetz oder das Umwelthaftungsgesetz für eine Reihe gefährlicher Anlagen.

**Art und Umfang des
Schadensersatzes**

Grundsätzlich muss derjenige, der zum Schadensersatz verpflichtet ist, den Zustand so herstellen, als wäre der Schaden nicht eingetreten (§ 249 Abs. 1 BGB), man nennt dies die sog. Naturalrestitution. Ist dies nicht möglich, so ist Schadensersatz in Geld zu leisten (§ 249 Abs. 2 BGB). Der zu ersetzende Schaden umfasst auch den entgangenen Gewinn (§ 52 BGB). Bei immateriellen Schäden besteht eine Schadensersatzpflicht nur, wenn dies gesetzlich ausdrücklich geregelt ist (z. B. Schmerzensgeld nach § 253 Abs. 2 BGB bei Verletzung des Körpers, der Gesundheit, der Freiheit oder der sexuellen Selbstbestimmung).

Vertrauensschaden

Als Vertrauensschaden (oder sog. negatives Interesse) bezeichnet man einen Schaden, den jemand im Vertrauen auf die Wirksamkeit eines Vertrages oder einer Willenserklärung erleidet. Wer zum Ersatz des Vertrauensschadens verpflichtet ist (z. B. §§ 119, 120, 122, 179 Abs. 2 BGB), hat den anderen so zu stellen, wie wenn dieser auf die Wirksamkeit des Vertrages bzw. der Willenserklärung nicht vertraut hätte. Der Ersatz ist in der Regel auf das sog. positive Interesse begrenzt, d. h., der Anspruchsinhaber darf auch nicht besser gestellt werden, als er bei ordnungsgemäßer Vertragserfüllung stünde.

Mitverschulden

Die Haftung ist nach § 254 BGB eingeschränkt, wenn ein Mitverschulden des Geschädigten vorliegt. Dies ist dann der Fall, wenn der Geschädigte, etwa durch eigene Unachtsamkeit, zur Entstehung des Schadens beigetragen hat. Bei der Frage, wer in welchem Umfang für den eingetretenen Schaden aufzukommen hat, ist auch von Bedeutung, ob die jeweilige Person leicht bzw. einfach fahrlässig oder grob fahrlässig gehandelt hat.

1.4.4   Beendigung von Schuldverhältnissen

Ein Schuldverhältnis erlischt, wenn die geschuldete Leistung vom Schuldner an den Gläubiger bewirkt wird (Erfüllung, § 362 Abs. 1 BGB) oder wenn der Gläubiger eine andere als die geschuldete Leistung an Erfüllungsstatt annimmt (§ 364 Abs. 1 BGB). Leistungszeit und Leistungsort bestimmen sich grds. nach §§ 269 f. BGB. Möglich ist aber auch eine Leistung durch Dritte (§ 267 BGB) oder an eine dritte vom Gläubiger bestimmte Person (§ 362 Abs. 2 BGB). Nach §§ 387 f. BGB können zwei gleichartige Leistungen (Forderungen) auch durch einseitige Erklärung miteinander aufgerechnet werden.

Durch einen Rücktritt wird das Schuldverhältnis rückgängig gemacht. **Rücktritt** Dies ist entweder möglich, wenn ein solcher vertraglich vorbehalten wurde oder ein gesetzliches Rücktrittsrecht besteht (§ 346 Abs. 1 BGB), z. B. bei Leistungsstörungen und insbesondere bei Fehlschlagen von Fehlerbeseitigungen nach §§ 281 Abs. 5, 313 Abs. 3, 323 f., 326 Abs. 4 u. 5, 439 Abs. 4, 441 Abs. 4, 634 Nr. 3, 636 BGB. Vorrangige Sonderregelungen bestehen beim Wohnraummietvertrag (§ 572 Abs. 1 BGB), Reise- (§ 651i BGB) und Versicherungsvertrag (§§ 16 ff. VVG). Von einem Verfügungsgeschäft (s. o. II-1.2.4) kann man nicht zurücktreten; hier ist allenfalls eine Anfechtung der Willenserklärung (s. o. II-1.2.3) möglich.

Der Rücktritt ist eine empfangsbedürftige Willenserklärung (§ 349 BGB). Kommt es zu einem Rücktritt, so sind die empfangenen Leistungen zurückzugewähren und die gezogenen Nutzungen (Früchte und sonstigen Gebrauchsvorteile, vgl. §§ 99, 100 BGB) herauszugeben. Das ursprüngliche Schuldverhältnis wandelt sich also in ein gesetzliches Rückgewährschuldverhältnis.

§§ 312, 312d, 355 f., 495 BGB sehen ein besonderes Widerrufs- und Rückgaberecht bei Haustür- und sonstigen Verbraucherverträgen vor. Der Widerruf des Verbrauchers (§ 13 BGB) muss keine Begründung enthalten und ist schriftlich oder durch Rücksendung der Sache grds. innerhalb von zwei Wochen gegenüber dem Unternehmer zu erklären; zur Fristwahrung genügt die rechtzeitige Absendung (§ 355 Abs. 1 BGB). Die Frist beginnt aber erst ab dem Zeitpunkt zu laufen, zu dem der Verbraucher hierüber formgerecht belehrt worden ist (§ 355 Abs. 2 BGB). **Widerrufs- und Rückgaberecht bei Verbraucherverträgen**

Schuldverhältnisse, die durch einen fortlaufenden Leistungsaustausch gekennzeichnet sind (Dauerschuldverhältnisse, z. B. Miet- und Dienstvertrag, Gesellschaft), können mit einer Kündigung „aus wichtigem Grund" beendet werden (vgl. § 314 BGB). Ist die Fortsetzung des Vertragsverhältnisses bei Berücksichtigung aller Umstände des Einzelfalles und unter Abwägung der beiderseitigen Interessen schlicht unzumutbar (vgl. Schulze et al. 2007, § 314 Rz. 3), kann fristlos gekündigt werden (vgl. § 626 Abs. 1 BGB). Ein wichtiger Grund kann auch in einer erheblichen Pflichtverletzung liegen (zu den Haupt- und Nebenleistungspflichten s. o. II-1.4.1). Die Kündigung ist aber dann erst nach Ablauf einer zur Abhilfe bestimmten Frist bzw. nach einer erfolglosen Abmahnung zulässig (§ 514 Abs. 2 BGB). Für die Beendigung von Mietverträgen gelten besondere Regelungen (§§ 542 ff. BGB) und **Kündigung** **Abmahnung**

Schutzvorschriften für Wohnungsmieter (§§ 568 ff. BGB). Beispielsweise ist die Kündigung wegen Nichtzahlung der Wohnungsmiete im Hinblick auf § 543 Abs. 2 Nr. 3a BGB nur dann zulässig, wenn der rückständige Teil nicht nur einen nicht unerheblichen Teil der Miete für zwei aufeinanderfolgende Termine darstellt, sondern dieser Teil zumindest die Miete für einen Monat übersteigt (§ 569 Abs. 3 Nr. 1 BGB). Darüber hinaus wird die Kündigung nachträglich unwirksam, wenn der Mieter spätestens bis zum Ablauf von zwei Monaten nach Eintritt der Rechtshängigkeit (diese beginnt im Zivilrecht erst mit der Zustellung der Klage an den Beklagten durch das Gericht) des Räumungsanspruchs die fällige Miete zahlt oder sich eine öffentliche Stelle (z. B. die Kommune) zur Befriedigung verpflichtet.

Auch bei Dienst- und Arbeitsverhältnissen gelten besondere Kündigungsfristen (§§ 621 ff. BGB; vgl. hierzu auch die III-3.3.6). Für die Gesellschaft haben die §§ 723 ff. BGB Vorrang.

Verträge sind einzuhalten (*pacta sunt servanda*). Bei Störungen bestehen die Möglichkeiten der Anfechtung (s. o. II-1.2.3) oder der Beendigung durch Rücktritt, Widerruf und Kündigung. Nur in extremen Ausnahmefällen kann nachträglich eine Vertragsanpassung oder gar Vertragsauflösung auch gegen den Willen des Vertragspartners verlangt werden (einvernehmlich sind Änderungen immer möglich!), wenn die sog. Geschäftsgrundlage entfallen ist (§ 313 BGB). Dies ist z. B. bei schweren Wirtschaftskrisen, politischen Umwälzungen oder Kriegen der Fall, im Übrigen nur bei Umständen, von denen beide Parteien bei Vertragsschluss erkennbar als wesentlich ausgegangen sind (vgl. hierzu Däubler 2002, 579 ff.).

Verjährung Von der Beendigung eines Schuldverhältnisses ist die Verjährung von Ansprüchen zu unterscheiden (§ 194 BGB), die nicht zum Erlöschen der Schuld/Forderung (sog. Einwendung), sondern nur zu einem Leistungsverweigerungsrecht (sog. Einrede) führt. Das heißt, der Anspruch (Recht, von einem anderen ein Tun oder Unterlassen verlangen zu können) kann vom Gläubiger nach Ablauf einer bestimmten Zeit nicht mehr eingefordert werden. Der Schuldner ist insoweit frei, den Anspruch zu erfüllen (vgl. § 214 BGB). Die Verjährungsfrist beträgt in der Regel drei Jahre (§ 195 BGB), eine Reihe von Ansprüchen, z. B. auf Herausgabe des Eigentums, familien- und erbrechtliche Forderungen oder rechtskräftig festgestellte Ansprüche verjähren allerdings erst nach 30 Jahren (§ 195 BGB). Neben den Verjährungsregelungen im Allgemeinen Teil des BGB gibt es einige Sonderregeln z. B. im Kaufrecht (z. B. § 438 BGB) oder im Erbrecht (§ 2332 BGB).

1.5   Sachenrechtliche Grundbegriffe

Das Sachenrecht (§§ 854–1296 BGB) beinhaltet Regelungen über den Erwerb und Verlust von Sachen und den an Sachen möglichen Rechten. Sachen sind nach § 90 BGB körperliche Gegenstände (unpersönliche Rechtsobjekte). Nur an ihnen können sog. dingliche Rechte, insbesondere Eigentumsrechte, sowie der Besitz bestehen. Tiere werden insoweit wie Sachen behandelt, wobei aber insbesondere die Regelungen des Tierschutzes zu beachten sind (§ 90a BGB). Bestandteile einer Sache, die voneinander nicht getrennt werden können, ohne dass der eine oder der andere zerstört oder in seinem Wesen verändert wird (wesentliche Bestandteile), können grds. nicht Gegenstand besonderer Rechte sein (§ 93 BGB). Zu den wesentlichen Bestandteilen eines Grundstücks gehören die mit dem Grund und Boden fest verbundenen Sachen, insbesondere Gebäude (eine Ausnahme gibt es beim Erbbaurecht), sowie die Erzeugnisse des Grundstücks (Pflanzen), so lange sie mit dem Boden zusammenhängen (§ 94 Abs. 1 BGB). Die Unterscheidung zwischen beweglichen und unbeweglichen Sachen (Immobilien, Liegenschaften) wird vom BGB insoweit vorausgesetzt.

Das umfassende und grundsätzlich unbeschränkte Recht an einer Sache nennt man Eigentum (§§ 903 ff. BGB). Demgegenüber bezeichnet der Begriff „Besitz" (§ 854 BGB) nur die tatsächliche Herrschaft über eine Sache, wobei zumindest der berechtigte Besitzer rechtlich geschützt ist (z. B. vor unerlaubten Handlungen, vgl. § 823 Abs. 1 BGB). Der Eigentümer kann von dem Besitzer die Herausgabe der Sache verlangen (§ 985 BGB). Dieser kann die Herausgabe der Sache nur verweigern, wenn er oder ein anderer, von dem der Besitzer sein Recht zum Besitz ableitet (der sog. mittelbare Besitzer), dem Eigentümer gegenüber zum Besitz berechtigt ist (§ 986 BGB). Ein solches Recht kann sich z. B. aus einem Vertrag (Kauf, Miete), einem dinglichen Recht (z. B. Pfandrecht, s. u.) oder aus dem Familien- und Erbrecht ergeben. Im Übrigen kann der Eigentümer einer Sache mit dieser nach Belieben verfahren und andere von jeder Einwirkung ausschließen (§ 903 S. 1 BGB), soweit nicht das Gesetz oder Rechte Dritter entgegenstehen. Der Eigentümer eines Tieres (§ 90a BGB) hat bei der Ausübung seiner Befugnisse die besonderen Vorschriften zum Schutz der Tiere zu beachten.

Eigentum und Besitz

Das Sachenrecht ist vom sog. Typenzwang gekennzeichnet. Neben dem Eigentum als umfassendes, grds. unbeschränktes Sachenrecht gibt es nur die gesetzlich geregelten sog. beschränkt dinglichen Rechte:

beschränkt dingliche Rechte

- Nießbrauch (§§ 1030 ff. BGB) als umfassendes Nutzungsrecht des Nutznießers an einer Sache sowie andere Grunddienstbarkeiten (§§ 1018 ff. BGB) und beschränkte persönliche Dienstbarkeiten (§§ 1090 ff. BGB), die das Eigentum in einer bestimmten Art und Weise zu nutzen gestatten (z. B. Wohn- bzw. Wohnungsrecht),
- Reallast nach §§ 1105 ff. BGB verpflichtet den Eigentümer zu wiederkehrenden Leistungen (z. B. Lieferung von Nahrungsmitteln),
- Grundpfandrechte insbesondere zur Kreditsicherung, z. B. Hypothek (§§ 1113 ff. BGB) und die Grundschuld (§§ 1191 ff. BGB),
- Pfandrecht an beweglichen Sachen (§§ 1204 ff. BGB),
- das Erbbaurecht (sog. Erbpacht) nach der Erbbauverordnung.

Diese dinglichen Rechte gewähren Befugnisse an der Sache nur in einer bestimmten Art und Weise, deshalb sind sie „beschränkt". Sie belasten das (sonst unbeschränkte) Recht des Eigentümers und sind deshalb vorrangig zu beachten. Entsprechendes gilt für

- das dingliche Vorkaufsrecht (§§ 1094 ff. BGB) und
- die Vormerkung nach §§ 883 ff. BGB als Ankündigung eines zukünftigen Rechtserwerbs an einem Grundstück (sog. Auflassungsvormerkung).

Eigentumserwerb

Damit dies möglich ist, muss eine Änderung der sachenrechtlichen Rechtsbeziehung für Dritte erkennbar sein. Deshalb erfolgt der Erwerb von beweglichen Sachen nicht nur aufgrund der Einigung, dass das Eigentum übergehen soll, sondern es ist stets eine Übergabe der Sache erforderlich (§ 929 BGB). Ungeachtet dieses Publizitätsprinzips gibt es im Rechts- und Wirtschaftsverkehr Übergabeformen, die deutlich weniger transparent sind (vgl. §§ 929a ff. BGB). Bei Immobilien muss die Rechtsänderung in das Grundbuch eingetragen werden. Das Grundbuch ist ein von den Amtsgerichten bzw. von den staatlichen Grundbuchämtern geführtes Bestandsverzeichnis (Register), in dem insbesondere die Lage und Größe des Grundstücks sowie in der sog. ersten Abteilung die Eigentumsverhältnisse, in der dritten Abteilung die Grundpfandrechte (insbesondere Hypotheken und Grundschulden) und in der zweiten Abteilung alle anderen Lasten und Beschränkungen (z. B. Dienstbarkeiten) verzeichnet sind.

Grundbuch

1.6   Erbrechtliche Grundbegriffe

1.6.1   Zentrale Grundlagen und Prinzipien des Erbrechts

Das Erbrecht ist im Fünften Buch des BGB in den §§ 1922 ff. geregelt. Es hat die Funktion, das Privateigentum als Grundlage der eigenverantwortlichen Lebensgestaltung mit dem Tode des Eigentümers nicht untergehen zu lassen, sondern seinen Fortbestand im Wege der Rechtsnachfolge zu sichern (BVerfG NJW 95, 2977). Mit dem Eigentum gehen auch die Verpflichtungen über, die der Verstorbene zu Lebzeiten eingegangen ist, aber nicht mehr erfüllt hat.

Verfassungsrechtliche Grundlage des Erbrechts ist Art. 14 Abs. 1 GG, der neben dem Eigentum auch das Erbrecht garantiert. Die fünf wesentlichen Grundprinzipien des Erbrechts sind die Privaterbfolge, das Familienerbrecht, die Testierfreiheit, der Vonselbsterwerb und die Gesamtrechtsnachfolge.

Privaterbfolge

Der Begriff „Privaterbfolge" besagt, dass das Vermögen des Erblassers, d. h. des Verstorbenen, grundsätzlich an eine private Person übergeht. Nur in den seltenen Fällen, in denen kein privater Erbe vorhanden ist, hat der Staat nach § 1936 BGB ein gesetzliches Erbrecht. Das Prinzip des Familienerbrechts äußert sich darin, dass nach dem gesetzlichen Erbrecht die Familienangehörigen des Verstorbenen seine Erben sind. Dies sind der Ehepartner oder der Partner in einer eingetragenen Lebenspartnerschaft und die

Familienerbrecht

nächsten Angehörigen. Von diesen gesetzlichen Regelungen kann jedoch – jedenfalls teilweise – abgewichen werden, indem ein Testament errichtet wird, in dem andere Personen als Erben eingesetzt werden. Dieses Prinzip, dass der Erblasser die Erbfolge durch eine Verfügung von Todes wegen weitgehend selbst regeln kann, bezeichnet man als Testierfreiheit. Der Erbe erwirbt den Nachlass automatisch mit dem Tode des Erblassers im Wege des Vonselbsterwerbs. Er muss dazu in keiner Weise mitwirken oder auch nur vom Erbfall wissen. Das Erbe kann allerdings innerhalb von sechs Wochen ausgeschlagen werden (§§ 1942 ff. BGB), was zumeist wegen Überschuldung des Nachlasses erfolgt. Das letzte zentrale erbrechtliche Prinzip schließlich ist das der Gesamtrechtsnachfolge. Dies besagt nach § 1922 BGB, dass das Vermögen des Erblassers vom Grundsatz her als Ganzes auf eine oder mehrere Personen als Erben übergeht. Die Übertragung einzelner Vermögensbestandteile auf andere Personen ist zwar möglich, aber die Ausnahme. **Testierfreiheit** **Vonselbsterwerb** **Gesamtrechtsnachfolge**

1.6.2 Die gesetzliche Erbfolge

Nach gesetzlichen Regelungen erben grundsätzlich nur Verwandte, d.h. nach § 1589 BGB Personen, die mit dem Erblasser gemeinsame Vorfahren haben, nicht also verschwägerte Personen (vgl. § 1590 BGB). Ein Verwandtschaftsverhältnis wird auch durch eine Adoption begründet. Neben den Verwandten erben auch Ehe- und Lebenspartner.

Das Gesetz teilt den Grad der Verwandtschaft der möglichen Erben in §§ 1924 ff. BGB in mehrere **Ordnungen** ein. Erben erster Ordnung sind die Abkömmlinge des Erblassers, also seine Kinder Enkel und Urenkel. Erben zweiter Ordnung sind die Eltern des Erblassers mitsamt deren Abkömmlingen, also die Geschwister, Nichten und Neffen des Erblassers. Erben dritter Ordnung sind die Großeltern und deren Nachkommen, also Tanten, Onkel, Cousins und Cousinen des Erblassers. Erben vierter Ordnung sind die Urgroßeltern und deren Abkömmlinge. Verwandte sog. nachfolgender Ordnungen können nach dem gesetzlichen Erbrecht nur dann erben, wenn kein Angehöriger einer vorhergehenden Ordnung (mehr) vorhanden ist. Ist noch ein Verwandter aus einer vorhergehenden Ordnung als Erbe am Leben, schließt dieser alle möglichen Erben einer ferneren Ordnung aus. **Verwandtschaft**

Der überlebende **Ehe- oder Lebenspartner** ist unabhängig vom Güterstand bzw. Vermögensstand neben Abkömmlingen zu einem Viertel, neben Verwandten der zweiten Ordnung und neben Großeltern zur Hälfte gesetzlicher Erbe. Haben die Partner im Güterstand der Zugewinngemeinschaft (vgl. II-2.2.2) bzw. der Ausgleichsgemeinschaft gelebt, so erhöht sich der genannte Erbteil um ein Viertel. Sind weder Verwandte erster noch zweiter Ordnung noch Großeltern vorhanden, so erbt der Ehe- oder Lebenspartner von Gesetzes wegen allein. Nach § 1932 BGB steht dem überlebenden Ehegatten zudem der sog. Voraus zu. Dieser besteht aus den zum ehelichen Haushalt gehörenden Gegenständen, wie z.B. Möbel, Teppiche, Geschirr und wohl auch dem gemeinschaftlich genutzten PKW sowie etwaigen Hochzeitsgeschenken. Der Sinn der Regelung liegt darin, dem überlebenden Partner nicht Gegenstände zu entziehen, die zwar dem Verstorbenen gehört haben, aber zur gemeinsamen Haushaltsführung bestimmt waren. Darüber hinaus können der hinterbliebene Ehegatte oder Lebenspartner sowie sonstige Familienangehörige des Erblassers nach § 1969 BGB den sog. Dreißigsten beanspruchen. Der Erbe ist danach verpflichtet, Familienangehörigen des Erblassers, die zur Zeit des Todes zu seinem Hausstand gehört haben und von ihm unterhalten wurden, in den ersten 30 Tagen nach dem Tode im selben Umfang Unterhalt zu gewähren und die Nutzung der Wohnung und der Haushaltsgegenstände zu gestatten.

Sind die Ehepartner geschieden bzw. ist die eingetragene Lebenspartnerschaft aufgehoben, so besteht kein Erbrecht. Unter den Voraussetzungen des § 1933 BGB gilt dies auch bereits bei in Scheidung lebenden Ehepartnern.

1.6.3   Die Verfügung von Todes wegen

Testament

Die gesetzliche Erbfolge kann durch die Errichtung eines Testaments (§§ 2064 ff. BGB) ausgeschlossen werden. Für die Wirksamkeit des Testaments müssen verschiedene **Formerfordernisse** eingehalten werden, bei deren Nichtbeachtung das Testament ungültig sein kann. Das eigenhändige Testament muss vollständig handschriftlich verfasst und mit vollem Namen unterschrieben sein. Um bei mehreren Testamenten klären zu können, welches das zuletzt verfasste und damit das gültige Testament ist, ist es wichtig, auch den Zeitpunkt der Niederschrift zu vermerken. Ehepaare und Partner einer eingetragenen Lebenspartnerschaft haben die Möglichkeit, ein gemeinschaftliches Testament zu errichten. In diesem Falle müssen beide das von einem der Ehegatten bzw. Lebenspartner eigenhändig geschriebene

Testierfähigkeit

Testament unterschreiben. Die Testierfähigkeit beginnt mit der Vollendung des 16. Lebensjahrs (§ 2229 BGB). Allerdings können Minderjährige nach § 2247 Abs. 4 BGB kein eingenhändiges Testament errichten, sondern nur ein öffentliches Testament bei einer Notarin oder einem Notar.

Hat der Verstorbene ein Testament hinterlassen, so sind die dort getroffenen Regelungen vorrangig. Es erben nur die Personen, die im Testament als Erben bestimmt sind. Hierbei gibt es allerdings eine nicht unbedeutende Einschränkung: Die Pflichtteilberechtigten können nicht ganz über-

Pflichtteil

gangen werden. Sie haben regelmäßig auch bei einem abweichenden Testament Anspruch auf den sog. Pflichtteil. Die Pflichtteilberechtigten sind die nächsten Angehörigen des Erblassers. Sie können zwar aufgrund der Testierfreiheit prinzipiell enterbt werden, es wird aber als unbillig angesehen, wenn dieser Personenkreis gar nichts aus dem Erbe erhalten würde. Daher haben die Pflichtteilsberechtigten nach § 2303 BGB gegen den oder die testamentarisch eingesetzten Erben einen Anspruch auf Geldzahlung in Höhe der Hälfte des Wertes ihres gesetzlichen Erbteils. Der Pflichtteil kann durch den Erblasser nur unter sehr engen Voraussetzungen entzogen werden (§§ 2333 ff. BGB). In Frage kommt dies etwa bei Verbrechen oder

Vergehen des Pflichtteilberechtigten gegen den Erblasser, bei böswilliger Verletzung der Unterhaltspflicht oder aber bei einem pflichtteilsberechtigten Abkömmling, der einen ehrlosen und unsittlichen Lebenswandel gegen den Willen des Erblassers führt.

Für den Fall, dass die als Erben bestimmte Person vor dem Erblasser verstirbt, können Ersatzerben bestimmt werden (2096 BGB). Es können auch Vor- und Nacherben bestimmt werden, die dann zeitlich nacheinander Erben des Vermögens werden (§§ 2100 ff. BGB).

Im Testament kann auch ein Vermächtnis festgelegt werden (§§ 2147 ff. **Vermächtnis** BGB). Hierbei ordnet der Erblasser an, dass eine Person nach seinem Tod einen bestimmten Geldbetrag oder einen sonstigen Nachlassgegenstand erhalten soll. Der Vermächtnisnehmer hat dann einen Anspruch gegen den Erben auf Herausgabe des Vermächtnisses.

Das Testament kann beim Amtsgericht hinterlegt werden. Jedes nach dem Tode des Erblassers aufgefundene Testament muss beim Amtsgericht als Nachlassgericht (bzw. in Baden-Württemberg beim Notariat) abgeliefert werden. Das in amtlicher Verwahrung befindliche oder das abgelieferte Testament wird vom Nachlassgericht eröffnet, und die Erben werden benachrichtigt. Zum Nachweis des Erbrechts kann beim Nachlassgericht ein Erbschein beantragt werden. Die Kosten einer angemessenen Bestattung haben die Erben zu tragen (vgl. auch III-4.2.4.5).

Außer mit einem Testament kann auch mit einem Erbvertrag verbindlich **Erbvertrag** bestimmt werden, wer Erbe werden oder etwas aus dem Nachlass erhalten soll (§§ 1941, 2274 ff. BGB). Anders als beim Testament kann der Erbvertrag im Regelfall nicht einseitig geändert werden. Der Erblasser ist an den Vertrag grundsätzlich gebunden. Ein solcher Vertrag kommt etwa in Frage, wenn jemand noch zu Lebzeiten des Erblassers in dessen Betrieb mitarbeiten und dafür als Ausgleich nach dem Tode den Betrieb als Erbe erhalten soll. Das Recht des Erblassers, zu Lebzeiten über sein Vermögen frei zu verfügen, wird aber grundsätzlich nicht beschränkt. Der Erbvertrag muss vor einem Notar bei gleichzeitiger Anwesenheit beider Vertragspartner geschlossen werden.

In den **neuen Bundesländern** finden zwar grundsätzlich die erbrechtlichen Regelungen des BGB Anwendung, es gelten jedoch einige Besonderheiten, die in Artikel 235 EGBGB geregelt sind. So wird die Errichtung oder Aufhebung einer Verfügung von Todes wegen, die vor dem Beitritt erfolgt ist, nach dem bisherigen Recht beurteilt. Auch wenn eine Person vor dem Beitritt verstorben ist, gilt für die erbrechtlichen Verhältnisse das bisherige Recht.

www.bmj.bund.de/files/-/947/Erben_Vererben.pdf

Däubler 2002; Schulze et al. 2007

1. Was versteht man unter Privatautonomie und wo – aus welchen wesentlichen Gründen – liegen deren Grenzen? (Einleitung und 1.3)
2. Was versteht man unter dem Trennungs- und Abstraktionsprinzip? (Einleitung und 1.2.4)
3. Wer kann Träger von Rechten und Pflichten sein? (1.1.1)
4. Wodurch erhalten juristische Personen des Privatrechts ihre Rechtsfähigkeit und wie handeln sie im Rechtsverkehr? (1.1.1 und 1.1.2)
5. Was ist bei der Gründung eines rechtfähigen Vereins zu beachten? (1.1.1)
6. Wie sind Willenserklärungen auszulegen? (1.2.1)
7. Was ist der Unterschied zwischen einem Boten und einem Stellvertreter? (1.2.2)
8. Welche rechtlichen Möglichkeiten hat jemand, der sich bei Abschluss eines Rechtsgeschäft geirrt hat? (1.2.3)
9. Wie wird ein Vertrag geschlossen (1.2.4) und wann werden AGB Vertragsbestandteil? (1.3.1.1)
10. Was versteht man unter dispositivem Recht? (1.3)
11. Darf sich ein Minderjähriger von seinem Taschengeld immer alles kaufen, was er will? (1.3.2)
12. Worauf muss geachtet werden, wenn Schriftform gesetzlich vorgeschrieben oder vertraglich vereinbart ist? (1.3.3)
13. Welche Pflichten bestehen aufgrund eines Schuldverhältnisses? (1.4.1)
14. Nennen Sie die Grundvoraussetzungen des Anspruchs wegen einer unerlaubten Handlung. (1.4.1.2)
15. Welche Möglichkeiten hat ein Käufer, der eine mangelhafte Sache geliefert bekommt? (1.4.2)
16. Was versteht man unter dem Grundsatz der Verschuldenshaftung? (1.4.3)
17. Worin besteht der Unterschied zwischen einem Erfüllungs- und einem Verrichtungsgehilfen? (1.4.3)
18. Wer haftet für juristische Personen? (1.4.3)
19. Worin unterscheiden sich Rücktritt, Widerruf und Kündigung? (1.4.4)
20. Kann ein Erblasser verhindern, dass seine Kinder etwas von seinem Erbe erhalten? (1.6.3)

2   Familienrecht (Behlert/Tammen/Trenczek)

Das Familienrecht im engeren Sinne ist im vierten Buch des BGB in den §§ 1297–1921 geregelt. Entsprechend dem Verständnis, das bei Inkrafttreten des BGB zu Beginn des letzten Jahrhunderts über den Begriff der Familie bestand, finden sich hier schwerpunktmäßig Regelungen zu den Rechtsbeziehungen zwischen Ehepartnern sowie zwischen Eltern und ihren Kindern. Seither hat sich der Familienbegriff erweitert und neben die Ehe sind sonstige Formen des Zusammenlebens in einer Partnerschaft getreten. Es sollen daher im Folgenden neben den Grundzügen des im BGB geregelten Familienrechts auch die eheähnliche Gemeinschaft und die eingetragene Lebenspartnerschaft angesprochen werden. An erster Stelle sind jedoch die verfassungsrechtlichen Regelungen zum Familienrecht von Bedeutung, da diese die zentralen Grundentscheidungen vorgeben, an denen sich die einfachgesetzlichen Vorschriften und ihre Auslegung in der Rechtsanwendung auszurichten haben.

Inhalte des Familienrechts

Das Familienrecht ist nicht zuletzt wegen seines engen Bezugs zu gesellschaftlichen Vorstellungen und Gegebenheiten Gegenstand häufiger Gesetzesänderungen. Derzeit sind insbesondere bei der Feststellung der Vaterschaft eines Kindes (vgl. II-2.4.1), beim Kindesschutz (vgl. II-2.4.3), im Unterhaltsrecht (II-2.5) und im Verfahren (vgl.II-2.7) Gesetzesänderungen geplant.

Bauer et al. 2001; Fieseler/Herboth 2005; Münder 2005; Schleicher 2003

http://www.familienhandbuch.de/

2.1   Verfassungsrechtliche Grundlagen des Familienrechts

Schutz von Ehe und Familie in Art. 6 GG

In Art. 6 GG ist der Schutz von Ehe und Familie geregelt (vgl. hierzu auch I-2.2). Von besonderer Bedeutung sind hier insbesondere die Absätze 1 und 2. Art. 6 Abs. 1 GG stellt zunächst Ehe und Familie unter den besonderen Schutz des Staates, wobei er diese als einen „geschlossenen, gegen den Staat abgeschirmten und die Vielfalt rechtsstaatlicher Freiheit stützenden Autonomie- und Lebensbereich" (BVerwGE 91, 130, 134) erfasst. Das Grundgesetz betont die private Autonomie von Ehe und Familie an dieser Stelle vor allem aufgrund der Erfahrungen des Nationalsozialismus so ausdrücklich. Über diese Abwehrfunktion gegen staatliche Eingriffe hinaus besteht jedoch auch eine Verpflichtung des Staates zur positiven Förderung von Ehe und Familie, etwa durch Sozialleistungen (BVerfGE 82, 60 ff.).

Vorrang elterlicher Erziehungsverantwortung

Art. 6 Abs. 2 GG regelt die zentralen Leitlinien für das Verhältnis zwischen Eltern, Kindern und dem Staat. Nach dieser Norm sind Pflege und Erziehung das natürliche Recht der Eltern und die zuvörderst ihnen obliegende Pflicht, über deren Betätigung die staatliche Gemeinschaft wacht. Daraus ergibt sich eine klare Vorrangstellung elterlicher Rechte und Verantwortungen bei der Erziehung ihrer Kinder gegenüber staatlichen Erziehungsrechten. Diese verfassungsrechtliche Grundentscheidung beruht auf der Überzeugung, dass in der Regel den Eltern das Wohl ihres Kindes mehr am Herzen liegt als irgendeiner anderen Person oder Institution (BVerfGE 59, 376). Sie können daher in eigener Verantwortung die Ziele und Inhalte der Erziehung bestimmen. Nach der Rechtsprechung des Bundesverfassungsgerichts handelt es sich dabei um ein sog. fremdnütziges Grundrecht: Den Eltern ist das Recht nicht zu ihrem eigenen Nutzen eingeräumt worden, sondern sie haben es zum Nutzen und im Interesse ihrer Kinder auszuüben (BVerfGE 24, 144). Die staatliche Gemeinschaft hat in diesem Zusammenhang die Aufgabe, zu überwachen, ob die Interessen der Kinder und Jugendlichen tatsächlich gewahrt werden, oder ob sich die Pflege und Erziehung eines Minderjährigen im konkreten Fall zu seinem Schaden auswirkt. Ist im Einzelfall die Gefahr einer Schädigung durch die elterliche Pflege- und Erziehungssituation gegeben, sind staatliche Eingriffe in das Elternrecht im Interesse des Minderjährigen möglich.

staatliches Wächteramt

Neben Art. 6 GG ist für die Ehe das Gleichheitsgrundrecht des Art. 3 Abs. 2 GG (vgl. I-2.1.2.4) von entscheidender Bedeutung, in dem die Gleichberechtigung von Männern und Frauen verankert ist. Der Staat ist hiernach verpflichtet, die tatsächliche Durchsetzung der Gleichberechtigung zu fördern und auf die Beseitigung bestehender Nachteile hinzuwirken. Welche Maßnahmen in diesem Rahmen zulässig oder sogar erforderlich sind, ist umstritten. Insbesondere besteht Streit darüber, ob und inwieweit zur Beseitigung bestehender Nachteile für Frauen vorübergehend eine Benachteiligung von Männern etwa bei der Besetzung von Stellen im öffentlichen Dienst zulässig ist, bis eine tatsächliche Parität zwischen den Geschlechtern hergestellt ist.

Gleichheitsgrundsatz aus Art. 3 GG

Für die Stellung der Minderjährigen schließlich ist das Grundrecht auf freie Entfaltung der Persönlichkeit von besonderer Bedeutung, das sich aus Art. 2 Abs. 1 GG in Verbindung mit Art. 1 Abs. 1 GG ableitet. Kinder und Jugendliche sind diesbezüglich nach einhelliger Auffassung als „autonome Rechtssubjekte" zu betrachten, d.h., sie sind Träger dieses Grundrechts (vgl. BVerfG 29.07.1968 – 1 BvL 20/63 – E 24, 119, 144). Umstritten ist allerdings, ob daraus ein subjektiv-öffentliches Recht (vgl. I-3.4.1) des Minderjährigen auf Förderung resultiert (vgl. zu dieser Frage auch III-3.2.1). Unter dem Aspekt, dass Art. 6 Abs. 2 GG die Eltern verpflichtet, ihr Elternrecht zur Persönlichkeitsentfaltung des Kindes auszuüben und dem Staat ausdrücklich einen Schutzauftrag für die Minderjährigen zuweist, um die missbräuchliche Ausübung des Elternrechts zu verhindern, spricht vieles dafür, damit korrespondierend auch ein subjektives Recht der Minderjährigen anzuerkennen (so z.B. Fieseler/Herboth 2005, 62). Das SGB VIII in seiner derzeitigen Fassung richtet sich aber überwiegend an die Eltern und andere erwachsene Personen, die auf die Entwicklung von jungen Menschen Einfluss haben. Minderjährige sind nur in Ausnahmefällen selbst Inhaber von Rechtsansprüchen nach dem SGB VIII (vgl. III-3.2.1).

Persönlichkeitsrecht der Minderjährigen

Von besonderer Bedeutung ist in diesem Zusammenhang der Begriff des Kindeswohls (hierzu Münder et al. 2006 Vor § 50 Rz. 2 ff.). Dieses ist Maßstab und Richtschnur jedes richterlichen (§ 1697a BGB) ebenso wie jugendamtlichen (z.B. §§ 1 Abs. 3, 8a Abs. 1, 27 Abs. 1, 42 Abs. 1 SGB VIII) Handelns. Schwierigkeiten bereitet dies, weil der Begriff für die praktische Handhabung nur schwer zu operationalisieren und im Hinblick auf die heterogenen Wertpräferenzen in der modernen Gesellschaft kaum angemessen zu definieren ist. Deshalb wird der Begriff zumeist negativ im Hinblick auf die Kindeswohlgefährdung (§ 1666 BGB) abgegrenzt (s.u. II-2.4.3). „Kindeswohl" ist ein unbestimmter Rechtsbegriff, bei dessen Auslegung außerjuristische, vor allem psychosoziale Aspekte eine wesentliche Rolle spielen (hierzu z.B. Balloff 2004, 64 ff.; Dettenborn 2001, 45 ff.; Münder 2005a, 192 ff.). Gegenwärtig wird insbesondere im Hinblick auf familiäre Konfliktsituationen und daran anknüpfende Sorgerechtsentscheidungen vor allem der Beziehung und Bindung, Kontinuitätsaspekten sowie systemischen und familiendynamischen Kategorien eine besondere Bedeutung beigemessen. Bei der Subsumtion und der Anwendung der Norm im konkreten Einzelfall ist es darüber hinaus

Kindeswohl

notwendig, konkret und detailliert die Situation des jungen Menschen in seinem gesamten sozialisatorischen Umfeld zu beachten. Hierzu bedarf es umfangreicher sozial- und humanwissenschaftlicher sowie (sozial)pädagogischer Kenntnisse und Erfahrungen, die in der juristischen Ausbildung nicht vermittelt werden (Münchner-Kommentar/Strick 2002 § 50 Rz. 4).

2.2   Eherecht

Der erste Abschnitt des Buches „Familienrecht" des BGB behandelt die sog. bürgerliche Ehe. Die Regelungen lassen sich grob in Vorschriften über die Eheschließung, über die Wirkungen der Ehe sowie über die Ehescheidung und ihre Folgen einteilen.

 Darstellungen der historischen Entwicklung der Ehe finden sich z. B. bei Coester-Waltjen 1992, 34 ff.; Duncker 2004.

2.2.1   Die Eheschließung

Verlöbnis

Im Vorfeld der Ehe wird in den §§ 1297–1302 BGB zunächst das Verlöbnis angesprochen. Dabei handelt es sich um das gegenseitige Versprechen zweier Personen, miteinander die Ehe zu schließen. Formale Voraussetzungen (etwa Schriftform o. Ä.) bestehen dafür nicht. Das Verlöbnis ist heute von geringer praktischer Relevanz. Insbesondere folgt daraus keine durchsetzbare Verpflichtung, die versprochene Eheschließung auch tatsächlich vorzunehmen. Allerdings haben Verlobte in einigen Rechtsgebieten eine besondere Rechtsstellung, so steht ihnen z. B. in Gerichtsverfahren ein Zeugnisverweigerungsrecht zu (§ 383 Abs. 1 Nr. 1 ZPO; § 51 Abs. 1 Nr. 1 StPO).

Voraussetzungen der Eheschließung

Die Eheschließung ist zunächst an ein Mindestalter gebunden. Die sog. Ehemündigkeit beginnt nach § 1303 BGB mit der Volljährigkeit. Allerdings kann das FamG eine Befreiung von diesem Erfordernis erteilen, wenn eine Person, die das 16. Lebensjahr bereits vollendet hat, einen volljährigen Partner heiraten möchte. Auch Geschäftsfähigkeit beider Partner ist Voraussetzung für eine wirksame Eheschließung. Wer nach § 104 BGB geschäftsunfähig ist (vgl. II-1.1.2), kann keine Ehe eingehen (§ 1304 BGB). Eine Besonderheit besteht für Personen, die ausländischem Recht unterliegen: Sie sollen nach § 1309 BGB vor der Eheschließung ein sog. Ehefähigkeitszeugnis vorlegen, aus dem hervorgeht, dass der Eheschließung nach dem Recht des Heimatstaates keine Hindernisse entgegenstehen.

Eheverbote

Die §§ 1306–1308 BGB regeln Eheverbote. § 1306 BGB beinhaltet das Verbot der Doppelehe: Da dem Modell der Ehe im hiesigen Kulturkreis nur die Einehe entspricht, darf keine Ehe eingegangen werden, wenn einer der Partner bereits mit einer dritten Person verheiratet ist. Dieses Eheverbot ist auch strafrechtlich relevant (§ 171 StGB). Die übrigen Eheverbote betreffen die Ehe unter nahen Verwandten. Eine Eheschließung zwischen Personen,

die in gerader Linie miteinander verwandt sind, wie etwa Kinder im Verhältnis zu ihren Eltern, Großeltern usw., sowie zwischen Voll- und Halbge-
schwistern ist nach § 1307 BGB ausgeschlossen. Gemeint ist hierbei jeweils
die biologische Verwandtschaft (Palandt-Brudermüller 2007 § 1307 Rz. 3).
Das Verbot gilt also z B. auch für den Fall, dass das Verwandtschaftsverhältnis im rechtlichen Sinne durch eine Adoption eines der beiden Partner weggefallen ist. Verboten wäre etwa auch die Ehe zwischen dem biologischen
Vater und seiner Tochter, auch wenn im rechtlichen Sinne die Vaterschaft
eines anderen Mannes – z. B. des Ehemannes der Mutter – besteht. Auch
zu diesem Eheverbot gibt es eine strafrechtliche Parallelvorschrift: Hier ist
zwar nicht die Heirat zwischen Verwandten unter Strafe gestellt, nach § 173
StGB macht sich jedoch strafbar, wer mit Verwandten in gerader Linie oder
Geschwistern den Beischlaf vollzieht. Wird eine Ehe unter Verstoß gegen
das Verbot der Doppelehe oder gegen das Verbot der Ehe unter nahen Verwandten geschlossen, so ist die Eheschließung zunächst wirksam, die Ehe ist
jedoch aufhebbar nach § 1314 Abs. 1 BGB.

Eine spezielle Regelung liegt in § 1308 BGB für den Fall vor, dass die
Verwandtschaft durch eine Adoption begründet wurde. In diesen Fällen
„soll" eine Ehe zwar nicht geschlossen werden, es besteht aber kein absolutes Eheverbot. Das FamG kann auf Antrag für (Adoptiv-)Geschwister
eine Befreiung von der Vorschrift erteilen und auch eine nach § 1308 BGB
verbotswidrig geschlossene Ehe ist gültig. Die Eheschließung zwischen Personen, die durch eine Adoption in gerader Linie miteinander verwandt sind,
bewirkt allerdings, dass das durch die Adoption begründete Rechtsverhältnis zwischen ihnen wegfällt (§ 1766 BGB).

Im Anschluss an die Regelungen zu den Voraussetzungen der Eheschlie-   **Eheschließung**
ßung und den Eheverboten bestimmen die §§ 1310 ff. BGB, wie die **Ehe** zustande kommt. Es gilt das Prinzip der sog. Zivilehe bzw. der bürgerlichen
Ehe, d. h., dass die Ehe vor einer staatlichen Stelle zu schließen ist. Eine ausschließlich kirchliche Heirat ist grundsätzlich nicht ausreichend. Zuständig
für die Eheschließung sind Standesbeamte oder Personen, die eine entsprechende spezielle Berechtigung besitzen. Die Eheschließenden müssen ihren
Willen, gemeinsam eine Ehe einzugehen, persönlich und bei gleichzeitiger
Anwesenheit vor der zuständigen Person erklären.

2.2.2   Die Wirkungen der Ehe

In den §§ 1353 ff. BGB sind die Wirkungen der Ehe geregelt, wobei die
weitaus meisten Regelungen das eheliche Güterrecht betreffen. Zahlreiche
gesetzlich vorgesehene Ehewirkungen lassen sich durch einen Ehevertrag
außer Kraft setzen.

Hinsichtlich der persönlichen Beziehung der Ehepartner zueinander   **eheliche Lebens-**
ist die Generalklausel des § 1353 Abs. 1 BGB von zentraler Bedeutung.   **gemeinschaft**
Die Vorschrift regelt, dass die Ehegatten einander zur ehelichen Gemein-
schaft verpflichtet sind und füreinander Verantwortung tragen. Angesichts   **§ 1353 Abs. 1 BGB**

der Pluralisierung von Lebensformen lassen sich aus dieser Regelung heute nur noch sehr allgemeine Aussagen ableiten. Anerkannt ist, dass sich aus der ehelichen Gemeinschaft eine besondere gegenseitige Beistands- und Fürsorgepflicht ergibt. Wie sie im Einzelfall auszufüllen und zu konkretisieren ist, obliegt der partnerschaftlichen Entscheidung. Dies gilt auch für die Haushaltsführung: Sie wird nach § 1356 Abs. 1 BGB in gegenseitigem

Ehename   Einvernehmen geregelt. Ein gemeinsamer Ehename soll zwar nach § 1355 BGB von den Partnern bestimmt werden, wird also vom Gesetz favorisiert, die Partner können aber auch ihren bisherigen Namen nach der Eheschließung weiterführen. Ein Ehegatte, dessen Name nicht Ehename wird, kann diesem seinen Geburtsnamen oder den zur Zeit der Erklärung über die Bestimmung des Ehenamens geführten Namen voranstellen oder anfügen (§ 1355 Abs. 4 BGB).

Güterrecht   Ausführlichere und deutlich konkretere Regelungen enthält das Gesetz zum Güterrecht und damit zu den wirtschaftlichen Folgen der Ehe. Auch hier besteht der Vorrang individueller Regelungen zwischen den Ehepartnern: Sie können ihren Güterstand durch einen notariell beurkundeten Ehevertrag regeln (vgl. §§ 1363 Abs. 1, 1408 ff. BGB). Hierfür sieht das Gesetz mit der Gütertrennung und der Gütergemeinschaft zwei mögliche Formen des Güterstandes vor, die wiederum vertraglich modifiziert werden können. Nehmen die Ehepartner keine Regelung durch einen Ehevertrag vor, kommt der gesetzliche Güterstand der Zugewinngemeinschaft zum Tragen.

Gütertrennung   Entscheiden sich die Ehepartner für eine Gütertrennung (§ 1414 BGB), bleibt das jeweilige Vermögen beider Partner völlig getrennt voneinander. Die Ehepartner stehen sich in vermögensrechtlicher Hinsicht wie unverheiratete Personen gegenüber. Beide Partner können ihr eigenes Vermögen selbst verwalten und unbeschränkt ohne Einflussmöglichkeit des Ehegatten darüber verfügen. Wird die Ehe beendet, findet kein Vermögensausgleich zwischen den Partnern statt. Unter Umständen müssen allerdings ehebezogene Zuwendungen zwischen den Partnern zurückerstattet werden (Palandt-Brudermüller 2007 Grundz § 1414 Rz. 2).

Gütergemeinschaft   Praktisch eine entgegengesetzte Gestaltung beinhaltet die Gütergemeinschaft (§§ 1415 ff. BGB). Hier wird das Vermögen beider Ehepartner ganz überwiegend zu gemeinschaftlichem Vermögen, das auch gemeinschaftlich verwaltet wird. Bestimmte individuelle Vermögenspositionen sind demgegenüber sog. Sondergut eines der beiden Partner. Hierunter fallen z.B. Schmerzensgeldansprüche. Dieses Sondergut wird nach § 1417 BGB vom jeweiligen Inhaber allein verwaltet. Über das Sondergut hinaus können weitere Vermögensgegenstände aus dem Gesamtgut herausgenommen werden, indem sie im Ehevertrag zum sog. Vorbehaltsgut erklärt werden oder einem Partner von einem Dritten ausdrücklich als Vorbehaltsgut zugewandt oder vererbt werden. Auch diese Gegenstände werden dann von ihrem jeweiligen Inhaber selbstständig verwaltet.

**Zugewinn-
gemeinschaft**   Üblich ist der eheliche Güterstand der Zugewinngemeinschaft, der gemäß § 1363 BGB von Gesetzes wegen eintritt, wenn die Ehepartner keine

individuellen Regelungen treffen. Hierbei handelt es sich um eine modifizierte Form der Gütertrennung. Grundsätzlich bleiben die Vermögen
beider Partner getrennt und können vom jeweiligen Inhaber auch selbstständig verwaltet werden. In einigen Bereichen ist die Verfügungsbefugnis
jedoch eingeschränkt. Von Bedeutung ist in diesem Zusammenhang vor
allem § 1365 Abs. 1 BGB, der für die Verfügung eines Ehegatten über sein
Vermögen im Ganzen die Zustimmung des Partners verlangt. Das Vermögen im Ganzen kann z. B. aus einem Grundstück oder einem Unternehmen
bestehen, wenn dies praktisch das gesamte Vermögen der betreffenden
Person ausmacht. In diesem Fall wäre etwa ein Verkauf von der Zustimmung des Ehepartners abhängig. Wird diese verweigert, so kann sie auf Antrag durch das FamG ersetzt werden. Voraussetzung dafür ist jedoch nach
§ 1365 Abs. 2 BGB, dass das beabsichtigte Rechtsgeschäft „den Grundsätzen einer ordnungsgemäßen Verwaltung" entspricht. Die Vorschrift soll
verhindern, dass durch leichtfertiges oder unwirtschaftliches Verhalten die
wirtschaftliche Grundlage der Familie gefährdet wird. Weniger gravierend
ist die zweite Verfügungsbeschränkung: Nach § 1369 Abs. 1 BGB kann ein
Ehegatte über ihm gehörende Gegenstände des ehelichen Haushalts nur
verfügen, wenn der andere Partner einwilligt. Beide Verfügungsbeschrän-
kungen entfalten nicht nur zwischen den Ehepartnern Wirkung, sondern
auch gegenüber Dritten: Wird ein Vertrag über das Vermögen als Ganzes
oder über Haushaltsgegenstände ohne Einwilligung des Ehepartners geschlossen und auch nicht nachträglich von ihm genehmigt, so ist der Vertrag unwirksam.

Eine weitere Modifikation der Zugewinngemeinschaft gegenüber der **Zugewinnausgleich**
Gütertrennung ist der in § 1363 Abs. 2 S. 2 BGB geregelte Zugewinnausgleich. Zwar bleiben die Vermögen beider Ehepartner getrennt, hinsichtlich
des Vermögensteils, der während der Ehe hinzugekommen ist, dem sog. Zugewinn, findet jedoch nach Beendigung der Ehe ein Ausgleich zwischen den
Partnern statt. Übersteigt der Zugewinn des einen Ehegatten den Zugewinn
des anderen, steht gemäß § 1378 Abs. 1 BGB die Hälfte des Überschusses
dem anderen Ehegatten zu. Durch diese Regelung soll sichergestellt werden, dass beide Ehepartner in gleicher Weise von dem während der Ehe
erwirtschafteten Vermögen profitieren. Dies spielt besonders dann eine
große Rolle, wenn einer der beiden Partner zumindest vorübergehend seine
Erwerbstätigkeit aufgegeben hat, um im Interesse der Familie den Haushalt
oder gemeinsame Kinder zu versorgen.

Weitere zentrale Ehewirkungen sind ein gesetzlich verankertes Erbrecht
des hinterbliebenen Ehepartners (§ 1931 BGB) sowie gegenseitige Unterhaltsansprüche der Ehepartner (§§ 1360 ff. BGB). Es besteht jedoch die
Möglichkeit zur vertraglichen Vereinbarung eines vollständigen oder teil-
weisen Unterhaltsverzichts. Konflikte im Zusammenhang mit der gegenseitigen Unterhaltsverpflichtung werden in der Regel erst im Fall von Trennung oder Scheidung relevant (vgl. II-2.2.3).

2.2.3   Trennung und Scheidung

Gemäß § 1353 Abs. 1 BGB wird die Ehe auf Lebzeiten geschlossen. Dies entsprach bei Inkrafttreten des BGB zu Beginn des 20. Jahrhunderts in aller Regel auch der Realität. Heute jedoch endet ca. ein Drittel der Ehen nicht mit dem Tod eines der beiden Partner, sondern mit Trennung und Scheidung (zu den Einzelheiten vgl. Haibach/Haibach 2005). Das sind jährlich etwa 220.000 Ehen mit etwa 170.000 Kindern.

Der Begriff des Getrenntlebens wird in § 1567 Abs. 1 BGB erläutert. Danach leben die Ehegatten getrennt,

> „wenn zwischen ihnen keine häusliche Gemeinschaft besteht und ein Ehegatte sie erkennbar nicht herstellen will, weil er die eheliche Lebensgemeinschaft ablehnt. Die häusliche Gemeinschaft besteht auch dann nicht mehr, wenn die Ehegatten innerhalb der ehelichen Wohnung getrennt leben".

Getrenntleben   Damit von einem Getrenntleben in einer gemeinsamen Wohnung ausgegangen werden kann, ist es erforderlich, dass die Ehepartner getrennt leben. Dies ist in einer gemeinsamen Wohnung nur dann der Fall, wenn die beiden Personen getrennt wirtschaften und in getrennten Räumen schlafen und zwischen ihnen keine wesentlichen persönlichen Beziehungen mehr bestehen. Das BGB trifft für den Fall der Trennung Regelungen zur Ehewohnung, zum Hausrat und zur Frage des Unterhalts.

Überlassung der Ehewohnung   Wird die Trennung von (zumindest) einem der beiden Partner gewünscht oder ist sie bereits erfolgt, so kann nach § 1361b Abs. 1 BGB ein Ehegatte verlangen, dass ihm der andere die Ehewohnung oder einen Teil zur alleinigen Benutzung überlässt, soweit dies notwendig ist, um eine schwere Härte zu vermeiden. Eine solche schwere Härte kommt z. B. bei Gewalttätigkeit eines Ehepartners infrage, aber auch bei schweren Störungen des Familienlebens wie z. B. durch unkontrollierten Alkoholkonsum. Auch die Notwendigkeit, Kinder zu betreuen, spielt dabei eine Rolle (Münder 2005a, 51 f.). Häufig wird dem Elternteil, bei dem sich die gemeinsamen Kinder befinden, die Ehewohnung zugewiesen. In Fällen, in denen einer der Partner Gewalt ausgeübt oder angedroht hat, kommen zudem die Vorschriften **Gewaltschutzgesetz** des 2002 in Kraft getretenen Gewaltschutzgesetzes zum Tragen. Nach § 1 GewSchG hat das FamG auf Antrag der verletzten Person Schutzanordnungen zu treffen. Infrage kommt dabei nach Absatz 1 z. B. das Verbot, die Wohnung des Opfers zu betreten, sich ihm zu nähern oder Verbindung mit ihm aufzunehmen. Der Verstoß gegen eine derartige vollstreckbare gerichtliche Anordnung ist nach § 4 GewSchG strafbar. Hat die verletzte Person einen gemeinsamen Haushalt mit dem Schädiger geführt, so kann sie nach § 2 Abs. 1 GewSchG von ihm verlangen, ihr die gemeinsam genutzte Wohnung zur alleinigen Benutzung zu überlassen. Dies gilt auch für den Fall, dass der Schädiger (Mit-)Eigentümer oder Mieter der Wohnung ist. Dann ist die Wohnungsüberlassung durch das Gericht nach Absatz 2 allerdings zu befristen.

§ 1361a BGB und die Hausratsverordnung regeln die Haushaltsverteilung **Hausrat** bei Getrenntleben. Es wird dabei zwischen Haushaltsgegenständen unterschieden, die im alleinigen Eigentum eines der beiden Ehepartner stehen, und solchen, die beiden gemeinsam gehören. Im Ergebnis ist die Verteilung jedoch in beiden Fällen letztlich eine Frage der Billigkeit (Fairness).

Den Unterhalt bei Getrenntleben regelt § 1361 BGB. Ob bzw. in welchem **Trennungsunterhalt** Umfang ein Unterhaltsanspruch eines der beiden Ehepartner gegen den Anderen besteht, hängt von den Lebensverhältnissen und den Erwerbs- und Vermögensverhältnissen ab. Voraussetzung für einen Unterhaltsanspruch ist zunächst, dass der betreffende Ehepartner **bedürftig** ist: Dies ist nur dann der Fall, wenn er nicht in der Lage ist, seinen Unterhalt selbst zu bestreiten. War ein Ehepartner während des Zusammenlebens innerhalb der Ehe nicht erwerbstätig, so ist er nicht verpflichtet, unmittelbar nach der Trennung eine Erwerbstätigkeit aufzunehmen. Es wird ihm bis zur intensiven Bemühung um einen Arbeitsplatz eine Frist von einem Jahr bis zu drei Jahren zugestanden (Münder 2005a, 51), da noch nicht eindeutig feststeht, ob die Ehe tatsächlich endgültig gescheitert ist. Voraussetzung für einen Unterhaltsanspruch ist auch, dass der andere Ehepartner, der in Anspruch genommen werden soll, **leistungsfähig** ist. Hier, wie auch hinsichtlich der für die Höhe des Unterhalts maßgeblichen Kriterien, ergeben sich keine wesentlichen Abweichungen vom Scheidungsunterhalt. Der Verzicht auf Unterhalt für **Verzicht auf** die Zukunft ist unzulässig, solange die Ehe noch nicht geschieden ist (vgl. **Unterhalt** § 1614 BGB), auf den nachehelichen Unterhalt kann dagegen im Rahmen einer Vereinbarung verzichtet werden (§ 1585c BGB).

Auf die Trennung der Ehepartner folgt in den meisten Fällen die Schei- **Scheidung** dung. Obwohl die Ehe als privatrechtlicher Vertrag zwischen den beiden Partnern geschlossen wird, kann sie nicht durch Kündigung oder einen vergleichbaren Rechtsakt von ihnen selbst wieder gelöst werden. Es bedarf vielmehr der gerichtlichen Überprüfung des Scheiterns der Ehe und schließlich eines rechtsgestaltenden Urteils – ein Zeichen für die große Bedeutung, die der Ehe auf der Gesetzesebene beigemessen wird.

Voraussetzung für die Scheidung ist gemäß § 1565 Abs. 1 BGB das Scheitern der Ehe, ohne dass es dabei auf bestimmte Gründe, schuldhaftes Verhalten der Ehepartner o. Ä. ankommt. Die Ehe ist nach dieser Vorschrift gescheitert, wenn die Lebensgemeinschaft der Ehegatten nicht mehr besteht und nicht erwartet werden kann, dass die Ehegatten sie wieder herstellen. Dafür, dass die Ehe in diesem Sinne zerrüttet ist, stellt § 1566 BGB sog. Zerrüttungsvermutungen auf, die an bestimmte Fristen des Getrenntlebens anknüpfen. Diese Fristen werden durch kurze Phasen des Zusammenlebens mit dem Ziel der Versöhnung während der Trennungszeit nicht beeinträchtigt. Am kürzesten ist die erforderliche Trennungszeit bei der sog. einverständlichen Scheidung: Es wird unwiderlegbar vermutet, dass die Ehe gescheitert ist, wenn die Ehepartner seit einem Jahr getrennt leben und gemeinsam die Scheidung beantragen. Eine Trennungszeit von drei Jahren ist dagegen erforderlich, wenn nur ein Ehepartner die Scheidung wünscht. Diese Fristen können in besonderen Härtefällen entweder verkürzt oder verlängert werden. Eine Scheidung vor Ablauf des Trennungsjahrs ist dann möglich, wenn die Fortsetzung der Ehe für den scheidungswilligen Partner eine unzumutbare Härte darstellen würde. Umgekehrt soll eine Ehe nach § 1568 BGB, auch wenn sie gescheitert ist, nicht geschieden werden, solange ihre Aufrechterhaltung im Interesse der aus der Ehe hervorgegangenen minderjährigen Kinder aus besonderen Gründen ausnahmsweise erforderlich ist, oder wenn sie für einen Ehepartner – wiederum aufgrund außergewöhnlicher Umstände – eine schwere Härte darstellen würde. Die Vorschrift ist ohne große praktische Relevanz, da derartige besondere Gründe oder eine schwere Härte im Sinne der Regelung nur selten anerkannt werden. Infrage kommt hier etwa die ernsthafte Suizidgefahr eines Kindes für den Fall der Scheidung (OLG Hamburg FamRZ 1986, 469 ff.).

Vermögensausgleich Mit der Scheidung ist die Ehe beendet. Eine der wesentlichen bei einer Scheidung zu klärenden Fragen ist der Ausgleich des während der Ehezeit angesammelten Vermögens. Sofern die Partner während der Ehe im Güterstand der Zugewinngemeinschaft gelebt haben (vgl. II-2.2.2), erfolgt nun der Zugewinnausgleich (§ 1363 BGB). Hierzu können die Eheleute bereits zuvor mittels Ehevertrag (§ 1408 BGB), aber auch noch während des Scheidungs-**Zugewinn** verfahrens einvernehmliche Regelungen treffen. Zugewinn ist der Betrag, um den das Endvermögen eines Ehegatten sein Anfangsvermögen übersteigt (§ 1373 BGB). Ist bei den Ehegatten ein realer Vermögenszuwachs eingetreten und übersteigt der Zugewinn des einen Ehegatten den Zugewinn des anderen, so steht die Hälfte des Überschusses dem anderen als Ausgleichsforderung zu (§ 1378 Abs. 1 BGB). Im Hinblick auf die vermögensrechtliche Auseinandersetzung müssen die Parteien die steuer-, versicherungs- und ggf. wohnungsbauprämien- sowie erbrechtlichen Konsequenzen berücksichtigen und sich insoweit externen Sachverstand heranziehen.

Versorgungs-ausgleich Grundgedanke des Versorgungsausgleichs ist es, demjenigen Ehegatten, der während der Ehezeit eine geringere (Alters)Versorgung bzw. entsprechende Anwartschaften erworben hat, einen fairen Ausgleich zu geben. Dadurch soll eine Schlechterstellung des Ehepartners vermieden werden, der seine Erwerbstätigkeit im Interesse der Familie eingeschränkt hat. Ebenso wie der Zugewinnausgleich lässt sich der Versorgungsausgleich aber auch vertraglich ausschließen.

Ausgleichspflichtig sind insbesondere alle während der Ehe (vgl. § 1587 Abs. 2 BGB) erworbenen Anwartschaften/Renten aus der gesetzlichen Rentenversicherung, Beamtenpensionen, der betrieblichen Altersversorgung und sonstiger (z. B. berufsständischer) Versorgungsrenten sowie -ansprüche aus privaten Lebensversicherungen auf Rentenbasis (Kapitallebensversicherungen gehören zum Vermögen). Bei Scheidung der Ehe hat derjenige mit der geringeren Versorgung einen Anspruch auf die Hälfte der Differenz der von beiden Eheleuten während der Ehe erworbenen Versorgungsanwartschaften (§§ 1587 ff. BGB). Der Versorgungsausgleich ist hochkompliziert (§ 1587 BGB ist die längste Rechtsnorm im BGB) und ohne Inanspruchnahme der Versicherungsträger nicht zu leisten (zu den

Einzelheiten Borth 1998). In aller Regel wird der sog. öffentlich-rechtliche Versorgungsausgleich (§§ 1587b ff. BGB) durchgeführt.

Eine weitere wichtige Folge der Scheidung sind mögliche Unterhaltsansprüche eines der geschiedenen Ehepartner gegen den anderen. Insoweit bestehen allerdings für die Zeit nach der Scheidung Vereinbarungsmöglichkeiten, die den gesetzlichen Regelungen vorgehen (§ 1585c BGB). Anders als im Hinblick auf den Kindesunterhalt ist sogar der totale Unterhaltsverzicht eines Ehegatten zulässig, er kann aber im Einzelfall gegen „Treu und Glauben" verstoßen und damit rechtlich unwirksam sein. Faktisch ist der Verzicht auf Unterhaltsanspruch eher die Ausnahme, da in Ehen mit Kindern zumeist die Frau eine außerhäusliche, entgeltliche Erwerbstätigkeit aufgegeben oder reduziert hat.

Scheidungsunterhalt

Das BGB geht zunächst vom Grundsatz aus, dass jeder für sich selbst zu sorgen hat, Unterhalt ist insoweit die „Ausnahme". Voraussetzung für den Unterhaltsanspruch ist gemäß § 1569 BGB, dass ein Ehegatte nach der Scheidung nicht selbst für seinen Unterhalt sorgen kann. Dies wiederum hängt davon ab, ob der betreffende Ehepartner einer angemessenen Erwerbstätigkeit nachgeht bzw. ob ihm zuzumuten ist, eine solche aufzunehmen. § 1574 Abs. 2 BGB regelt die Kriterien für eine angemessene Erwerbstätigkeit. Hiernach ist eine Erwerbstätigkeit angemessen, die der Ausbildung, den Fähigkeiten, dem Lebensalter und dem Gesundheitszustand des geschiedenen Ehegatten sowie den ehelichen Lebensverhältnissen entspricht. Über den Hinweis auf die ehelichen Lebensverhältnisse wird – im Unterschied zur Situation beim Verwandtenunterhalt (s. u. II-2.5) – der Standard geschützt, der für das Leben der Eheleute prägend war, auch wenn dieser sich aus der Position des anderen Partners ergeben hat. War z. B. die Ehefrau eines gut situierten Arztes während der Ehe selbst nicht erwerbstätig und verfügt sie auch über keine hohe berufliche Qualifikation, so war dennoch die berufliche Position des Ehemannes so prägend für die ehelichen Lebensverhältnisse, dass nach der Scheidung die Aufnahme einer Tätigkeit z. B. als Verkaufshilfe für die Frau nicht angemessen wäre. Allerdings verlangt § 1574 Abs. 3 BGB vom geschiedenen Ehepartner, sich ausbilden, fortbilden oder umschulen zu lassen, soweit dies zur Aufnahme einer angemessenen Erwerbstätigkeit erforderlich ist und ein erfolgreicher Abschluss zu erwarten ist.

Das BGB regelt einen abgeschlossenen Katalog von Fallkonstellationen, in denen eine Unterhaltsberechtigung eines der geschiedenen Ehepartners besteht. Häufigster Fall des Scheidungsunterhalts ist der Unterhalt wegen Betreuung eines gemeinsamen Kindes nach § 1570 BGB. Bis zum Schuleintritt des Kindes und teilweise auch für kurze Zeit darüber hinaus wird es für den das Kind betreuenden Elternteil als unzumutbar betrachtet, einer Erwerbstätigkeit nachzugehen. Anschließend wird bis zum 16. Lebensjahr des Kindes in der Regel eine Halbtagsbeschäftigung für zumutbar gehalten, danach eine Vollzeittätigkeit. Je nach Gesundheitszustand und Entwicklungsstand des Kindes können hier im Einzelfall andere Altersgrenzen zum Tragen kommen.

§ 1570 BGB

Weitere Fallkonstellationen für den Scheidungsunterhalt sind der Unterhalt wegen Alters, wegen Krankheit oder Gebrechlichkeit (§§ 1571, 1772 BGB). Hat der an sich zur Erwerbstätigkeit verpflichtete geschiedene Ehegatte Schwierigkeiten, einen angemessenen Arbeitsplatz zu finden, so kann nach § 1573 Abs. 1 BGB Anspruch auf Unterhalt bis zur Erlangung einer angemessenen Erwerbstätigkeit bestehen. Geht der geschiedene Ehepartner einer Erwerbstätigkeit nach, reicht diese jedoch nicht aus, um einen angemessenen Lebensunterhalt sicherzustellen, so kommt ein Anspruch auf sog. Aufstockungsunterhalt nach § 1573 Abs. 2 BGB infrage (zur Berechnung vgl. Münder 2005a, 56 f.). Hat allerdings der Ehepartner nach der Scheidung einen Arbeitsplatz gehabt, der seinen Lebensunterhalt nachhaltig gesichert hat, und ist es dann zum Verlust der angemessenen Erwerbstätigkeit gekommen, so lebt der Unterhalt gegen den anderen geschiedenen Ehegatten nicht wieder auf. Hat ein Ehegatte in Erwartung der Ehe oder während der Ehe davon abgesehen, eine Ausbildung aufzunehmen oder eine bereits begonnene Ausbildung abgebrochen, so kann er nach der Scheidung gemäß § 1576 BGB vom anderen Ehepartner für eine Ausbildung Unterhalt verlangen.

Um die Fälle aufzufangen, in denen die Versagung von Unterhaltsansprüchen grob unbillig wäre, die aber keiner der genannten Fallkonstellationen zugeordnet werden können, räumt schließlich § 1576 BGB einen Anspruch auf Unterhalt aus Billigkeitsgründen ein.

Leistungsfähigkeit   Voraussetzung für einen Unterhaltsanspruch ist stets die Leistungsfähigkeit des Verpflichteten (vgl. § 1581 BGB). Der Unterhaltsverpflichtete hat sein Einkommen, sein Vermögen und seine Arbeitskraft einzusetzen. Davon hat ihm allerdings zur Abdeckung der eigenen Bedürfnisse ein angemessener Unterhalt oder zumindest der notwendige Eigenbedarf zu verbleiben. Nur insoweit als Vermögen, Einkommen oder Arbeitskraft hierüber hinausgehen, kommt es zur Unterhaltsverpflichtung des geschiedenen Ehepartners. Der Verweis auf den notwendigen Einsatz der Arbeitskraft bewirkt, dass es dem Unterhaltspflichtigen verwehrt ist, sich durch bewusste Herabsetzung seiner Einkünfte oder durch ein Absehen von an sich möglicher Erwerbstätigkeit seiner Unterhaltspflicht zu entziehen. Dies ist z. B. der Fall bei Herabsetzung der Arbeitszeit oder bei Aufgabe des Arbeitsplatzes, um ein Studium aufzunehmen (m. w. N. Münder 2005a, 104). In solchen Fällen werden dem Unterhaltsverpflichteten die Einkünfte, die er bei pflichtgemäßem Verhalten erzielen könnte, als sog. fiktive Einkünfte angerechnet. Damit kann es zur Unterhaltspflicht kommen, obwohl tatsächlich keine Einkünfte vorhanden sind. Für den entsprechenden Zeitraum laufen bei dem Verpflichteten Schulden auf.

Die Höhe des Scheidungsunterhalts bestimmt sich gem. § 1578 BGB nach den ehelichen Lebensverhältnissen. Steht allerdings die Dauer der Ehe in keinem Verhältnis zu der seit der Scheidung bereits vergangenen Zeit, sieht § 1578 BGB vor, dass die Höhe abweichend von den ehelichen Lebensverhältnissen nach dem aktuellen tatsächlichen Lebensbedarf des Unterhalts-

Einschränkung des Unterhaltsanspruchs   berechtigten bemessen wird. Zudem ist der Unterhaltsanspruch nach § 1579 BGB zu versagen, herabzusetzen oder zeitlich zu begrenzen, soweit die

Inanspruchnahme grob unbillig wäre. Hier werden insgesamt sieben Fall-konstellationen genannt, die zu einer solchen Unbilligkeit führen können. Neben der kurzen Dauer der Ehe sind dies durchgängig gravierende Ver-fehlungen des Unterhaltsberechtigten gegenüber dem Unterhaltsverpflich-teten oder seinen nahen Angehörigen. In Frage kommt etwa nach § 1579 Nr. 2 BGB, dass sich der Berechtigte eines Verbrechens oder eines schweren vorsätzlichen Vergehens gegen den Verpflichteten oder einen seiner nahen Angehörigen schuldig gemacht hat, oder nach Nr. 3, dass er seine Bedürftig-keit mutwillig herbeigeführt hat. Gründe für den Wegfall oder die Beschrän-kung der Verpflichtung nach § 1579 BGB können auch darin liegen, dass der Berechtigte sich über schwerwiegende Vermögensinteressen des Verpflich-teten mutwillig hinweggesetzt hat oder vor der Trennung seine Pflicht, zum Familienunterhalt beizutragen, gröblich verletzt hat (Nr. 4 und 5). Proble-matisch ist § 1579 Nr. 6 BGB, der ohne nähere Konkretisierung ein „offen-sichtlich schwerwiegendes, eindeutig bei ihm liegendes Fehlverhalten gegen den Verpflichteten" (sog. „Ehewidrigkeiten") als möglichen Grund für eine Herabsetzung oder Versagung des Unterhalts anführt. Auf dieser Grund- lage können trotz Abschaffung des Schuldprinzips im Scheidungsrecht mo-ralische Wertungen erhebliche Auswirkungen auf die Betroffenen entfalten. Ein derartiges schwerwiegendes Fehlverhalten kann etwa in der Aufnahme einer intimen Beziehung zu einem Dritten oder in der Abkehr von der Ehe gegen den Willen des Partners liegen (vgl. Wellenhofer-Klein 1995, 905 ff.; OLG Koblenz FamRZ 2000, 290). Weitere von der Rechtsprechung aner-kannte Gründe sind etwa die Aufnahme einer Tätigkeit als Prostituierte (OLG Hamm FamRZ 2002, 753) oder auch die Vereitelung des Umgangs-rechts des Unterhaltsverpflichteten (OLG Schleswig FamRZ 2003, 688). Eine Auffangfunktion erfüllt § 1579 Nr. 7 BGB, der einen Ausschluss, eine Herabsetzung oder zeitliche Beschränkung des Unterhalts auch ermöglicht, wenn „ein anderer Grund vorliegt, der ebenso schwerwiegt wie die in den Nummern 1 bis 6 aufgeführten Gründe". In diesem Zusammenhang finden häufig neue Partnerbeziehungen der unterhaltsberechtigten Person Berück-sichtigung (BGH FamRZ 1995, 540; kritisch Münder 2005a, 59). Dies gilt insbesondere, wenn zwischen dem Unterhaltsberechtigten und einem Part-ner ein fester sozialer und wirtschaftlicher Zusammenschluss im Sinne einer „ehegleichen ökonomischen Solidarität" (so BGH NJW 1983, 1548) besteht und der an sich Unterhaltsberechtigte wie in einer Ehe von dem Partner un-terhalten wird (BGH NJW 2002, 217).

Von den angesprochenen Besonderheiten abgesehen wird der Schei-dungsunterhalt, sofern keine unterhaltsberechtigten Kinder vorhanden sind, in der Regel in der Weise ermittelt, dass dem Unterhaltsverpflichte-ten vom vorhandenen Nettoeinkommen 4/7 verbleiben, während der un-terhaltsberechtigte geschiedene Ehepartner 3/7 erhält. Diese Berechnung beruht auf einer nahezu gleichmäßigen Verteilung des Einkommens zwi-schen den geschiedenen Ehepartnern, wobei dem unterhaltsverpflichteten erwerbstätigen Partner ein sog. Erwerbstätigenbonus von 1/7 des Einkom-mens eingeräumt wird (zur Kritik und zu Modifikationen der Berechnung

Unterhalts-berechnung

vgl. Münder 2005a, 60). Erzielt der unterhaltsberechtigte geschiedene Ehegatte selbst Einkommen und hat lediglich Anspruch auf den sog. Aufstockungsunterhalt, so kommen zwei unterschiedliche Berechnungsweisen infrage. Die Berechnung mittels der sog. Differenzmethode wirkt sich günstig für den Unterhaltsberechtigten aus, während die sog. Anrechnungsmethode zu einem niedrigeren Unterhalt führt (zu den Einzelheiten vgl. Münder 2005a, 56 f.). Der BGH hat mittlerweile seine bisherige Rspr. zur Anrechnungsmethode aufgegeben und auch bei der sog. Haushaltsführungsehe der Differenzmethode den Vorzug gegeben (BGH XII ZR 343/99 v. 13.06.2001 = FamRZ 2001, 986; vgl. auch BVerfG 1 BvR 105, 559/95 v. 05.02.2002 = FamRZ 2002, 527).

Als vorbereitende Handlung für alle Unterhaltsfragen muss das anrechenbare Einkommen der Eheleute sehr genau ermittelt werden, da sich hiernach sowohl der Bedarf und die Bedürftigkeit des Unterhaltsberechtigten (§ 1577 BGB) als auch die Verpflichtung und Leistungsfähigkeit des Unterhaltspflichtigen (§ 1581 BGB) richtet. Beide Eheleute sind sich gegenseitig zur Auskunft verpflichtet (§ 1580 BGB).

Ausgangspunkt ist das monatliche Nettoeinkommen der/s unterhaltspflichtigen Ehegatten, d. h. das Bruttoeinkommen abzgl. Steuern, der sog. Vorsorgeaufwendungen für Alterssicherung und Krankenversicherung sowie der berufsbedingten Aufwendungen (z. B. Fahrkosten zur Arbeitsstätte; vgl. Übersicht 25). Einmalige Zahlungen wie Urlaubs- und Weihnachtsgeld werden auf das Monatseinkommen umgelegt.

Übersicht 25: Einkommensermittlung

Checkliste zur Einkommensermittlung:
- Erwerbseinkünfte aus abhängiger oder selbständiger/freiberuflicher Erwerbsarbeit oder Gewerbe, Land- und Forstwirtschaft
- Erwerbersatzleistungen, z. B. Krankengeld, Arbeitslosengeld, Renten und Pensionen
- Einkünfte aus sozialstaatlichen Zuwendungen: Wohngeld, BaFöG-Leistungen, Pflegegeld; Steuererstattungen sowie Zählkindervorteil;

nicht zum unterhaltsrechtlich relevanten Einkommen gehören Sozialhilfe, wiederauflebende Witwenrente, Arbeitnehmersparzulage, Hausgeld des Strafgefangenen, unentgeltliche Zuwendungen Dritter

Fiktiv hinzugerechnet werden andererseits (insbesondere im Hinblick auf den nachehelichen Unterhalt):
- Einkünfte aus nichtehelicher Partnerschaft mit neuem Partner
- erzielbare Einkünfte wegen Verletzung einer Erwerbsobliegenheit

Sofern neben dem geschiedenen Ehepartner auch Kinder unterhaltsberechtigt sind, wird der Unterhalt anhand standardisierter Tabellen ermittelt, von denen der sog. **Düsseldorfer Tabelle** und der Berliner Tabelle die größte Bedeutung zukommt (vgl. II-2.5).

Haibach/Haibach 2005

2.2.4   Einvernehmliche Scheidung

Sofern die Ehepartner bereit und in der Lage sind, miteinander zu reden und nach gemeinsamen Lösungen im Trennungs- und Scheidungsprozess zu suchen, kommt eine einvernehmliche Scheidung in Betracht (§ 630 ZPO). Soweit Kinder betroffen sind, haben einvernehmliche Regelungen nach §§ 52 f. FGG Vorrang. Hier können die Betroffenen mit Unterstützung von Mediatoren und/oder eines Rechtsanwalts einen gemeinsamen Lösungsweg erarbeiten und Regelungen treffen, die auf ihre individuelle Situation zugeschnitten sind (zur Mediation allgemein vgl. I-6.3). Derartige gemeinsam gefundene und von beiden Parteien akzeptierte und mitgetragene Lösungen sind den Ergebnissen einer streitigen Scheidung, in der es Gewinner und Verlierer gibt, vorzuziehen.

Eine wichtige Rolle spielt bei der **einvernehmlichen Scheidung** die Trennungs- und Scheidungsberatung und –mediation. In den meisten Trennungs- und Scheidungsverfahren halten die Parteien die folgenden Themen für regelungsbedürftig (vgl. auch § 630 ZPO):

Trennungs- und Scheidungsberatung und -mediation

1. Regelung der elterlichen Sorge,
2. Umgangsrecht,
3. Unterhalt (Kindesunterhalt, Familienunterhalt bzw. Getrenntlebensunterhalt, nachehelicher Ehegattenunterhalt),
4. Nutzung der Ehe-/Familienwohnung,
5. Hausratsauseinandersetzung,
6. Vermögensauseinandersetzung (Zugewinnausgleich),
7. Versorgungsausgleich.

Soweit das Gesetz es zulässt, kann über diese Aspekte eine einvernehmliche Regelung getroffen werden (vgl. hierzu Trenczek 2007d). Wesentlich ist hierbei das Gebot der **Fairness**; d. h., beide Parteien müssen ihre Interessen und Bedürfnisse gewahrt sehen und mit einer einvernehmlichen Regelung auch langfristig zufrieden sein können. Sind die von den Parteien im gegenseitigen Einvernehmen getroffenen Regelungen rechtlich zulässig (und bei Eltern mit dem Kindeswohl vereinbar), so kann das Gericht diese Vereinbarungen als gerichtliche Entscheidung übernehmen und sie so für verbindlich erklären. Vor Abschluss eines verbindlichen Vertrages sollten die Rechtsanwälte, die die Mediationsverhandlungen begleiten, den Vereinbarungsentwurf prüfen und ggf. die Abschlussvereinbarung auf Grundlage des Mediationsergebnisses ausformulieren. Die Mediation endet in Trennungs- und Scheidungsverfahren im erfolgreichen Fall mit einem schriftlichen Abschlussprotokoll bzw. einer Vereinbarung (zum Inhalt des Scheidungsantrags vgl. § 630 Abs. 1 ZPO). Im Hinblick auf juristische Fachtermini und die vorbeugende Rechtskontrolle empfiehlt es sich, den schriftlichen Vertrag auf der Basis des Abschlussprotokolls (zusätzlich) von den beratenden Anwälten formulieren zu lassen. Anschließend kann der Vertrag über die Rechtsanwälte bzw. von einem gemeinsam beauftragten

Rechtsanwalt (Anwaltszwang § 625 ZPO) zusammen mit dem Scheidungs-
antrag dem Gericht vorgelegt oder vor einem Notar beurkundet werden.

In bestimmten Bereichen verlangt das Gesetz zur Wirksamkeit der Vereinbarung zwingend eine notarielle bzw. gerichtliche Beurkundung. Das ist
insbesondere bei Grundstücksangelegenheiten (§ 313 BGB), güterrecht-
lichen Regelungen (§ 1410 BGB) oder dem Versorgungsausgleich (§ 1408
BGB) der Fall. Nach § 630 Abs. 3 ZPO soll dem Antrag auf eine einvernehmliche Scheidung nur entsprochen werden, wenn die Einigung über die
Regelung der Unterhaltspflicht gegenüber einem Kind, die durch die Ehe
begründete gesetzliche Unterhaltspflicht sowie die Rechtsverhältnisse an
der Ehewohnung und am Hausrat durch einen vollstreckbaren Schuldtitel
beurkundet wurde. Die notarielle Beurkundung hat den Vorteil, dass sich
die Parteien der sofortigen Zwangsvollstreckung unterwerfen und damit gegenseitig die Ernsthaftigkeit der Vereinbarung unterstreichen können. Im
Falle des (Zahlungs-)Verzuges oder der sonstigen Nichteinhaltung kann die
Vereinbarung dann unmittelbar – ohne den Umweg einer erneuten Klage
– vollstreckt werden.

2.3   Andere Formen der Partnerschaft

2.3.1   Die eheähnliche Gemeinschaft

Während die Bedeutung der Ehe während der letzten Jahrzehnte abgenommen hat, wie sich anhand gesunkener Zahlen von Eheschließungen und an-
gestiegener Scheidungsraten erkennen lässt, ist die Bedeutung der eheähnlichen Gemeinschaft demgegenüber deutlich angestiegen.

Ausdrückliche gesetzliche Regelungen der eheähnlichen Gemeinschaft
sind nicht vorhanden. Sie würden wohl auch dem Charakter einer Gemeinschaft zuwiderlaufen, die in vielen Fällen gerade wegen ihrer weitgehenden
rechtlichen Unverbindlichkeit gewählt wird. Eine **Definition des Begriffs** hat
das Bundesverfassungsgericht vor einigen Jahren vorgenommen. Danach
handelt es sich um

> „eine Lebensgemeinschaft zwischen einem Mann und einer Frau, die auf Dauer
> angelegt ist, daneben keine weiteren Lebensgemeinschaften gleicher Art zu-
> lässt, und sich durch innere Bindungen auszeichnet, die ein gegenseitiges Einste-
> hen der Partner füreinander begründet, also über die Beziehung in einer reinen
> Haushalts- und Wirtschaftsgemeinschaft hinausgehen" (BVerfGE 87, 264 f.).

Maßgeblich für die Rechtsbeziehungen zwischen den Partnern einer eheähnlichen Gemeinschaft (zu den Einzelheiten vgl. Fischer 2003) sind deren
individuelle Vereinbarungen. Von ihnen hängt es z. B. ab, ob bzw. in welchem
Umfang sich die Partner finanziell unterstützen, in welcher Weise gemeinsame Kinder versorgt und betreut werden, ob gemeinschaftliches Eigentum
erworben wird. In den wenigsten Fällen liegen schriftliche Vereinbarungen

zwischen den Partnern vor (zu entsprechenden Partnerschaftsverträgen vgl. Grziwotz 1998), sondern sie werden mündlich oder auch nur stillschweigend getroffen.

Im Rechtsverhältnis der eheähnlichen Gemeinschaft nach außen zeichnet sich ein Trend in Richtung der Anerkennung des Partners als Angehöriger ab, auch wenn dies bislang noch nicht einheitlich erfolgt. Der Partner einer eheähnlichen Gemeinschaft tritt z. B. im Mietrecht gemäß § 569a BGB nach dem Tode des Anderen als Familienangehöriger in dessen Mietvertrag ein (BGHZ 121, 166 ff.). An zahlreichen Stellen fehlen demgegenüber Privilegierungen, die Ehepartnern zugebilligt werden. So haben Partner einer eheähnlichen Gemeinschaft in Gerichtsverfahren, die den Anderen betreffen, kein Zeugnisverweigerungsrecht, sofern sie nicht miteinander verlobt sind (§ 383 Abs. 1 Nr. 1 ZPO; § 51 Abs. 1 Nr. 1 StPO). Andererseits werden auf eheähnliche Gemeinschaften in einigen Bereichen Regelungen angewandt, die ursprünglich für Ehepartner getroffen wurden. So werden bei der Prüfung eines Anspruchs auf bedürftigkeitsabhängige Sozialleistungen bei der Frage der Bedürftigkeit des Antragstellers auch Einkommen und Vermögen des Partners mit angerechnet, da eheähnliche Gemeinschaften hinsichtlich der Berücksichtigung von Einkommen und Vermögen des Partners nicht besser gestellt werden dürfen als Ehepaare (insbesondere § 9 Abs. 2 i. V. m. § 7 Abs. 3 Nr. 3c SGB II, § 20 SGB XII; vgl. auch III-4.1.7 und III-4.2.3). Diese Regelungen sind hochproblematisch, da sie zunächst die Klärung der Frage voraussetzen, ob überhaupt im Einzelfall eine eheähnliche Gemeinschaft vorliegt. Die vom Bundesverfassungsgericht getroffene Definition macht den Begriff abhängig von inneren Einstellungen und Motivationen, die den zuständigen Sozialleistungsbehörden nicht zugänglich sind. Die Versuche, innere Bindungen anhand von äußeren Indizien zu überprüfen, bringen zwangsläufig gravierende Eingriffe in die Privatsphäre der beteiligten Personen mit sich. Um diesem Problem zu begegnen, wird seitens des Gesetzgebers versucht, die Frage nach dem Vorliegen einer eheähnlichen Gemeinschaft an äußeren Merkmalen festzumachen, die leicht überprüfbar sind. So wird nach dem zum 01.08.2006 neu eingefügten § 7 Abs. 3a SGB II ein wechselseitiger Wille, Verantwortung füreinander zu tragen und füreinander einzustehen, vermutet, wenn Partner entweder länger als ein Jahr zusammenleben, mit einem gemeinsamen Kind zusammenleben, Kinder oder Angehörige im Haushalt versorgen oder befugt sind, über Einkommen oder Vermögen des anderen zu verfügen. Kommt die Behörde nach verständiger Würdigung des Falles zu dem Ergebnis, dass der wechselseitige Wille anzunehmen ist, Verantwortung füreinander zu tragen und füreinander einzustehen, so obliegt es den Betroffenen, den Gegenbeweis anzutreten (§ 7 Abs. 3 Nr. 3c SGB II). Diese pauschale Vermutung einer eheähnlichen Gemeinschaft wird den individuell höchst unterschiedlichen und differenzierten Gegebenheiten und Verbindlichkeitsgraden persönlicher Beziehungen kaum gerecht. Zudem ist die Ablehnung eines Sozialleistungsanspruchs unter Berufung auf Einkommen oder Vermögen des Partners einer eheähnlichen Gemeinschaft problematisch, da innerhalb der eheähnlichen

Gemeinschaft im Gegensatz zur Ehe keinerlei Anspruch auf Unterhalt oder sonstige Beteiligung an Vermögenswerten des Partners besteht. Wenn die Behörde die Leistung also unter Berufung auf eine (vermeintlich) bestehende eheähnliche Gemeinschaft ablehnt, kann der Partner die Unterstützung unter Berufung auf eine fehlende Verpflichtung ebenfalls ablehnen.

Beendigung der Gemeinschaft

Die eheähnliche Gemeinschaft kann jederzeit ohne sachliche oder formale Voraussetzungen von einem der beiden Partner beendet werden – sicherlich in vielen Fällen ein Grund für die Wahl dieser Lebensform der Ehe gegenüber. Für das Ende der Gemeinschaft gelten in erster Linie die Vereinbarungen, die die Partner für diesen Fall getroffen haben. Wurden keine solchen Vereinbarungen getroffen, so bestehen zumeist weder Unterhaltsansprüche zwischen den Partnern, noch findet im Regelfall ein nachträglicher Ausgleich von Leistungen statt, die während der bestehenden eheähnlichen Gemeinschaft erbracht wurden. Hat also z.B. ein Partner während der Beziehung den überwiegenden Teil des Lebensunterhalts bestritten, um den anderen während seiner Ausbildung zu unterstützen, und wurden keine Vereinbarungen über einen Ausgleich im Fall der Trennung getroffen, so kann er nicht im Nachhinein Ersatz für seine Aufwendungen verlangen. Eine Ausnahme besteht allerdings, wenn innerhalb der eheähnlichen Gemeinschaft Vermögenswerte geschaffen wurden, die formal einem der beiden Partner zugeordnet sind. Hier wird von der Rechtsprechung – zumeist über gesellschaftsrechtliche Konstruktionen (vgl. BGH NJW 1997, 3371) – ein Ausgleich zwischen den Partnern vorgenommen. Ein solcher Fall ist etwa gegeben, wenn unter Mitwirkung und finanziellem Einsatz beider Partner ein Haus gebaut oder eine sonstige Immobilie angeschafft wurde, für die im Grundbuch nur einer der Partner als Eigentümer

Unterhaltsanspruch

eingetragen ist (vgl. Münder 2005a, 81 f.). Ein gesetzlicher Unterhaltsanspruch besteht nur, wenn ein gemeinsames Kind vorhanden ist. In diesem Fall hat der Vater des Kindes der Mutter für die Dauer von sechs Wochen vor und acht Wochen nach der Geburt des Kindes Unterhalt zu gewähren (§ 1615l Abs. 1 BGB). Der Elternteil, der das Kind anschließend betreut, kann von dem Anderen während der ersten drei Lebensjahre des Kindes Unterhalt verlangen. In Ausnahmefällen kann dieser Zeitraum verlängert werden (§ 1615l Abs. 2 BGB)

Fischer 2003; Grziwotz 1998

2.3.2   Die Lebenspartnerschaft

Nach jahrzehntelangen Diskussionen um die Stellung gleichgeschlechtlicher Partnerschaften und begleitet von heftigen Kontroversen trat am 01.08.2001 das Gesetz über die eingetragene Lebenspartnerschaft (LPartG) in Kraft. Mit dem Gesetz wurde das neue und eigenständige Rechtsinstitut der Lebenspartnerschaft eingeführt und damit dem Wunsch vieler gleichgeschlechtlicher Paare nach einer Institutionalisierung ihrer Partnerschaft entsprochen. Zum Beginn des Jahres 2005 erfolgte eine Reform des Gesetzes, die zu einer weiteren Angleichung an die Rechtswirkungen der Ehe führte.

Die Grundzüge der Lebenspartnerschaft sind im LPartG für gleichgeschlechtliche Lebensgemeinschaften parallel zu den Regelungen über die Ehe im BGB gestaltet (zu den Einzelheiten vgl. Kornmacher 2004). Auch hier findet sich ein Verbot der Doppelpartnerschaft bzw. der Begründung einer Lebenspartnerschaft mit einer Person, die verheiratet ist, und Lebenspartnerschaften zwischen Verwandten sind entsprechend den Regelungen zur Ehe ausgeschlossen. Nur volljährige Personen können wirksam eine Lebenspartnerschaft eingehen, allerdings gibt es im Gegensatz zur Ehe keine Ausnahmeregelungen für Minderjährige, die das 16. Lebensjahr bereits vollendet haben. Eine homosexuelle Orientierung der Partner ist nicht Voraussetzung für die eingetragene Lebenspartnerschaft.

Voraussetzungen der eingetragenen Lebenspartnerschaft

Nach § 2 LPartG sind die Lebenspartner einander zu Fürsorge und Unterstützung sowie zur gemeinsamen Lebensgestaltung verpflichtet und tragen füreinander Verantwortung. Sie können einen gemeinsamen Namen bestimmen und sind einander in entsprechender Anwendung der Unterhaltsbestimmungen des Eherechts im BGB zum angemessenen Unterhalt verpflichtet. Ebenso wie für die Ehe ein Güterstand zu wählen ist, haben sich die Lebenspartner über den Vermögensstand zu erklären. Sie können hierzu entweder einen Lebenspartnerschaftsvertrag abschließen oder den Vermögensstand der Ausgleichsgemeinschaft wählen, der der Zugewinngemeinschaft im Eherecht entspricht.

Wirkungen der Partnerschaft

Das LPartG regelt parallel zu den Befugnissen von Stiefeltern gegenüber ihren Stiefkindern sorgerechtliche Befugnisse des Lebenspartners hinsichtlich der Kinder, denen gegenüber sein Partner das alleinige Sorgerecht hat. Ebenso wie die Ehe begründet auch die eingetragene Lebenspartnerschaft einen Erbanspruch des hinterbliebenen Partners. Der Lebenspartner gilt als Familienangehöriger des anderen Partners und die Verwandten eines Lebenspartners gelten als mit dem anderen Lebenspartner verschwägert.

Die wichtigsten Unterschiede im Vergleich zur Ehe liegen darin, dass die eingetragene Lebenspartnerschaft (noch) keine Rechte aus den Bereichen des Steuer- und des Beamtenrechts gewährt. In einigen Bundesländern wird die Lebenspartnerschaft allerdings im Landesrecht anerkannt, was Vorteile für Landesbeamte mit sich bringt.

Für den Fall der Trennung trifft das LPartG bezüglich des Unterhalts, der Hausratsverteilung und der Wohnungszuweisung parallele Regelungen zum Eherecht. Anstelle einer Scheidung erfolgt zur Beendigung der Lebenspartnerschaft nach § 15 LPartG die Aufhebung. Sie erfolgt nach einjähriger Trennungszeit auf übereinstimmenden Wunsch der Partner, nach einer Trennungszeit von 36 Monaten auf Wunsch eines Partners oder wenn die Fortsetzung der Lebenspartnerschaft eine besondere unzumutbare Härte für einen der Partner wäre. Hinsichtlich des nachpartnerschaftlichen Unterhalts verweist das Gesetz auf die Regelungen zum Scheidungsunterhalt im BGB.

Trennung

Kornmacher 2004

2.4   Verwandtschaft

In den §§ 1589–1772 BGB erfolgen Regelungen zur Verwandtschaft. Hierbei stehen Fragen der Abstammung, der Unterhaltspflicht und der Rechtsverhältnisse zwischen Kindern und ihren Eltern im Zentrum.

Begriff der Verwandtschaft

Zunächst regelt das Gesetz in § 1589 BGB allgemein den Begriff der Verwandtschaft. Miteinander verwandt sind danach Personen, die von derselben dritten Person abstammen. Lässt sich dabei eine Linie bilden, in der die eine Person von der anderen abstammt, liegt Verwandtschaft in **gerader Linie** vor. Dies ist im Verhältnis von Kindern zu ihren Eltern, Großeltern, Urgroßeltern usw. sowie umgekehrt der Fall. Ist dies nicht gegeben, besteht Verwandtschaft in der **Seitenlinie**. Dies gilt z. B. für Geschwister, die von gemeinsamen Eltern abstammen, oder für Cousins und Cousinen, die gemeinsame Großeltern haben. Der Grad der Verwandtschaft bestimmt sich nach der Zahl der sie vermittelnden Geburten. Danach sind Verwandte ersten Grades Kinder im Verhältnis zu ihren Eltern, Verwandtschaft zweiten Grades liegt z. B. zwischen Enkeln und ihren Großeltern oder zwischen Geschwistern vor. Die Verwandten eines Ehegatten sind mit dem anderen Ehegatten **verschwägert** (§ 1590 BGB). Ebenfalls als verschwägert gelten die Verwandten eines Partners einer eingetragenen Lebenspartnerschaft mit dem anderen Lebenspartner. Ehepartner sind miteinander verheiratet, aber nicht miteinander verwandt.

2.4.1   Abstammungsrecht

Mutter des Kindes

Das Abstammungsrecht befasst sich mit der Frage, wer im rechtlichen Sinne die Eltern eines Kindes sind. § 1591 BGB regelt, wer die Mutter eines Kindes ist. Dies schien bis vor kurzem so eindeutig zu sein, dass eine Regelung nicht erforderlich war. Durch die Möglichkeit der Leihmutterschaft ergab sich allerdings Klärungsbedarf und so wurde im Rahmen der Kindschaftsrechtsreform eine Klärung vorgenommen. Mutter eines Kindes ist danach die Frau, die es geboren hat.

Vaterschaft

Komplizierter ist die Regelung der Frage, wer der rechtliche Vater des Kindes ist. Hier bestehen gemäß § 1592 BGB drei unterschiedliche Möglichkeiten, wie die Vaterschaft im rechtlichen Sinne zustande kommen kann: Die Vaterschaft kann kraft Gesetzes bestehen, sie kann von einem Mann anerkannt werden oder sie kann gerichtlich festgestellt werden. Biologische und rechtliche Vaterschaft müssen nicht übereinstimmen.

Vaterschaft des Ehemannes der Mutter

Ist die Mutter des Kindes zum Zeitpunkt der Geburt verheiratet, so ist gemäß § 1592 Nr. 1 BGB ihr Ehemann kraft Gesetzes Vater des Kindes. Nach § 1599 Abs. 1 BGB gilt dies jedoch nicht, wenn aufgrund einer Vaterschaftsanfechtung rechtskräftig festgestellt ist, dass dieser Mann nicht der (biologische) Vater des Kindes ist (ausführlich vgl. Grün 2003). Zur Anfechtung der Vaterschaft sind nach § 1600 BGB der Mann selbst, die Mutter, das Kind und unter engen Voraussetzungen auch ein anderer Mann berechtigt,

Vaterschaftsanfechtung

der an Eides statt versichert, der Mutter während der Empfängniszeit beigewohnt zu haben (§ 1600 Abs. 1 Nr. 2 BGB). Voraussetzung für diese Anfechtungsberechtigung eines Dritten ist, dass zwischen dem Kind und seinem rechtlichen Vater keine sozial-familiäre Beziehung besteht oder im Zeitpunkt seines Todes bestanden hat und dass der Anfechtende leiblicher Vater des Kindes ist. Diese Anfechtungsberechtigung ist erst 2004 aufgrund einer Entscheidung des Bundesverfassungsgerichts in das Gesetz aufgenommen worden (BVerfG 1 BvR 1493/96 v. 04.03.2003 – NJW 2003, 2151; vgl. Roth 2003, 3153). Außerhalb dieser engen Voraussetzungen sind dritte Personen nicht anfechtungsberechtigt, so also in der Regel auch nicht ein Mann, der sich für den biologischen Vater des Kindes hält. Der Aufklärung der biologischen Vaterschaft wird weniger Bedeutung beigemessen als der Stabilität der Familie, die – sei es in Kenntnis der bestehenden Zweifel oder ohne Kenntnis hiervon – die Vaterschaft des Ehemannes der Mutter akzeptiert. Wird die Vaterschaft gerichtlich angefochten, so wird in diesem Verfahren durch entsprechende Gutachten insbesondere der DNA-Analyse festgestellt, ob der Mann, dessen gesetzliche Vaterschaft bislang besteht, biologischer Vater des Kindes ist. Umstritten sind in diesem Zusammenhang die sog. heimlichen Vaterschaftstests, bei denen der (vermeintliche) Vater eines Kindes ohne Wissen bzw. Einwilligung der Mutter durch genetische Analyse von Körperzellen des Kindes in Erfahrung bringen kann, ob das Kind von ihm abstammt. Nach der aktuellen Rechtsprechung des BGH sind derartige Tests wegen Verstoßes gegen das Grundrecht des Kindes auf informationelle Selbstbestimmung rechtswidrig (BGH 12.01.2005 – XII ZR 60/03 – und XII ZR 227/03). Insofern kann eine gerichtliche Vaterschaftsanfechtung nicht auf die Ergebnisse eines solchen Tests gestützt werden.

§ 1600b BGB räumt zur Anfechtung eine **Frist** von zwei Jahren ein. Sie beginnt für jeden Berechtigten individuell zu laufen, nämlich dann, wenn er von den Umständen erfährt, die gegen eine Vaterschaft sprechen. Für das Kind kann bis zum Eintritt der Volljährigkeit nur der gesetzliche Vertreter – dies sind in der Regel die Eltern – die Vaterschaft anfechten. Hat dieser es trotz Kenntnis von den Umständen, die gegen die Vaterschaft sprechen, nicht rechtzeitig getan, so kann das Kind nach Eintritt der Volljährigkeit selbst anfechten. Erleichtert wird die Beseitigung der Vaterschaftsvermutung des Ehemannes der Mutter nach § 1599 Abs. 2 BGB in den Fällen, in denen ein Kind nach Anhängigkeit eines Scheidungsantrags geboren wird. Hier sind nach der Lebenserfahrung die Zweifel daran, dass der Ehemann noch als Vater in Betracht kommt, so groß, dass der Gesetzgeber das Erfordernis der Vaterschaftsfeststellung eingeschränkt hat. Erkennt hier ein Dritter innerhalb eines Jahres nach Rechtskraft des Scheidungsantrags mit Zustimmung der Mutter und ihres Ex-Ehemannes die Vaterschaft für das Kind an, so fällt die Vaterschaft des Ex-Ehemannes weg und der anerkennende Dritte wird rechtlicher Vater des Kindes.

In Bezug auf die Vaterschaftsanfechtung ist eine **Gesetzesänderung** geplant, die das Verfahren zur Feststellung, von wem ein Kind abstammt, für alle Beteiligten erleichtern soll. Es liegt ein Gesetzesentwurf vor, der zwei

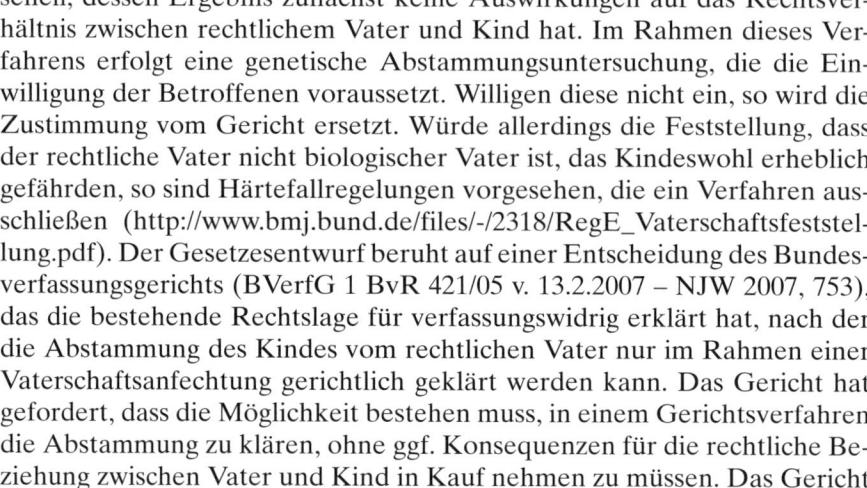

unterschiedliche Verfahren vorsieht: Neben dem Verfahren zur Anfechtung der Vaterschaft ist auch ein Verfahren zur Klärung der Vaterschaft vorgesehen, dessen Ergebnis zunächst keine Auswirkungen auf das Rechtsverhältnis zwischen rechtlichem Vater und Kind hat. Im Rahmen dieses Verfahrens erfolgt eine genetische Abstammungsuntersuchung, die die Einwilligung der Betroffenen voraussetzt. Willigen diese nicht ein, so wird die Zustimmung vom Gericht ersetzt. Würde allerdings die Feststellung, dass der rechtliche Vater nicht biologischer Vater ist, das Kindeswohl erheblich gefährden, so sind Härtefallregelungen vorgesehen, die ein Verfahren ausschließen (http://www.bmj.bund.de/files/-/2318/RegE_Vaterschaftsfeststellung.pdf). Der Gesetzesentwurf beruht auf einer Entscheidung des Bundesverfassungsgerichts (BVerfG 1 BvR 421/05 v. 13.2.2007 – NJW 2007, 753), das die bestehende Rechtslage für verfassungswidrig erklärt hat, nach der die Abstammung des Kindes vom rechtlichen Vater nur im Rahmen einer Vaterschaftsanfechtung gerichtlich geklärt werden kann. Das Gericht hat gefordert, dass die Möglichkeit bestehen muss, in einem Gerichtsverfahren die Abstammung zu klären, ohne ggf. Konsequenzen für die rechtliche Beziehung zwischen Vater und Kind in Kauf nehmen zu müssen. Das Gericht hat den Gesetzgeber aufgefordert, bis zum 31.03.2008 im Wege einer Gesetzesänderung ein erleichtertes Verfahren zur Klärung der Abstammung zu schaffen.

Anerkennung der Vaterschaft

Nach § 1592 Nr. 2 BGB ist Vater eines Kindes der Mann, der die Vaterschaft anerkannt hat (ausführlich Grün 2003). Die Anerkennung setzt die Zustimmung der Mutter und des Kindes – vertreten durch seinen gesetzlichen Vertreter – voraus. Sie wird in der Regel vor dem Jugendamt erklärt und beurkundet (§ 59 SGB VIII). Eine Vaterschaftsanerkennung ist nur möglich, wenn noch kein anderer Mann im rechtlichen Sinne Vater des Kindes ist. Ist eine Vaterschaft bereits gegeben, kann sie nur durch Anfechtung durch den engen Kreis der anfechtungsberechtigten Personen oder die gerade angesprochene Ausnahmeregelung für den Fall der Geburt des Kindes nach Anhängigkeit des Scheidungsantrags beseitigt werden. Erst dann kann eine Vaterschaftsanerkennung erfolgen.

gerichtliche Feststellung der Vaterschaft

Nach § 1592 Nr. 3 BGB schließlich ist Vater eines Kindes der Mann, dessen Vaterschaft gerichtlich festgestellt ist. Während sich bei Anerkennung der Vaterschaft alle Beteiligten darüber einig sind, dass der betreffende Mann Vater des Kindes sein soll, fehlt es bei der gerichtlichen Vaterschaftsfeststellung an dieser Einigkeit. Ebenso wie bei der Vaterschaftsanfechtung sind auch hier die Mutter, das Kind und der (vermeintliche) Vater antragsberechtigt. Voraussetzung ist ebenso wie bei der Anerkennung der Vaterschaft, dass noch kein anderer Mann im rechtlichen Sinne Vater des Kindes ist. In dem Verfahren wird wiederum anhand von Gutachten festgestellt, ob der Mann, gegen den die Klage durch die Mutter oder das Kind erhoben worden ist bzw. der selbst die Klage erhoben hat, biologischer Vater des Kindes ist.

Grün 2003; Roth 2003

2.4.2 Die elterliche Sorge

An die Abstammung ist im Grundsatz die elterliche Sorge angeknüpft. Nach §1626 BGB haben die Eltern die Pflicht und das Recht, für das minderjährige Kind zu sorgen. Die elterliche Sorge umfasst die Sorge für die Person des Kindes (Personensorge) und das Vermögen des Kindes (Vermögenssorge) (siehe Übersicht 26).

§ 1626 BGB

Regelungen dazu, was dies konkret beinhaltet, liegen kaum vor. Zur Personensorge gehört neben der Erziehung, (Gesundheits)Pflege und Aufsichtspflicht (vgl. II-4) das Aufenthaltsbestimmungsrecht (und damit der sog. Herausgabeanspruch nach §1632 Abs. 1 BGB) sowie das Recht zur Bestimmung des Umgangs (§1632 Abs. 2 BGB). Das Gesetz gibt zudem in §1626 Abs. 2 BGB einen Hinweis auf die Grundlinie der Erziehung. Hiernach berücksichtigen die Eltern die wachsende Fähigkeit und das wachsende Bedürfnis des Kindes zu selbstständigem verantwortungsbewusstem Handeln. Sie besprechen mit dem Kind, soweit es nach dessen Entwicklungsstand angezeigt ist, Fragen der elterlichen Sorge und streben Einvernehmen an.

Inhalt

Die Eltern des Kindes sind hier wie im Weiteren ausschließlich Mutter und Vater im rechtlichen Sinne. Steht die Vaterschaft eines Mannes nicht im rechtlichen Sinne fest, kann er auch nicht Inhaber der elterlichen Sorge sein.

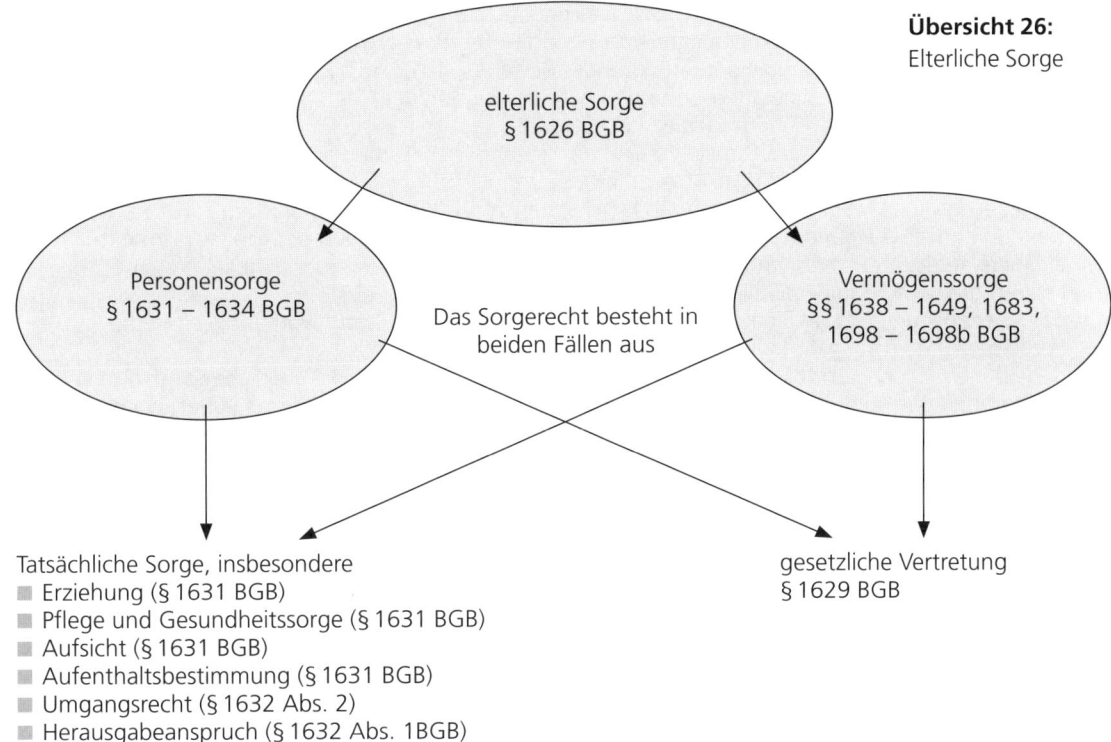

Übersicht 26: Elterliche Sorge

Übersicht 27: Die Bestimmungen des BGB zur Personensorgeberechtigung

---

1. Die Personensorge wird **gemeinsam** ausgeübt:

▦ durch die leiblichen Eltern für ein gemeinsames eheliches Kind (§§ 1626, 1627 BGB); Pflicht zur Einigung, sonst

▦ durch die Eltern nach Trennung und Scheidung, so lange keine Entscheidung des Familiengerichts nach § 1671 BGB zur Übertragung der elterlichen Sorge auf einen Elternteil erfolgt ist.

▦ durch die Adoptiveltern, die gemeinsam ein Adoptivkind an Kindes Statt angenommen haben (§ 1754 Abs. 3 BGB).

▦ durch die Eltern, die bei der Geburt des Kindes nicht miteinander verheiratet sind, wenn sie eine Sorgerechtserklärung nach §§ 1626b ff. BGB abgegeben haben oder einander heiraten (§ 1626a BGB); dies gilt auch dann, wenn die Ehe später für nichtig erklärt wird.

2. Das Recht der Personensorge wird **allein** ausgeübt durch

▦ die Mutter, wenn die Eltern bei Geburt des Kindes nicht miteinander verheiratet sind und keine Sorgeerklärung nach § 1626b ff. BGB erteilt wurde (§ 1626a Abs. 2 BGB).

▦ den Vater nach Übertragung der elterlichen Sorge durch das Familiengericht, wenn die Eltern nicht nur vorübergehend getrennt leben, die elterliche Sorge bisher nach § 1626a BGB der Mutter zustand und diese dem Antrag zustimmt (§1672 Abs. 1 BGB).

▦ einen Elternteil (den Vater), wenn dem anderen, bisher gemeinsam oder gemäß § 1626a Abs. 2 BGB allein sorgeberechtigten Elternteil (der Mutter) die Sorge durch das Gericht nach § 1666 BGB entzogen wurde (§ 1680 Abs. 3, 2. Alt. BGB).

▦ einen Elternteil (den Vater), wenn ihm das Familiengericht die bisher gemäß § 1626a Abs. 2 BGB allein dem anderen Elternteil (der Mutter) zustehende elterliche Sorge überträgt, diese aber ruht und keine Aussicht auf Wegfall des Ruhegrundes besteht (§ 1678 Abs. 2 BGB).

▦ denjenigen, dem die Entscheidungsbefugnis bei Nichteinigung der PSB in einzelnen oder Angelegenheiten bestimmter Art übertragen ist (§ 1628 BGB). ◄

▦ den Elternteil, dem durch das Familiengericht das Recht der elterlichen Sorge nach Trennung oder Scheidung übertragen wurde (§ 1671 Abs. 1 BGB).

▦ den Elternteil (den Vater), dem durch das Familiengericht das Recht der elterlichen Sorge nach Trennung oder Scheidung übertragen wurde, wenn die Eltern bei Geburt des Kindes nicht miteinander verheiratet waren und ihnen die elterliche Sorge gemeinsam oder dem anderen (der Mutter) gemäß § 1626a BGB allein zustand (§ 1680 Abs. 3, 1. Alt. BGB).

▦ den überlebenden Elternteil nach dem Tod des anderen Elternteils, wenn vorher die elterliche Sorge gemeinsam ausgeübt wurde (§ 1680 Abs. 1 BGB).

▦ den überlebenden Elternteil, wenn dem verstorbenen Elternteil bisher die elterliche Sorge alleine zustand und das Familiengericht die elterliche Sorge dem überlebenden Elternteil übertragen hat.

▦ den überlebenden Elternteil, wenn das Familiengericht ihm die elterliche Sorge nach dem Tod des anderen, bisher nach § 1626a BGB allein sorgeberechtigten Elternteils übertragen hat, da dies dem Wohle des Kindes nicht widerspricht (§ 1680 Abs. 2 S. 1 BGB). Stand der verstorbenen Mutter das Sorgerecht nach § 1626a BGB alleine zu, so hat das Familiengericht die elterliche Sorge dem Vater (nur) zu übertragen, wenn dies dem Wohle des Kindes dient (§ 1680 Abs. 2, S. 2 BGB).

3. Das Recht der Personensorge wird ausgeübt durch **Vormund** (§§ 1793 ff. BGB) gemäß §§ 1800, 1631 ff. BGB.

4. Das Recht der Personensorge wird ausgeübt durch **Pfleger** (§§ 1909 ff. BGB), dem der Aufgabenkreis der Personensorge übertragen worden ist, gemäß §§ 1915, 1800, 1631 ff. BGB.

Ohne dass dies an dieser Stelle ausdrücklich erwähnt wird, bezieht sich die Regelung des § 1626 BGB, die automatisch beiden Eltern die gemeinsame Sorge (siehe Übersicht 27) zuweist, nur auf die miteinander verheirateten Eltern eines Kindes. Für Eltern, die nicht miteinander verheiratet sind, gilt davon abweichend § 1626a BGB. Hiernach steht diesen Eltern die gemeinsame Sorge dann zu, wenn im Wege der Sorgeerklärung – sei es vor dem Notar oder dem JA (§ 1626d BGB; § 58 Abs. 1 Nr. 8 SGB VIII) – beide Elternteile bekunden, dass sie die gemeinsame Sorge wünschen (ausführlich Löhnig 2004). Gegen den Willen des anderen Elternteils kann weder die Mutter noch der Vater die gemeinsame Sorge herbeiführen. Wird keine Sorgeerklärung abgegeben, so hat die Mutter die alleinige elterliche Sorge (§ 1626a Abs. 2 BGB). Die Möglichkeit der Begründung der gemeinsamen Sorge durch die Sorgeerklärung wurde im Wege der Kindschaftsrechtsreform 1998 eingeführt, um die Rechtsstellung der Väter außerhalb einer Ehe geborener Kinder zu verbessern (vgl. BVerfGE 84, 168 ff.). Die durch den Gesetzgeber gewählte Lösung ist nicht unumstritten. Teilweise wird eine Benachteiligung der Väter darin gesehen, dass die Mutter automatisch sorgeberechtigt ist, der Vater des Kindes jedoch auf die Abgabe der Sorgeerklärung und damit auf das Einverständnis der Mutter angewiesen ist, sofern er nicht mit ihr verheiratet ist. Auch in dieser Frage hat das Bundesverfassungsgericht in jüngster Zeit eine Entscheidung zur Stärkung der Rechtsstellung der Väter getroffen, von der allerdings nur sog. „Altfälle" betroffen sind (BVerfG v. 29.01.2003 – 1 BvL 20/99 – NJW 2003, 955 ff.): Haben nicht miteinander verheiratete Eltern längere Zeit mit dem Kind zusammengelebt und sich dann vor dem 01.07.1998 getrennt, so kann der Vater bei dem FamG beantragen, dass die Sorgeerklärung der Mutter ersetzt wird. Hiermit soll dem Umstand Rechnung getragen werden, dass der Vater während des Zusammenlebens mangels einer entsprechenden gesetzlichen Regelung keine Möglichkeit hatte, an der elterlichen Sorge beteiligt zu werden, obwohl zu damaliger Zeit möglicherweise beide Eltern den Wunsch danach gehabt hätten. Auf der Grundlage dieser Entscheidung wurde zum 31.12.2003 eine entsprechende gesetzliche Regelung in Art. 224 EGBGB getroffen. Eine darüber hinausgehende Ausweitung der Möglichkeiten des mit der Mutter nicht verheirateten Vaters zur Erlangung der gemeinsamen Sorge wird diskutiert und wird unter dem Aspekt des Elternrechts aus Art. 6 Abs. 2 S. 1 GG und des Kindeswohls vielfach befürwortet (ausführlich zu den verfassungsrechtlichen Vorgaben Coester 2005, 60 ff.; zur Diskussion Willutzki 2005, 197 f.). In Frage kommt dabei zunächst eine Regelung, nach der die gemeinsame Sorge unverheirateter Eltern unmittelbar kraft Gesetzes eintritt. Dies könnte automatisch mit der Geburt des Kindes erfolgen, wie es auch bei verheirateten Eltern der Fall ist (kritisch Coester 2005, 60, 62). Anstelle einer solchen pauschalen Regelung könnte die gemeinsame Sorge kraft Gesetzes auch an zusätzliche Voraussetzungen geknüpft werden, wie etwa an den Bestand einer familiären Lebensgemeinschaft der Eltern bei Geburt des Kindes (Finger 2000, 1204, 1207). Anstelle gemeinsamer elterlicher Sorge kraft Gesetzes könnte auch eine Regelung treten,

Sorgeerklärung

die an der originären Alleinsorge der Mutter festhält, allerdings erleichterte Korrekturmöglichkeiten zur Beteiligung des Vaters bzw. zur Übertragung der alleinigen Sorge auf ihn vorsieht (Coester 2005, 60, 63 ff.).

Antrag auf Übertragung der alleinigen Sorge

Haben Eltern die gemeinsame Sorge – sei es durch Heirat oder durch eine Sorgeerklärung – lässt sich diese nur durch eine gerichtliche Entscheidung wieder ändern.

elterliche Sorge bei Trennung und Scheidung

Auch im Falle der Trennung bleiben Eltern Eltern, was sie aber oft nicht daran hindert, in einer Weise um die Kinder zu kämpfen, die nicht deren Wohl entspricht. Dabei ist vor allem von Bedeutung, dass die Frage der elterlichen Sorge häufig verknüpft mit der Frage ist, bei wem die Kinder leben, was wiederum erhebliche Auswirkungen auf die Unterhaltspflicht (Natural- oder Barunterhalt für die Kinder, Höhe des Trennungs- und nachehelichen Unterhalts) hat.

Die gemeinsame elterliche Sorge (§ 1627 BGB) besteht auch nach der Trennung/Scheidung fort, soweit keine anderweitige gerichtliche Regelung aus Gründen des Kindeswohls getroffen wird. Möchten beide Eltern oder ein Elternteil allein im Falle der Trennung die gemeinsame Sorge beenden, so ist nach § 1671 BGB ein Antrag an das FamG zu stellen. Sind sich die Eltern darüber einig, dass einem von ihnen die alleinige Sorge ganz oder teilweise übertragen werden soll, so muss das Gericht eine entsprechende Regelung treffen. Eine Ausnahme besteht nur, wenn das Kind das 14. Lebensjahr bereits vollendet hat und der Übertragung widerspricht. In diesem Fall muss das Gericht prüfen, ob die Übertragung dem Wohl des Kindes am besten entspricht. Dieselbe Überprüfungspflicht besteht, wenn ein Elternteil die Übertragung der gemeinsamen Sorge gegen den Willen des anderen beantragt.

Letztlich ist für jede Regelung entscheidend, ob diese dem Kindeswohl (s. o. II-2.1) entspricht. Dieses ist nicht gleichzusetzen mit dem Kindeswillen. Gleichwohl sind auch kleinere Kinder vor der Entscheidung vom FamG anzuhören. Wesentlich sind dann vor allem die Eignung der beiden Eltern zur Erziehung eines Kindes, die Kontinuität der Erziehung und des sozialen Umfeldes (möglichst keine Trennung von Geschwistern) sowie die Wohn- und Lebensverhältnisse der Elternteile nach der Trennung. Demgegenüber sind die Gründe der Trennung (z. B. auch intimes Verhältnis zu einem neuen Partner), außerhäusige Berufstätigkeit eines Elternteils oder die Folgen der Sorgerechtsentscheidung für die Eltern als solche unbeachtlich. In streitigen Fällen kann das Familiengericht ein psychologisches Sachverständigengutachten zu der Frage einholen, welche Sorgerechtsentscheidung dem Wohle des Kindes am besten entspricht.

gemeinsame Sorge im Fall des Getrenntlebens

Sind beide Eltern Inhaber der gemeinsamen elterlichen Sorge, leben jedoch getrennt, so erleichtert § 1687 Abs. 1 S. 2 BGB die Erziehungstätigkeit des Elternteils, bei dem sich das Kind gewöhnlich aufhält. Dieser muss sich nicht in jeder einzelnen Frage mit dem getrennt lebenden anderen Elternteil abstimmen, sondern kann Entscheidungen in Angelegenheiten des täglichen Lebens und der tatsächlichen Betreuung selbst entscheiden. Dies sind etwa Fragen der Schlafenszeiten, des Besuchs von Schulkameraden, der Wahl der Kleidung usw. Nur in Angelegenheiten, deren Regelung für das Kind von erheblicher Bedeutung ist, ist Einvernehmen beider sorgeberechtigter Eltern nötig. Hierunter fallen z.B. gravierende ärztliche Eingriffe, längere Auslandsaufenthalte, die Wahl der weiterführenden Schule, die Aufnahme einer besonders gefährlichen Sportart oder die Inanspruchnahme von stationären oder sonstigen intensiven Erziehungshilfen nach dem SGB VIII.

Coester 2005; Willutzki 2005; Löhnig 2004; Finger 2000; Mutke/Tammen 2004

2.4.3 Kindesschutz

Um den Schutz von Minderjährigen zu gewährleisten und das staatliche Wächteramt aus Art. 6 Abs. 2 GG umzusetzen (vgl. unter II-2.1), räumt § 1666 BGB dem Staat Eingriffsrechte in die elterliche Sorge ein. Wird das körperliche, geistige oder seelische Wohl des Kindes (zum Kindeswohlbegriff vgl. Münder et al. 2006 Vor § 50 Rz. 2 ff.) oder sein Vermögen durch missbräuchliche Ausübung der elterlichen Sorge, durch Vernachlässigung des Kindes, durch unverschuldetes Versagen der Eltern oder durch das Verhalten eines Dritten gefährdet, so hat nach § 1666 Abs. 1 BGB das FamG, wenn die Eltern nicht gewillt oder nicht in der Lage sind, die Gefahr abzuwenden, die zur Abwendung der Gefahr erforderlichen Maßnahmen zu treffen. Die möglichen Gefährdungslagen (ausführlich zu den Gefährdungslagen mit Fallbeispielen vgl. Münder et al. 2000, 45 ff.) werden in der Vorschrift abstrakt angesprochen, vier Idealtypen zugeordnet und dabei bewusst weitgefasst. Ihr Vorliegen ist in jedem Einzelfall zu prüfen.

Kindeswohlgefährdung

§ 1666 BGB

1.) missbräuchliche Ausübung der elterlichen Sorge. Hierbei handelt es sich mithin um einen falschen, rechtswidrigen Gebrauch der Elternverantwortung. Eine nur ungeschickte, mangelnde Verhaltensweise der Eltern fällt nicht darunter. Von besonderer Bedeutung ist insoweit das nun ausdrücklich in § 1631 Abs. 2 BGB normierte Recht der Kinder auf gewaltfreie Erziehung, wobei allerdings die Folgen der Verletzung dieses Rechts noch umstritten sind (vgl. Huber/Scherrer 2001, 797). Führten früher nur übermäßige „Züchtigungen" (z.B. Misshandlung eines sechs Monate alten Kindes, um es zum Essen zu bringen; Schläge gegen die 1-jährige Tochter) und deren Duldung durch den anderen Elternteil oder Lebenspartner zu einer Entziehung des Sorgerechts, können heute Körperstrafen nicht mehr als gerechtfertigte Erziehungsmaßnahmen anerkannt werden, ohne dass aber jede Überreaktion, Schwäche und Überforderung von Eltern einen Sorgerechtsmissbrauch darstellt. Es muss sich vielmehr um ein eklatantes, aktives Fehlverhalten handeln. Nicht notwendig ist ein zielgerichtetes Ausnutzen des Sorgerechts zum Schaden des Kindes. Ausreichend ist, dass die Eltern aufgrund ihrer Grundhaltung die Kindesinteressen nicht berücksichtigen (vgl. LG Berlin FamRZ 1980, 285 f.). Von der Rspr. dokumentierte Einzelfälle (vgl. Münchner-Kommentar/Olzen 2002 § 1666 Rz. 57 ff.; Staudinger-Coester 2004 § 1666 Rz. 88 ff.) betreffen z.B.: Selbstmordversuch mit Tötungsversuch am

Sorgerechtsmissbrauch

Kinde; sexueller Missbrauch; körperliche Misshandlung; Weigerung, das Kind operieren oder Bluttransfusion vornehmen zu lassen; nicht vertretbare Einwilligung in medizinische Experimente an dem Minderjährigen; Ausbeuten der Arbeitskraft, durch Anhalten zum Betteln oder sonstigen, strafbaren oder sexuellen Handlungen; Abhalten vom Besuch der Schule; „erstickende Erziehungshaltung", grobe Erziehungsfehler (z. B. schroffer Wechsel der religiösen Erziehung, Tobsuchtsanfälle der Eltern; Ausweisung aus dem Elternhaus; Verhinderung des Kontaktes zum geschiedenen, aber umgangsberechtigten Elternteil; extrem häufiger Wohnsitzwechsel; unzulässige Wegnahme des Kindes von Pflegeeltern; missbilligenswerte Einwirkung auf die Willensbildung einer 16-jährigen schwangeren Jugendlichen, Zwang zur Abtreibung; Hineinzwingen in vereinbarte Ehe oder ungeeigneten Beruf. Nicht jede Interessenskollision oder Entscheidung gegen den Willen der Kinder und Jugendlichen stellt eine Kindeswohlgefährdung dar. Mitunter ist die Abgrenzung sehr schwierig (z. B. nicht immer liegt bei Verweigerung einer Abtreibung oder bei einem Verbot, bestimmte Fächer zu studieren, Sorgerechtsmissbrauch vor); es kommt letzlich immer auf die Umstände des konkreten Einzelfalles an.

Vernachlässigung

2.) Vernachlässigung des Minderjährigen. Im Unterschied zur ersten Fallgruppe ist hier ein passives Fehlverhalten der Eltern gemeint, die Untätigkeit trotz entsprechender Handlungs- und Betreuungsnotwendigkeit (vgl. Münchner-Kommentar/Olzen 2002 § 1666 Rz. 102), insbesondere im Hinblick auf Pflege, Ernährung, Bekleidung, Aufsicht und Fürsorge, z. B. Verwahrlosung der Wohnverhältnisse, mangelnde Versorgung der Kinder wegen häufigen Wechsels der Lebenspartner und Wohnsitze, passives Unterlassen ärztlicher Versorgung, Duldung des Herumstreunens des Minderjährigen, unterlassene Anmeldung im Kindergarten bei gleichzeitiger emotionaler Vernachlässigung, mangelnde Beaufsichtigung des regelmäßigen Schulbesuchs, lange Abwesenheitszeiten insbesondere wg. Drogenabhängigkeit oder Straffälligkeit.

unverschuldetes Versagen

3.) unverschuldetes Versagen der Eltern als Auffangtatbestand, z. B. Duldung der missbräuchlichen Ausübung des Sorgerechts durch den anderen Elternteil; Krankheit und Unfall, Alkohol- und andere Drogenabhängigkeit der Eltern; Gleichgültigkeit, Labilität und Antriebsarmut der Eltern; Sektenangehörige verweigern medizinisch notwendige Bluttransfusion.

Gefährdung durch Verhalten Dritter

4.) Gefährdung durch das Verhalten Dritter, z. B. Zuhälter, Drogenabhängige, Schwerkriminelle.

Hinzukommen (§ 1666 Abs. 1 S. 1 BGB: „… und …") muss in allen vier Gefährdungskonstellationen, dass die Eltern nicht gewillt oder in der Lage sind, die Gefahr von dem Minderjährigen abzuwenden. Gerade für die letzte Fallgruppe (Gefährdung durch Verhalten Dritter) ist die mangelnde Bereitschaft oder Fähigkeit der Eltern zur Gefahrabwendung als zusätzliches, für alle Fallgruppen geltendes Tatbestandsmerkmal besonders zu beachten. Es spielt insoweit keine Rolle, ob die Eltern in der Lage, aber unwillig, oder willig, aber unfähig, sind, die Gefahr abzuwenden. Dieses Erfordernis soll Eltern im Rahmen ihres Erziehungsvorranges zur Selbsthilfe ggf. mit Unterstützung der Jugendhilfe bewegen.

Im Hinblick auf Art. 6 Abs. 2 GG ist die Sorgerechtsentscheidung nach § 1666 BGB der schärfste staatliche Eingriff in die elterliche Erziehungsverantwortung. Deshalb ist bei allen Tatbestandvoraussetzungen eine restriktive Norminterpretation erforderlich. Nach bisheriger Rechtsprechung konkretisiert sich das Kindeswohl oft erst durch seine Gefährdung aufgrund eines „elterlichen Versagens". Aufgrund des Zwangscharakters der gerichtlichen Sorgerechtsentscheidung müsse das „Milieu, in das das Kind hineingeboren wird und dessen positiven wie negativen Gegebenheiten es schicksalhaft ausgesetzt ist" (OLG Hamm ZfJ 1983, 274, 277 f.) berücksichtigt werden. Freilich legitimiert dies keine „milieubedingten" Misshandlungen und Missbräuche. Im Wesentlichen geht es darum, insbesondere bei der Fallgruppe der Vernachlässigung, die Beurteilungsmaßstäbe nicht zu eng anzulegen, so dass schichtenspezifische Vorurteile über das Vorliegen einer Kindeswohlgefährdung entscheiden (Münchner-Kommentar/Olzen 2002 § 1666 Rz. 103). Ein Kind ist nicht schon deshalb vernachlässigt, weil (vorwiegend aus der Mittelschicht stammende) Sozialarbeiter „das Kind anders erziehen würden" oder dem Kind in einer Pflegefamilie günstigere Entwicklungsmöglichkeiten geboten werden könnten (OLG Hamm 17.01.1984 – 15 W 339/83 – ZfJ 1984, 370). Die Elternverantwortung besteht auch dann, wenn die Familiensituation nicht dem bürgerlichen Idealbild der Familie entspricht. Auch eine um das Wohl gefährdeter Kinder besorgte Jugendhilfe muss die rechtsstaatlich begründeten Freiheitsrechte der Betroffenen ernst nehmen. Andererseits setzt § 1666 BGB, zumindest in der 3. Fallgruppe im Hinblick auf das „elterliche Versagen" **kein Elternverschulden** voraus (BayObLG FamRZ 1997, 1553 f.) und das im normativen Denken übliche Kausalitätserfordernis beschränkt sich darauf, dass Sorgerechtsverstöße, die das Kindeswohl nicht gefährden, auch keine Maßnahmen des FamG nach sich ziehen dürfen (Münchner-Kommentar/Olzen 2002 § 1666 Rz. 38). Im Fall von Krankheit, Unfallfolgen, negativen Einflüssen des sozialen Umfelds mögen die Eltern zwar hierfür nicht verantwortlich sein, ungeachtet dessen sieht § 1666 BGB insoweit zumindest in der 3. Fallgruppe (unverschuldetes Versagen der Eltern) einen lückenlosen Schutz der Kinder bei Kindeswohlgefährdungen vor.

Eine Gefährdung liegt vor, wenn die durch objektive Anhaltspunkte begründete Sorge besteht, dass die Situation bei ausbleibender Intervention gegenwärtig oder zumindest unmittelbar zu einer erheblichen und nachhaltigen Beeinträchtigung oder Schädigung des (körperlichen, geistigen oder seelischen Wohls des) Kindes führt (Münchner-Kommentar/Olzen 2002 § 1666 Rz. 49 ff.). Für die eher präventiv orientierte Jugendhilfe ist dies gelegentlich schwer auszuhalten, wobei freilich der Unterschied zwischen Hilfeorientierung einerseits und staatlichem Zwangseingriff andererseits gelegentlich aus dem Blick gerät (hierzu Münder et al. 2006 Vor § 50 Rz. 5). Es muss deshalb besonders darauf hingewiesen werden, dass aus einem zur Abwendung von Benachteiligungslagen aufgrund des jugendhilferechtlichen Präventionsgrundsatzes schon frühzeitig begründbaren „erzieherischen Bedarf", z. B. im Hinblick auf Erziehungshilfen, noch nicht auf eine

Gefährdung

Kindeswohlgefährdung geschlossen werden darf. Nur andersherum gilt: Liegt eine Kindeswohlgefährdung vor, ist ein erzieherischer Bedarf auf jeden Fall gegeben, so dass geeignete und erforderliche Hilfen zur Erziehung gerade auch zur Abwendung der Kindeswohlgefahr vom JA angeboten werden müssen (hierzu III-3.3.4.1).

Auch die Rechtsfolge wird in § 1666 BGB bewusst sehr weit gefasst. § 1666 Abs.1 BGB sieht zunächst einen vollständigen Entzug der Personensorge gar nicht ausdrücklich vor. Familiengerichtliche Entscheidungen betreffen also nicht immer die gesamte Personensorge, sondern mitunter nur Teilbereiche (z.B. Aufenthaltsbestimmungsrecht, Herausgaberecht, Entscheidungen im Hinblick auf Gesundheitssorge des Kindes). Der Entzug der Personensorge ist auch nicht zugleich ein Entzug des Umgangsrechts. Selbst die Trennung von Eltern und Kind beseitigt noch nicht das elterliche Personensorgerecht, z.B. berührt die Beschränkung und Entziehung des Aufenthaltsbestimmungsrechts noch nicht die Befugnis der Eltern zu entscheiden, ob und ggf. welchen Hilfen zur Erziehung (§§ 27 ff. SGB VIII) sie zustimmen. Das Gericht kann gemäß § 1666 Abs. 3 BGB Erklärungen des Inhabers der elterlichen Sorge ersetzen und kann gemäß § 1666 Abs. 4 BGB in Angelegenheiten der Personensorge auch Maßnahmen mit Wirkung gegen Dritte treffen. Das Gericht hat stets das mildeste Mittel zu wählen, mit dem die Gefahr abgewandt werden kann (Verhältnismäßigkeitsgebot!). Die gesamte Personensorge darf nach § 1666a Abs. 2 BGB nur entzogen werden, wenn andere Maßnahmen erfolglos geblieben sind oder wenn anzunehmen ist, dass sie zur Abwendung der Gefahr nicht ausreichen. Das in § 1666a Abs. 1 S. 1 BGB im Hinblick auf die Trennung des Kindes von seinen Eltern hervorgehobene Verhältnismäßigkeitsgebot gilt auch für alle anderen familienrechtlichen Entscheidungen, z.B. Ermahnungen, Gebote und Verbote, (einstweilige) Anordnungen und Beschränkungen. Insoweit besteht ausdrücklich auch ein Vorrang von Jugendhilfe- und anderen öffentlichen Leistungen. Geeignete Hilfen sind deshalb – bei Vorliegen der entsprechenden Leistungsvoraussetzungen – schon im Vorfeld zu initiieren. Das FamG kann aber nicht selbst Leistungen der Jugendhilfe anordnen, sondern die Eltern nur verpflichten, vom JA angebotene Hilfen in Anspruch zu nehmen (zur Steuerungsverantwortung des JA im familiengerichtlichen Verfahren nach § 36a SGB VIII vgl. III-3.3.4.4) und bei Leistungsverweigerung des JA verwaltungsrechtliche Schritte zu unternehmen (Münchener Kommentar/Olzen 2002 § 1666 Rz. 177). Das JA muss mit seinen Angeboten, Hilfen, Methoden und Kompetenzen versuchen, zusammen mit den Eltern die Gefährdung des Kindeswohls abzuwenden. Ist es hierzu allerdings nicht in der Lage und hält es deshalb ein Tätigwerden des FamG für erforderlich, muss es das Gericht gemäß § 8a Abs. 3 SGB VIII informieren (zur Schutzverpflichtung des JA, vgl. III-3.2.2), damit dieses geeignete sorgerechtliche Maßnahmen ergreifen kann. Das Verfahren im Hinblick auf Entscheidungen nach §§ 1666, 1666a BGB kann auch aus Anlass einer Inobhutnahme bei Widerspruch der Eltern in Gang kommen (§ 42 SGB VIII).

Die Bestellung eines Verfahrenspflegers für das Kind ist gemäß § 50 Abs. 2 Nr. 2 FGG i. d. R. erforderlich.

Wird die elterliche Sorge zum Teil entzogen, so erhält das Kind für diese Teilbereiche nach § 1909 BGB einen Pfleger, während die Eltern oder der **Pfleger** allein sorgeberechtigte Elternteil im Übrigen sorgeberechtigt bleiben. Ist es jedoch angesichts der bestehenden Gefahr nicht vertretbar, den Eltern auch nur Teile der elterlichen Sorge zu belassen, und wird sowohl die Personensorge als auch die Vermögenssorge in vollem Umfang entzogen, so erhält das Kind gemäß § 1773 BGB einen Vormund, der nunmehr die ge- **Vormund** samte elterliche Sorge innehat. Gleiches gilt, wenn die sorgeberechtigten Eltern oder der allein sorgeberechtigte Elternteil sterben. Auch in diesem Fall wird ein Vormund für das Kind bestellt.

Zum Vormund sollten zunächst geeignete Einzelpersonen oder Vereine (§ 1791a BGB) bestellt werden. Entgegen der gesetzlichen Wertung (§ 1791b Abs. 1 BGB) wird aber in der Praxis häufig vorschnell auf die Amtsvormundschaft des JA zurückgegriffen (vgl. § 55 SGB VIII). Damit sind im Hinblick auf die Stellung des JA als Leistungsträger Interessenkollisionen nicht ausgeschlossen.

Derzeit liegt ein Gesetzesentwurf der Bundesregierung zur Verbesserung des zivilrechtlichen Kindesschutzes vor, der auf den Empfehlungen einer Experten-Arbeitsgruppe beruht, die das Bundesministerium für Justiz im März 2006 eingesetzt hatte. Die Arbeitsgruppe befasste sich mit Maßnahmen zum Schutz von Kindern vor Vernachlässigung und Misshandlung und mit Maßnahmen für Kinder und Jugendliche, die bereits in jungen Jahren wiederholt delinquent geworden sind. Die geplante Neuregelung soll den Familiengerichten die Möglichkeit eröffnen, frühzeitiger und stärker auf die Eltern einzuwirken, damit diese öffentliche Hilfen zur Stärkung ihrer Elternkompetenz in Anspruch nehmen. Zu diesem Zweck ist eine Änderung des § 1666 BGB geplant, die vorsieht, die einzelnen Gefährdungsmerkmale (Vernachlässigung, Missbrauch der elterlichen Sorge etc.) aus dem Wortlaut zu streichen. Damit sollen „Tatbestandshürden" für die Anrufung der Familiengerichte abgebaut werden, um den Anwendungsbereich zu öffnen. Die Anknüpfung an ein elterliches Fehlverhalten oder Versagen soll entfallen, als Tatbestandsmerkmale blieben lediglich die Gefährdung des Kindeswohls und die Unwilligkeit bzw. Unfähigkeit der Eltern, die Gefahr abzuwenden. Darüber hinaus sieht der Gesetzesentwurf vor, zur Konkretisierung der Rechtsfolgen in Absatz 3 einen Katalog möglicher Maßnahmen des Familiengerichts aufzunehmen. Hier sollen z.B. Gebote aufgenommen werden, öffentliche Hilfen in Anspruch zu nehmen oder für die Einhaltung der Schulpflicht zu sorgen, Verbote, sich in der Nähe des Kindes aufzuhalten oder ein Zusammentreffen herbeizuführen, die Ersetzung von Erklärungen des Inhabers der elterlichen Sorge und der ganze oder teilweise Entzug der elterlichen Sorge. Damit soll den Familiengerichten und Jugendämtern das Spektrum möglicher Maßnahmen auch unterhalb der Schwelle des Sorgerechtsentzugs verdeutlicht werden.

(Referentenentwurf des Bundesministeriums der Justiz unter http://www.
bmj.bund.de/files/-/2093/07-04-18_RefE_ErleichterungfamgerMaÄ?n.
pdf.)

**geschlossene
Unterbringung**

§ 1631b BGB

Das elterliche Erziehungsrecht ist insbesondere im Hinblick auf eine von
ihnen initiierte Fremdunterbringung eingeschränkt. Eine Unterbringung
des Kindes, die mit Freiheitsentziehung verbunden ist, ist grundsätzlich nur
mit Zustimmung des FamG zulässig (§ 1631b S. 1 BGB). Im Hinblick auf
die Einrichtungen besteht eine ausreichende Rechtsgrundlage nur für den
durch das Strafrecht legitimierten Freiheitsentzug (hierzu IV-5.2) sowie für
die Unterbringung in den geschlossenen Abteilungen der Psychiatrie nach
den Unterbringungsgesetzen der Länder (UBG bzw. PsychKG; hierzu III-
8). Für die Jugendhilfe gibt es nach dem SGB VIII außerhalb der Krisenintervention bei Gefahr für Leib und Leben im Rahmen der Inobhutnahme
keine Rechtsgrundlage für eine geschlossene Unterbringung (ausführlich
hierzu III-3.4.1.1; Münder et al. 2006 § 42 Rz. 56 ff.).

Ohne die Genehmigung ist die Unterbringung nur zulässig bei Gefahr im
Verzug. Die fehlende Genehmigung ist unverzüglich nachzuholen (§ 1631b S.
2 BGB). Das Gericht hat die Genehmigung zurückzunehmen, wenn das Wohl
des Kindes die Unterbringung nicht mehr erfordert (§ 1631b S. 3 BGB).

Gemäß § 1631 Abs. 3 BGB hat das FamG die Eltern auf Antrag bei der Ausübung der Personensorge in geeigneten Fällen zu unterstützen. Die Regelung
ist subsidiär gegenüber spezialgesetzlichen Regelungen, insbesondere gegenüber § 1631b, § 1632 und § 1666 BGB. Die Befugnis ist **kein Erziehungser-
satzmittel** bei deviantem Verhalten von Kindern oder straffällig gewordenen
Jugendlichen. Mögliche Maßnahmen sind Ermahnungen, Verwarnungen,
Vorladungen. Das FamG ist aber nicht auf solche eher mahnenden und an-
weisenden Interventionen beschränkt. Angesichts des differenzierten Leis-
tungskatalogs des SGB VIII (hier insbesondere § 18) und der Entwicklung
der JÄ zu leistungsfähigen Fachbehörden kommt die Befugnis des FamG zudem nur subsidiär zum Tragen. Das FamG soll sich vielmehr einen Überblick
über die bisherigen Beratungsangebote und deren Ergebnisse verschaffen.
Aber gerade dies kann gelegentlich Motivationsprozesse in Gang setzen.
Reichen Beratung und Unterstützung nicht aus und bedarf es eines Eingriffs
in das elterliche Erziehungsrecht, so kommen die spezialgesetzlichen Ein-
griffsnormen des BGB (§§ 1666, 1666a BGB) zur Anwendung.

Münder et al. 2000; Münder et al. 2006, Anhang § 50

2.4.4   Umgang mit dem Kind

Umgangsrechte

Unabhängig davon, wem die elterliche Sorge zusteht, hat das Kind gemäß
§ 1684 Abs. 1 BGB ein Recht auf Umgang mit beiden Eltern. Die Eltern
ihrerseits sind zum Umgang mit dem Kind berechtigt und verpflichtet. Pro-

blematisch ist es jedoch, im Hinblick auf die Interessen des Kindes, einen zum Umgang nicht bereiten Elternteil zwangsweise zum Umgang mit dem Kind zu verpflichten. Hier werden durch die vom Elternteil ausgehende Ablehnung eher Nachteile für die Entwicklung des Kindes erwartet (vgl. Oelkers 2002, 435; Kraeft 2000, 359). Auch Großeltern und Geschwister des Kindes sowie (frühere) Ehepartner bzw. Lebenspartner eines Elternteils, sonstige Bezugspersonen des Kindes, wenn diese für das Kind tatsächliche Verantwortung tragen oder getragen haben (sozial-familiäre Beziehung), insbesondere Personen, bei denen das Kind längere Zeit in einem Pflege-verhältnis gelebt hat, können ein Recht auf Umgang mit dem Kind geltend machen. Dies gilt allerdings nur, wenn der Umgang dem Wohl des Kindes dient (§ 1685 BGB). Die Kosten des Umgangs sind grds. vom Umgangsbe-rechtigten zu tragen.

Sind besondere Schwierigkeiten beim Umgang zu erwarten, oder be-steht der Verdacht der Gefährdung des Kindes während des Umgangs, etwa durch sexuellen Missbrauch oder Entführung ins Ausland, so besteht die Möglichkeit, einen sog. „begleiteten Umgang" durchzuführen, bei dem eine Person zum Schutz des Minderjährigen während des Umgangs anwesend ist (ausführlich Walter 1999, 204, 207 ff.; zu Konzepten des begleiteten Um-gangs vgl. z. B. Mitrega 1999, 212 ff.; Rahn/Borgolte 2002, 245 ff.; Wurdak/ Rahn 2001, 275, 278 ff.).

begleiteter Umgang

2.5   Unterhalt

Ebenso wie zwischen den (geschiedenen) Ehepartnern, ist auch innerhalb der Verwandtschaft die Frage des gegenseitigen Unterhalts von Bedeutung. Hier stellt § 1601 BGB den Grundsatz auf, dass Verwandte in gerader Linie verpflichtet sind, einander Unterhalt zu gewähren. Die Unterhaltspflicht besteht also nicht in der Seitenlinie, d. h. nicht zwischen Geschwistern, zwi-schen Cousins und Cousinen usw.

Generell gilt zu den Voraussetzungen für einen Unterhaltsanspruch ebenso wie zwischen Ehegatten (vgl. II-2.2.3), dass immer **Bedürftigkeit** des Unterhaltsberechtigten und **Leistungsfähigkeit** des Unterhaltspflichtigen vorliegen muss. Da verschiedene Personen als Unterhaltsverpflichtete in-frage kommen können, legt das Gesetz eine Rangfolge fest: Vorrangig ist nach § 1608 BGB die Haftung des Ehegatten. Danach folgt die Haftung der Verwandten, wobei nach § 1606 BGB die Abkömmlinge vor den Verwand-ten der aufsteigenden Linie unterhaltspflichtig sind. Dabei haften jeweils die näheren Verwandten vor den entfernteren. Im Unterschied zum „Ehegat-tenunterhalt" sind die Voraussetzungen des Verwandtenunterhalts enger. Verwandte sind verpflichtet, „äußerste Anstrengungen" zu unternehmen und ihre Arbeitskraft oder Vermögen umfassend einzusetzen. Sie müssen praktisch jede Arbeit (zumindest aber eine Ausbildung) aufnehmen, auch wenn sie unterhalb ihres bisherigen Lebensstandards und Ausbildungsni-veaus liegt (BGHZ 93, 123 ff.; OLG Karlsruhe FamRZ 1988, 758).

Von besonderer Bedeutung ist die Unterhaltsverpflichtung der Eltern ihren minderjährigen unverheirateten Kindern gegenüber. Seit der Kindschaftsrechtsreform sind diesen diejenigen Kinder gleichgestellt, die zwar bereits volljährig sind, das 21. Lebensjahr jedoch noch nicht vollendet haben, noch im Haushalt der Eltern oder eines Elternteils leben und sich in der allgemeinen Schulausbildung befinden. Einerseits besteht dieser Gruppe gegenüber eine besonders weitgehende, sog. gesteigerte Unterhaltsverpflichtung der Eltern. Nach § 1603 BGB sind sie verpflichtet, alle ihnen zur Verfügung stehenden Mittel für den Unterhalt einzusetzen. Ihnen selbst bleibt kein Anrecht auf einen angemessenen Unterhalt, sondern es steht ihnen nur der sog. notwendige Eigenbedarf zu, der zurzeit (Stand 2007) bei monatlich etwa 800 € liegt. Andererseits besteht diese Verpflichtung zum Verwandtenunterhalt gegenüber den Kindern nur, wenn sie sich tatsächlich nicht selbst versorgen können, weil sie sich z.B. in einer (Hochschul-)Ausbildung befinden. Selbst ein minderjähriges Kind, das sich nicht in einer Ausbildung befindet, ist verpflichtet, sich um eine Erwerbstätigkeit zu bemühen (OLG Düsseldorf FamRZ 2000, 442; OLG Karlsruhe FamRZ 1988, 758; vgl. Münder 1990, 2034).

Natural- und Barunterhalt

Leben die Eltern mit ihren minderjährigen Kindern in einem Haushalt, so erfüllen sie ihre Unterhaltspflicht durch die Gewährung von „Naturalunterhalt", indem sie ihnen Wohnung gewähren, sie verpflegen, sie einkleiden oder sonst für sie sorgen. Der Elternteil, der nicht mit den Kindern zusammenlebt, ist zum Barunterhalt in Geld verpflichtet. Die Berechnung des Unterhalts im Einzelnen ist kompliziert, vor allem wenn einem Unterhaltsverpflichteten mehrere unterhaltsberechtigte Personen gegenüberstehen und das Einkommen des Verpflichteten nicht ausreichend ist, um seinen eigenen Unterhalt bzw. Selbstbehalt und die Ansprüche der Unterhaltsberechtigten abzudecken (ausführlich vgl. Wendl 2004). Durch die Rechtsprechung sind für diesen Fall Tabellen entwickelt worden, die Standardbeträge für verschiedene Fallkonstellationen regeln und anhand derer der Unterhalt im Einzelfall (allerdings nicht verbindlich) ermittelt wird. Am bedeutendsten ist in diesem Zusammenhang die sog. Düsseldorfer Tabelle. Sie ist zugeschnitten auf einen gegenüber einem Ehegatten und zwei minderjährigen Kindern Unterhaltspflichtigen (im Einzelnen vgl. Münder 2005a, 119 ff.). Für die neuen Bundesländer und den Beitrittsteil Berlins ist ergänzend zur Düsseldorfer Tabelle die Berliner Tabelle von Bedeutung. Aufgrund der gesunkenen Nettoverdienste sind die in der Düsseldorfer Tabelle festgelegten Unterhaltsbeträge zum 1. Juli 2007 erstmalig dem Vorjahr gegenüber verringert worden. Die aktuelle Fassung beider Tabellen findet sich z.B. unter www.olg-duesseldorf.nrw.de/service. Bei mehreren Kindern sind die Beträge jeweils gesondert festzulegen und vollstreckbar zu machen.

Unterhaltsberechnung

Für den Fall, dass mehrere Unterhaltsberechtigte vorhanden sind und der Unterhaltsverpflichtete nicht in der Lage ist, allen Unterhalt zu gewähren, gilt auch bei den Unterhaltsberechtigten eine Rangfolge. Um die Rechtsstellung der Kinder des Unterhaltsverpflichteten zu verbessern, ist diesbezüglich eine Gesetzesänderung geplant. An erster Stelle der Rangfolge sollen dann die minderjährigen oder privilegierten unter 21jährigen Kinder des Unterhaltsverpflichteten stehen, unabhängig davon, ob sie innerhalb oder außerhalb einer Ehe geboren wurden. An zweiter Stelle soll ein Elternteil während der Betreuung eines gemeinsamen Kindes stehen und erst danach folgen die Ansprüche eines geschiedenen Ehepartners, der kein gemeinsames Kind betreut. Die Verbesserung der Rangfolge der Kinder beruht darauf, dass diese am wenigsten in der Lage sind, für sich selbst zu sorgen und daher besonders existenziell auf den Unterhalt angewiesen sind. Eine unterschiedliche Regelung der Dauer des Unterhaltsanspruchs eines kinderbetreuenden Elternteils je nachdem, ob dieser mit dem Unterhaltspflichtigen verheiratet war oder nicht, ist laut einer Entscheidung des Bundesverfassungsgerichts mit dem Grundgesetz nicht vereinbar. Sie verstößt gegen die in Art. 6 Abs. 5 GG an den Gesetzgeber gerichtete Verpflichtung, nichtehelichen Kindern gleiche Bedingungen für ihre Entwicklung zu schaffen wie ehelichen Kindern (BVerfG 1 BvL 9/04 v. 28.02.2007).

Wendl 2004

2.6   Betreuung

Das Betreuungsrecht betrifft im Wesentlichen volljährige Menschen mit einer psychischen Erkrankung oder einer körperlichen, geistigen oder seelischen Behinderung, die ihre Angelegenheiten ganz oder teilweise nicht mehr selbst besorgen können. Seine rechtliche Form erhielt es durch das **Rechtsgrundlagen** Gesetz zur Reform der Vormundschaft und Pflegschaft für Volljährige (Betreuungsgesetz – BtG) vom 12.09.1990, das am 01.01.1992 in Kraft trat. Es handelt sich hierbei um ein Artikelgesetz, durch das ca. 300 Vorschriften in insgesamt etwa 50 Gesetzen geändert bzw. neu geschaffen wurden. Zu ihnen gehören auch solche des Öffentlichen Rechts, wie etwa das Betreuungsbehördengesetz (BtBG). Verfahrensvorschriften sind in den §§ 65–65o FGG bzw. für Unterbringungsmaßnahmen mit Freiheitsentziehung in den §§ 70–70n FGG enthalten. Unter familienrechtlichem Aspekt ist vor allem der im 3. Abschnitt des 4. Buches BGB neu gestaltete Titel 2 (§§ 1896 ff. BGB) relevant, der den Kern der materiellrechtlichen Regelung ausmacht. Seine derzeit geltende Fassung erhielt das Betreuungsrecht durch das 2. BtÄndG vom 21.04.2005.

Mit Einführung des BtG im Jahre 1992 wurde von einer „epochalen Wende" (Krölls 2002, 140) gesprochen. In der Tat sorgt das Gesetz bereits mit seiner neuen Sprachregelung (die Betroffenen sind nunmehr *Betreute*, nicht mehr, wie bisher, *Entmündigte*) für eine geringere Diskriminierungsanfälligkeit. Aber auch im tatsächlichen Sinne hat mit ihm eine grundlegende Umorientierung von einer eher fremdbestimmt-fürsorglichen Verwaltung der Betroffenen hin zu einer unmittelbaren Betreuung durch eine natürliche Person (§ 1897 BGB) stattgefunden. Zugleich ist in dem Gesetz der Betreuungsaspekt mit dem der Rehabilitation in Zusammenhang gebracht (§ 1901 Abs. 4 BGB; hierzu Ackermann et al. 2004, 192, 215). Freilich handelt es sich dessen ungeachtet, wie durch das 1. BtÄndG aus dem Jahre 1998 auch noch einmal in terminologischer Hinsicht klargestellt wurde, um eine *rechtliche* Betreuung.

rechtlicher Grundgedanke

Der rechtliche Grundgedanke dieses Paradigmenwechsels besteht in der Ermöglichung einer selbstbestimmten Lebensgestaltung auch bei krankheits- oder behinderungsbedingten Defiziten. Er tritt uns in den unterschiedlichsten Ausprägungsformen entgegen. So darf Betreuung stets nur in dem jeweils exakt zu bestimmenden erforderlichen Umfang veranlasst werden (**Erforderlichkeitsgrundsatz**) und nur dann, wenn andere Hilfemöglichkeiten, z. B. solche der kommunalen Sozialarbeit, ausgeschöpft sind (Grundsatz der Subsidiarität; vgl. OLG Oldenburg FamRZ 2004, 1320). Daher kommt auch im Betreuungsrecht dem Verhältnismäßigkeitsgebot eine kaum zu überschätzende Bedeutung zu (I.-2.1.2.2). Von vornherein nicht in Betracht kommt eine Betreuung, wenn die Angelegenheiten des Betroffenen auch durch einen Bevollmächtigten besorgt werden können (§ 1896 Abs. 2 BGB). Eine derartige Vollmacht kann in Gestalt einer **Vorsorgevollmacht**, also vor Eintritt der Erkrankung, darüber hinaus jedoch auch zu jedem späteren Zeitpunkt erteilt werden. Voraussetzung ist freilich, dass der Vollmacht Erteilende *zum Zeitpunkt ihrer Erteilung* geschäftsfähig ist.

Erforderlichkeitsgrundsatz

Vorsorgevollmacht

Es ist nach der bisherigen Darstellung auch nur konsequent, wenn der mit dem 2. BtÄG eingefügte § 1896 Abs. 1a BGB nunmehr klarstellt, dass eine Betreuerbestellung nicht gegen den freien Willen des Betroffenen erfolgen darf. Die Gesetzesbegründung (BT-Ds 15/2494, 27 ff.) knüpft hier im Wortlaut unmittelbar an eine Entscheidung des BayObLG (FamRZ 2003, 962) an, in der es heißt: „Der Staat hat nicht das Recht, den Betroffenen zu erziehen, zu bessern oder zu hindern, sich selbst zu schädigen". Diese wiederum nimmt Bezug auf die Rspr. des BVerfG, das in einem Beschluss vom 23.03.1998 (2 BvR 2270/96) auch dem psychisch Kranken zumindest unter der Voraussetzung, dass weder eine Fremdgefährdung noch eine unmittelbare Gefährdung des eigenen Lebens droht, die „Freiheit zur Krankheit" zubilligt. Die mit dieser Entscheidung nachhaltig gestärkte Position des **Betreuten als Grundrechtsträger** wird im Übrigen durch besondere richterliche bzw. Anordnungsvorbehalte bei Eingriffen in grundrechtsgeschützte Bereiche (körperliche Integrität, Post- und Fernmeldegeheimnis, persönliche Freiheit) weiter abgesichert.

Betreute als Grundrechtsträger

Die deutlich ausgeprägte Subjektstellung des Betreuten kommt schließlich auch darin zur Geltung, dass das Gesetz dem Betreuer aufgibt, den Wünschen des Betreuten zu entsprechen, soweit dies zumutbar ist und dem Wohl des Betreuten nicht zuwiderläuft (§ 1901 Abs. 3 BGB). Darüber hinaus hat der Betreute ein Vorschlagsrecht hinsichtlich der Person des Betreuers (§ 1897 Abs. 4 BGB), das er auch dahingehend ausüben kann, dass er bestimmte Personen als Betreuer ablehnt. Beides – Vorschlag wie Ablehnung – darf nur unter engen, allerdings jeweils unterschiedlich streng formulierten, gesetzlichen Voraussetzungen übergangen werden. Von dem Vorschlagsrecht kann auch im Wege einer vorsorglich errichteten **Betreuungsverfügung**

Betreuungsverfügung

ungsverfügung Gebrauch gemacht werden. Liegt kein Vorschlag des Betroffenen vor, so erfolgt die Auswahl der natürlichen Person, welche die Betreuung übernehmen soll, vor allem unter Berücksichtigung familiärer und persönlicher Bindungen (§ 1897 Abs. 5 BGB). Berufsbetreuer sollen nur dann herangezogen werden, wenn in diesem Bereich keine geeignete Person zur Verfügung steht (§ 1897 Abs. 6 BGB). Erst wenn eine natürliche Person auch in Gestalt eines Berufsbetreuers nicht zu finden ist, wird einem Betreuungsverein die Betreuung übertragen (§ 1900 Abs. 1 BGB). Die Betreuung durch die Betreuungsbehörde hingegen kommt nur ganz nachrangig in Betracht (§ 1900 Abs. 4 BGB).

2.6.1 Voraussetzungen für die Bestellung eines Betreuers

Materiellrechtliche Voraussetzung für die Bestellung eines Betreuers ist nach § 1896 Abs. 1 BGB, dass ein Volljähriger seine Angelegenheiten ganz oder teilweise nicht besorgen kann, und zwar *aufgrund* einer psychischen Krankheit oder einer körperlichen, geistigen oder seelischen Behinderung. Sprachlich ist anzumerken, dass der Begriff der psychischen Krankheit inzwischen üblicherweise durch den der psychischen Störung ersetzt ist, von dem man annimmt, dass von ihm eine geringere Stigmatisierungswirkung für die Betroffenen ausgeht. **§ 1896 BGB**

Von der Voraussetzung der Volljährigkeit wird nur im Rahmen von § 1908a BGB im Fall der vorsorglichen Betreuerbestellung ab Vollendung des 17. Lebensjahres abgewichen. Allerdings wird die Betreuerbestellung auch dann erst mit Eintritt der Volljährigkeit wirksam. **Volljährigkeit**

Mit Angelegenheiten sind hier alle vorstellbaren Tätigkeiten tatsächlicher oder rechtlicher Art gemeint. Nicht miterfasst ist allerdings die tatsächliche Pflege (Körperpflege, Besorgung der Hauswirtschaft o. Ä.), wohl aber deren Organisation (Lüderitz 1999, 471). **Angelegenheiten**

Unter psychischen Störungen sind zunächst endogene, d. h. körperlich nicht begründbare (Schizophrenien, zyklothyme Psychosen), sowie exogene, d. h. körperlich begründbare Psychosen (seelische Störungen als Folge von Hirnerkrankungen oder -verletzungen, Demenzerkrankungen), aber auch Abhängigkeitskrankheiten (Alkohol, Medikamente, illegale Drogen) zu verstehen. In der klinischen Psychologie und der Psychiatrie sind sie in der F (00-99) Klasse des ICD 10 der WHO klassifiziert und zusammengefasst. Da an dieser Klassifikation jedoch eine gewisse Tendenz zur Ausuferung nicht unbemerkt bleiben kann (Fröschle 2006, 18), ist gerade im Zusammenhang mit psychischen Störungen, insbesondere auch bei Abhängigkeitserkrankungen, immer wieder auf den Zweck der Regelung, und damit auf den Erforderlichkeitsgrundsatz, zu verweisen. Deshalb ist der im Gesetz verwendete Begriff der psychischen Krankheit eng auszulegen. Bei einer Suchterkrankung etwa kommt es nach Ansicht der Rechtsprechung nicht allein darauf an, dass ein Drogenmissbrauch vorliegt (vgl. BayObLG FamRZ 1994, 1618). Hinzukommen muss nach einer neueren **psychische Störungen**

Entscheidung des AG Iburg (BtPrax 2004, 206) vielmehr noch, dass tatsächlich eine Schädigung der geistigen Funktion oder des Nervensystems eingetreten ist. Gleichwohl liegt eine Betreuungsbedürftigkeit auch in einem derartigen Fall erst dann vor, wenn die psychische Störung dazu führt, dass der Betroffene seine Angelegenheiten nicht mehr selbst besorgen kann (OLG Zweibrücken FamRZ 2004, 1815).

geistige Behinderung

Eine geistige Behinderung besteht aus medizinischer Sicht bei einer angeborenen oder frühkindlich erworbenen Minderung oder Herabsetzung der Intelligenz sowie einer damit verbundenen Einschränkung des affektiven Verhaltens der Betroffenen.

seelische Behinderung

Mit seelischen Behinderungen sind Behinderungen gemeint, die im späteren Leben als Folge psychischer Erkrankungen auftreten (Fröschle 2006, 18). Auch hier verweist die Literatur zutreffenderweise darauf, dass derartige generalklauselartig gefasste Voraussetzungen der Betreuerbestellung nur deshalb „rechtsstaatlich erträglich" sind, weil zwischen ihrem Vorliegen und dem Eintritt der Rechtsfolge stets der sich in der Erforderlichkeitsprüfung äußernde Verhältnismäßigkeitsgrundsatz etabliert ist (Lüderitz 1999, 472).

körperliche Behinderung

Auch bei einer körperlichen Behinderung muss im Einzelfall geprüft werden, ob der Betroffene aufgrund seiner Behinderung einer rechtlichen Betreuung bedarf. Dies kann z. B. dann der Fall sein, wenn ein körperlich behinderter Mensch, etwa weil er ohne Hilfe anderer nicht imstande ist, zu telefonieren, Schriftsätze zu verfassen oder Behörden aufzusuchen, sich außerstande sieht, die Erfüllung von in einem Heimvertrag getroffenen Vereinbarungen zu angemessener Pflege und Versorgung selbst einzufordern. Vor allem kommt eine Betreuung wegen körperlicher Behinderung dann in Betracht, wenn der Betroffene aufgrund von Lähmungsausfällen nicht mehr kommunizieren kann.

Antrag

Veranlasst wird die Betreuerbestellung durch das Vormundschaftsgericht auf Antrag des Betroffenen. Wiederum ist jedoch mit der oben zitierten Entscheidung des OLG Zweibrücken darauf zu verweisen, dass hierbei der Antrag allein nicht ausreichend sein wird, so lange der Betroffene seine Angelegenheiten trotz einer Behinderung oder Erkrankung selbst oder mit Hilfe eines Bevollmächtigten besorgen kann. Liegt eine körperliche Behinderung

Bestellung von Amts wegen

vor, so gibt das Gesetz (§ 1896 Abs. 1 S. 3 BGB) vor, dass eine Betreuerbestellung von Amts wegen nur in Betracht kommt, wenn der Betroffene, wie etwa bei Lähmungen ab dem dritten Halswirbel, trotz vermutlich voller geistiger Orientierung nicht in der Lage ist, seinen Willen kundzutun. In allen

freier Wille

anderen Fällen verlangt das Gesetz nunmehr in ebenso großer Klarheit, dass die Betreuerbestellung nicht gegen den freien Willen des Betroffenen erfolgen darf (§ 1896 Abs. 1a BGB). Damit wird eine Terminologie aufgegriffen, die ansonsten im bürgerlichen Recht im Zusammenhang mit der Geschäftsunfähigkeit (§ 104 Nr. 2 BGB) verwendet wird. Rechtssystematisch betrachtet kann daher der Begriff des freien Willens hier keine andere Bedeutung haben als dort (vgl. auch die amtliche Gesetzesbegründung, BT-Ds 15/2494, 28). Dies führt aber im Ergebnis nicht dazu, dass bei einer Betreuerbestellung von Amts wegen zuvor die Geschäftsunfähigkeit des Betroffenen festzustellen wäre, sondern bedeutet lediglich, dass im Falle der Nichteinwilligung in eine Betreuung zu prüfen ist, ob der Ablehnung eine freie Willensbildung zugrunde liegt (hierzu im Einzelnen: Sonnenfeld 2005, 941 f.). Dies ist nach der Rspr. des BGH dann nicht der Fall, wenn eine Person krankheitsbedingt nicht in der Lage ist, ihren Willen frei und weitgehend unbeeinflusst durch Dritte zu bilden und nach entsprechend gewonnener Einsicht zu handeln (BGH NJW 1996, 919; vgl. auch Schulze u. a. 2007 § 104 Rz. 6).

2.6.2   Gegenstände der Betreuung

Auch der jeweilige konkrete Aufgabenkreis, für den ein Betreuer bestellt wird, richtet sich streng nach dem Grundsatz der Erforderlichkeit (§ 1896 Abs. 2 S. 1 BGB). Als Aufgaben, die durch den Betreuer zu erledigen sind, dürfen daher nur exakt diejenigen bezeichnet werden, die der Betreute aufgrund psychischer Störung oder Behinderung nicht zu erledigen vermag. Eine Betreuerbestellung „für alle Angelegenheiten" wird daher nur im Ausnahmefall vorkommen können. Es ist andererseits jedoch auch denkbar, dass sich der Aufgabenkreis im Einzelfall in der Abgabe einer einzigen rechtsgeschäftlichen Erklärung erschöpft.

Der Gesetzgeber hat darauf verzichtet, einen Katalog aller in Betracht kommenden Aufgaben zu erstellen. Er regelt lediglich aus Gründen der Rechtsklarheit, dass es auch Aufgabe eines Betreuers sein kann, Rechte gegenüber dem Bevollmächtigten des Betreuten geltend zu machen (§ 1896 Abs. 3 BGB). Darüber hinaus legt § 1896 Abs. 4 BGB wegen der hier statt-findenden Grundrechtsberührung fest, dass Eingriffe in den Fernmeldeverkehr sowie die Entgegennahme, das Öffnen und das Anhalten von Post nur dann zu den Aufgaben der Betreuung gehören, wenn dies durch das Gericht ausdrücklich angeordnet ist. Ansonsten haben sich einige Fallgruppen herausgebildet, auf die die Gerichte in ihrer Praxis heutzutage zurückgreifen. Zu ihnen gehören u. a. **Post- und Fernmeldeverkehr** **Aufgaben**

- der Abschluss von Verträgen, etwa bei ambulanter Betreuung, Pflege oder im Zusammenhang mit der Übersiedlung in ein Heim bzw. eine betreute Wohnform,
- Vermögensangelegenheiten allgemein,
- die Beantragung von Sozialleistungen oder Sozialversicherungs-leistungen bzw. die Entgegennahme derartiger Leistungen oder von Arbeitsentgelten,
- die Regelung der Erfüllung von Unterhaltspflichten sowie die Geltend-machung von Unterhaltsansprüchen,
- die Führung von Erbauseinandersetzungen bzw. die Ausschlagung einer Erbschaft sowie die Regelung eigener Nachlassangelegenheiten,
- die Regelung des persönlichen Umgangs, wobei der Schutz der Familie aus Art. 6 Abs. 1 GG im Falle der Umgangsreglementierung mit nahen Familienangehörigen zu beachten ist (BayObLG, FamRZ 2004, 1670).

Schließlich orientiert sich die Praxis vor allem auch an jenen Aufgaben, für die das Gesetz einen Richtervorbehalt bestimmt hat. Diese sind:

Aufenthalts-bestimmung

▪ Im Hinblick auf die Aufenthaltsbestimmung bedarf es zunächst dann einer besonderen vormundschaftsgerichtlichen Genehmigung, wenn das Mietverhältnis über den Wohnraum des Betreuten, z. B. wegen eines beabsichtigten Umzuges in ein Wohnheim oder eine betreute Wohneinrichtung, gekündigt werden soll (§ 1907 Abs. 1 BGB).

Freiheitsentziehung

▪ Soll eine Unterbringung mit Freiheitsentziehung, etwa in einem psychiatrischen Krankenhaus oder in einer Suchtklinik, erfolgen, so setzt dies schon wegen Art. 104 Abs. 2 GG auch im Falle der Betreuung eine richterliche Entscheidung voraus (BVerfGE 10, 302). Darüber hinaus sind noch die strengen Voraussetzungen des § 1906 Abs. 1 BGB zu beachten. Unterbringung mit Freiheitsentziehung ist hiernach nur zulässig bei Gefahr der Selbsttötung oder Selbstzufügung eines erheblichen gesundheitlichen Schadens sowie zur Ermöglichung einer Heilbehandlung oder eines ärztlichen Eingriffs, in deren Notwendigkeit beim Betreuten die Einsichtsfähigkeit fehlt, die aber ohne Unterbringung nicht durchgeführt werden können. Auch hier wird jedoch eine erhebliche Gesundheitsgefahr vorliegen müssen, weil anders ein derart weitgehender Grundrechtseingriff nicht zu rechtfertigen wäre (Schulze u. a. 2007 Rz. 6 zu § 1906). Allein die Erhöhung der Heilungschancen bei einem psychisch Kranken kann nach Ansicht des OLG Köln (NJW Rechtsprechungsreport 2004, 1590) hierfür jedenfalls noch nicht ausreichen. Im Übrigen gelten gem. § 1906 Abs. 4 die gleichen Voraussetzungen auch bei der Anwendung freiheitsentziehender Maßnahmen ohne Unterbringung (kritisch hierzu: Lüderitz 1999, 479 f.).

Gesundheits-fürsorge

▪ Einer gesonderten vormundschaftsgerichtlichen Genehmigung bedürfen im Hinblick auf die Gesundheitsfürsorge Einwilligungen des Betreuers in ärztliche Eingriffe und Behandlungen, wenn die begründete Gefahr besteht, dass der Betreute stirbt oder einen schweren und länger andauernden gesundheitlichen Schaden erleidet (§ 1904 Abs. 1 BGB). Ist eine derartige Gefahr, die entsprechend dem Regelungszweck das normale Durchschnittsrisiko (z. B. bei Narkose) deutlich überschreiten muss, allerdings nicht gegeben, so entscheidet der Betreuer, wenn ihm der Aufgabenbereich „Gesundheitsfürsorge" übertragen wurde, selbstständig im Rahmen des durch § 1901 BGB vorgegebenen Umfangs.

Verbot der Zwangs-sterilisation

▪ Die Einwilligung in eine Sterilisation steht nicht nur unter Richtervorbehalt (§ 1905 Abs.2), sondern für sie ist auch eigens ein besonderer Betreuer zu bestellen, dem keinerlei andere Aufgaben zu erfüllen obliegen darf (§ 1899 Abs. 2 BGB). Zusätzlich sind in das Genehmigungsverfahren ein Verfahrenspfleger (§ 67 FGG) und ein Sachverständiger (§ 69d FGG) einzubeziehen. Jedoch kann auch dann der Betreuer die Einwilligung erst erteilen, wenn feststeht, dass der Betreute selbst nicht einwilligen kann und hierzu auch dauerhaft außerstande bleiben wird. Darüber hinaus müssen die weiteren von § 1905 Abs. 1 BGB geforderten Voraussetzungen erfüllt sein. Sie zielen im Wesentlichen darauf ab, dass eine Sterilisation unter keinen Umständen gegen den Willen des oder der Betroffenen, also zwangsweise, erfolgen darf (auch die Sterilisation von Männern fällt unter § 1905 BGB). Es kommt daher auch nicht auf die Fähigkeit zur freien Willensbildung an; vielmehr ist bereits der natürlich geäußerte Wille, der auf eine Ablehnung der Maßnahme hindeutet, beachtlich. In diesem Zusammenhang mag es angebracht sein, darauf zu verweisen, dass vor Inkrafttreten des BtG nach Schätzungen jährlich ca. 1.000 Sterilisationen an damals noch unter Vormundschaft stehenden Volljährigen vorgenommen worden sind, während im ersten Jahr unter dem BtG (1992) lediglich zwei Sterilisationen durch Vormundschaftsgerichte genehmigt wurden. Weiterhin müsste eine Schwangerschaft bei unterbleibender Sterilisation konkret erwartbar sein und im Falle ihres Eintritts eine Lebensgefahr oder die Gefahr einer schweren Beeinträchtigung des körperlichen, aber auch des seelischen Gesundheitszustandes der Schwangeren zeitigen. Zu Letzterem zählt auch, wie § 1905 Abs. 1 S. 2 BGB ausdrücklich feststellt, die Gefahr der Trennung des Kindes von der Mutter wegen Gefährdung des Kindeswohls (§§ 1666, 1666a BGB; II-2.4.3). In jedem Fall ist die Einwilligung des Betreuers eine Ultima-ratio-Entscheidung, die nur getroffen werden darf, wenn weder die Gefährdungen, die aus der Schwangerschaft resultieren, anders abgewendet werden können noch die Schwangerschaft selbst auf andere zumutbare Weise, etwa durch Kontrazeptiva, verhindert werden kann.

2.6.3 Rechtliche Wirkung der Betreuung und Rechtsstellung des Betreuers

Nach § 1902 BGB ist der Betreuer innerhalb des Aufgabenkreises, für den er bestellt wurde, der gesetzliche Vertreter des Betreuten. Die Befugnisse des Betreuers unterliegen strengen gesetzlichen Einschränkungen. Soweit diese sich aus § 1901 BGB ergeben, etwa aus der Pflicht, sich bei der Ausübung der Betreuung am Wohl des Betreuten zu orientieren und insoweit seinen Wünschen zu entsprechen, beziehen sie sich jedoch allein auf das Innenverhältnis zwischen Betreutem und Betreuer (Palandt-Diederichsen 2007, § 1902 Rz. 1). Beschränkungen bei der gesetzlichen Vertretung, die also das Außenverhältnis betrifft, ergeben sich allerdings zunächst aus den Vorschriften des allgemeinen Teils des BGB (vgl. II-1), z. B. Missbrauch der Vertretungsmacht (vgl. Palandt-Heinrichs 2007, § 164 Rz. 13), Verbot von Insichgeschäften (§ 181 BGB; II-1.2.2). Darüber hinaus verweist § 1908i BGB auf eine Reihe von Vorschriften aus dem Vormundschaftsrecht, die bei der Betreuung entsprechend anzuwenden sind. Hierunter fallen auch die Vertretungsverbote des § 1795 BGB, die Möglichkeit der Entziehung der Vertretungsmacht nach § 1796 BGB sowie die Beschränkungen der §§ 1805–1825 BGB einschließlich der dort zu findenden Regelungen, nach denen bestimmte Rechtsgeschäfte der Genehmigung des Vormundschaftsgerichtes bedürfen.

gesetzliche Vertretung

In der gesetzlichen Vertretung ist jedoch nicht nur die entscheidende rechtliche Wirkung, sondern zugleich der wichtigste Inhalt der Betreuung zu erkennen. Aus der Perspektive des Erforderlichkeitsgrundsatzes lässt sich daher formulieren, dass in einem Fall, in dem keine Vertretung notwendig ist, die Bestellung eines Betreuers überhaupt entbehrlich, und damit unzulässig, wäre. Gleichwohl trifft die Betreuerbestellung noch keinerlei Feststellungen zu einer eventuellen Geschäftsunfähigkeit des Betreuten. Gibt der Betreute also eine Willenserklärungen ab, so ist sie nur dann nichtig, wenn seine Geschäftsunfähigkeit nach § 104 Nr. 2 BGB ausdrücklich festgestellt ist. Ansonsten kann der Betreute auch weiterhin selbst in den Bereichen, für die ein Betreuer bestellt wurde, selbstständig Rechtsgeschäfte abschließen, aus denen heraus er berechtigt und verpflichtet wird. Dabei kann es auch zu einer Konkurrenz zwischen Betreutem und Vertretungsbefugnis des Betreuers kommen, wenn beide Erklärungen unterschiedlichen Inhalts

Einwilligungsvorbehalt

abgeben. Wird hierdurch allerdings die Person oder das Vermögen des Betreuten erheblich gefährdet, so kann das Vormundschaftsgericht nach § 1903 BGB anordnen, dass derartige Willenserklärungen des Betreuten nur noch mit Einwilligung des Betreuers abgegeben werden dürfen (Einwilligungsvorbehalt). Die genannten Voraussetzungen liegen z. B. dann vor, wenn der Betreute anderenfalls Gefahr liefe, in einem psychiatrischen Krankenhaus untergebracht zu werden, lebensbedrohlich zu erkranken, seine Wohnung zu verlieren oder aber erhebliche Vermögenseinbußen etwa durch den Abschluss unnützer oder jedenfalls ungünstiger Verträge oder dadurch, dass er sich wegen Vertragsverletzung schadensersatzpflichtig macht, hinnehmen

keine Geschäftsunfähigkeit

zu müssen. Auch der Einwilligungsvorbehalt kann entsprechend der Gesamtkonzeption der Regelung nicht zur Geschäftsunfähigkeit führen; seine Anordnung ist zwar möglicherweise ein Hinweis, jedoch noch kein sicheres Indiz dafür, dass sie vorliegen könnte. Vielmehr ist auch der Einwilligungsvorbehalt in strikter Umsetzung des Erforderlichkeitsgrundsatzes so eng wie möglich zu fassen. Ohnehin kommt seine Anordnung nur im vorgegebenen Rahmen des Aufgabenkreises der Betreuung in Betracht. Deshalb wird die Anordnung eines vollständigen Einwilligungsvorbehaltes ebenso ausnahmsweise erfolgen wie die Betreuung in allen Angelegenheiten. Käme sie jedoch in Betracht, dann würde sie Letztere jedenfalls voraussetzen.

Der Einwilligungsvorbehalt macht in der Praxis vor allem auch dann Sinn, wenn der Betroffene nicht immer und nicht zweifelsfrei geschäftsunfähig ist (Schulze u. a. 2007, § 1903 Rz. 5 und 6). Liegen die Voraussetzungen von § 104 Nr. 2 BGB nicht vor, so ergibt sich aus ihm für den Betreuten eine Rechtsstellung, die zu der des beschränkt Geschäftsfähigen (§§ 106 ff.

Analogien zur beschränkten Geschäftsfähigkeit

BGB) einige Analogien aufweist. So scheidet gem. § 1903 Abs. 2 BGB die Anordnung eines Einwilligungsvorbehaltes für höchstpersönliche Angelegenheiten, wie Eheschließung oder Verfügungen von Todes wegen, ebenso aus, wie bei Willenserklärungen, die nach den familien- und erbrechtlichen Vorschriften auch vom beschränkt Geschäftsfähigen nur selbst abgegeben werden können (z. B. die Zustimmung zu einer Vaterschaftsanerkennung nach § 1595 Abs. 2 BGB). Dem Kreis der höchstpersönlichen Angelegenheiten ist auch die Wahl des religiösen Bekenntnisses zuzurechnen (zu den Einschränkungen für den beschränkt Geschäftsfähigen hierbei vgl. RKEG). Die in § 1903 Abs. 4 BGB vorgesehene Möglichkeit des genehmigungsfreien Abschlusses von Rechtsgeschäften geringfügigen Ausmaßes des täglichen Lebens (Nahrung, Kleidung, Genussmitteln; Anderes kann allerdings bei Alkoholismus oder krankhaftem Kaufdrang gelten!) wird man nach Einfügung von § 105a BGB allerdings nicht mehr als Erweiterung gegenüber der beschränkten Geschäftsfähigkeit, sondern als Angleichung an die Regelung zur Geschäftsunfähigkeit bewerten müssen. **Rechtsgeschäfte geringfügigen Ausmaßes**

Die gesetzliche Vertretung des Betreuers endet, insoweit sein Aufgabenkreis entsprechend eingeschränkt wird (§ 1908d Abs. 1 S. 2 BGB), ansonsten mit der Betreuung selbst. Dies tritt ein, wenn der Betreute stirbt oder wenn die Betreuung wegen Wegfalls ihrer Voraussetzungen bzw. auf Antrag des Betreuten aufgehoben wird (§ 1908d Abs. 1 S. 1 und Abs. 2 BGB). Das Amt des Betreuers – und damit das Recht zur gesetzlichen Vertretung – endet auch, wenn der Betreuer durch das Vormundschaftsgericht aus seinem Amt entlassen wird. Dies kommt nach § 1908b Abs. 1 BGB dann in Betracht, wenn sich der Betreuer nicht mehr als für seine Aufgabe geeignet erweist oder wenn ein anderer wichtiger Grund hierfür vorliegt. Auch angesichts dieser Möglichkeit kann man die Rechtsstellung des Betreuers in einer kurzen Formel als „privatrechtliches Amt" zusammenfassen, das „fremdnützig (ist), mit einer primären Verantwortung gegenüber dem Betroffenen, über das jedoch ein staatliches Organ (Vormundschaftsgericht) wacht" (Lüderitz 1999, 482). **Beendigung der Betreuung**

Fröschle 2006, Seichter 2006

2.7   Das Verfahren in Familiensachen

Die Regelungen zum Verfahren in Familiensachen finden sich im 6. Buch der ZPO. Sie werden der Systematik des Gesetzes folgend in *Ehesachen* (Abschnitt 1: §§ 606–620g ZPO) und *andere Familiensachen* (Abschnitt 2: §§ 621–621g ZPO) unterteilt, wobei sich für Letztere das Verfahren in den allermeisten Fällen aufgrund eines entsprechenden Verweises in § 621a Abs. 1 ZPO nach den Vorschriften des FGG gestaltet. Zu diesen beiden Grundtypen treten in den nachfolgenden Abschnitten drei bis sechs spezielle Verfahren in Scheidungs- und Scheidungsfolgesachen, bei Aufhebung und Feststellung des Bestehens oder Nichtbestehens einer Ehe, in Kindschaftssachen sowie für Unterhaltsfragen. Die sachliche Zuständigkeit für diese Verfahren liegt bei den FamG. Es handelt sich hierbei um Abteilungen für Familiensachen, die bei den Amtsgerichten gebildet werden (§ 23b GVG). Besetzt sind sie mit einem Familienrichter (§ 23b Abs. 3 GVG). **Familiengericht**

Für weitere materiellrechtlich dem Familienrecht zuzurechnende Rechtsgebiete gelten andere Verfahrensvorschriften. Dies betrifft zunächst den hier nicht behandelten Regelungsbereich der Adoption, wo das Verfahren **Adoption** hinsichtlich der Adoptionsvermittlung als Verwaltungsverfahren abläuft (hierzu im Einzelnen: Kunkel/Bach 2000, 27 ff.), die Annahme als Kind hingegen nach den hierfür vorgesehenen Regelungen des zweiten Abschnitts des FGG vor dem VormG erfolgt. Die sachliche Zuständigkeit des VormG **Vormundschafts-** sowie die Einschlägigkeit des FGG bestehen weiterhin für die hier eben- **gericht** falls nicht besprochenen Vormundschaftssachen (zweiter Abschnitt, Kap. II FGG). Gleiches gilt, wie dem vorangegangenen Abschnitt (II-2.6) entnommen werden konnte, für das Betreuungsrecht. Es findet sich in Kapitel III des zweiten Abschnitts des FGG geregelt, die Unterbringung in Betreuungssachen in Kapitel IV. Dies soll jedoch hier nicht weiter verfolgt wer- **Zersplitterung und** den. Es weist jedoch auf ein Problem hin, das die Verfahren im Bereich des **Intransparenz** Familienrechts insgesamt betrifft: ihre Zersplitterung und Intransparenz. Dies nun soll für die Zukunft im Rahmen eines Gesetzes zur Reform des Verfahrens in Familiensachen und in den Angelegenheiten der Freiwilligen Gerichtsbarkeit behoben werden. Hierzu sollen in einem künftigen FamFG Verfahren in Ehe- und Scheidungssachen (einschließlich Folgesachen), in Kindschaftssachen, Verfahren zu Abstammung und Adoption, zu Wohnungszuweisung und Hausratsverteilung, in Gewaltschutzsachen, zu Versorgungsausgleich, Unterhalt und ehelichem Güterrecht, schließlich auch Betreuungs-, Unterbringungs- und Freiheitsentziehungsverfahren sowie weitere Verfahren zusammengefasst und in eine einheitliche, aus sich selbst heraus nachvollziehbare Struktur gebracht werden. Im Ergebnis dieser Regelung werden u. a. auch die nicht nur dem juristischen Nichtfachmann mitunter nur schwer erträglichen Verweisungen und Rückverweisungen zwischen ZPO und anderen Gesetzen, insb. dem FGG, entbehrlich geworden sein. Gleichzeitig erhalten die derzeit dem FGG zugeordneten Regelungen, die teilweise antiquiert und lückenhaft sind, eine zeitgemäße Form.

Der Text der künftigen Kodifizierung liegt derzeit in Form eines Regierungsentwurfes vor. Nach den Vorstellungen der Bundesregierung könnte das Gesetz dann Mitte 2009 in Kraft treten. Da wir es von diesem Zeitpunkt ab mit einer völlig neuen Rechtslage zu tun haben werden, beschränken wir uns hier auf die Darstellung der Grundzüge der derzeit geltenden Regelung.

2.7.1   Verfahren in Ehesachen

Ehesachen sind die in § 606 Abs. 1 S. 1 ZPO genannten Scheidungsverfahren, Aufhebungsverfahren, Verfahren auf Feststellung des Bestehens oder Nichtbestehens einer Ehe sowie Verfahren auf Herstellung der ehelichen Lebensgemeinschaft.

Während Verfahren zur Herstellung der ehelichen Lebensgemeinschaft heutzutage praktisch nicht mehr vorkommen, wird die Aufhebung einer Ehe z. B. auf Antrag der zuständigen Behörde (§ 1316 Abs. 1 Nr. 1 BGB) dann betrieben, wenn man dort zu der Auffassung gelangt, dass es einem Ausländer bei seiner Eheschließung mit einem deutschen Staatsangehörigen allein um die Erlangung eines Aufenthaltstitels, und nicht um die Herstellung der ehelichen Lebensgemeinschaft (vgl. II-2.2.2) ging (§ 1314 Abs. 2 Nr. 5 BGB). Ansonsten ist unter den Ehesachen vor allem das Scheidungsverfahren (zur Scheidung vgl. II-2.2.3) praktisch bedeutsam. Systematisch ist es der streitigen Gerichtsbarkeit zugeordnet. Insofern gelten auch für das Scheidungsverfahren zunächst die allgemeinen Verfahrensvorschriften der ZPO entsprechend (§ 624 Abs. 3 ZPO). Dennoch weist das Scheidungsverfahren eine Reihe von gravierenden Besonderheiten gegenüber dem typischen kontradiktorischen Verfahren auf, von denen die Wichtigsten überblicksartig zu nennen sind:

Scheidungsverfahren (§§ 622 ff. ZPO)

Besonderheiten

- Untersuchungsgrundsatz: Anders als nach dem sonst im Zivilverfahren geltenden Beibringungs- oder Verhandlungsgrundsatz (§ 308 Abs. 1 ZPO) kann das Gericht hier auch von Amts wegen Beweise erheben sowie Tatsachen berücksichtigen, die von den Parteien nicht vorgebracht wurden (§ 616 ZPO). Dies gilt jedoch nur, insoweit diese Tatsachen dazu geeignet sind, der Aufrechterhaltung der Ehe zu dienen (§ 616 Abs. 2 ZPO). Insofern wäre es wohl auch genauer, eher von einer *Beschränkung des Verfahrensgrundsatzes* (Schilken 2000, 442) zu sprechen.
- Einschränkung des Dispositionsgrundsatzes: Dies bedeutet, dass es den Parteien zumindest über die durch § 617 ZPO vorgegebenen Einschränkungen hinaus verwehrt ist, über den Gang und den Inhalt des Verfahrens frei zu verfügen, wie dies im Zivilprozess normalerweise möglich ist. Allerdings bestehen über den Scheidungsautomatismus des § 1566 Abs. 1 BGB und den Gestaltungsraum für die einverständliche Scheidung nach § 630 ZPO dennoch genügend Möglichkeiten für entsprechende Dispositionen.
- Sprachregelung: Auf Scheidung wird nicht geklagt, sondern es wird ein entsprechender *Antrag* gestellt (§ 622 Abs. 1 ZPO). Demzufolge werden die Parteien jetzt nicht mehr als Kläger und Beklagter, sondern als Antragsteller und Antragsgegner bezeichnet (§ 622 Abs. 3 ZPO).
- Nichtöffentlichkeit: Gem. § 170 GVG ist das Verfahren in Familiensachen bis auf wenige Ausnahmen nichtöffentlich.
- Anwaltszwang: Im Scheidungsverfahren müssen sich die Parteien gem. § 78 Abs. 2 ZPO anwaltlich vertreten lassen. Da ein Versäumnisurteil (Urteil bei Ausbleiben einer Partei zu deren Lasten) jedoch unzulässig ist (§ 612 Abs. 4 ZPO), besteht die praktische Möglichkeit, dass eine der Parteien ohne Anwalt auskommt, was sich im Rahmen einer einverständlichen Scheidung aus Kostengründen auch anbietet. Allerdings kann die nicht anwaltlich vertretene Partei keine eigenen Anträge stellen. Erscheint daher ein scheidungsunwilliger Antragsgegner ohne anwaltliche Vertretung, so ordnet ihm das Gericht zur Wahrung seiner Interessen einen Anwalt bei, wenn dies zu seinem Schutz unabweisbar erscheint (§ 625 ZPO).
- Persönliches Erscheinen: Das Gericht soll die persönliche Anwesenheit der Parteien anordnen und sie anhören (§ 613 ZPO).
- Aussetzung des Verfahrens:. Nach § 614 Abs. 2 ZPO soll das Gericht ein Scheidungsverfahren von Amts wegen aussetzen, wenn Aussicht auf Fortsetzung der Ehe besteht. Dass diese Voraussetzung der gebundenen

Ermessensausübung allein nach „freier Überzeugung" des Gerichts festgestellt werden soll, ist zumindest bemerkenswert (so wohl auch Schleicher 2003, 386).

▪ Einstweilige Anordnung: Gem. § 620 ZPO kann das FamG bereits vor Abschluss des Scheidungsverfahrens auf Antrag einer der Parteien im Wege der einstweiligen Anordnungen u. a. zur elterlichen Sorge, zum Umgangsrecht, zur Herausgabe des Kindes an den anderen Elternteil, zum Unterhalt, zur Benutzung der Ehewohnung und des Hausrats sowie zur Herausgabe und Benutzung persönlicher Gegenstände eines Ehegatten oder eines Kindes vorläufige Regelungen treffen.

▪ Verbund von Scheidungs- und Folgesachen: Regelmäßig verbunden mit einer Scheidungssache ist nach § 1587b Abs. 1 BGB eine Entscheidung über den Versorgungsausgleich (vgl. II-2.2.3). Ansonsten kann eine Scheidungsfolgensache gem. § 623 Abs. 1 ZPO jedoch auf Antrag mit der Scheidungssache in einem Verfahren verbunden werden (Scheidungsverbund). Dies kann z. B. die elterliche Sorge über das gemeinsame Kind, Kindes- und nachehelichen Unterhalt, die Zuweisung der ehelichen Wohnung oder die Verteilung des Hausrats betreffen. Im Rahmen der einverständlichen Scheidung nach § 630 ZPO wird eine Einigung über diese und andere Punkte außergerichtlich erzielt (vgl. II-2.2.4) und dem FamG vorgelegt.

▪ Vorrang einvernehmlicher Reglungen: Obwohl die Scheidung ein „streitiges" Verfahren ist, soll das Gericht – wie in anderen Zivilprozessen auch – nach § 278 Abs. 1 ZPO in jeder Lage des Verfahrens auf eine gütliche Beilegung des Rechtsstreits oder einzelner Streitpunkte bedacht sein. Soweit Kinder betroffen sind, haben einvernehmliche Regelungen nach §§ 52, 52a FGG sogar Vorrang. In geeigneten Fällen kann das Gericht den Parteien eine außergerichtliche Streitschlichtung vorschlagen (§ 278 Abs. 5 S. 2 ZPO; zur Mediation allgemein vgl. I-6.3).

2.7.2 Verfahren in anderen Familiensachen

Unterhalt

Was hierunter fällt, ist in § 621 Abs. 1 Nr. 1–13 ZPO abschließend geregelt. Praktisch betrachtet nehmen die Unterhaltssachen wohl einen recht großen Raum unter den Verfahren in anderen Familiensachen ein. Aufgenommen in die Regelung ist der Unterhalt unter Verwandten mit dem Hauptanwendungsfall des Kindesunterhalts (Nr. 4), der eheliche und nacheheliche Unterhalt (Nr. 5) sowie der Unterhalt aus Anlass der Geburt eines Kindes, dessen Eltern nicht miteinander verheiratet sind (Nr. 11). Verfahrensrechtlich und praktisch bedeutsam ist in diesem Zusammenhang das vereinfachte Verfahren bei Unterhalt für Minderjährige (§§ 645 ff. ZPO), nach dem eine Unterhaltsfestsetzung bis zur Höhe des Eineinhalbfachen des Regelbetrages nach der Regelbetrag-Verordnung (§ 1612a BGB) erfolgen kann. Zuständig für die Durchführung dieses speziellen Verfahrens ist der Rechtspfleger (§ 20 Nr. 10 RpflG).

Darüber hinaus sind in § 621 Abs. 1 ZPO eine Reihe von Rechtstreitig-
keiten benannt, die Kinder betreffen. Sie sind jedoch begrifflich nicht zu
verwechseln mit den in Nr. 5 genannten Kindschaftssachen. Diese sind nach
§ 640 Abs. 2 ZPO gesetzlich definiert. Es sind: **Kindschaftssachen**

- Verfahren zur Feststellung des Bestehens oder Nichtbestehens eines El-
  tern-Kind-Verhältnisses einschließlich der Feststellung der Wirksamkeit
  oder Unwirksamkeit einer Vaterschaftsanerkennung,
- Vaterschaftsanfechtungsverfahren sowie
- Verfahren zur Feststellung des Bestehens oder Nichtbestehens der elterlichen Sorge der einen Partei für die andere.

Die Vorschriften für diese auch als kindschaftliche Statusprozesse bezeichneten Verfahren sind den §§ 640 ff. ZPO zu entnehmen.

Andere Verfahren, die Kinder betreffen, benennt § 621 Abs. 1 ZPO in
Nr. 1 bis 3. In ihnen geht es um die Regelung der elterlichen Sorge, das Umgangsrecht sowie den Herausgabeanspruch des Sorgeberechtigten in Bezug
auf sein Kind. Hierbei kann es sich – muss aber nicht – um Scheidungsfolgesachen handeln. Insbesondere die durch das KindRG erfolgte Entkoppe-
lung von elterlicher Sorge einerseits und Ehe und Scheidung andererseits ermöglichen es nunmehr, dass Streitigkeiten zu diesen Gegenständen zumindest unter der Voraussetzung nicht nur vorübergehenden Getrenntlebens
der Eltern insoweit auch eigenständig geführt werden. Im Kontext sozialer
Berufe ist in diesem Zusammenhang jedoch insbesondere auch auf Verfahren bei Gefährdung des Kindeswohls (§ 1666 BGB), bei Wegnahme eines
Kindes von einer Pflegeperson (§ 1632 Abs. 4 BGB) oder zu Umgangsbe-
schränkung oder -entzug bzw. der Anordnung begleiteten Umgangs (§ 1684
Abs. 4 BGB) zu verweisen.

All diese Verfahrensgegenstände sind mit § 621a Abs. 1 ZPO dem Regelungsbereich des FGG zugewiesen. Im FGG-Verfahren gilt das Amtser-
mittlungsprinzip (Untersuchungsgrundsatz) durch § 12 FGG ganz unmittelbar. Vielfach wird das FamG von Amts wegen tätig. In den eben genannten Fällen der Kindeswohlgefährdung und der Wegnahme des Kindes aus
der Familienpflege ergibt sich dies bereits aus dem Wortlaut des Gesetzes.
Gleiches gilt jedoch auch für Umgangsregelungen nach § 1684 Abs. 4 BGB
(OLG Hamm FamRZ 1982, 94). Zum Untersuchungsgrundsatz gehört,
dass das FamG notwendige Akten beizieht, Gutachten einholt, Zeugen ver-
nimmt und das Jugendamt im Rahmen von § 50 SGB VIII zur Abgabe einer tatsachengestützten Stellungnahme auffordert. Es handelt sich hierbei
um eine besondere Form der Sachaufklärung (Münder et al. 2006, Anhang
zu § 50 Rz. 1), die über die Anhörung des Jugendamtes nach § 49a FGG
in das Verfahren eingeführt wird. Weitere persönliche Anhörungen sind
durch § 50a FGG für die Eltern und § 50b FGG für das Kind verbindlich
vorgesehen. Verzichtet werden kann auf sie nur unter engen gesetzlichen
Voraussetzungen. Ferner kommt ggf. die Anhörung der Pflegeperson (§ 50c

Verfahren nach FGG

**Anhörung des
Jugendamtes**

FGG) in Betracht. Zu den Verfahrensgrundsätzen gehört es weiterhin, dass das FamG immer dann, wenn (meist zulasten des Kindes) etwa um das Sorgerecht oder Teile von ihm, z. B. das Aufenthaltsbestimmungsrecht für das Kind, *gestritten* wird, auf die Herstellung von *Einvernehmen* zwischen den Beteiligten hinwirken soll (§ 52 FGG). In besonderer Weise ist das FamG gehalten, bei Streit über die Durchführung gerichtlicher Verfügungen zum Umgangsrecht zu vermitteln (§ 52a FGG), weil eine Vollstreckung derartiger Verfügungen naturgemäß an Praktikabilitätsgrenzen stößt und etwa eine Gewaltanwendung gegen das Kind bei der Durchsetzung des Umgangsrechts nach § 33 Abs. 2 S. 2 FGG unzulässig ist.

einstweiliger Rechtsschutz

Den Regelungen des FGG ist punktuell zu entnehmen, dass auch in derartigen Verfahren ein vorläufiger Rechtsschutz möglich sein soll. Für diejenigen Familienverfahren, in denen das Jugendamt angehört wird, ist jedenfalls aus § 49a Abs. 3 i. V. m. § 49 Abs. a FGG zu schließen, dass in ihnen auch eine einstweilige Anordnung ergehen kann. Von hier aus hat sich in Rechtsprechung und Lehre als allgemeiner Grundsatz herausgebildet, dass in Sorgerechts-, Umgangsrechts- und Kindesherausgabeangelegenheiten eine einstweilige Anordnung immer dann getroffen werden kann, wenn zum Schutz des Kindes ein dringendes Bedürfnis für ein unverzügliches Einschreiten besteht, das ein Abwarten bis zur endgültigen Entscheidung nicht gestattet (Dose 2000, 116 m. w. N.).

2.7.3 Verfahrensbeistand

§ 50 FGG

Die in § 50 FGG so bezeichnete „Pflegerbestellung" für das minderjährige Kind stellt eine weitere Besonderheit des FGG-Verfahrens dar. Sie ist zugleich das Resultat jahrelanger wissenschaftlicher Vorarbeiten und kontrovers geführter rechtspolitischer Diskussionen (hierzu Zitelmann 2001, 17 f.). Endlich etabliert, wurde sie jedoch praktisch vom ersten Tage ihres Bestehens an als „Minimalkompromiss" kritisch betrachtet und bestenfalls als „Zwischenetappe" (Salgo et al. 2002, 4) akzeptiert.

Die Schwierigkeiten mit dieser Vorschrift, mittels der die Interessenwahrnehmung Minderjähriger in Familien- und vormundschaftsgerichtlichen Verfahren abgesichert werden soll, beginnen in der Tat bereits mit ihrer Bezeichnung. Um eine Pflegschaft im eigentlichen Sinne (§ 1909 Abs. 1 BGB) geht es in ihr nämlich nicht, denn sie bewirkt keine Einschränkung der elterlichen Sorge wie in § 1630 Abs. 1 BGB. Deshalb hatte sich zwischenzeitlich auch die nicht ganz präzise Bezeichnung „Anwalt" des Kindes eingebürgert (zur Kritik an diesem Sprachgebrauch vgl. Zitelmann 2001, 17). Die heute überwiegende Verwendung des Begriffs „Verfahrenspfleger" orientiert sich an den ähnlichen Instituten aus dem Betreuungs- bzw. Unterbringungsrecht (§§ 67, 70b FGG), die aber insgesamt doch Anderes meinen. Die Entscheidung für den Begriff „Verfahrensbeistand", in dem sich der Rechtsgedanke der Vorschrift wohl am besten vermittelt, erfolgt hier im Vorgriff auf die Terminologie, die das FamFG wohl in der Neufassung der Regelung in § 158 (Entwurf) verwenden wird.

Die Regelung des § 50 FGG zielt darauf ab, die Subjektstellung des Kindes in den Verfahren, von denen es betroffen ist, zu verankern. Bei genauerer Betrachtung ist nämlich die subjektive Rechtsstellung des Kindes zumindest im Familienrecht nicht sonderlich ausgeprägt (dies ist übrigens auch im Kinder- und Jugendhilferecht nur zum Teil anders; vgl. III-3.2.1). Sie kommt eher punktuell, etwa in § 1631 Abs. 2 BGB (Recht des Kindes auf gewaltfreie Erziehung) oder § 1684 Abs. 1 BGB (Recht des Kindes auf Umgang mit beiden Elternteilen) zum Ausdruck. Ansonsten kommt das Kind, beginnend mit Art. 6 Abs. 2 GG und § 1626 Abs. 1 BGB, eher als Gegenstand elterlicher Rechte und Pflichten vor. Dem entspricht es auch, dass die Rechtsordnung insgesamt nicht auf den Willen, sondern eher auf die Wahrung des *Wohls* des Kindes ausgerichtet ist (§ 1697a BGB). Dieses orientiert sich an Grundrechten und Grundbedürfnissen von Kindern (hierzu: Maywald 2005, 234 ff.) und somit an sowohl rechtswissenschaftlich als auch pädagogisch, soziologisch und psychologisch objektivierbaren Kriterien. Aus diesem Grunde soll mit § 50 FGG eine Person im Verfahren etabliert werden, deren alleinige Aufgabe es ist, das je individuelle subjektive Wollen des Kindes zu ermitteln und in das Verfahren einzuführen (BT-Ds. 13/4899, 76; vgl. Münder et al. 2006 § 50 Rz. 26 ff.).

Ziel der Regelung

Nach dem Wortlaut von § 50 Abs. 1 FGG kann das Gericht einem Minderjährigen in prinzipiell jedem Verfahren, das seine Person betrifft, einen Verfahrensbeistand bestellen, also in all jenen Verfahren, die etwa auch in § 49 a FGG benannt sind. Lediglich in Unterbringungsverfahren nach § 1631b BGB (hierzu II-2.4.3), die in § 49a Abs. 1 Nr. 5 FGG aufgeführt sind, erfolgt die obligatorische Pflegerbestellung gem. § 70 Abs. 1 Nr. 1 a FGG nach § 70b FGG. Ansonsten kann die Bestellung des Verfahrensbeistandes erfolgen, soweit dies zur Wahrnehmung der Interessen des Kindes *erforderlich* ist. Dies setzt pflichtgemäßen Ermessensgebrauch des Gerichts voraus. Eine Abgrenzung „nach oben" kann das Gericht dabei an den Regelerfordernissen des Abs. 2 vornehmen. Hiernach ist die Bestellung eines Verfahrensbeistandes regelmäßig erforderlich,

Regelungsbereich
von § 50 FGG

- wenn das Interesse des Kindes zu dem seiner gesetzlichen Vertreter in erheblichem Gegensatz steht (z. B. in hochstrittigen Sorgerechts- oder Umgangsrechtsverfahren),
- bei Verfahren wegen Kindeswohlgefährdung (§ 1666 BGB), in denen der Entzug des Aufenthaltsbestimmungsrechts oder der gesamten elterlichen Sorge (§ 1666a BGB) in Betracht kommt sowie
- in Verfahren, in denen es um Verbleibensanordnungen zugunsten von Pflegeeltern oder Bezugspersonen bzw. eine Herausnahme des Kindes bei ihnen geht (§§ 1632 Abs. 4, 1682 BGB).

In diesen Fällen ist ein Absehen von der Bestellung des Verfahrensbeistandes begründungspflichtig (§ 50 Abs. 2 S. 2 FGG); es soll nur erfolgen, wenn eine anderweitige prozessuale Vertretung des Minderjährigen gegeben ist (§ 50 Abs. 3 FGG).

Kindeswille

Der Kindeswille, den es durch den Verfahrensbeistand zu ermitteln und zu formulieren gilt, kann verstanden werden als „Synonym all jener Interessen, deren Wahrnehmung oder Durchsetzung das Kind – gleich aus welchen Motiven und in welcher Weise – anstrebt oder mit hoher Wahrscheinlichkeit anzustreben scheint" (Zitelmann 2001, 145). Freilich ist die Unterscheidung zwischen ihm und dem Kindeswohl keineswegs so schlüssig und auch keineswegs so konsequent durchzuführen, wie dies auf den ersten Blick scheinen mag. Abgesehen davon, dass der Verfahrensbeistand ohnehin über gut ausgeprägte entwicklungspsychologische Kenntnisse verfügen muss, um in einem komplizierten Geflecht von emotionalen und kognitiven Faktoren den (subjektiven) Willen etwa eines sechs Monate alten Säuglings zu erfahren (vgl. Salgo et al. 2002, 107), treten noch eine ganze Reihe weiterer schwieriger Fragen auf. So ist z. B. Wissen über sog. unsichtbare Loyalitätsbindungen (Boszormenyi-Nagy/Spark 1981, 66), über hiermit in möglichem Zusammenhang stehende Loyalitätskonflikte und den Einfluss von Loyalität auf die kindliche Willensbildung vonnöten. Diese wiederum muss abgegrenzt werden können von elterlicher Suggestion und Beeinflussung, deren reale Auswirkungen auf den Kindeswillen in der Fachliteratur allerdings unterschiedlich beurteilt werden (vgl. hierzu Salgo et al. 2002, 116 ff., 121 ff.). Neben den Fällen des „fremderzeugten" Willens (etwa bei sexuellem Missbrauch) wird es der Verfahrensbeistand auch häufig mit Situationen eines durch Missbrauch und Misshandlung des Kindes gebrochenen und zerstörten Willen zu tun haben oder aber mit einem Kind, bei dem durch Vernachlässigung die Fähigkeit zur introperspektiven Auseinandersetzung als Voraussetzung einer Willensbildung nur gering ausgeprägt ist (hierzu Zitelmann 2001, 247 ff.). Weitere Probleme bei der Ermittlung des Kindeswillens entstehen aufgrund des ineinander Übergehens von Wünschen und Phantasien insbesondere im Jugendlichenalter, wodurch es hier bisweilen zu einem schnellen Wechsel in den Orientierungen und Beziehungsverhältnissen kommt (Salgo et al. 2002, 113 ff.).

Hier wie in anderen Zusammenhängen erweist sich ein klar zu formulierender und an das Gericht zu übermittelnder Kindeswille als juristische Fiktion. Dies ist auch etwa dann der Fall, wenn das Kind in einem Sorgerechtsstreit sich gar nicht für einen der beiden Elternteile entscheiden *will*. Die Frage, was in derartigen Fällen durch den Verfahrensbeistand im Verfahren vertreten werden soll, spitzt sich an dem Punkt noch weiter zu, wo der Minderjährige in seiner Willensbekundung erkennbar selbstgefährdende Positionen vertritt (Zitelmann 2001, 304 ff.). Sie zielt damit direkt darauf, wie die Aufgabe des Verfahrensbeistandes genauer bestimmt ist. Wohl besteht sie zunächst ganz unzweifelhaft darin, „explizite Wünsche und den Willen des Minderjährigen zunächst zu eruieren, um diese so authentisch wie möglich dem Gericht zu übermitteln" (Salgo et al. 2002, 29). Allerdings haben sich hierfür Metaphern wie „Sprachrohr" oder „Dolmetscher" des Kindes im Ergebnis als nicht hilfreich erwiesen (Zitelmann 2001, 332). Der Verfahrensbeistand hat nämlich ggf. auch auf Zweifel an der Authentizität des Kindeswillens hinzuweisen. Bezieht sich der Wille des Minderjährigen

Aufgabe des Verfahrensbeistandes

auf eine mögliche Selbstgefährdung, so muss es dem Verfahrensbeistand zumindest möglich sein, seine eigene Position, allerdings im Anschluss an die des Minderjährigen und in eindeutiger Abgrenzung zu dieser, vorzutragen. Mitunter wird er sich dabei auf dünnem Eis bewegen, denn es darf hierbei keinesfalls zu einer permanenten Korrektur falscher Einschätzungen oder unrealistischer Vorstellungen des Kindes kommen. Gleichwohl erweist es sich, dass eine schlichte Gegenüberstellung „Kindeswille versus Kindeswohl" insofern nicht zielführend sein kann, als auch die Art und Weise der Ermittlung und Überbringung des Kindeswillens letztlich stets am Kindeswohl orientiert sein muss (Zitelmann 2001, 345).

Die jeweiligen Pflichten, die der Verfahrensbeistand zu erledigen hat, und die Rechte, die ihm hierbei zu Gebote stehen, müssen sich notwendigerweise aus der Aufgabe, die er zu erledigen hat, ableiten. Ihr konkreter Umfang ist jedoch strittig. Die hieraus erwachsenden Unsicherheiten für die Praxis wurden bisher vor allem in der Weise gelöst, dass man sich an Auflistungen von Fällen und konkreten Verrichtungen orientierte, für die dem Verfahrensbeistand durch die Rspr. einen Vergütungsanspruch zuerkannt wurde (z. B.: Röchling 2001, 59 ff.). Bereits vor Verabschiedung des FamFG kann jedoch nunmehr wohl zumindest auf die Feststellungen des Entwurfes von § 158 Abs. 4 hierzu zurückgegriffen werden, zumal sich diese in starkem Maße an Erfahrungen und Bedürfnissen der bisherigen Praxis orientieren. Wenn der Verfahrensbeistand hiernach zur Erfüllung seiner Aufgabe *auch* Gespräche mit Eltern und weiteren Bezugspersonen führen kann, so ist die persönliche Kontaktaufnahme mit dem Kind, und zwar auch dann, wenn es entwicklungsbedingt zu keiner verbalen Kommunikation mit ihm kommt, gedanklich bereits vorausgesetzt. Er wird Akteneinsicht nehmen, Sachverständigengutachten vorab zur Kenntnis erhalten, soweit erforderlich den Sachverhalt weiter aufklären (Salgo et al. 2002, 64) und das Kind bei dessen gerichtlicher Anhörung begleiten. Die Rechte des Verfahrensbeistandes bestimmen sich dabei im Einzelnen aus seiner Stellung als Verfahrensbeteiligter. Das bedeutet, dass er im Verfahren eigene Anträge stellen und im Interesse des Kindes auch Rechtsmittel einlegen kann. Seine Bestellung durch das Gericht kann durch andere Verfahrensbeteiligte, wie z. B. die Eltern, auch nicht angefochten werden. Dies stellt § 158 Abs. 3 FamFG (Entwurf) künftig klar, nachdem die Rspr. in der Vergangenheit hierzu zunächst uneinheitlich war.

Jedoch ist er als Interessenvertreter des Kindes nicht dessen gesetzlicher Vertreter. Dies führt gelegentlich zu Schwierigkeiten, wenn Eltern den Kontakt ihres Kindes mit dem Verfahrensbeistand verhindern möchten. Aus praktischer Erfahrung wird in der Literatur in derartigen Fällen dazu geraten, die richterliche Anhörung des Kindes zur Kontaktaufnahme zu nutzen (Salgo et al. 2002, 53). Unter den strengen Voraussetzungen des § 1666 BGB, also dann, wenn das Vorgehen der Eltern gegen den Verfahrensbeistand zugleich eine Gefährdung des Kindeswohls bedeuten würde, könnte jedoch auch ein Ergänzungspfleger nach § 1909 Abs. 1 BGB bestellt werden. Dieser könnte dann den Zugang des Verfahrensbeistandes zum Kind regeln.

Rechte und Pflichten des Verfahrensbeistandes

Balloff 2004; Salgo et al. 2002; Röchling 2001; Zitelmann 2001

1. Was versteht man unter dem staatlichen Wächteramt? (2.1)
2. Was versteht man unter „Kindeswohl"? (2.1)
3. Ist es möglich, dass eine minderjährige Person heiratet? Was sind ggf. die Voraussetzungen? (2.2.1)
4. Welche Formen des Güterstandes sieht das BGB vor und wodurch unterscheiden sie sich? (2.2.2)
5. Welche Voraussetzungen müssen vorliegen, damit eine Ehe geschieden wird? (2.2.3, 2.7)
6. Kommen im Rahmen einer eheähnlichen Gemeinschaft Unterhaltsansprüche eines Partners gegen den anderen in Betracht? (2.3.1)
7. Welches sind die Voraussetzungen, unter denen zwei Personen eine eingetragene Lebenspartnerschaft eingehen können? (2.3.2)
8. Welche Aufgaben und Verantwortlichkeiten beinhaltet die elterliche Sorge? (2.4.2)
9. Kann ein Vater, der mit der Mutter seines Kindes nicht verheiratet ist, gegen deren Willen durchsetzen, dass beide Eltern die gemeinsame Sorge für das Kind haben? (2.4.2)
10. Unter welchen Voraussetzungen kommt es nach einer Trennung bzw. Scheidung der Eltern dazu, dass ein Elternteil die alleinige Sorge für das Kind erhält? (2.4.2)
11. Nennen Sie Beispiele für einen Sorgerechtsmissbrauch. (2.4.3)
12. Reicht das Vorliegen einer Gefährdungssituation im Sinne von § 1666 BGB aus, um die Personensorge einzuschränken bzw. sie zu entziehen? (2.4.3)
13. Wo liegt der Unterschied zwischen einem Vormund und einem Pfleger für einen Minderjährigen? (2.4.3)
14. Welche Angelegenheiten sind i. d. R. in Trennungs- und Scheidungsverfahren regelungsbedürftig? (2.2.4)
15. Können Eltern im Rahmen einer einvernehmlichen Scheidung auf Kindesunterhalt bzw. auf Unterhalt für sich selber verzichten? (2.2.3, 2.2.4, 2.5)
16. Was gilt es bei einer letztlichen Entscheidung darüber zu berücksichtigen, ob ein Betreuter, der an Altersdemenz erkrankt ist, gegen seinen Willen in ein Altenheim ziehen soll? (2.6.3)
17. Ist einem Alkoholabhängigen ein Betreuer zu bestellen, weil er regelmäßig nach wenigen Tagen sein ganzes ihm für den gesamten Monat zur Verfügung stehendes Geld bereits vertrunken hat? (2.6.2)
18. Was versteht man unter einem Scheidungsverbund? (2.7.1)
19. Was bedeutet es, dass im FGG-Verfahren der Untersuchungsgrundsatz gilt? (2.7.2)
20. In welchen Fällen ist einem Kind regelmäßig ein Verfahrensbeistand zu bestellen? (2.7.3)

3 Arbeitsrecht (Behlert)

Das Arbeitsrecht regelt die Rechtsbeziehungen zwischen Arbeitnehmer (ArbN) und Arbeitgeber (ArbGeb). Seine kaum zu überschätzende praktische Bedeutung ergibt sich schon allein quantitativ daraus, dass nahezu 85% aller Erwerbstätigen in der Bundesrepublik ArbN sind. Wer ArbN oder ArbGeb ist, findet sich nirgends rechtsverbindlich geregelt. Jedoch liegt es nahe, als ArbGeb zu definieren, wer mindestens einen ArbN beschäftigt. Als Problem bleibt demnach, wer ArbN ist. **Arbeitgeber**

ArbN, insoweit herrscht weitgehend Einigkeit, ist, wer *abhängig beschäftigt* ist. Während jedoch der Kern dieser Abhängigkeit in der Literatur ganz vorherrschend in der Weisungsgebundenheit des Beschäftigten gesehen wird, erblickt ihn ein kleinerer Teil in seiner wirtschaftlichen Abhängigkeit. Die erste Position bezieht sich in ihrer Argumentation u. a. auf die Vertragskonstruktion, die dem Rechtsverhältnis zwischen ArbN und ArbGeb zugrunde liegt. Denn der Arbeitsvertrag ist ein Unterfall des Dienstvertrages (§ 611 BGB) und unterscheidet sich von dessen allgemeiner Form eben genau dadurch, dass der Dienst nicht selbstständig, sondern innerhalb eines persönlichen Abhängigkeitsverhältnisses, eben weisungsgebunden, zu erbringen ist (vgl. statt vieler: Hromadka/Maschmann 2002, 13). Demgegenüber wird nun geltend gemacht, dass eine wichtige Funktion des Arbeitsrechts unmittelbar aus dem Schutzbedürfnis des Arbeitnehmers vor einer in tatsächlicher Hinsicht überlegenen vertraglichen Gestaltungsposition des ArbGeb resultiert. Dies müsse sich auch im Begriff des ArbN niederschlagen (Wank 1992, 91). **Arbeitnehmer** **§ 611 BGB**

Um die Problematik an einem Beispielfall deutlich zu machen: Der künftige ArbGeb der Sozialpädagogin P. macht ihr im Rahmen eines Bewerbungsgespräches klar, dass er aufgrund seiner engen finanziellen Spielräume, die im sozialen Bereich heutzutage nun einmal Realität seien, sie nicht entsprechend ihrer Qualifikation eingruppieren und ihr darüber hinaus lediglich eine 30-Stunden-Stelle anbieten könne. Gleichwohl erwartet er von ihr, dass sie wöchentlich mindestens 40 Stunden, wenn nötig auch mehr, für ihn arbeitet. Aufgrund der finanziellen Unwägbarkeiten würden im Betrieb grundsätzlich nur Jahresverträge abgeschlossen, die dann ggf. Jahr für Jahr verlängert werden könnten. Über Urlaub könne man frühes-tens nach neun-monatiger Beschäftigungsdauer reden. Falls sie ein Kind bekäme, müsste das Arbeitsverhältnis im Übrigen sofort beendet werden, da der Ausfall ei-ner Mitarbeiterin bei der geringen Größe des Betriebes nicht kompensiert werden könne. Deshalb fragt er vorsorglich auch jetzt schon, ob Frau P. schwanger sei. Aus dem gleichen Grund interessiert er sich auch für ihren allgemeinen Gesundheitszustand und ihre Familienverhältnisse. Frau P. ist angesichts der angespannten Situation auf dem Arbeitsmarkt froh, über-haupt etwas gefunden zu haben. Sähe sie sich in dieser Situation wohl in der Lage, günstigere Vertragsbedingungen für sich „auszuhandeln", oder ist es nicht gut und notwendig für sie, dass ihr rechtlicher Schutz gewährt wird?

Dieser Schutz kann jedoch eben nur erlangt werden, sofern man ArbN ist. Entscheidend ist demnach, ob eine solche ArbN-Eigenschaft vorliegt. § 5 Abs. 2 BetrVG nimmt hier lediglich eine negative Abgrenzung vor, sagt also, wer alles *nicht* ArbN ist. Ansonsten mag wirtschaftliche Abhängigkeit, also das Fehlen anderer Einkommensquellen, ein wichtiges Indiz für ArbN-Eigenschaft sein. Letztlich ausschlaggebend ist jedoch, ob weisungsgebun-den Dienste gegen Entgelt erbracht werden. Denn erst dann handelt es sich um einen Arbeitsvertrag – und ohne Arbeitsvertrag kein Arbeitsrecht! Es kommt hingegen nicht darauf an, wie dann die *Bezeichnung* des Vertrages oder des Entgeltes lautet. Ein ArbGeb kann also arbeitsrechtlichen Schutz nicht etwa dadurch umgehen, dass er den Vertrag, den er mit dem ArbN schließt, Honorarvertrag nennt oder dass er das Entgelt nicht für einen Mo-nat, sondern nach einem anderen Zeitraum, etwa einem Tag, einer Woche oder einem Jahr, bemisst.

Arbeitsrecht ist aber für den sozialen Bereich nicht nur deshalb in beson-derer Weise bedeutsam, weil hier gehäuft prekäre Beschäftigungsverhält-nisse anzutreffen sind, die der Decke des arbeitsrechtlichen Schutzes, die an manchen Stellen ohnehin ein wenig dünn zu werden droht, dringend bedür-fen. Für viele „kleine" ArbGeb, z. B. kleinere Vereine, kann auch die Kehr-seite des Schutzgedankens mitunter Wirkungen unabsehbaren Ausmaßes zeitigen. Führen nämlich mangelnde arbeitsrechtliche Kenntnisse etwa zu Fehlern in Haftungsfragen, zu Fehlern in der Ausübung des Weisungsrechts etwa bei Versetzungen oder der Anordnung von Überstunden oder vor allem zum fehlerhaften Ausspruch einer Kündigung, so kann dies für den ArbGeb im Ergebnis unter Umständen schon ein wirtschaftliches Fiasko bedeuten.

3.1   Struktur und Rechtsquellen des Arbeitsrechts

Die Kodifikationen, die dem Arbeitsrecht zuzuordnen sind, verfügen über eine extreme Streubreite und sind, zumindest in den Details, nur noch von Experten nachzuvollziehen. Versuche, diese unübersichtliche, zersplitterte und von gesetzgeberischen Lücken beachtlichen Ausmaßes gekennzeichnete Rechtsmaterie zu vereinheitlichen und zusammenzufassen, hat es immer wieder gegeben; gleichwohl sind sie allesamt letztlich politisch gescheitert. Dies erklärt sich nicht zuletzt daraus, dass die Interessengegensätze, die miteinander in Ausgleich zu bringen ja die eigentliche soziale Aufgabe des Rechts ist, im Arbeitsrecht fundamentale Fragen der sozialen Existenz von ca. 30 Mio. ArbN, in modifizierter Weise aber natürlich auch ihrer ArbGeb, berühren. Damit verbunden ist allerdings auch, dass unterschiedliche Rechtsvorstellungen hier häufig in den Rang ideologisch geprägter Glaubenssätze gehoben werden. Derartige Interessenpolarisationen lassen sich innerhalb jener eher diffusen Rechtssituation, wie wir sie im Arbeitsrecht vorfinden, offenbar sozial verträglicher auspendeln. Hiermit im Zusammenhang steht wiederum die überragende Bedeutung der Rechtsprechung im Arbeitsrecht. Das BAG, dem mit § 45 Abs. 4 ArbGG ausdrücklich die Befugnis zur Rechtsfortbildung eingeräumt wurde, hat dies genutzt und ein derart engmaschiges Netz von „Quasi-Rechtsnormen" (Däubler 2006, 28) geknüpft, wie wir es in dieser Form für kein anderes Rechtsgebiet vorfinden.

Um die Struktur des Arbeitsrechts verstehen und die Vielzahl der Rechtsquellen richtig aufeinander beziehen zu können, muss neben der Schutzfunktion des Arbeitsrechts auch seine Ordnungsfunktion in die Betrachtung einbezogen werden. Sie wird u. a. dadurch realisiert, dass über einheitliche rechtliche Regelungen die Arbeitskosten für alle Unternehmen oder wenigstens für die Unternehmen innerhalb einer Branche wettbewerbsneutral gestaltet werden (vgl. hierzu Zöllner/Loritz 1992, 5 ff.). Sowohl die Schutz- als auch die Ordnungsfunktion werden nicht nur unmittelbar durch gesetzliche Bestimmungen, sondern auch durch die, freilich ebenfalls gesetzlich gere-

Struktur des Arbeitsrechts

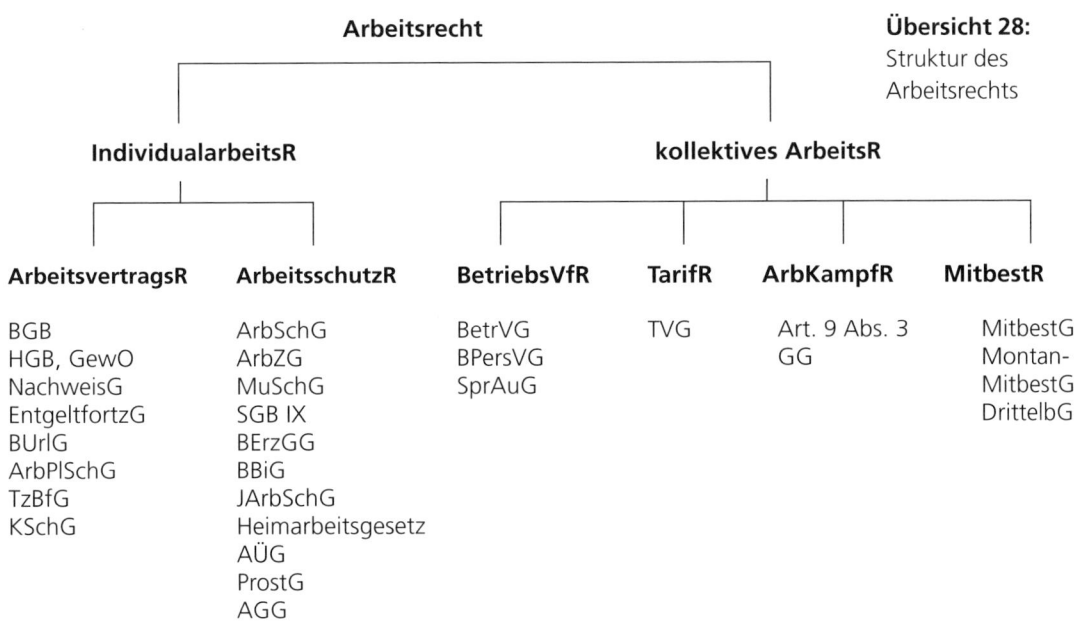

Übersicht 28: Struktur des Arbeitsrechts

gelte, Möglichkeit des kollektiven Aushandelns von Arbeitsbedingungen sowie die gesetzliche Fixierung von Mitwirkungsrechten der ArbN-Vertreter im Betrieb realisiert. Demzufolge gliedert sich die Rechtsmaterie des Arbeitsrechts zunächst in die zwei großen Bereiche des Individualarbeitsrechts und des kollektiven Arbeitsrechts. Deren einzelnen Teilbereichen können dann die verschiedenen Rechtsvorschriften zugeordnet werden. Die hieraus folgende Struktur des Arbeitsrechts ist in Übersicht 28 dargestellt.

Rechtsquellen Das Zusammenspiel der Rechtsquellen im Arbeitsrecht lässt, schematisch betrachtet, ein durchaus bizarres Gebilde entstehen. Bereits die oben (I-1.1.3) systematisch dargestellten Rechtsnormen haben für das Arbeitsrecht eine ganz unterschiedliche tatsächliche Bedeutung. Darüber hinaus treten zu den üblicherweise bekannten Rechtsquellen (hierzu I-1.1.3), dem Gesetz und dem Vertrag, hier noch weitere arbeitsrechtspezifische Rechtsquellen hinzu. Nachfolgend ein kurzer Gesamtüberblick:

(1) *Internationales Recht.* Es kommt im Bereich des Arbeitsrechts nur vereinzelt vor, so etwa in einigen ILO-Übereinkommen. Verstärkt tritt es allenfalls in Gestalt von EG-Richtlinien auf, die uns dann in nationale Gesetze implementiert gegenübertreten (vgl. I-1.1.5). So sind etwa, um nur ein Beispiel zu benennen, EU-Richtlinien zur Wahrung von Ansprüchen der ArbN beim Übergang ihres Betriebes auf einen anderen ArbGeb (77/187 EG; 98/50 EG; 2001/20 EG) in § 613a BGB umgesetzt.

(2) *Verfassungsrecht.* Das GG ist nicht nur in formaler Hinsicht vorrangig. Das gesamte Tarif- und Arbeitskampfrecht etwa basiert auf Art. 9 Abs. 3 GG. Ansonsten ist hinsichtlich der Geltung von Grundrechten zu berücksichtigen, was bereits zum Problem ihrer mittelbaren Drittwirkung ausgeführt wurde (vgl. I-2.2.4). Jedoch sind vor allem beim Recht auf freie Meinungsäußerung aus Art. 5 Abs. 1 GG dessen Schranken hier in besonderer Weise zu beachten. Sie ergeben sich gem. Art. 5 Abs. 2 GG schon aus den Vorschriften der allgemeinen Gesetze. Eine solche Vorschrift ist § 611 BGB. Das Recht auf freie Meinungsäußerung darf daher nicht Arbeitsabläufe beeinträchtigen und muss zumindest auch auf grundrechtlich geschützte Interessen des ArbGeb, etwa aus Art. 14 GG, Rücksicht nehmen (Däubler 2006, 209 f.).

Noch einmal eine besondere Situation finden wir in Bezug auf ArbGeb vor, die eine bestimmte geistig-ideelle Zielsetzung verfolgen (sog. Tendenzunternehmen, § 118 BetrVG) und die insbesondere in der Sozialen Arbeit etwa im konfessionellen oder karitativen Bereich verstärkt anzutreffen sind. In ihnen werden aus der religiösen Ausrichtung, aus der Art der Betätigung (etwa: Arbeit mit Behinderten) oder aus dem fachlich-methodischen Ansatz der Einrichtung heraus noch einmal ganz besondere Erwartungen in das Verhalten der Mitarbeiter gesetzt, denen diese unbeschadet der Grundrechtsverbürgungen zu genügen haben.

(3) *Bundesgesetze.* Sie bilden den größten Teil des Rechtsstoffes der Arbeitsrechtsordnung. Das insoweit grundlegende Bundesgesetz ist das Bürgerliche Gesetzbuch, ergänzt durch einige Vorschriften aus dem Handelsgesetzbuch und der Gewerbeordnung.

(4) *Ländergesetze.* Sie hingegen sind von geringerer praktischer Relevanz. Beispielhaft zu nennen wären aber die Bildungsurlaubsgesetze einiger Länder.

(5) *Rechtsverordnungen.* In Bezug auf sie lässt sich, ganz im Gegensatz zur sonstigen Gestaltung unserer Rechtsordnung, Gleiches sagen. Ein Beispiel für eine der wenigen bedeutsamen Rechtsverordnungen im Arbeitsrecht ist die 1. DVO des BetrVG (Wahlordnung).

(6) *Tarifvertrag.* Diese spezifische normative Rechtsform des Arbeitsrechts kommt durch Vereinbarung zwischen ArbGeb(-Verband) und Gewerkschaft zustande. Bundesweit existieren derzeit knapp 60.000 gültige Tarifverträge, die die Arbeitsverhältnisse von ca. 84% (d. h. 25 Mio.) ArbN regeln (Näheres unter II-3.2.1).

(7) *Betriebsvereinbarung.* Sie wird zwischen Betriebsrat und ArbGeb im Rahmen der betrieblichen Mitbestimmung getroffen (Näheres unter II-3.2.2).

(8) *Arbeitsvertrag.* Mit ihm wird das Arbeitsverhältnis zwischen ArbN und ArbGeb begründet (vgl. II-3.3).

(9) *Betriebliche Übung.* Sie entsteht nach st. Rspr. des BAG (zuletzt: Urt. v. 16.04.1997, AP Nr. 53 zu § 242 BGB betriebliche Übung) durch ein wiederholtes gleichförmiges Verhalten des ArbGeb (z. B. hinsichtlich Gratifikationen, betrieblicher Altersversorgung o. ä.), ohne dass dieser hieran besondere Bedingungen geknüpft hätte. Hieraus, so das BAG, kann der ArbN schließen, dass der ArbGeb sich insoweit rechtlich binden wollte, woraus schließlich auch tatsächlich eine rechtswirksame Bindungswirkung entsteht.

(10) *Gleichbehandlungsgrundsatz.* Er wird subsidiär, in der Vergangenheit zum inzwischen außer Kraft gesetzten § 611a BGB, nunmehr wohl zu § 7 AGG, herangezogen. Nach ihm ist es dem ArbGeb verwehrt, nach sachwidrigen Kriterien Gruppen zu bilden, die etwa Gratifikationen oder zusätzliche Urlaubstage erhalten bzw. umgekehrt einzelne ArbN ohne rechtfertigenden Grund schlechter zu behandeln als andere (Hromadka/Maschmann 2002, 46 f.)

Die gleichzeitige Geltung einer Vielzahl von Rechtsquellen unterschiedlicher Rechtsqualität führt notwendigerweise zur Frage nach ihrem Zusammenwirken. Hierfür sind in der Arbeitsrechtslehre und der Rspr. des BAG einige wichtige Prinzipien entwickelt worden:

Zusammenwirken der Rechtsquellen

(1) *Rangfolgeprinzip.* Zunächst gilt die allgemeine Regel (vgl. I-1.1.3.7), dass die höherrangige Rechtsquelle der niederrangigen vorgeht, weil sie „die größere Richtigkeitsgewähr und damit auch den größeren Schutz bietet" (Hromadka/Maschmann 2002, 42).

(2) *Günstigkeitsprinzip.* Insofern die Gesetze funktional auf den sozialen Schutz des ArbN ausgerichtet sind, haben sie grundsätzlich nur Mindestforderungen zum Inhalt, von denen demzufolge zugunsten des ArbGeb in Tarifvertrag, Betriebsvereinbarung oder Arbeitsvertrag jederzeit abgewichen werden kann. Ähnlich sind auch Tarifverträge stets Mindestvereinbarungen, Tariflöhne demzufolge Mindestlöhne. Umgekehrt verdrängen Tarifverträge (sofern Tarifbindung vorliegt – hierzu II-3.2) sowie Betriebsvereinbarungen

stets schlechtere arbeitsvertragliche Vereinbarungen. Hinzuweisen ist jedoch auf jene Teile der gesetzlichen Regelung, die tarifvertragsdispositiv ausgestaltet sind, z. B. § 622 Abs. 4 BGB, § 13 Abs. 1 BUrlG. Hier sind auch vom Gesetz abweichende für den ArbN ungünstigere Regelungen durch Tarifvertrag möglich.

(3) *Kompetenzabgrenzungsprinzip.* Zur Vermeidung von Kollisionen, die sich aus dem Zusammenspiel von Tarifvertrag und Betriebsvereinbarung ergeben können, wird schließlich auf den Grundsatz der Kompetenzabgrenzung zurückgegriffen. Er besagt, dass Regelungsbereiche des Tarifvertrages (Entgelt, materielle Arbeitsbedingungen) nicht Gegenstand von Betriebsvereinbarung sein können, sofern der Tarifvertrag nicht ausdrücklich anderes zulässt (§ 77 Abs. 3 BetrVG). Die tarifvertragliche Regelung entfaltet demnach insofern eine Sperrwirkung gegenüber der Betriebsvereinbarung.

3.2 Kollektives Arbeitsrecht

Arbeitskampfrecht

Mit dem Tarifvertrag und der Betriebsvereinbarung sind die beiden zentralen kollektivrechtlichen Institutionen bereits mehrfach benannt. Weiterhin wird dem kollektiven Arbeitsrecht noch das Arbeitskampfrecht zugerechnet, in dem (weitgehend durch Rspr.!) geregelt ist, zur Erreichung welcher Ziele, mit welchen Mitteln und unter Beachtung welcher Grundsätze Streik bzw. Aussperrung durchgeführt werden dürfen (hierzu im Einzelnen Däubler 2006, 61 ff.). Schließlich ist noch hier systematisch die Mitbestimmung im Unternehmen einzuordnen. In ihr wird der arbeitsrechtliche Grundsatz, dass unternehmerische Entscheidungen allein im Dispositionsbereich des ArbGeb liegen, für größere Kapitalgesellschaften (AG, GmbH, Genossenschaft) ab 500 ArbN ansatzweise gelockert. In den Aufsichtsräten dieser Unternehmen sind nämlich auch Arbeitnehmervertreter repräsentiert. Das gilt allerdings nicht für die in der Sozialen Arbeit häufig anzutreffenden Tendenzbetriebe (§ 1 Abs. 4 MitbestG, § 1 Abs. 1 S. 1 Nr. 2 DrittelbG).

Mitbestimmung im Unternehmen

3.2.1 Tarifrecht

Inhalt

Zustande kommt der Tarifvertrag durch einen Abschluss zwischen einer Gewerkschaft und einer ArbGeb-Vereinigung oder einem einzelnen ArbGeb (§ 2 Abs. 1 TVG). Im ersten Fall handelt es sich um einen Flächen-TV, im zweiten um einen Firmen- oder Haus-TV. Sein Inhalt ergibt sich aus § 1 Abs. 1 TVG. Danach besteht er aus einem schuldrechtlichen Teil, in dem die wechselseitigen Rechte und Pflichten der Vertragspartner geregelt sind, und einem normativen Teil, der Regelungen zu Abschluss, Inhalt und Beendigung von Arbeitsverhältnissen trifft. Häufig werden diese Fragen innerhalb eines Mantel- oder Rahmen-TV geregelt, während einzelne Materien, vor allem das Entgelt, der Vereinbarung in speziellen Tarifverträgen, etwa einem Entgelt-TV bzw. einem Entgeltrahmen- TV, vorbehalten bleibt.

Eine unmittelbare und zwingende Geltung der Normen des Tarifvertrages ergibt sich gem. §4 Abs. 1 TVG zunächst nur für Tarifgebundene, d. h. für den ArbGeb sowie jene ArbN, die Mitglied der tarifvertragschließenden Gewerkschaft sind. Jedoch kann der Tarifvertrag gem. §5 TVG durch den Bundes- oder einen Landesminister für Arbeit für allgemein verbindlich erklärt werden, soweit dies im öffentlichen Interesse liegt. Ein solches Interesse kann z. B. in der Schaffung gleicher Arbeitsbedingungen für alle Beschäftigten zur Vermeidung eines internen „Wettbewerbs nach unten" (Hromadka/Maschmann 2004, 116) bestehen. Entscheidende Bedingung hierfür wäre jedoch, dass der tarifgebundene ArbGeb mindestens 50% der unter den Geltungsbereich des Tarifvertrages fallenden ArbN bei sich beschäftigt. Die praktische Bedeutung dieser gesetzlichen Möglichkeit ist allerdings eher gering. Häufiger anzutreffen ist hingegen, dass die Geltung der Normen des Tarifvertrages im Arbeitsvertrag vereinbart wird.

Geltung

3.2.2 Betriebliche Mitbestimmung

Über Mitbestimmungs- und Beschwerderechte verfügt zunächst durchaus auch der einzelne ArbN (§§ 81 ff. BetrVG). In der hier jedoch interessierenden kollektiven Form erfolgt die Mitbestimmung im Betrieb über den Betriebsrat, der in Betrieben mit mindestens fünf ArbN durch die (volljährigen) ArbN gewählt wird. Im öffentlichen Dienst treten an die Stelle des Betriebsrates die Personalvertretungen, die nach h. M. Einrichtungen des Öffentlichen Rechts sind (Söllner/Reinert 1985, 59). Geregelt sind sie im Bundespersonalvertretungsgesetz bzw. in den Personalvertretungsgesetzen der Länder. Für den privatrechtlichen Bereich ist das BetrVG einschlägig. Mitbestimmung bedeutet, dass auf all den Gebieten, für die sie gesetzlich vorgesehen ist, Betriebsrat und ArbGeb *gemeinsam* handeln müssen. Däubler (2006, 94) spricht in diesem Zusammenhang von einer „geteilten Handlungskompetenz". Dies betrifft:

Gegenstände der Mitbestimmung

- soziale Angelegenheiten (§§ 87 ff., 112 ff. BetrVG),
- die Gestaltung von Arbeitsplatz, Arbeitsablauf und Arbeitsumgebung (§§ 90, 91 BetrVG),
- personelle Angelegenheiten (§§ 92 ff. BetrVG) und
- wirtschaftliche Angelegenheiten (§§ 106 ff. BetrVG)

Die rechtliche Qualität und die rechtlichen Folgen dieses Zusammenwirkens stellen sich dabei je nach konkretem Gegenstand freilich höchst unterschiedlich dar. Die Mitbestimmungs- bzw. Beteiligungsrechte des Betriebsrates werden daher wie folgt differenziert:

Mitbestimmungsarten

(1) *Echte Mitbestimmungsrechte.* Der ArbGeb ist hier in seinem Handeln auf die Zustimmung des Betriebsrates angewiesen. Erhält er sie nicht, so ist eine Einigungsstelle zu bilden, in der ArbN und ArbGeb personell gleich stark

vertreten sind und die von einem unparteiischen Vorsitzenden geleitet wird (§ 76 BetrVG). Echte Mitbestimmungsrechte betreffen im Wesentlichen den sozialen Bereich (§ 87 BetrVG), besonders gravierende Fälle der Änderung von Arbeitsbedingungen (§ 91 BetrVG), personelle Einzelmaßnahmen wie Einstellungen, Eingruppierungen, Umsetzungen, Umgruppierungen (§ 99 Abs. 2 BetrVG) sowie das Verlangen einer Ausschreibung zu besetzender Arbeitsplätze (§ 93 BetrVG), die (außerordentliche) Kündigung oder Versetzung von Betriebsratsmitgliedern (§ 103 BetrVG) sowie die Erzwingung eines Sozialplanes bei betriebsbedingten Massenentlassungen (§ 112a BetrVG).

(2) *Mitwirkungsrechte.* Hierzu gehört etwa das Beratungsrecht bei geplanten baulichen, technischen, technologischen oder organisatorischen Veränderungen im Betrieb (§ 90 Abs. 1 BetrVG) sowie das Anhörungsrecht bei Kündigungen (§ 102 BetrVG).

(3) *Unterrichtungsrechte.* Sie bestehen im Bereich der Gestaltung von Arbeitsplatz, Arbeitsablauf und Arbeitsumgebung (§ 90 Abs. 1 BetrVG) sowie der Personalplanung (§ 92 BetrVG). Für die Unterrichtung in wirtschaftlichen Angelegenheiten wird in Unternehmen mit mehr als 100 ArbN gem. §§ 106 ff. BetrVG ein Wirtschaftsausschuss gebildet. Dies gilt aber wiederum nicht für Tendenzunternehmen (§ 118 Abs. 1 BetrVG).

Betriebs-vereinbarung

Die wichtigste Form, in der die Mitbestimmung ausgeübt wird, ist die zwischen ArbGeb und Betriebsrat abzuschließende Betriebsvereinbarung (§ 77 BetrVG). Sie kann Rechte und Pflichten zwischen den beiden Partnern der Vereinbarung, vor allem aber auch, wie bereits weiter oben gesehen, unmittelbar zwischen ArbGeb und ArbN begründen, die, soweit zwischen beiden nichts für den ArbN Günstigeres vereinbart ist, zwingend gelten.

3.3 Individualarbeitsrecht

Arbeitsvertrag

Gegenstand des Individualarbeitsrechts ist das Arbeitsverhältnis zwischen ArbN und ArbGeb. Begründet wird es in aller Regel durch den Abschluss eines Arbeitsvertrages. Jedoch wirken auf diesen, wie oben gesehen, eine ganze Reihe anderer Rechtsquellen ein, die zum einen seiner rechtlichen Ausgestaltung, zum anderen der Kompensation einer i. d. R. sozial unterlegenen Position des ArbN dienen. Das Individualarbeitsverhältnis gestaltet sich daher im Ergebnis innerhalb einer rechtlichen Komplexität, deren Grundstruktur in Übersicht 29 dargestellt wird.

3.3.1 Anbahnung des Arbeitsverhältnisses

Bereits unmittelbar mit der Aufnahme von Vertragsgesprächen bzw. im Rahmen der Anbahnung eines Arbeitsverhältnisses, also schon vor Abschluss des Arbeitsvertrages, entsteht gem. § 311 Abs. 2 BGB ein Rechtsverhältnis zwischen ArbN und ArbGeb mit wechselseitigen Rechten und Pflichten.

Übersicht 29: Tarifvertrag

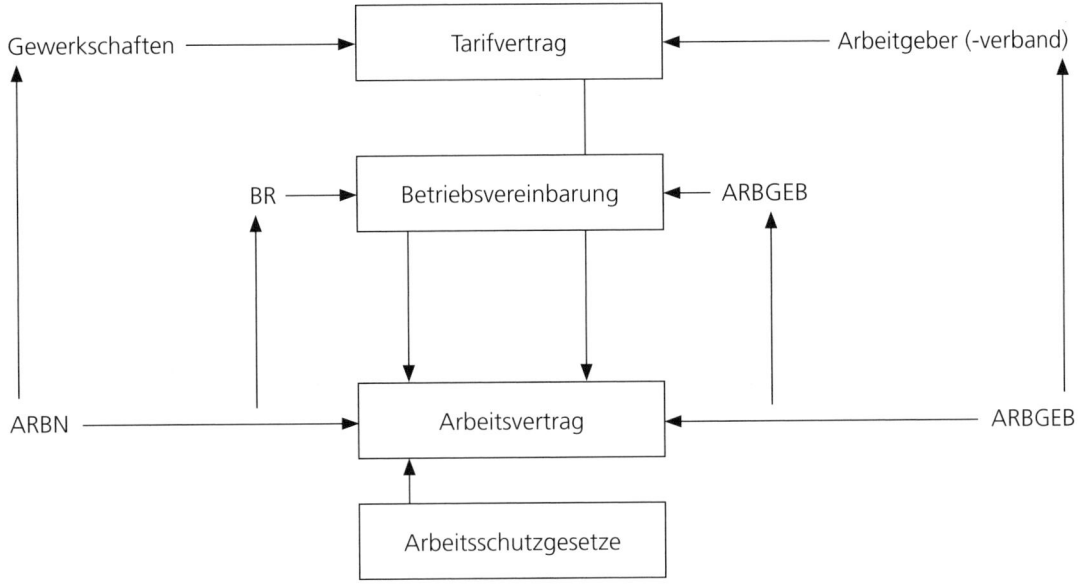

Bei Verletzung von hieraus sich ergebenden Obliegenheiten begründet sich daher ab diesem Zeitpunkt eine Schadensersatzpflicht (§ 280 Abs. 1 i. V. m. § 241 Abs. 2 BGB). Es kann sich hierbei etwa um Geheimhaltungspflichten, aber auch um Sorgfalts- und Obhutspflichten handeln.

Eine derartige Pflichtverletzung kann z. B. vorliegen, wenn der ArbGeb den ArbN ermutigt, sich auf eine Stelle zu bewerben, über deren Besetzung jedoch bereits entschieden ist. In diesem Fall hätte der ArbN Anspruch auf Ersatz seiner Aufwendungen. Ansonsten besteht eine Pflicht zum Ersatz auf Vorstellungskosten durch den ArbGeb nur dann, wenn er zu dem Vorstellungsgespräch ausdrücklich aufgefordert hat.

Weiterhin wird der ArbGeb schadensersatzpflichtig, sofern ihm bei der Personalauswahl eine Benachteiligung i. S. v. § 1 AGG, also aus Gründen der Rasse oder wegen der ethnischen Herkunft, des Geschlechts, der Religion oder Weltanschauung, einer Behinderung, des Alters oder der sexuellen Identität, nachzuweisen ist. Derartige Benachteiligungen sind übrigens auch später, bei bestehendem Arbeitsverhältnis etwa in Hinblick auf Beförderungen, Weisungserteilung oder Kündigung relevant. Erfasst ist dabei nicht nur eine unmittelbare, sondern auch eine mittelbare Diskriminierung (§ 3 Abs. 2 AGG). Letztere liegt z. B. dann vor, wenn die Auswahlkriterien des ArbGeb zwar nicht unmittelbar am Geschlecht des Bewerbers, jedoch an solchen Eigenschaften anknüpfen, die überwiegend oder ausschließlich nur ein Geschlecht betreffen (z. B. Schwangerschaft). Allerdings ist eine unterschiedliche Behandlung aus sachlichem Grund im Rahmen der §§ 8–10 AGG zulässig. So wird es Religionsgemeinschaften sowie den ihnen zugeordneten

Benachteiligungsverbot (§ 1 AGG)

Einrichtungen unter den Voraussetzungen von § 9 Abs. 1 AGG möglich sein, Bewerber unter dem Gesichtspunkt der Religionszugehörigkeit auszuwählen; das Schauspielhaus, an dem der „jugendliche Held" neu zu engagieren ist, wird gem. § 8 Abs. 1 AGG hierbei bestimmte Altersbeschränkungen und Vorgaben hinsichtlich der Geschlechtszugehörigkeit machen dürfen.

zulässige Fragen des ArbGeb

In der Anbahnungsphase wird es regelmäßig dazu kommen, dass der ArbGeb, etwa im Rahmen eines Bewerbungsgespräches, bestimmte Fragen stellt. Das Recht hierzu wird aus Art. 12 Abs. 1 GG abgeleitet. Der Arb-Geb muss hiernach frei und sachgerecht entscheiden können, welchen der Bewerber er auswählen möchte. Dem steht allerdings das Recht auf informationelle Selbstbestimmung des ArbN aus Art. 2 Abs. 1 i. V. m. Art. 1 Abs. 1 GG gegenüber, nach dem nur dieser über die Offenbarung persönlicher Lebenssachverhalte selbst entscheiden kann (vgl. I-2.2.4). Darüber hinaus setzt auch Art. 3 Abs. 3 GG dem Recht des ArbGeb aus Art. 12 Abs. 1 GG insofern Schranken, als von vornherein Fragen, die gegen das Diskriminierungsverbot verstoßen, unzulässig sind. Das BAG löst diese Kollision dadurch auf, dass es nur solche Fragen des ArbGeb für zulässig hält, an denen er ein *berechtigtes Interesse* hat (BAG, Urt. v. 07.06.1984, AP Nr. 26 zu § 123 BGB). Steht dem im Einzelfall ein schützenswertes Interesse des ArbN gegenüber, so ist jedes Mal eine Interessenabwägung vorzunehmen. So sind Fragen zu Partei-, Gewerkschafts- oder Religionszugehörigkeit allenfalls bei Tendenzunternehmen, sonst jedoch nicht, zulässig. Bei Bewerbungen für den öffentlichen Dienst ist allerdings wegen des dort geforderten Bekenntnisses zur freiheitlich-demokratischen Grundordnung auch die Frage nach der Mitgliedschaft in Parteien, die nach Einschätzung der einstellenden Behörde verfassungsfeindliche Ziele verfolgen, zu beantworten. Nach chronischen Erkrankungen oder HIV-Infektion darf nur gefragt werden, wenn ein konkreter Bezug zum Arbeitsplatz (etwa bei allergischen Reaktionen auf bestimmte Stoffe, die in Arbeitsmitteln enthalten sind) oder eine konkrete Ansteckungsgefahr besteht. Die Frage nach einer Behinderung ist auch unabhängig von konkret zu erwartenden Beeinträchtigungen hinsichtlich der Erfüllung der Arbeitsaufgabe schon deshalb zulässig, weil sich aus ihrem Vorliegen bestimmte gesetzliche Verpflichtungen für den ArbGeb ableiten (BAG, Urt. v. 05.10.1996, AP Nr. 40 zu § 123 BGB). Nach Vorstrafen darf nur dann gefragt werden, wenn diese im Zusammenhang mit der beabsichtigten Tätigkeitsaufnahme stehen (z. B. Vorstrafe wegen eines Sexualdelikts bei einem Bewerber im Bereich der Hilfen zur Erziehung, Betrugs- oder Untreuedelikte bei einem Geschäftsführer). Die Frage nach der Schwangerschaft ist mittlerweile ausnahmslos als unzulässig anzusehen (vgl. Däubler 2006, 145 m. w. N.).

Stellt der ArbGeb eine unzulässige Frage, so braucht der ArbGeb auf sie nicht oder nicht wahrheitsgemäß zu antworten. Andererseits hat er, auch ohne dass er danach gefragt wurde, eine Offenbarungspflicht hinsichtlich von Umständen in seiner Person oder seinen persönlichen Verhältnissen, wenn diese für das Arbeitsverhältnis von *erheblicher* Bedeutung sind (Zöllner/Loritz 1992, 134). Unterbleibt dies, so kann der ArbGeb seine Willenserklärung, die zum Abschluss des Arbeitsvertrages geführt hat, anfechten (§§ 119, 123 BGB) und ggf. Schadensersatz fordern. Gleiches gilt, wenn der ArbN Fragen, die zulässigerweise gestellt wurden, wahrheitswidrig beantwortet hat.

3.3.2   Begründung des Arbeitsverhältnisses

In Form und Gestaltung des Abschlusses eines Arbeitsvertrages sind die Vertragspartner frei, soweit sich aus Gesetz, Tarifvertrag oder Betriebsvereinbarung für sie nichts anderes ergibt (§ 105 GewO). Das bedeutet, dass der Arbeitsvertrag z. B. auch mündlich oder durch schlüssiges Verhalten zustande kommen kann. Zwar besteht nach § 2 NachwG eine Verpflichtung, den Arbeitsvertrag spätestens einen Monat nach vereinbartem Arbeitsbeginn schriftlich niederzulegen. Dies hat jedoch lediglich deklaratorischen (rechtfeststellenden), nicht jedoch konstitutiven (rechtbegründenden) Charakter. Die Niederschrift dient allein der Dokumentation des Vertragsinhaltes. Ein hohes Maß an Gewissheit hinsichtlich des Vereinbarten – und damit an Sicherheit – ist in jedem Fall dadurch zu erlangen, dass die Schriftform selbst im Arbeitsvertrag mitvereinbart wird. Dies erleichtert nicht nur die Beweisführung in einem eventuellen künftigen Streitfall, sondern führt zugleich dazu, dass auch spätere Änderungen des Vertrages nur in Schriftform wirksam werden. **Form**

Die Vorstellung, dass Arbeitsverträge in der Praxis durch die Beteiligten individuell ausgehandelt würden, ist schon deshalb wenig realitätsnah, weil viele Arbeitsbedingungen bereits durch Gesetze, Tarifverträge oder Betriebsvereinbarungen vorgegeben sind, von denen nur noch zugunsten des ArbN abgewichen werden darf. Weil sich hierdurch ohnehin die Arbeitsbedingungen für eine Vielzahl von ArbN im Betrieb annähernd gleich gestalten, werden häufig Formulararbeitsverträge verwendet. Als solche enthalten sie allerdings allgemeine Geschäftsbedingungen (§§ 305 ff. BGB), die gem. § 310 Abs. 4 BGB einer Inhaltskontrolle i. S. v. § 307 BGB unterliegen. Dies bedeutet, dass Regelungen in einem Formulararbeitsvertrag, die den ArbN durch ihren Inhalt unangemessen benachteiligen, unwirksam sind. Hierfür nennt das Gesetz in §§ 308 f. BGB eine Reihe von Fallgruppen. Zu ihnen gehören etwa einseitige Änderungsvorbehalte oder Regelungen zur Abgeltung sämtlicher anfallender Überstunden. Formulierungen, die insbes. durch die Art und Weise ihrer Platzierung und Verwendung im Text für den ArbN überraschend sind, werden nicht Vertragsbestandteil (§ 305c Abs. 1 BGB). Mehrdeutigen Klauseln werden zulasten des ArbGeb ausgelegt (§ 305 Abs. 2 BGB). Im Übrigen bleibt die Wirksamkeit des Arbeitsvertrages von der Unwirksamkeit einzelner Regelungen unberührt (vgl. im Einzelnen: Eckert/Wallstein 2002, 89 ff.) **Formulararbeitsvertrag**

§ 305 BGB

3.3.3   Formen von Arbeitsverträgen

Für die Neuvermessung der Koordinaten der Arbeit innerhalb des modernen Kapitalismus hat der amerikanische Soziologe Jeremy Rifkin Mitte der 1990er Jahre das Schlagwort vom „Ende der Arbeit" geprägt (Rifkin 1996, 17 ff.). Indiziert ist damit ein wirtschaftlich bedingt veränderter Stellenwert der Arbeit für die Sinnbestimmung individualisierter Lebensentwürfe, der einerseits neue soziale Räume individueller Verwirklichung eröffnet, andererseits aber auch ein hohes Risiko arbeitsbiografischer Brüche bis hin zum gesellschaftlichen Scheitern in sich birgt. Im Arbeitsrecht machen sich diese Veränderungen in Vorgängen bemerkbar, die – je nach Interessenlage – als Flexibilisierung oder als Deregulierung des Arbeitsverhältnisses bezeichnet werden. Gemeint ist damit u. a. das gerade auch für die Soziale Arbeit keinesfalls untypische Entstehen von immer mehr Beschäftigungsverhältnissen im Teilzeit- oder im befristeten Bereich. Gesetzlich geregelt sind sie im **Teilzeit- und Befristungsgesetz (TzBfG).** Zweck der Vorschrift ist es, den Betroffenen zumindest einen bestimmten sozialen Schutz zu bieten. Deshalb enthält sie z. B. in Umsetzung entsprechender EU-Richtlinien (97/81 EG v. 15.12.1997 bzw. 1999/70 EG v. 28.06.1999) mit § 4 TzBfG ein Diskriminierungsverbot. Dennoch dürfen die sozialen Gefährdungspotenziale vor allem für sog. geringfügig Beschäftigte mit einem Einkommen von bis zu 400 € monatlich (Anfang 2007 gingen mehr als 6 Mio. ArbN einem geringfügigen Beschäftigungsverhältnis nach!) sowie für die zunehmende Zahl von ArbN in befristeten Arbeitsverhältnissen nicht gering geschätzt werden.

Teilzeitverträge werden i. d. R. in gleicher Weise wie Vollzeitarbeitsverträge abgeschlossen. Teilzeitbeschäftigung kann aber auch aus einem bereits bestehenden Arbeitsverhältnis heraus vereinbart werden. Dies ist entweder auf Initiative des ArbGeb, z. B. im Wege einer Änderungskündigungen (§ 2 KSchG), möglich oder weil es der ArbN nach § 8 TzBfG verlangt. Mittels Weisungsrechts oder durch Änderungsvorbehalt im Arbeitsvertrag hingegen ist eine Verkürzung der ursprünglich vereinbarten Arbeitszeit nicht durchzusetzen. Auch formuliert § 11 TzBfG ein Kündigungsverbot für den Fall, dass ein ArbN sich weigert, von einem Vollzeit- in ein Teilzeitarbeitsverhältnis oder umgekehrt zu wechseln. Das Recht zur Kündigung aus anderen, etwa betriebsbedingten, Gründen bleibt hiervon allerdings unberührt.

Teilzeitarbeitsverhältnisse bieten in besonderer Weise die Möglichkeit einer flexiblen Gestaltung der Lage der Arbeitszeit. Das Gesetz bietet hierzu zwei Modelle an. Bei der *Arbeit auf Abruf,* auch kapazitätsorientierte variable Arbeitszeit (KAPOVAZ) genannt (§ 12 TzBfG), kann die Lage (nicht der wöchentliche Umfang!) der Arbeitszeit dem Arbeitsanfall angepasst werden. Die *Arbeitsplatzteilung,* das sog. Jobsharing (§ 13 TzBfG), verfolgt demgegenüber die Idee, dass im Verhinderungsfall eines ArbN derjenige, der sich mit ihm den Arbeitsplatz teilt, ihn dann auch vertritt. Dieses Modell hat jedoch in der Praxis kaum Bedeutung erlangt; dort bevorzugt man wegen der besseren rechtlichen Handhabbarkeit anstelle der Arbeitsplatzteilung mehrere Teilzeitverträge. Ansonsten eröffnet § 12 Abs. 3 TzBfG noch

(Marginalie:) **Teilzeit- und Befristungsgesetz**

(Marginalie:) **Teilzeitverträge**

die Möglichkeit, *im Tarifvertrag* den Abschluss von Jahresarbeitszeitverträgen vorzusehen, in denen sich Vollzeitarbeitsphasen mit Freizeitphasen abwechseln, so dass über das Jahr gesehen ein Teilzeitbeschäftigungsverhältnis vorliegt.

Die soziale Brisanz von *befristeten Arbeitsverträgen* liegt darin, dass sie prinzipiell geeignet wären, den gesetzlichen Kündigungsschutz zu umgehen. Um dies möglichst zu verhindern, ist für die Befristung eines Arbeitsverhältnisses zunächst ein *sachlicher Grund* notwendig. Der Arbeitsvertrag kann hiernach für eine kalendermäßig bestimmbare Zeit oder bis zum Eintritt eines den Vertrag dann auflösenden Ereignisses (etwa: Genesung des krankheitshalber vertretenen Beschäftigten, Erreichen der Altersgrenze) geschlossen werden. Beispielfälle für einen sachlichen Grund sind in § 14 Abs. 1 TzBfG genannt. Die auch für die Soziale Arbeit bedeutsamsten sind:

befristete Arbeitsverträge

- Das Aushilfsarbeitsverhältnis. Es erfordert einen lediglich vorübergehenden zusätzlichen betrieblichen Bedarf an Arbeitsleistung, dessen künftiger Wegfall vorhersehbar ist (Hromadka/Maschmann 2002, 82). Eine unsichere Konjunkturlage ist demzufolge kein Befristungsgrund (Däubler 2006, 335).
- Das Vertretungsarbeitsverhältnis. Insbes. kommen hier Krankheit, Urlaub oder längere Freistellungen in Betracht. Für die Schwangerschafts- und Elternzeitvertretung gilt hingegen § 21 BerzGG.
- Die Befristung im Anschluss an eine Ausbildung oder ein Studium zur Erleichterung des Überganges in ein unbefristetes Arbeitsverhältnis.
- Das Probearbeitsverhältnis. Die Probezeit in der Form eines befristeten Arbeitsverhältnisses zu vereinbaren, ist nach dem Gesetz zwar möglich, jedoch nicht sehr gebräuchlich. In der Regel wird sie im Rahmen eines unbefristeten Arbeitsverhältnisses für die ersten sechs Monate vereinbart.
- Der ArbN wird aus Haushaltsmitteln vergütet, die nur für eine befristete Stelle bestimmt sind. Hierunter fallen zeitlich exakt begrenzte Mittelbewilligungen der öffentlichen Haushalte, ferner sog. Drittmittelprojekte, aber auch Arbeitsbeschaffungsmaßnahmen nach §§ 260–271 SGB III.

Jedoch kennt § 14 Abs. 2 TzBfG auch die Befristung ohne sachlichen Grund als ein arbeitsrechtliches Instrument, flexibel auf Bewegungen am Arbeitsmarkt zu reagieren. Die Befristung kommt hier jedoch für höchstens zwei Jahre in Betracht, wobei *innerhalb* dieses Zweijahreszeitraum eine bis zu dreimalige Vertragsverlängerung möglich ist. Anderes gilt für Unternehmensneugründungen (Befristung bis zu vier Jahren in den ersten vier Jahren nach Gründung des Unternehmens, § 14 Abs. 2a TzBfG) sowie für ältere Arbeitnehmer bei einer Altersgrenze von 52 Jahren (Befristung bis zu fünf Jahren, sofern sie unmittelbar vor Beginn des befristeten Arbeitsverhältnisses mindestens vier Monate beschäftigungslos waren, § 14 Abs. 3 TzBfG).

Anders als der Arbeitsvertrag als solcher bedarf die Befristung zu ihrer Wirksamkeit der Schriftform (§ 14 Abs. 4 TzBfG). Darüber hinaus ist eine Befristung (nicht der Vertrag!) unwirksam, wenn sie ohne sachlichen Grund oder über einen längeren Zeitraum als zwei Jahre vereinbart wurde. In diesem Fall kann der ArbN auf der Grundlage von § 17 TzBfG die Fortdauer des Arbeitsverhältnisses gerichtlich feststellen lassen.

3.3.4   Inhalt des Arbeitsverhältnisses

§ 611 BGB bestimmt den wesentlichen Inhalt des Arbeitsverhältnisses. Danach hat der ArbN die geforderte Arbeitsleistung zu erbringen, der ArbGeb das vereinbarte Entgelt zu entrichten. Darüber hinaus werden insbesondere aus dem Rechtsgrundsatz von Treu und Glauben (§ 242 BGB), jedoch auch aus anderen Rechtsvorschriften sowie individual- und kollektivvertraglichen Regelungen eine Reihe von sog. Nebenpflichten abgeleitet.

Pflichten des ArbN   Die vom ArbN zu erbringende Arbeitsleistung bestimmt sich nach Inhalt, Ort und Umfang. Insbesondere der Leistungsinhalt ergibt sich regelmäßig aus dem Individualarbeitsvertrag. Veränderungen diesbezüglich sind nur durch einen Änderungsvertrag oder bei entsprechenden Versetzungsklauseln im Arbeitsvertrag möglich. Fehlt es hieran, so ist eine Versetzung im Rahmen des Direktionsrechts des ArbGeb praktisch ausgeschlossen. Im Umkehrschluss zu § 95 Abs. 3 BetrVG ist es aber durch das Weisungsrecht des ArbGeb abgedeckt, den ArbN für eine kürzere Zeit als einen Monat an einen anderen geografisch Arbeitsort zu versetzen oder eine andere Arbeitsaufgabe zu übertragen. Auch eine Pflicht, Überstunden zu leisten, besteht nur im Rahmen individual- oder kollektivvertraglicher Vereinbarung sowie gem. § 14 Abs. 1 ArbZG in Not- und Havariefällen. In analoger Anwendung der genannten Vorschrift wird im Übrigen von jedem Mitarbeiter erwartet, dass er in einer derartigen Situation unabhängig vom vereinbarten Arbeitsinhalt jede anstehende Arbeit übernimmt.

Nebenpflichten des ArbN   Zu den Nebenpflichten des ArbN zählen vor allem, Schäden und Störungen vom ArbGeb abzuwenden, Gefährdungen anzuzeigen, Verschwiegenheit über Betriebs- und Geschäftsgeheimnisse zu wahren, ruf- und kreditschädigende Mitteilungen an Dritte zu unterlassen sowie das Verbot der Annahme von Schmiergeldern (im Einzelnen Hromadka/Maschmann 2002, 203 ff.).

Pflichten des ArbGeb   Die Höhe der vom ArbGeb zu leistenden Vergütung ergibt sich aus dem Arbeitsvertrag oder, sofern Tarifbindung besteht, aus dem Tarifvertrag. Sie kann verschiedene, auch miteinander kombinierbare Formen (Zeitlohn, Akkordlohn, Zielvereinbarung oder auch Provision) aufweisen und setzt sich in der Regel aus einem Grundlohn und Zuschlägen zusammen. Weitere Vergütungsformen sind z. B. Sonderzuwendungen (13. Monatsgehalt, Treueprämien), vermögenswirksame Leistungen, Gewinnbeteiligungen, Miteigentum (Investivlöhne). Neben der Entlohnung in Geld existieren auch Vergütungen in Form von Naturalien, etwa als Werkswohnung, Deputat oder in Gestalt der privaten Nutzung des Dienstfahrzeuges.

Zu den Nebenpflichten des ArbGeb gehört es, in den gesetzlich vorgesehenen Fällen auch dann ein Entgelt zu entrichten, wenn der ArbN hierfür keine Gegenleistung erbracht hat, z.B. bei Urlaub, Krankheit, an gesetzlichen Feiertagen oder bei vorübergehender Verhinderung des ArbN i.S.v. §616 BGB. Weitere Nebenpflichten des ArbGeb bestehen u.a. darin, Steuern und Sozialabgaben abzuführen, das Leben und die Gesundheit des ArbN sowie dessen in den Betrieb eingebrachte Sachen zu schützen und den Schutz der Persönlichkeit des ArbN abzusichern (Datenschutz, Beschäftigungspflicht, Schutzpflichten aus §618 BGB). Die Pflicht, ArbN wirksam vor sexuellen Belästigungen zu schützen, ergibt sich nunmehr aus den Vorschriften des AGG. **Nebenpflichten des ArbGeb**

3.4.5 Schadenshaftung im Arbeitsvertrag

Die arbeitsrechtliche Schadenshaftung weist gegenüber den allgemeinen zivilrechtlichen Haftungsgrundsätzen einige Besonderheiten auf. Sie ergeben sich aus der Notwendigkeit, zu einer gerechten Risikoverteilung zwischen ArbN und ArbGeb zu gelangen. Schließlich verpflichtet sich der ArbN vor allem auch deshalb dazu, Dienste für einen anderen zu erbringen, weil er hierzu zur Sicherung seiner sozialen Existenz faktisch gezwungen ist. Ihm jetzt noch einseitig das Risiko aufzubürden, für jedweden Schaden, den er in Erbringung seiner Leistung verursacht, im vollen Umfang haften zu müssen, erscheint unbillig. Gleichwohl muss aber auch der ArbGeb vor Schäden geschützt sein, die ihm der ArbN dadurch zufügt, dass er sich unangemessen unachtsam, sorglos oder riskant verhält. Folglich ist zwischen den Arbeitsvertragsparteien ein „innerbetrieblicher Schadensausgleich" (Hromadka/ Maschmann 2002, 327) herbeizuführen.

Der Arbeitnehmer haftet deshalb zwar nach §280 BGB für Sachschäden, die er dem ArbGeb zuführt. Jedoch sind im Arbeitsverhältnis zwei Besonderheiten zu beachten. Zum einen sieht §619a BGB für diesen Fall eine sogenannte Beweislastumkehr vor. Das bedeutet, dass jeweils der ArbGeb beweisen muss, dass der ArbN die Pflichtverletzung, die zum Schadenseintritt geführt hat, auch zu vertreten hat. Zum anderen haftet der ArbN gem. §276 Abs. 1 S. 1 BGB nur im Rahmen der durch die Rspr. des BAG entwickelten Grundsätze der Haftungsmilderung in Abhängigkeit vom Grad seines Verschuldens. Hiernach kommt eine Haftung des ArbN im vollen Umfang nur bei vorsätzlichem oder grob fahrlässigen Verhalten (z.B. Fahren unter Alkohol, bewusste Missachtung einer Weisung) in Betracht. Bei mittlerer (normaler) Fahrlässigkeit wird der Schaden zwischen ArbN und ArbGeb nach Lage des Einzelfalles aufgeteilt. In Fällen leichtester Fahrlässigkeit hingegen haftet der ArbN überhaupt nicht. Da das allgemeine Zivil- **Arbeitnehmer-haftung**

§280 BGB

recht diese Kategorie jedoch nicht kennt, treten in der Praxis allerdings immer wieder Schwierigkeiten bei der Bestimmung dessen auf, was „leichteste Fahrlässigkeit" sein soll.

Ein besonderes Haftungsproblem stellt die sog. Mankohaftung dar. Hierbei geht es um einen Vermögensschaden, der sich in Gestalt einer Differenz zwischen Soll- und Istbestand bei Waren oder Geld darstellt, die dem ArbN anvertraut wurden (Hromadka/Maschmann 2002, 336). In derartigen Fällen ist ausnahmsweise auch eine verschuldensunabhängige Haftung des ArbN möglich. Voraussetzung hierfür ist allerdings, dass arbeitsvertraglich eine entsprechende Abrede hierzu getroffen worden ist. In ihr muss ein sog. Mankogeld vereinbart sein, dass der ArbN als Ausgleich für das zusätzliche Haftungsrisiko in Gestalt eines angemessen erhöhten Gehalts erhält. Tritt danach Mankohaftung ein, darf sie gleichwohl die Höhe dieses Mankogeldes nicht überschreiten (Senne 2004, 81 ff., siehe hier auch weitere Einzelheiten).

Fügt der ArbN hingegen einem Kollegen fahrlässig einen Personenschaden zu, so tritt hierfür gem. § 8 Abs. 1 SGB VII die gesetzliche Unfallversicherung ein, die der ArbGeb gem. § 150 SGB VII für seine Mitarbeiter abschließen muss.

Arbeitgeberhaftung

Der ArbGeb haftet zunächst aus § 280 BGB für Sachschäden, die er dem ArbN schuldhaft zugefügt hat. Nach § 670 BGB analog (hierzu: BAG Urt. v. 16.03.1995, AP Nr. 12 zu § 611 BGB Gefährdungshaftung des Arbeitgebers) haftet er aber auch ohne Verschulden für sog. betrieblich veranlasste Schäden. Hierzu folgendes Beispiel: Der Mitarbeiter wird gebeten, sofort mit seinem Privatfahrzeug von der Einrichtung des ArbGeb in A. zu einer Einrichtung in B. zu fahren, weil dort eine Vertretung benötigt wird. Nach Dienstende bemerkt der Mitarbeiter einen Schaden an seinem Fahrzeug, den ein Unbekannter offensichtlich beim Einparken verursacht hat. Hierfür haftet in diesem Falle der ArbGeb.

Bei Personenschäden hingegen hat der ArbN keinen Schadensersatzanspruch gegenüber dem ArbGeb, weil hier wiederum die gesetzliche Unfallversicherung eintritt (§ 104 SGB VII).

Schließlich hat der ArbN gegenüber dem ArbGeb noch einen Anspruch auf Aufwendungsersatz (§ 670 BGB analog), wenn er aus seinem eigenen Vermögen Aufwendungen auf Weisung oder im Interesse des ArbGeb macht. Für die wichtigste Form des Aufwendungsersatzes, die Erstattung von Reisekosten, wird üblicherweise eine spezielle Regelung, etwa in Gestalt einer Reisekostenordnung, zur Verfügung stehen.

3.3.6   Beendigung des Arbeitsverhältnisses

Formen der Beendigung

Das Ende des Arbeitsverhältnisses kann keinesfalls nur durch eine Kündigung herbeigeführt werden. Zwar stellt die Kündigung die wichtigste Form der Beendigung des Arbeitsverhältnisses dar. In Betracht kommt jedoch auch eine vertragliche Vereinbarung (Aufhebungsvertrag), der Ablauf einer vereinbarten Frist oder der Eintritt einer vereinbarten Bedingung (vgl. II-3.4.3), die Anfechtung (vgl. II-4.3.1), der Tod des ArbN (i. d. R. jedoch nicht der des ArbGeb!) sowie die Auflösung des Arbeitsverhältnisses durch Entscheidung des Arbeitsgerichtes.

Die **Kündigung** ist eine einseitige Willenserklärung, die das Arbeitsverhältnis sofort (fristlos) oder nach Ablauf einer bestimmten Frist beendet. Wirksam wird sie mit ihrem Zugang (§ 130 BGB), d. h. dann, wenn sie in den Verfügungsbereich des Adressaten (z. B. in seinen Briefkasten) gelangt ist. Weiterhin bedarf es zu ihrer Wirksamkeit, dass sie von einem Berechtigten, also dem ArbGeb bzw. dessen ordnungsgemäßem Vertreter (§ 164 BGB) oder einem anderen hierzu Bevollmächtigten (§ 167 BGB) ausgesprochen wurde. Auch in der Sozialen Arbeit wird es häufig so sein, dass die Einrichtung nur durch zwei Berechtigte gleichzeitig vertreten werden kann. Allerdings kann jeder von ihnen seine Vollmacht auf den anderen übertragen, so dass die Wirksamkeit der Kündigung nicht daran scheitern wird, dass sie nur von einem der beiden Berechtigten ausgesprochen wurde. Dies wird hier regelmäßig der Geschäftsführer, in großen Verbänden und Sozialunternehmen auch der Personalleiter oder der Leiter der jeweiligen Einrichtung, sein. Von ihm muss die Kündigung wegen der in § 623 BGB geforderten Schriftform eigenhändig unterzeichnet sein. Die Kündigung ist grundsätzlich auch dann wirksam, wenn sie vom ArbGeb nicht begründet wird. Ausnahmen hiervon finden sich lediglich in § 15 Abs. 3 BBiG sowie § 9 Abs. 3 MuSchG. Jedoch verlangt das BVerfG in seiner Rechtsprechung zu Art. 12 Abs. 1 GG auch außerhalb des gesetzlichen Kündigungsschutzes für den ArbN einen Minimalschutz, weil er anders sein Recht auf freie Berufsausübung nicht wahrnehmen könne (BVerfGE 97, 169). Insofern muss für die Kündigung im Zweifel immer auch ein sachbezogener und anerkennenswerter Grund benannt werden können (vgl. auch Däubler 2006, 242). In jedem Fall führt es jedoch zur Unwirksamkeit der Kündigung, wenn vor ihrem Ausspruch der Betriebsrat nicht gehört wurde (§ 102 Abs. 1 BetrVG).

Die beiden Kündigungsgrundtypen sind die ordentliche sowie die außerordentliche Kündigung. Die *ordentliche Kündigung* erfolgt unter Einhaltung einer Frist. Im Probearbeitsverhältnis beträgt sie zwei Wochen (§ 622 Abs. 3 BGB), ansonsten vier Wochen zum 15. oder zum Ende eines Kalendermonats (§ 622 Abs.1 BGB). Sie verlängert sich in Abhängigkeit von der Dauer des Arbeitsverhältnisses (§ 622 Abs. 2 BGB). Da es sich hierbei um gesetzliche Mindestfristen handelt, können sie, abgesehen von den in § 622 Abs. 5 BGB genannten Ausnahmen, durch einen Arbeitsvertrag nicht verkürzt werden; jedoch sind abweichende tarifvertragliche Regelungen möglich (§ 622 Abs. 4 BGB).

Für bestimmte Gruppen von ArbN ist das Recht zur ordentlichen Kündigung ausgeschlossen oder eingeschränkt, so für Auszubildende nach Ablauf der Probezeit (§ 15 BBiG), während der Schwangerschaft und bis zum Ablauf von vier Monaten nach der Entbindung (§ 9 MuSchG), für Betriebs- und Personalräte, für Jugend- und Auszubildendenvertreter sowie für Wahlvorstände (§ 15 KSchG). Darüber hinaus kann die Unzulässigkeit

Kündigung

ordentliche Kündigung

§ 622 BGB

besonderer Kündigungsschutz

einer ordentlichen Kündigung ab Erreichen eines bestimmten Dienst- und Lebensalters tarifvertraglich vereinbart sein (z. B. § 34 Abs. 2 TVöD: ab 15 Dienst- und 40 Lebensjahren für das Tarifgebiet West). Schwerbehinderten darf nur mit Zustimmung der zuständigen Integrationsstelle ordentlich gekündigt werden (§ 85 SGB IX). Während der Elternzeit kann ein Arbeitsverhältnis nur mit einer Frist von drei Monaten gekündigt werden (§ 19 BErzGG). Im Falle einer Insolvenz verkürzen sich Kündigungsfristen, sofern sie nach § 622 Abs. 2 BGB verlängert waren, wiederum auf drei Monate zum Monatsende (§ 133 InsO).

allgemeiner Kündigungsschutz Besteht ein Arbeitsverhältnis länger als sechs Monate und sind im Betrieb mehr als fünf ArbN beschäftigt (Auszubildende zählen in diesem Fall nicht mit, Teilzeitbeschäftigte werden anteilig berücksichtigt), so tritt Kündigungsschutz nach dem KSchG ein (§§ 1 Abs. 1, 23 Abs. 1 KSchG). *Kündigungsschutz* bedeutet hier, dass eine Kündigung nur dann rechtswirksam ist, wenn sie sozial gerechtfertigt ist. Dies wiederum ist nur dann der Fall, wenn sie aus betriebs-, personen- oder verhaltensbedingten Gründen erfolgte.

a) *betriebsbedingte Kündigung.* Für sie müssen dringende betriebliche Erfordernisse vorliegen, die allerdings als Folge ansonsten freier Unternehmerentscheidung nur einer insoweit eingeschränkten gerichtlichen Überprüfbarkeit hinsichtlich eines Verstoßes gegen das Willkürverbot bzw. gegen ein allgemeines Sachlichkeits- und Vernunftgebot unterliegen. Führt die unternehmerische Entscheidung zum Wegfall von Arbeitsplätzen, so ist die Kündigung dann sozial gerechtfertigt, wenn (1) keine anderen Lösungen, z. B. der Abbau von Überstunden oder der Verzicht auf Leiharbeit, möglich waren (Ultima-ratio-Grundsatz), (2) es an einer anderweitigen Weiterbeschäftigungsmöglichkeit (auch in einem anderen Betrieb des gleichen Unternehmens!) fehlt und (3) eine ordnungsgemäße Sozialauswahl (die wichtigsten Kriterien hierbei: Dauer der Betriebszugehörigkeit, Lebensalter, Unterhaltspflicht) vorgenommen wurde.

b) *personenbedingte Kündigung.* Voraussetzung hierfür ist, dass der ArbN aus Gründen, die in seiner Person liegen, nicht mehr in der Lage ist, die vereinbarte Arbeitsleistung zu erbringen. Ihr häufigste Anwendungsfall ist die krankheitsbedingte Kündigung. Die prinzipielle Zulässigkeit der Kündigung wegen Krankheit ergibt sich im Umkehrschluss aus § 8 Abs. 1 EfzG. Allerdings stellt die Rspr. hohe Anforderungen an ihre Gerechtfertigtheit. Sie fordert eine Stufenprüfung, die auf Dauer der Erkrankung und Gesundheitsprognose, eine konkrete erhebliche Beeinträchtigung betrieblicher Interessen sowie eine Interessenabwägung zwischen ArbN und ArbGeb abstellt (BAG, Urt. v. 26.09.1991 EzA § 1 KSchG personenbedingte Kündigung Nr. 10).

c) *verhaltensbedingte Kündigung.* Sie kann ausgesprochen werden, wenn der ArbN sich vertragswidrig verhält und dadurch eine konkrete Beeinträchtigung des Arbeitsverhältnisses herbeiführt. Betroffen sind hiervon vor allem der Leistungsbereich (z. B. Arbeitsverweigerung) sowie der Vertrauensbereich (z. B. strafbare Handlungen zum Nachteil des ArbGeb). Auch hier gelten das Ultima-ratio- und das Prognoseprinzip. Deshalb wird der verhaltensbedingten Kündigung i. d. R. eine Abmahnung vorausgehen müssen, zumindest immer dann, wenn sie sich auf durch den ArbN *steuerbares* Verhalten bezieht. Entbehrlich ist sie hingegen bei besonders schweren Verstößen, deren Rechtswidrigkeit eklatant ist (Hromadka/Maschmann 2002, 394).

Die außerordentliche Kündigung ist nur aus wichtigem Grund zulässig (§ 626 Abs. 1 BGB). Sie kann fristlos oder mit einer Auslauffrist (z. B. zum Monatsende) ausgesprochen werden. Der ArbGeb hat hierzu eine Erklärungsfrist von zwei Wochen von dem Zeitpunkt ab, zu dem er von den für die Kündigung maßgeblichen Tatsachen Kenntnis erlangte (§ 626 Abs. 2 BGB). Als wichtiger Grund wurden in der bisherigen Rspr. u. a. anerkannt: hartnäckige Arbeitsverweigerung, Beleidigung Vorgesetzter, Tätlichkeiten gegenüber Kollegen, eigenmächtiger Urlaubsantritt, Annahme von Schmiergeldern, Verletzung der Verschwiegenheitspflicht, unter bestimmten engen Voraussetzungen auch der *Verdacht* einer Straftat u. a. m. (vgl. im Einzelnen Stahlhacke/Preis 1991, 178 ff.). Jedoch auch bei Vorliegen eines wichtigen Grundes ist wiederum stets das Ultima-ratio-Prinzip zu beachten. Dies bedeutet, dass der außerordentlichen Kündigung zumindest im Leistungsbereich eine Abmahnung vorausgegangen sein muss sowie dass die Vertragsstörung auf andere Weise (z. B. durch Versetzung oder etwa einen Änderungsvertrag bei Arbeitsverweigerung aus Gewissensgründen) nicht möglich ist. Schließlich unterliegt die außerordentliche Kündigung letztlich einer Interessenabwägung zwischen ArbN und ArbGeb. Hierbei müssen insbesondere die Dauer der Betriebszugehörigkeit, aber auch Lebensalter sowie Unterhaltsverpflichtungen des gekündigten ArbN zu berücksichtigt werden.

außerordentliche Kündigung

Unabhängig davon, ob der ArbN geltend machen möchte, dass seine Kündigung sozial ungerechtfertigt i. S. v. § 1 Abs. 2 KSchG oder sonst rechtsunwirksam ist, etwa weil Fristen nicht eingehalten wurden, sie nicht von einem Berechtigten ausgesprochen wurde, es an der Schriftform fehlte, der Betriebsrat nicht angehört wurde, gegen ein gesetzliches Kündigungsverbot verstoßen wurde oder ihr Ausspruch willkürlich erfolgt ist, muss er innerhalb von drei Wochen beim Arbeitsgericht auf Feststellung klagen, dass das Arbeitsverhältnis durch die Kündigung nicht aufgelöst wurde (§ 4 KSchG). Gibt das Gericht der Klage statt, muss das aber nicht unbedingt zur Folge haben, dass das Arbeitsverhältnis auch tatsächlich fortgesetzt wird. Ist dies nämlich dem ArbN nicht mehr zuzumuten, dann kann das Gericht gem. § 9 Abs. 1 KSchG auf dessen Antrag das Arbeitsverhältnis auflösen und den ArbGeb zur Zahlung einer angemessenen Abfindung (zwölf Monatsverdienste, bei älteren ArbN mit langer Betriebszugehörigkeit bis zu 18 Monatsverdienste, § 10 KSchG) verurteilen. Um Klagen zu vermeiden, mit denen lediglich eine Abfindung erlangt werden soll, besteht bei Kündigung wegen dringender betrieblicher Erfordernisse ein genereller Abfindungsanspruch im Falle eines Klageverzichts durch den ArbN. Die Höhe der Abfindung beträgt hier 0,5 Monatsverdienste pro Beschäftigungsjahr

Kündigungsschutz

§ 4 KSchG

Abfindung

(§ 1a KSchG). Die Inanspruchnahme der Abfindung löst im Übrigen keine Sperrzeit für den Bezug des Arbeitslosengeldes aus, da der ArbN durch die bloße Hinnahme der Kündigung weder das Arbeitsverhältnis gelöst noch dessen Lösung durch eigenes Verhalten herbeigeführt hat, wie dies in § 144 Abs. 1 Nr. 1 SGB III verlangt ist.

Weiterbeschäftigungsanspruch

Erhebt der ArbN Kündigungsschutzklage, so führt dies keineswegs zu einem Weiterbeschäftigungsanspruch über den Ablauf der Kündigungsfrist hinaus. Das Gesetz kennt hiervon allerdings eine wichtige Ausnahme. Hat nämlich der Betriebsrat einer Kündigung form- und fristgerecht widersprochen (§ 102 Abs. 3 BetrVG) und hat der ArbN gleichzeitig Kündigungsschutzklage nach § 4 KSchG erhoben, so ist der ArbGeb gem. § 102 Abs. 5 BetrVG verpflichtet, den ArbN bis zum rechtskräftigen Abschluss des Kündigungsschutzverfahrens weiterzubeschäftigen. Hiergegen kann er sich nur im Wege der Erlangung einer einstweiligen Verfügung durch das Arbeitsgericht wehren. Er wird damit insbesondere dann Erfolg haben, wenn der Widerspruch des Betriebsrates offensichtlich unbegründet war oder wenn die Weiterbeschäftigung zu einer für ihn unzumutbaren wirtschaftlichen Belastung führen würde (Hromadka/Maschmann 2002, 453).

Darüber hinaus erkennt die Rspr. einen Weiterbeschäftigungsanspruch noch bei offensichtlicher Unwirksamkeit der Kündigung (z. B. wegen fehlender Anhörung des Betriebsrates, fehlender Schriftform oder bei Kündigung einer Schwangeren) sowie nach einer Unwirksamkeitsfeststellung in erster Instanz an (BAG, Urt. v. 10.03.1987, 17.01.1991, 12.02.1992, AP Nr. 1, 8,9 zu § 611 BGB Weiterbeschäftigungspflicht) an.

Däubler 2006; Senne 2004

1. Die Sozialarbeiterin P. hat eine musiktherapeutische Zusatzausbildung absolviert und führt nunmehr bei dem Träger „Weltenwandel", der mit geistig behinderten Menschen arbeitet, wöchentlich fünf gruppentherapeutische Sitzungen à 90 Minuten durch. Der Zeitpunkt der Sitzungen wird ihr jeweils eine Woche im Voraus mitgeteilt. Dabei erhält sie auch Hinweise auf Besonderheiten der Bewohner der Einrichtung, auf die sie in den Sitzungen eingehen soll. Als Honorar ist ein fester Stundensatz vereinbart. Nach acht Monaten möchte Frau P. bezahlten Urlaub. Hat sie einen Anspruch hierauf? (3.1)
2. Der Geschäftsführer eines großen sozialen Trägers möchte die freigewordene Stelle seines persönlichen Assistenten gern mit Herrn M. besetzen, den er schon aus Zeiten des gemeinsamen Studiums kennt und schätzt. Der Betriebsrat verlangt jedoch, dass die Stelle ausgeschrieben wird. Zu Recht? (3.3.2)
3. Der ArbN N. und der ArbGeb G. haben zunächst einen befristeten Arbeitsvertrag über sechs Monate abgeschlossen, in dem der N. zur Probe arbeiten soll. Danach soll er bei entsprechender Zufriedenheit des G. einen unbefristeten Arbeitsvertrag erhalten. Nach Ablauf der sechs Mo-

nate erklärt der G. jedoch, dass er sich noch nicht sicher sei und möchte, dass N. noch weitere 6 Monate Probezeit leisten soll. Ist dies rechtens? (3.3.3)

4. In dem Verein „Hilfe am Ort" sind insgesamt neun Mitarbeiter beschäftigt, davon drei voll und sechs für 20 Stunden wöchentlich. Betriebsbedingt muss eine halbe Stelle abgebaut werden. Der Vorstand würde gern Frau S. kündigen, da sie nach dessen Beobachtung durch ihr häufiges Zuspätkommen und gelegentliches unentschuldigtes Fehlen seit ihrer Arbeitsaufnahme am 01.01.2002 ohnehin das Betriebsklima belastet. Ist dies möglich? (3.3.6)

4 Aufsichtspflichten und Haftung (Trenczek/Tammen)

4.1 Übersicht und Einführung in die Fragestellungen

Bei dem Begriffskreis „Aufsicht und Haftung", insbesondere bei der Frage nach den Konsequenzen einer Aufsichtspflichtverletzung, geht es um Fragen, die unterschiedliche Rechtsbereiche betreffen und zwar insb. um Fragen des

- Zivilrechts, insbesondere des Schuld- und Familienrechts,
- Kinder- und Jugendhilferechts (Sozialverwaltungsrecht),
- Sozialversicherungsrechts,
- Arbeitsrechts und
- Strafrechts.

Im Folgenden kann nur ein grober Überblick über die wichtigsten Regelungen gegeben werden, wobei im Wesentlichen auf die Situation in der Jugendhilfe vor allem im Bereich der Erziehungshilfen und Neuen Ambulanten Maßnahmen eingegangen wird.

4.2 Begriff und Inhalt der Aufsichts- und Schutzpflichten

4.2.1 Aufsichtspflicht als Teil der Personensorge

Rechtlich gelten Minderjährige, also auch Jugendliche, stets als aufsichtsbedürftig, Volljährige dagegen nur, wenn sie aufgrund ihrer geistigen oder körperlichen Fähigkeiten in einer konkreten Situation nicht die notwendige Selbstkontrolle besitzen (vgl. § 832 Abs. 1 BGB). Während man bei Minderjährigen zumeist von Aufsichtspflicht spricht, wird dieser Begriff bei Volljährigen seltener verwandt, auch wenn ihnen gegenüber ggf. besondere Schutzpflichten bestehen. Der Begriff „Aufsichtspflicht" beschreibt die Pflicht, Minderjährige bzw. andere anvertraute Personen mit dem Ziel zu beaufsichtigen, sie einerseits vor einer Selbstschädigung oder einer Schädigung durch Dritte zu bewahren sowie andererseits zu verhindern, dass sie ihrerseits Dritte schädigen. Die Aufsichtspflicht ist bei Minderjährigen Bestandteil der **Personensorge** und obliegt daher ursprünglich den Personensorgeberechtigten, d. h. regelmäßig den Eltern. Nach § **1631 BGB** umfasst die Personensorge neben der Pflicht und dem Recht, das Kind zu pflegen, zu erziehen und seinen Aufenthalt zu bestimmen, auch die Pflicht und das Recht, es zu beaufsichtigen. Im Übrigen sind verpflichtete Personen auch Vormünder (§§ 1793, 1800 i. V. m. § 1631 BGB), Pfleger (§§ 1909, 1915 BGB) und Betreuer (§§ 1896, 1901 BGB).

Aufsichtspflicht

Die Aufsichtspflicht kann auch auf einem (konkludent vereinbarten) vertraglichen Schuldverhältnis beruhen (vgl. § 832 Abs. 2 BGB), z. B. bei einem Erziehungsberechtigten (§7 Abs. 1 Nr. SGB VIII), der den Minderjährigen in Obhut hat. Problematisch ist die Frage der Übertragung der Aufsichtspflicht, wenn im Alltag ohne eindeutige Absprache jemand kurzzeitig einspringt, um auf ein Kind aufzupassen. Nicht jede kurzfristige Aufsicht über Minderjährige begründet automatisch eine Aufsichtspflicht. Es muss vielmehr in jedem Einzelfall geprüft werden, ob tatsächlich eine verbindliche Übernahme der Verantwortung durch die betreffende Person vorliegt, oder ob es sich um eine reine Gefälligkeit handelt. Im Gegensatz zu einer vertraglichen, rechtlich verbindlichen Übernahme der Aufsichtspflicht ist eine Gefälligkeit dadurch gekennzeichnet, dass es am Rechtsbindungswillen der Person gerade fehlt (vgl. II-1.2.1). Die „gefällige" Person möchte sich nicht im rechtlichen Sinne dazu verpflichten, eine Tätigkeit zu übernehmen. Unsere Rechtsordnung schließt eine Haftung bei Gefälligkeiten weitgehend aus. Anderenfalls wäre in der Bevölkerung wohl wenig Bereitschaft vorhanden, Gefälligkeiten zu übernehmen. Wenn die Gefälligkeit aber ausgeführt wird (z. B. die Kinder des Nachbarn kurz beaufsichtigt werden), so trifft die Person selbstverständlich essenzielle Schutzpflichten, insbesondere im Hinblick auf Leib und Leben der beaufsichtigten Person. Ein reines Gefälligkeitsverhältnis wird z. B. bejaht, wenn die Eltern eines Kindes auf dem Spielplatz kurz abwesend sind und auf ihre Bitte hin eine andere Person auf das Kind aufpasst. Ebenso wird eine rechtlich verbindliche Übernahme der Aufsichtspflicht abgelehnt, wenn Kinder unaufgefordert zum Spielen mit dem eigenen Kind in die Wohnung kommen. Dies gilt auch, wenn die Eltern von den gegenseitigen Besuchen wissen und sie erlauben (BGH NJW 1968, 1874 f.). Etwas anderes gilt dagegen, wenn die Kinder auf Einladung der Eltern ins Haus kommen, etwa wenn sie zu einer Geburtstagsfeier eingeladen werden. Mit der Einladung bringen die Eltern zum Ausdruck, dass sie die Kinder während der Feier auch beaufsichtigen werden (OLG Celle NJW-RR 1987, 1384 f.). Eine vertragliche Übernahme der Aufsichtspflicht ist auch dann anzunehmen, wenn es sich um eine weitreichende Obhut von längerer Dauer und weitgehender Einwirkungsmöglichkeit handelt (BGH NJW 1968, 1874).

Eine gesetzliche Aufsichtspflicht besteht aufgrund von Regelungen der jeweiligen Schulgesetze (z. B. § 62 Niedersächsisches Schulgesetz – NSchG, § 61 Schulgesetz für das Land Mecklenburg-Vorpommern – SchulG M-V) auch für Schulen.

4.2.2   Übertragung der Aufsichtspflicht auf einen Träger

Ob und inwieweit Mitarbeiter der öffentlichen Jugendhilfe kraft Gesetzes zum Schutz von Jugendlichen verpflichtet sind, ist im Detail noch umstritten. Eine über die strafrechtliche Garantenstellung, die nach §§ 1 Abs. 3, 8a SGB VIII wohl jeden Mitarbeiter der öffentlichen Jugendhilfe trifft (Trenczek 2002a; IV-2.2.2), hinausreichende, konkretisierte gesetzliche Aufsichtspflicht der Mitarbeiter des Jugendamtes besteht zumindest im Rahmen der Inobhutnahme (vgl. § 42 Abs. 2 SGB VIII). Mitarbeiter von Einrichtungen, insbesondere freier Träger z. B. im Rahmen der Erziehungshilfen, sind aber nicht per se gesetzlich aufsichtspflichtig (vgl. § 1688 Abs. 3 BGB, § 38 SGB VIII). Andere Personen werden neben den Personensorgeberechtigten nur dann aufsichtspflichtig, wenn ihnen die Aufsichtspflicht von den Personensorgeberechtigten bzw. dem Jugendamt zur Ausübung übertragen wurde und sie diese übernommen haben. Melden die Eltern (bzw. andere Personensorgeberechtigte) ihre Kinder in einer Einrichtung oder zur Teilnahme an einer Aktivität, einem Kurs, einer Fahrt usw. an, kommt – rechtlich gesehen – regelmäßig ein Vertrag zustande (siehe Übersicht 30), durch den nicht nur Umfang und Grenzen der Erziehungsberechtigung (vgl. § 7 Abs. 1 Nr. 6 SGB VIII) übertragen werden, sondern damit geht **auch** die **Aufsichtspflicht** von den Personensorgeberechtigten auf den Träger der Einrichtung über (sog. Betreuungs- oder Aufnahmevertrag). Indem die Personensorgeberechtigten ihr Kind anmelden, erklären sie, ihre Aufsichtspflicht für die Dauer und den Umfang der jeweiligen Betreuung übertragen zu wollen: Der Minderjährige soll während seiner Anwesenheit „erzogen", betreut und beaufsichtigt werden. Ratsam ist es freilich, ausdrücklich einen Passus zur Regelung der Aufsicht und des Erziehungsrechts in das Anmeldeformular aufzunehmen. Nimmt der Träger die Anmeldung an, ist der Vorgang der vertraglichen Begründung der Aufsichtspflicht abgeschlossen. Das Gleiche gilt für die Übertragung von Aufgaben durch das Jugendamt an freie Träger im Rahmen der Inobhutnahme (§§ 42, 76 SGB VIII).

Zwischen den Mitarbeitern des Trägers und den Personensorgeberechtigten bestehen typischerweise keine Vertragsbeziehungen. Die Erzieherin ist vielmehr sog. Erfüllungsgehilfin (§ 278 BGB) des Trägers (hierzu II-1.4.3) soweit auf sie die Aufsichtspflichten delegiert wurden (s. u. II-4.2.5). Die Mitarbeiter sind insbesondere aufgrund ihres Arbeitsvertrages mit dem

Übersicht 30: Übertragung der Aufsichtspflicht durch Verträge

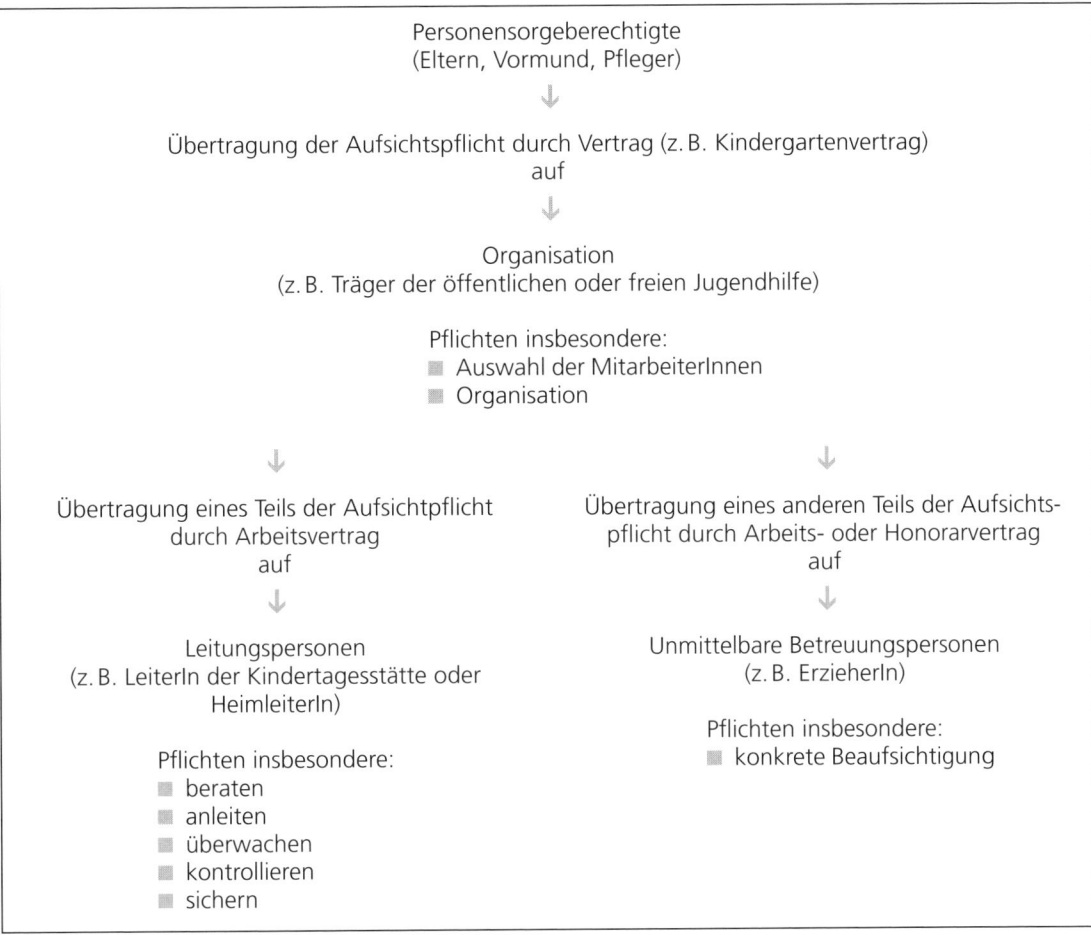

Träger verpflichtet, die Vereinbarungen des Vertrages zwischen Träger und Personensorgeberechtigten zu erfüllen.

Durch die Verpflichtung der Mitarbeiter zur unmittelbaren Beaufsichtigung wird der Träger jedoch von seiner Aufsichtspflicht **nicht** frei. Alle Beteiligten haben vielmehr Pflichten im Zusammenhang mit der Aufsicht des Minderjährigen: Der Träger hat durch eine angemessene **Organisations- und Personalplanung** sicherzustellen, dass die Aufsichtspflicht erfüllt werden kann. So darf er z.B. die ihm vertraglich übertragene Aufsichtspflicht nur Mitarbeitern übertragen, die für die Aufgabe hinreichend qualifiziert, zuverlässig und (berufs)erfahren sind. Der Vorstand des Trägers hat insofern die Pflicht zur sorgfältigen Auswahl des Personals und zur Belehrung über die Aufsichtspflicht sowie zur Organisation z.B. hinsichtlich der jeweiligen Gruppengröße. Kommt er dem nicht in ausreichendem Umfang nach, so verletzt der Träger selbst seine Aufsichtspflicht. Verstößt der Träger gegen diese Organisationspflichten, so haftet er nach der Rspr. ohne die Möglichkeit eines Entlastungsbeweises (§§ 823, 831, 31 BGB). Die Leitung der Einrichtung hat die Pflicht zur Einweisung, Beratung und Unterstützung der konkret bei der Betreuung oder Erziehung eingesetzten Mitarbeiter und zum Einschreiten bei deren offensichtlichem Fehlverhalten. Zudem hat auch sie Organisationspflichten, z. B. zur Gewährleistung einer Vertretung bei der Beaufsichtigung, wenn die eigentlich damit beauftragte Person ausfällt. In Notfällen ist sie selbst persönlich zur Aufsicht verpflichtet.

Heranwachsende haben keine Personensorgeberechtigten, sie sind i. d. R. voll geschäftsfähig und selbst Vertragspartner. Das heißt aber nicht, dass eine Einrichtung, ein Träger oder Veranstalter ihnen gegenüber keine Schutzpflichten hätten. Diese können sich aus dem (Betreuungs-)Vertrag oder aus der konkreten Situation heraus ergeben.

4.2.3 Sonstige Begründung von Schutzpflichten

Über die gesetzliche Begründung der Aufsichtspflicht als Teil der Personensorge hinaus kann eine Schutzpflicht auch ohne (ausdrücklich oder konkludent/stillschweigend) geschlossenen Vertrag bestehen, die z. B. dann relevant wird, wenn sich nicht in der Einrichtung angemeldete Freunde eines betreuten Jugendlichen in einer Einrichtung aufhalten. Diese besonderen Schutzpflichten ergeben sich u. a. aus der sog. Verkehrssicherungs- und Organisationspflicht des Einrichtungsträgers wie auch aus der sog. Garantenstellung und den hieraus erwachsenden Pflichten, die vor allem in strafrechtlicher Hinsicht diskutiert werden.

Verkehrssicherungspflicht Bei der Verkehrssicherungspflicht handelt es sich um die Pflicht, den Betrieb, eine Einrichtung (insbesondere das Gebäude sowie die darin befindlichen Einrichtungsgegenstände) in einem verkehrssicheren Zustand zu halten und so zu führen, dass niemand geschädigt wird (vgl. §§ 836–838 BGB). Die Verkehrssicherungspflicht beginnt und endet nicht an der Haustür der Einrichtung, sondern besteht auch außerhalb der Einrichtungsstätte für den gesamten Betrieb des Einrichtungsträgers, also auch für alle Veranstaltungen, die vom Träger durchgeführt werden. Sie besteht nicht nur gegenüber den Jugendlichen, die die Einrichtung nutzen, sondern gegenüber jeder Person, welche sie befugtermaßen betritt oder nutzt. Die Verkehrssicherungspflicht beruht auf dem Gedanken, dass derjenige, der eine Gefahrenquelle schafft oder in dessen Einwirkungsbereich sich eine solche befindet, die notwendigen Vorkehrungen treffen muss, um Dritte vor etwaigen Schäden zu bewahren.

Im Zusammenhang mit der Erziehung und Betreuung von Minderjährigen betrifft die Verkehrssicherungspflicht etwa das Aufstellen von Spielgeräten oder das Betreiben von Spielplätzen, die bauliche Gestaltung von Räumlichkeiten und Anlagen, in denen sich Minderjährige aufhalten, aber auch die Durchführung von Festen o. Ä., bei denen es zu Gefahren kommen kann.

Wichtig ist dabei zunächst, dass einschlägige Unfallverhütungsvorschriften eingehalten werden. Die notwendigen Schutzvorkehrungen hängen auch davon ab, an welche Altersgruppe sich Angebote richten und zu welchen Aktivitäten sie dienen sollen. Aus den Verkehrssicherungspflichten können sich ganz unterschiedliche Anforderungen ergeben. Sie fordern z. B., dass Spielgeräte auf Spielplätzen standsicher verankert sind und darauf hin auch regelmäßig kontrolliert werden (BGH NJW 1988, 48 f.). Bei Angeboten für Kleinkinder muss u. U. auch ein Untergrund mit aufprallhemmender Wirkung vorhanden sein, um Verletzungen zu vermeiden. Der Bundesgerichtshof hat in diesem Zusammenhang gefordert, dass die Risiken auf Spielplätzen zwar nicht völlig ausgeschlossen, aber doch für die Kinder überschaubar und kalkulierbar sein müssen (BGH FamRZ 1988, 810 ff.). Auch Gebäude müssen so beschaffen sein, dass keine versteckten Gefahrenquellen vorliegen. Werden bei Kinderfesten o. Ä. Spiele veranstaltet, die mit Gefahren verbunden sind, so ist dafür Sorge zu tragen, dass die Spieler oder dritte Personen nicht verletzt werden. Auch Fahrzeuge, mit denen Minderjährige befördert werden, müssen selbstverständlich verkehrssicher sein. Wird ein PKW, der Mängel aufweist, zu einer Fahrt benutzt und kommt es zu einem Unfall, so haben alle Personen, die von den für den Unfall ursächlichen Mängel wussten und gleichwohl das Fahrzeug benutzten, – neben dem Halter (i. d. R. Einrichtungsträger) – ihre Schutzpflicht verletzt.

Wie die Aufsichtspflicht zielt auch die allgemeine Verkehrssicherungspflicht darauf ab, Schutzmaßnahmen zu ergreifen. Wenn es um den Schutz von Minderjährigen geht, greifen diese Pflichten und die sog. Aufsichtspflicht daher zumeist derart ineinander, dass eine deutliche Trennung kaum möglich ist. Allerdings trifft die allgemeine Verkehrssicherungspflicht zunächst nur den Einrichtungsträger und nicht seine Mitarbeiter, sofern diesen nicht selbst ein fehlerhaftes Verhalten oder Unterlassen vorzuwerfen ist.

Kommt z. B. der Träger seiner Verpflichtung nicht nach, indem er beispielsweise einen schadhaften Fußboden nicht reparieren lässt, auf man leicht stolpern kann, so gebietet die Aufsichtspflicht den Mitarbeitern, tätig zu werden. Andernfalls wären sie für eine etwaige Schädigung der Kinder mitverantwortlich. Sie haben den Träger daher nachdrücklich (wenn nötig auch schriftlich) an die Reparatur zu erinnern und die die Einrichtung besuchenden Personen zu besonderer Aufmerksamkeit hinsichtlich der Gefahrenquelle zu veranlassen. Wenn der Träger nicht reagiert oder sich sogar weigert, die Reparatur durchzuführen, sollten die Mitarbeiter ihm schriftlich mitteilen, mit ihrer Aufsichtsführung nicht länger dafür einstehen zu können, dass die Kinder sich wegen des schadhaften Fußbodens nicht verletzen. Im Schadensfalle dürften die Mitarbeiter hierdurch entlastet sein, da sie belegen können, alles in ihrer Macht Stehende und Zumutbare unternommen zu haben, um Schädigungen der Kinder zu vermeiden (vgl. § 832 Abs. 1 S. 2 BGB).

Eng mit der Verkehrssicherungspflicht zusammen hängen spezifische Organisationspflichten des Einrichtungsträgers, nach der dieser die Betriebsabläufe so zu gestalten hat, dass Schäden für Dritte ausgeschlossen sind.

Organisationspflicht

4.2.4   Umfang und Grenzen der Aufsichtspflicht

Es ist nicht möglich, Umfang und Grenzen der Aufsichtspflicht im Detail gesetzlich für alle Fälle und Situationen verbindlich festzulegen. Der Gesetzgeber hat es vielmehr der Rechtsprechung überlassen, im konkreten Fall über die Auslegung der unbestimmten Rechtsbegriffe Umfang und Grenzen der Aufsichtspflicht festzulegen. Als Richtschnur gilt insoweit folgender Maßstab: „Hat der Aufsichtspflichtige das getan, was von einem verständigen Aufsichtspflichtigen in der Lage und nach den Umständen des Einzelfalles vernünftiger- und billigerweise verlangt werden konnte?" Damit wird zunächst auf den „gesunden Menschenverstand" Bezug genommen. Konkret gibt es eine Reihe unterschiedlicher Faktoren, die Inhalt und Umfang der Aufsichtspflicht bestimmen. Diese sind z. B. (vgl. z. B. BGH NJW 1984, 2574; NJW 1993, 1103; NJW 1996, 1404):

- die Person des Minderjährigen (körperliche, seelische, soziale und geistige Reife; hier wird man neben dem Alter des Minderjährigen insbesondere auch auf das Problemverhalten und die frühere „Auffälligkeit" der Jugendlichen zu achten haben),
- das Gruppenverhalten des Minderjährigen,
- die Gruppengröße,
- die Gefährlichkeit der Beschäftigung (insbesondere im Hinblick auf erlebnispädagogische Aktionen oder z. B. Wettrennen mit Fahrzeugen, aber z. B. auch im Hinblick auf den Umgang mit Medien),
- die Art der Spiel- und Beschäftigungsgeräte (Gebrauch von Waffen, Werkzeugen, Umgang mit Feuer usw.),
- die örtliche Umgebung (unbekannte Umgebung, Bergklippen, Ufergelände, Straßenverkehr),
- Anzahl und Person der Mitarbeiter, insbesondere Qualifikationen und Fähigkeiten der Aufsichtsperson, ihre pädagogischen Erfahrungen und ihre Vertrautheit mit den Minderjährigen, aber auch eventuelle körperliche Einschränkungen, Krankheiten oder Behinderungen.

Im konkreten Fall sind meist mehrere dieser Faktoren zu berücksichtigen.

Interventions- und Maßnahmenkatalog Die Aufsichtsmaßnahmen sollten im Einklang mit den derzeitigen allgemein anerkannten pädagogischen Grundauffassungen stehen, sie sollten die Entwicklungsbedürfnisse des Minderjährigen berücksichtigen und sein Interesse an selbstbestimmten Lernprozessen unterstützen. Das pädagogische Ziel der Erziehung zur Selbstständigkeit bestimmt also Umfang und Intensität der zumutbaren Aufsichtsmaßnahmen mit (vgl. BGH NJW 1976, 1684). Unpädagogisches Verhalten ist unzumutbar und kann daher im Rahmen der Aufsichtspflicht nicht verlangt werden. Es ist zu beachten, dass die Aufsichtspflicht nur eine Nebenpflicht der Erziehungspersonen ist. Vorrangig demgegenüber ist die Erziehung zu Selbstständigkeit, Mündigkeit und Verantwortungsbewusstsein. Ein steigendes Maß an Freiheit ist für die

Erziehung und Pädagogik

Entwicklung zur Selbstständigkeit nötig. Gefahren müssen im Rahmen des Beherrschbaren in Kauf genommen werden, da ansonsten das schwerwiegendere Risiko besteht, dass das Kind bei Volljährigkeit den Aufgaben des Lebens nicht gewachsen ist. Leitlinie der Ausübung der Aufsicht sollte sein, dem Minderjährigen ein ständig steigendes Maß an Freiheit zu gewähren.

Der Interventions- und Maßnahmenkatalog umfasst eine große Spannweite: Information und Aufklärung, Absprachen und Ermahnungen, Ge- und Verbote, Überprüfung der Gefahrenquellen und Kontrollen, wenn nötig wiederholt, ggf. die Unterbindung durch Wegnahme und sichere Verwahrung gefährlicher Gegenstände, die Inanspruchnahme fremder Hilfe oder auch den Abbruch von Veranstaltungen. Welche Vorkehrungen und Maßnahmen zur Gefahrenabwehr allein oder kumulativ geeignet, erforderlich und zumutbar sind, ist stets nach den **besonderen Umständen des Einzelfalls** zu beurteilen. Nicht alles, was an Aufsichtsmaßnahmen denkbar ist, ist zumutbar. Entscheidend ist letztlich, was eine *verständige* aufsichtspflichtige Person nach den *vernünftigen* Anforderungen im konkreten Fall unternehmen muss, um die Schädigung eines Dritten oder die Eigenschädigung der betreuten Person zu verhindern. Hinsichtlich der einzelnen möglichen Aufsichtsmaßnahmen besteht dabei dem Verhältnismäßigkeitsprinzip entsprechend ein Stufenverhältnis. Die unterste Stufe besteht im **Informieren und Belehren** des Minderjährigen über mögliche Gefahren, was ggf. mehrfach zu erfolgen hat. Die Belehrungen, Erklärungen und Warnungen sind so zu gestalten, dass sie dem Alter und Entwicklungsstand der Minderjährigen entsprechen und verstanden werden. Insbesondere bei jüngeren und in ihrer Entwicklung beeinträchtigten Kindern hat sich die Aufsichtsperson durch Nachfragen zu versichern, ob ihre Hinweise verstanden wurden, ggf. sind sie zu wiederholen. Der sachgemäße Umgang mit ungewohnten Gegenständen wie etwa Werkzeugen, Sportgeräten oder auch mit Feuer ist vorzuführen. Auf der nächsten Stufe liegen **Überwachungen und Kontrollen**. Hier muss sich die Aufsichtsperson z. B. vergewissern, ob der Minderjährige die erfolgten Belehrungen verstanden hat und auch umsetzt. Ebenso muss sie sich davon überzeugen, dass er die im Einzelfall nötigen Fähigkeiten hat, etwa sicher genug schwimmt, um ins Schwimmerbecken zu können, oder seinen Roller bzw. sein Fahrrad beherrscht. Auf der nächsten Stufe liegen **Ge- und Verbote**, sie sind vorzunehmen, wenn die Wahrscheinlichkeit einer Gefahr besteht. Auch in Bezug auf Ge- und Verbote hat sich der Aufsichtspflichtige stets zu vergewissern, ob diese von den Aufsichtsbedürftigen tatsächlich verstanden und befolgt werden. Unter Umständen kann bei jüngeren oder entwicklungsbeeinträchtigten Kindern sowie bei solchen, die erfahrungsgemäß Anweisungen und Verbote nicht befolgen, eine ständige Anwesenheit einer Aufsichtsperson bei einer Aktivität erforderlich sein. In jedem Fall muss die Aufsichtsperson wissen, wo die Minderjährigen sich aufhalten und was sie gerade tun. Hierüber muss sie sich in regelmäßigen Abständen versichern. Auf der höchsten Stufe der Aufsichtsführung schließlich liegt **Eingreifen** und Unmöglichmachen einer Handlung, so z. B. Wegschließen oder Wegnahme von gefährlichen Gegenständen oder Entfernung von einem ge-

Verhältnismäßigkeit

fährlichen Ort. Dies ist erforderlich, wenn ein besonders großer Schaden zu befürchten ist oder wenn der Eintritt eines Schadens besonders wahrscheinlich ist und andere Mittel nicht ausreichen. Um belegen zu können, dass und in welchem Umfang Aufsichtsmaßnahmen durchgeführt wurden, empfiehlt es sich, z. B. Verstöße eines Minderjährigen gegen Belehrungen und Ermahnungen in geeigneter Weise zu **dokumentieren**.

Erlebnispädagogik

Die Aufsicht muss um so intensiver ausgeübt werden, je weniger die Person des Jugendlichen bekannt ist, je geringer die bisherige Betreuung war, anders ausgedrückt, je geringer die bisherigen Erziehungserfolge waren. Zudem gilt: je größer das Gefahrpotenzial einer Situation oder einer Beschäftigung, desto sorgfältiger ist die Aufsicht zu führen. Insbesondere unterliegen erlebnispädagogische Unternehmungen (z. B. Kanu- oder Wildwasserfahrten, Klettertouren, Auslandsreisen, Ferienlager) erhöhten Aufsichts- und Sorgfaltspflichten. Die Risiken müssen gerade im Hinblick auf die ausgewählte Zielgruppe kalkulierbar bleiben und zu dem verfolgten Zweck in einem angemessenen Verhältnis stehen. So müssen die Mitarbeiter bei erlebnispädagogischen Aktionen, Ausflügen und Fahrten z. B.

- die persönlichen Voraussetzungen, Fähigkeiten und (momentane) Verfassung der Teilnehmer berücksichtigen,
- die örtlichen Gegebenheiten (z. B. durch Erkundungsgänge) kennen,
- insbesondere auch die möglichen Gefahrenquellen selbst beherrschen oder hierfür geeignete Fachkräfte einsetzen. Dies gilt insbesondere, wenn die Begleiter nicht selbst über eine entsprechende erlebnispädagogische Qualifikation verfügen (z. B. Klettern, Kanufahren).

Die Aufsicht würde dann ungenügend wahrgenommen, wenn

- keine klaren Regeln oder Absprachen zwischen den Jugendlichen und den Mitarbeitern bestehen,
- das Gelände offensichtliche Gefahren aufweist, die die Jugendlichen nicht einschätzen können, oder sie sich ohne weiteres der Aufsicht entziehen, weil sie sich vom Gelände entfernen können.
- besondere (erlebnispädagogische) Aktionen unternommen werden, ohne dass die Betreuer über eine spezifische Qualifikation verfügen oder entsprechend qualifiziertes Personal beauftragt haben.
- Teilnehmer durch Krankheiten von Mitreisenden angesteckt werden, wenn die Aufsichtspflichtigen Kenntnis der ansteckenden Krankheit hatten, oder bei Vergiftung, z. B. aufgrund von Salmonellen durch (schlechte) Nahrungsmittel, wenn es hierfür Anhaltspunkte gibt.

Verstoß gegen Ermahnungen und Belehrungen

Inhalt und Grenzen notwendiger Belehrungen und der Konsequenzen bei einem Verstoß gegen die Belehrung ergeben sich (insbesondere bei volljährigen Teilnehmern) aus der Pflichtenstellung des Einrichtungsträgers, insbesondere aus einem Betreuungs- bzw. Teilnahmevertrag. Bei einem Verstoß gegen vereinbarte Regelungen kann die Betreuung beendet und ggf. ein Jugendlicher z. B. aus einer Freizeit nach Hause geschickt werden, wobei wiederum besondere Schutzpflichten zu beachten sind.

Soweit nicht ausdrücklich etwas anderes vereinbart ist, besteht die Aufsichtspflicht nur für die Zeit, in der die Einrichtung ihr Betreuungsangebot macht. Grundsätzlich sind für den Weg zu und von der Einrichtung die Personensorgeberechtigten verantwortlich. Im Übergangsbereich ist die Abgrenzung gelegentlich schwierig und sollte eindeutig geklärt werden. Die Aufsichtsbereiche der verschiedenen verantwortlichen Personen müssen nahtlos ineinanderübergehen. Den Träger trifft kraft Gesetzes keine Verantwortung für den **Heimweg**. Dies betrifft auch das Zurückschicken von Teilnehmern an einer Freizeit, allerdings müssen die Minderjährigen den Personensorgeberechtigten oder eine hierzu autorisierte Abholperson übergeben werden und dürfen grundsätzlich nicht einfach alleine nach Hause „geschickt" werden. Während man bei Kleinkindern z. B. von Kindertagesstätten hier vor allem die Gefahren des Straßenverkehrs im Auge hat, die zu beherrschen sie nicht in der Lage sind (mangelnde Verkehrstüchtigkeit), bestehen die Gefährdungen bei Jugendlichen auf anderen Gebiet (nicht ausreichende Sozialkompetenz z. B. im Hinblick auf unbekannte Reiseverbindung, weite Entfernung, Verlockungen des Alltags, von falschen Freunden, Gefährdungen von Dritten). Auch bei jungen Volljährigen bestehen aufgrund des mit ihnen bestehenden Vertrages oder zumindest aufgrund des vorausgegangenen tatsächlichen Kontakts gewisse Schutzpflichten. Ist z. B. der Volljährige laufend betrunken oder mit Drogen „zugedröhnt", darf die Betreuung zwar einerseits beendet, er aber andererseits nicht alleine nach Hause geschickt werden, wenn er dadurch in eine schutz- und hilflose Lage geraten könnte.

Erklären die Personensorgeberechtigten (möglichst schriftlich) ausdrücklich, dass ihr Kind den Heimweg alleine zurücklegen könne und sie es demzufolge nicht abholen, so trifft eine eventuelle zivilrechtliche und strafrechtliche Verantwortlichkeit für hierdurch entstehende Unfälle allein die Eltern und nicht die Einrichtung oder ihr Personal. Etwas anderes gilt allerdings, wenn der unbegleitete Heimweg der Minderjährigen in der konkreten Situation als gefährlicher erscheint als zunächst angenommen und Risiken vorliegen, die von den Sorgeberechtigten bei ihrer Einwilligung nicht vorhergesehen werden konnten. Ist also erkennbar, dass der Minderjährige bei dem von den Eltern gewünschten selbstständigen Heimweg in eine hilflose Lage oder gar in Lebensgefahr geraten kann, gebieten es allgemeine Rechtspflichten, das Kind oder den Jugendlichen trotz der Erklärung der Eltern nicht alleine nach Hause zu schicken.

Dauer und Reichweite der Aufsichtspflicht

4.2.5   Delegation der Aufsichtspflicht

Die Aufsichtspflicht kann prinzipiell übertragen werden, z. B. vom Einrichtungsträger auf seine Mitarbeiter, auch auf Zivildienstleistende und Praktikanten (s. o. II-4.2.2). Ein generelles Verbot, die Aufsichtspflicht weiterzudelegieren, gibt es nicht; eine Delegation kann aber vertraglich ausgeschlossen werden. Um etwa einen Ausflug leichter und sicherer durchzuführen, können auch ehrenamtliche Mitarbeiter, berufsfremde Personen und andere Erwachsene, etwa Eltern, oder ergänzend sogar der Minderjährige selbst zur Ausübung der Aufsichtspflicht mitherangezogen werden. Voraussetzung ist jedoch in jedem Fall, dass der Betreffende geeignet ist, hinreichend angeleitet wird und dass sich die Mitarbeiter der Erfüllung der übertragenen Aufsichtsaufgaben vergewissern. Keinesfalls darf der Betreffende mit der ihm zugedachten Aufgabe überfordert sein. Soll die Aufsichtspflicht delegiert werden, hat der Mitarbeiter daher zum einen die Pflicht, den Betreffenden sorgfältig auszuwählen. Zum anderen muss er ihn bei der Wahrnehmung der jeweiligen Aufgabe im erforderlichen Maße anleiten und sich ihrer Erfüllung vergewissern. Eine Delegation ist insbesondere im Hinblick auf den Einsatz von zusätzlichem Fachpersonal und Experten notwendig (spezifisch ausgebildete Personen bei gefährlichen erlebnispädagogische Aktionen, z. B. Klettern, Wildwasserfahren), ohne dass die eigene Verantwortung der anderen Mitarbeiter und des Betreuers dadurch aufgehoben wird.

Zusammenarbeit von mehreren Personen Besonderheiten ergeben sich bei einem Zusammenwirken von mehreren Personen. Hier muss eindeutig organisiert sein, wer welche Verantwortung hat. Es ist die Organisationspflicht des Anstellungsträgers bzw. des von ihm beauftragten Vertreters, die Verantwortlichkeiten eindeutig zuzuordnen. Zu warnen ist vor dem Versuch, Teamentscheidungen zum verbindlichen Entscheidungskriterium zu machen. Dies täuscht darüber hinweg, dass sich die einzelne Fachkraft nicht ihrer individuellen Verantwortung entledigen kann. Dies ist u. U. nicht einmal bei einer Weisung von Vorgesetzten der Fall.

4.3   Konsequenzen einer Aufsichtspflichtverletzung

Wenn etwas passiert, z. B. ein Unfall oder die vorsätzliche Verursachung eines Schadens, kann dies zivilrechtliche, strafrechtliche und arbeits- oder dienstrechtliche Folgen haben. In der Praxis hatten bislang die strafrechtlichen Risiken gegenüber der zivilrechtlichen Haftung eher eine untergeordnete Bedeutung, allerdings hat sich die Aufmerksamkeit gerade in den letzten Jahren verschoben, nachdem mehrere Sozialarbeiter für den Tod oder die Verletzung von Kleinkindern verantwortlich gemacht und wegen der Verletzung ihrer Aufsichts- und Fürsorgepflicht verurteilt worden sind.

4.3.1   Zivilrechtliche Folgen

4.3.1.1 Persönliche Haftung

Zivilrechtlich kann die Aufsichtspflichtverletzung zu einer Schadensersatzpflicht führen (§§ 823, 832 BGB). Dies betrifft Schäden,

- die bei den betreuten Minderjährigen (Personen- oder Sachschäden),
- die an Einrichtungsgegenständen des Trägers oder der Person und Sachen von Mitarbeitern des Trägers oder
- bei Dritten (außerhalb des Einrichtungsträgers) entstehen. Dabei kann die Haftung wegen einer Aufsichtspflichtverletzung mit der regulären Haftung wegen Pflichtverletzungen bzw. unerlaubter Handlungen zusammenfallen. Ist kein Schaden eingetreten, bleibt eine Aufsichtspflichtverletzung zivilrechtlich folgenlos.

Zunächst einmal haftet der Minderjährige nach den allgemeinen Regeln des BGB selbst für die von ihm schuldhaft (fahrlässig oder vorsätzlich) verursachten Schäden, sei es für Personen- oder Sachschäden. Allerdings ist ein Minderjähriger nach § 828 Abs. 3 BGB erst ab dem siebten Lebensjahr für einen zugefügten Schaden verantwortlich und dies grundsätzlich nur dann, wenn er bei der Begehung der schädigenden Handlung die zur Erkenntnis der Verantwortung erforderliche Einsicht hatte (vgl. II-1.3.2; Ausnahme § 829 BGB aus Billigkeitsgründen). Dies lässt sich stets nur im Einzelfall klären. Bei Unfällen mit Kraftfahrzeugen, Schienen– oder Schwebebahnen besteht seit dem Jahr 2002 gemäß § 828 Abs. 2 BGB die Sonderregelung, dass die Verantwortlichkeit des Minderjährigen erst mit Vollendung des zehnten Lebensjahrs einsetzt, es sei denn, dass der Minderjährige den Schaden vorsätzlich verursacht hat. Die Altersgrenze für die Minderjährigenhaftung im Straßenverkehr liegt deshalb über der allgemeinen Altersgrenze von sieben Jahren, weil jüngere Kinder die besonderen Gefahren des Straßenverkehrs noch nicht erkennen können. Diese Regelung gilt allerdings nach einer Entscheidung des BGH nur für fahrende, nicht aber für stehende Fahrzeuge. Soweit eine private Haftpflichtversicherung besteht (ggf. über die Eltern) tritt diese i. d. R. jedoch nicht für vorsätzliche Schädigungen ein.

Haftung des Minderjährigen

Der Mitarbeiter eines Einrichtungsträgers ist bei fahrlässiger oder vorsätzlicher Verletzung der Aufsichtspflicht nach §§ 823, 832 Abs. 2 BGB verpflichtet, den dadurch entstandenen Schaden zu ersetzen. Tritt ein Schaden im Rahmen der Betreuung bzw. in der Einrichtung ein, wird das Vorliegen einer Aufsichtspflichtverletzung in diesen Fällen als Regelfall vermutet (sog. Beweislastumkehr, § 832 Abs. 1 S. 1 BGB). Der Mitarbeiter der Jugendhilfe kann die Schadensersatzpflicht aber abwenden, wenn er nachweist, dass eine Aufsichtspflichtverletzung nicht vorliegt oder der Schaden auch bei ordnungsgemäßer Aufsichtsführung entstanden wäre (§ 832 Abs. 1 S. 2 BGB).

Haftung der Mitarbeiter

Der Einrichtungsträger als solcher, insbesondere auch die Ableistungsstelle von (jugendstrafrechtlich auferlegten) Arbeitsleistungen, haftet gegenüber Dritten für Schäden, die von ihren Arbeitnehmern/Beschäftigten in Ausübung ihrer dienstlicher Tätigkeit verursacht – unabhängig von der Art des Arbeitsverhältnisses und der Unentgeltlichkeit der Arbeit – werden. Der Einrichtungsträger muss sich bei einer Verletzung der vertraglich übertragenen Aufsichtspflicht ein Verschulden seines Mitarbeiters nach § 278 BGB

Haftung des Trägers

wie eigenes Verschulden zurechnen lassen. Bei Ableistung von (strafrechtlich auferlegten) Arbeitsleistungen kann der Jugendliche selbst als Beschäftigter der Einrichtung angesehen werden, nicht aber im Rahmen einer (gruppenpädagogischen) Betreuung z. B. im Rahmen einer Betreuungshilfe oder sozialen Gruppenarbeit, da sie nicht für die Einrichtung, sondern die Einrichtungen im Rahmen der Betreuung für sie tätig werden (vgl. II-4.3.1.2).

Da dritten Personen gegenüber grds. keine schuldrechtlichen Verpflichtungen bestehen, ist eine Haftung nur aufgrund unerlaubter Handlung § 831 BGB (und nicht nach § 278 BGB) möglich (vgl. II-1.4.3) und zwar für vermutetes eigenes Verschulden im Hinblick auf eine mangelnde Beaufsichtigung. Nach § 831 Abs. 1 S. 2 BGB tritt die Ersatzpflicht nicht ein, wenn der Geschäftsherr bei der Auswahl der bestellten Person die im Verkehr erforderliche Sorgfalt beachtet hat, oder wenn der Schaden auch bei Anwendung dieser Sorgfalt entstanden wäre. Dies bedeutet, dass der Träger nachweisen muss, dass er die Aufgabe einer fachlich und persönlich dafür qualifizierten Person übertragen hat, dass er sich von ihrer Fähigkeit, Eignung und Zuverlässigkeit überzeugt hat und diese Eigenschaften auch regelmäßig überprüft hat. An die Überprüfungspflicht dürfen keine überspannten Erwartungen gestellt werden, allerdings ist bei zutage getretenen Mängeln des Mitarbeiters eine sorgfältige Überwachung erforderlich.

Im Übrigen haftet der Einrichtungsträger als juristische Person des Privatrechts unmittelbar für die Handlungen ihrer Organe (§ 31 BGB), wenn die verantwortliche Persone z. B. ein Verstoß gegen Verkehrssicherungspflichten oder ein Organisationsverschulden trifft. Bei Einrichtungen öffentlicher Träger trifft die Haftung nach Art. 34 S. 1 GG unmittelbar den öffentlichen Träger. Die Haftungsverlagerung tritt aber nur bei öffentlich-rechtlichem Handeln des Amtsträgers ein (z. B. im Rahmen einer Inobhutnahme). Handelte der Mitarbeiter des öffentlichen Dienstes aufgrund eines privatrechtlich geschlossenen Betreuungsvertrages (sog. Fiskalverwaltung, vgl. I-4.1.1.1), so haftet der öffentliche Anstellungsträger nach §§ 89, 31 BGB wie ein eingetragener Verein.

Die inhaltlich mit der Aufsichtspflicht weitgehend gleichartigen sog. Garantenpflichten, die eine strafrechtliche Verantwortung begründen, betreffen stets nur das Verschulden einzelner Personen.

Mitverschulden Die Haftung ist nach § 254 BGB eingeschränkt, wenn ein Mitverschulden des Geschädigten vorliegt, z. B. wenn er durch eigene Unachtsamkeit zur Entstehung des Schadens beigetragen hat. Bei der Frage, wer in welchem Umfang für den eingetretenen Schaden aufzukommen hat, ist auch von Bedeutung, ob die jeweilige Person leicht bzw. einfach fahrlässig oder grob fahrlässig gehandelt hat. Mitverschulden kommt sowohl in Betracht durch geschädigte dritte Personen als auch durch den Minderjährigen selbst, der aufgrund einer Aufsichtspflichtverletzung zu Schaden gekommen ist. Bei den Minderjährigen ist jedoch § 828 BGB zu beachten, wonach Kinder unter sieben Jahren für verursachte Schäden nicht haftbar gemacht werden können. Aus diesem Grund kann ihnen auch kein Mitverschulden angerechnet werden. Gleiches gilt bei Verkehrsunfällen für Kinder im Alter von sieben bis neun Jahren, sofern der Schaden vom Kind nicht vorsätzlich verursacht worden ist.

Mehrere Personen haften jeder für sich für den durch eine gemeinschaft- **Haftung mehrerer** lich begangene unerlaubte Handlung angerichteten Schaden, auch wenn **Personen** sich nicht ermitteln lässt, wer von mehreren Beteiligten den Schaden durch seine Handlung verursacht hat (§ 840 Abs. 1 BGB). Es besteht damit ein sog. Gesamtschuldverhältnis (§ 421 BGB, vgl. II-1.4.3).

4.3.1.2 Haftungsfreistellung und Versicherungsschutz

Ob und inwieweit eine Haftungsfreistellung oder ein Versicherungsschutz der Mitarbeiter eingreift, richtet sich nach den arbeits- und versicherungsrechtlichen Beziehungen, die sich insbesondere im Hinblick auf die Art des Schadens unterscheiden. Geht es einerseits um die **Abdeckung** der (an sich bestehenden) Haftung für Personen- und Sachschäden (Haftpflichtversicherung), geht es andererseits um die arbeitsrechtliche oder sozialversicherungsrechtliche **Haftungsfreistellung**. Bei der Antwort auf diese Fragen muss regelmäßig unterschieden werden nach

- der Fallkonstellation, in der der Schaden aufgetreten ist (z. B. der Art Neuen Ambulanten Maßnahmen: Arbeitsleistungen oder andere Jugendhilfeleistungen),
- der Person des Geschädigten (Eigenschaden der Einrichtung oder Drittschäden),
- der Art des Einrichtungsträgers (öffentlicher oder freier Träger).

Die gesetzliche Unfallversicherung sieht nach §§ 104 ff. SGV VII eine Reihe **Haftungsfreistel** von Haftungsfreistellungen vor. So haften nach den §§ 104–106 Abs. 1 SGB **lung durch die** VII die Mitarbeiter einer Einrichtung nicht für einen Schaden, den sie **gesetzliche Unfall** einem Versicherten desselben Betriebes, einem Betriebsangehörigen des **versicherung** selben Unternehmens oder dem Arbeitgeber zugefügt haben, wenn dieser auf einem von der gesetzlichen Unfallversicherung erfassten Unfall beruht. Bei der gesetzlichen Unfallversicherung geht es nur um den Ausgleich der **Gesundheits** wirtschaftlichen Folgen, die durch unfallbedingte Gesundheitsbeeinträchti **beeinträchtigung** gungen oder einen unfallbedingten Todesfall eintreten (vgl. III-2.4). Nicht ersetzt werden immaterielle Schäden (Schmerzensgeld) oder Sachschäden. Auch die Haftung des Schädigers für Sachschäden bleibt unberührt. Darüber hinaus haftet der Schädiger nach § 110 Abs. 1 SGB VII dem Träger der Unfallversicherung gegenüber für dessen Aufwendungen, sofern er grob fahrlässig oder vorsätzlich gehandelt hat.

Bei der gesetzlichen Unfallversicherung besteht der Versicherungsschutz **Kreis der** ohne vertragliche Grundlage und unabhängig davon, ob im Einzelfall Bei **Versicherten** träge geleistet wurden. Entscheidend ist, ob die geschädigte Person und die unfallverursachende Person zum Kreis der Betriebsangehörigen desselben Unternehmens gehören. Betriebsangehörige desselben Unternehmens sind

z. B. alle Angehörige einer Schule, Kindertagesstätte, Hochschule. (BGHZ, 26.11.2002 – VI ZR 449/01). Haben Mitarbeiter einer Jugendhilfeeinrichtung im Rahmen ihrer betrieblichen Tätigkeit – etwa aufgrund einer Verletzung ihrer Aufsichtspflicht – einen Personenschaden verursacht, so haften sie dem Geschädigten gegenüber nur dann persönlich, wenn sie den Versicherungsfall vorsätzlich, also nicht nur fahrlässig, herbeigeführt haben und/oder die geschädigte Person nicht zum Kreis der Versicherten desselben Betriebes bzw. der Betriebsangehörigen desselben Unternehmens gehört.

Arbeitnehmer

Bis zum 31.12.1996 war die gesetzliche Unfallversicherung in der sog. Reichsversicherungsordnung (RVO) geregelt. Ursprünglich waren lediglich Arbeitnehmer gesetzlich unfallversichert. Erst mit der Zeit wurde der Kreis der Versicherten über das Arbeitsleben hinaus erweitert. Der Kreis der versicherten Personen in der gesetzliche Unfallversicherung ist jetzt abschließend in § 2 SGB VII umschrieben (vgl. III-2.4.2). Ausdrücklich zum Kreis der Versicherten gehören die Kinder während des Besuches einer Kindertagesstätte (vgl. § 2 Abs. 1 Nr. 8a SGB VIII). Darüber hinaus sind Minderjährige nach § 2 Abs. 2 S. 1 SGB VII in Einrichtungen der Jugendhilfe gesetzlich unfallversichert, wenn sie „wie Versicherte nach Abs. 1 Nr. 1", also

Tätigkeit „wie Beschäftigte"

wie „Beschäftigte" tätig werden. Ausdrücklich bestimmt § 2 Abs. 2 S. 2 SGB VII, dass dies auch für Personen gilt, die aufgrund einer strafrichterlichen, staatsanwaltlichen oder jugendbehördlichen Anordnung *wie* Beschäftigte tätig werden. Im Einzelnen bleiben aber Fragen offen.

Anordnung

Zunächst einmal muss es sich um eine Anordnung durch eine der o. g. Stellen handeln. Maßgeblich ist insoweit immer die anordnende Stelle, nicht die Stelle, wo die Beschäftigung ausgeführt wird. Es muss sich also um eine Anordnung der Justiz oder des Jugendamts handeln. Während es sich bei den jugendstrafrechtlichen Sanktionen unproblematisch um eine Anordnung handelt, ist dies im Hinblick auf den Leistungscharakter der „freiwilligen" Erziehungshilfen nach dem SGB VIII (hierzu III-3) zweifelhaft.

Beschäftigte

Darüber hinaus muss es sich um eine mit § 2 Abs. 1 Nr. 1 SGB VII vergleichbare Beschäftigung handeln. Das wird heute einhellig anerkannt bei Arbeitsleistungen aufgrund einer Weisung oder Auflage. Bei allen anderen Weisungen und Auflagen bzw. Jugendhilfeleistungen, also insbesondere im Rahmen der sozialen Gruppenarbeit oder Betreuungshilfe, besteht wohl **kein** gesetzlicher (Unfall)Versicherungsschutz, da die Jugendlichen nicht für die Einrichtung, sondern die Einrichtungen im Rahmen der Betreuung für sie tätig wird. Damit sind auch die Mitarbeiter eines Einrichtungsträgers für die im Rahmen einer solchen „Maßnahme" eintretenden Personenschäden **nicht** von der Haftung freigestellt. Eine solche Gesetzeslücke kann die Arbeit in diesem Bereich u. U. unmöglich machen. Damit wird der durch §§ 1 Abs. 3, 52 Abs. 2 SGB VIII intendierte Gesetzeszweck (insbesondere Förderung der Diversion) unterlaufen, weshalb eine Ergänzung, zumindest eine Klarstellung der rechtlichen Bestimmungen dringend erforderlich ist.

Ob und inwieweit Mitarbeiter eines Trägers, die aufgrund einer Aufsichtspflichtverletzung in Anspruch genommen werden, von ihrem Arbeitgeber eine Freistellung von ihrer Schadensersatzpflicht verlangen können, ist *arbeitsrechtlich* noch nicht abschließend geklärt. Nach einem Urteil des BGH (NJW 1996, 1532) ist der innerbetriebliche Ausgleich entsprechend den Regelungen des § 254 BGB (Mitverschulden) abzuwickeln. Das hat zur Folge, dass jeweils im Einzelfall das vorwerfbare Verhalten des Arbeitnehmers und das Betriebsrisiko des Anstellungsträgers abgewogen werden müssen und der jeweilige Grad des Verschuldens darüber entscheidet, ob und inwieweit der Arbeitgeber die Schadensersatzpflicht des Mitarbeiters übernimmt. Man kann deshalb nicht pauschal sagen, wie sich die Haftung verteilt. In der Regel ist es so, dass bei grober Fahrlässigkeit eine Haftungserleichterung des Arbeitnehmers nicht zwingend, aber auch nicht ausgeschlossen ist, sondern abhängig von einer Einzelfallabwägung. Bei normaler (leichter) Fahrlässigkeit verteilt sich die Haftung anteilig auf Arbeitnehmer und Arbeitgeber und bei leichtester Fahrlässigkeit haftet der Arbeitnehmer gar nicht, sondern der Arbeitgeber trägt den gesamten Schaden.

Haftungsfreistellung durch den Arbeitgeber

Verursacht eine im öffentlichen Dienst beschäftigte Person im Zuge ihrer dienstlichen Tätigkeit einen Schaden, so tritt nach § 839 BGB in Verbindung mit Art. 34 GG die sog. Amts- oder Staatshaftung ein, womit die Haftung auf den öffentlichen Anstellungsträger verlagert wird (vgl. II-1.4.3). Eine Aufsichtspflichtverletzung ist immer eine derartige Amtspflichtverletzung. Für Vorsatz oder grobe Fahrlässigkeit bleibt der Rückgriff des Staates auf den Verantwortlichen vorbehalten.

Amts- und Staatshaftung

Sofern kein Haftungsausschluss für Personenschäden aufgrund der Bestimmungen der gesetzlichen Unfallversicherung vorliegt (also insbesondere für Sachschäden), haftet neben dem Träger der Mitarbeiter einer Einrichtung persönlich für die von ihm – insbesondere aufgrund einer Aufsichtspflichtverletzung – schuldhaft verursachten Schaden.

Haftpflichtversicherungen

Die kommunale Haftpflichtversicherung gilt i. d. R. nur für Beschäftigte der Kommunen, nicht für Mitarbeiter freier Träger. Auch für die Jugendlichen gilt sie deshalb nur dann, wenn sie für eine kommunale Einrichtung tätig sind (z. B. Arbeitsstunden im Krankenhaus) und unmittelbar vom Jugendamt eingesetzt werden.

kommunale Haftpflichtversicherer

Soweit es sich um fahrlässige Schädigungen handelt, kann das zivilrechtliche Haftungsrisiko ggf. durch eine private Haftpflichtversicherung abdeckt werden. Dabei handelt es sich immer um eine private Versicherung, die des Abschlusses eines Versicherungsvertrages und der Zahlung von Beiträgen bedarf. Entscheidend ist der jeweilige Versicherungsvertrag. In den meisten Verträgen der privaten Haftpflichtversicherung wird die Übernahme der Haftung für Schädigungen durch eine berufliche Tätigkeit des Versicherungsnehmers ausgeschlossen. Hier kann ggf. eine Absicherung durch eine spezifische Berufshaftpflicht des Mitarbeiters (s. u.) oder durch eine spezifische Betriebshaftpflicht des Einrichtungsträgers erfolgen. Hier muss darauf geachtet werden, dass grobe Fahrlässigkeit und ehrenamtliche Mitarbeiter sowie mitreisende Jugendliche ausdrücklich einbezogen sind.

private Haftpflichtversicherung

Eigenschäden

Schäden, die der Jugendliche am Eigentum der Einrichtung verursacht, sind als Eigenschäden des Versicherungsnehmers (also der Kommune oder des Einrichtungsträgers) nicht durch die Betriebshaftpflicht versichert. Der Versicherungsschutz besteht also nur nach außen.

Berufshaftpflicht-versicherung

Für Schäden, die von der gesetzlichen Unfallversicherung nicht ersetzt werden, insbesondere also für Sachschäden, lässt sich das zivilrechtliche Haftungsrisiko des Einrichtungsträgers und seiner Mitarbeiter nur durch den Abschluss von Haftpflichtversicherungen begrenzen. Wenn eine solche Versicherung nicht bereits durch den Träger für alle seine Mitarbeiter abgeschlossen wird, sollten sich die Mitarbeiter selbst um den Abschluss einer besonderen Berufshaftpflichtversicherung bemühen. Zu beachten ist, dass nach den Bedingungen der Haftpflichtversicherer die Leistungspflicht der Versicherung immer für den Fall der vorsätzlichen Herbeiführung des Schadensfalls und in der Regel auch für seine grob fahrlässige Verursachung ausgeschlossen ist.

Kfz-Haftpflicht

Grundsätzlich sind Mitfahrende von der Haftpflichtversicherung des Pkw-Halters umfasst, weshalb es insoweit keiner besonderen Insassenunfallversicherung bedarf. Diese erhöht i. d. R. lediglich die Haftungssummen. Mitreisende Personen sind aber grds. nur dann von der Kfz-Haftpflicht umfasst, wenn die Mitnahme unentgeltlich erfolgt. Ist dies der Fall, so gilt der Versicherungsschutz vielfach auch bei dienstlich veranlassten Fahrten – im Einzelnen ist dies immer abhängig vom konkreten Versicherungsvertrag und den Versicherungsbedingungen der Versicherer. Bei einer Beteiligung an den Benzinkosten dürfen diese die tatsächlichen anfallenden fahrtabhängigen Betriebskosten nicht übersteigen, da die Fahrt sonst nicht mehr als unentgeltlich, sondern als gewerblich gilt (§ 1 Abs. 2 PersBefGes) und der Haftpflichtversicherungsschutz eingeschränkt ist. Es empfiehlt sich hier ggf. die konkrete Nachfrage beim Versicherer.

4.3.2   Arbeitsrechtliche Folgen

Anders als in den Fällen der zivilrechtlichen Haftung kommt es für arbeits- und dienstrechtliche Konsequenzen einer Aufsichtspflichtverletzung auf den Eintritt eines Schadens *nicht* an. Jede Aufsichtspflichtverletzung stellt in der Regel zugleich eine Verletzung der dienst- oder arbeitsvertraglichen Pflichten der Betreuer/Mitarbeiter dar. Abhängig von der Schwere der Pflichtverletzung kann sie unterschiedliche dienst- bzw. arbeitsvertragliche Folgen haben. Die Möglichkeiten reichen von der formlosen Belehrung oder Ermahnung über die Versetzung an einen anderen Arbeitsplatz und die formelle Abmahnung bis hin zur fristgerechten (ordentlichen) und in besonders schwerwiegenden Fällen sogar fristlosen (außerordentlichen) Kündigung des Beschäftigungsverhältnisses (zum Arbeitsrecht vgl. II-3).

4.3.3   Strafrechtliche Folgen

Eine Verletzung der Aufsichtspflicht kann schließlich strafrechtlichen Folgen nach sich ziehen, insb. wenn aufgrund der mangelnden Aufsicht eine Person an Leib oder Leben zu Schaden kommt. Diese strafrechtliche Verantwortung von Sozialarbeitern wurde gerade in den letzten Jahren unter dem Stichwort „Verletzung der Garantenpflichten" heftig diskutiert. In einigen dieser Fälle kam es zu spektakulären Strafprozessen, in denen einzelnen Sozialarbeitern, insbesondere Mitarbeitern der Jugendämter, fehlerhaftes Vorgehen vorgeworfen wurde, weil sie es unterließen, die nach Ansicht der Strafjustiz erforderlichen Maßnahmen zu ergreifen, insbesondere das Familiengericht anzurufen und eine Trennung des Kindes von der Familie zu veranlassen (vgl. OLG Oldenburg ZfJ 1997, 56 ff.; OLG Stuttgart ZfJ 1998, 382; Bringewat 1997; Mörsberger/Restemeier 1997).

In § 171 StGB wird ausdrücklich die gröbliche Verletzung der Fürsorge- und Erziehungspflicht unter Strafe gestellt, strafrechtlich wird aber vor allem die Verantwortlichkeit für ein Unterlassen, also insbesondere für eine Verletzung der Aufsichtspflicht, thematisiert. Es geht dabei nicht um die unterlassene Hilfeleistung, die jedem Bürger bei Unglücksfällen, gemeiner Gefahr oder Not abgefordert wird (vgl. § 323c StGB). Vielmehr wird hier die Frage diskutiert, ob sich Sozialarbeiter als Mitarbeiter der Jugendämter oder freier Träger der fahrlässigen Tötung eines Kindes bzw. der fahrlässigen Körperverletzung usw. durch Unterlassen (§ 13 StGB) strafbar gemacht haben (hierzu IV-2.2.2). Dies kann dann der Fall sein, wenn ihnen besondere – über die Jedermannspflicht hinaus reichende – Schutzpflichten gegenüber ihren Klienten, insbesondere gegenüber den Kindern der von ihnen betreuten Familien, obliegen und sie diese sorgfaltswidrig nicht erfüllen. Die Garantenstellung und die hieraus fließenden Pflichten werden im Wesentlichen aus ausdrücklichen gesetzlichen Pflichten, vertraglichen Abmachungen, einem vorausgegangenen gefährdenden Tun (z.B. zu schnelle Fahrweise im Straßenverkehr) oder einer engen Lebensbeziehung und Gefahrengemeinschaft zwischen Garant und geschützter Person hergeleitet. Aufgrund der den Mitarbeitern der Einrichtung vertraglich auferlegten Aufsichtspflicht sind diese zweifelsohne zum Schutz der von ihnen betreuten Jugendlichen verpflichtet. Darüber hinaus bestehen gerade bei erlebnispädagogischen Aktionen besondere Schutzpflichten der Teilnehmer untereinander aufgrund einer sog. Gefahrengemeinschaft. Inhaltlich unterscheiden sich also diese Garantenpflichten nicht von den o.g. Aufsichtspflichten. Werden diese vorwerfbar verletzt, so droht neben der zivilrechtlichen Haftung auch eine strafrechtliche Sanktionierung.

Strafbarkeit für Unterlassen

4.4   Resümee

So schwierig es für Mitarbeiter der Jugendhilfe auch manchmal sein mag, für den Schutz der ihnen anvertrauten Jugendlichen persönlich die Ver-

fachliche Standards

antwortung zu tragen – sie werden mit dem Gefühl leben müssen, dass ein völliger Ausschluss von Risiken nicht möglich ist. Die Mitarbeiter der Jugendämter erfüllen ihre Pflichten allerdings durch **fachgerechtes Arbeiten**. Was lege artis, kunst- und fachgerecht ist, also den anerkannten fachlichen Standards entspricht, kann nicht strafbar sein oder zu einer zivilrechtlichen Haftung führen! Das ist in der Sozialen Arbeit nicht anders als im Bereich der Medizin oder des Kfz-Wesens. Andererseits gilt: Wer seiner Aufsichtspflicht nicht nachkommt, haftet nicht nur zivilrechtlich, sondern macht sich ggf. auch strafbar. Hiervor schützt auch eine Haftpflichtversicherung nicht. Wenn schon nicht klar sein kann, ob die Soziale Arbeit immer das Richtige tut, muss sie das, was sie tut, richtig tun, begründen und dokumentieren können (vgl. Schone 1998, 37 f.). Gemessen werden kann die Güte Sozialer Arbeit weniger an den Ergebnissen, sondern in erster Linie an der Einhaltung normativ vorgeschriebener Verfahren und fachlicher Standards. Deshalb bedarf es auch in der Sozialarbeit der kontinuierlichen (Weiter)Entwicklung von Qualitätsstandards und nicht des blinden Vertrauen auf die individuell unterschiedliche Kompetenz und Motivation.

Bänfer/Tammen 2006

1. Warum obliegt die sog. Aufsichtspflicht gegenüber Minderjährigen grundsätzlich den Personensorgeberechtigten? (4.2.1)
2. Woraus könnte sich eine Aufsichts- und Schutzpflichtverpflichtung für Mitarbeiter des Jugendamtes ergeben? (4.2.2)
3. Was muss im Hinblick auf Inhalt und Umfang der Aufsichtspflicht beachtet werden? (4.2.4)
4. Dürfen Aufsichtspflichten übertragen werden? Was ist ggf. dabei zu beachten? (4.2.5)
5. Was versteht man im Hinblick auf die zivilrechtlichen Konsequenzen einer Aufsichtspflichtverletzung unter „Persönliche Haftung"? (4.3.1.1)

III Grundzüge des Öffentlichen Rechts

Grundzüge des Öffentlichen Rechts

Das Öffentliche Recht regelt die Organisation des Staates und der mit Hoheitsgewalt ausgestatteten Rechtssubjekte (Körperschaften, Anstalten und öffentlich-rechtliche Stiftungen), Struktur und Aufgaben der öffentlichen Verwaltung und das von ihr angewandte Verfahren. Es ordnet die Rechtsverhältnisse der Hoheitsträger untereinander und zu den Bürgern. Hierzu gehören insbesondere das Grundgesetz sowie das sonstige Staats- und Verwaltungsrecht, das Polizeirecht, das Schulrecht, das gesamte Gerichtsverfassungs- und Verfahrensrecht (auch der Zivilgerichtsbarkeit) sowie – für die Soziale Arbeit besonders wichtig – das gesamte **Sozialrecht**. Auch das **Strafrecht** ist Teil des Öffentlichen Rechts, es wird aber – wie auch in diesem Lehrbuch (Teil IV) – zumeist gesondert behandelt. Die verfassungsrechtlichen Grundlagen der Sozialen Arbeit wurden bereits im Teil I dargestellt. Im Folgenden wird der Schwerpunkt auf die mit dem Begriff „Sozialrecht" bezeichneten Gebiete des Öffentlichen Rechts gelegt sowie auf einige weitere für die Soziale Arbeit besonders relevante Normenbereiche (Jugendschutz, Ausländerrecht und Unterbringungsrecht).

1 Sozialrecht – Allgemeines Sozialverwaltungsrecht (SGB I und SGB X) (Trenczek)

Sozialrecht

Mit dem (nicht immer einheitlich definierten) Begriff „Sozialrecht" bezeichnet man das Gesamtsystem von öffentlich-rechtlichen Regelungen für den Teilbereich des Gemeinwesens, in dem der Zugang zu den Sozialleistungen und die Arbeit der Sozialleistungsträger geregelt werden. Es betrifft also einen Teil der öffentlichen Verwaltung, die sog. Sozialverwaltung. Man spricht deshalb im Hinblick auf die zu beachtenden Rechtsnormen auch von **Sozial-**

verwaltungsrecht. Die Entwicklung des sozialrechtlichen Normensystems in Deutschland ist eine Folge des Sozialstaatsprinzips des GG (vgl. I-2.1.3) und damit das „Soziale" an der sozialen Marktwirtschaft. **Sozialstaatsprinzip**

Es soll nach **§ 1 SGB I** nicht nur der bloßen Existenzsicherung (immerhin geht es um ein menschenwürdiges Dasein) dienen, sondern darüber hinaus zur Verwirklichung sozialer Gerechtigkeit und sozialer Sicherheit und insbesondere dazu beitragen, Chancengleichheit zu schaffen, die Familie zu schützen und zu fördern und besondere Belastungen des Lebens auszugleichen. Man spricht hier auch vom System und Netz der sozialen Sicherung, welches sich auf die vier Säulen Vorsorge / Versicherung, Versorgung, Förderung und Hilfe stützt (vgl. hierzu I-2.1.3 und Übersicht 9, S. 85; nach anderer Sichtweise unterscheidet man in Deutschland die drei Systeme Sozialversicherung, Versorgung und Fürsorge, welche heute z. B. im Rahmen der Pflegeversicherung ansatzweise durch ein System der Bürgerversicherung ergänzt werden müssen; vgl. Opielka 2004, 25 ff.). **§ 1 SGB I**

Ziel des Sozialrechts ist die **Herstellung sozialer Sicherheit und Gerechtigkeit**. Der einzelne Bürger kann allerdings aus den Vorschriften des SGB nur dann einen individuellen Anspruch (subjektiv-öffentliches Recht) herleiten, wenn dessen Voraussetzungen und Inhalt im Besonderen Teil des SGB geregelt sind (§ 2 Abs. 1 SGB I). Die einzelnen materiellen Regelungsgebiete des Sozialrechts (vgl. hierzu §§ 3–10 und 18–29 SGB I) sind z. T. codiert in eigenen „Büchern" (besser vorstellbar als „Bände" bzw. Teile des gesamten Sozialgesetzbuches; diese Bücher / Bände sind wiederum in Kapitel und Abschnitte gegliedert):

- SGB II: Grundsicherung für Arbeitssuchende,
- SGB III: Arbeitsförderung,
- SGB IV: Gemeinsame Vorschriften für die Sozialversicherung (vgl. § 4 SGB I),
- SGB V: Gesetzliche Krankenversicherung (vgl. § 21 SGB I),
- SGB VI: Gesetzliche Rentenversicherung (vgl. § 23 SGB I),
- SGB VII: Gesetzliche Unfallversicherung (vgl. § 22 SGB I),
- SGB VIII: Kinder- und Jugendhilferecht (vgl. §§ 8, 27 SGB I),
- SGB IX: Rehabilitation und Teilhabe behinderter Menschen (vgl. §§ 10, SGB I),
- SGB X: Verwaltungsverfahren nach dem Sozialgesetzbuch
- SGB XI: Pflegeversicherung (vgl. § 21a SGB I),
- SGB XII: Sozialhilfe / Grundsicherung bei Alter und Erwerbsminderung (vgl. §§ 9, 28 SGB I).

Weitere in Einzelgesetzen normierte Regelungsbereiche des Sozialrechts sind in § 68 SGB I genannt und gelten bis zu ihrer systematischen Einordnung in das SGB schon jetzt als besondere Teile des SGB, z. B. die Ausbildungsförderung (BAföG), die Familienförderung durch Erziehungsgeld (BErzGG) bzw. das neue Elterngeld (BEEG), das Bundesversorgungsrecht (vgl. § 5 SGB I) mit den dazugehörigen Teilbereichen (z. B. Soldaten- und

Zivildienstversorgung, Infektionsschutz, Opferentschädigung), das Unterhaltsvorschussgesetz (UVG), das Schwerbehindertengesetz (SchwbG), das Wohngeldgesetz (WoGG; vgl. § 7 SGB I)) oder das Schwangerschaftsabbruchhilfegesetz (SchwHG). Die Sozialhilfe wurde neu geregelt, das BSHG zum 01.01.2005 durch das SGB II und XII abgelöst. Zudem gehören auch nicht in § 68 SGB I gelistete Regelungsbereiche zum Sozialrecht wie z. B. das HeimG oder das Schwangerschaftskonfliktgesetz (SchKG).

Beim Kindergeld handelt es sich seit 1996 im „engen Sinne" nicht mehr um eine Sozialleistung, sondern um eine steuerliche Leistung nach dem EStG.

Gesetzliche Regelungen, die nicht zum SGB gehören, enthalten teilweise sozialrechtliche Bestimmungen (insbesondere zur Existenzsicherung, z. B. Asylbewerberleistungsgesetz). Gleichwohl sind in diesen Fällen die (allgemeinen) sozialrechtlichen Bestimmungen nicht anwendbar. Das betrifft insbesondere die Soziale Arbeit

- in den Ausländerbehörden,
- im Strafvollzug, in den sozialen Diensten der Justiz, der Bewährungs- und Gerichtshilfe (beachte aber: Jugendgerichtshilfe ist nach § 52 SGB VIII Aufgabe und Teil der Jugendhilfe und gehört damit zum Sozialleistungsbereich),
- im Gesundheitswesen (Krankenhaussozialarbeit),
- in der privaten Wirtschaft oder in öffentlichen Behörden (Betriebssozialdienst),
- im Bildungsbereich (insbesondere im Rahmen der außerbetrieblichen Ausbildung und Förderung; Ausnahme: Schulsozialarbeit nach § 13 SGB VIII).

Für diese Bereiche gilt – soweit sie öffentlich-rechtlich verfasst sind – das allgemeine Verwaltungsverfahrensrecht (VwVfG) sowie die bereichsspezifischen Regelungen z. B. AuslG, AsylbLG, StrVollzG, StGB, StPO.

freie Träger Das SGB gilt unmittelbar nur für die öffentlichen Verwaltungsträger, **nicht** für freie Träger, die ihre Rechtsbeziehungen zu den Leistungsempfängern Sozialer Arbeit grundsätzlich nach den Regeln des Privatrechts gestalten (z. B. Vereinbarung eines Betreuungsvertrags). Sozialrechtliche Bestimmungen (z. B. Schutzverpflichtungen, insbesondere zum Schutz von persönlichen Daten) können aber für freie Träger ggf. mittelbar aufgrund entsprechender Vereinbarungen mit den Trägern öffentlicher Verwaltung verbindlich sein (vgl. z. B. §§ 8a Abs. 2, 61 Abs. 4 SGB VIII).

europäisches Sozialrecht Das hier dargestellte Sozialrecht beschränkt sich im Wesentlichen auf die deutsche Rechtsordnung unter Einschluss der ins nationale Recht transferierten internationalen und völkerrechtlichen Regelungen (z. B. bilaterale Sozialversicherungsabkommen). Mittlerweile wirken sich aber auch im Sozialrecht inter- bzw. supranationale Regelungen (vgl. I-1.1.5) ohne besonderen Ratifizierungsakt unmittelbar im deutschen Recht aus, wie an der Rechtsprechung des EuGH deutlich wird (Einschränkung des Territorialprinzips nach § 30 SGB I; z. B. EuGH NJW 1997, 43 zum Anspruch auf Erziehungsgeld von Grenzgängern beim Wohnsitz im EU-Ausland; EuGH NJW 1998, 1769 bzgl. der Kostentragung bei der Beschaffung von Hilfsmitteln / Brille im EU-Ausland; EuGH NJW 1998, 1771 ff. bzgl. der Kostenerstattung bei Zahnbehandlung im EU-Ausland).

Als allgemeines **Sozial(verwaltungs)recht** bezeichnet man die unabhängig vom jeweiligen Arbeitsfeld, also für alle Bereiche des SGB geltenden (sprichwörtlich „vor die Klammer" gezogenen) Regelungen des **SGB I** (vgl. im 3. Abschnitt die „Gemeinsamen Vorschriften für alle Sozialleistungsgesetze" des SGB in §§ 30–59 SGB I) und des überwiegend im **SGB X** normierten Sozialverwaltungsverfahrens. Leider ist die beabsichtigte Systematik (SGB I und X quasi als Einband am Anfang und Ende des SGB) nicht durchgehalten und durch die Integration weiterer SGB-Bücher mittlerweile gesprengt worden. So sind im SGB IV die allgemeinen Bestimmungen zusammengefasst, die für den gesamten Bereich der Sozialversicherung (SGB V–VII, XI) und z. T. für die Arbeitsförderung (SGB III) gelten. Nur soweit die einzelnen Bücher des SGB spezifischere Regelungen normieren, gehen diese den allgemeinen Normen vor (z. B. bereichsspezifische Regelungen zum Datenschutz in §§ 61 ff. SGB VIII gegenüber § 35 SGB I und §§ 67 ff. SGB X). Darüber hinaus bleiben Regelungen des über- und zwischenstaatlichen Rechts unberührt (§ 30 Abs. 2 SGB I).

Die Aufgaben nach dem SGB werden durch die **Behörden** wahrgenommen (§ 1 Abs. 2, 10 Nr. 3 SGB X), das sind die selbstständig und nach außen (d. h. gegenüber dem Bürger) handelnden Stellen der öffentlichen Verwaltung, in der Kommunalverwaltung i. d. R. die (Ober)Bürgermeister bzw. die Landräte (vgl. I-4.1.2.1).

1.1   Das Sozialrechtsverhältnis

Auf Grundlage der in §§ 3–10 SGB I normierten Rechte und der sozialrechtlichen Leistungsnormen (SGB II-XII, § 86 SGB I) entsteht im konkreten Einzelfall ein sog. Sozialrechtsverhältnis als spezifisch sozialrechtlich ausgestaltetes Schuldverhältnis. Hiermit wird die Rechtsbeziehung des Bürgers als Leistungsempfänger zum Sozialleistungsträger (vgl. § 12 SGB I) als Leistungsverpflichteter bezeichnet. Hieraus ergeben sich – durchaus vergleichbar mit dem zivilrechtlichen Schuldverhältnis – über die konkrete Sozialleistung hinaus bestimmte Regeln, Rechte und Pflichten (z. B. auf Aufklärung, Auskunft und Beratung; vgl. §§ 13 ff. SGB I; Mitwirkungsobliegenheiten nach §§ 60 ff. SGB I, s. u. III-1.3.2).

Leistungsinhalt können Geld-, Sach- oder Dienstleistungen sein (§ 11 SGB I), insbesondere persönliche und erzieherische Hilfen (vgl. § 11 Abs. 1 S. 2 SGB I) als besonderer Gegenstand der Sozialen Arbeit. Auf Sozialleistungen kann ggf. ein Anspruch bestehen (§ 38 SGB I) oder sie liegen im pflichtgemäßen Ermessen (zum Begriff vgl. I-3.4.1) der Sozialverwaltung (§ 39 SGB I). Ob das eine oder andere der Fall ist, richtet sich nach der konkreten Leistungsnorm der besonderen Teile des SGB. Ansprüche auf Sozi-

Sozialleistungsanspruch

alleistungen entstehen, sobald ihre im Gesetz oder aufgrund eines Gesetzes bestimmten Voraussetzungen vorliegen (§ 40 SGB I). Die zivilrechtliche Privatautonomie (insbesondere Vertragsfreiheit) besteht insoweit nicht (vgl. § 32 SGB I), es gilt der sozialrechtliche **Gesetzesvorbehalt** (§ 31 SGB I; vgl. I-2.1.2.1).

Sozialleistungsansprüche sind – soweit nicht gesonderte Regelungen vorliegen – bei Vorliegen der Leistungsvoraussetzungen fällig und Leistungen sind deshalb sofort zu erbringen (§ 41 SGB I). Sozialleistungsansprüche können auch verjähren und zwar nach § 45 SGB I grundsätzlich nach vier Jahren. Ansprüche erlöschen – wenn auf sie nicht verzichtet wird (§ 46 SGB I) – mit ihrer Erfüllung gegenüber dem Leistungsberechtigten (vgl. §§ 362 ff. BGB; § 47 SGB I). Möglich ist aber auch eine Auszahlung und Überleitung des Anspruchs an Dritte (z. B. bei Unterbringung §§ 49 f. SGB I). Bei Geldleistungsansprüchen ist mitunter auch eine Aufrechnung (§ 51 SGB I) möglich sowie eine Pfändung zulässig, nicht aber bei Ansprüchen auf Sozialleistungen in Form von Dienst- oder Sachleistungen (§ 54 SGB I). Derartige Ansprüche können auch nicht auf andere Personen übertragen oder verpfändet werden (§ 53 SGB I). Sozialleistungsansprüche sind also nur bedingt verkehrsfähig. Bei Tod des Leistungsempfängers ist aber bei bereits fälligen Geldleistungen eine sog. Sonderrechtsnachfolge (§ 56 SGB I) und Vererbung (§ 58 SGB I) möglich. Im Übrigen erlöschen mit dem Tod die Ansprüche auf Sozialleistungen (§ 59 SGB I).

Leistungsstörungen   Treten bei der Erfüllung von Sozialleistungen Fehler oder Mängel auf, spricht man – wie im bürgerlich-rechtlichen Schuldrecht – von Leistungsstörungen, z. B. weil Leistungsempfänger zu viel, zu wenig oder etwas anderes erhalten haben, als ihnen bewilligt wurde. Soweit dies aufgrund eines fehlerhaften Verwaltungsaktes erfolgt, gelten hierfür dann spezifische Regelungen (vgl. § 45 ff. SGB X; s. u. III-1.3.1.2). Bei fehlerhafter Beratung und Auskunft oder einer sonstigen Pflichtverletzung können Haftungsansprüche aus Amtshaftung gegen den Sozialleistungsträger entstehen (Art. 34 GG, § 839 BGB). Umstritten ist, ob darüber hinaus auch ein öffentlich-rechtlicher Schadensersatzanspruch besteht (vgl. BSGE 53, 150 [156]). Ein solcher ist bislang lediglich bei der Verletzung öffentlich-rechtlicher Verträge anerkannt worden. Im Sozialversicherungsrecht ist eine Erstattung zu Unrecht entrichteter Versicherungsbeiträge vorgesehen (§§ 26–28 SGB IV). Im Verhältnis mehrerer Leistungsträger untereinander gelten für die gegenseitigen Erstattungsansprüche die §§ 102–104 SGB X.

1.2   Das sozialrechtliche Verwaltungsverfahren

Das Verwaltungsverfahren im Bereich der öffentlichen Sozialverwaltung unterscheidet sich wesentlich vom Verfahren zur Durchsetzung zivilrechtlicher Ansprüche z. B. gegen private Kranken-, Lebens- oder Unfallversicherer. Ansprüche aus derartigen Verträgen sind privatrechtlicher Natur, die ggf. im zivilrechtlichen Klageweg geltend zu machen sind. Das Verwaltungsverfahren, das bei der Umsetzung des SGB anzuwenden ist, richtet sich nach den Vorschriften des SGB I und SGB X, soweit die besonderen Teile („Bücher") des SGB keine speziellen Verfahrensvorschriften enthalten (§ 37 SGB I).

Nach den §§ 8 ff. SGB X ist das Verwaltungsverfahren im Sinne des SGB die nach außen wirkende Tätigkeit der Behörden, die auf die Prüfung der Voraussetzungen, die Vorbereitung und den Erlass eines Verwaltungsaktes (hierzu III-1.3.1) oder auf den Abschluss eines öffentlich-rechtlichen Vertrages (hierzu III-1.3.2) gerichtet ist. Sofern das Verwaltungshandeln nicht auf den Erlass eines VA gerichtet ist (sog. schlicht-hoheitliches Verwaltungshandeln; vgl. I-4.1.1.1), richtet sich das Verfahren nicht unmittelbar nach den §§ 8–66 SGB X. Es gelten allerdings die darin enthaltenen allgemeinen sowie die in den §§ 1-7 SGB X normierten Grundsätze sowie die Regeln des SGB I. Im Rahmen der Mitwirkung in gerichtlichen Verfahren (z. B. §§ 50-52 SGB VIII) sind zusätzlich die Regelungen der FGG, ZPO, StPO und JGG zu beachten, soweit sie Regelungen für die Sozialverwaltung, wie z. B. das Jugendamt, vorsehen.

1.2.1   Allgemeine Grundsätze

Nach § 9 SGB X ist das Verwaltungsverfahren an keine bestimmte Formen **Formfreiheit** gebunden, soweit keine besonderen Rechtsvorschriften für die Form des Verfahrens bestehen, vgl. z. B. § 46 BAföG (Schriftform). Es ist einfach, zweckmäßig und auch zügig (vgl. § 17 Abs. 1 SGB I) durchzuführen. Anträge sind deshalb in der Regel formlos wirksam, die Verwendung von Vordrucken kann aber zur Angabe von Tatsachen vorgeschrieben werden (§ 60 Abs. 2 SGB I).

Die Amtssprache ist deutsch (§ 19 Abs. 1 S.1 SGB X). Damit ist es grund- **Amtssprache** sätzlich Sache des nichtdeutsch sprechenden Bürgers, sich ggf. eine Übersetzung zu beschaffen, allerdings gibt es Erleichterungen insbesondere zur Fristwahrung (§ 19 Abs. 2 SGB X). Darüber hinaus ist umstritten, ob es für EU-Bürger aufgrund des vorrangigen EU-Gemeinschaftsrechts (vgl. § 30 Abs. 2 SGB I) möglich sein muss, dass sie sich in ihrer eigenen Sprache an die deutschen Behörden wenden können. Jedenfalls dürfen sie durch die deutsche Amtssprache nicht benachteiligt werden (Diskriminierungsverbot Art. 12 EG-Vertrag), was dafür spricht, dass EU-Bürger sich in ihrer offiziellen **Landessprache** an die deutschen Behörden wenden dürfen. Klarheit besteht dagegen für Angehörige der Staaten, mit denen die Bundesrepublik Deutschland entsprechende Abkommen über die gegenseitige Anerkennung der jeweils anderen Sprache geschlossen hat, insbesondere Türkei, Israel, Schweiz, Kanada und USA (vgl. § 30 Abs. 2 SGB I, § 6 SGB IV). Für den Bereich der EG folgt dies bereits aus der EWG-VO 1408/71. Hörbehinderte Menschen haben das Recht, zur Verständigung die **Gebärdensprache** zu verwenden (§ 19 Abs. 1 S. 2 SGB X).

Gesetzliche, d. h. durch Rechtsnormen bestimmte Fristen sind einzuhal- **Fristen** ten (z. B. Widerspruchsfrist). Wer sie nicht einhält, hat grundsätzlich „selber

Schuld". In Ausnahmefällen kann bei unverschuldetem Versäumnis (z.B. Unfall und nicht vorhersehbarer Krankenhausaufenthalt; nicht aber Urlaub; bei längerer Abwesenheit ist zur Wahrung von Fristen eine Post-Nachsendung bzw. ein Bevollmächtigter zu bestellen, vgl. BSG NJW 1992, 3120) die Wiedereinsetzung in den vorherigen Stand gewährt werden (§ 27 SGB X). Fällt das Fristende auf ein Wochenende oder gesetzlichen Feiertag, so läuft die Frist erst am nächsten Wochentag ab (§ 26 Abs. 3 SGB X). Die Berechnung von Fristen und die Bestimmung von Terminen richtet sich gemäß §§ 62, 26 Abs. 1 SGB X im Übrigen nach den entsprechenden Regelungen des BGB (§§ 187–193 BGB).

Behördliche Fristen, die die Verwaltung nach pflichtgemäßen Ermessen zur Erledigung ihrer Aufgaben (z.B. Anhörungsfrist) setzt (§ 26 Abs. 2 ff. SGB X), können ggf. auch nach Fristablauf – verlängert werden (§ 26 Abs. 7 SGB X), z.B. wegen der berufsbedingten Abwesenheit im Ausland im Hinblick auf eine Anhörungsfrist nach § 24 SGB X oder im Hinblick auf eine Frist zur Mängelbeseitigung wenn ein notwendiger Experte oder Handwerker erst nach Ablauf der Frist zu bekommen ist.

Kosten In Sozialverwaltungsverfahren gilt bislang noch der Grundsatz der **Kostenfreiheit** (§ 64 SGB X), d.h. die Behörden dürfen für ihre Tätigkeiten im Verfahren als solches keine Gebühren und Auslagen erheben. Das gilt auch für das Rechtsbehelfsverfahren nach § 62 SGB X. Soweit dem Bürger selbst, z.B. durch die Beauftragung eines Rechtsanwalts, Kosten entstanden sind, werden diese nur im Rechtsbehelfsverfahren und nur dann erstattet, wenn sie „zur zweckentsprechenden Rechtsverfolgung" notwendig waren (§ 63 Abs. 2 SGB X). Für Leistungen und andere Aufgaben dürfen entsprechend der gesetzlichen Regelungen nach dem SGB Gebühren, Teilnehmer- oder Kostenbeiträge erhoben werden (vgl. z.B. §§ 90 ff. SGB VIII).

Zuständigkeiten Die öffentliche Verwaltung darf nur im Rahmen der ihr durch Rechtsvorschrift eingeräumten Zuständigkeit tätig werden. Die Einhaltung der gesetzlichen Zuständigkeiten ist kein Bürokratismus. Sie ist vielmehr Ausdruck der verfassungsrechtlichen Gewaltenteilung und des Rechtsstaatsprinzips. Nur eine zuständige Behörde handelt rechtmäßig und mit der zu erwartenden Fachlichkeit. Handelt eine nicht zuständige Behörde, greift sie in die rechtlich verbürgten Kompetenzen, im Fall von Selbstverwaltungsträgern in das Recht zur Regelung der eigenen Angelegenheiten ein. Dem Recht der zuständigen Verwaltungsträger entspricht auf der anderen Seite die Pflicht, gegenüber dem Bürger tätig zu werden und hierfür zunächst die notwendigen Kosten zu tragen. Verwaltungsverantwortlichkeiten können nicht auf einen nichtzuständigen Verwaltungsträger abgeschoben werden, nur weil dieser die Sache vielleicht schneller oder billiger erledigen könnte.

Die gesetzlich geregelte Zuständigkeit knüpft i.d.R. nicht an ein Amt, sondern an die Eigenschaft als Verwaltungsträger an. Man unterscheidet vor allem die sachliche und örtliche Zuständigkeit, die i.d.R. im jeweiligen Leistungsgesetz geregelt ist (z.B. §§ 85 ff. SGB VIII, §§ 97 ff. SGB XII; §§ 41 ff. BAföG; bei Kompetenzstreitigkeiten vgl. § 2 SGB X). Die **sachliche**

Zuständigkeit betrifft die Verteilung der Kompetenzen im Hinblick auf den (Sach)Inhalt der zu bewältigenden Aufgabe. Die **örtliche Zuständigkeit** verteilt die Verwaltungskompetenzen gleichermaßen sachlich zuständiger Verwaltungsträger nach dem geografischen Anknüpfungspunkt. Der Aufenthalt ist häufig nicht der Wohnsitz (§ 30 Abs. 3 S. 1 SGB I), sondern der tatsächliche (aktuell-physische) oder der sog. gewöhnliche Aufenthalt (§ 30 Abs. 3 S. 2 SGB I). Letzterer befindet sich nach der Auslegung durch die Rspr. dort, wo jemand seinen „**Lebensmittelpunkt**" (geprägt z. B. durch Arbeit, Schule, Familie) hat. **gewöhnlicher Aufenthalt**

Die Frage, welche Stelle, welches Amt, welche Abteilung, welcher Mitarbeiter in einer Behörde für die Erledigung einer Aufgabe verantwortlich ist, ist eine Frage der sog. **funktionellen Zuständigkeit**. Diese innerhalb des Verwaltungsträgers vorgenommene Zuständigkeitsverteilung ist gesetzlich nicht geregelt und obliegt der Organisationshoheit des Trägers. Ein Verstoß gegen diese Zuordnung macht eine Entscheidung im Außenverhältnis zum Bürger nicht rechtswidrig.

Die Amtshilfe (§ 3 SGB X) überwindet lediglich die Grenzen der örtlichen, nicht aber der sachlichen Zuständigkeit. Eine Behörde kann nicht eine Aufgabe, die ihr als Sachgebiet nicht zugewiesen ist, von einer anderen erledigen lassen (Gesetzmäßigkeit der Verwaltung). **Amtshilfe**

Anträge auf Sozialleistungen sind beim (gesetzlich) zuständigen Leistungsträger zu stellen (§ 16 SGB I). Zum Schutze des rechtsunkundigen Bürgers sind Anträge, die bei einer unzuständigen Behörde oder Gemeinde gestellt werden, von dieser unverzüglich an den zuständigen Leistungsträger weiterzuleiten. Zur Fristwahrung gelten sie bereits als zu dem Zeitpunkt gestellt, an dem sie bei der unzuständigen Behörde eingegangen sind (§ 16 Abs. 2 SGB I, vgl. auch § 19 SGB XII). Diese Regelung gilt entsprechend für Leistungen, die nicht von einem Antrag abhängig sind, also insbesondere im Bereich der Jugend- und Sozialhilfe (vgl. BVerwG NVwZ 1996, 402). Für das Einsetzen der Sozialhilfe bestimmt § 18 Abs. 2 SGB X nun ausdrücklich, dass es auf den Zeitpunkt der Kenntniserlangung der leistungsauslösenden Umstände bei dem nichtzuständigen Träger der Sozialhilfe oder der unzuständigen Gemeinde ankommt. Dieser Zeitpunkt der ersten Antragstellung ist auch dann maßgeblich, wenn nicht alle erforderlichen Unterlagen eingereicht worden sind (Mrozynski 2003, § 60 Rz. 33 f.).

Beteiligte des Verwaltungsverfahrens sind natürliche und juristische Personen sowie Behörden (§ 10 SGB X). Die das Verfahren betreibende **Behörde** ist nicht Antragsgegner i. S. d. § 12 Abs. 1 Nr. 1 SGB X, sondern vielmehr Trägerin des Verfahrens. Zur Vornahme von Verfahrenshandlungen fähig sind grundsätzlich nur Menschen. Juristische Personen handeln durch ihre gesetzlichen Vertreter und Organe (§ 11 Abs. 1 Nr. 3 SGB X), Behörden durch ihre Leiter, deren Vertreter bzw. Beauftragte (§ 11 Abs. 1 Nr. 4 SGB X). Im Hinblick auf die handelnden Personen verweist § 11 SGB X auf die Regelungen der Geschäftsfähigkeit nach dem BGB (vgl. §§ 104 ff. BGB; s. II-1.1). Für den Bereich des Sozialrechts können Personen, die das 15. Lebensjahr vollendet haben (d. h. 15 Jahre alt sind), selbstständig Anträge auf Sozialleistungen **Beteiligte** **§ 36 SGB I** stellen und Sozialleistungen entgegennehmen (§ 36 Abs. 1 S. 1 SGB I); sie sind insoweit handlungsfähig (§ 11 Abs. 1 Nr. 2 SGB X). Nach dem SGB VIII können darüber hinaus bereits Kinder unter 15 Jahren ihren Anspruch auf Beratung und Schutzgewährung durch Inobhutnahme selbst geltend machen (§§ 8 Abs. 2 und 3, 42 Abs. 2 SGB VIII), nicht dagegen andere ihnen zustehende Leistungen, z. B. einen Platz in einer Kindertagesstätte nach § 24 SGB VIII beantragen (beachte: der Anspruch auf Erziehungshilfen nach § 27 SGB VIII steht ohnehin nicht ihnen, sondern ihren Personensorgeberechtigten zu). Insoweit bedarf es der rechtsgeschäftlichen Vertretung durch die Personensorgeberechtigten (§§ 104 ff., 1629 Abs. 1 BGB). Ein unwirksamer Antrag eines noch nicht 15-Jährigen verpflichtet allerdings die Behörde zu prüfen, ob sie nicht von Amts wegen tätig werden muss.

Nichtöffentlichkeit   Grundsätzlich ist das Verfahren – auch soweit es nicht um einen VA geht – nichtöffentlich, d. h., Beteiligte können nur die in § 12 SGB X genannten Personen sein. Das ist vor allem von Bedeutung im Hinblick auf das Akteneinsichtsrecht oder Anhörungsvorschriften. Dritte können nur im Rahmen der Vorschriften über die Vertretung oder Beistände (§ 13 Abs. 4 SGB X) im Verfahren „mit dabei sein". Ein Beteiligter muss nicht – soweit es das Gesetz nicht ausdrücklich vorschreibt – persönlich anwesend sein und handeln, sondern kann sich durch einen Bevollmächtigten vertreten lassen (§ 13 Abs. 1 S. 1 SGB X). Die Behörde muss sich dann i. d. R. stets an den Bevollmächtigten wenden (§ 13 Abs. 3 S. 1 SGB X). Bevollmächtigte und Beistand kann jede geschäftsfähige Person sein, es muss sich nicht um einen Rechtsanwalt handeln. Auf Seiten der Behörde dürfen ausgeschlossene (§ 16 SGB X) oder befangene Personen (§ 17 SGB X) nicht tätig werden, insbesondere weil sie durch die Tätigkeit für eine Behörde oder durch deren Entscheidung einen unmittelbaren Vorteil oder Nachteil erlangen könnten und damit ein Grund vorliegt, der geeignet ist, Misstrauen gegen eine unparteiische Amtsausübung auszulösen.

1.2.2   Ablauf des Verwaltungsverfahrens

Antrag   Verwaltungsverfahren im Sozialrecht (siehe Übersicht 31) werden nach § 18 SGB X (vgl. auch § 19 SGB IV) entweder durch Anträge (z. B. § 37 Abs. 1 SGB II, § 115 Abs. 1 SGB VI; § 46 BAföG, § 1 WohnGG; § 4 Abs. 2 BErzGG; § 9 BKGG) oder von Amts wegen in Gang gesetzt (z. B. §§ 42 SGB VIII; § 18 Abs. 1 SGB XII). Schreibt das Gesetz einen Antrag vor, so ist ein VA ohne einen entsprechenden Antrag rechtswidrig. Ist aber ein Antrag für die Einleitung eines Verfahrens zum Erlass eines Verwaltungsaktes nicht erforderlich, so entscheidet die Behörde über die Einleitung eines Verwaltungsverfahrens nach pflichtgemäßen Ermessen (Opportunitätsprinzip). Das in der Praxis vielfach behauptete Antragserfordernis ist zumeist verwaltungstechnischen Gründen und der Gewohnheit („haben wir schon immer so gemacht") geschuldet. Sofern das Gesetz einen Antrag nicht ausdrücklich vorschreibt (z. B. im SGB VIII), darf die Verwaltung eine Leistung nicht von

Übersicht 31: Ablauf des Verwaltungsverfahrens und der gerichtlichen Rechtskontrolle

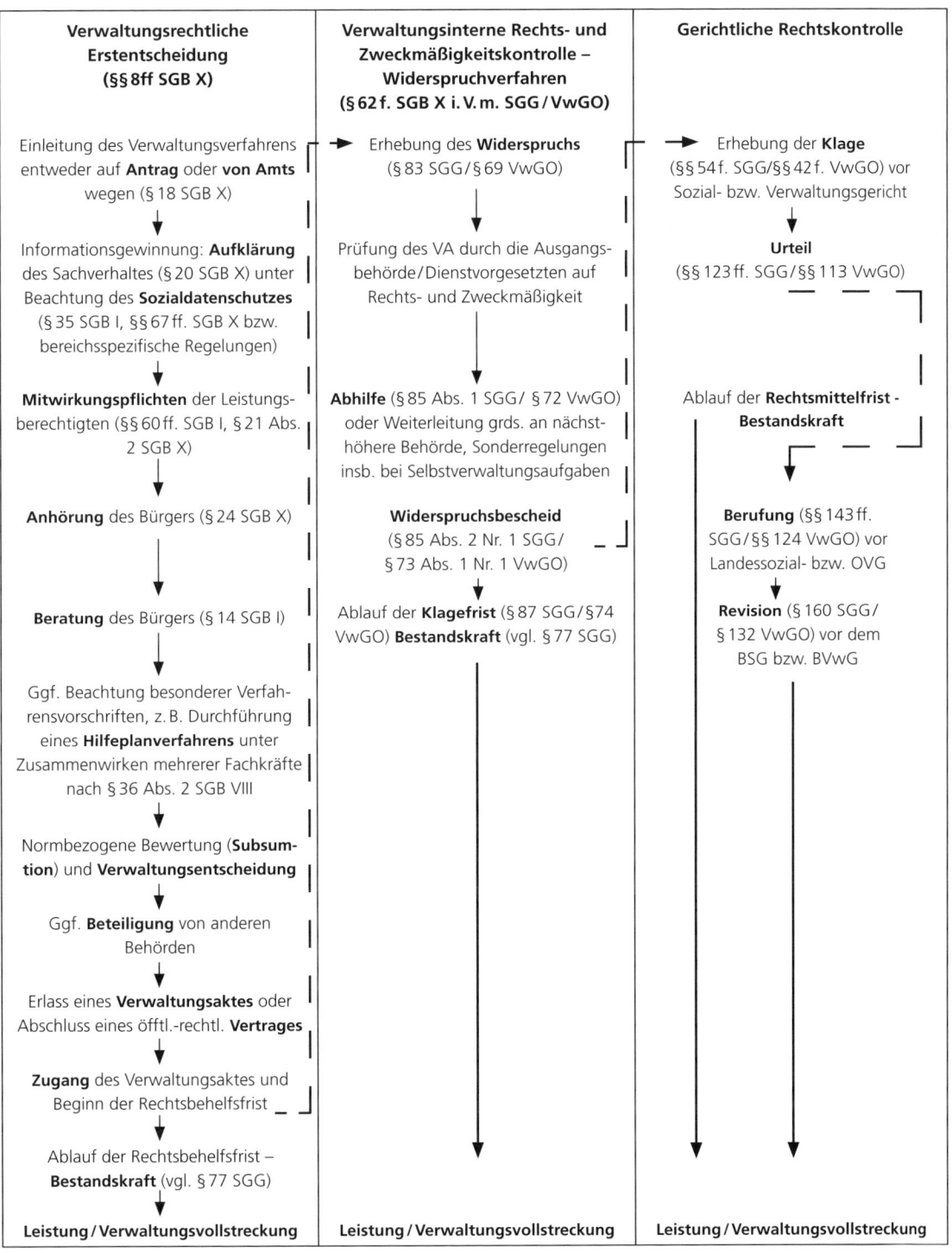

Verwaltungsrechtliche Erstentscheidung (§§ 8 ff SGB X)	Verwaltungsinterne Rechts- und Zweckmäßigkeitskontrolle – Widerspruchverfahren (§ 62 f. SGB X i. V. m. SGG / VwGO)	Gerichtliche Rechtskontrolle
Einleitung des Verwaltungsverfahrens entweder auf **Antrag** oder **von Amts** wegen (§ 18 SGB X)	Erhebung des **Widerspruchs** (§ 83 SGG / § 69 VwGO)	Erhebung der **Klage** (§§ 54 f. SGG / §§ 42 f. VwGO) vor Sozial- bzw. Verwaltungsgericht
Informationsgewinnung: **Aufklärung** des Sachverhaltes (§ 20 SGB X) unter Beachtung des **Sozialdatenschutzes** (§ 35 SGB I, §§ 67 ff. SGB X bzw. bereichsspezifische Regelungen)	Prüfung des VA durch die Ausgangs- behörde / Dienstvorgesetzten auf Rechts- und Zweckmäßigkeit	**Urteil** (§§ 123 ff. SGG / §§ 113 VwGO)
Mitwirkungspflichten der Leistungs- berechtigten (§§ 60 ff. SGB I, § 21 Abs. 2 SGB X)	**Abhilfe** (§ 85 Abs. 1 SGG / § 72 VwGO) oder Weiterleitung grds. an nächst- höhere Behörde, Sonderregelungen insb. bei Selbstverwaltungsaufgaben	Ablauf der **Rechtsmittelfrist - Bestandskraft**
Anhörung des Bürgers (§ 24 SGB X)	**Widerspruchsbescheid** (§ 85 Abs. 2 Nr. 1 SGG / § 73 Abs. 1 Nr. 1 VwGO)	**Berufung** (§§ 143 ff. SGG / §§ 124 VwGO) vor Landessozial- bzw. OVG
Beratung des Bürgers (§ 14 SGB I)	Ablauf der **Klagefrist** (§ 87 SGG / § 74 VwGO) **Bestandskraft** (vgl. § 77 SGG)	**Revision** (§ 160 SGG / § 132 VwGO) vor dem BSG bzw. BVwG
Ggf. Beachtung besonderer Verfah- rensvorschriften, z. B. Durchführung eines **Hilfeplanverfahrens** unter Zusammenwirken mehrerer Fachkräfte nach § 36 Abs. 2 SGB VIII		
Normbezogene Bewertung (**Subsum- tion**) und **Verwaltungsentscheidung**		
Ggf. **Beteiligung** von anderen Behörden		
Erlass eines **Verwaltungsaktes** oder Abschluss eines öfftl.-rechtl. **Vertrages**		
Zugang des Verwaltungsaktes und Beginn der Rechtsbehelfsfrist		
Ablauf der Rechtsbehelfsfrist – **Bestandskraft** (vgl. § 77 SGG)		
Leistung / Verwaltungsvollstreckung	**Leistung / Verwaltungsvollstreckung**	**Leistung / Verwaltungsvollstreckung**

der Stellung eines förmlichen Antrags abhängig machen. Es reicht aus, dass die Leistungsempfänger zu erkennen geben, dass sie mit der Inanspruchnahme der Leistung einverstanden sind. Das ist insbesondere im Bereich der Kinder- und Jugendhilfe der Fall, ein formelles Antragserfordernis besteht hier nicht (Münder et al. 2006, § 27 Rz. 47).

Untersuchungs-grundsatz

Die Behörde ist grundsätzlich für die Aufklärung des Sachverhalts verantwortlich und ermittelt den Sachverhalt von Amts wegen (Untersuchungsgrundsatz). Sie bestimmt dabei Art und Umfang der Ermittlungen (§ 20 SGB X), wobei sie – wie bei jeder Handlung öffentlicher Verwaltungsträger – insbesondere den Schutz der Sozialdaten (hierzu III-1.2.3) sowie das Gebot der Verhältnismäßigkeit (vgl. I-2.1.2.2) zu wahren hat. Für das Verwaltungsverfahren gilt der Grundsatz der objektiven **Beweislast**, wenn sich trotz umfassender Aufklärung des Sachverhalts das Vorliegen einer beweiserheblichen Tatsache nicht feststellen lässt. Danach haben die Folgen der Nichtfeststellbarkeit einer rechtserheblichen Tatsache stets diejenigen zu tragen, die aus dieser eine begünstigende Rechtsfolge, insbesondere einen Anspruch, herleiten wollen. Die Last des nicht erbrachten Beweises trägt hinsichtlich der anspruchsbegründenden Tatsachen i. d. R. der Antragsteller, hinsichtlich der anspruchshindernden oder -vernichtenden Tatsachen die Behörde. Amtsermittlung und freie Beweiswürdigung bedeuten nicht, dass jede Behauptung eines Leistungsberechtigten bezweifelt werden müsste oder werden dürfte (keine Vorurteile im Hinblick auf den Wahrheitsgehalt von Anträgen). Die Aufklärungspflicht beschränkt sich auf die Beseitigung ernsthafter Zweifel.

Mitwirkungsrechte und -pflichten

Soll ein Verwaltungsakt, der in Rechte eines Beteiligten eingreift (z. B. Herabsetzung oder Entzug einer Sozialleistung, Rücknahme eines VA, Heranziehung zu Kostenbeitrag), erlassen werden, ist den Beteiligten zuvor die Gelegenheit zu geben, sich zu den für die Entscheidung erheblichen Tatsachen zu äußern (§ 24 Abs. 1 SGB X, Ausnahmen § 24 Abs. 2 SGB X). Die **Anhörungspflicht** gilt auch, wenn ein Leistungsantrag aufgrund neuer, dem Antragsteller nicht bekannter Umstände abgelehnt werden soll. Stets sind die Betroffenen über ihre Rechte und Pflichten ordnungsgemäß zu beraten (§ 14 SGB I). Auch darüber hinaus müssen im Verwaltungsverfahren die **Beteiligungsrechte** der Bürger beachtet werden. Diese sind häufig in den besonderen Teilen des SGB spezifisch geregelt. So sind z. B. im Hinblick auf Leistungen der Jugendhilfe die besonderen Beteiligungsrechte von Minderjährigen oder das Wunsch- und Wahlrecht der Leistungsberechtigten zu beachten (§§ 5, 8, 9 und 36 SGB VIII; hierzu vgl. III-3.5.2).

§§ 60 ff. SGB I

Die Beteiligten sollen im Rahmen der Leistungsverwaltung bei der Ermittlung des Sachverhaltes mitwirken, insbesondere die ihnen bekannten Tatsachen und Beweismittel angeben (§ 21 Abs. 2 SGB X). Nach §§ 60 ff. SGB I ist derjenige, der Sozialleistungen beantragt oder erhält, grundsätzlich zur Mitwirkung verpflichtet. Tut er dies nicht, können Sozialleistungen versagt oder entzogen werden (§ 66 SGB I). Für dritte Personen besteht eine Mitwirkungs- und Aussagepflicht, wenn diese für die Entscheidung unabweislich ist (z. B. Zeugenpflicht nach § 21 Abs. 3 SGB X). Freilich sind stets die **Grenzen der Mitwirkungspflicht** (§ 65 SGB I) und hierbei insbesondere das **Verhältnismäßigkeitsprinzip** zu beachten.

Sofern es um die Prüfung von Leistungsvoraussetzungen geht, ist der Hausbesuch als Beweismittel der Augenscheinnahme nach § 21 Abs. 1 Nr. 4 SGB X zulässig, sofern er verhältnismäßig ist; ob er in der Sache sinnvoll ist, ist oft auch eine fachlich-sozialpädagogische Frage. Wird der Zugang verweigert, treffen die Folgen der Nichtfeststellbarkeit einer rechtserheblichen Tatsache ggf. den Antragsteller. Eine Verpflichtung der Bürger, das Betreten (der nach Art. 13 GG verfassungsrechtlich geschützten) Wohnung zu gestatten, folgt daraus jedoch nicht. Auch aus der Mitwirkungsverpflichtung (§§ 60 ff. SGB I, § 21 Abs. 2 Satz 1 SGB X) ergibt sich keine solche Pflicht, da die Regelungen über die Mitwirkungspflicht die Duldung eines Hausbesuchs nicht kennen. Das Betreten einer Wohnung ohne Einwilligung der Inhaber des Hausrechts ist nur aufgrund einer richterlichen Anordnung oder zur akuten Gefahrenabwehr zulässig (vgl. Art. 13 GG). `Hausbesuch`

Das Verwaltungsverfahrens endet in der ersten Phase in der Regel mit einer normbezogenen Entscheidung der Verwaltung (zur **Subsumtion** vgl. I-3.6), vielfach mit einem sog. Verwaltungsakt (hierzu III-1.3.1) oder dem Abschluss eines verwaltungsrechtlichen Vertrages (hierzu III-1.3.2).

Zum Verwaltungsverfahren zählt auch das Rechtsbehelfsverfahren, in dem die Verwaltung die Recht- und Zweckmäßigkeit des Verwaltungsaktes überprüft (§§ 62 ff. SGB X, §§ 40, 68 ff. VwGO, §§ 78 ff. SGG). Insoweit ist grundsätzlich ein Vorverfahren erforderlich, bevor eine Anfechtungs- oder Verpflichtungsklage bei den Gerichten erhoben werden kann (zur Verwaltungs- und Rechtskontrolle ausführlich I-5). Man unterscheidet hier zwischen sog. formlosen Rechtsschutzmöglichkeiten und Aufsichtsverfahren (hierzu I-5.2.1) und förmlichen Rechtsbehelfen, insbesondere aufgrund eines Widerspruchs bei Verwaltungsakten (hierzu I-5.2.2). Die (förmlichen) Rechtsbehelfe gegen Verwaltungsakte der Sozialverwaltung sind in § 64 SGB X geregelt, der im Wesentlichen auf die Bestimmungen des SGG (insbesondere im Hinblick auf sozialversicherungsrechtliche und Streitigkeiten über die Sozialhilfe) bzw. der VwGO (im Hinblick auf Streitigkeiten aus Anwendung des SGB VIII) verweist (vgl. I-5.2.2). `Rechtsbehelfs-verfahren` `Widerspruch`

Schließlich gehört zum Verwaltungsverfahren auch die Vollziehung und Vollstreckung der Verwaltungsentscheidung ggf. auch unter Anwendung von Zwang. Im Hinblick auf die Rechtsgrundlagen verweist § 66 SGB X auf unterschiedliche bundes- bzw. landesrechtliche Regelungen (im Einzelnen vgl. hierzu III-1.5).

1.2.3   Sozialdatenschutz

Zur Vorbereitung von Verwaltungsentscheidungen und zur Überprüfung von Leistungsansprüchen benötigt die Verwaltung eine Reihe von Informationen. Diese Informationen betreffen häufig sensible, persönliche Daten der Bürger, die im Hinblick auf das **Grundrecht der informationellen Selbstbestimmung** (vgl. BVerfGE 65, 1) geschützt werden müssen. Jeder hat Anspruch darauf, dass die ihn betreffenden Sozialdaten (§ 67 Abs. 1 SGB X) von den Sozialleistungsträgern nicht unbefugt erhoben, verarbeitet oder genutzt werden (Sozialgeheimnis). Dabei haben die (bereichsspezifischen) Vorschriften über den Sozialdatenschutz (für die Jugendhilfe z.B. §§ 61 ff. SGB VIII) Vorrang vor den allgemeinen Regelungen (§ 35 SGB I, §§ 67 ff. SGB X) und den Regelungen über die Ermittlung des Sachverhalts nach den §§ 20 ff. SGB X (§ 37 S. 2 SGB I). Hieraus folgen insbesondere drei Grundsätze für die Erhebung, Speicherung und Verwertung von Sozialdaten, die auch und gerade im Hinblick auf die Amtshilfe (§ 4 Abs. 2, S. 2 SGB X) zu beachten sind:

Grundsätze

1. **Zweckbindungsprinzip:** Die Kenntnis der Sozialdaten ist zur Erfüllung der konkreten Aufgabe erforderlich und Daten dürfen nur für den Zweck verwendet werden, zu dem sie erhoben wurden (§ 67a Abs. 1 SGB X, § 62 Abs. 1 SGB VIII). Damit ist ein Sammeln von Daten auf Vorrat oder die laufende Verwendung (ver)alte(te)r Berichte unzulässig.
2. **Erhebung** grds. **bei den Betroffenen**, wobei diese über den (richtigen) Zweck und die Rechtsgrundlage aufzuklären sind (§ 67 a Abs. 2 u. 3 SGB X; § 62 Abs. 2 SGB VIII); ohne / gegen seine Mitwirkung nach § 67a Abs. 2 SGB X nur, wenn gesetzlich erlaubt oder keine Anhaltspunkte dafür bestehen, dass überwiegende schutzwürdige Interessen des Betroffenen beeinträchtigt werden (beachte zusätzliche Grenzen z.B. von § 62 SGB VIII).
3. **Datennutzung** und Weitergabe nur mit **Einwilligung** des Betroffenen oder soweit dies **gesetzlich** erlaubt ist (§ 67 b Abs. 1 SGB X). Einwilligung ist die vorherige Zustimmung (§ 183 BGB). Eine nachträgliche Genehmigung (§ 184 BGB) beseitigt die Rechtswidrigkeit nicht. Der Betroffene muss nicht voll geschäftsfähig sein, es reicht die natürliche Einsichtsfähigkeit. Ohne / gegen seine Mitwirkung ist eine Datenweitergabe nur zulässig, soweit ein Gesetz dies zulässt (Gesetzesvorbehalt). Besonders praxisrelevante **Übermittlungsbefugnisse** sind z.B.

- § 68 SGB X: Übermittlung von „harten Daten" (Name, Adresse,…) an Polizeibehörden, Staatsanwaltschaften und Gerichte sowie der Behörden der Gefahrenabwehr oder zur Durchsetzung öffentlich-rechtlicher Ansprüche;
- § 69 Abs. 1 Nr. 1 SGB X: Übermittlung zur Erfüllung einer gesetzlichen Aufgabe nach dem Sozialgesetzbuch, dabei kann es sich um eine eigene Aufgabe des Leistungsträgers oder eines anderen Leistungsträgers handeln; Beurteilung der Erforderlichkeit der Datenweitergabe aufgrund eigener Fachkompetenz; im Rahmen dieser Vorschrift kann ein Sozialleistungsträger nicht zur Datenweitergabe gezwungen werden (z.B. § 62 Abs. 3 Nr. 2c SGB VIII zur Vorbereitung einer Inobhutnahme; im Rahmen der Beratung der Pflegeeltern nach § 37 SGB VIII Weitergabe von Informationen über leibliche Eltern);

▪ § 69 Abs. 1 Nr. 2 SGB X: Datenweitergabe an das Verwaltungsgericht, wenn der Leistungsanspruch strittig ist (vgl. Auskunftspflicht nach § 99 VwGO); an das Familiengericht nach § 8a Abs. 3 SGB VIII; auch an das Strafgericht wg. Sozialbetrug im selbst bearbeiteten Fall (Zusammenhang mit Aufgabe nach Nr. 1); hier nicht: Anzeige an Polizei und StA wg. Kindesmisshandlung oder Datenweitergabe der JGH im Jugendstrafverfahren;

▪ § 71 SGB X: besondere Mitteilungspflichten und -befugnisse z. B.
- Abs. 1 Nr. 1 i. V. m. § 138 StGB: Pflicht, bestimmte geplante (noch zu verhindernde) schwere Verbrechen oder gemeingefährliche Straftaten anzuzeigen: Tötung, Raub, Entführung, Brandstiftung (hierzu IV-2.3.1);
- Abs. 2 i. V. m. § 76 AuslG insbesondere für die Entscheidung über den Aufenthalt des Ausländers oder die Gewährung oder Nichtgewährung von Leistungen;
- § 71 Abs. 3 an Vormundschaftsgericht wg. Betreuungsmaßnahmen
- § 73 SGB X: Datenübermittlung an das Gericht (nicht StA und Polizei!) zur Durchführung eines Strafverfahrens wegen eines Verbrechens oder erheblicher Straftat, z. B. im Fall Kindesmisshandlung, nicht aber Vergehen wie z. B. Leistungsbetrug (bezieht sich nur auf den fremden, von einer anderen Behörde bearbeiteten Fall), dann nur Übermittlung nach § 73 Abs. 2 SGB X: „harte Daten". Im Hinblick auf ein strafbares Verhalten einer Person im von der Behörde selbst bearbeiteten Fall erfolgt die Übermittlung zur Durchführung eines Strafverfahrens nach § 69 Abs. 1 Nr. 2 SGB X (s. o.).

Auch der allgemeine Anspruch auf **Akteneinsichtnahme** (das Verwaltungsverfahren ist grundsätzlich nicht öffentlich) im laufenden Verfahren (§ 25 SGB X) findet seine Grenze in den datenschutzrechtlichen Vorschriften.

Akteneinsichtsrecht

Der Sozialdatenschutz konkretisiert sich auch im Recht auf Zeugnisverweigerung im gerichtlichen Verfahren. Während ein Zeugnisverweigerungsrecht in den Verfahren vor den **Zivil- und Verwaltungsgerichten** (vgl. § 383 Abs. 1 Nr. 6 ZPO, § 15 FGG, § 98 VwGO) im Hinblick auf die Schweigepflicht nach § 203 StGB mittlerweile anerkannt ist (vgl. OLG Hamm FamRZ 1992, 201–203; OLG Köln FamRZ 1986, 709; Zöller (2004) § 383 Rz. 19 ff.), wird das Zeugnisverweigerungsrecht **im Strafverfahren** von der strafrechtlichen Literatur und Rechtsprechung noch weitgehend abgelehnt (hierzu IV-3.4.1). Aus sozialrechtlicher Sicht ergibt sich allerdings ein Zeugnisverweigerungsrecht für Mitarbeiter der Sozialverwaltung aus § 35 SGB I und verdichtet sich sogar zu einer Zeugnisverweigerungspflicht (Kunkel ZJJ 2004, 428), soweit keine Übermittlungsbefugnisse nach den §§ 68 f., 73 SGB X bestehen. Zumindest für die Mitarbeiter der Jugendämter lässt sich ein allgemeines Zeugnisverweigerungsrecht aufgrund der **datenschutzrechtlichen** Regelungen des SGB VIII (insbesondere §§ 64, 65 SGB VIII) begründen (Münder et al. 2006 § 52 Rz. 42 f.).

Zeugnisverweigerungsrecht

Zum Sozialverwaltungsverfahren siehe Münder et al. 2006 Anhang Verfahren; Winkler 2004; zum Sozialdatenschutz siehe insbesondere Krahmer/Stähler 2003; Proksch 1996

1.3 Handlungsformen der Sozialverwaltung

Ein Sozialleistungsanspruch wird nicht unmittelbar durch die Sozialleistungsgesetze begründet. Diese regeln nur abstrakt die Leistungsvoraussetzungen. Zur Konkretisierung der Rechte und Pflichten bedarf es einer transformierenden Einzelfallentscheidung, durch die konkret geregelt wird, welche unmittelbaren Rechtswirkungen (z. B. HLU in bestimmter Höhe, HzE in bestimmter Form und Dauer) bestehen oder nicht bestehen. Während im Privatrechtsverkehr in aller Regel Entscheidungen zwischen Bürgern durch Vertrag geregelt werden, ist das häufigste und von der Bedeutung wichtigste Regelungsinstrument der öffentlichen Verwaltung der Verwaltungsakt (VA), zumeist als „Bescheid" bezeichnet, mit dem die Behörden durch einseitiges Handeln eine Regelung treffen. Die Verwaltung hat aber auch in vielen Fällen die Möglichkeit, wechselseitige Rechte und Verpflichtungen durch einen Vertrag zu vereinbaren (hierzu III-1.3.2).

1.3.1 Verwaltungsakt

Die Bedeutung des Verwaltungsaktes liegt im Wesentlichen in seiner

- **Klarstellungsfunktion:** Was ist im Einzelfall geregelt?
- **Stabilisierungswirkung:** Der VA wird nach Ablauf der Rechtsbehelfsfrist bzw. (ausbleibender) Rechtsbehelfsverfahren bestandskräftig, d. h. für Bürger und Verwaltung dauerhaft verbindlich (vgl. III-1.3.1.2).
- **Titelfunktion:** Sobald der VA nach Ablauf bestandskräftig ist, kann er ohne Anrufung des Gerichts zwangsweise durchgesetzt und vollstreckt werden (vgl. III-1.5).
- **Rechtsschutz** klärenden Funktion: Die Wahl des zulässigen Rechtsbehelfs ist davon abhängig, in welchen Rechtsformen die öffentliche Hand gehandelt hat. Liegt ein VA vor, stehen dem Bürger besondere außergerichtliche (Widerspruch) und gerichtliche Möglichkeiten im – für ihn grundsätzlich vorteilhaften – Verwaltungsrechtsweg offen (vgl. III-1.4).

Der Begriff „Verwaltungsakt" (VA) ist in § 31 SGB X definiert. Seine Wesensmerkmale grenzen ihn deutlich von anderen Handlungsformen ab (siehe Übersicht 32).

 Papenheim et al., Kap. 40–44

Übersicht 32: Tatbestandsmerkmale des Verwaltungsakts

Tatbestandsmerkmal	Definition und Abgrenzung
hoheitliche Maßnahme auf dem Gebiet des Öffentlichen Rechts	einseitige, öffentlich-rechtlich legitimierte (= hoheitliche) Entscheidung (z. B. Verfügung); nicht: privatrechtliche und/oder vertragliche Regelung
Behörde	§ 1 Abs. 2 SGB I (vgl. I-4.1.1.1) nicht: Privatperson, freier Träger
Regelung	Entscheidung, die unmittelbare rechtliche Wirkungen hat (z. B. Genehmigung, Verbot) nicht: schlicht-hoheitliches Verwaltungshandeln (vgl. I-4.1.1.2), z. B. Auskünfte, Beratung, vorbereitende Handlungen, Gutachten, Stellungnahmen, Mitteilungen
Einzelfallentscheidung	konkret-individuelle Regelung; Ausnahme: Allgemeinverfügung § 31 S. 2 SGB X nicht: Rechtsnormsetzung (RVO, Satzung) oder generelle Dienstanweisungen (intern)
rechtliche Außenwirkung	Adressat ist Bürger außerhalb des öffentlichen Verwaltungsbereiches; nicht: behördeninterne Regelungen oder Anweisungen

1.3.1.1 Inhalt und Form des Verwaltungsaktes

Ein VA enthält stets eine Regelung (z. B. Gebot/Verbot; Genehmigung/Versagung) und muss dabei inhaltlich hinreichend bestimmt, d. h. eindeutig sein (§ 33 Abs. 1 SGB X). Die Bestimmtheit bezieht sich auf die erlassende Behörde, den Adressaten, den Regelungsinhalt. Der Adressat muss aus dem Verwaltungsakt zweifelsfrei entnehmen können, was von ihm verlangt wird bzw. was ihm (nicht) gewährt wird (Vollständigkeit, Unzweideutigkeit und Widerspruchsfreiheit der Regelung). Ein VA kann allerdings mit **Bedingungen** und **Auflagen** sowie mit anderen **Nebenbestimmungen** (Befristung, Widerrufsvorbehalt, Auflagenvorbehalt) verbunden werden (§ 32 Abs. 2 SGB X).

Bestimmtheit

Ein VA ist grundsätzlich formfrei und kann – soweit das Gesetz nichts anderes vorschreibt – in unterschiedlichen **Formen** ergehen (§ 33 Abs. 2 und Abs. 3 SGB X): mündlich, schriftlich, elektronisch oder in anderer Weise, z. B. auch durch konkludentes (schlüssiges) Handeln (z. B. Wink eines Polizeibeamten, mit dem ein Anhalten signalisiert wird; in der Durchführung der Inobhutnahme eines Kindes nach § 42 SGB VIII wird die vorweg getroffene Verwaltungsaktentscheidung erstmals sichtbar, häufig anschließend schriftlich bestätigt). Im Sozialrecht ergehen VAe überwiegend in schriftlicher Form als sog. Bescheide. Ist die erlassende Behörde nicht erkennbar,

Formen

führt dies zur Nichtigkeit des VA (§ 40 Abs. 2 Nr. 1 SGB X), d. h., er entfaltet ausnahmsweise keinerlei Rechtswirkung (§ 39 Abs. 3 SGB X). Sonstige Verstöße gegen die Formvorschriften führen lediglich zur „einfachen" Rechtswidrigkeit des VA (vgl. z. B. § 40 Abs. 3 SGB X; hierzu s. u. III-1.3.1.2 und 1.3.1.3) und können ggf. geheilt werden (§ 41 SGB X).

Begründung

Ein schriftlicher Verwaltungsakt ist grundsätzlich schriftlich zu begründen (§ 35 Abs. 1 SGB X), d. h., es sind die wesentlichen tatsächlichen und rechtlichen Gründe für die Entscheidung darzulegen, d. h., der der Entscheidung zugrunde liegende **Sachverhalt** muss von der Behörde ebenso dargelegt werden wie die tragenden rechtlichen Überlegungen mit Hinweis auf die angewendeten **Rechtsnormen**. Auf die Angabe der Rechtsgrundlage kann nur verzichtet werden, wenn sich diese aus den übrigen Angaben zweifelsfrei ergibt (BVerwG NVwZ 1985, 905). Der Bürger muss die Entscheidung inhaltlich und – ggf. mit Unterstützung durch einen Rechtsbeistand oder Sozialarbeiter – rechtlich nachvollziehen können. Dies gilt insbesondere für **Ermessensentscheidungen** (§ 35 Abs. 1 S. 3 SGB X). Vor allem (teil-)ablehnende Ermessensentscheidungen müssen erkennen lassen, von welchem Sachverhalt die Behörde ausgegangen ist, inwieweit die allgemeinen Tatbestandsvoraussetzungen des geltend gemachten Anspruchs gegeben sind oder nicht, ob die Behörde das ihr eingeräumte Ermessen erkannt hat und welche Ermessensgesichtspunkte sie ihrer Entscheidung zugrunde gelegt hat. Die formelhafte Wiedergabe von Gesetzestexten stellt keine (substantiierte) Begründung dar. Die Ausnahmen von der Begründungspflicht sind in § 35 Abs. 2 SGB X abschließend ausgeführt. Bei fehlender Begründung ist der VA (nur) rechtswidrig (Heilungsmöglichkeit gem. § 41 Abs. 1 Nr. 2 SGB X).

Rechtsbehelfsbelehrung

Ein schriftlicher Verwaltungsakt muss mit einer ordnungsgemäßen Rechtsbehelfsbelehrung versehen sein (§ 36 SGB X; § 84 SGG / § 70 VwGO), z. B.: „Gegen diesen Bescheid / VA können Sie innerhalb eines Monats nach Bekanntgabe / Zugang schriftlich oder zur Niederschrift Widerspruch bei der Stadt X – Jugendamt – (A–Str. 1, 00345 X) einlegen. Die Frist wird auch bei Einlegung des Widerspruchs bei der Widerspruchbehörde (YY) gewahrt." Das Fehlen einer Rechtsbehelfsbelehrung hat **keine** Auswirkungen auf die Rechtmäßigkeit des Verwaltungsaktes. Rechtsbehelfe können aber dann nach §§ 66 Abs. 2, 84 Abs. 2 SGG / §§ 58 Abs. 2, 70 Abs. 2 VwGO innerhalb eines Jahres nach Bekanntgabe des VA eingelegt werden.

1.3.1.2 Wirksamkeit des Verwaltungsaktes

Zugang

Ein VA ist bekannt zu geben (§ 37 SGB X), damit er überhaupt wirksam wird (§ 39 Abs. 1 SGB X) und die Rechtsbehelfsfrist zu laufen beginnt (§ 84 Abs. 1 SGG / § 70 Abs. 1 VwGO). Die Bekanntgabe ist grundsätzlich formfrei (vgl. § 37 SGB X), soweit nicht spezialgesetzlich etwas anderes vorgeschrieben ist (z. B. Zustellung des Widerspruchbescheids nach § 85 Abs. 3 SGG / § 73 Abs. 3 VwGO). Welche Form (mündlich, Brief, Fax, Einschreiben, Zustellung, öffentliche Bekanntgabe) die Behörde wählt, liegt in ihrem

Ermessen. Die Bekanntgabe setzt einen amtlich veranlassten **Zugang**, nicht aber die tatsächliche Kenntnisnahme des Empfängers voraus. Der Zugang gilt auch als erfolgt, wenn die Annahme verweigert wird oder der Empfänger nicht angetroffen wird. Es reicht aus, dass der VA so in den Herrschaftsbereich des Empfängers gelangt ist, dass er – bei Annahme gewöhnlicher Verhältnisse – von ihm Kenntnis erlangen konnte. Wird ein Empfänger eines Einschreibens durch einen Benachrichtigungszettel informiert, ist allerdings der Zugang erst mit der Abholung erfolgt (BVerwG NJW 1983, 2344; BSG NZS 2001, 53). Der mit einfachem Brief übermittelte VA gilt mit dem dritten Tage nach Aufgabe zur Post als bekannt gegeben (Zugangsfiktion), selbst wenn er tatsächlich früher zugegangen sein sollte (§ 37 Abs. 2 SGB X). Erforderlich ist ein (Abgangs)Vermerk über die Aufgabe bei der Post. Hierunter fallen künftig auch die privaten Zustelldienste; zwar gab es diese neben der staatlichen Behörde „Deutsche Bundespost" noch nicht, als die SGB X-Regelung erlassen wurde, allerdings lässt sich die Privilegierung der heutigen Post AG nicht mehr aufrechterhalten, da der Markenschutz für die „Post" gefallen ist (vgl. OLG Köln 28.01.2005 – 6 U 131/04). Der Begriff Post ist mittlerweile eine allgemein übliche Bezeichnung für den Transport von Brief- und Paketsendungen.

Im Zweifel, d.h., wenn ein Beteiligter nachvollziehbar behauptet, dass der VA nicht oder erst nach Ablauf des 3-Tages-Zeitraums zugegangen ist, trägt die Behörde den Nachteil, wenn der Zugang und dessen Zeitpunkt nicht nachweisbar sind. Es reicht aber nicht aus, dass der Zugang nur (durch vage, nicht substantiierte Behauptungen) bestritten wird.

Sofern ein VA nicht an derart schweren Fehlern leidet, dass er nichtig ist **Bestandskraft** (s.u. III-1.3.1.3), wird er grundsätzlich zu dem Zeitpunkt wirksam, zu dem er bekannt gegeben wird (§§ 37, 39 Abs. 1 SGB X). Der VA bleibt – **auch wenn er rechtswidrig ist!** – wirksam und damit für den Bürger und die Verwaltung verbindlich, solange und soweit er nicht zurückgenommen, widerrufen, anderweitig (z.B. aufgrund eines Widerspruchs) aufgehoben wird oder sich durch Zeitablauf oder in anderer Weise erledigt hat (§ 39 Abs. 2 SGB X). Der VA hat deshalb in der Sache (wie bei einem Gerichtsurteil) rechtskraftähnliche Wirkung (man nennt dies **Bestandskraft**), sofern er nicht innerhalb enger Fristen mit Erfolg angefochten wird. Das heißt, aus einem VA – auch aus einem rechtswidrigen VA – kann unmittelbar vollstreckt werden (§ 66 SGB X, §§ 1 ff. VwVollstrG). Teilweise und insbesondere zur Abwendung dringender Gefahren, ist bereits die sofortige Vollziehung schon vor Ablauf der Rechtsbehelfsfrist zulässig (vgl. § 86 Abs. 2/§ 80 Abs. 2 VwGO).

1.3.1.3 Rechtsfolgen fehlerhafter Verwaltungsakte

Ein Verwaltungsakt muss sowohl formell (im Hinblick auf Form und Verfahren des Zustandekommens) wie inhaltlich-materiell rechtmäßig sein (zu den Fehlerquellen vgl. Übersicht 33 sowie das Prüfungsschema einer verwaltungsrechtlichen Erstentscheidung im Anhang V-4).

Übersicht 33: Fehlerquellen von Verwaltungsakten

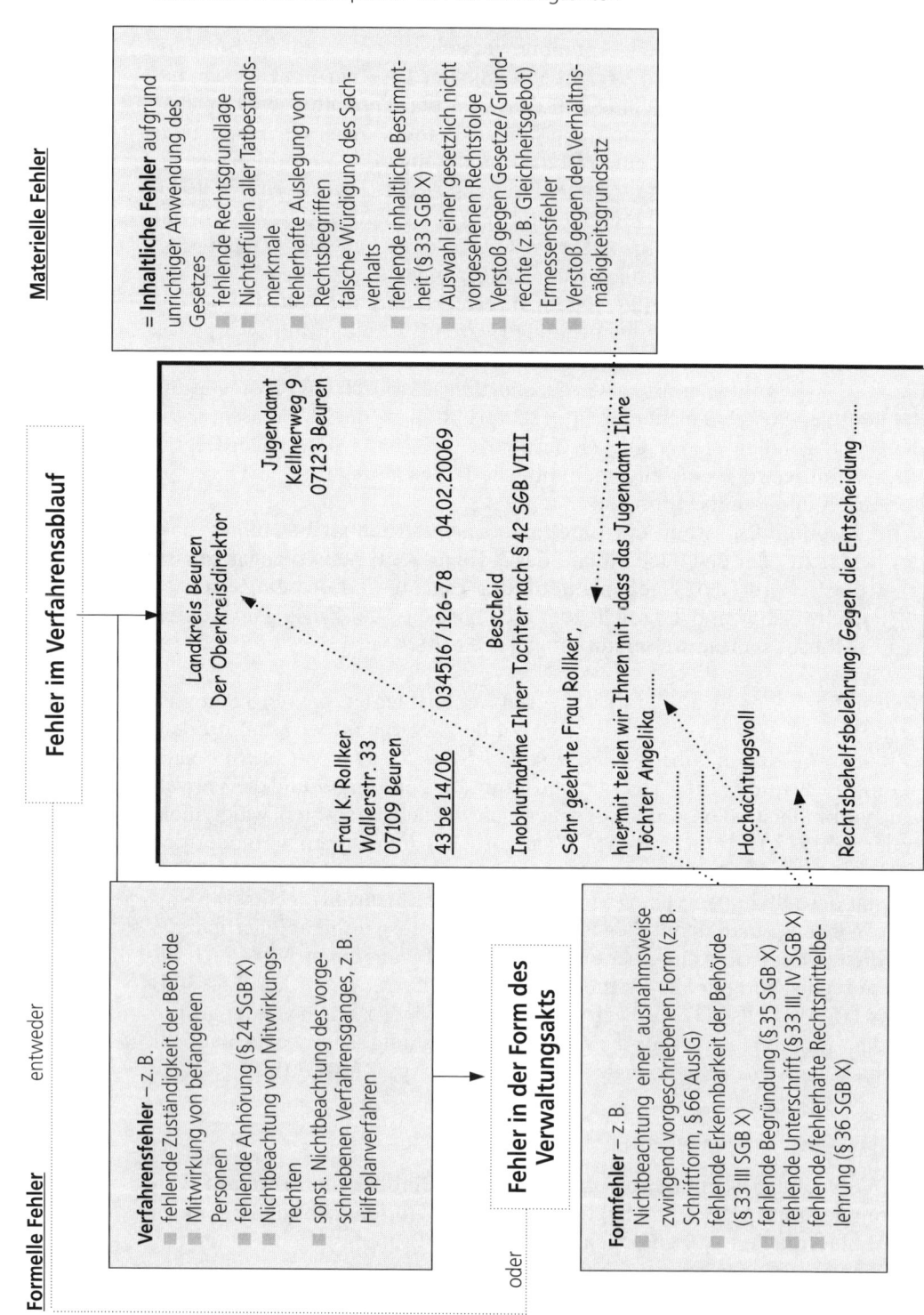

Übersicht 34: Rechtsfolgen fehlerhafter Verwaltungsakte

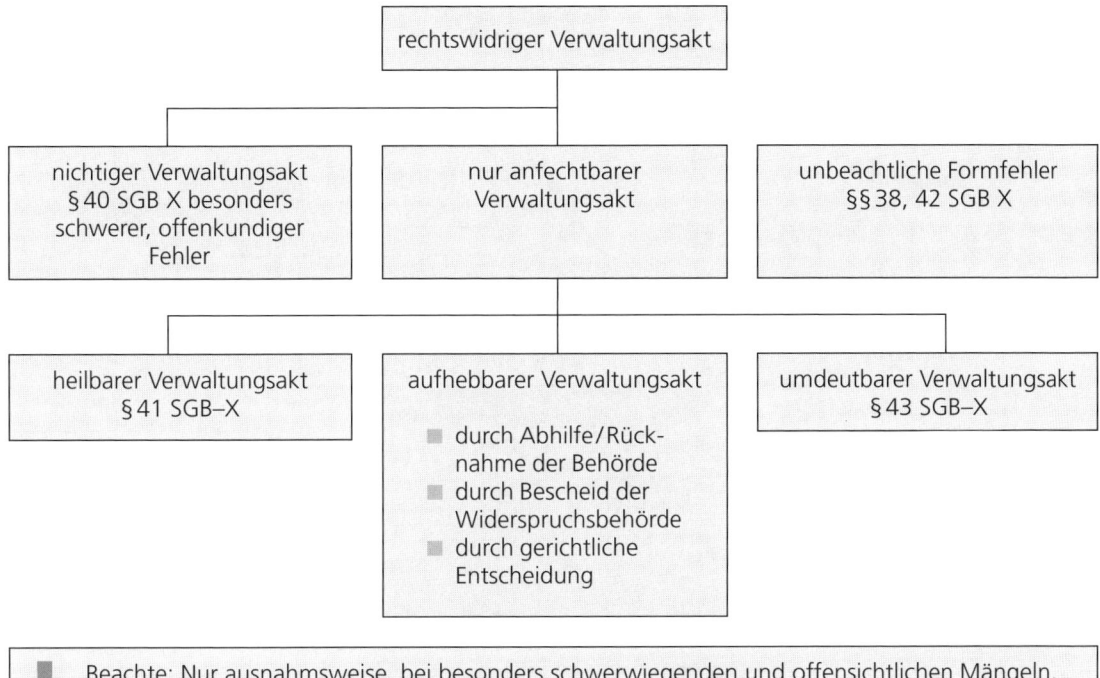

> ⚠ Beachte: Nur ausnahmsweise, bei besonders schwerwiegenden und offensichtlichen Mängeln, ist der Verwaltungsakt nichtig und damit unwirksam (§ 40 SGB X). Ein Verwaltungsakt – auch wenn er fehlerhaft und rechtswidrig ist – bleibt grundsätzlich wirksam, so lange er nicht zurückgenommen, widerrufen, anderweitig aufgehoben oder durch Zeitablauf oder auf andere Weise erledigt ist (§ 39 Abs. 2 SGB X).

Ein fehlerhafter VA ist rechtswidrig und deshalb anfechtbar (zum Widerspruch s. u. III-1.4 und I-5.2.2), soweit es sich nicht nur um offensichtliche Unrichtigkeiten (§ 38 SGB X; z. B. Tipp- und Schreibfehler) oder andererseits um die sehr seltenen besonders schweren und zur Nichtigkeit führenden Mängel (§ 41 SGB X) handelt (vgl. Übersicht 34). **Anfechtung**

Ein rechtswidriger VA kann (pflichtgemäßes Ermessen!) auch von der Behörde zurückgenommen (§§ 44, 45 SGB X) bzw. ein rechtmäßiger VA widerrufen (§§ 46, 47 SGB X) werden (vgl. Übersicht 35). Soweit dabei die Rechtsposition des Adressaten bei einem begünstigenden VA betroffen ist, darf aber das **schutzwürdige Vertrauen** des Bürgers auf die Rechtmäßigkeit des Verwaltungshandelns und damit auf den Bestand des Verwaltungsaktes nicht verletzt werden (§§ 45 Abs. 2, 47 SGB X). Dies erfordert eine Abwägung zwischen Vertrauen und dem Interesse des Begünstigten auf den Bestand des VA und dem öffentlichen Interesse an dessen Aufhebung. Das Vertrauen ist in der Regel schützenswert, wenn der Begünstigte erbrachte Leistungen verbraucht oder nur durch unverhältnismäßigen Aufwand rückgängig zu machende Vermögensdispositionen getroffen hat (§§ 45 Abs. 2, S. 2, 47 Abs. **Aufhebung**

Übersicht 35: Aufhebung von Verwaltungsakten

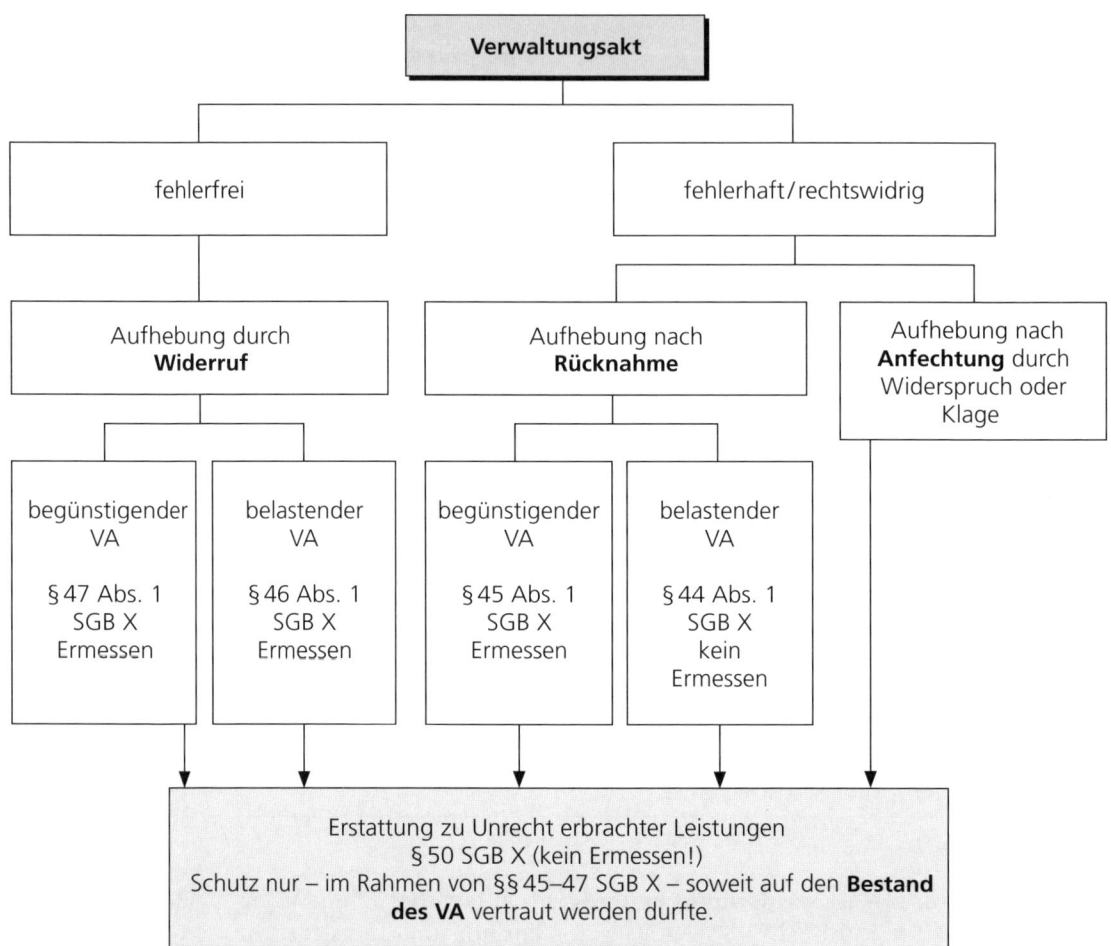

2 SGB X). Es ist insbesondere nicht schutzwürdig, wenn der Leistungsempfänger (vorsätzlich oder grob fahrlässig) falsche Angaben gemacht hat (§§ 45 Abs. 2 S. 3 SGB X). Sozialleistungen, die zu Unrecht (z. B. aufgrund eines aufgehobenen Verwaltungsaktes) erbracht worden sind, sind zu erstatten. Der Verwaltung steht insoweit kein Ermessen zu (§ 50 Abs. 1 SGB X).

Erstattung von Sozialleistungen

Schließlich wird ein fehlerhafter Verwaltungsakt aufgrund eines Widerspruchsverfahrens aufgehoben (§§ 68 ff. VwGO, §§ 78 ff. SGG). Der Widerspruch ist der in aller Regel zunächst zu ergreifende Rechtsbehelf gegen Verwaltungsakte (hierzu III-1.5 und I-5.2.2). Das Rechtsbehelfsverfahren gegen Verwaltungsakte ist in den §§ 62 und 63 SGB X geregelt. Grundsätzlich ist ein Vorverfahren erforderlich, bevor vor den Sozial- bzw. Verwaltungsgerichten Anfechtungs- oder Verpflichtungsklage erhoben werden kann (§ 78 SGG / § 68 Abs. 1 u. 2 VwGO).

Widerspruchsverfahren

1.3.2   Öffentlich-rechtlicher Vertrag

Der öffentlich-rechtliche Vertrag ist neben dem VA die zweite Handlungs-form einer Behörde zur Erfüllung ihrer Aufgaben, deren Bedeutung zu-mindest außerhalb der sozialleistungsrechtlichen Massenverfahren (wie z.B. der Bewilligung von Sozialhilfe) weiter zunehmen wird. Der moderne Rechtsstaat ist stärker an der Partizipation seiner Bürger interessiert (vgl. § 33 SGB I; §§ 5, 8, 9, 36 SGB VIII) und wird zur Erledigung seiner Aufga-ben deshalb nicht nur auf das klassische Regelungsinstrument des Verwal-tungsaktes, sondern zunehmend auf Konsens und vertragliche Vereinba-rungen zurückgreifen. Ein solches **kooperatives Verwaltungshandeln** und die damit einhergehenden Aushandlungsprozesse entsprechen auch viel mehr dem sozialpädagogischen Ansatz, Betroffene als Akteure ernst zu nehmen und ihre Ressourcen zu aktivieren.

Allerdings ist die vertragliche Vereinbarung im SGB X mit Verweis auf die ergänzende Geltung der bürgerlich-rechtlichen Bestimmungen (§ 61 SGB X) nur sehr rudimentär geregelt. Das SGB X unterscheidet einerseits nach der Rechtsstellung der Vertragspartner, andererseits nach dem Grund des Vertragsabschlusses vier Arten des öffentlich-rechtlichen Vertrages:

- der koordinationsrechtliche Vertrag, z.B. mit freien Trägern (§ 17 Abs. 2 SGB II; §§ 76 f., 78b SGB VIII; § 75 Abs. 3 SGB XII). Besondere Bedeu-tung hat der öffentlich-rechtliche Vertrag mittlerweile im Sozialversiche-rungsrecht bei den Vereinbarungen mit Leistungserbringern (vgl. z.B. §§ 64, 72a Abs. 3, 73a, 83, 109, 111 SGB V)-
- der sog. subordinationsrechtliche Vertrag anstelle eines VA (§ 53 Abs. 1 S. 2 SGB X), wobei die begriffliche Vorstellung eines Über-Unterordnungs-Verhältnisses bei vertraglichen Vereinbarungen eigentlich geradezu widersinnig ist, zutreffend aber auf die unterschiedliche Verhandlungs-macht der Vertragsparteien hinweist, z.B. Eingliederungsvereinbarung (§ 15 SGB II), Leistungsabsprache (§ 12 SGB XII). Im Hinblick auf Sozi-alleistungen ist zum Schutz des Bürgers ein öffentlich-rechtlicher Vertrag allerdings nur zulässig, soweit der Behörde ein Ermessen zusteht, nicht aber wenn auf die Sozialleistung ein konkreter Anspruch besteht (§ 53 Abs. 2 SGB X).
- der Vergleichsvertrag insbesondere zur Vermeidung weiterer Rechts-streitigkeiten (§ 54 SGB X). Zulässig ist ein solcher Vergleich nur, wenn trotz verständiger Würdigung eine Ungewissheit des Sachverhalts und der Rechtslage besteht und diese durch gegenseitiges Nachgeben am bes-ten beseitigt werden kann. Wesentlich für die Beurteilung der Zweck-mäßigkeit eines Vergleichs ist gerade auch die Vermeidung weiterer, langwieriger Streitverfahren, wobei über einen bloßen Kompromiss (ge-genseitiges Nachgeben) hinaus bei einvernehmlichen Regelungen beide Parteien gewinnen können (sog. Win-win-Situation). Der Vergleichsver-trag erhält deshalb mit der Verbreitung des Mediationsverfahrens auch im Öffentlichen Recht zunehmende Bedeutung (zur Mediation vgl. I-

6.3). Der Vergleich wirkt gleichzeitig als Prozesshandlung und beendet wie der zivilrechtliche Prozessvergleich das Streitverfahren. Dies ist auch im Widerspruchsverfahren möglich.

- der Austauschvertrag, in dem sich der Vertragspartner der Behörde z. B. im Rahmen eines Genehmigungsverfahrens zu einer Gegenleistung verpflichtet (§ 55 SGB X).

Vergleichs- und Austauschverträge sind – ausdrücklich anders als subordinationsrechtliche Verträge – auch dann zulässig, wenn der Bürger eigentlich einen Leistungsanspruch und damit die Behörde bei der entsprechenden Entscheidung kein Ermessen und an sich keinen Verhandlungsspielraum hat (vgl. §§ 54 Abs. 2, 55 Abs. 2 SGB X).

Ein öffentlich-rechtlicher Vertrag ist im Übrigen nur dann zulässig, wenn nicht besondere Rechtsvorschriften entgegenstehen. Eine vertragliche Regelung kommt z. B. nicht in Betracht, wenn und soweit die Behörden aufgrund des strikten Gesetzesvorbehaltes (§ 31 SGB I) die gesetzlich normierten Aufgaben und Leistungspflichten zu erfüllen haben und ihnen kein Entscheidungsspielraum eingeräumt ist (§ 53 Abs. 2 SGB X). Der öffentlich-rechtliche Vertrag bedarf immer der Schriftform (§ 56 SGB X) und ggf. der (schriftlichen) Zustimmung von Dritten oder Behörden (§ 57 SGB X).

Da (öffentlich- wie privat-rechtliche) Verträge selbst keine Vollstreckungstitel sind und im Streit zunächst Klage erhoben werden muss, können sich die Vertragspartner der sog. subordinationsrechtlichen Verträge der sofortigen Vollstreckung unterwerfen (§ 60 Abs. 1 SGB X), womit der Vertrag zum Vollstreckungstitel wird und damit ähnliche Rechtswirkungen wie ein VA hat. § 60 Abs. 2 SGB X unterscheidet hinsichtlich der Vollstreckung mit Verweis auf die entsprechenden Regelungen der VwGO (§ 170 bzw. § 172 VwGO) danach, ob zugunsten einer Behörde oder gegen sie vollstreckt werden soll.

Abweichend vom bürgerlich-rechtlichen Vertragsrecht ist die Beendigung der öffentlich-rechtlichen Vertragsverhältnisse geregelt. Das SGB X nennt keine Kündigungsfristen. Sofern diese nicht ausdrücklich vereinbart wurden, können die Vertragsparteien den Vertrag nur kündigen, wenn aufgrund der geänderten Verhältnisse das weitere Festhalten an der Vereinbarung unzumutbar ist (§ 59 Abs. 1 SGB X). Aber auch ein Recht auf anpassende Abänderung des Vertrages besteht nach § 59 SGB X nur, wenn sich die Verhältnisse, die für die Festsetzung des Vertragsinhalts maßgebend waren, seit dem Abschluss des Vertrages so wesentlich geändert haben, dass einer Vertragspartei das Festhalten an der ursprünglichen Vereinbarung nicht zuzumuten ist. Anpassung und einseitige Beendigung (Kündigung) sind damit nur unter erschwerten Bedingungen möglich (vgl. BayVGH BayVwBl 1995, 659). Auch eine Behörde darf einen öffentlich-rechtlichen Vertrag nur kündigen, um schwere Nachteile für das Gemeinwohl zu verhüten oder zu beseitigen (§ 59 Abs. 1 S. 2 SGB X). Die Kündigung bedarf der Schriftform und sie soll (i. d. R. = muss) begründet werden (§ 59 Abs. 2 S. 2 SGB X).

Soweit sich aus den §§ 53–60 SGB X nicht Abweichendes ergibt, gelten auch die übrigen Regelungen des SGB X (§ 61 SGB X). Das betrifft insbesondere die Vorschriften über die Zuständigkeit und die Regelungen über den Sozialdatenschutz (§§ 67 ff. SGB X). Anderseits ist damit klargestellt, dass die auf den VA als einseitige Maßnahme zugeschnittenen Bestimmungen (§§ 24, 31–51 SGB X) nicht gelten.

Ergänzend finden die Bestimmungen des BGB zum Vertragsrecht entsprechende Anwendung (§ 61 S. 2 SGB X). Das betrifft zum Beispiel die Regelungen über die Wirksamkeit und Anfechtung von Willenserklärungen, die vertraglichen Schutz- und Haftungspflichten (Grundsatz von Treu und Glauben), die Regelungen im Hinblick auf Leistungsstörungen (z. B. Unmöglichkeit, Verzug, Schlechtleistung), die Regelungen der Geschäftsführung ohne Auftrag (§§ 677 BGB) oder der ungerechtfertigten Bereicherung (§§ 812 BGB).

1.4 Verwaltungskontrolle und Rechtsschutz

Die Verwaltungs- und Rechtskontrolle der Sozialverwaltung unterscheidet sich aufgrund einer spezifischen Verknüpfung von verwaltungsinternen und gerichtlichen Kontrollinstrumenten stark von der Rechtskontrolle im allgemeinen Rechtsverkehr. Soweit es um die **Kontrolle von VA** geht, wird auf die Darstellung im Teil I verwiesen (I-5.2).

Bei **Rechtsstreitigkeiten über** und aus dem **öffentlich-rechtlichen Vertrag** muss ebenfalls der Verwaltungs- bzw. der Sozialgerichtsweg eingeschlagen werden, da der Vertrag öffentlich-rechtlicher Natur ist (vgl. §§ 61, 62 SGB X). Leistungsansprüche aus dem Vertrag sind ebenso wie eine Anpassung des Vertrages durch eine allgemeine Leistungsklage geltend zu machen. Die Unwirksamkeit oder die Kündigung des Vertrages kann durch eine Feststellungsklage erreicht werden. Die Möglichkeiten des vorläufigen Rechtsschutzes gelten entsprechend (vgl. I-5.2.3).

1.5 Verwaltungsvollstreckung und Verwaltungszwang

Rechtsfeststellende Verwaltungsakte (z. B. Feststellung des Grades der Behinderung, § 69 SGB IX) sind mit ihrer Bekanntgabe wirksam und bedürfen keiner Vollstreckung. Leistungsbescheide werden von der Sozialverwaltung selbst vollzogen (z. B. durch die Auszahlung der bewilligten Sozialhilfe). Sofern hierfür eine Mitwirkung des Leistungsberechtigten erforderlich ist (z. B. Angabe der Bankverbindung, persönliches Erscheinen), kann diese nicht zwangsweise durchgesetzt werden, die Nichtmitwirkung führt aber i. d. R. zum Ausbleiben der Leistung und Verlust des Leistungsanspruchs. Von **Verwaltungsvollstreckung** spricht man, wenn eine insbesondere durch einen Verwaltungsakt begründete Handlungspflicht zwangsweise durchgesetzt werden soll. Regelungen zur Vollstreckung gegen die Behörde gibt es nicht. Erfüllt diese ausnahmsweise ihre auf einem Verwaltungsakt gründenden Leistungspflichten nicht, so müsste der Bürger eine Leistungsklage vor den Gerichten erheben (§ 54 Abs. 5 SGG; vgl. I-5.2.3).

Titelfunktion des Verwaltungsaktes

Anders als bei privatrechtlichen Ansprüchen muss die Verwaltung für die Durchsetzung eines Verwaltungsaktes nicht erst ein Gericht anrufen, vielmehr genügt ein bestandskräftiger Verwaltungsakt (Titelfunktion). Behörden schaffen sich somit durch einen Bescheid ihre Vollstreckungstitel selbst, wenn sich der Bürger nicht rechtzeitig dagegen wehrt (beachte: nicht jeder Widerspruch besitzt eine aufschiebende Wirkung, vgl. I-5.2.2). Rechtsgrundlage für die Verwaltungsvollstreckung ist § 66 SGB X, der auf eine Reihe von bundes- und landesrechtlichen Regelungen verweist. Für die Vollstreckung zugunsten der Behörden des Bundes, der bundesunmittelbaren Körperschaften, Anstalten und Stiftungen des öffentlichen Rechts gilt das (Bundes)VwVG. Landes- und Gemeindebehörden vollstrecken nach den landesrechtlichen Regelungen. Die Vollstreckung kann aber nach § 66 Abs. 4 SGB X auch nach den Regeln der zivilrechtlichen Zwangsvollstreckung stattfinden (vgl. I-5.3.1).

Beitreibung

Geldforderungen (z. B. Gebühren und Kostenbeiträge, Rückforderungen nach § 50 SGB X) werden beigetrieben. Die Vollstreckungsanordnung ist nur zulässig, wenn der entsprechende Verwaltungsakt bestandskräftig, die Forderung fällig und seit Bekanntgabe des Verwaltungsaktes bzw. der Fälligkeit eine Woche vergangen ist (vgl. § 3 VwVG). Zudem soll vor Anordnung der Vollstreckung der Schuldner ferner mit einer Zahlungsfrist von einer weiteren Woche besonders gemahnt werden (vgl. § 66 Abs. 4 S. 2 SGB X, § 3 Abs. 3 VwVG). Die Beitreibung erfolgt wie bei der zivilrechtlichen Zwangsvollstreckung durch Pfändung von Sachen (mit anschließender Versteigerung) oder Forderungen (mit anschließender Einziehung z. B. der Lohnforderung). Sozialleistungen sind nur eingeschränkt pfändbar (vgl. § 54 SGB I). Das Öffnen, Betreten und Durchsuchen der Wohnung des Schuldners ist im Hinblick auf Art. 13 Abs. 2 GG nur aufgrund eines richterlichen Beschlusses zulässig.

Verwaltungszwang

Die Vollstreckung von Verwaltungsakten, die auf die Herausgabe einer Sache (z. B. Rückgabe von Urkunden vgl. § 51 SGB X, 69 Abs. 5 S. 4 SGB IX), die Vornahme einer Handlung (z. B. Ausreise nach Ausweisung §§ 58 AufenthG), auf Duldung (z. B. einer Inobhutnahme nach § 42 SGB VIII) oder Unterlassung gerichtet sind, nennt man Verwaltungszwang (vgl. §§ 6–18 VwVG). Voraussetzung des Verwaltungszwangs ist, dass der Verwaltungsakt bestandskräftig und unanfechtbar ist, insbesondere ein Rechtsbehelf keine aufschiebende Wirkung hat, oder sein sofortiger Vollzug angeordnet worden ist (vgl. § 86a Abs. 2 Nr. 4 SGG / § 80 Abs. 2 Nr. 4 VwGO). Zwangsmittel sind die Ersatzvornahme (§ 10 VwVG), das Zwangsgeld (§ 11 VwVG) sowie der sog. unmittelbare Zwang (§ 12 VwVG). Die zwangsweise Vollstreckung muss stets verhältnismäßig sein (§ 9 Abs. 2 VwVG) und grundsätzlich angedroht werden (§ 12 VwVG). Die Auswahl der Zwangsmittel erfolgt durch Verwaltungsakt, womit diese selbstständig angefochten werden können (§ 18 VwVG). Ist die Vornahme einer Handlung durch

einen Dritten möglich, kommt eine sog. Ersatzvornahme (§ 10 VwVG) in **Ersatzvornahme**
Betracht, deren Kosten vom eigentlich handlungspflichtigen Schuldner zu
erstatten sind. Kann eine Handlung durch einen anderen nicht vorgenommen werden und hängt sie nur vom Willen des Pflichtigen ab, so kann dieser
zur Vornahme der Handlung durch ein Zwangsgeld (i. d. R. bis zu 50.000 **Zwangsgeld**
€) angehalten werden. Ist das Zwangsgeld uneinbringlich, so kann Ersatzzwangshaft angeordnet werden (§ 16 VwVG, § 66 Abs. 1 S. 2 SGB X). Führt **unmittelbarer**
die Ersatzvornahme oder das Zwangsgeld nicht zum Ziel oder sind sie un- **Zwang**
tunlich, so kann die Vollzugsbehörde den Pflichtigen zur Handlung, Duldung oder Unterlassung zwingen oder die Handlung selbst vornehmen (sog.
unmittelbarer Zwang, vgl. § 13 VwVG), z. B. eine Sache beschlagnahmen,
und dabei Gewalt anwenden. So ist es z. B. im Rahmen einer Inobhutnahme
zulässig, eine gewalttätige Person festzuhalten, deren Widerstand und Gegenwehr zu brechen, die Tür zur Wohnung aufzubrechen oder ein Fenster
einzuschlagen. Die Befugnis zur Anwendung des unmittelbaren Zwangs
steht allerdings in aller Regel nicht den Sozialarbeitern zu, sondern nur Ver-
waltungsvollzugsbeamten und Gerichtsvollziehern sowie der Polizei (vgl.
die ausdrückliche Regelung in § 42 Abs. 6 SGB VIII; Münder et al. 2006 § 42
Rz. 76 ff.). Die Durchsetzung polizeilicher Maßnahmen erfolgt aufgrund
polizeirechtlicher Vorschriften.

Bley et al. 2001; Diering et al. 2004; Eichenhofer 2004; Fuchs 2005; Papenheim et al. 2006, Kap. 38–46; Opielka 2004; Winkler 2004; v. Wulffen / Schroeder-Printzen 2004

1. Warum prüft die Verwaltung, bevor sie Maßnahmen ergreift oder
   Leistungen bewilligt, ob sie tatsächlich auch zuständig ist? (1.2.1)
2. Muss man, um Sozialleistungen zu erhalten, stets einen Antrag stellen?
   (1.2.2)
3. Wo liegen die Grenzen der Mitwirkungspflicht im sozialrechtlichen Verwaltungsverfahren? Muss ein Leistungsberechtigter einen Hausbesuch
   dulden? (1.2.2)
4. Nennen Sie die drei Grundsätze des Sozialdatenschutzes. (1.2.3)
5. Welche wesentlichen Funktionen hat ein Verwaltungsakt? (1.3.1)
6. Wann ist ein Verwaltungsakt zugegangen und was versteht man unter der
   Bestandskraft des Verwaltungsaktes? (1.3.1.2)
7. Unter welchen Voraussetzungen kann eine Behörde mit einem Leitungs-
   empfänger einen öffentlich-rechtlichen Vertrag schließen? (1.3.2)
8. Beschreiben Sie die förmlichen Rechtsbehelfsmöglichkeiten gegen Verwaltungsakte in der Sozial- und Jugendhilfe. (1.4 und I-5.2.2)
9. Was versteht man unter der Titelfunktion eines Verwaltungsakts? (1.3.1
   und 1.5)
10. Welche Möglichkeiten des Verwaltungszwangs gibt es? (1.5)

2 Sozialversicherungsrecht (Tammen)

Die Sozialversicherung besteht aus den fünf Zweigen der gesetzlichen Kranken-, Pflege-, Renten- und Unfallversicherung sowie aus dem Recht der Arbeitsförderung, das die Arbeitslosenversicherung beinhaltet. Bei allen Sozialversicherungen handelt es sich um Versicherungen gegen zentrale Lebensrisiken. Die Versicherten haben i.d.R. Beiträge zu entrichten und bei Eintritt des Versicherungsfalls Anspruch auf Leistungen. Die Sozialversicherung ist in besonderem Maße dem Gedanken des **sozialen Ausgleichs** und der **Solidarität** verpflichtet. Auch Personen, die aufgrund ihres Einkommens nur geringe Beiträge leisten können, haben Zugang zu den Versicherungen und können Leistungen in Anspruch nehmen, die im Ergebnis deutlich über den selbst eingezahlten Beiträgen liegen. Auf der anderen Seite zahlen andere Personengruppen hohe Beiträge, auch wenn sie – etwa im Rahmen der Krankenversicherung – über Jahre hinweg keine Leistungen benötigen.

2.1   Die gesetzliche Krankenversicherung – SGB V

2.1.1   Entwicklung, Organisation und Finanzierung

Das bismarcksche Krankenversicherungsgesetz vom 15.06.1883 ist der Ausgangspunkt der gesetzlichen Krankenversicherung, die damit der älteste Zweig der Sozialversicherung ist. Die ursprünglichen Grundstrukturen sind in der Krankenversicherung im Wesentlichen erhalten geblieben. 1911 wurde das Krankenversicherungsgesetz gemeinsam mit den anderen Versicherungszweigen der Sozialversicherung in die Reichsversicherungsordnung (RVO) aufgenommen. Seit dem 01.01.1989 ist die gesetzliche Krankenversicherung im SGB V geregelt.

Seit Ende der 1980er Jahre zeigt sich – wie auch in anderen sozialen Bereichen – auch im Krankenversicherungsbereich das Bemühen zur Kostendämpfung. Besonders bedeutende Gesetzesreformen waren in diesem Zusammenhang das Gesundheitsstrukturgesetz (GSG vom 21.12.1992), das die Ablösung der Selbstkostenerstattung im Krankenhausbereich durch eine prinzipiell leistungsorientierte Krankenhausfinanzierung mit sich brachte, ab 1995 die Umstellung von allgemeinen Tagespflegesätzen auf Fallpauschalen, die Erweiterung der Möglichkeit zur Wahl der Krankenkasse, die Verschärfung der Zulassung zur vertragsärztlichen Versorgung und die Einführung der sog. Budgetierung. Im Jahr 2004 folgte das Gesetz zur Modernisierung der gesetzlichen Krankenversicherung (GMG, 01.10.2004). Schwerpunkt der Änderungen waren die stärkere Kostenbeteiligung der Versicherten (Zuzahlungen, Praxisgebühr), eine Kürzung von Leistungen (Sterbegeld, Zahnersatz) und Veränderungen im Recht der Leistungserbringung. Eine weitere Gesundheitsreform ist aktuell (Stand 2007) in der Planung. Dabei soll eine umfassende Krankenversicherungspflicht in einer gesetzlichen oder privaten Krankenkasse eingeführt werden. Das Vergütungssys-tem der Ärzte soll geändert und der Wettbewerb unter den Krankenkassen gefördert werden. Die Beiträge sollen in einen Fonds eingezahlt werden, aus dem den Krankenkassen für jeden ihrer Versicherten der gleiche Betrag gezahlt wird. Für den Fall, dass eine Krankenkasse mit ihren finanziellen Mitteln nicht auskommt, ist vorgesehen, dass sie einen Zusatzbeitrag von ihren Mitgliedern erheben kann. Über die Reform informiert das Bundesministerium für Gesundheit unter www.die-gesundheitsreform.de.

Gesundheits-reformen

Neben dem SGB V gibt es gesetzliche Versicherungen für Personengruppen, die historisch ursprünglich nicht der Versicherungspflicht unterstanden: die Krankenversicherung für Landwirte (seit 1972), die Krankenversicherung für Behinderte (1975), die Krankenversicherung für Studenten und Praktikanten (1975) und die Krankenversicherung für Künstler und Publizisten (1981, vgl. § 5 Abs. 1 SGB V). Daneben enthalten die Leistungssysteme des öffentlichen Dienstes Beihilfen für den Krankheitsfall. Eine weitere wichtige Leistung im Krankheitsfall ist die Entgeltfortzahlung als Arbeitgeberleistung im Falle der Erkrankung der Arbeitnehmer in den ersten sechs Wochen.

Krankenkassen

Träger der gesetzlichen Krankenversicherung sind die Krankenkassen. Sie gliedern sich in Allgemeine Ortskrankenkassen, Betriebskrankenkassen, Innungskrankenkassen, Seekrankenkasse, landwirtschaftliche Krankenkassen, Bundesknappschaft und Ersatzkassen. Die Krankenkassen sind Körperschaften des öffentlichen Rechts mit Selbstverwaltung, das Organisationsrecht der Krankenkassen wird in §§ 143–206 SGB V geregelt. Seit dem 01.01.1996 besteht für versicherte Personen die Möglichkeit der Kassenwahl (§§ 173–175 SGB V): die Versicherungspflichtigen könnten zwischen allen Krankenkassen wählen, die regional zuständig sind. Wegen ungleicher Verteilung von finanzstarken und finanzschwachen Mitgliedern, die sich insbesondere darin zeigt, dass in den Allgemeinen Ortskrankenkassen (AOK) überproportional viele sog. schlechte Risiken verbleiben, gibt es einen Risikostrukturausgleich (§ 266 SGB V) zwischen den Krankenkassen.

Risikostruktur-ausgleich

Beitragsfinanzierung

Die **Finanzierung** der gesetzlichen Krankenversicherung (§§ 220–274 SGB V) beruht fast ausschließlich auf Beiträgen. Getragen werden die Beiträge bei den versicherungspflichtig Beschäftigten grundsätzlich von den Beschäftigten und den Arbeitgebern je zur Hälfte (§ 249 SGB V), beide Anteile werden vom Arbeitgeber abgeführt. Die Beiträge der versicherten Rentner werden je zur Hälfte von der Rentenversicherung und von den Rentnern getragen. Allerdings gibt es einen sog. zusätzlichen Beitragssatz (§ 241a SGB V), der von den Versicherten allein zu tragen ist. Nur in Ausnahmefällen tragen die Pflichtversicherten den Beitrag alleine, z. B. Studierende (§ 250 Abs. 1 Nr. 3 SGB V). Freiwillige Mitglieder tragen den Beitrag jedoch generell alleine. Die Beiträge von Empfängern von Arbeitslosengeld II nach dem SGB II werden vom jeweiligen Träger gezahlt.

Beitragshöhe

Die Höhe des Beitrags richtet sich nach den beitragspflichtigen Einnahmen und damit nach der individuellen Leistungsfähigkeit des jeweiligen Mitglieds. Zu den Einnahmen zählt insbesondere das Arbeitsentgelt. Bei Rentnern zählt dazu nicht nur die Rente, sondern auch vergleichbare Einnahmen (z. B. betriebliche Altersversorgung). Die beitragspflichtigen Einnahmen werden allerdings nur bis zur Höhe der sog. Beitragsbemessungsgrenze berücksichtigt, die 2007 bei 42.750 € liegt. Die Berechnung der Beiträge krankenversicherter Studierender erfolgt auf der Grundlage der jeweiligen BAföG-Sätze. Die Beiträge freiwillig Versicherter werden nach § 240 SGB V durch die Satzung der jeweiligen Versicherung geregelt.

2.1.2   Der versicherte Personenkreis

Zu unterscheiden sind beim versicherten Personenkreis fünf verschiedene Gruppen: Versicherungspflicht, Versicherungsfreiheit, Befreiung von der Versicherungspflicht, freiwillige Versicherung und Familienversicherung.

Versicherungspflicht

Grundsatz ist das Prinzip der Versicherungspflicht. Anknüpfungspunkt ist dabei in erster Linie die Beschäftigung in abhängiger Arbeit, demnach sind versicherungspflichtig nach § 5 Abs. 1 Nr. 1 SGB V Arbeiter, Angestellte und zu ihrer Berufsausbildung Beschäftigte, die gegen Arbeitsentgelt beschäftigt sind. Was unter einer Beschäftigung zu verstehen ist, wird im Rahmen der gemeinsamen Vorschriften für die Sozialversicherung in § 7 SGB IV definiert. Weitere wichtige versicherungspflichtige Gruppen sind etwa nach § 5 Abs. 1 Nr. 2 SGB V die Bezieher von Arbeitslosengeld oder Unterhaltsgeld, nach Nr. 2a die Bezieher von Arbeitslosengeld II und nach Nr. 11 die Rentner. Die im Laufe der Entwicklung hier aufgenommen Landwirte, Künstler usw. ergeben sich aus den einzelnen Nummern des § 5 SGB V.

In § 6 SGB V ist geregelt, wer versicherungsfrei ist, z.B. sind dies nach Nr. 1 Beamte, Richter und Soldaten. Versicherungsfreiheit besteht auch bei sog. geringfügiger Beschäftigung, die in §§ 8, 8a SGB IV definiert wird (sog. 400-Euro-Job). Zudem ist für die Frage der Versicherungsfreiheit die sog. Jahresarbeitsentgeltgrenze nach § 6 Abs. 6, 7 SGB V entscheidend. Wenn Arbeiter und Angestellte mit ihrem Einkommen diese Grenze überschreiten, sind sie versicherungsfrei. Derzeit (2007) liegt die Jahresarbeitsentgeltgrenze bei 47.700 €. Zukünftig soll eine Versicherungsfreiheit in der gesetzlichen Krankenversicherung erst dann eintreten, wenn das Einkommen der betreffenden Person die Jahresarbeitsentgeltgrenze in drei aufeinanderfolgenden Jahren überschreitet.

Versicherungsfreiheit

Jahresarbeitsentgeltgrenze

Auf Antrag kann nach § 8 Abs. 1 SGB V eine Befreiung von der Versicherungspflicht stattfinden. Dies ist z.B. möglich, wenn Personen wegen der jährlich vorzunehmenden Erhöhung der Jahresarbeitsentgeltgrenze versicherungspflichtig geworden sind. Eine andere Fallgruppe bilden Personen, die während der Elternzeit eine eingeschränkte Erwerbstätigkeit ausüben.

Befreiung von der Versicherungspflicht

In § 9 SGB V ist geregelt, wer sich freiwillig in einer gesetzlichen Krankenversicherung versichern lassen kann. Dies betrifft z.B. Personen, die wegen Überschreitung der Jahresarbeitsentgeltgrenze aus der gesetzlichen Krankenversicherung ausscheiden müssten, und Personen, die aufgrund einer rechtskräftigen Scheidung von einem sog. Stammversicherten (vgl. unten die Familienversicherung) nunmehr nicht mehr versichert sind. Die freiwillige Versicherung in einer gesetzlichen Krankenversicherung kann für Viele interessant sein, da die Leistungen der gesetzlichen Krankenversicherung umfassend sind und im Vergleich zur privaten Versicherung für viele Personen (z.B. ältere Menschen) auch preisgünstiger sind.

freiwillige Versicherung

In § 10 SGB V ist die Familienversicherung des Ehegatten, des Lebenspartners einer eingetragenen Lebenspartnerschaft und der Kinder von Mitgliedern geregelt. Die genannten Personen sind kostenlos in der Krankenversicherung des Mitglieds versichert, sofern ihr eigenes Einkommen eine Einkommensgrenze nicht übersteigt. Kinder des Mitglieds können maximal bis zur Vollendung des 25. Lebensjahrs (zuzüglich Wehr- oder Zivildienst) bei ihm familienversichert sein. Die Familienversicherung soll ein Ausgleich der besonderen Belastung für Familien sein. Kritisiert wird allerdings, dass damit die Krankenversicherung von Kindern nur durch den Kreis der krankenversicherten Personen finanziert wird, während sich andere Personen nicht an der Finanzierung beteiligen müssen. Hier wird eine Gesetzesänderung erwogen. Aus der Familienversicherung haben die

Familienversicherung

entsprechenden Personen im Grundsatz dieselben Ansprüche wie der sog. Stammversicherte. Sie haben allerdings keinen Anspruch auf Krankengeld, da das Krankengeld ein Ersatz für das Arbeitsentgelt ist und der Personenkreis der Familienversicherten allenfalls in geringem Umfang erwerbstätig sein kann.

2.1.3 Leistungen der Krankenversicherung

Wirtschaftlichkeitsgebot

Wichtige Grundsätze für die Leistungen der Krankenversicherung sind in §§ 12 ff. SGB V geregelt. Nach dem Wirtschaftlichkeitsgebot müssen die Leistungen ausreichend, zweckmäßig und wirtschaftlich sein und dürfen das Maß des Notwendigen nicht übersteigen. Unwirtschaftliche Leistungen können nicht in Anspruch genommen werden (z. B. Behandlungsmethoden, deren Wirksamkeit noch nicht nachgewiesen ist). Überwiegend gilt in der gesetzlichen Krankenversicherung das Sachleistungsprinzip, d. h., die Versicherten können die Leistungen vom Arzt, Krankenhaus usw. in Anspruch nehmen, ohne sie zunächst selbst bezahlen zu müssen. Der Gegensatz dazu ist das Kostenerstattungsprinzip, das bei der privaten Krankenversicherung gilt. Hier müssen die Versicherten die Kosten selber zahlen und erhalten sie dann erstattet. Das Kostenerstattungsprinzip ist seit dem 01.01.2004 im Rahmen des § 13 SGB V auch in der gesetzlichen Krankenversicherung in beschränktem Umfang möglich.

Sachleistungsprinzip

§ 11 SGB V enthält eine Übersicht über die Leistungsarten. Im Einzelnen sind die Leistungen dann in den §§ 21 ff. SGB V geregelt. An erster Stelle werden die Leistungen zur Verhütung und Früherkennung aufgeführt. Die einzelnen Leistungen dazu sind in § 21 ff. genannt, z. B. Prophylaxe zur Verhütung von Zahnerkrankung, Mittel um einer drohenden Krankheit vorzubeugen, Vorsorgekuren, Früherkennungsmaßnahmen. Den Schwerpunkt des SGB V bilden die Leistungen bei Krankheiten. Voraussetzung ist, dass eine Krankheit vorliegt, d. h. ein regelwidriger Körper- oder Geisteszustand, der entweder Behandlungsbedürftigkeit oder Arbeitsunfähigkeit oder beides zur Folge hat (nicht etwa das altersbedingte Nachlassen der Kräfte oder die Schwangerschaft, vgl. Kokemoor 2006, 112 ff.).

Krankheit

Liegt eine Krankheit vor, dann besteht Anspruch auf Krankenbehandlung, wenn sie notwendig ist. Die einzelnen Leistungen zur Krankenbehandlung sind in § 27 SGB V geregelt.

Krankengeld

Daneben besteht im Krankheitsfall ein Anspruch auf Krankengeld (§§ 44 ff. SGB V). Dabei handelt es sich um eine Entgeltersatzleistung, die geleistet wird, wenn die Versicherten arbeitsunfähig sind oder wenn sie stationär behandelt werden. Es beträgt 70 % des erzielten regelmäßigen Arbeitsentgelts und darf 90 % des durchschnittlichen Nettoentgelts nicht übersteigen. Der Anspruch auf Krankengeld ruht, solange der Versicherte Arbeitsentgelt oder Arbeitseinkommen erhält.

Bei der Leistungserbringung kommt es zu Rechtsbeziehungen zwischen den Leistungserbringern (Krankenhäusern, Versorgungscentern, Ärzten,

Zahnärzten, Psychotherapeuten, Apothekern usw.), den Leistungsträgern (gesetzliche Krankenversicherung) und den Leistungsempfängern (Arbeitnehmer / Patienten).

2.2 Die gesetzliche Pflegeversicherung – SGB XI

2.2.1 Entwicklung, Organisation und Finanzierung

Die soziale Pflegeversicherung ist im SGB XI geregelt, das am 01.01.1995 als fünfte Säule der sozialen Versicherung in Kraft getreten ist. Die soziale Pflegeversicherung erfasst nahezu die gesamte Bevölkerung. Die Aufwendungen sind seit der Einführung 1995 kontinuierlich angestiegen, sind jedoch im Vergleich zu den anderen Sozialversicherungsleistungen (noch) nicht von derselben finanziellen Bedeutung. Dies liegt nicht zuletzt daran, dass bei Einführung der Pflegeversicherung 1995 zunächst ein Sockel dadurch angespart wurde, dass zwar bereits Beiträge bezahlt werden mussten, es aber noch keine Leistungen gab. Insofern verfügte die soziale Pflegeversicherung über ein finanzielles Polster, das aber von Jahr zu Jahr weiter abnimmt.

Hauptgrund für die Einführung der Pflegeversicherung war der Umstand, dass das Risiko der Pflegebedürftigkeit zuvor nicht hinreichend abgesichert werden konnte. Es bestand nur die Möglichkeit einer privaten Absicherung. Ansonsten konnten die zum Teil erheblichen Kosten, die mit einer ambulanten oder stationären Pflege verbunden sind, von den Betroffenen oft nicht aufgebracht werden, so dass in vielen Fällen die Sozialhilfe einspringen musste (jetzt §§ 61 ff. SGB XII). Um die Aufwendungen überschaubar zu halten, werden durch die Pflegeversicherung nicht die gesamten Kosten der Pflege übernommen, sondern bestimmte, gesetzlich festgelegte Beträge. Außerdem werden sie nur ab einem bestimmten Grad der Pflegebedürftigkeit übernommen. Durch die soziale Pflegeversicherung nicht abgedeckte Kosten der Pflege sind nach wie vor privat zu tragen. Falls die privaten Mittel nicht ausreichen, sind ggf. Sozialhilfeleistungen notwendig.

Inhaltlich wurde die soziale Pflegeversicherung eng an die Krankenversicherung angelehnt, es gilt der Grundsatz **„die Pflegeversicherung folgt der Krankenversicherung"**. Für den größten Teil der Bevölkerung besteht – in Anlehnung an die gesetzliche Krankenversicherung – eine öffentlich-rechtliche Versicherung. Für einen kleineren Teil der Bevölkerung (insbesondere die privat Versicherten) besteht eine privat-rechtliche Absicherung für das Pflegerisiko.

Die **Träger** der sozialen Pflegeversicherung sind die Pflegekassen (§ 21a Abs. 2 SGB I und §§ 1 Abs. 3, 46 Abs. 1 SGB XI). Sie sind wie die Krankenkassen Körperschaften des öffentlichen Rechts mit dem Recht der Selbstverwaltung. Die Pflegekassen sind bei den Krankenkassen errichtet: Bei jeder Krankenkasse besteht eine Pflegekasse. Für die private Pflegeversicherung werden die Leistungen von den privaten Versicherungen erbracht.

Pflegekassen

Beiträge

Die Ausgaben der Pflegeversicherung werden parallel zur Krankenversicherung durch Beiträge der Mitglieder und der Arbeitgeber finanziert. Der festgelegte Beitragssatz von 1,7% (§ 55 SGB XI) ist grundsätzlich hälftig zu tragen, allerdings wurden die Leistungen der Arbeitgeber durch Streichungen eines gesetzlichen Feiertages kompensiert (§ 58 Abs. 2 SGB XI) (Ausnahme: Sachsen, dort tragen die Beschäftigten den Betrag in Höhe von 1% allein, § 58 Abs. 3 SGB XI). Die Beitragshöhe richtet sich wie in der gesetzlichen Krankenversicherung nach den beitragspflichtigen Einnahmen des Mitglieds, mitversicherte Familienangehörige und Lebenspartner sind beitragsfrei versichert.

Zum 01.01.2005 wurde – ausgehend von einer Entscheidung des Bundesverfassungsgerichts – der Beitragssatz für Kinderlose (nach Vollendung des 23. Lebensjahres) um 0,25% erhöht (§ 55 Abs. 3 SGB XI). Dadurch soll (ansatzweise) der Tatsache Rechnung getragen werden, dass Menschen mit Kindern einen generativen Beitrag für die soziale Pflegeversicherung leisten.

2.2.2   Der versicherte Personenkreis

Versicherungspflicht

Es lassen sich hinsichtlich des versicherten Personenkreises zwei Gruppen unterscheiden: Der Versicherungspflicht unterliegen alle Personen, die auch in der gesetzlichen Krankenversicherung versichert sind (§ 1 Abs. 2 SGB XI). Parallel dazu gehören auch die Familienversicherten zu dem Kraft Gesetzes versicherten Personenkreis (§ 25 SGB XI). Wer freiwillig versichert ist, hat allerdings die Möglichkeit, sich von der Versicherungspflicht befreien zu lassen, wenn er nachweist, dass er bei einem privaten Versicherungsunternehmen gegen die Pflegebedürftigkeit versichert ist und dort für sich und seine Familienangehörigen einen gleichwertigen Versicherungsschutz erhält (§ 22 SGB XI). Personen, die nicht Kraft Gesetzes automatisch versichert sind, sind verpflichtet, sich selbst zu versichern. In erster Linie sind dies die Versicherten der privaten Krankenversicherungsunternehmen. Sie müssen

private Versicherung

eine private Pflichtversicherung abschließen. Der Leistungsumfang muss dem der gesetzlichen Versicherung entsprechen. Auch ansonsten gelten dieselben Inhalte für die private Versicherung, auch die Beiträge sind identisch. Beide Personenkreise, diejenigen, die der gesetzlichen Versicherungspflicht unterliegen, und diejenigen, die verpflichtet sind, sich zu versichern, gehören zum leistungsberechtigten Personenkreis, die im Versicherungsfall Leistungen aus der sozialen Pflegeversicherung erhalten.

2.2.3   Pflegebedürftigkeit als Versicherungsfall

Pflegebedürftigkeit

Die generellen Voraussetzungen für die Leistungen sind in den §§ 14 ff. SGB XI geregelt. Um Leistungen der sozialen Pflegeversicherung zu bekommen, muss der Versicherungsfall „Pflegebedürftigkeit" gegeben sein. Der Begriff wird in § 14 SGB XI definiert. Es ist erforderlich, dass die betroffene Person durch Krankheit oder Behinderungen Hilfe bei den gewöhnlichen und regelmäßig wiederkehrenden Verrichtungen des täglichen Lebens auf Dauer in einem erheblichen oder höheren Maße benötigt. Damit eine zumindest erhebliche Pflegebedürftigkeit vorliegt, muss eine der in § 15 SGB XI geregelten Stufen der Pflegebedürftigkeit vorliegen. Diese Stufen sind in Abhängigkeit vom pflegerischen Aufwand und vom zeitlichen Bedarf geregelt. Maßgeblich dafür sind Umfang und die Häufigkeit der benötigten Hilfen bei der Körperpflege, der Ernährung, der Mobilität und der hauswirtschaftlichen Versorgung. Die jeweils zutreffende Pflegestufe wird bei Feststellung der Pflegebedürftigkeit nach § 18 SGB XI durch den Medizinischen Dienst der Krankenversicherung (vgl. §§ 275 ff. SGB V) bestimmt.

Es gibt nach § 15 SGB XI drei Pflegestufen. In **Pflegestufe I** werden erheblich pflegebedürftige Personen eingestuft. Hilfebedarf besteht einmal täglich bei wenigstens zwei Verrichtungen aus den Bereichen Körperpflege, Ernährung oder Mobilität und zusätzlich mehrfach in der Woche bei der hauswirtschaftlichen Versorgung (§ 15 Abs. 1 Nr. 1 SGB XI). Der Zeitaufwand, den ein Familienangehöriger oder eine andere nicht als Pflegekraft ausgebildete Pflegeperson für die erforderlichen Leistungen der Grundpflege und hauswirtschaftlichen Versorgung benötigt, muss wöchentlich im Tagesdurchschnitt mindestens 90 Minuten betragen; hierbei müssen auf die Grundpflege mehr als 45 Minuten entfallen (§ 15 Abs. 3 Nr. 1 SGB XI). Der **Pflegestufe II** sind schwerpflegebedürftige Personen zuzuordnen. Hilfebedarf besteht hier dreimal täglich zu verschiedenen Zeiten für Verrichtungen aus den Bereichen Körperpflege, Ernährung oder Mobilität und zusätzlich mehrfach in der Woche bei der hauswirtschaftlichen Versorgung (§ 15 Abs. 1 Nr. 2 SGB XI). Der Zeitaufwand, den ein Familienangehöriger oder eine andere nicht als Pflegekraft ausgebildete Pflegeperson für die erforderlichen Leistungen der Grundpflege und hauswirtschaftlichen Versorgung benötigt, muss wöchentlich im Tagesdurchschnitt mindestens drei Stunden betragen; hierbei müssen auf die Grundpflege mindestens zwei Stunden entfallen (§ 15 Abs. 3 Nr. 2 SGB XI). In **Pflegestufe III** werden schwerstpflegebedürftige Personen eingestuft. Hilfebedarf besteht rund um die Uhr bei der Körperpflege, der Ernährung oder der Mobilität und zusätzlich mehrfach in der Woche bei der hauswirtschaftlichen Versorgung (§ 15 Abs. 1 Nr. 3 SGB XI). Der Zeitaufwand, den ein Familienangehöriger oder eine andere nicht als Pflegekraft ausgebildete Pflegeperson für die erforderlichen Leistungen der Grundpflege und hauswirtschaftlichen Versorgung benötigt, muss wöchentlich im Tagesdurchschnitt mindestens fünf Stunden betragen. Auf die Grundpflege müssen mindestens vier Stunden entfallen (§ 15 Abs. 3 Nr. 3 SGB XI).

Voraussetzung für Leistungen der Pflegeversicherung ist, dass zumindest Pflegebedürftigkeit der Pflegestufe I vorliegt. Ist dies nicht der Fall, also beträgt der Pflegeaufwand generell weniger als 90 Minuten täglich, werden keine Leistungen nach dem SGB XI geleistet, es liegt die sog. Pflegestufe Null vor. Die dafür notwendigen Aufwendungen sind aus privaten Mitteln, wenn diese nicht vorhanden sind ggf. durch die Sozialhilfe (Hilfe zur Pflege – §§ 61 ff. SGB XII, vgl. III-4.2.4.3), zu decken.

Pflegestufen

2.2.4 Die Leistungen der Pflegeversicherung

häusliche Pflege

Wenn die Einstufung in eine Pflegestufe erfolgt, besteht Anspruch auf Leistungen. Einen Überblick gibt § 28 SGB XI. Die dort aufgeführten Leistungen lassen sich in mehrere Gruppen einteilen: Zunächst kommen Leistungen bei häuslicher Pflege in Betracht. Die häusliche Pflege wird zunächst als **Pflegesachleistung** (§ 36 SGB XI) erbracht. Pflegebedürftige haben bei häuslicher Pflege im eigenen oder in einem anderen Haushalt Anspruch auf Grundpflege und hauswirtschaftliche Versorgung durch einen Pflegedienst o. Ä. Die Höhe des Anspruchs richtet sich nach der Pflegestufe (siehe Übersicht 36).

Übersicht 36:
Pflegesachleistungen (Stand Ende 2007)

Pflegestufe	Pflegeeinsätze bis zu einem Gesamtwert von
I	384 €
II	921 €
III	1.432 €

Liegt bei Pflegebedürftigkeit der Pflegestufe III ein außergewöhnlich hoher Pflegeaufwand vor, der das übliche Maß weit übersteigt, kann die Pflegekasse die Kosten für Pflegeeinsätze bis zu einem Wert von 1.918 € (Stand Anfang 2007) im Monat übernehmen.

Es ist aber auch möglich, dass für selbst beschaffte Pflegehilfen ein **Pflegegeld** nach § 37 SGB XI gezahlt wird, das – wie der Vergleich der Beträge in § 37 und § 36 SGB XI ergibt – niedriger ist als die Pflegesachleistung. Auch das Pflegegeld ist nach den Pflegestufen gestaffelt (siehe Übersicht 37).

Übersicht 37:
Pflegegeld (Stand Ende 2007)

Pflegestufe I	205 €
Pflegestufe II	410 €
Pflegestufe III	665 €

Bei den Beträgen handelt es sich jeweils um Pauschalen, deren Höhe nicht von der tatsächlichen Zahl der Tage in dem einzelnen Monat abhängt. Das Pflegegeld ist jeweils für den Monat im Voraus auszuzahlen. Möglich ist nach § 38 SGB XI auch eine Kombination dieser beiden Leistungen, also teilweise Pflegesachleistungen und teilweise Pflegegeld. Fällt eine selbst beschaffte Pflegehilfe aus, besteht ein Anspruch auf Verhinderungspflege nach § 39 SGB XI.

Wenn die häusliche Pflege nicht in ausreichendem Umfang sichergestellt werden kann, etwa wegen Teilzeittätigkeit oder Erkrankung der Pflegeperson, ist nach § 41 und § 42 SGB XI eine teilstationäre Pflege in Form von Tagepflege oder Nachpflege bzw. eine Kurzzeitpflege (bis zu vier Wochen) möglich.

Wenn auch unter diesen Bedingungen eine häusliche Pflege oder eine teilstationäre Pflege nicht mehr möglich ist, besteht nach § 43 SGB XI Anspruch auf eine vollstationäre Pflege. Diese in stationären Einrichtungen durchgeführte Pflege beschränkt sich hinsichtlich der Leistungen der Pflegeversicherung allerdings auf die pflegebedingten Aufwendungen und die Aufwendungen für soziale Betreuung – Aufwendungen für Unterkunft und Pflege, sog. „Hotelkosten" sind davon nicht erfasst (vgl. § 4 Abs. 2 SGB XI). Nach § 43 Abs. 1 SGB XI übernimmt die Pflegekasse die Kosten im Regelfall bis zu einer Höhe von 1.432 € monatlich. Da ein Heimplatz den Bewohner mindestens ca. 2.500 € monatlich kostet, bleibt ein erheblicher Teil übrig, der aus eigenen Mitteln oder – falls diese nicht ausreichend zur Verfügung stehen – durch die Sozialhilfe zu finanzieren ist.

vollstationäre Pflege

Ergänzend zu den genannten unmittelbaren Pflegeleistungen werden Leistungen zur sozialen Absicherung von Pflegepersonen und Pflegekurse (§§ 44, 45 SGB XI) gewährt. Möglich ist nach § 35a SGB XI auch die Inanspruchnahme eines persönlichen Budgets. Dies erlaubt den pflegebedürftigen Personen, sich die Pflegesachleistungen selbst zu organisieren.

Die Ansprüche der Versicherten richten sich gegen die Pflegekassen. Diese erbringen die Sachleistungen jedoch nicht selbst, sondern durch zumeist privatrechtlich organisierte Leistungserbringer. Die Leistungserbringung ist in §§ 69 ff. SGB XII geregelt (ausführlich Bundesministerium für Gesundheit und Soziale Sicherung 2005, 525 ff.). Grundsätzlich werden alle fachlich geeigneten Pflegedienste und –einrichtungen zugelassen. Die Pflegekassen schließen mit den Leistungserbringern Leistungs-, Qualitäts- und Vergütungsvereinbarungen ab.

2.3   Die gesetzliche Rentenversicherung – SGB VI

2.3.1   Entwicklung, Organisation und Finanzierung

Die gesetzliche Rentenversicherung ist seit dem 01.01.1992 im SGB VI geregelt. Daneben gibt es ergänzende Regelungen für spezielle Berufsgruppen sowie die Alterssicherung im Bereich des Beamtenrechts und berufsständische Versorgungswerke (z. B. für Rechtsanwälte oder Ärzte). Darüber hinaus sind die betrieblichen Altersversorgungen von Bedeutung. Von steigender Relevanz sind zudem private Rentenversicherungen.

Die Grundlage für die Rentenversicherung war zunächst „Das Gesetz betreffend die Invaliditäts- und Altersversicherung", das am 01.01.1891 in Kraft trat. Im Jahre 1911 wurden die entsprechenden Regelungen in die Reichsversicherungsordnung (RVO) aufgenommen. Die Rentenversicherung war damals gespalten in die Versicherung für Angestellte (Angestelltenversicherungsgesetz – AVG) und in die Arbeiterrentenversicherung, die deutlich schlechter war als die AVG. Eine grundlegende Veränderung des Systems fand durch die Rentenreform 1957 statt, mit der die Dynamisierung der Renten und die Umstellung vom Kapitaldeckungsverfahren zum

Umlageverfahren bewirkt wurde. Mit der Rentenreform 1992 wurde die Rentenversicherung für Arbeiter und Angestellte im SGB VI zusammengefasst. Wegen der Probleme der Finanzierung der Renten wurde mit dem Altersvermögensgesetz und Altersvermögensergänzungsgesetz – besser bekannt unter der Bezeichnung „Riester-Rente" – der Aufbau einer kapitalgedeckten privaten Altersvorsorge unterstützt. Die Regelungen traten im Wesentlichen zum 01.01.2002 in Kraft. Vor dem Hintergrund der weiter steigenden Lebenserwartung und sinkender Geburtenzahlen wurde 2005 eine stufenweise Anhebung der Altersgrenze für die Regelaltersgrenze von bisher 65 Jahren auf das 67. Lebensjahr beschlossen.

Bis zum Jahr 2004 waren die Träger der Rentenversicherung der Arbeiter in erster Linie die Landesversicherungsanstalten (LVA), die Träger der Rentenversicherung für Angestellte war die Bundesversicherungsanstalt für Angestellte (BfA). Mit einer Organisationsreform der Rentenversicherung wurde die Trennung von Arbeiter- und Angestelltenversicherung aufgehoben. Seit 2005 ist die Deutsche Rentenversicherung nun einheitlich für alle Bereiche der Träger. Dabei sind die früheren Landesversicherungsanstalten als Regionalträger in die Deutsche Rentenversicherung übergegangen. www.deutsche-rentenversicherung.de

Umlageverfahren

Die **Finanzierung** der Renten erfolgt im Umlageverfahren. Das bedeutet, dass die Ausgaben eines Kalenderjahres durch die Einnahmen desselben Kalenderjahres und soweit erforderlich durch Entnahmen aus der sog. Schwankungsreserve (§§ 216 ff. SGB VI) gedeckt werden. Es werden also die Beiträge der gegenwärtigen Beitragszahler an die derzeitigen Rentner weitergegeben. Die gegenwärtigen Beitragszahler erlangen eine Anwartschaft für ihre späteren Rentenleistungen. Voraussetzung für ein Gelingen dieses Systems ist, dass in jeder Generation ausreichend Beschäftigte vorhanden sind, um die jeweilige Rentnergeneration zu finanzieren. Dies erweist sich angesichts der schwierigen Situation am Arbeitsmarkt und angesichts ständig sinkender Geburtenzahlen als problematisch.

Die Finanzierung der gesetzlichen Rentenversicherung ist im Einzelnen in §§ 153–227 SGB VI geregelt. Die Einnahmen beruhen zu ca. 75–80% auf Beiträgen der Beitragszahler, im Übrigen auf Zuschüssen des Bundes (§ 213 SGB VI). Getragen werden die Beiträge von den Arbeitnehmern und den Arbeitgebern je zur Hälfte, Selbstständige, freiwillig Versicherte usw. müssen ihre Beiträge vollständig selbst tragen. Die Höhe des Beitrags bemisst sich nach § 157 SGB VI nach einem Prozentsatz von der Beitragsbemessungsgrundlage, die in der Regel dem Bruttoeinkommen entspricht. Einkommen oberhalb der sog. Beitragsbemessungsgrenze bleiben dabei unberücksichtigt. Die Einzelheiten werden durch eine Rechtsverordnung geregelt.

2.3.2 Der versicherte Personenkreis

Der versicherte Personenkreis ist in §§ 1–6 SGB VI geregelt. Versicherungspflichtig sind in erster Linie Personen, die gegen Arbeitsentgelt oder zu ihrer

Berufsausbildung beschäftigt sind. Sonderregelungen gibt es für selbstständig Tätige, für arbeitnehmerähnliche Selbstständige und für weitere Personengruppen wie etwa Pflegepersonen, Wehr- oder Zivildienstleistende
oder Empfänger von Arbeitslosengeld II. Die Versicherungspflicht ist in
einigen Fallkonstellationen zudem nach § 4 SGB VI auf Antrag möglich.
Dies betrifft z. B. Deutsche, die vorübergehend im Ausland beschäftigt sind
und Personen, die selbständig tätig sind. In § 5 SGB VI werden verschiedene
Fälle der Versicherungsfreiheit geregelt. Dies betrifft insbesondere Beamte,
Richter und Soldaten. Nach § 6 SGB VI ist die Befreiung von der Versicherungspflicht in bestimmten Fällen möglich. Eine Befreiung kommt z. B.
dann in Frage, wenn die Person bereits anderweitig abgesichert ist, etwa
weil sie Mitglied einer berufsständischen Versorgungseinrichtung ist oder
weil Versorgungsansprüche nach beamtenrechtlichen oder kirchenrechtlichen Grundsätzen bestehen. Auch Personen, die Leistungen nach dem
SGB II beziehen, können sich von der Versicherungspflicht befreien lassen,
wenn sie Mitglied einer berufsständischen Versorgungseinrichtung bleiben
oder über eine private Lebens- oder Rentenversicherung abgesichert sind.

2.3.3   Die Leistungen der Rentenversicherung

Voraussetzung für die Leistung der Rente ist zunächst, dass die betreffende
Person zum versicherten Personenkreis gehört. Weitere Voraussetzung
für die Leistungen ist, dass eine bestimmte Wartezeit (i. d. R. Vorversicherungszeit) erfüllt wurde, die je nach Leistung unterschiedlich lang ist, und
dass bei dem Betreffenden ein Versicherungsfall eingetreten ist, der einen
Leistungsanspruch auslöst.

Die gesetzliche Rentenversicherung hat zwei Leistungsschwerpunkte:
Die **Leistungen zur Teilhabe**, die früher als Rehabilitationsleistungen bezeichnet wurden (§§ 9–31 SGB VI), und als Schwerpunkt die **Rentenleistungen** (§§ 33–105a SGB VI). Hinzu kommen verschiedene andere Aufgaben wie etwa Witwen- und Witwerabfindungen sowie Beitragserstattungen,
Zuschüsse zu den Aufwendungen für die Kranken- und Pflegeversicherung,
Leistungen für Kindererziehung und Rentenauskunft.

Die Leistungen zur Teilhabe werden unter dem Aspekt erbracht, dass **Leistungen zur**
die Rehabilitation Vorrang vor der Rente hat. Es soll daher zunächst ver **Teilhabe**
sucht werden, die Arbeitsfähigkeit des Betroffenen durch entsprechende
Rehabilitationsleistungen (wieder-)herzustellen. Deswegen sind die
Rentenversicherungsträger auch in großem Umfang Leistungsträger für
Rehabilitationsleistungen. Voraussetzung ist, dass die Erwerbsfähigkeit
wegen Krankheit oder Behinderung erheblich gefährdet oder gemindert
ist. Grundsätzlich muss eine Wartezeit von 15 Jahren erfüllt sein. Im Einzelnen gibt es bei den Leistungen zur Teilhabe medizinische Leistungen,
Leistungen zur Teilhabe am Arbeitsleben, Übergangsgeld, ergänzende
Leistungen, wie z. B. Haushaltshilfe oder Reisekosten, und verschiedene
sonstige Leistungen.

Rentenarten

Die Rentenarten sind in § 33 SGB VI aufgelistet. Sie lassen sich in drei große Gruppen einteilen: Renten wegen Alters, Renten wegen verminderter Erwerbsfähigkeit und Renten wegen Todes (vgl. Kokemoor 2006, 180 ff.). Die Einzelheiten sind komplex und oftmals unübersichtlich geregelt. Zunächst werden die Anspruchsvoraussetzungen für die einzelnen Rentenarten in den §§ 35 ff. SGB VI aufgeführt. Diese Regelungen sind aber oft gar nicht mehr maßgeblich, da für die meisten Rentenarten inzwischen Übergangsregelungen gelten, die im Fünften Kapitel – Sonderregelungen – in den §§ 236 ff. SGB VI angeführt werden. Allgemein besteht der Trend, das Eintrittsalter für die verschiedenen Altersrenten stufenweise anzuheben, so dass bei vielen Rentenarten die individuell maßgebliche Altersstufe anhand des Geburtsdatums des Betroffenen mit Hilfe von Tabellen ermittelt werden muss.

Wartezeiten

Voraussetzungen für den Erhalt von Renten ist in der Regel die Erfüllung bestimmter Wartezeiten. Die sog. allgemeine Wartezeit beträgt nach § 50 Abs. 1 SGB VI fünf Jahre. Sie ist Voraussetzung für den Anspruch auf Regelaltersrente, auf Rente wegen verminderter Erwerbsfähigkeit und auf Rente wegen Todes. Für andere Rentenarten ist eine Wartezeit von 15, 20, 25 oder 35 Jahren erforderlich (vgl. § 50 Abs. 2–4 SGB VI).

Rentenhöhe

Die Renten sind im Grundsatz lohn- und beitragsbezogen. Nach § 63 Abs. 1 SGB VI richtet sich die Höhe einer Rente vor allem nach der Höhe der während der Versicherungszeit durch Beiträge versicherten Arbeitseinkommen. Die Einzelheiten sind relativ kompliziert, da unterschiedliche Faktoren für die Rentenberechnung maßgeblich sind, nämlich die sog. Entgeltpunkte, der Zugangsfaktor, die aktuellen Rentenwerte und der Rentenartfaktor (im Einzelnen vgl. Bundesministerium für Gesundheit und Soziale Sicherung 2005, 385 ff.). Jeder Versicherte erwirbt während seiner Versicherungszeit eine bestimmte Anzahl **persönlicher Entgeltpunkte**. Diese werden mit dem **Rentenartfaktor** multipliziert, der z. B. für die Regelaltersrente 1 beträgt, für Vollwaisenrente z. B. aber nur 0,2. Dieser Betrag wird dann mit dem **aktuellen Rentenwert** multipliziert. Dies ist gemäß § 68 Abs. 1 SGB VI der Betrag, der einer monatlichen Rente wegen Alters der allgemeinen Rentenversicherung entspricht, wenn für ein Kalenderjahr Beiträge aufgrund des Durchschnittsentgelts gezahlt worden sind. Er beträgt derzeit (Stand 2007) in den alten Bundesländern 26,27 € und in den neuen Bundesländern 23,09 €. Die Anpassung der Renten erfolgt jeweils zum 1. Juli eines Jahres. Dann wird der bisherige aktuelle Rentenwert durch den neuen aktuellen Rentenwert ersetzt, der sich an der Entwicklung der Bruttolöhne orientiert – eine sog. „modifizierte Bruttolohnanpassung". Dies hat dazu geführt, dass der aktuelle Rentenwert über mehrere Jahre hinweg unverändert geblieben ist und es erst zum 1. Juli 2007 wieder zu einer geringfügigen Rentenerhöhung um 0,54% gekommen ist.

2.4 Die gesetzliche Unfallversicherung – SGB VII

2.4.1 Entwicklung, Organisation und Finanzierung

Die Unfallversicherung hat die Aufgabe, Arbeitsunfälle und Berufskrankheiten sowie arbeitsbedingte Gesundheitsgefahren zu verhüten und nach Eintritt von Arbeitsunfällen und Berufskrankheiten deren Folgen zu begrenzen, und den Versicherten möglichst wieder in den bisherigen Beruf und Betrieb einzugliedern und die Versicherten bzw. ihre Hinterbliebenen durch Geldleistungen zu entschädigen. Die Leistungen der Unfallversicherung sind gegenüber denen der sonstigen Sozialversicherungen vorrangig.

Die Unfallversicherung geht auf das Jahr 1884 zurück. Von den Grundzügen her ist sie weitgehend unverändert geblieben, jedoch ist der Kreis der versicherten Personen, der ursprünglich nur Arbeitnehmer betraf, immer mehr ausgeweitet worden. 1996 wurde das Recht der gesetzlichen Unfallversicherung in das Sozialgesetzbuch als neues SGB VII eingeordnet.

Die Unfallversicherung wird von 35 gewerblichen Berufsgenossenschaften, zehn landwirtschaftlichen Berufsgenossenschaften und den Unfallversicherungsträgern der öffentlichen Hand (etwa Unfallkasse des Bundes, Unfallkasse der Länder, Gemeindeunfallversicherungsverbände) durchgeführt (vgl. §§ 114 ff. SGB VII). Die Berufsgenossenschaften sind für die Unfallversicherung in den Unternehmen zuständig, die zu den ihnen zugeteilten Gewerbezweigen gehören. Die Unfallversicherungsträger der öffentlichen Hand sind für die Durchführung der Unfallversicherung für die Arbeitnehmer der Verwaltung zuständig, darüber hinaus aber auch für bestimmte weitere Personengruppen wie etwa Lebensretter, Kinder in Tageseinrichtungen, Schüler und Studenten. *Berufsgenossenschaften*

Im Gegensatz zu den sonstigen Sozialversicherungen zahlt nicht der Begünstigte die Beiträge, sondern diese werden allein von den Unternehmern getragen (§ 150 SGB VII). Diese Beiträge werden im Wege eines Umlageverfahrens so bemessen, dass sie die Ausgaben des letzten Jahres decken. Zur Finanzierung der laufenden Ausgaben werden von den Berufsgenossenschaften i. d. R. Vorschüsse erhoben. Maßgeblich für die Beitragshöhe sind in den gewerblichen Unternehmen die Arbeitsentgelte der Versicherten und die Gefahrenklassen, in die die einzelnen Unternehmen nach dem jeweiligen Grad der Unfallgefahr eingeordnet sind. Diese bestimmen sich nach Zahl und Schwere der in den einzelnen Gewerbezweigen eingetretenen Versicherungsfälle.

2.4.2 Der versicherte Personenkreis

§ 2 SGB VII enthält einen umfangreichen Katalog verschiedener Personengruppen, die kraft Gesetzes versichert sind. Über die Arbeitnehmer hinaus, für die das Gesetz ursprünglich geschaffen wurde und die in § 2 Abs. 1 Nr. 1 SGB VII an erster Stelle unter der allgemein gehaltenen Bezeichnung

„Beschäftigte" angeführt werden, sind dies etwa Personen, die in der Land-
wirtschaft arbeiten, Kinder während des Besuches von Kindertageseinrichtungen oder in Tagespflege, Schüler, Studierende, ehrenamtlich tätige Personen, Personen, die bei Unglücksfällen Hilfe leisten, die Blut oder Organe
spenden, die sich zum Schutz eines widerrechtlich Angegriffenen oder zur
Festnahme einer Person einsetzen, oder Pflegepersonen. § 4 SGB VII benennt Personen, die versicherungsfrei sind. Dies betrifft insbesondere Personen, die in anderer Weise gegen Arbeitsunfälle und Berufskrankheiten
abgesichert sind, z. B. durch beamtenrechtliche Unfallfürsorgevorschriften
oder das Bundesversorgungsgesetz. Nach § 6 SGB VII gibt es für einzelne
Personengruppen die Möglichkeit, sich freiwillig in der gesetzlichen Unfallversicherung zu versichern. Dies kommt z. B. für Unternehmer und ihre im
Unternehmen mitarbeitenden Ehepartner sowie für gewählte Ehrenamts-
träger in gemeinnützigen Organisationen in Frage.

2.4.3   Arbeitsunfall und Berufskrankheit als Versicherungsfall

Arbeitsunfall

Gemäß § 7 SGB VIII sind Versicherungsfälle im Rahmen des SGB VII Arbeitsunfälle und Berufskrankheiten. Der Begriff „Arbeitsunfall" wird in
§ 8 SGB VII definiert. Ein Arbeitsunfall ist danach ein Unfall infolge einer
versicherten Tätigkeit. Es muss sich also nicht – wie der Begriff vermuten
lassen könnte – um einen Unfall bei der Arbeit handeln. Entscheidend ist
vielmehr, in welchem Zusammenhang der Betroffene versichert ist. So ist
für den Schüler etwa ein Unfall auf dem Weg zum Klassenraum oder auf
dem Schulhof ein Arbeitsunfall und für den Helfer im Unglücksfall ist es
ein Arbeitsunfall, wenn er bei der Versorgung eines verletzten Autofah-
rers selbst angefahren und verletzt wird. Ein Unfall ist nach § 8 Abs. 1 SGB
VII ein zeitlich begrenztes, von außen auf den Körper einwirkendes Ereignis, das zum Gesundheitsschaden oder zum Tod führt. Das Kriterium des
zeitlich begrenzten Ereignisses dient zur Abgrenzung von der langsamer
entstehenden Berufskrankheit. Es lässt sich dahin konkretisieren, dass es
sich längstens innerhalb einer Arbeitsschicht zugetragen hat. Zwischen
der versicherten Tätigkeit und dem Unfallgeschehen sowie zwischen dem
Unfallgeschehen und dem Schaden muss jeweils ein ursächlicher Zusammenhang bestehen. Nicht jeder Unfall, der am Ort der versicherten Tätigkeit stattfindet, ist allerdings ein Arbeitsunfall. Eine Tätigkeit ist nur dann
versichert, wenn sie den Interessen des Unternehmens zu dienen bestimmt
ist. Abzugrenzen davon sind sog. **eigenwirtschaftliche Tätigkeiten**, die im Interesse des Betroffenen selbst liegen, z. B. die Beschäftigung mit privaten
Dingen am Arbeitsplatz (vgl. Kokemoor 2006, 158 ff.). Der Betroffene darf
sich auch nicht vom Betrieb gelöst haben, indem er sich etwa durch Alkohol
oder sonstige Drogen in einen Zustand versetzt hat, in dem er zu einer dem
Unternehmen dienlichen Arbeit gar nicht mehr in der Lage ist. Geringer
Alkoholkonsum lässt jedoch den Versicherungsschutz nicht automatisch
entfallen.

Der Versicherungsschutz ist nach §8 Abs. 2 SGB VII auf die sog. We- **Wegeunfall**
geunfälle ausgedehnt. Als Arbeitsunfälle gelten danach Unfälle auf einem
mit der versicherten Tätigkeit zusammenhängenden Weg nach und von dem
Ort der Tätigkeit. Grundsätzlich ist nur der unmittelbare Weg versichert,
der nicht unbedingt der entfernungsmäßig kürzeste sein muss. Auch hier
gilt, dass eigenwirtschaftliche Tätigkeiten nicht mitversichert sind, also etwa
eine Unterbrechung des Arbeitswegs zum Einkaufen oder Essen. Allerdings sind Umwege versichert, die der Versicherte macht, weil sein Kind
wegen seiner oder seines Ehegatten oder Lebenspartners beruflicher Tätigkeit fremder Obhut anvertraut wird, oder die gemacht werden, weil der
Versicherte mit anderen Personen eine Fahrgemeinschaft bildet. Versichert
ist nach §8 Abs. 2 Nr. 5 SGB VII auch das mit der versicherten Tätigkeit
zusammenhängende Verwahren, Befördern, Instandhalten oder Erneuern
von Arbeitsgeräten o. Ä.

Im Gegensatz zu den plötzlich auftretenden Arbeitsunfällen treten Berufskrankheiten zumeist erst nach einiger Zeit auf. §9 SGB VII definiert
den Begriff „Berufskrankheit". Eine Berufskrankheit ist eine Krankheit, **Berufskrankheit**
die die Bundesregierung in einer Rechtsverordnung als Berufskrankheit bezeichnet und die ein Versicherter infolge einer versicherten Tätigkeit erleidet. Leistungen der Unfallversicherung kommen aber auch bei Krankheiten
in Frage, die nicht in der Liste der Berufskrankheiten aufgeführt sind, aber
dennoch durch die versicherte Tätigkeit hervorgerufen wurde. Im Rahmen
der Öffnungsklausel sind die Träger der Unfallversicherung nach §9 Abs. 2
SGB VII verpflichtet, durch die versicherte Tätigkeit verursachte Krankheiten wie eine Berufskrankheit zu entschädigen, die nur deshalb nicht in
die Liste der Berufskrankheiten aufgenommen worden sind, weil die Erkenntnisse der medizinischen Wissenschaft über die besondere Gefährdung
bestimmter Personengruppen bei ihrer Arbeit bei der letzten Fassung der
Berufskrankheitenverordnung noch nicht vorhanden bzw. dem Verord-
nungsgeber nicht bekannt waren.

2.4.4   Leistungen der gesetzlichen Unfallversicherung

Die Leistungen nach Eintritt eines Versicherungsfalls sind in den §§26 ff.
SGB VII geregelt. Es handelt sich um Heilbehandlungen, Leistungen zur
Teilhabe am Arbeitsleben, Leistungen zur Teilhabe am Leben in der Gemeinschaft und ergänzende Leistungen, Pflege und Geldleistungen. Da die
Unfallversicherung Schäden an der Gesundheit oder bei Tod eines Versicherten ausgleichen soll, werden grundsätzlich keine Sachschäden erstattet. Allerdings gilt nach §8 Abs. 3 SGB VII auch die Beschädigung oder
der Verlust eines Hilfsmittels als Gesundheitsschaden und nach §27 Abs. 2
SGB VII, der den Umfang der Heilbehandlung regelt, wird ein beschädigtes
oder verlorengegangenes Hilfsmittel wiederhergestellt oder erneuert. Dies
betrifft nach §31 SGB VII etwa Brillen oder Körperersatzstücke. Zu dem
Grundsatz, dass keine Sachschäden erstattet werden, besteht allerdings eine

Ausnahme: Personen, die als Hilfeleistende in Notfällen versichert sind, werden nach § 13 SGB VII auf Antrag auch die erlittenen Sachschäden sowie die Aufwendungen ersetzt, die sie den Umständen nach für erforderlich halten durften.

Die Leistungen der Unfallversicherung sind teilweise den Leistungen der sonstigen Sozialversicherungsträger ähnlich, etwa was Heilbehandlungen angeht. Sie sind allerdings durchweg günstiger, so dass es für die Betroffenen von hoher praktischer Bedeutung ist, dass ihre Schädigung als Folge eines Arbeitsunfalls oder Berufskrankheit anerkannt wird. Insbesondere die Renten bei Minderung der Erwerbsfähigkeit und die Hinterbliebenenrenten sind deutlich höher als die entsprechenden Renten der gesetzlichen Rentenversicherung (ausführlich zu den Leistungen vgl. Bundesministerium für Gesundheit und Soziale Sicherung 2005, 418 ff.).

Für den Verursacher des Schadens sieht das SGB VII in §§ 104 ff. Haftungsfreistellungen vor, wenn es sich um den Unternehmer oder im selben Betrieb wie die geschädigte Person Beschäftigte handelt (vgl. II-4.3.1.2).

2.5   Arbeitsförderung – SGB III

Die Arbeitsförderung ist in dem am 01.01.1998 in Kraft getretenen SGB III geregelt. Damit wurde das zuvor geltende Gesetz, das Arbeitsförderungsgesetz (AFG), in das Sozialgesetzbuch (SGB) eingegliedert. Die Arbeitsförderung ist Teil der sozialen Versicherung. Das SGB III stellt im Grundsatz eine Kombination von Risikovorsorge und Risikovermeidung und Risikoschutz dar. Entsprechend den unterschiedlichen Ausrichtungen wird dies als aktive Leistung (aktive Arbeitsmarktpolitik) bzw. als passive Leistung (Arbeitslosengeld) bezeichnet. Zurzeit ist die Arbeitsförderung (nach der Rentenversicherung und der Krankenversicherung) die drittgrößte Position bei den Ausgaben für öffentliche Sozialleistungen.

2.5.1   Entwicklung, Organisation und Finanzierung

Das Risiko der Arbeitslosigkeit wurde erst relativ spät gesetzlich geregelt. Die bismarckschen Sozialversicherungen erfassten das Risiko der Arbeitslosigkeit nicht. Erste Schritte wurden im Zusammenhang mit dem verlorenen Ersten Weltkrieg im Zusammenhang den sog. Demobilisierungsmaßnahmen angegangen. 1922 kam mit dem Arbeitsnachweisgesetz der erste Teil der „aktiven Arbeitsmarktpolitik" dazu, das die Grundlagen für die Arbeitsvermittlung schuf. 1927 folgte das Gesetz über Arbeitsvermittlung und Arbeitslosenversicherung, wodurch aktive und passive Elemente zusammengefasst wurden und von der Fürsorge (Erwerbslosenfürsorge) vollständig zum Versicherungsprinzip (Arbeitslosenversicherung) übergegangen wurde. Mit dem 1969 in Kraft getretenen Arbeitsförderungsgesetz (AFG) fand der Wandel hin zu einer aktiven Arbeitsmarktpolitik seinen deutlichen Ausdruck. In dieser Zeit näherte sich die Vollbeschäftigung dem Ende. Seither kam es zu zahlreichen Änderungen des Arbeitsförderungsrechts, die auch durch Leistungsreduzierungen bei den Versicherungsleistungen gekennzeichnet waren.

Zentrale Veränderungen gab es seit 2002: Auf der Basis der Kommission „Moderne Dienstleistungen am Arbeitsmarkt" (sog. Hartz-Kommission) wurden Vorschläge gemacht, die dann in mehreren Schritten (Hartz I bis Hartz IV) umgesetzt wurden. Wichtige Regelungen waren die Neuregelung der sog. Minijobs, Schaffung von Personalserviceagenturen, Förderung der sog. Ich-AG, Beschleunigung der Arbeitsvermittlung, Organisationsreform der Bundesanstalt für Arbeit zur Bundesagentur, Leistungseinschnitte wie Verkürzung der Anspruchsdauer, Änderungen im Leistungsrecht und schließlich (bekannt unter Hartz IV) die Ablösung der Arbeitslosenhilfe durch die Grundsicherung für Arbeitssuchende (SGB II) und die damit verbundene Zusammenführung von Arbeitslosenhilfe und Sozialhilfe.

Zuständig ist nach § 367 SGB III die **Bundesagentur für Arbeit** (ehemals Bundesanstalt für Arbeit), eine Körperschaft öffentlichen Rechts. Die Aufgaben werden in Selbstverwaltung wahrgenommen, die Selbstverwaltungsorgane setzen sich aus Vertretern der Arbeitnehmer, der Arbeitgeber und der öffentlichen Körperschaften zusammen.

Unter der Bundesagentur für Arbeit bestehen die Regionaldirektionen (früher Landesarbeitsämter) und die Agenturen für Arbeit (ehemals Arbeitsämter). Sie sind seit 2005 als sog. Jobcenter als einheitliche Anlaufstelle **Jobcenter** für Ausbildungs- und Arbeitssuchende eingerichtet.

Die Leistungen der Arbeitsförderung werden finanziert durch Beiträge der Versicherungspflichtigen (Arbeitgeber und Arbeitnehmer grundsätzlich zur Hälfte – Sonderregelungen im Bereich der 400–800-Euro-Jobs) und Mittel des Bundes (Bundeszuschuss). Systematisch gesehen dienen die Versicherungsbeiträge dazu, insbesondere die Versicherungsleistungen (Arbeitslosengeld, Konkursausfallgeld, Schlechtwettergeld usw.) zu finanzieren, der Bundeszuschuss dient dazu, die arbeitsmarktpolitischen aktiven Leistungen zu finanzieren.

2.5.2   Der versicherte Personenkreis

Versicherungspflichtig sind grundsätzlich alle Personen, die gegen Arbeitsentgelt oder zu ihrer Berufsausbildung beschäftigt sind (§§ 24, 25 SGB III). Darüber hinaus gibt es nach § 26 SGB III sonstige Versicherungspflichtige, z. B. Jugendliche in beruflichen Rehabilitationseinrichtungen, Personen, die Wehrdienst oder Zivildienst leisten, Personen, die z. B. Mutterschaftsgeld, Krankengeld, Verletztengeld oder Übergangsgeld beziehen, und solche, die ein Kind erziehen, das das dritte Lebensjahr noch nicht vollendet hat, sofern sie vor Beginn dieser Leistung versicherungspflichtig waren. Im Gegensatz zur Krankenversicherung gibt es keine Verdienstgrenze, ab der die Versicherungspflicht endet.

2.5.3 Die Leistungen im Rahmen des SGB III

Die Leistungen teilen sich auf in Leistungen der aktiven Arbeitsförderung § 3 Abs. 4 SGB III) und sog. passive Leistungen (§§ 117 ff. SGB III).

Leistungen der aktiven Arbeitsförderung

Leistungen der aktiven Arbeitsförderung werden erbracht an Arbeitnehmer, Arbeitgeber und Träger, die Maßnahmen zur Steigerung der Beschäftigung durchführen.

Die wichtigsten Leistungen an **Arbeitnehmer** sind Berufsberatung (§30 SGHB III), Ausbildungsvermittlung und Arbeitsvermittlung bzw. Vermittlungsgutscheine (§§ 35 ff., 421g SGB III), Förderung der Aufnahme einer Beschäftigung oder einer selbstständigen Tätigkeit (§§ 53 ff. SGB III), Förderung der Berufsausbildung und der beruflichen Weiterbildung (§§ 59 ff. SGB III), Förderung der Teilhabe behinderter Menschen am Arbeitsleben (§§ 97 ff. SGB III), Kurzarbeitergeld (§§ 169 ff. SGB III) und Saison-Kurzarbeitergeld, das das frühere Schlechtwettergeld 2006 abgelöst hat (§ 175 SGB III). Ein Teil der Leistungen richtet sich an alle Jugendlichen und Erwachsenen, wie etwa die Berufsberatung. Andere Leistungen werden nur versicherten Personen bzw. Arbeitslosen, die vor Eintritt der Arbeitslosigkeit versichert waren, erbracht. Dies betrifft neben den verschiedenen genannten Entgeltersatzleistungen insbesondere die Arbeitsvermittlung. Im Vorfeld der Vermittlung schließt die Agentur für Arbeit mit dem Arbeitslosen eine sog. Eingliederungsvereinbarung ab, in der die Eigenbemühungen des Betroffenen und die Vermittlungsbemühungen der Agentur für Arbeit konkretisiert und verbindlich festgelegt werden.

Fingliederungs-vereinbarung

Die wichtigsten Leistungen an **Arbeitgeber** sind Eingliederungszuschüsse zu den Arbeitsentgelten (§§ 218 ff. SGB III), Einstellungszuschuss bei Neugründungen (§§ 225 ff. SGB III), Förderung der beruflichen Weiterbildung durch Vertretung (§§ 229 ff. SGB III) und Leistungen im Zusammenhang mit beruflicher Ausbildung und Weiterbildung sowie Leistungen zur Teilhabe am Arbeitsleben (§§ 235 ff. SGB III).

Von Bedeutung sind auch die Leistungen an **Träger**, insbesondere die institutionelle Förderung der Berufsausbildung (§§ 240 ff. SGB III), die Förderung von Eingliederungshilfen durch die die Beschäftigung begleitet werden soll (§§ 246a ff. SGB III), die Förderung von Einrichtungen der beruflichen Aus- und Weiterbildung (§§ 248 ff. SGB III) und die Förderung von Arbeitsbeschaffungsmaßnahmen sowie beschäftigungsschaffenden Infrastrukturmaßnahmen (§§ 260 ff. SGB III).

Alle Leistungen der aktiven Förderung im Rahmen des SGB III sind im Grundsatz nur **Ermessensleistungen**. Es bestehen also keine Ansprüche der entsprechenden Personen darauf, dass sie die Leistungen erhalten, sondern es ist insbesondere von der finanziellen Ausstattung der Agenturen für Arbeit abhängig, ob die Leistungen gewährt werden. § 7 SGB III nennt einige Kriterien, die das Ermessen der Agenturen bei der Auswahl von Leistungen der aktiven Arbeitsförderung binden, allerdings sind die Agenturen für Arbeit im Grunde genommen weitgehend frei in ihrer Entscheidung, ob sie entsprechende Leistungen der aktiven Arbeitsmarktförderung bewilligen.

Die sog. „passiven Leistungen" im Rahmen des SGB III betreffen Entgeltersatzleistungen für den Fall der Arbeitslosigkeit, von denen einige, wie etwa das Kurzarbeitergeld, allerdings auch zu den aktiven Leistungen zählen (s. o.). Die Entgeltersatzleistungen sind in § 116 SGB III aufgeführt. Die wichtigste dieser Leistungen ist das Arbeitslosengeld. Voraussetzungen, Höhe und Dauer sind in den §§ 117–152 SGB III geregelt. **passive Leistungen**

Arbeitslosengeld

Voraussetzung für die Leistung ist zunächst, dass **Arbeitslosigkeit** gegeben ist. Dies setzt nach §§ 118, 119 SGB III voraus, dass **Beschäftigungslosigkeit**, **Eigenbemühungen** die Beschäftigungslosigkeit zu beenden und **Verfügbarkeit** für die Vermittlungsbemühungen der Agentur für Arbeit, die im Einzelnen in der Verfügbarkeitsanordnung geregelt ist, vorliegen. Von zentraler Bedeutung in diesem Zusammenhang ist auch die Zumutbarkeitsregelung des § 121 SGB III, wonach ein Arbeitsloser alle seiner Arbeitsfähigkeit entsprechenden Beschäftigungen, die ihm zumutbar sind, ausüben muss.

Neben der Arbeitslosigkeit ist weiterhin erforderlich, dass sich der Betroffene persönlich **arbeitslos meldet** (§ 122 SGB III) und dass er die **Anwartschaftszeit** von zwölf Monaten innerhalb einer Rahmenfrist von zwei Jahren erfüllt hat (§§ 123, 124 SGB III).

Anspruch auf Arbeitslosengeld besteht nur zeitlich befristet. Die Dauer des Anspruchs hängt von der Dauer der vorangegangenen Versicherungszeit innerhalb der letzten drei Jahre vor Eintritt der Arbeitslosigkeit ab. In der Regel beträgt die maximale Bezugsdauer zwölf Monate. Erst nach Vollendung des 55. Lebensjahres besteht ein Anspruch auf 18 Monate, allerdings nur, wenn eine Versicherungspflicht von 36 Monaten innerhalb der letzten drei Jahre vorangegangen ist.

Die Höhe des Arbeitslosengeldes richtet sich nach dem vorangegangenen Verdienst. Anhand des Bruttogehalts wird ein pauschalisiertes Nettoentgelt berechnet und die Bemessungsgrundlage ermittelt. Sie ist nahezu identisch mit dem Nettoverdienst. Das Arbeitslosengeld beträgt für Personen ohne Kinder 60% der Bemessungsgrundlage, für Personen mit Kindern 67%.

Versicherungswidriges Verhalten löst nach § 144 SGB III eine Sperrzeit aus, um die sich die Bezugsdauer des Arbeitslosengeldes vermindert. Dies kann etwa vorliegen, wenn der Arbeitslose sein Arbeitsverhältnis selbst gelöst oder durch arbeitsvertragswidriges Verhalten Anlass zu einer Kündigung gegeben hat, wenn er keine ausreichenden Eigenbemühungen nachweist, oder wenn er eine zumutbare Beschäftigung nicht aufnimmt. Voraussetzung für die Verhängung einer Sperrzeit ist allerdings, dass kein wichtiger Grund für das Verhalten des Arbeitnehmers vorlag. Nach einer Entscheidung des Landessozialgerichts Hessen ist etwa die Beeinträchtigung durch Zigarettenrauch am Arbeitsplatz ein wichtiger Grund im Sinne des § 144 Abs. 1 SGB III, der zu einer Kündigung des Arbeitsverhältnisses durch den Arbeitnehmer berechtigt (LSG HE 11.10.2006 - L 6 AL 24/05). In diesem Fall ist die Verhängung einer Sperrzeit rechtswidrig.

Kokemoor 2006; Bundesministerium für Gesundheit und Soziale Sicherung 2005

1. Im Rahmen welcher Sozialversicherungen gibt es eine Familienversicherung? (2.1.2, 2.2.2)
2. Ist eine Schwangerschaft eine Krankheit im Sinne des Krankenversicherungsrechts? (2.1.3)
3. Was versteht man unter der „Pflegestufe Null"? (2.2.3)
4. Auf welcher gesetzlichen Grundlage kommen Leistungen bei „Pflegestufe Null" in Frage? (2.2.3)
5. Ist es einer pflegebedürftigen Person möglich, im Rahmen der sozialen Pflegeversicherung sowohl einen professionellen Pflegedienst als auch Pflegesachleistung als auch Pflegegeld für eine selbst beschaffte Pflegeperson in Anspruch zu nehmen? (2.2.4)
6. Was versteht man im Rahmen der gesetzlichen Rentenversicherung unter dem Umlageverfahren? (2.3.1)
7. Was versteht man im Sozialversicherungsrecht unter einer Wartezeit? (2.3.3)
8. Was ist der aktuelle Rentenwert? (2.3.3)
9. Welche Sozialversicherung greift, wenn ein Schüler im Sportunterricht verunglückt? (2.4.2)
10. Was versteht man unter einem Arbeitsunfall? (2.4.3)
11. Was sind sog. eigenwirtschaftliche Tätigkeiten? (2.4.3)
12. Was ist eine Eingliederungsvereinbarung? (2.5.3)
13. Welche Voraussetzungen sind erforderlich, damit eine Person im Sinne des SGB III arbeitslos ist? (2.5.3)
14. In welche zwei großen Gruppen teilen sich die Leistungen im Rahmen des SGB III auf? (2.5.3)

3 Kinder- und Jugendhilferecht – SGB VIII (Tammen / Trenczek)

Das Recht der Kinder- und Jugendhilfe ist auf Bundesebene im SGB VIII geregelt. Daneben sind in vielen Bereichen auch landesrechtliche Regelungen relevant.

3.1   Die Entwicklung des Kinder- und Jugendhilferechts

polizeirechtliche Anfänge

Die historischen Wurzeln des Kinder- und Jugendhilferechts waren weitgehend polizeirechtlich geprägt. Die ersten gesetzlichen Regelungen betrafen das in der ersten Hälfte des 19. Jahrhunderts weitverbreitete sog. Pflege- und Haltekinderwesen. Hier führten gravierende Missstände in gewerblich betriebenen Pflegestellen 1840 in Preußen zu einer „Königlichen Zirkularverfügung zur Aufnahme von Haltekindern". Danach war die entgeltliche Aufnahme von Pflegekindern unter vier Jahren von einer polizeilichen Erlaubnis abhängig. Eine weitere wichtige Regelung erfolgte im Bereich des Vormundschaftswesens. Für Kinder, die in Waisenhäusern oder sonstigen Einrichtungen lebten und einen Vormund benötigten (etwa weil sie nichtehelich geboren waren), wurde die zuvor geltende Einzelvormundschaft durch die Anstaltsvormundschaft ersetzt. Ab 1889 wurden alle Kinder, die der Leipziger Armenbehörde unterstanden, der Vormundschaft des Armenamtes (die deswegen auch Amtsvormundschaft hieß) unterstellt.

Auch im Strafrecht (vgl. Teil IV) begann im 19. Jahrhundert die gesonderte Behandlung von Kindern und Jugendlichen. Nach dem Reichsstrafgesetzbuch von 1871 waren die unter 12-jährigen Kinder strafunmündig. Bei den zwölf bis 18-Jährigen sah § 56 RStGB einen Freispruch für den Fall vor, dass der Angeschuldigte die zur Erkenntnis der Strafbarkeit seiner Tat erforderliche Einsicht nicht besaß. Es bestand dann allerdings die Möglichkeit der Erziehung in einer Erziehungs- oder Besserungsanstalt, die 1876 auf Minderjährige unter zwölf Jahren ausdehnt wurde. Aus diesen strafrechtlichen Regelungen entwickelte sich später die im RJWG und JWG geregelte sog. Fürsorgeerziehung. Die strafrechtlichen Rechtsfolgen wurden im Übrigen im RJGG von 1923 geregelt.

Neben den genannten Maßnahmen gab es den privatrechtlichen Kindesschutz mit der Möglichkeit eines Eingriffs des Gerichts in die väterliche (bzw. später: elterliche) Gewalt. Eine entsprechende Regelung findet sich heute noch in § 1666 BGB.

Die Bereiche der Jugendarbeit und Jugendpflege wurden zunächst ausschließlich privat betrieben. Anfangs waren in erster Linie kirchliche Organisationen in diesem Bereich aktiv, in der zweiten Hälfte des 19. Jahrhunderts entstanden bürgerlich-nationale Organisationen und mit Beginn des 20. Jahrhunderts folgte die Arbeiterjugendbewegung. Nachdem der Staat zunächst (1904, 1908) mit vereinsrechtlichen Mitteln repressiv auf diese Organisationen reagierte, folgte kurze Zeit später die Steuerung der Jugendpflege und Jugendarbeit mit dem heute noch klassischen Instrumentarium der Finanzierung.

Die Zuständigkeit für die Kinder- und Jugendhilfe lag zu Beginn des 20. Jahrhunderts bei den Armen- oder Fürsorgeämtern, die in größeren Orten zuweilen eine spezielle Abteilung für Kinderpflege hatten. Außerdem waren Polizei- und Ordnungsämter als zuständige Behörde für das Pflegekinderwesen und als Antragsstelle für die Fürsorgeerziehung in erheblichem Umfang in der Jugendhilfe tätig. Die zunehmenden Aufgaben veranlassten größere Städte, eigene Kinder- und Jugendfürsorgeämter zu gründen.

Zu Beginn des 20. Jahrhunderts kam auch das Bedürfnis nach einem eigenen Gesetz für die Kinder- und Jugendhilfe in die Diskussion. 1922 wurde das Reichsjugendwohlfahrtsgesetz (RJWG) verabschiedet, das zum 01.04.1924 in Kraft treten sollte. Dazu kam es jedoch nicht, sondern das Gesetz wurde von der Regierung auf der Grundlage des Ermächtigungsgesetzes „zur Überwindung der Not von Volk und Reich" in reduzierter Form in Kraft gesetzt.   **RJWG**

Das RJWG bewirkte die Zusammenfassung wichtiger Regelungsbereiche in Bezug auf Kinder und Jugendliche in einem Gesetz und die Etablierung des Jugendamts als einer eigenständigen, für die Angelegenheiten der Jugendwohlfahrt zuständigen Behörde. Inhaltlich wurde der jugendfürsorgerische Bereich geregelt. Für nichteheliche Kinder führte das RJWG die Zuständigkeit des Jugendamtes als Amtsvormund ein. Der Pflegekinderschutz wurde mit dem Mittel der Pflegekinderaufsicht verbessert und vereinheitlicht, die Heimaufsicht wurde etabliert und das Jugendamt war verpflichtet, bei der Fürsorge für gefährdete Kinder und Jugendliche (Schutzaufsicht, Jugendgerichtshilfe, Fürsorgeerziehung) verbindlich mitzuwirken. Erst 1953 wurden die Einschränkungen der Verordnung zum Einführungsgesetz aufgehoben und damit trat das RJWG 1953 in seiner 1922 verabschiedeten Form in Kraft. Demgegenüber wurden in der DDR nach 1945 die Jugendämter neben dem Schulamt in die Volksbildung eingegliedert. Dies sollte nach außen dokumentieren, dass die Befassung mit dem Personenkreis der Jugendwohlfahrt keine gesonderte, sondern eine allgemeine Aufgabe sei (ausführlich zur Jugendhilfe in der DDR Seidenstücker/Münder 1990).

In der Bundesrepublik trat 1961 das Jugendwohlfahrtsgesetz (JWG) als Nachfolger des RJWG in Kraft. Nennenswerte inhaltliche Veränderungen brachte dies nicht mit sich. Das Gesetz erschien in neuer Paragrafenfolge, es gab auch einige inhaltliche Änderungen an einzelnen Punkten, an den wichtigen Stellen blieben die Regelungen jedoch so gut wie unverändert.   **JWG**

Unter dem Geltungsbereich des RJWG und des JWG wurde ein möglicher Einfluss des Staates auf junge Menschen über lange Zeit hinweg in erster Linie unter dem Aspekt betrachtet, dass es darauf ankam, ihre „Verwahrlosung" zu unterbinden, um zu verhindern, dass daraus eine Gefahr für die öffentliche Sicherheit oder Ordnung entstand. Daneben rückte im Laufe der Zeit auch zunehmend das Wohlergehen von jungen Menschen und Familien in schwierigen Lebenslagen ins Zentrum des Interesses. Dabei wurden allerdings nach dem Konzept der Fürsorglichkeit die Vorstellungen darüber, was dem Wohl der Betroffenen am besten entsprechen würde, lange Zeit einseitig von Fachkräften aus Jugendämtern o.Ä. vorgegeben, ohne dass auf die Wünsche und (Lebens-)Vorstellungen der Betroffenen eingegangen wurde.   **Sicherheit und Ordnung**   **Fürsorglichkeit**

Von diesen Grundlinien war noch das in der Bundesrepublik bis zum Ende der 1980er Jahre geltende JWG geprägt. In der Praxis kam es jedoch seit den 1960er Jahren im Zuge der gesellschaftlichen Reformprozesse auch zu massiver Kritik an der bestehenden Jugendhilfepraxis. Die hierdurch angestoßenen fachlichen Diskussionen bewirkten weitgehende Veränderungen im Verständnis von Anspruch, Standards und Aufgaben der Jugend-hilfe. Mit einiger Verzögerung fanden diese fachlichen Entwicklungen auch auf gesetzlicher Ebene ihren Niederschlag, indem auf ihrer Grundlage ein neues Kinder- und Jugendhilfegesetz erarbeitet wurde. Es trat nach ver-schiedenen gescheiterten Anläufen 1991 als SGB VIII bundesweit in Kraft und löste das JWG ab.

sozialpädagogische Dienstleistung

Im Zentrum des SGB VIII steht ein Verständnis von Jugendhilfe, das stark auf sozialpädagogische Dienstleistungen ausgerichtet ist und die jun-gen Menschen und Familien als deren Adressaten in den Mittelpunkt stellt. An die Stelle von Bevormundung und Entscheidungen der Fachkräfte des Jugendamts *über* die Betroffenen ist nun ein Dialog *mit* den Betroffenen getreten, um unter Berücksichtigung ihrer Vorstellungen und Wünsche an Problemen arbeiten und Unterstützung leisten zu können. Jugendhilfe versteht sich insofern als Unterstützungstätigkeit zur Selbstverwirklichung nach eigenen Vorstellungen (vgl. Münder et al. 2006 § 5 Rz. 2).

3.2   Wichtige Gliederungs- und Strukturprinzipien des SGB VIII

3.2.1   Leistungsorientierung

Das **Ziel der Jugendhilfe** ist das klassische Leitbild der Pädagogik von ei-ner gelungenen Entwicklung zu einer eigenverantwortlichen und gemein-schaftsfähigen Persönlichkeit (§ 1 Abs. 1 SGB VIII). Die im SGB VIII ange-botenen Leistungen richten sich allerdings nur z. T. an den jungen Menschen selbst (wie z. B. die Leistungen nach §§ 11 ff. SGB VIII oder in Krisensitu-ationen nach §§ 8 f. und 42 SGB VIII), überwiegend aber nicht an diesen, sondern an Personen, die auf die Entwicklung von Kindern in besonderer Weise Einfluss nehmen (können). Anspruchsinhaber sind vor allem die El-tern der Minderjährigen, deren grundgesetzlich normierte Verpflichtung es ist, für das Kindeswohl zu sorgen (Art. 6 Abs. 2 GG, § 1 Abs. 2 SGB VIII).

Familienorientierung

Die Eltern sollen bei der Wahrnehmung ihrer Erziehungsaufgaben unter-stützt und die Erziehungskraft der Familie gestärkt werden. Soweit auf-grund dieser Familienorientierung allerdings auf eigene Rechtsansprüche (insbesondere auf Erziehungshilfen) von Minderjährigen verzichtet wird, ist das eltern- und familienzentrierte Konzept des SGB VIII nicht unum-

§ 8 Abs. 2 u. 3 SGB VIII

stritten. Andererseits steht es auch Kindern und Jugendlichen zu, sich in allen sie betreffenden Angelegenheiten selbst an das Jugendamt zu wenden (§ 8 Abs. 2 SGB VIII). In Not- und Konfliktsituationen können sie auch ohne Wissen ihrer Eltern beraten werden (§ 8 Abs. 3 SGB VIII). Im Übrigen bestehen Ansprüche der Minderjährigen selbst z. B. nach §§ 18 Abs. 3, 24, 35a, 42 Abs. 2 SGB VIII.

Prävention

Von besonderer Bedeutung für Funktion und Stellung der Jugendhilfe ist ihr präventiver Handlungsauftrag, denn

„Schwierigkeiten entwickeln sich in Stufen, in Phasen, im Lauf einer Biographie; sie würden sich häufig nicht entwickeln, wenn die Situationen weniger belastend wären und wenn Hilfen rechtzeitig gelängen, also: wenn präventive Hilfen erreichbar gewesen wären" (8. Jugendbericht, BT-Drs. 11/6576, 85).

Im Hinblick auf die sozialstaatliche Verpflichtung des Grundgesetzes (hierzu I-2.1.3) muss die öffentliche Jugendhilfe nicht nur alles tun, um Kinder und Jugendliche vor Gefahren für ihr Wohl zu schützen, sondern durch frühzeitige Förderung und Unterstützung alles tun, um Gefährdungen zu vermeiden und die sozialen Teilhabechancen zu verbessern. Der Präventionsgedanke als Strukturmaxime des Sozialrechts wurde im Recht der Jugendhilfe in besonderer Weise umgesetzt.

Mit der präventiven Ausrichtung der Jugendhilfe hat sich der Schwerpunkt der Tätigkeit der öffentlichen Jugendhilfe vom Eingriff zur Leistung verschoben. Dem Abbau von Eingriffen steht der differenzierte Ausbau des Leistungssystems der Jugendhilfe gegenüber. Das Jugendhilferecht hat sich insoweit zu einem präventiv orientierten Leistungsgesetz im Rahmen der staatlichen und kommunalen Daseinsvorsorge entwickelt. Diese vorbeugende Ausrichtung zeigt sich nicht nur in Art und Konzeption der verschiedenen Hilfearten, sondern wird auch bei den Leistungsvoraussetzungen sichtbar (vgl. z. B. § 27 SGB VIII im Unterschied zu § 1666 BGB). Jugendhilfeangebote werden nicht von stigmatisierenden Defizitzuschreibungen abhängig gemacht, sondern von **Benachteiligungssituationen** (vgl. §§ 1 Abs. 3, 27 Abs. 1 SGB VIII). Hilfen sind frühzeitig (vgl. § 52 Abs. 2 SGB VIII) zur Ermöglichung von Teilhabe und Chancen anzubieten, um Benachteiligungen und Belastungen vor allem in den Bereichen Familie und sozialer Umwelt, Schule, Ausbildung und Berufsleben zu vermeiden oder abzubauen.

In inhaltlicher Hinsicht gewährt das SGB VIII Eltern und Minderjährigen eine Vielzahl von Rechtsansprüchen für unterschiedliche Formen der Unterstützung, Förderung und Hilfe. Gleichzeitig verpflichtet es die zuständigen staatlichen Stellen (zumeist das Jugendamt) – auch über die Erbringung von individueller Hilfe und Unterstützung hinaus – dazu, zur Förderung der Entwicklungsmöglichkeiten junger Menschen tätig zu werden. Die Leistungsansprüche ergeben sich allerdings nicht unmittelbar aus der sozialstaatlichen Zielbestimmung des § 1 Abs. 1 SGB VIII, sondern im Einzelfall jeweils aus der konkreten Leistungsnorm insbesondere der §§ 11 ff. SGB VIII.

Rechtsansprüche

Auf der anderen Seite sieht das Jugendhilferecht praktisch keine Eingriffe mehr in die Rechte von Betroffenen vor. Aus der jugendhilferechtlichen Aufgabenbeschreibung (hierzu vgl. III-3.2.4) als solcher – sowohl im Bereich der Leistungen als auch der sog. „anderen Aufgaben" (z. B. auch §§ 50 ff. SGB VIII) – folgt kein Recht des Jugendamtes zu Eingriffen in die Rechtssphäre der jungen Menschen und ihrer Familien. Lediglich zur Abwendung akuter Krisen und Gefährdungssituationen sind die Fachkräfte des Jugendamts in ganz engen Grenzen ausdrücklich berechtigt, Minderjährige gegen ihren Willen bzw. gegen den Willen ihrer sorgeberechtigten

Kontrolle und Eingriffe

Eltern vorübergehend in Obhut zu nehmen (§§ 8a Abs. 3, 42 SGB VIII; zum Schutzauftrag s. III-3.2.2; zur Inobhutnahme s. u. III-3.4.1.1). Ist ansonsten zum Schutz von Minderjährigen der Eingriff in Rechtspositionen erforderlich, etwa durch Einschränkung oder Entzug des elterlichen Sorgerechts oder durch freiheitsentziehende Unterbringung eines Minderjährigen in der Psychiatrie, so trifft hierüber das **Familiengericht** die Entscheidungen aufgrund besonderer gesetzlicher Regelungen. Das Jugendamt kann in diesen Verfahren allenfalls Anregungen geben und Empfehlungen aussprechen (vgl. § 8a Abs. 3 SGB VIII, s. u. III-3.2.2). Das Jugendhilferecht beruht damit

Prinzip der Freiwilligkeit

auf dem Prinzip der Freiwilligkeit. Soweit dies im Hinblick auf den Schutz des Minderjährigen vor eventuellen Gefahren möglich ist, können die Betroffenen selbst entscheiden, ob sie angebotene Hilfen annehmen möchten oder nicht. Ein wesentlicher Grund für das Prinzip der Freiwilligkeit ist die sozialwissenschaftliche Erkenntnis, dass der Erfolg einer Hilfe in wesentlichem Umfang auch davon abhängt, ob sie von den Betroffenen akzeptiert und mitgetragen wird oder ob sie als aufgezwungen empfunden wird.

Partizipation

Autonom handelnde Persönlichkeiten können nicht „gemacht" werden, sie bilden sich allenfalls heraus. Für den Hilfeprozess ist der **aktive Dialog** mit den Betroffenen unumgänglich. Nicht das alte Fürsorgekonzept, sondern ein emanzipatorisches Erziehungsverständnis ist charakteristisch für das des SGB VIII. Die Einbeziehung der Betroffenen, insbesondere auch der Kinder und Jugendlichen (z. B. §§ 8 Abs. 1, 9 Nr. 2 SGB VIII), und die Berücksichtigung ihrer Vorstellungen ist deshalb ein Wesensmerkmal jeder jugendhilferechtlichen Entscheidungsfindung. Insbesondere im Rahmen der Hilfeplanung sollen Eltern bzw. sonstige Inhaber des Sorgerechts als auch die Minderjährigen selbst entsprechend ihrem Entwicklungsstand mitwirken (§ 36 SGB VIII; vgl. III-3.3.4.4). Im Bereich der Jugendhilfe werden Interventionen selbst in Krisen nicht einfach angeordnet oder Maßnahmen ergriffen, sondern stets mit den Betroffenen, soweit es irgendwie geht, zurückgekoppelt und ausgehandelt (s. u. die gemeinsame Risikoabschätzung in Gefährdungslagen nach § 8a Abs. 1 SGB VIII, s. u. III-3.2.2). Im Lei-

Wunsch- und Wahlrecht

stungsbereich steht den Berechtigten darüber hinaus das sog. Wunsch- und Wahlrecht zu: § 5 SGB VIII gewährt den leistungsberechtigten Personen das Recht, auf die Ausgestaltung einer Hilfe weitgehend Einfluss zu nehmen und sich – in bestimmten Grenzen – auch auszusuchen, z. B. in welcher Einrichtung oder durch welchen Dienst die Hilfe erbracht werden soll. Die Auswahl beschränkt sich auf Angebote, die im konkreten Fall geeignet sind und die keine unverhältnismäßigen Mehrkosten verursachen. Unverhältnismäßige Mehrkosten sind nicht schon dann gegeben, wenn die durchschnittlichen Kosten für ein bestimmtes Angebot im Einzelfall überschritten werden. Allgemeingültige Richtwerte lassen sich nicht aufstellen, da immer die individuellen Gegebenheiten des konkreten Falles bei der Auslegung des Begriffs der Unverhältnismäßigkeit berücksichtigt werden müssen. Von Bedeutung sind hier z. B. die Wohnortnähe des Angebots, der Familienzusammenhalt oder die Grundrichtung der Erziehung. Von der Rechtsprechung wurden bereits Überschreitungen der durchschnittlichen Kosten von 16

bis 19% als unverhältnismäßig hoch angesehen (OVG BE FEVS 55, 278).
Manche Träger gehen davon aus, dass eine Überschreitung von bis zu 20%
unerheblich sei. Eine Überschreitung von mehr als 75% jedenfalls ist als
unverhältnismäßig hoch zu betrachten (BVerwGE 65, 52ff.).

Gemeinsam ist allen Hilfeformen des Jugendhilferechts die lebenswelto- **Lebenswelt-**
rientierte Ausrichtung. Das SGB VIII greift die biografischen, subjektiven **orientierung**
und objektiven Anforderungen und Möglichkeiten der individuellen Lebenssituation als Ansatzpunkte für sozialpädagogisches Handeln auf (vgl.
Thiersch 1992). Sozialpädagogische Leistungen sollen aus der Lebenswelt
der Beteiligten entwickelt und das engere soziale Umfeld der jungen Menschen (insbesondere die Familie, Freundinnen und Freunde) in die pädagogische Arbeit mit einbezogen werden (vgl. z.B. §27 Abs. 2 SGB VIII). Das
Konzept der Lebensweltorientierung wendet sich gegen jede Form der Ausgrenzung und ist auf die (Re-)Integration der Betroffenen in das „normale"
Alltagsleben in dieser Gesellschaft gerichtet (Normalisierungsarbeit).

Der Präventions- und Leistungsgedanke ist eng verbunden mit der be- **Sozialanwalt**
sonderen sozialen (nicht juristischen) Anwaltsfunktion der Jugendhilfe.
Das Recht des Sozialgesetzbuches und damit auch das Jugendhilferecht
soll zur Verwirklichung sozialer Gerechtigkeit und sozialer Sicherung und
dazu beitragen, ein menschenwürdiges Dasein zu sichern (vgl. §1 Abs. 1
SGB I; §1 Abs. 3 SGB VIII). Kinder und Jugendliche sind in erster Linie
der Jugendhilfe anvertraut. Die Jugendhilfe erfüllt deshalb ihre Leistungen
und anderen Aufgaben **zugunsten** junger Menschen und ihrer Familien (§2
Abs. 1 SGB VIII). Sie muss sich im Interesse des jungen Menschen und
seiner Familie einmischen. Die öffentliche Jugendhilfe ist als Sozialleistungsträger nach §17 SGB I und §79 SGB VIII verpflichtet, darauf hinzuwirken, dass jeder Berechtigte die ihm zustehenden Sozialleistungen in
zeitgemäßer Weise, umfassend und schnell erhält und die zur Ausführung
von Sozialleistungen erforderlichen sozialen Dienste und Einrichtungen
rechtzeitig und ausreichend zur Verfügung stehen. Diese besondere Funktion der Jugendhilfe als **Sozialanwalt** war früher von Teilen der Literatur
und Praxis befürchtet und abgelehnt worden. Das SGB VIII als Teil des
Sozialleistungsrechts hat insoweit aber den spezifischen Handlungs- und
Präventionsauftrag sowie die besondere gesellschaftliche Verantwortung
der Jugendhilfe unterstrichen.

3.2.2 Der Schutzauftrag der Jugendhilfe

Zu den Aufgaben der Jugendhilfe gehört es nach §1 Abs. 3 Nr. 3 SGB VIII
auch, zur Verwirklichung des Rechts des jungen Menschen auf Förderung
seiner Entwicklung und auf Erziehung zu einer eigenverantwortlichen und
gemeinschaftsfähigen Persönlichkeit Kinder und Jugendliche vor Gefahren
für ihr Wohl schützen. Mit dem Kinder- und Jugendhilfeweiterentwicklungsgesetz (KICK) sind die Kontrollfunktionen des Jugendamts zum 01.10.2005
gestärkt worden. Besonders relevant ist in diesem Zusammenhang der neu

§ 8a SGB VIII

Schutzauftrag der Kinder- und Jugendhilfe

eingeführte § 8a SGB VIII, der den Schutzauftrag der Kinder- und Jugendhilfe bei Kindeswohlgefährdung regelt (vgl. z. B. Meysen / Schindler 2004, 450 f.; Deutsches Jugendinstitut 2006). Nach der Gesetzesbegründung war in der Fachpraxis der Jugendämter sowie der leistungserbringenden Einrichtungen und Dienste in der Vergangenheit Unsicherheit darüber entstanden, in welcher Weise mit Informationen Dritter über (drohende) Kindeswohlgefährdung bzw. mit eigenen Wahrnehmungen einschlägiger Symptome umzugehen sei. Jugendämtern werde in der Öffentlichkeit vorgeworfen, trotz Kenntnis von Indizien für eine Gefährdung untätig geblieben zu sein oder eine rechtzeitige und notwendige Risikoabschätzung versäumt zu haben. In der Gesetzesbegründung wird ausgeführt, dass mit dem SGB VIII die Funktion der Kinder- und Jugendhilfe als eine Instanz betont wurde, die die elterliche Erziehungsverantwortung in erster Linie durch Hilfeangebote unterstützt und ergänzt. Allerdings könne sich die Kinder- und Jugendhilfe nicht darauf beschränken, Leistungen nur auf Nachfrage zu gewähren, sondern müsse – jedenfalls bei Anhaltspunkten für eine Gefährdung des Kindeswohls – im Rahmen ihres Schutzauftrags zugunsten von Kindern und Jugendlichen darüber hinaus auch von Amts wegen tätig werden (BT-Dr. 15 / 3676, 25 f., 30; dazu Münder et al. 2006 § 8a Rz. 4).

§ 8a SGB VIII trifft nun Regelungen, die den Umgang mit möglichen Gefährdungssituationen durch die öffentliche Jugendhilfe festlegen und auch versuchen, eine entsprechende Praxis in der Arbeit der Träger der freien Jugendhilfe sicherzustellen. Zum einen handelt es sich bei § 8a SGB VIII um eine **Verfahrensvorschrift**, z. B. im Hinblick auf das Zusammenwirken mehrerer Fachkräfte, die Einbeziehung der Personensorge- oder Erziehungsberechtigten oder zur Informationsweitergabe vom Träger der freien an den Träger der öffentlichen Jugendhilfe (Abs. 2 S. 2 a. E.). Zum anderen beinhaltet die Vorschrift auch konkrete **eigenständige Aufgaben**, so etwa zur Abschätzung des Gefährdungsrisikos (Abs. 1 S. 1, Abs. 2 S. 1), zur Anrufung des FamG (Abs. 3 S. 1). Neue, gegenüber den bisherigen Vorschriften (vgl. z. B. §§ 42, 50 Abs. 3 a. F. SGB VIII) weiter reichende Eingriffsbefugnisse des Jugendamtes in Rechte der Betroffenen statuiert die Neuregelung nicht.

Verfahren zur Abschätzung von Gefährdungssituationen

§ 8a Abs. 1 SGB VIII regelt, dass das Jugendamt das Gefährdungsrisiko im Zusammenwirken mehrerer Fachkräfte abzuschätzen hat, wenn ihm gewichtige Anhaltspunkte für die Gefährdung des Wohls eines Kindes oder Jugendlichen bekannt werden (vgl. auch die Übersicht 38). Bei der Risikoabschätzung sind auch die Personensorgeberechtigten sowie das Kind oder der Jugendliche einzubeziehen, soweit hierdurch der wirksame Schutz des Minderjährigen nicht in Frage gestellt wird. Für den Regelfall wird damit festgelegt, dass die Sachverhaltsaufklärung nicht an den Betroffenen vorbei bzw. hinter ihrem Rücken erfolgt, sondern im Zusammenwirken mit ihnen. Ohne Mitwirkung des Betroffenen dürfen Daten nach § 62 Abs. 3 Nr. 2d SGB VIII nur erhoben werden, wenn die Erhebung beim Betroffenen nicht möglich ist oder die jeweilige Aufgabe ihrer Art nach eine Erhebung bei anderen erfordert, die Kenntnis der Daten aber für die Erfüllung des Schutzauftrags nach § 8a SGB VIII erforderlich ist. Dies kann etwa der Fall sein, wenn bei einer frühzeitigen Einbeziehung der Personensorgeberechtigten eine (weitere) Gefährdung des Kindes zu befürchten ist.

Hält das Jugendamt zur Abwendung der Gefährdung die Gewährung von Hilfen für geeignet und notwendig, so hat es diese den Personensorgeberechtigten oder den Erziehungsberechtigten anzubieten. Damit betont § 8a Abs. 1 SGB VIII, dass die freiwillige Inanspruchnahme öffentlicher Hilfen nach wie vor Vorrang vor Eingriffen in das Elternrecht hat. § 8a Abs. 3 SGB VIII regelt das weitere Vorgehen für den Fall, dass der möglichen Kindeswohlgefährdung nicht durch die Inanspruchnahme von Hilfen durch die Personensorgeberechtigten bzw. die Erziehungsberechtigten begegnet werden kann. Absatz 3 verpflichtet das Jugendamt zur Anrufung des Familiengerichts, wenn es das Tätigwerden des Gerichts für erforderlich hält. Klarzustellen ist in diesem Zusammenhang, dass dem Jugendamt im Hinblick auf die Definition und Feststellung der Kindeswohlgefahr als Voraussetzung der Interventionen nach § 8a Abs. 1 SGB VIII oder einer Inobhutnahme nach § 42 SGB VIII kein **Beurteilungsspielraum** (hierzu I-3.3.3) zusteht. Etwas anderes ist die dem Jugendamt in diesem Zusammenhang nach § 8a Abs. 3 SGB VIII ausdrücklich zugewiesene Einschätzungsbefugnis, ob es – selbst bei Vorliegen einer kindeswohlgefährdenden Situation – erforderlich ist, das Familiengericht anzurufen. Im Hinblick auf die Notwendigkeit eines soweit als irgend möglichen dialogischen Prozesses unter Einbeziehung der gesamten Familie, insbesondere der Eltern, hat der Gesetzgeber es den Fachkräften (§ 72 SGB VIII) des Jugendamts übertragen, zunächst mit sozialpädagogischen Mitteln zu versuchen, die Bereitschaft und / oder Fähigkeit der Eltern zur Abwendung der kindeswohlgefährdenden Situation zu wecken und zu fördern. Nur wenn dies nicht ausreicht, das Jugendamt keinen Zugang zu den Eltern gewinnen kann, diese zur Inanspruchnahme geeigneter und notwendiger Hilfen nicht bereit oder in der Lage sind (§ 8a Abs. 3 S. 1, 2. HS SGB VIII) und die kindeswohlgefährdende Situation nicht abgewendet werden kann, muss das Jugendamt das Familiengericht anrufen, damit dieses die ggf. notwendigen personensorgerechtlichen Entscheidungen treffen kann. Nach § 8a Abs. 4 SGB VIII sind auch andere Institutionen einzuschalten, sofern das zur Abwendung der Gefahr nötig ist.

§ 8a Abs. 2 SGB VIII trifft Regelungen, mit denen sichergestellt werden soll, dass auch Träger der freien Jugendhilfe dem Schutzauftrag nachkommen. Dabei verpflichtet das Gesetz nicht unmittelbar die freien Träger, sondern weist die Aufgabe der Sicherstellung des Schutzauftrags durch die freien Träger den Jugendämtern zu. Der Träger der öffentlichen Jugendhilfe hat nach § 8a Abs. 2 SGB VIII in Vereinbarungen mit den Trägern der freien Jugendhilfe sicherzustellen, dass deren Fachkräfte den Schutzauftrag nach Absatz 1 in entsprechender Weise wahrnehmen und bei der Abschätzung des Gefährdungsrisikos eine insoweit erfahrene Fachkraft hinzuziehen. Insbesondere ist in diese Vereinbarungen die Verpflichtung aufzunehmen, dass die Fachkräfte bei den Personensorgeberechtigten oder den Erziehungsberechtigten auf die Inanspruchnahme von Hilfen hinwirken, wenn sie diese

Anrufung des Familiengerichts

Einbezug freier Träger

Übersicht 38: Schutzauftrag und Umgang mit Gefährdungsmeldungen

Idealtypisches Vorgehen bei „gewichtigen Anhaltspunkten" für eine Kindeswohlgefährdung

Eingang der ersten Information,
erste Hinweise und Anhaltspunkte für eine konkrete Kindeswohlgefährdung
auch anonymen Anrufen ist nachzugehen

Prüfung und Bewertung der Informationslage – erste Risikoeinschätzung (§ 8a Abs. 1 S. 1)
- Welche Tatsachen sind bekannt? Sind bereits Vorgänge im ASD vorhanden?
- Welche Möglichkeiten der Kontaktaufnahme mit der Familie bestehen?
- Risikoeinschätzung (ggf. mit Hilfe standardisierter Verfahren) in Zusammenwirken mehrerer Fachkräfte: Liegen nach allem, was man weiß, „gewichtige Anhaltspunkte" für eine Kindeswohlgefährdung oder sogar ein akuter Notfall vor, der zu sofortigen Schutzmaßnahmen zwingt?
- Dokumentation der Entscheidung(sgrundlagen); Information der Dienstvorgesetzten

Kontaktaufnahme mit der Familie (§ 8a Abs. 1 S. 2)
Daten sind grundsätzlich beim Betroffenen zu erheben (§ 62 Abs. 2),
erster Anruf und Information der Familie, Hausbesuche sind i. d. R. anzukündigen

Scheitern der Kontaktaufnahme
Rechtfertigen die vorliegenden Informationen über die Gefährdungslage die Datenerhebung bei Dritten? Datenerhebung ohne Mitwirkung der Betroffenen bei Dritten
im Hinblick auf Schutzauftrag und zur Vorbereitung einer Inobhutnahme ausnahmsweise zulässig (§ 62 Abs. 3 Nr. 2c und d, Nr. 4): Einholung von Informationen im
Kindergarten, Schule; bei Nachbarn nur soweit nicht anders lösbar und **dringende
Anzeichen einer Gefährdung** vorliegen.

Gemeinsame Problemkonstruktion mit der Familie (§ 8a Abs. 1 S. 2)
Hausbesuch und Augenscheinnahme; kein Zwangsrecht zum Betreten der Wohnung; i. d. R. zwei Fachkräfte, Mitnahme des Mobiltelefons; ggf. Hinziehung eines Arztes; Information der Familie, Klärung
der Situation und gemeinsame Risikoabschätzung (Problemakzeptanz, Problemkongruenz, Hilfeakzep-
tanz), ggf. Angebot über Jugendhilfeleistungen; Hinwirken auf Inanspruchnahme von Hilfen.

wiederholte Bewertung der Informationslage und des bisherigen Hilfeprozesses
- Abschätzung des Gefährdungsrisikos und Hilfeplanung (§ 36)
- Unterbringung außerhalb der Familie notwendig? Kann dies mit Einverständnis der Eltern erfolgen?
- Muss das Familiengericht eingeschaltet werden (§ 8a Abs. 3)?
- Liegt ein akuter Notfall vor, der zu sofortigen Schutzmaßnahmen zwingt? Bei akuter Kindeswohl-
gefährdung: Inobhutnahme (beachte: Jugendamt hat keine Zwangsbefugnisse).

Kriseninvervention (§§ 8a Abs. 3 S. 2, 42)
Inobhutnahme: bei Weigerung der Eltern: Entfernung des Kindes aus der eigenen
Familie mit Unterstützung durch die Polizei; Unterbringung und Beratung/Betreuung
des Minderjährigen; Information und Beratung der Eltern

Information/Anrufung des Familiengerichts
nach § 8a Abs. 3 bzw. § 42 Abs. 3 ggf. Einschränkung bzw. Entzug der
Personensorge; Vollstreckung durch Gerichtsvollzieher u. U. durch Anwendung unmittelbaren Zwangs (§ 33 Abs. 2 FGG)

für erforderlich halten und das Jugendamt informieren, falls die angenommenen Hilfen nicht ausreichend erscheinen, um die Gefährdung abzuwenden. Im Hinblick auf das Vertrauensverhältnis zwischen den Fachkräften der freien Jugendhilfe und ihren Klienten wird diese „Meldepflicht" vielfach für problematisch gehalten. Es wird befürchtet, dass die Betroffenen ihre Probleme nicht mehr offenlegen und damit der Zugang zu den Familien erschwert wird. Diese Regelung führt innerhalb des insgesamt umstrittenen § 8a SGB VIII zu besonders großer Unsicherheit (vgl. Tammen 2006, 381 ff.) und ist vielfach auf Kritik gestoßen. Aufgrund einiger Fälle schwerer Vernachlässigung, körperlicher, seelischer oder sexueller Misshandlung gerät die sozialpädagogische Fachlichkeit in der Jugendhilfe immer wieder unter Druck von Medien und Politik, die jeweils ihre eigenen Vorstellungen darüber entwickeln, was Jugendhilfe alles tun muss oder nicht tun darf, um Kinder zu schützen. § 8a SGB VIII macht deutlich, dass es sich beim Schutzauftrag der Jugendhilfe nicht um eine polizeilich-präventive, sondern um eine **originäre Aufgabe der Jugendhilfe** handelt, die mit sozialpädagogischen Mitteln zu bewältigen ist.

Zum Kindesschutz vgl. ISA Münster: www.kindesschutz.de.

3.2.3   Die Träger der Jugendhilfe

Die Träger der Jugendhilfe unterscheiden sich in öffentliche und freie Träger. Die öffentlichen Träger der Jugendhilfe sind nach § 69 Abs. 1 SGB VIII die Landkreise und kreisfreien Städte sowie in den einzelnen Bundesländern unterschiedliche überörtliche Zusammenschlüsse (z. B. Landschafts- oder Landeswohlfahrtsverbände). Sie sind die „staatlichen" Organisationseinheiten, die für die Umsetzung des Kinder– und Jugendhilfegesetzes verantwortlich sind. Den öffentlichen Trägern obliegt nach § 79 SGB VIII die **Gesamt-** Gesamtverantwortung einschließlich der Planungsverantwortung für die **verantwortung** Erfüllung der Aufgaben nach dem SGB VIII. Damit sind die Träger der öffentlichen Jugendhilfe dazu verpflichtet, zu gewährleisten, dass die zu dieser Aufgabenerfüllung erforderlichen und geeigneten Einrichtungen, Dienste und Veranstaltungen den verschiedenen Grundrichtungen der Erziehung entsprechend rechtzeitig und ausreichend zur Verfügung stehen (§ 79 Abs. 2, vgl. auch § 3 Abs. 2 S. 2 SGB VIII) und damit auch hierfür zunächst die Kosten zu tragen (vgl. §§ 79, 89 ff. SGB VIII).

Für die meisten Aufgaben liegt nach § 85 SGB VIII die **sachliche Zustän-** Zuständigkeit **digkeit** (s. u. III-3.5) bei den kreisfreien Städten und Landkreisen als örtlichen Trägern, die zu Erledigung ihrer Aufgaben ein Jugendamt errichten müssen (§ 69 Abs. 2 SGB VIII). Die überörtlichen Träger, i. d. R. die Länder, sind nur für die abschließend in § 85 Abs. 2 SGB VIII aufgelisteten Aufgaben, überwiegend Beratung, Information, Planung und Förderung der Jugendhilfe, sachlich zuständig. Hinsichtlich der (funktionalen) Zuständigkeit der Jugendämter ist es durch das Föderalismusgesetz zum 01.09.2006 zu Veränderungen gekommen, indem den Bundesländern die Befugnis übertragen worden ist, vorrangige Regelungen zur Behördenorganisation, zur Zuständigkeit und zum Verfahren zu treffen. Es ist zu befürchten, dass damit die seit 1924 bestehende Konzentrierung der Aufgaben bei den Jugendämtern als sozialpädagogischer Fachbehörde zumindest in einem Teil der Bundesländer wegfallen und es zur Zuweisung der Aufgaben an andere Behörden kommen wird. Neben dem Verlust an fachlicher Kompetenz würde hierdurch auch die Möglichkeit der Jugendämter eingeschränkt, flexibel und „aus einer Hand" Leistungen der Kinder- und Jugendhilfe zu erbringen. Zudem könnte eine Aufsplitterung der Zuständigkeit an unterschiedliche Behörden erfolgen, womit für die jungen Menschen und Familien das Jugendamt als einheitlicher Ansprechpartner in allen Lebenslagen wegfallen würde. Insgesamt dürften derartige Umstrukturierungen kaum ohne deutliche Qualitätsverluste zu realisieren sein. Das zeigt z. B. bereits die Auflösung der Landesjugendämter als eigenständige Behörden in einigen Bundesländern (z. B. Hessen und Niedersachsen).

Zweigliedrigkeit des Jugendamts

Jugendhilfe-ausschuss

Verwaltung des Jugendamts

Eine zentrale Entscheidung zur **Organisation der Jugendämter** trifft § 70 Abs. 1 SGB VIII, wo die sog. Zweigliedrigkeit des Jugendamtes festgelegt wird. Das bedeutet, dass das Jugendamt aus dem Jugendhilfeausschuss und der Verwaltung besteht. Nach § 71 Abs. 1 SGB VIII stammen die stimmberechtigten Mitglieder des Jugendhilfeausschusses zu $3/_5$ aus der Vertretungskörperschaft (z. B. Stadtrat, Kreistag o. Ä.) oder es sind Frauen und Männer, die in der Jugendhilfe erfahren sind und von der Vertretungskörperschaft direkt gewählt werden. $2/_5$ der stimmberechtigten Mitglieder entfallen auf Frauen und Männer, die auf Vorschlag der anerkannten Träger der freien Jugendhilfe von der Vertretungskörperschaft gewählt werden. Innerhalb der Verwaltung bestehen unterschiedliche Organisationsstrukturen. Immer gibt es einen sozialpädagogischen Basisdienst, durch den gesichert werden soll, dass alle Menschen in einem Jugendamtsbezirk sowohl durch die Leistungen des Jugendamtes als auch im Bereich der anderen Aufgaben (z. B. bei der Sicherung des Kindeswohls) erreicht werden. Diese „Basiseinheit" wird üblicherweise als allgemeiner sozialer Dienst, als allgemeiner Sozialdienst – jeweils abgekürzt ASD – bisweilen auch als sozialpädagogischer Dienst bezeichnet. Daneben gibt es in den meisten Jugendämtern auch besondere Abteilungen für die Beistandschaft und die Jugendgerichtshilfe.

Die Zweigliedrigkeit des Jugendamts bedingt, dass die Aufgaben zwischen Jugendhilfeausschuss und Verwaltung des Jugendamtes aufgeteilt werden müssen. Der Aufgabenbereich des Jugendhilfeausschusses ist in § 71 Abs. 2 SGB VIII benannt. Danach befasst er sich mit allen Angelegenheiten der Jugendhilfe. Seine Rechte sind in § 71 Abs. 3 SGB VIII benannt: Dies sind das Antragsrecht, Anhörungsrecht / Anhörungspflicht und das Beschlussrecht. Im Verhältnis zur Verwaltung des Jugendamtes ist der Jugendhilfeausschuss nach § 70 Abs. 2 SGB VIII das übergeordnete Gremium, denn die Geschäfte der laufenden Verwaltung werden vom Leiter der Verwaltung im Rahmen der Beschlüsse des Jugendhilfeausschusses geführt (ausführlich Münder/Ottenberg 1999, 62 ff.). Anderseits ist der Jugendhilfeausschuss an die Vorgaben der Vertretungskörperschaft (Kommunalparlamente: Stadt- und Gemeinderäte bzw. Kreistage) gebunden. Auch in Bezug auf die Zweigliedrigkeit des Jugendamts ist durch die im Wege des Föderalismusgesetzes gesteigerten Kompetenzen der Bundesländer mit Veränderungen zu rechnen (vgl. Art. 84 Abs. 1 S. 2 GG). Hier ist zu befürchten, dass der von der Verwaltung oft als unbequem empfundene Jugendhilfeausschuss vielerorts Umstrukturierungen zum Opfer fallen wird. Damit würde das bürgerschaftliche Engagement, dessen Rolle in der Jugendhilfe durch den Jugendhilfeausschuss besonders betont und sichergestellt werden sollte, deutlich an Einfluss verlieren.

Neben den öffentlichen Trägern sind zahlreiche private (gemeinnützige wie privat-gewerbliche) Organisationen als sog. freie Träger auf dem Gebiet der Jugendhilfe tätig (zu den verschiedenen Formen vgl. Münder et al. 2006 § 3 Rz. 5 ff.). Durch sie wird ein großer Teil der Angebote und Leistungen der Jugendhilfe erbracht. So richtet sich z. B. der Anspruch des Bürgers auf einen Kindergartenplatz nur an den öffentlichen Träger (§ 3 Abs. 2 S. 2 SGB VIII), konkreter Adressat ist das Jugendamt. Die meisten Kindergärten werden jedoch nicht in städtischer oder kommunaler Trägerschaft betrieben, sondern von freien Trägern wie etwa von Kirchen oder kirchennahen Organisationen wie der Caritas oder der Diakonie oder von sonstigen Vereinen mit speziellen pädagogischen Konzepten. Der öffentliche Träger erbringt die Jugendhilfeleistungen also nur teilweise selbst. Er finanziert jedoch weitgehend die Leistungserbringung durch die freien Träger (vgl. III-3.5.3).

Träger der freien Jugendhilfe

Das SGB VIII differenziert zwischen anerkannten freien Trägern und (sonstigen, nicht anerkannten) freien Träger, insbesondere im Hinblick auf ihre Einbindung in die Aufgabenerledigung und Willensbildung der öffentlichen Jugendhilfe: Mitwirkung im Jugendhilfeausschuss (§ 71 Abs. 1 Nr. 2 SGB VIII), Übertragung anderer Aufgaben (§ 76 Abs. 1 SGB VIII); Beteiligung bei der Jugendhilfeplanung (§ 80 Abs. 3 SGB VIII) sowie auf die auf Dauer angelegte (finanzielle) Förderung des Trägers durch die öffentliche Jugendhilfe (§ 74 Abs. 1 S. 2 GB VIII). Sofern die Träger nicht gesetzlich wie die Kirchen und auf Bundesebene zusammengeschlossenen Verbände der freien Wohlfahrtspflege anerkannt sind (vgl. § 75 Abs. 3 SGB VIII), erfolgt die Anerkennung aufgrund eines Verwaltungsaktes, wenn die Voraussetzungen des § 75 Abs. 1 SGB VIII (z. B. gemeinnützige Tätigkeit) erfüllt sind.

anerkannte freie Träger

§§ 3 und 4 SGB VIII gehen grundsätzlich auf die Stellung der freien Träger und auf das Verhältnis zwischen öffentlichen und privaten Trägern ein. In § 3 Abs. 1 SGB VIII wird die Vielfalt der Träger als Kennzeichen der Jugendhilfe benannt. Absatz 2 hebt ausdrücklich hervor, dass die Leistungen der Jugendhilfe von den freien Trägern erbracht werden können. Leistungsverpflichtet sind jedoch die öffentlichen Träger (§ 3 Abs. 2 S. 2 SGB VIII). Ihnen gegenüber müssen also die Bürger ihre Rechtsansprüche geltend machen. In § 4 Abs. 1 SGB VIII wird der Grundsatz der partnerschaftlichen Zusammenarbeit zwischen öffentlichen und freien Trägern festgehalten, wobei die Selbstständigkeit der freien Träger zu beachten ist. In § 4 Abs. 2 SGB VIII wird das Verhältnis zwischen öffentlichen und freien Trägern

Verhältnis zwischen öffentlichen und freien Trägern

Subsidiarität

angesprochen, das oft mit den Stichworten der Subsidiarität und des Korporatismus bezeichnet wird (vgl. I-2.1.3; hierzu ausführlich Münder 1998). Danach soll die öffentliche Jugendhilfe von eigenen Maßnahmen absehen, wenn und soweit geeignete Angebote schon von Trägern der freien Jugendhilfe vorgehalten werden. Unter dem Aspekt, dass andererseits die öffentliche und freie Jugendhilfe partnerschaftlich zusammenarbeiten sollen, wird allerdings eine Vorrangstellung der freien Träger auch vor dem Hintergrund des europäischen Wettbewerbsrechts (vgl. I-1.4) zunehmend in Frage gestellt (vgl. Münder et al. 2006 § 4 Rz. 18 ff. m. w. N.).

3.2.4   Aufgaben der Jugendhilfe nach dem SGB VIII – Grundlagen

Das Kinder- und Jugendhilfegesetz besteht neben allgemeinen Vorschriften etwa zur Definition von Begriffen und organisatorischen Regelungen, z. B. der Finanzierung oder der Zuständigkeit, aus zwei großen inhaltlichen Abschnitten. Es handelt sich dabei um die **Leistungen** der Jugendhilfe, die in den §§ 11–41 SGB VIII beschrieben werden und um die sog. **„anderen Aufgaben"** der Jugendhilfe", die in den §§ 42–60 SGB VIII verankert sind.

Leistungen

Die Leistungen der Jugendhilfe enthalten ein breites Angebotsspektrum, das von niedrigschwelligen Angeboten reicht, die alle jungen Menschen bzw. alle Familien oder Eltern in Anspruch nehmen können, bis hin zu intensiven, auf den Einzelfall zugeschnittene Hilfen fur junge Menschen und Familien in schwierigen Lebenslagen. Teilweise handelt es sich dabei um zwingende Ansprüche, die in jedem Fall zu erfüllen sind, sobald die im Gesetz benannten Voraussetzungen vorliegen (Muss-Leistung, vgl. I-3.2), teilweise hat das Jugendamt hingegen Ermessen, ob oder wie eine bestimmte Leistung im konkreten Einzelfall erbracht wird (vgl. I-3.4). Auch bei Ermessensentscheidungen sind jedoch die Grundprinzipien des Jugendhilferechts zu berücksichtigen.

andere Aufgaben der Jugendhilfe

Demgegenüber enthalten die „anderen Aufgaben der Jugendhilfe" Pflichten des Jugendamts, in hoheitlicher Weise zum Schutz von Minderjährigen tätig zu werden. Die in diesem Bereich geregelten Aufgaben sind unterschiedlicher Art. Sie reichen von der akuten Krisenintervention und Schutzgewährung, der Aufsicht über Personen, die Kinder in Pflege haben, oder Einrichtungen, in denen Minderjährige leben, über die Mitwirkung in Gerichtsverfahren, von denen Kinder und Jugendliche betroffen sind, bis hin zur Unterstützung etwa bei der Durchsetzung von Unterhalt oder der Beurkundung der Vaterschaft eines Kindes.

Die Aufteilung in diese zwei großen Bereiche spiegelt die zwei zentralen Aufgaben der Jugendhilfe wider: Zum einen die Erbringung sozialpädagogischer Dienstleistungen und zum anderen, wo dies zur Sicherstellung des Wohls der Minderjährigen nicht ausreicht, Kontroll- und Schutzpflichten. Während die „anderen" als hoheitliche Aufgaben abschließend gesetzlich geregelt sind, sind die Leistungen in §§ 2 Abs. 2, 11–41 SGB VIII nur exemplarisch aufgeführt, so dass in der Praxis mit konzeptionellen Neuerungen flexibel auf die gesellschaftlichen Entwicklungen reagiert werden kann. Die Unterscheidung in „Leistungen" und „andere Aufgaben" hat zudem Konsequenzen für die Rechtsstellung der Klienten. Während die Leistungen der Jugendhilfe von den Betroffenen freiwillig angenommen und gewollt werden müssen, stehen die „anderen Aufgaben" der Jugendhilfe grundsätzlich nicht zur Disposition der Betroffenen, d. h. nicht sie, sondern die Jugendämter entscheiden über das Ob und Wie der Mitwirkung. Freilich geht es auch hier nicht ohne Partizipation (§§ 3, 9 SGB VIII) und Akzeptanz. Die Grundmaximen der Jugendhilfe gelten für beide Aufgabenbereiche. Zudem muss beachtet werden, dass es sich bei den „anderen Aufgaben" zwar um typische Aufgaben eines Hoheitsträgers handelt, aus dem Begriff allein ergeben sich aber noch keine Eingriffsbefugnisse des Jugendamts. Die Unterscheidung in Leistungen und „andere Aufgaben" hat auch Folgen für die Betätigungsmöglichkeit freier Träger (s. o.) und ist auch Anknüpfungspunkt für die örtliche Zuständigkeit der öffentlichen Jugendhilfeträger (s. III-3.5).

Ein großer Teil der Leistungen und Angebote der Jugendhilfe ist für die Empfänger bzw. für ihre Eltern kostenfrei. Dies gilt etwa für Beratungsangebote, die Jugendsozialarbeit und die ambulanten Formen der Hilfen zur Erziehung. Teilweise werden jedoch Teilnahmebeiträge oder Kostenbeiträge bei den Minderjährigen bzw. ihren Eltern erhoben. § 90 SGB VIII sieht die pauschalierte Kostenbeteiligung für die Inanspruchnahme von Angeboten der Jugendarbeit, der allgemeinen Förderung der Erziehung in der Familie und der Förderung von Kindern in Tageseinrichtungen und Kindertagespflege vor. § 91 SGB VIII enthält einen Katalog der Leistungstatbestände mit Kostenbeteiligung. Erfasst sind dabei nur vollstationäre und teilstationäre Leistungen sowie die stationäre Inobhutnahme. Die Ausgestaltung der Heranziehung ergibt sich aus den §§ 92 ff. SGB VIII (hierzu III-3.5.3).

Kosten für die Betroffenen

3.3   Leistungen der Kinder- und Jugendhilfe

Die Leistungen der Jugendhilfe sind in den §§ 11–41 SGB VIII in vier Abschnitten geregelt. Sie sind hinsichtlich ihrer Art und Intensität unterschiedlich ausgerichtet.

3.3.1   Jugendarbeit, Jugendsozialarbeit, erzieherischer Kinder- und Jugendschutz (§§ 11–15 SGB VIII)

Der erste Abschnitt der Leistungen der Jugendhilfe beinhaltet in den §§ 11–15 SGB VIII die Angebote der Jugendarbeit, der Jugendsozialarbeit und den erzieherischen Kinder- und Jugendschutz. Zielsetzung dieser Angebote ist die Erziehung und Bildung im Sinne einer allgemeinen Förderung von Kindern und Jugendlichen. Sie sollen dabei helfen, dass das Hineinwachsen junger Menschen in die Erwachsenenwelt gelingt. Dabei setzen die Leistungen in unterschiedlichen Lebensbereichen an.

Jugendarbeit   Die Jugendarbeit (§ 11 SGB VIII) ist ein Angebot, das sich an alle jungen Menschen richtet, also keine speziellen Zugangsvoraussetzungen hat. Sie betrifft vor allem den Freizeitbereich und ist inhaltlich von besonderer Vielfältigkeit und Breite gekennzeichnet (ausführlich Münder et al. 2006 § 11 Rz. 14 ff.). Zu den Angeboten der Jugendarbeit gehören etwa Jugendzentren und -freizeitheime, Kinder- und Jugendferienstätten, Jugendzeltplätze und Abenteuerspielplätze. Ebenso zählt dazu jedoch auch die politische und kulturelle Jugendbildung, z.B. im Rahmen von Jugendkunstschulen oder Jugendprojekten und Angebote der Sportjugend. Gemeinsam ist den verschiedenen Formen der Jugendarbeit, dass sie der Förderung der Entwicklung junger Menschen dienen sollen. Zudem sieht die gesetzliche Regelung ausdrücklich vor, dass die Angebote an den Interessen junger Menschen anknüpfen und von ihnen mitbestimmt und mitgestaltet werden sollen (Partizipation).

Es handelt sich bei der Regelung des § 11 SGB VIII um eine objektive Rechtsverpflichtung des öffentlichen Jugendhilfeträgers, der allerdings kein individueller subjektiver Rechtsanspruch junger Menschen gegenübersteht. § 11 Abs. 1 SGB VIII ist aus der Perspektive des öffentlichen Trägers beschrieben. Die möglichen Adressaten und Voraussetzungen der Angebote sind nicht hinreichend konkret oder konkretisierbar benannt. Die Norm wendet sich an alle „jungen Menschen" und benennt auch keine konkreten Rechtsfolgen. Damit fehlt es an der hinreichenden Konkretisierung aus der Perspektive möglicher Leistungsberechtigter und es liegt keine einklagbare individuelle Leistungsberechtigung vor.

Der Gestaltungsspielraum des Trägers der öffentlichen Jugendhilfe wird aber durch § 79 Abs. 2 Satz 2 SGB VIII eingeschränkt. Hier ist ausdrücklich festgelegt, dass von den insgesamt für Jugendhilfe zur Verfügung stehenden Mitteln ein angemessener Anteil für die Jugendarbeit zu verwenden ist (zum finanziellen Umfang der Jugendarbeit vgl. Münder et al. 2006 Vor § 11 Rz. 11 ff.). Mit dieser Formulierung wurde der Versuch unternommen, für die Jugendarbeit eine hinreichende Infrastruktur zu schaffen. Allerdings ergibt sich auch hieraus kein individueller Rechtsanspruch etwa von Einrichtungen der Jugendarbeit auf entsprechende Bereitstellung von Mitteln. Auch diese Bestimmung ist (nur) eine objektive Rechtsverpflichtung des öffentlichen Trägers (VG Berlin ZfJ 2000, 194 ff.).

Jugendsozialarbeit   Im Gegensatz zur Jugendarbeit, die in erster Linie den Freizeitbereich betrifft, stehen im Zentrum der Jugendsozialarbeit Aspekte der Bildung und Ausbildung. Ursprünglich verstand sich Jugendsozialarbeit als Antwort auf die Not junger Menschen, die in der Nachkriegszeit in ihrer persönlichen und wirtschaftlichen Existenz bedroht waren. Durch Hilfen in speziellen Jugendwohnheimen oder Lehrlingsheimen wollte man ihnen ein Zuhause geben und berufsbezogene Hilfen vermitteln (vgl. Wiesner 2006 § 13 Rz. 1). Heute hat Jugendsozialarbeit das Ziel, benachteiligten jungen Menschen sozialpädagogische Hilfestellung im Rahmen der schulischen und beruflichen Ausbildung, der beruflichen Tätigkeit und zur sozialen Eingliederung zu geben. Die wichtigsten Aufgabenfelder der Jugendsozialarbeit sind die Schulsozialarbeit, sofern diese in Trägerschaft der Jugendhilfe durchgeführt wird, und die sog. Jugendberufshilfe.

Die inhaltlichen Schwerpunkte der Schulsozialarbeit sind heute überwiegend auf die sozialen Probleme im Alltag der Schüler ausgerichtet. Im Mittelpunkt der Arbeit stehen z. B. die Unterstützung der persönlichen und sozialen Reifeprozesse, Hilfen bei der Lösung von Konflikten und Problemen sowie deren Bewältigung, Abklärung von erforderlichen Maßnahmen und erforderlichenfalls Weiterleitung an andere Fachdienste sowie Mitgestaltung von Umweltbedingungen und Verbesserung der Lebenssituation im Wohnumfeld der Schüler durch Aktivierung von Selbsthilfekräften. Aufgrund von teilweise unterschiedlichen Erziehungs- und Bildungsvorstellungen zwischen Schule und Jugendhilfe ist die Kooperation nicht immer reibungslos. **Schulsozialarbeit**

Die Jugendberufshilfe richtet sich an junge Menschen, die zum Ausgleich sozialer Benachteiligungen oder zur Überwindung individueller Beeinträchtigungen in erhöhtem Maß auf Unterstützung angewiesen sind. Dies sind vor allem junge Menschen, die wegen individueller oder sozialer Schwierigkeiten keinen Ausbildungs- und Arbeitsplatz finden, junge Menschen mit Migrationshintergrund, Jugendliche oder junge Erwachsene, die in sozialen Brennpunkten leben, die soziale, persönliche oder finanzielle Schwierigkeiten und Probleme bei der Beschaffung oder Erhaltung von Wohnraum haben, sowie Mädchen und junge Frauen mit speziellem Förderbedarf. Für die benachteiligten jungen Menschen werden spezielle Ausbildungs- und Beschäftigungsmaßnahmen zur Verfügung gestellt, die sozialpädagogisch begleitet werden. Im Zusammenhang mit fehlenden Ausbildungs- und Arbeitsplätzen hat sich deren Zielgruppe von individuell sozial benachteiligten seit Mitte der 1990er Jahre auch auf junge Menschen ausgeweitet, die in zeitlich begrenzten Sonderformen (quasi „Warteschleifen") anstelle von regulärer Ausbildung und Beschäftigung betreut werden. Angesichts der problematischen Situation auf dem Arbeitsmarkt führen derartige Maßnahmen nur noch selten tatsächlich in ein gesichertes Beschäftigungsverhältnis. **Jugendberufshilfe**

Begleitend zu schulischen oder beruflichen Bildungsmaßnahmen im Rahmen der Jugendsozialarbeit kommt auch die Unterbringung in sozialpädagogisch begleiteten Wohnformen in Frage (§ 13 Abs. 3 SGB VIII). Dies können etwa Lehrlings- und Jugendwohnheime oder auch Einzel- oder Gruppenwohnungen sein.

Der erzieherische Kinder- und Jugendschutz (§ 14 SGB VIII) ist stark auf Prävention ausgerichtet. Seine Angebote zielen darauf, Gefährdungen und mögliche Schädigungen für Kinder und Jugendliche frühzeitig zu erkennen und zu verhindern. Die Vorschrift steht nicht in unmittelbarem Zusammenhang mit dem Jugendschutzgesetz (JuSchG) oder vergleichbaren Gesetzen (hierzu III-6). Es ist nicht Inhalt des erzieherischen Kinder- und Jugend- **erzieherischer Kinder- und Jugendschutz** schutzes, gegen Verursacher potenzieller Gefährdungen von Minderjährigen repressiv vorzugehen. Statt dessen stehen im Vordergrund präventiv ausgerichtete Angebote an junge Menschen und ihre Erziehungsberechtigten. Dies sind vor allem alters- und entwicklungsgemäße Informationsveranstaltungen im Freizeitbereich, Aufklärung, Erörterung aktueller Themen usw.

Den Jugendämtern obliegt aufgrund landesrechtlicher Regelungen (vgl. z. B. § 20 ThürAGKJHG, § 16 Nds AG KJHG, § 27 BW LKJHG) gleichzeitig auch die Durchführung von Teilen des sog. „gesetzlichen" Jugendschutzes nach dem JuSchG (hierzu ausführlich III-6).

3.3.2   Förderung der Erziehung in der Familie (§§ 16–21 SGB VIII)

Die Angebote zur Förderung der Erziehung in der Familie umfassen sowohl allgemeine Förderungsaufgaben zur Unterstützung der familiären Erziehung als auch Ansprüche auf Beratung und Unterstützung in einer Reihe von familiären Not- und Konfliktsituationen.

allgemeine Förderung der Erziehung in der Familie

Die allgemeine Förderung der Erziehung in der Familie (§ 16 SGB VIII) hat das Ziel, die Erziehungskompetenz der Familie zu stärken, wobei der Begriff der Familie weit zu verstehen ist. Es zählen dazu z. B. auch nichteheliche Lebenspartner, Stiefeltern oder Pflegeeltern. Ausdrücklich sollen dabei auch Wege aufgezeigt werden, wie Konfliktsituationen in Familien gewaltfrei gelöst werden können. Klassische Formen der allgemeinen Förderung der Erziehung in der Familie sind Angebote der Familienbildung, etwa in Form von Seminaren, aber auch z. B. in Selbsthilfegruppen, Angebote der allgemeinen Erziehungs- und Lebensberatung und schließlich Formen der Familienfreizeit und Familienerholung (vgl. im Einzelnen Münder et al. 2006 § 16 Rz. 5 ff.).

Beratung und Unterstützung

Um Hilfe in familiären Konfliktsituationen zu gewährleisten, von denen Kinder oder Jugendliche betroffen sein können, sieht das Gesetz zahlreiche Beratungs- und Unterstützungsansprüche für die Erziehungsberechtigten sowie für die Minderjährigen vor, die von verschiedenen Beratungsstellen und den Jugendämtern wahrgenommen werden (§§ 17, 18 SGB VIII). Zur Bewältigung geringfügiger Krisen und Konflikte kann eine sog. Partnerschaftskonfliktberatung in Anspruch genommen werden (zu allgemeinen Grundsätzen der Mediation vgl. I-6.3). Hierdurch soll Eskalationen vorgebeugt und Trennung und Scheidung möglichst vermieden werden. Kommt es in der Familie

Trennungs- und Scheidungsberatung

(dennoch) zur Trennung, so verfolgt die Beratung und Unterstützung der Eltern das Ziel, dem Kind möglichst optimale Beziehungen zu beiden Eltern zu erhalten. Die Eltern sind bei der Entwicklung eines einvernehmlichen Konzepts zur Wahrnehmung der elterlichen Sorge nach der Trennung bzw. Scheidung zu unterstützen. Hierbei ist auch das betreffende Kind oder der Jugendliche in angemessener, d. h. altersabhängiger Weise zu beteiligen.

Ansprüche auf Beratung und Unterstützung bestehen auch für alleinerziehende Elternteile. Die Angebote beziehen sich auf Fragen des Sorgerechts und der Gewährung des Unterhalts. Darüber hinaus haben sowohl das Kind als auch sämtliche ihm gegenüber potenziell umgangsberechtigte Personen Anspruch auf Beratung und Unterstützung in Bezug auf die Gestaltung des Umgangs. Dies betrifft in erster Linie den nicht mehr mit dem Kind in einem Haushalt lebenden Elternteil, daneben aber auch Großeltern, Geschwister, Stiefeltern und frühere Pflegeeltern. **Umgangsberatung**

Um ganz speziell der besonderen Situation junger Eltern – insbesondere Mütter – Rechnung zu tragen, gibt es das Angebot der gemeinsamen Wohnform für Mütter / Väter und Kinder (§ 19 SGB VIII). Die Leistung richtet sich an Elternteile, die in ihrer Persönlichkeit noch nicht so weit entwickelt sind, dass sie den zusätzlichen Anforderungen durch die Geburt eines Kindes und der damit verbundenen Elternverantwortung gerecht werden können. Ist diese Voraussetzung gegeben und hat das Kind das sechste Lebensjahr noch nicht vollendet, so hat der Elternteil einen Anspruch auf gemeinsame Unterbringung mit dem Kind (nicht jedoch gemeinsam mit dem anderen Elternteil!) in einer geeigneten Wohnform. Dort soll die Mutter oder der Vater bei der Persönlichkeitsentwicklung unterstützt werden mit dem Ziel, später selbstständig gemeinsam mit dem Kind leben zu können. Es soll zudem darauf hingewirkt werden, dass der Elternteil eine schulische oder berufliche Ausbildung bzw. eine Berufstätigkeit aufnimmt oder fortführt. Eine schwangere Frau kann auch schon vor der Geburt des Kindes in die Wohnform aufgenommen werden (§ 19 Abs. 1 S. 3 SGB VIII). Das Angebot wird fast ausschließlich von Müttern in Anspruch genommen. Es soll dazu beitragen, in Situationen, die den Betroffenen als ausweglos erscheinen, Schwangerschaftsabbrüche zu vermeiden. Das Angebot richtet sich an Eltern von Kindern unter sechs Jahren, wobei dann auch ältere Geschwister in die Leistung mit einbezogen werden können. Eine Altersgrenze für die Mütter oder Väter, die das Angebot in Anspruch nehmen können, besteht dagegen nicht, so dass eine Leistung auch über das 27. Lebensjahr hinaus möglich ist. **gemeinsame Wohnform**

Für den Fall, dass der Elternteil, der das Kind überwiegend betreut, ein alleinerziehender Elternteil oder gar beide Eltern des Kindes aus gesundheitlichen oder aus anderen vergleichbaren, zwingenden Gründen ausfallen (die physische Abwesenheit ist nicht notwendig), besteht das Angebot der Betreuung und Versorgung des Kindes in Notsituationen (§ 20 SGB VIII). Das Angebot besteht z. B. auch, wenn sich der Elternteil in Kur, einer freiheitsentziehenden oder in einer erforderlichen Maßnahme zum Drogenentzug befindet. Ziel der Vorschrift ist es, Kindern ihr vertrautes Familienumfeld zu erhalten und eine Fremdunterbringung in derartigen Notfällen zu vermeiden. In Frage kommen hierzu verschiedene Hilfen zur Sicherstellung der Haushaltsführung und der Pflege und Erziehung des Kindes. Nicht um Notsituationen handelt es sich, wenn der Ausfall der Eltern planbar ist oder es sich insbesondere um eine ausbildungs- oder berufsbedingte Verhinderung handelt. **Versorgung des Kindes in Notsituationen**

Für den Fall, dass die Eltern aus berufsbedingten Gründen die Erziehung ihrer Kinder nicht selbst wahrnehmen können, besteht ein Angebot auf Unterstützung nach § 21 SGB VIII. Dies betrifft Familien, in denen die Eltern **Unterstützung zur Erfüllung der Schulpflicht** berufsbedingt sehr häufig ihren Arbeitsplatz wechseln müssen. Vor allem kann dies etwa bei Artisten, Schaustellern, Binnenschiffern oder Vertretern der Fall sein. Sofern das Kind zur Erfüllung der Schulpflicht anderweitig untergebracht werden muss, da durch den ständigen Ortswechsel eine kontinuierliche Schulausbildung nicht gewährleistet wäre, haben die Eltern Anspruch auf Beratung und Unterstützung. Diese kann z. B. in der Hilfe bei der Organisation von gemeinsamen Unternehmungen liegen, um den Kontakt zwischen Eltern und Kind aufrechtzuerhalten. Es kommt jedoch – je nach Einkommens- und Vermögenslage – auch die Übernahme der Unterbringungskosten in Frage (im Einzelnen vgl. Münder et al. 2006 § 21 Rz. 3 ff.).

3.3.3   Förderung von Kindern in Tageseinrichtungen und in Tagespflege (§§ 22–26 SGB VIII)

Im dritten Abschnitt des Leistungskapitels regelt das SGB VIII die Förderung von Kindern in Tageseinrichtungen und in Tagespflege. Daneben sind auch landesrechtliche Gesetze zu beachten. Der Bereich der Kindertagesbetreuung ist vom Umfang her besonders bedeutend für die Jugendhilfe. Die quantitative Bedeutung des Feldes wird insbesondere daraus deutlich, dass ca. $^2/_3$ aller in der Jugendhilfe beschäftigten Personen in diesem Bereich arbeiten. Die Zielsetzung dieser Angebote liegt darin, für Eltern die Vereinbarkeit von Familie und Beruf sicherzustellen. Es geht jedoch keinesfalls darum, die Kinder lediglich zu „verwahren", sondern der Förderungsauftrag beinhaltet nach § 22 Abs. 3 SGB VIII Erziehung, Bildung und Betreuung des Kindes und bezieht sich auf seine soziale, emotionale, körperliche und geistige Entwicklung. In den entsprechenden Tageseinrichtungen soll die Entwicklung des Kindes zu einer eigenverantwortlichen und gemeinschaftsfähigen Persönlichkeit gefördert werden. Es besteht eine gesetzliche Verpflichtung, die Erziehungsberechtigten an den Entscheidungen in wesentlichen Angelegenheiten der Einrichtung zu beteiligen.

Durch das Gesetz zum qualitätsorientierten und bedarfsgerechten Ausbau der Tagesbetreuung für Kinder (Tagesbetreuungsausbaugesetz – TAG), das am 01.01.2005 in Kraft getreten ist, soll die Kinderbetreuung quantitativ und qualitativ ausgebaut und an den westeuropäischen Standard herangeführt werden. Es ist geplant, dass durch den Ausbau stufenweise mindestens 230.000 zusätzliche Betreuungsplätze geschaffen werden (zum TAG vgl. Tammen 2005, 474 ff.). Die Zielsetzung des TAG hat sich jedoch als nicht ausreichend erwiesen, um die Kinderbetreuung in angemessenem Umfang sicherzustellen. Daher ist ein weiterer Ausbau geplant. Am 2. April 2007 einigten sich Bund, Länder und Kommunen dahingehend, die Betreuungsangebote für Kinder unter drei Jahren bis zum Jahr 2013 auf 750.000 Plätze in Kindertagespflege oder in Tageseinrichtungen zu erhöhen. Damit sollen bundesweit zusätzliche 500.000 Betreuungsplätze für Kinder unter drei Jahren entstehen, womit ein Betreuungsangebot für etwa ein Drittel der Kinder in dieser Altersgruppe vorläge. Die Angebote sollen in Krippen und altersgemischten Gruppen, in Tagesstätten, in Form von betrieblicher Kinderbetreuung und von Kindertagespflege geschaffen werden. Ab 2013 ist für Kinder unter drei Jahren ein Rechtsanspruch auf frühkindliche Förderung in einer Tageseinrichtung oder in Kindertagespflege vorgesehen. Der Koalitionsausschuss hat am 14. Mai 2007 die Eckpunkte für eine zeitnahe Umsetzung der Ausbaupläne beschlossen. Mit einer gesetzlichen Regelung ist im Laufe des Jahres 2007 zu rechnen (vgl. http://www.bmfsfj.de/Politikbereiche/Familie/kinderbetreuung.html).

Derzeit (Anfang 2007) steht im Bereich der Tagesbetreuung zudem insbesondere der Ausbau der Ganztagsbetreuung im Zentrum der Diskussion. Da die Betreuung in den Tageseinrichtungen anerkanntermaßen auch eine bildungspolitische Komponente hat (vgl. § 22 Abs. 3 SGB VIII), ist auch die Zuordnung des Kindergartens zum Bereich der Erziehung (Kinder- und Jugendhilfe) oder Bildung (Schule) nach wie vor nicht unumstritten. In anderen europäischen Staaten ist die Zuordnung der frühkindlichen Förderung in das Bildungssystem üblich. Insbesondere im Zusammenhang mit der sog. PISA-Studie wird auch in der Bundesrepublik eine Ausweitung der Bildung bereits im frühen Kindesalter diskutiert.

Das Gesetz definiert in § 22 SGB VIII den Begriff der Tageseinrichtungen als Einrichtungen, in denen sich Kinder für einen Teil des Tages oder ganztägig aufhalten und in Gruppen gefördert werden. Es differenziert in § 24 SGB VIII zwischen Angeboten für Kinder unter drei Jahren, solchen für Kinder von drei Jahren bis zum Schuleintritt und solchen für Kinder im schulpflichtigen Alter. Zum Oberbegriff der Tageseinrichtungen gehören Einrichtungen mit zahlreichen verschiedenen Bezeichnungen, die sich regional unterscheiden. Es fallen darunter z. B. Kinderkrippen, Krabbelstuben, Kindergärten, Kindertagesstätten, Kinderhorte, altersgemischte Gruppen. **Tageseinrichtungen**

Die Rechtslage ist nicht für alle Altersgruppen identisch. Am günstigsten stellt sich die Situation für Kinder dar, die das dritte Lebensjahr vollendet haben (3. Geburtstag) und noch vor dem Eintritt in die Schule stehen. In dieser Altersgruppe hat jedes Kind einen zwingenden **Rechtsanspruch** auf einen Kindergartenplatz (§ 24 SGB VIII). Der Anspruch ist an keine weiteren Voraussetzungen geknüpft, es ist also z. B. unerheblich, ob das Kind auch zu Hause versorgt werden könnte, weil etwa ein Elternteil nicht berufstätig ist oder betreuungsbereite Großeltern zur Verfügung stehen. In einigen Bundesländern wurde der Anspruch auf einen Kindergartenplatz bereits vor dem 3. Lebensjahr geregelt (vgl. z. B. § 3 KiFöG Sachsen-Anhalt, § 22 TH KitaG). **Anspruch auf einen Kindergartenplatz**

Der Kindergartenplatz muss von der Wohnung des Kindes in vertretbarer Zeit zu erreichen sein. In diesem Zusammenhang haben Gerichte entschieden, dass ein Zeitaufwand von 20 oder 30 Minuten für eine Strecke nicht zumutbar ist (VG Schleswig ZFJ 2000, 193; OVG SL ZfJ 1998, 435; Nachweise bei Münder et al. 2006 § 24 Rz. 21). Ausnahmen hiervon kann es allerdings geben, wenn ein Kind in einer völlig entlegenen Siedlung lebt. **Wohnortnähe**

Problematisch an dem Anspruch auf einen Kindergartenplatz ist, dass das SGB VIII keine Angaben zum zeitlichen Umfang enthält. Damit der **zeitlicher Umfang der Betreuung**

Zweck der Regelung erfüllt werden kann, die Erwerbstätigkeit der Eltern zu ermöglichen, muss die Betreuungszeit im Kindergarten jedenfalls eine Halbtagstätigkeit des Elternteils möglich machen, der ansonsten das Kind betreut. Unter Berücksichtigung der Wege zum Kindergarten und zur Arbeitsstätte muss die Betreuungszeit mindestens sechs Stunden täglich umfassen (mit weiteren Nachweisen Münder et al. 2006 § 24 Rz. 17 ff.). Ein zwingender Anspruch auf ganztägige Betreuung besteht jedoch nicht.

Krippe und Hort   Die Tagesbetreuung von Kindern unter drei Jahren, von Schulkindern und von Kindern von drei Jahren bis zum Schuleintritt mit Ganztagskindergartenplätzen wird schwerpunktmäßig in § 24 SGB VIII geregelt. Der wesentliche Unterschied gegenüber dem Kindergartenplatz ist der, dass in diesen Bereichen – vorbehaltlich anderer landesrechtlicher Regelungen – kein Rechtsanspruch des einzelnen Bürgers besteht. Vielmehr hat der Gesetzgeber hier für den öffentlichen Träger (nur) eine Pflicht formuliert, Plätze vorzuhalten. Es handelt sich also um eine objektiv rechtliche Verpflichtung des Trägers der öffentlichen Jugendhilfe, die von den Betroffenen nicht eingeklagt werden kann. Für Kinder unter drei Jahren, für Kinder im schulpflichtigen Alter (hier sowohl bezüglich eines Teils des Tages als auch bezüglich des ganzen Tages) und für Kindergartenkinder, was Ganztagesplätze angeht, sind solche Plätze nach Bedarf zur Verfügung zu stellen. Da es sich bei der Förderung von Kindern in Tageseinrichtungen um ein allgemeines Förderungsangebot handelt, ist nicht erforderlich, dass bei dem jeweiligen Kind ein erzieherischer Mangel vorliegt oder die entsprechende Betreuung aus Kindeswohlgründen erforderlich wäre. Das BVerwG hat zum Begriff der Bedarfsgerechtigkeit entschieden, dass Bedarf hier nicht im Sinne der faktischen Nachfrage zu bestimmen sei, sondern im Rahmen der Planungsverantwortung des öffentlichen Jugendhilfeträgers „unter Berücksichtigung der Wünsche, Bedürfnisse und Interessen der jungen Menschen und der Personensorgeberechtigten" zu ermitteln sei. Es wird also nicht in jedem Fall darauf abgestellt, ob das Angebot in der Lage ist, die tatsächliche Nachfrage zu befriedigen.

Eine gesteigerte Verpflichtung zum Vorhalten von Plätzen hat der öffentliche Jugendhilfeträger seit den Gesetzesänderungen durch das sog. TAG für Kinder unter drei Jahren, wenn die Erziehungsberechtigten oder die alleinerziehende Person erwerbstätig sind bzw. sich in einer Ausbildung o. Ä. befinden oder ohne die Betreuung eine dem Wohl des Kindes entsprechende Förderung nicht gewährleistet ist (§ 24 Abs. 3 SGB VIII). In diesen Fällen sind zwingend Plätze vorzuhalten. Durch diese Regelung soll das Betreuungsangebot speziell in den alten Bundesländern verbessert werden. Bislang bleibt es deutlich hinter dem Angebot in den neuen Ländern zurück, wo Kinderkrippen zu Zeiten der DDR die Betreuung praktisch aller Kinder unter drei Jahren abdeckten und das Betreuungsangebot auch nach dem Beitritt zur Bundesrepublik sehr umfangreich geblieben ist. So standen nach der Kinder- und Jugendhilfestatistik von Ende 2002 für 37 Prozent der Kinder dieser Altersgruppe in den neuen Bundesländern, aber nur für 2,7 Prozent der Kinder in den alten Bundesländern Betreuungsplätze in

Krippen zur Verfügung. 2005 waren es in den neuen Bundesländern 39,8% und in den alten Bundesländern 9,6% (Informationen von http://www.bildungsserver.de/zeigen.html?seite=1994). Um der Situation Rechnung zu tragen, dass der Versorgungsgrad in manchen Regionen noch sehr gering ist, besteht eine Übergangsregelung für die Ausgestaltung des Förderungsangebots (§ 24a SGB VIII). Hiernach können die Träger der öffentlichen Jugendhilfe beschließen, dass die Verpflichtung zum Vorhalten von Plätzen erst zu einem späteren Zeitpunkt, spätestens jedoch 2010 erfüllt wird. Während dieses Übergangszeitraums sind jährliche Ausbaustufen zur Schaffung eines bedarfsgerechten Angebots zu beschließen und sowohl der Bedarf als auch das Angebot an Plätzen sind jährlich festzustellen. Solange nicht genügend Plätze zur Verfügung stehen, sind Kinder berufstätiger oder in der Ausbildung befindlicher Eltern sowie solche, für deren Wohl die Unterbringung in einer Tageseinrichtung erforderlich ist, bei der Vergabe besonders zu berücksichtigen.

Ein Rechtsanspruch auf Betreuungsplätze für die genannten Personengruppen resultiert aus diesen Regelungen nicht. Insofern bleibt abzuwarten, ob der konkret bei den betroffenen Eltern entstehende Betreuungsbedarf tatsächlich innerhalb der kommenden Jahre umfassend abgedeckt wird. Die Bundesregierung hat sich dahin gehend geäußert, ein an bestimmte Bedarfslagen geknüpfter Rechtsanspruch wäre frühestens 2010 zu diskutieren, wenn die Angebote in den Kommunen entsprechend der gesetzlichen Vorgaben erweitert wurden.

Neben der Betreuung in Kindertageseinrichtungen kommt auch die Betreuung von Kindern in Kindertagespflege in Betracht. Kindertagespflege wird von einer geeigneten Person (i. d. R. sog. „Tagesmutter") in ihrem Haushalt oder im Haushalt der Personensorgeberechtigten des Kindes geleistet (§ 22 Abs. 1 SGB VIII). Beide Formen stehen gleichberechtigt nebeneinander. Die Tagespflege ist aus der Sicht des Gesetzes ein gleichrangiges Förderungsangebot zu den Tageseinrichtungen. Die Ziele und Aufgaben der Tagespflege sind identisch mit denen der Betreuung von Kindern in Tageseinrichtungen. Auch die Tagespflege soll die Entwicklung des Kindes fördern, die Erziehung und Bildung in der Familie unterstützen und ergänzen und den Eltern dabei helfen, Erwerbstätigkeit und Kindererziehung besser miteinander zu vereinbaren (§ 22 Abs. 2 SGB VIII). Die Kindertagespflege kann dabei flexibler als Tageseinrichtungen mit festen Öffnungszeiten auf Arbeitszeiten der Eltern eingehen und stundenweise Betreuung leisten. **Kindertagespflege**

Die Inhalte der Kindertagespflege sind in § 23 SGB VIII geregelt. Danach umfasst die Förderung in Kindertagespflege die Vermittlung des Kindes zu einer geeigneten Tagespflegeperson (soweit diese nicht bereits von der erziehungsberechtigten Person nachgewiesen wird), deren fachliche Beratung, Begleitung und weitere Qualifizierung sowie die Gewährung einer laufenden Geldleistung. Als geeignet begreift das Gesetz Personen, die sich durch ihre Persönlichkeit, Sachkompetenz und Kooperationsbereitschaft mit Erziehungsberechtigten und anderen Tagespflegepersonen auszeichnen und über kindgerechte Räumlichkeiten verfügen. Sie sollen über vertiefte **§ 23 SGB VIII**

Kenntnisse hinsichtlich der Anforderungen der Kindertagespflege verfügen, die sie in qualifizierten Lehrgängen erworben oder in anderer Weise nachgewiesen haben. Erziehungsberechtigte und Tagespflegepersonen haben Anspruch auf Beratung in allen Fragen der Kindertagespflege. Für Ausfallzeiten einer Tagespflegeperson ist rechtzeitig eine andere Betreuungsmöglichkeit für das Kind sicherzustellen (§ 23 Abs. 4 SGB VIII). Zusammenschlüsse von Tagespflegepersonen sollen beraten, unterstützt und gefördert werden.

Mit dem Ausbau der Kinderbetreuung sollen rund ein Drittel der zusätzlichen Plätze in der Kindertagespflege entstehen. Sie soll sich zu einer qualitativ gleichrangigen Alternative zu der Kinderbetreuung in Tageseinrichtungen entwickeln. Damit die Kindertagespflege (vor allem für Kinder unter drei Jahren) zu einer attraktiven und gleichrangigen Alternative wird, soll sie durch die im Rahmen des TAG erfolgten gesetzlichen Neuregelungen aufgewertet und qualifiziert werden.

Im Gegenzug hat sich die Bezahlung der Tagespflege verbessert: Neben dem Sachaufwand und der Anerkennung der Erziehungsleistung werden auch die Kosten einer Unfallversicherung und ein Zuschuss zur Alterssicherung der Tagespflegepersonen von der öffentlichen Jugendhilfe getragen. Die Jugendämter schließen die Unfallversicherung für die Tagespflegepersonen ab und erstatten die Hälfte der Kosten der Alterssicherung, höchstens allerdings 30 € pro Person.

Kosten für die Betroffenen

Sowohl für die Tageseinrichtungen als auch für die Betreuung von Kindern in Tagespflege ergibt sich einheitlich aus § 90 SGB VIII, dass im Wege der pauschalierten Kostenbeteiligung Teilnahmebeiträge oder Kostenbeiträge festgesetzt werden können. Die Höhe kann nach Einkommensgruppen, Kinderzahl, oder der Zahl der Familienangehörigen gestaffelt werden.

3.3.4 Individuelle Hilfen: Hilfen zur Erziehung, Eingliederungshilfe und Volljährigenhilfe (§§ 27–41 SGB VIII)

Leistungen, die von individuellen, persönlichkeitsbezogenen Voraussetzungen abhängen, finden sich in erster Linie bei den Erziehungshilfen, der Eingliederungshilfe für seelisch behinderte Kinder und Jugendliche und bei der Hilfe für junge Volljährige. Zwischen den drei Leistungsbereichen bestehen sowohl hinsichtlich des Verfahrens zur Planung der Hilfe als auch hinsichtlich der Art der Hilfen deutliche Parallelen.

3.3.4.1 Die Hilfen zur Erziehung

erzieherischer Bedarf

Ein Anspruch auf Hilfe zur Erziehung (§ 27 SGB VIII) setzt zunächst voraus, dass ein erzieherischer Bedarf des betreffenden Kindes oder Jugendlichen besteht. Früher wurden in diesem Zusammenhang Begriffe wie „Erziehungsdefizit", „Verhaltensauffälligkeiten", „Störungen" oder „Verwahrlosung" des Kindes verwendet, derartige negative Zuschreibungen sollen jedoch nach heutigem Jugendhilfeverständnis vermieden werden. In Abgrenzung zu den niederschwelligen offenen Angeboten oder Förderleistungen richten sich die Erziehungshilfen nicht an alle Familien. Der Gesetzeswortlaut („eine dem Kindeswohl entsprechende Erziehung ist nicht gewährleistet") verzichtet aber auf negative Zuschreibungen und macht zudem deutlich, dass es sich auch nicht um eine sog. Kindeswohlgefährdung handeln muss (zu den verschiedenen Interventionsschwellen vgl. Übersicht 39). Bei den Hilfen zur Erziehung handelt es sich um Angebote der Jugendhilfe, die – anders als es bei § 1666 BGB der Fall ist – grundsätzlich nicht mit Eingriffen in das elterliche Sorgerecht verbunden sind. Von Bedeutung ist insbesondere der **präventive Handlungsauftrag** (s. o. III-3.2.1) der Jugendhilfe, so dass weder eine Kindeswohlgefährdung noch ein konkreter Schaden vorliegen muss. Der jugendhilferechtliche Leistungsanspruch wird bereits ausgelöst, wenn die Sozialisationsbedingungen den jungen Menschen im Vergleich zu anderen erheblich benachteiligen. Benachteiligung liegt vor, wenn das, was für Sozialisation, Ausbildung und Erziehung Minderjähriger in dieser Gesellschaft „normal", üblich und erforderlich ist, tatsächlich nicht vorhanden ist (Mangelsituation).

Normalitätsperspektive

Übersicht 39: Interventions- und Eingriffsschwellen von Jugendhilfeleistungen und sorgerechtlicher Entscheidung des Gerichts

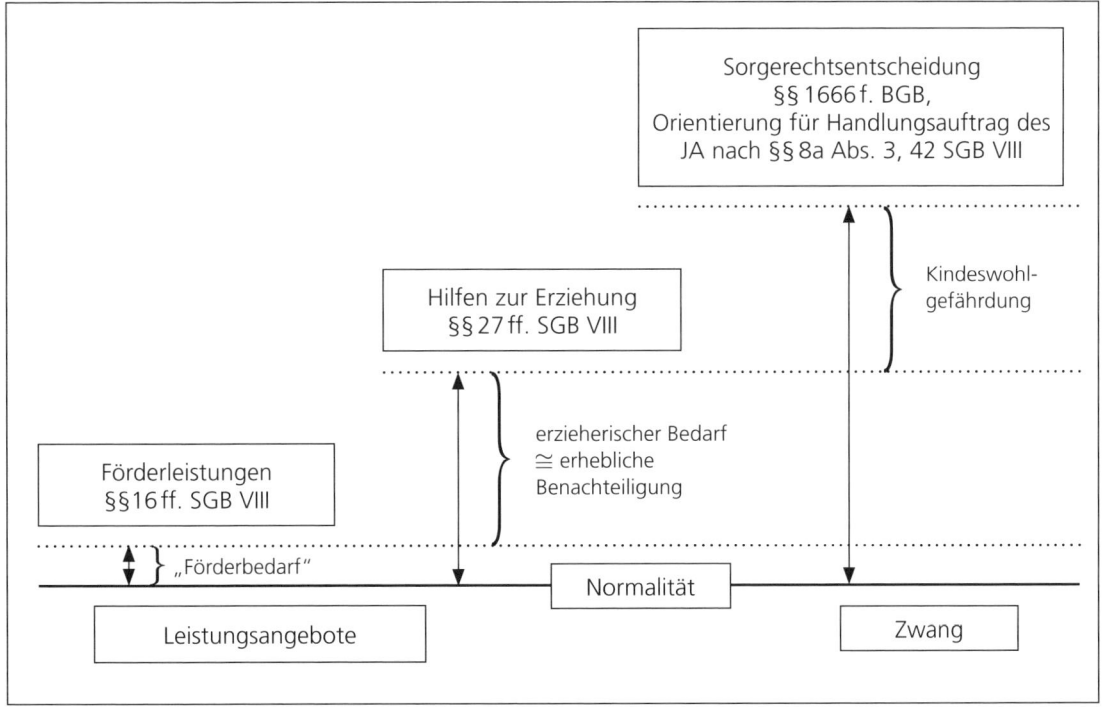

Ist ein entsprechender erzieherischer Bedarf des Minderjährigen gegeben, so kommen zahlreiche Hilfen mit völlig unterschiedlicher Intensität in Frage (hierzu ausführlich Münder et al. 2006 § 27 ff.). Das Gesetz führt in den §§ 28–35 SGB VIII einen Katalog an möglichen Hilfen auf, darüber hinaus können jedoch auch andere Angebote entwickelt werden. Zu beachten ist, dass der Leistungsanspruch als solcher bereits an Geeignetheit und Erforderlichkeit der konkreten Hilfe geknüpft ist. Es handelt sich in § 27 SGB VIII insoweit nicht um eine Frage der Rechtsfolge (bei deren Entscheidung die Verwaltung ggf. ein Ermessen habe könnte), sondern um die Ausfüllung unbestimmter Rechtsbegriffe bei der Prüfung einer Leistungsvoraussetzung, bei der dem Jugendamt auch kein Beurteilungsspielraum zusteht (hierzu vgl. I-3.3.3, zur Beachtung des Gesetzeszwecks nach § 1 Abs. 3 SGB VIII i. R. d. Auslegung vgl. I-3.3.2). Dabei besteht schon im Hinblick auf die Leistungsvoraussetzungen eine **Wechselbeziehung** zwischen Problemlage und Jugendhilfeangebot. Es reicht deshalb nicht aus, auf das begrenzte Standardangebot der idealtypisch beschriebenen Hilfen der §§ 28–35 hinzuweisen. Vielmehr müssen die Hilfen „nach Maß" – eben dem Hilfebedarf entsprechend – entwickelt und angeboten werden. (ausführlich hierzu Münder et al. 2006 vor § 27 Rz. 13 ff.). In jedem Einzelfall ist die genaue Bedarfslage des Kindes oder des Jugendlichen festzustellen und anhand dessen zu entscheiden, welche Art der Hilfe in welchem zeitlichen Umfang und für welche Dauer angebracht ist.

So entschied das BVerwG, in einem Fall, in dem die Mutter eines Kindes eine Freiheitsstrafe zu verbüßen hatte, dass die gemeinsame Unterbringung von Mutter und Kind in einer Mutter-Kind-Einrichtung des Strafvollzuges als Hilfe zur Erziehung zu gewähren sei. Dem Urteil lag der Fall einer alleinerziehenden Mutter zugrunde, die zu einer viermonatigen Freiheitsstrafe verurteilt worden war. Vorgesehen war die Verbüßung der Haftstrafe in einer Justizvollzugsanstalt, die über eine Mutter-Kind-Abteilung verfügte, in die sie ihren damals nur wenige Monate alten Sohn mitnehmen konnte. Da sie aus eigenen Mitteln die Unterbringungskosten für ihren Sohn in Höhe von insgesamt 15.600 DM nicht aufbringen konnte, beantragte sie zur Übernahme der Kosten Hilfe zur Erziehung bei dem zuständigen Jugendamt. Vor dem BVerwG hatte sie Erfolg. Das Gericht führte aus, zwar sei die Unterbringung in einer Mutter-Kind-Einrichtung des Strafvollzugs als Form der Hilfe zur Erziehung im Gesetz nicht genannt, jedoch seien neben den ausdrücklich im SGB VIII aufgeführten Hilfearten auch andere Hilfeformen möglich, sofern ein entsprechender erzieherischer Bedarf bestehe. Die besondere Situation während des Strafvollzugs in einer Justizvollzugsanstalt führe schon deshalb zu einem erzieherischen Bedarf im Sinne des § 27 SGB VIII, weil eine inhaftierte Mutter bei der Wahrnehmung ihrer elterlichen Sorge durch das Leben in der Vollzugsanstalt wesentlich eingeschränkt sei und die Vollzugsbedingungen in aller Regel nicht ohne Einfluss auf die Erziehungsbedingungen sein könnten. Im konkreten Fall sei die Gewährung von Hilfe zur Erziehung durch gemeinsame Unterbringung des Kindes mit seiner Mutter in der Justizvollzugsanstalt im Hinblick auf das Alter des

Kindes und die Bedeutung der frühkindlichen Mutter-Kind-Bindungen sowohl geeignet als auch notwendig gewesen (BVerwG 12.12.2002 – 5 C 48.01
– FEVS 2003, 311 ff., vgl. dazu Tammen 2004, 43 ff.).

Andererseits besteht kein Anspruch auf Hilfe zur Erziehung, wenn die
Personensorgeberechtigten zur Selbsthilfe willens und in der Lage sind oder
wenn (unentgeltliche) Hilfe Dritter, etwa Verwandter, zur Verfügung steht.
Das schließt allerdings Erziehungshilfen unter Einschluss von Verwandten
nicht aus (vgl. § 27 Abs. 2a SGB VIII z. B. im Hinblick auf die Vollzeitpflege
durch die Großeltern).

Das SGB VIII beschreibt in den §§ 27–35 SGB VIII in einer Art sozialpädagogischer Kurzprogrammatik einige in der Praxis bewährte idealtypische
Hilfeformen. Diese Hilfearten sind grundsätzlich gleichwertig, auch wenn
sich die Reihenfolge der Vorschriften an der pädagogischen Intensität der
einzelnen Hilfearten orientiert. Deshalb bedarf es – auch zur Wahrung der
Verhältnismäßigkeit (hierzu I-2.1.2.2) – eines differenzierten pädagogischen
Vorgehens, um den vielfältigen Problemlagen der unterschiedlichen Adressatenkreise gerecht zu werden und ein bedarfsgerechtes Leistungsprogramm
anzubieten. Es ist zunächst zu klären (**Abwägung:** pro und contra), ob eine
sog. Fremdplatzierung, also die außerfamiliäre Unterbringung, des Minderjährigen erforderlich ist. Dies kann z. B. der Fall sein, wenn von der Familie
und deren sozialen Umfeld erhebliche Gefährdungen ausgehen oder der
Ablösungsprozess des heranwachsenden Minderjährigen von der Familie
gefördert werden soll. Im Zweifel ist der ambulanten Hilfe der Vorzug zu geben, um das familiäre Lebensumfeld zu erhalten (Lebensweltorientierung).

ambulante Hilfen Als eine der möglichen Hilfen ist die Erziehungsberatung benannt (§ 28
SGB VIII). Ebenfalls gesetzlich geregelt ist die sog. soziale Gruppenarbeit
(§ 29 SGB VIII), die sich an ältere Kinder und Jugendliche richtet und helfen
soll, deren soziale Kompetenzen zu entwickeln bzw. zu stärken. Benötigt ein
Minderjähriger individuelle Unterstützung bei der Bewältigung von Ent-
wicklungsproblemen, so kann ihm ein Erziehungsbeistand (§ 30 SGB VIII)
zur Seite gestellt werden, der mit ihm etwa Probleme mit den Eltern oder
in der Schule in pädagogischer Weise bearbeitet. Mehr auf die gesamte Familie bezogen ist das Angebot der sozialpädagogischen Familienhilfe (§ 31
SGB VIII). Im Rahmen dieser Hilfe ist eine bestimmte Einzelperson für
die Betreuung der Familie zuständig. Sie kommt mehrmals wöchentlich in
die Wohnung und leistet dort auch praktische Hilfestellung, etwa wenn die
Eltern mit der Versorgung der Kinder und des Haushalts überfordert sind.

stationäre Hilfen Neben den bisher benannten sog. ambulanten Hilfen, bei denen das Kind
im Elternhaus bleibt, kommen bei besonders schwierigen Lebensverhältnissen innerhalb der Familie auch stationäre und teilstationäre Hilfen in
Frage, bei denen der Minderjährige ganz oder zeitweise außerhalb des Elternhauses untergebracht wird. Es gibt zunächst die Möglichkeit einer Ta-
gesgruppe (§ 32 SGB VIII), in der das Kind für einen Teil des Tages oder der
Woche untergebracht ist und speziell betreut wird. Ist es nötig, dass der Minderjährige zumindest vorübergehend vollständig außerhalb seiner Familie

untergebracht wird, so gibt es hierfür verschiedene Möglichkeiten. Es kann eine Pflegeperson bzw. eine Pflegefamilie gesucht werden, bei der der Minderjährige untergebracht wird (§ 33 SGB VIII). Diese Form der Hilfe wird überwiegend für jüngere Kinder gewählt. In Frage kommt auch die Unterbringung in einem Heim, wobei es heute viele unterschiedliche Formen gibt, die teilweise familienähnliche Wohnstrukturen aufweisen. Gerade ältere Jugendliche und junge Volljährige können auch in Wohngemeinschaften oder Einzelwohnungen mit sozialpädagogischer Betreuung untergebracht werden (§ 34 SGB VIII). In besonders schwierigen Fällen ist auch eine spezielle intensive sozialpädagogische Einzelbetreuung möglich (§ 35 SGB VIII).

Freiwilligkeitsprinzip

Entsprechend dem Freiwilligkeitsprinzip können die Hilfeleistungen von den Betroffenen nur freiwillig in Anspruch genommen werden. Bei den Angeboten handelt es sich allerdings teilweise um solche, die von den Familien eher als Eingriff denn als Hilfe wahrgenommen werden. Vor allem eine Fremdunterbringung ihres Kindes nehmen viele Eltern nicht bereitwillig in Anspruch. Auch die sozialpädagogische Familienhilfe wird teilweise kritisiert, da sie durch ihre häufige Anwesenheit tiefe Einblicke in das Familienleben erhält und aus diesem Grund von manchen Eltern nicht gern gesehen ist. Hier ist sozialpädagogische Überzeugungsarbeit der Fachkräfte des Jugendamts gefragt, um den Betroffenen zu verdeutlichen, dass eine anvisierte Hilfe für das Kind erforderlich ist. Lehnen die Eltern dennoch eine Hilfe ab,

Antrag an das Familiengericht bei Kindeswohlgefährdung

so muss das Jugendamt prüfen, ob unter den gegebenen Umständen eine Gefahr für das Wohl des Kindes vorliegt, etwa im Sinne einer gesundheitlichen oder psychischen Gefährdung (§ 8a Abs. 3 SGB VIII). Ist eine solche Gefahr gegeben und sind die Eltern dennoch nicht zur Kooperation mit dem Jugendamt im Interesse des Kindes bereit, so ist ein Antrag an das Familiengericht zu stellen, das den Fall prüft und gegebenenfalls den Eltern das Sorgerecht ganz oder teilweise entzieht (vgl. §§ 1666 f. BGB). Es wird dann ein Vormund oder Pfleger für das Kind eingesetzt, der darüber entscheiden kann, welche Hilfen für das Kind in Anspruch genommen werden. Damit ist rein formal das Freiwilligkeitsprinzip gewahrt, sind doch die Personenberechtigten Inhaber des Leistungsanspruchs. Darauf können sich freilich engagierte Sozialarbeiter nicht ausruhen. Erfolgreich sind vor allem Hilfen, die von den Beteiligten akzeptiert werden. Liegt dagegen keine Gefährdung des Minderjährigen vor, so können gegen den Willen der sorgeberechtigten Eltern keine Hilfen realisiert werden. Dies gilt auch dann, wenn der Minderjährige die Hilfe selbst wünscht, z. B. ein Jugendlicher aufgrund ständiger familiärer Konflikte die elterliche Wohnung verlassen und in eine betreute Wohngemeinschaft ziehen möchte (ausführlich Tammen 2007a Rz. 9 f.).

Birtsch et al. 2001; Tammen 2004a, 90 ff.; Tammen 2007a; Trenczek 2000

3.3.4.2 Eingliederungshilfe für seelisch behinderte junge Menschen

In Anlehnung an die Hilfen zur Erziehung sind auch die Angebote der Eingliederungshilfe für seelisch behinderte Kinder und Jugendliche (§ 35a SGB

VIII) ausgestaltet, allerdings mit einer stärkeren therapeutischen Ausrichtung. Im Zusammenhang mit der Eingliederungshilfe sind auch Regelungen des SGB IX von Bedeutung. Voraussetzung für den Anspruch auf eine Maßnahme der Eingliederungshilfe ist eine seelische Behinderung oder das Drohen einer solchen Behinderung. Mit der Formulierung des § 35a Abs. 1 SGB VIII knüpft die Vorschrift an die Definition des Begriffs der Behinderung in § 2 Abs. 1 SGB IX an. Danach sind Menschen behindert, wenn ihre körperliche Funktion, geistige Fähigkeit oder seelische Gesundheit mit hoher Wahrscheinlichkeit länger als sechs Monate von dem für das Lebensalter typischen Zustand abweichen wird und daher ihre Teilhabe am Leben in der Gesellschaft beeinträchtigt ist.

Grundlage für die Beurteilung, ob gem. § 35a Abs. 1 S. 1 Nr. 1 SGB VIII **ICD 10** eine Abweichung von der seelischen Gesundheit vorliegt, ist die von der WHO erstellte Internationale Klassifikation psychischer Störungen – Kapitel V (F) der ICD-10. Die Abkürzung ICD steht für „**I**nternational Statistical **C**lassification of **D**iseases and Related Health Problems"; die Ziffer 10 bezeichnet deren 10. Revision. Die ICD 10 enthält in 21 Kapiteln und 1.182 Kategorien aufgelistete Diagnosen, die mit 3- bis 5-stelligen Schlüsselzahlen versehen sind. Ein Teil der Schlüsselzahlen ist präkombiniert, d. h. bereits in der endgültigen Zahlenkombination in der ICD 10 aufgeführt, ein anderer Teil ist postkombiniert. Postkombinierte Schlüsselnummern können vom Anwender mittels einer Subklassifikation gebildet werden. Insofern ermöglicht die ICD 10 eine äußerst differenzierte Beschreibung von Krankheitsbildern. Die ICD 10 wird regelmäßig auf der Grundlage des fachlichen Kenntnisstandes aktualisiert.

Das Gesetz benennt ausdrücklich den Personenkreis, der befähigt sein soll, eine Stellungnahme hinsichtlich der Abweichung der seelischen Gesundheit abzugeben. Dies sind die Fachärzte für Kinder- und Jugendpsychotherapie und -psychotherapie (Nr. 1), die approbierten Kinder- und Jugendlichenpsychotherapeuten (Nr. 2, wobei das Gesetz missverständlich von Kinder- und Jugendpsychotherapeuten spricht) und sonstige Ärzte bzw. approbierte psychologische Psychotherapeuten, die über besondere Expertise in dem Feld der psychischen Störungen von Kindern und Jugendlichen verfügen. Die Person, die die Stellungnahme abgegeben hat, soll gemäß § 36 Abs. 3 Satz 1 SGB VIII am Hilfeplanverfahren beteiligt werden. Zur Vermeidung von Interessenkollisionen soll der Arzt bzw. Psychotherapeut, der eine Stellungnahme nach Abs. 1a abgibt, in keiner Form an der Leistungserbringung beteiligt sein.

Für sonstige Formen der Behinderung ist nicht die Jugendhilfe, sondern in erster Linie die Sozialhilfe zuständig. Seit langem ist daher die Auslagerung auch der Leistungen nach § 35a SGB VIII in den Bereich der Sozialhilfe in der Diskussion. Dies könnte Abgrenzungsfragen und Zuständigkeitsprobleme vermindern, auf der anderen Seite könnten jedoch jugendhilfespezifische Ansätze bei der Hilfe verloren gehen. Die Eingliederungshilfe bringt zahlreiche Abgrenzungsprobleme (vgl. Tammen 2007b Rz. 18 ff.), insbesondere zu Leistungen der Sozialhilfe (Eingliederungshilfe für geistig behinderte Menschen), der Krankenkassen (Leistungen bei Krankheit) und zum Bildungswesen (Hochbegabung oder schulische Teilleistungsstörungen wie z. B. Legasthenie), mit sich.

Tammen 2007b

3.3.4.3 Volljährigenhilfe

Ebenfalls in engem Zusammenhang zu den Hilfen zur Erziehung stehen die Hilfen für junge Volljährige (§ 41 SGB VIII), die verhindern sollen, dass junge Menschen mit den formalen Eintritt der Volljährigkeit automatisch aus dem System der Jugendhilfe herausfallen. Voraussetzung der Hilfe ist ein Bedarf des jungen Volljährigen an Hilfe zur Persönlichkeitsentwicklung und zur eigenverantwortlichen Lebensführung. Individuelle Situationen, in denen eine Hilfe für die jungen Menschen nach § 41 notwendig ist, lassen sich nur beschränkt pauschalierend beschreiben. Mangelnde Kompetenz zur Gestaltung einer eigenverantwortlichen Lebensführung kann sich sowohl aus individuellen Beeinträchtigungen als auch aus sozialen Benachteiligungen ergeben. Derartige Benachteiligungen liegen vor, wenn die altersgemäß übliche individuelle Entwicklung oder gesellschaftliche Integration unzureichend bzw. unterdurchschnittlich gelungen ist. Individuelle Beeinträchtigungen sind insbesondere bei psychischen, gesundheitlichen, körperlichen oder sonstigen Beeinträchtigungen individueller Art gegeben, so z. B. bei Abhängigkeiten, Behinderungen, häufiger bzw. schwerer Delinquenz, Freiheitsentzug, aber auch bei wirtschaftlicher Benachteiligung. Soziale Benachteiligungen sind z. B. gegeben bei fehlender oder unzureichender schulischer und beruflicher Ausbildung oder bei Menschen mit Problemen im Kontakt zur sozialen Umwelt (ausführlich Tammen 2007c Rz. 7 ff.).

Von der Ausrichtung her zielen die hier in Frage kommenden Hilfen naturgemäß in erster Linie auf Verselbstständigung ab. Sie muss insoweit geeignet und notwendig sein. Das bedeutet aber nicht, dass zum Beginn der Hilfe deren Erfolg innerhalb eines bestimmten Zeitraumes (etwa bis zur Vollendung des 21. Lebensjahres) feststehen muss (vgl. Münder et al. 2006 § 41 Rz. 7). Im Rahmen einer sozialpädagogischen Betreuung kommt z. B. die Unterstützung bei der Wohnungssuche, bei der Suche nach einem Ausbildungs– oder Arbeitsplatz oder bei Behördenangelegenheiten in Frage.

Fortsetzungshilfe   Eine Hilfe für junge Volljährige kann nur vor Vollendung des 21. Lebensjahrs begonnen werden (sog. Fortsetzungshilfe) und findet spätestens dann ihr Ende, wenn der Betroffene das 27. Lebensjahr vollendet. Vornehmlich aus Kostendämpfungsgründen wird über die Reduzierung der Altersgrenze und die Voraussetzungen der Gewährung der Hilfe debattiert. Abgrenzungsfragen ergeben sich bei § 41 in erster Linie zu Leistungen der Sozialhilfe nach § 67 und § 53 SGB XII.

Tammen 2007c

Übersicht 40: Idealtypischer Ablauf des Hilfeplanverfahrens

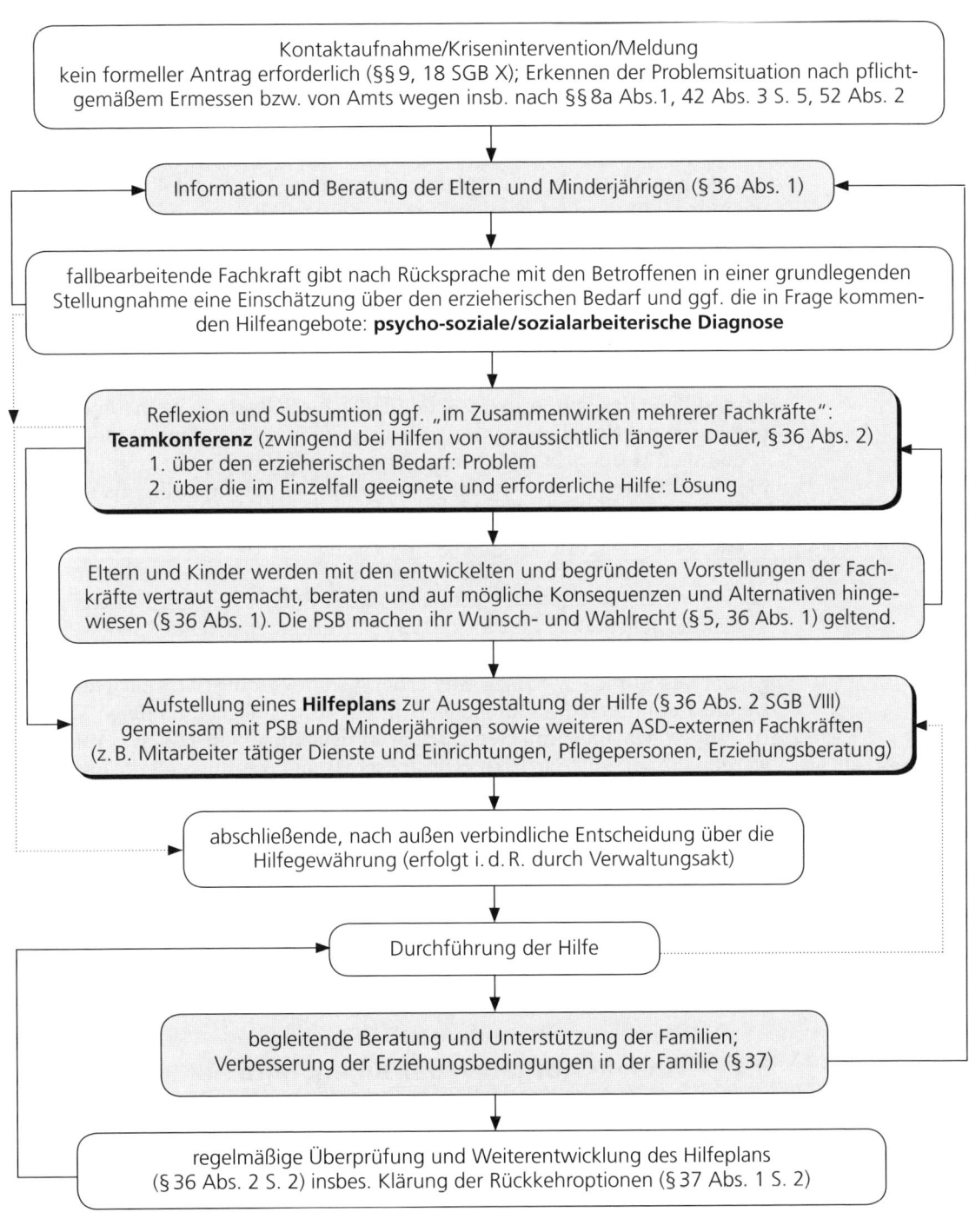

Kontaktaufnahme/Krisenintervention/Meldung
kein formeller Antrag erforderlich (§§ 9, 18 SGB X); Erkennen der Problemsituation nach pflichtgemäßem Ermessen bzw. von Amts wegen insb. nach §§ 8a Abs. 1, 42 Abs. 3 S. 5, 52 Abs. 2

Information und Beratung der Eltern und Minderjährigen (§ 36 Abs. 1)

fallbearbeitende Fachkraft gibt nach Rücksprache mit den Betroffen in einer grundlegenden
Stellungnahme eine Einschätzung über den erzieherischen Bedarf und ggf. die in Frage kommenden Hilfeangebote: **psycho-soziale/sozialarbeiterische Diagnose**

Reflexion und Subsumtion ggf. „im Zusammenwirken mehrerer Fachkräfte":
Teamkonferenz (zwingend bei Hilfen von voraussichtlich längerer Dauer, § 36 Abs. 2)
1. über den erzieherischen Bedarf: Problem
2. über die im Einzelfall geeignete und erforderliche Hilfe: Lösung

Eltern und Kinder werden mit den entwickelten und begründeten Vorstellungen der Fachkräfte vertraut gemacht, beraten und auf mögliche Konsequenzen und Alternativen hingewiesen (§ 36 Abs. 1). Die PSB machen ihr Wunsch- und Wahlrecht (§ 5, 36 Abs. 1) geltend.

Aufstellung eines **Hilfeplans** zur Ausgestaltung der Hilfe (§ 36 Abs. 2 SGB VIII)
gemeinsam mit PSB und Minderjährigen sowie weiteren ASD-externen Fachkräften
(z. B. Mitarbeiter tätiger Dienste und Einrichtungen, Pflegepersonen, Erziehungsberatung)

abschließende, nach außen verbindliche Entscheidung über die
Hilfegewährung (erfolgt i. d. R. durch Verwaltungsakt)

Durchführung der Hilfe

begleitende Beratung und Unterstützung der Familien;
Verbesserung der Erziehungsbedingungen in der Familie (§ 37)

regelmäßige Überprüfung und Weiterentwicklung des Hilfeplans
(§ 36 Abs. 2 S. 2) insbes. Klärung der Rückkehroptionen (§ 37 Abs. 1 S. 2)

┈┈┈▶ häufige, nicht korrekte Praxis

3.3.4.4 Hilfeplanverfahren und Steuerungsverantwortung

Entscheidende Bedeutung für die Bestimmung der konkreten Hilfe im Einzelfall haben die Verfahrensvorschriften der §§ 36–37 SGB VIII. Von Bedeutung sind hier insbesondere die Berücksichtigung des Wunsch- und Wahlrechts, das Zusammenwirken zwischen mehreren Fachkräften und die gemeinsam mit den Personensorgeberechtigten und Minderjährigen vorzunehmende Aufstellung des Hilfeplans vor Bewilligung der Hilfe (zum idealtypischen Ablauf des Hilfeplanverfahrens vgl. Übersicht 40). Eine Hilfeplanung (Prüfung der Leistungsvoraussetzungen) ist – wie bei allen anderen **Teamkonferenz** Leistungen auch – stets erforderlich. Die sog. Teamkonferenz ist bei einer Entscheidung über voraussichtlich länger dauernde Hilfen (im Hinblick auf das Lebensalter von Kindern und Jugendlichen teilweise schon ab drei Monaten) verbindlich (§ 36 Abs. 2 S. 1 SGB VIII). Diese Bestimmungen sind Ausdruck der Ausrichtung der Leistungen des SGB VIII an den Leistungsberechtigten und Leistungsempfängern: Betroffene sind nicht Objekt, sondern Subjekt des Hilfeprozesses, und Hilfe zur Selbsthilfe kann nur dort gelingen, wo die Beteiligten soweit wie möglich in ihrer Subjektstellung ernst genommen werden. Bei längeren Hilfen ist regelmäßig zu überprüfen, ob die angestrebten Ziele erreicht wurden und ob sich die Hilfe als geeignet erweist. Erforderlichenfalls sind Änderungen vorzunehmen.

Steuerungsverantwortung Die Bedeutung des Hilfeplanverfahrens hat der Gesetzgeber auch im Zusammenhang mit der sog. Selbstbeschaffung und der Kooperation mit den Gerichten hervorgehoben. Nach § 36a Abs. 1 SGB VIII trägt der öffentliche Träger der Jugendhilfe die Kosten der Hilfe grundsätzlich nur dann, wenn sie auf Grundlage einer fachgerechten Hilfeplanung durch die Fachkräfte des Jugendamtes erbracht wird (sog. Steuerungsverantwortung). Das gilt auch dann, wenn Eltern durch das Familiengericht oder Jugendliche und junge Volljährige durch den Jugendrichter zur Inanspruchnahme von Hilfen verpflichtet **Selbstbeschaffung** werden (s. III-3.4.2.2). Eine Selbstbeschaffung von Jugendhilfeleistungen durch die Eltern selbst z.B. unmittelbar bei freien Trägern vor Einschaltung des Jugendamtes ist – außerhalb der besonderen niederschwelligen Angebote insbesondere der Erziehungsberatung (vgl. § 36a Abs. 2 SGB VIII) – nur noch in seltenen Ausnahmesituationen (bei einem sog. Systemversagen; vgl. Münder et al. 2006 § 27 Rz. 24) möglich, eine Kostenübernahme erfolgt grundsätzlich nur aufgrund einer fachgerechten Hilfeplanung (§ 36a Abs. 2 SGB VIII).

Tammen 2007a; 2007b; 2007c; Trenczek 2000

3.4   Andere Aufgaben der Jugendhilfe

Die sog. „anderen Aufgaben" der Jugendhilfe sind sehr unterschiedlicher Art. Verbindender Aspekt ist, dass das Jugendamt im Rahmen dieser Vorschriften zur Sicherung des Wohls und zur Unterstützung der Minderjährigen hoheitlich tätig wird.

3.4.1   Schutzmaßnahmen für Minderjährige

3.4.1.1 Inobhutnahme (§ 42 SGB VIII)

Als unmittelbare Schutzmaßnahme für Kinder und Jugendliche hat das Jugendamt die Möglichkeit, Minderjährige in akuten Krisensituationen in Obhut zu nehmen (§ 42 SGB VIII; hierzu ausführlich Trenczek 2007a). Voraussetzung dafür ist, dass entweder der Minderjährige selbst darum bittet, in Obhut genommen zu werden (sog. „Selbstmelder"), oder dass er sich in einer dringenden Gefahr befindet. Ebenfalls in Obhut zu nehmen sind ausländische Minderjährige, die unbegleitet in die Bundesrepublik kommen (§ 42 Abs. 1 Nr. 3 SGB VIII; vgl. Münder et al. 2006 § 42 Rz. 18).

Selbstmelder

Meldet sich ein Kind oder ein Jugendlicher beim Jugendamt bzw. bei einem Kinder– und Jugendnotdienst mit der Bitte um Aufnahme, so hat das Jugendamt ihn ohne jede Vorprüfung der Situation in Obhut zu nehmen (hierzu Münder et al. 2006 § 42 Rz. 11 ff.). Gründe der Minderjährigen liegen oft in familiären Konflikten, z. B. in Fällen von Gewalt oder wenn Minderjährige gegen ihren Willen ins Ausland verbracht werden sollen.

dringende Gefahr des Minderjährigen

Eine Verpflichtung zur Inobhutnahme eines Minderjährigen besteht auch dann, wenn er sich in einer dringenden Gefahr befindet. Dies kann z. B. sein, wenn das Kind oder der Jugendliche von der Polizei an einem gefährdenden Ort, etwa im Drogen– oder Prostitutionsmilieu, aufgegriffen worden ist, oder wenn der Minderjährige selbstgefährdendes Verhalten zeigt (hierzu Münder et al. 2006 § 42 Rz. 13 ff.).

Durchführung der Inobhutnahme

Die Aufgaben und Befugnisse des Jugendamts im Rahmen der Inobhutnahme sind an verschiedenen Stellen der Vorschrift geregelt, ohne dass es einen Unterschied macht, aus welchem Grund die Inobhutnahme erfolgt. Die Übersicht 41 ermöglicht einen Überblick über den chronologischen Ablauf und das Verfahren der Inobhutnahme.

Die Entscheidung, einen Minderjährigen in Obhut zu nehmen, ist ein **Verwaltungsakt** (§ 31 Satz 1 SGB X; vgl. III-1.3.1). Zwar können anerkannte Träger der freien Jugendhilfe bei der Durchführung der Inobhutnahme nach §§ 3 Abs. 3 Satz 2, 76 Abs. 1 SGB VIII beteiligt oder diese Aufgabe zur Ausführung übertragen werden. Die hoheitliche Befugnis, durch Verwaltungsakt zu entscheiden, ob eine Inobhutnahme erfolgt, ist insoweit nicht übertragbar. Damit ist eine Inobhutnahme ohne oder erst aufgrund der nachträglichen Einschaltung des Jugendamts unzulässig. Dies gilt auch dann, wenn Selbstmelder bei Einrichtungen der freien Jugendhilfe um Inobhutnahme bitten. Schon deshalb muss im Jugendamt eine 24-stündige Rufbereitschaft gesichert sein.

Herausnahme

Das Jugendamt ist bei mangelnden Handlungsalternativen berechtigt, den Minderjährigen zum Zweck der Inobhutnahme auch von seinen Eltern oder sonstigen Personen (z. B. Pflegepersonen) weg- und aus der Familie herauszunehmen (zu den Befugnissen des Jugendamtes im Einzelnen vgl. Münder et al. 2006 § 42 Rz. 19 ff.). Ist dabei unmittelbarer Zwang erforderlich (z. B. Aufbrechen der Tür), so ist die Polizei als zuständige Stelle hinzuzuziehen (§ 42 Abs. 6 SGB VIII).

Übersicht 41: Chronologischer Ablauf und Verfahren der Inobhutnahme § 42 SGB VIII

24-Stunden-Bereitschaftsdienst des JA (Information der Mitarbeiter ggf. über Polizei oder Rettungsleitstelle) ausgebautes System zielgruppenspezifischer Jugendschutz- und Bereitschaftspflegestellen

Anlass der Inobhutnahme (Abs. 1 Nr. 1–3)
- Selbstmelder
- dringende Gefahr für das Wohl des Kindes
- unbegleiteter minderjähriger Ausländer

nur im Fall Nr. 2: vor Entscheidung erste Risikoabschätzung insbesondere mit den Eltern; Vorliegen einer Gefährdungssituation, deren Abwendung keinen Aufschub duldet (PSB widersprechen nicht oder Entscheidung des FamG kann nicht abgewartet werden)

- Zugang über Jugendschutzstelle eines freien Trägers: **sofortige** Information des JA!
- **Entscheidung** durch das JA, dass Mj. in Obhut genommen wird (VA, nicht an freie Träger delegierbar) = **Beginn** der Inobhutnahme
- ggf. Heraus- und **Wegnahme** aus der das Kindeswohl gefährdenden Situation (Abs. 1 S. 2 a. E.)
- unter **Zwang** (grds. nur) mit polizeilicher Hilfe (Abs. 6)
- **Schutzgewährung** (Sicherstellung von Kindeswohls, Unterhalt und Krankenhilfe, Abs. 2 S. 3)
- ggf. sofortige **ärztliche Versorgung**!
- **Unterbringung** bei einer geeigneten Person oder Einrichtung und **Betreuung** (Abs. 1 S. 2, Abs. 2)
- **Situationsklärung** und Risikoabschätzung mit dem Kind bzw. Jugendlichen (Abs. 2 S. 1) und
- unverzüglich (sofort) dem Mj. Gelegenheit geben, eine **Vertrauensperson** zu informieren (Abs. 2 S. 1)
- bei mj. **unbegleiteten Migranten**: unverzügliche Bestellung eines Vormunds/Pflegers (Abs. 3 S. 3)
- (unverzügliche) **Unterrichtung der Personensorgeberechtigten** (bzw. EB) und gemeinsame Risikoabschätzung (Abs. 3 S. 1):

Zustimmung	Widerspruch	Scheitern der Kontaktaufnahme
- vorläufige Fortführung der Inobhutnahme - Einstieg in die **Hilfeplanung** (Abs. 3 S. 5)	- wenn keine Kindeswohlgefährdung: Beendigung der Inobhutnahme durch **Übergabe** des Mj. an die Eltern (Abs. 3 S. 2 Nr. 1) - bei Vorliegen einer Kindeswohlgefährdung unverzüglich (hier: sofortige) Herbeiführung einer Entscheidung des **FamG** (Abs. 3 S. 2 Nr. 2) - vorläufige Fortführung der Inobhutnahme bis zur Entscheidung des FamG, in der Zwischenzeit **Hilfeplanung** (§ 36)	- unverzüglich (hier: sofortige) Herbeiführung einer Entscheidung des **FamG** (Abs. 3 S. 3) - vorläufige Fortführung der Inobhutnahme bis zur Entscheidung des FamG oder Beendigung der Kindeswohlgefährdung

Beendigung der Inobhutnahme durch Übergabe des Mj. an die Eltern oder Überleitung in eine andere Hilfeform (Abs. 4).
Beachte: *Vor* **freiheitsentziehenden Maßnahmen** ist die Genehmigung des FamG einholen (Art. 104 Abs. 2 S. 1 GG), ausnahmsweise **sofort** nach Beginn. Ohne richterliche Entscheidung ist der Freiheitsentzug spätestens am Ende des nächsten Tages zu beenden (Abs. 5 S. 2).

Im Rahmen der Inobhutnahme ist der Minderjährige zunächst in geeigneter Art und Weise unterzubringen. Dafür kommen z. B. Kinder– und Jugendschutzstellen, Bereitschaftspflegestellen oder Mädchenhäuser in Frage (zur Art und Weise der Unterbringung vgl. Münder et al. 2006 § 42 Rz. 19 ff.). Das Kind oder der Jugendliche muss unverzüglich die Gelegenheit erhalten, eine Person seines Vertrauens zu benachrichtigen (§ 42 Abs. 2 S. 2 SGB VIII).

Wesensinhalt der Inobhutnahme ist aber nicht die bloße Unterbringung, sondern die **sozialpädagogisch betreute Schutzgewährung** für Kinder und Jugendliche. Während der Inobhutnahme ist eine sozialpädagogische Betreuung des Minderjährigen zur Klärung der bestehenden Konfliktlage erforderlich. Die Eltern sind darüber zu informieren, dass ihr Kind in Obhut genommen worden ist. Wenn zu befürchten ist, dass die Angabe des Ortes, an dem sich das Kind aufhält, die Problemlage noch verschärfen würde, kann diese spezielle Information zunächst unterbleiben. Im Zuge der Kontaktaufnahme mit den Eltern ist zu versuchen, zu einer gemeinsamen Lösung des bestehenden Konflikts zu kommen. Vielfach können sie dazu bewegt werden, ihr Einverständnis über den Verbleib ihres Kindes in der Schutzstelle zu erklären. Dann kann dort in Ruhe unter Einbeziehung der Eltern an einer Lösung des Konflikts gearbeitet werden. Es könnte z. B. die Initiierung einer Hilfe zur Erziehung in Frage kommen. Verlangen die Eltern dagegen **Widerspruch** die sofortige Rückkehr ihres Kindes (Widerspruch i. S. d. § 42 Abs. 2 S. 2 SGB VIII), so hat das Jugendamt auf der Grundlage der ihm vorliegenden Informationen zu prüfen, ob das Wohl des Kindes durch die Rückkehr zu den Eltern – etwa bei besonders gravierenden Konflikten, Misshandlung, sexuellem Missbrauch usw. – in Gefahr wäre. Ist dies der Fall, so ist das Familiengericht anzurufen, das den Fall prüft, über den Verbleib des Kindes entscheidet und unter Umständen den Eltern das Sorgerecht ganz oder teilweise entzieht. Im anderen Fall muss das Kind seinen Eltern herausgegeben werden, das Jugendamt hat insoweit kein Ermessen (vgl. Münder et al. 2006 § 42 Rz. 40 ff.).

Während der Inobhutnahme übt das Jugendamt wesentliche Teilbereiche der Personensorge (Beaufsichtigung und Aufenthaltsbestimmung) aus, inklusive der rechtsgeschäftlichen Vertretung (§ 42 Abs. 2 S. 4 SGB VIII), z. B. im Hinblick auf den Abschluss von Behandlungsverträgen bei ärztlichen Untersuchungen.

Kann eine Gefahr für Leib oder Leben des Minderjährigen oder sonstiger **geschlossene** Personen nicht auf andere Weise abgewendet werden, kann der Minder- **Unterbringung** jährige im Rahmen der Inobhutnahme auch vorübergehend freiheitsentziehend untergebracht werden (sog. geschlossene Unterbringung, ausführlich dazu Münder et al. 2006 § 42 Rz. 56 ff.). Dies wäre etwa denkbar bei Suizidgefahr oder wenn von dem Minderjährigen eine ernsthafte Bedrohung für Leib und Leben einer anderen Person ausgeht, nicht aber aufgrund der (wiederholten) Begehung von sonstigen Straftaten.

§ 42 Abs. 4 SGB VIII sieht zwei Beendigungsformen – Übergabe an die **Ende der** Personensorge- bzw. Erziehungsberechtigten oder Überleitung in eine an- **Inobhutnahme**

dere Hilfeform – vor. Die Dauer der Inobhutnahme ist im Gesetz nicht geregelt, sie muss sich grundsätzlich auf kurzfristige, vorläufige Interventionen
beschränken. Kriseninterventionen muss auf die konkrete Konflikt- und Notlage im Einzelfall gerichtet sein und verträgt keine pauschale Begrenzung
auf einen bestimmten Zeitraum. Sie darf und muss erst beendet werden,
wenn die (Hilfe auslösenden und damit gleichzeitig normativen) Voraussetzungen der Inobhutnahme nicht mehr vorliegen.

 Trenczek 2007a

3.4.1.2 Schutz von Minderjährigen in Einrichtungen (§§ 43–49 SGB VIII)

Pflegeerlaubnis Weitere Schutzmaßnahmen werden durch die Jugendhilfe in Bezug auf die
Sicherstellung des Wohls der Minderjährigen in Pflegefamilien und Heimen ausgeführt: Um zu gewährleisten, dass Kinder und Jugendliche, die in
Pflegeverhältnissen leben, nur bei geeigneten Personen untergebracht sind,
benötigen Tagespflegepersonen und Pflegepersonen, bei denen ein Minderjähriger für längere Zeit lebt und die nicht im Rahmen von Hilfe zur Erziehung vom Jugendamt selbst ausgewählt worden sind, eine Pflegeerlaubnis
(§§ 43, 44 SGB VIII). Die Erlaubnis ist bei dem örtlichen Jugendamt zu beantragen. Bestehen Hinweise auf Probleme, so wird die Pflegestelle auch
nach Erteilung der Genehmigung durch das Jugendamt überprüft.

Betriebserlaubnis Eine parallele Regelung besteht für Einrichtungen, wie z. B. Heime, in de-
nen Minderjährige untergebracht sind (§ 45 SGB VIII). Der Betreiber der
Einrichtung hat unter Angaben über die Räumlichkeiten, das pädagogische
Konzept, die Mitarbeiter usw. eine Erlaubnis zu beantragen. Erscheint das
Wohl der Minderjährigen als gesichert, so wird die Betriebserlaubnis erteilt.
Auch hier finden bei Hinweisen auf Mängel Überprüfungen der Einrich-
tung durch die Heimaufsicht der Jugendämter statt.

Die in §§ 43–49 SGB VIII geregelten Aufgaben haben sich aus der
früheren Heim- und Pflegekinderaufsicht entwickelt. Heute sind diese vorwiegend präventiv und auf Beratung und Unterstützung der Fachkräfte und
Einrichtungen ausgelegt. Es bleiben allerdings zum Schutz der Minderjährigen Kontrollfunktionen, die im schlimmsten Fall zu einem Entzug der Erlaubnisse (vgl. § 45 Abs. 2 S. 5 SGB VIII) und einer Tätigkeitsuntersagung
(§ 48 SGB VIII) führen können.

3.4.2   Mitwirkung in gerichtlichen Verfahren (§§ 50–52 SGB VIII)

In den §§ 50–52 regelt das SGB VIII die Aufgaben des Jugendamts, die es aus
Anlass gerichtlicher Verfahren vor den Familien-, Vormundschafts- und Ju-
gendgerichten wahrzunehmen hat, um junge Menschen in diesen Verfahren
zu begleiten und die spezielle jugendhilfespezifische Kompetenz der Jugendämter einfließen zu lassen. Hierbei handelt es sich ungeachtet der Spezifika
der justiznahen Arbeitsfelder nicht um eine vom Gericht abgeleitete, son-

dern um eine originäre Aufgabenstellung des Jugendamts. Die Tätigkeit der Jugendhilfe steht deshalb auch bei ihrer Mitwirkung in gerichtlichen Verfahren unter dem Primat der **sozialpädagogischen**, jugendrechtlich geschützten **Handlungsstandards** (s. o. III-3.2; hierzu ausführlich Trenczek 2007b).

Vorrangig sind deshalb helfende, unterstützende, auf (Wieder)Herstellung eines verantwortungsgerechten Verhaltes sowie die (Re-)Organisation sozialer Beziehungen gerichtete **einvernehmliche Konfliktregelungen** (zur Mediation vgl. I-6.3). Auch im gerichtlichen Verfahren haben informelle Lösungswege Vorrang.

Das Jugendamt unterliegt keinen gerichtlichen Weisungen, weder im Hinblick auf die Art und Weise der Aufgabenwahrnehmung (im Hinblick auf konkrete Mitwirkungshandlungen, z. B. bestimmte Ermittlungen durchzuführen, Entscheidungsvorschläge zu machen) noch im Hinblick auf ein persönliches Erscheinen der Mitarbeiter des Jugendamts. Während sich die Aufgaben und Befugnisse des Jugendamts aus dem Sozialrecht ergeben (insbesondere SGB I, VIII und X), bestimmt sich seine **prozessrechtliche Stellung** im Gerichtsverfahren aus den jeweiligen Verfahrensnormen des FGG und der ZPO bzw. des JGG und der StPO (Münder et al. 2006 Vor § 50 und § 50).

3.4.2.1 Mitwirkung in Verfahren vor den Familien- und Vormundschafts-gerichten (§ 50 SGB VIII)

§ 50 SGB VIII regelt aus der Sicht der öffentlichen Jugendhilfe die oftmals unzureichend als „Familiengerichtshilfe" bezeichnete **interdisziplinäre und Institutionen übergreifende Zusammenarbeit** von Jugendamt und FamG / VormG und ergänzt die parallelen Beratungs- und Leistungsverpflichtungen gegenüber den Familien (z. B. §§ 8, 17, 18, 28 SGB VIII). In diesen Verfahren wird z. B. über das Sorgerecht oder über Fragen des Umgangs mit dem Kind entschieden oder es handelt sich um Verfahren im Zusammenhang mit der Adoption eines Minderjährigen. Die Unterstützung des Gerichts bezieht sich auf alle Maßnahmen des Gerichts, die die Sorge für das Kind oder den Jugendlichen betreffen und im Interesse des **Kindeswohls** getroffen werden können (§ 1697a BGB). Hierunter fallen insbesondere die im Hinblick auf die Mitwirkung explizit in den **§§ 49, 49a FGG** aufgezählten Verfahren sowie darüber hinaus alle sog. Vormundschafts- und Familiensachen, in denen wesentliche, das Kindeswohl (§ 1697a BGB) betreffende Entscheidungen beabsichtigt sind (im Einzelnen hierzu Münder et al. 2006 Anhang § 50 Rz. 16 ff.). Das Jugendamt unterrichtet dabei über Leistungen, die den Betroffenen angeboten oder bereits erbracht wurden, es bringt erzieherische und soziale Gesichtspunkte zur Entwicklung des Kindes oder des Jugendlichen ein und weist auf weitere Möglichkeiten der Hilfe hin. § 50 SGB VIII legt aber im Hinblick auf die Unterstützung und die Mitwirkung weder in Abs. 1 noch in Abs. 2 die **Art und Weise** der Unterstützung (in welcher Form und in welchem Umfang) fest, sondern überlässt es dem Jugendamt zu entscheiden, **wie** es seine Mitwirkungspflicht erfüllt. Die umstrittene

Familiengerichts-hilfe

Frage, ob das Jugendamt Stellungnahmen abzugeben und insbesondere einen **Entscheidungsvorschlag** zu unterbreiten hat, lässt sich nicht allgemein und kategorisch klären. Vielmehr ist stets eine Abwägung im konkreten Einzelfall erforderlich, welche Vorgehensweise dem Kindeswohl und dem Handlungsauftrag des Jugendamts am besten gerecht wird.

Trenczek 2007b

3.4.2.2 Mitwirkung in Verfahren nach dem Jugendgerichtsgesetz (§ 52 SGB VIII)

Darüber hinaus hat das Jugendamt auch bei Strafverfahren nach dem Jugendgerichtsgesetz mitzuwirken (§ 52 SGB VIII i. V. m. §§ 38, 50 JGG; vgl. IV–6.3). Dies sind Verfahren, in denen gegen Jugendliche oder junge Heranwachsende wegen der Begehung von Straftaten ein Ermittlungsverfahren eingeleitet wurde. Die soziale Kontrolle von jungen Menschen ist durch ihren **doppelten rechtlichen Bezugsrahmen** gekennzeichnet, einerseits dem Jugend**hilfe**recht und andererseits dem Jugend**straf**recht (siehe Übersicht 42). In der Praxis wird allerdings die Regelungsrelevanz des SGB VIII häufig nicht ausreichend beachtet.

Jugendgerichtshilfe   Das Jugendamt bringt sich als sog. Jugendgerichtshilfe (JGH) in das Strafverfahren ein. § 52 SGB VIII stellt die Rechtsgrundlage für das Handeln der Jugend(gerichts)hilfe dar und betont deren Einbindung in den Verantwortungsbereich des kommunalen Jugendhilfeträgers. §§ 38, 50 JGG, auf den § 52 Abs. 1 SGB VIII verweist, konkretisierten die verfahrensrechtliche Stellung des Jugendamts im Strafverfahren sowie die neben dem leistungsbezogenen Auftrag obliegenden spezifischen Aufgaben im Strafverfahren. Ziel der JGH ist es aber auch hier (vgl. § 38 Abs. 2 S. 2 JGG *„zu diesem Zweck"*), die sozialpädagogischen („erzieherischen") Gesichtspunkte auch im Rahmen eines Strafverfahrens zur Geltung zu bringen und die **soziale Integration** des jungen Menschen zu fördern (Zweckbindungsprinzip).

Diversion   An erster Stelle steht die Soziale Arbeit insbesondere mit den nicht nur jugendtypisch und vorübergehend, sondern mehrfach auffälligen jungen Menschen. Aufgabe des Jugendamtes im Rahmen der JGH ist es dabei zunächst, möglichst **frühzeitig** (also noch vor Anklageerhebung) und in der Interaktion mit dem jungen Menschen und seiner Familie zu prüfen, ob Jugendhilfeleistungen in Betracht kommen und diese ggf. zu initiieren (§ 52 Abs. 2 SGB VIII), damit das Ermittlungsverfahren möglichst informell ohne Anklage beendet werden kann (Diversion; hierzu III-5.1).

Betreuungs-aufgaben   Neben der Förderung der Diversion hat das Jugendamt den Jugendlichen während des gesamten Verfahrens (vom Beginn eines Ermittlungsverfahrens bis zur Vollstreckung einer gegebenenfalls verhängten Sanktion) zu betreuen (§ 52 Abs. 3 SGB VIII). Diese Betreuung muss entsprechend den Grundmaximen des Jugendhilferechts sozialpädagogisch und sozialanwaltlich zugunsten des Jugendlichen erfolgen. Die JGH hat die Aufgabe, Krisen zu managen, Hilfestellungen zu leisten, Lebenslagen zu verbessern, zu be-

Übersicht 42: Zweispurigkeit der öffentlichen Sozialkontrolle gegenüber Jugendlichen

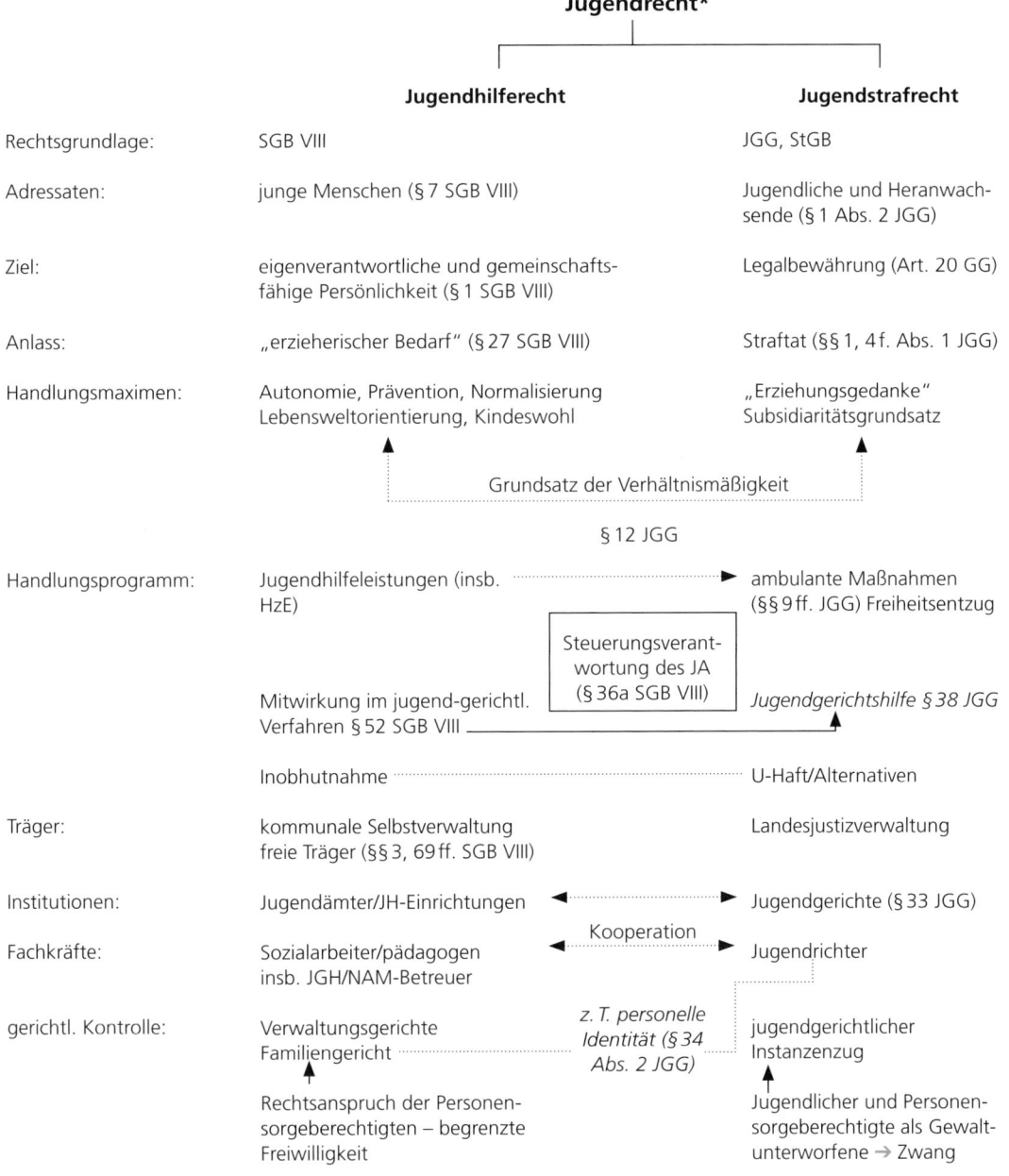

	Jugendhilferecht	**Jugendstrafrecht**
Rechtsgrundlage:	SGB VIII	JGG, StGB
Adressaten:	junge Menschen (§ 7 SGB VIII)	Jugendliche und Heranwachsende (§ 1 Abs. 2 JGG)
Ziel:	eigenverantwortliche und gemeinschaftsfähige Persönlichkeit (§ 1 SGB VIII)	Legalbewährung (Art. 20 GG)
Anlass:	„erzieherischer Bedarf" (§ 27 SGB VIII)	Straftat (§§ 1, 4 f. Abs. 1 JGG)
Handlungsmaximen:	Autonomie, Prävention, Normalisierung Lebensweltorientierung, Kindeswohl	„Erziehungsgedanke" Subsidiaritätsgrundsatz

Grundsatz der Verhältnismäßigkeit

§ 12 JGG

Handlungsprogramm:	Jugendhilfeleistungen (insb. HzE)	ambulante Maßnahmen (§§ 9 ff. JGG) Freiheitsentzug

Steuerungsverantwortung des JA (§ 36a SGB VIII)

	Mitwirkung im jugend-gerichtl. Verfahren § 52 SGB VIII	Jugendgerichtshilfe § 38 JGG
	Inobhutnahme	U-Haft/Alternativen
Träger:	kommunale Selbstverwaltung freie Träger (§§ 3, 69 ff. SGB VIII)	Landesjustizverwaltung
Institutionen:	Jugendämter/JH-Einrichtungen	Jugendgerichte (§ 33 JGG)

Kooperation

Fachkräfte:	Sozialarbeiter/pädagogen insb. JGH/NAM-Betreuer	Jugendrichter

z. T. personelle Identität (§ 34 Abs. 2 JGG)

gerichtl. Kontrolle:	Verwaltungsgerichte Familiengericht	jugendgerichtlicher Instanzenzug
	Rechtsanspruch der Personensorgeberechtigten – begrenzte Freiwilligkeit	Jugendlicher und Personensorgeberechtigte als Gewaltunterworfene → Zwang

---

* Zur Sozialkontrolle von jungen Menschen und dem Jugendrecht gehört als drittes Feld noch das (hier vernachlässigte) Jugendschutzrecht.

raten und Wege aufzuzeigen. Gefragt ist mit der sozialarbeiterischen/-päd-
agogischen Fachkompetenz bewusst eine andere als die strafrechtlich orientierte Perspektive. Sowohl im Ermittlungsverfahren wie auch nach Anklage
vor dem Gericht soll die JGH die sozialpädagogischen Aspekte zur Berücksichtigung bringen (§ 52 Abs. 1 SGB VIII i. V. m. § 38 JGG) und z. B. aufzei-
gen, wie die Persönlichkeitsentwicklung des jungen Menschen durch Angebote der Jugendhilfe positiv beeinflusst werden könnte, um strafrechtliche,
insbesondere freiheitsentziehende Sanktionen möglichst zu vermeiden.

Zusammenfassend können die Aufgaben der Jugendhilfe im Rahmen der
JGH wie folgt beschrieben werden: Sie hat

- dem Jugendlichen oder Heranwachsenden mögliche sozialpädagogische
  Angebote und Leistungen z. B. – aber nicht nur – in Form der sog. Neuen
  Ambulanten Maßnahmen (spezifische Erziehungshilfen nach §§ 27 ff.
  SGB VIII bzw. Hilfen für junge Volljährige nach § 41 SGB VIII; vgl. IV-
  5.2) auch unabhängig vom Strafverfahren aufzuzeigen, diese zu initiieren, gegebenenfalls zu vermitteln und durchzuführen;
- zur Förderung der Diversion ambulante Leistungen und Hilfen, besonders einen Ausgleich mit dem Geschädigten anzubieten oder zu vermitteln und durchzuführen;
- den Jugendlichen oder Heranwachsenden auf die Verhandlung vorzu-
  bereiten und über den Gang und die möglichen Folgen des Verfahrens
  aufzuklären;
- ihn während des gesamten Verfahrens zu betreuen (insbesondere in der
  Hauptverhandlung anwesend zu sein) und bei der Wiedereingliederung
  zu unterstützen;
- vorläufige Entscheidungen besonders zum Zwecke der Haftvermeidung
  bzw. -verschonung und die Einstellung eines Verfahrens anzuregen;
- Eltern und Bezugspersonen im Bedarfsfall in die Erörterung möglicher
  Hilfen und Angebote einzubeziehen und diese Personen entsprechend
  zu beraten;
- im Hinblick auf eine verstehende Untersuchung von Biografie und Lebenslage sowie zur Vorbereitung jugendhilferechtlicher Interventionen
  psychosoziale Daten zu erheben (sog. „Erforschung der Persönlichkeit"
  § 38 Abs. 1 JGG)
- Staatsanwaltschaft und Gericht zu unterstützen, indem sie insbesondere
  durch fachliche Stellungnahmen die persönlichen, familiären und sozialen Gegebenheiten des Jugendlichen oder Heranwachsenden unter besonderer Berücksichtigung der aktuellen Lebenssituation darstellt und
  verständlich macht, die Justiz frühzeitig über die in Frage kommenden
  Leistungen der Jugendhilfe informiert, sie über die zu treffenden Entscheidungen insbesondere im Hinblick auf deren lebensweltliche Konsequenzen berät und bei Bedarf bestimmter Angebote der Jugendhilfe un-
  terbreitet, in Haftsachen beschleunigt Alternativen zur Untersuchungshaft prüft und initiiert.

Von den Mitarbeitern der JGH wird im Hinblick auf ihre fachlichen Stellungnahmen (hierzu Trenczek 2003a) insbesondere erwartet, zur strafrechtlichen Reife eines jungen Menschen (§ 3 JGG; hierzu IV-5) und zur Jugendlichkeit von Heranwachsenden (§ 105 JGG) Stellung zu nehmen, da sie in aller Regel in Sozialarbeit und Entwicklungspsychologie ausgebildet sind und eher als das Gericht über die notwendigen Kenntnisse der Diagnose verfügen. Es ist falsch, wenn auch einer weit verbreitenden Praxis entsprechend, davon auszugehen, dass der Jugendliche reif genug ist, das Unrecht der Tat einzusehen und dementsprechend danach zu handeln.

Stellungnahmen

Im Hinblick auf die Stellungnahmen ist weiterhin darauf hinzuweisen, dass es nicht Aufgabe der JGH ist, (jugend)strafrechtliche Sanktionen vorzuschlagen, sondern lediglich, sich zu den (Folgen der von der Justiz) zu ergreifenden Maßnahmen zu äußern (vgl. § 38 Abs. 2 S. 2 JGG). Die Mitarbeiter der JGH sollen lediglich aus ihrer fachlichen Sichtweise heraus darlegen, ob und in welcher Weise eine Behandlung des Beschuldigten notwendig und möglich erscheint. „Sanktions-" und „Ahndungsvorschläge" – insbesondere skandalös vor der gerichtlichen Feststellung von Täterschaft und strafrechtlicher Verantwortlichkeit – haben zu unterbleiben. Die JGH wird im Interesse und zugunsten des Wohls des jungen Menschen zu den Auswirkungen justizieller Entscheidungen auf die Entwicklungsperspektiven des jungen Menschen Stellung nehmen (müssen), schlägt aber selbst grds. nur solche Interventionen vor, die dem Jugendhilfe- und Erziehungsverständnis des Jugendhilferechts entsprechen (Münder et al. 2006 § 52 Rz. 51 u. 56ff.). Gerade für Sozialarbeiter in der JGH müsste es in aller Regel nicht besonders schwierig sein nachzuweisen, dass der Jugendliche durch Jugendhilfeleistungen sowie ambulante Maßnahmen „erzieherisch erreichbar" ist (Klier et al. 2002, 133). In den Stellungnahmen der JGH sollte deshalb in Übereinstimmung sowohl mit den Ergebnissen der kriminologischen Forschung als auch mit kontroll- und integrationstheoretischen Ansätzen (hierzu Walter 2005, 50ff.) weitgehend auf die Darstellung von biografischen Belastungsmerkmalen verzichtet und größeres Gewicht auf die Einschätzung des aktuellen **Integrations- und Hilfebedarfs** und der entsprechenden Unterstützungsmöglichkeiten gelegt werden.

*Maßnahme-
vorschlag*

Die Leistungen der Jugendhilfe sind mit den jugendstrafrechtlichen Weisungen nicht deckungsgleich. Beide Bereiche überschneiden sich teilweise in den sog. Neuen Ambulanten Maßnahmen (NAM; hierzu ausführlich Trenczek 2000), z. B. im Hinblick auf die Betreuung (§ 30 SGB VIII / § 10 Abs. 1 Nr. 5 JGG) und gruppenpädagogische Angebote (§ 29 SGB VIII / § 10 Abs. 1 Nr. 6 JGG). Das SGB VIII enthält aber keinen Auftrag zur Durchführung von Erziehungsmaßregeln oder Zuchtmitteln nach dem JGG, die Jugendhilfe nimmt deshalb auch keine strafrechtlichen Sanktionsaufgaben wahr. Bei der Ableistung von Arbeitsstunden, einem Verkehrsunterricht oder sonstigen jugendstrafrechtlichen Maßnahmen handelt es sich i. d. R. nicht um Aufgaben der Jugendhilfe. Im konkreten Einzelfall kann ein Konflikt klärender Täter-Opfer-Ausgleich auch erzieherisch geeignet und erforderlich sein und deshalb von der Jugendhilfe initiiert und finanziert werden, auch wenn der TOA konzeptionell keine „erzieherische Intervention" darstellt.

*Neue Ambulante
Maßnahmen*

Steuerungsverantwortung des Jugendamtes

Im Hinblick auf die Kooperation von Jugendamt und Justiz ist von besonderer Bedeutung, dass eine jugendstrafrechtliche Entscheidung noch keine sozialrechtliche Leistungs- und/oder Kostentragungspflicht begründet. Durch jugendgerichtliche Entscheidungen werden jugendhilferechtliche Umsetzungen nicht automatisch mitentschieden. Die in der Praxis teilweise tradierte Auffassung, eine Hilfeplanung sei bei einem Zusammenspiel von Justiz und JGH nicht erforderlich, findet im Gesetz keine Stütze. § 36a Abs. 1 SGB VIII betont ausdrücklich die Steuerungsverantwortung des Jugendamts auch im Hinblick auf die Kooperation mit dem Jugendgericht. Nur dann, wenn das Jugendamt in einem, fachlichen Standards entsprechenden Hilfeplanungsverfahren eine Entscheidung trifft, trägt es die mit der Leistung verbundenen Kosten. Insoweit ist auch eine Selbstbeschaffung durch einen verurteilten Jugendlichen bzw. Eltern ausgeschlossen (§ 36a Abs. 3 SGB VIII; s. o. III-3.3.4.4).

Der jugendhilferechtliche Leistungsanspruch richtet sich nach den allgemeinen Regeln (s. o. III-3.3.4.1). Nicht die Straffälligkeit als solche, sondern die sich (unter Umständen hierin widerspiegelnden) realen Lebens- und Verhaltensschwierigkeiten und Bedürfnisse der Jugendlichen („erzieherischer Bedarf") sind der entscheidende Ansatzpunkt für die Jugendhilfe. Die JGH darf Jugendhilfeleistungen auch im Rahmen eines Strafverfahrens nur nach der obligatorischen Hilfeplanung unter Beteiligung des Jugendlichen und der Personenberechtigten (§§ 36 f. SGB VIII) und nur dann anbieten, wenn sie fachlich von der pädagogischen Eignung „angeregter" Hilfen überzeugt ist.

Ohne die Zustimmung der Personensorgeberechtigten darf jugendhilferechtlich grds. keine Hilfe gewährt werden. Solange eine strafrechtliche Verurteilung nicht vorliegt, dürfen mit Zwang verbundene Grundrechtseingriffe zu Erziehungswecken nicht erfolgen. Deshalb bedarf es im Hinblick auf die jugendstrafrechtlichen Weisungen und Auflagen (insbesondere die sog. Neuen Ambulanten Maßnahmen) im Rahmen der Diversion der Zustimmung der Eltern. Sind Eltern nicht bereit, öffentliche Hilfen anzunehmen, und stößt die Jugendhilfe damit an ihre Grenzen, ist sie bei einer drohenden Kindeswohlgefahr auf eine Intervention des **Familiengerichtes** angewiesen. Sollten allerdings Weisungen und Auflagen nach §§ 9 ff., 13 ff. JGG durch den Richter im Urteil ausgesprochen werden, so wird damit die familiengerichtliche Entscheidung nach §§ **1666, 1666a BGB** ersetzt (vgl. IV-5.2, Übersicht 53, siehe S. 567, Trenczek 2007c). Eltern müssen insoweit einen Eingriff in ihr grds. weiter bestehendes Personensorgerecht dulden. Soweit die JGG-Sanktionen mit den Leistungen des SGB VIII korrespondieren, richten sich die Anordnungen der Justiz aber nicht an den Träger der Jugendhilfe, sondern stets nur an die jungen Menschen und ihre Personensorgeberechtigten. Diese können mit einem „Antrag" (kein formelles Antragserfordernis!) ein Tätigwerden des Jugendamts auslösen.

Die verfahrensrechtliche Stellung des Jugendamts im jugendstrafrechtlichen Verfahren bestimmt sich vor allem nach den Regeln des JGG und der StPO. Die JGH ist sog. Prozessbeteiligte und als solche mit umfangreichen

Beteiligungsrechten (Information, Anhörungs- und Äußerungsrechte, An-
wesenheits-, Verkehrs- und Kontaktrechte; hierzu Trenczek 2007c) ausgestattet.

Im Jugendkriminalbereich stehen sich die pädagogischen Gebote von Freiwilligkeit, Parteilichkeit und Autonomie den reglementierenden Anordnungen und dem eingreifenden Charakter des Strafrechts gegenüber. Die
Jugendgerichtshilfe steht damit an der Schnittstelle von Jugendhilfe und
Strafrecht, sie agiert in einem Spannungsfeld, in dem wesensmäßig verschiedene Diskurse mit eigenen Logiken und differenten Konsequenzen aufein-
andertreffen. Nach Jahren der Auseinandersetzung mit der Dominanz einer trotz gefälliger Erziehungsterminologie ungebrochen straforientierten
Justiz drohen seit einigen Jahren allerdings viel größere Gefahren durch
die Ressourcenprobleme kommunaler Haushalte. Rechtsansprüche unter-
laufende Anweisungen (z. B. keine Leistungen bei mehrfach straffälligen
Jugendlichen oder jungen Volljährigen zu initiieren), andere verwaltungs-
technische Tricks, Schwellen und Strukturen (Bestehen auf formaler Antragstellung der Eltern; Anweisung, dass JGH-Mitarbeiter, keine HzE initiieren dürfen; langwierige Entscheidungsfindung, so dass sich das „Problem"
bei weiteren Krisen und Straftaten aufgrund von Inhaftierung von selbst
erledigt) sind Anzeichen einer teilweise offen rechtswidrigen Leistungsverweigerung. Sie widersprechen dem Ziel und Zweck des SGB VIII, sich
gerade auch um die Integration straffällig gewordener junger Menschen zu
bemühen.

BAG NAM 2000; Trenczek 2000; 2003; 2007c.

3.4.3 Aufgaben als Beistand, Vormund, Pfleger und Beurkundungs-
behörde (§§ 52a–60 SGB VIII)

Der letzte Bereich innerhalb der „anderen Aufgaben" der Jugendhilfe betrifft Aufgaben, die im Zusammenhang mit familienrechtlichen Regelungen
stehen.

Zunächst hat das Jugendamt die Aufgabe, auf Antrag eines alleinerzie- **Beistandschaft**
henden Elternteils als sog. Beistand tätig zu werden. In dieser Rolle kann
der alleinerziehende Elternteil das Jugendamt mit der Feststellung der Vaterschaft des Kindes und mit der Durchsetzung von Unterhalt für das Kind
beauftragen (§ 52a SGB VIII). Dieses freiwillige Angebot ist 1998 an die
Stelle der bis dahin in den alten Bundesländern für nichteheliche Kinder
automatisch geltenden Amtspflegschaft getreten.

Darüber hinaus übernimmt das Jugendamt in vielen Fällen die Rolle **Amtsvormundschaft**
des Vormunds oder Pflegers für Minderjährige, wenn die Eltern verstorben sind, oder ihnen das Sorgerecht ganz oder teilweise entzogen worden
ist (§ 55 SGB VIII). Das Jugendamt überträgt die Ausübung der Aufgaben
des Beistands, des Amtspflegers oder des Amtsvormunds einzelnen seiner
Beamten oder Angestellten. Die damit verbundene Stellung als gesetzlicher

Vertreter der Minderjährigen führt zu einer auch dienstrechtlich relevanten Sonderstellung (z. B. begrenztes Weisungsrecht der Jugendamtsleitung), verhindert aber nicht zwingend die unter Umständen bestehenden Interessenkolliionen, wenn diese einerseits im Interesse des Minderjährigen, andererseits als Mitarbeiter des Kostenträgers agieren (hierzu Münder et al. 2006 § 55 Rz. 8 ff.).

Schließlich sind die Urkundspersonen beim Jugendamt dazu befugt, eine Reihe von Beurkundungen und Beglaubigungen vorzunehmen, die im Zusammenhang mit Minderjährigen erfolgen (§§ 59 f. SGB VIII). So kann beim Jugendamt die Anerkennung der Vaterschaft für ein außerhalb der Ehe geborenes Kind beurkundet werden, ebenso wie die übereinstimmende Erklärung der Eltern, gemeinsames Sorgerecht ausüben zu wollen, oder die Verpflichtung eines Elternteils zur Unterhaltsleistung. Im Gegensatz zu sonstigen Stellen, die Beurkundungen vornehmen, wie etwa Notare, erhebt das Jugendamt keine Gebühren (vgl. §§ 64 Abs. 1 und 2 S. 3 Nr. 2 SGB X).

3.5   Verfahren und Kosten

Bezüglich des Verfahrens gelten zunächst die allgemeinen Grundsätze des Verwaltungsverfahrens (s. III-1.2). Für die Aufgaben des SGB VIII verantwortlich sind die öffentlichen Träger der Jugendhilfe (§ 69 Abs. 1 SGB VIII). Funktional werden im SGB VIII ausdrücklich den Jugendämtern bestimmte Aufgaben zugewiesen, so dass man diese als Behörden i. S. d. § 1 Abs. 2 SGB X ansehen kann (vgl. I-4.1.2 und III-3.2.3).

3.5.1   Zuständigkeit

sachliche Zuständigkeit

Die Zuständigkeit wird in den §§ 85 ff. SGB VIII geregelt. Die sachliche Zuständigkeit bestimmt sich nach § 85 SGB VIII, wobei nach Absatz 1 für die meisten Aufgaben die örtlichen Träger, i. d. R. kreisfreie Städte und Landkreise (§ 69 Abs. 1 S. 1 SGB VIII), zuständig sind. In Absatz 2 findet sich eine abschließende Auflistung von Zuständigkeitsbereichen für den überörtlichen Träger. Zur internationalen Zuständigkeit beachte § 6 SGB VIII sowie völker- und europarechtliche Regelungen (vgl. I-1.1.5).

örtliche Zuständigkeit

§§ 86 ff. SGB VIII regelt die örtliche Zuständigkeit. Hierbei wird ganz überwiegend auf den durch den gewöhnlichen Aufenthalt (vgl. § 30 Abs. 3 S. 2 SGB I) der Eltern bzw. des jungen Volljährigen bestimmten **Lebensmittelpunkt** der Familie abgestellt (vgl. I-1.2.1). Bei der Gewährung von Leistungen an Minderjährige und Eltern ist in erster Linie der gewöhnliche Aufenthaltsort der Eltern maßgeblich. Das Gleiche gilt grds. für die Mitwirkung in gerichtlichen Verfahren, bei denen die Zuständigkeit der Gerichte anderen, strafrechtlichen Regelungen unterliegt (vgl. IV-3.2). Haben diese verschiedene gewöhnliche Aufenthaltsorte oder haben nicht beide einen gewöhnlichen Aufenthaltsort in der Bundesrepublik, dann ist in der folgenden

gewöhnlichen Aufenthalt

Reihenfolge der gewöhnliche Aufenthaltsort des personensorgeberechtigten Elternteils, der gewöhnliche Aufenthalt des Minderjährigen oder schließlich der tatsächliche Aufenthalt des Minderjährigen entscheidend. Der Begriff „tatsächlicher Aufenthalt" bezeichnet die rein physische Anwesenheit an einem Ort, ohne dass es auf die (beabsichtigte) Dauer oder die Bindungen der Person ankommt. Auf diesen kommt es insbesondere bei einer schnellen Krisenintervention im Rahmen der Inobhutnahme an (§ 87 SGB VIII).

tatsächlicher Aufenthalt

3.5.2 Besonderheiten des jugendhilferechtlichen Verfahrens

Sowohl im Hinblick auf den Leistungsbereich als auch auf die Erfüllung der anderen Aufgaben betont das SGB VIII in besonderen Maße die Notwendigkeit der Einbeziehung der Betroffenen, Eltern wie auch der minderjährigen jungen Menschen (z. B. § 8 Abs. 1, 9 Nr. 2 SGB VIII) in die Entscheidungsfindung (hierzu, insbesondere zum Wunsch- und Wahlrecht nach § 5 SGB VIII s. o. III-3.2.1).

Partizipation

Als spezielle Verfahrensvorschriften sind die Regelungen zum Hilfeplanverfahren nach § 36 SGB VIII und zur Steuerungsverantwortung und Selbstbeschaffung nach §§ 36a SGB VIII zu beachten (vgl. III-3.3.4.4). Das Hilfeplanverfahren im engeren Sinne nach § 36 SGB VIII betrifft zwar nur die Leistungsbereiche der Hilfe zur Erziehung, der Eingliederungshilfe und der Volljährigenhilfe, die grundsätzlichen Inhalte der Norm, die eine Subsumtion und psychosoziale Diagnose fordern, sind darüber hinaus jedoch auch in anderen Bereichen der Kinder- und Jugendhilfe von Bedeutung. Der nach fachlichen Standards vorzunehmende Klärungs- und Subsumtionsprozess im Einzelfall (Hilfeplanung) ist sowohl im Bereich der Leistungen wie auch bei den anderen Interventionen der Jugendhilfe stets notwendiger Teil des Verfahrens nach dem SGB VIII.

Hilfeplanung

Von besonderer Bedeutung im Rahmen des jugendhilferechtlichen Verfahrens sind die Vorschriften zum Datenschutz. Ergänzend zu den §§ 35 SGB I, 67 ff. SGB X (s. III-1.2.3) trifft das SGB VIII in den §§ 61 ff. bereichsspezifische Regelungen für die Kinder- und Jugendhilfe, die als speziellere Normen gegenüber den allgemeinen Bestimmungen des Datenschutzes vorrangig sind. Auch insoweit gilt der Grundsatz, dass Daten grundsätzlich nur mit Einwilligung der Betroffenen erhoben, gespeichert und weitergegeben werden dürfen (§ 62 Abs. 2 ff. SGB VII). Von besonderer Bedeutung ist die jugendhilferechtliche Zweckbindung (§§ 62 Abs. 1, 63 Abs. 1, 64 Abs. 1 SGB VIII), die gerade im Kooperationsbereich mit Berufsgruppen, die andere Aufgaben zu erfüllen haben (z. B. Polizei und Justiz), besonders zu beachten ist. Eine Datenerhebung ohne / gegen die Mitwirkung des Betroffenen ist nach § 62 Abs. 3 SGB VIII nur zulässig, soweit das Gesetz dies ausdrücklich zulässt oder ihre Erhebung beim Betroffenen entweder nicht möglich ist oder die jeweilige Aufgabe ihrer Art nach eine Erhebung bei anderen erfordert, und die Kenntnis der Daten aber (für die Erledigung der in 2a bis d genannten Aufgaben) erforderlich ist. Dies ist z. B. im Hinblick auf

Sozialdatenschutz

Zweckbindung

Datenerhebung

die Vorbereitung einer Inobhutnahme und der Erfüllung der Schutzpflicht nach § 8a SGB VIII der Fall, i. d. R. aber nicht im Bereich der Jugendgerichtshilfe nach § 52 SGB VIII. Hier ist das Gespräch mit dem Jugendlichen erforderlich.

Datenübermittlung   Eine Datenübermittlung für die Erfüllung sozialer Aufgaben ist nur zulässig, soweit dadurch der Erfolg einer zu gewährenden Leistung nicht in Frage gestellt wird (§ 64 Abs. 2 SGB VIII). Besonderer Vertrauensschutz ist nach § 65 SGB VIII in der persönlichen und erzieherischen Hilfe sicherzustellen. Daten, die dem Mitarbeiter eines Trägers der öffentlichen Jugendhilfe zum Zweck persönlicher und erzieherischer Hilfe anvertraut worden sind, dürfen nur in sehr engen Grenzen weitergegeben werden. Hiermit wird die fachlich-methodische Notwendigkeit einer besonders vertrauensvollen Beziehung zwischen Fachkräften und Ratsuchenden unterstrichen und datenschutzrechtlich abgesichert (vgl. Münder et al. 2006 § 65 Rz. 1 ff.). Für den Bereich der Beistandschaft, Amtspflegschaft und Amtsvormundschaft trifft § 68 SGB VIII eine Sonderregelung, die andere Datenschutzregelungen ausschließt. Für diese Aufgabenbereiche sind die Befugnisse gegenüber den Betroffenen deutlich weiter gefasst, da es hier nicht um öffentlich-rechtliche Verwaltungstätigkeit geht, sondern in erster Linie die Aufgaben eines gesetzlichen Vertreters des Minderjährigen wahrgenommen werden (vgl. Münder et al. 2006 § 68 Rz. 1 ff.).

Meysen 2002; Münder 2001

3.5.3   Kosten und Finanzierung

Die Kosten der Leistungen und der anderen Aufgaben der Kinder- und Jugendhilfe sind grundsätzlich von den für diese Aufgaben zuständigen öffentlichen Trägern der Jugendhilfe, also der jeweils zuständigen Gebietskörperschaft, zu tragen. Um Belastungen bestimmter Träger zu vermeiden, sollen

Kostenerstattung   die Vorschriften über die Kostenerstattung nach §§ 89 ff. SGB VIII für einen finanziellen Ausgleich zwischen den öffentlichen Trägern sorgen. Kostenerstattungsregelungen bestehen zunächst für Fälle, in denen hinsichtlich der Zuständigkeit an den tatsächlichen anstelle des gewöhnlichen Aufenthalts angeknüpft wird (§§ 89, 89b, 89c SGB VIII), und für die Fälle, in denen ein eigentlich bzw. neu zuständig gewordener Träger nicht tätig geworden ist und daher der bislang zuständige Träger gehandelt hat (§ 89c SGB VIII). Zudem gibt es Erstattungsregelungen zum Schutz von Einreiseorten (§ 89d SGB VIII), von Einrichtungsorten (§ 89e SGB VIII) und von Pflegestellenorten (§ 89a SGB VIII).

Kostenbeteiligung   Für einen Teil der Jugendhilfeleistungen und für die Inobhutnahme ist die Beteiligung der Betroffenen an den Kosten vorgesehen. In den §§ 90 ff. SGB VIII werden Regelungen dazu getroffen, welche Personen sich in welchem Umfang an den Kosten zu beteiligen haben. Kostenfrei für die Betroffenen bleiben die Leistungen der Jugendsozialarbeit nach § 13 SGB VIII (mit Ausnahme der Unterbringung in einer sozialpädagogisch begleiteten Wohnform), der erzieherische Kinder- und Jugendschutz nach § 14 SGB VIII, die Beratung nach §§ 16 Abs. 2 Nr. 2, 17 und 18 SGB VIII, die ambulanten Hilfen im Rahmen der Hilfe zur Erziehung, Leistungen der Eingliederungshilfe und der Volljährigenhilfe (§§ 28–31 SGB VIII) und die Nachbetreuung für junge Volljährige nach § 41 Abs. 3 SGB VIII. Sämtliche Maßnahmen im Rahmen der anderen Aufgaben der Kinder- und Jugendhilfe mit Ausnahme der Inobhutnahme bleiben ebenfalls kostenfrei. Für einen Teil der sonstigen Leistungen ist eine pauschalierte Kostenbeteiligung nach § 90 SGB VIII zulässig. Dies betrifft die Jugendarbeit nach § 11 SGB VIII, die übrigen Bereiche der Allgemeinen Förderung der Erziehung in der Familie nach § 16 SGB VIII und die Förderung von Kindern in Tageseinrichtungen und in Tagespflege nach §§ 22 ff. SGB VIII. Für die sonstigen Leistungen **Kostenheranziehung** und die Inobhutnahme nach § 42 SGB VIII erfolgt eine individuelle Kostenbeteiligung durch Heranziehung der Verpflichteten zu den Kosten nach §§ 91–94 SGB VIII. Zur Kostenbeteiligung verpflichtet sind – je nach Art der Leistung – die Minderjährigen selbst, die Eltern, junge Volljährige, Leistungsberechtigte nach § 19 SGB VIII und Ehe- oder Lebenspartner des jungen Menschen bzw. des Leistungsberechtigten nach § 19 SGB VIII. Der Umfang der Heranziehung richtet sich nach § 94 SGB VIII, wobei das Einkommen der Verpflichteten (§ 93 SGB VIII) eine maßgebliche Rolle spielt.

Die Tätigkeit der Träger der freien Jugendhilfe wird ganz überwiegend von **Finanzierung freier** den öffentlichen Trägern als Leistungsverpflichteten (re-)finanziert. Grund- **Träger** sätzlich sieht das Kinder- und Jugendhilferecht zwei Finanzierungsstrukturen vor: Zum einen die Finanzierung nach § 74 SGB VIII im Wege der Förderung der freien Jugendhilfe durch Zuwendung und zum anderen die Finanzierung auf der Grundlage gegenseitiger Verträge nach §§ 77, 78a ff. SGB VIII.

Zuwendungen auf der Grundlage des § 74 SGB VIII sind Subventionen, **Zuwendungen** d. h. vermögenswerte Leistungen, die vom Träger der öffentlichen Verwaltung einem privaten Träger gewährt werden, damit dieser einen öffentlichen Zweck erfüllt, ohne dass der Subvention eine konkrete, marktmäßig gekaufte Gegenleistung gegenübersteht. In der Jugendhilfe war die Zuwendung lange Zeit der klassische Weg zur Absicherung von Angeboten und Leistungen freier Träger. Diese Finanzierungsform findet sich in der Kinder- und Jugendhilfe heute vornehmlich in den Bereichen, in denen keine Rechtsansprüche bestehen oder es sich um Rechtsansprüche auf inhaltlich eher wenig konkret bestimmte Leistungen handelt. Hier ist regelmäßig die Finanzierung (und Abrechnung) über einzelne leistungsberechtigte Personen nicht möglich oder nicht sinnvoll. So finden sich Zuwendungen schwerpunktmäßig in der Jugendarbeit, in der allgemeinen Erziehungsförderung und bei Beratungsangeboten.

§ 74 Abs. 1 SGB VIII nennt die jugendhilferechtlichen Voraussetzungen **§ 74 SGB VIII** für die Förderung (ausführlich Münder et al. 2006 § 74 Rz. 18 ff.). Liegen die Voraussetzungen vor, so besteht kein Rechtsanspruch einzelner Träger auf Förderung (OVG BE, FEVS 49, 368 ff.; OVG NW B. 26.09.2003 – 12

Übersicht 43: Das leistungsrechtliche Dreiecksverhältnis in der Jugendhilfe

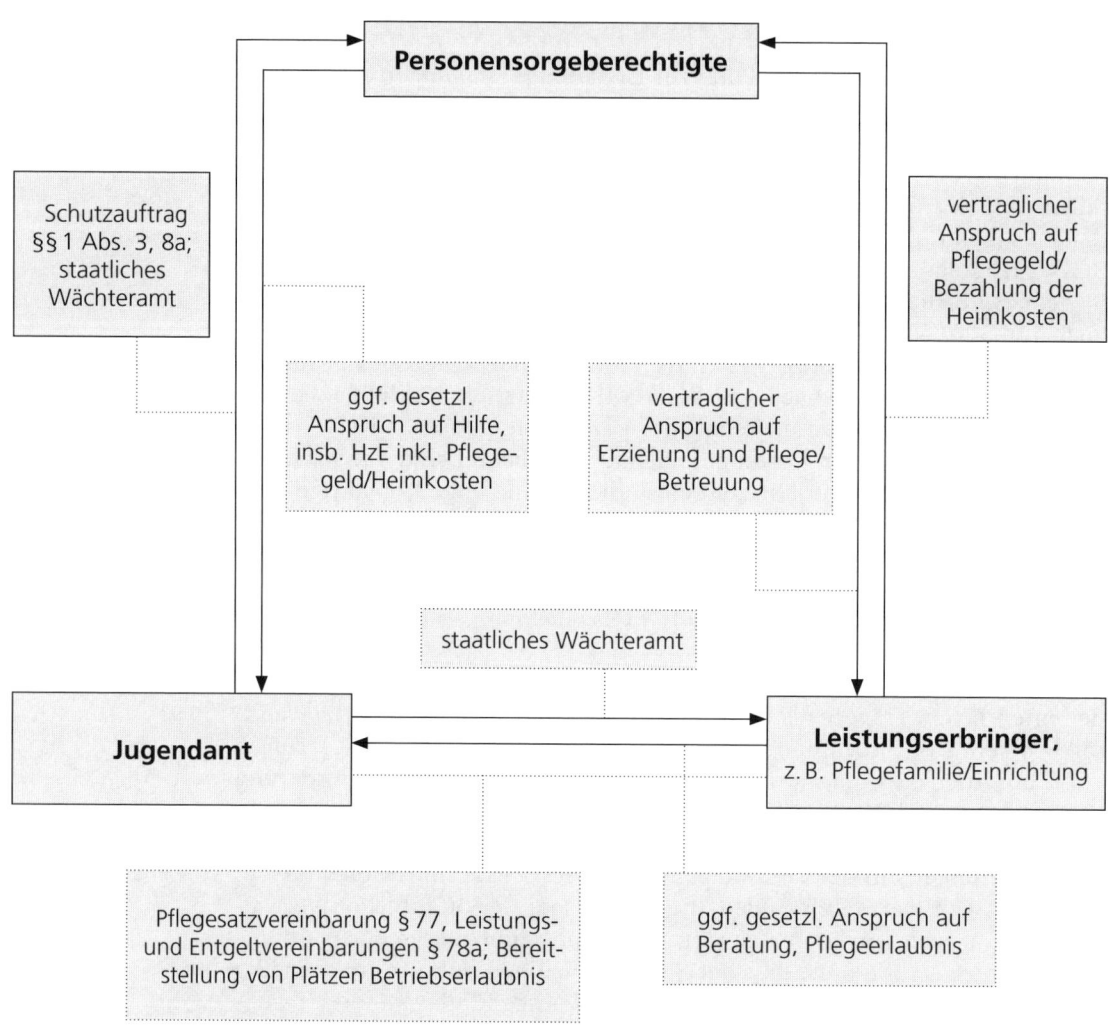

B 1727/03 – JAmt 2004, 42 ff.), sondern die Förderung steht im Ermessen des öffentlichen Trägers. Für den einzelnen freien Träger besteht damit ein Anspruch auf fehlerfreie Ermessensausübung (BVerwGE 45, 197 ff.; OVG RP, FEVS 48, 208 ff.).

Leistungsverträge   Neben den Zuwendungen kommt die Finanzierung über Verträge in Frage, in denen die Erbringung konkreter Leistungen gegen Entgelt vereinbart wird. Vielfach erfolgt die Finanzierung auf der Grundlage von Verträgen durch die Übernahme von Leistungsentgelten. Hierbei liegen dreiseitige Beziehungen zwischen dem öffentlichen Träger, dem freien Träger und dem leistungsberechtigten Bürger vor (zum **jugendhilferechtlichen Leistungsdreieck** vgl. Übersicht 43). Der leistungsberechtigte Bürger hat – konkretisiert durch einen entsprechenden Bescheid des Jugendamtes – einen Anspruch gegen den Leistungsträger. Er nimmt dabei die Leistungen eines freien Trägers als Leistungserbringer in Anspruch. Für diese Inanspruchnahme der Leistungen hätte der leistungsberechtigte Bürger im Grunde zunächst das Entgelt an den Leistungserbringer zu bezahlen. Aufgrund seines Rechtsanspruchs gegen den öffentlichen Träger auf die Leistung ist dieser allerdings zur Übernahme der Kosten verpflichtet, sofern die Steuerungsverantwortung der öffentlichen Jugendhilfe nach 36a SGB VIII beachtet worden ist (vgl. III-3.3.4.4).

Die entsprechenden gesetzlichen Regelungen finden sich in den § 77 und § 78a ff. SGB VIII. Das Verhältnis von § 77 und §§ 78a ff. SGB VIII ist mitunter schwierig zu verstehen (hierzu Münder et al. 2006 § 78a Rz. 6). Für die in § 78a Abs. 1 SGB VIII aufgeführten teilstationären und stationären Leistungen gehen die Spezialregelung der §§ 78b ff. SGB VIII vor. Für diese Bereiche ist der Abschluss von Leistungs-, Qualitätsentwicklungs- und Entgeltvereinbarungen zwischen dem leistungserbringenden freien Träger und dem örtlichen Jugendamt vorgesehen, auf deren Basis die Finanzierung erfolgt. Für andere Leistungen, insbesondere die ambulanten Einzelfallhilfen und die Kindertageseinrichtungen (§§ 22, 24 SGB VIII) sowie vorläufige Schutzmaßnahmen (§ 42 SGB VIII), kann Landesrecht die unmittelbare, zwingende und vorrangige Anwendung der §§ 78b ff. SGB VIII bestimmen. Sofern die §§ 78a ff. SGB VIII nicht zur Anwendung kommen, ist die entsprechende Rechtsgrundlage § 77 SGB VIII. § 77 SGB VIII stellt somit die Rechtsgrundlage für die Leistungserbringung und Finanzierung auf der Basis des leistungsrechtlichen Dreiecksverhältnisses dar, wenn es sich **nicht** um Leistungen handelt, die in § 78a Abs. 1 genannt sind. Außerdem stellt er die Rechtsgrundlage für zweiseitige, gegenseitige Leistungsverträge zwischen den öffentlichen Jugendhilfeträgern und privaten Anbietern dar. Wegen der Spezialregelung der §§ 78a ff. gilt dies vornehmlich für ambulante Leistungen.

3.5.4   Rechtsschutz

Zahlreiche Entscheidungen des Jugendamtes, z. B. die Gewährung oder Ablehnung von Leistungen oder die Inobhutnahme von Kindern, erfolgen durch einen Verwaltungsakt. Beratung und sonstige persönliche Dienstleistungen des Jugendamtes sind Beispiele sog. schlichten Verwaltungshandelns. Soweit es sich um Verwaltungsakte handelt, stehen den Betroffenen die Rechtsbehelfe nach § 62 SGB X zur Verfügung. Da es sich bei den Angelegenheiten nicht um die in § 51 SGG gelisteten Streitverfahren handelt, ist in der Regel nach § 40 VwGO der Rechtsweg zu den Verwaltungsgerichten eröffnet. Eine Ausnahme besteht im Hinblick auf den Widerspruch gegen eine noch andauernde Inobhutnahme, der nach § 42 Abs. 3 S. 2 Nr. 2 SGB VIII vom FamG entschieden wird. Im Übrigen steht Adressaten von Verwaltungsakten vor Erhebung einer entsprechenden Klage der Widerspruch nach §§ 68 ff. VwGO zur Verfügung (hierzu ausführlich I-5.2.1).

Kunkel 2006; Münder et al. 2006; Münder/Wiesner 2007; Wiesner et al. 2006; Tammen 2007a; 2007b; 2007c; Trenczek 2007a; 2007b; 2007c

www.dji.de; www.dijuf.de; www.kindesschutz.de.

1. Welche Bedeutung hat die historische Entwicklung des „Jugendrechts" für das heutige Verständnis des Kinder- und Jugendrechts? (3.1)
2. Was versteht man unter dem sog. Schutzauftrag der Jugendhilfe? (3.2.2)
3. Was bedeutet es, öffentlicher „Träger" der Jugendhilfe zu sein? (3.2.3)
4. Welche Aufgaben und Kompetenzen hat der Jugendhilfeausschuss? (3.2.3)
5. Welche Unterschiede gibt es zwischen den sog. Leistungen und den „anderen Aufgaben" der Jugendhilfe, und in welcher Weise knüpft das SGB VIII an diesen Unterschied an? (3.2.4)
6. Hat ein Jugendlicher Anspruch darauf, an einem Angebot der Jugendarbeit teilnehmen zu können? (3.2.1 u. 3.3.1)
7. In welchen Arbeitsfeldern der Jugendhilfe hat die Mediation eine besondere Bedeutung? (3.3.2, 3.4.2.1, 3.4.2.2)
8. Haben Eltern, die beide arbeitslos sind und bei denen die Aufnahme einer Erwerbstätigkeit auch nicht absehbar ist, einen Anspruch darauf, dass ihr 2-jähriges Kind einen Platz in einer Kinderkrippe erhält? (3.3.3)
9. Worin besteht der Unterschied zwischen dem sog. „erzieherischen Bedarf" und einer Kindeswohlgefährdung? Muss das Jugendamt initiativ werden, wenn eine Kindeswohlgefährdung noch nicht vorliegt? (3.3.4.1)
10. Woran bemisst sich die Geeignetheit einer erzieherischen Hilfe? (3.3.4.1)
11. Was muss im Hinblick auf die Erforderlichkeit einer erzieherischen Hilfe beachtet werden? (3.3.4.1)
12. Bis zu welchem Alter soll (= muss i. d. R.) Hilfe für einen jungen Volljährigen geleistet werden? Kann sie, ggf. unter welchen Voraussetzungen und ggf. wie lange danach weiter geführt werden? (3.3.4.3)
13. Was versteht man unter der „Steuerungsverantwortung" des Jugendamts? (3.3.4.4)
14. Können sich Eltern die geeigneten und notwendigen Erziehungshilfen bei einem freien Träger selbst beschaffen? (3.3.4.4)
15. Auf welcher Grundlage kann das Jugendamt bei Verdacht der schweren Vernachlässigung eines Kleinkindes das Kind aus der elterlichen Wohnung herausnehmen? Was ist anschließend zu veranlassen? Was ist, wenn die Eltern sich weigern, die Tür zu öffnen? (3.4.1.1)
16. Ist das Jugendamt in einem Scheidungsverfahren verpflichtet, eine Stellungnahme im Hinblick auf die elterliche Sorge abzugeben? (3.4.2.1)
17. Das Jugendamt erhält von der Polizei eine Meldung, dass der 16-jährige Franz, der bereits früher mehrfach wegen Körperverletzungen aufgefallen war, nun bei einem Einbruchsdiebstahl festgenommen wurde. Was hat das Jugendamt in diesem Fall zu tun? (3.4.2.2)

18. Im Rahmen der Betreuung durch die Jugendgerichtshilfe haben sich bei Franz deutliche Entwicklungsprobleme und ein erheblicher Hilfebedarf offenbart. Insbesondere ist er für sein Alter sehr unselbstständig und reagiert bei Überforderung gerade in Gruppen schnell aggressiv. Der Jugendrichter hält eine Teilnahme an einem gruppenpädagogischen Angebot oder einer Einzelbetreuung für eine zu milde Sanktion und verurteilt Franz zu 120 Std. gemeinnütziger Arbeit, die ihm das Jugendamt vermitteln soll. Was hat das Jugendamt zu tun? (3.4.2.2)

19. Warum knüpfen die Zuständigkeitsregelungen des SGB VIII teilweise an den gewöhnlichen Aufenthalt der Eltern und teilweise an den tatsächlichen Aufenthalt eines Minderjährigen an? (3.5.1)

20. Die 7-jährige Ilka stammt aus Berlin, wo sie zunächst mit ihren Eltern gemeinsam gelebt hat. Vor zwei Jahren haben sich die Eltern getrennt, aber die gemeinsame elterliche Sorge behalten. Der Vater ist nach München gezogen, wo er seitdem lebt. Ilka hat mit ihrer Mutter weiterhin in Berlin Spandau gelebt. Nun kommt Ilka aufgrund massiver familiärer Probleme in eine Pflegefamilie in Oranienburg, das im Landkreis Oberhavel in Brandenburg liegt. Welches Jugendamt ist für die Betreuung von Ilka zuständig? Ändert sich an der Zuständigkeit etwas, wenn Ilka nach zwei Jahren immer noch in der Pflegefamilie lebt und damit zu rechnen ist, dass sie dort auch bleiben wird? (3.5.1)

21. Welche Besonderheiten müssen im Jugendhilfeverfahren gegenüber den Allgemeinen Regelungen des SGB I und X beachtet werden? (3.5.2)

22. Auf welche Weise kann ein Träger, der ein Kinderheim betreibt, die Finanzierung durch die öffentliche Kinder- und Jugendhilfe erreichen? Wer trägt das Risiko, dass die finanziellen Mittel nicht ausreichen, weil in der Einrichtung weniger Kinder und Jugendliche untergebracht sind, als zunächst erwartet? (3.5.3)

4 Grundsicherung für Arbeitsuchende nach dem SGB II, Sozialhilfe nach dem SGB XII und Asylbewerberleistungsgesetz (Tammen)

Die wesentlichen bedürftigkeitsabhängigen Sozialleistungen sind als „unterste Netze" der sozialen Sicherung im SGB II – Grundsicherung für Arbeitsuchende – im SGB XII – Sozialhilfe – und für spezielle Personengruppen ohne deutsche Staatsangehörigkeit und gesicherten Aufenthaltsstatus im Asylbewerberleistungsgesetz geregelt. Das SGB II und das SGB XII sind die jüngsten Bücher des Sozialgesetzbuchs. Beide Bücher traten (von einigen Übergangsregelungen abgesehen) zum 01.01.2005 im Rahmen des

Vierten Gesetzes für moderne Dienstleistungen am Arbeitsmarkt in Kraft. Sie beruhen auf dem Bericht der sog. Hartz-Kommission, weshalb sich umgangssprachlich der Begriff „Hartz IV" für die Reform durchgesetzt hat.   **Hartz IV**

4.1 SGB II – Grundsicherung für Arbeitsuchende

4.1.1 Abgrenzung zu SGB III und SGB XII

Das SGB II regelt seit dem 01.01.2005 die Grundsicherung für Arbeitsuchende. Zuvor fielen die arbeitsuchenden Personen entweder unter den Regelungsbereich des SGB III (Arbeitsförderung) oder unter den der Sozialhilfe nach dem damaligen Bundessozialhilfegesetz (BSHG). Welches Gesetz für einen Hilfebedürftigen Anwendung fand, hing davon ab, ob die Person lange genug vor Eintritt der Arbeitslosigkeit pflichtversichert im Rahmen der Arbeitslosenversicherung gewesen war, um einen Anspruch auf Arbeitslosengeld erworben zu haben. War dies der Fall, so erhielt der Betreffende zunächst bedürftigkeitsunabhängiges Arbeitslosengeld nach dem SGB III (vgl. III-2.5) und nach Ende der Bezugsdauer ebenfalls auf der Grundlage des SGB III bedürftigkeitsabhängige Arbeitslosenhilfe. Hatte der Betreffende hingegen keinen Anspruch auf Arbeitslosengeld erworben, so fiel er unter den Geltungsbereich des BSHG. Die Grenzlinie zwischen Versicherungsleistungen und Fürsorgeleistungen verlief somit bis zum 31.12.2004 durch das SGB III selbst mit seinen beiden Leistungsbereichen Arbeitslosengeld und Arbeitslosenhilfe.

Im Zuge der Reformen durch das Vierte Gesetz für moderne Dienstleistung am Arbeitsmarkt wurde die Arbeitslosenhilfe aus dem SGB III ersatzlos gestrichen und damit der Fürsorgebereich aus dem Gesetz ausgegliedert. Die bedürftigkeitsabhängigen sozialen Hilfen für arbeitsuchende Personen sind seither eigenständig und abschließend im SGB II geregelt. Daneben kommen Leistungen der Sozialhilfe nicht mehr in Betracht. Insofern hat das SGB II die Zusammenführung von Arbeitslosenhilfe und Sozialhilfe für Arbeitsuchende bewirkt. Die Gründe für die Gesetzesänderung lagen vornehmlich darin, dass in der bisherigen Regelung eine unangemessene Ungleichbehandlung von Hilfebedürftigen gesehen wurde. So hatte bislang die unterschiedliche Art des Leistungsbezugs den Zugang zu den arbeitsmarktpolitischen Maßnahmen geprägt, Bezieher von Arbeitslosenhilfe und Sozialhilfe waren in unterschiedlichem Maß in die Sozialversicherungssysteme einbezogen gewesen (Krankenversicherung, Pflegeversicherung, Rente), unterschiedliche Gerichte waren zuständig gewesen (Sozialgerichte/Verwaltungsgerichte) und es war immer wieder zu Versuchen der Lastenverschiebung zwischen den Gebietskörperschaften gekommen. Von wichtiger Bedeutung war auch die Absicht, öffentliche Mittel einzusparen. So erfolgte die Zusammenführung von Arbeitslosenhilfe und Sozialhilfe auf dem Leistungsniveau der bisherigen Sozialhilfe, was für einen Teil der bisherigen Arbeitslosenhilfeempfänger eine deutliche Niveauabsenkung mit sich brachte. Es wurde erwartet, dass das Gesetz zur entsprechenden Einsparung öffentlicher Mittel führen würde. Da sich diese Vermutung zunächst nicht bewahrheitete, sind bislang mehrere Gesetzesänderungen erfolgt, um Ausgaben zu reduzieren.

Inhaltlich ist das SGB II weitgehend eine Mischung aus Regelungsbereichen des SGB III und des SGB XII. Das Gesetz enthält ebenso wie das SGB III sog. aktive Leistungen zur (Wieder-)Eingliederung in den Arbeitsmarkt und passive Leistungen zur Sicherstellung des Lebensunterhalts. Bei den aktiven Leistungen, den Leistungen zur Eingliederung (§§ 14–18 SGB II), findet durch Verweis in § 16 SGB II eine entsprechende Anwendung des Leistungsrechts des SGB III statt. Auch die Sanktionsmöglichkeiten in den §§ 31, 32 SGB II sind denen des SGB III vergleichbar. Bei den passiven Leistungen, den Leistungen zur Sicherung des Lebensunterhalts (§§ 19–35 SGB II), erfolgt zwar kein Verweis auf das SGB XII, aber es besteht durchgängig strukturelle Identität, da dieselben Prinzipien Anwendung finden. In beiden Gesetzen gelten die Prinzipien der Bedürftigkeit (§ 9 SGB II / § 19 SGB XII), der Bedarfsdeckung durch pauschale Regelleistungen bzw. Regelsätze (§§ 20, 28 SGB II / § 28 SGB XII) und der nur ausnahmsweisen Zulassung ergänzender Leistungen (§ 23 SGB II / §§ 34 ff. SGB XII), der Anrechnung von Einkommen und Vermögen (§§ 11 ff., 30 SGB II / §§ 82, 90 SGB XII) sowie des Übergangs von Ansprüchen gegen Dritte (§ 33 SGB II / §§ 93, 94 SGB XII).

Abgrenzung zum SGB III

Die Abgrenzung des SGB II zum SGB III ist unproblematisch. Vorrangig ist das SGB III anwendbar, insofern erhalten Leistungen nach dem SGB II zunächst Personen, die keine Leistungen des Arbeitslosengeldes nach dem Arbeitsförderungsrecht des SGB III erhalten. Es gibt allerdings auch Fälle, in denen zwar ein Anspruch auf Arbeitslosengeld besteht, die Leistungen des Arbeitslosengeldes für die Empfänger aber nicht ausreichend sind, um ihren Lebensbedarf zu decken. Diese Personen bekommen ergänzende Leistungen im Rahmen des SGB II in Form von Arbeitslosengeld II (sog. „Aufstocker"). Sie erhalten damit Leistungen sowohl nach dem SGB III als auch nach dem SGB II. In diesen Fällen erhalten sie die aktiven Arbeitsförderungsleistungen nach dem SGB III.

Abgrenzung zum SGB XII

Dem SGB XII gegenüber ist das SGB II vorrangig. Die Abgrenzung erfolgt anhand des Alters des Hilfebedürftigen und anhand der Frage, ob er erwerbsfähig ist. Personen, die das 15. Lebensjahr vollendet, das 65. Lebensjahr jedoch noch nicht vollendet haben und die erwerbsfähig sind, fallen nach § 7 Abs. 1 SGB II unter den Anwendungsbereich des SGB II. Während vor Inkrafttreten des SGB II die Sozialhilfe als „letztes Netz der sozialen Sicherung" unter das SGB III geknüpft war und damit z. B. Bezieher von Arbeitslosenhilfe, bei denen die Höhe der Leistung zur Deckung des Bedarfs nicht ausreichend war, ergänzende Sozialhilfe bekommen konnten, ist dies nun nach § 5 Abs. 2 SGB II nicht mehr möglich. Der Anspruch auf Leistungen zur Sicherung des Lebensunterhalts nach dem SGB II schließt Leistungen der Hilfe zum Lebensunterhalt nach dem SGB XII aus.

4.1.2   Grundprinzipien des SGB II

Das erste Kapitel des SGB II trägt die Überschrift „Fördern und Fordern" und macht die Grundlinie des SGB II deutlich, die von dem Gedanken von Leistung und Gegenleistung geprägt ist. Bisher war nach dem Welfare-Ansatz die Existenzsicherung, die vor allem im Wege der Sozialhilfe erfolgte, aus der sozialstaatlichen Verpflichtung zur Überwindung der Hilfebedürftigkeit abgeleitet worden. Mit dem SGB II rückt nunmehr der sog. Workfare-Ansatz in den Vordergrund, wonach die Sicherung des Existenzminimums nicht Ausdruck der einseitigen sozialstaatlichen Verpflichtung zur Überwindung von Hilfebedürftigkeit ist, sondern Gegenleistung für die von dem Hilfebedürftigen zu erbringenden Aktivitäten (vgl. Münder in LPK-SGB II, Einleitung Rz. 7 ff.). Der Hilfebedürftige ist verpflichtet, alle Möglichkeiten zur Beendigung oder Verringerung der Hilfebedürftigkeit auszuschöpfen, insbesondere durch Aufnahme zumutbarer Arbeit. Prinzipiell ist nach § 10 SGB II jede Arbeit zumutbar, zu der die betreffende Person körperlich, geistig und seelisch in der Lage ist. Es gibt nur wenige Gründe, die zur Unzumutbarkeit einer Tätigkeit führen können. Dies betrifft hauptsächlich Tätigkeiten, die die zukünftige Ausübung der bisherigen Tätigkeit aufgrund der besonderen körperlichen Anforderungen wesentlich erschweren würden (§ 10 Abs. 1 Nr. 2 SGB II), sowie Tätigkeiten, die die Erziehung eines Kindes gefährden würden (§ 10 Abs. 1 Nr. 3 SGB II) oder mit der Pflege eines Angehörigen nicht vereinbar wären (§ 10 Abs. 1 Nr. 4 SGB II). Daneben kann ein sonstiger wichtiger Grund zur Unzumutbarkeit führen (§ 10 Abs. 1 Nr. 5 SGB II), wie etwa ungewöhnlich lange Pendelzeiten oder eine Tätigkeit, die gegen zwingende Vorschriften des Arbeitsschutzes verstößt. Dieser Auffangtatbestand ist nach der Gesetzesbegründung restriktiv auszulegen. Erforderlich ist hier eine Abwägung zwischen den Interessen des Hilfebedürftigen und den Interessen der Allgemeinheit, die die Leistungen an den Hilfebedürftigen und die Mitglieder seiner Bedarfsgemeinschaft zu erbringen hätte. Insofern gehen die Anforderungen an den Betroffenen über die Anforderungen im Rahmen des SGB III hinaus (vgl. III-2.5). Aus den Regelungen des SGB III, etwa über die zumutbaren Pendelzeiten nach § 121 SGB III lassen sich allenfalls Hinweise auf eine verhältnismäßige Auslegung des Begriffs der sonstigen wichtigen Gründe nach § 10 Abs. 1 Nr. 5 SGB II ableiten (vgl. Bühl in LPK-SGB II, § 10 Rz. 29 ff.).

Die Verpflichtung, alle Möglichkeiten zur Beendigung oder Verringerung der Hilfebedürftigkeit auszuschöpfen, wird von einem System von Anreizen und Sanktionen flankiert. Als Anreiz ist zunächst das Einstiegsgeld nach § 29 SGB II von Bedeutung. Es kann bei Aufnahme einer gering bezahlten Erwerbstätigkeit als Zuschuss zum Arbeitslosengeld II gewährt werden und soll Hilfebedürftige dazu motivieren, auch niedrig bezahlte Arbeit anzunehmen. Einen weiteren Anreiz enthält das Gesetz mit der Freibetragsregelung des § 30 SGB II. Danach ist bei erwerbstätigen Hilfebedürftigen ein Teil ihres Einkommens bei der Bemessung der Leistungen nicht anzurechnen (s. III-4.1.7). Als Sanktionen enthalten §§ 31, 32 SGB II

Fördern und Fordern

Zumutbarkeit der Arbeit

Anreize

Sanktionen

für einen umfangreichen Katalog von Tatbeständen Regelungen zur Absenkung und zum Wegfall der Leistungen. Die Sanktionen sind als Reaktion auf unzureichende Bemühungen zur Beseitigung oder Verringerung der Hilfebedürftigkeit vorgesehen (im Einzelnen vgl. III-4.1.8). Das System der Anreize und Sanktionen hat das Ziel, die Arbeitslosigkeit durch Beeinflussung der Motivation erwerbsfähiger Arbeitsloser zu reduzieren. Angesichts der aktuellen Lage auf dem Arbeitsmarkt erscheint dieser Ansatz als problematisch.

4.1.3   Die Träger der Grundsicherung für Arbeitsuchende

Die Trägerschaft der Grundsicherung für Arbeitsuchende liegt nach § 6 SGB Abs. 1 SGB II für einen Teil der Aufgaben bei der Bundesanstalt für Arbeit und für einen anderen Teil bei den kreisfreien Städten und Landkreisen als kommunale Träger. Die Zuständigkeit der kommunalen Träger betrifft in erster Linie die Unterkunftskosten nach § 22 SGB II. Daneben sind sie zuständig für die wenigen im Gesetz enthaltenen Leistungen zum Lebensunterhalt, die neben den laufenden Leistungen erbracht werden. Nach § 23 Abs. 3 sind dies Erstausstattungen für eine Wohnung, für Kleidung und bei Schwangerschaft und Geburt sowie mehrtägige Klassenfahrten (vgl. III-4.1.6.1). Darüber hinaus sind sie nach § 16 Abs. 2 Nr. 1–4 SGB II verantwortlich für die Betreuung minderjähriger oder behinderter Kinder oder die häusliche Pflege von Angehörigen, Schuldnerberatung, psychosoziale Betreuung und Suchtberatung. Die übrigen Aufgaben nach dem SGB II fallen in den Zuständigkeitsbereich der Bundesagentur für Arbeit. Damit die Aufgaben nach außen hin einheitlich wahrgenommen werden und die gespaltene Leistungsträgerschaft nicht zwei unterschiedliche Anlaufstellen für die Bürger zur Folge hat, verpflichtet § 44b SGB II die beiden Träger dazu, in den Kommunen Arbeitsgemeinschaften zu errichten, die die Aufgaben nach dem SGB II erfüllen (im Einzelnen vgl. § 44b Abs. 3 SGB II).

Arbeitsgemein-schaft – ARGE

Ganz überwiegend ist also die Arbeitsgemeinschaft (ARGE) Anlaufstelle für die Bürger. Um zu prüfen, ob eventuell mittelfristig von der gespaltenen Trägerschaft abgerückt und eine Gesamtzuständigkeit eines Trägers festgelegt werden kann, wurde mit § 6a SGB II eine Experimentierklausel in das Gesetz aufgenommen, die es einer begrenzten Zahl von kommunalen Trägern ermöglicht, auch die Aufgaben der Bundesagentur für Arbeit zu übernehmen. Es soll erprobt werden, ob sich die Übernahme insbesondere der Leistungen zur Eingliederung in Arbeit durch die kommunalen Träger anstelle der Bundesagentur bewährt. Nach § 6c SGB II wird die Wirkung durch das Bundesministerium für Wirtschaft und Arbeit untersucht und den gesetzgebenden Körperschaften des Bundes bis zum Ende des Jahres 2008 Bericht erstattet. Auf der Grundlage des § 6a SGB II bestehen 69 sog. Optionskommunen, in denen die Aufgaben des SGB II insgesamt von den kreisfreien Städten bzw. Landkreisen erfüllt werden und in denen keine ARGE eingerichtet wurde.

Optionskommunen

4.1.4   Der Kreis der Berechtigten

Der berechtigte Personenkreis, der Leistungen nach dem SGB II beziehen kann, ergibt sich aus § 7 SGB II. Die Voraussetzungen für die Berechtigung werden in Absatz 1 aufgeführt. Die anspruchsberechtigte Person muss zwischen 15 und 64 Jahren alt sein, sie muss erwerbsfähig sein und damit nach § 8 SGB II in der Lage sein, mindestens drei Stunden täglich unter den üblichen Bedingungen des allgemeinen Arbeitsmarktes erwerbstätig zu sein, sie muss ihren gewöhnlichen Aufenthalt in der Bundesrepublik haben und hilfebedürftig sein. Verschiedene Personengruppen sind nach § 7 Abs. 4 bis 5 SGB II vom Leistungsbezug ausgeschlossen. Dies betrifft im Regelfall Personen, die sich in stationären Einrichtungen aufhalten, die Altersrente beziehen, die sich in einer nach dem BAföG oder dem SGB III förderungsfähigen Ausbildung befinden, oder die sich außerhalb des in der Erreichbarkeitsanordnung definierten zeit- und ortsnahen Bereiches aufhalten (vgl. III-2.5.3).

Leben Personen, bei denen nicht jedes dieser Kriterien vorliegt, die für sich allein betrachtet also nicht berechtigt wären, mit einem erwerbsfähigen Hilfebedürftigen nach Absatz 1 in einer Bedarfsgemeinschaft, so werden sie dadurch in den Geltungsbereich des SGB II mit hineingezogen. Sie erhalten dann nicht wie der erwerbsfähige Hilfebedürftige Arbeitslosengeld II, sondern im Regelfall Sozialgeld nach § 28 SGB II. Insofern ist der Begriff „Bedarfsgemeinschaft" von besonderer Bedeutung für Ansprüche nach dem SGB II. Dies ergibt sich auch daraus, dass innerhalb einer Bedarfsgemeinschaft entweder wechselseitig oder auch einseitig Einkommen und Vermögen anderer Mitglieder bei der Frage berücksichtigt werden, ob eine Person hilfebedürftig ist.

Bedarfsgemeinschaft

§ 7 Abs. 3 i. V. m. Abs. 3a SGB II regelt, welche Personen miteinander eine Bedarfsgemeinschaft bilden. Nach § 7 Abs. 3 Nr. 1 ist dies zunächst der erwerbsfähige Hilfebedürftige nach Absatz 1. Ohne ihn wäre der Anwendungsbereich des Gesetzes gar nicht eröffnet, er ist also gesetzessystematisch praktisch der „Kern" der Bedarfsgemeinschaft. Zur Bedarfsgemeinschaft gehören nach Nr. 2 auch die im Haushalt lebenden Eltern oder der im Haushalt lebende Elternteil eines unverheirateten erwerbsfähigen Kindes, welches das 25. Lebensjahr noch nicht vollendet hat, und der im Haushalt lebende Partner dieses Elternteils. Nach Nr. 3 gehört auch der Partner des erwerbsfähigen Hilfebedürftigen zur Bedarfsgemeinschaft. Dies ist der Fall, wenn es sich um den nicht dauernd getrennt lebenden Ehegatten, den nicht dauernd getrennt lebenden Lebenspartner, oder um eine Person handelt, die mit dem erwerbsfähigen Hilfebedürftigen in einem gemeinsamen Haushalt so zusammenlebt, dass nach verständiger Würdigung der wechselseitige Wille anzunehmen ist, Verantwortung füreinander zu tragen und füreinander einzustehen. Bis zum August 2006 verwendete das Gesetz an dieser Stelle die Formulierung „die Person, die mit dem erwerbsfähigen Hilfebedürftigen in eheähnlicher Gemeinschaft lebt". Der Nachweis, dass eine eheähnliche Gemeinschaft vorlag, gestaltete sich jedoch – bei korrekter

Rechtsanwendung – als schwierig. In einer Grundsatzentscheidung hat das Bundesverfassungsgericht 1992 den Begriff der eheähnlichen Gemeinschaft dahin gehend definiert, dass eine eheähnliche Gemeinschaft nur vorliegt, wenn zwischen den Partnern so enge Bindungen bestehen, dass von ihnen ein gegenseitiges Einstehen in den Not- und Wechselfällen des Lebens erwartet werden kann im Sinne einer Verantwortungs- und Einstehensgemeinschaft (BVerfGE 87, 234). Da diese Frage von inneren Einstellungen und Motivationen abhängt, die dem zuständigen Sozialleistungsträger nicht zugänglich sind, konnte nur versucht werden, diese Frage anhand von Indizien zu klären. Um die Beweislage für die Träger zu verbessern, hat der Gesetzgeber diesen Punkt präziser geregelt und die Beweislast umgekehrt. Die aktuelle Gesetzesfassung greift die Formulierung des Bundesverfassungsgerichts auf und zudem trifft das Gesetz in § 7 Abs. 3a SGB II auch eine Regelung dazu, wann ein wechselseitiger Wille, Verantwortung füreinander zu tragen und füreinander einzustehen, vermutet wird. Dies ist der Fall, wenn Partner entweder länger als ein Jahr zusammenleben, mit einem gemeinsamen Kind zusammenleben, Kinder oder Angehörige im Haushalt versorgen oder befugt sind, über Einkommen oder Vermögen des anderen zu verfügen. Diese gesetzliche Vermutung kann von den Betroffen widerlegt werden, was sich aber aufgrund der schwierigen Nachweisbarkeit innerer Motivationen und u. U. stillschweigend getroffener Vereinbarungen der Partner sehr schwer realisieren lassen dürfte. Ausreichend ist laut Gesetzesbegründung nicht die Behauptung, dass der Vermutenstatbestand nicht erfüllt sei; erforderlich ist vielmehr, dass der Betroffene darlegt und nachweist, dass alle Kriterien des § 7 Abs. 3a SGB II nicht erfüllt werden bzw. die Vermutung durch andere Umstände entkräftet wird. Zudem ist es laut Gesetzesbegründung nicht ausgeschlossen, dass auch, wenn die gesetzliche Vermutung nicht greift, andere, in § 7 Abs. 3a SGB II nicht genannte äußere Tatsachen das Vorliegen einer Einstehensgemeinschaft begründen können. Dies ist vom zuständigen Leistungsträger unter Würdigung aller Umstände von Amts wegen zu prüfen und zu entscheiden (BT-Dr 16/1410, 19 f.). Im Zusammenhang mit der Prüfung, ob eine Einstehgemeinschaft gegeben ist, werden oft Hausbesuche durchgeführt. Seit August 2006 gilt die Regelung des § 6 Abs. 1 Satz 2, 2. Halbsatz SGB II, wonach die Träger einen Außendienst zur Bekämpfung von Leistungsmissbrauch einzurichten haben. Dieser Außendienst führt die Hausbesuche durch und ermittelt dabei Indizien, die Aufschluss über den Charakter des Zusammenlebens geben könnten.

Über die eheähnlichen Gemeinschaften hinaus, die in Anlehnung an die Ehe nur zwischen zwei Partnern unterschiedlichen Geschlechts bestehen können, erfasst die aktuelle Regelung aufgrund der offeneren Formulierung nun auch gleichgeschlechtliche Partnerschaften.

Nach § 7 Abs. 3 Nr. 4 SGB II schließlich zählen zur Bedarfsgemeinschaft auch die dem Haushalt angehörenden unverheirateten Kinder der in den Nummern 1 bis 3 genannten Personen, wenn sie das 25. Lebensjahr noch nicht vollendet haben, soweit sie die Leistungen zur Sicherung ihres Lebensunterhalts nicht aus eigenem Einkommen oder Vermögen beschaffen

Einstehensgemein-schaft

können. Ursprünglich waren nur die minderjährigen Kinder in die Bedarfsgemeinschaft miteinbezogen, dies wurde im Frühjahr 2006 auf die Kinder unter 25 Jahren ausgedehnt, um die Kosten einzudämmen.

4.1.5   Leistungen zur Eingliederung in Arbeit

Die Leistungen zur Eingliederung in Arbeit werden in einem kurzen Abschnitt des SGB II geregelt, wobei hinsichtlich der einzelnen Leistungen im Wesentlichen auf Vorschriften des SGB III verwiesen wird.

Unter dem Stichwort „Grundsatz des Förderns" bestimmt § 14 SGB II, dass die Träger der Leistungen nach diesem Buch erwerbsfähige Hilfebedürftige umfassend mit dem Ziel der Eingliederung in Arbeit unterstützen. Die Agentur für Arbeit soll einen persönlichen Ansprechpartner für jeden erwerbsfähigen Hilfebedürftigen und die mit ihm in einer Bedarfsgemeinschaft Lebenden benennen. Mit diesen Regelungen liegt nur eine Verpflichtung bzw. hinsichtlich des persönlichen Ansprechpartners eine Regelobliegenheit der öffentlichen Träger vor, subjektive Rechtsansprüche der Bürger lassen sich daraus nicht ableiten. Die Benennung des persönlichen Ansprechpartners soll ein kompetentes Fallmanagement sicherstellen, ein Vertrauensverhältnis zwischen dem Betroffenen und dem Mitarbeiter des zuständigen Trägers fördern und der Effizienz der Betreuung dienen (BT-Dr 15/1516, 54).

§ 15 SGB II regelt parallel zu § 35 Abs. 4 SGB III (vgl. III-2.5.) den Abschluss einer Eingliederungsvereinbarung. Darin soll die Agentur für Arbeit im Einvernehmen mit dem kommunalen Träger mit jedem erwerbsfähigen Hilfebedürftigen die für seine Eingliederung erforderlichen Leistungen vereinbaren. Entsprechend dem in § 41 SGB II festgelegten Regelbewilligungszeitraum für Leistungen zur Sicherung des Lebensunterhalts soll die Eingliederungsvereinbarung jeweils für sechs Monate abgeschlossen werden. Danach wird auf der Grundlage der gewonnenen Erfahrungen eine neue Vereinbarung getroffen. Nach § 15 Abs. 1 Satz 5 SGB II sollen die für die Eingliederungsvereinbarung vorgesehenen Regelungen per Verwaltungsakt erfolgen, wenn keine Eingliederungsvereinbarung zustande kommt. Spätestens an diesem Punkt zeigt sich, dass von einer Vereinbarung im eigentlichen Sinne nicht die Rede sein kann. Der zuständige Träger kann seine Vorstellungen im Wege des Verwaltungsakts durchsetzen, wenn sich der Betroffene weigert, eine Eingliederungsvereinbarung abzuschließen. Damit ist ein Gleichordnungsverhältnis, das üblicherweise Grundlage einer Vereinbarung ist, schon formal nicht gegeben. Hinzu kommt, dass nach § 31 Abs. 1 Nr. 1 SGB II sowohl die Weigerung, eine Eingliederungsvereinbarung abzuschließen, als auch die Weigerung, in einer Eingliederungsvereinbarung festgelegte Pflichten zu erfüllen, mit Sanktionen belegt werden.

§ 15a SGB II sieht vor, dass erwerbsfähigen Personen, die innerhalb der letzten zwei Jahre laufende Geldleistungen zur Sicherung des Lebensunterhalts weder nach dem SGB II noch nach dem SGB III bezogen haben, bei der

Eingliederungsvereinbarung

Beantragung von Leistungen nach diesem Buch unverzüglich Leistungen zur Eingliederung in Arbeit angeboten werden sollen. Durch die frühzeitige Unterbreitung von Eingliederungsangeboten soll Hilfebedürftigkeit vermieden bzw. einer länger andauernden Zeit der Hilfebedürftigkeit vorgebeugt sowie die Bereitschaft des Hilfesuchenden zur Arbeitsaufnahme überprüft werden.

§ 16 Abs. 1 SGB II verpflichtet die ARGE dazu, Ausbildungs- und Arbeitsvermittlung für die erwerbsfähigen Hilfebedürftigen durchzuführen. Im Übrigen verweist die Vorschrift auf die wesentlichen Eingliederungsleistungen des SGB III, die im Rahmen des SGB II durch die ARGE als Ermessensleistungen erbracht werden können. Darüber hinaus können nach § 16 Abs. 2 SGB II weitere Leistungen erbracht werden, die für die Eingliederung des erwerbsfähigen Hilfebedürftigen in das Erwerbsleben erforderlich sind. Die weiteren Leistungen dürfen die Leistungen nach Absatz 1 nicht aufstocken. Zu den weiteren Leistungen gehören insbesondere die Betreuung minderjähriger oder behinderter Kinder oder die häusliche Pflege von Angehörigen, die Schuldnerberatung, die psychosoziale Betreuung, die Suchtberatung, das Einstiegsgeld nach § 29 SGB II und Leistungen nach dem Altersteilzeitgesetz.

Arbeitsgelegenheiten

Eine weitere spezielle Eingliederungsleistung enthält § 16 Abs. 3 SGB II mit den Arbeitsgelegenheiten. Diese sollen für erwerbsfähige Hilfebedürftige, die keine Arbeit finden können, geschaffen werden. Umgangssprachlich sind die Arbeitsgelegenheiten als „Ein-Euro-Jobs" bekannt, da den Teilnehmern i. d. R. kein Lohn o. Ä. gezahlt wird, sondern eine geringe Aufwandsentschädigung. Die Arbeitsgelegenheiten können in Form von regulären Arbeitsverhältnissen, als Arbeitsbeschaffungsmaßnahme oder als im öffentlichen Interesse liegende zusätzliche Arbeiten im Sinne von § 16 Abs. 3 Satz 2 SGB II erfolgen. Letzteres ist in der Praxis der Regelfall. Das Kriterium der Zusätzlichkeit verbietet es, Arbeitsgelegenheiten für die Einsparung von regulären Arbeitskräften zu verwenden. Klassisches Beispiel für zusätzliche Arbeiten sind jahreszeitbedingt nicht unbedingt erforderliche Reinigungsarbeiten in Grünanlagen (m. w. N. Niewald in LPK-SGB II § 16 Rz. 21). Durch die Arbeitsgelegenheit in Form der im öffentlichen Interesse liegenden zusätzlichen Arbeiten wird kein Arbeitsverhältnis begründet. Der Hilfebedürftige hat Anspruch auf eine Aufwandsentschädigung, die in der Praxis bei etwa 1 bis 2,50 € pro Stunde liegt. Die Arbeitsgelegenheiten werden nicht durchgängig allen Hilfebedürftigen angeboten bzw. nahegelegt. Vielfach werden Personen in Arbeitsgelegenheiten vermittelt, die selbst den Wunsch haben, einer Beschäftigung nachzugehen. Für sie lässt sich die Arbeitsgelegenheit in der Tat als Leistung zur Eingliederung verstehen. Andererseits ist das Angebot einer Arbeitsgelegenheit oft auch ein Mittel, die Arbeitswilligkeit von Personen zu testen, die aus der Sicht des zuständigen Trägers wenig Engagement erkennen lassen. In Anbetracht der Tatsache, dass die Teilnahme an einer Arbeitsgelegenheit nur sehr selten die Vermittlung in ein Arbeitsverhältnis nach sich zieht, empfinden die Betroffenen diese Vorgehensweise oft als Schikane.

4.1.6   Die Leistungen zur Sicherung des Lebensunterhalts nach dem SGB II

Als Leistungen zur Sicherung des Lebensunterhalts werden im Rahmen des SGB II Arbeitslosengeld II nach § 19 SGB II und Sozialgeld nach § 28 SGB II erbracht. Das Arbeitslosengeld II wird erwerbsfähigen Hilfebedürftigen gewährt, das Sozialgeld ist die Leistung für nichterwerbsfähige Mitglieder der Bedarfsgemeinschaft eines erwerbsfähigen Hilfebedürftigen.

4.1.6.1 Arbeitslosengeld II

§ 19 SGB II gewährt erwerbsfähigen Hilfebedürftigen einen Anspruch auf Arbeitslosengeld II. Die Leistungen beinhaltet zur Sicherung des Lebensunterhalts einschließlich der angemessenen Kosten für Unterkunft und Heizung und unter der Voraussetzung, dass das Arbeitslosengeld II im Anschluss an Arbeitslosengeld nach dem SGB III gewährt wird, einen befristeten Zuschlag.

Der Bedarf, der die Höhe der Leistung bestimmt, setzt sich zusammen aus der Regelleistung zur Sicherung des Lebensunterhalts nach § 20 SGB II, möglichem Mehrbedarf nach § 21 SGB II, Leistungen für Unterkunft und Heizung nach § 22 SGB II und möglichen Bedarfen, die im Wege der abweichenden Erbringung von Leistungen nach § 23 SGB II zu erbringen sind.

Die Sicherung des Lebensunterhalts erfolgt im Wesentlichen über die Regelleistung nach § 20 SGB II. In Absatz 1 werden in nicht abschließender Form die Bedarfe aufgeführt, die aus der Regelleistung zu decken sind. Dies sind insbesondere Ernährung, Kleidung, Körperpflege, Hausrat, Haushaltsenergie ohne die auf die Heizung entfallenden Anteile, Bedarfe des täglichen Lebens sowie in vertretbarem Umfang auch Beziehungen zur Umwelt und eine Teilnahme am kulturellen Leben. **Regelleistung**

Im Gegensatz zu den Regelsätzen in der Sozialhilfe, die jeweils von den Ländern festgelegt werden (vgl. III-4.2.1), wird die Höhe der Regelleistung in § 20 SGB II bundesrechtlich gesetzlich festgelegt. Für eine allein stehende oder alleinerziehende Person betrug die monatliche Regelleistung bis zum Juni 2007 bundeseinheitlich 345 €. Durch die Erhöhung des aktuellen Rentenwerts ist der Betrag zum 1. Juli 2007 um 2 € auf 347 € angestiegen. Zunächst war der Betrag in den neuen Bundesländern niedriger und lag entsprechend den üblichen sozialhilferechtlichen Regelsätzen in den neuen Bundesländern bei 331 €. Im Frühjahr 2006 erfolgte eine Angleichung an den Betrag, der in den alten Bundesländern zu zahlen ist. Im November 2006 hatte sich das Bundessozialgericht mit zwei Klagen zu befassen, die sich gegen die geringe Höhe des Regelbetrags richteten. Das BSG entschied zunächst, dass die Umstellung des früheren Systems der Arbeitslosenhilfe nach dem SGB III auf das für viele Personen ungünstigere System des SGB II rechtmäßig war (23.11.2006 – B 11b AS 9/06 R). Dies trifft auch auf ältere Personen zu, die zunächst Arbeitslosenhilfe bezogen haben und dann in den Geltungsbereich des SGB II gefallen sind. Ein schutzwürdiges Vertrauen in die dauerhafte Gewährung einer Leistung zur Sicherung des Lebensunterhalts in gleicher Höhe kann laut BSG nicht anerkannt werden. Nach Auffassung des Gerichts in der zweiten Entscheidung (23.11.2006 – B 11b AS 1/06 R) bestehen auch keine durchgreifenden verfassungsrechtlichen Bedenken gegen die gesetzlich festgeschriebene Höhe der Regelleistungen nach § 20 Abs. 2 und Abs. 3 SGB II sowie in diesem Zusammenhang gegen die aus den Gesetzesmaterialien nachzuvollziehende Art der Bedarfsermittlung und deren Ergebnis. Es sei grundsätzlich zulässig, den Bedarf gruppenbezogen zu erfassen und eine Typisierung bei Massenverfahren vorzunehmen. Das Gericht entschied, die Höhe der Regelleistung sei ausreichend, um den Lebensunterhalt davon zu bestreiten.

Leben mehrere Personen in einer Bedarfsgemeinschaft zusammen, so verringert sich der Betrag der Regelleistung. Diese Regelung hat den Hintergrund, dass weniger Kosten entstehen, wenn Personen in einem Haushalt zusammenleben und wirtschaften, als wenn jeder allein in einem Haushalt lebt. Haben zwei Partner der Bedarfsgemeinschaft das 18. Lebensjahr vollendet, beträgt die Regelleistung nach § 20 Abs. 3 SGB II jeweils 90% der Regelleistung nach Absatz 2. Die Regelleistung für sonstige erwerbsfähige Angehörige der Bedarfsgemeinschaft beträgt 80% der Regelleistung nach Satz 1. Auch Personen unter 25 Jahren, die ohne Zusicherung des Trägers umgezogen sind, erhalten nur 80% der Regelleistung. Der Hintergrund dieser Regelung liegt darin, dass sie für den Fall eines im Sinne des Leistungsrechts des SGB II unzulässigen Umzugs nicht privilegiert werden sollen. Sie erhalten daher die Regelleistung in derselben Höhe, die ihnen auch zustehen würde, wenn sie weiterhin bei ihren Eltern oder einem Elternteil wohnen würden.

Mehrbedarf   Für bestimmte Personen sieht § 21 SGB II Mehrbedarfe vor. Dies betrifft Personengruppen, die aufgrund spezieller Lebenslagen einen erhöhten Bedarf haben, der mit den Pauschalbeträgen der Regelleistung, die einen durchschnittlichen Bedarf abdecken, nicht zu befriedigen ist. Einen An-

Schwangerschaft   spruch auf Mehrbedarf haben nach § 21 Abs. 2 SGB II zunächst schwangere Frauen nach der 12. Schwangerschaftswoche.

Alleinerziehende   Nach Absatz 3 haben alleinerziehende Personen einen Mehrbedarf, wenn sie mit einem Kind unter sieben oder mehreren Kindern unter 18 Jahren zusammenleben. Voraussetzung für den Mehrbedarf ist die alleinige Pflege und Erziehung durch den Berechtigten. Dies bedeutet nicht notwendigerweise, dass keine weitere Person mit im Haushalt leben darf. Entscheidend ist nur, dass eventuelle Mitbewohner an der Pflege und Erziehung des Kindes nicht oder nur in geringem Umfang mitwirken (m. w. N. Hofmann in LPK-SG II § 21 Rz. 9 f.).

behinderte Hilfebedürftige   Erwerbsfähige behinderte Hilfebedürftige haben nach Absatz 4 einen Mehrbedarf, wenn sie spezielle Hilfen im Zusammenhang mit dem Arbeitsleben oder der Ausbildung erhalten. Die genannten Personengruppen erhalten zur Abdeckung des Mehrbedarfs einen bestimmten Prozentsatz der Regelleistung.

Krankenkostzulage   Erwerbsfähige Hilfebedürftige, die aus medizinischen Gründen einer kostenaufwendigen Ernährung bedürfen, erhalten nach Absatz 5 einen Mehrbedarf in angemessener Höhe. Die Gewährung des Mehrbedarfes setzt voraus, dass der erwerbsfähige Hilfebedürftige aus medizinischen Gründen eincr gegenüber dem Durchschnitt kostenaufwändigeren Ernährung bedarf, die wegen des erhöhten Kostenaufwandes nicht aus der Regelleistung gesichert werden kann. In Frage kommt dies etwa bei Magen- und Darmerkrankungen, Stoffwechselerkrankungen, Krebs, Neurodermitis oder bei erhöhten Harnsäure- bzw. Blutfettwerten. Für die einzelnen Krankheiten gibt es Regelwerte des Deutschen Vereins, der anhand ernährungswissenschaftlicher Untersuchungen die Differenz zwischen dem Ernährungsanteil der sozialhilferechtlichen Regelsätze und dem notwendigen Ernährungsaufwand bei der jeweiligen Erkrankung ermittelt und entsprechende Empfehlungen erarbeitet hat (Deutscher Verein 1997). Lange Zeit wurde der Mehrbedarf auch für Diabetiker gewährt. Laut einer Stellungnahme der Deutschen Diabetes Gesellschaft (DDG) vom 14.12.2004, die sich auf aktuelle, wissenschaftlich gesicherte und evidenzbasierte Empfehlungen stützt, entstehen jedoch für Diabetiker von Typ 1 und Typ 2 keine Mehrkosten zur Ernährung (www.deutsche-diabetes-gesellschaft.de/redaktion/news/ Statement_Ernaehrung_12_2004.doc). Bei den Erkrankungen, für die die Gewährung eines Mehrbedarfs empfohlen wird, ist der Diabetes mellitus Typ 1 und Typ 2 nach Auffassung des Ausschusses Ernährung DDG nicht betroffen. Dies beruht laut DDG nicht zuletzt auf der von allen größeren nationalen und internationalen Diabetes-Fachgesellschaften akzeptierten Feststellung, dass es keine Nahrungsmittel gebe, die für die Ernährung von Diabetikern besonders vorteilhaft seien. Die Ernährung eines Patienten mit Diabetes könne daher mit den gleichen Nahrungsmitteln erfolgen wie bei Gesunden. Vor dem Hintergrund dieser Stellungnahme wird ein ernährungsbedingter Mehrbedarf von der jüngeren Rechtsprechung abgelehnt. Die Gerichte gehen davon aus, dass die Hilfebedürftigen die Kosten für die im Hinblick auf ihre Diabetes-Erkrankung erforderliche Vollkost (Mischkost) aus den ihnen gewährten Regelleistungen vollumfänglich decken können (Schleswig-Holsteinisches LSG 06.09.2005, L 9 B 186/05 SO ER und 24.11.2005, L 9 B 259/05 SO PKH; SG Dresden 30.08.2006, S 23 AS 1372/06 ER; vgl. auch LSG NRW Beschluss vom 23.06.2006, L 20 B 109/06 AS; SG Düsseldorf 22.08.2006, AS 199/05).

Im Rahmen des Arbeitslosengeldes II werden nach §22 SGB II auch Leistungen für Unterkunft und Heizung erbracht. Nach §22 Abs. 1 SGB II werden diese in Höhe der tatsächlichen Aufwendungen erbracht, soweit diese angemessen sind. Die Frage der Angemessenheit richtet sich nach der Wohnfläche und dem Mietzins bzw. den Aufwendungen für eine Immobilie. Es gibt aufgrund der regionalen Unterschiede auf dem Wohnungsmarkt keine bundeseinheitlichen Richtwerte. Nach Informationen des Landkreises Parchim (http://www.kreis-pch.de/cms/Parchim_prod/Parchim/Aktuelles/Sozialamt/lb0506_Das_Sozialamt_informiert.pdf, veröffentlicht im Landboten Nr. 6 2005) sind z. B. für Antragsteller mit Wohnsitz in der Stadt Parchim (Mecklenburg-Vorpommern) zur Prüfung der Angemessenheit der Kosten der Unterkunft (Gesamtmiete abzüglich Heizkosten) folgende

Unterkunftskosten

Richtwerte in Anwendung zu bringen: Für Alleinstehende bis max. 230 €, für 2 Personen bis max. 310 €, für 3 Personen bis max. 365 €, für 4 Personen bis max. 425 € und für 5 Personen bis max. 485 €. Dabei werden bei Mietwohnungen folgende Wohnflächen regelmäßig als angemessen betrachtet: Für Alleinstehende 45 bis 50 m², für 2 Personen bis zu 60 m², für 3 Personen bis zu 75 m² und für 4 Personen 85 bis 90 m². In der Stadt Reutlingen (Baden-Württemberg) z. B. werden in Anlehnung an § 8 Wohngeldgesetz und unter Berücksichtigung des örtlichen Mietpreisspiegels, nachfolgende Nettokaltmieten als angemessene Obergrenzen betrachtet: für 1 Person bis zu 45 m² Wohnraum 180 €–300 €, für 2 Personen bis zu 60 m² Wohnraum und 240 €–365 €, für 3 Personen bis zu 75 m² Wohnraum und 290 €–435 €, für 4 Personen bis zu 90 m² Wohnraum und 335 €–505 €, für 5 Personen bis zu 105 m² Wohnraum und 380 €–580 € und für jede weitere Person weitere 15 m² und 45 €–70 € (http://www.reutlingen.de/content/8/8.6.4/zustaendigkeiten. oscms?Section=629&Article=628).

Das LSG Celle entschied, für einen Alleinstehenden seien in Hannover Unterkunftskosten bis zu 300 € exklusive Heizkosten angemessen. Im Übrigen sei einem Alleinstehenden zuzumuten, in eine 1-Zimmer-Wohnung in einem sozialen Brennpunkt zu ziehen (LSG Celle 08.03.2006 L 9 AS 69/06 ER).

Heizkosten sind im Rahmen der Angemessenheit ebenfalls in tatsächlicher Höhe zu übernehmen.

Sind die Unterkunftskosten zu hoch, so sind sie so lange zu übernehmen, wie es den Personen nicht zuzumuten ist, die Kosten durch Umzug oder (Unter)Vermietung zu senken, in der Regel jedoch für längstens sechs Monate. Sowohl bei der Frage der Angemessenheit der Kosten als auch bei der Frage der Zumutbarkeit eines Umzugs o. Ä. sind die Besonderheiten des Einzelfalls zu berücksichtigen, wobei etwa Krankheit oder Behinderung eines Bewohners eine Rolle spielen können. Nach § 22 Abs. 2 SGB II soll der erwerbsfähige Hilfebedürftige vor Abschluss eines Vertrages über eine neue Unterkunft die Zusicherung des für die Leistungserbringung bisher örtlich zuständigen kommunalen Trägers zu den Aufwendungen für die neue Unterkunft einholen. Dabei ist der kommunale Träger nur zur Zusicherung verpflichtet, wenn der Umzug erforderlich ist und die Aufwendungen für die neue Unterkunft angemessen sind. Im Falle eines nicht erforderlichen Umzugs, der zu erhöhten Unterkunftskosten führt, werden die Leistungen anschließend nur in der bisherigen Höhe erbracht.

Verschärfte Anforderungen bestehen für Personen unter 25 Jahren. Wenn sie umziehen, werden ihnen nach § 22 Abs. 2a SGB II Leistungen für Unterkunft und Heizung für die Zeit nach einem Umzug bis zur Vollendung des 25. Lebensjahres nur erbracht, wenn der kommunale Träger dies vor Abschluss des Vertrages über die Unterkunft zugesichert hat. Der kommunale Träger ist zur Zusicherung verpflichtet, wenn der Betroffene aus schwerwiegenden sozialen Gründen nicht auf die Wohnung der Eltern oder eines Elternteils verwiesen werden kann, der Bezug der Unterkunft zur Eingliederung in den Arbeitsmarkt erforderlich ist oder ein sonstiger, ähnlich schwerwiegender Grund vorliegt. Schwerwiegende Gründe i. S. d.

Vorschrift können etwa gravierende Auseinandersetzungen innerhalb der Familie, eine Suchterkrankung eines Elternteils oder des jungen Menschen oder Kriminalität sein. Durch diese im Frühjahr 2006 eingefügte Regelung soll verhindert werden, dass junge Menschen unter 25 Jahren ohne Notwendigkeit aus der Wohnung ihrer Eltern ausziehen und mit einer eigenen Wohnung zusätzliche Kosten verursachen.

Wohnungsbeschaffungskosten, Umzugskosten und Mietkaution können nach § 22 Abs. 3 SGB II übernommen werden, sofern dies vom zuständigen Träger vorab zugesichert wurde. Werden Unterkunfts- und Heizungskosten übernommen, so können auch Schulden übernommen werden. Sie sollen übernommen werden, wenn dies gerechtfertigt und notwendig ist und sonst Wohnungslosigkeit einzutreten droht. Um Wohnungslosigkeit zu verhindern, sind die Gerichte verpflichtet, dem zuständigen Träger Mitteilung zu machen, wenn eine Räumungsklage wegen Mietrückständen eingeht.

Einige wenige, nicht regelmäßig anfallende Bedarfe sind nicht in der Regelleistung enthalten. Nach § 23 Abs. 3 SGB II sind Leistungen für Erstausstattungen für die Wohnung einschließlich Haushaltsgeräten, Erstausstattungen für Bekleidung und Erstausstattungen bei Schwangerschaft und Geburt sowie mehrtägige Klassenfahrten im Rahmen der schulrechtlichen Bestimmungen nicht von der Regelleistung umfasst und werden gesondert erbracht. Hierauf besteht auch dann ein Anspruch, wenn keine laufenden Leistungen erbracht werden, weil der regelmäßige Lebensbedarf aus dem Einkommen bzw. Vermögen gedeckt werden kann, dies aber für die genannten zusätzlichen Bedarfe nicht ausreicht.

Alle anderen notwendigen Anschaffungen, etwa für Möbel, Haushaltsgeräte oder Bekleidung außerhalb des speziellen und seltenen Falls der Erstausstattung, sind aus der Regelleistung zu bezahlen bzw. anzusparen. Liegt im Einzelfall ein unabweisbarer Bedarf vor, sind aber keine ausreichenden finanziellen Mittel bei den Betroffenen vorhanden, so wird zur Deckung des Bedarfs nach § 23 Abs. 1 SGB II ein Darlehen erbracht. Dieses wird **Darlehen** durch monatliche Aufrechnung in Höhe von bis zu 10% der an den Hilfebedürftigen und die mit ihm in Bedarfsgemeinschaft lebenden Angehörigen jeweils zu zahlenden Regelleistung getilgt.

Über die genannten Leistungen zur Sicherung des Lebensunterhalts hinaus beinhaltet das Arbeitslosengeld II unter bestimmten Voraussetzungen auch einen befristeten Zuschlag nach § 24 SGB II. Voraussetzung ist, dass **befristeter Zuschlag** der erwerbsfähige Hilfebedürftige Arbeitslosengeld II innerhalb von zwei Jahren nach dem Ende des Bezugs von Arbeitslosengeld bezieht. Um die Höhe des Zuschlags zu ermitteln, ist zunächst das von dem erwerbsfähigen Hilfebedürftigen zuletzt bezogene Arbeitslosengeld und das nach dem Wohngeldgesetz erhaltenen Wohngeld mit den Leistungen in Relation zu setzen, die der Hilfebedürftige und die mit ihm in Bedarfsgemeinschaft lebenden Angehörigen erstmalig nach dem Ende des Bezuges von Arbeitslosengeld nach dem SGB II erhalten. Ergibt sich dabei, dass das vorangegangene Arbeitslosengeld plus Wohngeld einen höheren Betrag ausmachte, als nun an Leistungen nach dem SGB II gezahlt wird, kommt der Zuschlag zum Tragen, um den Einkommensverlust übergangsweise abzufedern. Der Vergleich dieser Leistungen ist allerdings insofern nicht stimmig, als auf der einen Seite nur auf das Arbeitslosengeld des erwerbsfähigen Hilfebedürftigen abgestellt wird, ohne das Einkommen seiner Angehörigen zu berücksichtigen, während dem auf der anderen Seite nun die laufenden Leistungen für die gesamte Bedarfsgemeinschaft gegenübergestellt werden. In vielen Fällen scheidet dadurch ein Zuschlag nach § 24 SGB II von vornherein aus, da die Leistungen an die gesamte Bedarfsgemeinschaft nach dem SGB II höher sind als das vorherige Arbeitslosengeld der betreffenden Person plus Wohngeld. Dennoch kann sich für die gesamte Bedarfsgemeinschaft durchaus ein Einkommensverlust ergeben, der dann nicht abgefedert wird.

Ergibt die Vergleichsberechnung, dass die Leistungen nach dem SGB II nun niedriger sind, so beträgt der Zuschlag zwei Drittel des Unterschiedsbetrages. Der Zuschlag ist allerdings im ersten Jahr bei erwerbsfähigen Hilfebedürftigen auf höchstens 160 €, bei Partnern auf insgesamt höchstens 320 € und für die mit dem Zuschlagsberechtigten in Bedarfsgemeinschaft zusammenlebenden Kinder auf höchstens 60 € pro Kind begrenzt. Im zweiten Jahr halbieren sich der Zuschlag und die Höchstbeträge, danach fällt der Zuschlag ganz weg.

Sozialversicherungen   Empfänger von Arbeitslosengeld II sind i. d. R. in der Renten-, Kranken- und Pflegeversicherung pflichtversichert. Dies ergibt sich nicht aus dem SGB II selbst, sondern aus den einzelnen Sozialversicherungsgesetzen (§ 3 Satz 1 Nr. 3a SGB VI, § 5 Abs. 1 Nr. 2a SGB V, § 20 Abs. 1 Nr. 2a SGB XI). Dort wird auch geregelt, dass der Träger des SGB II die Sozialversicherungsbeiträge unmittelbar an die jeweiligen Sozialversicherungsträger zahlt. Sofern Personen von der Sozialversicherungspflicht befreit sind, sieht § 26 SGB II einen Zuschuss zu entsprechenden freiwilligen Versicherungen vor.

4.1.6.2 Sozialgeld

Das Arbeitslosengeld II wird erwerbsfähigen Hilfebedürftigen im Sinne des § 7 Abs. 1 SGB II gewährt. Die nichterwerbsfähigen Mitglieder der Bedarfsgemeinschaft eines erwerbsfähigen Hilfebedürftigen erhalten stattdessen Sozialgeld nach § 28 SGB II. Ein Anspruch auf Sozialgeld besteht jedoch nicht für Personen, soweit sie einen Anspruch auf Leistungen der Sozialhilfe nach dem Vierten Kapitel des SGB XII auf Leistungen der Grundsicherung im Alter und bei Erwerbsminderung haben. Diese Leistung der Sozialhilfe betrifft Personen, die entweder das 65. Lebensjahr vollendet haben, oder das 18. Lebensjahr vollendet haben und voll erwerbsgemindert im Sinne des § 43 SGB VI sind und bei denen unwahrscheinlich ist, dass die volle Erwerbsminderung behoben werden kann. Für diesen Personenkreis sind die Leistungen der §§ 41 ff. SGB XII vorrangig, das SGB II kommt nicht zur Anwendung. Anspruchsberechtigt im Hinblick auf das Sozialgeld sind daher in erster Linie Kinder von erwerbsfähigen Hilfebedürftigen vor Vollendung des 15. Lebensjahrs und nur vorübergehend voll erwerbsgeminderte Personen (zu sonstigen leistungsberechtigten Personengruppen vgl. Birk in LPK-SGB II, Rz. 9 ff.).

Das Sozialgeld entspricht von seiner Struktur und Höhe her im Wesentlichen dem Arbeitslosengeld II. Es umfasst nach § 28 Abs. 1 Satz 2 SGB
II die sich aus § 19 Satz 1 Nr. 1 ergebenden Leistungen. Es gibt allerdings
einige Abweichungen. Am bedeutendsten sind die Abweichungen in der
Höhe der maßgeblichen Regelleistungen für Kinder und Jugendliche. Nach
§ 28 Abs. 1 Nr. 1 SGB II beträgt die Regelleistung bis zur Vollendung des 14.
Lebensjahres 60% und im 15. Lebensjahr 80% der nach § 20 Abs. 2 maßgebenden Regelleistung. Anschließend sind die Regelleistungen in der in § 20
SGB II festgelegten Höhe maßgeblich.

4.1.7   Einsatz eigener Mittel und Verpflichtungen anderer

Aufgrund der Nachrangigkeit der Grundsicherung sind zunächst alle eigenen Kräfte und Mittel einzusetzen und auch Verpflichtungen anderer Träger oder Personen zu nutzen, bevor der bestehende Bedarf durch
Leistungen des SGB II gedeckt wird. Hilfebedürftig ist nach § 9 Abs. 1 SGB
II (nur), wer seinen Lebensunterhalt, seine Eingliederung in Arbeit und
den Lebensunterhalt der mit ihm in einer Bedarfsgemeinschaft lebenden
Personen nicht oder nicht ausreichend aus eigenen Kräften und Mitteln,
vor allem nicht durch Aufnahme einer zumutbaren Arbeit oder aus dem
zu berücksichtigenden Einkommen oder Vermögen, sichern kann und die
erforderliche Hilfe nicht von anderen, insbesondere von Angehörigen oder
von Trägern anderer Sozialleistungen erhält. Das zu berücksichtigende Einkommen oder Vermögen betrifft nicht nur Einkommen oder Vermögen des
Betroffenen selbst, sondern auch das verschiedener mit ihm in Bedarfsgemeinschaft lebender Personen. Nach § 9 Abs. 2 SGB II sind bei Personen,
die in einer Bedarfsgemeinschaft leben, auch das Einkommen und Vermögen des Partners zu berücksichtigen. Bei unverheirateten Kindern, die mit
ihren Eltern oder einem Elternteil in einer Bedarfsgemeinschaft leben und
die die Leistungen zur Sicherung ihres Lebensunterhalts nicht aus ihrem
eigenen Einkommen oder Vermögen beschaffen können, sind auch das
Einkommen und Vermögen der Eltern oder des Elternteils und dessen in
Bedarfsgemeinschaft lebenden Partners zu berücksichtigen. Die Anrechnung von Einkommen und Vermögen des Ehe- oder Lebenspartners und
der Eltern bzw. des in Bedarfsgemeinschaft lebenden Elternteils ist konsequent, da diese Personen auch zum Unterhalt verpflichtet sind. Problematisch ist allerdings die Anrechnung von Einkommen und Vermögen des
Partners einer Einstehgemeinschaft und des Partners eines Elternteils. Hier
bestehen keine Unterhaltsansprüche, so dass der Betroffene sich auf beiden Ebenen praktisch rechtlos wiederfindet. Er kann vom Partner oder vom
Partner des Elternteils keine Unterstützung verlangen, erhält aber auch
keine Leistungen nach dem SGB II. Die Anrechnung des Einkommens und
Vermögens des Partners des Elternteils wurde im August 2006 eingeführt.
Es bleibt abzuwarten, ob die Regelung Bestand haben wird. Das Sozialge-
richt Berlin hat die Norm dem Bundesverfassungsgericht vorgelegt, um die

Verfassungswidrigkeit feststellen zu lassen (SG Berlin 08.01.2007 – S 103 AS 10869/06 ER). Sollte das Bundesverfassungsgericht die Vorschrift für verfassungsgemäß halten, dürften die Auswirkungen der Regelung auf die Familiensituation von Stiefkinderfamilien problematisch sein. Ein Kind, das schwanger ist oder sein Kind bis zur Vollendung des sechsten Lebensjahrs betreut, ist von der Regelung ausgenommen. Hiermit soll verhindert werden, dass aufgrund der Sorge, Angehörigen finanziell zur Last zu fallen, ein Schwangerschaftsabbruch stattfindet.

Haushaltsgemein-schaft

Auch wenn Personen nicht in Bedarfsgemeinschaft zusammenleben, kann Einkommen und Vermögen von Haushaltsangehörigen von Bedeutung sein. § 9 Abs. 5 SGB II trifft eine Regelung zur Haushaltsgemeinschaft. Leben Hilfebedürftige in Haushaltsgemeinschaft mit Verwandten oder Verschwägerten, so wird danach vermutet, dass sie von ihnen Leistungen erhalten, soweit dies nach deren Einkommen und Vermögen erwartet werden kann. Diese vermuteten Leistungen verringern die Hilfebedürftigkeit des Betroffenen bzw. heben sie ganz auf. Eine Haushaltsgemeinschaft in diesem Sinne liegt beim Zusammenleben in einer Wohn- und Wirtschaftsgemeinschaft vor, in der „aus einem Topf" gewirtschaftet wird (BT-Dr 15/1516, 53). Ob eine Unterstützung im Sinne des § 9 Abs. 3 SGB II erwartet werden kann, hängt in erster Linie von der Höhe, des vorhandenen Einkommens und Vermögens ab. Hierzu trifft die Verordnung zur Berechnung von Einkommen sowie zur Nichtberücksichtigung von Einkommen und Vermögen beim Arbeitslosengeld II/Sozialgeld – Alg II V – Aussagen. Nach § 1 Abs. 2 Alg II V sind bei der § 9 Abs. 5 des SGB II zugrunde liegenden Vermutung, dass Verwandte und Verschwägerte an mit ihnen in Haushaltsgemeinschaft lebende Hilfebedürftige Leistungen erbringen, die um die Absetzbeträge nach § 11 Abs. 2 des Zweiten Buches Sozialgesetzbuch bereinigten Einnahmen in der Regel nicht als Einkommen zu berücksichtigen, soweit sie einen Freibetrag in Höhe des doppelten Satzes der nach § 20 Abs. 2 SGB II maßgebenden Regelleistung zuzüglich der anteiligen Aufwendungen für Unterkunft und Heizung sowie darüber hinausgehend 50% der diesen Freibetrag übersteigenden bereinigten Einnahmen nicht überschreiten. Bezüglich des Einsatzes des Vermögens gelten die gleichen Grundsätze wie für den Hilfebedürftigen selbst. Die gesetzliche Vermutung des § 9 Abs. 5 SGB II, dass eine Unterstützung des Hilfebedürftigen stattfindet, kann vom Betroffenen widerlegt werden, wobei die Beweislast bei ihm liegt.

Einkommen

Das zu berücksichtigende Einkommen ist in § 11 SGB II und ergänzend in der Alg II V geregelt. Vom Grundsatz her sind nach § 11 Abs. 1 Satz 1 SGB II alle Einkünfte als Einkommen zu berücksichtigen. Ausdrücklich ausgenommen sind nach § 11 Abs. 1 SGB II einzelne Leistungen nach dem Bundesversorgungsgesetz und den Gesetzen, die dieses entsprechend anwenden, sowie nach dem Bundesentschädigungsgesetz. Nach § 11 Abs. 3 SGB II sind zudem zweckbestimmte Einnahmen und Zuwendungen der freien Wohlfahrtspflege, die einem anderen Zweck als die Leistungen nach dem SGB II dienen und die Lage des Empfängers nicht so günstig beeinflussen, dass daneben Leistungen nach dem SGB II nicht gerechtfertigt wären, sowie

Schmerzensgeld nach § 253 Abs. 2 BGB nicht als Einkommen zu berücksichtigen. Darüber hinaus ist nach § 10 des Gesetzes zum Elterngeld und
zur Elternzeit (Bundeselterngeld- und Elternzeitgesetz – BEEG) auch das
Elterngeld bis zu einer Höhe von 300 € nicht als Einkommen anzurechnen.

Das Bruttoeinkommen ist zu „bereinigen", indem nach § 11 Abs. 2 Ab-
züge vorzunehmen sind. Dies betrifft in erster Linie Steuern, Sozialversicherungsbeiträge bzw. entsprechende Beiträge für private Versicherungen
oder sonstige Versicherungen, soweit diese Beiträge gesetzlich vorgeschrieben (etwa Kfz-Haftpflicht) oder nach Grund und Höhe angemessen sind,
geförderte Altersvorsorgebeiträge (Riester-Rente), Werbungskosten und
Unterhalt, der aufgrund eines Unterhaltstitels oder einer notariell beurkundeten Vereinbarung zu leisten ist. Für erwerbstätige Personen ist mindestens nach § 11 Abs. 2 Satz 2 SGB II pauschal ein Betrag von 100 € abzusetzen. Für erwerbstätige Personen gibt es zudem einen Absetzbetrag nach
§ 30 SGB II. Dieser beträgt für den Teil des monatlichen Einkommens, das
100 € übersteigt und nicht mehr als 800 € beträgt, 20% und für den Teil des
monatlichen Einkommens, das 800 € übersteigt und nicht mehr als 1.200 €
beträgt, 10%. Der Betrag von 1.200 € erhöht sich auf 1.500 €, wenn der Hilfebedürftige entweder mit mindestens einem minderjährigen Kind in Bedarfsgemeinschaft lebt oder mindestens ein minderjähriges Kind hat. Die
Prozentangaben beziehen sich auf das jeweilige Bruttoeinkommen. Dieses
ist bei der Berechnung nach § 30 SGB II in mehrere Abschnitte aufzutei-
len: Der Betrag bis 100 € bleibt unberücksichtigt. Von der Spanne zwischen
knapp über 100 € und 800 €, also von einem Betrag von rund 700 € sind 20%
zu berechnen. Von der Spanne zwischen knapp über 800 € bis 1.200 bzw.
sofern ein Kind vorhanden ist, 1.500 €, also einem Betrag von rund 400 bzw.
700 € sind 10% zu berechnen. Das darüber liegende Einkommen bleibt unberücksichtigt. Die so errechneten Beträge werden von dem nach § 11 SGB
II bereinigten Einkommen abgezogen.

Das zu berücksichtigende Vermögen wird in § 12 SGB II und der Alg II
V geregelt. Gemäß § 12 Abs. 1 SGB II sind grundsätzlich alle verwertbaren
Vermögensgegenstände zu berücksichtigen. Nach Absatz 2 sind allerdings
vom Vermögen bestimmte Beträge abzusetzen und nach Absatz 3 bleibt
eine Reihe von Vermögensgegenständen abweichend vom Grundsatz in
Absatz 1 unberücksichtigt.

§ 12 Abs. 2 SGB II gewährt verschiedene Freibeträge, die nicht als Vermögen einzusetzen sind. Zunächst gibt es nach § 12 Abs. 2 Nr. 1 SGB II einen
Grundfreibetrag in Höhe von 150 € je vollendetem Lebensjahr des volljährigen Hilfebedürftigen und seines Partners, mindestens aber jeweils 3.100 €,
wobei der Grundfreibetrag für den volljährigen Hilfebedürftigen und seinen Partner jeweils 9.750 € nicht übersteigen darf. Für jedes hilfebedürftige
minderjährige Kind gibt es nach § 12 Abs. 2 Nr. 1a SGB II einen Grundfreibetrag in Höhe von 3.100 €. Darüber hinaus ist nach § 12 Abs. 2 Nr. 4 SGB II
ein Freibetrag für notwendige Anschaffungen in Höhe von 750 € für jeden
in der Bedarfsgemeinschaft lebenden Hilfebedürftigen zu berücksichtigen.
Dies ergibt sich daraus, dass die Mittel für besondere Anschaffungen aus

Bereinigung des Einkommens

Absetzbetrag für Erwerbstätige

Vermögen

Freibeträge

den Regelleistungen anzusparen sind und dies voraussetzt, dass überhaupt Rücklagen möglich sind. Zudem ist Vermögen zur Altersvorsorge nach § 12 Abs. 2 Nr. 2 und 3 SGB II nicht einzusetzen, wobei die geförderten Modelle privilegiert sind und sonstige Altersvorsorgebeträge nur bis zu einer festgelegten Höchstgrenze anrechnungsfrei bleiben.

Vermögensgegenstände

Verschiedene Vermögensgegenstände sind nach § 12 Abs. 3 SGB II nicht zu berücksichtigen. Dies betrifft insbesondere angemessene Haushaltsgegenstände, ein angemessenes Kraftfahrzeug für jeden erwerbsfähigen Hilfebedürftigen, unter bestimmten Voraussetzungen Vermögensgegenstände zur Altersvorsorge und ein angemessen großes selbst genutztes Hausgrundstück bzw. eine entsprechende Eigentumswohnung. Die angemessene Größe des Hauses hängt in erster Linie von der Anzahl der Bewohner ab. Hier hat die Rechtsprechung zur parallelen Regelung im Sozialhilferecht für einen Haushalt von vier Personen 130 m² anerkannt (BSG 17.12.2002 B 7 AL 126/01 R; Brühl in LPK-SGB II § 12 Rz. 44 m. w. N.). Das BSG entschied, bei der Frage hinsichtlich der angemessenen Größe einer nicht einzusetzenden Eigentumswohnung sei im Regelfall in Ermangelung geeigneterer Richtgrößen weiterhin auf die zwischenzeitlich außer Kraft getretenen Bestimmungen des II. Wohnungsbaugesetzes (II. WobauG) abzustellen. Ausgehend von den Wohnflächengrenzen des § 39 WobauG seien Eigentumswohnungen nicht unangemessen groß, wenn die Wohnfläche bei einem Haushalt von vier Personen 120 m² nicht überschreite. Bei einer geringeren Familiengröße seien typisierend für jede Person Abschläge von 20 m² vorzunehmen; wobei im Regelfall von einer Mindestzahl von zwei Personen auszugehen sei, so dass auch bei Einzelpersonen eine Größe von 80 m² als angemessen anzusehen sei (BSG 07.11.2006 B 7b AS 2/05 R). Als Grundstücksgröße können im städtischen Raum bis 500 m² und im ländlichen Raum bis 800 m² gelten (Brühl in LPK-SGB II § 12 Rz. 45). Es können jedoch auch größere Flächen anerkannt werden.

Nach § 12 Abs. 2 Nr. 8 SGB II sind auch Sachen und Rechte nicht einzusetzen, deren Verwertung offensichtlich unwirtschaftlich ist oder für den Betroffenen eine besondere Härte bedeuten würde. Letzteres könnte etwa bei Familien- und Erbstücken, Sammlungen oder auch bei Bestattungs- und Grabpflegeguthaben der Fall sein (OVG NW 19.12.2003 16B 2078/03, FEVS 55, 478 ff.). Eine offensichtliche Unwirtschaftlichkeit im Sinne der Vorschrift liegt vor, wenn der zu erwartende Erlös deutlich unter dem tatsächlichen Wert liegt. Hierzu entschied das SG Berlin, der Begriff der offensichtlichen Unwirtschaftlichkeit beim Verkauf von Immobilien sei im Zusammenhang mit § 2 Abs. 2 Satz 1 SGB II auszulegen, wonach erwerbsfähige Hilfebedürftige alle Möglichkeiten zu nutzen haben, ihren Lebensunterhalt aus eigenen Mitteln und Kräften zu bestreiten. Das habe zur Folge, dass der Hilfesuchende bei der Vermögensverwertung auch deutlich höhere Verluste als zehn Prozent hinnehmen müsse. Die Tatsache, dass es sich bei dem im konkreten Fall zu verwertenden Grundstück um ein Erbgrundstück handelte, das sich seit dem Jahre 1914 in Familienbesitz befand und der Familie zur Erholung diente, stellte nach Auffassung des Gerichts auch keine besondere Härte dar, denn der Besitz eines Wochenend- und Sommergrundstücks gehe über die gewöhnlichen Lebensverhältnisse eines Hilfesuchenden hinaus (SG Berlin 13.12.2005 – S 63 AS 7329/05).

Unter dem Aspekt der Unwirtschaftlichkeit wird auch besonders häufig die Frage des Rückkaufs einer Lebensversicherung diskutiert. Zur offensichtlichen Unwirtschaftlichkeit bei der Verwertung von Versicherungen im Sinne von § 12 Abs. 3 Nr 8 SGB II entschied das SG Berlin, Verluste von bis zu 30% seien noch nicht als unwirtschaftlich im Sinne dieser Vorschrift anzusehen (SG Berlin 02.08.2005 – S 63 AS 2117/05).

Ist einzusetzendes Vermögen vorhanden, so setzen Leistungen nach dem SGB II erst dann ein, wenn es verbraucht ist. Soweit Hilfebedürftigen der sofortige Verbrauch oder die sofortige Verwertung von zu berücksichtigendem Vermögen nicht möglich ist oder für sie eine besondere Härte bedeuten würde, sind Leistungen gemäß § 23 Abs. 5 SGB II als Darlehen zu erbringen. Sie können davon abhängig gemacht werden, dass der Anspruch auf Rückzahlung dinglich – etwa durch Eintragung einer Hypothek für ein Grundstück – oder in anderer Weise gesichert wird.

Da Hilfebedürftigkeit nach § 9 Abs. 1 SGB II nur dann vorliegt, wenn die erforderliche Hilfe nicht von anderen, insbesondere von Angehörigen oder von Trägern anderer Sozialleistungen erbracht wird, sind diese vorrangig heranzuziehen. In diesem Zusammenhang regelt § 33 SGB II den Übergang von Ansprüchen des Hilfebedürftigen gegen andere auf den Träger des SGB II. Haben Empfänger von Leistungen zur Sicherung des Lebensunterhalts für die Zeit des Leistungsbezugs einen Anspruch gegen einen anderen, der nicht Leistungsträger ist, geht der Anspruch bis zur Höhe der geleisteten Aufwendungen auf die Träger des SGB II über. In diesem Zusammenhang ist insbesondere der Rückforderungsanspruch des verarmten Schenkers auf Herausgabe der Schenkung nach § 528 Abs. 1 BGB von Bedeutung. Danach kann innerhalb von zehn Jahren eine Schenkung zurückverlangt werden, wenn der Schenker während dieser Zeit bedürftig wird (dazu Münder 2005c Rz. 15). Ein Unterhaltsanspruch nach bürgerlichem Recht geht jedoch nicht über, wenn die unterhaltsberechtigte Person mit dem Verpflichteten in einer Bedarfsgemeinschaft lebt oder mit dem Verpflichteten verwandt ist und den Unterhaltsanspruch nicht geltend macht. Hier kann der Hilfebedürftige also selbst entscheiden, ob er sich an seine unterhaltsverpflichteten Angehörigen wendet, um Hilfe zu bekommen, oder ob er Leistungen nach dem SGB II in Anspruch nimmt. Diese Regelung gilt jedoch nicht für Unterhaltsansprüche minderjähriger Hilfebedürftiger sowie von Hilfebedürftigen, die das 25. Lebensjahr noch nicht vollendet und die Erstausbildung noch nicht abgeschlossen haben, gegen ihre Eltern. Ein Übergang des Unterhaltsanspruchs gegen die Eltern erfolgt parallel zur Regelung des § 9 Abs. 3 SGB II auch dann nicht, wenn die unterhaltsberechtigte Person schwanger ist oder ihr leibliches Kind bis zur Vollendung seines sechsten Lebensjahres betreut. Bei sonstigen Unterhaltsansprüchen, deren Übergang nicht ausgeschlossen ist, ist insbesondere der Fall problematisch, dass der Leistungsberechtigte auf seinen Unterhaltsanspruch vor dem gesetzlichen Anspruchsübergang

Unterhalts-ansprüche

verzichtet hat, wenn also etwa der Unterhaltsanspruch gegen den (früheren) Ehepartner durch Ehevertrag ausgeschlossen wurde. Ein derartiger Verzicht kann nach § 138 BGB sittenwidrig und damit unwirksam sein. Die Sittenwidrigkeit kann sich daraus ergeben, dass im Rahmen einer entsprechenden Vereinbarung eine Partei umfassend benachteiligt wird, so dass sie durch Ausschluss des Unterhalts zwangsläufig auf bedürftigkeitsabhängige Sozialleistungen angewiesen ist (so zur Sozialhilfe BVerwG 06.02.2001 – 1 BvR 12/92 – NJW 2001, 957). Die Sittenwidrigkeit kann sich auch daraus ergeben, dass eine Schädigungsabsicht zulasten des Sozialleistungsträgers durch den Unterhaltsverzicht angenommen wird. Hierbei kommt es maßgeblich auf den Zeitpunkt an, zu dem der Unterhaltsverzicht vereinbart wurde. Eine entsprechende Schädigungsabsicht wird angenommen, wenn die verzichtende Person zu dem Zeitpunkt bereits bedürftig war, oder wenn jedenfalls schon absehbar war, dass sie in Zukunft auf bedürftigkeitsabhängige Sozialleistungen angewiesen sein würde (BGH 09.07.1992 – XII ZR 57/91 – NJW 1992, 3164). Auch wenn keine Sittenwidrigkeit gegeben ist, kann der Unterhaltsverzicht unwirksam sein, wenn sich nachträglich ergibt, dass er nach § 242 BGB mit Treu und Glauben nicht vereinbar ist. Solche Fälle wurden z. B. angenommen, wenn aus der zum Zeitpunkt des Verzichts noch kinderlosen Ehe später Kinder hervorgingen und die an sich unterhaltsberechtigte Person aus diesem Grund bedürftig wurde (Münder 2005c Rz. 34 ff. m. w. N.).

4.1.8   Sanktionen

§§ 31 und 32 SGB II sehen Sanktionen in Form von Absenkung und Wegfall des Arbeitslosengeldes II bzw. des Sozialgeldes vor. Diese Regelungen sind zum 01.01.2007 verschärft worden.

Die Sanktionen kommen zum Tragen, wenn sich der erwerbsfähige Hilfebedürftige weigert, eine Eingliederungsvereinbarung abzuschließen oder die darin festgelegten Verpflichtungen zu erfüllen, wenn er eine zumutbare Arbeit, Ausbildung o. Ä. oder ein Sofortangebot nicht annimmt oder fortführt, wenn er eine zumutbare Maßnahme zur Eingliederung in Arbeit abgebrochen oder Anlass für den Abbruch gegeben hat, oder wenn er Meldepflichten nicht nachkommt. Ebenso wie im SGB III treten auch hier die Sanktionen nicht ein, wenn ein wichtiger Grund für das Verhalten vorlag. Dabei können insbesondere familiäre oder gesundheitliche Gründe eine Rolle spielen (Berlit in LPK-SGB II § 31 Rz. 58 ff. m. w. N.). Die Kürzung erfolgt in einer ersten Stufe um 30 % bzw. bei Verstößen gegen die Meldepflichten um 10 % des maßgeblichen Regelbetrages. Bei der ersten wiederholten Pflichtverletzung erfolgt nach § 31 Abs. 3 SGB II zunächst eine Kürzung um 60 % der Leistung, bei jeder weiteren Pflichtverletzung um 100 %, die Leistung fällt also einschließlich der Unterkunftskosten völlig weg. Bei einer Minderung des Arbeitslosengeldes II um mehr als 30 % der nach § 20 maßgebenden Regelleistung kann der zuständige Träger in angemessenem

Umfang ergänzende Sachleistungen oder geldwerte Leistungen erbringen. Er soll diese Leistungen erbringen, wenn der Hilfebedürftige mit minderjährigen Kindern in Bedarfsgemeinschaft lebt.

Bei der wiederholten Verletzung von Meldepflichten ist die Sanktion weniger gravierend. Hier ergibt sich der Betrag, um den das Arbeitslosengeld II zu mindern ist, aus der Summe des für die aktuelle Pflichtverletzung vorgesehenen Minderungsbetrages und dem Minderungsbetrag der vorhergehenden Sanktion.

Münder 2005d

4.2   SGB XII – Sozialhilfe

Die Sozialhilfe war bis Ende des Jahres 2004 im Bundessozialhilfegesetz (BSHG) geregelt. Durch das Gesetz zur Einordnung des Sozialhilferechts in das Sozialgesetzbuch vom 27.12.2003 wurde sie in Form des SGB XII in das SGB eingegliedert. Damit erfolgte auch eine Reihe von inhaltlichen Änderungen, die sich zum Teil bereits daraus ergeben, dass mit den erwerbsfähigen Hilfebedürftigen, die seither unter den Anwendungsbereich des SGB II fallen, ein großer Personenkreis aus der Sozialhilfe herausgenommen wurde.

Das Leistungsspektrum des SGB XII teilt sich in zwei große Bereiche auf: Im dritten und vierten Kapitel werden mit der Hilfe zum Lebensunterhalt und der Grundsicherung im Alter und bei Erwerbsminderung Leistungen zur Sicherung des Lebensunterhalts geregelt. Vom fünften bis zum neunten Kapitel werden Leistungen für Personen in besonderen Lebenslagen geregelt, die im BSHG auch treffenderweise als Leistungen in besonderen Lebenslagen bezeichnet wurden.

Von der Systematik und den Grundprinzipien her ist die Sozialhilfe der Grundsicherung für Arbeitsuchende im SGB II ähnlich. Sie ist ebenfalls **nachrangig** und greift nur dann, wenn die bestehende Hilfelage nicht durch Mittel und Kräfte der Betroffenen bzw. anderer Träger oder Personen behoben werden kann. Daraus resultiert das **Selbsthilfeprinzip**, wonach die Sozialhilfe in erster Linie Hilfe zur Selbsthilfe ist, die den Betroffenen befähigen soll, seine eigenen Kräfte zu entfalten, um unabhängig von Sozialhilfe zu werden. Daneben ist ein weiterer wichtiger Grundsatz der **Bedarfsdeckungsgrundsatz**, der besagt, dass nur der wirklich aktuell bestehende Bedarf gedeckt werden muss, dieser jedoch vollständig. Daraus ergibt sich auch, dass Sozialhilfe grundsätzlich nicht für die Vergangenheit geleistet wird (ausführlich Rothkegel 2005a). Zu den Voraussetzungen eines Anspruchs gehört, dass eine gegenwärtige Notlage besteht. Laut Bundesverwaltungsgericht kann sich eine Notlage in der Vergangenheit grundsätzlich nicht durch eine Leistung in der Gegenwart überwinden lassen (BVerwGE 58, 68, 71). Von Bedeutung ist auch der **Individualisierungsgrundsatz** (§ 9 SGB XII). Danach ist die Hilfe nicht schematisierend und typisierend zu erbringen, sondern in-

Nachrangigkeit

dividuell auf den Leistungsempfänger zugeschnitten. Die Hilfe ist auf die in-
dividuelle Notlage des einzelnen Berechtigten jeweils konkret anzupassen.
Besondere Bedeutung hat dies angesichts der weitgehend pauschalisierten
Geldleistungen in erster Linie bei den sozialen Dienstleistungen. Wichtiges
Prinzip bei der Sozialhilfe ist zudem, dass auf wesentliche Leistungen ein
Rechtsanspruch besteht. Aufgabe der Sozialhilfe ist es nach § 1 Satz 1 SGB
XII, dem Empfänger die Führung eines menschenwürdigen Lebens zu er-

Menschenwürde   möglichen. Die **Menschenwürde** ist daher bei jeder Auslegung und Ermessensbetätigung im Rahmen des Gesetzes zu berücksichtigen (ausführlich zu
den Grundsätzen der Sozialhilfe Eichenhofer 2005).

Die Sozialhilfe ist überwiegend nicht antragsabhängig. Nach § 18 Abs. 1
SGB XII setzt die Sozialhilfe, mit Ausnahme der Leistungen der Grundsi-
cherung im Alter und bei Erwerbsminderung, ein, sobald dem Träger der
Sozialhilfe oder den von ihm beauftragten Stellen bekannt wird, dass die
Voraussetzungen für die Leistung vorliegen. Wird einem nichtzuständigen
Sozialhilfeträger oder einer nichtzuständigen Gemeinde im Einzelfall be-
kannt, dass Sozialhilfe beansprucht wird, so hat dieser nach § 18 Abs. 2 SGB
XII die relevanten Informationen unverzüglich an den Sozialhilfeträger
weiterzuleiten.

Träger   Die Träger der Sozialhilfe sind nach § 3 SGB XII auf örtlicher Ebene die
Kreise und die kreisfreien Städte, sofern nicht durch Landesrecht etwas anderes bestimmt wird. Daneben gibt es überörtliche Träger, die von den Ländern bestimmt werden.

4.2.1   Hilfe zum Lebensunterhalt

Im dritten Kapitel ist in den §§ 27 ff. SGB XII die Hilfe zum Lebensunterhalt
geregelt. Vorrangig sind sowohl die Leistungen des SGB II (§ 21 SGB XII)
als auch die Grundsicherung im Alter und bei Erwerbsminderung in den
§§ 41 ff. SGB XII (§ 19 Abs. 2 Satz 3 SGB XII). Die Hilfe zum Lebensunterhalt ist damit eine Art Auffangbecken für die wenigen Personenkreise, die
unter keine der genannten anderen Leistungen fallen. Dies sind Personen,
die nicht unter den Begriff der erwerbsfähigen Hilfebedürftigen nach § 7
Abs. 1 SGB II fallen, die auch nicht als Mitglieder einer Bedarfsgemeinschaft eines erwerbsfähigen Hilfebedürftigen in den Anwendungsbereich
des SGB II einbezogen sind und Sozialgeld erhalten, die nicht das 65. Lebensjahr vollendet haben und die nicht das 18. Lebensjahr vollendet haben
und dauerhaft erwerbsgemindert sind. In Frage kommen damit in erster Linie Minderjährige, die nicht mit einem erwerbsfähigen Hilfebedürftigen in
einer Bedarfsgemeinschaft leben, und volljährige Personen, die vorübergehend voll erwerbsgemindert sind. Ebenso wie die Leistungen des SGB II ist
auch die Hilfe zum Lebensunterhalt nach § 22 SGB XII grundsätzlich ausgeschlossen für Auszubildende, deren Ausbildung im Rahmen des Bundes-
ausbildungsförderungsgesetzes oder der §§ 60–62 des SGB III dem Grunde
nach förderungsfähig ist.

Der notwendige Lebensbedarf im Rahmen der Hilfe zum Lebensunterhalt wird in § 27 SGB XII bestimmt. Ebenso wie bei der parallelen Regelung des § 20 Abs. 1 SGB II (vgl. III-4.1.6.1) umfasst der notwendige Lebensunterhalt insbesondere Ernährung, Unterkunft, Kleidung, Körperpflege, Hausrat, Heizung und persönliche Bedürfnisse des täglichen Lebens, wobei zu den persönlichen Bedürfnissen des täglichen Lebens in vertretbarem Umfang auch Beziehungen zur Umwelt und eine Teilnahme am kulturellen Leben gehören. § 27 Abs. 2 SGB XII stellt klar, dass bei Kindern und Jugendlichen der notwendige Lebensunterhalt auch den besonderen, insbesondere den durch ihre Entwicklung und ihr Heranwachsen bedingten Bedarf umfasst. Gemäß § 28 Abs. 1 SGB XII wird der gesamte Bedarf des notwendigen Lebensunterhalts außerhalb von Einrichtungen mit Ausnahme von Leistungen für Unterkunft und Heizung und der Sonderbedarfe nach den §§ 30–34 nach Regelsätzen erbracht. Die Bedarfe werden abweichend festgelegt, wenn im Einzelfall ein Bedarf ganz oder teilweise anderweitig gedeckt ist oder unabweisbar seiner Höhe nach erheblich von einem durchschnittlichen Bedarf abweicht. Ebenso wie im SGB II setzt sich der Bedarf also aus einem pauschalen Betrag zusammen – im SGB XII dem Regelsatz, im SGB II der Regelleistung – und es kommen eventuelle Sonderbedarfe und die Kosten für Unterkunft und Heizung hinzu. Der notwendige Lebensunterhalt in Einrichtungen bemisst sich nach der speziellen Regelung des § 35 SGB XII.

Die Regelsätze werden nach § 28 Abs. 2 SGB XII i. V. m. der Verordnung zur Durchführung des § 28 des Zwölften Buches Sozialgesetzbuch (Regelsatzverordnung – RSV) jeweils zum 1. Januar jeden Jahres durch die Landesregierungen durch Rechtsverordnung festgesetzt. Die Regelsätze sind daher im Gegensatz zur Regelleistung nach dem SGB II nicht bundeseinheitlich festgelegt, sondern können in jedem Bundesland unterschiedlich sein. Bis zum Ende des Jahres 2006 betrugen die Regelsätze in den neuen Bundesländern 331 € und in den meisten alten Bundesländern 345 €. Aufgrund der Auswertung der Verbraucherstichprobe des Jahres 2003 und der weiterentwickelten Regelsatzbemessung auf der Grundlage einer gesamtdeutschen Verbraucherstruktur ergeben sich inzwischen bundeseinheitliche Regelsätze von 345 €. Zum 01.01.2007 haben die Bundesländer die Regelsätze in dieser Höhe neu festgesetzt.

Regelsatz

Nach § 3 der Regelsatzverordnung sind die Regelsätze für den Haushaltsvorstand und für sonstige Haushaltsangehörige festzusetzen. Der Regelsatz für den Haushaltsvorstand ist der sog. Eckregelsatz, anhand dessen sich die Höhe des Regelsatzes für sonstige Haushaltsmitglieder errechnen lässt. Der Haushaltsvorstand bzw. alleinstehende Personen erhalten nach § 3 Abs. 1 Regelsatzverordnung 100% des Eckregelsatzes. Nach § 3 Abs. 2 Regelsatzverordnung betragen die Regelsätze für sonstige Haushaltsangehörige bis zur Vollendung des 14. Lebensjahrs 60% und ab Vollendung des 14. Lebensjahrs 80% des Eckregelsatzes. Der Haushaltsvorstand ist die Person, die die Generalunkosten des Haushalts trägt. Ist – insbesondere bei Paaren – streitig, welche Person dies ist, oder werden die Generalunkosten von beiden teilweise getragen, so können entweder die Kosten vom jeweiligen Partner nachgewiesen werden und jeder der Partner erhält zusätzlich zum Regelsatz für Haushaltsangehörige den Anteil der von ihm übernommenen Gesamt-unkostenanteile des Eckregelsatzes. Fehlt es an einem Nachweis, so erhält jeder Partner den Regelsatz des Haushaltsangehörigen zuzüglich der Hälfte des im Eckregelsatz enthaltenen Generalunkostenanteils (Roscher in LPK-SGB XII § 40 Rz. 9). Beide Partner bekommen dann also parallel zur Höhe der Regelleistung in § 20 SGB II (vgl. III-4.1.6.1) 90% des Eckregelsatzes. Die Aufteilung ist insbesondere von Bedeutung, wenn einer der Partner einen Mehrbedarf beanspruchen kann, der sich anhand eines bestimmten Prozentsatzes seines Regelsatzes bemisst.

Die Festlegung der Regelsätze erfolgt auf der Grundlage von statistisch ermittelten Verbrauchsausgaben von Haushalten in unteren Einkommens-gruppen (§ 28 Abs. 3 Satz 3 SGB XII; ausführlich zu den Regelsätzen Roth-kegel/Sartorius 2005). Sie sind einerseits so zu bemessen, dass der in Absatz 1 genannte Bedarf durch sie abgedeckt wird (§ 28 Abs. 3 Satz 1 SGB XII), andererseits müssen sie aber so festgelegt werden, dass die Sozialhilfe unter Berücksichtigung der durchschnittlichen sonstigen Bedarfstatbestände unter den erzielten monatlichen durchschnittlichen Nettoarbeitsentgelten unterer Lohn- und Gehaltsgruppen einschließlich anteiliger einmaliger Zahlungen zuzüglich Kindergeld und Wohngeld in einer entsprechenden Haushaltsge-meinschaft mit einer allein verdienenden vollzeitbeschäftigten Person blei-ben (sog. **Lohnabstandsgebot**). Durch dieses Gebot, das bereits im BSHG verankert war, sollte für die Bezieher öffentlicher Transferleistungen ein wirtschaftlicher Anreiz geschaffen werden, sich durch Eigeninitiative und dabei insbesondere durch Erwerbstätigkeit aus der wirtschaftlichen Not zu befreien (ausführlich dazu m. w. N. Rothkegel 2005b Rz. 38 ff.; Bieritz-Har-der 2005). Dieser Aspekt erscheint heute vor allem aus zwei Gründen als problematisch: Zum einen ist es aufgrund des Anwachsens des Niedriglohn-sektors und der Zunahme von sog. Minijobs zunehmend fraglich geworden, ob sich die Aussage noch als verlässlich erweist, aus Erwerbseinkommen in den unteren Lohn- und Gehaltsgruppen lasse sich überhaupt ein menschen-würdiges Leben finanzieren. Zum anderen ist mit der Schaffung des SGB II die Personengruppe der erwerbsfähigen Hilfebedürftigen aus dem An-wendungsbereich der Sozialhilfe herausgenommen worden (vgl. III-4.1.1), so dass ein Anreiz, eine Erwerbstätigkeit aufzunehmen, für den vom SGB XII umfassten Personenkreis völlig ins Leere geht. Die Legitimation des Lohnabstandsgebots lässt sich somit in Frage stellen.

Unterkunfts- und Heizungskosten

Die Leistungen für Unterkunft und Heizung werden in § 29 SGB XII gere-gelt. Die Vorschrift ist inhaltlich nahezu identisch mit der Regelung des § 22 SGB XII (s. III-4.1.6.1). Auch hier werden die Unterkunftskosten erbracht, soweit sie angemessen sind, was von den regionalen Verhältnissen abhängt. Sind sie zunächst unangemessen hoch, sind die Kosten übergangsweise zu erbringen, bis es zumutbar ist, sie durch einen Umzug o. Ä. zu senken. Vor Abschluss eines neuen Mietvertrags ist der zuständige Träger über die maß-geblichen Umstände, d. h. in erster Linie über die Kosten, in Kenntnis zu setzen. Allerdings enthält § 29 SGB XII im Gegensatz zu § 22 SGB II keine spezielle Regelung, die den Auszug von Personen unter 25 Jahren aus dem Elternhaus erschwert. § 29 Abs. 2 SGB XII räumt den Trägern der Sozialhilfe die Möglichkeit ein, Pauschalbeträge für die Unterkunft festzusetzen, wobei die Gegebenheiten des örtlichen Wohnungsmarkts, der örtliche Mietspiegel sowie die familiären Verhältnisse der Leistungsberechtigten zu berücksichtigen sind. Von dem Pauschalbetrag ist jedoch abzuweichen, wenn er für die Betroffenen im konkreten Einzelfall unzumutbar wäre. Schulden im Zu- **Mietschulden** sammenhang mit der Unterkunft können nach § 34 SGB XII übernommen werden und sollen übernommen werden, wenn ansonsten Wohnungslosigkeit droht. Auch hier sind die Gerichte verpflichtet, den Trägern Mitteilung zu machen, wenn eine Räumungsklage wegen Mietschulden erhoben wird, damit der zuständige Träger rechtzeitig aktiv werden kann.

Ebenso wie das SGB II mit § 21 sieht § 30 SGB XII Mehrbedarfe für **Mehrbedarf** Personen vor, die aufgrund besonderer Umstände ihren Bedarf nicht aus den Regelsätzen decken können. Die Mehrbedarfstatbestände sind überwiegend identisch mit denen des SGB II (s. III-1.4.6.1). Mehrbedarf wird parallel zum SGB II gewährt für Schwangere (§ 30 Abs. 2 SGB XII), Alleinerziehende (§ 30 Abs. 3 SGB XII) und Personen, die krankheitsbedingt einer kostenaufwendigen Ernährung bedürften (§ 30 Abs. 5 SGB XII). Auch für behinderte Personen wird ein Mehrbedarf eingeräumt (§ 30 Abs. 4 SGB XII). Er wird für Personen gewährt, die Eingliederungshilfe nach § 54 SGB XII erhalten. Darüber hinaus erhalten nach § 30 Abs. 1 SGB XII Personen einen Mehrbedarf, die das 65. Lebensjahr vollendet haben oder unter 65 Jahren und voll erwerbsgemindert nach dem Sechsten Buch sind und einen Ausweis nach § 69 Abs. 5 des Neunten Buches mit dem Merkzeichen G besitzen, also gehbehindert sind. Das Erfordernis der Gehbehinderung bezieht sich auf beide genannten Personengruppen, also auch Personen ab 65 Jahren bekommen den Mehrbedarf nur dann, wenn sie einen entsprechenden Schwerbehindertenausweis besitzen und nicht etwa allein aufgrund des Alters. Durch den Mehrbedarf für die gehbehinderten Personen ab 65 Jahren sollen z. B. erhöhte Aufwendungen für die Pflege von Kontakten, Aufmerksamkeiten für gelegentliche Hilfeleistungen von Bekannten oder zusätzliches Fahrgeld aufgrund der verminderten Beweglichkeit abgedeckt werden (Hofmann in LPK-SGB XII § 30 Rz. 8).

§ 31 SGB XII regelt die Gewährung einmaliger Bedarfe. Die Vorschrift **einmalige Bedarfe** ist inhaltlich identisch mit § 23 Abs. 3 SGB II (s. III-4.1.6.1). Leistungen für Erstausstattungen für die Wohnung einschließlich Haushaltsgeräten, Erstausstattungen für Bekleidung und Erstausstattungen bei Schwangerschaft und Geburt sowie mehrtägige Klassenfahrten im Rahmen der schulrechtlichen Bestimmungen sind nicht von den Regelsätzen umfasst und werden gesondert erbracht. Diese Leistungen erhalten auch Personen, die ihren laufenden Lebensbedarf aus eigenen Mitteln bestreiten können, die in § 31 Abs. 1 SGB XII genannten Bedarfstatbestände damit jedoch nicht abdecken können. Das BSHG enthielt einen umfangreichen Katalog einmaliger Leistungen, etwa für Bekleidung, Haushaltsgegenstände oder Ausstattung

für die Schule. Im SGB XII sind davon nur die in § 31 Abs. 1 SGB XII genannten übrig geblieben. Die Regelsätze sind im Gegenzug erhöht worden, damit nun auch Bedarfe damit abgedeckt sein sollen, die in unregelmäßigen Zeitabständen anfallen (ausführlich Rothkegel 2005b Rz. 75 ff.). Dies ist problematisch, da es auch bei den erhöhten Regelsätzen schwierig – wenn nicht unmöglich – ist, daraus Mittel anzusparen, die im Bedarfsfall zur Anschaffung höherwertiger Gebrauchsgüter eingesetzt werden können. Es werden also bei den Betroffenen nur in seltenen Fällen ausreichend Rücklagen vorhanden sein, um etwa höherwertige Haushaltsgeräte wie z. B. Kühlschrank oder Waschmaschine oder Möbel bzw. Matratzen zu ersetzen, die defekt sind. Hinzu kommt, dass diese Gegenstände in der Praxis nicht in statistisch über lange Zeiträume verteilten Häufigkeiten neu angeschafft werden müssen, sondern entsprechende Bedarfe auch gehäuft auftreten können. Hier ist zu befürchten, dass es nicht selten zu Bedarfsdeckungslücken kommt (ein Vorschlag zur sozial gerechten Regelsatzbemessung unter Berücksichtigung aller Bedarfe findet sich unter http://www.sozialpolitik-aktuell.de/docs/DPWV_%20ZumLebenzuwenig_2006.pdf).

Ebenso wie das SGB II (§ 23 Abs. 1 SGB II, s. III-4.1.6.1) sieht auch das SGB XII vor, dass Darlehen gewährt werden, wenn ein unabweisbarer Bedarf besteht, der eigentlich aus dem Regelsatz zu decken wäre, für den im konkreten Einzelfall aber keine Mittel zur Verfügung stehen. Parallel zu § 23 Abs. 1 SGB II regelt § 37 SGB XII, dass in diesem Fall auf Antrag ein Darlehen erbracht werden soll. Die Rückzahlung des Darlehens kann auch hier in monatlichen Teilbeträgen in Höhe von bis zu 5% des Eckregelsatzes von der Leistung einbehalten werden.

Kranken- und Pflegeversicherung

Im Gegensatz zur Grundsicherung nach dem SGB II sind nicht alle Bezieher von Sozialhilfe automatisch kranken- und pflegeversichert. Nach § 32 SGB XII sind nur für einzelne Personenkreise auch Kranken- und Pflegeversicherungsbeiträge zu übernehmen. Dies betrifft Personen, die insbesondere nach § 9 Abs. 1 Nr. 1 SGB V in der Krankenkasse weiterversichert sind, Rentenantragsteller und Personen, die nur kurzfristig Hilfe zum Lebensunterhalt beziehen. Bei diesen Personengruppen soll der Krankenversicherungsschutz nicht durch den Sozialhilfebezug verloren gehen. Für andere Personen hat der Träger nach § 32 Abs. 2 SGB XII Ermessen, ob er eine Krankenversicherung für den Hilfebedürftigen übernimmt. Wichtige Kriterien bei der Ermessensausübung sind der Grundsatz der präventiven Hilfe, die Dauer einer bereits bestehenden Krankenversicherung und Kostengesichtspunkte (Birk in LPK-SGB XII § 32 Rz. 20). Wird keine Kranken- und Pflegeversicherung übernommen, so kommen in den entsprechenden Lebenslagen nur Hilfen zur Gesundheit nach §§ 47 ff. SGB XII und Hilfe zur Pflege nach §§ 61 ff. SGB XII in Betracht. Um die Voraussetzungen eines Anspruchs auf eine angemessene Alterssicherung oder auf ein angemessenes Sterbegeld zu erfüllen, können die erforderlichen Kosten nach § 33 SGB XII übernommen werden.

Sanktionen

Ebenso wie das SGB II (s. III-4.1.8.) sieht auch das SGB XII bei der Hilfe zum Lebensunterhalt Sanktionen bei Pflichtverletzungen der Leistungsempfänger vor. Nach § 39 SGB XII vermindert sich der maßgebende Regelsatz in einer ersten Stufe um bis zu 25 vom Hundert, bei wiederholter Ablehnung in weiteren Stufen um jeweils bis zu 25 vom Hundert, wenn Leistungsberechtigte entgegen ihrer Verpflichtung die Aufnahme einer Tätigkeit oder die Teilnahme an einer erforderlichen Vorbereitung ablehnen. Die Leistungsberechtigten sind vorher entsprechend zu belehren. Die praktische Relevanz dieser Regelung ist allerdings eher gering, da die Leistungsempfänger nach dem SGB XII ohnehin gar keiner oder allenfalls einer geringfügigen Tätigkeit nachgehen können. Wären sie erwerbsfähig, würden sie in den Anwendungsbereich des SGB II fallen.

Nach § 26 Abs. 1 SGB XII soll die Leistung bis auf das zum Lebensunterhalt Unerlässliche eingeschränkt werden bei volljährigen Leistungsberechtigten, die ihr Einkommen oder Vermögen vermindert haben in der Absicht, die Voraussetzungen für die Gewährung oder Erhöhung der Leistung herbeizuführen, und bei Leistungsberechtigten, die trotz Belehrung ihr unwirtschaftliches Verhalten fortsetzen. Nach § 26 Abs. 1 Satz 2 SGB XII, der auch für den Fall der Leistungseinschränkung nach § 39 SGB XII gilt, ist so weit wie möglich zu verhüten, dass die unterhaltsberechtigten Angehörigen oder andere mit ihnen in Haushaltsgemeinschaft lebende Leistungsberechtigte durch die Einschränkung der Leistung mitbetroffen werden.

4.2.2 Leistungen der Grundsicherung im Alter und bei Erwerbsminderung

Das vierte Kapitel regelt in den §§ 41 ff. SGB XII die Grundsicherung im Alter und bei Erwerbsminderung (ausführlich Schoch 2005). Erst wenige Jahre vor Inkrafttreten des SGB XII waren die Leistungen im Alter und bei Erwerbsminderung aus der Sozialhilfe herausgenommen und im Gesetz über eine bedarfsorientierte Grundsicherung im Alter und bei Erwerbsminderung (GSiG) geregelt worden. Dieser Schritt sollte in erster Linie zur Vermeidung von Altersarmut dienen, da vor allem ältere Menschen sich trotz Bedürftigkeit scheuen, Leistungen der Sozialhilfe in Anspruch zu nehmen. Bereits zum 01.01.2005 wurde dieses Anliegen aufgegeben und das GSiG in das SGB XII integriert. Diese Lösung hat zum einen bewirkt, dass die älteren Menschen nun doch wieder auf die Sozialhilfe verwiesen sind und dass zum anderen nun im SGB XII zwei unterschiedliche Leistungen für die Sicherung des Lebensunterhalts in selbstständigen Kapiteln nebeneinanderstehen, die inhaltlich nahezu identisch sind.

Anspruchsberechtigt sind nach § 41 Abs. 1 SGB XII Personen mit gewöhnlichem Aufenthalt im Inland, die entweder das 65. Lebensjahr vollendet haben oder das 18. Lebensjahr vollendet haben, unabhängig von der jeweiligen Arbeitsmarktlage voll erwerbsgemindert im Sinne des § 43 Abs. 2 SGB VI sind und bei denen unwahrscheinlich ist, dass die volle Erwerbsminderung behoben werden kann. Die Formulierung des § 41 Abs. 1 SGB XII ist insofern unglücklich gewählt, als dort davon die Rede ist, dass die genannten

Personen die Leistungen erhalten *können*. Die Vorschrift gewährt jedoch einen Rechtsanspruch. Die Feststellung der dauerhaften vollen Erwerbsminderung i. S. d. § 41 Abs. 1 Nr. 2 SGB XII erfolgt nach § 45 SGB XII i. d. R. durch den zuständigen Träger der Rentenversicherung. Ausgeschlossen ist der Anspruch nach § 41 Abs. 3 SGB XII für Personen, die in den letzten zehn Jahren ihre Bedürftigkeit vorsätzlich oder grob fahrlässig herbeigeführt haben.

Vom Umfang der Leistung her verweist § 42 SGB XII auf die Hilfe zum Lebensunterhalt. Es gilt insofern das unter III-4.2.1 Ausgeführte. Allerdings gibt es einige Unterschiede zwischen den beiden Leistungen. Ein wesentlicher Unterschied liegt darin, dass die Grundsicherung im Alter und bei Erwerbsminderung im Gegensatz zu den sonstigen Sozialhilfeleistungen nicht bei Kenntnis des Trägers von der Bedarfssituation einsetzt, sondern die Leistung nach § 41 Abs. 1 letzter Halbsatz SGB XII auf Antrag gewährt wird. Allerdings haben die Träger der Rentenversicherung nach § 46 SGB XII Informations- und Beratungspflichten und müssen Personen mit geringer Rentenhöhe Antragsformulare zuleiten, damit die Hilfebedürftigen einen Antrag nicht aus Unkenntnis über die bestehenden Ansprüche unterlassen.

Nach § 44 Abs. 1 SGB XII wird die Leistung i. d. R. für zwölf Monate bewilligt, während die Hilfe zum Lebensunterhalt quasi täglich erneut regelungsbedürftig ist und für kürzere Zeiträume bewilligt wird.

Unterschiede ergeben sich auch hinsichtlich der Vermutung der Bedarfsdeckung innerhalb einer Haushaltsgemeinschaft, der Leistungsgewährung für Personen, für die der sofortige Einsatz vorhandenen Vermögens nicht möglich ist oder eine Härte bedeuten würde, und hinsichtlich des Übergangs von Unterhaltsansprüchen der Leistungsberechtigten gegenüber ihren Kindern und Eltern (dazu s. III-4.2.3).

4.2.3   Einsatz eigener Mittel und Verpflichtungen anderer bei Hilfe zum Lebensunterhalt und Grundsicherung

Der Einsatz des Einkommens und des Vermögens bei der Hilfe zum Lebensunterhalt sowie der Grundsicherung im Alter und bei Erwerbsminderung erfolgt von den Grundzügen her parallel zu den Regelungen im SGB II (vgl. III-4.1.7).

Einzusetzen ist auch hier zur Abwendung der Hilfebedürftigkeit nicht nur Einkommen und Vermögen der um Sozialhilfe nachfragenden Person, sondern u. U. auch das von Angehörigen. Das SGB XII verwendet nicht wie das SGB II den Begriff „Bedarfsgemeinschaft". Der Sache nach geht jedoch auch das Sozialhilferecht bei zusammenlebenden Angehörigen von einer Einsatzgemeinschaft oder einer Haushaltsgemeinschaft aus. § 19 SGB XII regelt, ohne dies ausdrücklich so zu bezeichnen, wer zur Einsatzgemeinschaft gehört. Nach § 19 Abs. 1 SGB XII ist Hilfe zum Lebensunterhalt Personen zu leisten, die ihren notwendigen Lebensunterhalt nicht oder nicht ausreichend aus eigenen Kräften und Mitteln, insbesondere aus ihrem Einkommen und Vermögen, beschaffen können. Bei nicht getrennt lebenden

Einsatzgemein-schaft

Ehegatten oder Lebenspartnern sind das Einkommen und Vermögen beider Ehegatten oder Lebenspartner gemeinsam zu berücksichtigen; gehören minderjährige unverheiratete Kinder dem Haushalt ihrer Eltern oder eines Elternteils an und können sie den notwendigen Lebensunterhalt aus ihrem Einkommen und Vermögen nicht beschaffen, sind auch das Einkommen und das Vermögen der Eltern oder des Elternteils gemeinsam zu berücksichtigen. Entsprechend den Regelungen im SGB II (vgl. III-4.1.7) werden nach § 19 Abs. 4 SGB XII Einkommen und Vermögen der Eltern nicht für eine Person herangezogen, die schwanger ist oder ihr leibliches Kind bis zur Vollendung des sechsten Lebensjahrs betreut. Im Unterschied zum SGB II ist damit das Einkommen und Vermögen des Partners eines Elternteils, mit dem ein Kind zusammenlebt, (noch) nicht für das Kind anzurechnen. Zudem sind die dem Haushalt angehörigen volljährigen Kinder unter 25 Jahren nicht zur Einsatzgemeinschaft der Eltern oder eines Elternteils zu zählen. Nach § 20 SGB XII dürfen Personen, die in eheähnlicher oder lebenspartnerschaftsähnlicher Gemeinschaft leben, nicht besser gestellt werden als Ehepartner. Damit sind auch eheähnliche und gleichgeschlechtliche Einstandsgemeinschaften in die Einsatzgemeinschaft mit einbezogen.

§ 36 SGB XII regelt die Haushaltsgemeinschaft. Lebt eine Person, die Sozialhilfe beansprucht, mit anderen Personen zusammen, so wird vermutet, dass sie gemeinsam wirtschaften (Haushaltsgemeinschaft) und dass sie von ihnen Leistungen zum Lebensunterhalt erhält, soweit dies nach ihrem Einkommen und Vermögen erwartet werden kann. Die Vorschrift geht zunächst insofern über die Regelung in § 9 Abs. 5 SGB II hinaus, als die Haushaltsgemeinschaft hier nicht auf Personen beschränkt ist, die miteinander verwandt oder verschwägert sind, sondern alle Personen erfasst, die zusammenleben. Zudem wird nach § 36 SGB XII bei Zusammenleben automatisch von Gesetzes wegen vermutet, dass eine Wohn- und Wirtschaftsgemeinschaft besteht. Unter dieser Voraussetzung greift dann ebenso wie bei § 9 Abs. 5 SGB II die gesetzliche Vermutung, dass die ansonsten hilfebedürftige Person von den anderen Personen der Haushaltsgemeinschaft unterstützt wird. Beide Vermutungen lassen sich von den Betroffenen widerlegen, was auch hier nicht ganz einfach ist. Diese Regelung betrifft z. B. auch Kinder im Verhältnis zu ihren Stiefeltern unabhängig von der Frage, ob der Partner mit dem Elternteil des Kindes verheiratet ist. Nicht erfasst sind wieder Personen, die schwanger sind oder ihr leibliches Kind bis zur Vollendung seines 6. Lebensjahres betreuen und mit ihren Eltern oder einem Elternteil zusammenleben. Zudem sind auch Personen nicht erfasst, die im Sinne des § 53 SGB XII behindert oder im Sinne des § 61 SGB XII pflegebedürftig sind und von in Satz 1 genannten Personen betreut werden.

Die Unterstützung der ansonsten hilfebedürftigen Person kann nur vermutet werden, wenn ein deutlich über dem Bedarf der Hilfe zum Lebensunterhalt liegendes Einkommen vorliegt (BVerwGE 59, 294). Bei Unterhaltspflichtigen kann eine Leistung in Höhe des gesetzlichen Unterhaltsbetrags erwartet werden. Von nicht unterhaltspflichtigen Personen kann jedenfalls keine Unterstützung erwartet werden, die höher ist als die Leistung, die bei

Haushalts- gemeinschaft

Unterhaltspflichtigen angenommen werden kann (ausführlich zur Berechnung Schoch 2005a Rz. 37 ff., Conradis in LPK-SGB XII § 36 Rz. 10 ff.). Die Vermutung der Unterstützung innerhalb einer Haushaltsgemeinschaft ist nach § 43 Abs. 1 SGB XII bei der Grundsicherung im Alter und bei Erwerbsminderung nicht anzuwenden.

Einkommen

§ 82 SGB XII regelt den Begriff des Einkommens und die vom Einkommen abzusetzenden Beträge im Wesentlichen parallel zu § 11 SGB II (s. III-4.1.7). Auch nach dem Recht der Sozialhilfe gehören gemäß § 82 Abs. 1 SGB XII zum Einkommen grundsätzlich alle Einnahmen mit Ausnahme der Leistungen nach dem SGB XII selbst und einzelner Leistungen nach dem Bundesversorgungsgesetz und entsprechenden Gesetzen und nach dem Bundesentschädigungsgesetz. Hier ist ebenfalls zu beachten, dass das Elterngeld bis zu einer Höhe von 300 € nicht angerechnet wird. Das Kindergeld ist auch hier dem Kind beim Einkommen anzurechnen, soweit es für dessen Lebensunterhalt benötigt wird. Nach § 82 Abs. 2 SGB XII sind verschiedene Beträge vom Einkommen abzusetzen, also nicht anzurechnen. Dies sind in erster Linie Steuern, Sozialversicherungsbeträge, Beiträge zu öffentlichen oder privaten Versicherungen oder ähnlichen Einrichtungen, soweit diese Beiträge gesetzlich vorgeschrieben oder nach Grund und Höhe angemessen sind, sowie geförderte Altersvorsorgebeiträge bis zu einer Höchstgrenze, Werbungskosten sowie Arbeitsförderungsgeld nach dem SGB IX. Nach § 82 Abs. 3 SGB XII ist zudem für erwerbstätige Personen bei der Hilfe zum Lebensunterhalt und Grundsicherung im Alter und bei Erwerbsminderung ein Betrag in Höhe von 30% des Einkommens aus selbstständiger und nichtselbstständiger Tätigkeit der Leistungsberechtigten abzusetzen. Ebenso wie im Rahmen des SGB II sind nach § 83 SGB XII zweckbestimmte Leistungen, die einem anderen Zweck als die Sozialhilfe gewährt werden, und Schmerzensgeld, das auf der Grundlage von § 253 Abs. 2 BGB gezahlt wird, nicht anzurechnen. Auch Zuwendungen der freien Wohlfahrtspflege bleiben nach § 84 SGB XII als Einkommen außer Betracht, wenn nicht die Zuwendung die Lage der Leistungsberechtigten so günstig beeinflusst, dass daneben Sozialhilfe ungerechtfertigt wäre. Zuwendungen, die ein anderer erbringt, ohne hierzu eine rechtliche oder sittliche Pflicht zu haben, sollen als Einkommen außer Betracht bleiben, soweit ihre Berücksichtigung für die Leistungsberechtigten eine besondere Härte bedeuten würde.

Vermögen

Der Einsatz des Vermögens wird in § 90 SGB XII geregelt. Ebenso wie im SGB II (s. III-4.1.7) ist vom Grundsatz her nach § 90 Abs. 1 SGB XII das gesamte verwertbare Vermögen einzusetzen. In Absatz 2 und 3 findet sich eine Auflistung von Vermögensgegenständen, die abweichend von diesem Grundsatz nicht einzusetzen sind. Dies ist zunächst ein Vermögen, das aus öffentlichen Mitteln zum Aufbau oder zur Sicherung einer Lebensgrundlage oder zur Gründung eines Hausstandes erbracht wird. Geschützt ist weiterhin auch im Rahmen der Sozialhilfe die staatlich geförderte Altersvorsorge. Nicht einzusetzen ist auch Vermögen, solange es nachweislich zur baldigen Beschaffung oder Erhaltung eines angemessenen Hausgrundstücks bestimmt ist, soweit dieses Wohnzwecken behinderter oder pflegebedürftiger

Menschen dient oder dienen soll. Auch angemessener Hausrat muss nicht verwertet werden, wobei die bisherigen Lebensverhältnisse der um Sozialhilfe nachfragenden Person zu berücksichtigen sind. Von der Verwertung ausgenommen sind auch Gegenstände, die zur Aufnahme oder Fortsetzung der Berufsausbildung oder der Erwerbstätigkeit unentbehrlich sind. Auch Familien- und Erbstücke, deren Veräußerung für die nachfragende Person oder ihre Familie eine besondere Härte bedeuten würde, müssen nicht eingesetzt werden. Gleiches gilt für Gegenstände, die zur Befriedigung geistiger, insbesondere wissenschaftlicher oder künstlerischer Bedürfnisse dienen und deren Besitz nicht Luxus ist, also etwa Musikinstrumente oder Bücher. Parallel zu § 12 Abs. 3 Nr. 4 SGB II ist auch ein angemessenes Hausgrundstück nicht einzusetzen, wenn es von der nachfragenden Person oder einem anderen Mitglied der Einsatzgemeinschaft allein oder zusammen mit Angehörigen ganz oder teilweise bewohnt wird und nach ihrem Tod von ihren Angehörigen bewohnt werden soll. Die Angemessenheit bestimmt sich dabei nach der Zahl der Bewohner, dem Wohnbedarf (zum Beispiel behinderter, blinder oder pflegebedürftiger Menschen), der Grundstücksgröße, der Hausgröße, dem Zuschnitt und der Ausstattung des Wohngebäudes sowie dem Wert des Grundstücks einschließlich des Wohngebäudes.

Für kleinere Barbeträge oder sonstige Geldwerte besteht ein Freibetrag, wobei eine besondere Notlage der nachfragenden Person zu berücksichtigen ist. Die kleineren Barbeträge werden konkretisiert durch die Verordnung zur Durchführung des § 90 Abs. 2 Nr. 9 des Zwölften Buches Sozialgesetzbuch (DVO). § 1 DVO trifft differenzierte Regelungen im Wesentlichen danach, ob die Sozialhilfe nur vom Einsatz des Vermögens der nachfragenden Person allein abhängig gemacht wird oder noch vom Vermögen weiterer Personen, nach dem Alter und danach, ob unterhaltsberechtigte Personen vorhanden sind. Ist nur das Vermögen der nachfragenden Person zu berücksichtigen, so beträgt der Freibetrag bis zur Vollendung des 60. Lebensjahrs 1.600 €, nach Vollendung des 60. Lebensjahrs oder bei voller Erwerbsminderung 2.600 €. Ist die Sozialhilfe vom Einsatz des Vermögens der nachfragenden Person und ihres Ehe- oder Lebenspartners abhängig, erhöht sich der Betrag um 614 € für den Ehegatten oder Lebenspartner sowie 256 € für jede Person, die von der nachfragenden Person, ihrem Ehegatten oder Lebenspartner überwiegend unterhalten wird. Ist die Sozialhilfe vom Vermögen einer minderjährigen unverheirateten nachfragenden Person und ihrer Eltern abhängig, erhöht sich der Betrag von 1.600 bzw. 2.600 € um einen Betrag von 614 € für einen Elternteil sowie 256 € für die nachfragende Person und für jede Person, die von den Eltern oder von der nachfragenden Person überwiegend unterhalten wird. Leben die Eltern nicht zusammen, entfällt der Betrag von 614 € für einen Elternteil. Die Freibeträge sind somit durchweg deutlich niedriger als im Rahmen des SGB II (vgl. III-4.1.7).

Einen Auffangtatbestand für weitere Vermögensgegenstände enthält § 90 Abs. 3. Danach darf die Sozialhilfe nicht vom Einsatz oder von der Verwertung eines Vermögens abhängig gemacht werden, soweit dies für den, der das Vermögen einzusetzen hat, und für seine unterhaltsberechtigten Ange-

kleinere Barbeträge

hörigen eine Härte bedeuten würde. Eine weitere Einschränkung bei der Vermögensanrechnung trifft § 92 SGB XII für behinderte Menschen, die stationär untergebracht sind.

Parallel zu § 23 Abs. 5 SGB II regelt § 91 SGB XII, dass ein Darlehen erbracht werden soll, wenn zwar Vermögen einzusetzen ist, der sofortige Verbrauch oder die sofortige Verwertung des Vermögens jedoch nicht möglich ist oder für die, die es einzusetzen hat, eine Härte bedeuten würde (ausführlich zum Vermögenseinsatz vgl. Sartorius 2005 Rz. 63 ff.). Diese Regelung gilt jedoch mangels entsprechender Verweisung nicht für die Grundsicherung im Alter und bei Erwerbsminderung. Tritt dieser Fall für Leistungsberechtigte nach §§ 41 SGB XII ein, so ist zu prüfen, ob für den betreffenden Zeitraum andere Sozialhilfeleistungen, insbesondere Hilfe zum Lebensunterhalt, in Frage kommen (Schoch 2005 Rz. 53).

Die §§ 93 ff. SGB XII regeln die Verpflichtungen anderer. Nach § 93 SGB XII kann der Sozialhilfeträger Ansprüche des Leistungsberechtigten gegen andere in Höhe der geleisteten Sozialhilfe auf sich überleiten. Auch in diesem Zusammenhang ist insbesondere der Rückforderungsanspruch des verarmten Schenkers auf Herausgabe der Schenkung nach § 528 Abs. 1 BGB von Bedeutung (s. III-4.1.7).

Unterhaltsanspruch   Eine spezielle Regelung für Unterhaltsansprüche trifft § 94 SGB XII. Danach geht ein Unterhaltsanspruch der leistungsberechtigten Person für den Zeitraum des Leistungsbezugs bis zur Höhe der geleisteten Aufwendungen kraft Gesetzes auf den Sozialhilfeträger über. Problematisch ist auch hier der Fall, dass der Leistungsberechtigte auf seinen Unterhaltsanspruch vor dem gesetzlichen Anspruchsübergang verzichtet hat, wenn also etwa der Unterhaltsanspruch gegen den (früheren) Ehepartner durch Ehevertrag ausgeschlossen wurde (s. III-4.1.7). Der Übergang des Unterhaltsanspruchs wird für verschiedene Fallkonstellationen ausgeschlossen oder beschränkt. Der Übergang des Anspruchs ist nach § 94 Abs. 1 SGB XII ausgeschlossen, soweit der Unterhaltsanspruch durch laufende Zahlung erfüllt wird, ebenso wenn die unterhaltspflichtige Person zur Einsatzgemeinschaft gehört oder die unterhaltspflichtige Person mit der leistungsberechtigten Person vom zweiten Grad an verwandt ist. Es werden also keine Großeltern, Enkel usw. des Leistungsempfängers herangezogen. Der Übergang von Unterhaltsansprüchen gegen Verwandte ersten Grades einer Person, die schwanger ist oder ihr leibliches Kind bis zur Vollendung seines sechsten Lebensjahres betreut, ist auch hier ausgeschlossen. Die Unterhaltsansprüche behinderter Menschen gehen nach § 94 Abs. 2 SGB XII nur in eingeschränktem Umfang über. Nach § 94 Abs. 3 SGB XII bestehen ebenfalls Einschränkungen, wenn die unterhaltspflichtige Person selbst Anspruch auf Hilfe zum Lebensunterhalt hat bzw. bei Erfüllung des Anspruchs hätte oder wenn der Übergang des Anspruchs eine unbillige Härte bedeuten würde.

Sonderregelungen bestehen für die Grundsicherung im Alter und bei Erwerbsminderung. Nach § 43 Abs. 2 SGB XII bleiben Unterhaltsansprüche der Leistungsberechtigten gegen ihre Kinder und Eltern unberücksichtigt, wenn deren jährliches Gesamteinkommen 100.000 € nicht überschreitet. Es wird von Gesetzes wegen zunächst vermutet, dass dieser Betrag nicht überschritten wird. Der Sinn dieser Regelung liegt darin, auch den Lebensunterhalt von Personen sicherzustellen, die bislang auf Leistungen verzichtet haben, weil sie den Rückgriff des Sozialhilfeträgers auf ihre Kinder oder Eltern fürchteten.

4.2.4   Hilfen in besonderen Lebenslagen

Die Kapitel fünf bis sieben enthalten Leistungen, die im Geltungsbereich des BSHG als „Hilfen in besonderen Lebenslagen" überschrieben waren und die dies auch ohne entsprechende Bezeichnung im SGB XII heute noch sind (ausführlich Conradis 2005). Hier finden sich Hilfen zur Gesundheit, Eingliederungshilfen für behinderte Menschen, Hilfe zur Pflege, Hilfe zur Überwindung besonderer sozialer Schwierigkeiten und Hilfen in anderen Lebenslagen. Die Hilfen in besonderen Lebenslagen unterscheiden sich von der Hilfe zum Lebensunterhalt und der Grundsicherung dadurch, dass Hilfe in besonderen Bedarfssituationen erbracht wird, die über die Abdeckung des allgemeinen Lebensunterhalts hinausgehen und auch nicht voraussetzen, dass die betroffene Person Leistungen zum Lebensunterhalt im Rahmen der Sozialhilfe erhält. Auch diese Hilfen sind bedürftigkeitsabhängig, jedoch sind an den Einsatz vorhandenen Einkommens geringere Anforderungen gestellt als bei der Hilfe zum Lebensunterhalt und der Grundsicherung im Alter und bei Erwerbsminderung und beim Vermögen bestehen geringfügig höhere Freibeträge (s. III-4.2.5).

4.2.4.1 Hilfen zur Gesundheit

Im fünften Kapitel sind in den §§ 47 ff. SGB XII Hilfen zur Gesundheit geregelt. Vor dem 01.01.2004 waren die entsprechenden Hilfen im Rahmen des BSHG von hoher Bedeutung, da nur ein geringer Teil der Sozialhilfeempfänger krankenversichert war. Die Hilfe bei Krankheit nach dem BSHG war insofern praktisch die Krankenkasse für Sozialhilfeempfänger. Zum 01.01.2004 wurde durch das GKV-Modernisierungsgesetz in § 264 Abs. 2 SGB V die Regelung aufgenommen, dass die Krankenbehandlung von Empfängern laufender Hilfe zum Lebensunterhalt von den Krankenkassen vorgenommen wird. Die Kosten werden durch die Träger der Sozialhilfe erstattet. Nach dem 01.01.2005 bestand zudem für Personen, die in der Vergangenheit laufende Leistungen zum Lebensunterhalt empfangen hatten und noch nie krankenversichert waren, die Möglichkeit, sich nach § 9 Abs. 1 Nr. 8 SGB V freiwillig in der Krankenversicherung zu versichern. Darüber hinaus erhalten nach § 265 Abs. 2 Satz 1 SGB V alle Empfänger von Hilfen in besonderen Lebenslagen, die nicht selbst krankenversichert sind, Leistungen von den Krankenkassen (ausführlich zur Entwicklung Conradis 2005c). Es bleibt somit nur eine geringe Anzahl von Personen übrig, für die im Krankheitsfall nicht unter irgendeiner Konstellation die Krankenversicherungen zuständig sind. Für diese greift dann die Hilfe zur Gesundheit.

Inhaltlich umfasst die Hilfe vorbeugende Gesundheitshilfe (§ 47 SGB XII), Hilfe bei Krankheit (§ 48 SGB XII), Hilfe zur Familienplanung (§ 49 SGB XIII), Hilfe bei Schwangerschaft und Mutterschaft (§ 50 SGB XII) und Hilfe bei Sterilisation (§ 51 SGB XII). Nach § 52 Abs. 1 SGB XII entsprechen die Hilfen nach den §§ 47–51 SGB XII den Leistungen der gesetzlichen Krankenversicherung. Soweit Krankenkassen in ihrer Satzung Umfang und Inhalt der Leistungen bestimmen können, entscheidet der Träger der Sozialhilfe über Umfang und Inhalt der Hilfen nach pflichtgemäßem Ermessen. Die Hilfeempfänger können ebenso wie die Mitglieder der gesetzlichen Krankenversicherung den Arzt, Zahnarzt oder das Krankenhaus frei wählen.

4.2.4.2 Eingliederungshilfe für behinderte Menschen

Die Eingliederungshilfe für behinderte Menschen ist im sechsten Kapitel in den §§ 53 ff. SGB XII geregelt. Sie ist das einzige umfassende Leistungsgesetz und damit das wichtigste Leistungsgesetz für behinderte Menschen. Zwar ist die Teilhabe und Rehabilitation behinderter Menschen seit 2001 im SGB IX geregelt, dabei handelt es sich jedoch in erster Linie um ein Leistungsausführungsgesetz, das auf Leistungen aus anderen Gesetzen Bezug nimmt. In vielen anderen Leistungsgesetzen sind ebenfalls Leistungen für behinderte Menschen vorgesehen, die aufgrund des Nachrangprinzips der Sozialhilfe vorrangig zum Tragen kommen. Abgrenzungs- und Zuständigkeitsfragen sind daher vielfach problematisch.

Die Eingliederungshilfe hat nach § 53 Abs. 3 SGB XII eine doppelte Zielsetzung: Zum einen soll eine drohende Behinderung abgewendet werden und eine bereits bestehende Behinderung oder deren Folgen beseitigt oder gemildert werden. Zudem soll der behinderte Mensch in die Gesellschaft eingegliedert werden.

Nach § 53 Abs. 1 SGB XII erhalten Personen, die durch eine Behinderung im Sinne von § 2 Abs. 1 Satz 1 des Neunten Buches wesentlich in ihrer Fähigkeit, an der Gesellschaft teilzuhaben, eingeschränkt oder von einer solchen wesentlichen Behinderung bedroht sind, Leistungen der Eingliederungshilfe, wenn und solange nach der Besonderheit des Einzelfalles, insbesondere nach Art oder Schwere der Behinderung, Aussicht besteht, dass die Aufgabe der Eingliederungshilfe erfüllt werden kann. Personen mit einer anderen – also nicht wesentlichen – körperlichen, geistigen oder seelischen Behinderung können Leistungen der Eingliederungshilfe als Ermessensleistungen erhalten. Eine Behinderung i. S. d. § 2 SGB IX ist gegeben, wenn

Behinderung die körperliche, geistige oder seelische Gesundheit einer Person von dem für ihr Lebensalter typischen Zustand abweicht, dieser Zustand mit hoher Wahrscheinlichkeit länger als sechs Monate anhalten wird und die Teilhabe des Betroffenen am Leben in der Gemeinschaft beeinträchtigt wird. Von einer Behinderung bedroht sind nach § 53 Abs. 2 SGB XII Personen, bei denen der Eintritt der Behinderung nach fachlicher Erkenntnis mit hoher Wahrscheinlichkeit zu erwarten ist. Insofern gehen die Anforderungen des SGB XII über die des SGB IX hinaus. Die Sozialhilfe erbringt als Pflichtleistung nur Leistungen für wesentlich behinderte Menschen und geht von einer drohenden Behinderung nur dann aus, wenn der Eintritt mit hoher Wahrscheinlichkeit zu erwarten ist.

Für die Diagnose einer Behinderung ist zunächst die Einschätzung des Krankheitsbildes anhand der Internationalen Klassifikation für Krankheiten der WHO – ICD 10 – maßgeblich (www.dimdi.de/static/de/klassi/diagnosen/icd10/). Die Abkürzung ICD steht für „International Statistical **C**lassification of **D**iseases and Related Health Problems"; die Ziffer 10 bezeichnet deren 10. Revision. Diese Klassifikation wurde von der WHO erstellt und vom Deutschen Institut für medizinische Dokumentation und Information (DIMDI) im Auftrag des Bundesministeriums für Gesundheit ins Deutsche übertragen. In der Todesursachenstatistik wird die ICD-10 seit dem 01.01.1998 eingesetzt. In der ambulanten und stationären Versorgung werden Diagnosen seit dem 01.01.2000 nach der ICD-10 im SGB V verschlüsselt. Die ICD 10 enthält in 21 Kapiteln und 1.182 Kategorien aufgelistete Diagnosen, die mit 3- bis 5-stelligen Schlüsselzahlen versehen sind. Ein Teil der Schlüsselzahlen ist präkombiniert, d. h., bereits in der endgültigen Zahlenkombination in der ICD 10 aufgeführt, ein anderer Teil ist postkombiniert. Postkombinierte Schlüsselnummern können vom Anwender mittels einer Subklassifikation gebildet werden. Insofern ermöglicht die ICD 10 eine äußerst differenzierte Beschreibung von Krankheitsbildern. Die ICD 10 wird regelmäßig auf der Grundlage des fachlichen Kenntnisstandes aktualisiert. In einer nächsten Stufe ist zu klären, ob und inwieweit durch das diagnostizierte Krankheitsbild die Teilhabe des Betroffenen am Leben in der Gemeinschaft beeinträchtigt wird. Für die Frage, welche Lebensbereiche auf mögliche Teilhabebeeinträchtigungen hin untersucht werden sollen, kann die Internationale Klassifikation der Funktionsfähigkeit, Behinderung und Gesundheit (ICF) als Orientierung dienen (www.dimidi.de). Hier werden z. B. Kommunikation, Mobilität, Selbstversorgung, häusliches Leben, Bildung und Arbeit genannt (Bieritz-Harder LPK-SGB XII § 53 Rz. 5 ff.). In der Verordnung nach § 60 SGB XII (Eingliederungshilfe-VO) ist in den §§ 1, 2 und 3 im Einzelnen ausgeführt, welche Personenkreise als körperlich, geistig oder seelisch behindert anzusehen sind. Bei manchen Störungsbildern kann eine eindeutige Qualifikation als Behinderung schwierig sein. Dies betrifft etwa Autismus oder schulische Teilleistungsstörungen wie z. B. Legasthenie oder das Aufmerksamkeitsdefizitsyndrom.

Die Leistungen der Eingliederungshilfe werden zunächst recht allgemein in § 54 SGB XII aufgeführt. Nach § 54 Abs. 1 SGB XII sind Leistungen der Eingliederungshilfe zunächst verschiedene Leistungen nach dem SGB IX. Im Einzelnen wird hier verwiesen auf § 26 (medizinische Rehabilitation), § 33 (Teilhabe am Arbeitsleben), § 41 (anerkannte Werkstatt für behinderte Menschen) und § 55 (Teilhabe am Leben in der Gemeinschaft) SGB IX. Daneben beinhalten die Leistungen insbesondere Hilfen zu einer angemessenen Schulbildung, Hilfe zur schulischen Ausbildung für einen angemessenen Beruf einschließlich des Besuchs einer Hochschule, Hilfe zur Ausbildung für eine sonstige angemessene Tätigkeit, Hilfe in vergleichbaren

sonstigen Beschäftigungsstätten nach § 56 SGB XII (Werkstatt für Behinderte), nachgehende Hilfe zur Sicherung der Wirksamkeit der ärztlichen und ärztlich verordneten Leistungen und zur Sicherung der Teilhabe der behinderten Menschen am Arbeitsleben. Die Leistungen zur medizinischen Rehabilitation und zur Teilhabe am Arbeitsleben entsprechen dabei jeweils den Rehabilitationsleistungen der gesetzlichen Krankenversicherung oder der Bundesagentur für Arbeit. Deutlich differenzierter wird das vielfältige Leistungsspektrum der Eingliederungshilfe in der Eingliederungs-VO dargestellt (Conradis 2005a).

persönliches Budget   Nach § 58 SGB XII ist ein Gesamtplan zur Durchführung der einzelnen Leistungen aufzustellen. § 57 SGB XII ermöglicht die Leistungserbringung im Wege eines trägerübergreifenden persönlichen Budgets. Damit soll den Rehabilitationsträgern die Möglichkeit eröffnet werden, gemeinsam mit anderen Trägern Komplexleistungen zu erbringen. Ziel ist es, den behinderten Menschen ein selbstbestimmtes Leben zu ermöglichen. Sie sollen mit Hilfe des Budgets entscheiden können, welche Hilfen sie wann in Anspruch nehmen und welche Personen oder Dienste sie mit notwendigen Dienstleistungen beauftragen. Indem sie sich die entsprechenden Leistungen dann mit Hilfe ihres persönlichen Budgets selbst „einkaufen" können, erhöht sich ihre Selbstständigkeit und Flexibilität und sie können den Anbietern gegenüber als unmittelbare Kunden selbstbewusster auftreten.

4.2.4.3 Hilfe zur Pflege

Im siebten Kapitel ist in den §§ 61 ff. SGB XII die Hilfe zur Pflege geregelt. Sie kommt für Personen zum Tragen, die nicht in den Anwendungsbereich der Pflegeversicherung fallen (vgl. III-2.2.3), und für solche, die zwar Leistungen der gesetzlichen Pflegeversicherung oder entsprechender privater Versicherungen erhalten, deren Bedarf dadurch aber nicht abgedeckt wird. Im Gegensatz zur Pflegeversicherung, die nur der Entlastung der Betroffenen dient und den Pflegebedarf nur fragmentarisch abdeckt, hat die Sozialhilfe aufgrund des Bedarfsdeckungsgrundsatzes den gesamten Bedarf sicherzustellen, macht dies allerdings vom vorrangigen Einsatz von eigenen Mitteln des Pflegebedürftigen und seiner Angehörigen abhängig (ausführlich Conradis 2005b).

Nach § 61 Abs. 1 Satz 1 SGB XII ist Personen, die wegen einer körperlichen, geistigen oder seelischen Krankheit oder Behinderung für die gewöhnlichen und regelmäßig wiederkehrenden Verrichtungen im Ablauf des täglichen Lebens auf Dauer, voraussichtlich für mindestens sechs Monate, in erheblichem oder höherem Maße der Hilfe bedürfen, Hilfe zur Pflege zu leisten. Dies ist der gleiche Personenkreis, der in §§ 14, 15 SGB XI als erheblich pflegebedürftig definiert wird (vgl. II-2.2.3). Satz 1 setzt also voraus, dass die betroffene Person die Voraussetzungen erfüllt, um mindestens in Pflegestufe I nach § 15 SGB XI eingestuft zu werden. Darüber hinaus ist aber nach § 61 Abs. 1 Satz 2 SGB XII Hilfe zur Pflege auch Kranken und behinderten Menschen zu leisten, die voraussichtlich für weniger als sechs Monate der Pflege bedürfen oder einen geringeren Bedarf als nach Satz 1 haben oder die der Hilfe für andere Verrichtungen als nach Absatz 5 bedürfen. Damit werden alle Personen einbezogen, die die Voraussetzungen der §§ 14, 15 SGB XI nicht erfüllen, also auch solche, bei denen z. B. Pflege in zeitlich geringerem Umfang oder für weniger Verrichtungen nötig ist, als § 15 SGB XI dies für die Einstufung in eine Pflegestufe verlangt (sog. „Pflegestufe Null"). Bei der Entscheidung über das Ausmaß der bestehenden Hilfebedürftigkeit ist der Sozialhilfeträger an die Entscheidung der Pflegekasse gebunden (§ 62 SGB XII). Es finden nach § 61 Abs. 6 SGB XII auch Verordnungen und Richtlinien nach dem SGB XI, die Rahmenverträge und Bundesempfehlungen über die pflegerische Versorgung nach § 75 SGB XI und die Vereinbarungen über die Qualitätssicherung nach § 80 SGB XI zur näheren Bestimmung des Begriffs der Pflegebedürftigkeit, des Inhalts der Pflegeleistung, der Unterkunft und Verpflegung und zur Abgrenzung, Höhe und Anpassung der Pflegegelder nach § 64 SGB XII entsprechende Anwendung.

Die Hilfe zur Pflege umfasst nach § 61 Abs. 2 SGB XII häusliche Pflege, Hilfsmittel, teilstationäre Pflege, Kurzzeitpflege und stationäre Pflege. Der Inhalt der Leistungen nach Satz 1 bestimmt sich nach den Regelungen der Pflegeversicherung für die in § 28 Abs. 1 Nr. 1, 5 bis 8 des SGB XI aufgeführten Leistungen. Damit entsprechen die Leistungen der Hilfe zur Pflege inhaltlich im Wesentlichen denen der Pflegeversicherung. Wichtig ist allerdings, dass sie im Gegensatz zur Pflegeversicherung nicht der Höhe nach beschränkt sind. So wird Personen, die durch eine selbstbeschaffte Pflegehilfe gepflegt werden, ein Pflegegeld in Höhe der in § 37 SGB XI festgesetzten Beträge gezahlt. Darüber hinaus können aber nach § 65 Abs. 1 Satz 1 auch die angemessenen Aufwendungen der Pflegeperson erstattet werden. Ist neben oder anstelle der selbst beschafften Pflegeperson die Heranziehung einer besonderen Pflegekraft erforderlich, wird also Pflege in Form der Sachleistung nach § 36 SGB XI erbracht, so sind die angemessenen Kosten zu übernehmen. Die Höchstbeträge nach § 36 SGB XI gelten also nicht. Auch die erforderlichen Hilfsmittel sind ohne Beschränkung auf bestimmte Höchstbeträge zu erbringen. Nach § 61 Abs. 2 Satz 2 SGB XII kann auch im Rahmen der Hilfe zur Pflege ein trägerübergreifendes persönliches Budget erbracht werden

4.2.4.4 Hilfe zur Überwindung besonderer sozialer Schwierigkeiten

Das achte Kapitel regelt in §§ 67 ff. die Hilfe zur Überwindung besonderer sozialer Schwierigkeiten. Die Hilfe setzt an Problembündelungen an, die ihre Ursachen in komplexen Wirkungszusammenhängen von Beeinträchtigungen der individuellen Lebensführung und den Beziehungen zum sozialen Umfeld hat (ausführlich Trenk-Hinterberger 2005). § 67 SGB XII benennt den Kreis der Leistungsberechtigten. Es handelt sich um Personen, bei denen besondere Lebensverhältnisse mit sozialen Schwierigkeiten verbunden sind. Ihnen sind Leistungen zur Überwindung dieser Schwierigkeiten zu erbringen, wenn sie aus eigener Kraft hierzu nicht fähig sind.

Mit dem Begriff „besondere Lebensverhältnisse" in der Vorschrift wird auf objektivierbare Tatbestände abgestellt. Es sind darunter Lebensverhältnisse zu verstehen, die von den allgemeinen Lebensverhältnissen in der Bevölkerung abweichen, indem sie die Standards unterschreiten, die für die Führung eines menschenwürdigen Lebens als notwendig angesehen werden (ausführlich Trenk-Hinterberger 2005 Rz. 9 ff.). Die entsprechenden Lebensverhältnisse sind insofern gekennzeichnet durch Mangel, der in verschiedenen Bereichen vorliegen kann. In Frage kommen nach § 1 Abs. 2 der Verordnung zur Durchführung der Hilfe zur Überwindung besonderer sozialer Schwierigkeiten (DVO) fehlender oder nicht ausreichender Wohnraum, ungesicherte wirtschaftliche Lebensgrundlage, gewaltgeprägte Lebensumstände, Entlassung aus einer geschlossenen Anstalt oder vergleichbare nachteilige Umstände. Als solche kämen z. B. Ausbeutung bei Prostitution oder mangelnde Möglichkeit zur Teilhabe an Grundbildung in Frage (zu weiteren Fallgruppen vgl. auch Roscher in LPK-SGB XII § 67 Rz. 6 ff.).

Im Zusammenhang mit den besonderen Lebensverhältnissen aber nicht notwendigerweise durch sie verursacht, müssen auch soziale Schwierigkeiten bestehen. Nach § 1 Abs. 3 DVO liegen soziale Schwierigkeiten vor, wenn ein Leben in der Gemeinschaft durch ausgrenzendes Verhalten des Hilfesuchenden oder eines Dritten wesentlich eingeschränkt ist, insbesondere im Zusammenhang mit der Erhaltung oder Beschaffung einer Wohnung, der Erlangung oder Sicherung eines Arbeitsplatzes, mit familiären oder anderen sozialen Beziehungen oder mit Straffälligkeit. Die Schwierigkeiten liegen hier also in der Interaktion mit dem sozialen Umfeld. Die Beeinträchtigungen müssen nicht von dem Betroffenen ausgehen, entscheidend ist allein, ob er in der Lage ist, sich selbst zu helfen und sie zu überwinden. Kann er dies nicht, greift der Anspruch nach § 67 SGB XII.

So vielfältig wie die möglichen Problemlagen sind auch die in Frage kommenden Hilfen. Nach § 68 Abs. 1 SGB XII umfassen die Leistungen alle Maßnahmen, die notwendig sind, um die Schwierigkeiten abzuwenden, zu beseitigen, zu mildern oder ihre Verschlimmerung zu verhindern, insbesondere Beratung und persönliche Betreuung für die Leistungsberechtigten und ihre Angehörigen, Hilfen zur Ausbildung, Erlangung und Sicherung eines Arbeitsplatzes sowie Maßnahmen bei der Erhaltung und Beschaffung einer Wohnung. In detaillierterer Weise beschreiben §§ 2 ff. DVO Art und Umfang der Maßnahmen. Speziell genannt werden Beratung und persönliche Unterstützung (§ 3 DVO), Hilfe zur Erhaltung und Beschaffung einer Wohnung (§ 4 DVO), Hilfe zur Ausbildung, Erlangung und Sicherung eines Arbeitsplatzes (§ 5 DVO) und Hilfe zum Aufbau und zur Aufrechterhaltung sozialer Beziehungen und zur Gestaltung des Alltags (§ 6 DVO). Sowohl Geld- oder Sachleistungen als auch Dienstleistungen können Bestandteile der Hilfe sein. Beispiele für Hilfen nach §§ 67 ff. SGB XII sind die Übernahme der Kosten zum Erhalt der Wohnung eines Strafgefangenen während der Haft, die Vermittlung einer Wohnung durch Kontaktaufnahme zu Wohnungsträgern oder betreutes Wohnen (Trenk-Hinterberger 2005 Rz.

32 ff.). Zur Durchführung der erforderlichen Maßnahmen ist in geeigneten Fällen nach § 68 Abs. 1 Satz 2 SGB XII ein Gesamtplan zu erstellen.

Zu beachten ist allerdings, dass die Leistungen der Hilfe zur Überwindung besonderer sozialer Schwierigkeiten nicht nur im Vergleich zu anderen Leistungsgesetzen, sondern auch innerhalb des SGB XII nachrangig sind.

4.2.4.5 Hilfe in anderen Lebenslagen

Das neunte Kapitel regelt in den §§ 70 ff. SGB XII Hilfe in anderen Lebenslagen. Hier werden Hilfen für völlig unterschiedliche Lebensbereiche aufgeführt.

§ 70 SGB XII regelt die Hilfe zur Weiterführung des Haushalts. Sie wird erbracht, wenn die bislang maßgeblich für den Haushalt verantwortliche Person ausfällt und die Fortsetzung des Haushalts geboten ist, d. h., wenn die ansonsten drohende Auflösung sozialpädagogisch nicht zu vertreten wäre. Vergleichbare und vorrangige Regelungen enthalten § 38 SGB V und § 20 SGB VIII. **Weiterführung des Haushalts**

§ 71 SGB XII beinhaltet die Altenhilfe. Das Ziel der Hilfe ist die Erhaltung der Möglichkeit, am Gemeinschaftsleben teilzunehmen. Den alten Menschen soll eine möglichst selbstständige Teilnahme in einer von ihnen selbst bestimmten Weise gesichert werden (Münder in LPK-SGB XII § 71 Rz. 13). Die Vorschrift definiert nicht, ab welchem Lebensjahr eine Person als alter Mensch zu verstehen ist. Da verschiedentlich im SGB XII auf das 65. Lebensjahr abgestellt wird – insbesondere hinsichtlich der Grundsicherung im Alter in § 41 SGB XII – wird diese Grenze zumeist auch im Rahmen des § 71 SGB XII herangezogen. Nach § 71 Abs. 3 SGB XII sollen allerdings Leistungen nach Absatz 1 auch erbracht werden, wenn sie der Vorbereitung auf das Alter dienen. **Altenhilfe**

Eine nicht abschließende Aufzählung der in Frage kommenden Leistungen regelt § 71 Abs. 2 SGB XII. Danach kommen insbesondere Leistungen zu einer Betätigung und zum gesellschaftlichen Engagement, Leistungen bei der Beschaffung und zur Erhaltung einer bedarfsgerechten Wohnung, Beratung und Unterstützung in allen Fragen der Aufnahme in eine Einrichtung, die der Betreuung alter Menschen dient, insbesondere bei der Beschaffung eines geeigneten Heimplatzes, Beratung und Unterstützung in allen Fragen der Inanspruchnahme altersgerechter Dienste, Leistungen zum Besuch von Veranstaltungen oder Einrichtungen, die der Geselligkeit, der Unterhaltung, der Bildung oder den kulturellen Bedürfnissen alter Menschen dienen und Leistungen, die alten Menschen die Verbindung mit nahe stehenden Personen ermöglichen, in Betracht. Beispiele von Leistungen, die im Rahmen des § 71 SGB XII erfolgen, sind Unterhaltungsnachmittage oder Ausflugsfahrten, materielle Hilfen zur altersgerechten Ausstattung der Wohnung, Fahrtkostenzuschüsse für Besuche bei nahe stehenden Personen und Beratung in allen relevanten Fragen (Münder in LPK-SGB XII § 71 Rz. 18 ff.).

Blindenhilfe

§ 72 SGB XII beinhaltet die Blindenhilfe. Sie wird – ebenfalls nachrangig – zum Ausgleich der durch die Blindheit bedingten Mehraufwendungen gewährt. Leistungen der Pflegeversicherung sind teilweise anzurechnen. Die Blindenhilfe beträgt bis für blinde Menschen nach Vollendung des 18. Lebensjahres 585 € monatlich, für blinde Menschen, die das 18. Lebensjahr noch nicht vollendet haben, beträgt sie 293 € monatlich. Die Beträge werden jährlich verändert, soweit sich der aktuelle Rentenwert in der gesetzlichen Rentenversicherung ändert.

Hilfe in sonstigen Lebenslagen

Eine Auffangklausel enthält § 73 SGB XII, der Hilfe in sonstigen Lebenslagen regelt. Die Vorschrift soll eine flexible Reaktion auf anderweitig nicht erfasste Bedarfslagen ermöglichen. Ihre Bedeutung ist gering, da sich zu den meisten denkbaren Bedarfslagen Regelungen in speziellen Leistungsgesetzen oder explizit im SGB XII befinden. Denkbar sind sowohl Lebens- und Bedarfslagen, die völlig neu entstanden sind oder jedenfalls dem Gesetzgeber bislang noch nicht bekannt waren als auch Situationen, in denen durch Veränderung sozialer Verhältnisse neue Probleme entstehen (Berlit in LPK-SGB XII § 73 Rz. 5 m. w. N.). Die Vorschrift eröffnet keine Möglichkeit, in speziell geregelten Bereichen als unzureichend empfundene Leistungen zu erhöhen, etwa für zu niedrig befundene Regelsätze aufzustocken. Sie greift nur bei *sonstigen* Lebenslagen, also bei solchen, die nicht anderweitig geregelt sind.

Bestattungskosten

§ 74 SGB XII bestimmt die Übernahme der Bestattungskosten durch den Träger der Sozialhilfe, soweit dem hierzu Verpflichteten nicht zugemutet werden kann, die Kosten zu tragen. Die Vorschrift soll eine der Würde des Verstorbenen entsprechende Bestattung sicherstellen. Eine Verpflichtung, die Bestattungskosten zu tragen, besteht zumeist für Angehörige. Nach § 1968 BGB ist der Erbe zur Finanzierung der Bestattung verpflichtet, nach §§ 1615 Abs. 2, 1360a Abs. 3, 1361 Abs. 4, 1586 Abs. 1 BGB der Unterhaltsverpflichtete oder nach § 1615m BGB der mit der Mutter eines Kindes nicht verheiratete Vater, wenn die Mutter infolge von Schwangerschaft oder Entbindung gestorben ist. Zur Totenfürsorge und damit zur Bestattung berechtigt, kann nach dem Tode eines Heimbewohners kraft Vereinbarung im Heimvertrag auch der Heimträger sein. (OVG Lüneburg 27.07.2000 – 4 L 2110/00). Es kann auch eine öffentlich-rechtliche Bestattungspflicht des Ordnungsamts bestehen, wenn keine sonstigen Verantwortlichen für die Bestattung vorhanden sind.

Die Frage der Zumutbarkeit der Kostentragung ist im Einzelfall zu prüfen. Für Erben ist stets der Einsatz des gesamten Nachlasses zumutbar (BVerwGE 04.02.1999 – 5 B 133.98 – FEVS 51, 5). Zudem müssen Leistungen eingesetzt werden, die aus Anlass des Todes des Verstorbenen erbracht wurden, etwa Sterbegeld oder Leistungen aus einer Sterbegeldversicherung. Wenn die Bestattungskosten nicht durch den Nachlass gedeckt sind, ist die Zumutbarkeit in Anlehnung an die Grundsätze des Einsatzes von Einkommen und Vermögen für die Leistungen nach dem fünften bis neunten Kapitel zu beurteilen (vgl. III-4.2.5). Ist der Verpflichtete ein naher Angehöriger, so ist ihm nach der Rechtsprechung zum BSHG i. d. R. zuzumuten, die von dritter Seite nicht gedeckten Bestattungskosten in Höhe von 50% des die Einkommensgrenze des § 79 BSHG übersteigenden Betrages aufzubringen (OVG Nds 08.05.1995 – 12 L 6679/83 – NVwZ-RR 1996, 440). Dies entspricht etwa der Einkommensgrenze des heutigen § 85 SGB XII.

Unter den vom Träger der Sozialhilfe zu übernehmenden erforderlichen Kosten einer Bestattung sind die Kosten für ein ortsübliches, angemessenes Begräbnis zu verstehen. Dabei sind angemessene Wünsche des Verstorbenen zu berücksichtigen, etwa was die Frage einer Erd- oder Feuerbestattung angeht (im Einzelnen vgl. Berlit in LPK-SGB XII § 74 Rz. 12 ff.).

4.2.5 Einsatz eigener Mittel und Verpflichtungen anderer bei den Hilfen in besonderen Lebenslagen

Der Einsatz eigener Mittel und die Verpflichtungen anderer sind bei den Hilfen in besonderen Lebenslagen abweichend von der Hilfe zum Lebensunterhalt und der Grundsicherung im Alter und bei Erwerbsminderung geregelt. Unterschiede bestehen auch zwischen den einzelnen Leistungen in besonderen Lebenslagen.

Im Gegensatz zu den Hilfen des dritten und vierten Kapitels ist bei den Hilfen des fünften bis neunten Kapitels nicht das gesamte vorhandene Einkommen einzusetzen. Damit soll sichergestellt werden, dass die Leistungsberechtigten der Hilfen in besonderen Lebenslagen einen Lebensstandard oberhalb des Standards der Hilfe zum Lebensunterhalt oder der Grundsicherung im Alter und bei Erwerbsminderung halten können. Die besondere Lebenslage, aus der sich der Bedarf ergibt, soll den Lebensstandard des Betroffenen bzw. seiner Einsatzgemeinschaft nicht auf das soziokulturelle Existenzminimum absenken. Es soll auch während des Bezugs der Leistungen eine angemessene Lebensführung möglich sein. **Einkommen**

Der Einsatz des Einkommens richtet sich nach einer Einkommensgrenze, die in § 85 SGB XII geregelt wird. Nach § 85 Abs. 1 SGB XII ist der Einsatz des Einkommens nicht zuzumuten, wenn das monatliche Einkommen des um Sozialhilfe Nachfragenden und ggf. des Ehe- oder Lebenspartners zusammen eine Einkommensgrenze nicht übersteigt, die sich zusammensetzt aus einem Grundbetrag in Höhe des zweifachen Eckregelsatzes, den angemessenen Kosten der Unterkunft, und einem Familienzuschlag in Höhe von 70% des Eckregelsatzes für den nicht getrennt lebenden Ehegatten oder Lebenspartner und für jede Person, die von der nachfragenden Person, ihrem nicht getrennt lebenden Ehegatten oder Lebenspartner überwiegend unterhalten worden ist oder für die sie nach der Entscheidung über die Erbringung der Sozialhilfe unterhaltspflichtig werden. Für minderjährige unverheiratete Kinder bzw. ihre zur Einsatzgemeinschaft gehörenden Eltern setzt sich die Einkommensgrenze nach § 85 Abs. 2 SGB XII aus dem zweifachen Eckregelsatz als Grundbetrag, den angemessenen Unterkunftskosten **Einkommensgrenze** und einem Familienzuschlag in Höhe von 70% des Eckregelsatzes für einen Elternteil, wenn die Eltern zusammenleben, sowie für die nachfragende Person und für jede Person, die von den Eltern oder der nachfragenden Person überwiegend unterhalten worden ist oder für die sie nach der Entscheidung über die Erbringung der Sozialhilfe unterhaltspflichtig werden. Nach § 86 SGB XII kann der Grundbetrag durch die Länder oder die Träger der Sozialhilfe für einzelne Hilfearten erhöht werden. Angesichts der Tatsache, dass die in § 85 SGB XII geregelte Einkommensgrenze sehr niedrig ist, erscheint es als fraglich, ob das bezweckte Ziel, einen Lebensstandard oberhalb der Hilfe zum Lebensunterhalt aufrechtzuerhalten, tatsächlich erreicht wird (ausführlich Conradis 2005 Rz. 28 ff.).

Der Einsatz des Einkommens unterhalb der Einkommensgrenze kann von wenigen in § 88 SGB XII genannten Ausnahmefällen abgesehen nicht verlangt werden. Er kommt z. B. dann in Frage, wenn zur Deckung des Bedarfs nur geringfügige Mittel erforderlich sind oder wenn bei (teil-)stationären Leistungen Aufwendungen für den häuslichen Lebensunterhalt erspart werden. Soweit das zu berücksichtigende Einkommen die Einkommensgrenze übersteigt, ist der Einsatz nach § 87 Abs. 1 SGB XII in angemessenem Umfang zuzumuten. Bei der Konkretisierung des angemessenen Umfangs sind nach § 87 Abs. 1 Satz 2 SGB XII insbesondere die Art des Bedarfs, die Schwere einer Behinderung oder Pflegebedürftigkeit, die Höhe der erforderlichen Aufwendungen sowie ihre Dauer und besondere Belastungen der Betroffenen zu berücksichtigen (Sartorius 2005 Rz. 49 ff., Schoch in LPK-SGB XII § 87 Rz. 5 ff.). Für einige Personengruppen trifft das Gesetz präzisere Regelungen. So ist nach § 87 Abs. 1 Satz 3 SGB XII bei schwerstpflegebedürftigen Menschen nach § 64 Abs. 3 SGB XII und blinden Menschen nach § 72 SGB XII ein Einsatz des Einkommens über der Einkommensgrenze in Höhe von mindestens 60 vom Hundert nicht zuzumuten. § 92 SGB XII schränkt den Einsatz bei stationärer Unterbringung behinderter Menschen ein. Nach § 71 Abs. 4 SGB XII soll Altenhilfe in Form von Beratung und Unterstützung ohne Rücksicht auf das Einkommen oder Vermögen erbracht werden. Eine spezielle Regelung besteht schließlich auch für die Hilfe zur Überwindung besonderer sozialer Schwierigkeiten. Hier schreibt § 68 Abs. 2 SGB XII vor, dass Dienstleistungen ohne Rücksicht auf Einkommen und Vermögen erbracht werden. Einkommen und Vermögen der in § 19 Abs. 3 SGB XII genannten Personen (nicht getrennt lebender Ehegatte oder Lebenspartner, bei minderjährigen unverheirateten Personen die Eltern oder ein Elternteil) ist nicht zu berücksichtigen und von der Inanspruchnahme nach bürgerlichem Recht Unterhaltspflichtiger ist abzusehen, soweit dies den Erfolg der Hilfe gefährden würde. Dies ist dann der Fall, wenn der Leistungsberechtigte bei Inanspruchnahme von Angehörigen die Hilfe nicht annehmen möchte oder sie abzubrechen droht, etwa weil er fürchtet, dass er dann nicht in der erhofften Weise in die Familiengemeinschaft aufgenommen wird.

Vermögen   Der Einsatz des Vermögens ist bei den Hilfen in besonderen Lebenslagen im Wesentlichen parallel zu der Hilfe zum Lebensunterhalt und der Grundsicherung im Alter und bei Erwerbsminderung geregelt. Eine Abweichung besteht allerdings bei der Höhe des kleineren Barbetrags nach § 90 Abs. 2 Nr. 9 SGB XII. Nach § 1 Abs. 1b DVO ist der Grundbetrag des geschützten Barbetrags auf 2.600 € erhöht. Hinzu kommt ein Betrag von 256 € für jede Person, die von dem um Sozialhilfe Nachfragenden überwiegend unterhalten wird. Der geschützte Barbetrag erhöht sich zudem nach § 1 Abs. 1 Satz 2 DVO bei der Blindenhilfe und dem Pflegegeld für Schwerstpflegebedürftige, wenn beide Partner oder bei Minderjährigen beide Elternteile blind oder pflegebedürftig sind.

Die Verpflichtungen anderer sind bei den Hilfen in besonderen Lebenslagen nahezu identisch mit denen bei Hilfe zum Lebensunterhalt und bei Grundsicherung im Alter und bei Erwerbsminderung. Auch hier besteht aber eine Einschränkung des Übergangs des Unterhaltsanspruchs behinderter und pflegebedürftiger Personen gemäß § 94 Abs. 2 Satz 1 SGB XII. Danach geht der Anspruch einer volljährigen unterhaltsberechtigten Person, die behindert im Sinne von § 53 SGB XII oder pflegebedürftig im Sinne von § 61 SGB XIII ist, gegenüber ihren Eltern wegen Leistungen der Eingliederungshilfe für behinderte Menschen und der Hilfe zur Pflege nur in Höhe von bis zu 26 € monatlich über.

Verpflichtungen anderer

4.3   Asylbewerberleistungsgesetz

Im Asylbewerberleistungsgesetz (AsylbLG) sind seit 1993 Leistungen zum Lebensunterhalt von Asylbewerbern und verschiedenen Personengruppen ohne gesicherten Aufenthaltsstatus geregelt (s. III-7.3.2). Diese Personen fallen aus dem Geltungsbereich von SGB II und SGB XII heraus und erhalten zunächst nur die deutlich niedrigeren Leistungen nach dem AsylbLG. Das Asylbewerberleistungsgesetz sollte im Rahmen einer umfassenden Neuregelung des Asylrechts (hierzu III-7.3) dazu beitragen, den Anreiz für Personen zu reduzieren, aus wirtschaftlichen Gründen in die Bundesrepublik einzureisen. Es wurde seit seinem Inkrafttreten durch zwei Gesetzesänderungen in den Jahren 1997 und 1998 verschärft.

Problematisch am AsylbLG ist in erster Linie, dass es Leistungen gewährt, die deutlich unterhalb derer des SGB II und SGB XII liegen. Diese Leistungsgesetze haben allerdings den Anspruch, das soziokulturelle Existenzminimum in unserer Gesellschaft sicherzustellen. Ein Leistungsniveau, das sich unterhalb des Standards des SGB XII bewegt, müsste somit unterhalb des soziokulturellen Existenzminimums liegen und könnte mit dem Grundsatz der Menschenwürde aus Art. 1 Abs. 1 GG und dem Gleichbehandlungsgrundsatz des Art. 3 Abs. 1 GG unvereinbar sein. Nach der Rechtsprechung ist das AsylbLG allerdings verfassungsgemäß. Laut OVG Lüneburg verbietet es das Grundgesetz nicht, das Existenzminimum von Personen, die sich nur vorübergehend in der Bundesrepublik aufhalten, geringer zu bemessen als das Existenzminimum von Hilfesuchenden, die auf Dauer im Inland ansässig sind (OVG Lüneburg NDV-RD 2001, 10 ff.). Das OVG NW lehnte sowohl unter dem Aspekt des Vertrauensschutzes als auch unter dem des Gleichbehandlungsgrundsatzes einen Verstoß gegen das Grundgesetz ab (OVG NW 22.02.2000 – 16 E 596/99).

Leistungsberechtigte
Der Kreis der Leistungsberechtigten ist in § 1 AsylbLG geregelt. Dies sind Ausländer, die sich tatsächlich im Bundesgebiet aufhalten und die eine Aufenthaltsgestattung nach dem Asylverfahrensgesetz besitzen, die über einen Flughafen einreisen wollen und denen die Einreise nicht oder noch nicht gestattet ist, die eine Aufenthaltserlaubnis nach § 23 Abs. 1 oder § 24 wegen des Krieges in ihrem Heimatland oder nach § 25 Abs. 4 Satz 1 oder Abs. 5 des Aufenthaltsgesetzes besitzen, die eine Duldung nach § 60a des Aufenthaltsgesetzes besitzen, solche, die vollziehbar ausreisepflichtig sind, auch wenn eine Abschiebungsandrohung noch nicht oder nicht mehr vollziehbar ist, die Ehegatten, Lebenspartner oder minderjährige Kinder der in den Nummern 1 bis 5 genannten Personen sind, ohne dass sie selbst die dort genannten Voraussetzungen erfüllen, oder die einen Folgeantrag nach § 71 des Asylverfahrensgesetzes oder einen Zweitantrag nach § 71a des Asylverfahrensgesetzes stellen. Sofern den genannten Personen ein anderer Aufenthaltstitel als die in Absatz 1 Nr. 3 bezeichnete Aufenthaltserlaubnis mit einer Gesamtgeltungsdauer von mehr als sechs Monaten erteilt worden ist, sind sie nach dem AsylbLG nicht leistungsberechtigt.

Sachleistungen
Nach § 3 AsylbLG ist das Sachleistungsprinzip vorherrschend. Der notwendige Bedarf an Ernährung, Unterkunft, Heizung, Kleidung, Gesundheits- und Körperpflege und Gebrauchs- und Verbrauchsgütern des Haushalts wird durch Sachleistungen gedeckt. Die Unterbringung erfolgt i. d. R. in Gemeinschaftsunterkünften. Daneben erhalten die Leistungsberechtigten einen Barbetrag für die persönlichen Bedürfnisse des täglichen Lebens, der für Personen unter 14 Jahren bei 20,45 € monatlich und bei Personen über 14 Jahren bei 40,90 € monatlich liegt. Erfolgt keine Unterbringung in einer Gemeinschaftsunterkunft, können anstelle von Sachleistungen auch Wertgutscheine oder Geld ausgegeben werden. Nach § 3 Abs. 2 AsylbLG wird deren Wert bemessen mit rund 184 € für den Haushaltsvorstand, rund 112,50 € für Haushaltsmitglieder bis zu einem Alter von sechs Jahren und anschließend 158,50 €.

medizinische Leistungen
§ 4 AsylbLG regelt Leistungen bei Krankheit, Schwangerschaft oder Geburt. Umfasst sind nur Leistungen zur Behandlung akuter Erkrankungen und Schmerzzustände. Eine Versorgung mit Zahnersatz ist nach § 4 Abs. 1 Satz 2 AsylbLG nur bei Unaufschiebbarkeit möglich.

sonstige Leistungen
Sonstige Leistungen können nach § 6 AsylbLG gewährt werden, wenn sie im Einzelfall zur Sicherung des Lebensunterhalts oder der Gesundheit unerlässlich, zur Deckung besonderer Bedürfnisse von Kindern geboten oder zur Erfüllung einer verwaltungsrechtlichen Mitwirkungspflicht erforderlich sind. Dies können etwa ergänzende Leistungen für kranke oder schwangere Personen sein, eine Ausstattung für den Schulbesuch, Passbeschaffungskosten oder notwendige Reisekosten (Birk in LPK-SGB XII AsylbLG § 6 Rz. 3 ff.).

Leistungseinschränkung
Die ohnehin schon nicht sehr umfangreichen Leistungen werden nach § 1a AsylbLG noch eingeschränkt für Personen, die sich in den Geltungsbereich

dieses Gesetzes begeben haben, um Leistungen nach diesem Gesetz zu erlangen, oder bei denen aus von ihnen zu vertretenden Gründen aufenthalts-
beendende Maßnahmen nicht vollzogen werden können. Dieser Personenkreis erhält Leistungen nach diesem Gesetz nur, soweit dies im Einzelfall
nach den Umständen unabweisbar geboten ist. Die Einschränkung betrifft
auch die Familie. Da spätestens auf dem Niveau der Leistungen nach §§ 3,
4 und 6 AsylbLG die untere Grenze des Existenzminimums erreicht sein
dürfte, kommt als Leistungskürzung i. d. R. nur die Streichung des persönlichen Barbetrags in Frage (Birk in LPK-SGB XII AsylbLG § 1a Rz. 8). Die
Kostenübernahme für eine Fahrkarte zur Rückreise in das Heimatland einschließlich Verpflegung ist nicht ausreichend (OVG BE FEVS 52, 190 ff.;
OVG HH FEVS 53, 160 ff.).

Nach § 5 AsylbLG sollen insbesondere zur Aufrechterhaltung und Be-
treibung von Gemeinschaftsunterkünften und ähnlichen Einrichtungen Arbeitsgelegenheiten für Leistungsberechtigte nach dem AsylbLG geschaffen
werden. Für die geleistete Arbeit ist eine Aufwandsentschädigung von 1,05
€ pro Stunde zu zahlen, die nach § 7 Abs. 2 AsylbLG nicht als Einkommen
angerechnet wird. Gemäß § 5 Abs. 4 AsylbLG sind arbeitsfähige, nicht erwerbstätige Leistungsberechtigte, die nicht mehr im schulpflichtigen Alter
sind, zur Wahrnehmung einer zur Verfügung gestellten Arbeitsgelegenheit
verpflichtet. Bei unbegründeter Ablehnung einer solchen Tätigkeit besteht
kein Anspruch auf Leistungen nach diesem Gesetz. Der Leistungsberechtigte ist vorher entsprechend zu belehren. Eine vollständige Streichung der
Leistungen wäre auch hier unter dem Aspekt des Existenzminimums, das
nach Art. 1 Abs. 1 GG zu sichern ist, unzulässig. Die Behörde hat jedenfalls
spätestens drei Monate nach Beginn einer vollständigen Streichung erneut
eine Entscheidung zu treffen (VG Göttingen 22.08.2003 – 2 B 308/03).

**Arbeitsgelegen-
heiten**

Verfügbares Einkommen und Vermögen sind nach § 7 AsylbLG aufzu-
brauchen, bevor Leistungen nach dem Gesetz gewährt werden. Kosten, die
im Rahmen einer Unterbringung in einer Gemeinschaftsunterkunft entstehen, sind von den Betroffenen zu erstatten. Einkommen aus Erwerbstätigkeit bleibt nach § 7 Abs. 2 AsylbLG in Höhe von 25% anrechnungsfrei.
Ansprüche eines Leistungsberechtigten gegen einen anderen können von
der zuständigen Behörde auf sich übergeleitet werden. Nach § 7a AsylbLG
kann von den Leistungsberechtigten eine Sicherheitsleistung verlangt werden, soweit Vermögen vorhanden ist.

Nach § 2 Abs. 1 AsylbLG erhalten Leistungsberechtigte, die über eine
Dauer von insgesamt 36 Monaten Leistungen nach § 3 AsylbLG erhalten
haben und die Dauer des Aufenthalts nicht rechtsmissbräuchlich selbst beeinflusst haben, Leistungen in entsprechender – also nicht unmittelbarer
– Anwendung des SGB XII. Abweichend von den §§ 3–7 AsylbLG ist das
Zwölfte Buch Sozialgesetzbuch auf diese Leistungsberechtigten somit entsprechend anzuwenden.

Rothkegel 2005b, Münder 2005d, Münder et al. 2005e

1. Was versteht man unter einer Bedarfsgemeinschaft, einer Einsatzgemeinschaft und einer Haushaltsgemeinschaft? (4.1.4, 4.1.7, 4.2.3)
2. Welche Möglichkeit gibt es nach dem SGB II oder dem SGB XII für eine Person über 65 Jahren, die Rente „aufzustocken", die für den Lebensunterhalt nicht ausreicht? (4.2.2)
3. Hat ein Empfänger von Arbeitslosengeld II, der in einem voll ausgestatteten Haushalt lebt, Anspruch auf einen neuen Kühlschrank, wenn sein Kühlschrank defekt ist? (4.1.6.1)
4. Findet bei einem Empfänger von Leistungen der Grundsicherung im Alter und bei Erwerbsminderung der Unterhaltsanspruch gegen seinen Sohn Berücksichtigung, wenn dessen jährliches Bruttoeinkommen bei 40.000 € liegt? (4.2.3)
5. Welche Folgen hat es, wenn ein Empfänger von Arbeitslosengeld II eine zumutbare Arbeitsgelegenheit ablehnt, die ihm von der ARGE angeboten wird? (4.1.8)
6. Unter welchen Voraussetzungen kann eine erwerbsfähige hilfebedürftige Person unter 25 Jahren, die noch bei ihren Eltern lebt, in eine eigene Wohnung umziehen? (4.1.6.1)
7. Was versteht man unter einem Sofortangebot? (4.1.5)
8. Kann ein Empfänger von Arbeitslosengeld II ergänzende Sozialhilfe zur Abdeckung seines laufenden Lebensunterhalts bekommen? (4.1.1)
9. Was sind sog. Optionskommunen? (4.1.3)
10. Welche bedürftigkeitsabhängige Sozialleistung bekommt ein Kind, das mit seiner erwerbsfähigen Mutter zusammenlebt, wenn der Lebensunterhalt nicht aus eigenen Mitteln gesichert werden kann? (4.1.6.2)
11. Welche bedürftigkeitsabhängige Sozialleistung zur Abdeckung des Lebensunterhalts bekommt eine Person, die vorübergehend voll erwerbsgemindert ist? (4.2.1)
12. Muss ein erwerbsfähiger Hilfebedürftiger seinen PKW verkaufen und den Erlös zunächst verbrauchen, bevor er Leistungen nach dem SGB II bekommt? (4.1.7)
13. Müssen die Regelsätze der Sozialhilfe in jedem Bundesland dieselbe Höhe haben? (4.2.1)
14. Wird Sozialhilfe auch für die Vergangenheit gezahlt, etwa damit Schulden des Hilfebedürftigen damit beglichen werden können? (4.2, 4.2.1)
15. Welche Leistungen erhält eine pflegebedürftige Person, die zwar in der Pflegeversicherung versichert ist, bei der der pflegerische Aufwand jedoch für die Eingruppierung in eine Pflegestufe nicht hoch genug ist? (4.2.4.3)
16. Müssen vor der Inanspruchnahme von Leistungen nach dem fünften bis neunten Kapitel SGB XII („Hilfen in besonderen Lebenslagen") zunächst Einkommen und Vermögen in vollem Umfang eingesetzt werden? (4.2.5)
17. Welche Folgen hat es für einen Empfänger von Arbeitslosengeld II, wenn die Miete für seine Wohnung unangemessen hoch ist? (4.1.6.1)
18. Können Eltern, die ihren Lebensunterhalt und den ihres Kindes gerade

noch aus eigenen Mitteln sichern können, die aber die Klassenfahrt ihres Kindes nicht bezahlen können, dafür Leistungen nach dem SGB II oder SGB XII bekommen? (4.1.6.1)

19. Sind Empfänger von Arbeitslosengeld II in der Regel rentenversichert? (4.1.6.1)

20. Muss ein 65-jähriger Hilfebedürftiger, der seinen Lebensunterhalt nicht aus seiner geringen Rente sichern kann, sein kleines schlicht ausgestattetes Einfamilienhaus verkaufen, bevor er bedürftigkeitsabhängige Sozialleistungen erhält? (4.2.3)

5 Sonstiges Sozialrecht (Tammen)

5.1   Leistungen für Familien
5.2   Ausbildungsförderung
5.3   Wohnzuschuss
5.4   Rehabilitation und Teilhabe behinderter Menschen

Das Sozialrecht ist ein umfangreiches Rechtsgebiet, das eine Fülle von Gesetzen enthält, die die unterschiedlichsten Lebensbereiche betreffen. An dieser Stelle soll ein kurzer Überblick über die Bereiche des Sozialrechts erfolgen, die von besonderer praktischer Relevanz für die Soziale Arbeit sind.

5.1   Leistungen für Familien

Von besonderer Bedeutung sind zunächst Sozialleistungen, die im Zusammenhang mit Kindern erbracht werden. Die Maßnahmen zur Unterstützung von Familien und Leistungen für Kinder sollen nicht zuletzt die Nachteile ausgleichen, die eine Entscheidung für ein Leben mit Kindern gegenüber einer Lebensplanung ohne Kinder haben kann.

Das Sozialrecht berücksichtigt in vielen Bereichen Familienstand und Kinder. So sind die Entgeltersatzleistungen an **Arbeitslose** mit Kindern höher als Personen ohne Kinder (vgl. III-2.5.3). In der gesetzlichen **Kranken-** und **Pflegeversicherung** sind Kinder als Familienangehörige eines Pflichtversicherten ohne eigene Beiträge familienversichert (vgl. III-2.1 und III-2.2). In der gesetzlichen **Rentenversicherung** werden Zeiten der Kindererziehung für die Rente angerechnet. In besonderer Weise unterstützen auch die Leistungen der **Kinder- und Jugendhilfe** Minderjährige und Familien (vgl. III-3).

Mutterschutz

Die Unterstützung beginnt durch die Regelungen des Mutterschutzes bereits vor der Geburt des Kindes. Alle Frauen, die in einem Arbeitsverhältnis stehen, genießen während der Schwangerschaft und im Anschluss an die Geburt einen besonderen Schutz. Für die werdende Mutter gelten im Rahmen des Mutterschutzgesetzes (MuSchG) zahlreiche **Schutzvorschriften**, die eine Gefährdung durch Beschäftigungen ausschließen, durch die Gesundheit oder Leben der Frau oder des ungeborenen Kindes beeinträchtigt werden könnten. Die Verpflichtung des Arbeitgebers zum Schutz der Mütter am Arbeitsplatz ergibt sich ergänzend aus der Mutterschutzrichtlinienverordnung vom 15.04.1997.

Darüber hinaus schützt das MuSchG die schwangere Frau und die Mutter grundsätzlich vor einer Kündigung ihres Arbeitsverhältnisses. Nach § 9 Abs. 1 MuSchG ist die **Kündigung** gegenüber einer Frau während der

Schwangerschaft und bis zum Ablauf von vier Monaten nach der Entbindung grundsätzlich unzulässig.

In den meisten Fällen umfasst der Mutterschutz auch den Schutz vor einer Minderung des Einkommens. Für den Fall eines Beschäftigungsverbots aus schwangerschaftsbedingten Gründen erhält die werdende Mutter ihren bisherigen Durchschnittsverdienst (Mutterschutzlohn, § 11 MuschG).

Die **Mutterschutzfrist** beginnt im Regelfall sechs Wochen vor dem berechneten Geburtstermin und endet acht Wochen, bei Frühgeburten und Mehrlingsgeburten zwölf Wochen nach der Entbindung (§§ 3, 6 MuSchG). Während dieser Zeit gilt ein Beschäftigungsverbot für die Frau. Während der sechs Wochen vor der Entbindung kann sie allerdings ihrer Tätigkeit auf eigenen Wunsch weiterhin nachgehen. Bei Frühgeburten verlängert sich die Mutterschutzfrist nach der Geburt um die Tage, die vor der Entbindung nicht in Anspruch genommen werden konnten. Während der Mutterschutzfristen vor und nach der Geburt und für den Entbindungstag erhält die Frau **Mutterschaftsgeld** von der Krankenkasse und einen Arbeitgeberzuschuss (§ 14 MuSchG). Kleinbetriebe erhalten im Mutterschaftsfall von der gesetzlichen Krankenkasse 100% der wesentlichen Arbeitgeberkosten erstattet.

Nach der Geburt des Kindes besteht in aller Regel ein Anspruch auf Kindergeld. Für den weitaus größten Teil der Bevölkerung wird das Kindergeld auf der Grundlage des Zehnten Abschnitts des Einkommensteuergesetzes (§§ 62 ff. EStG) gezahlt. Voraussetzung für einen Anspruch auf Kindergeld ist, dass der Berechtigte in der Bundesrepublik unbeschränkt steuerpflichtig ist. Daneben berücksichtigt das Steuerrecht besondere Belastung durch Kinder in zusätzlichen Einzelregelungen. Das Kindergeld wird grundsätzlich nicht an das Kind selbst, sondern für das Kind an einen sog. Kindergeldberechtigten gezahlt. Dies ist in der Regel ein Elternteil, bei dem das Kind lebt. Eine Ausnahme gilt für Vollwaisen und für Kinder, die den Aufenthalt ihrer Eltern nicht kennen und für die keine andere Person Kindergeld erhält. Für die Gewährung von Kindergeld können neben den eigenen Kindern auch Stiefkinder, Enkel und Pflegekinder berücksichtigt werden.

Die **Höhe** des Kindergeldes beträgt monatlich für das erste, zweite und dritte Kind jeweils 154 € und für das vierte und jedes weitere Kind je 179 € (Stand 2007). Das älteste Kind ist jeweils das erste, jedoch werden nur die Kinder mitgezählt, für die Kindergeld gewährt wird (sog. Zählkinder). Dabei muss das Kindergeld nicht an denselben Berechtigten gezahlt werden. Außerdem werden auch Kinder berücksichtigt, für die kindergeldähnliche Leistungen erbracht werden. Wird für das erste Kind wegen Erreichens der Altersgrenze kein Kindergeld mehr gezahlt, rücken die anderen Kinder auf. Dadurch vermindert sich z.B. das Kindergeld für das vierte Kind, das nun zum dritten Kind wird.

Das Kindergeld wird nur bis zum Erreichen bestimmter **Altersgrenzen** des Kindes gezahlt (§ 32 EStG). Ohne besondere Voraussetzungen erfolgt die Leistung bis zur Vollendung des 18. Lebensjahrs. Vom vollendeten 18. bis

Kindergeld

zum vollendeten 21. Lebensjahr wird ein Kind berücksichtigt, das nicht in einem Beschäftigungsverhältnis steht und bei der Agentur für Arbeit als arbeitsuchend gemeldet ist. Bis zur Vollendung des 25. Lebensjahrs wird Kindergeld im Wesentlichen dann geleistet, wenn das Kind sich in Ausbildung befindet, keinen Ausbildungsplatz findet oder ein freiwilliges soziales oder ökologisches Jahr absolviert. Die Altersgrenze erhöht sich ggf. um die Zeit eines Wehr- oder Zivildienstes. Das Kindergeld wird jedoch nach Vollendung des 18. Lebensjahrs nur dann gezahlt, wenn das Kind keine höheren Einkünfte als 7.680 € im Jahr hat.

Kinderzuschlag

Während das Kindergeld einkommensunabhängig erbracht wird, kommt nach § 6a Bundeskindergeldgesetz (BKGG) mit dem Kinderzuschlag auch eine einkommensabhängige Leistung in Frage. Die Leistung richtet sich an Personen, die zwar ihren eigenen Lebensunterhalt aus eigenen Kräften und Mitteln bestreiten können, nicht aber den ihrer Kinder. Durch den Zuschlag soll verhindert werden, dass die Familie allein wegen der Kinder auf Leistungen nach dem SGB II oder SGB XII angewiesen ist. Der Kinderzuschlag wird für Kinder bis zur Vollendung des 18. Lebensjahrs gezahlt und ist auf 36 Monate befristet. Er beträgt für jedes zu berücksichtigende Kind maximal 140 € monatlich (Stand 2007).

Elterngeld

Unmittelbar nach der Geburt des Kindes entsteht auch ein Anspruch auf Elterngeld nach dem Bundeselterngeld- und Elternzeitgesetz (BEEG), das zum 01.01.2007 das bis dahin zu leistende Erziehungsgeld abgelöst hat.

Elterngeld ist eine Familienleistung für alle Eltern, die sich in den ersten 14 Lebensmonaten eines Kindes vorrangig selbst der Betreuung des Kindes widmen und daher nicht voll erwerbstätig sind. Teilzeitarbeit bis zu 30 Stunden in der Woche ist allerdings möglich. Elterngeld gibt es für Erwerbstätige, Beamte, Selbstständige und erwerbslose Elternteile, Studierende und Auszubildende sowie Adoptiveltern. In Ausnahmefällen können es auch Verwandte bis zum dritten Grad erhalten, die Zeit für die Betreuung eines neugeborenen Kindes investieren.

Die **Höhe** des Elterngeldes richtet sich grundsätzlich nach dem bisherigen Erwerbseinkommen des Anspruchsberechtigten (§ 2 BBEG). Die Elterngeldleistung beträgt 67% des Nettoeinkommens, höchstens allerdings 1.800 € (67% von maximal 2.700 €, die als Einkommen berücksichtigt werden). Für das acht Wochen lang gewährte Mutterschaftsgeld einschließlich des Arbeitgeberzuschusses werden jedoch zwei Monate der Elterngeldleistung für die Mutter angerechnet, da beide Leistungen den gleichen Zweck verfolgen (§ 3 BBEG). Für Geringverdiener gibt es ein erhöhtes Elterngeld, um den Arbeitsanreiz zu erhalten. Mehrkindfamilien erhalten zudem einen Geschwisterbonus in Höhe von 10% des Elterngeldes, mindestens aber 75 € im Monat. Auch bei Mehrlingsgeburten erhöht sich das Elterngeld. Alle berechtigten Personen haben einen Anspruch auf mindestens 300 €. Dieser Satz kommt zum Tragen, wenn der Berechtigte vor der Geburt des Kindes nicht über Erwerbseinkommen verfügt hat. Das Elterngeld wird in Höhe dieses Mindestbetrags nicht als Einkommen bei bedürftigkeitsabhängigen Sozialleistungen berücksichtigt (vgl. III-4.1.7, III-4.2.3).

Die **Dauer** der Elterngeldleistung beträgt mindestens zwölf Monate nach der Geburt des Kindes. Sind zwei Eltern für die Betreuung des Kindes vorhanden, kann ein Elternteil für höchstens zwölf Monate Elterngeld beantragen. Zwei zusätzliche Monate stehen dem anderen Elternteil des Kindes zu, wenn für zwei Monate zu Gunsten der Betreuung des Kindes auf Erwerbstätigkeit ganz oder teilweise verzichtet wird (§ 4 BBEG). Das Elterngeld kann bei gleichem Budget auf die doppelte Anzahl der Monate verteilt werden. Dann kann für 24 bzw. 28 Monate jeweils der halbe Betrag bezogen werden (§ 6 BBEG).

Arbeitnehmerinnen und Arbeitnehmer haben nach dem BBEG zudem einen Anspruch auf Elternzeit bis zur Vollendung des dritten Lebensjahrs des Kindes, während derer sie ihre **Erwerbstätigkeit einstellen** oder **reduzieren** können (§ 15 BBEG). Der Arbeitgeber muss dem Wunsch im Regelfall entsprechen. Von dem Zeitpunkt, an dem der Elternteil die Elternzeit bei dem Arbeitgeber verlangt hat, bis zum Ende der Elternzeit gilt ein besonderer **Kündigungsschutz** (§§ 18 f. BBEG).

Elternzeit

Eine weitere wichtige Sozialleistung für Personen mit Kindern ist der Unterhaltsvorschuss nach dem Unterhaltsvorschussgesetz (UhVorschG). Die Leistungen sollen die Belastungen eines Elternteils ausgleichen, bei dem das Kind lebt, wenn von dem anderen Elternteil kein regelmäßiger Unterhalt für das Kind geleistet wird (§ 1 Abs. 1 Nr. 3 UhVorschG). Der berechtigte Elternteil muss ledig, verwitwet oder geschieden sein oder von seinem Ehegatten dauernd getrennt leben. Nach § 1 Abs. 3 UhVorschG besteht kein Anspruch, wenn der Elternteil, bei dem das Kind lebt, mit dem anderen Elternteil zusammenlebt oder sich weigert, die Auskünfte, die zur Durchführung des Gesetzes erforderlich sind, zu erteilen oder bei der Feststellung der Vaterschaft oder des Aufenthalts des anderen Elternteils mitzuwirken. Der Unterhaltsvorschuss wird nur an Kinder unter zwölf Jahren geleistet.

Unterhaltsvorschuss

Der Unterhaltsvorschuss wird nach § 2 Abs. 1 UhVorschG in **Höhe** der für Kinder der ersten und zweiten Altersstufe jeweils geltenden Regelbeträge (§ 1 oder 2 der Regelbetrag-Verordnung) gezahlt. Dies sind aktuell (2007) für Kinder bis zur Vollendung des sechsten Lebensjahrs 127 € und für ältere Kinder 170 €. Das Kindergeld wird allerdings nach Absatz 2 zur Hälfte angerechnet und Unterhaltsleistungen sowie Waisenbezüge des Kindes werden nach Absatz 3 in vollem Umfang angerechnet. Die **Dauer** der Leistung beträgt nach § 3 UhVorschG maximal sechs Jahre.

Da sich die Leistung als Unterhalts*vorschuss* versteht, geht nach § 7 UhVorschG der Unterhaltsanspruch des Kindes gegen seinen abwesenden Elternteil auf das Land über, so dass dieses versuchen kann, die geleisteten Beträge von dem ursprünglich Verpflichteten zurückzubekommen. Für den Unterhaltsvorschuss sind die Jugendämter zuständig.

5.2   Ausbildungsförderung

Neben den Leistungen für Familien ist die Ausbildungsförderung ein weiterer Bereich des Sozialrechts von hoher praktischer Relevanz.

Die Förderung der beruflichen Aus- und Weiterbildung ist in erster Linie in den §§ 59 ff. und 77 ff. SGB III geregelt. Hier ist die Berufsausbildungsbeihilfe (§ 59 SGB III) von besonderer Bedeutung.

BAföG

Die Ausbildung an **Schulen und Hochschulen** ist im Bundesausbildungsförderungsgesetz (BAföG) geregelt. Die Regelungen sind in erster Linie für Studierende von Interesse – in den wenigsten Fällen in einer Rolle als Klienten der Sozialen Arbeit. Diese Darstellung möchte lediglich einen allgemeinen Überblick vermitteln und kann nicht auf die differenzierten Einzelheiten dieses Rechtsgebietes eingehen und die konkreten Einzelfragen der Betroffenen beantworten.

Ziel des BAföG ist es, jedem jungen Menschen die Möglichkeit zu geben, unabhängig von seiner sozialen und wirtschaftlichen Lage eine Ausbildung zu absolvieren, die seinen Fähigkeiten und Interessen entspricht. Eine qualifizierte Ausbildung soll nicht an fehlenden finanziellen Mitteln des Auszubildenden selbst bzw. seiner Eltern oder seines Ehegatten scheitern. Die Förderung setzt zunächst voraus, dass eine **förderungsfähige Ausbildung** absolviert wird (§§ 2, 3 BAföG). Umfasst sind nach § 2 BAföG Schulen und Hochschulen. Förderungsfähig ist nach § 7 BAföG grundsätzlich nur die Erstausbildung. Ein Fachrichtungswechsel wird nach § 7 Abs. 3 BAföG nur unter sehr engen Voraussetzungen gefördert. Zudem wird die Ausbildungsförderung grundsätzlich nur dann geleistet, wenn die betreffende Person bei Beginn des Ausbildungsabschnitts das 30. Lebensjahr noch nicht vollendet hat. Die **Förderungshöchstdauer** richtet sich nach § 15a BAföG grundsätzlich nach der Regelstudienzeit. Studierende an Hochschulen, die sich in einem in sich selbstständigen Studiengang befinden, können nach § 15 Abs. 3a BAföG nach Überschreiten der Förderungshöchstdauer für maximal zwölf Monate Hilfe zum Studienabschluss erhalten, wenn sie innerhalb von vier Semestern nach Überschreiten der Förderungshöchstdauer zur Prüfung zugelassen werden und die Ausbildungsstätte bescheinigt, dass die Ausbildung innerhalb der Dauer der Abschlusshilfe abgeschlossen werden kann. Die Hilfe zum Studienabschluss wird in Form von Bankdarlehen gewährt.

Die Leistung ist bedürftigkeitsabhängig, d. h., sie ist abhängig vom **Einkommen und Vermögen** des Auszubildenden selbst, seines Ehe- oder Lebenspartners und seiner Eltern (§§ 21 ff. BAföG). Das Einkommen wird allerdings nicht in vollem Umfang angerechnet, sondern es gibt Freibeträge, die sich aus den §§ 23, 25 BAföG ergeben. Als Leistung kommen Zuschüsse in Frage, die nicht zurückgezahlt werden müssen, oder Darlehen, die grundsätzlich nicht zu verzinslichen sind (§ 18 Abs. 2 BAföG). Beim Besuch von Hochschulen, Akademien und höheren Fachschulen wird der monatliche Betrag nach § 17 BAföG zur Hälfte als Darlehen erbracht. Die Rückzahlung ist nach § 18a BAföG einkommensabhängig. Der Darlehensnehmer ist von der Rückzahlungspflicht auf Antrag freizustellen, wenn bzw. solange sein

Einkommen bestimmte Grenzen nicht übersteigt. Bei einer allein stehenden Person liegt die Grenze bei 960 € monatlich (Stand 2007). Ein Teilerlass des Darlehens kommt in Frage, wenn das Studium vorzeitig abgeschlossen wird, ein überdurchschnittliches Ergebnis erzielt wird, oder eine vorzeitige Tilgung erfolgt (§§ 18 Abs. 5b, 18b BAföG).

http://www.bafoeg.bmbf.de/

5.3   Wohnzuschuss

Viele Menschen benötigen Zuschüsse zu ihren Wohnungskosten. Die Empfänger von Leistungen zur Abdeckung des Lebensunterhalts nach dem SGB II und SGB XII erhalten die Unterkunftskosten in der tatsächlichen Höhe als Bestandteil ihrer Leistung (vgl. III-4.1.6, III 4.2.1 und III-4.2.2). Für sonstige Personen gewährt das Wohngeldgesetz (WoGG) Zuschüsse zur Miete   **Wohngeldgesetz** oder zu vergleichbaren Aufwendungen. In Frage kommen Mietzuschüsse (§ 3 Abs. 2 Nr. 1 WoGG) und Lastenzuschüsse für Eigentümer eines Eigenheims oder einer Eigentumswohnung (§ 3 Abs. 3 Nr. 1 WoGG).

Auch das Wohngeld ist eine **bedürftigkeitsabhängige** Sozialleistung. Voraussetzung für die Förderung ist nach §§ 5 ff. WoGG, dass angesichts der Höhe der Miete bzw. anderweitigen Belastung und der Anzahl der Familienmitglieder Bedürftigkeit besteht, das vorhandene Einkommen also nicht hoch genug ist. § 8 WoGG legt Höchstbeträge für Mieten und Belastungen fest, bis zu denen die Kosten Berücksichtigung finden. Sie sind abhängig von der Zahl der Familienmitglieder und von der Mietstufe der Gemeinde, in der sich die Wohnung befindet. Die **Höhe** der Leistung lässt sich anhand von § 2 WoGG i. V. m. den Anlagen 1 bis 7 zum WoGG berechnen.

§ 18 WoGG nennt verschiedene Ausschlussgründe für die Gewährung von Wohngeld. So kommt der Bezug von Wohngeld z. B. nach § 18 Nr. 1 WoGG nicht in Betracht, wenn für die wirtschaftliche Sicherung des Wohnraums bereits andere, vergleichbare Leistungen aus öffentlichen Haushalten erbracht werden. Nach § 18 Nr. 4 WoGG dürfen zudem Personen, die mit anderen, die keine Familienmitglieder im Sinne des § 4 WoGG sind, eine Wohn- und Wirtschaftsgemeinschaft führen, nicht besser gestellt werden, als sie dies im Rahmen eines Familienhaushalts entsprechender Größe wären. Dabei wird das Bestehen einer Wirtschaftsgemeinschaft vermutet, wenn der Antragsberechtigte und die Personen Wohnraum gemeinsam bewohnen.

5.4   Rehabilitation und Teilhabe behinderter Menschen

Von erheblicher Bedeutung sind auch die Regelungen zur Rehabilitation und Teilhabe behinderter Menschen. Es handelt sich um eine besonders komplexe Materie, die hier ebenfalls nur in den Grundzügen umrissen werden soll.

SGB IX

Spezielle Leistungen für behinderte Menschen werden von mehreren Trägern aufgrund verschiedener Spezialgesetze erbracht. Das SGB IX – Rehabilitation und Teilhabe behinderter Menschen – das zum 01.07.2001 in Kraft getreten ist, enthält nicht etwa umfassend das Leistungsrecht für diesen Personenkreis, sondern hat lediglich die Funktion, die besonderen sozialrechtlichen Regelungen zugunsten behinderter und von Behinderung bedrohter Menschen sinnvoll zu ordnen und zu koordinieren und Verfahrensregelungen in gewissem Rahmen zu vereinheitlichen. Zudem enthält das SGB IX verschiedene **Grundsätze**, die für den gesamten Bereich der Eingliederung behinderter Menschen gelten, so etwa in § 3 SGB IX den Grundsatz „Prävention vor Rehabilitation", in § 8 SGB IX „Integration statt Kompensation", in § 19 Abs. 2 SGB IX den Vorrang ambulanter vor stationären Leistungen und in §§ 9 und 17 SGB IX das Prinzip der Individualisierung und Eigenverantwortung. Darüber hinaus räumt § 17 SGB IX die Möglichkeit ein, Leistungen in Form eines **persönlichen Budgets** zu erbringen (vgl. III-4.2.4.2).

Nach § 1 SGB IX erhalten behinderte oder von Behinderung bedrohte Menschen Leistungen nach diesem Buch und den für die Rehabilitationsträger geltenden Leistungsgesetzen, um ihre Selbstbestimmung und gleichberechtigte Teilhabe am Leben in der Gesellschaft zu fördern sowie Benachteiligungen zu vermeiden oder ihnen entgegenzuwirken. Dabei wird den besonderen Bedürfnissen behinderter und von Behinderung bedrohter Frauen und Kinder Rechnung getragen.

Behinderung

Der Begriff „Behinderung" wird in § 2 SGB IX definiert. „Behindert" sind danach Menschen, wenn ihre körperliche Funktion, geistige Fähigkeit oder seelische Gesundheit mit hoher Wahrscheinlichkeit länger als sechs Monate von dem für das Lebensalter typischen Zustand abweichen und daher ihre Teilhabe am Leben in der Gesellschaft beeinträchtigt ist (zum Begriff und der Feststellung einer Behinderung vgl. III-4.2.4.2). Diese Definition wird in den speziellen Leistungsgesetzen ebenfalls herangezogen, allerdings wird dort teilweise nur im Fall einer wesentlichen Behinderung ein Anspruch ausgelöst oder der Anspruch beschränkt sich auf Personen mit einer bestimmten Art von Behinderung, wie etwa das Kinder- und Jugendhilferecht, das in § 35a SGB VIII nur einen Anspruch für seelisch behinderte Kinder- und Jugendliche enthält (vgl. III-3.3.4.2).

In § 6 SGB IX werden die **Rehabilitationsträger** für spezielle Leistungen an behinderte oder von einer Behinderung bedrohte Menschen aufgeführt. Im Einzelnen sind dies die gesetzlichen Krankenkassen, die Bundesagentur für Arbeit, die Träger der gesetzlichen Unfallversicherung, die Träger der gesetzlichen Rentenversicherung, die Träger der Kriegsopferfürsorge, die Träger der öffentlichen Jugendhilfe und die Träger der Sozialhilfe. Zur Teilhabe werden Leistungen zur medizinischen Rehabilitation, zur Teilhabe am Arbeitsleben, unterhaltssichernde und andere ergänzende Leistungen und Leistungen zur Teilhabe am Leben in der Gemeinschaft erbracht (§ 5 SGB IX). Nicht jeder der genannten Rehabilitationsträger erbringt alle Formen dieser Eingliederungsleistungen, sondern jeder Träger erbringt nur die Leistungen, die in sein spezifisches Aufgabenspektrum fallen. Die Voraussetzungen und Inhalte der Leistungen richten sich nach den jeweiligen speziellen Leistungsgesetzen für die einzelnen Träger.

Aufgrund der Vielzahl der zuständigen Träger kommt es oftmals zu Zuständigkeitsproblemen. Hier erfüllt § 14 SGB IX, der das Verfahren zur **Zuständigkeitsklärung** unter Vorgabe verbindlicher Fristen regelt, eine wichtige Funktion. Damit soll sichergestellt werden, dass die Abgrenzungsschwierigkeiten zwischen einzelnen Bedarfen und Leistungsarten nicht zulasten der Betroffenen gehen. Damit die Betroffenen eine einheitliche Stelle haben, an die sie sich mit ihren Belangen wenden können, und nicht alle in Frage kommenden Träger aufsuchen müssen, schreiben die §§ 22 f. SGB IX vor, dass **gemeinsame Servicestellen** der Rehabilitationsträger in allen Landkreisen und kreisfreien Städten einzurichten sind. Diese haben umfangreiche Informations- und Beratungspflichten und haben auch inhaltlich an der Entscheidung über die Leistung mitzuwirken. Besondere Beratungspflichten haben daneben vor allem Ärzte und Sozialämter. Von zentraler Bedeutung ist zudem die **Koordination** zwischen den verschiedenen Trägern, die für einen behinderten oder von Behinderung bedrohten Menschen Leistungen erbringen. Zu diesem Zweck enthält das SGB IX mehrere Regelungen, die sicherstellen sollen, dass die Leistungen nicht „aneinander vorbei" gewährt werden. In diesem Zusammenhang sind insbesondere die Vorschriften der §§ 10–13 SGB IX relevant.

Die besonderen Belange schwerbehinderter Menschen werden im Teil 2 des SGB IX geregelt. Vor Inkrafttreten des SGB IX war hierfür das Schwerbehindertengesetz einschlägig, das aufgehoben und inhaltlich in das SGB IX integriert wurde. **Schwerbehindertenrecht**

Menschen sind im Sinne des SGB IX schwerbehindert, wenn der Grad ihrer Behinderung (GdB) wenigstens 50% beträgt, sie in der Bundesrepublik wohnen, hier ihren gewöhnlichen Aufenthalt haben oder hier beschäftigt sind. Der Teil 2 des SGB IX enthält ein weites Spektrum von Hilfen, die verschiedene Lebensbereiche betreffen. Auf dem Gebiet des **Arbeitsrechts** ist es z. B. der besondere Kündigungsschutz behinderter Menschen nach §§ 85 ff. SGB IX, der Zusatzurlaub nach § 125 SGB IX und die Regelungen zur Schwerbehindertenvertretung nach §§ 93 ff. SGB IX. Darüber hinaus sind insbesondere Regelungen zur unentgeltlichen Beförderung schwerbehinderter Menschen im **öffentlichen Personenverkehr** in den §§ 145 ff. SGB IX enthalten sowie Vorschriften über Integrationsprojekte (§§ 132 ff. SGB IX) und Werkstätten für behinderte Menschen (§§ 136 ff. SGB IX).

Kokemoor 2006, Bundesministerium für Gesundheit und Soziale Sicherung 2005

1. Kann das Arbeitsverhältnis einer schwangeren Frau durch den Arbeitgeber gekündigt werden? (5.1)
2. Bis zu welcher Altersgrenze kann Kindergeld längstens gewährt werden? (5.1)
3. Unter welcher Voraussetzung wird das volle Elterngeld für einen Zeitraum von 14 Monaten geleistet? (5.1)
4. Wonach richtet sich die Höhe des Unterhaltsvorschusses? (5.1)
5. Wessen Einkommen wird bei der Frage berücksichtigt, ob ein Student Ausbildungsförderung nach dem BAföG erhält? (5.2)
6. Kann ein Empfänger von Arbeitslosengeld II zusätzlich Wohngeld nach dem Wohngeldgesetz beanspruchen? (5.3)
7. Welches sind die Rehabilitationsträger im Rahmen der Leistungen zur Teilhabe behinderter Menschen? (5.4)

6 Jugendschutzrecht (Tammen/Trenczek)

Aufgabe des Jugendschutzes ist es, Minderjährige vor Gefahren für ihr **Ziele** Wohl zu schützen und vor Schädigungen zu bewahren. Das System des Jugendschutzes lässt sich dabei in drei Teilbereiche gliedern, den sog. erzieherischen, den gesetzlichen sowie den medizinischen Jugendschutz (siehe Übersicht 44). Parallel zum sog. erzieherischen Jugendschutz im Kinder- und Jugendhilferecht (insbesondere § 14 SGB VIII) setzt der sog. gesetzliche Jugendschutz nach dem JuSchG im Hinblick auf die Erziehung junger Menschen zu eigenverantwortlichen und gemeinschaftsfähigen Persönlichkeiten in erster Linie auf die Stärkung der Kompetenz von Kindern und Jugendlichen, kritisch mit Angeboten und möglichen Gefährdungen umzugehen. Allerdings beschränkt er sich nicht darauf, sondern enthält auch Instrumentarien, um belastende Einflüsse aus dem Erziehungsprozess fernzuhalten, soweit dies erforderlich ist. Zum gesetzlichen Jugendschutz zählen auch die Regelungen des Arbeitsschutzes (JArbSchG) sowie die strafrechtlichen Bestimmungen zum Schutz von Minderjährigen (hierzu vgl. IV-2.3.2).

Am 01.04.2003 ist das derzeitige JuSchG in Kraft getreten, das sowohl **Inhalte des** das frühere Gesetz zum Schutz der Jugend in der Öffentlichkeit (JSchÖG) **Jugendschutzes** als auch das Gesetz über die Verbreitung jugendgefährdender Schriften und Medieninhalte (GjS) ersetzt und beide Regelungsinhalte in sich vereinigt.

Mit dem neugefassten Gesetz soll der Schutz von Kindern und Jugend- **Schutz der Jugend** lichen vor Gefahren und schädlichen Einflüssen in der Öffentlichkeit den **in der Öffentlichkeit** gesellschaftlichen Veränderungen angepasst und dadurch verbessert werden. Bezüglich der Freizeitaktivitäten von Kindern und Jugendlichen wur-

Übersicht 44: System des Jugendschutzes

Jugendschutz				
Erzieherischer Jugendschutz		**Gesetzlicher Jugendschutz**		**Medizinischer Jugendschutz**
Schutz gegen potenzielle Gefahren, soll		Abwendung konkreter Gefahren, z. B.		Gesundheitsvorsorge
▪ Kinder stark machen, damit sie sich selbst schützen können ▪ Eltern besser befähigen, ihre Kinder vor gefährdenden Einflüssen zu schützen		▪ Aufenthalt an jugendgefährdenden Orten ▪ Umgang mit (jugendgefährdenden) Medien ▪ Konsum von Drogen		
primär-präventiv insbesondere	*sekundär-präventiv*	*nach dem SGB VIII*	*nach anderen Gesetzen*	*insbesondere*
▪ Maßnahmen zur Förderung der Familie ▪ Jugendarbeit ▪ Jugendsozial-arbeit	Aufklärungspro-gramme über Gefahren von ▪ Drogen, Alkohol ▪ Jugendsekten	▪ Inobhutnahme, 42 SGB VIII ▪ Pflegekinder-schutz, §§ 43 f. SGB VIII ▪ „Heimaufsicht", §§ 45 ff. SGB VII	▪ Jugendarbeits-schutz ▪ JuSchG (Jugendschutz in der Öffent-lichkeit), ▪ Medienschutz ▪ Strafrechts-schutz, z. B. 174 ff. StGB	▪ pränatale Diagnostik ▪ Mutterschutz ▪ Vorsorgeunter-suchungen ▪ Sportförderung
Adressaten: junge Menschen und ihre Personensorgeberechtigten; Eltern, Mütter, Väter, Erziehungsberechtigte (vgl. z. B. §§ 6 und 7 SGB VIII)		Adressaten: ▪ junge Men-schen und ihre Eltern ▪ Einrichtungen der Jugendhilfe	Adressaten: ▪ Gewerbetrei-bende ▪ Anbieter von Leistungen und Konsumartikeln ▪ aufsichtspflich-tige Personen	
Verantwortlich: öffentliche und freie Jugendhilfe		Verantwortlich: Jugendamt	Verantwortlich: Polizei, Gewerbeauf-sicht und Jugendamt (vgl. z. B. § 20 Thür. AGKJHG)	Verantwortlich: Gesundheitsbe-hörden
Mittel: ▪ Hilfen, Förde-rung, Angebote ▪ Streetwork ▪ Informations-, Öffentlichkeits-arbeit	Mittel: ▪ Streetwork ▪ Informations-, Öffentlich-keitsarbeit		Mittel: ▪ Verbot ▪ Sanktionen ▪ Entfernung ▪ Beschlagnahme	
Neben den allgemeinen Jugendschutz tritt der besondere Jugendschutz mit spezifischen Förderungs-maßnahmen für besonders gefährdete Gruppen (z. B. Ausländer, Kinder in sozialen Brennpunkten, Behinderte, Arbeitslose).				

den jedoch kaum Änderungen gegenüber dem früheren Gesetz zum Schutz der Jugend in der Öffentlichkeit vorgenommen. Die neuen gesetzlichen Regelungen berücksichtigen vor allem die technischen und inhaltlichen Veränderungen und Entwicklungen des Medienbereichs innerhalb der letzten Jahre, etwa in Bezug auf Computerspiele und auf das Internet. Begleitend zu dem JuSchG wurde ein Jugendmedienschutz–Staatsvertrag der Bundesländer abgeschlossen, der den Jugendschutz im Fernsehen und in den Telemedien regelt. Zuständig dafür sind die Länder bzw. die Kommission für Jugendmedienschutz (KJM). **Jugendmedienschutz**

Das JuSchG beschreibt Aktivitäten, die Kinder und Jugendliche vornehmlich in ihrer Freizeit betreiben und die potentielle Gefährdungen mit sich bringen. Es richtet deshalb Anweisungen und Verbote an **Gewerbetreibende** und **Veranstalter**, um zu verhindern, dass diese ihre wirtschaftlichen Interessen über den Schutz von Kindern und Jugendlichen stellen. Um den Regelungen Nachdruck zu verleihen, ermöglicht das Gesetz Sanktionen gegenüber den Verantwortlichen: Zuwiderhandlungen gegen die gesetzlichen Verbote des JuSchG sind Straftaten oder Ordnungswidrigkeiten. Ordnungswidrigkeiten können mit einem Ordnungsgeld von bis zu 50.000 € geahndet werden. Für Eltern, Lehrer, Erzieher und andere pädagogisch Verantwortliche setzt das JuSchG einen normativen Rahmen zur **Orientierung** und Unterstützung ihres **pädagogischen Handelns**. Die Regelungen des JuSchG sind deshalb im Rahmen der Schul- und Jugendhilfeeinrichtungen öffentlicher wie freier Träger zu beachten. Nur soweit diesen Personen die Personensorge übertragen wurde, dürfen sie als Vormünder bzw. Pfleger ggf. eigene Regelungen treffen. Im Übrigen werden auch sie durch das Gesetz teilweise mit Verboten und möglichen Sanktionen belegt (s. u. III-6.3). Kinder und Jugendliche werden im Rahmen des Gesetzes jedoch nicht bestraft. **Adressaten des Gesetzes**

Das Gesetz differenziert zwischen drei geschützten Altersgruppen. Dem stärksten Schutz unterliegen Kinder unter 14 Jahren. Die nächste Altersgruppe umfasst Jugendliche im Alter von 14 bis 16 Jahren und die dritte Gruppe beinhaltet Jugendliche von 16 Jahren bis zum Eintritt der Volljährigkeit. Der Schutz dieser Altersgruppen ist in den einzelnen vom Gesetz benannten Gefährdungsbereichen unterschiedlich. Zudem enthält das Gesetz differenzierte Regelungen, je nachdem, ob der Minderjährige sich in Begleitung der Erziehungsberechtigten (vgl. § 7 Abs. 1 Nr. 6 SGB VIII) oder einer sog. erziehungsbeauftragten Person befindet oder nicht. Erziehungsbeauftragt in diesem Sinne kann jede Person über 18 Jahren sein, soweit sie zumindest zeitweise aufgrund einer Vereinbarung mit den Personensorgeberechtigten (i. d. R. den Eltern) Erziehungsaufgaben wahrnimmt oder soweit sie den Minderjährigen im Rahmen der Ausbildung oder der Jugendhilfe betreut. Erforderlich ist allerdings, dass diese Person auch tatsächlich in der Lage und bereit ist, die Aufsichtspflicht wahrzunehmen, d. h. sie muss stets anwesend sein, auf die Einhaltung der sonstigen Jugendschutzbestimmungen (z. B. im Hinblick auf Rauchen und Alkohol) achten und sich im Konfliktfall auch mit der nötigen Autorität durchsetzen können. Während älteren Geschwistern eine solche Autorität zugebilligt wird, ist es umstritten, **geschützte Altersgruppen** **erziehungsbeauftragte Person**

ob ein volljähriger Freund oder eine volljährige Freundin erziehungsbeauftragte Person sein kann. Neben den im Grundsatz geltenden Vorschriften
sind an vielen Stellen Ausnahmen geregelt.

6.1   Jugendschutz in der Öffentlichkeit

**Gefährdungsbe-
reiche**

Im ersten Abschnitt des JuSchG sind die Vorschriften zusammengefasst, die
von Gewerbetreibenden und Veranstaltern sowie von den zuständigen Ju-
gendbehörden, der Gewerbeaufsicht und der Polizei zu beachten sind, wenn
Kinder und Jugendliche sich in der Öffentlichkeit aufhalten. Der Begriff
„Öffentlichkeit" meint dabei alle allgemein zugänglichen Orte und Plätze.
In diesem Zusammenhang trifft das Gesetz Regelungen zu Gaststätten,
Tanzveranstaltungen, Spielhallen und Glücksspielen, jugendgefährdenden
Veranstaltungen und Orten, alkoholischen Getränken und Tabakwaren als
potenziellen Gefährdungsbereichen (siehe Übersicht 45).

6.1.1   Gaststätten und Tanzveranstaltungen

Gaststätten

Der Aufenthalt in Gaststätten ist Minderjährigen nur mit Einschränkungen
erlaubt (§ 4 JuSchG). Unter die Regelung fallen alle Betriebe des Gaststät-
tengewerbes, so vor allem Schank- und Speisewirtschaften, Pensionen und
Hotels. Dies gilt auch, wenn ein besonderes Angebot für den Besuch im
Vordergrund steht, wie etwa bei Internetcafés. Nicht unter den Begriff der
Gaststätte im Sinne des JuSchGes fallen dagegen Milchbars, Stehcafés oder
Bäckereien und Metzgereien mit Stehtischen sowie Einrichtungen, die ohne
Gewinnerzielungsabsicht und somit nicht gewerblich geführt werden. Der
Aufenthalt in Gaststätten ist Minderjährigen unter 16 Jahren i. d. R. nur in
Begleitung einer erziehungsberechtigten oder erziehungsbeauftragten Per-
son gestattet. Zu dieser Regelung gibt es allerdings Ausnahmen: So dürfen
sich Kinder und Jugendliche auch allein in der Zeit zwischen 5 und 23 Uhr
in Gaststätten aufhalten, um dort eine Mahlzeit oder ein Getränk einzu-
nehmen. Unabhängig davon dürfen sie sich auch in einer Gaststätte aufhalten, wenn sie sich auf Reisen befinden oder wenn der Gaststättenbesuch
im Rahmen einer Jugendhilfe- oder Jugendbildungsveranstaltung erfolgt.
Ab dem Alter von 16 Jahren kann sich ein Jugendlicher ohne Begleitung
einer erziehungsberechtigten oder erziehungsbeauftragten Person bis 24
Uhr in Gaststätten aufhalten. Befindet sich der Minderjährige in Begleitung
einer solchen Person, so ist der Aufenthalt unabhängig von seinem Alter an
keine zeitliche Beschränkung gebunden. Ausnahmen von den genannten
Einschränkungen kann die zuständige Behörde zulassen.

Nachtbars

Ohne Ausnahme verboten ist es, den Aufenthalt von Minderjährigen in
Nachtbars, Nachtclubs oder vergleichbaren Vergnügungsbetrieben zu gestatten. Dieses gilt auch dann, wenn sie von einer erziehungsberechtigten
bzw. -beauftragten Person begleitet werden.

Übersicht 45: Jugendschutzgesetz (JuSchG) – Gefährdungstatbestände und Erlaubnisse

Gefährdungsbereiche		Kinder	Jugendliche	
		unter 14 J.	unter 16 J.	unter 18 J.
§ 4	Aufenthalt in Gaststätten	X (1)	X (1)	bis 24 h x
	Aufenthalt in Nachtbars, Nachtclubs oder vergleichbaren Vergnügungsbetrieben	-	-	-
§ 5	Anwesenheit bei öffentlichen Tanzveranstaltungen, u. a. **Disco** (Ausnahmegenehmigung durch zuständige Behörde möglich)	x	x	bis 24 h x
	Anwesenheit bei Tanzveranstaltungen von anerkannten Trägern der Jugendhilfe. – bei künstlerischer Betätigung oder zur Brauchtumspflege	bis 22 h x	bis 24 h x	bis 24 h x
§ 6	Anwesenheit in öffentlichen **Spielhallen**, Teilnahme an Spielen mit Gewinnmöglichkeiten	- (2)	- (2)	- (2)
§ 7	Anwesenheit bei jugendgefährdenden Veranstaltungen und in Betrieben (Die zuständige Behörde kann durch Alters- und Zeitbegrenzungen sowie andere Auflagen das Verbot einschränken.)	-	-	-
§ 8	Aufenthalt an **jugendgefährdenden Orten**	-	-	-
§ 9	Abgabe/Verzehr von Branntwein, branntweinhaltigen Getränken und Lebensmitteln	-	-	-
	Abgabe/Verzehr anderer **alkoholischer Getränke**; z. B. Wein, Bier o. Ä. (Ausnahme: Erlaubt bei 14- und 15-Jährigen in Begleitung einer personensorgeberechtigten Person [Eltern])	-	PSB	+
§ 10	**Abgabe** und **Konsum** von **Tabakwaren**	-	-	-
§ 11	Besuch öffentlicher Filmveranstaltungen/**Kino**. Nur bei Freigabe des Films und Vorspanns: „ohne Altersbeschränkung/ab 6/12/16 Jahre". Kinder unter 6 Jahren nur mit einer erziehungsbeauftragten Person. Die Anwesenheit ist grundsätzlich an die Altersfreigabe gebunden! Ausnahme (3)	bis 20 Uhr	bis 22 Uhr	bis 24 Uhr
§ 12	Abgabe von Bildträgern mit Filmen oder Spielen nur entsprechend der Freigabekennzeichen: „ohne Altersbeschränkung/ab 6/12/16 Jahre"	(+)	(+)	(+)
§ 13	Spielen an elektronischen Bildschirmgeräten ohne Gewinnmöglichkeit nur nach den Freigabekennzeichen: „ohne Altersbeschränkung/ab 6/12/16 Jahre"	(+)	(+)	(+)

Erläuterungen: Das JuSchG gilt nicht für verheiratete Jugendliche.

+	-	= erlaubt/nicht erlaubt	(+) = Einschränkungen

x = Beschränkungen bzw. zeitliche Begrenzungen werden durch die Begleitung einer **erziehungsbeauftragten Person** aufgehoben; bei § 9 ist Begleitung eines **Personensorgeberechtigten** (PSB) erforderlich. Personenberechtigte (Eltern), Erziehungsberechtigte und erziehungsbeauftragte Personen müssen sich in der Öffentlichkeit zwingend an das JuSchG halten, sofern dieses keine Ausnahmen zulässt. Sie sind nicht verpflichtet, alles zu erlauben, was das Gesetz gestattet. Das JuSchG gilt nicht für verheiratete Jugendliche. Bei Reisen ins Ausland sind als Mindeststandard die deutschen Bestimmungen einzuhalten. Sind die Bestimmungen im Urlaubsland strenger, so gilt das Gesetz des Gastlandes.

Ausnahmeregelungen:
(1) Ausnahmen auf einer Reise, anlässlich einer Veranstaltung eines anerkannten Trägers der Jugendhilfe und zwischen 5 und 23 Uhr auch zur Einnahme einer Mahlzeit oder eines Getränkes. Die zuständige Behörde kann Ausnahmen genehmigen.
(2) Ausnahmen: Die Teilnahme an Spielen mit Gewinnmöglichkeit in der Öffentlichkeit darf Kindern und Jugendlichen nur auf Volksfesten, Schützenfesten, Jahrmärkten, Spezialmärkten oder ähnlichen Veranstaltungen und nur unter der Voraussetzung gestattet werden, dass der Gewinn in Waren von geringem Wert besteht.
(3) Die Anwesenheit bei öffentlichen Filmveranstaltungen mit Filmen, die für Kinder und Jugendliche ab zwölf Jahren freigegeben und gekennzeichnet sind, darf auch Kindern ab sechs Jahren gestattet werden, wenn sie von einer personensorgeberechtigten Person begleitet werden. Die Anwesenheit bei öffentlichen Filmveranstaltungen darf Kindern unter sechs Jahren nur mit Begleitung einer personensorgeberechtigten oder erziehungsbeauftragten Person gestattet werden.

Tanzveranstaltungen   Auch bei öffentlichen Tanzveranstaltungen, etwa in Discotheken, dürfen Minderjährige unter 16 Jahren nur in Begleitung einer erziehungsberechtigten oder -beauftragten Person anwesend sein (§ 5 JuSchG). Jugendliche ab 16 Jahren dürfen sich dort auch ohne Begleitung bis 24 Uhr aufhalten. An Tanzveranstaltungen im Rahmen der Jugendbildung und der Jugendhilfe sowie der künstlerischen Betätigung (z. B. Ballett) oder der Brauchtumspflege (z. B. Fastnacht, Volkstanz) können jedoch Kinder unter 14 Jahren ohne Begleitung bis 22 Uhr und Jugendliche bis 24 Uhr teilnehmen. Zudem sind auch in Bezug auf sonstige Tanzveranstaltungen Ausnahmeregelungen der zuständigen Behörde denkbar (z. B. im Hinblick auf den Auftritt von Kindern und Jugendlichen in Theater- und Opernaufführungen).

6.1.2   Spielhallen und Glücksspiele

Spielhallen   Die Anwesenheit in öffentlichen Spielhallen oder ähnlichen vorwiegend dem Spielbetrieb dienenden Räumen darf Minderjährigen grundsätzlich nicht gestattet werden (§ 6 Abs. 1 JuSchG). Einrichtungen, die Computer vorwiegend für den Spielbetrieb zur Verfügung stellen, können dabei auch unter den Begriff der Spielhallen fallen. Ebenso kann die Veranstaltung von öffentlichen LAN-Partys (Local-Area-Network, Zusammenspiel mehrerer Personen in einem lokalen Netzwerk) in den Schutzbereich der Vorschrift fallen, sofern der Charakter der Räumlichkeiten während der Veranstaltung dem einer Spielhalle entspricht.

Glücksspiele   Die Teilnahme an Spielen mit Gewinnmöglichkeit darf Kindern und Jugendlichen in der Öffentlichkeit nur bei speziellen Veranstaltungen, wie etwa auf Volksfesten, Schützenfesten, Jahrmärkten, Spezialmärkten o. Ä. gestattet werden, und auch dies nur unter der Voraussetzung, dass der mögliche Gewinn ausschließlich in Waren von geringem Wert besteht (§ 6 Abs. 2 JuSchG).

6.1.3   Jugendgefährdende Veranstaltungen und Orte

Um auch Gefährdungen für Minderjährige zu begegnen, die sich weniger leicht typisieren lassen als die bisher genannten Gefährdungsbereiche, ist die zuständige Behörde (oft das Jugendamt) befugt, bei jugendgefährdenden Veranstaltungen und Betrieben die Anwesenheit von Minderjährigen zu untersagen oder nur unter Auflagen bzw. zeitlichen Beschränkungen zuzulassen (§ 7 JuSchG). Auch in diesem Zusammenhang können die bereits erwähnten LAN-Partys oder auch Internet-Cafés betroffen sein.

Anders als in manchen anderen Staaten gibt es in Deutschland keine *allgemeine* Regelung, die vorschreibt, dass sich junge Menschen zu bestimmten **jugendgefährdende** Zeiten nicht in der Öffentlichkeit aufhalten dürfen (sog. Ausgangssperre). **Orte** Neben jugendgefährdenden Veranstaltungen ist allerdings auch der Aufenthalt von Minderjährigen an jugendgefährdenden Orten geregelt (§ 8

JuSchG). Hält sich ein Kind oder ein Jugendlicher an einem Ort auf, an dem ihm eine unmittelbare Gefahr für das körperliche, geistige oder seelische Wohl droht, so hat die zuständige Stelle – in der Praxis zumeist die Polizei – die zur Abwendung der Gefahr erforderlichen Maßnahmen zu treffen. Wenn nötig hat sie den Minderjährigen entweder zum Verlassen des Ortes anzuhalten (sog. Platzverweis), ihn einer erziehungsberechtigten (nicht nur erziehungsbeauftragten!) Person zuzuführen, oder, wenn eine solche nicht erreichbar ist, in die Obhut des Jugendamtes zu bringen. Seitens des Jugendamts erfolgt dann eine Inobhutnahme des Minderjährigen nach § 42 SGB VIII, wenn dies nötig ist, um der Gefährdung zu begegnen (hierzu III-3.4.1.1). In Hinblick auf die Kindeswohlgefahr knüpft das JuSchG inhaltlich an § 1666 BGB an (hierzu, insbesondere zu den unterschiedlichen Gefährdungslagen vgl. II-2.4.3). Jugendgefährdende Orte im Sinne der Vorschrift können etwa im Alkohol-, Drogen- oder Prostitutionsmilieu gegeben sein, ebenso in der kriminellen Szene, wie etwa im Rahmen gewalttätiger Auseinandersetzungen von Jugendbanden, oder auch nur auf gefährlichen Baustellen oder Verkehrsflächen. **Inobhutnahme**

6.1.4   Alkohol und Tabakwaren

Auch der Konsum von alkoholischen Getränken ist als Gefährdungsbereich im JuSchG geregelt. Das Gesetz differenziert dabei zwischen Branntwein, d.h. Spirituosen, branntweinhaltigen Getränken (Mischgetränke wie z.B. Cola-Rum) und Nahrungsmitteln (alkoholhaltige Süßspeisen oder Eisbecher) und sonstigen alkoholischen Getränken. So dürfen in der Öffentlichkeit Branntwein, branntweinhaltige Getränke oder Lebensmittel, die Branntwein in nicht nur geringfügiger Menge enthalten, an Minderjährige generell nicht abgegeben werden (§ 9 JuSchG). Sonstige alkoholische Getränke (z.B. Bier, Wein oder Sekt) dürfen an Kinder und Jugendliche unter 16 Jahren nicht abgegeben werden. Auch der Verzehr darf ihnen nicht gestattet werden, es sei denn, der Minderjährige ist mindestens 14 Jahre alt und wird von einer personensorgeberechtigten Person (i. d. R. also einem Elternteil) begleitet. Alkoholische Getränke dürfen in der Öffentlichkeit nicht in Automaten angeboten werden, sofern die Nutzung durch Minderjährige nicht ausgeschlossen werden kann. Branntweinhaltige Getränke dürfen gar nicht in Automaten angeboten werden. Eine Verschärfung der Regelungen zum Alkoholkonsum Minderjähriger ist im Zusammenhang mit den sog. „Alkopops" in der Diskussion. **Konsum von alkoholischen Getränken**

Als weiterer Gefährdungsbereich regelt das JuSchG den Zugang zu Tabakwaren und das Rauchen in der Öffentlichkeit (§ 10 JuSchG) – das Rauchen als solches z.B. im Privatbereich ist nicht geregelt, kann aber u. U. als kindeswohlgefährdender Unstand durchaus nach § 1666 BGB relevant werden (hierzu II-2.4.3). In Bezug auf den Erwerb von Tabakwaren enthält das JuSchG im Vergleich zu den früheren Regelungen des JSchÖG strengere Vorschriften, die nochmals durch das BNichtrSchG mit Wirkung **Rauchen** zum 01.09.2007 verschärft wurden: In der Öffentlichkeit dürfen Tabakwaren an Minderjährige weder abgegeben noch darf ihnen das Rauchen gestattet werden. Gegen die Vorschrift verstoßen auch aufsichtspflichtige Personen, z. B. Eltern, Lehrer oder Erzieher, die das Rauchen von Minderjährigen in der Öffentlichkeit dulden. Sonstigen erwachsenen Personen wird mit der Regelung verboten, das Rauchen von Kindern oder Jugendlichen in der Öffentlichkeit zu veranlassen bzw. zu fördern, etwa durch das Anbieten von Zigaretten. Das Rauchverbot für Minderjährige gilt auch in Schulen, Einrichtungen der Jugendarbeit und z. B. Krankenhäusern – auch

Zigarettenautomaten
in dortigen „Raucherzimmern" – soweit sie öffentlich zugänglich sind. Zudem dürfen Tabakwaren in der Öffentlichkeit seit dem 01.01.2007 nur dann in Automaten angeboten werden, wenn sichergestellt ist, dass Kinder und Jugendliche unter 16 Jahren Tabakwaren nicht entnehmen können (§ 10 Abs. 2, 30 Abs. 2 JSchG; ab dem 01.01.2009 gilt die Altersgrenze von 18 Jahren). Die Alterskontrolle läuft dabei zumeist über den Geldkartenchip auf Bankkarten. Zudem gibt es ein Verbot für Tabak- und Alkoholwerbung in Kinos vor 18 Uhr (§ 11 Abs. 5 JuSchG).

6.2   Jugendschutz im Bereich der Medien

Neben dem Jugendschutz in der Öffentlichkeit regelt das JuSchG den Jugendmedienschutz sowie die Voraussetzungen und das Verfahren zur Indizierung von jugendgefährdenden Medieninhalten. Darüber hinaus enthält es Vorschriften bezüglich der Wirkungen einer erfolgten Indizierung.

6.2.1   Trägermedien

Zunächst wird der Zugang von Minderjährigen zu den sog. Trägermedien geregelt. Eine Definition des Begriffs ist in § 1 Abs. 2 JuSchG enthalten. Danach sind Trägermedien alle Medien, bei denen Texte, Bilder oder Töne durch gegenständliche Weitergabe verbreitet werden, z. B. als Heft, Buch, Audio- oder Videokassette, Diskette, CD-ROM oder DVD. Darüber hinaus fallen unter den Begriff auch Medien, deren Texte, Bilder oder Töne zur unmittelbaren Wahrnehmung bestimmt sind, z. B. Texte und Bilder auf Anschlagtafeln, Plakaten, Werbebeschriftungen und -bemalungen. Trägermedien sind schließlich auch in Geräten eingebaute, feste Datenspeicher, die als Vorführ- oder Spielgeräte (besser: Wiedergabegeräte) für gespeicherte Texte, Bilder oder Töne dienen, wie etwa Taschenspielgeräte mit Display, Spielkonsolen mit festem Speicher, aber auch PCs, Laptops oder Mobiltelefone (vgl. BMFSFJ 2003, 10 f.).

6.2.2 Filmvorführungen

Eine wichtige Regelung in Bezug auf Trägermedien betrifft den Bereich der Filmvorführungen (§ 11 JuSchG): An Kinovorführungen und ähnlichen Veranstaltungen dürfen Minderjährige nicht teilnehmen, wenn die Filme keine Jugendfreigabe für ihre Altersgruppe besitzen und es sich auch nicht um ausdrücklich gekennzeichnete Informations-, Instruktions- und Lehrfilme handelt. Das Verbot wird dahin gehend eingeschränkt, dass 6- bis 12-Jährige in Begleitung von Personensorgeberechtigten (i. d. R. also einem Elternteil; die Begleitung durch eine erziehungsbeauftragte Person reicht nicht aus) die Vorführung auch besuchen dürfen, wenn der Film erst ab zwölf Jahren freigegeben ist. Noch nicht sechs Jahre alte Kinder dürfen an Kinovorführungen und ähnlichen Veranstaltungen nur dann teilnehmen, wenn sie sich in Begleitung von Personensorgeberechtigten oder Erziehungsbeauftragten befinden und wenn der Film ohne Altersbeschränkung freigegeben ist. Neben diesen inhaltlichen Beschränkungen gibt es auch solche, die sich auf den Zeitpunkt der Vorführung beziehen: Wenn die Vorführung nach 20 Uhr endet, dürfen sechs- bis 13-Jährige nur in Begleitung einer erziehungsberechtigten oder -beauftragten Person teilnehmen. Gleiches gilt für Minderjährige unter 16 Jahren, wenn die Vorführung nach 22 Uhr endet. Endet die Filmvorführung nach 24 Uhr, dürfen gar keine Kinder und Jugendlichen ohne entsprechende Begleitung anwesend sein.

Jugendfreigabe

6.2.3 Zugang zu Bildträgern

Parallel zur Regelung der Filmvorführungen dürfen auch sog. Bildträger, d. h. Trägermedien, die Filme oder Spiele enthalten wie etwa CD-Rom, DVD oder Videokassetten, Minderjährigen in der Öffentlichkeit nur dann zugänglich gemacht werden, wenn sie eine dem jeweiligen Alter entsprechende Jugendfreigabe besitzen (§ 12 JuSchG). Damit ist nun auch für Computerspiele eine altersgerechte Kennzeichnung verbindlich, wie sie bislang schon für Filme und Videos galt. Bildträger ohne jede Jugendfreigabe dürfen Minderjährigen gar nicht, auch nicht außerhalb der Öffentlichkeit, zugänglich gemacht werden. Zudem dürfen sie nicht im Versandhandel, in Kiosken oder auf der Straße gehandelt werden. Auch hier besteht eine Ausnahme für ausdrücklich gekennzeichnete Lehr- oder Informationsprogramme.

6.2.4 Bildschirmspielgeräte

Auch das Spielen an elektronischen Bildschirmspielgeräten ohne Gewinnmöglichkeit, die öffentlich aufgestellt sind, darf Minderjährigen ohne Begleitung einer personensorgeberechtigten oder erziehungsbeauftragten Person nur gestattet werden, wenn sie eine entsprechende Altersfreigabe besitzen oder wenn es sich um gekennzeichnete Informations-, Instruktions- oder

Lehrprogramme handelt. Derartige Bildschirmspielgeräte dürfen zudem nur dann an für Minderjährige zugänglichen Orten in der Öffentlichkeit aufgestellt werden, wenn sichergestellt ist, dass sie nur von Kindern oder Jugendlichen benutzt werden, für die eine entsprechende Altersfreigabe vorliegt (§ 13 JuSchG).

6.2.5   Vertriebs- und Wettbewerbsbeschränkungen

Indizierung

Weitgehende Vertriebs- und Werbebeschränkungen (§ 15 JuSchG, vgl. BM-FSFJ 2003, 43 ff.) bestehen für alle Trägermedien, die von der Bundesprüfstelle für jugendgefährdende Medien indiziert, d. h. in die Liste jugendgefährdender Medien aufgenommen worden sind (§ 18 JuSchG). Auch ohne Indizierung durch die Bundesprüfstelle bestehen Abgabe-, Vertriebs- und Werbeverbote für Trägermedien, wenn sie den Krieg verherrlichen, Menschen in einer ihre Würde verletzenden Weise darstellen, Jugendliche in geschlechtsbetonter Körperhaltung zeigen oder ansonsten offensichtlich zu schwerer Jugendgefährdung geeignet sind. Letzteres ist etwa bei Inhalten der Fall, die im Sinne verfassungs- bzw. demokratiefeindlicher, rassistischer, völkischer oder nationalistischer Ideologien wirken, die destruktiv-sektiererische Vorstellungen des Satans- oder Hexenglaubens verbreiten, die pornografische Darstellungen enthalten, die zum Erwerb und Gebrauch von Suchtmitteln verführen oder anleiten, die zu Straftaten auffordern oder die zur Nachahmung anreizende Darstellungen unmenschlicher Gewalttätigkeit bringen (BMFSFJ 2003, 46 f.).

6.2.6   Telemedien

Ähnliche – teilweise allerdings verschärfte – Regelungen wie für die Trägermedien liegen auch für die sog. Telemedien vor. Dies sind Angebote im Internet und in begrenzten Netzen, wie auch in Chat-Rooms sowie Übermittlungen per E-Mail (BMFSFJ 2003, 68). Da für die Regelung dieses Bereichs die Länder zuständig sind, finden sich diese Vorschriften im Staatsvertrag über den Schutz der Menschenwürde und den Jugendschutz in Rundfunk und Telemedien vom 10.–27.09.2002 – Jugendmedienschutz-Staatsvertrag der Länder (§§ 4 ff. JMStV; vgl. BMFSFJ 2003, 69 ff.).

6.2.7   Bundesprüfstelle für jugendgefährdende Medien

Das JuSchG regelt auch die Tätigkeit der Bundesprüfstelle für jugendgefährdende Medien (§§ 17 ff. JuSchG; weitere Informationen siehe www.Bundespruefstelle.de). Das Indizierungsverfahren ist dabei abweichend von der früheren Rechtslage ausgestaltet. Insbesondere ist jetzt die Möglichkeit gegeben, dass die Bundesprüfstelle auch in eigener Initiative, d. h. ohne

Antrag tätig werden kann. Damit soll die Möglichkeit verbessert werden, dort möglichst alle jugendgefährdenden Angebote zu erfassen. Zu diesem Zweck wurde zudem die Zuständigkeit der Bundesprüfstelle im Bereich der elektronischen Medien ausgedehnt. Neben sämtlichen Trägermedien ist die Bundesprüfstelle auch für die Telemedien und damit für den gesamten On-line-Bereich zuständig.

Die Bundesstelle ist eine der wenigen Behörden, in denen der Verwaltung bei der Auslegung unbestimmter Rechtsbegriffe (z. B. im Hinblick auf die Abwägung widerstreitender Rechtgüter Kunstfreieheit und Jugendschutz) ausnahmsweise eine sog. Einschätzungsprärogative zugestanden wird (vgl. BVerwGE 39, 197 ff.; BVerwG NJW 1993, 1491, s. I-3.3.3).

6.3   Straf- und Ordnungswidrigkeitsvorschriften

Sowohl das JuSchG als auch der Jugendmedienschutz-Staatsvertrag der Länder enthält zahlreiche Straf- und Ordnungswidrigkeitsvorschriften (§§ 27, 28 JuSchG, 23, 24 JMStV). Die meisten dieser Regelungen richten sich in erster Linie an Gewerbetreibende, Veranstalter oder Anbieter, die gegen die Bestimmungen zum Jugendschutz verstoßen. Es können sich jedoch darüber hinaus alle volljährigen Personen und damit auch Erziehungspersonen und die Personensorgeberechtigten (i. d. R. die Eltern) strafbar machen bzw. sich einer Ordnungswidrigkeit schuldig machen, wenn sie Minderjährigen Verhaltensweisen gestatten bzw. Medien zugänglich machen, die nach dem Jugendschutzgesetz bzw. dem Jugendmedienschutz-Staatsvertrag der Länder unzulässig sind. Den Personensorgeberechtigten wird ein gewisser erzieherischer Freiraum zugestanden, wenn es darum geht, den Minderjährigen Zugang zu Medien zu gewähren. Sie machen sich nach diesen Vorschriften nur dann strafbar, wenn das Anbieten oder Zugänglichmachen der Medien als grober Verstoß gegen die Erziehungsaufgabe angesehen werden muss (§ 27 Abs. 4 JuSchG). In den meisten Fällen kommt jedoch die Verfolgung wegen einer Ordnungswidrigkeit in Betracht.

Hausmanninger 2003; Mutke/Seidenstücker 2004; Nikles et al. 2003; Scholz/ Lisching 2003; Ukrow 2003

1. Welche Unterschiede bestehen zwischen dem gesetzlichen Jugendschutz nach dem JSchG und dem sog. erzieherischen Jugendschutz nach § 14 SGB VIII? (6 und 6.3)
2. Müssen Mitarbeiter der Jugendhilfe die Regelungen des Jugendschutzes bei der Betreuung von Minderjährigen einfordern und ihnen ggf. insoweit Anweisungen geben? (6)
3. Was versteht man unter einem „jugendgefährdenden Ort" (vgl. § 8 JSchG)? (6.1.3).

4. Darf eine 16-Jährige „alleine" (ohne Eltern oder Erziehungsberechtigte) nach 24 Uhr sich in einer Diskothek aufhalten? (6.1.1)

5. Was ist eine „erziehungsbeauftragte Person"? (6)

6. Dürfen alkoholische Getränke an Kinder oder Jugendliche abgegeben bzw. im Automaten verkauft werden? (6.1.4)

7. Dürfen 14- bzw. 16-Jährige in der Öffentlichkeit rauchen? Dürfen sie Tabakwaren am Automaten oder am Kiosk erwerben? (6.1.4)

8. Dürfen Kinder einen Film im Kino ansehen, wenn die Vorführung nach 20 Uhr endet? (6.2.2)

9. Welche Aufgaben und Kompetenzen hat die sog. Bundesprüfstelle (6.1.7)

10. Können sich Personensorgeberechtigte strafbar machen, wenn sie Minderjährigen Verhaltensweisen gestatten, die nach dem Jugendschutzgesetz unzulässig sind? (6.3)

7 Zuwanderung und Recht (Behlert)

7.1 Überblick

Die auf den ersten Blick unpräzise erscheinende Überschrift weist auf definitorische Probleme hin. Sie erwachsen vor allem aus der Heterogenität jener Gruppe, die hier mittels besonderer rechtlicher Regelungen erfasst werden soll. Das Ausländerrecht erfasst jedenfalls nur einen Teil von ihr. Denn **Adressatenkreis** einerseits sind nicht alle Zuwanderer Ausländer, nämlich diejenigen nicht, die als Rückkehrer oder als Spätaussiedler nach Deutschland kommen, und auch nicht (mehr) jene, die zwischenzeitlich eingebürgert wurden. Andererseits sind aber auch bei weitem nicht alle Ausländer tatsächlich nach Deutschland zugewandert. Beispielsweise ist mehr als jede dritte Person, die mit türkischem Pass in Deutschland lebt (34,8 %), auch hier geboren; insgesamt trifft dies auf 20,9 % und damit auf mehr als jeden Fünften der 6,7 Mio. gegenwärtig in Deutschland lebenden Ausländer zu. (Anm.: Sämtliche Zahlen in diesem Kapitel sind, soweit nichts anderes vermerkt ist, dem Migrationsbericht 2005 entnommen.) Der hier relevante Adressatenkreis wird daher für gewöhnlich mit der etwas sperrigen Bezeichnung „Personen mit Migrationshintergrund" belegt.

Das heutige Zuwanderungsrecht orientiert sich in seiner Systematik sowohl am sozialen Gegenstand der Zuwanderung als auch an den Subjekteigenschaften, die sich aus der jeweiligen Gruppenzugehörigkeit ergeben.

Dementsprechend kann sowohl in tatsächlicher wie auch in rechtlicher Hinsicht zwischen folgenden Migrantengruppen unterschieden werden:

(1) Arbeitsmigranten. Die sog. erste Generation der Arbeitsmigranten nahm aufgrund verschiedener bilateraler Anwerbeabkommen von 1955 an bis zum Anwerbestopp 1973 ihren Aufenthalt in Deutschland. Aktuell bestehen vergleichbare Gastarbeitnehmer-Vereinbarungen ausschließlich mit Staaten Mittel- und Osteuropas. Sie wurden Anfang bis Mitte der 1990er Jahre jeweils bilateral geschlossen, erlangten jedoch wegen der geringen Zahl der in den Vereinbarungen enthaltenen Kontingente bisher keine größere Bedeutung (Näheres hierzu bei Sieveking et al. 1997, 40f.). Derzeit (2007) wird Arbeitsmigration vor allem in drei Formen wirksam: als Saisonarbeit bis max. insgesamt vier Monate jährlich (2005: ca. 330.000 Personen), über Werkvertragsarbeitnehmer (vor allem im Baugewerbe) zeitlich befristet i. d. R. bis zwei Jahre (2005: 21.916 Personen) sowie als Zuwanderung von Hochqualifizierten (2004: 2.273 Personen).
(2) Studierende. In der Migrationssoziologie werden sie als spezifische Migrantengruppe geführt. Dementsprechend ist das Studium auch als eigenständiger Aufenthaltsgrund im Gesetz benannt. Bundesweite Statistiken, die Auskunft über die quantitative Dimension geben könnten, stehen nicht zur Verfügung.
(3) Nachziehende Familienangehörige. Hiermit ist sowohl der Nachzug zu bereits in Deutschland lebenden ausländischen Ehepartnern oder Eltern als auch der Zuzug von Ausländern zu einheimischen Familienangehörigen gemeint. Dies waren 2004 insgesamt nahezu 66.000 Ehegatten und Kinder unter 18 Jahren.
(4) Flüchtlinge. Im Jahre 2005 stellten 28.914 Personen einen Antrag auf Asyl in Deutschland (1992 waren es noch 438.191 Personen). Da sich die Anerkennungsverfahren meist über mehrere Jahre hinziehen, wurden 2005 insgesamt ca. 48.000 Entscheidungen getroffen. Lediglich in 411 Fällen wurde einem Asylantrag stattgegeben, in 2.055 Fällen erfolgte eine Zuerkennung der Flüchtlingseigenschaft nach der GFK, was die gleiche rechtliche Wirkung hat, und in 657 Fällen wurde das Vorliegen von Abschiebehindernissen anerkannt. Insgesamt halten sich derzeit in Deutschland ca. 1 Mio. Flüchtlinge auf.
(5) Jüdische Zuwanderer. Seit 1991 sind insgesamt ca. 200.000 jüdische Zuwanderer aus den Gebieten der früheren Sowjetunion aufgrund entsprechender besonderer rechtsverbindlicher Vereinbarungen nach Deutschland migriert, die hier von den jüdischen Gemeinden als neue Mitglieder erwartet werden.
(6) Spätaussiedler. Es handelt sich hierbei um sog. deutsche Volkszugehörige und deren Familienangehörige, die insbesondere aus Gebieten der früheren Sowjetunion im Rahmen eines förmlichen Aufnahmeverfahrens nach Deutschland übersiedeln. Ihre Rechtsstellung sowie ihr Anspruch auf besondere Hilfen (Eingliederungshilfen) ergibt sich aus dem

BVFG. Für die Einbeziehung von Ehegatten, die selbst nicht über den Spätaussiedlerstatus verfügen, sind durch das ZuwG als zusätzliche Voraussetzungen eine mindestens dreijährige Ehedauer sowie der Nachweis von Grundkenntnissen der deutschen Sprache hinzugekommen. Wohl ist zu beobachten, dass der Anteil der Spätaussiedler an der Gesamtzahl der nach dem BVFG zuzugsberechtigten Personen nur noch 20% beträgt. Gleichwohl ist diese Gesamtzahl seit Jahren unumkehrbar rückläufig: Sie betrug 2005 nur noch 35.500 gegenüber knapp 400.000 im Jahre 1990.

Neben dieser Heterogenität des Adressatenkreises ist auch die große Streubreite der Regelungsgegenstände des Zuwanderungsrechts bemerkenswert. Dem Rechnung tragend, wurde das am 01.01.2005 in Kraft getretene, inzwischen jedoch bereits mehrfach wieder geänderte Zuwanderungsgesetz (ZuwG) als ein sog. Artikelgesetz verabschiedet. Die Regelungen zu Einreisevoraussetzungen, Aufenthaltsrecht und Ausreisepflicht, aber auch zu Erwerbstätigkeit und Integration von Ausländern im neu geschaffenen Aufenthaltsgesetz (AufenthG) bilden dabei zweifellos den Kern des ZuwG. Neben dem ebenfalls neu geschaffenen Freizügigkeitsgesetz/EU umfasst es noch Regelungen zum Asylverfahren, zur Rechtsstellung von Spätaussiedlern sowie zur Einbürgerung von Ausländern. Darüber hinaus durchdringt das Zuwanderungsrecht weite Teile der Sozialgesetzgebung in Gestalt von Sonderrechten für Ausländer – vom Sozialhilfe- und Grundsicherungsrecht (§ 23 SGB XII; §§ 7 Abs. 1 S. 2 und 8 Abs. 2 SGB II) über Ausbildungsförderung (§ 8 Abs. 1 Nr. 2 bis 9, Abs. 2 u. 3 BAföG), Kindergeld (§ 62 EStG), dem Jugendhilferecht (§ 6 Abs. 2 SGB VIII) bis zu Leistungen bei Krankheit (§ 4 AsylbLG).

Bereits vor seiner Verabschiedung war das ZuwG heftig umstritten; zwischenzeitlich wurde es aus formalen Gründen vom BVerfG sogar für verfassungswidrig erklärt (BVerfGE 106, 310; Az.: 2 BvF 1/02 vom 18.12.2002). Einige seiner ursprünglichen Intentionen wurden im Zuge eines schier endlosen parlamentarischen Vermittlungsverfahren aufgegeben. Dennoch steht es zweifellos für eine Neuorientierung im Verständnis von Zuwanderung und Recht. Dies stellt bereits § 1 Abs. 1 AufenthG klar, in dem die Ermöglichung und Gestaltung einer an den Bedürfnissen der Aufnahmegesellschaft orientierten Zuwanderung als Zweck des Gesetzes formuliert ist. Inwieweit es diesen allerdings auch zu erreichen vermag, muss gegenwärtig noch offen bleiben. Wohl mag man hoffen dürfen, dass auch der Bundesrepublik Deutschland im Zuge der Herausbildung eines europäischen Migrationsrechts effiziente, dem Faktum andauernder Wanderungsbewegungen in Richtung Europa ebenso wie eigenen ökonomischen Interessen Rechnung tragenden Zuwanderungsregeln zu Gebote stehen werden (Frings/Knösel 2005, 10). In der geltenden Fassung des AufenthG ist dies allerdings nur in Teilen, etwa bei der Regelung des Aufenthaltsrechts für Studierende, bereits Realität. Über die rechtliche Regelung der Arbeitsmigration hingegen etwa kann vor allem positiv vermeldet werden, dass es sie nunmehr

Regelungs-gegenstände

Ziele der Regelung

überhaupt gibt; ansonsten verfügt sie nur über eine äußerst geringe rechtliche Effektivität. Auch andere ursprüngliche Zielstellungen des ZuwG wurden mehr oder weniger deutlich verfehlt. So kam es zwar in einigen Bereichen zu einer Verbesserung des humanitären Schutzes von Flüchtlingen. Bedauerlicherweise wurde jedoch die notwendig gewordene Neuregelung des Zuwanderungsrechts im am 19.08.2007 in Kraft getretene „Gesetz zur Umsetzung aufenthalts- und asylrechtlicher Richtlinien der Europäischen Union" dazu genutzt, das unter menschenrechtlichen Gesichtspunkten ohnehin kaum zufrieden stellende Schutzniveau zumindest teilweise wieder abzusenken. Auch ist, anders als dies bereits nach dem ursprünglichen Gesetzeswortlaut zu erwarten gewesen wäre (Marx 2005, § 2 Rz. 16), die häufig kritisierte Praxis der Kettenduldung selbst mit der jetzigen Fassung des Gesetzes keineswegs beendet. Dies bedeutet, dass in der Bundesrepublik Deutschland nach wie vor eine große Zahl von Migranten lebt, die teilweise über viele Jahre hinweg lediglich über eine immer wieder neu zu erteilende Duldung verfügt, ohne einen rechtmäßigen Aufenthaltstitel zu erlangen. (Im Einzelnen: III-7.3.3 und III-7.3.6). Bei den Ausweisungstatbeständen erfolgte bereits im Zuge des parlamentarischen Vermittlungsverfahrens eine Verschärfung im Vergleich zum früheren Recht (im Einzelnen: Behlert 2002, 324 ff.). Diese Tendenz setzt sich mit der Gesetzesnovellierung weiter fort.

7.2   Ausländerrecht

Hiermit wird herkömmlicherweise jener Teil des Zuwanderungsrechts bezeichnet, der mittlerweile im AufenthG geregelt ist. Er umfasst im Wesentlichen die Voraussetzungen der Einreise, die Erteilung eines Aufenthaltstitels sowie die Begründung und Durchsetzung der Ausreisepflicht. Hinzu kommt erstmalig die gesetzliche Fixierung von Integrationsmaßnahmen für

Integrationskurse Migranten. Auf die Teilnahme an den in diesem Rahmen angebotenen Integrationskursen besteht einerseits für Ausländer, die sich dauerhaft im Bundesgebiet aufhalten, ein Rechtsanspruch nach Maßgabe von § 44 Abs. 1 und 2 AufenthG. Andererseits formuliert § 44a eine Reihe von Tatbeständen, aus denen sich zugleich eine Teilnahmeverpflichtung ergibt. Für den Fall der Verletzung dieser Teilnahmepflicht kann die Ausländerbehörde den Verpflichteten mit Mitteln des Verwaltungszwangs (III-1.5) zur Teilnahme an den Kursen anhalten. Darüber hinaus müssen Ausländer, die ihrer Teilnahmepflicht nicht nachkommen, mit empfindlichen Nachteilen im Zusammenhang mit der Verlängerung oder Verfestigung ihres Aufenthaltstitels bzw. mit ihrer Einbürgerung rechnen. Bei Leistungsbeziehern nach SGB II kann eine Leistungskürzung vorgenommen werden.

7.2.1   Aufenthaltstitel

Ausländer, die in die Bundesrepublik Deutschland einreisen wollen, bedür- **§ 4 AufenthG**
fen hierzu eines in § 4 AufenthG genannten Aufenthaltstitel. Ausgenommen hiervon ist im Wesentlichen nur der in § 1 Abs. 2 AufenthG genannte
Personenkreis. Dieser umfasst vor allem die in Nr. 1 genannten freizügig-
keitsberechtigten EU-Bürger und deren Angehörige. Erstere erhalten für
ihren Aufenthalt in der Bundesrepublik Deutschland von Amts wegen eine
Bescheinigung über das Aufenthaltsrecht gem. § 5 Abs. 1 FreizügG/EU,
ihre Angehörigen erhalten eine Aufenthaltserlaubnis/EU gem. § 5 Abs. 2
FreizügG/EU. Weitere Befreiungen vom Erfordernis eines Aufenthaltstitels (etwa für Transitreisende, Inhaber bestimmter Dienstpässe, Flug- und
Schiffspersonal o. Ä.) finden sich in §§ 18 ff. AufenthV geregelt. Die in § 4
AufenthG aufgeführten Aufenthaltstitel sind: **Aufenthaltstitel**

- das Visum,
- die Aufenthaltserlaubnis,
- die Niederlassungserlaubnis
- die Erlaubnis zum Daueraufenthalt – EG.

Die allgemeinen Voraussetzungen für die Erteilung eines der genannten **allgemeine Einreise-**
Aufenthaltstitel sind in § 5 AufenthG geregelt. Zu ihnen gehört insbes. die **voraussetzungen**
Erfüllung der Passpflicht sowie ein Nachweis, dass der Lebensunterhalt abgesichert ist. Weiterhin muss die Identität des Einreisebegehrenden geklärt
sein und es darf kein Ausweisungsgrund für ihn vorliegen. Schließlich darf
seine Einreise nicht die Interessen der Bundesrepublik Deutschland beeinträchtigen oder gefährden. Hiermit sind zweifelsohne auch die in § 1 Abs. 1
AufenthG genannten wirtschaftlichen und arbeitsmarktpolitischen Interessen gemeint. Jedoch werden sie nach inzwischen erfolgter Klarstellung des
Gesetzes, dass die Bundesrepublik Deutschland ein Zuwanderungsland ist,
nicht mehr undifferenziert und pauschal vorgetragen werden können. Vielmehr werden nunmehr exakte Zuwanderungsbedarfe bzw. -begrenzungen
formuliert werden müssen (Heinhold/Classen 2004, 16). Im Übrigen greifen
derartige besondere Interessenlagen der Bundesrepublik i. d. R. nicht, soweit ein Rechtsanspruch auf Erteilung eines Aufenthaltstitels besteht.
   Dem Visum kommt nach der Systematik des AufenthG eine doppelte **Visum § 6 AufenthG**
Funktion zu. Zum einen ist es in der Regel Voraussetzung für die Erteilung
einer Aufenthalts- oder Niederlassungserlaubnis (§ 5 Abs. 2 AufenthG). Es
ist in diesem Regelungszusammenhang nur dann entbehrlich, wenn anderenfalls der humanitäre Schutz des Einreisebegehrenden nicht gewährleistet werden könnte oder wenn es aus anderen Gründen dem bereits ein-
gereisten Ausländer nicht zugemutet werden kann, das Land noch einmal
zum Zwecke der Visumsbeschaffung zu verlassen. Dies wäre z. B. dann der
Fall, wenn ihm dadurch unverhältnismäßige Kosten entstehen würden oder
wenn sich Kleinkinder in seiner Begleitung befinden. Zum anderen aber ist
es ein eigenständiger Aufenthaltstitel. Erteilt wird es gem. § 6 Abs. 1 Auf-

enthG i.d.R. als sog. Schengen-Visum. Dies bedeutet, dass es gem. Art. 10 Schengener Durchführungsübereinkommen für den gesamten Schengener Raum gültig ist. Bei einem Aufenthalt von mehr als drei Monaten (bis max. sechs Monate) wird allerdings weiterhin ein nationales Visum erteilt. Da das Visum nunmehr nicht mehr, wie nach früherem Recht, als Touristenvisum erteilt wird, kann es auch z.B. zum Zweck der Ermöglichung von Saisonarbeit vergeben werden. Von der Visumspflicht befreit sind die Bürger jener Länder, die im Anhang II zur Verordnung Nr. 539/2001/EG, der sog. DrittländerVO, aufgeführt werden. Die Liste umfasst u.a. Australien und Neuseeland, amerikanische Staaten von Chile bis Kanada, einige asiatische Staaten, wie Japan, Malaysia oder Südkorea, weiterhin Israel, aber auch Andorra, Monaco, San Marino oder Vatikanstadt.

Aufenthaltserlaubnis § 7 AufenthG

Bei der Aufenthaltserlaubnis gem. § 7 AufenthG handelt es sich um einen befristeten Aufenthaltstitel. Die Befristung erfolgt entsprechend dem Aufenthaltszweck, für den er beantragt wird. Als Zweck des Aufenthaltes kommen, außer in begründeten Ausnahmefällen, regelmäßig die entsprechenden Vorgaben des Gesetzes in Betracht (vgl. III-7.2.3). Sofern nicht bereits mit der Erteilung von vornherein durch die ausstellende Behörde ausgeschlossen, kann die Aufenthaltserlaubnis verlängert werden (§ 8 AufenthG).

Niederlassungserlaubnis § 9 AufenthG

Die Niederlassungserlaubnis nach § 9 AufenthG ist der Aufenthaltstitel, mit dem der Aufenthalt von Ausländern in der Bundesrepublik Deutschland am stärksten verfestigt ist. Sie wird unbefristet erteilt und berechtigt darüber hinaus zur Ausübung einer Erwerbstätigkeit. Mit Nebenbestimmungen darf sie nur in gesetzlich vorgesehenen Fällen versehen werden. Auf ihre Erteilung besteht bei Vorliegen der weiteren, in § 9 Abs. 2 AufenthG näher bezeichneten Voraussetzungen nach fünf Jahren Besitz einer Aufenthaltserlaubnis ein Rechtsanspruch, bei Asylberechtigten und Flüchtlingen i.S.d. Genfer Flüchtlingskonvention, sog. GFK-Flüchtlingen (vgl. III-7.3), bereits nach drei Jahren (§ 26 Abs. 2 AufenthG). Eine weitere Verkürzung der Wartezeit auf drei Jahre sieht das Gesetz im Rahmen einer gebundenen Ermessensausübung für den ausländischen Ehegatten eines deutschen Bürgers, dessen ausländisches minderjähriges Kind sowie für den ausländischen sorgeberechtigten Elternteil dieses Kindes vor, § 28 Abs. 2 AufenthG (vgl. III-7.2.2.3). In der besonderen und engen Fallgestaltung für sog. Hochqualifizierte nach § 19 AufenthG (vgl. III-7.2.2.2) kann die Niederlassungserlaubnis auch sofort erteilt werden. Einen Rechtsanspruch auf sofortige Erteilung einer Niederlassungserlaubnis haben unter den Voraussetzungen von § 38 Abs. 1 Nr.1 AufenthG in das Bundesgebiet zurückkehrende ehemalige Deutsche.

Erlaubnis zum Daueraufenthalt EG § 9a AufenthG

Die Erlaubnis zum Daueraufenthalt EG gem. § 9a AufenthG ist ebenfalls ein unbefristeter Aufenthaltstitel. Sie ist der Niederlassungserlaubnis weitgehend gleichgestellt. Es handelt sich bei ihr um einen Aufenthaltstitel für Ausländer, die sich langfristig in der Bundesrepublik Deutschland aufhalten, in Umsetzung der Richtlinie 2003/109 EG.

keine Aufenthaltstitel

Keine Aufenthaltstitel sind hingegen die Duldung (§ 60a AufenthG) sowie die Aufenthaltsgestattung (§ 55 Abs. 1 S. 1 AsylVfG). Durch sie wird demzufolge auch kein rechtmäßiger Aufenthalt begründet. Vielmehr handelt es sich bei der Duldung um eine vorübergehende Aussetzung der Abschiebung, die jedoch eine bestehende Ausreisepflicht nicht berührt. Demgegenüber handelt es sich bei der Aufenthaltsgestattung um ein Aufenthaltsrecht, auf dessen Grundlage die Durchführung des Asylverfahrens ermöglicht wird (hierzu III-7.3.2).

7.2.2 Aufenthaltszwecke

Die in Kap. 2 Abschnitt 3 bis 6 AufenthG für einen rechtmäßigen Aufenthalt in der Bundesrepublik Deutschland vorgesehenen Aufenthaltszwecke sind:

- Studium und Ausbildung,
- Erwerbstätigkeit, Forschung
- völkerrechtliche, humanitäre oder politische Gründe,
- Familien- und Ehegattennachzug.

Darüber hinaus finden sich in den §§ 37 f. AufenthG noch besondere Regelungen für Ausländer, die als Minderjährige ihren rechtmäßigen gewöhnlichen Aufenthalt im Bundesgebiet hatten, sowie für in das Bundesgebiet zurückkehrende ehemalige Deutsche. Da der Aufenthalt aus völkerrechtlichen, humanitären oder politischen Gründen häufig aus einem Asylverfahren heraus begehrt wird, werden die Regelungen dort (III-7.3) mit erläutert.

7.2.2.1 Ausbildung

Von der Regelung eines Aufenthaltes zu Ausbildungszwecken sollten vor allem Anreize für die Aufnahme eines Studiums an einer deutschen Hochschule oder Universität ausgehen. Deshalb ist u. a. ein studienvorbereitender Aufenthalt von maximal neun Monaten sowie, im Anschluss an ein Hochschulstudium, ein Aufenthalt bis zu einem Jahr zur Suche eines dem Ausbildungsabschluss adäquaten Arbeitsplatzes gesetzlich vorgesehen. Allerdings unterliegt die Genehmigung der Erwerbstätigkeit selbst den für Ausländer allgemein geltenden Beschränkungen (hierzu III-7.2.2.2), so dass nachhaltige praktische Veränderungen im Vergleich zur vorhergehenden Rechtslage für Studierende, die nach Abschluss des Studiums in der Bundesrepublik Deutschland verbleiben wollen, weder aktuell feststellbar noch in naher Zukunft zu erwarten sind. Auch für die Zeit des Studiums selbst, für die der Lebensunterhalt auf dem Niveau des BAföG-Satzes nachweislich gesichert sein muss, wird die Ausübung einer Beschäftigung nicht gestattet. Ausgenommen hiervon sind allerdings studentische Nebentätigkeiten in einem Zeitumfang von insges. 90 vollen bzw. 180 halben Tagen pro Jahr (§ 16 Abs. 3 AufenthG). Neben einem Hochschulstudium kommen als Ausbildungsmöglichkeiten im Übrigen noch betriebliche Aus- und Weiter-

Marginalien:
§§ 16 f. AufenthG

Studium

Beschäftigungsmöglichkeiten für Studierende

bildungen, die Teilnahme an einem Sprachkurs sowie im Rahmen internationaler Schüleraustauschprogramme auch ein (zeitweiliger) Schulbesuch in Betracht.

7.2.2.2 Erwerbstätigkeit, Forschung

§§ 18 ff. AufenthG

Die Eröffnung einer rechtlichen Möglichkeit von Zuwanderung zum Zweck der Erwerbstätigkeit kann als das ursprüngliche gesetzgeberische Grundanliegen bei der Neuregelung des Ausländerrechts gelten. Mit ihm sollten, nach dem Anwerbestopp für ausländische Arbeitskräfte 1973 und der allgemeinen Zuzugssperre für deren Familienangehörigen 1975, die aufenthaltsrechtlichen Voraussetzungen für eine Neujustierung der gesamten Zuwanderungspolitik auf diesem Gebiet hin zu einer verstärkten Öffnung entsprechend den Bedürfnissen von Wirtschaft und Wissenschaft unter Berücksichtigung der jeweiligen Lage am deutschen Arbeitsmarkt erreicht werden. In diesem Zusammenhang wurde auch erstmalig in Deutschland

Selbstständige

ein eigenständiges Zuzugsrecht für Selbstständige geschaffen (§ 21 AufenthG). Das zentrale Projekt eines Punktesystems, wonach ein begrenzter Zugang zum deutschen Arbeitsmarkt unabhängig von der Prüfung weiterer volkswirtschaftlicher und wirtschaftspolitischer Voraussetzungen nach Maßgabe bestimmter Regularien möglich gewesen wäre, scheiterte hingegen im Gesetzgebungsverfahren aufgrund der damals gegebenen politischen Kräfteverhältnisse. Immerhin ist das bisherige doppelte Genehmigungsverfahren für das Aufenthaltsrecht und den Arbeitsmarktzugang nunmehr durch einen einheitlichen Verwaltungsakt der Ausländerbehörde

Zustimmung der Arbeitsbehörde

ersetzt. Notwendig bleibt jedoch in den meisten Fällen eine Zustimmung der Arbeitsbehörde, die innerhalb eines behördeninternen Verfahrens zwischen Arbeits- und Ausländerbehörde erteilt wird (§ 18 Abs. 2 i. V. m. § 39 AufenthG). Ausgenommen hiervon sind lediglich die in §§ 2–4 BeschVerfV aufgeführten Fallkonstellationen sowie Beschäftigungsverhältnisse, die sich aus zwischenstaatlichen Vereinbarungen ergeben. Darüber hinaus sollen

türkische Arbeitnehmer

nach § 15 BeschVerfV für türkische Arbeitnehmer die für sie günstigeren Regelungen in Art. 6 ARB 1/80 Vorrang vor denen des AufenthG haben. Hiernach hat dieser Personenkreis nach einem Jahr ordnungsgemäßer Beschäftigung einen Rechtsanspruch auf Erneuerung der Arbeitserlaubnis bei dem gleichen Arbeitgeber, sofern dieser einen Arbeitsplatz für ihn hat. Nach drei Beschäftigungsjahren soll dann der Arbeitsplatz, allerdings nur innerhalb des bisher ausgeübten Berufes, frei wählbar sein.

Im Ergebnis hat sich aber nichts an dem arbeitsmarktpolitischen Primat bei der Entscheidung über das Aufenthaltsrecht geändert (Marx 2005, § 3 Rz. 17). Nach ihm gelten vor allem die Grundsätze der Vermeidung eines Überangebots an Beschäftigungssuchenden sowie einer prinzipiellen Nachrangigkeit bei der Beschäftigung von Ausländern gegenüber deutschen bzw. EU-Arbeitnehmern (§ 39 Abs. 2 AufenthG). De facto ist der Anwerbestopp für ausländische Arbeitskräfte daher nicht aufgehoben, sondern lediglich hinsichtlich der in der BeschV genannten Berufs- und

Personengruppen gelockert worden. Insbesondere sind durch diese Lo- **Hochqualifizierte**
ckerungen Hochqualifizierte, Wissenschaftler und Hochschullehrer sowie
Spezialisten und leitende Angestellte begünstigt, denen ohne vorausgegan-
gene Wartezeit sofort eine Niederlassungserlaubnis erteilt werden kann
(§ 19 AufenthG).

Unter den Voraussetzungen von § 20 AufenthG wird schließlich auch **Aufenthalt zu**
eine Aufenthaltserlaubnis zur Ermöglichung der Teilnahme an einem For- **Forschungszwecken**
schungsvorhaben erteilt. Sie berechtigt zugleich zur Ausübung einer Erwerbstätigkeit im Rahmen des Forschungsvorhabens selbst sowie auch einer mit ihr in Zusammenhang stehende Lehrtätigkeit.

Von der Frage der Erteilung eines Aufenthaltstitels zum Zweck der Er- **Beschäftigungs-**
werbstätigkeit zu unterscheiden ist die Frage, unter welchen Vorausset- **erlaubnis**
zungen Ausländer, die aus anderen als den in §§ 18–21 AufenthG genannten
Gründen über ein Aufenthaltsrecht verfügen, einer Beschäftigung nachgehen dürfen. Zwar regelt hierzu § 4 Abs. 2 S. 2 AufenthG, dass der Aufenthaltstitel selbst schon erkennen lassen muss, ob eine Erwerbstätigkeit
erlaubt ist. Dies ist für die Niederlassungserlaubnis jedoch bereits per defi-
nitionem erfüllt (§ 9 Abs. 2 S. 2, 1. HS AufenthG). Auch in anderen gesetzlich vorgesehenen Fällen hat der entsprechende Vermerk hierzu lediglich
deklaratorischen (rechtsfeststellenden) Charakter. Einer Zustimmung der
Arbeitsbehörde bedarf es dann nicht. Wichtige praktische Anwendungsfälle
einer derartigen Erwerbserlaubnis von Gesetzes wegen sind insbesondere
das Aufenthaltsrecht für Asylberechtigte und anerkannte Flüchtlinge (§ 25
Abs. 1 S. 4, Abs. 2 S. 2), der Familiennachzug zu einem Deutschen (§ 28 Abs.
5 AufenthG sowie in eingeschränktem Maße auch bei Familiennachzug zu
einem Ausländer (§ 29 Abs. 5 AufenthG). In den nicht ausdrücklich durch
das Gesetz privilegierten Fällen hingegen bedarf eine Beschäftigungser-
laubnis, die durch die Ausländerbehörde erteilt wird, wiederum der Zustimmung durch die Arbeitsbehörde. Hier entfaltet der entsprechende Vermerk
auf dem Visum oder der Aufenthaltserlaubnis konstitutive (rechtsbegrün-
dende) Wirkung (§ 4 Abs. 2 AufenthG).

7.2.2.3 Aufenthalt aus familiären Gründen

Verfassungsrechtlicher Bezugsrahmen der Aufenthaltstitel wegen Famili- **§§ 27–38 AufenthG**
ennachzuges ist der in Art. 6 GG geregelte Grundrechtsschutz von Ehe und
Familie (vgl. hierzu II-2.1). Hieraus folgt zugleich eine Zweckbindung des
Aufenthaltstitels, die nicht nur für seine Erteilung, sondern auch für seine
spätere Verlängerung maßgeblich ist: die Herstellung und Wahrung der familiären Lebensgemeinschaft (§ 27 Abs. 1 AufenthG). Die Regelung ist daher vor allem auf den Nachzug von ausländischen Ehegatten und minderjährigen Kindern zugeschnitten. Eine Gleichbehandlung lebenspartnerschaft-
licher Gemeinschaften i.S.d. LPartG ist dabei mit § 27 Abs. 2 AufenthG
sichergestellt. Der Nachzug sonstiger Familienangehöriger hingegen ist nur
auf der Grundlage der Härtefallregelungen in §§ 36, 28 Abs. 4 AufenthG
möglich. (Etwa: der Nachzug des nicht sorgeberechtigten Elternteils zu sei-

nem minderjährigen Kind oder in besonderen Ausnahmen auch des als Volljähriger Adoptierten zu seinen Adoptiveltern, Marx 2005, § 4 Rn. 163 ff.)

Der Rechtsanspruch auf Erteilung einer Aufenthaltserlaubnis ist jedoch an das grundsätzliche Vorliegen der in § 5 Abs. 1 AufenthG genannten allgemeinen Erteilungsvoraussetzungen für einen Aufenthaltstitel gebunden. Zu ihnen gehört u. a. regelmäßig, dass der Lebensunterhalt des nachreisenden Familienangehörigen gesichert ist sowie dass kein Ausweisungsgrund gegen ihn vorliegt. Gesetzestechnisch wird dies darin abgebildet, dass eine Reihe von Vorschriften zum Familiennachzug explizit Abweichungen von diesen allgemeinen Erteilungsvoraussetzungen zulassen. Dabei wird der Nachzug zu deutschen Staatsangehörigen durch die Regelung in Übereinstimmung mit der Rspr. des BVerfG (BVerfGE 76, 1) insgesamt privilegiert (§ 28 AufenthG). Allerdings hat es die Gesetzesänderung mit sich gebracht, dass nunmehr die Genehmigung des Nachzuges zum deutschen Ehegatten davon abhängig gemacht werden kann, dass der Lebensunterhalt des nachziehenden ausländischen Partners gesichert ist, mithin keine Sozialleistungen für ihn in Anspruch genommen werden müssen.

Für den Nachzug zu in der Bundesrepublik lebenden ausländischen Familienangehörigen wird neben den bereits genannten allgemeinen Erteilungsvoraussetzungen weiterhin verlangt, dass ausreichender Wohnraum zur Verfügung steht (§ 29 Abs. 1 Nr. 2 AufenthG). Darüber hinaus wird hier zwischen dem Ehegattennachzug (§ 30 AufenthG) und dem Kindernachzug, dort wiederum zwischen minderjährigen Kindern, die das 16. Lebensjahr bereits vollendet haben, und solchen, die jünger sind (§ 32 AufenthG), differenziert. Schließlich differieren die Regelungen zum Zuzug von ausländischen Familienangehörigen in Abhängigkeit von der Art des Aufenthaltstitels, der Dauer seines Bestehens und dem Zweck seiner Erteilung. So besteht etwa gem. § 30 Abs. 1 AufenthG in all den Fällen ein Rechtsanspruch auf Erteilung einer Aufenthaltserlaubnis, wenn der bereits in der Bundesrepublik lebende Ehegatte eine Niederlassungserlaubnis besitzt, wenn er als asylberechtigt bzw. als Flüchtling i. S. d. GFK anerkannt ist und er demzufolge über eine Aufenthaltserlaubnis verfügt, wenn er bereits seit fünf Jahren eine Aufenthaltserlaubnis besitzt oder wenn die Ehe jedenfalls zum Zeitpunkt der Erteilung der Aufenthaltserlaubnis für ihn bereits bestand. Als weitere Voraussetzungen treten nunmehr hinzu, dass beide Ehegatten das 18. Lebensjahr vollendet haben und der nachziehende Ehegatte sich zumindest auf einfache Art in deutscher Sprache verständigen kann. Diese Erweiterung soll nach den Vorstellungen des Gesetzgebers die Praxis von Zwangsverheiratungen erschweren. Überzeugender wäre dieses Argument freilich, wenn eine Bestimmung in § 31 AufenthG zugleich den Opfern solcher Zwangsehen einen entsprechenden ausländerrechtlichen Schutz zur Verfügung stellen würde. Dies ist jedoch nicht der Fall. Allerdings ist mit der (versuchten) Nötigung zur Eheschließung in § 55 Abs. 2 Nr. 11 AufenthG ein neuer Ausweisungstatbestand geschaffen worden (III 7.2.3).

Nach Ermessen entschieden wird über die Erteilung einer Aufenthaltserlaubnis an Ausländer, deren Ehepartner oder Eltern etwa wegen des Vorliegens von Abschiebehindernissen oder aufgrund einer Bleiberechtsregelung über eine Aufenthaltserlaubnis verfügen (§ 29 Abs. 3 S.1 AufenthG). Zu Ausländern hingegen, die über eine Aufenthaltserlaubnis nach § 25 Abs. 4 oder 5 AufenthG verfügen (hierzu gleich im Anschluss unter III-7.3), ist ein Familiennachzug durch § 29 Abs. 3 S. 2 AufenthG – übrigens wegen Art. 6 Abs. 1 GG in verfassungsrechtlich bedenklicher Weise (hierzu Marx 2005, § 4 Rn. 64 f.) – ohne jede Ausnahme ausgeschlossen. Durch dieses „System der ausgeklammerten Voraussetzungen" (Frings/Knösel 2005, 62) erweist sich der Regelungskomplex, der auf den ersten Blick durchaus überschaubar scheint, letztlich als im hohen Maße fallgruppenbezogen ausdifferenziert. Dies trifft auch auf die eigenständigen Aufenthaltsrechte bei Aufhebung der ehelichen Lebensgemeinschaft, §§ 31, 28 Abs. 3 AufenthG, bzw. der minderjährigen Kinder, etwa bei Eintritt der Volljährigkeit (§§ 33, 34 f., 28 Abs. 3 AufenthG). Deshalb sollen die einzelnen Aufenthaltstatbestände anhand der Übersicht 46 veranschaulicht werden. In ihr nicht erfasst sind die noch zusätzlich zu berücksichtigenden speziellen Nachzugsregelungen für Familienangehörige türkischer Arbeitnehmer nach Art. 7 ARB7 1/80.

7.2.3   Aufenthaltsbeendigung

Die Verpflichtung zur Ausreise entsteht, wenn ein Ausländer einen Aufenthaltstitel nicht oder nicht mehr besitzt (§ 50 Abs. 1 AufenthG). Sie entsteht demnach dann, wenn der Ausländer ohne über einen Aufenthaltstitel zu verfügen in das Bundesgebiet eingereist ist oder aber weil sein Aufenthaltstitel erloschen ist. Letzteres tritt ein, wenn eine der in § 51 Abs. 1 Nr. 1 bis 8 AufenthG genannten Fallkonstellationen vorliegt. Die praktisch bedeutsamsten unter ihnen sind: **Begründung der Ausreisepflicht**

- ▨ der Ablauf der Geltungsdauer des Aufenthaltstitels,
- ▨ der Eintritt einer auflösenden Bedingung (etwa: Beendigung einer Ausbildung),
- ▨ der Widerruf (insb.: bei Erlöschen der Anerkennung als Asylberechtigter oder als GFK-Flüchtling, § 52 AufenthG, aber auch bei unerlaubter Erwerbstätigkeit von Studierenden, wenn bei überschrittener durchschnittlicher Studiendauer keine ausreichenden Studienfortschritte zu erkennen sind oder wenn etwa ein Forschungsprojekt nicht fortgesetzt werden kann),
- ▨ die Rücknahme (der VA war hier von Anfang an rechtswidrig, z. B. weil er aufgrund unrichtiger Angaben zustande gekommen war, § 48 VwVfG),
- ▨ die Ausweisung. Sie ist in den §§ 53 ff. AufenthG als Reaktion auf verschiedene Straftaten und andere Rechtsverstöße, wie etwa die Zugehörigkeit zu einem verbotenen Verein, die Teilnahme an einer verbotenen Demonstration o. Ä., aber auch bei falschen Angaben bei der Beantragung eines Visums, bei illegaler Prostitution oder gegen sog. „Hassprediger" vorgesehen. Ausgestaltet ist sie je nach Schwere der Straftat (Höhe des Strafausspruchs und Anzahl der Strafen), Art des Delikts (Verstöße **Ausweisung**

Übersicht 46: Aufenthalt aus familiären Gründen

Familiennachzug zu Deutschen, § 28	Familiennachzug zu Ausländern, §§ 29ff.	eigenständiges Aufenthaltsrecht des nachgezogenen Ausländers, §§ 31ff., 28 Abs. 4
Rechtsanspruch auf Erteilung einer **Aufenthaltserlaubnis** bei Nachzug für (Abs. 1 S. 1): ▪ den **Ehegatten** eines Deutschen nach Maßgabe von Abs. 1 S. 3 ▪ das **minderjährigem Kind** eines Deutschen ▪ das **Elternteil** eines deutschen Kindes zur Ausübung der Personensorge. Erteilung einer **Aufenthaltserlaubnis** nach **Ermessen** für den nicht sorgeberechtigten Elternteil, wenn die familiäre Gemeinschaft schon im Bundesgebiet gelebt wird, Abs. 1 S. 4. Erteilung einer **Niederlassungserlaubnis** nach drei Jahren Aufenthaltserlaubnis im Rahmen **gebundenen Ermessens,** Abs. 2. Bei **sonstigen Familienangehörigen** erfolgt **Ermessensentscheidung** im Rahmen der Härtefallregelung nach Abs. 4.	Bei Nachzug des **Ehegatten:** ▪ **Rechtsanspruch** auf Erteilung einer **Aufenthaltserlaubnis** unter den Voraussetzungen von § 29 sowie nach Maßgabe von § 30 ▪ **Rechtsanspruch** auf Erteilung einer **Niederlassungserlaubnis** nach Maßgabe von § 9 Abs. 2 und 3. (2 Spalte) **Rechtsanspruch** der **Eltern** eines ausländischen Kindes, das über einen Aufenthaltstitel verfügt, auf Erteilung einer **Aufenthaltserlaubnis,** sofern sich kein Sorgeberechtigter im Bundesgebiet aufhält, § 36 Abs. 2. **Rechtsanspruch** des **minderjährigen Kindes** auf Erteilung einer **Aufenthaltserlaubnis** nach Maßgabe der jeweiligen Regelung ▪ wenn der bereits im Bundesgebiet lebende Elternteil anerkannter Asylbewerber oder GFK-Flüchtling ist oder über eine Niederlassungserlaubns verfügt, § 32 Abs. 1 Nr.1 ▪ wenn die Eltern oder ein Elternteil einen Aufenthaltstitel besitzen und gemeinsam mit dem Kind in das Bundesgebiet eingereist sind und hier mit ihm leben, § 32 Abs. 1 Nr. 2 ▪ wenn das Kind im Bundesgebiet getoren wird und ein Elternteil einen Aufenthaltstitel besitzt, § 33 ▪ wenn beide Elternteile oder der allein sorgeberechtigte Elternteil einen Aufenthaltstite besitzen und das minderjährige Kind noch nicht das 16. Lebensjahr vollendet hat, § 32 Abs. 3 ▪ unter den gleichen Voraussetzungen auch einem über 16 Jahre alten minderjährigen Kind be günstiger Integrationsprognose, § 32 Abs. 2. Für minderjährige Kinder, die hiernach keinen Rechtsanspruch auf Erteilung einer Aufenthaltserlaubnis haben, wird über den Nachzug im Wege des **Ermessens** entschieden, § 32 Abs. 4. Bei **sonstigen Familienangehörigen** erfolgt **Ermessensentscheidung** im Rahmen der Härtefallregelung nach § 36 Abs. 2.	Für **Ehegatten:** **Rechtsanspruch** auf **Verlängerung** der **Aufenthaltserlaubnis** um ein Jahr gem. § 31 nach Maßgabe von Abs. 1 S. 2 nach zweijähriger rechtmäßiger Ehe im Bundesgebiet, Abs. 1 Nr. 1 ▪ bei Tod des Ehegatten während der ehelichen Lebensgemeinschaft im Bundesgebiet, Abs. 1 Nr. 2 ▪ bei Vorliegen eines besonderen Härtefalls (d. h. bei erheblicher Beeinträchtigung schutzwürdiger Interessen im Falle einer Rückkehrverpflichtung sowie bei Unzumutbarkeit des weiteren Festhaltens an der ehelichen Lebensgemeinschaft), Abs. 2 Danach Verlängerung der Aufenthaltserlaubnis nach **Ermessen,** Abs. 4 S. 2. **Rechtsanspruch** auf Erteilung einer **Niederlassungserlaubnis** nach Auflösung der ehelichen Lebensgemeinschaft, sofern der andere Ehegatte eine Niederlassungserlaubnis besitzt und aus eigenen Mitteln für den Unterhalt des anderen aufkommen kann, ohne dass die sonstigen Erteilungsvoraussetzungen der Altersvorsorge, der Beschäftigungserlaubnis sowie der Sprachkompetenz (wohl aber die anderen Erfordernisse von § 9 Abs. 2 S. 11) vorliegen müssen, Abs. 3. Für **Kinder:** **Rechtsanspruch** auf **Verlängerung** der Aufenthaltserlaubnis, so lange elterlicher Sorge innerhalb der familiären Lebensgemeinschaft ausgeübt wird, § 34 Abs. 1. **Eigenständiges Aufenthaltsrecht kraft Gesetzes** mit Eintritt der Volljährigkeit, § 34 Abs. 2. Danach bis zum Vorliegen der Voraussetzungen für die Erteilung einer Niederlassungserlaubnis **Verlängerung** der **Aufenthaltserlaubnis** nach **Ermessen,** § 34 Abs. 3. **Rechtsanspruch** auf Erteilung einer **Niederlassungserlaubnis** bei fünfjährigem rechtmäßigen Aufenthalt zum Zeitpunkt der Vollendung des 16. Lebensjahres, § 35 Abs.1 S. 1, ebenso bei Vollendung des 18. Lebensjahres und günstigen Integrationsvoraussetzungen, § 35 Abs. 1 S. 2. (Versagungsgründe in Abs. 3 beachten!)

gegen das BtMG, Schleuserkriminalität) oder Intensität der rechtswidrigen Handlung als zwingende, Regel- oder Ermessensausweisung.
Letztere kommt jedoch auch bei der Inanspruchnahme von Sozialhilfe,
in besonderer Fallkonstellation sogar bei Inanspruchnahme stationärer
Leistungen im Rahmen von Hilfen zur Erziehung, in Betracht. Mit der
Novellierung des Zuwanderungsrechts sind ihr in § 55 Abs. 2 Nr. 9 bis 11
schließlich noch die Ausweisungstatbestände der Einwirkung auf junge
Menschen zur Hasserziehung, der Nötigung zur Nichtteilnahme am öffentlichen Leben sowie der (versuchten) Nötigung zur Eheschließung
hinzugefügt worden. Jedoch gewährt § 56 AufenthG in Abhängigkeit
vom Verfestigungsgrad des Aufenthaltstitels, der Aufenthaltsdauer, dem
Aufenthaltszweck sowie der familiären Eingebundenheit besonderen
Ausweisungsschutz. Ihm unterliegen gem. Absatz 2 noch einmal in besonderer Weise Minderjährige und Heranwachsende. Gleichwohl würde
eine ins Detail gehende Analyse zu dem Ergebnis kommen müssen, dass
das geltende Ausweisungsrecht dem durch Art. 8 Abs. 1 EMRK gebote-
nen Schutz nicht in im vollen Umfang gerecht wird (Behlert 2002, 328 f.;
Marx 2005, § 5 Rn. 162).

- die Bekanntgabe einer Abschiebungsanordnung (§ 58a AufenthG).
  Dieses dem bisherigen Ausländerrecht nicht bekannte, schärfste Instrument der Aufenthaltsbeendigung kann ohne vorherige Abschiebungsandrohung von einer obersten Landesbehörde erlassen werden und
  ist sofort vollziehbar. In das Gesetz aufgenommen wurde die Abschiebungsanordnung zur Abwehr einer besonderen Gefahr für die Sicherheit
  der Bundesrepublik Deutschland oder einer terroristischen Gefahr. Zur
  Anwendung kommt sie bereits aufgrund einer auf Tatsachen gestützten
  Prognose und ohne dass Raum für eine in welchem Umfang auch immer erfolgende Interessenabwägung bliebe. Darüber hinaus verstellt sie
  dauerhaft jegliche Wiederkehroption (§ 11 Abs. 1 S. 5 AufenthG). Aus
  diesen Gründen stößt sie sowohl aus menschenrechtlicher Sicht (Art. 8
  EMRK; zum Geltungsrang von Art. 8 EMRK vgl. Benassi 2005, 400 f.)
  als auch aus dem Blickwinkel des Menschenwürdegebots des Art. 1 Abs.
  1 GG auf nachhaltige Bedenken (Marx 2005, § 5 Rn. 387).

Ist in einer der genannten Formen eine Ausreisepflicht begründet worden,
so hat der Ausländer unverzüglich oder, im Falle einer Fristsetzung, spätestens mit Ablauf dieser Frist das Bundesgebiet zu verlassen (§ 50 Abs.
2 AufenthG). Kommt er dieser Pflicht nicht nach, so wird er vollziehbar
ausreisepflichtig. Damit ist gem. § 58 AufenthG, der in Abs. 2 noch weitere   **Abschiebung**
Fallkonstellationen der vollziehbaren Ausreisepflicht nennt, die Ausreisepflicht im Wege der Abschiebung zwangsweise durchzusetzen. Hierzu ergeht zunächst eine Abschiebungsandrohung nach § 59 AufenthG Abs. 1,
mit der zugleich eine Frist zur Ausreise gesetzt wird. Für abgelehnte Asylbewerber gilt § 34 AsylVfG. Nach Ablauf der Frist wird die Abschiebung
festgesetzt und schließlich durchgeführt. Jedoch darf die Abschiebung
weiterhin nicht vollzogen werden, wenn und so lange sie aus tatsächlichen

Abschiebungs-hindernisse

oder rechtlichen Gründen unmöglich ist. In diesem Fall ist gem. § 60a Abs. 2 AufenthG die Abschiebung auszusetzen (Duldung). Die hier in Betracht kommenden rechtlichen Gründe müssen dabei nicht zwingend zielstaatsbezogene Abschiebungshindernisse nach § 60 AufenthG sein. Vielmehr können auch inlandsbezogene Abschiebungsverbote etwa aus Art. 2 Abs. 2 GG (z. B. bei Krankheit) oder aus Art. 6 Abs. 1 (z. B. wegen Ausübung des Umgangsrechts – Beschluss des BVerfG vom 08.12.2005, Az.: 2BvR 1001/04 – oder bei unmittelbar bevorstehender Eheschließung) vorliegen (hierzu: Duchrow/Spieß 2005, 149 ff.).

Abschiebungshaft

Andererseits kann ein vollziehbar ausreisepflichtiger Ausländer auf der Grundlage einer richterlichen Anordnung aber auch gem. § 62 Abs. 2 AufenthG zur Sicherung der Abschiebung in Abschiebungshaft genommen werden. Eine derartige Sicherungshaft ist z. B. dann vorzunehmen, wenn der Ausländer aufgrund einer unerlaubten Einreise vollziehbar ausreisepflichtig ist oder er sich einer Abschiebung entzogen hat bzw. wenn der begründete Verdacht besteht, dass er sich ihr entziehen will.

7.3 Aufenthalt aus völkerrechtlichen, humanitären und politischen Gründen und Asylrecht

Mit der rasant wachsenden Anzahl von Asylbewerbern nach dem Zusammenbruch der sozialistischen Staaten in Mittel-, Ost- und Südosteuropa (von 57.379 im Jahre 1987 auf immerhin 438.191 im Jahre 1992) wurde die Praxis der Aufenthaltsgewährung aus humanitären Gründen zu einem der bestimmenden Themen der gesellschaftspolitischen Auseinandersetzung in der Bundesrepublik Deutschland. Gesetzgeberisch schlug sie sich in der Grundgesetzänderung vom 28.06.1993 sowie in weiteren mit dem 01.07.1993 in Kraft getretenen Asylrechtsänderungen nieder. Auf rechtlichem Gebiet wurde sie beherrscht von der Kontroverse um die Verfassungsmäßigkeit der genannten Verfassungs- und Gesetzesänderungen sowie ihre Vereinbarkeit mit den völkerrechtlich verbindlichen Standards des internationalen Menschenrechtsschutzes, wie sie etwa in der Genfer Flüchtlingskonvention (GFK) und der Europäischen Menschenrechtskonvention (EMRK) niedergelegt sind (vgl. hierzu Zimmermann 1994; Marx 1993). Formal wurde der Streit mit dem Urteil des BVerfG vom 14.05.1996 (BVerfGE 94, 49 II) beigelegt, wobei auch hier drei Verfassungsrichter, darunter die damalige Präsidentin des BVerfG, abweichende Voten abgaben, in denen sie die Entscheidung ihres eigenen Gerichts in ungewöhnlich scharfer Form kritisierten. Mit dem nunmehr geltenden Zuwanderungsrecht sollte zumindest ein Teil der unter Menschenrechtsaspekten ausgemachten Schutzlücken des deutschen Asylrechts geschlossen werden.

Asylrechtsänderung 1993

allgemeine rechtliche Grundlagen

Das Aufenthaltsrecht aus völkerrechtlichen, humanitären oder politischen Gründen ist zunächst in insgesamt elf unterschiedlichen den §§ 22–25 AufenthG zu entnehmenden Tatbeständen ausländerrechtlich geregelt. Hinzu treten allerdings noch die Vorschriften des AsylVfG, die es, gemeinsam mit mehreren EU-Verordnungen, zu einer speziellen Rechtsmaterie werden lassen. Gemeint ist neben der Verordnung (EG) Nr. 2725/2000 vom 11.09.2000 über die Einrichtung von „Eurodac" für den Vergleich von Fingerabdrücken vor allem die Verordnung (EG) Nr. 343/2003 vom 18.02.2003 („Dublin II"). In ihr sind die Verfahrensprinzipien und Zuständigkeitsgrundsätze im Asylverfahren europarechtlich verbindlich niedergelegt. Generell ist die rechtliche Gestaltung des Flüchtlingsrechts durch ein beachtliches europäisches Harmonisierungsbemühen gekennzeichnet, das in insgesamt fünf EU-Richtlinien seinen Ausdruck findet. Die bedeutsamste unter ihnen ist die Richtlinie 2004/83/EG über Mindestnormen für die Anerkennung und den Status von Drittstaatenangehörigen oder Staatenlosen als Flüchtlinge oder als Personen, die anderweitigen internationalen Schutz benötigen, und über den Inhalt des zu gewährenden Schutzes („Qualifikationsrichtlinie"). Diese Richtlinien sind nunmehr, nachdem die letzte Frist hierfür eigentlich bereits am 10.10.2006 verstrichen war, mit dem bereits erwähnten Umsetzungsgesetz in innerstaatliches Recht überführt worden.

7.3.1   Asyl und Flüchtlingsschutz

Ist ein Ausländer unanfechtbar als Asylberechtigter anerkannt, so hat er einen Rechtsanspruch auf Erteilung einer Aufenthaltserlaubnis (§ 25 Abs. 1 AufenthG). Diesem Aufenthaltstatbestand kommt zweifellos nach wie vor eine zentrale rechtspolitische Bedeutung zu, denn er folgt unmittelbar aus der Verwirklichung des Grundrechts auf Asyl aus Art. 16a Abs. 1 GG. Hiernach ist asylberechtigt, wer politisch verfolgt wird. Allerdings soll in den Genuss des Asylrechts nicht kommen, wer aus einem sog. sicheren Drittstaat in die Bundesrepublik einreist (Art. 16a Abs. 2 GG i. V. m. § 26a AsylVfG). Da hierunter aber sämtliche an die Bundesrepublik angrenzende Staaten fallen, besteht bei einer Einreise in die Bundesrepublik auf dem Landweg mit dem Ziel der Asylgewährung praktisch von vornherein keine Aussicht auf Erfolg.

Asylberechtigte § 25 Abs. 1 AufenthG

Grundrecht auf Asyl

Asylberechtigten aufenthaltsrechtlich insoweit gleichgestellt sind gem. § 25 Abs. 2 AufenthG jedoch jene Personen, bei denen das Vorliegen der Flüchtlingseigenschaften i. S. d. GFK festgestellt wurde. Benannt sind diese in § 60 Abs. 1 AufenthG; die Vorschrift zitiert hierzu Art. I Buchst. A Nr. 2 GFK. Hiernach gilt als Flüchtling und darf demzufolge nicht abgeschoben werden, wer an Leib und Leben, wegen seiner Rasse, Religion, Staatsangehörigkeit, seiner Zugehörigkeit zu einer bestimmten sozialen Gruppe oder wegen seiner politischen Überzeugungen bedroht ist. § 60 Abs. 1 AufenthG stellt nunmehr klar, dass hierunter auch geschlechtsspezifische Verfolgungsgründe fallen sowie – insoweit in Umsetzung der „Qualifikationsrichtlinie" – dass es bei der Art der Verfolgung nicht darauf ankommt, ob sie vom Staat, von staatsbeherrschenden Parteien bzw. Organisationen oder von nichtstaatlichen Akteuren ausgeht.

anerkannte Flüchtlinge § 25 Abs. 2 AufenthG

Genfer Flüchtlingskonvention

In beiden Fällen – bei anerkannten Asylberechtigten wie bei anerkannten Flüchtlingen – ist der Rechtsanspruch auf Erteilung einer Aufenthaltserlaubnis verbunden mit einer Berechtigung zur Ausübung einer Erwerbstätigkeit. Darüber hinaus wird gem. § 26 Abs. 1 und 2 AsylVfG für den Ehegatten und die Kinder Familienasyl gewährt. Entsprechendes gilt gem. Abs. 4 auch für Ehegatten und Kinder von Personen, denen die Flüchtlingseigenschaft zuerkannt wurde. Der genannte Personenkreis hat gem. § 26 Abs. 3 AufenthG nach drei Jahren einen Rechtsanspruch auf Erteilung einer Niederlassungserlaubnis. Hierfür ist allerdings noch eine Mitteilung des Bundesamtes für Migration und Flüchtlinge notwendig, wonach die Voraussetzungen für eine Rücknahme oder einen Widerruf der Anerkennung als Asylberechtigter oder als Flüchtling nicht vorliegen. Die übrigen Voraussetzungen für die Erteilung einer Niederlassungserlaubnis gem. § 9 Abs. 2 bis 4 AufenthG hingegen sollen hier nicht vorliegen müssen, weil es sich bei § 26 Abs. 3 AufenthG um das speziellere Gesetz (**lex spezialis**) handelt (Marx 2005, § 2 Rn. 164).

7.3.2   Asylverfahren

§ 1 Abs. 1 AsylVfG

Aufenthalts-gestattung

Residenzpflicht

Sowohl für die Feststellung einer Asylberechtigung nach Art. 16a GG als auch für die Zuerkennung der Flüchtlingseigenschaft gilt das AsylVfG. Ziel des Verfahrens ist es aus Sicht der Betroffenen, einen Aufenthaltstitel zu erlangen, der den von ihnen begehrten Schutz vor Verfolgung bietet. Für die Dauer des Verfahrens wird ihnen der Aufenthalt im Bundesgebiet lediglich *gestattet* (§ 55 Abs. 1 AsylVfG). Sie dürfen sich in dieser Zeit ohne besondere Erlaubnis nicht außerhalb des Bezirks der zuständigen Ausländerbehörde aufhalten. Diese gesetzliche Etablierung der sog. Residenzpflicht, die nach wie vor von Menschenrechts-NROs strikt abgelehnt wird, steht nach entsprechendem Einsatz der Bundesregierung bei den Verhandlungen hierüber nunmehr in Einklang mit Art. 7 der Richtlinie 2003/9/EG zur Festlegung von Mindestnormen für die Aufnahme von Asylbewerbern in den Mitgliedsstaaten (Aufnahmerichtlinie).

Asylbewerber werden nach Stellung des Asylantrags zunächst in einer Erstaufnahmeeinrichtung untergebracht (§ 47 AsylVfG). Kann das Verfahren nicht kurzfristig zum Abschluss gebracht werden, so erfolgt gem. § 53 i. d. R. eine Unterbringung in einer Gemeinschaftsunterkunft. Jedenfalls für die ersten zwölf Monate nach Antragstellung ist eine Erwerbstätigkeit vollkommen ausgeschlossen (§ 61 Abs. 2 AsylVfG). Leistungen im Grundleistungsbereich sowie bei Krankheit erhalten sie für eine Dauer von insgesamt 36 Monaten nach AsylbLG (hierzu III-4.3).

Jedoch ist der Zugang zum Asylverfahren weitgehend durch die bereits erwähnte Drittstaatenregelung erschwert, die es den Grenzbehörden gem. § 18 AsylVfG praktisch erlaubt, jede an oder in der Nähe der Grenze angetroffene Person, die ein Asylbegehren vorbringt, sofort zurückzuweisen bzw. zurückzuschieben. Perfektioniert wird dieses System der „völligen Abschottung der Bundesrepublik" (Duchrow/Spieß 2005, 193) durch das sog. Flughafenverfahren nach § 18a AsylVfG. Es zielt im Ergebnis darauf ab, Asylbewerbern, die auf dem Luftweg ankommen, von vornherein die Einreise in die Bundesrepublik zu verweigern, sofern ihr Asylantrag offensichtlich unbegründet ist (§ 18a Abs. 3 S.1 AsylVfG). Dies wird im Rahmen des Flughafenverfahrens vor allem dann angenommen, wenn der Asylbewerber aus einem sog. sicheren Herkunftsstaat kommt (§ 29a AsylVfG). Im Falle der Ablehnung seines Antrages hat der Betroffene insgesamt drei Tage Zeit, den Bescheid übersetzen zu lassen, sich anwaltlichen Beistands zu versichern sowie einen Eilantrag auf Gewährung der Einreise zu stellen. Das Gericht entscheidet dann i. d. R. im schriftlichen Verfahren und damit ohne Anhörung (§ 18 Abs. 4 AsylVfG). Für die Dauer der Prozedur ist der Betroffene in der Flüchtlingsunterkunft des Flughafentransits internierungsartig untergebracht. Diese rechtlichen und tatsächlichen Bedingungen sind es, die das Flughafenverfahren in einen Grenzbereich dessen rücken, was unter rechtsstaatlichem und menschenrechtlichem Aspekt noch hinnehmbar ist.

Die innereuropäischen Zuständigkeiten für die Durchführung des Asylverfahrens werden durch Dublin II geregelt. Die Verordnung soll vor allem dazu beitragen, innerhalb des europäischen Raumes das *„One-chance-only"*-Prinzip durchzusetzen. Danach ist derjenige Mitgliedsstaat für die Durchführung des Asylverfahrens zuständig, der ein Visum ausgestellt hat oder zu dem „Gebietskontakt" bestanden hat (Art. 9 bis 12 Abs. der Verordnung). Darüber hinaus soll mit Dublin II sichergestellt werden, dass die Prüfung aller Asylanträge einer Familie durch ein und denselben Mitgliedsstaat erfolgt (Priorität der Familieneinheit) sowie dass der Schutz unbegleiteter minderjähriger Flüchtlinge verbessert wird. Letzteres wird dadurch erreicht, dass das Verfahren gegen unbegleitete Minderjährige in dem Mitgliedsland durchgeführt wird, in dem sich bereits ein Familienmitglied des Minderjährigen rechtmäßig aufhält (worunter in diesem speziellen, europarechtlich zu beurteilenden Fall, auch die Duldung fällt), Art. 6 Abs. 1 der Verordnung.

Dublin II

In der Bundesrepublik Deutschland wird das Asylverfahren durch das Bundesamt für Migration und Flüchtlinge durchgeführt. Es entscheidet auf der Grundlage einer Antragstellung des Betroffenen nach § 13 AsylVfG nach dessen Anhörung. In ihr hat der Asylbewerber von sich aus alle Tatsachen vorzutragen, aus denen sich seine Furcht vor Verfolgung begründet. Darüber hinaus hat er Angaben zu seinem Wohnsitz, dem Reiseweg, Aufenthalten in anderen Staaten und zu früheren Asylverfahren zu machen (§ 25 AsylVfG). Die Entscheidungsmöglichkeiten können lauten:

Bundesamt für Migration und Flüchtlinge

- Anerkennung als Asylberechtigter,
- Zuerkennung der Flüchtlingseigenschaft,
- (schlichte) Ablehnung des Antrages,
- Ablehnung des Antrages als offensichtlich unbegründet (§§ 29a, 30 AsylVfG),
- Antrag ist unbeachtlich (wegen Einreise aus sicherem Drittstaat, Art. 16a Abs. 2 GG, § 26a AsylVfG).

Da das AsylVfG, obgleich es ein Verwaltungsverfahren ist, kein Vorverfahren vorsieht, kann gegen ablehnende Bescheide sofort Klage vor dem VG erhoben werden. Die Klagefristen betragen gem. § 74 AsylVfG bei Ablehnung wegen offensichtlicher Unbegründetheit sowie bei Unbeachtlichkeit eine Woche, bei schlichter Ablehnung zwei Wochen. Nur in diesem letztgenannten Fall hat die Klageerhebung auch aufschiebende Wirkung in Bezug auf den Vollzug der zugleich mit der Ablehnung ergehenden Abschiebungsandrohung (§ 75 AsylVfG). Deshalb wäre in den anderen Fällen zur Vermeidung einer Abschiebung während des laufenden Verfahrens zusätzlich noch ein Antrag auf aufschiebende Wirkung gem. § 80 Abs. 5 VwGO zu stellen. Rechtsmittel sind gegen Urteile des VG nach § 78 Abs. 1 AsylVfG dann ausgeschlossen, wenn in ihnen die Klage als offensichtlich unzulässig oder offensichtlich unbegründet zurückgewiesen wird. Jedoch ist auch anderenfalls eine Berufung nur möglich, sofern sie vom OVG zugelassen wird. Bei der Entscheidung hierüber ist das OVG an die Vorgaben in § 78 Abs. 3 AsylVfG gebunden. Die Ablehnung eines Antrages auf Zulassung der Berufung, die keiner Begründung bedarf, führt unmittelbar zur Rechtskraft der VG-Entscheidung. Die Revision ist in Asylverfahren ausgeschlossen.

7.3.3   Subsidiärer Schutz

Voraussetzungen Bei Personen, welche die Voraussetzungen für die Anerkennung als Asylberechtigte oder als Flüchtlinge i. S. d. GFK nicht erfüllen, kann dennoch ein Schutzbedürfnis vorliegen, weil sie im Falle ihrer Abschiebung der konkreten Gefahr der Folter oder der Todesstrafe ausgesetzt sind. Gleiches trifft zu bei einer erheblichen konkreten Gefahr für Leib, Leben oder Freiheit etwa infolge von Krieg, Bürgerkrieg oder vergleichbarer internationaler oder innerstaatlicher bewaffneter Konflikte. In diesen Fällen wird durch § 60 Abs. 2 und 3 sowie Abs. 5 bis 7 AufenthG ein sog. subsidiärer od. **§ 25 Abs. 3 AufenthG** ergänzender Schutz in Form des Verbotes der Abschiebung gewährt. Die aufenthaltsrechtliche Folge ist dann gem. § 25 Abs. 3 AufenthG, dass eine Aufenthaltserlaubnis erteilt werden *soll*.

Versagungsgründe   Jedoch nennt § 25 Abs. 3 S. 2 eine Reihe von Versagungsgründen, in denen die großzügige Anlage der Regelung weitgehend wieder zurückgenommen ist (Heinhold/Classen 2004, 39). Eine Aufenthaltserlaubnis wird nämlich auch nach geltendem Recht dann nicht erteilt, wenn die Ausreise in einen Staat möglich und zumutbar ist, in dem keine Verfolgung droht, oder wenn der Ausländer seine Mitwirkungspflichten wiederholt oder gröblich verletzt hat. Wann dies aber der Fall ist, unterliegt weitgehend der Beurteilung seitens des Bundesamtes bzw. der Ausländerbehörde. Wird jedenfalls ein Versagungsgrund für eine Aufenthaltserlaubnis geltend gemacht, so kommt, selbst wenn eines der genannten Abschiebehindernisse besteht, auch weiterhin lediglich die Erteilung einer Duldung nach § 60a AufenthG in Betracht. Dies bedeutet, dass die Betroffenen über keinen rechtmäßigen Aufenthaltstitel verfügen und demzufolge weiterhin vollziehbar ausreisepflichtig sind. Lediglich ihre Abschiebung ist für die Dauer der Duldung ausgesetzt.

Weitere Einschränkungen in § 25 Abs. 3 S. 2 AufenthG sollen schließlich verhindern, dass sich Personen unter den Schutz des Gesetzes begeben können, denen schwere Straftaten, Kriegsverbrechen oder andere schwere Verstöße gegen international verbindliche Normen des Völkerrechts zur Last gelegt werden.

7.3.4 Bleiberecht

§ 23 Abs. 1 AufenthG hat mit der Aufenthaltsgewährung durch die obersten Landesbehörden zunächst ein Aufenthaltsrecht für zwei Fallgruppen im Blick. Zum einen soll hiermit den humanitären Interessen etwa von Kirchen Rechnung getragen werden, einzelnen Ausländern aus bestimmten Staaten oder auch bestimmten Ausländergruppen im Rahmen eines sog. Kirchenkontingents Schutz zu gewähren (Heinold/Classen 2004, 30). Wohl wegen der damit für die Kirchen verbundenen Kosten – sie müssten in diesem Fall eine Verpflichtungserklärung nach § 68 AufenthG abgeben, wonach sie bereit sind, sämtliche Kosten für den Lebensunterhalt (einschließlich Versorgung mit Wohnraum und Kosten bei Krankheit und Pflegebedürftigkeit) zu übernehmen – ist hierauf bisher noch nicht zurückgegriffen worden (Evaluationsbericht 2006, 57). Von erkennbar größerer praktischer Relevanz hingegen ist die ebenfalls § 23 Abs. 1 AufenthG zu entnehmende Möglichkeit, eine Bleiberechtsregelung für bestimmte Flüchtlingsgruppen zu schaffen. Sie bestand übrigens bereits nach früherem Recht und kam auch gelegentlich – etwa in den Jahren 2000/2001 für insges. ca. 32.000 Traumatisierte und Ausreisepflichtige aus Bosnien-Herzegowina und Jugoslawien, vor allem dem Kosovo – zur Anwendung. Für den Zeitraum seit Inkrafttreten des ZuwG lag allerdings bisher nur eine Bleiberechtsregelung für ca. 950 ausreisepflichtige afghanische Flüchtlinge vor. Nunmehr tritt als wichtiger Anwendungsfall jedoch die sog. „Altfallregelung" für langjährig Geduldete (§ 104a Abs. 5 AufenthG, vgl. auch III-7.3.6) hinzu.

§23 Abs. 1 AufenthG

7.3.5 Jüdische Zuwanderer

Unter den Personen und Gruppen, die aus politischen, aber auch humanitären Gründen Aufnahme in der Bundesrepublik finden, nehmen die jüdischen Zuwanderer aus der ehemaligen Sowjetunion eine besondere Stellung ein. Rechtsgrundlage für ihre Aufnahme ist nunmehr § 23 Abs. 2 AufenthG. Die Vorschrift sieht vor, dass ihnen sofort, d. h. ohne Wartezeit, eine Niederlassungserlaubnis erteilt werden kann. Praktisch gesehen wird aber wohl zunächst nur eine Aufenthaltserlaubnis in Betracht kommen (Heinhold/Classen 2004, 30). Dies steht damit im Zusammenhang, dass die Innenministerkonferenz am 23./24.06.2005 eine Neuregelung des Verfahrens zur Aufnahme jüdischer Zuwanderer beschlossen hat, das auch für diese Zuwanderergruppe in stärkerem Maße die konkreten Integrationsvoraussetzungen und -möglichkeiten mitberücksichtigt. Im Übrigen können hier selbst bei Erteilung einer Niederlassungserlaubnis nach § 23 Abs. 2 S. 2 AufenthG ausnahmsweise wohnsitzbeschränkende Auflagen erteilt werden. Der Verweis in Abs. 3 auf § 24 AufenthG öffnet dabei gleichzeitig den Weg für eine Verteilung der jüdischen Immigranten auf die und innerhalb der Bundesländer.

Die Zahl der aus der ehemaligen Sowjetunion zugewanderten jüdischen Personen sank allerdings, wohl auch wegen der in dem neu geregelten Aufnahmeverfahren deutlich angehobenen Aufnahmevoraussetzungen (eigenständige Sicherung des Lebensunterhalts, Grundkenntnisse der deutschen Sprache), im Jahr 2005 mit 5.968 Personen auf den bisher niedrigsten Stand (zum Vergleich: der Höchststand im Jahr 2002 lag bei 19.262 Personen).

7.3.6   Sonstige völkerrechtliche, humanitäre oder politische Aufenthaltsgründe

dringende human. od. pers. Gründe

§ 25 Abs. 4 S. 1 AufenthG ermöglicht die Erteilung einer Aufenthaltserlaubnis für einen *vorübergehenden* Aufenthalt aus dringenden humanitären oder persönlichen Gründen (z. B. Pflegebedürftigkeit einer nahestehenden Person; schwere, im Herkunftsland nicht behandelbare Erkrankung o. Ä.). Nach der zweiten Alternative von § 25 Abs. 4 S. 1 AufenthG soll eine Aufenthaltserlaubnis darüber hinaus auch dann erteilt werden, wenn dringende öffentliche Interessen den Aufenthalt eines Ausländers erfordern. Dies kann z. B. dann der Fall sein, wenn er als wichtiger Zeuge in einem Gerichtsverfahren benötigt wird. Abs. 4a stellt hierfür noch einmal eine spezielle Regelung für Ausländer bereit, die Opfer von Straftaten nach §§ 232 ff. StGB (Menschenhandel) geworden sind.

ausnahmsweise Verlängerung bei vorübergehendem Aufenthalt

Darüber hinaus soll eine normalerweise nicht verlängerbare Erlaubnis für einen vorübergehenden Aufenthalt gem. § 25 Abs. 4 S. 2 AufenthG ausnahmsweise *verlängert* werden dürfen, wenn das Verlassen des Bundesgebietes im zu entscheidenden Einzelfall eine außergewöhnliche Härte bedeuten würde.

tatsächl. oder rechtl. Hindernisse

Mit § 25 Abs. 5 AufenthG schließlich wurde eine Vorschrift in das ZuwG aufgenommen, von der – im Ergebnis allerdings weitgehend vergeblich – ein entscheidender Beitrag für die Lösung des Problems der sog. „Kettenduldung" erwartet wurde. Von den Ende 2006 insgesamt knapp 193.000 Personen, die lediglich über eine Duldung verfügen, leben nämlich mehr als 120.000 bereits länger als fünf Jahre und 48.000 sogar schon länger als zehn Jahre in der Bundesrepublik. Deshalb sollen gemäß der Vorschrift nach 18 Monaten Duldung Personen, die aus tatsächlichen oder rechtlichen Gründen an der Ausreise gehindert sind, eine Aufenthaltserlaubnis erteilt bekommen, sofern in absehbarer Zeit nicht mit dem Wegfall des Ausreisehindernisses zu rechnen ist. Allerdings darf die Aufenthaltserlaubnis nicht erteilt werden, wenn der Ausländer die Verhinderung seiner Ausreise selbst verschuldet hat, weil er z. B. falsche Angaben gemacht, über die Identität seiner Person oder Staatsangehörigkeit getäuscht oder nicht in zumutbarer Weise an der Beseitigung des Ausreisehindernisses mitgewirkt hat. Genau dies führt jedoch in der Praxis dazu, dass die Erteilung einer Aufenthaltserlaubnis häufig verweigert wird. Nach Einschätzung des Bundesministeriums des Innern haben deshalb bisher auch nur höchstens 20 % der geduldeten Ausländer eine Aufenthaltserlaubnis nach § 25 Abs. 5 AufenthG erhalten (Evaluationsbericht 2006, 83). Nunmehr sollen allerdings zumindest im Wege einer Altfallregelung mit Stichtag 01.07.2007 Menschen, die seit acht Jahren bzw., sofern sie minderjährige Kinder haben, seit sechs Jahren ununterbrochen geduldet wurden, gem. § 104a AufenthG eine Aufenthaltserlaubnis erhalten, jedoch nur unter den engen Voraussetzungen von Abs. 1 Nr. 1 bis 6 (u. a.: hinreichende Deutschkenntnisse, ausreichender Wohnraum, kein vorsätzliches Hinauszögern oder Behindern der Aufenthaltsbeendigung in der Vergangenheit, keine Straftaten). In diesem Zusammenhang wurde in § 104b AufenthG weiterhin noch geregelt, dass gut integrierten Kindern, die sich seit mindestens sechs Jahren geduldet in der Bundesrepublik Deutschland aufhalten, ab vollendetem 14. Lebensjahr auch dann eine eigenständige Aufenthaltserlaubnis erteilt wird, wenn bei ihren Eltern die Voraussetzungen von § 104a Abs. 1 AufenthG nicht vorliegen und diese deshalb ausreisen müssen.

§ 23a AufenthG sieht erstmalig eine Aufenthaltsgewährung in Härtefällen vor. Insgesamt betrachtet hinterlässt die Regelung einen eher ambivalenten Eindruck. Zum einen nämlich enthält das Ausländerrecht nunmehr eine Rechtsgrundlage, mit der sich in Härtefällen ein Bleiberecht begründen lässt. Auf der anderen Seite ist die rechtliche Konstruktion der Regelung unter rechtsstaatlichem Gesichtspunkt nicht unumstritten. Bei Vorliegen dringender humanitärer oder persönlicher Gründe soll die oberste Landesbehörde anordnen dürfen, dass abweichend von den sonst geltenden gesetzlichen Vorschriften eine Aufenthaltserlaubnis zu erteilen ist. Hierzu veranlasst werden kann sie auf Ersuchen einer Härtefallkommission, an deren Votum sie aber in ihrer Entscheidung nicht gebunden ist. Die Härtefallkommission ihrerseits wird ausschließlich im Wege der Selbstbefassung tätig. Der Aufenthalt begehrende Ausländer hingegen hat kein eigenes Antragsrecht. Wegen des Fehlens der subjektiven Rechtsqualität des Betroffenen (§ 23a Abs. 1 S. 4 AufenthG) ist wohl zugleich auch kein Raum für einen Rechtsschutz nach Art. 19 Abs. 4 GG (Marx 2005, § 2 Rn. 119; a. A. Heinhold/Classen 2004, 32).

§ 22 AufenthG ermöglicht eine Aufnahme von Ausländern aus völkerrechtlichen oder *dringenden* humanitären Gründen *aus dem Ausland*. Es handelt sich demzufolge nicht um Personen, die in die Bundesrepublik Deutschland eingereist sind, um hier Schutz zu finden, sondern um solche, die sich in einem anderen Land aufhalten und von dort, etwa im Rahmen internationaler humanitärer Hilfsaktionen, von der Bundesrepublik übernommen werden. Von Inkrafttreten des ZuwG wurde bis zum 31.05.2006 jedoch nur in 307 Fällen eine Aufenthaltserlaubnis auf der Grundlage von § 22 AufenthG erteilt (Evaluationsbericht 2006, 55).

Härtefälle § 23a AufenthG

Härtefallkommission

Aufnahme aus dem Ausland § 22 AufenthG

**Aufenthaltsgewäh-
rung zum vorüber-
gehenden Schutz
§ 24 AufenthG**

Mit § 24 AufenthG wurden die Bestimmungen der EU-Richtlinie 2001/55/
EG über die Mindestnormen für die Gewährung vorübergehenden Schutzes
im Falle eines Massenzustroms von Vertriebenen in nationales Recht umgesetzt. Europarechtlich ist das Ziel der Regelung vor allem auch in einer
ausgewogenen Verteilung der mit der Aufnahme von Kriegs- und Bürger-
kriegsflüchtlingen verbundenen Belastungen unter den Mitgliedsstaaten zu
sehen. Innerstaatlich stehen neben Statusfragen vor allem auch Verteilungs-
regelungen innerhalb des Bundesgebietes im Mittelpunkt der Regelung.
Flüchtlinge, die nach § 24 AufenthG eine Aufenthaltserlaubnis erhalten
würden, hätten demnach gem. Abs. 5 keinen Anspruch darauf, sich in einem
bestimmten Bundesland oder an einem bestimmten Ort aufzuhalten. Wohl
aber könnte gem. Abs. 6 eine selbstständige oder nichtselbstständige Erwerbstätigkeit gestattet werden. Allerdings kam § 24 AufenthG noch nicht
zur praktischen Anwendung. Ein hierfür notwendiger Beschluss des Rates
der EU, mit dem das Bestehen eines Massenzustroms von Vertriebenen
festgestellt wird, ist nämlich bisher noch nicht gefasst worden (vgl. Evaluationsbericht 2006, 61).

Duchrow/Spieß 2005; Marx 2005

1. Zwischen welchen Gruppen von Migranten ist in tatsächlicher wie auch
   in rechtlicher Hinsicht zu unterscheiden? (7.1)
2. Wonach bestimmt sich der rechtliche Status von Spätaussiedlern? (7.1)
3. Welche Aufenthaltstitel kennt das AufenthG und wodurch sind sie jeweils charakterisiert? (7.2.1)
4. Herr M. aus dem Sudan ist anerkannter Asylbewerber und studiert Sozialwesen. Nebenbei möchte er gern an vier Abenden pro Woche in einem
   Café als Bedienung arbeiten. Ist ihm dies erlaubt? Benötigt er hierfür
   u. U. eine besondere Genehmigung? (7.2.2.1; 7.3.1)
5. Frau S. aus Sri Lanka stellt einen Antrag auf Asyl, weil sie unter dem
   Verdacht, die Rebellenarmee Tamilische Befreiungstiger (LTTE) unterstützt zu haben, verhaftet und in der Haft misshandelt wurde. Sie reiste,
   aus Südosteuropa kommend, unter Umgehung von Grenzkontrollen auf
   dem Landweg in die Bundesrepublik ein. Wird ihr Antrag erfolgreich
   sein? Kann sie ggf. anderweitigen Schutz erlangen? (7.3)

8   Unterbringungsrecht (Behlert)

8.1   Unterbringung als Bereitstellung von Unterkunft

Der Begriff „Unterbringung" kann im Recht unterschiedliche Bedeutungen haben. Eher *unspezifisch* wird er gelegentlich verwendet, wenn etwa von Heimunterbringung oder der Unterbringung in einer Pflegefamilie die Rede ist und damit Hilfen zur Erziehung i. S. v. §§ 33, 34 SGB VIII gemeint sind. Im Gesetz selbst findet er sich hier ebenso wenig wie in anderen Regelungszusammenhängen, in denen es ebenfalls (unter anderem) darum geht, Menschen in bestimmten Institutionen und Einrichtungen unterzubringen, etwa im Rahmen von Eingliederungshilfen nach § 35a SGB VIII oder § 53 SGB XII i. V. m. § 55 SGB XII, sowie bei Hilfen zur Überwindung besonderer sozialer Schwierigkeiten nach § 68 SGB XII. In anderen Fällen benutzt das Gesetz den Terminus ausdrücklich, und zwar im Sinne der Verschaffung einer Unterkunft, z. B. in § 21 SGB VIII, wo die Unterbringung von Kindern zur Erfüllung der Schulpflicht geregelt ist, wenn die Eltern berufsbedingt, etwa als Schausteller oder Binnenschiffer, permanent ihren Aufenthaltsort wechseln. Auch die gesetzliche Regelung der Unterbringung von Asylbewerbern in Gemeinschaftsunterkünften (§ 53 AsylVfG) erfolgt unter expliziter Verwendung des Begriffs. Eine weiter gehende Bedeutung soll Unterbringung im Zusammenhang mit der Inobhutnahme nach § 42 SGB VIII haben. Zwar geht es auch hier zunächst darum, dass der Minderjährige außerhalb des Elternhauses an einem der vom Gesetz benannten Orte untergebracht wird. Jedoch kann diese Unterbringung weder in rechtlicher noch in tatsächlicher Hinsicht von einer umfassenden sozialpädagogischen Krisenintervention getrennt werden, zu deren Ermöglichung sie, jedenfalls in der Zielstellung, überhaupt erst vorgenommen wurde (Münder et al. 2006 Rz. 19, 21 ff. zu § 42).

8.2   Unterbringung als Freiheitsentziehung

Neben dieser im Großen und Ganzen eher an einen allgemein üblichen Sprachgebrauch angelehnten Verwendung des Begriffs kommt die Unterbringung im Recht jedoch noch in einer weiteren, diesmal sehr spezifischen

Bedeutung vor. Nach einer schon älteren, gleichwohl noch immer verwendeten (Fröschle 2006, 87) Formel des OLG Düsseldorf, der sog. „Düsseldorfer Formel", liegt eine Unterbringung in diesem Sinne immer dann vor, wenn eine Person auf einem beschränkten Raum festgehalten, ihr Aufenthalt überwacht und die Aufnahme eines Kontaktes ihrerseits mit Personen außerhalb des Raumes durch Sicherungsmaßnahmen verhindert wird **Freiheitsentziehung** (NJW 1963, 398). Es handelt sich daher bei der Unterbringung im rechtstechnischen Sinn um eine Maßnahme, die in den grundrechtsgeschützten persönlichen Freiheitsbereich von Art.2 Abs. 2 GG eingreift. Sie kann demzufolge nur unter den engen Voraussetzungen für die Zulässigkeit eines Grundrechtseingriffs allgemein (I-2.2.3) sowie unter strikter Beachtung der zusätzlichen Verfahrensvorschriften für eine Freiheitsentziehung in Art. 104 GG erfolgen. Die Freiheitsentziehung stellt dabei einen Unterfall der Freiheitsbeeinträchtigung bzw. -beschränkung dar (Jarass/Pieroth 2002, Art. 2 Rz. 86). Er liegt immer dann vor, wenn die körperliche Bewegungsfreiheit auf einen *eng umgrenzten* Raum und für eine gewisse *Mindestdauer* (also nicht nur für einige Stunden) eingeschränkt wird (Jarass/Pieroth 2002, Art. 104 Rz. 10). Während bereits eine Freiheitsbeschränkung allgemein nur aufgrund eines förmlichen Gesetzes und nur unter Beachtung der darin vorgeschriebenen Formen, wie Antragserfordernis, Zuständigkeiten, Einhaltung von Fristen, Anhörungen u. Ä. angeordnet werden darf (Art. 104 Abs. 1 GG), tritt bei der Freiheitsentziehung zusätzlich noch das Erfordernis der richterlichen Entscheidung bzw. deren unverzüglicher Herbeiführung hinzu (Art. 104 Abs. 2 GG). Dies trifft im Übrigen auch dann zu, wenn der Staat, wie etwa im Fall der Betreuerbestellung, Freiheitsentziehung durch Privatpersonen gestattet (BVerfGE 10, 302; zumindest im Ergebnis daher auch Jarass/Pieroth 2002, Art. 104 Rz. 25).

Formen der Bei freiheitsentziehenden Maßnahmen wird man zunächst an deren allge**Freiheitsentziehung** mein bekannte Formen der Freiheitsstrafe (§§ 38 f. StGB; hierzu vgl. IV-4.2), der Untersuchungshaft (§§ 112 ff. StPO) sowie des polizeilichen Gewahrsams (z. B. §§ 19 ff. Thüringer PAG) denken, ferner an die verschiedenen Varianten der Erzwingungshaft (etwa zur Zahlung einer Geldbuße, § 96 OwiG, oder zur Erzwingung einer Zeugenaussage, § 70 Abs. 2 StPO) bzw. auch der Ersatzzwangshaft (§ 16 VwVG). Für diesen Komplex findet jedoch die Bezeichnung „Unterbringung" normalerweise keine praktische Verwendung, obgleich die Betroffenen natürlich auch in einer Justizvollzugsanstalt oder einem Haftraum notwendigerweise insoweit untergebracht sind.

Besondere Formen der Unterbringung mit Freiheitsentziehung im rechtlichen Umfeld sozialer Berufe finden sich etwa im Zusammenhang mit der Vermeidung von Untersuchungshaft für jugendliche Straffällige sowie mit der Inobhutnahme durch das Jugendamt. Im ersten Fall erfolgt eine Unterbringung in einer stationären Einrichtung der Jugendhilfe, wofür ein richterlicher Unterbringungsbefehl anstelle eines Haftbefehls ergeht (§§ 71 Abs. 2, 72 Abs. 4 JGG; vgl. IV-5.1). Bei der Inobhutnahme sind gem. § 42 Abs. 5 SGB VIII freiheitsentziehende Maßnahmen ausschließlich bei Eigen- oder Fremdgefährdung von Leib und Leben zulässig. Diese besondere

Form der Inobhutnahme, die immer nur eine *vorläufige* Maßnahme ist, stellt zugleich nach h. M. die einzige rechtlich zulässige Form der Unterbringung mit Freiheitsentziehung im Bereich der Jugendhilfe dar (ausführlich Münder et al. 2006, § 42 Rz. 56 ff.; vgl. III-3.4.1.1). Eine hiervon mitunter abweichende Praxis ist daher nicht nur von zweifelhafter Legalität, sondern kann u. U. auch ein strafrechtliches Risiko für die beteiligten Sozialarbeiter (und Richter) in sich bergen.

Weitere Unterbringungsformen sieht das Strafrecht in Gestalt der Unterbringung in einem psychiatrischen Krankenhaus (§ 63 StGB; die einstweilige Unterbringung in diesen Fällen der Schuldunfähigkeit oder verminderten Schuldfähigkeit regelt § 126a StPO), einer Entziehungsanstalt (§ 64 StGB) sowie in Sicherungsverwahrung (§ 66 StGB) vor. Das Verfahren nach JGG kennt darüber hinaus noch die Unterbringung zur Beobachtung gem. § 73 JGG, die zur Vorbereitung eines Gutachtens über den Entwicklungsstand des beschuldigten Jugendlichen oder Heranwachsenden angeordnet werden kann. Schließlich finden sich im Anwendungsbereich des Gesetzes über das gerichtliche Verfahren bei Freiheitsentziehungen (FEVG) weitere Fallgruppen von freiheitsentziehenden Maßnahmen, die – inhaltlich unverbunden – nur durch den äußerlichen Umstand miteinander in Zusammenhang stehen, dass sich die Verfahren zur Anordnung der Freiheitsentziehung in Ermangelung speziellerer Vorschriften jeweils nach eben diesem Gesetz gestalten. Materiellrechtlich betrifft dies die sog. zwangsweise Absonderung von Kranken, Krankheitsverdächtigen und Ansteckungsverdächtigen nach § 37 Abs. 2 BSeuchG, die zwangsweise Einweisung zur Untersuchung, Beobachtung und Behandlung nach §§ 17 ff. GeschlKrG sowie die Abschiebungshaft für Ausländer zur Vorbereitung einer Ausweisung nach § 62 Abs. 1 AufenthG bzw. zur Sicherung einer Abschiebung nach § 62 Abs. 2 AufenthG.

8.3 Unterbringung nach FGG

8.3.1 Formen

Ungeachtet der vielfältigen bereits aufgezählten Formen der Unterbringung sind in der rechtlichen Praxis, sofern der Begriff dort Verwendung findet, zumeist jene mit Freiheitsentziehung verbundenen Maßnahmen gemeint, die den beiden Komplexen der privat-rechtlichen sowie der öffentlich-rechtlichen Unterbringung im Rahmen der jeweiligen Unterbringungsgesetze der einzelnen Bundesländer zuzurechnen sind. Letztere tragen häufig die Kurzbezeichnung PsychKG, die deshalb nachfolgend auch für alle Unterbringungsgesetze der Länder verwendet werden soll.

Der Zusammenhang zwischen den beiden Grundformen ergibt sich in tatsächlicher Hinsicht u. a. daraus, dass sie sich teilweise auf den gleichen Personenkreis beziehen, was in der Praxis immer wieder auch zu Konkurrenzen bei der Anwendung der Vorschriften führt (im Einzelnen Marschner/Volckart 2001, Rz. 119 ff. zu Kap. 4). In rechtlicher Hinsicht ist der Zusammenhang dadurch hergestellt, dass für beide dieselben, in §§ 70 ff. FGG niedergelegten, Verfahrensvorschriften gelten.

privat-rechtliche Unterbringung

Die privat-rechtliche Unterbringung mit Freiheitsentziehung betrifft im Wesentlichen drei Fallgruppen:

- die Unterbringung durch einen Betreuer (§ 1906 Abs. 1–3 BGB),
- die Unterbringung durch einen Bevollmächtigten (§ 1906 Abs. 5 BGB) sowie
- die Unterbringung eines Kindes (§ 1631b BGB).

Da es sich vorliegend jedes Mal um eine Unterbringung mit Freiheitsentziehung handelt, sind von ihr hier wie auch bei der öffentlich-rechtlichen Unterbringung schon begriffslogisch all jene Fälle ausgeschlossen, in denen die Einwilligung des Betroffenen vorliegt, sich in einer bestimmten Einrichtung aufzuhalten. Die rechtswirksame Abgabe einer derartigen Einwilligungserklärung hat nicht zwingend die Geschäftsfähigkeit des Betroffenen zur Voraussetzung. Vielmehr genügt hierfür eine sog. „natürliche Einwilligungsfähigkeit" (Palandt 2007, § 1906 Rz. 4). Jedoch ist dann darauf zu achten, dass sich die Einwilligung auch mit Hinblick auf die psychische Erkrankung des Betroffenen als *hinreichend tragfähig* erweist (Seichter 2006, 184 f.).

Da die gesetzlichen Voraussetzungen für die Unterbringung eines Betreuten bereits bei der Darstellung des Betreuungsrechts erörtert wurden, soll auf sie an dieser Stelle nur verwiesen werden (vgl. II-2.6.3). Nur konsequent ist es, dass dieselben Anforderungen wie dort auch für die Unterbringung gelten, die durch einen Bevollmächtigten veranlasst wird (hierzu Pardey 2004, 137 f.). Allerdings kommt es hier darauf an, dass die Bevollmächtigung wirksam erteilt wurde. Dies bedeutet in diesem Zusammenhang vor allem, dass sie schriftlich vorliegt und ausdrücklich die freiheitsentziehende Unterbringung miteinbezieht. Anderenfalls wäre zunächst ein Betreuer zu bestellen (Dörner et al. 2002, § 1906 Rz. 2).

§ 1631b BGB hingegen hat, wie ebenfalls bereits an anderer Stelle ausgeführt (vgl. II-2.4.3), vor allem die Wirkung einer *Einschränkung des Elternrechts* für den Fall, dass diese die freiheitsentziehende Unterbringung ihres Kindes wünschen oder jedenfalls mit ihr einverstanden sind. Zugleich steht die genannte Rechtsvorschrift dafür, dass auch der Minderjährige selbst Grundrechtsträger ist (I-2.2.2). Deshalb kann auch hier eine Einwilligung des Minderjährigen in die Unterbringung deren Zwangscharakter beseitigen, jedoch nur dann, wenn sie von ihm selbst erteilt wird und er dabei bereits über jene entwicklungsbedingte Einsichtsfähigkeit verfügt, die eine autonome Willensentscheidung zulässt (Münder et al. 2006, § 42 Rz. 61 m. w. N.). Liegen diese Voraussetzungen nicht vor, so wird sie von den Eltern als den gesetzlichen Vertretern des Minderjährigen erteilt.

Allerdings erweist sich die Beurteilung der rechtlichen Wirkung einer derartigen Einwilligung als problematisch. Dies liegt daran, dass es dem

Regelungszusammenhang insgesamt an Konsistenz mangelt. Rechtsvorschriften wie § 2 Abs. 2 FEVG oder bspw. § 6 Abs. 1 ThürPsychKG bestimmen nämlich ausdrücklich, dass auch und gerade die Einwilligung des gesetzlichen Vertreters in die jeweilige Unterbringung deren freiheitsentziehenden Charakter beseitigt. Dies führt jedoch bei genauerer Betrachtung
ins „rechtliche Niemandsland" (Marschner/Volckart 2001, Rz. 157 zu Kap.
4). Konsequenterweise dürfte nämlich ein Minderjähriger, der auf diese
Weise in einer Einrichtung untergebracht ist und sie nunmehr verlassen
möchte, nicht mehr am Weggehen gehindert werden können. Auch vorläufige Zwangsmaßnahmen nach FEVG oder PsychKG kämen in diesem Falle
wegen der fortdauernden Wirksamkeit der (durch den gesetzlichen Vertreter abgegebenen) Einwilligung nicht in Betracht. Ein Festhalten des Minderjährigen gegen seinen (natürlichen) Willen durch einen Dritten allein
aufgrund einer elterlichen Einwilligung wäre daher Freiheitsberaubung.
Hier nun soll § 1631b BGB helfen. In ihm sind die Eltern jedoch nicht als
gesetzliche Vertreter ihres Kindes, sondern als Personensorgeberechtigte
angesprochen, die aus ihrem Aufenthaltsbestimmungsrecht heraus eine
Unterbringung des Kindes mit Freiheitsentziehung veranlassen können.
Die genannten dysfunktionalen Folgen der Einwilligung der Eltern in eine
öffentlich-rechtliche Unterbringung könnten nunmehr dadurch vermieden
werden, dass an deren Stelle eine privatrechtliche Unterbringung durch die
Eltern tritt, die, um wirksam zu werden, dann noch durch das Familiengericht zu genehmigen wäre.

    An einer derartigen Regelung ist zunächst hervorzuheben, dass mit ihr ein
System vervollständigt wird, in dem *jede* Form der Unterbringung mit Freiheitsentziehung einer richterlichen Anordnung oder Genehmigung bedarf.
Offen bleibt dabei freilich, welchen materiell-rechtlichen Bezug das Gericht
bei seiner Genehmigungserteilung herzustellen hat. § 1631b BGB entspricht
jedenfalls erkennbar nicht dem verfassungsrechtlichen Bestimmtheitsgebot,
nach dem die Voraussetzungen der Freiheitsentziehung in berechenbarer,
messbarer und kontrollierbarer Weise zu regeln sind (Marschner/Volckart
2001, § 1906 Rz. 18). Die Vorschrift wird deshalb auch insoweit für verfassungswidrig gehalten (vgl. Münder et al. 2006, § 42 Rz. 68; Schlink/Schatten-
froh 2001, 111 ff.). Soweit sich das Unterbringungsverlangen der Eltern auf
einen Sachverhalt bezieht, der anderenfalls ohnehin eine öffentlich-rechtliche Unterbringung rechtfertigen würde, ließen sich diese Bedenken wohl
noch kompensieren. Ein rechtliches Problem entsteht allerdings in der Tat
dann, wenn die Eltern selbst es sind, die die Unterbringung ihres minderjährigen Kindes mit Freiheitsentziehung (etwa zum Zweck der Durchführung
einer therapeutischen Behandlung in einer geschlossenen psychiatrischen
Einrichtung) wünschen oder jedenfalls veranlassen. Die Regelungslücke,
die § 1631b BGB hier offenbart, kann in einigen Fällen durch Analogie-
bildung zu § 1906 BGB zumindest teilweise geschlossen werden. Soweit es
darüber hinaus jedoch zu bedenken gilt, dass sich das Aufenthaltsbestimmungsrecht der Eltern, anders als das richterlich übertragene eines Betreuers, letztlich aus einem *Grundrecht* aus Art. 6 Abs. 2 GG herleitet, bleibt als

Ausweg einzig eine verfassungskonforme Auslegung. In ihr werden neben dem Elterngrundrecht aus Art. 6 Abs. 2 GG, in welches bei Gefahr für das Wohl des Kindes einzugreifen schon durch S. 2 ermöglicht ist, die Freiheits- und Persönlichkeitsrechte aus Art. 2 GG des Minderjährigen in gleicher Weise zu berücksichtigen sein. Hierbei wird jedenfalls die Rspr. des BVerfG heranzuziehen sein, nach der die Freiheit der Person ein so hohes Rechtsgut darstellt (BVerfGE 22, 180), dass eine Einschränkung dieser Freiheit stets einer strengen Prüfung am Grundsatz der Verhältnismäßigkeit zu unterziehen ist (BVerfGE 19, 342; 53, 152; 58, 208).

öffentlich-rechtliche Unterbringung

Im Hinblick auf die öffentlich-rechtliche Unterbringung ist begrifflich die Einengung auf den Anwendungsbereich der PsychKG der Länder nicht gerechtfertigt, da auch außerhalb dieser Regelungen eine ganze Reihe weiterer Unterbringungstatbestände existieren, die dem Öffentlichen Recht zuzurechnen sind. Dennoch hat sich die Bezeichnung gerade für die Unterbringung nach PsychKG eingebürgert. Hinsichtlich des betroffenen Personenkreises ist, wie ebenfalls bereits erwähnt, eine große gemeinsame Schnittmenge mit der Unterbringung nach Betreuungsrecht zu verzeichnen, denn anders als nach dem Wortlaut der Gesetzesbezeichnung kommt es auch bei behinderten sowie bei suchtkranken Menschen zur Anwendung. Jedoch unterscheiden sich beide Formen in einigen Punkten erheblich hinsichtlich ihrer Voraussetzungen und Wirkungen voneinander.

Die rechtshistorischen Wurzeln der Unterbringung nach PsychKG verweisen zunächst auf das Polizeirecht, sofern sie der Abwehr von Gefahren von der Öffentlichkeit oder einem Einzelnen dient (Pardey 2004, 132). Soweit dies bis in die Gegenwart hinein nachwirkt, werden die polizeilichen Aufgaben allerdings mittlerweile zumeist durch spezielle Ordnungsbehörden, etwa die sozialpsychiatrischen Dienste als Teile der kommunalen Gesundheitsämter, wahrgenommen. Jedoch kann sich modernes Unterbringungsrecht nicht in Sicherheitsaspekten erschöpfen. So stellt z. B. das Thür-PsychKG mit § 2 einen Fürsorgegrundsatz voran und formuliert in § 13 Abs. 1 einen Rechtsanspruch auf Heilbehandlung. Dies assoziiert als weitere geschichtliche Quelle des Unterbringungsrechts das Fürsorgerecht. Beides – das Fürsorgerecht ob seines teilweise zwangsfürsorglichen Charakters und das Polizeirecht, weil nach seinem Verständnis psychisch Kranke als *Störer* zu betrachten wären – bringen jedoch den Rechtsgedanken des modernen Unterbringungsrechts nur unvollkommen zum Ausdruck (im Einzelnen Marschner/Volckart 2001, Kap. 4 Rz. 7). Gleichwohl bezeichnet das Verhältnis von Sicherung und Besserung nach wie vor das zentrale Spannungsmoment innerhalb des Unterbringungsrechts. Es aufzulösen wäre denkbar, wenn man den Zweck der Unterbringung sehr allgemein mit der *Sicherung besonderer verfassungsrechtlich anerkannter Güter* umschreibt, die dann im Falle der Fremdgefährdung sowohl Individualrechtsgüter als auch Rechtsgüter oder Interessen der Allgemeinheit, im Fall der Selbstgefährdung den Schutz der Allgemeinheit vor den Folgen einer möglichen Selbstschädigung betreffen könnten (Marschner/Volckart 2001, Kap. 4 Rz. 76). Insofern ist das heutige öffentlich-rechtliche Unterbringungsrecht nicht ohne weiteres einem der beiden Rechtsgebiete zuzuordnen, sondern es ist ein *„Sonderrecht"* für den Umgang mit psychisch kranken, suchtkranken und behinderten Menschen (Marschner/Volckart 2001, Kap. 4 Rz. 6).

Die Unterbringung nach dem PsychKG wird auf Antrag der nach jeweiligem Landesrecht zuständigen Behörde durch gerichtliche Entscheidung angeordnet. Als Behörde kann hier die untere Verwaltungsbehörde bzw. das Krankenhaus (Baden-Württemberg), die Ortspolizeibehörde (Bremen) oder aber, wie zumeist, der Landkreis oder die kreisfreie Stadt bzw. der Landrat oder der (Ober-)Bürgermeister fungieren. In Thüringen wird diese Aufgabe von den sozialpsychiatrischen Diensten der Gesundheitsbehörden wahrgenommen (§ 7 Abs. 1 ThürPsychKG). Die Voraussetzungen für eine derartige Anordnung sind in den einzelnen Ländergesetzen teilweise unterschiedlich ausgestaltet. Im Allgemeinen zielt sie jedoch auf die Abwendung einer *unmittelbar bevorstehenden* oder der realen Möglichkeit nach jederzeit eintretenden *erheblichen* Selbst- oder Fremdgefährdung *aufgrund* einer psychischen Krankheit, einer Suchtkrankheit oder einer Behinderung. **Voraussetzungen**

Unter Selbstgefährdung ist dabei regelmäßig Lebensgefahr sowie eine erhebliche Gesundheitsgefahr zu verstehen. Anders als bei der Unterbringung nach Betreuungsrecht, die allein aus Gründen der Abwehr einer Gefahr für den Betreuten selbst und zu dessen Wohl zulässig ist, zielt die öffentlich-rechtliche Unterbringung jedoch, wie bereits angedeutet, auch im Falle der Selbstgefährdung mehr darauf ab, dass mit ihr zugleich auch eine Gefährdung der öffentlichen Sicherheit und Ordnung gegeben ist. Dies ist z. B. hinsichtlich der Suizidgefahr unstreitig, aber auch etwa bei Selbstverstümmelung oder Gifteinnahme gegeben (Marschner/Volckart 2001, Kap. 4 Rz. 238 m. w. N.). Gleichwohl formulieren einige Ländergesetze, darunter auch § 6 Abs.1 ThürPsychKG, die Selbstgefährdung als eigenständigen, rein durch den fürsorgerechtlichen Aspekt getragenen Unterbringungsgrund.

Eine besondere Situation liegt in diesem Zusammenhang noch einmal für die Unterbringung wegen Suchterkrankung vor. Anders als im Betreuungsrecht muss die Suchterkrankung hier noch nicht die Qualität einer psychischen Erkrankung angenommen haben, um eine Unterbringung überhaupt in Betracht kommen zu lassen. Andererseits muss sie jedoch ein Ausmaß erreicht haben, durch das einerseits die Fähigkeit zur freien Willensbestimmung erheblich beeinträchtigt und andererseits die vom Gesetz geforderte Erheblichkeit der Gesundheitsgefährdung gegeben ist. Diese Grenze wird jedoch wohl erst z. B. bei Gefahr eines dauernden Siechtums oder aber bei Lebensgefahr infolge einer akuten Alkoholintoxikation oder in Verbindung mit einem Alkoholdelirium erreicht sein (Marschner/Volckart 2001, Kap. 4, Rz. 217 und 248).

Die Fremdgefährdung wird teilweise, wie im ThürPsychKG, als Gefährdung der Rechtsgüter anderer, in einigen anderen Ländergesetzen aber auch mittels des hergebrachten polizeirechtlichen Begriffes der Gefährdung der öffentlichen Sicherheit erfasst. Dass hierunter eine Gefahr für das Leben und wohl in den allermeisten Fällen auch für die Gesundheit eines Dritten fällt, liegt auf der Hand. Bei einer Gefährdung von Sach- oder Vermögenswerten hingegen kommt es sowohl auf die Erheblichkeit dieser Werte als auch in besonderer Weise auf die Verhältnismäßigkeit der Unterbringung an.

In jedem Fall müssen die Gefährdung und die Kausalität zwischen ihr und der entsprechenden Erkrankung oder Behinderung gutachterlich festgestellt sein (z. B. § 7 Abs. 2 ThürPsychKG). Liegt ein solches Gutachten nicht vor, so kommt allenfalls, wie im Übrigen bei der privatrechtlichen Unterbringung auch, eine vorläufige Unterbringung für höchstens sechs Wochen im Wege der einstweiligen Anordnung in Betracht (§ 70h FGG). Während dieses Zeitraumes, der auf bis zu maximal drei Monate verlängert werden kann, besteht auch die Gelegenheit, das erforderliche Gutachten noch zu erstellen. Bei Gefahr im Verzug ist darüber hinaus auch eine vorläufige Unterbringung unmittelbar durch die Behörde selbst möglich. Jedoch wäre in diesem Fall unverzüglich ein Unterbringungsantrag beim zuständigen Gericht zu stellen (z. B. § 8 Abs. 1 ThürPsychKG).

Wirkungen   Auch die konkrete Rechtsstellung der untergebrachten Person bestimmt sich nach den einzelnen Landesgesetzen mitunter unterschiedlich. Allen gemeinsam ist zwar die strenge Geltung des Verhältnismäßigkeitsgrundsatzes (z. B. § 9 ThürPsychKG) sowie die Berücksichtigung der eigentlichen Zielsetzung der Unterbringung, die in der Behandlung und Rehabilitation des Kranken besteht (z. B. §§ 11, 13 Abs. 1 S. 1 ThürPsychKG). Gleichwohl erlaubt die öffentlich-rechtliche Unterbringung eine Reihe sehr weitgehender Eingriffe, die hier unmittelbar durch den zuständigen Arzt angeordnet werden dürfen und nicht, wie im Betreuungsrecht, einer zusätzlichen richterlichen Genehmigung bedürfen. Sie sollen hier exemplarisch anhand des ThürPsychKG genannt werden. So sind im Rahmen der Unterbringung nach dem PsychKG ärztliche Behandlungen notfalls auch gegen den Willen des Patienten möglich. In einem solchen Falle der Zwangsbehandlung ist dem Betroffenen jedoch gem. § 13 Abs. 3 S. 3 ThürPsychKG Gelegenheit zu geben, einen Rechtsbeistand, Betreuer oder gesetzlichen Vertreter zu informieren. Ohnehin ausgenommen sind Operationen sowie Behandlungsverfahren, die mit erheblichen Gefahren verbunden sind oder durch die eine dauernde Persönlichkeitsveränderung hervorgerufen werden kann (§ 13 Abs. 3 und 4 ThürPsychKG). In diesen Fällen wäre zunächst ein Betreuer zu bestellen, der zu den geplanten medizinischen Maßnahmen seine Einwilligung erklären müsste. Deren Wirksamkeit wiederum hinge dann noch von der Erteilung einer richterlichen Genehmigung ab (§ 1904 BGB). Darüber hinaus kann der zuständige Arzt besondere Sicherungsmaßnahmen anordnen (§ 12 ThürPsychKG) sowie den persönlichen (jedoch nicht den behördlichen!) Brief- und Telefonverkehr überwachen (§§ 18 f. ThürPsychKG). Allerdings unterliegen derartige Maßnahmen, da sie im Rahmen der Ausübung öffentlicher Gewalt getroffen werden, nach Art. 19 Abs. 4 GG der rechtlichen Überprüfung, die insoweit in § 70l FGG geregelt ist. Zu Gunsten des öffentlich-rechtlich Untergebrachten wirkt es sich schließlich aus, dass er, anders als der untergebrachte Betreute, der hierzu die Erlaubnis seines

Betreuers benötigen würde, durch den ärztlichen Leiter der Einrichtung eine Beurlaubung (§ 22 ThürPsychKG) oder durch den zuständigen Arzt Ausgang gewährt bekommen kann (§ 23 ThürPsychKG).

8.3.2 Verfahren

Das Verfahren in Unterbringungssachen ist einheitlich im Zweiten Abschnitt, Kap. IV, des FGG geregelt. Die sachliche Zuständigkeit des Familiengerichts für Entscheidungen nach § 1631b BGB ergibt sich unmittelbar aus dieser Vorschrift; in allen anderen Fällen liegt sie beim Vormundschaftsgericht (§ 70 Abs. 1 S. 3 FGG). In Gang gesetzt wird das Verfahren regelmäßig durch einen Antrag des Betreuers, des Bevollmächtigten, der Eltern des Minderjährigen oder der im Unterbringungsverfahren nach PsychKG zuständigen Behörde. Verfahrensfähig – und damit Beteiligter mit eigenen Rechten – ist, wer das 14. Lebensjahr vollendet hat. Auf die Geschäftsfähigkeit kommt es hierbei nicht an (§ 70a FGG). Obligatorisch wird in § 70b **Verfahrenspfleger** FGG die Bestellung eines Verfahrenspflegers verlangt. Dessen Funktion soll darin bestehen, die Schwächung der Position des Betroffenen, die in rechtstatsächlicher Hinsicht infolge seiner Erkrankung selbst sowie auch des Auftretens eines Gutachters oder eines Arztes als Zeugen ohnehin eintritt, entsprechend zu kompensieren (Marschner/Volckart 2001, § 70b Rz. 2). Lediglich dann, wenn ein Rechtsanwalt oder ein anderer geeigneter Verfahrensbevollmächtigter durch den Betroffenen selbst mit der Wahrnehmung seiner Angelegenheiten beauftragt wurde, soll von der Bestellung eines Verfahrenspflegers abgesehen werden.

Der Betroffene soll in jedem Fall von dem Richter, der mit der Durchführung des gesamten Verfahrens betraut ist, persönlich angehört werden (§ 70c **persönliche Anhörung** FGG). Das bedeutet, dass es zu einem Gespräch mit dem Richter kommen wird, in dessen Verlauf dieser sich einen unmittelbaren Eindruck vom Betroffenen verschafft. Selbst wenn ganz ausnahmsweise von einer Anhörung abgesehen wird, etwa weil der Betroffene offensichtlich nicht in der Lage ist, seinen Willen kundzutun (§ 70c i. V. m. § 68 Abs. 2 Nr. 2 FGG), verbleibt die Pflicht des Richters, ihn sich persönlich anzusehen (Pardey 2004, 138). Anderen Personen und Behörden gibt das Gericht gem. § 70d FGG Gelegenheit, sich im Verfahren zu äußern. Dies können sein: Ehegatten, Eltern, Betreuer, Personen des Vertrauens sowie der Leiter einer Einrichtungen, in der der Betroffene lebt. Als zuständige Behörde kommt in Verfahren auf Grundlage von § 1631b BGB das Jugendamt, ansonsten die Behörde im Unterbringungsverfahren nach PsychKG in Betracht.

Auch die Dauer der Unterbringung ist verfahrensrechtlich für alle Unterbringungsformen einheitlich geregelt. Die regelmäßige Höchstfrist beträgt **Dauer der Unterbringung** ein Jahr, bei offensichtlich langer Unterbringungsbedürftigkeit zwei Jahre (§ 70f Abs. 1 Nr. 3 FGG). Sie kann gem. § 70i Abs. 2 FGG verlängert werden, wobei das Gesetz bei einer Gesamtunterbringungsdauer von mehr als vier Jahren eine Begutachtung durch einen Arzt verlangt, der den Betroffenen bisher noch nicht begutachtet hat und der auch nicht der Einrichtung angehört, in der dieser untergebracht ist. Darüber hinaus ist die Unterbringung sofort aufzuheben, wenn die Voraussetzungen für ihre Anordnung weggefallen sind (§ 70i Abs. 1 FGG).

Marschner/Volckart 2001; Pardey 2004, Schlink/Schattenfroh 2001

1. Auf welche Weise ist das Grundrecht auf Freiheit auch von psychisch Kranken, von denen eine Gefahr für sich oder die Allgemeinheit ausgeht, geschützt? (8.2)
2. Unter welchen Voraussetzungen ist eine geschlossene Unterbringung in Einrichtungen der Jugendhilfe möglich? (8.2 und III-3.4.1.1).
3. Wer stellt den Unterbringungsantrag bei einer privat-rechtlichen und wer bei einer öffentlich-rechtlichen Unterbringung? (8.3.2)
4. Ist es möglich, sich freiwillig in einer „geschlossenen Abteilung" unterbringen zu lassen? (8.3.1)
5. Unter welchen Voraussetzungen können bzw. müssen suchtkranke Menschen untergebracht werden? (8.3.1; II- 2.6.2)

IV Grundzüge des Strafrechts (Trenczek)

1 Allgemeine Grundlagen

1.1 Strafrecht und Soziale Arbeit

Das Strafrecht kann jeden treffen, sei es als Opfer, Beschuldigte/n oder als Schöffe in einer Gerichtsverhandlung. Sozialarbeiter treffen häufig in einer professionellen Rolle auf das Strafrecht. Aufgrund der Normalität und Ubiquität deliktischen Verhaltens junger Menschen (zum Erkenntnisstand über Jugendkriminalität, vgl. Walter 2005) hat das (Jugend)Strafrecht zwangsläufig für **alle** Dienste und Einrichtungen der Jugendhilfe eine erhebliche Bedeutung. Eine Reihe von Aufgaben und Diensten der Sozialen Arbeit stehen unmittelbar im strafrechtlichen Kooperationsfeld zur Polizei und Justiz, welches man etwas veraltet als „Strafrechtspflege" bezeichnet. Hierzu zählen insbesondere (vgl. Cornel et al. 2003, 56 f.): die Jugendgerichtshilfe (s. u. IV-6.2), Gerichts-, Bewährungshilfe und Führungsaufsicht (s. u. IV-6.1), die Soziale Arbeit im Jugendarrest, im Strafvollzug, in der Untersuchungshaft, die Sozialhilfe, insbesondere zur Überwindung besonderer sozialer Schwierigkeiten nach §§ 67–69 SGB X (z. B. Entlassenenhilfe), die Suchtberatung und sog. Drogenhilfe- bzw. Therapiehilfeeinrichtungen sowie die sonstige/freie Straffälligen- und Gefährdetenhilfe. Diese Tätigkeitsfelder knüpfen an ein abweichendes, strafrechtlich relevantes Verhalten von Menschen an. Das Strafrecht ist also der dem Arbeitsfeld zugrunde liegende Bezugsrahmen. Daher ist es unerlässlich, diesen zumindest in Grundzügen zu kennen, sei es im auf Hinblick die Grenzen der sozialpädagogischen Handlungsspielräume und der an vielen Stellen erwarteten (Sozial)Prognosen, sei es um die Verfahren und justiziellen Entscheidungen nachvollziehen und dem Klienten im Rahmen der Beratung erklärbar machen und Handlungsalternativen eröffnen zu können oder um im Kommunikationsfeld mit der Strafjustiz nicht sprachlos zu sein. Insoweit macht es keinen Unterschied, ob Sozialarbeiter als Mitarbeiter der Sozialen Dienste der Justiz (insbesondere Gerichts- und Bewährungshilfe sowie Justizvollzug), der freien Straffälligenhilfe oder der öffentlichen oder freien Jugendhilfe tätig sind. In all diesen Arbeitsfeldern geht es über die Betreuung im Strafverfahren und die Resozialisierung straffällig gewordener Personen hinaus aber auch darum, soziale Ausgrenzung zu vermeiden und die soziale Integration zu fördern.

Unabhängig von einem strafrechtlich relevanten Verhalten ihrer Klienten hat das Strafrecht für die Soziale Arbeit eine besondere Relevanz in der Schwangerschaftskonfliktberatung, im Hinblick auf die strafrechtliche Haftung für mangelhafte Leistungen und der damit zusammenhängenden Garantenstellung von Sozialarbeitern (hierzu IV-2.2.2) sowie im Hinblick auf die professionelle Schweigepflicht und das Recht auf Zeugnisverweigerung (hierzu IV-2.3.1).

Brühl et al. 2005; Cornel et al. 2003; Riekenbrauk 2004

1.2 Struktur und Bereiche des Strafrechts

Das Strafrecht ist ein Teilgebiet des Öffentlichen Rechts (vgl. I-1.1.4) des Bundes (Art. 74 Nr. 1 GG), denn es regelt die Rechtsbeziehungen zwischen den Bürgern und dem Staat als Hoheitsträger. Man unterscheidet im Strafrecht – wie auch in anderen Rechtsgebieten (vgl. I-1.1.3) – zwischen materiellem und formellem Recht. Das materielle Strafrecht im StGB enthält zwei Teile, den sog. Allgemeinen und den Besonderen Teil des StGB. Die im **Allgemeinen Teil** (AT) des StGB enthaltenen Regelungen betreffen Fragen, die unabhängig von den einzelnen Straftatbeständen zu lösen sind. Diese Aspekte wurden deshalb „vor die Klammer gezogen" und im AT zusammengefasst. Hier geht es einerseits (§§ 13–37 StGB) um die Voraussetzungen der Strafbarkeit (s. u. IV-2.1) und die Begehungsformen der Delikte (z. B. Vorsatz/Fahrlässigkeit, Vollendung/Versuch, Tun/Unterlassen, Täter/Beteiligte; hierzu IV-2.2) sowie andererseits um die strafrechtlichen Rechtsfolgen, insbesondere die Festlegung der Art und Höhe der Sanktionen (§§ 38–76a StGB; s. u. IV-4). Im **Besonderen Teil** (BT) des StGB findet man die Normierung der wesentlichsten Verhaltensweisen, die als Straftat verboten sind. Weitere Straftatbestände sind in den sog. strafrechtlichen Nebengesetzen normiert, z. B. §§ 369 ff. Abgabenordnung, §§ 95 ff. Aufenthaltsgesetz, §§ 29 ff. BtMG, § 27 JuSchG, §§ 21 ff. StVG sowie in den Straf- und Schlussvorschriften der SGB-Bücher. Strafrechtsnormen finden sich also in einer nahezu unübersehbaren Vielzahl von privat- und öffentlich-rechtlichen Gesetzeswerken.

strafrechtliche Nebengesetze

In den Verfahrensordnungen, vor allem der StPO und dem GVG, ist das **formelle Strafrecht**, die Gerichtsorganisation und der Ablauf des Strafverfahrens geregelt (s. u. IV-3). Es beginnt mit der Aufnahme polizeilicher Ermittlungen und endet mit der – ggf. erst nach Berufung und Revision eintretenden – rechtskräftigen Verurteilung und Vollstreckung der Sanktion. Das Strafvollstreckungsrecht ist im Wesentlichen in der StPO geregelt und Teil des Strafverfahrens. Demgegenüber ist das **Strafvollzugsrecht** ein Teil des besonderen Verwaltungsrechts und regelt die Ausgestaltung und Durchführung des Strafvollzugs, für den seit der Föderalismusreform 2006 die Länder zuständig sind.

Die bundeseinheitlichen Richtlinien für das Strafverfahren und das Bußgeldverfahren (RiStBV) stellen zwar keine Rechtsnormen dar, sie sind aber wichtige Hinweise und Leitlinien im Hinblick auf die Auslegung unbe-

stimmter Rechtsbegriffe (vgl. I-3.3.2) und die Ausfüllung von Ermessensspielräumen (vgl. I-3.4). Wichtige Regelungen für den Kriminalbereich finden sich auch im BZRG und im Opferentschädigungsrecht (OEG).

Das **Jugendstrafrecht** vereinigt Regelungen aus mehreren Bereichen (s. u.
IV-5). Es wird zwar als Sonderstrafrecht für junge Menschen bezeichnet,
knüpft aber an die Strafbarkeitsbestimmungen des StGB an und regelt materiell im Wesentlichen die strafrechtliche Verantwortlichkeit Jugendlicher
sowie die spezifischen Rechtsfolgen. Im Übrigen enthält es Bestimmungen
zur Justizorganisation und zum Verfahren sowie zur Vollstreckung und den
Vollzug jugendstrafrechtlicher Maßnahmen.

Ordnungswidrig-
keiten

Das Ordnungswidrigkeitenrecht, insbesondere das OWiG, gehört nicht zum
Strafrecht, da es lediglich Verstöße gegen Verwaltungsnormen als Übertre-
tungen mit Geldbußen (nicht mit Kriminalstrafen) sanktioniert. Allerdings
orientiert sich das OWiG am Strafrecht, z. B. im Hinblick auf die Voraussetzungen der Sanktionen und das Verfahren. So verweist § 46 OWiG generell
auf die StPO, das GVG sowie das JGG.

Polizeirecht

Nicht zum Strafrecht gehört das der Gefahrenabwehr dienende Polizeirecht. Allerdings kann die Polizei auch reaktiv im Rahmen der Strafverfolgung tätig werden und ist insoweit an die strafrechtlichen Regelungen
gebunden (s. u. IV-3.2). Präventive und reaktive Tätigkeit der Polizei überschneiden sich und sind oft untrennbar miteinander verbunden, z. B. Verhinderung von Gewalttätigkeiten und Festnahme gewalttätiger Personen;
Befreiung von Geiseln aus der Gewalt eines Bankräubers und gleichzeitig
Überführung der Täter im Rahmen des strafrechtlichen Ermittlungsverfahrens.

1.3   Funktion und Grundsätze des Strafrechts

Strafrecht hat wie jedes Recht **Orientierungs- und Ordnungsfunktionen** zu
erfüllen, die im Rahmen des Strafrechts in ganz spezifischer Weise wahrgenommen werden. Wenn Herr A. aus Unachtsamkeit einen Verkehrsunfall verursacht, bei dem Frau B. verletzt wird, so beantwortet das Zivilrecht
die Frage, ob A. der B. Schadensersatz und Schmerzensgeld zu leisten hat
und ggf. in welcher Weise und Höhe (§§ 823, 847 BGB, § 7 StVG). Sinn
und Zweck ist hierbei der Ausgleich des (materiellen und ideellen) Schadens. Das Strafrecht klärt, ob A. sich anlässlich des Verkehrsunfalls strafbar gemacht hat und wie er ggf. zu sanktionieren ist. Zu welchem Zweck ist
durchaus umstritten. Für den Bürger, insbesondere für geschädigte Opfer,
ist es nicht immer leicht zu verstehen, dass beide Bereiche, die zivilrechtliche Haftung und die strafrechtliche Verantwortlichkeit, in der deutschen
Rechtsordnung heutiger Zeit getrennt sind. Sie wollen, wenn sie die Polizei
rufen, die Gefahr noch abwenden, und wenn sie eine Anzeige stellen in der
Regel ihren Schaden ersetzt bekommen. Gerade das leistet das Strafrecht
aber in aller Regel nicht.

Strafrecht ist ein Teil des **Systems der sozialen Kontrolle** (zur Funktion des Rechts allgemein, vgl. I-1.1.1). Hierunter ist die soziale Reaktion auf abweichendes Verhalten zu verstehen, die soziale Kontrolle knüpft also an die Verletzung sozialer Normen an. Das Strafrecht bezweckt den **Rechtsgüterschutz** durch die Strafbarkeit des inkriminierten Verhaltens, d. h., bestimmte Verhaltensweisen werden dadurch verboten, dass der Staat Strafen für ihre Begehung androht. Hieraus wird traditionell der sog. „staatliche Strafanspruch" begründet. Anders als das der vorbeugenden (präventiven) Gefahrenabwehr dienende Polizeirecht ist die strafrechtliche Reaktion aber reaktiv, die Repression steht im Vordergrund. Deshalb ist der „Strafanspruch" ungeachtet des auch für das Strafrecht bemühten Präventionsgedankens brüchig und es stellt sich die Frage der Legitimation von staatlichen Sanktionen in besonderer Weise (s. u. IV-4.1). Die Aktivierung des Strafrechts ist rechtstheoretisch davon abhängig, dass es kein anderes milderes Mittel als das Strafrecht gibt, um das Rechtsgut zu schützen. Man spricht von der sog. *Ultima-Ratio*-Funktion des Strafrechts. Das Strafrecht ist im Verhältnis zu anderen Regelungsmöglichkeiten subsidiär, d. h., es darf nur ersatzweise eingreifen, wenn kein anderes Mittel hilft. Deshalb sind der Bestrafung alle Maßnahmen vorzuziehen, um die soziale Störung zu beseitigen bzw. zu kompensieren. Es wird allerdings tatsächlich viel zu schnell nach dem Strafrecht gerufen, um aktuelle gesellschaftliche Probleme in den Griff zu bekommen. Werden junge Menschen gehäuft auffällig, werden Forderungen nach „strengeren Maßnahmen" und geschlossener Unterbringung laut, anstatt sich mit den sozialen Problemen der Kinder und ihrer Familien auseinanderzusetzen. Statt konkrete Unterstützungsleistungen für die Opfer von Straftaten bereitzustellen, wird nach härteren Strafen gerufen. Neue soziale Problemlagen werden vorschnell mit neuen Strafrechtsnormen beantwortet, das kostet den Gesetzgeber wenig, signalisiert Tatkraft, ohne tatsächlich etwas zu ändern. Es bleibt vielfach bei einem **symbolischen Aktionismus**.

Zweck des Strafrechts

Ultima Ratio

Bei aller Kritik an den vorherrschenden Strafrechtsdogmen darf die vielleicht wichtigste Aufgabe des Strafrechts nicht übersehen werden, die im Wesentlichen an das **Strafverfahren** anknüpft. Das materielle Strafrecht, das festlegt, welches Verhalten als strafbar zu qualifizieren ist und welche Strafe dann verhängt werden kann, bedarf für seine Aktualisierung und konkrete Durchsetzung eines fairen, rechtlich geordneten Verfahrens, mit dessen Hilfe das Vorliegen einer Straftat ermittelt und die im Gesetz vorgesehene Reaktion festgesetzt und vollstreckt werden kann (**Art. 6 EMRK**). Strafrecht dient im modernen Rechtsstaat dem Schutz des Individuums vor willkürlichen staatlichen Eingriffen und – untersetzt durch das Gewaltmonopol des Staates – vor privaten Rache- und Vergeltungsmaßnahmen. Es geht insoweit in erster Linie um die **Rechtsstaatlichkeit** und **Justizförmigkeit des Entscheidungsverlaufes**, die dem Schutz der Menschenwürde dient. Das Strafverfahren sowie die strafrechtlichen Sanktionen greifen wie kaum eine andere staatliche Maßnahme in die Rechtssphäre des Bürgers ein. Deshalb zeigt sich gerade in diesem Bereich, ob und inwieweit der Staat die Menschen-

fair trial

Rechtsstaat

und Bürgerrechte beachtet. Das Strafrecht ist ein guter **Indikator für Rechts-staatlichkeit** und das Entwicklungsstadium, in dem sich eine Gesellschaft befindet. Gerade deshalb spielen im Straf-, vor allem im Strafverfahrensrecht verfassungsrechtliche Aspekte eine große Rolle. Strafrecht ist „angewandtes Verfassungsrecht" (vgl. BVerfGE 32, 373 [383]; BGHSt 19, 325 [330]).

internationales Straf- und Völkerrecht

Darüber hinaus spielen im Strafrecht das Völkerrecht und internationale Standards eine große Rolle (vgl. Feest 2004, 69 ff.; Höynck et al. 2001; vgl. I-1.1.5). Von besonderer Bedeutung ist vor allem die **Europäische Menschenrechtskonvention** (EMRK). Im Jahr 2002 wurden durch das Gesetz zur Einführung des Völkerstrafgesetzbuches einige Regelungen des deutschen Strafrechts mit Blick auf die internationale Völkergemeinschaft geändert (z. B. § 6, §§ 78 f., §§ 129 f. StGB). Zeitgleich wurde ein Gesetz über die Zusammenarbeit mit dem Internationalen Strafgerichtshof verabschiedet. Darüber hinaus hat die Bundesrepublik Deutschland aber noch keine strafrechtlichen Sanktionsbefugnisse auf europäische oder überstaatliche Institutionen übertragen.

Geltungsbereich

Das deutsche Strafrecht gilt grds. nur für Taten, die im Inland begangen werden (§ 3 StGB). Allerdings sind Auslandstaten von Deutschen sowie Taten gegen Deutsche u. U. auch nach deutschem Recht strafbar (§§ 4–7 StGB). Zum Schutz international geschützter Rechtsgüter erfasst das deutsche Strafrecht auch einige Straftaten unabhängig vom Recht des Tatorts und der Staatsangehörigkeit (sog. Weltrechtsprinzip, § 6 StGB).

Garantiefunktion des Strafgesetzes

Nach Art. 7 Abs. 1 EMRK, Art. 103 Abs. 2 GG und dem wortgleichen § 1 StGB kann eine Tat nur bestraft werden, wenn die Strafbarkeit gesetzlich bestimmt war, bevor die Tat begangen wurde. Dieser Gesetzlichkeitsgrundsatz (*nullum crimen nulla poena sine lege [scripta]* = keine Straftat und keine Strafe ohne [geschriebenes] Gesetz) stellt für den Bürger eine Garantie dar, alles das ungestraft tun zu dürfen, was nicht – im Zeitpunkt seines Handelns – ausdrücklich unter Strafe steht. Über den allgemeinen, nach dem Rechtsstaatsprinzip geltenden Vertrauensschutz hinaus gilt im materiellen Strafrecht nach § 2 StGB ein (nahezu) absolutes Rückwirkungsverbot im Hinblick auf Strafbegründung und -verschärfung (zu den Grenzen im Hinblick auf die Menschenrechte vgl. BVerfGE 95, 135, sog. Mauerschützenprozesse).

Rückwirkungs-verbot

Verbot der Doppelbestrafung

Ebenfalls in Art. 103 GG geregelt ist das Verbot der Doppelbestrafung (*ne bis in idem* = nicht zweimal gegen dasselbe), d. h., dass gegen denselben Täter wegen derselben Tat nach rechtskräftiger Aburteilung grds. keine erneute Strafverfolgung eingeleitet werden darf (Art. 103 Abs. 3 GG, sog. Strafklageverbrauch).

Bestimmtheitsgebot

Ein Ausfluss der Garantiefunktion des Strafgesetzes ist das sog. Bestimmtheitsgebot. Es erfordert eine konkrete Beschreibung der Tatbestandsmerkmale, so dass der Bürger als Adressat der Norm aus dem Gesetz selbst erkennen kann, was genau von ihm verlangt wird bzw. was verboten ist. Die Verwendung von unbestimmten Rechtsbegriffen ist allerdings unvermeidlich und ihr Inhalt durch eine fachgerechte Auslegung zu ermitteln (vgl. I-3.3.2). Unzulässig ist aber die Strafbarkeitsbegründung und Strafverschärfung durch eine – eine Strafbarkeitslücke schließende – **Analogie** (vgl. I-3.3.2) bzw. die Berufung auf das Gewohnheitsrecht zuungunsten des Täters. Zulässig ist die Analogie zugunsten des Beschuldigten und im reinen Verfahrensrecht.

Das Strafrecht basiert auf dem in Art. 1 Abs. 1, Art. 2 Abs. 1 und Art. 103 Abs. 2 GG begründeten rechtsstaatlichen Grundsatz, dass Strafe Schuld voraussetzt (sog. Schuldprinzip), d. h., einem Menschen muss sein Verhalten vorwerfbar zugerechnet werden können. Die „Schuld" ist damit materielle Strafbarkeitsvoraussetzung (vgl. IV-2.1.3). Die Rechtsordnung basiert auf der Vorstellung der **Autonomie** und **Willensfreiheit** des Menschen (vgl. Schild 1986). Dem Beschuldigten wird mit dem Begriff „Schuld" vorgeworfen, sich bei mehreren Alternativen nicht für das nichtstrafbare, sondern für das kriminalisierte Verhalten entschieden zu haben. Kindern ist das noch nicht möglich. Sie sind deshalb stets schuldunfähig (§ 19 StGB), weshalb sie zwar abweichend (deviant), aber nicht strafrechtlich relevant handeln können. Der Begriff „Kinderkriminalität" ist also Nonsens. Aus dem Schuldprinzip folgt zudem, dass die im Einzelfall verhängte Strafe in einem gerechten Verhältnis zur Schwere der Tat und zum Maß der Schuld des Täters zu stehen hat (§ 46 Abs. 1 S. 1 StGB, zur Strafzumessung vgl. IV-4.3).

Schuldprinzip

2 Die Straftat

Kriminalität Kriminalität ist die Gesamtheit der Verstöße gegen die geltenden Strafgesetze (vgl. Art. 103 Abs. 2 GG; sog. formeller Kriminalitätsbegriff). Im Besonderen Teil des StGB sind die Verbotstatbestände nach Rechtsgütergruppen zusammengefasst (vgl. hierzu die Überschriften der einzelnen Abschnitte des StGB-BT). Man kann diese grob in **Rechtsgüter der Allgemeinheit** (Universalrechtsgüter) und die **Individualrechtsgüter** unterscheiden, letztere wiederum in Personen, Sach- und Vermögenswerte. Diese Systematisierung ist nicht immer strikt einzuhalten (vgl. z. B. § 142 StGB – Verbot des unerlaubten Entfernens vom Unfallort zum Schutz sowohl vor dem verantwortungslosen Täterverhalten im allgemeinen Verkehr als auch zivilrechtlicher Ersatzansprüche des Einzelnen). Soweit private Interessen geschützt werden, ist dies nur dann der Fall, wenn der Gesetzgeber diese Rechtsgüter für so wichtig erachtet, dass diese mit dem Mittel des Strafrechts geschützt werden sollen. Dies ist im Hinblick auf manche Delikte umstritten, z. B. Tötung auf Verlangen (§ 216 StGB), das „Schwarzfahren" als Beförderungserschleichung (§ 265a StGB) oder der Bagatelladendiebstahl nach § 242 StGB im Hinblick auf die Marketingkonzepte der Selbstbedienungsläden.

Verbrechen Die Aufteilung in Kern- (StGB) und Nebenstrafrecht lässt keine Rückschlüsse auf die Bedeutung der Rechtsgüter zu. Eine Differenzierung aufgrund einer wertenden Entscheidung erfahren die Rechtsgüter nach **§ 12 StGB**, wo zwischen sog. Verbrechen und Vergehen unterschieden wird. Verbrechen sind rechtswidrige Taten, die im Mindestmaß mit einer Freiheitsstrafe von einem Jahr bedroht sind. Das sind z. B. Mord und Totschlag (§§ 211, 212 StGB), Raub (§ 259 StGB) und Vergewaltigung (§ 177 StGB). Bei Vergehen gibt es demgegenüber keine Mindeststrafe. Konsequenzen hat die Unterscheidung damit im Hinblick auf den Strafrahmen (s. u. IV-4.3). Die Unterscheidung ist zudem relevant für die Strafbarkeit des Versuchs (§ 23 StGB), im allgemeinen Verfahrensrecht (§§ 153, 153a StPO: Einstellung des Strafverfahrens gegen Erwachsene nur bei Vergehen) und im Hinblick auf die Zuständigkeit der Gerichte (§§ 24 f., 74, 78 GVG).

Vergehen

Die meisten Delikte verfolgt die Staatsanwaltschaft von Amts wegen (§ 152 Abs. 2 StPO). Bei einigen Delikten tritt die Verfolgung nur auf Antrag des Verletzten ein (§§ 77 ff. StGB, z. B. § 123 Abs. 2, §§ 185, 194 Abs. 1, §§ 303–303c StGB). Ohne Antrag darf bei diesen Delikten die Staatsanwaltschaft nicht ermitteln, das Gericht nicht verurteilen (s. u. IV-2.1.4).

Offizial- und Antragsdelikte

Selbst wenn ein Strafantrag gestellt ist, verweist die Staatsanwaltschaft den Anzeigenden in Fällen des § 374 StPO auf den sog. Privatklageweg, wenn ein öffentliches Interesse an der Verfolgung von Amts wegen nicht besteht. Ob ein öffentliches Interesse besteht, entscheidet die Staatsanwaltschaft nach Ermessen. Sie nimmt es regelmäßig an, „wenn der Rechtsfrieden über den Lebenskreis des Verletzten hinaus gestört und die Strafverfolgung ein gegenwärtiges Anliegen der Allgemeinheit ist" (RiStBV Nr. 86). Bei bestimmten Delikten ist nach § 380 StPO die Erhebung der Klage erst zulässig, nachdem ein sog. Sühneverfahren erfolglos durchgeführt worden, d. h. eine einvernehmliche Konfliktregelung gescheitert ist (vgl. hierzu I-6.2.1).

Privatklage

2.1   Die Grundvoraussetzungen der Strafbarkeit

Die Strafnormen des BT des StGB bestehen zumeist – wie andere sog. vollständige Rechtsnormen auch (vgl. I-3.2) – aus einem Tatbestand und der Rechtsfolge, der strafrechtlichen Sanktion. Mit der gesetzlichen Umschreibung des verbotenen, mit Strafe bedrohten Verhaltens im Tatbestand will der Gesetzgeber zum Ausdruck bringen, welches Verhalten überhaupt strafrechtlich relevant ist. Verhaltensweisen, die nicht den Tatbestand einer Strafnorm vollständig erfüllen, sind strafrechtlich nicht relevant. Das tatbestandsmäßige Verhalten kann aber nur strafbar sein, wenn es nicht ausnahmsweise erlaubt ist. Die **Rechtswidrigkeit** des Verhaltens ist deshalb die zweite Strafbarkeitsvoraussetzung. Tatbestands- und Rechtswidrigkeit beschreiben zusammen das verwirklichte Unrecht der Tat („Man darf *so etwas* nicht tun!"). Allerdings ist auch ein unrechtmäßiges, strafrechtlich verbotenes Verhalten noch nicht ohne weiteres strafbar. Das bisher festgestellte Unrechtsurteil missbilligt lediglich die Tat als solche, besagt aber noch nicht, dass der Einzelne für sein Verhalten strafrechtlich auch zur Verantwortung gezogen wird. Als dritte Voraussetzung der Strafbarkeit muss festgestellt werden, dass der Täter persönlich vorwerfbar, d. h. **schuldhaft** gehandelt hat („*Du* darfst so etwas nicht tun!") (siehe Übersicht 47).

Übersicht 47: Grundvoraussetzung der Strafbarkeit

1. **Tatbestandsmäßigkeit** (objektiv und subjektiv) 2. **Rechtswidrigkeit** (es liegt kein Rechtfertigungsgrund vor)	**Unrecht** = Blick auf die Tat („Man darf *so etwas* nicht tun!")
3. **Schuld** (es liegt kein Schuldausschließungsgrund vor)	**Verantwortung** = der Blick auf den Handelnden („*Du* darfst so etwas nicht tun!")

2.1.1   Tatbestand

objektiver Tatbestand

Im Hinblick auf den Tatbestand unterscheidet man zwischen sog. objektiven und subjektiven Tatbestandselementen. Der objektive Tatbestand beschreibt zunächst den äußerlichen Vorgang (die Handlung) und die dadurch eingetretene Rechtsgutverletzung (sog. „Handlungserfolg"). Anders als im Ordnungswidrigkeitenrecht können nach dem deutschen Strafrecht nur natürliche, nicht aber juristische Personen strafrechtlich verantwortlich sein. Anknüpfungspunkt für das Strafrecht ist das menschliche Verhalten. Täter („Wer … ") kann damit nur ein Mensch sein. Hetzt ein Hundehalter seinen Hund auf einen anderen und wird jener dabei verletzt, so verhält sich nicht der Hund, sondern ggf. der Hundehalter strafbar. Zudem kann nur ein vom Willen getragenes menschliches Verhalten strafbar sein, nicht aber nicht steuerbare Reflexbewegungen, Krampfanfälle, Körperbewegungen im Schlaf oder bei Bewusstlosigkeit oder durch absolute Gewalt erzwungenes Verhalten (jemand stößt einen anderen um, der wiederum auf den Dritten fällt und diesen verletzt). Man spricht insoweit davon, dass eine menschliche Handlung – entweder durch aktives Tun oder Unterlassen (hierzu unten IV-2.2.2) – vorliegen muss.

Die meisten Delikte können alle Menschen begehen (sog. Allgemeindelikte: „Wer…"), in einigen Normen beschränkt das Gesetz aber die Strafdrohung auf einen bestimmten Täterkreis, z.B. Amtsträger bei der Bestechlichkeit und Vorteilsannahme (§ 331 f. StGB). Bei den sog. unechten Sonderdelikten hat die besondere Tätereigenschaft nicht strafbegründende, sondern lediglich strafschärfende Wirkung (z.B. 258a StGB). Im Hinblick auf die Beteiligungsformen unterscheidet man strafrechtlich zwischen der sog. Täterschaft und der bloßen Teilnahme (s.u. IV-2.2.3).

Tätigkeits- und Erfolgsdelikte

Sog. Erfolgsdelikte (z.B. §§ 123, 223, 212, 242, 303 StGB) setzen voraus, dass das Handeln oder Unterlassen einen „Erfolg" verursacht hat. Der Handlungs- oder Taterfolg liegt in dem Ereignis, dessen Eintritt das Strafrecht eigentlich verhindern sollte, sei es den Hausfriedensbruch, die Körperverletzung oder der Tod eines Menschen, die Wegnahme und Entziehung oder Beschädigung von Sachen. Bei den sog. Tätigkeitsdelikten (z.B. §§ 153 f., § 316 StGB; § 21 StVG) wird die reine (abstrakt gefährliche)

Tathandlung (falsche uneidliche Aussage bzw. Meineid, Trunkenheit im Verkehr, Fahren ohne Fahrerlaubnis) bestraft, ohne dass ein Schaden eingetreten sein muss. Bei den sog. Gefährdungsdelikten reicht der Eintritt einer konkreten Gefahr (z. B. §§ 315b–315d StGB), eine Verletzung oder Schädigung muss nicht eingetreten sein.

Bei einem Erfolgsdelikt müssen – ohne dass dies im Tatbestand ausdrücklich genannt ist – Handlung und Handlungserfolg in einem sog. objektiven Zurechnungszusammenhang stehen. Der Handlungserfolg muss sich in einer ununterbrochenen Kette auf das menschliche Verhalten zurechenbar zurückführen lassen. Im Einzelnen kann die Zurechnung schwierig sein. Ausgangspunkt für die Zurechnung ist die sog. Kausalität. Wichtig ist dabei, immer auf den konkret eingetretenen Erfolg abzustellen, nicht auf hypothetische Verläufe. Nach der sog. Äquivalenz- oder Bedingungstheorie ist ein Verhalten ursächlich (kausal), wenn das konkrete Ergebnis ohne diese Handlung nicht eingetreten wäre. Das Verhalten muss eine nicht hinwegdenkbare Bedingung („*conditio sine qua non*") für den eingetretenen Schaden sein. Danach ist ein Verhalten (z. B. Giftbeimischen oder betrügerische Täuschung), das sich aufgrund anderer zwischenzeitlich eingetretener Ereignisse oder Handlungen (tödliche Krankheit bzw. Insolvenz) nicht auswirken kann, nicht kausal für den Erfolg. Trotz vorliegender Kausalität sind Schadensfolgen objektiv nicht zurechenbar, wenn sie völlig atypisch sind und der Täter deshalb nicht mit ihnen zu rechnen hatte (z. B. A. erschreckt seinen völlig gesund erscheinenden Freund B. aus Spaß, der dadurch einen tödlichen Herzinfarkt erleidet), oder bei Fahrlässigkeitsdelikten, wenn der Schaden auch bei pflichtgemäßen Handeln eingetreten wäre (sog. Pflichtwidrigkeitszusammenhang). Das ist nur der Fall, wenn der Erfolg vorhersehbar und vermeidbar war. Dies ist teilweise sehr umstritten, z. B. bei Straßenverkehrsdelikten im Hinblick auf die Vorhersehbarkeit des Verhaltens von spielenden Kindern. Man spricht insoweit davon, dass der Täter (k)ein rechtlich missbilligtes Risiko geschaffen oder erhöht hat und deshalb der Erfolg, die Schadensfolgen, innerhalb bzw. außerhalb des Schutzbereichs der Norm auftritt. Strafrechtlich nicht erfasst werden Handlungen, die durchaus gefährlich sind und unbestreitbar eine Kausalitätskette in Gang setzen (z. B. Herstellung von Kfz oder Waffen für den Tod von Menschen), deren Risiko aber gesellschaftlich in Kauf genommen wird.

Kausalität und Zurechnungszusammenhang

Im Rahmen des subjektiven Tatbestandes geht es um die innere Haltung und Steuerung des menschlichen Verhaltens. Man unterscheidet hier Vorsatz und Fahrlässigkeit. Grundsätzlich ist nur vorsätzliches Handeln strafbar, es sei denn, die Strafbarkeit wegen Fahrlässigkeit ist ausdrücklich normiert (§§ 15, 222, 229, 306d ff., 315c Abs. 5 StGB). Vorsatz ist das Wissen und Wollen in Bezug auf alle Merkmale des objektiven Tatbestandes. Bei der Fahrlässigkeit unterlässt der Täter die im Verkehr erforderliche (vgl. § 276 Abs. 2 BGB) und von ihm persönlich (ggf. über das Normalmaß hinaus) erwartbare Sorgfalt (z. B. weil er als gut ausgebildeter Spezialist mit Gefahrgut besonders sorgfältig umzugehen gelernt hat). Nicht fahrlässig, sondern vor-

subjektiver Tatbestand

Vorsatz

Fahrlässigkeit

Eventualvorsatz

bewusste Fahrlässigkeit

sätzlich handelt derjenige, der den Taterfolg zwar nicht beabsichtigt, seinen Eintritt aber für möglich hält und billigend in Kauf nimmt (sog. bedingter oder Eventualvorsatz). Hier ist dem Täter egal, ob die Rechtsgutverletzung eintritt, während bei der bewussten Fahrlässigkeit dies nicht der Fall ist, sondern u. U. naiv und sorglos darauf vertraut wird, dass der Erfolg schon nicht eintreten werde. Im konkreten Einzelfall ist das nicht immer leicht voneinander zu trennen und darüber hinaus sind die Wertungen mancher Gerichte nicht nachvollziehbar. So wird beim ungeschützten Geschlechtsverkehr von HIV-infizierten Personen selbst bei Einvernehmlichkeit vom Eventualvorsatz im Hinblick auf die Ansteckung des Sexualpartners ausgegangen, während im Hinblick auf das besonders rücksichtslose Verhalten im Straßenverkehr (Drängeln und Schneiden beim Überholen bei glatter Fahrbahn und schlechter Sicht usw.) oft noch nur bewusste Fahrlässigkeit angenommen wird.

Irrtum

Im Rahmen des subjektiven Tatbestandes wirken sich zum Teil die rechtsdogmatisch nicht einfachen Irrtumsregelungen des Strafrechts aus. So handelt nach § 16 Abs. 1 StGB jemand nicht vorsätzlich, wenn er bei Begehung der Tat einen Umstand nicht kennt, der zum objektiven Tatbestand des Delikts gehört (z. B. im Hinblick auf § 242 BGB die Fremdheit einer weggenommenen Sache). Er handelt allenfalls fahrlässig, wenn er diesen Umstand bei entsprechender Sorgfalt hätte kennen müssen. Allerdings ist nicht jeder Irrtum strafrechtlich relevant und entlastend, sondern nur wenn er sich auf ein Tatbestandsmerkmal bezieht. So ist es bei der Tötung eines Menschen völlig irrelevant, wenn der Täter irrtümlich angenommen hat, das Opfer sei ein von der Familie nicht akzeptierter Freund seiner Schwester (BGH NStZ 2002, 369; zu den fälschlich als „Ehrenmorde" bezeichnete Verbrechen vgl. z. B. BGH 5 StR 31/07 v. 28.08.2007). Der Schutz eines Menschen hängt nicht von bestimmten „Eigenschaften" ab. Wer aber versehentlich eine fremde Sache einsteckt (z. B. ein Buch seines Nachbarn nach der Vorlesung), hat zwar objektiv eine fremde Sache im Sinne des § 242 Abs. 1 StGB weggenommen, er hat dies aber nicht vorsätzlich gemacht (weder wusste er im Moment der Tathandlung, dass es nicht sein Buch war, noch wollte er ein fremdes Buch wegnehmen, weil er ja davon ausging, dass es sein eigenes Buch ist).

Absicht

Darüber hinaus fehlt in diesem Fall auch die für die Strafbarkeit des Diebstahls nach § 242 StGB neben dem Vorsatz zum Zeitpunkt der Begehung der Tat zusätzlich erforderliche Zueignungsabsicht. Solche Absichten sind Willensrichtungen, die in einigen Straftatbeständen (§§ 239a, 242, 249 ff., 263, 267, 271 Abs. 3, 316a StGB; nach § 211 StGB sog. „niedrige Beweggründe") als besondere subjektive Merkmale neben dem Vorsatz (bzgl. der objektiven Tatbestandsverwirklichung) nachgewiesen werden müssen. Wer einen fremden PKW ohne Befugnis benutzt, dies aber nur vorübergehend tun will, um ihn nach Gebrauch wieder an seinen Platz zurückzustellen, maßt sich zwar eine eigentümergleiche Stellung an, begeht aber mangels (dauerhafter) Zueignungsabsicht keinen Diebstahl. Allerdings ist die Gebrauchsanmaßung bei Kraftfahrzeugen und Fahrrädern gesondert mit Strafe bedroht (§ 248b StGB), während sie im Übrigen straflos ist.

Im Hinblick auf die bei manchen Straftaten möglichen schweren Tatfolgen (z. B. Tod in §§ 227, 251 StGB) reicht es nach § 18 StGB in der Regel aus, dass dem Täter neben der vorsätzlichen Begehung der Straftat im Hinblick auf die Tatfolge zumindest Fahrlässigkeit vorgeworfen werden kann. In manchen Fällen muss eine Leichtfertigkeit, d. h. eine gesteigerte Form der Nachlässigkeit, vorliegen (z. B. § 178 StGB).

2.1.2   Rechtswidrigkeit

Die Tatbestände des StGB beschreiben vom Gesetzgeber als besonders sozialschädlich missbilligte und damit typischerweise unrechte Verhaltensweisen. Diese sind deshalb grds. rechtswidrig (man spricht auch davon, dass die Rechtswidrigkeit „indiziert" sei), es sei denn, das Verhalten ist ausnahmsweise erlaubt. Solche Erlaubnisse nennt man **Rechtfertigungsgründe**. Diese entstammen nicht nur dem Strafrecht, sondern der gesamten Rechtsordnung, denn Rechtswidrigkeit ist Widerspruch gegen das Recht. Das ist z. B. nicht der Fall, wenn der Inhaber des Rechtsgutes in zulässiger Weise in deren Verletzung einwilligt (z. B. in die tatbestandsmäßige Körperverletzung bei einer medizinisch notwendigen Operation, im Hinblick auf normale Sportverletzungen). Die Einwilligung rechtfertigt aber nicht alles, z. B. nicht die eigene Tötung (§ 216 StGB). Der wohl bekannteste Rechtfertigungsgrund ist   **Notwehr** die Notwehr (§ 32 StGB). Wird jemand von einem Angreifer überfallen, so darf er sich gegen diesen wehren, notfalls – falls keine anderen angemessenen Mittel zur Verfügung stehen, um die Gefahr abzuwehren – zum Schutz seiner Person auch verletzten, im schlimmsten Fall sogar töten. Im Einzelfall kann aber die Abgrenzung zwischen erlaubten und rechtswidrigen Verhalten sehr schwierig sein. Bei allen Rechtfertigungsgründen, insbesondere bei den Notwehr- und Abwehrrechten, muss die Verteidigungshandlung erforderlich und angemessen sein. Erforderlich ist also stets eine **Güterabwägung**. Die Verteidigungshandlung hängt im Wesentlichen von Art und Maß der drohenden Rechtsgutverletzung ab. So kann z. B. die Androhung der Gegenwehr bei einem körperlich unterlegenen Angreifer ausreichen. Unzulässig ist die völlig überzogene Reaktion insbesondere bei einem krassen Missverhältnis zwischen Angriff (insbesondere gegen Eigentum) und Verteidigung (durch Tötung), z. B. der Schusswaffengebrauch gegen Kirschen klauende Kinder. Überschreitet jemand die Grenzen der Notwehr aus Verwirrung, Furcht oder Schrecken, so handelt er ohne Schuld und wird für seine rechtswidrige Verteidigungshandlung nach § 33 StGB nicht bestraft (zu den Entschuldigungsgründen siehe IV-2.1.3). Bei einem provozierten Angriff ist das Notwehrrecht eingeschränkt. Bei einem Überschreiten der Grenzen der Notwehr ist diese selbst rechtswidrig, so dass hiergegen wiederum Notwehr zulässig ist.
Im Rahmen des rechtfertigenden Notstandes nach § 34 StGB als Abwehr gegen einen nicht rechtswidrigen Angriff ist ausdrücklich eine Güterabwägung vorzunehmen, wobei das geschützte Interesse das beeinträchtigte Rechtsgut wesentlich überwiegen muss. Das kann z. B. bei einer Strafan-

zeige des Sozialarbeiters im Hinblick auf einen ihm bekannt gewordenen sexuellen Missbrauch der Fall sein, obwohl die Anzeige einen Verstoß gegen seine Verschwiegenheitspflicht nach § 203 Abs. 1 Nr. 5 StGB darstellt (Abwägung Vertrauensschutz vs. Kindeswohl). Anders ist dies u. U., wenn das Kind selbst den Missbrauch Rahmen einer Betreuung i. S. d. § 65 SGB VIII ausdrücklich anvertraut hat (vgl. hierzu IV-2.3.3). Im Rahmen von § 34 StGB darf niemals Leben gegen Leben abgewogen werden. Insoweit gibt es auch keinen rechtfertigenden Notstand zum Abschuss eines entführten Passagierflugzeugs, welches Terroristen in ein Gebäude hineinrasen lassen wollen (vgl. auch BVerfG 1 BvR 357 v. 15.02.2006).

Züchtigungsrecht

Kein Rechtfertigungsgrund ist das immer wieder bemühte sog. „Züchtigungsrecht", weder für Lehrer noch für Eltern. Im Hinblick auf die Lehrer ist die körperliche Bestrafung von Schülern durch die Schulgesetze untersagt. Nach dem im Jahr 2002 novellierten § 1631 Abs. 2 BGB haben Kinder ein Recht auf eine gewaltfreie Erziehung. Damit sind körperliche Bestrafungen, seelische Verletzungen und andere entwürdigende Erziehungsmaßnahmen auch seitens der Eltern unzulässig. Der „Stuben-" oder Hausarrest ist ebenso wie Ausgangsbeschränkungen als altersgemäße Freiheitsbeschränkung noch vom Personensorgerecht gedeckt, das Einsperren eines Kindes ist aber eine Freiheitsberaubung und unzulässig, wenn damit die Grenzen des Sorgerechts (§ 1631 Abs. 2 BGB) überschritten werden und dies ohne Genehmigung des Familiengerichtes erfolgt (§ 1631b BGB).

Von der Regel, dass die Verwirklichung des Tatbestandes die Unrechtmäßigkeit des Handelns indiziert, gibt es zwei Ausnahmen, in denen die Rechtswidrigkeit besonders festgestellt werden muss (§§ 240 Abs. 2, § 253 Abs. 2 StGB). Danach ist die Tathandlung nur rechtswidrig, wenn die Anwendung der Gewalt oder die Androhung des Übels zu dem angestrebten Zweck als verwerflich anzusehen ist.

Erlaubnistatbestandsirrtum

Auch im Hinblick auf die Rechtfertigung an sich verbotener Handlungen können sich Irrtümer auswirken. So liegt ein sog. Erlaubnistatbestandsirrtum vor, wenn der Handelnde irrtümlich das Vorliegen eines Rechtfertigungsgrundes annimmt. Er handelt dann im Hinblick auf das verwirklichte Delikt ohne Vorsatz (analoge Anwendung von § 16 Abs. 1 StGB zugunsten des Beschuldigten); er kann aber ggf. wegen Fahrlässigkeit verurteilt werden.

2.1.3 Schuld

Rechtswidriges Verhalten ist nur dann strafbar, wenn es dem Handelnden vorgeworfen werden kann, was man rechtsdogmatisch als „Schuld" bezeichnet (zum Schuldprinzip, vgl. oben IV-1.3). Diese ist zum einen materielle Voraussetzung der staatlichen Strafe, zum anderen ist die Schuld nach § 46 Abs. 1 S. 1 StGB Grundlage der Strafzumessung (hierzu IV-4.3).

Schuldausschluss- bzw. Entschuldigungsgründe

Anders als bei Jugendlichen (§ 3 JGG, s. u. IV-5) darf bei erwachsenen und heranwachsenden (18 bis 20 Jahre alten) Menschen (§ 1 Abs. 2 JGG) von der strafrechtlichen Verantwortungsfähigkeit ausgegangen werden. Die

Schuld kann aber ausnahmsweise ausgeschlossen sein, weil der Täter geisteskrank, nicht bei Sinnen oder aus anderen Schuldausschließungsgründen schuldunfähig (§ 20 StGB) war. Gerade in diesem Bereich handelt es sich nicht um rein normative, sondern vor allem um medizinische oder psychosoziale Fragestellungen mit einer besonderen Verantwortung der hierbei zurate gezogenen Fachkräfte (zur Schuldfähigkeit und ihrer Begutachtung ausführlich Streng 2002, 347 ff.). Die Schuld kann auch im konkreten Fall ausnahmsweise ausgeschlossen sein, z.B. beim sog. Notwehrexzess aus Verwirrung, Furcht oder Schrecken (§ 33 StGB) oder anderen situationsbedingten Entschuldigungsgründen (§ 35 StGB).

Bei alkoholbedingtem Rausch hat die Rechtsprechung folgende Grenz- **Alkoholeinfluss** werte festgelegt (vgl. Schönke/Schröder 2006 § 20 Rz. 16b), entscheidend ist aber stets eine Gesamtabwägung aller wesentlichen objektiven und subjektiven Umstände:

- ab einer Blutalkoholkonzentration von 3,0‰ (bei Jugendlichen und Heranwachsenden auch unter 3,0‰) liegt die Schuldunfähigkeit nahe; im Einzelfall kann aufgrund starker Alkoholgewöhnung gleichwohl Schuldfähigkeit gegeben sein;
- bei einem Blutalkoholwert von 2,0–3,0‰ kann verminderte Schuldfähigkeit (z.B. aufgrund einer Intoxikationspsychose) vorliegen, bei der die Strafe nach § 21 StGB gemindert werden kann.
- bei einem Blutalkoholwert von unter 2,0‰ wird bei gesunden Personen i.d.R. von ungeminderter Schuldfähigkeit ausgegangen, wenn nicht Ausfallerscheinungen einen anderen Schluss nahelegen.

Drogenabhängigkeit indiziert nicht automatisch einen Schuldausschluss, **Drogenkonsum** sondern kann im konkreten Einzelfall, z.B. bei schwersten Persönlichkeitsstörungen oder wenn die Tat bei starken Entzugserscheinungen oder im schweren Rausch begangen wurde, zur Bejahung von § 20 StGB führen.

Ist ein Täter bei der Begehung der Tat schuldunfähig, führt diese grds. zur Straflosigkeit. Hat aber der Täter im schuldfähigen Zustand einen Gesche- **actio libera in causa** hensablauf in Gang gesetzt, der zu einer rechtswidrigen Tat im schuldunfähigen Zustand geführt hat, so kann er gleichwohl aufgrund des verwirklichten Delikts bestraft werden. Diese rechtsdogmatisch anerkannte Vorverlagerung des strafrechtlichen Schuldvorwurfs (sog. *actio libera in causa*) führt zur Bestrafung wegen der Vorsatztat, wenn der Täter den Defektzustand selbst vorsätzlich herbeigeführt (z.B. durch „Mut antrinken") und die Tat vorsätzlich begangen hat. Sofern die fahrlässige Begehung der Tat strafbar ist, wird der Täter hierfür bestraft, wenn er den Defektzustand vorsätzlich oder fahrlässig verursacht hat und das Delikt fahrlässig begeht. Ist keine Bestrafung aufgrund einer *actio libera in causa* möglich, so bleibt die Strafbarkeit wegen des spezifischen Vollrauschdelikts (§ 323a StGB) zu einer Freiheitsstrafe von bis zu fünf Jahren hiervon unbenommen.

Fehlt jemand bei der Begehung der Tat das (allgemeine, nicht auf das **Verbotsirrtum** Strafrecht begrenzte) Unrechtsbewusstsein, so handelt er nach § 17 Abs. 1

StGB ohne Schuld, wenn dieser sog. Verbotsirrtum unvermeidbar war. Nicht erforderlich ist, dass der Täter die betreffende Rechtsnorm kennt, insoweit schützt Unwissenheit nicht vor Strafe. So kann sich jemand nach § 170 StGB strafbar machen, selbst wenn er davon ausgeht, dass die Verletzung der zivilrechtlichen Unterhaltspflicht strafrechtlich nicht verfolgt wird.

Irrtümer im Hinblick auf das Vorliegen der Voraussetzungen eines Schuldausschluss- oder Entschuldigungsgrundes sind nur im Hinblick auf den entschuldigenden Notstand nach § 35 StGB und nur dann beachtlich, wenn der Irrtum unvermeidlich war (§ 35 Abs. 2 StGB). Wer sein Verhalten irrig für verboten hält, begeht ein strafloses Wahndelikt (z. B. Verhexen). Davon zu unterschieden ist die Strafbarkeit des sog. untauglichen Versuchs (Eigentümer hält die von ihm weggenommene Sache für fremd, weil sich diese in einem Lagerhaus befindet).

2.1.4 Spezielle Strafbarkeitsvoraussetzungen und Strafbarkeitshindernisse

Neben den drei Grundvoraussetzungen der Strafbarkeit im engeren Sinn (Tatbestandsmäßigkeit, Rechtswidrigkeit und Schuld) müssen u. U. weitere besondere Strafbarkeitsbedingungen vorliegen bzw. besondere Strafbarkeitshindernisse fehlen. Zu den **Strafbarkeitsvoraussetzungen** zählen:

objektive Bedingungen der Strafbarkeit

- bei manchen Straftaten sog. objektive Bedingungen der Strafbarkeit, z. B. bei § 330 StGB das Begehen der Tat im Vollrausch; bei § 186 StGB die Nichterweislichkeit einer ehrenrührigen Tatsache; bei § 231 StGB das Vorliegen einer schweren Körperverletzung oder der Tod eines Menschen im Rahmen einer Schlägerei.

Strafantrag

- das Vorliegen eines Strafantrags (§§ 77 ff. StGB) bei einigen höchstpersönlichen und Bagatelldelikten (vgl. §§ 123 Abs. 2, 194, 230, 248a StGB). Der Strafantrag ist von der Strafanzeige zu unterscheiden. Mit seinem Strafantrag macht der Berechtigte ausdrücklich deutlich, dass er die Strafverfolgung will. Der Strafantrag muss i. d. R. schriftlich (§ 158 Abs. 2 StPO) und innerhalb einer Frist von drei Monaten ab Kenntnis von Tat und Täter erfolgen (§ 77b StGB). Zwar kann ein Strafantrag zurückgenommen werden (§ 77d StGB), dies führt aber zur Auferlegung der Verfahrenskosten nach § 470 StPO.

Zu den **Strafhindernissen** (eine an sich vorliegende Strafbarkeit wird beseitigt) zählen:

Strafausschließungsgründe

- persönliche Strafausschließungsgründe, z. B. Straffreiheit der Schwangeren bei einem versuchten Schwangerschaftsabbruch (§ 218 Abs. 4 S. 2 StGB), Kinder und Jugendliche im Hinblick auf den Beischlaf zwischen Verwandten (§ 173 Abs. 3 StGB); Strafvereitelung zugunsten von Angehörigen (§ 258 Abs. 6 StGB);

- persönliche Strafaufhebungsgründe: Rücktritt vom Versuch (§ 24 StGB) und tätige Reue (§§ 83a, 98 Abs. 2; 306e Abs. 2, 314a Abs. 3, 320 Abs. 3, 330b Abs. 1 S. 2 StGB); s. u. IV-2.2.1. **Strafaufhebungsgründe**
- Verfolgungsverjährung: Nach Ablauf bestimmter Fristen können die meisten Straftaten nicht mehr verfolgt und bestraft werden (§§ 78–78c StGB). Mord verjährt aber nie (§ 78 Abs. 2 StGB). Zu unterscheiden ist die Verfolgungsverjährung von der sog. Vollstreckungsverjährung (§§ 79–79b StGB), die die Vollstreckung einer rechtskräftigen Verurteilung hindert. **Verfolgungsverjährung**

2.2 Deliktsformen

Straftaten können in unterschiedlichen Formen und Stufen begangen werden. Hierbei sind vier Aspekte zu berücksichtigen, die miteinander auf unterschiedliche Weise kombiniert werden können:

- die unterschiedliche Haltung und Intention: Vorsatz oder Fahrlässigkeit (zum subjektiven Tatbestand, s. o. IV-2.1.1),
- die unterschiedlichen Verwirklichungsstufen des Delikts, insbesondere Versuch und Vollendung (s. IV-2.2.1),
- unterschiedliche Handlungsformen: aktives Tun oder Unterlassen (s. IV-2.2.2),
- unterschiedliche Beteiligungsformen (s. IV-2.2.3).

2.2.1 Versuch und Vollendung

Bleibt der Handlungserfolg aus, so ist die Tat nicht vollendet. Versuch ist die gewollte, aber unvollständig gebliebene Tat. Der Versuch ist bei Verbrechen (§ 12 Abs. 1 StGB) stets strafbar, bei Vergehen nur, wenn das Gesetz dies ausdrücklich bestimmt (§ 23 Abs. 1 StGB). Nach § 22 StGB ist eine Straftat versucht, wenn der Täter nach seiner Vorstellung unmittelbar zur Verwirklichung der Tat ansetzt. Der subjektive Gesamtplan des Täters bildet damit die Beurteilungsgrundlage, aufgrund derer das konkrete Geschehen überprüft wird. Neben dem Entschluss (Vorsatz) zur Tat setzt der strafbare Versuch eine objektive Betätigung des Entschlusses durch Handlungen voraus, die unmittelbar zur Tatbestandsverwirklichung ansetzen (z. B. Einstecken des Buches in der Bibliothek). Damit wird der Versuch von der in der Regel straflosen Vorbereitungshandlung abgegrenzt (z. B. Verstellen des Buches in einem Regal, damit es am nächsten Tag auf jeden Fall nicht ausgeliehen ist). Im Einzelnen kann die Abgrenzung freilich sehr schwierig sein. Vorbereitungshandlungen sind nur in dem Fall der §§ 30, 149, 152, 234a, 275 StGB selbstständig strafbar. **Versuch**

Der Täter kann vom Versuch zurücktreten, wenn er freiwillig die weitere Ausführung der Tat aufgibt oder deren Vollendung verhindert (§ 24 Abs. 1 **Rücktritt und tätige Reue**

StGB). Der **Rücktritt vom Versuch** wirkt strafbefreiend, dem Täter wird eine Brücke zurück in die Legalität gebaut. Eine ähnliche oder doch zumindest strafmildernde Wirkung hat die sog. **tätige Reue** (vgl. §§ 83a, 98 Abs. 2; 306e Abs. 2, 314a Abs. 3, 320 Abs. 3, 330b Abs. 1 S. 2 StGB), bei der ein Rücktritt aufgrund der Vollendung der Tat nicht mehr in Betracht kommt, der Täter aber alles tut, um die Gefahr und den Schaden abzuwenden (z. B. Löschen des selbst gelegten Brandes).

2.2.2   Aktives Tun und Unterlassen

Die meisten Strafrechtstatbestände sind als aktives Handeln formuliert. Eine Straftat kann aber auch dann vorliegen, wenn ein Ereignis nur deshalb eintritt, weil eine gebotene Handlung unterlassen wurde. Wer es unterlässt, eine Rechtsgutverletzung abzuwenden, macht sich nach § 13 Abs. 1 StGB dann strafbar, wenn er rechtlich dafür einzustehen hat, dass der Erfolg nicht eintritt und das Unterlassen der Verwirklichung des gesetzlichen Tatbestands durch ein Tun entspricht, er also die gebotene Handlung nicht
Unterlassungsdelikt   unterlassen durfte. In diesen Fällen spricht man von einem sog. **unechten Unterlassungsdelikt** (denn die Straftat kann durch aktives Tun oder Unterlassen verwirklicht werden), während die sog. **echten Unterlassungsdelikte** nur durch Unterlassen begangen werden können (z. B. §§ 138, 323c StGB).
Garantenstellung   Voraussetzung für die Strafbarkeit bei einem unechten Unterlassungsdelikt ist, dass man rechtlich dafür einzustehen hat, den Erfolg abzuwenden. Der Person muss aufgrund ihrer besonderen Beziehung (Garantenstellung) zum geschützten Rechtsgut (z. B. Leben und Gesundheit des Kindes, Eigentum des Mitbewohners oder Arbeitgebers) eine spezielle Rechtspflicht zum Tätigwerden (Erfolgsabwendungspflicht) obliegen und sie muss diese fahrlässig (also sorgfaltswidrig) oder vorsätzlich nicht erfüllt haben, worauf der Schaden ursächlich (objektive Zurechnung) zurückzuführen ist. Die Garantenstellung betrifft also die tatsächlichen Umstände, die Beziehung
Garantenpflicht   zwischen Garant und dem zu schützenden Rechtsgut, die Garantenpflicht, umschreibt die daraus folgenden normativen Handlungsanforderungen. Die entscheidende Frage ist damit, aus welchen Umständen sich die besondere Beziehung und Garantenstellung ergibt und welche daraus entstehenden Garantenpflichten erfüllt werden müssen. Heute werden die Garantenverhältnisse überwiegend nach materiellen Kriterien begründet, entweder aufgrund der besonderen Verantwortlichkeit für besondere Gefahrenquellen (sog. Überwachungsgarant) oder weil der sog. Beschützergarant eine Pflicht zum Schutz eines bestimmten Rechtsgutes vor unbestimmt vielen Gefahren hat (vgl. Schönke/Schröder-Stree 2006 § 13 Rz. 7 ff. m. w. N.). Ungeachtet der teilweise verbissen geführten Diskussion in der strafrechtlichen Rechtsdogmatik werden die Garantenstellung und die hieraus fließenden Garantenpflichten im Wesentlichen übereinstimmend aus ausdrücklichen gesetzlichen Pflichten (z. B. §§ 1353, 1626, 1631 BGB; § 2 LPartG; §§ 8a, 42 SGB VIII), vertraglichen Abmachungen (z. B. Arbeits- und Dienstvertrag,

Betreuungsvereinbarung), einem vorausgegangenen gefährdenden Tun (z.B. zu schnelle Fahrweise im Straßenverkehr) oder einer engen Lebensbeziehung (Lebenspartnerschaft oder nichteheliche Lebensgemeinschaft, Wohngemeinschaft, Gruppe bei gefährlichen, erlebnispädagogischen Aktionen, Klettern, Wildwasserfahren) hergeleitet.

Aus dem SGB VIII ergibt sich für **alle Mitarbeiter der Jugendämter** die Pflicht, den gesellschaftlichen Handlungsauftrag aus Art. 6 Abs. 2 GG, § 1 Abs. 3, 8a SGB VIII („Wächteramt" und Schutzauftrag) zum Schutz von Kindern umzusetzen (vgl. Trenczek 2002a, 383 ff.). Normativ konkretisierte Pflichten ergeben sich aus den §§ 8a, 42 SGB VIII (hierzu Münder et al. 2006 u. a. § 1 Rz. 39 ff., § 8a, § 42). Diese Pflichten treffen nicht nur den Letzten in der Kette, den einzelnen Mitarbeiter im ASD, sondern ebenso die Abteilungsleiter und die Leitung des Jugendamts sowie darüber hinaus die Verantwortlichen des kommunalen Trägers, Sozialdezernent und Bürgermeister. Es ist vorrangig die Pflicht der politisch und administrativ Verantwortlichen, ein dem Bedarf angemessenes Hilfeangebot in einer Gemeinde vorzuhalten und die Arbeit im Jugendamt sachgerecht zu organisieren. Es liegt damit in ihrer (auch strafrechtlich relevanten) Verantwortung, wenn sich die Jugendamtsmitarbeiter aufgrund überhöhter Fallzahlen, mangelhafter Krankheits- und Urlaubsvertretung, gekürzter Betreuungsbudget nicht im erforderlichen Maße um die Betreuung gefährdeter Kinder und ihrer Familien kümmern können.

Garantenstellung in der Jugendhilfe

Die Mitarbeiter der Jugendämter erfüllen ihre Pflichten durch fachgerechtes Arbeiten (vgl. Jordan 2001). Was *lege artis*, kunst- und fachgerecht ist, also anerkannten **fachlichen Standards** entspricht, kann nicht strafbar sein! Das ist in der Sozialen Arbeit nicht anders als im Bereich der Medizin oder des Kfz-Wesens. Die entgegenstehende Position (z.B. Bringewat 1997, 63) widerspricht der notwendigen und traditionell gepflegten Zurückhaltung der Strafgerichte im Hinblick auf die Definition der erforderlichen Sorgfalt, die sich – wenn sie nicht ausdrücklich gesetzlich geregelt sind – nur aus den fachlich begründeten Verhaltensvorschriften und Qualitätsstandards (z.B. Unfallverhütungsbestimmungen, technische Normen, ärztliche Kunst- und sportliche Spielregeln) ergeben kann (vgl. BGH 4, 182; 12, 75; 37, 184) und damit die Grenzen des erlaubten und rechtlich missbilligten Risikos deutlich macht.

2.2.3   Täterschaft und Teilnahme

Wenn mehrere Personen gemeinsam eine Straftat begehen, kann die Tatbeteiligung unterschiedlich ausgestaltet sein. Man unterscheidet rechtsdogmatisch die Täterschaft (§ 25 StGB) von der Teilnahme, die jeweils in unterschiedlichen Formen und Konstellationen möglich sind. Bei der Täterschaft unterscheidet man im Wesentlichen Allein- und Mittäter sowie den mittelbaren Täter, der die Tat durch einen anderen begeht (§ 25 Abs. 1, 2. Alt. StGB). Bei der Teilnahme unterscheidet man Anstiftung (§ 26 StGB) und

Beihilfe (§ 27 StGB). Eine Teilnahme ist immer nur möglich, wenn auch eine zumindest tatbestandsmäßige und rechtswidrige (nicht zwingend schuldhaft begangene) Täterschaft vorliegt (sog. Akzessorietät). Im Übrigen sind die Abgrenzungen und Voraussetzungen im Detail z. T. umstritten.

2.3   Deliktsbereiche

Empfohlen wird zunächst ein Gang durch die Gliederung des besonderen Teils des StGB sowie der für das Arbeitsfeld einschlägigen Nebengesetze. Hier sind die strafrechtlich relevanten Verhaltensweisen in Abschnitten weitgehend systematisch geordnet, so dass ein erster Überblick möglich ist. Obwohl im medialen Interesse an erster Stelle „Mord und Totschlag" sind, ist insgesamt die Gewaltkriminalität (inkl. gefährlicher/schwerer Körperverletzung) mit einem Anteil von etwa 3% am gesamten Straftataufkommen relativ selten (vgl. BMI/BMJ 2006). Große Praxisrelevanz haben vor allem die Diebstahls- und Vermögensdelikte, die etwa ⅔ aller registrierten Straftaten ausmachen. Auf eine umfassende Darstellung der einzelnen Deliktsnormen des Besonderen Teils des StGB muss und kann hier aus Platzgründen verzichtet werden, da die Details der rechtsdogmatischen Definitionen und Probleme (z. B. Abgrenzung von Diebstahl und Unterschlagung) der strafrechtlichen Wissenschaft und Praxis überlassen bleiben kann. Insoweit wird auf die einschlägige strafrechtliche Kommentierung verwiesen (vgl. z. B. Kindhäuser 2006; Schönke/Schröder 2006; Tröndle/Fischer 2006). Auch aktuelle gesellschaftliche Debatten über die Strafbarkeit des Stalkings oder der Sterbehilfe (hierzu Kindhäuser 2006 Vor § 211 Rz. 14 ff.) können hier nicht wiedergegeben werden. Im Folgenden wird lediglich auf einige für die Soziale Arbeit besonders relevante Strafrechtsbereiche kurz hingewiesen.

2.3.1   Strafrechtlicher Daten- und Vertrauensschutz

Anzeigepflicht

Entgegen einer weit verbreiteten Laienansicht gibt es in Deutschland **keine** allgemeine Anzeigepflicht, weder für den einzelnen Bürger noch für Sozialarbeiter. Nach § 138 StGB ist die Nichtanzeige von Straftaten nur dann strafbar, wenn es sich um ausdrücklich in § 138 Abs. 1 StGB genannte, besonders schwere Straftaten wie Mord und Totschlag, schwerer Menschenhandel oder (erpresserischer) Menschenraub, Raub oder gemeingefährliche Straftaten handelt, die noch bevorstehen und deshalb noch abgewendet werden können. Eine besondere Garantenstellung (s. o. IV-2.2.2) ist insoweit nicht erforderlich, die Vorschrift richtet sich an alle Bürger. Über § 138 StGB hinaus besteht auch für Sozialarbeiter keine besondere Anzeigepflicht weder gegenüber der Polizei, der Staatsanwaltschaft noch dem Gericht. Im Hinblick auf in der Vergangenheit liegende Straftaten besteht vielmehr grds. die Pflicht zur Verschwiegenheit nach § 203 Abs. 1 Nr. 5 StGB.

Sozialarbeiter und Sozialpädagogen sind grds. zum umfassenden Daten- und Vertrauensschutz verpflichtet. Die Pflicht zur Verschwiegenheit ergibt sich im Geltungsbereich des SGB bereits aus den **§ 35 Abs. 1 u. 2 SGB I, §§ 67–78 SGB X** (vgl. III-1.2.3) sowie weiterer bereichsspezifischer Regelungen z. B. des Kinder- und Jugendhilferechts (**§§ 61 ff. SGB VIII**; hierzu III-3.5.2), im Übrigen aus arbeitsrechtlichen oder vertraglichen Regelungen. Der Daten- und Vertrauensschutz ist zusätzlich strafrechtlich abgesichert. Nach § 203 Abs. 1 Nr. 5 StGB dürfen staatlich anerkannte Sozialarbeiter und Sozialpädagogen fremde Geheimnisse, d. h. schutzwürdige Daten und Informationen, an denen ein Geheimhaltungsinteresse besteht, nicht unbefugt offenbaren – unabhängig davon, ob sie dem Sozialarbeiter anvertraut oder sonst im Rahmen der beruflichen Inanspruchnahme bekannt geworden sind. Die gleiche Pflicht zum Vertrauensschutz trifft u. a. Ärzte (Nr. 1), Berufspsychologen (Nr. 2) und Rechtsanwälte (Nr. 3), die Mitarbeiter anerkannter Ehe-, Familien-, Erziehungs- und Jugendberatungs- sowie Drogen- und Suchtberatungsstellen (Nr. 4) und Mitarbeiter anerkannter Beratungsstellen der Schwangerenkonfliktberatung (Nr. 4a). Zur Datenübermittlung sind Sozialarbeiter nur befugt, sofern der Betroffene eingewilligt hat oder eine gesetzliche Norm dies zulässt oder vorschreibt. So dürfen z. B. nach § 68 SGB X sog. sozio-biografische Grunddaten (u. a. Name, Vorname, Geburtsdatum, Geburtsort, derzeitige Anschrift und Aufenthalt, Name und Anschrift derzeitiger Arbeitgeber) an die Polizei, Staatsanwaltschaften und Gerichte übermittelt werden. Andererseits folgt aus den besonderen Vertrauensschutzvorschriften der §§ 64, 65 SG VIII eine weitgehende Übermittlungssperre. Als Rechtfertigungsgrund gegenüber dem Vorwurf des Geheimnisverrats kommt ggf. der rechtfertigende Notstand (§ 34 StGB) in Betracht, wenn die Offenbarung das einzige Mittel zum Schutz höherrangiger Rechtsgüter war (s. o. IV-2.1.2).

Als Befugnis, Sozialgeheimnisse zu offenbaren, gilt auch die vom Gericht auferlegte Pflicht zur Zeugenaussage. Insoweit ist umstritten, ob Sozialarbeiter zur Zeugnisverweigerung befugt oder gar verpflichtet sind, wenn sie in ihrer Eigenschaft als Betreuer von Klienten vor Gericht aussagen sollen. Ausdrücklich geregelt ist in der StPO das Recht auf Zeugnisverweigerung nur für Mitarbeiter einer anerkannten Stelle der Schwangerenkonfliktberatung (§ 53 Abs. 1 Nr. 3a StPO) sowie für Mitarbeiter der Sucht- und Drogenberatung (§ 53 Abs. 1 Nr. 3b StPO). Während ein allgemeines Zeugnisverweigerungsrecht von Sozialarbeitern in den Verfahren vor den Zivil- und Verwaltungsgerichten (vgl. § 383 Abs. 1 Nr. 6 ZPO, § 15 FGG, § 98 VwGO) im Hinblick auf die Schweigepflicht nach § 203 StGB anerkannt ist (vgl. Zöller-Stephan 2004 § 383 Rz. 19 ff.), wird ein solches mangels einer ausdrücklichen Regelung im Strafverfahren mit Verweis auf eine überholte Entscheidung des BVerfG aus dem Jahre 1972 (NJW 1972, 2214) von der strafrechtlichen Literatur noch weitgehend abgelehnt. Der Sozialarbeiter übe keinen Beruf aus, für den ein grds. keine Offenbarung duldendes Vertrauensverhältnis zum Klienten kennzeichnend sei. Zwar sei die Schaffung und Aufrechterhaltung einer Vertrauensbeziehung zwischen Klient und Betreuer von großer Bedeutung. Diese Vertrauensbeziehung sei aber

Schweigepflicht

§ 203 StGB

Zeugnisverweigerungsrecht

nicht typischerweise auf die Erwartung gegründet, der Sozialarbeiter werde Tatsachen aus der Privatsphäre des Betreuten gegenüber jedermann verschweigen. Insoweit wird freilich auf ein überholtes Bild der Sozialarbeit Bezug genommen. Außerhalb der Sozialen Dienste der Justiz, für die die (datenschutzrechtlichen) Regelungen des SGB nicht gelten, hat sich mittlerweile das Berufsbild der Sozialarbeiter gewandelt, wobei der Schutz der Klientenbeziehung ein Wesensmerkmal, ja die **Geschäftsgrundlage** der professionellen Sozialen Arbeit, insbesondere der Familien- und Jugendhilfe ist. Zudem wird man aufgrund der mittlerweile geltenden bereichsspezifischen Regelungen in der Jugendhilfe nach §§ 61 ff. SGB VIII, zumindest mit Blick auf die Mitarbeiter des Jugendamtes zu einer anderen Bewertung als das BVerfG im Jahr 1972 kommen und ein Zeugnisverweigerungsrecht bejahen müssen (vgl. Münder et al. 2006 § 52 Rz. 42 f.; Trenczek 1991a, 254).

Aussagegenehmigung

Mitarbeiter des Jugendamtes bedürfen wie alle Beschäftigten des öffentlichen Dienstes ohnehin von ihrem Dienstherrn eine Aussagegenehmigung (§ 54 StPO i. V. m. § 9 Abs. 1 BAT, §§ 61 BBG, § 39 BRRG), ohne diese sie keine Aussage machen dürfen.

besondere Mitteilungspflichten

Mitarbeiter der justiziellen Sozialdienste, sei es im Rahmen der Gerichts- oder Bewährungshilfe oder im Vollzug, werden im Auftrag der Justiz tätig und sind insoweit ohnehin verpflichtet, ggf. auch strafrechtlich relevante Erkenntnisse an Staatsanwaltschaft, Gericht bzw. Anstaltsleitung mitzuteilen. Die besondere Mitteilungspflicht der Bewährungshelfer aus § 56 d Abs. 3 StGB besteht allerdings nur gegenüber dem in Bewährungssachen zuständigen Richter. Diesem müssen unaufgefordert nur die gröblichen oder beharrlichen Verstöße gegen Auflagen oder Weisungen mitgeteilt werden. Auf eine begangene Straftat muss der Bewährungshelfer zudem in seiner Stellungnahme über die Lebensführung des Probanden hinweisen.

2.3.2 Strafrechtlicher Kinder- und Jugendschutz

Neben dem sog. gesetzlichen Jugendschutz im engeren Sinne (JuSchG und JuArbschG) und dem erzieherischen Jugendschutz (vgl. § 13 SGB VIII) soll auch das Strafrecht dem Schutz von jungen Menschen dienen. Das betrifft neben dem allen Personen unabhängig vom Alter dienenden Schutz von Leben und körperlicher Unversehrtheit auch ganz spezifische, nur dem Schutz von Minderjährigen dienende Regelungen, wie z. B. die Verletzung der Fürsorge- oder Erziehungspflicht nach § 171 StGB oder der sexuelle Missbrauch von Kindern nach § 176 StGB (auf die dem Minderjährigenschutz dienenden Vorschriften des Sexualstrafrechts wird in IV-2.3.3 eingegangen). Freilich ist die strafrechtliche Präventionswirkung hier ebenso zweifelhaft wie die Aktivierung repressiver Sanktionsmechanismen im Fall der gewaltsamen Verletzung der Integrität junger Menschen durch ihre Eltern. Besonders in den schlimmen Fällen des sexuellen Missbrauchs und anderer Formen der Kindesmisshandlung ist das Strafverfahren vielfach eine zusätzliche Belastung für die Kinder und Jugendlichen und bietet jedenfalls keinen schnellen Schutz in der aktuellen Situation. In vielen Fällen reicht die Beweislage nicht aus, um Verdächtige in Haft zu nehmen oder das Kind durch eine Verurteilung des Täters zu schützen. Selbst eine Haftstrafe bietet keinen dauerhaften Schutz. Es ist deshalb im Hinblick auf die Verschwiegenheitsverpflichtung durchaus umstritten, ob in diesen Fällen von Mitarbeitern der Jugendhilfe oder von Beratungsstellen stets Strafanzeige gegen den Täter gestellt werden darf. Bei insbesondere von Kindern und Jugendlichen anvertrauten Daten (§ 65 SGB VIII) kann dies nur in der Zusammenarbeit mit dem Opfer im konkreten Fall entschieden werden. Andererseits geben die strafrechtlichen Tatbestände eine verbindliche Orientierung und dokumentieren die Grenzen gesellschaftlich akzeptierten Verhaltens und markieren im Bereich des Kinder- und Jugendschutzes absolute Tabus.

Aus dem allgemeinen Strafrecht sind im Hinblick auf das Gebot einer gewaltfreien Erziehung (§ 1631 Abs. 2 BGB) vor allem die Körperverletzungsdelikte, insbesondere die Misshandlung von Schutzbefohlenen (§ 225 BGB) relevant. Das früher, vereinzelt noch bis heute in der strafrechtlichen Dogmatik vertretene „elterliche Züchtigungsrecht" kann nicht mehr als Rechtfertigungsgrund angeführt werden (vgl. IV-2.1.2). In den letzten Jahren sind angesichts der extremen Vernachlässigung, insbesondere von Kleinkindern, zahlreiche Verfahren wegen der Verletzung der Fürsorge- oder Erziehungspflicht (§ 171 StGB) in den Mittelpunkt der öffentlichen Diskussion gerückt (vgl. z. B. BGH NStZ 1984, 164; BGH 4 StR 444/02 v. 21.11.2002), vor allem weil in diesem Zusammenhang auch Sozialarbeiter (insbesondere wegen Unterlassung aufgrund einer Garantenpflicht gebotener Hilfeleistungen; vgl. IV-2.2.2) strafrechtlich verfolgt wurden. **[Randnotiz: Gebot der gewaltfreien Erziehung]**

Verstöße gegen die Regelungen des JuSchG (hierzu III-6) sind teilweise als Ordnungswidrigkeit (§ 28 JuSchG), teilweise als Straftat (vgl. § 23, 27 JuSchG) sanktionsbewehrt, allerdings erfolgt dies nicht lückenlos und die strafrechtliche Relevanz setzt teilweise eine (schwer nachweisbare) leichtfertige oder vorsätzliche Tat voraus (vgl. § 27 Abs. 2, 28 Nr. 10–13 JuSchG).

2.3.3   Sexualstrafrecht

Neben einigen allgemeinen Verbotstatbeständen, die die sexuelle Selbstbestimmung jeder Person ungeachtet ihres Alters betreffen, z. B. sexuelle Nötigung und Vergewaltigung (§ 177 StGB) sowie das Verbot exhibitionistischer Handlungen (§ 183 StGB), finden sich im Sexualstrafrecht einige spezifische Regelungen zum Schutz von Kindern und Jugendlichen. Neben dem Beischlaf mit leiblichen Abkömmlingen (§ 173 StGB) sind (hetero- wie homo-)sexuelle Kontakte auch ohne Anwendung physischer Gewalt nicht erlaubt (ein wie auch immer gewertetes Einverständnis ist insoweit irrelevant) und strafbar, wenn es sich

- um Kinder unter 14 Jahren (§ 176 StGB) handelt,
- um Personen unter 16 Jahren, die zur Erziehung, Ausbildung oder Betreuung anvertraut sind (§ 174 Abs. 1 Nr. 1 StGB),

- um Personen unter 18 Jahren unter Ausnützen einer mit dem Erziehungs-, Ausbildungs- oder Betreuungsverhältnis verbundenen Abhängigkeit (§ 174 Abs. 1 Nr. 2 StGB),
- um noch nicht 18 Jahre alte leibliche oder angenommene Kinder (§ 174 Abs. 1 Nr. 3 StGB),
- um Personen unter 16 Jahren, wenn die sexuellen Kontakte durch Vermittlung, Gewährung von Gelegenheit oder gegen Entgelt bzw. unter Ausnutzung einer Zwangslage stattfinden (§§ 180, 182 StGB).

Förderung sexueller Handlungen Minderjähriger

Gerade der Tatbestand der „Förderung sexueller Handlungen Minderjähriger" (§ 180 StGB) hat für die Soziale Arbeit in der Jugendhilfe eine besondere Relevanz. Erfasst werden durch den Tatbestand auch das „Gewähren oder Verschaffen von Gelegenheiten" zu (hetero- oder homo-)sexuellen Handlungen, was z. B. im Rahmen einer gemeinschaftlichen Unterbringung oder Jugendfreizeit leicht der Fall sein kann. Gemeint ist nämlich das Herstellen äußerer Umstände, durch die sexuelle Handlungen ermöglicht oder wesentlich erleichtert werden. Dabei kommt die Tatbestandsverwirklichung bei einer entsprechenden Garantenstellung (s. o. IV-2.2.2) von Erziehern und Betreuern auch durch Unterlassen in Betracht. Insoweit gilt für diese

Erzieherprivileg

wie für die Eltern der Minderjährigen allerdings das sog. Erzieherprivileg nach § 180 Abs. 1 S. 2 StGB, sofern diese ihre Erziehungspflichten nicht gröblich verletzten. Wo hier die Trennlinie zu ziehen ist, ist umstritten.

Jugendmedienschutz

Im Hinblick auf den Jugendmedienschutz und das Verbot der Verbreitung pornografischer Schriften und anderer Medien, insbesondere Bild- und Datenträger (§§ 184 ff., § 11 Abs. 3 StGB), stößt die nationale Strafjustiz im globalen Cyberspace vor allem aufgrund der sich schnell wandelnden Internetpräsentationen internationaler Anbieter an ihre Ermittlungs- und Verfolgungsgrenzen.

2.3.4   Schwangerschaftsabbruch

Im Hinblick auf den Schutz des Lebens einerseits und die Selbstbestimmung von Frauen andererseits waren und sind die Regelungen zum Schwangerschaftsabbruch (§§ 218 ff. StGB) z. T. sehr umstritten. Nach der derzeit (2007) geltenden Rechtslage in Deutschland ist der Schwangerschaftsabbruch immer noch grds. rechtswidrig (§ 218 Abs. 1 StGB). Handlungen, die die Einnistung der befruchteten Eizelle (sog. Nidation) verhindern (z. B. Spirale, „Pille danach"), gelten allerdings nicht als Schwangerschaftsabbruch (§ 218 Abs. 2 StGB; vgl. BVerfGE 88, 203 ff.). Darüber hinaus sind in §§ 218 a ff. StGB eine Reihe von Ausnahmetatbeständen geregelt, nach denen der Schwangerschaftsabbruch nicht nur straffrei, sondern auch nicht rechtswidrig ist. Dies ist vor allem im Hinblick auf die Kostenerstattung und sonstige Hilfeleistungen im Rahmen des Schwangerschaftsabbruchs von Bedeutung. Die wichtigste Regelung setzt insoweit voraus, dass der Schwangerschaftsabbruch innerhalb von zwölf Wochen nach der Befruch-

tung durch einen Arzt vorgenommen wird und zuvor eine Schwanger- **Schwangerschafts-**
schaftskonfliktberatung bei einer anerkannten Beratungsstelle (vgl. § 219 **konfliktberatung**
StGB) stattgefunden hat. Als Beratungsstelle kommen insbesondere sozi-
ale Einrichtungen freier und kirchlicher Träger, aber auch Ärzte in Betracht
(§ 8 SchwKG), die die in § 9 SchKG genannten organisatorischen Standards
erfüllen (im Einzelnen vgl. Ellwanger 1997). Darüber hinaus haben die
Beratungsstellen die insbesondere in § 219 Abs. 1 StGB normierten inhaltlichen Vorgaben einzuhalten (vgl. § 5 Abs. 1 SchKG). Aufgrund der beschei-
nigten Beratung kann die Schwangere einen Schwangerschaftsabbruch in
einer Klinik oder bei einem Arzt straflos durchführen, wenn mindestens
drei Tage zwischen Abschluss der Beratung und dem Eingriff liegen (§ 218a
Abs. 1 Nr. 1 StGB). Darüber hinaus ist der Schwangerschaftsabbruch aufgrund einer medizinischen (§ 218a Abs. 2 StGB) oder sog. kriminogenen
Indikation (§ 218a Abs. 3 StGB), letztere insbesondere aufgrund einer Vergewaltigung, zulässig. Findet die Abtreibung nach der 12. und bis zur 22.
Woche statt, ist diese zwar rechtswidrig, die Frau bleibt allerdings straffrei,
nicht aber die den Abbruch vornehmenden oder Hilfe leistenden Personen
(§ 218a Abs. 4 StGB).

Das Aussetzen eines Neugeborenen ist dann nicht strafbar, wenn es nicht
in einer hilflosen Lage im Stich gelassen wird (vgl. § 221 Abs. 1 StGB), sondern deren Versorgung insbesondere aufgrund einer sog. Babyklappe si- **Babyklappe**
chergestellt ist und das Kind vom Jugendamt in Obhut genommen werden
kann (vgl. Münder et al. 2006 § 42 Rz. 9). Allerdings ist derzeit (2007) weder
die gesellschaftliche noch die juristische Bewertung der Babyklappen abgeschlossen (hierzu Scheiwe 2001).

2.3.5   Drogenstrafrecht

Das Drogenstrafrecht der Bundesrepublik Deutschland ist nicht im StGB,
sondern im BtMG geregelt, welches zunächst verwaltungsrechtlich den
Verkehr und die Überwachung von Betäubungsmitteln regelt. Als Betäu- **Betäubungsmittel**
bungsmittel gelten nach § 1 BtMG die Stoffe und Zubereitungen, die durch
Rechtsverordnung der Bundesregierung in den Anlagen zum BtMG aufgelistet sind. Diese Stoffe werden in drei Gruppen eingeteilt (zu den Betäubungsmitteln im Einzelnen vgl. ausführlich Böllinger/Stöver 2002, Körner
2001 Anhang C1), in nicht verkehrsfähige BtM (z. B. Cannabis/Marihuana/
Haschisch, Heroin, LSD und andere Partydrogen), in verkehrsfähige, nicht
verschreibungsfähige Stoffe (z. B. Codein, d-Cocain) und verkehrsfähige
und verschreibungsfähige Stoffe (z. B. Amphetamin, Methadon, Morphin,
Opium). Während die Stoffe der ersten beiden Gruppen weder in den Verkehr gebracht, verabreicht oder einem anderen überlassen werden dürfen,
dürfen die Drogen der dritten Gruppe von Ärzten im Rahmen einer medizinisch begründeten Behandlung verschrieben oder verabreicht werden.

Die Strafvorschriften sind in den §§ 29–30c BtMG geregelt und umfassen
u. a.

■ das Anbauen, Herstellen, Handeltreiben, Ein- und Ausführen, Abgeben, Veräußern und sonst in den Verkehr bringen sowie das sich Verschaffen (vgl. § 29 Abs. 1 Nr. 1 BtMG),

■ die unerlaubte Zubereitung (§ 29 Abs. 1 Nr. 2 BtMG)

■ das Besitzen (§ 29 Abs. 1 Nr. 3 BtMG),

■ das unerlaubte Verabreichen und Verschreiben (§ 29 Abs. 1 Nr. 6 BtMG),

■ das Verschaffen von Gelegenheiten, insbesondere zum unbefugten Erwerb (§ 29 Abs. 1 Nr. 10 BtMG) oder Verbrauch (Nr. 11) sowie

■ das Bereitstellen von Geldmitteln und Vermögensgegenständen im Hinblick auf die o. g. Vorgehensweisen (§ 29 Abs. 1 Nr. 13 BtMG).

Einmalspritzen

Drogenkonsum-raum

Die Abgabe von sterilen Einmalspritzen an Betäubungsmittelabhängige und die öffentliche Information darüber sind nach § 29 Abs. 1 S. 2 BtMG ausdrücklich kein Verschaffen und kein öffentliches Mitteilen einer Gelegenheit zum Verbrauch nach § 29 Abs. 1 S. 1 Nr. 11 BtMG. Auch der Betrieb von Drogenkonsumräumen ist unter den Bedingungen des § 10a BtMG zulässig, wenn auch erlaubnispflichtig (hierzu ausführlich Körner 2001 § 10a).

Während § 29 Abs. 3 BtMG eine sog. Strafzumessungsregelung für besonders schwere Fälle (z. B. gewerbsmäßiges Vorgehen) beinhaltet, sind die §§ 29a, 30 und 30a BtMG echte Verbrechenstatbestände, die an besondere Tatumstände anknüpfen.

Diversion

Hervorzuheben sind die im BtMG geregelten Möglichkeiten, das Strafverfahren informell zu erledigen (zur Diversion allgemein vgl. IV-3.2), um möglichst vielen Drogenkonsumenten einen Weg in die Suchthilfe zu ebnen. Eine Einstellung des Strafverfahrens ist nach **§ 31a Abs. 1 BtMG** im Hinblick auf Vergehen nach § 29 Abs. 1, 2 und 4 BtMG möglich, wenn bei einer geringen Schuld des Täters kein öffentliches Interesse an einer Strafverfolgung besteht und es sich um Eigenverbrauch der Drogen in nur geringer Menge handelt. Das BVerfG hat in der sog. „Haschisch"-Entscheidung (BVerfG NJW 1994, 1577 ff. [1583]) die Bundesländer dazu aufgefordert, im Hinblick auf diesen unbestimmten Rechtsbegriff verbindliche und bundeseinheitliche Richtlinien für die Staatsanwaltschaften zu erlassen. Dem sind die Länder bislang (Stand Anfang 2007) noch nicht nachgekommen (vgl. Nr. 257 RiStBV), so dass man derzeit noch eine extrem regional unterschiedliche Einstellungspraxis beklagen muss. Die Staatsanwaltschaft ist auch bei einer „geringen Menge" nicht zur Einstellung des Strafverfahrens verpflichtet. Allerdings ist ihr Ermessen nach § 31a Abs. 1 S. 2 BtMG eingeschränkt („von der Strafverfolgung *soll* abgesehen werden"), wenn der Täter in einem Drogenkonsumraum Betäubungsmittel lediglich zum Eigenverbrauch in geringer Menge besitzt. Kommt es nicht zur Einstellung des Strafverfahrens, kann nach § 29 Abs. 5 BtMG bei einem Eigengebrauch in geringer Menge gleichwohl von der Bestrafung abgesehen werden.

Therapie statt Strafe

Darüber hinaus kann unter dem Schlagwort „Therapie statt Strafe" die Staatsanwaltschaft nach § 37 BtMG bei einem Verdacht einer Straftat aufgrund Drogenabhängigkeit mit Zustimmung des Gerichts vorläufig von der

Erhebung der öffentlichen Klage absehen, wenn der Beschuldigte nachweist, dass er sich wegen seiner Abhängigkeit einer Suchttherapie in einer staatlich anerkannten Einrichtung unterzieht. Schließlich kann nach § 35 BtMG die Vollstreckung der Strafe, eines Strafrestes oder der Maßregel der Unterbringung in einer Entziehungsanstalt für längstens zwei Jahre zurückgestellt werden, wenn der Verurteilte sich wegen seiner Abhängigkeit in einer seiner Rehabilitation dienenden Behandlung befindet oder zusagt, sich einer solchen zu unterziehen, und deren Beginn gewährleistet ist.

3 Das Strafverfahren

3.1 Prozessmaximen
3.2 Ablauf des Strafverfahrens

Das Strafverfahren ist das gesetzlich geregelte Verfahren, in dem das materielle Strafrecht angewendet und durchgesetzt wird. Gesetzlich geregelt ist das Strafverfahren vor allem im GVG und der StPO, darüber hinaus sind die Sonderregelungen bei jugendlichen und heranwachsenden Beschuldigten im JGG zu beachten (s. u. IV-5.1). Aufgabe des Strafprozesses ist es, die Voraussetzungen der Strafbarkeit im konkreten Fall in einem rechtsstaatlichen, prozessordnungsgemäßen Verfahren (*fair trial*) zu klären (Art. 6 Abs. 1 EMRK). Das Strafverfahrensrecht und die Justizförmigkeit des Entscheidungsverlaufes dienen dem **Schutz des Individuums** vor willkürlichen staatlichen Eingriffen und damit dem Schutz der Menschenwürde.

3.1 Prozessmaximen

Unschulds-vermutung

Neben den bereits erörterten materiellen Grundmaximen des Strafrechts (vgl. IV-1.3) sind besondere Grundsätze, die sog. **Prozessmaximen**, zu beachten. Das Rechtsstaatsgebot des Grundgesetzes knüpft an das materiell-rechtliche Schuldprinzip (s. o. IV-1.2) – auch die sog. Unschuldsvermutung – an. Danach ist ein Beschuldigter bis zum gesetzlichen Nachweis der Schuld als unschuldig anzusehen, d. h. so lange bis seine strafrechtliche Verantwortlichkeit nicht in einem förmlichen Gerichtsverfahren rechtskräftig nachgewiesen ist. Die ausdrücklich in Art. 6 Abs. 2 EMRK formulierte Unschuldsvermutung ist eine Rechtsgarantie mit **Verfassungsrang** (vgl. z. B. BVerfG v. 14.10.2004 – 2 BvR 1481/04). Danach muss ein Beschuldigter zwar sämtliche zulässige Strafverfolgungsmaßnahmen gegen sich ergehen lassen, Strafen darf allerdings nur ein Richter verhängen (vgl. Art. 92 GG). Die Unschuldsvermutung verbietet nicht nur, von der Schuld eines Beschuldigten auszugehen oder ihn als Straftäter zu bezeichnen, sondern alle Sanktionen und Nachteile, die in ihrer Wirkung der Strafe gleichkommen (Art. 6 Abs. 1 EMRK). Dabei gilt der Grundsatz *„in dubio pro reo"*, im Zweifel für den Angeklagten! Hierbei muss allerdings beachtet werden, dass es die endgültige Wahrheit niemals geben kann, letzte Zweifel nie ausgeräumt werden können. Deshalb reicht es für eine Verurteilung aus, dass ein Sachverhalt festgestellt werden kann, der – in der Sprache der Gerichte – „vernünftigen Zweifeln Einhalt gebietet".

Art. 6 EMRK

im Zweifel für den Angeklagten

rechtliches Gehör

Zu den elementaren Schutzrechten gehört auch das Recht auf rechtliches Gehör (Art. 103 Abs. 1 GG): der Einzelne soll nicht Objekt der Strafverfolgung sein, sondern vor einer Entscheidung, die seine Rechte betrifft, von dem Richter angehört werden, um auf das Verfahren und sein Ergebnis Einfluss nehmen zu können. Daraus folgt z. B. auch, dass ein Beschuldigter spätestens am Tage nach einer Festnahme einem Richter vorzuführen ist (Art. 104 Abs. 3 GG).

Gestaltungsprinzipien des deutschen Strafverfahrens sind u. a.

- **Offizialprinzip:** Die Strafverfolgung steht allein dem Staat zu und wird grds. ohne Rücksicht auf den Willen des Verletzten von Amts wegen durch Staatsorgane durchgeführt. Einschränkung: Antragsdelikte (z. B. §§ 184, 194 StGB); Ausnahme: Privatklagedelikte (§§ 374 ff. StPO).
- **Legalitätsprinzip:** Verpflichtung der Staatsanwaltschaft (und der Polizei), wegen aller verfolgbaren Straftaten einzuschreiten, sofern ausreichende tatsächliche Anhaltspunkte vorliegen (§ 152 Abs. 2 StPO). Ausnahme: sog. Opportunitätsprinzip (z. B. §§ 5, 45, 47 JGG, §§ 153 ff. StPO).
- **Akkusationsprinzip** (§§ 151, 155, 264 StPO): Basierend auf der Trennung von Anklagebehörde und Gericht (im Unterschied zur Inquisition) legt es fest, dass eine gerichtliche Untersuchung die Erhebung einer Klage durch die Staatsanwaltschaft voraussetzt.
- **Untersuchungsgrundsatz:** Wahrheitserforschung durch das Gericht von Amts wegen im Unterschied zum Parteienprozess im Zivilrecht. Das Gericht ist zur selbstständigen Aufklärung berechtigt und verpflichtet (§ 244 Abs. 2 StPO). Daraus folgt: ein Geständnis bindet das Gericht nicht, Aufklärung auch ohne Beweisanträge.
- Grundsatz der **freien Beweiswürdigung** (§§ 261 f. StPO), d. h. insbesondere, dass der Strafrichter an eine Entscheidung eines anderen Gerichts nicht gebunden ist.
- **Grundsatz des gesetzlichen Richters** und Verbot von Ausnahmegerichten (Art. 101 Abs. 1 GG), d. h., durch eindeutige Zuständigkeitsvorschriften steht bereits zum Zeitpunkt bei Tatbegehung fest, welches Gericht tätig wird.
- Grundsatz der **Unmittelbarkeit** (§§ 226, 250 StPO) und **Mündlichkeit** (vgl. §§ 250, 261, 264 StPO): Das erkennende Gericht muss die für die Urteilsfindung bedeutsamen Tatsachen selbst feststellen und dabei grds. nur originäre Beweismittel verwenden, z. B. Zeugen persönlich hören. Es darf grds. nur der unmittelbar vor dem Gericht mündlich vorgetragene und erörterte Prozessstoff dem Urteil zugrunde gelegt werden. Fotos, Skizzen usw. werden durch Erörterung vor dem Gericht zum Gegenstand der Hauptverhandlung gemacht. Auch Gutachter und die Sozialen Dienste müssen ihre Stellungnahmen mündlich vortragen, wenn hierauf ein Urteil basieren soll. Alle am Urteil mitwirkenden Personen (Richter, Staatsanwaltschaft, Urkundsbeamte) müssen in ununterbrochener Gegenwart während der Hauptverhandlung anwesend sein (§ 226 StPO).
- Grundsatz der **Öffentlichkeit** (§ 169 S. 1 GVG); Ausnahme: Ausschluss der Öffentlichkeit in der Hauptverhandlung gegen Jugendliche einschließlich der Verkündung der Entscheidung (§ 48 Abs. 1 JGG),

3.2   Ablauf des Strafverfahrens

Das gesamte Strafverfahren gliedert sich in das sog. Erkenntnisverfahren, das Vollstreckungsverfahren und den Vollzug. Das Erkenntnisverfahren wiederum wird in das Ermittlungs-, Zwischen- und Hauptverfahren unterteilt (siehe Übersicht 49). Strafen darf nur ein Richter verhängen (vgl. Art. 92 GG). Strafgerichte in unterschiedlichen Formen (z.B. Einzelrichter, Schöffengericht und Kammern), in unterschiedlicher Besetzung und mit unterschiedlichem Zuständigkeitsbereich gibt es bei den Amtsgerichten für die „kleinere" Kriminalität, bei den Landgerichten für die schweren Delikte und als Rechtsmittelinstanz sowie den Oberlandesgerichten und dem BGH (vgl. Übersicht 48).

Übersicht 48: Strafverfolgungsbehörden und Strafgerichte

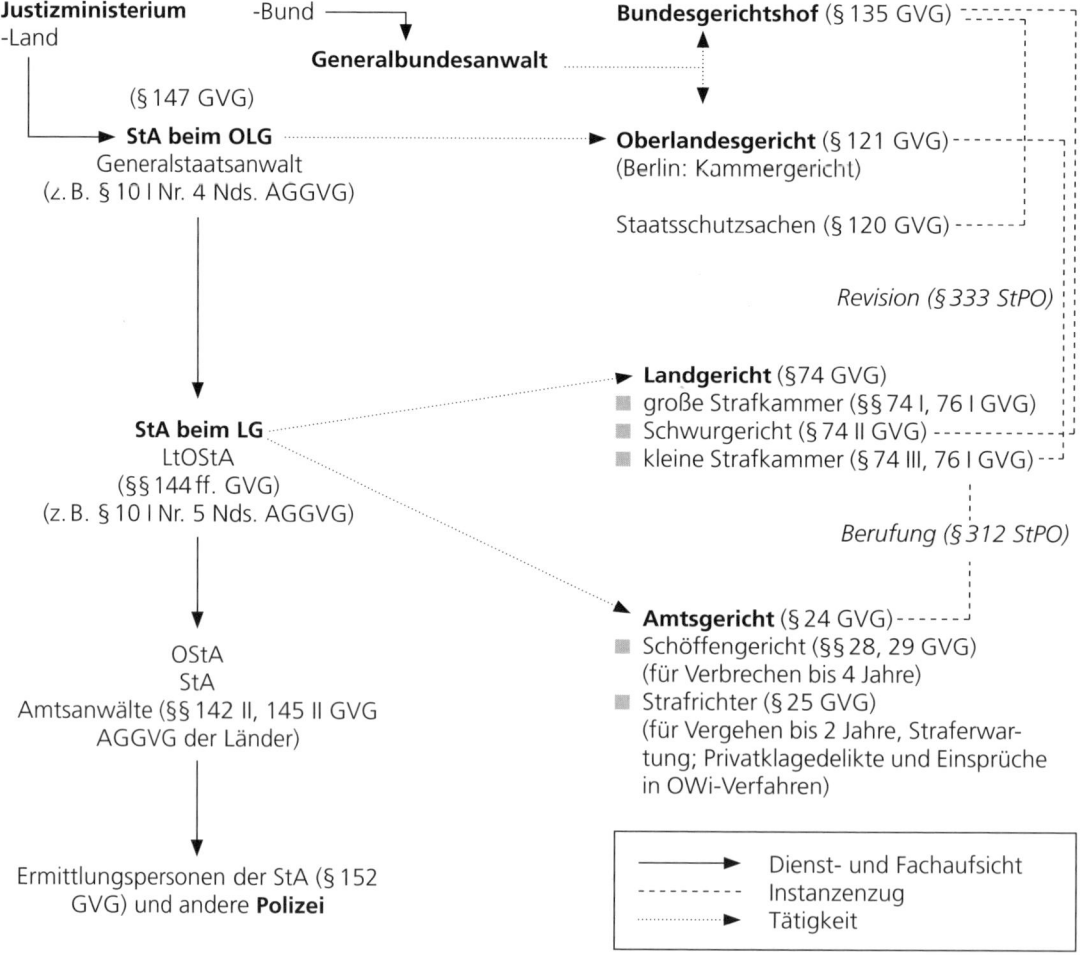

Übersicht 49: Ablauf des strafrechtlichen Erkenntnisverfahrens nach der StPO

Ermittlungsverfahren

Amtliche Wahrnehmung des Verdachts einer Straftat i. d. R. durch **Anzeige** und Strafantrag (§§ 158 Abs. 1, 160 Abs. 1). Bei unnatürlichem Tod/Leichenfund „sofortige" Anzeige bei der StA oder dem AG durch Polizei und Gemeindebehörden (§ 159)

↓

Bei „zureichenden tatsächlichen" Anhaltspunkten (§ 152 Abs. 2) Einleitung eines Ermittlungsverfahrens durch StA (§§ 160, 163) bzw. Polizei (§ 152 GVG)

↓

Erforschung des Sachverhalts, ggf. weitere Ermittlungen auch der zur Entlastung dienenden Umstände (§ 160 Abs. 2), Prüfung rechtlicher Aspekte (z. B. Alter und strafrechtliche Verantwortlichkeit)

↓

Ggf. „erster Zugriff" durch die **Polizei** (§ 163 Abs. 1) und weitere Ermittlungsbefugnisse:
- Auskunft von Behörden (§ 163 Abs. 1 S. 2)
- Festhalten und Durchsuchen zur Feststellung der Identität (§ 163b Abs. 1)
- Fahndungen (§ 131c Abs. 1)
- vorläufige Festnahme (§ 127 Abs. 1 u. 2)
- (erste) Vernehmung des Beschuldigten (§ 163a Abs. 4)
- körperliche Durchsuchung, Blutprobe (§ 81a Abs. 2)
- Observation (§ 163f. Abs. 3 S. 1)
- „Späh-" und „kleiner Lauschangriff" (§ 100d Abs. 1 S. 1)
- Beschlagnahme von Gegenständen, ggf. auch Führerschein (§ 98 Abs. 1 S. 1)
- Durchsuchung (§ 105 Abs. 1 S. 1)
- Zeugenvernehmung (§ 163a Abs. 5)

↓

Recht des Beschuldigten, sich „in jeder Lage des Verfahrens" eines **Verteidigers** zu bedienen (§§ 136 Abs. 1, 137 Abs. 1 S. 1, 168c Abs. 2 u. 5)

↓

„unverzügliche" Unterrichtung der StA durch die Polizei (§ 163 Abs. 2 S. 1); in der Praxis häufig „Durchermittlung" und Abschlussbericht

↓

Eigene Ermittlungen der **StA** (§§ 160 Abs. 1–3, 161), z. B. durch Behördenauskunft (§ 161 Abs. 1 S. 1 Alt. 1); Anweisung von weiteren polizeilichen Ermittlungen (§ 161 Abs. 1 S. 1 Alt. 3, S. 2) oder Antrag auf richterliche Untersuchungshandlungen (§ 162)

↓

Weitere Ermittlungs- und Zwangsbefugnisse der **StA** sowie ggf. der Polizei:
- Vornahme der Obduktion/Leichenschau (§ 87),
- Bestellung von Sachverständigen (§ 161 a Abs. 1 S. 2),

 Einsatz eines verdeckten Ermittlers (§§ 110a, 100b),
 bei „Gefahr in Verzug" Telekommunikations-überwachung (§ 100b Abs. 1) und
 ggf. Beschlagnahme (vgl. § 111e)

↓

Entscheidung des (Ermittlungs-, Haft-)**Richters**; grds. vorab, wenn „Gefahr im Verzug" vorlag, nachträglich; zwingend vorab bei
 molekulargenetischen Untersuchungen (§ 81 f. Abs. 1 S. 1)
 „großer Lauschangriff" (§ 100d Abs. 2)
 vorläufiger Entziehung der Fahrerlaubnis (§ 111a)
 Beschlagnahme eines periodischen Druckwerks (§ 111n Abs. 1 S. 1) und
 Untersuchungshaft (Art. 104 Abs. 2 S. 1 GG, §§ 112 ff.)

↓

Bestellung eines **Pflichtverteidigers** (§ 141 Abs. 3)

↓

richterliche Entscheidung auf **Beschwerde** des Beschuldigten bzw. seines Verteidigers gegen Ermittlungsmaßnahmen

↓

richterliche Vernehmung des Beschuldigten (§§ 133 ff.) sowie der Zeugen und Sachverständigen (§§ 168c, d) und ggf. richterlicher Augenschein (§ 168e) in Anwesenheit des Beschuldigten und seines Verteidigers

↓

Erledigung von Beweisanträgen des **Beschuldigten** bzw. seines **Verteidigers** (§ 219)

↓

Abschlussvermerk der **StA** (§ 169a) mit der Folge **vollen Akteneinsichtsrechts des Verteidigers** (§ 147 Abs. 1 u. 2); beim **Beschuldigten** nur nach Ermessen (§ 147 Abs. 7).

↓

Abschlussverfügung der **StA**:
 Einstellung, wenn kein „genügender Anlass zur Erhebung der öffentlichen Klage" besteht (§ 170 Abs. 2),
 bei Privatklagedelikten (§ 374 Abs. 1) wegen Fehlens des öffentlichen Interesses (§ 376) – Verweis auf den Privatklageweg
 Einstellung/Absehen von der Klage nach §§ 153 ff.
 Strafbefehlsantrag (§§ 407 ff.)
 Anklage (§§ 151, 152 Abs. 1, 170 Abs. 1)
 Antrag auf Entscheidung im beschleunigten Verfahren (§§ 417 f.)

↓

ggf. Klageerzwingungsverfahren durch den Antragsteller, der zugleich Verletzter ist; ggf. Beschluss des Oberlandesgerichts, Anklage zu erheben (§§ 171 ff.)

Fortsetzung Übersicht 49

Zwischenverfahren

vor dem erkennenden Gericht (ohne Schöffen)

↓

Mitteilung der Anklageschrift an den **Angeschuldigten** (§ 201), Möglichkeit zur Stellungnahme (rechtliches Gehör) ggf. einzelne Beweiserhebungen (§ 202)

↓

Eröffnungsbeschluss
bei „hinreichendem Tatverdacht (§§ 203, 207) sonst Ablehnung der Eröffnung (§ 204 bzw. § 408 bei Ablehnung des Erlass eines Strafbefehls)

↓

bei Ablehnung der Eröffnung sofortige Beschwerde der **StA** (§ 210 Abs. 2 bzw. § 408 Abs. 2)

↓

Hauptverfahren

Beginn des gerichtlichen Hauptverfahrens
 Vorbereitung der Hauptverhandlung und Terminbestimmung (§ 213)
▪ Ladung des Angeklagten, ggf. seines Verteidigers und der Zeugen (§§ 214 ff.)
▪ Besetzungsmitteilung (§§ 222a, 222b)

↓

Öffentliche **Hauptverhandlung** (§§ 169 ff. GVG) geleitet vom Vorsitzenden (§ 238)
Mündlichkeits- und Unmittelbarkeitsgrundsatz
grds. keine Hauptverhandlung gegen einen nicht anwesenden Angeklagten (§§ 230, 276, 285), vorübergehende Entfernung des Angeklagten u. U. zulässig (z. B. Zeugenschutz § 247)

↓

Aufruf der Sache und Anwesenheitsfeststellungen (§ 243 Abs. 1)

↓

Vernehmung des **Angeklagten** über „seine persönlichen Verhältnisse", hier nur die Personalien (§ 243 Abs. 2 S. 2)

↓

Verlesung der Anklage durch **StA** (§ 243 Abs. 3)

↓

Belehrung und ggf. Vernehmung des **Angeklagten**:

↓

Beweisaufnahme (Amtsermittlung, § 244 Abs. 2)

↓

Beweismittel:
 Zeugen (§§ 48),
▪ Sachverständige (§§ 72),
▪ Augenschein (§§ 86 ff.),
▪ Urkunden und andere Schriftstücke (§§ 249 ff.),
▪ Aussagen des Angeklagten und Mitbeschuldigter (§§ 136, 163a Abs. 1, 243 Abs. 4).

↓

Erklärungen der Beteiligten (§ 257)

↓

ggf. Hinweis des **Gerichts** auf Veränderung des rechtlichen Gesichtspunkts (§ 265)

↓

Schlussvortrag (**Plädoyer**) des Staatsanwalts, ggf. des Nebenklägers (Verletzten) und dann des Verteidigers bzw. des Angeklagten

↓

letztes Wort des Angeklagten

↓

nichtöffentliche **Beratung des Gerichts** über das Ergebnis der Verhandlung im Hinblick auf
 die angeklagte Tat (§ 264),
▪ Abstimmung über Schuldfrage und
▪ Rechtsfolgen der Tat (§ 263)

↓

mündliche **Verkündung** und Begründung des Urteils „im Namen des Volkes" durch den Vorsitzenden (§§ 260, 268): Freispruch oder Verurteilung

↓

Fertigstellung des Sitzungsprotokolls (§§ 271 ff.) sowie Niederschrift des Urteils und der Gründe (§§ 267, 275)

Im Rahmen des Ermittlungsverfahrens oder sog. Vorverfahrens werden aufgrund eines sog. Anfangsverdachts für eine Straftat Ermittlungen eingeleitet, um den Sachverhalt von Amts wegen zu klären und die für die Aufklärung der Tat notwendigen Tatsachen zu sichten und entsprechendes Beweismaterial, auch die zur **Entlastung** des Beschuldigten dienenden Umstände

(§ 160 Abs. 2 StPO!) zu sammeln. Ermittlungsbehörden sind die Polizei und Staatsanwaltschaft. Die Polizei hat nach § 163 Abs. 1 StPO die Aufgabe, begangene Straftaten zu erforschen und alle keinen Aufschub gestattenden Anordnungen zu treffen. Dabei hat die Polizei allerdings nur das sog. Recht des ersten Zugriffs und muss die Ermittlungsunterlagen ohne Verzug der Staatsanwaltschaft übersenden (§ 163 Abs. 2 StPO), die rechtlich gesehen das Ermittlungsverfahren leitet (§§ 152, 160 Abs. 1 StPO, sog. „Herrin des Strafverfahrens"). Tatsächlich ermittelt die Polizei in der Praxis in nahezu allen Fällen den Vorgang abschließend und übersendet erst dann die Akten an die Staatsanwaltschaft, was im Hinblick auf die unterschiedlichen (polizeilichen vs. juristischen) Perspektiven nicht unproblematisch ist.

Zu den Umständen, die die Staatsanwaltschaft ermitteln soll, gehören nicht nur die Aufklärung der Tat durch Feststellung des Täters und die Umstände der Tatbegehung, sondern nach § 160 Abs. 3 StPO auch die Umstände, die für die Bestimmung der Rechtsfolge von Bedeutung sind. Dies wiederum betrifft vor allem die Person des Täters, sein Vorleben, seine persönlichen und wirtschaftlichen Verhältnisse und sein Verhalten nach der Tat (vgl. §§ 46, 46a StPO). Um diese Umstände, die vor allem die Person des Täters jenseits der Aufklärung der Tat betreffen, festzustellen, kann sich die Staatsanwaltschaft der Gerichtshilfe (s. u. IV-6.1) bedienen (§ 160 Abs. 3 StPO). Bei Jugendlichen und Heranwachsenden ist das Jugendamt zuständig (§§ 38, 107 JGG, § 52 SGB VIII; hierzu 6.2 und III-3.4.2.2).

Wird ein Verdächtigter ermittelt, so wird ihn die Polizei bzw. die Staatsanwaltschaft verantwortlich, d. h. als Beschuldigten (vgl. §§ 163 a, 136, 136 a StPO) vernehmen. In diesem Zusammenhang sind insbesondere die Pflicht zur Belehrung über die Aussagefreiheit und die Möglichkeit, einen Anwalt einzuschalten, zu beachten (§§ 136, 163a StPO). Der ungehinderte Zugang zu einem Anwalt (§ 137 Abs. 1 StPO) ist eines der wesentlichen Rechte eines Beschuldigten in einem rechtsstaatlichen Strafverfahren (zur notwendigen, sog. Pflichtverteidigung, vgl. §§ 140 StPO). Zudem darf niemand gezwungen werden, gegen sich selbst auszusagen, oder durch Misshandlung, Übermüdung oder andere Foltermethoden zur Aussage gebracht oder in seiner Willensfreiheit beeinträchtigt werden (Art. 3 EMRK; Art. 102 Abs. 1 S. 2 GG; § 136a StPO). Beschuldigte müssen nicht gegen sich selbst aus- und die Wahrheit sagen, sie sind allerdings verpflichtet, zulässige Vernehmungen über sich ergehen zu lassen und Ladungen des Gerichts und der Staatsanwaltschaft Folge zu leisten (§§ 133–136a, 163a, 243 Abs. 4 S. 1 StPO), andernfalls können sie zwangsweise vorgeführt werden (§ 134, 163a Abs. 3 S. 2, 230 Abs.2 StPO). Das gilt aber nicht für polizeiliche Ladungen, ein Vorführungsrecht der Polizei besteht nur unter den Voraussetzungen der vorläufigen Festnahme auf frischer Tat (§ 127 StPO) sowie den staatsanwaltlich veranlassten Ermittlungsmaßnahmen nach § 163a und § 163b StPO (vgl. Meyer-Goßner 2005, § 133 Rz. 1). Die Konsequenzen prozessrechtswidrig erhobener Beweise sind sehr umstritten (zu den sog. Beweisverwertungsverboten vgl. Meyer-Goßner 2005, Einleitung Rz. 55 ff.).

Vernehmung

Fahndung

Als Fahndung werden alle Maßnahmen bezeichnet, die zur Ermittlung eines Täters oder Zeugen ergriffen werden. Hierzu dienen auch die Auskünfte von Behörden (§ 163 Abs. 1 S. 2 StPO, vgl. § 68 Abs. 1 SGB X). Eine besondere Bedeutung haben die Maßnahmen, die zur Aufklärung des Sachverhalts u. U. auch gegen den Willen des Beschuldigten und mit Zwang durchgeführt werden dürfen, z. B. Festnahme, Blutprobe oder Hausdurchsuchung (vgl.

Zwangsmaßnahmen im Ermittlungsverfahren

Übersicht 49, S. 545). Allerdings sind viele der in TV-Krimis dargestellten Ermittlungsmaßnahmen und Vernehmungsmethoden unzulässig. Zwangsmaßnahmen im Ermittlungsverfahren sind Grundrechtseingriffe. In diesem Zusammenhang sei daran erinnert, dass der **Grundsatz der Verhältnismäßigkeit** auch hier zu beachten ist. Gegen Tatverdächtige kann zur Identitätsfeststellung nach § 81b StPO eine erkennungsdienstliche Behandlung (Lichtbilder, Fingerabdrücke, Messungen und ähnliche Maßnahmen) sowie eine Gegenüberstellung mit Zeugen (§ 58 StPO, vgl. Nr. 18 RiStBV) durchgeführt werden, soweit es für das Strafverfahren erforderlich ist. Nach § 81a StPO darf eine körperliche Untersuchung zur Feststellung von Tatsachen angeordnet werden, die für das Verfahren von Bedeutung sind. Zu diesem Zweck sind auch Entnahmen von **Blutproben** und andere körperliche Eingriffe auch ohne Einwilligung des Beschuldigten zulässig, wenn sie von einem Arzt nach den Regeln der ärztlichen Kunst vorgenommen werden und kein Nachteil für die Gesundheit zu befürchten ist (insoweit ist § 81a StPO ein Rechtfertigungsgrund gegenüber dem Vorwurf der Körperverletzung). Der zwangsweise Einsatz von Brechmitteln, um insbesondere an hinuntergeschluckte illegale Drogen zu gelangen, ist unzulässig (EGMR v. 11.06.2006 – Jalloh v Germany, App. no. 54810/00). Die Abnahme von **DNA-Proben** zur zukünftigen Identitätsfeststellung („genetischer Fingerabdruck") ist nach §§ 81e–g StPO bei bestimmten schweren Taten (gefährliche Körperverletzung, alle Verbrechen, insbesondere Sexualstraftaten) nur gegen einen Beschuldigten zulässig.

Wird jemand auf frischer Tat betroffen (also erwischt, ertappt) oder verfolgt und vorläufig von der Polizei oder Staatsanwaltschaft festgenommen (§ 127 StPO), so ist er unverzüglich, spätestens am Tage nach der Festnahme dem Richter vorzuführen (§ 128 StPO), der über die Zulässigkeit der **Untersuchungshaft** (§ 112 StPO) entscheidet. **Hausdurchsuchungen** sind nur unter den Voraussetzungen der §§ 102, 105 StPO zulässig. Beweismittel können beschlagnahmt werden (§§ 94, 98 StPO). Der technischen (optischen und akustischen) Überwachung sind Grenzen gesetzt (vgl. §§ 100c, 100d StPO), insbesondere der Überwachung des Fernmeldeverkehrs (§§ 100a, 100b StPO).

Anklage

Die Staatsanwaltschaft hat nach dem Ermittlungsergebnis zu entscheiden, ob genügender Anlass zur Erhebung der Anklage besteht (§§ 170 Abs. 1 StPO). Kommt die Staatsanwaltschaft zu dem Ergebnis, dass ein hinreichender Tatverdacht (vgl. § 203 StPO) besteht, schließt sie das Ermittlungsverfahren grds. mit der Erhebung der öffentlichen Klage, entweder durch eine Anklageschrift oder durch Antrag auf Erlass eines **Strafbefehls** (§§ 407 ff. StPO) ab. Durch das Strafbefehlsverfahren soll im Bereich der Massendelikte eine schnelle und kostengünstige Erledigung erfolgen. Als

Rechtsfolge dürfen dann aber keine Freiheitsstrafen, sondern u. a. nur Geld-strafe, Verwarnung mit Strafvorbehalt, Fahrverbot und die Entziehung der Fahrerlaubnis mit einer Sperre von nicht mehr als zwei Jahren angeordnet werden (§ 407 Abs. 2 StPO). Der Beschuldigte kann gegen den Strafbefehl innerhalb einer Frist von zwei Wochen nach Zustellung Einspruch einlegen. Dadurch wird das Verfahren in ein normales Strafverfahren übergeleitet. Wurde gegen einen Strafbefehl nicht rechtzeitig Einspruch erhoben, steht er einem rechtskräftigen Urteil gleich (§ 410 Abs. 3 StPO).

Ist nach den Feststellungen im Ermittlungsverfahren mit einer Verur-teilung des Beschuldigten nicht zu rechnen, z. B. weil die Beweismittel zur Überführung des Täters nicht ausreichen oder weil Verfahrenshindernisse (z. B. Verjährung) vorliegen, muss das Verfahren eingestellt werden (§ 170 Abs. 2 StPO). Dabei gilt auch der Grundsatz *„in dubio pro reo"* (s. o. IV-3.1), das Verfahren ist im Zweifel nach § 170 Abs. 2 StPO einzustellen. Selbst wenn ein hinreichender Tatverdacht vorliegt, ist eine Anklage nicht immer zwingend, ja in vielen Fällen im Hinblick auf das Verhältnismäßigkeitsgebot nicht einmal geboten. Staatsanwaltschaft und Gericht haben nach §§ 153–154e StPO vielfache Möglichkeiten der informellen Verfahrenserledigung (Diversion) nach §§ 153 bis 154e StPO vor und zwar nicht nur bei Baga-tellsachen (§ 153 StPO) und bei Vergehen bei Erfüllung von Auflagen und Weisungen (z. B. TOA oder Geldbuße; vgl. § 153a StPO), sondern gerade im Hinblick auf § 46a StGB und § 153b StPO für den Großteil der Kriminalität (vgl. Trenczek 2003, 106). Besondere Möglichkeiten der Diversion finden sich im BtMG (§§ 29 Abs. 5, 31 a Abs. 1, § 37 Abs. 2 BtMG (s. o. IV-2.3.5) sowie im Jugendstrafrecht (s. u. IV-5.1).

Im Rahmen der informellen Verfahrenserledigung kommt der Bearbei-tung des **Straftatkonflikts** im sog. außergerichtlichen Tatausgleich (ATA) bzw. Täter-Opfer-Ausgleich (TOA) eine besondere Bedeutung zu. Hierbei handelt es sich um ein spezifisches Anwendungsfeld der **Mediation** (vgl. I-6.3). Der ATA/TOA ist eine im traditionellen Strafrechtsdenken (s. u. IV-4.1) immer noch ungewohnte und viel zu selten genutzte Form der Verfah-renserledigung (vgl. BAG TOA 2006, Dölling et al. 1998, Trenczek 2003).

Erhebt die Staatsanwaltschaft Anklage, so geht das Verfahren in eine zweite Phase, das sog. Zwischenverfahren (§§ 199–211 StPO), über. Durch den Er-öffnungsbeschluss tritt das Strafverfahren in die dritte Phase, die öffentliche Hauptverhandlung, ein (§§ 226 ff. StPO). Auch hier bestehen – selbst wäh-rend der mündlichen Verhandlung – noch Möglichkeiten der informellen Verfahrenserledigung (z. B. §§ 153a Abs. 2, 153b Abs. 2 StPO, § 47 JGG).

In aller Regel läuft die öffentliche und mündliche Hauptverhandlung (§§ 250, 261, 264 StPO) in den in der Übersicht 49, S. 545 dargestellten Schritten ab. Es ist üblich, dem Gericht schon dadurch Respekt zu zollen, indem man beim Eintreten der Richter aufsteht und diese im Laufe des Verfahrens ent-sprechend tituliert. Die mündliche Verhandlung (§§ 243 ff. StPO) leitet der Vorsitzende, insbesondere die Vernehmung der Angeklagten und Zeugen

Verfahrens-einstellung

Diversion

Täter-Opfer-Ausgleich

Zwischenverfahren

Hauptverhandlung

und sonstige Beweiserhebung (§§ 238 f. StPO). Ihm obliegt auch die sog. Sitzungspolizei (§ 176 GVG) und er hat insoweit das umfassende Ordnungsrecht. Im Rahmen der Beweisaufnahme hat aber darüber hinaus die Staatsanwaltschaft, der Angeklagte und sein Verteidiger sowie ggf. der Anwalt des Nebenklägers (Verletzten) ein Frage- und Beweisantragsrecht.

Beweisaufnahme

Das Gericht hat zur Erforschung der Wahrheit die Beweisaufnahme von Amts wegen auf alle Tatsachen und Beweismittel zu erstrecken, die für die Entscheidung von Bedeutung sind (§ 244 StPO). Als **Beweismittel** kommen nach der StPO in Betracht: Zeugen (§§ 48 StPO), Sachverständige (§§ 72 StPO), der sog. Augenschein (§§ 86 ff. StPO), Urkunden und andere Schriftstücke (§§ 249 StPO), die Aussagen des Beschuldigten und Mitbeschuldigten (§§ 136, 163a Abs. 1, 243 Abs. 4 StPO). Selbst bei einem Geständnis eines Angeklagten ist es erforderlich, dass das Tatgeschehen rekonstruiert und durch Beweise nachgewiesen wird. Zeugen sind zwar das häufigste Beweismittel, allerdings ungeachtet ihrer Wahrheits- (§§ 153 ff. StGB) und Eidespflicht (§ 59 StPO) empirisch gesehen ein sehr unzuverlässiges Beweismittel. Insoweit sind auch die Vorschriften über die Zeugnisverweigerung (vgl. §§ 52 ff., 252 StPO), den Zeugenschutz (§§ 58 a, 247 a, 255 a StPO) und unerreichbare Zeugen (§ 251 StPO) zu beachten.

Geständnis

Zeugenbeweis

Nach den Schlussvorträgen (Plädoyers) der Staatsanwaltschaft und ggf. der Verteidigung sowie des letzten Wortes des Angeklagten (§ 258 StPO) zieht sich das Gericht zu der nichtöffentlichen Beratung zurück, in der über das Ergebnis der Verhandlung im Hinblick auf die angeklagte Tat (§ 264 StPO), die Schuld des Angeklagten (§ 263 Abs. 2 StPO) sowie die Rechtsfolgen (§ 263 StPO) entschieden wird. Das Urteil wird durch den Vorsitzenden in öffentlicher Sitzung im Namen des Volkes verkündet und begründet (§§ 260, 268 StPO). Gegen strafrechtliche Urteile können die Verfahrensbeteiligten grds. das Rechtsmittel der Berufung (§§ 312 ff. StPO) und/bzw. der Revision (§§ 333 ff. StPO) einlegen, wodurch deren Rechtskraft vorläufig gehemmt wird (Suspensiveffekt) und die Sache im Instanzenzug vor eine höhere Instanz gebracht wird (Devolutiveffekt).

Strafvollstreckung

Das Strafvollstreckungsverfahren dient dazu, das strafrechtliche Urteil umzusetzen und Art, Umfang bzw. Dauer der Strafe zu überwachen. Demgegenüber spricht man von Strafvollzug, wenn es um die Durchführung (das „wie") des Freiheitsentzuges geht. Die Strafvollstreckung ist formal noch ein Abschnitt des Strafverfahrens, allerdings handelt es sich nicht mehr um Rechtsprechung, sondern um eine Justizverwaltungsaufgabe, die überwiegend von der Staatsanwaltschaft wahrgenommen wird (§§ 36 Abs. 2, 451, 463 StPO). Die wesentlichen Regelungen finden sich in §§ 449 ff. StPO, aber u. a. auch §§ 82 ff. JGG, dem StGB, dem BtMG, der StVollstrO sowie im Hinblick auf Geldstrafen in den Justizbeitreibungsordnungen (JBeitrO, EBAO). Bei der StVollstrO handelt es sich um eine Verwaltungsvorschrift (vgl. I-1.1.3.6), die aufgrund einer Vereinbarung des Bundes mit den Ländern einheitlich im Bundesgebiet angewendet wird. Darüber hinaus finden sich eine große Zahl weiterer Verwaltungsvorschriften in den Ländern.

4   Strafrechtliche Sanktionen

4.1   Sinn und Zweck der staatlichen Strafe

Das Strafrecht soll dem Rechtsgüterschutz dienen (s.o. IV-1.2). Damit ist noch nicht gesagt, in welcher Weise und zu welchen Zwecken das Mittel der Strafe eingesetzt werden soll. Über den Sinn und Zweck der staatlichen Sanktion streiten sich seit jeher **drei Grundauffassungen**: der Vergeltungsgedanke als sog. absolute Theorie sowie die spezialpräventive Lehre und die Idee der Generalprävention als sog. relative, zweckgerichtete Theorie, beide jeweils wiederum mit unterschiedlichen Ausprägungen (vgl. Übersicht 50).

Nach den absoluten Straftheorien (Hegel) wird die staatliche Strafe alleine durch die Abweichung und das damit begangene Unrecht als solches begründet, weshalb auf die Gesetzesverletzung die Vergeltung als repressive Reaktion erfolgen müsse. Demgegenüber bedarf es nach den relativen Straf(zweck)theorien eines ethisch und sozial begründbaren Zwecks: der Verhinderung von Straftaten (Prävention). Mit Blick auf den Täter spricht man von (negativer bzw. positiver) **Spezialprävention** (Abschreckung bzw. Resozialisierung), zum anderen mit Wirkung auf die Allgemeinheit von (negativer bzw. positiver) **Generalprävention** (Abschreckung bzw. Bestätigung der Norm). Der Begriff „Verteidigung der Rechtsordnung" wird zumeist im Zusammenhang mit generalpräventiven Aspekten herangezogen (insbesondere als Argument zur Vermeidung von Selbstjustiz), er geht dabei über Abschreckungsaspekte hinaus und bezieht sich auf das Vertrauen der Bevölkerung in die Funktionsfähigkeit der Rechtspflege (vgl. Schönke/ Schröder 2006, Vorbem. §§ 38 Rz. 19 ff.).

Verteidigung der Rechtsordnung

Alle Versuche, die Kriminalstrafe als staatliche Übelzufügung zu legitimieren, stoßen in der einen oder anderen Weise auf Kritik. So ist in einem modernen Rechtsstaat für eine reine, noch dazu metaphysisch begründete Vergeltung kein Raum, da nach dem **Verhältnismäßigkeitsgrundsatz** jede staatliche Maßnahme einem gesetzlich intendierten Zweck dient und hierfür geeignet, im Hinblick auf den Eingriffscharakter erforderlich und im Hinblick auf die Zweck-Mittel-Relation angemessen sein muss (vgl. I-2.1.2.2). Auch der lediglich sichernden Verwahrung eines Menschen sind im Rechtsstaat Grenzen gesetzt. Im Hinblick auf die Abschreckungsphilosophie lässt sich die behauptete Wirkung weder im Hinblick auf die („negative") Spezial- noch im Hinblick auf die („negative") Generalprävention empirisch nachweisen (hierzu vgl. Eisenberg 2005, § 41; Meier 2006, 28 f.; Streng 2002,

Übersicht 50: Legitimationen der staatlichen Kriminalstrafe

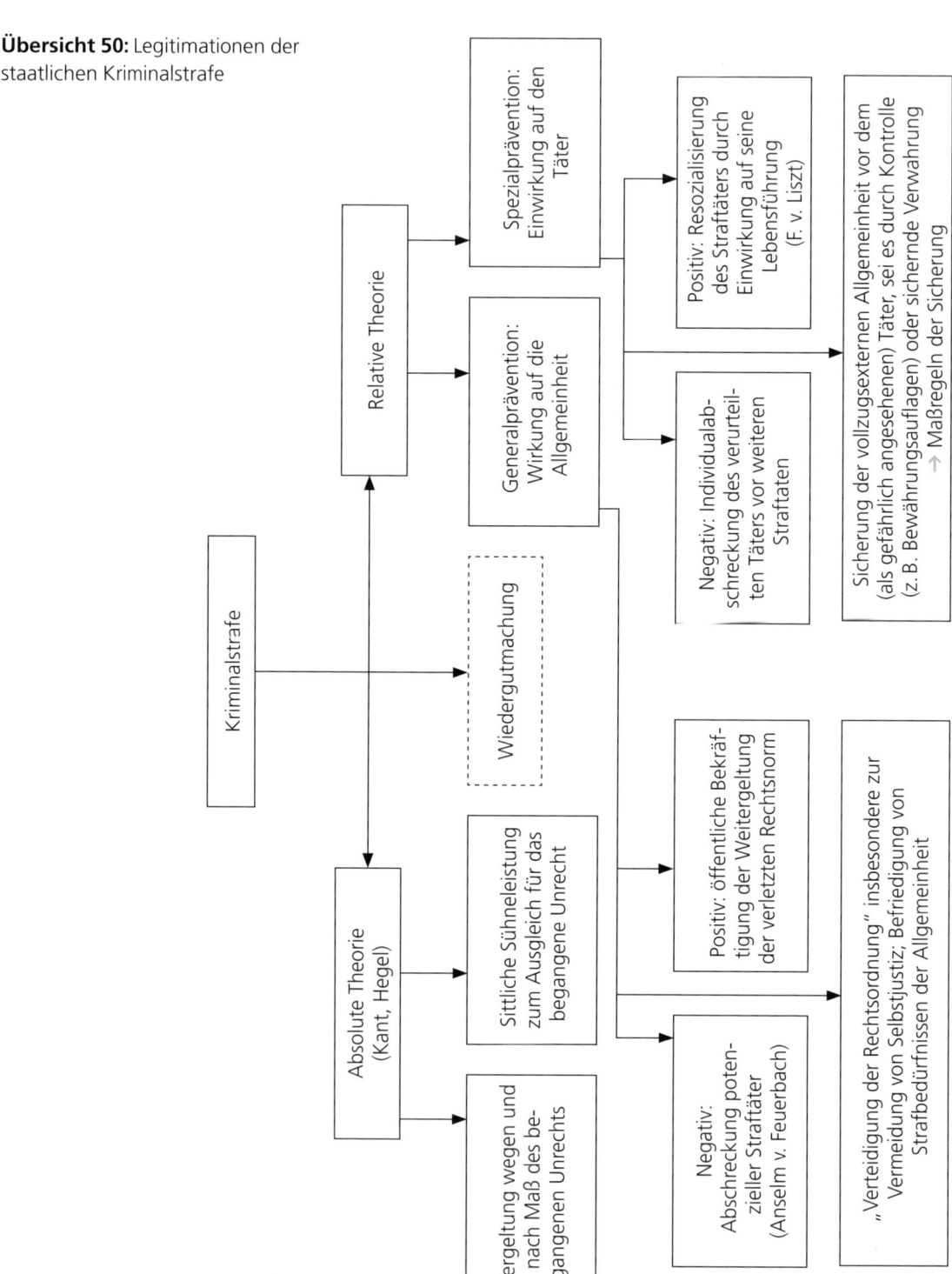

30 ff.). Soweit mit der Idee der positiven Spezialprävention die gelingende Resozialisierung versprochen wird, stößt auch diese Hoffnung zumeist an ihre Grenzen, vielfach wird die Desintegration gerade durch die strafrechtliche Sanktion (insb. Freiheitsentzug) erst mitverursacht. Eine nur auf die Resozialisierung und (Um)Erziehung setzende Sanktionspolitik muss jedes Unrecht angemessene Maß verlieren. Die reine Spezialprävention kennt – anders als das Talionsprinzip „Aug' um Aug', Zahn um Zahn" – weder eine Begrenzung bei Bagatelltaten (das gilt auch für die negative Generalprävention) noch eine Reaktionsnotwendigkeit bei „an sich" bzw. mittlerweile wieder gut integrierten Straftätern z. B. bei sog. „Weiße-Kragen-" oder „Kavaliersdelikten" (z. B. Steuerhinterziehung; Untreuevorwurf bei extrem hohen Abfindungszahlungen, vgl. BGH v. 21.12.2005 – 3 StR 470/04) oder bei einer in der Vergangenheit liegenden Straftatbegehung (z. B. NS-Unrecht oder die Prozesse gegen ehemalige Politbüromitglieder z. B. BGH v. 06.11.2002 – 5 StR 281/01). Die Abschreckungsdoktrin basiert auf dem Modell des vor einer potenziellen Tat rational kalkulierenden Menschen, der mitunter in Bereichen der Wirtschafts- und Weiße-Kragen-Kriminalität vorhanden sein mag, allerdings deutlich seltener bei den in den Strafanstalten einsitzenden Verurteilten anzutreffen ist oder bei den häufig affektgesteuerten in der Gruppe oder unter dem Einfluss von Alkohol durchgeführten Spontantaten, insbesondere jugendlicher Beschuldigter.

In der Unmöglichkeit eine durchgehend stimmige und rechtsstaatlich saubere Legitimation der staatlichen Sanktion zu begründen, behilft man sich in Rechtsprechung und Wissenschaft mit einer als **Vereinigungstheorie** bezeichneten Begründung, um die Vorteile der jeweiligen Begründungen zu nutzen und die Nachteile einseitiger Orientierungen auszugleichen. Der Gesetzgeber hat in § 46 StGB versucht, die verschiedenen Legitimationsansätze zu verknüpfen. Auf die „Verteidigung der Rechtsordnung" als generalpräventive Komponente nimmt das StGB in wenigen Fällen ausdrücklich Bezug (vgl. §§ 47 Abs. 1, 56 Abs. 3, § 59 Abs. 1 Nr. 3 StGB). Einigkeit besteht darüber, dass die staatliche Strafe durch das Maß der **Tatschuld** begrenzt wird, dass also niemand aus spezial- oder generalpräventiven Gründen härter bestraft werden darf, als es dem Gewicht seiner Tat und seines persönlichen Verschuldens entspricht. So einfach dies klingt, so theoretisch bleibt dieses Konstrukt. Insbesondere müsste die kumulative Berücksichtigung der verschiedenen Theorien – entgegen ihrem Ansatz Strafbegründungen zu sein – rechtstheoretisch-„logisch" eine strafbegrenzende Wirkung entfalten. Letztlich sagt die rechtstheoretische Grundlegung nichts über das konkrete Sanktionsmittel und seine empirisch nachzuweisende Wirksamkeit aus.

In den letzten 20 Jahren wurde zudem in Abgrenzung zu den „präventionsorientierten" Legitimationen die Wiedergutmachung als zentrale Komponente eines rechtsstaatlichen Strafrechts wiederentdeckt und teilweise als dritte Spur des Strafrechts oder sogar als Strafzweck bezeichnet (Schöch 1987, Trenczek 1996). Allerdings entspringt der über die Begleichung materieller und (durch ein Schmerzensgeld) monetarisierter Schäden hinausreichende, durch einen kommunikativen Prozess gekennzeichnete (vgl. BGH

Wiedergutmachung

1 StR 257 v. 07.12.2005) sog. außergerichtliche **Tatausgleich** (ATA) bzw. **Tä-ter-Opfer-Ausgleich** (TOA) dem Strafrecht *vorgelagerten* Grundsätzen der selbstverantwortlichen Konfliktregelung (vgl. Trenczek 2003; zur Mediation vgl. I-6.3). Der Gesetzgeber hat aber dem Ausgleichsgedanken nicht nur im Rahmen der Diversion (s. o. IV-3.2), sondern durch den § 46a StGB auch im Rahmen der Strafzumessung Rechnung getragen. Wesentlich ist, dass erkannt wird, dass eine Straftat Folge, Ausdruck oder Ursache eines **Konfliktes** ist, der – wenn er nicht angemessen bewältigt wird – zu weiteren Konflikten und Eskalationen führt (vgl. Christie 1977; Hanak et al. 1989). Insoweit ist es unerheblich, ob man diese friedensstiftenden Reaktionen als dritte Spur *des* Strafrechts oder eher als Spur und Brücke *aus* dem Strafrecht hinaus betrachtet.

4.2   Sanktionsarten

Strafen sind negative Sanktionen, eine bewusste Zufügung eines Übels als Reaktion auf ein unerwünschtes Verhalten. Das Recht kennt ganz unterschiedliche (negative) Sanktionen und zwar nicht nur im Strafrecht, sondern auch im Zivil- und im sonstigen Öffentlichen Recht, z B. zivilrechtliche Vertragsstrafen (§§ 336 ff. BGB, wie das erhöhte Beförderungsentgelt beim sog. Schwarzfahren). Die Leib- und Todesstrafe ist in Deutschland abgeschafft

Kriminalstrafe (Art. 1, 102 GG). Als Strafe im Sinne des Strafrechts (siehe Übersicht 51) gelten nur die Geldstrafe (§§ 43–43 StGB), die Freiheits- (§§ 38 f. StGB) und Jugendstrafe (§§ 17 f. StGB), sog. Nebenstrafen (z. B. Fahrverbot nach § 44 StGB) sowie spezifische Strafen aus den strafrechtlichen Nebengesetzen, z. B. Strafarrest (§ 9 WStG).

Das **Wesen der Kriminalstrafe** liegt in dem sozialethischen Unwerturteil über die begangene Tat. Die Strafe soll deshalb dem Schuldausgleich dienen (§ 46 Abs. 1 S. 1 StGB, zum sog. Schuldprinzip s. u. IV-1.3). Ist das z. B. aufgrund der mangelnden strafrechtlichen Verantwortlichkeit von Kindern (§ 19 StGB), von Jugendlichen (§ 3 JGG) oder aufgrund von Krankheit indizierter Schuldunfähigkeit (§ 20 StGB) nicht der Fall, so darf die Person nicht bestraft werden. Zum Schutz der Allgemeinheit können aber aufgrund der Gefährlichkeit der Person allerdings ggf. Maßregeln der Besserung und Sicherung (§§ 61 ff. StGB, z. B. die zeitlich unbestimmte Unterbringung in einem psychiatrischen Krankenhaus oder die Sicherungsverwahrung) ergriffen werden. Man spricht insoweit von der **Zweispurigkeit des strafrechtlichen Sanktionskatalogs**. Während die Strafe rückwirkend und repressiv auf den Ausgleich der Tatschuld gerichtet ist, sollen Maßnahmen präventiv künftige Gefahren für die Allgemeinheit verhindern. In beiden Fällen – bei den Kriminalstrafen aber auch bei den Maßregeln der Besserung und Sicherung – muss das Verhältnismäßigkeitsgebot gewahrt bleiben, bei Letzteren nicht nur mit Blick auf die begangene Tat, sondern auch auf das künftige Verhalten (vgl. § 62 StGB).

Nicht zu den Kriminalstrafen gehören die strafprozessualen Zwangsmittel und trotz ihres materiellen Sanktionscharakters die mit Belastungen ver-

Übersicht 51: Strafrechtliche Rechtsfolgen (nach dem StGb und JGG)

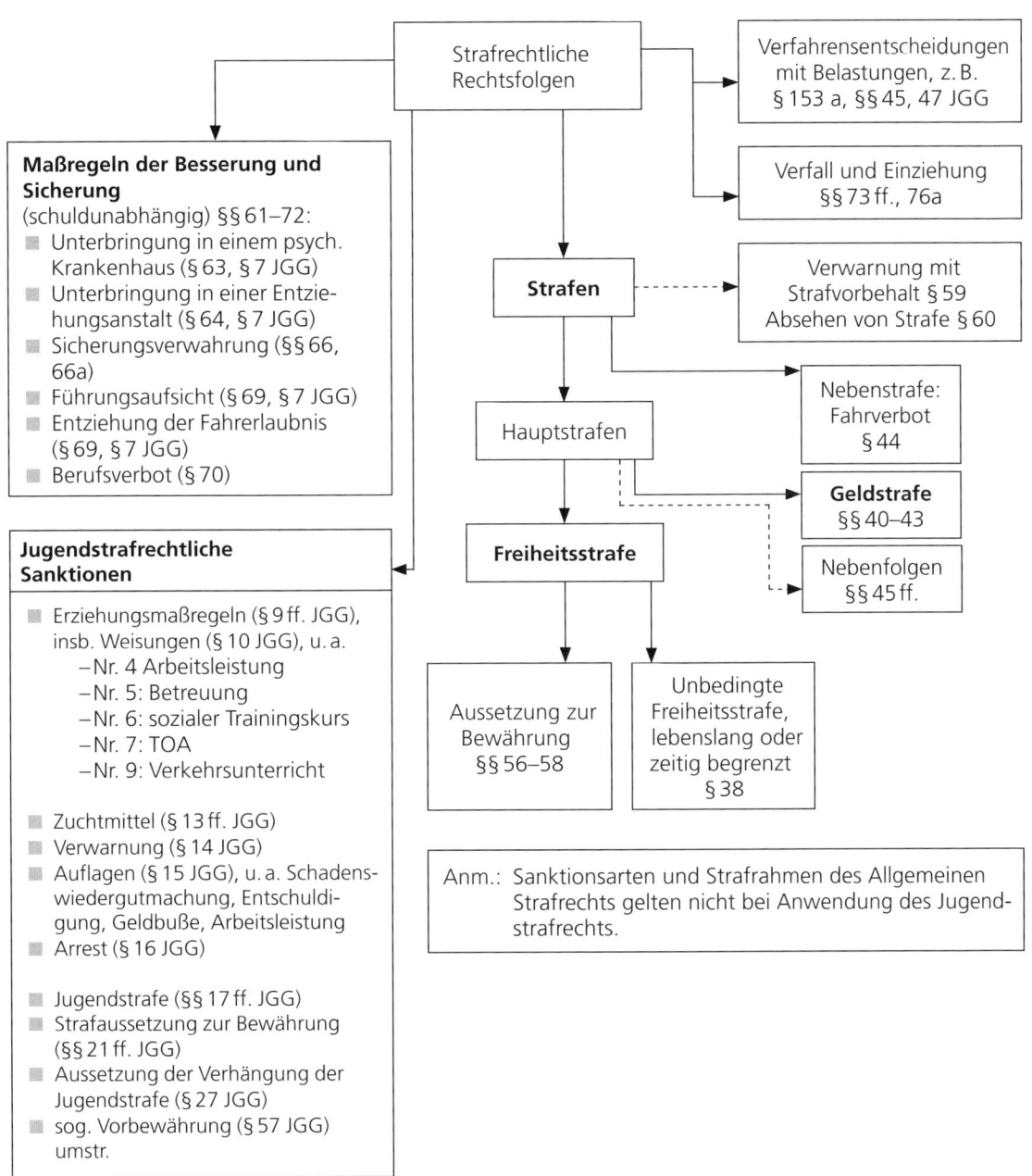

sehenen strafprozessualen Verfügungen, z. B. Geldauflage bei Einstellung des Verfahrens nach § 153 a StPO. Entsprechendes gilt für die sog. Erziehungsmaßregeln und Zuchtmittel des Jugendstrafrechts (§§ 9 ff. JGG; s. u.

IV-5.2), die gelegentlich verniedlichend als „unechte" Strafen von den „echten" Kriminalstrafen unterschieden werden.

Freiheitsstrafe

Freiheitsstrafe wird nach § 38 StGB entweder als lebenslange Strafe oder für einen bestimmten Zeitraum („zeitig") verhängt, wobei das Höchstmaß der zeitigen Freiheitsstrafe 15 Jahre beträgt. Eine Freiheitsstrafe unter sechs Monaten soll aufgrund der damit verbundenen negativen Folgen (z. B. Verlust des Arbeitsplatzes) nach § 47 StGB nur im Ausnahmefall verhängt werden.

Bewährung

Freiheitsstrafen von bis zu einem Jahr muss das Gericht nach § 56 Abs. 1 StGB bei einer positiven Sozialprognose zur Bewährung aussetzen. Bei Freiheitsstrafen über einem Jahr bis zu zwei Jahren steht die Entscheidung im Ermessen des Gerichts, wobei insbesondere die Wiedergutmachungsbemühungen des Täters und im Hinblick auf das Verhältnismäßigkeitsgebot der Vorrang der Aussetzung zu berücksichtigen ist (§ 56 Abs. 2 StGB). Die Voraussetzungen und Kriterien für die i. d. R. durch die Soziale Arbeit vorzubereitende bzw. vorzunehmende Sozialprognose sind nicht nur empirisch naturgemäß unsicher, sondern auch normativ zum Teil sehr umstritten. Nach § 56 Abs. 1 StGB sind insbesondere die Persönlichkeit des Verurteilten, sein Vorleben, die Umstände der Tat, das Verhalten des Täters nach der Tat, seine Lebensverhältnisse und die Wirkungen der Verurteilung und der Aussetzungsentscheidung zu berücksichtigen. Frühere, auch einschlägige Verurteilungen schließen eine günstige Prognose nicht aus (BGH StV 1992, 417), auch ist die Möglichkeit der Aussetzung für bestimmte Deliktsgruppen (z. B. bei Betäubungsmittelstraftaten) nicht von vornherein ausgeschlossen (vgl. BGH StV 1999, 646 f.). Wird die Freiheitsstrafe zunächst vollstreckt, so kann nach Verbüßung von zwei Dritteln der Rest der Strafe zur Bewährung ausgesetzt werden (§ 57 Abs. 1 StGB). Auch die Vollstreckung der „an sich" lebenslangen Freiheitsstrafe (§ 38 Abs. 1 StGB) kann nach § 57a StGB ausgesetzt werden, allerdings frühestens nach 15 Jahren und nur wenn Sicherheitsinteressen der Allgemeinheit nicht entgegenstehen und wenn nicht die besondere Schwere der Schuld des Verurteilten die weitere Vollstreckung gebietet.

Auflagen und Weisungen

Für die Dauer der Bewährungszeit von zwei bis fünf Jahren kann die Bewährung mit Auflagen und Weisungen verbunden werden. Als Auflage kommen nach § 56b StGB z. B. die **Schadenswiedergutmachung**, die Zahlung einer **Geldbuße**, insbesondere an eine gemeinnützige Einrichtung, sowie die **gemeinnützige Arbeit** in Betracht, wobei die Schadenswiedergutmachung zugunsten der geschädigten Opfer Vorrang hat (vgl. § 56b Abs. 2 StGB). Weisungen (§ 56c StGB) sind Gebote und Verbote, die sich an die Lebensführung richten (z. B. bestimmte Orte oder Personen zu meiden) und den Verurteilten dabei unterstützen sollen, keine Straftaten zu begehen. Freilich sind solche Weisungen bis auf die Meldepflichten (§ 56c Abs. 2 Nr. 2 StGB) nur schwer zu kontrollieren.

Bewährungshelfer

Das Gericht kann den Verurteilten für die Dauer oder einen Teil der Bewährungszeit auch der Aufsicht eines Bewährungshelfers (s. u. IV-6.1) unterstellen (§ 56d StGB). Bewährungshelfer haben nach § 56d Abs. 3 StGB die Aufgabe, Verurteilten helfend und betreuend zur Seite zu stehen und im Einvernehmen mit dem Gericht die Erfüllung der Auflagen und Weisungen zu überwachen. Der gröbliche (erhebliche und beharrliche) Verstoß gegen Weisungen und Auflagen kann nach § 56 f. StGB wie die Begehung neuer Straftaten zum Widerruf der Strafaussetzung führen. Aber auch hier gebietet wiederum das Verhältnismäßigkeitsgebot die Abwägung darüber, auf welche Weise weiteren Straftaten am Besten (z. B. Verlängerung der Bewährungszeit, weitere Auflagen) vorgebeugt werden kann.

Geldstrafe

Die Geldstrafe (§ 40 StGB) wird in Deutschland nicht in festen Geldbeträgen, sondern nach sog. Tagessätzen verhängt. Die Höhe der Geldstrafe bemisst sich damit einerseits aus der Anzahl der Tagessätze und andererseits aus dem hierfür jeweils angesetzten Betrag. Die Anzahl der Tagessätze wird – formaltheoretisch – nach dem Unrechts- und Schuldgehalt der Tat bemessen. Die Anzahl kann mindestens fünf und maximal 360 volle Tagessätze betragen (bei Tatmehrheit insg. 720 Tagessätze Gesamtstrafe nach § 53 f. StGB möglich, s. u.). Die Höhe des Tagessatzes – mindestens 1 €, höchstens 5.000 € – bestimmt das Gericht individuell nach den wirtschaftlichen Verhältnissen des Verurteilten, wobei i. d. R. das verfügbare Nettoeinkommen zugrunde gelegt wird. Dem Verurteilten soll schon im Urteil Stundung der Geldstrafe oder Ratenzahlung gewährt werden, damit er zunächst Wiedergutmachung an das Opfer leisten kann (§ 42 S. 3 StGb).

Verwarnung mit Strafvorbehalt

Die Geldstrafe kann – anders als die Freiheitsstrafe – nicht zur Bewährung ausgesetzt werden. Faktisch zu ähnlich Ergebnissen führt aber die Verwarnung mit Strafvorbehalt (§ 59 StGB). Hier wird der Täter nur schuldig gesprochen und eine Verwarnung erteilt, die Verhängung einer Geldstrafe von bis zu 180 Tagessätzen aber noch nicht ausgesprochen.

Absehen von Strafe

Das Absehen von Strafe (§ 60 StGB) ist möglich, wenn die Folgen der Tat, die den Täter getroffen haben, so schwer sind, dass die Verhängung einer Strafe offensichtlich verfehlt wäre. Das könnte z. B. bei einem Verkehrsdelikt der Fall sein (vgl. 315 ff. StGB), wenn dadurch der Tod seines Kind oder eines sonstigen Angehörigen des Täters verursacht wurde oder der Täter selbst dauerhafte Schädigungen davon getragen hat.

gemeinnützige Arbeit

Die Verhängung von gemeinnütziger Arbeit ist im Allgemeinen Strafrecht **nicht** als selbstständige Sanktion, sondern nur im Zusammenhang mit der vorläufigen Einstellung des Verfahrens gem. § 153a Abs. 1 S. 2 Nr. 3 StPO oder als Bewährungsauflage gem. § 56d Abs. 2 Nr. 3 StGB sowie nach Landesrecht (vgl. Art 293 EGStGB i. V. m. den Tilgungsverordnungen der Länder) als „Freie Arbeit" zum Zwecke der Vermeidung von Ersatzfreiheitsstrafen zulässig.

Fahrverbot

Das Fahrverbot nach § 44 StGB kann bis zu einer Dauer von drei Monaten verhängt werden, wenn die Straftat bei oder im Zusammenhang mit einem Kfz begangen worden ist. Das Fahrverbot ist nur eine unselbstständige, aber repressive Strafe mit anschließender Rückgabe der Fahrerlaubnis. Im Unterschied hierzu erlischt bei der (präventiven) Maßregel der Entziehung der Fahrerlaubnis nach § 69 StGB diese mit Rechtskraft des Urteils, weshalb der Verurteilte nach Ablauf einer Sperrzeit (§ 69a StGB) eine neue Fahrerlaubnis erwerben muss.

Verfall und Einziehung

Als (z. T. automatische) strafrechtliche Nebenfolgen (§ 45 ff. StGB) kommt bei Verurteilungen zu einer Freiheitsstrafe wegen eines Verbrechens der Verlust der Amtsfähigkeit sowie des passiven und aktiven Wahlrechts in Betracht. Als eine Art Nebenfolge kann man auch den Verfall durch die Straftat erlangter Gegenstände, Nutzungen oder sonstiger Vorteile (z. B. erlangter Gewinn) nach § 73 StGB sowie die Einziehung bei der Straftat genutzter oder durch sie hervorgebrachter Gegenstände (z. B. Waffen, Kfz, gefälschte Urkunden) nach § 74 StGB (vgl. auch die Einziehung des Kfz nach § 21 Abs. 3 StVG) bezeichnen. Beide Nebenfolgen haben sowohl sanktionierenden wie auch sichernden Charakter, sie sind nach § 76a StGB sogar ohne eine strafrechtliche Verurteilung zulässig. Das ist z. B. der Fall, wenn sich die bei einer Razzia sichergestellten illegalen Drogen keinem Tatverdächtigen zuordnen lassen.

Strafrechtliche Verurteilungen können schließlich erhebliche ausländerrechtliche Konsequenzen (zum **Ausländerrecht** allgemein vgl. III-7) nach sich ziehen, die für die nichtdeutschen Staatsangehörigen in ihrer Wirkung häufiger einschneidender sind als die strafrechtliche Sanktion.

4.3   Strafzumessung

Nach § 46 Abs. 1 StGB ist die Schuld des Täters Grundlage für die Zumessung der Strafe. Deshalb muss das Gericht zunächst genau feststellen, welche Straftat oder -taten ein Beschuldigter begangen hat und welcher Strafrahmen hierfür unter Berücksichtigung minder oder besonders schwerer Fälle vorgesehen ist. Anders als im Jugendstrafrecht (vgl. unten IV-5.2) hat der Gesetzgeber im Allgemeinen Strafrecht für jedes Delikt im Voraus die Art sowie Unter- und Obergrenze der Strafe gesetzlich festgelegt. Das deutsche Strafrecht sieht aber mit Blick auf das Schuldprinzip davon ab, absolute (verbindliche) Strafandrohungen festzulegen. Nach der Rspr. des BVerfG (vgl. 2 BvR 794/95 v. 20.03.2002, 68) muss die im Einzelfall verhängte Strafe in einem gerechten Verhältnis zur Schwere der Tat und zum Maß der Schuld des Täters stehen. Deshalb sieht das StGB Mindest- und Höchststrafen vor, die den gesetzlich zulässigen Strafrahmen abstecken. Hieran knüpft das Gesetz auch in § 12 StGB die Unterscheidung in Vergehens- und Verbrechenstatbestände an. Die konkret verhängte Strafsanktion muss sich dann innerhalb dieses aufgrund der rechtsdogmatischen Feststellungen fixierten, Schuld angemessenen Strafrahmens bewegen, wobei nach § 46 Abs. 1 S. 2 StGB die Wirkungen, die von der Strafe für das künftige Leben des Täters in der Gesellschaft zu erwarten sind, berücksichtigt werden müssen. Darüber hinaus muss das Gericht sehr genau die in § 46 Abs. 2 StGB genannten Umstände, die für und gegen den Täter sprechen, gegeneinander abwägen. Von besonderer Bedeutung sind neben dem Tatmotiv und der Art der Ausführung und den Auswirkungen der Tat (z. B. Schaden

Strafrahmen

des Opfers) auch das Vorleben des Täters (z. B. Ersttäter oder frühere Verurteilungen), die persönlichen und wirtschaftlichen Verhältnisse des Täters (soziale Integration oder Desintegration) und vor allem sein Verhalten nach der Tat, insbesondere sein Bemühen, von sich aus einen Ausgleich mit dem Verletzten zu erreichen. Nach der Rechtsprechung des BGH geht im Rahmen der Strafzumessung grds. die Geld- der Freiheitsstrafe vor und die Aussetzung der Freiheitsstrafe zur Bewährung der unbedingten Freiheitsstrafe. Der Rechtsgüterschutz gebietet in der Regel keine Strafvollstreckung (vgl. BGHSt NJW 1971, 439 [440]).

Konkurrenzen

Es ist durchaus häufiger der Fall, dass eine Person mehrere Straftatbestände verwirklicht hat, sei es durch eine Handlung oder bei mehreren Gelegenheiten. Durch das rechtsdogmatisch als „Konkurrenzen" (§§ 52 f. StGB: Tateinheit bzw. Tatmehrheit) bezeichnete Verhältnis der verschiedenen Straftatbestände wird bestimmt, aus welcher Strafnorm die Rechtsfolge zu entnehmen ist. Dies wirkt sich dann bei der Strafzumessung aus (sog. Gesamtstrafenbildung bei Tatmehrheit, §§ 53 ff. StGB).

Strafzumessungspraxis

Entgegen der begrifflichen Vorstellung handelt es sich bei der Festlegung der konkreten Sanktion nicht um eine exakte Strafzumessung. Kriminalpolitisch bedenklich ist dabei, dass sich in der Strafzumessungspraxis ein Prozess der schrittweisen, gesetzlich aber nicht intendierten Sanktionseskalation insbesondere bei wiederholter Auffälligkeit feststellen lässt, die sich nicht aus der Steigerung des Handlungsunrechts und der Schuld begründet, sondern eine Eigendynamik entwickelt hat (vgl. hierzu Walter 2005, 340 ff.).

Zur Sanktionswirklichkeit vgl. die laufend aktualisierten Angaben im Konstanzer Inventar Sanktionsforschung (www.uni-konstanz.de/rtf/kis).

5 Jugendstrafrecht

5.1 Besonderheiten des Verfahrens im Jugendstrafrecht
5.2 Besonderheiten der Sanktionen im Jugendstrafrecht

Die Besonderheiten des Jugendstrafrechts betreffen nicht die Straftatbestände, sondern vor allem die spezifische Rechtsfolgenentscheidung sowie das besondere Jugendstrafverfahren (vgl. §§ 1 Abs. 1, 2 JGG). Ob sich jemand eines Diebstahls, einer Sachbeschädigung oder eines anderen Delikts strafbar gemacht hat, richtet sich also nach dem materiellen Strafrecht, insbesondere dem StGB. Jugendstrafrecht ist deshalb ungeachtet seiner Besonderheiten und der Verschränkungen mit dem Jugendhilferecht zunächst einmal Strafrecht.

Anwendungsbereich
Das Jugendstrafrecht gilt nach § 1 Abs. 1 JGG für alle Straftaten Jugendlicher und Heranwachsender. **Jugendlicher** ist nach § 1 Abs. 2 S. 1 JGG, wer zur Zeit der Tat 14, aber noch nicht 18 Jahre alt ist. **Heranwachsender** ist, wer zu Zeit der Tat 18, aber noch nicht 21 Jahre alt ist (§ 1 Abs. 2 S. 2 JGG). Das Jugendstrafrecht findet bei diesen Personen Anwendung, wenn sie zur Zeit der Tat in ihrer Persönlichkeitsentwicklung einem Jugendlichen gleichstanden (§ 105 Abs. 1 Nr. 1 JGG) oder die Tat nach ihrer Art, den Umständen oder den Beweggründen als Jugendverfehlung angesehen werden kann (§ 105 Abs. 1 Nr. 2 JGG).

strafrechtliche Verantwortlichkeit von Jugendlichen
Entgegen einer verbreiteten Laienmeinung ist man mit Überschreiten der Altersgrenze von 14 Jahren nicht automatisch „strafmündig". Ein Jugendlicher ist nach § 3 S. 1 JGG strafrechtlich nur dann verantwortlich, wenn er zur Zeit der Tat emotional und kognitiv in der Lage war, das Unrecht der Tat einzusehen (**Einsichtsfähigkeit**), und darüber hinaus auch fähig war, nach dieser Einsicht zu handeln (**Steuerungsfähigkeit**). Das Jugendgericht hat dies nach § 3 JGG in jedem Einzelfall zu prüfen und explizit festzustellen. Hierbei ist – auch nach einem entsprechenden Hinweis durch die Jugendgerichtshilfe – mitunter ein Sachverständiger hinzuzuziehen. Es gibt insoweit **kein** Regel-Ausnahme-Verhältnis. Es muss für jeden Fall geprüft werden, ob die strafrechtliche Verantwortungsreife gegeben oder nicht gegeben ist. Im Unterschied zur Schuldunfähigkeit nach § 20 StGB, die Personen jeden Alters betreffen kann, handelt es sich bei der fehlenden Reife nach § 3 JGG nicht um einen krankheitsbedingten Ausschluss der Verantwortlichkeit, sondern um Mängel im Prozess der Reifeentwicklung, um eine Entwicklungsverzögerung, die zumindest potenziell noch ausgeglichen werden kann (hierzu Streng 1997, 382).

Erziehungsgedanke
Das Jugendstrafrecht ist weniger tat-, denn stärker personenorientiert als das Allgemeine Strafrecht. So können z. B. nach § 5 Abs. 1 JGG Erziehungs-

maßregeln „aus Anlass" der Straftat angeordnet werden, das "ob" und „wie" richtet sich grds. nicht nach dem Tatunrecht, sondern nach der Person des jungen Menschen. Das JGG schreibt kcine Sanktion vor. § 5 Abs. 1 JGG („Aus Anlass einer Straftat können ...") eröffnet ausdrücklich ein (fachlich zu begründendes) Ermessen, wobei der Zweck des Jugendstrafrechts beachtet werden muss. Ziel des Jugendstrafrechts ist nicht die Ahndung der Tat (diese ist nur der Anlass für die strafrechtliche Intervention), sondern es geht um (Re)**Integration** des jungen Menschen. Vergeltung, Sühne und Generalprävention dürfen keine Bedeutung erlangen (BGHStE 15, 224). Der Erziehungsgedanke soll strafrechtliche Orientierungen begrenzen und so zu einer Besserstellung straffällig gewordener junger Menschen beitragen (hierzu Ostendorf 2006, Grdl. §§ 1–2 Rz. 5; Pieplow 1989; Trenczek 1996, 39 ff.). Es geht nicht um Erziehung im umfassenden Sinne (anders das Erziehungsziel des § 1 SGB VIII, vgl. III-3.2), sondern um die Verhinderung von künftigen strafrechtlichen Auffälligkeiten (Rückfallkriminalität). Der Erziehungsgedanke des JGG ist eine besondere Ausformung des Verhältnismäßigkeitsgebots, es unterstreicht die Subsidiarität der strafrechtlichen Sozialkontrolle (vgl. Trenczek 1993a) und erlaubt, ja fordert eine **Durchbrechung des Strafdenkens**. Es gehört zum gesicherten empirischen Wissen, dass abweichendes Verhalten im Kindes- und Jugendalter nicht Indiz für ein erzieherisches Defizit ist, sondern nahezu zwingend als entwicklungsbedingte Auffälligkeit überall auftritt und ganz überwiegend mit dem Eintritt in das Erwachsenenalter abklingt (zur Normalität, Ubiquität und Episodenhaftigkeit von Jugendkriminalität vgl. Walter 2005). Das Jugendstrafrecht trägt deshalb

„der Erkenntnis Rechnung, dass informelle Erledigungen als kostengünstigere, schnellere und humanere Möglichkeiten der Bewältigung von Jugenddelinquenz auch kriminalpolitisch im Hinblick auf Prävention und Rückfallvermeidung wirksamer sind" (BT-Drs. 11/5829, 11).

Bei der Kontrolle von deviantem Verhalten junger Menschen sind deshalb nicht nur die (jugend)strafrechtlichen Bestimmungen, sondern auch die Regelungen des Jugendhilferechts (hierzu III-3) zu beachten. Man spricht insoweit von einem **doppelten Bezugsrahmen**, einerseits Jugendstraf-, andererseits Jugendhilferecht, die beide jeweils unterschiedlichen Grundsätzen und Handlungsprogrammen folgen (vgl. hierzu die Übersicht 42, S. 401, in III-3.4.2.2). In diesem Zusammenhang ist von Bedeutung, dass das Jugendamt nach § 52 SGB VIII die Aufgabe hat, im Verfahren nach dem JGG mitzuwirken (Jugendgerichtshilfe, s. u. IV-6.2) und hier die sozialpädagogisch-jugendhilfeorientierte Perspektive zur Geltung bringen muss (vgl. § 38 JGG).

5.1   Besonderheiten des Verfahrens im Jugendstrafrecht

Im Jugendstrafrecht gelten zahlreiche Besonderheiten gegenüber dem allgemeinen Strafverfahren (siehe Übersicht 52). So ist z. B. das Klageerzwingungsverfahren (vgl. § 172 StPO) nach Entscheidungen aufgrund § 45 JGG (anders als bei einer Einstellung nach § 170 Abs. 2 StPO) unzulässig ebenso wie die Privatklage (§ 80 Abs. 1 JGG). Die Nebenklage ist nach § 80 Abs. 3 JGG eingeschränkt und nur bei Verbrechen mit schweren (seelischen oder körperlichen) Folgen zulässig. Im Verfahren gegen Jugendliche (nicht bei Heranwachsenden) ist auch das sog. Adhäsionsverfahren (§ 81 JGG) ausgeschlossen, in dem zivilrechtliche Schadensersatzansprüche gleichzeitig entschieden werden könnten (§§ 403 ff. StPO). Stattdessen bestehen im Jugendverfahren erweiterte Möglichkeiten für Wiedergutmachungsleistungen und einen Täter-Opfer-Ausgleich (insbesondere § 45 Abs. 2 S. 2 JGG).

Vernehmung eines Jugendlichen

Bei der Vernehmung eines Jugendlichen als Beschuldigten haben die gesetzlichen Vertreter und Erziehungsberechtigten ein Anwesenheitsrecht (§ 67 Abs. 1 JGG; vgl. PDV 382, 3.6.4 und 3.6.5). Mit dem Anwesenheitsrecht korrespondiert eine Benachrichtigungspflicht der Polizei **vor** der Vernehmung (Eisenberg 2006 § 67 Rz. 11).

Ermittlungsverfahren

Im Ermittlungsverfahren gegen einen Jugendlichen oder Heranwachsenden sollen so bald wie möglich alle Umstände ermittelt werden, die zur Beurteilung der Persönlichkeit dienen können (§§ 43, 109 Abs. 1 S. 1 JGG). Soweit die Justiz das Jugendamt um Unterstützung bittet, ist darauf hinzuweisen, dass aufgrund des sozialrechtlichen Zweckbindungsprinzips die JGH Daten nur insoweit erheben darf, als dies zur Erledigung ihrer Jugendhilfeaufgaben erforderlich ist (§§ 61 ff. SGB VIII; vgl. III-3.4.2.2). § 43 JGG richtet sich nur an die Justiz, nicht an das Jugendamt. Darüber hinaus muss sowohl von der Justiz als auch dem Jugendamt im Hinblick auf die sog. Persönlichkeitserforschung wie bei den Ermittlungen insgesamt das Verhältnismäßigkeitsgebot im Hinblick auf den Vorrang der informellen Verfahrenserledigung besonders berücksichtigt werden.

Diversion

Im Jugendstrafrecht ist der Verfolgungszwang (Legalitätsgrundsatz) sehr weit zugunsten der Diversion eingeschränkt (hierzu Ostendorf 2004, 39 ff.; Trenczek 1991b). Neben den allgemeinen Einstellungsmöglichkeiten nach § 153 StPO gibt es insbesondere in den §§ 45, 47 JGG differenzierte Möglichkeiten der informellen Verfahrenserledigung. Hinzuweisen ist darauf, dass die Diversion bei Verbrechenstatbeständen im Jugendstrafverfahren **nicht** ausgeschlossen ist. Darüber hinaus wird ein Geständnis des jugendlichen Beschuldigten nur im Fall des § 45 Abs. 3 JGG vorausgesetzt. Nach § 45 Abs. 2 S. 2 JGG steht einer erzieherischen Maßnahme das Bemühen des Jugendlichen um einen Ausgleich gleich. Nach h.M. kann der Staatsanwalt auch selbst die Voraussetzungen für ein Absehen von der Verfolgung nach § 45 Abs. 2 JGG schaffen – allerdings haben Interventionen aus dem unmittelbaren Lebensumfeld, z.B. in der Familie, in der Schule oder

Geständnis

Täter-Opfer-Ausgleich

Übersicht 52: Ablauf des Strafverfahrens unter Berücksichtigung der Besonderheiten des JGG

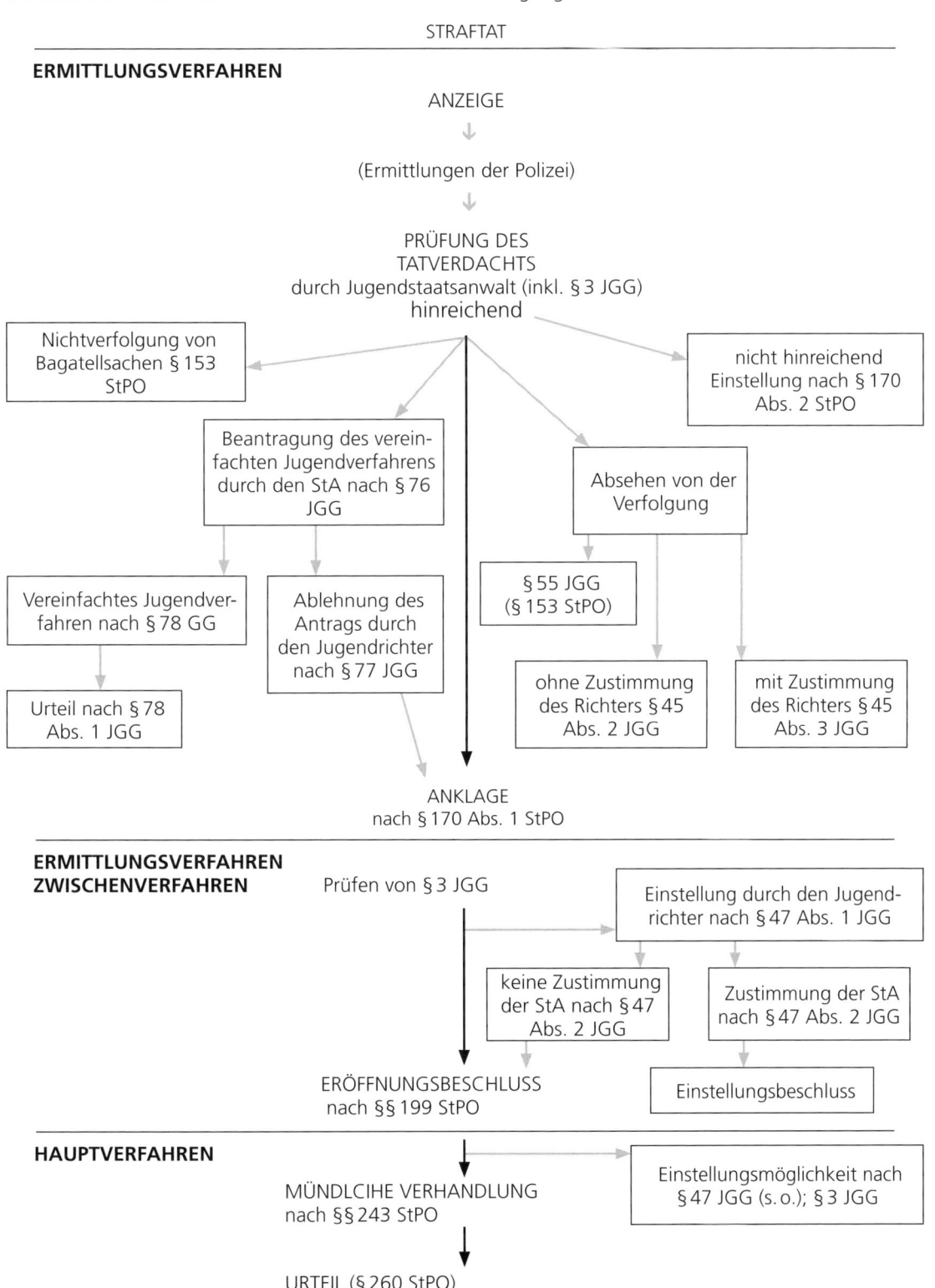

am Arbeitsplatz, Vorrang (Eisenberg 2006 § 45 Rz. 20). Unproblematisch ist insoweit noch das Ermahnungsgespräch des Staatsanwalts mit dem Jugendlichen oder die Anregung, sich um einen Ausgleich mit dem Verletzten zu bemühen (§ 45 Abs. 2 S. 2 JGG). Andere Maßnahmen, insbesondere Arbeitsleistungen, darf aber der Staatsanwaltschaft entgegen einer weit verbreiteten Praxis nicht zur Voraussetzung machen (vgl. Eisenberg 2006 § 45 Rz. 21; Trenczek 1991b, 9; 2004a, 59). Diese kann der Staatsanwalt nur gegenüber dem Gericht anregen (§ 45 Abs. 3 JGG). Hinzuweisen ist auch darauf, dass die Einstellung unter (zulässigen) Bedingungen ein Eingriff in die Erziehungsverantwortung der Eltern nach Art. 6 Abs. 2 GG darstellt und deshalb ihrer Zustimmung bedarf.

Neben den frühzeitigen Möglichkeiten der Verfahrenseinstellung vor Erhebung der Anklage hat das sog. formlose richterliche Erziehungsverfahren nach § 45 Abs. 3 JGG heute an Bedeutung verloren, wenngleich diese dritte Stufe der Diversion gerade bei jungen Menschen besonders sinnvoll sein kann (schnelle, tatnahe Reaktion durch den Richter, unmittelbare Kommunikation zwischen Jugendrichter und jungen Beschuldigten bei relativ geringerem personellen und verfahrensmäßigen Aufwand der Justiz). Darüber hinaus kann das Jugendgericht das Verfahren nach § 47 Abs. 1 JGG auch noch in der Hauptverhandlung und sogar in einer Berufung oder Revision informell beenden.

Aufgaben des Jugendamts Für die Frage, ob angemessene erzieherische Reaktionen im sozialen Umfeld des Jugendlichen erfolgt sind oder sich entsprechende Möglichkeiten eröffnen, kommt der JGH eine entscheidende Bedeutung zu. **§ 52 Abs. 2 SGB VIII** verpflichtet das Jugendamt, frühzeitig (d. h. vor einer Anklage!) zu prüfen, ob und welche Leistungen für den Jugendlichen in Betracht kommen und diese zu initiieren, gerade um die Diversion zu ermöglichen (hierzu vgl. III-3.4.2.2). Unzulässig ist es aber, die Bestimmung der Einstellungsbedingungen dem Jugendamt zu überlassen („Einstellung unter Auflagen und Weisungen nach Maßgabe des Jugendamts"). Andererseits kann auch das Jugendgericht zwar eine ambulante Jugendhilfeleistung gegenüber dem Jugendamt anregen, dieses aber zu deren Durchführung nicht verpflichten (zur Steuerungsverantwortung des Jugendamtes vgl. III-3.4.2.2).

prozessuale Zwangsmaßnahmen Die strafprozessualen Fahndungs- und Ermittlungsmaßnahmen dürfen grundsätzlich auch gegenüber jugendlichen Beschuldigten ergriffen werden. Allerdings muss hierbei neben einigen Sonderregelungen (vgl. insbesondere §§ 43, 71 ff. JGG) vor allem das **Verhältnismäßigkeitsgebot** besonders berücksichtigt werden, das im Hinblick auf die U-Haft (§§ 112 ff. StPO) in § 72 Abs. 1 JGG nochmals ausdrücklich hervorgehoben wird. Selbst bei Vorliegen eines Haftgrundes darf U-Haft nur verhängt und vollstreckt werden, wenn ihr Zweck nicht durch eine vorläufige Anordnung über die Erziehung oder durch andere Maßnahmen erreicht werden kann (§ 71 Abs. 1 S. 1 JGG; zu den Alternativen zur U-Haft vgl. Bindel-Kögel/ Heßler 1999, 289 ff.; Trenczek 1997, 16 ff.). Zudem normiert § 72 Abs. 1 S. 3 JGG eine besondere Begründungspflicht. Nach § 72a Satz 1 JGG ist die

Jugendgerichtshilfe unverzüglich von der Vollstreckung eines Haftbefehls zu unterrichten; ihr soll bereits der Erlass eines Haftbefehls mitgeteilt werden, damit sie frühzeitig geeignete Initiativen und Unterstützungsangebote zur Vermeidung der U-Haft ergreifen kann. Im Hinblick auf noch nicht 16-jährige Beschuldigte schränkt § 72 Abs. 2 JGG den Haftgrund der Fluchtgefahr zusätzlich ein.

Für das Hauptverfahren gelten im Hinblick auf Grundsätze und Ablauf grds. die gleichen Regeln wie im allgemeinen Strafverfahren. Allerdings ist die Hauptverhandlung bei Jugendlichen einschließlich der Verkündung der Entscheidung nicht öffentlich (§ 48 Abs. 1 JGG). Bei heranwachsenden Angeklagten kann die Öffentlichkeit ausgeschlossen werden, wenn dies im Interesse des Heranwachsenden geboten ist (§ 109 Abs. 1 JGG). Gegen einen Jugendlichen (wohl aber bei einem Heranwachsenden) darf weder das beschleunigte Verfahren nach §§ 417 ff. StPO noch das Strafbefehlsverfahren durchgeführt werden (§ 79 JGG). §§ 76 ff. JGG sehen dagegen das sog. vereinfachte Jugendverfahren vor, im Rahmen dessen von einigen Verfahrensvorschriften abgewichen werden darf. Gegenüber dem Diversionsverfahren hat diese Verfahrensart aber an Bedeutung verloren. **Hauptverhandlung**

vereinfachtes Jugendverfahren

Im Jugendstrafverfahren sind die Rechtsmittelmöglichkeiten eingeschränkt. Zum einen kann nach § 55 Abs. 1 JGG das Urteil insbesondere nicht wegen Art und Umfangs der Maßnahmen angefochten werden, zum anderen kann nach § 55 Abs. 2 JGG gegen ein Berufungsurteil grds. keine Revision mehr eingelegt werden. **Rechtsmittel**

5.2 Besonderheiten der Sanktionen im Jugendstrafrecht

Straftaten junger Menschen sind grds. nicht Symptom eines sich verfestigenden Verhaltens. Auch das mehrmalige Begehen von Straftaten ist als solches nicht Ausdruck eines irgendwie gearteten Erziehungsdefizits, welches einer staatlich verordneten „Erziehungsstrafe" bedarf, sondern in aller Regel normal und ubiquitär (überall verbreitet), entwicklungstypisch und passager (vorübergehend). Nach der Grundidee des Jugendstrafrechts geht es vorrangig darum, auf strafrechtlich relevantes Fehlverhalten von jungen Menschen „erzieherisch", d. h. so zu reagieren, dass zukunftsgerichtet die soziale Integration des jungen Menschen unterstützt wird. **§ 5 Abs. 1 JGG** bestimmt als zentrale Norm, dass „aus Anlass" einer Straftat bestimmte Maßnahmen ergriffen werden können (nicht müssen!). Deshalb haben **jugendhilferechtliche Interventionen Vorrang** vor den strafrechtlichen Sanktionen. Im Jugendstrafrecht gibt es weder bestimmte Mindeststrafen noch die zwingende Notwendigkeit, in einer bestimmten Art und Weise zu reagieren. Darüber hinaus verdeutlicht § 5 JGG, dass die jugendstrafrechtlichen Sanktionen in einem Stufenverhältnis zueinander stehen und gebietet bei Beachtung des Verhältnismäßigkeitsgebotes den Vorrang des weniger einschneidenden Mittels vor der schwereren Rechtsfolge. Informelle Reaktionen gehen formellen Sanktionen vor, hilfeorientierte haben Vorrang vor (bloß) ahndenden Maßnahmen, ambulante (nicht freiheitsentziehende) gehen vor freiheitsentziehende Sanktionen.

jugendstrafrecht-liche Rechtsfolgen Sanktionskatalog und Strafrahmen des allgemeinen Strafrechts gelten im Jugendstrafrecht nicht (§ 18 Abs. 1 S. 3 JGG). Die (formellen) Rechtsfolgen des JGG umfassen sog. **Erziehungsmaßregeln** (§§ 9–12 JGG, insbesondere Weisungen nach § 10 JGG), sog. **Zuchtmittel** (§§ 13–16 JGG: Verwarnung, Auflagen, Arrest) und **Jugendstrafe** (§§ 17–30 JGG) sowie aus dem Katalog der Maßregeln nach § 7 JGG die Unterbringung in einem psychiatrischen Krankenhaus, die Unterbringung in einer Entziehungsanstalt, die Führungsaufsicht und die Entziehung der Fahrerlaubnis. Die geltende Rechtsfolgenregelung des JGG wird z. T. heftig kritisiert, ohne dass die z. T. sehr konkreten Änderungsvorschläge insbesondere der 2. Jugendstrafrechtsreformkommission (vgl. DVJJ 2002) bislang umgesetzt wurden.

Einheitsprinzip Auch wenn mehrere Straftaten eines jungen Menschen gleichzeitig abgeurteilt werden, die er vielleicht sogar in verschiedenen Alters- und Reifestufen begangen hat, gilt nach den §§ 31, 32 JGG das so genannte Einheitsprinzip, d. h., dass die Rechtsfolgen – abweichend von den allgemeinen Grundsätzen der §§ 53, 54 StGB – einheitlich bestimmt werden. Das gilt nach § 31 Abs. 2 JGG auch für bereits vorliegende rechtskräftige Verurteilungen unabhängig vom Zeitpunkt der Begehung der abgeurteilten Taten.

Sanktionscocktails Zulässig sind auch die in § 8 JGG vorgesehenen Kombinationsmöglichkeiten von mehreren Erziehungsmaßregeln und mehreren Zuchtmitteln. Freilich hilft viel nicht immer viel, sondern entspringt zumeist dem Katastrophenrezept des „mehr desselben, nämlich nichts" (Watzlawick 1985, 27). Manche Kombinationsmöglichkeiten (z. B. die Verknüpfung von ambulanten Hilfeangeboten mit Arrest) werden zu Recht als **kontraproduktive** "Sanktionscocktails" kritisiert. Gesetzlich ausgeschlossen sind die Verbindung von (stationären) Hilfen zur Erziehung nach § 12 Nr. 2 JGG mit Jugendarrest und Jugendstrafe. Neben Jugendstrafe können nur Weisungen und Auflagen erteilt und die Erziehungsbeistandschaft angeordnet werden (§ 8 Abs. 2 JGG). Auch ein „Einstiegsarrest" bei der Strafaussetzung zur Bewährung ist unzulässig (vgl. § 23 JGG).

Weisungen Weisungen sind Ge- und Verbote, die die Lebensführung des Jugendlichen regeln und dadurch seine Erziehung fördern und sichern sollen (§ 10 Abs. 1 JGG). Der Katalog der Weisungen ist nicht abgeschlossen, sondern enthält nur Beispiele und bleibt damit offen für flexiblere, dem Einzelfall angemessene Reaktionsformen. Freilich müssen dabei stets die Grenzen der Zumutbarkeit und der Verhältnismäßigkeit eingehalten werden (§ 10 Abs. 1 S. 2 JGG). Ambulante „Zuchtmittel" sind die Verwarnung (§ 14 JGG) und **Auflagen** die Erteilung von Auflagen (§ 15 JGG). Mit ihnen soll dem Jugendlichen nach § 13 JGG eindringlich bewusst gemacht werden, dass er für das von ihm begangene Unrecht einzustehen hat. Hierbei geht es also weniger um Unterstützung des Jugendlichen in Richtung eines sozialadäquaten Verhaltens, sondern um Ahndung der Tat. Der Katalog der Auflagen ist abschließend, zulässig sind nach § 15 JGG nur Schadenswiedergutmachung, persönliche Entschuldigung, Arbeitsleistungen und Zahlung eines Geldbetrages zugunsten einer gemeinnützigen Einrichtung.

Die als Rechtsfolge im JGG vorgesehenen Sanktionen finden ihren jugendhilferechtlichen Anknüpfungspunkt teilweise (soziale Gruppenarbeit und Betreuungshilfe) als Formen der Hilfe zur Erziehung in den §§ 27 ff. SGB VIII. Diese wurden in den 1970er Jahren als „Neue Ambulante Maßnahmen" (NAM) im Unterschied zu den traditionellen Sanktionen (Geldbuße, Arrest und Jugendstrafe) entwickelt (BAG 2000; Trenczek 2000). Die NAM können die traditionellen Sanktionen weitgehend ersetzen, ohne dass sich damit die Rückfallgefahr erhöht (vgl. BT-Drs. 11/5829, 11). Die Verortung der NAM in den Leistungsbereich des Sozialrechts hat bedeutsame Konsequenzen für deren rechtliche Zulässigkeit, deren inhaltliche Ausgestaltung sowie für das Bewilligungsverfahren. Das Jugendamt darf aufgrund der sozialrechtlichen Bestimmungen (vgl. § 31 SGB I, § 36a SGB VIII) Leistungen nur dann erbringen bzw. refinanzieren, wenn die Leistungsvoraussetzungen des SGB VIII vorliegen (hierzu III-3.3.4.1) und ein entsprechendes Hilfeplanverfahren stattgefunden hat (sog. Steuerungsverantwortung des Jugendamtes; hierzu III-3.4.2.2; Münder et al. 2006 § 52 Rz. 81 ff.; Trenczek 2000, 17 ff.; 2007c). Das Jugendgericht kann zwar gegenüber dem jungen Menschen Weisungen erteilen, die auch gegenüber den Eltern wirken (das jugendrichterliche Urteil ersetzt die familienrechtliche Entscheidung nach §§ 1666 f. BGB). Wenn das Gericht aber sichergehen will, dass seine Maßnahmen nicht ins Leere laufen, muss es mit dem Jugendamt kooperieren (zum Dreiecksverhältnis zwischen Gericht, Jugendlichen/Eltern und Jugendamt vgl. die Übersicht 53).

Es ist nicht Aufgabe der JGH, in ihrer Stellungnahme (jugend)strafrechtliche Sanktionen vorzuschlagen (Münder et al. 2006 § 52 Rn. 57; Trenczek

Neue Ambulante Maßnahmen

Steuerungsverantwortung des Jugendamtes

Übersicht 53: Jugendkriminalrechtliches Dreiecksverhältnis

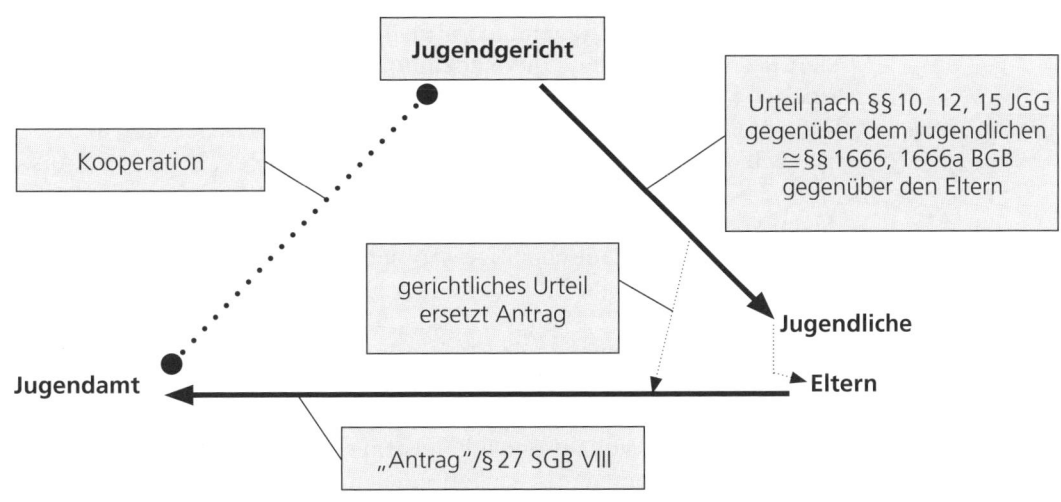

2007c Rz. 16), sondern lediglich, sich zu den zu ergreifenden Maßnahmen „zu äußern" (vgl. § 38 Abs. 2 Satz 2 JGG). Die JGH wird im Interesse und zugunsten des Wohls des jungen Menschen zu den Auswirkungen justizieller Entscheidungen auf die Entwicklungsperspektiven des jungen Menschen Stellung nehmen, schlägt aber selbst grundsätzlich nur solche Interventionen vor, die dem Jugendhilfe- und Erziehungsverständnis des Jugendhilferechts entsprechen und deshalb von ihr initiiert bzw. selbst angeboten werden können.

Arbeitssanktionen Arbeitsleistungen können sowohl als Weisung/Erziehungsmaßregel (§ 10 Abs. 1 Nr. 4 JGG) als auch als Auflage/Zuchtmittel (§ 15 Abs. 1 Nr. 3 JGG) angeordnet werden (ausführlich Trenczek 2004a). Häufig werden die Jugendlichen bei den (unabhängig von der Bezeichnung) in der Regel zur Ahndung der Straftat angeordneten Arbeitsweisungen/auflagen überfordert, ihre pädagogische Betreuung ist häufig mangelhaft oder überhaupt nicht vorhanden. Die rein administrative Abwicklung von Arbeitsleistungen fällt zudem nicht in den Aufgabenbereich des Jugendamtes. Im Rahmen konkreter und symbolischer Wiedergutmachungsbemühungen können Arbeitsleistungen für den Jugendlichen allerdings tatsächlich sinnvoll sein. Auch im Rahmen einer handlungspädagogischen Konzeption ist es häufig sinnvoll, arbeitsweltorientierte Aktivitäten gezielt mit einem Hilfeangebot zu verbinden und durch die Gewährung einer fachkompetenten, (gruppen-)pädagogischen Betreuung zu nutzen (hierzu im Einzelnen Trenczek 2004a).

Arrest Der Freiheitsentzug steht ebenfalls nicht in der Verantwortung der Sozialen Arbeit/Jugendhilfe und soll deshalb ungeachtet seiner Problematik hier nur kurz erwähnt werden. Zudem wird seit langem gefordert, die Voraussetzungen des Freiheitsentzuges neu zu regeln (DVJJ 2002, 81 ff.). Nach § 16 JGG kann der Arrest in drei Formen verhängt werden: Kurz-, Freizeit- und Dauerarrest bis zu vier Wochen (§ 16 Abs. 4 JGG). Eine „erzieherische" Funktion kann dem Jugendarrest nicht zugesprochen werden. Es verwundert deshalb nicht, dass die Rückfallquote bei Arrest mit bis zu 90% sehr hoch ist (vgl. BT-Drs. 11/5829, 19; DVJJ 2002, 81; Heinz 2004, 42.; Eisenberg **Ungehorsamsarrest** 2006 § 16 Rn. 20). Von besonders problematischer Bedeutung in der Praxis ist auch der sog. Ungehorsams- oder Beugearrest, der nach §§ 11 Abs. 3, 15 Abs. 3 S. 2 JGG bei schuldhafter Nichterfüllung von Weisungen und Auflagen verhängt werden kann. Dabei verbergen sich aber hinter dem „Ungehorsam" häufig vielschichtige Problemlagen, die weniger mit fehlendem bzw. bösem Willen als mit mangelnder Handlungskompetenz zu tun haben.

Jugendstrafe Nach § 17 Abs. 2 JGG wird Jugendstrafe verhängt, wenn wegen der „schädlichen Neigungen" des Jugendlichen, die in der Tat hervorgetreten sind, Erziehungsmaßregeln oder Zuchtmittel zur Erziehung nicht ausreichen (1. Alt.) oder wenn wegen der Schwere der Schuld Strafe erforderlich ist (2. Alt.). Durch den Vollzug der Jugendstrafe soll der Verurteilte dazu erzogen werden, künftig einen rechtschaffenen und verantwortungsbewussten Lebenswandel zu führen (vgl. § 91 JGG). Der Begriff „schädliche Neigungen" entspringt dem in der Zeit des Nazi-Unrechtsregimes gepflegten Konzept der Entartung und die Versuche, den Begriff nach 1945 justiziabel zu gestalten, begegnen erheblichen Einwänden vor allem weil er den Jugendlichen individualisierend als Defizit-Persönlichkeit abstempelt (Dünkel 1997; Eisenberg 2006 § 17 Rz. 18). Bei „schädlichen Neigungen" soll es sich nach der heutigen Rechtsprechung um persönliche Defizite handeln, die ohne längere Gesamterziehung die Gefahr der Begehung weiterer solcher Straftaten in sich bergen, die nicht nur gemeinlästig sind oder den Charakter von Bagatelldelikten haben. In der Praxis werden die „schädlichen Neigungen" fehlerhaft vor allem aus der wiederholten Auffälligkeit an sich geschlossen und sind insofern Ausdruck eines die Sanktionspraxis kennzeichnenden Eskalationsdenkens. Im Hinblick auf die Erforderlichkeit einer längeren Gesamterziehung ist zu beachten, dass die erzieherischen Erfolgschancen in einer geschlossenen Jugendstrafanstalt gering sind. Noch so gut gemeinten und organisierten Resozialisierungsbemühungen einer engagierten Praxis stehen die negativen Bedingungen einer Haftanstalt und eines künstlichen Lebens unter den Bedingungen des Eingeschlossenseins gegenüber. Angesichts der hohen Rückfallquoten (nach dem geschlossenen Jugendstrafvollzug bis 90%, vgl. DVJJ 2002, 87; Heinz 2004; Jehle et al. 2003) bestehen erhebliche Zweifel daran, ob Freiheitsentzug überhaupt zu einem straffreien Leben „erziehen" und deshalb als rechtsstaatlich „geeignete" Sanktion angesehen werden kann (vgl. OLG Schleswig NStZ 1985, 475). Zudem setzt die Verhängung von Jugendstrafe nach § 17 Abs. 2, 1. Alt. JGG voraus, dass ausreichende Alternativen zum Freiheitsentzug fehlen. Gerade für Sozialarbeiter in der JGH müsste es jedoch in aller Regel nicht besonders schwierig sein nachzuweisen, dass auch schwierigste Jugendliche durch Jugendhilfeleistungen sowie ambulante Maßnahmen „erzieherisch erreichbar" sind (Klier et al. 2002, 133).

Strafrahmen Das Mindestmaß der Jugendstrafe beträgt nach § 18 Abs. 1 JGG grds. sechs Monate, das Höchstmaß fünf Jahre (bei Heranwachsenden zehn Jahre). Der Strafrahmen der Jugendstrafe liegt in Deutschland deutlich höher als in einigen europäischen Nachbarländern (in den Niederlanden z.B. Höchststrafe für 12- bis 15-Jährige bei zwölf Monaten, für 16- und 17-Jährige bei 24 Monaten).

Bewährung Bei der Verurteilung zu einer Jugendstrafe von nicht mehr als zwei Jahren wird die Vollstreckung der Strafe nach § 21 Abs. 1 und 2 JGG zur Bewährung ausgesetzt, wenn erwartet werden kann, dass der Jugendliche oder Heranwachsende die durch die Verurteilung ausgesprochene Warnung ernst nimmt und künftig keine (erheblichen) Straftaten mehr begeht. Die Strafaussetzung ist damit von einer günstigen Sozial- und positiven Sanktionsprognose abhängig. Allerdings dürfen die Erwartungen an einen künftig straffreien Lebenswandel angesichts der Dynamik des Erwachsenwerdens nicht zu hoch angesetzt werden. Im Zweifel ist die Jugendstrafe zur Bewährung auszusetzen. Bei der Aussetzungsentscheidung sind neben der Persönlichkeit des jungen Menschen vor allem auch die **Integrationshilfen**

der Jugendhilfe und sonstigen Sozialen Dienste zu berücksichtigen (vgl. § 21 Abs. 1 S. 2 JGG). Im Unterschied zum allgemeinen Strafrecht (vgl. § 56d Abs. 1 StGB) ist nach § 24 JGG die Unterstellung des jungen Menschen unter einen Bewährungshelfer obligatorisch. Darüber hinaus können nach § 23 JGG Weisungen und Auflagen, nicht aber ein sog. Einstiegsarrest angeordnet werden.

Vorbewährung

Die Aussetzung nach § 21 JGG kann nach § 57 Abs. 1 und 2 JGG nicht nur im Urteil, sondern – ausnahmsweise – auch noch nachträglich durch Beschluss angeordnet werden, solange der Strafvollzug noch nicht begonnen hat. Insoweit können mittlerweile eingetretene Integrationsbemühungen und Jugendhilfeangebote berücksichtigt werden. Nach § 27 JGG besteht

Aussetzung der Verhängung der Jugendstrafe

auch die Möglichkeit einer Aussetzung der Verhängung der Jugendstrafe, wenn eine zuverlässige Feststellung über das Vorliegen „schädlicher Neigungen" und deren Umfang nicht möglich ist. Die Aussetzung nach § 27 JGG ist u. U. angezeigt, wenn sich die Möglichkeit bietet, den Jugendlichen – insbesondere im Zusammenhang mit Jugendhilfeleistungen und einer Bewährungsunterstellung (§ 29 JGG) – aus einer ungünstigen Umgebung oder Konstellationen herauszuleiten.

6 Arbeitsfeld Strafrecht

In der Einleitung wurden bereits eine Reihe von Arbeitsfeldern genannt, für die das Strafrecht ein wesentlicher Bezugrahmen darstellt. Auch wenn im Folgenden nicht auf alle Aspekte der Sozialen Arbeit im Rahmen der „Strafrechtspflege" eingegangen werden kann, sind hier – über die Erläuterung des strafrechtlichen Daten- und Vertrauensschutz (s.o. IV-2.3.1) und der anderen dargestellten, für die Soziale Arbeit wichtigen Deliktsbereiche hinaus (s.o. IV-2.3) – einige wichtige Differenzierungen zu den Aufgaben und Rollen der Sozialen Dienste notwendig.

6.1   Soziale Dienste der Justiz

Als Soziale Dienste der Justiz oder „Justizsozialarbeit" werden die unter dem Dach der Justizverwaltungen der Bundesländer tätigen Arbeitsfelder und Dienste der Sozialen Arbeit bezeichnet, namentlich die Gerichts- und Bewährungshilfe sowie die sozialen Hilfen im Strafvollzug (§ 71 StVollzG). Nicht dazu gehören die Mitarbeiter der Jugendämter und freier Träger. In einigen Bundesländern (z.B. Berlin, Brandenburg, Mecklenburg-Vorpommern) ist die Gerichts- und Bewährungshilfe auch organisatorisch zu einem „Sozialdienst der Justiz" zusammengefasst (zur Neugestaltung der Organisationsstrukturen vgl. Maelicke 2003, 166ff.). Die Tätigkeit der Sozialen Dienste geht über die Betreuung der häufig als „Probanden" merkwürdig bezeichneten Betroffenen (die selten über einen Klientenstatus verfügen) hinaus und umfasst insbesondere im Rahmen (der Vorbereitung) von Stellungnahmen zahlreiche Anamnese- und Prognoseentscheidungen. Ihre Tätigkeit unter dem Dach der Strafjustiz und eingebunden in die Handlungs- und Entscheidungsstruktur der Justiz bringt einige die Handlungsgrundsätze der Sozialen Arbeit herausfordernde Friktionen mit sich (vgl. z.B. Böttner 2004). Zunächst folgen aus der organisatorischen Zuordnung zum Anstellungsträger die hierarchische Unterworfenheit und die damit einhergehende Weisungsgebundenheit gegenüber Anordnungen der Staatsanwaltschaft, der Gerichte und Landesjustizverwaltungen. Die Organisation der Sozialen Dienste ist den Ländern überlassen, es gibt kaum verbindliche Regelungen über ihre Aufgaben, verfahrensrechtliche Stellung, ihre Ausstattung und Qualitätsstandards. Ihr Einsatz steht jenseits der wenigen verbindlichen Regelungen im Ermessen der Justizorgane und wird häufig nur durch interne Verwaltungsvorschriften umschrieben.

Gerichtshilfe

Die Gerichtshilfe ist organisatorisch den Staatsanwaltschaften bei den Landgerichten zugeordnet. Sie ist weisungsgebunden und ein Ermittlungsgehilfe der Staatsanwaltschaft, allerdings nicht im Hinblick auf die Tat, sondern auf die Person des Beschuldigten (§ 160 Abs. 3 StPO). Die Gerichtshilfe wird vor allem zur Vorbereitung von Entscheidungen der Staatsanwaltschaft bzw. entsprechender **Stellungnahmen** eingeschaltet, insbesondere der Straf- und Strafrestaussetzung zur Bewährung (vgl. §§ 454 Abs. 1 S. 2, 463d StPO), im Zusammenhang mit den Maßregeln der Besserung und Sicherung, bei der Bewilligung von Strafaufschub, Stundung oder Ratenzahlung sowie im Gnadenverfahren. In den letzten Jahren hat sich neben der traditionellen Ermittlungsarbeit im Strafverfahren vor allem die Haftentscheidungs- und Haftvermeidungshilfe besonders im Hinblick auf die Vollstreckung der Geld- und Ersatzfreiheitsstrafe als Tätigkeitsschwerpunkt entwickelt (vgl. Kawamura-Reindl/Sonnen 2003). Die in einigen Ländern vorgenommene Übertragung des Täter-Opfer-Ausgleichs bei erwachsenen Beschuldigten auf die justiziellen Sozialdienste muss nicht nur wegen der Marginalität ihrer insoweit vorhandenen Ressourcen, sondern vor allem aufgrund ihrer abhängigen und nicht allparteilichen Stellung gerade im Hinblick auf die Opferinteressen als problematisch angesehen werden.

Bewährungshilfe

Die Bewährungshilfe wird i. d. R. erst im Rahmen der Strafvollstreckung eingeschaltet, insbesondere – wie der Name schon nahelegt – im Rahmen der Unterstellung des Verurteilten unter die Bewährungs- (§ 56d StGB, §§ 21, 88 JGG) oder Führungsaufsicht (§ 68a StGB). Sie unterstützt die ihnen unterstellten Personen nicht nur bei der Lebensführung im Alltag, sondern bereitet eine Vielzahl von – für das weitere Leben der Verurteilten sehr wesentlichen – Stellungnahmen vor. Die Bewährungshilfe ist nicht Verfahrensbeteiligte im Sinne eines Prozesssubjektes, sondern kann als Zeuge gehört werden. Das gilt auch für die übrigen am (Jugend)Strafverfahren Beteiligten, z. B. in § 48 Abs. 2 JGG genannten Anhörungsberechtigten (Betreuungshelfer, Leiter eines sozialen Trainingskurses, Erziehungsbeistand oder der Leiter einer Einrichtung).

Sozialarbeit im Justizvollzug

Zu den Sozialen Diensten der Justiz gehört schließlich auch die Soziale Arbeit im Justizvollzug. Sozialarbeiter und Sozialpädagogen obliegen während des Vollzuges vielfältige Tätigkeiten (§§ 71 ff. StVollzG), beginnend mit dem Aufnahmeverfahren (vgl. §§ 5, 72 StVollzG) bis zur Entlassenenvorbereitung (§§ 15, 74 StVollzG). Von besonderer Beutung sind neben der individuellen (Lebens-, Schuldner- und Sucht-)Beratung der Gefangenen z. B. im Hinblick auf die Geltendmachung ihrer Rechte und Pflichten (§ 73 StVollzG) und deren Unterstützung bei der Sicherung des Eigentums und der Beantragung von Sozial(versicherungs)leistungen vor allem die Mitwirkung bei der Erstellung des Vollzugsplanes (§ 7 StVollzG) und von (Sozial)Prognosen sowie die Konzeption und Durchführung des sozialen Trainings. Die Aufgabenfelder der Sozialarbeit im Strafvollzug sind in den Bundesländern unterschiedlich, teilweise detailliert geregelt (vgl. Laubenthal 2003, Rn. 239 f.; Höflich 2000, 180 f.).

6.2   Jugendgerichtshilfe

Im Unterschied zur Gerichtshilfe ist die im Jugendstrafverfahren nach §§ 38, 50 JGG zwingend einzuschaltende, von der Bezeichnung ähnlich klingende Jugendgerichtshilfe (JGH) kein justizieller Sozialdienst, sondern eine originäre (nicht vom Jugendgericht abgeleitete) **Aufgabe des Jugendamts** (§ 52 Abs. 2 SGB VIII; hierzu vgl. III-3.4.2.2), welches die Ausführung dieser Aufgabe auch freien Trägern übertragen kann (§§ 3, 76 SGB VIII). Nach § 52 SGB VIII ist das Jugendamt damit beauftragt, den jungen Menschen zu betreuen, durch frühzeitige Leistungen ein Strafverfahren überflüssig zu machen und sollte es doch zu einem solchen kommen, die durch das SGB VIII definierten fachlichen Gesichtspunkte der Jugendhilfe auch im Rahmen eines Strafverfahrens zur Geltung zu bringen (hierzu ausführlich Münder et al. 2006 § 52; Trenczek 2003, 2007c). JGH ist weit mehr als „Berichte schreiben". Soweit sie Stellungnahmen erarbeitet (hierzu Trenczek 2003), ist auf die datenschutzrechtlichen Regelungen der §§ 61 ff. SGB VIII sowie darauf hinzuweisen, dass es nicht Aufgabe des Jugendamtes ist, strafrechtliche Sanktionen vorzuschlagen, sondern sich lediglich zu den zu ergreifenden Maßnahmen „zu äußern" (vgl. § 38 Abs. 2 Satz 2 JGG, s. o. IV-5.2). Das Jugendstrafrecht ändert nichts an der jugendhilferechtlichen Zweckbindung der JGH (vgl. § 38 Abs. 2 S. 2 JGG). Sie erfüllt deshalb ihre Aufgaben zugunsten junger Menschen und ihrer Familien (§ 2 Abs. 1 SGB VIII). Das SGB VIII hat zu einer veränderten Schwerpunktsetzung in der Arbeit der JGH geführt, wobei der Jugendliche, seine Betreuung und soziale Integration im Mittelpunkt steht. Damit unterscheidet sich die Jugendhilfe in ihrer Vorgehensweise von der ihr manchmal zugedachten Rolle eines neutralen Sachverständigen (oder gar justizieller Sozialdienste), was mitunter zu Spannungen mit den Erwartungen der Strafjustiz führen kann. Die JGH ist Aufgabe und Teil des Jugendamtes und untersteht deshalb weder der Staatsanwaltschaft noch dem Gericht, sie ist diesen **nicht** weisungsunterworfen.

Zweckbindung

Das Mitwirkungs- und Anwesenheitsrecht der JGH korrespondiert – als Ausfluss der in der Strafprozessordnung normierten richterlichen Aufklärungspflicht (§ 244 Abs. 2 StPO) – mit der Pflicht des Gerichts, das Jugendamt so früh wie möglich „heranzuziehen" (§ 38 Abs. 3 Satz 1 u. 2, JGG). Insbesondere sind Ort und Zeit der Hauptverhandlung rechtzeitig mitzuteilen (§ 50 Abs. 3 S. 1 JGG). Die Entscheidung über die Anwesenheit in einer Hauptverhandlung liegt im pflichtgemäßen Ermessen der Jugendamtsmitarbeiter. Dieses Ermessen reduziert sich aus jugendhilferechtlichen Gründen im Sinne einer individuellen Betreuungspflicht auf null, wenn der junge Mensch eine Begleitung benötigt und wünscht, da der Mitarbeiter des Jugendamtes ihn während des gesamten Verfahrens betreuen soll (§ 52 Abs. 3 SGB VIII). Das Gericht hat dagegen keine Möglichkeit, die Teilnahme des Jugendamtes an der Hauptverhandlung zu erzwingen. Wird die JGH aber nicht ordnungsgemäß in das Strafverfahren einbezogen, z. B. nicht mit angemessener Vorlaufzeit informiert, so kann dies einen mit der **Revision**

Heranziehungspflicht

Anwesenheitspflicht

angreifbaren Verfahrensfehler darstellen (§ 337 StPO), selbst wenn bereits eine schriftliche Stellungnahme der JGH vorliegt (Münder et al. 2006 § 52 Rz. 18).

Zum Strafrecht allgemein: Brühl et al. 2005; Kindhäuser 2006; Riekenbrauk 2004; Meyer-Goßner 2005
Zum Jugendstrafrecht: Eisenberg 2006; Meier et al. 2003; Ostendorf 2004; Streng 2003

1. Was versteht man unter dem sog. subjektiven Tatbestand? Inwieweit ist hierbei ein Irrtum von Bedeutung? (2.1.1)
2. Nennen Sie die wichtigsten Rechtfertigungsgründe und beschreiben Sie deren Grenzen. (2.1.2)
3. Was versteht man unter der Garantenstellung und sind Mitarbeiter der Sozialen Arbeit insoweit verpflichtet? (2.2.2)
4. Muss bzw. darf ein Mitarbeiter des Jugendamtes eine ihm im Rahmen einer Betreuung anvertraute Straftat bei der Polizei anzeigen bzw. gegenüber dem Strafgericht offenbaren? (2.3.1)
5. Welche besonderen Möglichkeiten der informellen Verfahrenserledigung gibt es nach dem BtMG? (2.3.5)
6. Was versteht man unter Diversion? Beschreiben Sie die wichtigsten Diversionsmöglichkeiten. (2.3.5, 3.2 und 5.1)
7. Welche strafrechtlichen Zwangsmaßnahmen können im Ermittlungsverfahren angewandt werden? (3.2)
8. Wann ist ein junger Mensch strafrechtlich verantwortlich? (5)
9. Was versteht man unter den sog. Neuen Ambulanten Maßnahmen und welche Aufgaben hat insoweit das Jugendamt? (5.2)
10. Beschreiben Sie die Unterschiede zwischen der Gerichtshilfe und der sog. Jugendgerichtshilfe. (6.1 und 6.2)

V Anhang

Anhang

Anhang 1: Glossar der wichtigsten Rechtsbegriffe

Anspruch ist das „subjektive" Recht, das ein Einzelner aus dem für alle geltenden „objektiven Recht", der Rechtsordnung, für sich – sei es aufgrund eines Vertrages oder einer gesetzlichen Regelung – herleiten kann. Aufgrund eines Anspruches kann diese Person etwas von einer anderen Person fordern (Forderung). Man unterscheidet obligatorische, auf einem Schuldverhältnis beruhende Ansprüche (Forderungen) sowie → dingliche Rechte aufgrund einer sachenrechtlichen Zuordnung.

Amt im Unterschied zur → Behörde rechtlich unselbstständiger Teil eines Hoheitsträger, z. B. Jugend- und Sozialamt.

Behörde nach § 1 Abs. 2 SGB X jede Stelle, die Aufgaben der Verwaltung nach dem SGB wahrnimmt. Genauer definiert ist es das nach außen handelnde Organ eines Hoheitsträgers, also die organisatorische Einheit, die Aufgaben der öffentlichen Verwaltung selbstständig und gegenüber dem Bürger in eigenem Namen wahrnimmt (§ 1 Abs. 2 SGB X, § 1 Abs. 4 VwVfG). Behörde der Kommunalverwaltung ist der (Ober)Bürgermeister bzw. der Landrat; hierzu I-4.1.2.

Beistand bezeichnet die Aufgabe des Jugendamts, insbesondere die Vaterschaft feststellen zu lassen und Unterhaltsansprüche geltend zu machen (§ 1712 BGB, § 55 SGB VIII). Im Strafrecht bezeichnet man Anwälte oder nichtanwaltliche Unterstützerpersonen als Beistand.

Berufung vollständige Überprüfung einer gerichtlichen Entscheidung in tatsächlicher (ggf. inkl. Beweisaufnahme) und rechtlicher Hinsicht; i. d. R. sog. zweite Instanz (vgl. §§ 143 ff. SGG; §§ 312 ff. StPO; §§ 124 ff. VwGO; §§ 511 ff. ZPO).

Beschwerde Bezeichnung sowohl für informelle → Rechtsbehelfe (z. B. Dienst- und Fachaufsichtsbeschwerde) als auch für das förmliche → Rechtsmittel insbesondere im Bereich der Freiwilligen Gerichtsbarkeit.

Besitz ist die tatsächliche Herrschaft über eine Sache (§ 854 Abs. 1 BGB).

Betreuung rechtliche Vertretung über Volljährige (früher Vormundschaft und Pflegschaft), im Wesentlichen in den §§ 1896 ff. BGB geregelt.

Deliktsfähigkeit Voraussetzung der Haftung für einen angerichteten Schaden (§ 827 BGB). Die Deliktsfähigkeit von Minderjährigen ist in §§ 828f. BGB geregelt.

dingliche Rechte Herrschaftsrechte an Sachen, die den Rechtsinhaber berechtigen, über diese mit Wirkung gegenüber jedermann zu verfügen (sog. absolutes Recht).

Eigentum ist die umfassende, rechtliche Herrschaft über eine Sache (§ 903 S. 1 BGB), grds. unbeschränktes dingliches Recht.

Ermessen bezeichnet den Entscheidungsträgern gesetzlich eingeräumten Handlungsspielraum, bei Vorliegen der Tatbestandsvoraussetzungen die – im Hinblick auf den Zweck des Gesetzes – zweckmäßigste Regelung zu treffen. Ermessen ist nicht Beliebigkeit oder Willkür, es ist nicht „frei", sondern stets pflichtgemäß, d. h. nach festgelegten Regeln wahrzunehmen (vgl. I-1.3).

Forderung ist der → schuldrechtliche Anspruch einer Person (→ Gläubiger) von einer anderen Person (→ Schuldner) eine Leistung zu verlangen.

formell weist im Hinblick auf Rechtsnormen auf Form- und Verfahrenvorschriften hin.

Geschäftsfähigkeit ist grundsätzlich die Bedingung, → Rechtsgeschäfte vornehmen zu können. Nach deutschem Recht tritt die Geschäftsfähigkeit mit der Volljährigkeit, derzeit also mit 18 Jahren ein (§ 2 BGB). Minderjährige sind nach §§ 106 ff. BGB beschränkt geschäftsfähig.

Gläubiger ist diejenige Person, die aufgrund eines Schuldverhältnisses etwas von einem anderen (= Schuldner) verlangen kann (§ 241 BGB).

Handlungsfähigkeit ist die Fähigkeit, durch eigenes Verhalten Rechtswirkungen auszulösen (→ Geschäftsfähigkeit; → Deliktsfähigkeit).

juristische Person Zusammenschluss von natürlichen Personen oder Sachmitteln, der als solcher Träger von Rechten und Pflichten und damit rechtsfähig ist. Sie kann als Rechtssubjekt – handelnd über ihre Organe – am Rechtsverkehr teilnehmen. Bsp.: BGB-Gesellschaften, Vereine und Stiftungen des Privatrechts; öffentlich-rechtliche → Körperschaften, Anstalten und Stiftungen des Öffentlichen Rechts.

Kassation ist die Aufhebung einer Entscheidung durch eine nächst höhere Instanz

Körperschaften sind ein Zusammenschluss (Verband) von natürlichen oder juristischen Personen. Sie sind mitgliedschaftlich organisiert, bestehen aber unabhängig vom Wechsel ihrer konkreten Mitglieder. Man unterscheidet die Gebietskörperschaften (die Bundesrepublik Deutschland, die Bundesländer, Kreise und Gemeinden) sowie die Personalkörperschaften, insbesondere die Sozialversicherungsträger, und berufsständischen Organisationen (Kammern, Innungen). Körperschaften sind Rechtssubjekte mit Selbstverwaltungsrecht (Autonomie). Die öffentlich-rechtlichen Körperschaften sind das öffentlich-rechtliche Gegenstück zu den privatrechtlichen → Vereinen.

materiell bezeichnet im Hinblick auf Rechtsnormen die sachlich-inhaltliche Kategorie.

Öffentliches Recht Teilgebiet der Rechtsordnung. Eine Rechtsnorm ist öffentlich-rechtlich, wenn aus ihr zwingend nur ein Träger öffentlicher Verwaltung berechtigt oder verpflichtet ist.

Person Personen i. S. d. Rechts sind die Rechtssubjekte, entweder der Mensch als „natürliche" Person oder juristische Personen, die am Rechtsverkehr teilnehmen können.

Pfleger nach §§ 1909 ff. BGB sind im Gegensatz zum Vormund nicht alle Angelegenheiten der Personensorge auf den Pfleger zu übertragen, sondern sein Wirkungskreis ist auf bestimmte Teilbereiche beschränkt (z. B. Aufenthaltsbestimmung, Vermögenssorge).

Privatrecht Teilgebiet der Rechtsordnung. Privatrechtlich ist eine Norm, wenn der betreffende Rechtssatz für jedermann gilt.

Realakt bezeichnet im Privatrecht eine rechtlich erhebliche Handlung, die aufgrund des äußeren Geschehensablaufes ohne Rücksicht auf einen damit ggf. verbundenen Willen Rechtsfolgen bewirkt. Im Öffentlichen Recht wird der Realakt vom regelnden Verwaltungshandeln (Verwaltungsakt und Vertrag) abgegrenzt.

Rechte absolute Rechte, wie z. B. das Eigentum oder andere dingliche Rechte an Sachen, Urheber- und Namensrechte (z. B. Firma, Markenname, Patente) wirken gegen jedermann. Relative Rechte, auch Forderungen, Ansprüche oder obligatorische Rechte genannt, bestehen nur zwischen bestimmten Personen, zwischen denen ein Rechtsverhältnis, z. B. ein Vertrag, besteht. Von einem subjektiven Recht spricht man im → Öffentlichen Recht, wenn der einzelne Bürger aus einer Rechtsnorm einen Anspruch für sich herleiten kann.

Rechtsbehelf ist jede Möglichkeit, gegen eine Entscheidung eines Hoheitsträgers (Verwaltung oder Gericht) mit dem Ziel der Aufhebung oder Abänderung vorzugehen. Man unterscheidet formlose (z. B. Gegenvorstellung, Aufsichtsbeschwerde) und förmliche Rechtsbehelfe, die bestimmten Zulässigkeitsvoraussetzungen (insbesondere Fristen) unterliegen, z. B. Widerspruch, Einspruch.

Rechtsfähigkeit ist die Fähigkeit, Träger von Rechten und Pflichten zu sein. Menschen (natürliche Personen) sind mit Vollendung der Geburt rechtsfähig (§ 1 BGB). Juristische Personen in der Regel mit der Eintragung in ein Register (zivilrechtlich) bzw. durch gesetzliche Verleihung der Rechtsfähigkeit.

Rechtsgeschäft bewusstes, äußerlich wahrnehmbares Verhalten einer Person, mit der eine bestimmte Rechtsfolge herbeigeführt werden soll. Man unterscheidet einseitige Rechtsgeschäfte (z. B. Testament, Kündigung) und zwei- oder mehrseitige Rechtsgeschäfte (z. B. → Vertrag). Das Rechtsgeschäft besteht zwingend aus einer → Willenserklärung sowie ggf. einer tatsächlichen Handlung (z. B. bei der Übereignung die Einigung über den Übergang des Eigentums sowie die tatsächliche Übergabe der Sache). Rechtsgeschäfte kann grundsätzlich nur eine (zivilrechtlich) geschäftsfähige bzw. (öffentlich-rechtlich) handlungsfähige Person vornehmen.

Rechtsmittel ist ein förmlicher Rechtsbehelf gegen eine gerichtliche Entscheidung, z. B. Berufung und Revision gegen Urteile und die Beschwerde gegen Gerichtsbeschlüsse.

Rechtspfleger sind Mitarbeiter des gehobenen Justizdienstes, die bei den Gerichten Aufgaben nach dem Rechtspflegegesetz wahrnehmen, z. B. Grundbuch- und registerrechtliche Aufgaben (vgl. ins. § 3 RpflG). Im strafrechtlichen Verfahren werden sie als Amtsanwalt tätig und nehmen bestimmte Aufgaben der Staatsanwaltschaft wahr (§ 142 GVG).

Revision Überprüfung einer gerichtlichen Entscheidung nur im Hinblick auf die fehlerhafte Rechtsanwendung; sowohl verfahrens- wie materiell-rechtliche Überprüfung (vgl. §§ 160 ff. SGG; §§ 333 ff. StPO; §§ 132 ff. VwGO; §§ 542 ff. ZPO).

Sachen sind im Unterschied zu → Personen keine Rechtssubjekte. Sie sind vielmehr Gegenstand von sog. dinglichen Rechten (= Sachenrechten) der Personen (z. B. Eigentum) und grundsätzlich verkehrsfähig, d. h., über sie kann verfügt werden (Ausnahmen z. B. die menschliche Leiche). Man unterscheidet bewegliche Sachen und Immobilien (Grundstücke und deren Bestandteile). Tiere sind zwar keine Sachen, auf sie werden aber die Vorschriften über Sachen ergänzend angewandt (§ 90a BGB).

Schuldner diejenige Person, die aufgrund eines Schuldverhältnisses gegenüber einem anderen (= Gläubiger) zu einer Leistung verpflichtet ist (§ 241 BGB).

Stiftungen sind juristische Personen und zwar Sacheinrichtungen oder Vermögensmassen, die über keine Selbstverwaltung verfügen, sondern extern i. d. R. vom Stifterwillen bestimmt werden. Es gibt sowohl Stiftungen des Öffentlichen wie des Privatrechts. Bei privatrechtlichen Stiftungen (§§ 80 ff. BGB) wird durch den Stifter in der Stiftungsurkunde der Zweck festgelegt, weshalb insoweit – anders als beim Verein – keine Autonomie möglich ist. Öffentlich-rechtliche Stiftungen (z. B. öffentlich-rechtliche Rundfunkanstalten, Sparkassen) werden aufgrund eines Gesetzes errichtet. In der Regel

bleibt das Vermögen einer Stiftung auf Dauer erhalten und es werden nur die Erträge für den Stiftungszweck verwendet.

Verein ist eine privatrechtlich verfasste Personenvereinigung mit Selbstverwaltung durch ihre Mitglieder und die von ihnen gewählten Organe. Ein Verein ist damit eine juristische Person des Privatrechts. Rechtsfähige Vereine sind der im BGB geregelte eingetragene Verein (§§ 21 ff. BGB) sowie u. a. die im HGB geregelten Aktiengesellschaften, die Gesellschaft mit beschränkter Haftung (GmbH) und die eingetragene Genossenschaft (eG).

Verfügung (auch Verfügungsgeschäft) Rechtsgeschäft, durch das ein Recht unmittelbar übertragen, belastet, geändert oder aufgehoben wird.

Verpflichtungsgeschäft Rechtsgeschäft, durch das eine Leistungspflicht begründet wird.

Vertrag wechselseitige Verpflichtung aus einem Rechtsgeschäft zwischen mindestens zwei Parteien. Ist sowohl zivilrechtlich (§§ 305 ff. BGB) als auch öffentlich-rechtlich (§§ 53 ff. SGB X) möglich.

Verwaltungsakt ist eine aufgrund gesetzlich verliehener Befugnis von einer Behörde nach Öffentlichem Recht getroffene Entscheidung zur Regelung eines Einzelfalls gegenüber dem Bürger (vgl. § 31 SGB X).

Vormund ihm sind die Personen- und Vermögenssorge inkl. der gesetzlichen Vertretung eines Minderjährigen übertragen (§ 1793 BGB), wenn die elterliche Sorge entzogen ist oder der Minderjährige aus anderen Gründen nicht unter elterlicher Sorge steht. Die Vormundschaft tritt entweder kraft Gesetzes (z. B. §§ 1751, 1791c BGB) ein oder der Vormund wird vom Familien- oder Vormundschaftsgericht bestellt (§ 1791b). Ist kein geeigneter Einzelvormund vorhanden, kann das Jugendamt zum (Amts)Vormund bestellt werden (§ 1791b BGB). Die sog. Gegenvormundschaft (§ 1792 BGB) übt die Aufsicht über die Führung der Vormundschaft durch einen Einzelvormund aus (§ 1799 BGB).

Willenserklärung Äußerung eines rechtsgeschäftlichen Willens, die auf die Herbeiführung einer Rechtsfolge gerichtet ist. Wesentlicher Teil des → Rechtsgeschäfts.

Anhang 2: Altersstufen im Recht (Auswahl)

Geburt:	Rechtsfähigkeit (§ 1 BGB)
3 Jahre:	Rechtsanspruch auf Kita (§ 24 SGB VIII)
6 Jahre:	Beginn der Schulpflicht (Schulgesetze der Länder)
	Kinogang alleine bis max. 20.00 Uhr (§ 11 Abs. 3 JuSchG)
7 Jahre:	beschränkt geschäftsfähig (§§ 104, 106 ff. BGB)
	beschränkt deliktsfähig (§ 828 BGB)
10 Jahre:	Recht auf Anhörung beim Religionswechsel (Gesetz über die religiöse Kindererziehung)
12 Jahre:	Religionswechsel gegen den Willen des Kindes nicht mehr möglich
13 Jahre:	Beschäftigung beschränkt zulässig (JArbSchG): leichte Tätigkeiten, Einwilligung der Eltern usw.
14 Jahre:	Beginn der Jugendphase (vgl. § 7 Abs. 1 Nr. 2 SGB VIII; § 1 Abs. 2 S. 1 JGG)
	frühester Beginn strafrechtlicher Verantwortlichkeit (§ 19 StGB; § 3 JGG)
	Möglichkeit des Ausbildungsbeginns, sofern keine Schulpflicht besteht
	aktives und passives Wahlrecht für die Jugendvertretung im Betriebsrat
	volle Religionsmündigkeit
	eigenes Beschwerderecht im FGG-Verfahren (§ 59 FGG), Mitspracherecht bei Scheidung der Eltern im Hinblick auf elterliche Sorge (§ 1671 Abs. 2 BGB)
	Besuch öffentlicher Filmveranstaltung bis 22.00 Uhr (§ 11 Abs. 3 JuSchG), danach nur mit erziehungsbeauftragter Person
15 Jahre:	Fahrerlaubnis für Mofa (Mofa Prüfbescheinigung)
	Handlungsfähigkeit im Sozialverfahren (§ 36 SGB I)
16 Jahre:	Ausweispflicht (§ 1 Abs. 1 PersAuswG)
	Testierfähigkeit (§ 2229 BGB)
	Eidesfähigkeit (vgl. § 61 Nr. 1 StPO)
	Möglichkeit der Führerscheinerteilung für Mopeds, Mokicks usw.
	Kinobesuch ohne Begleitung eines Erziehungsbeauftragten bis 22.00 Uhr (§ 11 Abs. 3 Nr. 3 JuSchG)
	Disko/Tanzveranstaltungen sowie Besuch von Gaststätten bis 24.00 Uhr (vgl. 5 Abs 1 JuSchG)
	Zulässigkeit des Erwerbs alkoholischer Getränke (§ 9 f. JuSchG)
18 Jahre:	Volljährigkeit (§ 2 BGB), Geschäftsfähigkeit
	Zulässigkeit des Rauchens in der Öffentlichkeit und des Erwerbs von Tabakwaren (§ 10 JuSchG)
	Führerschein Pkw und Motorrad
	Wehr-/Zivildienstpflicht
	Bestrafung als Heranwachsender (§ 1 Abs. 2 S. 2 JGG) ggf. nach StGB (§ 105 JGG)
21 Jahre:	volle strafrechtliche Verantwortlichkeit/Geltung des allg. Strafrechts

Innerhalb des gesetzlichen Rahmens bestimmen die Eltern den Umfang der Ausübung der Rechte des Minderjährigen; bei Missbrauch entscheidet das Familiengericht. Zunehmendes Alter und zunehmende Verantwortlichkeit des jungen Menschen führen zu einer Abnahme der Verantwortlichkeit der Eltern. Die (gegenseitige) Unterstützungs- und Unterhaltspflicht besteht in eingeschränktem Maß auch gegenüber Volljährigen weiter fort.

Anhang 3: Auswahl besonders wichtiger Aktenzeichen

Mit Register- und Aktenzeichen kennzeichnen die Behörden und Gerichte ihre Doku-
mente und Akten, um eine genaue Zuordnung von Vorgängen und Schriftstücken zu gewährleisten. Nachfolgend werden eine Reihe der gebräuchlichsten Aktenzeichen und ihre
Erläuterung aufgelistet:

B	Mahnverfahren	Amtsgericht
BvF	abstrakte Normenkontrolle	Bundesverfassungsgericht
BvL	konkrete Normenkontrolle	Bundesverfassungsgericht
BvR	Verfassungsbeschwerden	Bundesverfassungsgericht
C	Allgemeine Zivilsachen	Amtsgericht
Cs	Strafbefehle	Amtsgericht
Ca	arbeitsrechtliche Verfahren	Arbeitsgericht
Ds	Strafverfahren vor dem Einzelrichter	Amtsgericht
F	Familiensachen	Amtsgericht
Js	Ermittlungsverfahren	Staatsanwaltschaft
K	Zwangsversteigerungen	Amtsgericht
KLs	Erstinstanzielle Strafsachen	Landgericht
Ks	Strafsachen vor dem Schwurgericht	Landgericht
Ls	Strafverfahren vor dem Schöffengericht	Amtsgericht
M	Zwangsvollstreckungssachen	Amtsgericht
Ns	Berufungen in Strafsachen	Landgericht
O	Allgemeine Zivilsachen 1. Instanz	Landgericht
PLs	Ermittlungsverfahren	Amtsanwaltschaft
S	Berufung in Zivilsachen	Landgericht
Ss	Revisionen in Strafsachen	Oberlandesgericht
StR	Revisionen in Strafsachen	Bundesgerichtshof
U	Berufung in Zivilsachen	Oberlandesgericht
UJs	Ermittlungsverfahren gegen Unbekannt	Staatsanwaltschaft
ZR	Revisionen in Zivilsachen	Bundesgerichtshof

In den **Kommunalverwaltungen** werden die verschiedenen Dezernate, Ämter und Dienststellen i. d. R. mit Ziffern bezeichnet, z. B.:

1	Allgemeine Verwaltung
10	Hauptamt
11	Personalamt
2	Finanzverwaltung
20	Kämmerei
30	Rechtsamt
32	Ordnungsamt
4	Schul- und Kulturdezernat
5	Sozial-, Jugend- und Gesundheitsverwaltung
50	Sozialamt
51	Jugendamt
513	Wirtschaftliche Jugendhilfe
514	Allgemeiner Sozialdienst

Anhang 4: Prüfungsschemata für die Bearbeitung sozialverwaltungsrechtlicher Fälle

I   Gutachterliche Prüfung für eine Erstentscheidung

1   Vorfrage und Bestimmung des Arbeitsziels: Wer will was von wem?

▨ Was will der Bürger? Was will die Verwaltung erreichen?

2   Auswahl der in Betracht kommenden Anspruchsgrundlage/Rechtsgrundlage

▨ Welche Rechtsnorm enthält die gewünschte Rechtsfolge?
▨ Als Anspruchsgrundlage/Rechtsgrundlage kommen in Frage: Gesetze, RVO, Satzungen; nicht aber Verwaltungsvorschriften
▨ Für die Beantwortung jeder Rechtsfrage sind sämtliche einschlägigen Rechtsvorschriften zu beachten, wobei mit der rangniedrigsten und speziellsten zu beginnen ist:
  – z. B. Leistung von Hilfe zur Erziehung in Form des betreuten Wohnens nach §§ 27, 34 SGB VIII
  – z. B. Eingriff durch vorläufige Weg- und Inobhutnahme des Minderjährigen ohne Zustimmung des Personensorgeberechtigten nach § 42 Abs. 1 SGB VIII
  – z. B. Hilfe zum Lebensunterhalt §§ 11, 27 SGB XII
▨ Ggf. Überprüfung ihrer Rechtmäßigkeit am Maßstab höherrangigen Rechts (Normenpyramide); kommt in Klausuren selten vor, gelegentlich vor allem bei Eingriffen in Freiheits- oder Vermögensrechte des Bürgers.

3   Prüfung der formellen Leistungsvoraussetzungen/ Rechtmäßigkeit

3.1   Zuständigkeiten

3.1.1   Internationale Zuständigkeit

Hier ist zu prüfen, ob deutsche Behörden überhaupt tätig werden dürfen: § 6 SGB VIII i. V. m. § 30 SGB I, Haager Minderjährigenschutzabkommen (MSA); Europäisches Fürsorgeabkommen (EFA); vgl. §§ 23, 24 SGB XII

3.1.2   Sachliche Zuständigkeit (Abgrenzung örtlicher – überörtlicher Träger nach Aufgabengebieten: § 85 i. V. m. § 2 SGB VIII; § 2 AdVermG; § 97 SGB XII)

- örtlicher Träger der Jugendhilfe für Leistungen nach §§ 11–41 SGB VIII und zur Erfüllung anderer Aufgaben nach §§ 42–60 SGB VIII; Sozialhilfe § 97 Abs. 1 SGB XII
- überörtlicher Träger für Aufgaben nach § 85 Abs. 2 SGB VIII; § 97 Abs. 2 u. 3 SGB XII

3.1.3   Örtliche Zuständigkeit

Hier ist zu prüfen, ob der angegangene/tätig werdende Träger/Behörde geografisch zuständig ist: z. B. §§ 86 ff. SGB VIII:
- örtlicher Träger der Jugendhilfe für Leistungen und andere Aufgaben i. d. R. nach gewöhnlichem Aufenthalt (§ 30 Abs. 3 S. 2 SGB I) der Eltern
- überörtlicher Träger der Jugendhilfe nach § 87 Abs. 2 (Heimaufsicht), § 87d (Vereinsvormundschaften) und § 88 Abs. 1 SGB VIII (Gewährung von Leistungen ins Ausland)
- für Sozialhilfe vgl. §§ 98 SGB XII

beachte: bei Anträgen gegenüber unzuständigen Behörden: § 16 Abs. 2 SGB I

3.2   Beteiligten- und Handlungsfähigkeit (§§ 10–15 SGB X); ausgeschlossene Personen und Befangenheit (§§ 16–17 SGB X)

3.3   Einhaltung gesetzlicher Fristen, z. B. § 45 Abs. 4 S. 2 SGB X

→ § 26 Abs. 1 SGB X i. V. m. §§ 187–193 BGB; § 26 Abs. 2–5 SGB X

3.4   Verfahrensvorschriften

- Verfahren auf Antrag (§ 16 SGB I) oder von Amts wegen (§§ 18, 20 SGB X)
- Anhörung (§ 24 SGB X), Mitwirkung und Beratung (§ 36 Abs. 1 SGB VIII; §§ 13–15 SGB I)
- Hilfeplanung und Teamkonferenz: § 36 Abs. 2 SGB VIII

3.5   Formvorschriften

- Anträge sind grundsätzlich formfrei (vgl. § 9 SGB X)
- Verwaltungsakte gem. § 33 Abs. 2–4 SGB X; insbesondere Begründung (§ 35 SGB X), Bekanntgabe (§ 37 SGB X) und Rechtsbehelfsbelehrung (§ 36 SGB X)

3.6   Heilung von Form- und Verfahrensfehlern nach § 41, 42 SGB X?

4 Prüfung der materiellen Leistungsvoraussetzungen/Rechtmäßigkeit

4.1 Welche allgemeinen Tatbestandsmerkmale müssen erfüllt sein, damit die gewünschte Rechtsfolge eintreten kann?

z. B. Leistungsvoraussetzungen nach § 27 Abs. 1 SGB VIII:
- eine dem Wohl des Minderjährigen entsprechende Erziehung ist nicht gewährleistet = „erzieherischer Bedarf"
- Hilfe zur Erziehung ist grundsätzlich geeignet und notwendig

z. B. Eingriffsvoraussetzungen nach § 42 SGB VIII
- Bekanntwerden von Tatsachen, die die Annahme rechtfertigen, dass die Voraussetzungen einer Kindeswohlgefährdung i. S. v. § 1666 BGB vorliegen:
- kindeswohlgefährdende Situation: Erziehungsunvermögen der Eltern (Sorgerechtsmissbrauch, Vernachlässigung, unverschuldetes Versagen) oder Kindeswohlgefährdung durch Dritte
- mangelnde Bereitschaft oder Fähigkeit der Eltern zur Gefahrenabwehr
- kein Widerspruch der Eltern oder familiengerichtliche Entscheidung nicht rechtzeitig möglich (Gefahr in Verzug)

4.2 Auswahl der Leistung/Maßnahme

Ist die (beanspruchte) Leistung/ergriffene Maßnahme als Rechtsfolge zwingend vorgeschrieben (so bei § 27 SGB VIII!) oder ist eine Ermessensentscheidung zu treffen?
- Einhaltung der normativen/sozialpädagogischen Auswahlkriterien
- Liegen Ermessensfehler vor? (Ermessensmangel/-nichtgebrauch, -überschreitung, -missbrauch)
- insbesondere: Ist die beanspruchte Leistung/ergriffene Maßnahme verhältnismäßig?

II Gutachterliche Prüfung einer Widerspruchsentscheidung

▪ Vorfrage: Ist die Eingabe als Widerspruch zu werten? Zugunsten des Bürgers auslegen, soweit Widerspruch zulässig und Überprüfung gewollt.

▪ Entscheidungszuständigkeit der mit dem Widerspruch befassten Behörde (§ 85 Abs. 2 Nr. 1 SGG/§ 73 VwGO). In Selbstverwaltungsangelegenheiten des eigenen Wirkungskreises ist diese i. d. R. selbst auch Widerspruchsbehörde (§ 85 Abs. 2 Nr. 4 SGG/§ 72 Abs. 1 Nr. 3 VwGO). In Thüringen sind Widerspruchsbehörden die Landkreise bzw. das Landesverwaltungsamt als Rechtsaufsichtsbehörde (§§ 124, 118 ThürKO). Nach den Gemeindeverfassungsgesetzen der Länder entscheidet im kommunalen Bereich häufig der sog. Verwaltungsausschuss, im Bereich der Jugendhilfe der Jugendhilfeausschuss über die Widersprüche (vgl. z. B. § 71 Abs. 3 SGB VIII, § 6 Nds. AGKJHG, § 57 Nds. KO; § 51 Abs. 3 NLO).

1 Zulässigkeit des Widerspruchs

▪ Erfüllt der Widerspruch die formellen Voraussetzungen?

1.1 Ist der Widerspruch statthaft (gesetzlich vorgesehen)?

1.1.1 Sozial- oder Verwaltungsrechtsweg gegeben? § 62 SGB X

▪ Im Bereich der Sozialhilfe ist der Sozialgerichtsweg nach § 51 Abs. 1 Nr. 6a SGG gegeben. In Jugendhilfestreitigkeiten ist der Rechtsweg vor den Verwaltungsgerichten nach § 40 VwGO gegeben, da es sich um keine der in § 51 SGG aufgeführten Streitigkeiten handelt. Ausnahme ist der Widerspruch der Personensorgeberechtigten gegen eine Inobhutnahme nach § 42 Abs. 3 S. 2 SGB VIII, der vor dem Familiengericht verhandelt wird.

1.1.2 Ziel: Anfechtungs- oder Verpflichtungsklage: § 54 SGG/§ 42 VwGO

▪ Aufhebung eines Verwaltungsaktes (Anfechtungswiderspruch) oder Verpflichtung zum Erlass eines beantragten Verwaltungsaktes (Verpflichtungswiderspruch). Hier ist ggf. zu prüfen, ob die vorliegende bzw. beantragte Maßnahme einen VA darstellt. Ist dies unzweifelhaft zu bejahen, sollte nur kurz darauf hingewiesen und keine überflüssige Prüfung vorgenommen werden.

1.1.3 Erforderlichkeit eines Vorverfahrens: § 78 Abs. 1 SGG/§ 68 Abs. 1 VwGO

▪ ausgeschlossen nach Sonderregelungen z. B. § 78 Abs. 1 S. 2 SGG/§ 68 Abs. 1 S. 2 VwGO

1.2   Ist der Widerspruch ordnungsgemäß eingelegt?

▦ richtige Stelle, Form, Frist: § 84 SGG bzw. § 70 VwGO; ggf. § 66 Abs. 2 SGG/§ 58 Abs. 2 VwGO

1.3   Beteiligungs- und Handlungsfähigkeit und ordnungsgemäße Vertretung?

▦ § 36 SGB I; §§ 10–15 SGB X

1.4   Widerspruchsbefugnis gem. § 54 Abs. 2 SGG/§ 42 VwGO analog?

▦ Möglichkeit der Verletzung der eigenen Rechte des Widerspruchsführers (stets gegeben bei einem den Adressaten belastenden Verwaltungsakt oder bei Ablehnung eines von ihm beantragten begünstigenden Verwaltungsakts)

2   Begründetheit des Widerspruchs

Hat der zulässige Widerspruch in der Sache Erfolg? Rechtswidrigkeit des VA bzw. dessen Versagung (bei Vorliegen eines Rechtsanspruchs des Bürgers) nach § 113 Abs. 1 S. 1, Abs. 5 VwGO analog (vgl. §§ 54, 131 SGG).

2.1   Rechtsgrundlage/Anspruchsgrundlage

▦ Prüfung der Anwendbarkeit der bei der Erstentscheidung ausgewählten (bzw. nicht oder nicht korrekt angewendeten) Rechtsgrundlage und ggf. ihrer Gültigkeit. Falls diese nicht anwendbar, Auswahl der zutreffenden Rechtsgrundlage

2.2   Formelle Rechtmäßigkeit des Verwaltungsakts

▦ Prüfung der Zuständigkeits-, Verfahrens- und Formvorschriften (vgl. hierzu Prüfschema I.3) unter Beachtung der §§ 41, 42 SGB X

2.3   Materielle Rechtmäßigkeit des Verwaltungsakts

▦ vgl. hierzu Prüfschema I.4. Hierauf ist i. d. R. trotz der wenigen Gliederungspunkte der Schwerpunkt der Klausurlösung zu legen. Hierbei kommt es meist gerade darauf an, den normativen Rahmen fachlich-pädagogisch auszufüllen (z. B. ist das Vorliegen eines „erzieherischen Bedarfs" nach § 27 SGB VIII keine rein juristische, sondern zunächst einmal eine jugendhilfe-pädagogische Frage). Dabei ist das „Abhaken" der Tatbestandsmerkmale einer Norm (außer bei völlig unproblematischen Fragen) meist nicht ausreichend, erforderlich ist vielmehr die – bei Zweifelsfragen sogar eingehende – fachliche und auf die Norm bezogene Begründung. In aller Regel gibt es keine einzig richtige Lösung, wichtiger als das (zumindest vertretbare) Ergebnis ist die hierzu gegebene Begründung.

2.4   Zweckmäßigkeit des Verwaltungshandelns

■ Im Gegensatz zum Verwaltungsgerichtsprozess (§88 VwGO) ist im Widerspruchsverfahren nach den Grundsätzen für die Aufhebung bestandskräftiger VA (§§45 SGB X) grundsätzlich auch die Abänderung des ursprünglichen VA zum Nachteil des Bürgers zulässig („Verböserung", reformatio in peius, vgl. BVerwGE 65, 313), denn bei dem Widerspruchsverfahren handelt es sich noch um eine verwaltungsinterne Kontrolle, bei der nicht nur die Recht-, sondern auch die Zweckmäßigkeit des Verwaltungsaktes geprüft wird.
■ Beachte aber bei Selbstverwaltungsangelegenheiten, z.B. §124 Nr. 1 ThürKO: Beschränkung der Prüfung des Prüfungsumfangs durch die Widerspruchsbehörde auf die Rechtmäßigkeit; zuvor hat die Selbstverwaltungsbehörde nach §85 Abs. 1 SGG/§72 VwGO (Abhilfeprüfung) die Zweckmäßigkeit zu prüfen.

2.5   Tatsächliche Rechtsverletzung der Rechte des Widerspruchführers

■ Die verletzte Norm muss gerade dem Interesse und Schutz des Widerspruchführers dienen.

3   Entscheidungsvorschlag

■ Der Entscheidungstenor kann lauten:
  – Der Widerspruch wird als unzulässig/unbegründet zurückgewiesen.
  – Der angefochtene Bescheid wird aufgehoben/abgeändert. (inhaltliche Ausführung)
■ Widerspruchsbescheide müssen begründet werden und bedürfen einer Rechtsmittelbelehrung (§85 Abs. 3 SGG/§73 Abs. 3 VwGO). Hierauf sollte auch in einer Klausur hingewiesen werden. Im Hinblick auf die Begründung kann auf die gutachterliche Lösung verwiesen werden, soweit nicht ausdrücklich eine gesonderte Begründung (dann kein Gutachten, sondern Entscheidungsstil) verlangt wird.

Weitere Hinweise:
■ Der Widerspruch nach §68 VwGO hat (anders als der nach §86 SGG) nach §80 VwGO in der Regel aufschiebende Wirkung; beachte aber

Ausnahmen, insbesondere bei Anforderungen von öffentlichen Abgaben und Kosten.

- Die Kostenfreiheit im Bereich der Sozialverwaltung nach dem SGB (§ 64 SGB X) schließt auch das Widerspruchsverfahren mit ein. Kostenerstattung bei Obsiegen für den Widerspruchsführer nach § 63 SGB X.

Anhang 5: Aufbauschema zur Überprüfung privatrechtlicher Ansprüche

1   Klärung der Aufgabenstellung

Wer will was von wem woraus? (ggf. Auslegung)

2   Bestimmung der Anspruchsgrundlage

2.1   Worauf ist der Anspruch gerichtet?

Erfüllung, Schadensersatz, Herausgabe, Unterlassung

2.2   Woraus ergibt sich dieser Anspruch? Auffinden der richtigen Anspruchsgrundlage, Prüfungsreihenfolge:

- vertragliches Schuldverhältnis (z. B. §§ 280 Abs. 1, 433 ff. BGB): Erfüllungs- bzw. Hauptleistungsanspruch und/oder Sekundärleistungsansprüche, zumeist Schadensersatz
- Ansprüche aus gesetzlich geregelter Sonderbeziehung (FamR, ErbR)
- vertragsähnliches Schuldverhältnis (z. B. §§ 122, 179; 280 Abs. 1, 311 Abs. 2 Nr. 1 i. V. m. 241 Abs. 2 BGB)
- Geschäftsführung ohne Auftrag (§§ 677, 681, 687 BGB): Aufwendungsersatz
- sachenrechtliche Ansprüche (z. B. §§ 985, 861, 862, 1004 BGB)
- Haftung nach Deliktsrecht (z. B. §§ 823, 831 BGB): Schadensersatz
- Ansprüche aus Bereicherungsrecht (z. B. §§ 812, 816 BGB): Herausgabe oder Wertersatz

3   Prüfung der Anspruchsgrundlage

(hier am Beispiel des vertraglichen Anspruchs aus Kaufvertrag §§ 433 ff. BGB)

3.1   Ist der Anspruch entstanden?

- Wirksame Willenserklärungen
- objektiver Tatbestand: Abgabe bzw. zurechenbare Äußerung, ausdrücklich oder konkludent, Schweigen nur in bestimmten Fällen relevant; Abgrenzung zur Gefälligkeit;
- subjektiver Tatbestand: Handlungswille, Rechtsbindungs-/Geschäftswille, Fehlen bewusster Willensmängel nach §§ 116–118 BGB.
- Vertragsschluss/übereinstimmende Willenserklärungen (§§ 145 ff. BGB):
- Angebot, Annahme; Zugang (beachte aber § 151 BGB); Dissens; Auslegung der Willenserklärungen (§§ 133, 157 BGB);

- Stellvertretung (§§ 164 ff. BGB);
  - (1) Zulässigkeit der Stellvertretung (nicht bei höchstpersönlichem Geschäft z. B. Eheschließung)
  - (2) eigene Willenserklärung des Vertreters
  - (3) Handeln in fremden Namen (Offenkundigkeitsprinzip)
  - (4) Vertretungsmacht (aus Gesetz, Rechtsgeschäft, Rechtsschein).

- Keine sonstigen rechtshindernden Einwendungen, z. B.
  - Geschäftsunfähigkeit (§ 105 BGB),
  - beschränkte Geschäftsfähigkeit (§§ 107, 108 Abs. 1, 184, 1629 BGB),
  - Formmangel (§ 125 BGB, z. B. § 313 S. 1 BGB),
  - gesetzliches Verbot (§ 134 BGB),
  - Sittenwidrigkeit und Wucher (§ 138 BGB), Teilnichtigkeit (§ 139 BGB),
  - anfängliche objektive Unmöglichkeit (§ 306 BGB).

3.2   Ist der Anspruch infolge rechtsvernichtender Einwendungen erloschen?

- Erfüllung und ihre Surrogate (§§ 362 ff. BGB);
- Hinterlegung (§ 378 BGB),
- Aufrechnung (§ 389 BGB),
- Parteivereinbarung (Aufhebung; Erlass, § 397 BGB).
- Ausgeübte Gestaltungsrechte:
  - Widerruf (z. B. §§ 312, 312d, 355, 671 Abs. 1 BGB),
  - Anfechtung § 119 BGB (Statthaftigkeit, Erklärung, Grund, Frist, kein Ausschlusstatbestand),
  - Rücktritt (§ 346 S. 1 BGB, insbesondere Unmöglichkeit, Verzug),
  - Kündigung (z. B. § 314 BGB; § 564 Abs. 2 BGB).
- Leistungsstörung/Unmöglichkeit: §§ 275, 326 BGB
- Wechsel der Berechtigung auf Gläubiger- oder Schuldnerseite: §§ 398 S. 2, 414 BGB
- Treu und Glauben, § 242 BGB (z. B. Wegfall der Geschäftsgrundlage)

3.3   Anspruch durchsetzbar

- Verjährungseinrede (§ 214 BGB)
- Einrede der Nichterfüllung (§ 320 BGB)
- Einrede der Stundung oder sonstige die Durchsetzung hemmende Vereinbarungen
- Zurückbehaltungsrecht (§§ 273, 1000 BGB)
- Mängeleinrede (§ 438 IV BGB)
- Bürgeneinrede (§ 770 BGB)
- Bereicherungseinrede (§ 821 BGB)
- kein Verstoß gegen die guten Sitten (§ 242 BGB)

Anhang 6: Prüfungsschema für die strafrechtliche Fallbearbeitung (Grunddelikt)

1.   Tatbestandsmäßigkeit

1.1   Objektiver Tatbestand:

▨ Tatsubjekt
▨ Tatobjekt
▨ Tathandlung (bzw. Unterlassen, § 13 StGB)
▨ Handlungs-/Taterfolg

⎤
⎥ Kausalität und
⎥ objektiver
⎥ Zurechnungs-
⎦ zusammenhang

1.2   Subjektiver Tatbestand (wird bei der Versuchstat vor dem obj. TB geprüft)

▨ Vorsatz = Wissen und Wollen in Bezug auf alle Merkmale des obj. Tatbestandes.
▨ Fahrlässigkeit = Außerachtlassen der im Verkehr und den persönlichen Verhältnissen entsprechenden Sorgfalt (ojektive Sorgfaltspflichtverletzung, obj. Vorhersehbarkeit der TB-Verwirklichung). Nur wenn Strafbarkeit ausdrücklich normiert (z.B. §§ 222, 229, 306d ff., 315c Abs. 5) auch
▨ beachte § 16 StGB Irrtumsregel
▨ bei einer versuchten Straftat wird wegen Ausbeiben des Taterfolgs der subjektive (Tatentschluss) vor dem objektiven Tatbestand (unmittelbares Ansetzen zur TB-Verwirklichung) gepfrügt.

2.   Rechtswidrigkeit

Bei Verwirklichung des Tatbestandes ist das Unrecht grundsätzlich indiziert, Ausnahmen:
▨ bei der Nötigung muss die Verwerflichkeit positiv festgestellt werden (§ 240 Abs. 2 StGB)
▨ Vorliegen von Rechtfertigungsgründen

3.   Schuld

Bei Vorliegen einer tatbestandlichen und rechtswidrigen Handlung eines Erwachsenen wird die Schuld grundsätzlich unterstellt, Ausnahmen:
▨ Vorliegen von Schuldausschlussgründen
▨ Vorliegen von Entschuldigungsgründen

4. Spezielle Strafbarkeitsvoraussetzungen – Fehlen von Strafbarkeitshindernissen

- objektive Bedingungen der Strafbarkeit
- Strafantrag
- keie Strafausschließungs- und Strafaufhebungsgründe
- keine Verfolgungsverjährung

Weitere Hinweise zur Bearbeitung von Strafrechtsfällen:

- keine abstrakte Prüfung von Einzelphänomenen und Fragen aus dem allgemeinen Teil des Strafrechts (z. B. Täterschaft oder Teilnahme; Vollendung oder Versuch; Rechtswidrigkeit oder Schuld), sondern immer nur konkret im Hinblick auf eine bestimmte Person und einen bestimmten Straftatbestand
- bei mehreren Beteiligten Täterschaft vor Teilnahme, tatnäherer vor tatferneren Personen;
- Begehungs- vor Unterlassungsdelikten;
- Vorsätzliche Begehung vor Fahrlässigkeitstaten;
- Erfolgsdelikte vor Gefährdungsdelikten;
- Grunddelikte vor Qualifizierung und Privilegierungen (z. B. § 212 StGB vor § 211 StGB)

Anhang 7: Literatur

Ackermann, A., Medjedovi´c, I., Witzel, A. (2004): Betreuungsrecht und Betreuungspraxis. Zeitschrift für Rechtssoziologie, 191 ff.

Alexander, N., Gottwald, W., Trenczek, T. (2006): Mediation in Germany. In: Alexander, N. (ed.): Global Trends in Mediation, Köln, 285 ff.

Avenarius, H. (2002): Die Rechtsordnung der Bundesrepublik Deutschland. Bundeszentrale für politische Bildung, 3. Auflage, Bonn

BAG NAM (Hrsg.) (2000): Neue Ambulante Maßnahmen – Grundlagen, Hintergründe, Praxis, Bonn

BAG TOA, TOA-Servicebüro (Hrsg.) (2006): TOA-Standards – Qualitätskriterien für die Praxis des Täter-Opfer-Ausgleichs, Köln (vgl. neueste Version unter http://www.ausgleichende-gerechtigkeit.de)

Balloff, R. (2004): Kinder vor dem Familiengericht, München

Bänfer, M., Tammen, B. (2006): Aufsichtspflicht. Schutz von Kindern und Jugendlichen in der Erziehungshilfe. AFET-Veröffentlichung Nr. 65, Hannover

Bauer, J., Schimke, H.-J., Dohmel, W. (2001): Recht und Familie. Rechtliche Grundlagen der Sozialisation, 2. Auflage, Neuwied u. a.

Behlert, W. (2002): Zuwanderung und Menschenrechte. In: Jahrbuch Menschenrechte 2003, Frankfurt, 324 ff.

Benassi, G. (2005): Die Bedeutung der humanitären Aufenthaltsrechte des § 25 Abs. 4 und 5 AufenthG im Lichte des Art. 8 EMRK. Informationsbrief Ausländerrecht, 397 ff.

Besemer, C. (1999): Mediation, 6. Auflage, Königsfeld

Bieritz-Harder, R. (2005): Lohnabstandsgebot. In: Rothkegel, R. (Hrsg.) 2005b, 249 ff.

Bindel-Kögel, G., Heßler, M. (1999): Vermeidung von Untersuchungshaft in Berlin. Vereinbarungen und Standards zur einstweiligen Unterbringung gemäß §§ 71, 72 JGG. DVJJ-Journal, 289 ff.

Birtsch, V., Münstermann, K., Trede, W. (Hrsg.) (2001): Handbuch Erziehungshilfen, Münster

Blanke, B., Bandemer, S. v., Nullmeier, F., Wewer, G. (Hrsg.) (2001): Handbuch zur Verwaltungsreform, 2. Auflage, Opladen

Bley, H., Kreikebohm, R., Marschner, A. (2001): Sozialrecht, 8. Auflage, Neuwied

Boehme-Neßler, V. (2005): Hypertext und Recht. Rechtstheoretische Anmerkungen zum Verhältnis von Sprache und Recht im Internetzeitalter. Zeitschrift für Rechtssoziologie, 161 ff.

Boetticher, A. v., Tammen, B. (2003): Die Schiedsstelle nach dem Bundessozialhilfegesetz: Vertragshilfe oder hoheitliche Schlichtung? Beiträge zum Recht der sozialen Dienste und Einrichtungen 2003 (54), 28 ff.

Bohnert, J. (2005): Die Verletzung der Fürsorgepflicht und die Garantie der Sozialarbeiter. Zeitschrift für die gesamte Strafrechtswissenschaft, 290 ff.

Böllinger, L., Stöver, H. (2002): Drogenpraxis–Drogenrecht–Drogenpolitik, 5. Auflage, Frankfurt

Borth, H. (1998): Der Versorgungsausgleich in der anwaltschaftlichen und familiengerichtlichen Praxis, 3. Auflage, Neuwied

Boszormenyi-Nagy, I., Spark, G. (1981): Unsichtbare Bindungen – Die Dynamik familiärer Systeme, Stuttgart

Böttner, S. (2004): Der Rollenkonflikt der Bewährungshilfe in Theorie und Praxis, Baden-Baden

Boulle, L. (1996): Mediation. Principles, Process, Practice, Sydney

Breidenbach, S. (1995): Mediation – Struktur, Chancen und Risiken von Vermittlung im Konflikt, Köln

Bringewat, P. (1997): Tod eines Kindes – Soziale Arbeit und strafrechtliche Risiken, Baden-Baden

Brühl, A., Deichsel, W., Nothacker, G. (2005): Strafrecht und Soziale Praxis, Stuttgart

Bundesarbeitsgemeinschaft für ambulante Maßnahmen nach dem Jugendrecht (Hrsg.) (2000): Neue Ambulante Maßnahmen. Grundlagen – Hintergründe – Praxis, Bonn

Bundesministerium des Innern (Hrsg.) (2005): Migrationsbericht des Bundesamtes für Migration und Flüchtlinge im Auftrag der Bundesregierung, Nürnberg (zit.: Migrationsbericht 2005)

Bundesministerium des Inneren, Bundesministerium der Justiz (2006): Zweiter periodischer Sicherheitsbericht, Berlin

Bundesministerium für Familie, Senioren, Frauen und Jugend (2002): 11. Jugendbericht – Aufwachsen in öffentlicher Verantwortung, Berlin

– (2003): Jugendschutzgesetz und Jugendmedienschutz – Staatsvertrag der Länder, Berlin (zit. BMFSFJ)

Bundesministerium für Jugend, Familie, Frauen und Gesundheit (1990): 8. Jugendbericht – Bericht über Bestrebungen und Leistungen der Jugendhilfe, Bonn

Bundesministerium für Gesundheit und Soziale Sicherung (2005): Übersicht über das Sozialrecht, Nürnberg

Coester, M. (2005): Verfassungsrechtliche Vorgaben für die gesetzliche Ausgestaltung des Sorgerechts nicht miteinander verheirateter Eltern. Familie Partnerschaft Recht, 60 ff.

Coester-Waltjen, D. (1992): Die Rolle der Geschlechter im deutschen Familienrecht seit 1900. Das Standesamt, 34 ff.

Conradis, W. (2005): Hilfe in besonderen Lebenslagen. In: Rothkegel, R. (Hrsg.) 2005b, 433 ff.

– (2005a): Eingliederungshilfe für behinderte Menschen. In: Rothkegel, R. (Hrsg.) 2005b, 442 ff.

– (2005b): Hilfe zur Pflege. In: Rothkegel, R. (Hrsg.) 2005b, 449 ff.

– (2005c): Hilfen zur Gesundheit. In: Rothkegel, R. (Hrsg.) 2005b, 456 ff.

Cornel, H., Kawamura-Reindl, G., Maelicke, B., Sonnen, B.-R. (Hrsg.) (2003): Handbuch der Resozialisierung, 2. Auflage, Baden-Baden

Christie, N. (1977): Conflicts as Property. British Journal of Criminology, 5 ff.

Dahrendorf, R. (1961): Die Funktion sozialer Konflikte. In: Dahrendorf, R.: Gesellschaft und Freiheit, München, 112 ff.

Däubler, W. (2002): BGB kompakt, München

– (2006): Arbeitsrecht, 6. Auflage, Frankfurt a. M.

Dettenborn, H. (2005): Kindeswohl und Kindeswille. München

Deutscher Verein für öffentliche und private Fürsorge (Hrsg.) (1997): Empfehlungen für die Gewährung von Krankenkostzulagen in der Sozialhilfe, 2. Auflage, Frankfurt a. M.

Diering, B., Timme, H., Waschull, D. (Hrsg.) (2004): Sozialgesetzbuch X, Sozialverwaltungsverfahren und Sozialdatenschutz. Lehr- und Praxiskommentar, Baden-Baden

Dietz, H., Krabbe, H., Thomsen, C. (2002): Familienmediation und Kinder. Grundlagen, Methodik, Techniken, Köln

Diez, H. (2004): Werkstattbuch Mediation, Köln

Deutsches Jugendinstitut (2006): Handbuch Kindeswohlgefährdung nach § 1666 BGB und Allgemeiner Sozialer Dienst (ASD), München

Dölling, D., Bannenberg, B., Hartmann, A., (Hrsg.) (1998): Täter-Opfer-Ausgleich in Deutschland. Bestandsaufnahme und Perspektiven, Bonn

Dose, H.-J. (2000): Einstweiliger Rechtsschutz in Familiensachen, Berlin

Duchrow, J., Spieß, K. (2005): Flüchtlings- und Asylrecht, 2. Auflage, München

Duncker, A. (2004): Gleichheit und Ungleichheit in der Ehe. Persönliche Stellung von Frau und Mann im Recht der ehelichen Lebensgemeinschaft 1700–1914, Köln, Weimar

Dünkel, F. (1997): Zur Schädlichkeit von schädlichen Neigungen. Neue Kriminalpolitik, 34 ff.

–, Scheel, J., Grosser, R. (2002): Vermeidung von Ersatzfreiheitsstrafen durch gemeinnützige Arbeit durch das Projekt „Ausweg" in Mecklenburg-Vorpommern. Erste Ergebnisse der empirischen Untersuchung. Bewährungshilfe 49 (2002), 56 ff.

Durkheim, E. (1968): Kriminalität als normales Phänomen. In: Sack, F., König, R. (Hrsg.): Kriminalsoziologie, Frankfurt, 38 ff.

– (1977): Über die Teilung der sozialen Arbeit (1895). Neuauflage, Frankfurt

DVJJ (Hrsg.) (2002): Vorschläge für eine Reform des Jugendstrafrechts. Abschlußbericht der 2. Jugendstrafrechtsreform-Kommission (Mitverfasser). DVJJ-Journal extra 5, Hannover

Eckert, M., Wallstein, C. (2002): Das neue Arbeitsvertragsrecht, München

Eichenhofer, H. (2004): Sozialrecht, 5. Auflage, Tübingen

– (2005): Gesellschaftliche und gesamtwirtschaftliche Bedeutung der Sozialhilfe. In: Rothkegel, R. (Hrsg.) 2005b, 11 ff.

Eisenberg, U. (2004): Kriminologie, Jugendstrafrecht, Strafvollzug, 7. Auflage, München

– (2005): Kriminologie, 6. Auflage, München

– (2006): JGG. Kommentar, 11. Auflage, München

Ellwanger, D. (1997): Schwangerschaftskonfliktgesetz, Stuttgart

Entringer, F., Josephi, K., Witt, K. de (2003): Projekt „Gerichtsnahe Mediation in Niedersachsen". Modell eines am Gericht angesiedelten Mediationsverfahrens. Betrifft JUSTIZ 73 (2003), 24 ff.

Evaluationsbericht (2006): Bericht zur Evaluierung des Gesetzes zur Steuerung und Begrenzung der Zuwanderung und zur Regelung des Aufenthalts und der Integration von Unionsbürgern und Ausländern (Hg. v. Bundesministerium des Innern), Juli 2006 (unveröffentlicht). o. O. (Berlin)

Feest, J. (2004): Internationale Standards für den Jugendstrafvollzug. In: Pollähne, H., Bammann, K., Feest, J. (Hrsg.): Wege aus der Gesetzlosigkeit, Godesberg, 69 ff.

– (Hrsg.) (2000): Kommentar zum Strafvollzugsgesetz (AK-StVollzG), Neuwied

Feuerhelm, W. (1999): Die gemeinnützige Arbeit im Strafrecht. Neue Kriminalpolitik, 22 ff.

Fieseler, G., Herboth, R. (2005): Recht der Familie und Jugendhilfe, 6. Auflage, Neuwied

Finger, P. (2000): §§ 1226 a ff., 1672 BGB – verfassungswidrig? Zeitschrift für das gesamte Familienrecht, 1204 ff.

Fischer, R. (2003): Nichteheliche Lebensgemeinschaft, Baden-Baden

Fisher, R., Ury, W. (1981): Getting to Yes. Negotiating agreement without giving in, Boston

Frehsee, D. (1991): Täter-Opfer-Ausgleich aus rechtstheoretischer Perspektive. In: Bundesministerium der Justiz (Hrsg.): Täter-Opfer-Ausgleich – Bonner Symposium, Bonn, 51 ff.

Frings, D., Knösel, P. (2005): Das neue Ausländerrecht, Frankfurt

Fröschle, T. (2006): Studienbuch Betreuungsrecht, Köln

Fuchs, M. (2005): Europäisches Sozialrecht. Kommentar, 4. Auflage, Baden-Baden

Galtung, J. (1984): Institutionalisierte Konfliktlösung. In: Galtung, J.: Strukturelle Gewalt, Reinbek bei Hamburg, 129 ff.

Gebauer, M. (1987): Die Rechtswirklichkeit der Untersuchungshaft in der Bundesrepublik Deutschland, Göttingen

Gebhardt, C. (2003): Gnadenerweise. In: Cornel, H., Kawamura-Reindl, G., Maelicke, B., Sonnen, B.-R. (Hrsg.) 2003, 321 ff.

Gottlieb, H.-D. (2001): Die Schiedsstellen nach dem Sozialgesetzbuch. Nachrichtendienst des Deutschen Vereins, 257 ff.

Gottwald, W. (1981): Streitbeilegung ohne Urteil, Tübingen

Greger R. (2004): Abschlussbericht zum Forschungsprojekt Außergerichtliche Streitbeilegung in Bayern, Erlangen-Nürnberg, www2.justiz.bayern.de/daten/pdf/AbschlussberichtBaySchlG.pdf

Grün, K.-J. (2003): Vaterschaftsfeststellung und -anfechtung, Berlin

Grziwotz, H. (1998): Partnerschaftsverträge für nichteheliche Lebensgemeinschaften, München

Häbel, H. (1992): Minderjährigenprostitution. Erziehungshilfe und § 180 StGB. Zentralblatt für Jugendrecht, 457 ff.

Habermas, J. (1971): Der Universalitätsanspruch der Hermeneutik. In: Apel, K. O., v. a. (Hrsg.): Hermeneutik und Ideologiekritik, Frankfurt, 120 ff.

– (1992): Faktizität und Geltung, 2. Auflage, Frankfurt

Haibach, R., Haibach, U. (2005): Trennung und Scheidung, 4. Auflage, Bonn

Hanak, G., Stehr, J., Steinert, H. (1989): Ärgernisse und Lebenskatastrophen. Über den alltäglichen Umgang mit Kriminalität, Bielefeld

Hassemer, W., Reemtsma, J. P. (2002): Verbrechensopfer. Gesetz und Gerechtigkeit, München

Hausmanninger, T. (2003): Handeln im Netz, Neuwied

Hegel, G.W.F. (1821): Grundlinien der Philosophie des Rechts, Berlin 1981.

Heghmanns, M. (2001): Verteidigung in Strafvollstreckung und Strafvollzug, Baden-Baden

Heinhold, H., Classen, G. (2004): Das Zuwanderungsgesetz. Hinweise für die Flüchtlingssozialarbeit, Karlsruhe

Heinz, W. (2004): Die neue Rückfallstatistik – Legalbewährung junger Straftäter. Zeitschrift für Jugendkriminalrecht und Jugendhilfe, 35ff

– (2005): Zahlt sich Milde aus? Diversion und ihre Bedeutung für die Sanktionspraxis. Zeitschrift für Jugendkriminalrecht und Jugendhilfe, 166 ff. u. 302 ff.

Henssler, M. (2006): Mediation und Rechtsdienstleistungsrecht. Zeitschrift für Konfliktmanagement, 132 ff.

Herdegen, M. (2005): Europarecht, 7. Auflage, München

Höflich, P. (2000): Neue Anforderungen an die Sozialarbeiter im Strafvollzug. In: Lehmann, K.-H.(Hrsg.): Recht sozial, Hannover, 171 ff.

– Schriever, W. (2003): Grundriss Vollzugsrecht, 3. Auflage, Berlin

Hofmann, H. (2000): Einführung in die Rechts- und Staatsphilosophie, Darmstadt

Hohmann, J, Morawe, D. (2001): Praxis der Familienmediation, Köln

Höynck, T., Neubacher, F., Schüler-Springorum, H. (2001): Internationale Menschenrechtsstandards und das Jugendkriminalrecht, Berlin

Hromadka, W. (1982): Das Betriebsverfassungsgesetz, 8. Auflage, München

– Maschmann, F. (2002): Arbeitsrecht, Band 1: Individualarbeitsrecht, 2. Auflage, Heidelberg, New York

– (2004): Arbeitsrecht, Band 2: Kollektivarbeitsrecht. Arbeitsstreitigkeiten, 3. Auflage, Heidelberg, New York

Huber, P., Scherrer, H. (2001): Die Neuregelung zur Ächtung der Gewalt in der Erziehung. Zeitschrift für das gesamte Familienrecht, 797

Ipsen, J. (2000): Staatsrecht II, 3. Auflage, Neuwied

Jansen, D. (1988): Parteiautonomie im Vermittlungsverfahren? Empirische Ergebnisse zum Güteverfahren vor dem Schiedsmann. Zeitschrift für Soziologie, 328 ff.

Janssen, H., Peters, F. (1997): Kriminologie für soziale Arbeit, Münster

Jarass, H. D., Pieroth, B. (2002): Grundgesetz für die Bundesrepublik Deutschland. Kommentar, 6. Auflage, München

Jehle, J.-M., Heinz, W., Sutterer, P. (2003): Legalbewährung nach strafrechtlichen Sanktionen, Berlin

– Weigelt, E. (2004): Rückfall nach Bewährungsstrafen. Daten aus der neuen Rückfallstatistik. Bewährungshilfe, 149 ff.

Jesionek, U., Hilf, M. (Hrsg.) (2006): Die Begleitung des Verbrechensopfers durch den Strafprozess, Innsbruck, Wien

Jordan, E. (2001): Zwischen Kunst und Fertigkeit – Sozialpädagogisches Können auf dem Prüfstand. Zentralblatt für Jugendrecht, 48 ff.

Kant, I. (1797): Die Metaphysik der Sitten. Werkausgabe, Band VIII, 8. Auflage, Frankfurt 1993

Kawamura-Reindl, G., Sonnen, B.-R. (2003): Gemeinnützige Arbeit zur Vermeidung der Vollstreckung von Ersatzfreiheitsstrafen. In: Cornel, H., Kawamura-Reindl, G., Maelicke, B., Sonnen, B.-R. (Hrsg.) 2003, 291 ff.

Kelsen, H. (1960): Reine Rechtslehre, 2. Auflage, Wien

Kerner, H. J., Hartmann, A., Lenz, S. (2005): Täter-Opfer-Ausgleich in der Entwicklung. Auswertung der bundesweiten Täter-Opfer-Ausgleichsstatistik für den Zehnjahreszeitraum 1993 bis 2002, Godesberg

Kilchling, M. (1995): Opferinteressen und Strafverfolgung, Freiburg

– (1996): Aktuelle Perspektiven für Täter-Opfer-Ausgleich und Wiedergutmachung im Erwachsenenstrafrecht. Neue Zeitschrift für Strafrecht, 309 ff.

Kindhäuser, U. (2006): Strafgesetzbuch, Lehr- und Praxiskommentar, 3. Auflage, Baden-Baden

Klier, R., Brehmer, M., Zinke, S. (2002): Jugendhilfe im Strafverfahren – Jugendgerichtshilfe, 2. Auflage, Berlin

Kokemoor, A. (2006): Sozialrecht, Köln, Berlin, München

Körner, H.-H. (2001): Betäubungsmittelgesetz – Arzneimittelgesetz. Kommentar, 5. Auflage, München

Kornmacher, S. (2004): Chancen und Risiken der eingetragenen Lebenspartnerschaft. Rechtliche Auswirkungen und Gestaltungsmöglichkeiten, Norderstedt

Kraeft, C. (2000): Vollstreckungsmaßnahmen nach § 33 FGG. Familie und Recht, 357 ff. und 417 ff.

Krahmer, U., Stähler, T. (2003): Sozialdatenschutz nach SGB I und X, 2. Auflage, Köln

Krölls, A. (2002): Das Betreuungsrecht im Zeichen der Entwicklung des Sozialsystems. Betreuungsrechtliche Praxis, 140 ff.

Kunkel, P.-C. (2004): Hat der Jugendgerichtshelfer ein Zeugnisverweigerungsrecht im Strafprozess?; ZJJ 2004, S. 425.

– (2006): Jugendhilferecht. Systematische Darstellung für Studium und Praxis. 5. Auflage, Baden-Baden.

–, Bach, R. (2000): Adoption und Verwaltungsrecht. In: Paulitz, H, (Hrsg.): Adoption, München, 27 ff.

Kunz, E., Zellner, G. (1999): Opferentschädigungsgesetz. Gesetz über die Entschädigung für Opfer von Gewalttaten (OEG), 4. Auflage, München

Laubenthal, K. (2003): Strafvollzug, 3. Auflage, Berlin

Locke, J. (1689): Zwei Abhandlungen über die Regierung. Buch II. Neuauflage 1967, Frankfurt

Löhnig, M. (2004): Das Recht des Kindes nicht miteinander verheirateter Eltern, Berlin

Lüderitz, A. (1999): Familienrecht, 27. Auflage, München

Luhmann, N. (1970): Positivität des Rechts als Voraussetzung einer modernen Gesellschaft. In: Lautmann, R., Maihofer, W., Schelsky, H. (Hrsg.): Die Funktionen des Rechts in einer modernen Gesellschaft. Jahrbuch für Rechtssoziologie und Rechtstheorie, Bd. I, Bielefeld, 175 ff.

– (1981): Ausdifferenzierung des Rechts, Frankfurt

– (2006): Legitimation durch Verfahren, 6. Auflage, Frankfurt

Maas, U. (1996): Soziale Arbeit als Verwaltungshandeln, 2. Auflage, Weinheim

Maelicke, B. (1993): Resozialisierung. In: Deutscher Verein für öffentliche und private Fürsorge (Hrsg.): Fachlexikon der Sozialen Arbeit, Frankfurt, 782

– (2003): Gerichtshilfe, Bewährungshilfe, Führungsaufsicht und Soziale Hilfe im Strafvollzug; in Cornel et al. (Hrsg.) (2003): Handbuch der Resozialisierung, 2. Auflage Baden-Baden,. 2003, 135.

Marschner, R., Volckart, B. (2001): Freiheitsentziehung und Unterbringung. Kommentar, 4. Auflage, München

Marx, K. (1857): Ökonomische Manuskripte 1857, 58. Marx Engels Werke, Band 42, Neuauflage, Berlin

Marx, R. (1993): Die Drittstaatenregelung des Art. 16a II GG aus verfassungsrechtlicher sowie völkerrechtlicher Sicht (unveröffentlichtes Gutachten)

– (2005): Ausländer- und Asylrecht, 2. Auflage, Bonn

Maturana, H. R., Varela, F. J. (1987): Der Baum der Erkenntnis, Bern

Maywald, J. (2005): Kindeswohl – was ist das? Jugendhilfe, 236 ff.

Meier, B.-D. (2006): Strafrechtliche Sanktionen, 2. Auflage, Berlin

–, Rössner, D., Schöch, H. (2003): Jugendstrafrecht, München

Meißner, T., Pelz, M. (2000): Sozialpädagogisch begleitete Arbeitsleistungen – Strafe oder Hilfe? In: BAG NAM 2000, 309 ff.

Merchel, J. (1998): Qualität in der Jugendhilfe, Münster

Meyer-Goßner, L. (2005): Strafprozessordnung mit GVG und Nebengesetzen. Kommentar, 48. Auflage, München

Meysen, T. (2002): Datenschutz im Fachteam bei der Hilfeplanung. Das Jugendamt, 55 ff.

–, Schindler, G. (2004): Schutzauftrag bei Kindeswohlgefährdung: Hilfreiches Recht beim Helfen, in: JAmt 2004, 449 ff.

Mitrega, G. (1999): Betreuter Umgang. Familie Partnerschaft Recht, 212 ff.

Mnookin, R., Kornhauser, L. (1979): Bargaining in the Shadow of the Law – The Case of Divorce. Yale Law Journal, 950 ff.

Mörsberger, T., Restemeier, J. (Hrsg.) (1997): Helfen mit Risiko. Zur Pflichtenstellung des Jugendamts bei Kindesvernachlässigung, Neuwied

Mrozynski, P. (1999): Der Rechtsanspruch auf Leistungen im Kinder– und Jugendhilferecht. Zentralblatt für Jugendrecht, 403 ff.

– (2003): SGB – Allgemeiner Teil. Kommentar, 3. Auflage, München

Münchner Kommentar zum Bürgerlichen Gesetzbuch (Hrsg. Rebmann, K., Säcker, F. J.) (2002): Band 8. Familienrecht II (§§ 1589–1921), 3. Auflage, München (zit.: Münchner Kommentar – Bearbeiter)

Münder, J. (1990): Unterschiede zwischen zivilrechtlichem Unterhaltsanspruch und sozialhilferechtlicher Regelung. NJW 1990, 2031 ff.

– (1998): Von der Subsidiarität über den Korporatismus zum Markt? Neue Praxis, 3 ff.
– (2001): Bürokratie oder rechtsstaatliche Garantie? Zum Verfahrensrecht im Kinder- und Jugendhilferecht. Jugendhilfe, 136 ff.
– (2005a): Familienrecht, Neuwied
– (2005b): Kinder– und Jugendhilferecht, 5. Auflage, Neuwied
– (2005c): Verpflichtung anderer. In: Rothkegel, R. (Hrsg.) 2005b, 488 ff.
–, Ottenberg, P. (1999): Der Jugendhilfeausschuss, Münster
–, Mutke, B., Schone, R. (2000): Kindeswohl zwischen Jugendhilfe und Justiz. Professionelles Handeln in Kindeswohlverfahren, Münster
–, Tammen, B. (2002): Einführung in das Kinder- und Jugendhilfegesetz, 3. Auflage, Münster
(Hrsg.) (2005d): Sozialgesetzbuch II – Grundsicherung für Arbeitsuchende, Baden-Baden (LPK-SGB II)
–, Arborst, C., Berlit, U., Bieritz-Harder, R., Birk, U. A., Brühl, A., Conradis, W., Hofmann, A., Krahmer, U., Roscher, F., Schoch, D. (2005e): Sozialgesetzbuch XII – Sozialhilfe, Baden-Baden (LPK-SGB XII)
–, Baltz, J., Kreft, D., Lakies, T., Meysen, T., Proksch, R., Schäfer, K., Schindler, G., Struck, N., Tammen, B., Trenczek, T. (2006): Frankfurter Kommentar zum SGB VIII: Kinder– und Jugendhilfe, 5. Auflage, Münster
–, Wiesner, R. (Hrsg.) (2007): Handbuch zum SGB VIII, Baden-Baden
Mutke, B., Tammen, B. (2004): Das neue Kindschaftsrecht – Entwicklungen, Meinungen, Tendenzen. Arbeitsgemeinschaft für Jugendhilfe (Hrsg.), Berlin
–, Seidenstücker, B. (Hrsg.) (2004): Praxisratgeber zur Betreuung und Beratung von Kindern und Jugendlichen, Mehring

Nikles, B. W., Roll, S., Spürck, D., Umbach, K. (2003): Jugendschutzrecht – Kommentar zum JuSchG und zum Jugendmedienschutz – Staatsvertrag mit Erläuterungen zur Systematik und Praxis des Jugendschutzes, Neuwied
Nothacker, G. (2002): Beratungspraxis Sozialleistungen, Baden-Baden,

Oelkers, H. (2002): Die Entwicklung des Umgangsrechts bis 2001. Familie und Recht, 433 ff.
–, Kraeft, C. (2001): Die deutsche internationale Zuständigkeit nach dem Hager Minderjährigenabkommen (MSA). Familie und Recht, 344 ff.
Opielka, M. (2004): Sozialpolitik, Reinbek bei Hamburg
Ostendorf, H. (2004): Das Jugendstrafverfahren. 3. Auflage, Köln
– (2006): Jugendgerichtsgesetz. Kommentar, 6. Auflage, Köln

Palandt (2007): Bürgerliches Gesetzbuch. Bearbeitet von Bassenge u. a., 66. Auflage, München
Papenheim, H. G., Baltes, J., Tiemann, B. (2006): Verwaltungsrecht für die Soziale Praxis, 19. Auflage, Frechen
Pardey, K.-D. (2004): Betreuungs- und Unterbringungsrecht in der Praxis, 2. Auflage, Baden-Baden
Perelman, Ch. (1967): Über die Gerechtigkeit, München
Peter, E. (2001): Das Recht der Flüchtlingskinder, Karlsruhe
Pieplow, L. (1989): Erziehung als Chiffre. In: Walter, M. (Hrsg.): Beiträge zur Erziehung im Jugendkriminalrecht, Köln, 5 ff.
Pieroth, B., Schlink, B. (2002): Grundrechte. Staatsrecht II, 18. Auflage, Heidelberg
Prittwitz, C. (1993): Strafrecht und Risiko. Untersuchungen zur Krise von Strafrecht und Kriminalpolitik in der Risikogesellschaft, Frankfurt
Proksch, R. (1996): Sozialdatenschutz in der Jugendhilfe, Münster
– (2004): Theorie und Praxis von Mediation in Familienkonflikten, Köln

Radbruch, G. (1910): Einführung in die Rechtswissenschaft. Neuauflage, 9. Auflage, Stuttgart 1952
– (1932): Rechtsphilosophie, Neuauflage, Heidelberg 1999
– (1961): Der Mensch im Recht, 2. Auflage, Göttingen
Rahn, A., Borgolte, E.-M. (2002): Praxismodell trialog e.V. Familie Partnerschaft Recht, 245 ff.
Rawls, J. (1979): Eine Theorie der Gerechtigkeit, Frankfurt
– (2003): Gerechtigkeit als Fairness, Frankfurt
Reiman, J. H. (1979): The rich get richer and the poor get prison – Ideology, class, and criminal justice, New York
Richter, I., Schuppert, G. F., Bumke, Ch. (2001): Casebook Verfassungsrecht, 4. Auflage, München
Riekenbrauk, K. (2004): Strafrecht und Soziale Arbeit, 2. Auflage, München
Rifkin, J. (1996): Das Ende der Arbeit und ihre Zukunft, 2. Auflage, Frankfurt, New York
Ritsert, J. (1997): Gerechtigkeit und Gleichheit, Münster
Röchling, W. (Hrsg.) (2001): Handbuch Anwalt des Kindes, Baden-Baden
Röhl, K. (2004): Evaluierung des nordrhein-westfälischen Ausführungsgesetzes zu § 15a EGZPO, Bochum, www.justiz.nrw.de/JM/justizpolitik/schwerpunkte/streitschl/zusammenfassung_gutachen.pdf
Rössner, D. (1992): Autonomie und Zwang im System der Strafrechtsfolgen. In: Arzt, G. (Hrsg.): Festschrift für Jürgen Baumann, Bielefeld, 269 ff.
–, Klaus, T. (1998): Rechtsgrundlagen und Rechtspraxis. In: Dölling, D.: Täter-Opfer-Ausgleich in Deutschland, Bonn, 49 ff.
Roth, W. (2003): Vaterschaftsanfechtung durch den biologischen Vater. Neue Juristische Wochenschrift, 3153 ff.

Rothkegel, R. (Hrsg.) (2005a): Keine Sozialhilfe für die Vergangenheit. In: Rothkegel, R. (Hrsg.) 2005b, 97 ff.

– (2005b): Sozialhilferecht, Baden-Baden

– (2005c): Der Bedarfsdeckungsgrundsatz. In: Rothkegel, R. (Hrsg.) 2005b, 53 ff.

–, Sartorius, U. (2005): Regelsätze in der Sozialhilfe. In: Rothkegel, R. (Hrsg.) 2005b, 227 ff.

Salgo, L., Zenz, G., Fegert, G., Bauer, A., Weber, C., Zittelmann, M. (Hrsg.) (2002): Verfahrenspflegschaft für Kinder und Jugendliche. Ein Handbuch für die Praxis, Köln

Sartorius, U. (2005): Einsatz von Einkommen und Vermögen. In: Rothkegel, R. (Hrsg.) 2005b, 333 ff.

Scheiwe, K. (2001): Babyklappe und anonyme Geburt – wohin mit Mütterrechten, Väterrechten, Kinderrechten. Zeitschrift für Rechtspolitik, 368

Schild, W. (1986): Über die Schwierigkeit, zur Schuld(lehre) im Strafrecht Nein oder Ja zu sagen. In: Müller, S., Otto, H.-U. (Hrsg.): Damit Erziehung nicht zur Strafe wird. Sozialarbeit als Konfliktschlichtung, Bielefeld, 29–44

Schilken, E. (2000): Zivilprozessrecht, 3. Auflage, Köln

Schiller, F. (1955): Xenien (1796). Neuauflage. Werke, Band 1, Berlin

Schleicher, H. (2003): Familie und Recht, 2. Auflage, Troisdorf

Schlink, B., Schattenfroh, S. (2001): Zulässigkeit der geschlossenen Unterbringung in Heimen der öffentlichen Jugendhilfe. In: Fegert, J. M., Späth, K., Salgo, L. (Hrsg.): Freiheitsentziehende Maßnahmen in der Jugendhilfe und Kinder- und Jugendpsychiatrie, Münster 2001, 73 ff.

Schnapp, F. (Hrsg.) (2004): Handbuch des sozialrechtlichen Schiedsverfahrens, Berlin

Schoch, D. (2005): Grundsicherung im Alter und bei Erwerbsminderung. In: Rothkegel, R. (Hrsg.) 2005b, 181 ff.

– (2005a): Einsatz-, Bedarfs-, Haushaltsgemeinschaft in der Sozialhilfe. In: Rothkegel, R. (Hrsg.) 2005b, 305 ff.

Schöch, H. (Hrsg.) (1987): Wiedergutmachung und Strafrecht, München

Scholz, R., Liesching, M. (2003): Jugendschutz. Kommentar, München

Schone, R. (1998): Kommunikation und Kooperation – Anforderungen an die Arbeitsweise des Allgemeinen Sozialen Dienstes im Kontext der Kindeswohlgefährdung. In: Verein für Kommunalwissenschaften (Hrsg.): „… und schuld ist im Ernstfall das Jugendamt", Berlin, 30 ff.

Schönke, A., Schröder, H. (2006): Strafgesetzbuch. Kommentar, 27. Auflage, München

Schott, T. (2002): Strafvollzugsrecht für SozialarbeiterInnen, Baden-Baden

Schulze, R., Dörner, H., u. a. (2007): Bürgerliches Gesetzbuch. Handkommentar, 5. Auflage, Baden-Baden

Schütte, W. (2005): Streitschlichtung im kooperativen Sozialstaat. Nachrichtendienst des Deutschen Vereins, 246 ff.

Schwabe, J. (2004): Entscheidungen des Bundesverfassungsgerichts. Studienauswahl, 8. Auflage, Hamburg

Seichter, J. (2006): Einführung in das Betreuungsrecht, 3. Auflage, Berlin, Heidelberg

Seidenstücker, B., Münder, J. (1990): Jugendhilfe in der DDR, Münster

Senne, P. (2004): Arbeitsrecht. Das Arbeitsverhältnis in der betrieblichen Praxis, 3. Auflage, München

Sessar, K. (1992): Wiedergutmachung oder Strafen: Einstellungen in der Bevölkerung und der Justiz, Pfaffenweiler

Sieveking, K., Reim, U., Sandbrink, St. (1997): Werkvertragsarbeitnehmer aus osteuropäischen Ländern: Politische Konzepte und arbeitsmarktpolitische Probleme. In: Forschungsinstitut der Friedrich-Ebert-Stiftung (Hrsg.): Neue Formen der Arbeitskräftezuwanderung und illegale Beschäftigung, Bonn, 29–62

Sinzheimer, H. (1930): Der Mensch im Arbeitsrecht. In: Sinzheimer, H.: Arbeitsrecht und Rechtssoziologie. Band 2, Frankfurt, Köln, Neuauflage 1976, 50 ff.

– (1936): Eine Theorie des sozialen Rechts. In: Sinzheimer, H., Arbeitsrecht und Rechtssoziologie. Band 2, Neuauflage Frankfurt, Köln 1976, 164 ff.

Söllner, A., Reinert, H. J. (1985): Personalvertretungsrecht, Baden-Baden

Sonnenfeld, S. (2005): Das 2. BtÄndG. Zeitschrift für das gesamte Familienrecht, 941 ff.

Spittler, G. (1980): Streitregelung im Schatten des Leviathan. Zeitschrift für Rechtssoziologie, 4 ff.

Stahlhacke, E., Preis, U. (1991): Kündigung und Kündigungsschutz im Arbeitsverhältnis, 3. Auflage, München

Statistisches Bundesamt (Hrsg.) Datenreport 2006; Zahlen und Fakten über die Bundesrepublik Deutschland; Bonn 2006

Staudinger, J. v. (2004): Kommentar zum Bürgerlichen Gesetzbuch mit Einführungsgesetz und Nebengesetzen. Stand Juli 2004, Berlin (zit. Staudinger, Bearbeiter)

Stöber, K. (2004): Handbuch zum Vereinsrecht, 9. Auflage, Köln

Streng, F. (1984): Strafzumessung und relative Gerechtigkeit. Eine Untersuchung zu rechtlichen, psychologischen und soziologischen Aspekten ungleicher Strafzumessung, Heidelberg

– (1996): Kriminalpolitische Perspektiven neuer ambulanter Maßnahmen nach dem Jugendgerichtsgesetz. In: BMJ (Hrsg.): Neue ambulante Maßnahmen nach dem Jugendgerichtsgesetz, 2. Auflage, Bonn, 204 ff.

– (1997): Die Einsichts- und Handlungsreife als Voraussetzung strafrechtlicher Verantwortlichkeit. DVJJ-Journal, 379 ff.
– (2002): Strafrechtliche Sanktionen. Grundlagen und Anwendung, 2. Auflage, Stuttgart
– (2003): Jugendstrafrecht, Heidelberg
Schüler-Springorum, H. (1991): Kriminalpolitik für Menschen, München

Tammen, B. (2004): Jugendhilfe in einer Mutter-Kind-Einrichtung des Strafvollzugs. Unsere Jugend, 43ff
– (2004a): Einverständnis des Personensorgeberechtigten als Voraussetzung für die Gewährung von Hilfe zur Erziehung – Anmerkung zum Urteil des Oberverwaltungsgerichts Nordrhein-Westfalen vom 12. September 2002 – 12 A 4352, 01. Unsere Jugend, 89 ff.
– (2005): Die Neuregelungen im Bereich der Kindertagesbetreuung durch das Tagesbetreuungsausbaugesetz – TAG. Unsere Jugend, 474 ff.
– (2006): Der Schutzauftrag der Jugendhilfe nach § 8a SGB VIII. Unsere Jugend, 373 ff.
– (2007a): Hilfen zur Erziehung In: Münder, J., Wiesner, R. (Hrsg.): Handbuch des Jugendhilferechts, Baden-Baden, 244–274
– (2007b): Eingliederungshilfe für seelisch behinderte Kinder und Jugendliche In: Münder, J., Wiesner, R. (IIrsg.). Handbuch des Jugendhilferechts, Baden-Baden, 275–286
– (2007c): Hilfe für junge Volljährige In: Münder, J., Wiesner, R. (Hrsg.): Handbuch des Jugendhilferechts, Baden-Baden, 287–297
Thiersch, H. (1992): Lebensweltorientierte Jugendhilfe – zum Konzept des achten Jugendberichtes. In: Thiersch, H. (Hrsg.): Lebensweltorientierte soziale Arbeit, Weinheim, 13 ff.
Trenczek, T. (1991a): Datenschutz in der Jugend(gerichts)hilfe. DVJJ-Journal, 251 ff.
– (1991b): Möglichkeiten und Grenzen der Diversion nach dem neuen Jugendstrafrecht. DVJJ-Journal, 8 ff.
– (1992): Täter-Opfer-Ausgleich – Grundgedanken und Mindeststandards. Zeitschrift für Rechtspolitik, 130 ff.
– (1993a): Subsidiarität des Jugendstrafrechts – Programm oder Leerformel? Vorschläge für eine materiell-rechtliche Neukonzeption der jugendstrafrechtlichen Sozialkontrolle. Zeitschrift für Rechtspolitik, 184 ff.
– (1993c): Freiheitsentzug bei jungen Straffälligen. Die Situation des Jugendstrafvollzugs zwischen Reform und Alternativen, Bonn – Bad Godesberg
– (1996): Strafe, Erziehung oder Hilfe? Neue ambulante Maßnahmen und Hilfen zur Erziehung. Sozialpädagogische Hilfeangebote für straffällige junge Menschen im Spannungsfeld von Jugendhilferecht und Strafrecht, Bonn
– (1997): Untersuchungshaft und Untersuchungshaftvermeidung bei jungen Menschen. Jugendhilfe in Niedersachsen Nr. 7, 1997, 16 ff.
– (2000): Rechtliche Grundlagen der Neuen Ambulanten Maßnahmen und sozialpädagogischen Hilfeangebote für straffällige Jugendliche. In: BAG NAM (Hrsg.): Neue Ambulante Maßnahmen – Grundlagen, Hintergründe, Praxis, Bonn, 17 ff.
– (2002a): Garantenstellung und Fachlichkeit – Anmerkungen zur strafrechtlich aufgezwungenen aber inhaltlich notwendigen Qualitätsdiskussion in der Jugendhilfe. Zentralblatt für Jugendrecht, 383 ff.
– (2002b): TOA mit erhobenen Zeigefinger – Das Conferencing Verfahren bei Jugendlichen in Australien. DVJJ-Journal, Zeitschrift für Jugendkriminalrecht und Jungendhilfe, 393 ff.
– (2003): Mediation im Strafrecht. Zeitschrift für Konfliktmanagement, 104 ff.
– (2003a): Stellungnahmen der Jugendhilfe im Strafverfahren – Fachliche Qualitätsanforderungen und strafrechtlicher Umgang. Zeitschrift für Jugendkriminalrecht und Jugendhilfe, 35 ff.
– (2004a): Jugendstrafrechtliche Arbeitsleistungen – Grenzen der Zulässigkeit und Beteiligung der Jugendhilfe. Zeitschrift für Jugendkriminalrecht und Jugendhilfe, 57 ff.
– (2004b): Ende der ambulanten Maßnahmen? Qualitätsstandards des Jugendhilferechts für die sozialpädagogische Betreuung junger Straffälliger. Das Jugendamt, 113 ff.
– (2005a): Streitregelung in der Zivilgesellschaft. Zeitschrift für Rechtssoziologie, Bd. 26, 2005, 3 ff.
– (2005b): Leitfaden zur Konfliktmediation. Zeitschrift für Konfliktmanagement 2005, 193 ff.
– (2007a): Eilmaßnahmen zum Schutz von Minderjährigen. In: Münder, J., Wiesner, R. (Hrsg.): Handbuch des Jugendhilferechts, Baden-Baden, 165 ff.
– (2007b): Die Mitwirkung der Jugendhilfe in gerichtlichen Verfahren. In: Münder, J., Wiesner, R. (Hrsg.): Handbuch des Jugendhilferechts, Baden-Baden, 197 ff.
– (2007c): Mitwirkung in der Jugendgerichtsbarkeit. In: Münder, J., Wiesner, R. (Hrsg.): Handbuch des Jugendhilferechts, Baden-Baden 2007, 210 ff.
– (2007d): Trennungs- und Scheidungsmediation – Regelungsbedürftige Aspekte und Vereinbarungsmöglichkeiten. Zeitschrift für Kindschaftsrecht und Jugendhilfe 2007, 138
Trenk-Hinterberger, P. (2005): Hilfe zur Überwindung besonderer sozialer Schwierigkeiten. In: Rothkegel, R. (Hrsg.) 2005b, 463 ff.
Troja, M., Stubbe, C. (2006): Konfliktmanagementsystem. Zeitschrift für Konfliktmanagement, 121 ff.
Tröndle, H., Fischer, T. (2006): Strafgesetzbuch und Nebengesetze. Kommentar, 53. Auflage, München

Ukrow, J. (2003): Jugendschutzrecht, München

Vögele, W. (Hrsg.) (2003): Chancen der Mediation für

Schiedsstellenverfahren im Sozialbereich. Loccumer Protokolle Bd. 23, 02, Loccum

Walter, E. (1999): Begleiteter Umgang (§1684 Abs. 4 BGB) – Erfahrungen, Konzeptionen, Praxismodelle und neue Möglichkeiten. Familie Partnerschaft Recht, 204 ff.

Walter, M. (2005): Jugendkriminalität, 3. Auflage, Stuttgart

Walzer, M. (1994): Sphären der Gerechtigkeit, Frankfurt

Wank, R. (1992): Die neue Selbständigkeit. Der Betrieb, 90 ff.

Watzke, E. (1997): Äquibrilistischer Tanz zwischen den Welten. Neue Methoden professioneller Konfliktmediation; Godesberg.

Watzlawick, P. (1985): Anleitung zum Unglücklichsein, 16. Auflage, München

Weber, M. (1921): Wirtschaft und Gesellschaft. Studienausgabe, 5. revidierte Auflage, Tübingen 1980

Wellenhofer-Klein, M. (1995): Die „Abkehr von der Ehe" als Unterhaltsausschließungsgrund nach § 1579 Nr. 6 BGB. Zeitschrift für das gesamte Familienrecht, 905 ff.

Wendl, P., Staudigl, S. (2004): Das Unterhaltsrecht in der familienrichterlichen Praxis, 6. Auflage, München

Wesel, U. (1984): Frühformen des Rechts in vorstaatlichen Gesellschaften, Frankfurt a. M.

– (1994): Juristische Weltkunde, 7. Auflage, Frankfurt a. M.

– (1999): Fast Alles, was Recht ist. Jura für Nichtjuristen, 6. Auflage, Frankfurt a. M.

Wiesner, R. (2006): SGB VIII – Kinder- und Jugendhilfe. Kommentar, 3. Auflage, München

Willutzki, S. (2005): Entwicklungen und Tendenzen im Kindschaftsrecht. Kindschaftsrechtliche Praxis, 197 ff.

Winkler, J. (2004): Sozialverwaltungsverfahren und Sozialdatenschutz (SGB X), München

Wolff, Hans J. (1999); Bachof, Otto; Stober, Rolf, Verwaltungsrecht; Band 1, 11. Auflage, München;

– (2000): Verwaltungsrecht; Band 2, 6. Auflage, München

– (2004): Verwaltungsrecht; Band 3, 5. Auflage, München

Wulffen, M. v., Schroeder-Printzen, G. (Hrsg.) (2004): Sozialverwaltungsverfahren und Sozialdatenschutz. Kommentar, 5. Auflage, München

Wurdak, M., Rahn, A. (2001): Kinder im Umfeld häuslicher Gewalt – Erfahrungen aus der Arbeit im Frauenhaus und Vorstellungen der Jugendhilfemaßnahme „Begleiteter Umgang" und „Kontrollierter Umgang". Kindschaftsrechtliche Praxis, 275 ff.

Zimmermann, A. (1994): Das neue Grundrecht auf Asyl: Verfassungs- und völkerrechtliche Grenzen und Voraussetzungen, Berlin

Zipelius, R. (1991): Allgemeine Staatslehre, 11. Auflage, München

Zitelmann, M. (2001): Kindeswohl und Kindeswille im Spannungsfeld von Pädagogik und Recht, Münster

Zöller, R. (Hrsg.) (2004): ZPO. Zivilprozessordnung mit Gerichtsverfassungsgesetz und Nebengesetzen. Kommentar, 25. Auflage, Köln

Zöllner, W., Loritz, K.-G. (1992): Arbeitsrecht, 4. Auflage, München

Anhang 8: Sachregister

Reinhard J. Wabnitz
Grundkurs Familienrecht für die Soziale Arbeit
2005. 429 Seiten. 18 Abb. 2 Tab. 31 Übungsfragen. UTB-S (978-3-8252-2754-8) kt

Reinhard Wabnitz vermittelt das relevante Basiswissen des Familien-rechts – speziell aufbereitet für Studierende des Faches Soziale Arbeit. Durch die systematische Gliederung lassen sich wichtige Regelungen nachschlagen, zum Beispiel zu: Familie, Eheschließung und nicht eheli-chen Lebensgemeinschaften, Scheidung und Unterhalt, Adoption, Vor-mundschaft und Pflegschaft.

Reinhard J. Wabnitz
Grundkurs Kinder- und Jugendhilferecht für die Soziale Arbeit
2007. 182 Seiten. 3 Tab. Mit 62 Übersichten, 14 Fallbeispielen und Musterlösungen. UTB-S (978-3-8252-2878-1) kt

Der „Grundkurs Kinderund Jugendhilferecht für die Soziale Arbeit" ver-mittelt die elementaren Kenntnisse des Kinder- und Jugendhilferechts. Er gibt Studierenden einen Überblick über die rechtlichen Regelungen im SGB VIII, die Leistungen und anderen Aufgaben in der Kinder- und Jugendhilfe sowie über deren Trägerstrukturen und Behörden.

Winfried Möller | Christoph Nix (Hrsg.)
Kurzkommentar zum SGB VIII – Kinder- und Jugendhilfe
Bearbeitet von Manfred Busch, Dietmar Fehlhaber, Gerhard Fieseler, Ernst Fricke, Petra Hartleben-Baildon, Winfried Möller, Christian Müller, Christoph Nix, Ralf Witte
2006. 475 Seiten. UTB-S (978-3-8252-2859-0) kt

Im Buch werden alle Vorschriften des achten Sozialgesetzbuches kurz und bündig kommentiert, besonderen Wert haben die Autorinnen und Autoren auf eine sozialpädagogische Perspektive gelegt. Aktuelle Än-derungen des Gesetzes wie TAG (Tagesbetreuungsausbaugesetz) und KICK (Kinder- und Jugendhilfeweiterentwicklungsgesetz) wurden be-rücksichtigt.

 **reinhardt**
www.reinhardt-verlag.de

STUDIENBÜCHER FÜR SOZIALE BERUFE – EINE AUSWAHL:

Johannes Schilling | Susanne Zeller
Soziale Arbeit

Geschichte – Theorie – Profession
(Studienbücher für soziale Berufe; 1)
3., überarb. Aufl. 2007. 292 S. 37 Abb. 5 Tab. 183 Übungsfragen
UTB-L (978-3-8252-8304-9) kt

Studierende der Sozialen Arbeit/Sozialpädagogik/Sozialarbeit finden in
diesem Buch einen Leitfaden für ihr Studienfach – von den Anfängen
der Armenfürsorge, über Theorien und Methoden bis hin zu heutigen
Berufsbildern und dem professionellen Selbstverständnis.

Johannes Schilling
Didaktik / Methodik Sozialer Arbeit

Grundlagen und Konzepte
(Studienbücher für soziale Berufe; 2)
4., überarb. Aufl. 2005. 287 S. 41 Abb. 7 Tab. 170 Lernfragen.
UTB-L (978-3-8252-8311-7) kt

Dieses Standardwerk führt grundlegend in die Didaktik und Methodik
Sozialer Arbeit ein. Der Leser findet Verständnisfragen zum Text, Lern-
fragen zur Prüfungsvorbereitung, Zusammenfassungen und zahlreiche
Kästen, die die Ausführungen nochmals auf den Punkt bringen.

Benno Biermann | Erika Bock-Rosenthal | Martin Doehlemann |
Karl-Heinz Grohall | Dietrich Kühn
Soziologie

(Studienbücher für soziale Berufe; 4)
5., überarb. Aufl. 2006. 448 S. Zahlr. Abb. und Tab. UTB-L (978-3-8252-8295-0) kt

Als Einführung in die Soziologie – speziell für Sozialpädagogen und
andere Studiengänge mit sozialen Bezügen – bietet dieser Band eine
fundierte und systematische Darstellung wichtiger gesellschaftlicher
Problemfelder: Sozialisation und Familie, Jugend und Alter, Abweichung
und Kriminalität, soziale Ungleichheiten und Konflikte.

www.reinhardt-verlag.de